剑与犁译丛
主编 李钧鹏

文明世界的战争
WAR IN HUMAN CIVILIZATION

［以］阿扎·加特 著

Azar Gat

钱 铖译

华东师范大学出版社
·上海·

华东师范大学出版社六点分社　策划

总　序

唯有逝者，方能见干戈化玉帛。

——乔治·桑塔亚纳[1]

　　古人贤哲用"剑"与"犁"隐喻人类社会两个鲜明而永恒的主题：战争与和平。在《旧约圣经》对未来乐土的描述中，上帝的子民把刀剑铸成犁头，将矛枪制成镰刀，自此天下太平，干戈止息。《孔子家语》有云："铸剑习以为农器，放牛马于原薮，室家无离旷之思，千岁无战斗之患。"虽然时空背景各异，东西方人铸剑为犁、和平共处的愿望并无二致。

　　纵观人类历史，和平的阳光折射出的始终是战争的阴影。"唯有逝者，方能见干戈化玉帛。"乔治·桑塔亚纳这句被无数人误以为出自柏拉图之口的名言，凝重地道出了人类社会和战争冲突难以割舍的关系。考古证据显示，在人类尚不具备农业技能时，12000 年前的狩猎采集部落之间就已经爆发了战争。在这之后的历史长河中，战争更成为人类社会发展的伴生物或动因。根据杜兰特夫妇 1968 年的考证，在过去 3421 年有记载的人类历史中，风平浪静不过区区 268 年。[2] 从这个意义上说，人类发展的历史即为一部战争的历史，

---

　　[1]　George Santayana. 1922. *Soliloquies in England and Later Soliloquies*. New York: Charles Scribner's Sons. p. 102.

　　[2]　Will and Ariel Durant. 1968. *The Lessons of History*. New York: Simon & Schuster. p. 81.

并不耸人听闻。

战争与人类社会的复杂性在于：一方面，战争作为人类最具杀伤性的活动，往往涂炭生灵、重创心智、破坏资源、拖累经济、分裂社会；另一方面，战争又为重建社会、振兴经济、团结民众、凝聚共识带来新的机遇。从历史表象上看，战争与和平非此即彼、此消彼长：一个国家或龙血玄黄，或止戈兴仁。可以说，几乎所有现代国家都是战争的产物。且不说两次世界大战对当代世界格局的深远影响，今日之两岸关系、中日关系、中朝关系、中韩关系、中美关系甚至中俄关系，哪一个不与战争的政治遗产有关？人类战争的历史一直呈现出一个悖论："战争源自和平"（卢梭语），战争往往源自人类为了天下太平而作出的预防性措施。事实上，我们在寻找任何一场战争的因果链条时，总能发现人类追求和平的意图或举动；即使在风平浪静的和平外表下，战争的阴云也从未散去。从哈德良统治下的罗马帝国到里根任内的美国，再到特朗普时代的今日美国，军事列强经常以"实力促和平"（peace through strength）为基本国策，甚至不惜先发制人、以战止战。里根政府在 20 世纪 80 年代以军备竞赛的方式拖垮苏联，可谓是一个备战止战、铸剑为犁的经典案例。从克劳塞维茨的"战争是政治的延续"，到福柯的"政治是战争的延续"，再到查尔斯·蒂利的"战争催生国家，国家发动战争"，这些论断都说明了战争与和平是同一枚硬币的两面。"剑"与"犁"是历代统治者手中的"武器"，"铸剑为犁"并不是每一个统治者所具有的政治"决断力"。换言之，人类利益的冲突是现代性的有机组成，维持一种秩序往往孕育了暴力的种子。托克维尔曾在 19 世纪上半叶观察到美俄两国不同的崛起之路：俄国人与人斗，靠士兵的剑攻城拔寨；美国人与天斗，以劳动者的犁开疆辟土。"每一民族都好像受到天意的密令指派，终有一天要各自主宰世界半数人口的命运。"[1]然而，俄国的崛起固然充满暴力，但也少不了国家的和平建设；美国的扩张有其自由民主护驾，背后却以超强武

---

[1] Alexis de Tocqueville. 2004. *Democracy in America*. Translated by Arthur Goldhammer. New York: Library of America. p. 476.

力为霸权后盾。暴力表象的背后蕴含了一系列经济、社会与政治的变革过程；渴望和平的背后同样隐藏着战争的组织性和动员力。

对人性的不同预设自然会产生不同的战争观。在霍布斯笔下，人类自然状态即为丑恶的"所有人对所有人的战争"；卢梭则认为，人的本性如同白纸，暴力不过是结果而已。主导西方社会数百年的自由主义理论认为，战争只是暂时现象，是人类历史进步过程中的嘈杂之音；伴随着人类的启蒙，未来的大同世界将硝烟不再。对于视战争为历史进步的推动引擎和必要之恶的黑格尔学派和马克思主义者来说，战争则是阶级斗争的极端体现，终将随着阶级的消亡而退出人类舞台。应该看到，无论是人文学科还是社会科学，都缺乏对以战争为代表的集体暴力的应有重视。人文学者多记录特定战争的历史或醉心于抽象的伦理原则或政治正确，少见对暴力作为一种社会现象以及战争作为国家或集团有组织暴力的系统论述。在社会科学界，对国家之间暴力以及社会内部集体暴力的研究同样长期处于边缘地位。贡献出《孙子兵法》《孙膑兵法》等不朽兵书的中国人，虽有"铸剑为犁"的和平理想，并没有在作战理论基础上发展出一般性战争理论；如何为当今世界提供一种战争与和平的理论，这是摆在中国思想理论界的重大课题。

"剑与犁"译丛希望将冲突与秩序引入中国学界的思考，辩证地、历史地展现二者之间的复杂关系，并为转型中的中国提供一个思考的维度。其旨趣有四：

第一，历史的厚重。传统意义上的战争是两个国家或多个国家之间的对称性冲突；它有明确的战场；各方均以打击对手军事实力为目标。随着二战的结束，领土内部的军事冲突取代国家间战争，成为战争的主导形式。由于核武器的出现，20世纪下半叶的世界局势长期呈现为表面平静下的剑拔弩张。发达国家之间的冲突趋于平息，战争转移到发展中国家内部，非国家性质的行动者走上前台。到了21世纪初，"9·11"事件使本不新鲜的恐怖主义进入公众视野。在"反恐战"的背景下，跨越地域的集体冲突往往呈现为小规模敌对者的高科技精准袭击，无论是恐怖分子将民用飞机变为致命武器撞向世贸大厦，还是美国军方遥控无人机定点空袭。战争往往不再以夺取国土为目的（围绕 ISIS 的战争是一个重要的例外），而是有针对性的杀戮，或是制造恐惧，甚至符号性的胜利宣示。放眼世界，有形战场上的两军对垒固然存在，无形战场上的多方较量更是日益凸显。本译丛既关注古代阵地战，也涉及当代反恐战，并力图凸显战争与和平的历史演变。

　　第二，社会的根源。战争与和平都是特定历史轨迹和文化背景下的社会结构、社会关系、群体规范和群体动态的体现，有其独有的社会根源、历史演变、相互影响以及结构效应。人类只有在特定社会形态下才会诉诸于系统的暴力行动；暴力绝不仅仅源于人类出于自我保护的生理反应或追求利益的心理动机，它更是一种社会现象和社会过程。但暴力并不是社会失序的必然产物，它离不开一系列复杂的社会机制。比如，在现实生活中，社会地位悬殊的两个人或群体并不经常发生冲突，冲突双方往往社会地位相近或存在竞争关系。既然如此，我们就必须重新审视经济贫困或政治压迫引发暴力的传统观点。① 再如，纵观人类战争史，我们发现，直到近代才出现的民族国家在很大程度上改变了战争的形态。在此之前，战争多表现为部落之间的小型战争。一旦臣民和国家达成契约，将人身保护权交托君主或政府，国家就担负起了保护臣民免受外族侵袭的责任，战争最终转型为国与国之间的冲突。在民族国家时代，战争的伤亡程度可能更高，战争的频率却大大减少。② 本译丛试图展现战争的社会复杂性，力求摆脱"二战"以来形成的"政治正确"的战争与和平的理念，涵盖传统战争、恐怖主义、极端思潮、社会冲突、政权建设、国家兴衰等诸多关涉"和平"如何成为可能的主题，尝试从人类文明角度思考冲突与秩序的有机联系，期望对理解人类历史演变与发展趋势有所助益。

---

① 参见本译丛中的罗杰・V. 古尔德，《意愿的冲撞》。
② 参见本译丛中的阿扎尔・加特，《文明世界的战争》。

　　第三，多元的学科。本译丛不限定于传统的学科分类，而力图提供一个学科交叉的平台。它既有凝重的历史叙述，也有复杂的量化分析；既有人际互动的微观视角，也有跨越千年的宏观全景；既有善恶正邪的道德拷问，也有手术刀般的无情剖析；既有热情洋溢的人文关怀，也有冷静沉着的社科考察。总之，本译丛寄望于展现它们之间的相互渗透性和边界的流动性。

　　第四，现实的关照。作为学术译丛，它必须回答一个问题：将这些书引入中国的意义何在？西方学术源远流长，经典名著不胜枚举；倘若只考虑知识旨趣，本丛书将湮没于西方知识生产的茫茫大海中。但置于中国和平崛起的大背景下，本译丛就有了重大的现实意义与学术价值。

　　步入 21 世纪，全球格局正处于深刻的变动中。冷战的终结使得西方自由主义者产生了"历史终结"的感叹。但这种自满情绪仅仅延续了 10 年，恐怖主义的"游击战"所带来的恐慌又使人感叹"文明的冲突"是否意味着当代世界的死结。在这种全球背景下，如何处理好冲突与秩序、军事实力与国家建设、韬光养晦与奋发有为、文化主体与西方思潮之间的关系，对面临"三千年未有之大变局"（李鸿章语）的中国尤为重要。基于这种考虑，本译丛的书目选择就有的放矢了。读的是西方的学术，想的是中国的问题，这是我们选书的基本立场。

　　是为序。

李钧鹏

2017 年 3 月 29 日

献给我的家人

目　录

中文版前言

　　本书英文原版出版于 2006 年。此后的十五年时间令我们对书中最后部分所讨论的一些主题有了新的见解，对此我将略加评述。

　　本书问世之时，"历史终结"论仍大行其道。然而时至今日，意识形态对立、新一轮大国冲突的可能性、新冷战、军备竞赛甚至有限度的武装摩擦等因素，在全球范围内又再度浮现。有鉴于此，相关各方均应保持克制并竭力维持过去几十年里占据主流的和平与自由的贸易政策。否则，各方均会面对灾难性后果，没有哪一方能够独善其身，而全世界也将沦为池鱼。

　　非国家的恐怖主义组织在这一时期内仍不断涌现，其中最为臭名昭著的莫过于"伊拉克和大叙利亚伊斯兰国"（Isis，Daesh）。对于世界各国而言，恐怖主义行为仍然是一道抹不去的阴影。至今为止并未发生使用非常规性武器的大规模恐怖袭击。我们希望这样的袭击永远也不会成为现实，然而必须意识到，随着大规模杀伤技术的扩散，袭击的条件早已具备。近期新型冠状病毒肺炎（COVID-19）的大流行对我们而言是一个有力警示，从中可以看出，如果一个恐怖主义组织掌握了天花病毒或炭疽菌这样更具杀伤力的病原体并加以散布，将会有何等可怕的后果。我们所面临的挑战是严峻的。所有国家均应加强警惕，制定严格规范并采取行动来阻止大规模杀伤技术的扩散。构建一个更加和平与繁荣的当代世界,需要我们所有人的不懈努力。

阿扎·加特

2021 年 12 月

序言：战争之谜

[ix]本书为作者的雄心之作，其目的是为与"战争之谜"相关的一系列最根本问题寻找答案。人们为何会卷入致命且极具毁坏性的争斗行为？争斗究竟是源于人类天性，还是一种晚近的文化发明？人与人为战的现象是向来就有，还是从农业、国家和文明出现后才开始的？这三者与此后人类历史上更多的重大突破是如何受到了战争的影响，以及如何反过来影响了战争？战争在什么样的条件下——姑且假设存在这样的条件——才能被消灭？它现在已经处于衰落过程中了吗？

这些问题并非首次提出，但从未有人能给出公认的最终答案，以至于问题本身和就其而作的种种解答都已经变得几近陈词滥调。然而事实却是这些问题很少被拿出来加以严格详细的考察，因为它们往往被认为太"大"太空泛，从而不能成为严肃学术研究的主题。战争关乎万事万物而万事万物也关乎战争，因此一部诠释战争并探索战争与人类总体历史发展之间关系的书，几乎就等于一部人类通史和社会综述。与这一主题相关的东西是如此之多，以至于研究者必须阅读各个领域的文献并达到足够的精通程度。以上这些就是着手写作本书前所需满足的先决条件。

在围绕战争这一主题写作的过程中，本书汲取了很多学科和知识领域中的信息和见解。这些学科和知识领域包括：动物行为学、进化论、进化心理学、人类学、考古学、历史、历史社会学，以及政治科学。学科畛域之别往往令每一学科自成一体并对其他学科的方法、视角和知识积累予以无视——如果不是嗤之以鼻的话。每一学科均有其独特的主题领域、优先选择的研究方法、一组突出的研究议题，以及——最后但非最不重要的——独具特色的用词术语、学科历史和当下流行的关注焦点，等等。所有这些共同构筑起了一套学科"文化"并为每一学科通过学术训练加以掌握的"标准研究"设定了准则，定义了什么是好的问题、可接受的答案和[x]得到认可的学术追求。结果就是，和本书中所描述的不同文化、社会和国家一样，学科从业者往往会感到另一学科的人与自己格格不入，其语言怪异难懂，其学术议程也言之无物。甚至在处理跨学科相关议题时，他们也发现彼此间难以沟通或难以将另一学科研究成果应用于自己感兴趣的领域。甚至可以说，在处理跨学科相关议题时尤其容易出现学科间互相怀疑、鄙视甚至冷嘲热讽的情况——有时是合理的，因为每个学科各有其专长和短处。因此人文学科和社会科学的学者长期以来被训练得认为生物学和人类生物学与他们的主题领域基本无关。历史学家常常震惊于社会科学家对各个时代各个地区特殊性的漫不经心态度以及粗糙的建模手法，反之后者则认为历史学家执泥于对特定时代和社会的细枝末节进行重构，无力勾画出任何更广泛更具普遍性的图景。

本书采用了更为广阔的跨学科视角，以期达到整体大于各部分之和的效果，原因在于本书并非对现有知识的概述，或简单的综合，或一本按部就班的教科书，而是意在写成一部完整全面的研究性著作。本书借鉴且极大受益于来自多个学科的研究成果，但同时也提出了一些与前人不尽相同的见解，甚至可能在每一点上均与之针锋相对。俗话说看见树木不等于看见森林，从一种广阔的跨学科视角中能够产生其他情况下容易被忽视的新的重要认识，而这样的认识对特定领域的专门研究者而言也是有益的。当然，一项研究要想在学术上站得住脚，也不能只有森林没有树木；它仍需以现有研究和已知事实为自身坚实基础。为了保证本书达到最严格的标准并对与之相关的各学术共同体产生影响,我事先已将书中讨论的一些主题以论文形式发表在多个相关领域的学术期刊上。为了书中仍不可避免会存在的错讹之处,我在此请求读者的原谅。

不过也应当强调,尽管本书主要是一部学术著作,它亦可供一般读者阅览。我已尽量将那些学者较感兴趣的技术性细节放到注释之中,读者可自行选择[xi]是否略过。更重要的是,我希望通过本书邀请读者加入一场智识上的探险之旅。我抱着极大兴趣阅读材料并进行写作,而这一过程也为我带来了无尽的愉悦。希望读者也能从书中得到类似的愉悦感受。

本书是我花费毕生精力研究战争的最终成果。可能有人会好奇于我对战争的兴趣是否因在以色列成长的经历而得以生根发芽。1967 年 6 月,阿拉伯国家和以色列之间爆发了“六日战争”。当时我刚满八岁,快要上完二年级并学会了流畅阅读。从那时起,战争这一主题便成为我阅读和思考所围绕的中心。沿着这一方向,我完成了牛津大学的博士课程,开始学术生涯,并写下一系列关于现代欧洲军事思想的书籍。通过这些积累,我感到已更有把握来寻求对战争现象的更深层次理解,回答它从根本上因何而起这一问题。虽说我最初受到的是成为历史学家的训练,但我更喜欢研究较为宏观的课题,并在政治学科任教。为了创作此书,我需要熟练掌握很多如同新世界一般的全新领域内的知识。不过,至少在个人层面上,这也是我从中得益最多的一次经历。

本书的写作从 1996 年开始至 2005 年结束共计花去九年时间。最初提笔时,冷战刚结束不久,一个和平的新世界秩序似乎已经降临。完成时则是 2001 年 9 月 11 日发生在美国的袭击之后,非常规恐怖主义的阴霾笼罩世界,而战争也再度成为热门话题并得到公众的广泛关注。这些事件不可避免地在书中——尤其是倒数第二章——留下了印记,但驱使我写作本书的动力和书中的主要论点却是独立于它们之外的。我衷心期望无论是习惯将目光投向过去的读者,还是受当下局势影响而关注战争的读者,都能发现这本目的在于完整全面阐释战争之谜的书对他们的思考有所助益。

2005 年 8 月于特拉维夫

致　谢

[xii]在创作本书的几年里，我不胜荣幸地从很多人和机构那里得到了帮助和支持。朋友和同事拨冗阅读初稿并提出宝贵意见。在我致谢名单中排第一位的是亚历山大·雅各布森（Alexander Yakobson），他是唯一一个在本书完成时已读过全部章节的人；我在创作过程中变得无比依赖于他的智慧指引。亚伯拉罕·本-兹维（Abraham Ben-Zvi）、伊亚尔·丘尔斯（Eyal Chowers）、吉尔·弗里德曼（Gil Friedman）、迈克尔·霍华德爵士（Sir Michael Howard）、保罗·肯尼迪（Paul Kennedy）、罗伯特·利伯（Robert Lieber）、泽维·毛兹（Zeev Maoz）、约翰·穆勒（John Mueller）、杰佛里·帕克（Geoffrey Parker）、尤西·谢恩（Yossi Shain）和戴维·维塔尔（David Vital）均阅读过部分打印稿。我在此向他们深表谢意。

由 R. 奈德·勒伯（Ned Lebow）主持的俄亥俄州立大学莫尚中心的一个年度访学项目，以及乔治敦大学的戈德曼访问教授项目对本书的写作有很大帮助。特拉维夫大学给了我两年学术休假。本书创作所牵涉的部分经费由我作为现任教授的特拉维夫大学埃泽尔·魏兹曼国家安全教席（Ezer Weitzman Chair of National Security）所提供。我在此向魏兹曼家族及经费捐助者埃德瓦·塞罗西（Edouard Seroussi）先生表示感激。受位于圣路易斯的华盛顿大学新制度社会科学研究中心主任伊泰·塞内德（Itai Sened）邀请，我在该中心举办了三次讲座，从中获益良多并尝试提出了我的观点。其他讲座和研讨会中对我帮助较大的还有由罗杰·齐克林(Roger Chickering)和斯蒂格·福尔斯特(Stig Foerster)在华盛顿特区的德国历史研究所组织举办的关于革命战争和总体战的学术会议。

最后,我要向《人类学研究杂志》(*Journal of Anthropological Research*)、《人类学季刊》(*Anthropological Quarterly*)、《人类学杂志》(*Anthropos*)、《战略研究杂志》(*Journal of Strategic Studies*)、由摩根斯·H. 汉森(Mogens H. Hansen)主编的《六个城邦国家文化的比较研究》(*Comparative Studies of Six City-State Cultures*)及《世界政治》(*World Politics*)等刊物的出版者表示感谢,因他们许可我将此前以文章形式发表在这些刊物上的材料用在本书中。

第一部分
最初 200 万年的战争：环境、基因和文化

1　引言:"人类的自然状态"

[3]战争是否无可逃避地根植于人性之中？人类天生的暴力倾向和对待同类时极富攻击性的行为是否有着某种原始的根源？这似乎是人们思索战争之谜时最早想到也是最常问的问题。

不过我们究竟如何观察"人性"呢？除人类之外的所有动物都有着一种或多或少固定的生活方式,大体上由它们的基因所决定,因此也只能相对缓慢地随着生物进化而变化,从而使得这样的生活方式可被认为是"自然"的。正因如此,对于动物可以有动物学,有动物行为学,若以地质年代为尺度的话,还有进化论,但没有动物的历史可言。与之相对,人类将哺乳类的学习能力发展到一个前所未有的高度,挖掘出了惊人的潜力。除了祖先生物学上的遗产外,一代又一代人类自行积累出巨量的典章文物、科学技术、行为模式、交流方式和被称作文化的信仰体系,并将之传递给同时代人以及后裔。远快过生物进化的文化进化极大地改变并分化了人类的生活方式。这可被看作使人得以区别于兽的最主要特性。

人类生活在万花筒般不断流变的多样文化之中。文化之间彼此差异悬殊,但总体上它们均为"人造之物"。我们[4]人类如今与自身物种的起源之间已有天壤之别。结果是,极端的相对主义者、经验主义者和历史主义者往往认定人具有无限的可塑性,质疑是否真有所谓"人的本性"存在。更多情况下,人们均同意在人的塑造这方面,先天与后天、基因与环境、生理与文化以及"硬件"和"软件"紧密交织、几不可分。这两类因素以及它们彼此间频繁的相互影响，是一个研究人类进化这一非凡现象的人必须时时刻刻加以留意的。

不过我们仍可以很肯定地说，在这一进化过程的起点阶段，一种不同于17世纪哲学抽象意义上的人类的"自然状态"曾经存在。在"人属"这一种群约200万年演化的99.5%的时间里，所有种群成员都有着同一种独特的生活方式，也就是作为狩猎—采集者的方式。直到1万年前（进化史意义上可以算须臾之间）在某些地区——其他地区还要更晚——人类才开始转向农业和畜牧业。这一我们将在后面详细探讨的变革，是一场不涉及显著生物学变化的文化革新。也就是说，现代人类几百万年来通过进化而在生理上所适应的仍是狩猎—采集者的生存方式。人类学文本中，"原始战争"这一概念通常被用来描述战争的最初形态，而并未对狩猎—采集者和前国家时代的农民做出区分。尽管这样的分类有一定价值，还是应当意识到，在进化论的意义上这是把所有人类的原始状态和一种较近的文化创新混为一谈了。在更晚近时期被国家和文明的发展所超越的农业社会，只代表了人类历史上的冰山一角，在此之前的漫长时光则因为信息的匮乏而被遮蔽在人们的意识之外。

当然，人类狩猎—采集者的生存方式也从不是千篇一律的。生存方式为了适应不同的生态环境而变得多样化，且与"人属"种群的加速进化共同演变。通过对在非洲发现的10万年前的遗骸所进行的革命性DNA分子研究已经揭示，生活在当今世界上的全体人类均属于"晚期智人"这一物种。如著名的岩洞壁画等晚期智人所留下的[5]卓越文化成就，在距今35000年到15000年的旧石器时代晚期达到了一个高峰，与同时期的考古解剖证据一起，证明了当时的人类和我们现代人在智力上没有差别。50万年前存在过多种古老的智人种类，在他们之前的则是距今200万年前出现的直立人——第一种可被称为"人"的分布于欧亚非旧大陆大多数地方的狩猎—采集者。晚期狩猎—采集者在技术复杂度、工具加工、火的使用、交流水平、事先计划能力——这只是略举几例——等方面，均比在生物学上更加原始的人属先驱们更加精细，也更加成功。① 对于狩猎—采集者之间的差异我在后面还将提及。不过，自"人属"起源直至当下，狩猎—采集者的生活方式中仍有着一以贯之的相似性和连续性。

那么，在不断进化的自然环境和狩猎—采集的生活方式下，人类是否争斗？争斗是他们在外力数百万年的塑造下所形成的固有的适应方式吗？换句话说，人类的进化途径是否导致战争成为"自然"的？或者反过来，争斗是后来随着文化的发展才有的，因此对人类来说是"不自然"的？17 和 18 世纪伟大的航海地理发现令欧洲人得以接触各色各样的土著居民，并启发了托马斯·霍布斯和让-雅克·卢梭二人对这两种针锋相对的经典答案加以充分展开论述。对于霍布斯来说，在人类的"自然状态"下，人们为了利益、安全和名誉而互相仇杀，造成无处不在的、所有人对所有人的战争，导致生命变得"贫穷、龌龊、野蛮和短暂"（《利维坦》）。只有国家的产生以及由其强力所保证的至少是国内的和平，才将人从这种状态中拯救出来。对比之下，根据卢梭的《论人类不平等的起源和基础》，原始人类散居于自然之中，与之和谐相处，和平地利用其取之不尽的资源。卢梭称，只有在农业兴起、人口增长、私有财产、阶级分化和国家强制这些因素出现后，战争和其他所有文明的病症才随之而来。

这两种昔日的见解是如此有启发性和说服力，以至于[6]直至今

---

① 概述可参见：Paul Mellars and Chris Stringer (eds), *The Human Revolution*. Edinburgh：Edinburgh University Press, 1989；Matthew Nitecki and Doris Nitecki (eds), *The Evolution of Human Hunting*. New York：Plenum, 1987；Matthew Nitecki and Doris Nitecki (eds), *Origins of Anatomically Modern Humans*. New York：Plenum, 1994；以及更受欢迎的 Roger Lewin, *The Origins of Modern Humans*. New York：Scientific American, 1993。结合快速发展的 DNA 研究前沿发现的最新著作还有：Stephen Oppenheimer, *Out of Eden：The peopling of the world*. London：Constable, 2003。强调了狩猎—采集者的进化和多样性的著作有：Robert Foley, 'Hominids, humans and hunter-gatherers：an evolutionary perspective', in T. Ingold, D. Riches, and J. Woodburn (eds), *Hunters and Gatherers：History, evolution and social change*, Vol. 1. Oxford：Berg, 1988, pp. 207-21。

日人们的见识与之相比也没有多大变化。在 19 世纪大多数时间里，对欧洲的优越性及其文明不断"进步"的信念达到顶点，霍布斯式的野蛮和残酷的意象主宰了西方人全球扩张时对他人的看法。相反，在 20 世纪，当"进步"信念幻灭而文明的传播削弱了欧洲的优越地位时，卢梭关于原始人的田园牧歌式的描绘开始逐渐主导人类学。

过去的几十年见证了相关领域内实地和理论研究的突飞猛进，大大增广了我们的知识，使一次新的全面彻底解决以上谜题的尝试成为可能。有三个信息和见解的来源尤其值得注意：首先是关于动物攻击性和争斗的研究可用来作为实证背景与人类进行比较；其次是对现存或晚近时期狩猎—采集人群的观察研究，以及关于史前狩猎—采集者的考古发现，提供了解答狩猎—采集者争斗相关问题的实证证据；最后，进化理论提供了一个总体的解释框架。

兽与人

在 20 世纪 60 年代，关于人类为何争斗的问题变得前所未有地令人迷惑，这是因为，当时一些来自科学共同体内部和边缘的关于动物和人攻击行为的不同甚至互相对立的观点，对公众产生了极大影响。

其中一种观点由受欢迎的作家罗伯特·阿特里（Robert Ardrey）在他的《非洲起源》（*African Genesis*，1961）和其他畅销书里加以推介。当时，动物学家相信与人类亲缘关系最近的黑猩猩是素食、非暴力且非地盘性的动物。这一形象与 60 年代"回归自然"的信条能够产生共鸣。阿特里声称人的猿类祖先通过狩猎和食肉与其他猿类分道扬镳，将自己转变成了[7]"杀手猿猴"，且成为以同类相残相食为常态的捕食者。他的这一观点受到了古生物学家雷蒙德·达特（Raymond Dart）对南方古猿头骨样本上的伤痕是武器造成的解释的启发。南方古猿的脑结构与猿相似，但直立双足行走，因此被认为是人属的祖先，构成从猿到人的中间一环。人类所属的进化支在约 700 万年前与黑猩猩分化,其中的南方古猿一直存在到 100 万年前。然而,达特的理论没能坚持多久。20 世纪 60 年代后的古生物学经历了飞跃式发展。过去对南方古猿所知的一切与现在相比不值一提:如今我们知道南方古猿基本上是素食的;没有发现和它们相关的石器工具;而头骨上的伤被认为是豹子造成的。当然,这不等于就证伪了人类通过狩猎和食肉成为杀手的假说。这一假说由人类学家 S. L. 沃西本恩(S. L. Washburn)提出,并在动物学家德斯蒙德·莫里斯(Desmond Morris)的畅销书《裸猿》(*The Naked Ape*,1966)中得以发扬光大。

另一个关于动物和人类攻击行为的极有影响力的观点,是由诺贝尔奖得主、动物行为学鼻祖之一的康拉德·劳伦兹(Konrad Lorenz)在他的《攻击的秘密》(*On Aggression*,1966;德文原版,1963)中所提出的。作为对阿特里的回应,劳伦兹指出动物的种内暴力行为与捕食几乎无关。与一般人印象中不同,食草动物的互相争斗一点也不比食肉动物少,有时甚至更加频繁且激烈。不过,劳伦兹也认为动物与自身同种之间相斗时很少会至死方休。在猎手—猎物关系中,杀戮是必须的,因为捕猎的目的就是要吃掉猎物。相比之下,种内暴力冲突通常是为了争夺资源或交配权。如果对手停止争斗,撤退或表示服从的话,进一步施加暴力是不必要的。根据劳伦兹的说法,示意投降或臣服起到一种关闭胜利者攻击性的生物信号作用。况且,如果对手的意志而非性命是主要目标的话,那么在猎手—猎物关系中作用较小的展示就几乎和蛮力一样重要。通过展示个头、力量或气势,就可以轻易震慑住对手。

劳伦兹在仔细研究各种动物展示力量和表示臣服的方式的基础上,将动物种内的[8]争斗定义为"仪式性"的。这个词容易产生误导。"仪式"表示不过是走过场。然而在这里我们讨论的是高投入高风险高收益的冲突,其中涉及力量的展示和实际使用,以及威慑和强制的意图。阿特里以是否会拼死相搏为标准区别人和黑猩猩,劳伦兹则走得更远,认为只有人会经常杀死同类而其他动物均不会。人类的暴力因此而显得独特且令人费解，需要有针对性的解释。比如说，劳伦兹的解释就是人类武器的致命性在太过晚近的时间里发展得太快，以至于通过缓慢进化而产生的种间暴力抑制机制完全跟不上其步伐。无论如何，我们人类是"曾经行进在大地上的动物中最残忍无情的"这一观点已经被广泛接受了。[2]

在以上观念得以传播的同时，20 世纪 60 年代那些影响广泛的理论背后的基础假设在问世之后，却一个接一个地被科学共同体反转了。比如说，由珍·古道尔（Jane Goodall）于 60 年代中期在坦桑尼亚的冈比（Gombe）所开创，后来又有更多研究者加入的实地研究，历史上首次实现了在自然栖息环境下对黑猩猩生态近距离的、持久且可靠的科学观测，并带来了颠覆性的发现。真相是黑猩猩（以及其他灵长类）并不像人们过去认为的那样是素食者，它们也渴望吃上肉这类更高级的食物。黑猩猩中的雄性——也不排除雌性——彼此合作，如饥似渴地孤立、猎杀其他动物并以之为食，其捕猎对象主要是猴子和小型哺乳动物，但也包括迷路的、虚弱的或幼小的外族群黑猩猩。（草原狒狒也进行狩猎，但没有那么成功。）此外，通常由几十只成年雄性、雌性和幼年黑猩猩组成的族群，也被发现具有高度的地盘意识。雄性黑猩猩巡逻地盘边界，猛烈攻击任何入侵者，包括外族黑猩猩——但孤身前来投奔的雌性除外。它们也经常攻击其他族群的地盘。

古道尔记录了一场两个黑猩猩族群之间长达数年的冲突。其中一个族群的雄性黑猩猩不断入侵，按照成年雄性优先的顺序将另一族群的成员一个个孤立起来杀掉，最终吞并了后者的领地。甚至在族群内部，也能观察到甚至由雌性所挑起的攻击和杀戮，尤其针对那些并非自己所孕育的幼儿。最后，有时还能看到黑猩猩以木棍和石

② Konrad Lorenz, *On Aggression*. London: Methuen, 1966；以及另一位动物行为学的共同创立者和诺贝尔奖得主 Niko Tinbergen, 'On war and peace in animals and man', *Science*, 1968；160：1411-18；Anthony Storr, *Human Aggression*. London: Penguin, 1968, quotation from p. 9。

块互相威胁、击打和投掷。③ 曾在 20 世纪 60 年代文化的浪漫想象中作为人类对立面的黑猩猩，是友好、活泼和[9]聪明的，但同时也是嫉妒、好斗、会互相杀戮甚至开战的，其形象越来越接近我们人类对自身的定位。人类在这方面再也不是例外了。

在争斗和杀戮方面，人类和黑猩猩之间不再被认为存在显著差异，而且人类和动物王国其他成员之间的差异也不复存在了。研究领域的急速扩张极大改变了科学认知。与劳伦兹的论点相反，种内杀戮已被证实属于常态而且是动物的主要死因之一。确实，在成年雄性个体争夺资源和交配权的过程中，弱者或败者未必战斗至死，而是在某个阶段会决定止损并停止争斗。在具有社会性的动物族群中，战败者会表示屈服并留下；若非这种情况，则它们通常会自行遁去。这也适用于狮子、狼、鬣狗、狒狒和老鼠等社会性动物族群之间的争斗。尽管如此，在争斗中造成的重伤也往往会导致动物的死亡，不管是因伤直接致死还是因为受伤限制了其觅食能力。另外，被击败而屈服并失去地位的动物也被证实更容易感染疾病且寿命会缩短。再者，在种间暴力中最为脆弱的是幼年动物。举例说，狮群的新领袖往往会系统性屠杀上一代领袖的幼崽，毫不顾及幼崽的母亲绝望地将它们藏起来的努力。这样做可以使母狮重新进入发情期，从而可以怀上新领袖的后裔，而这在它们还有幼崽要抚养时是不可能的。

雄性叶猴和大猩猩也被观察到有类似的行为。独居动物如狮子以外的大型猫科动物以及熊类，其雄性一旦有机会也会不顾带着幼

---

③　J. D. Bygott, 'Cannibalism among wild chimpanzees', *Nature*, 1972; 238: 410–11; G. Teleki, *The Predatory Behavior of Wild Chimpanzees*. Lewisburg: Bucknell University Press, 1973; Jane Goodall, *The Chimpanzees of Gombe*. Cambridge, MA: Belknap, 1986; J. Itani, 'Intraspecific killing among nonhuman primates', *Journal of Social and Biological Structure*, 1982; 5: 361–8; Frans de Waal, *Good Natured: The origins of right and wrong in humans and other animals*. Cambridge, MA: Harvard University Press, 1996; Richard Wrangham and Dale Peterson, *Demonic Males: Apes and the origins of human violence*. London: Bloomsbury, 1997.

崽的雌性的反抗而做同样的事。出于类似的原因,若有母黑猩猩带
着幼崽加入一个黑猩猩族群,其幼崽也会被该族群的公黑猩猩杀死。
为了消灭实际和潜在的资源竞争者而对同一物种的幼崽、雏鸟和卵
进行的杀戮清除则更加普遍。在那些采取最大化后代数量的所谓"r
策略"繁殖而非精心照顾少量后代("K 策略")的动物中,这一因素造
成了极高的死亡率。最后,年轻的动物在兄弟姐妹之间也会展开激
烈的同胞竞争以求更好的养育照顾。不仅在雏鹰之间,在看上去无
害的动物如兔子之间,一旦遇到食物短缺之类的情形,[10]斗争也是
残酷无情的,较强的个体往往会杀死甚至吃掉更弱的兄弟姐妹。④
自然类纪录片将这些情形生动地展示给千万观众,彻底埋葬了 20 世
纪 60 年代对动物的浪漫想象。

据相关学界权威的估测,人类的种内自相残杀程度至少与其他
动物类似,某些情况下还要恶劣得多。其中某一项研究指出,事实上
人类自相残杀的烈度数倍于任何一个被研究过的哺乳类。⑤ 但相似

---

④ 对多个不同物种所做的研究可参见:C. R. Carpenter, 'Aggressive be-
havioral systems', in R. L. Holloway (ed.), *Primate Aggression*, *Territorial-
ity and Xenophobia*. New York:Academic Press, 1974, pp. 459-96; G. Haus-
fater and S. B. Hrdy (eds), *Infanticide*:*Comparative and evolutionary per-
spectives*. New York:Aldine, 1984; Felicity Huntingford and Angela Turner,
Animal Conflict. London:Chapman & Hall, 1987; I. van der Dennen and V.
Falger (eds), 'Introduction', in *Sociobiology and Conflict*. London:Chapman
& Hall, 1990, pp. 1-19; J. van Hooff, 'Intergroup competition and conflict in
animals and man', in I. van der Dennen and V. Falger (eds), *Sociobiology and
Conflict*. London:Chapman & Hall, 1990, pp. 23-54。亦可参见:Wrangham
and Peterson,*Demonic Males*,尽管他们过于夸张地坚称猿类具有独特性。这一
点在劳伦兹的理论如日中天之时已得到澄清,参见:Lionel Tiger and Robin Fox,
The Imperial Animal. New York:Reinhart & Winston, 1971, pp. 209-10。

⑤ 同样,这一点在 *Tiger and Fox*, *The Imperial Animal*, pp. 208-10 中
已有涉及。尤其应当参照:R. N. Johnson, *Aggression in Man and Animals*.
Philadelphia, PA:Saunders, 1972; Edward Wilson, *On Human Nature*. Cam-
bridge, MA:Harvard University Press, 1978, pp. 103-5; George Williams, ci-
ted in Daniel Dennet, *Darwin's Dangerous Idea*, New York:Simon & Schus-
ter, 1995, p. 478。

性仍然极为显著：动物王国里的大多数杀戮是为了掠食，就像人类的狩猎一样，但同种之间为了食物、配偶和其他重要因素的竞争也导致了严重的杀戮行为，这也和人类一样。因此，在短短数十年内，学术界的立场发生了急剧变化。至少在种内自相残杀这一尺度上，人类已经失去了被虚构出的特殊性，不再被认为是唯一能杀害自己同类的例外存在。

当然，自然界中的各物种在杀戮的规模和形式上并非一致。这取决于各物种独特的适应环境模式，尤其是它们生存和交配的方式，而且在同一物种的不同个体间当然也存在差异。例如，尽管黑猩猩在暴力行为上与人类相似，但更晚被发现的倭黑猩猩却过着无忧无虑的自由性交和非暴力的生活，恰合 60 年代人们对普通黑猩猩的想象。⑥ 因此人类的争斗也必须与背景和细节放在一起审视。人类在"自然状态"下为何争斗，又怎样争斗？这样的争斗可以与动物王国里的主流形态相对照吗？更重要的是，狩猎—采集者究竟打不打仗？或许人类在自然状态下和我们刚才所讨论的那些完全不同，而更像倭黑猩猩那样，是避免战斗和杀戮的特殊群体？霍布斯或卢梭，究竟哪一位是正确的？令人吃惊的是，尽管有着丰富的证据，人类学家在最后一问上仍未达成明确结论。这个问题必须首先解决。

---

⑥ R. L. Susman (ed.), *The Pygmy Chimpanzee*. New York：Plenum，1984；T. Kano, *The Last Ape：Pygmy chimpanzee behavior and ecology*. Stanford，CA：Stanford University Press，1992；Wrangham and Peterson，*Demonic Males*；Frans de Waal，*Bonobo：The forgotten ape*. Berkeley，CA：University of California，1997.

2 和平或好战：狩猎—采集者战斗吗？

[11]卢梭的门徒逐渐主导了 20 世纪的人类学研究，并从自由派对文明的"反自然性"和有害特质的批判中得到声援。这一学派对人类争斗的观点同样于 20 世纪 60 年代引起了公众的广泛关注，至今仍有很大影响力。其中最著名的代表是人类学家玛格丽特·米德（Margaret Mead）。她的文章《战争是一种发明——而非与生俱来》可看作卢梭式观点的缩影。事实上，文章的重点在于标题的后半段。她正确地驳斥了生物学决定主义，指出某些社会好战而另一些并非如此。她对这一现象的解释——争斗是对特定环境做出反应的文化发明——就不那么令人满意了，不过她也清醒意识到了即便最基本的狩猎—采集者社会组织中也有一些卷入了战争，而这在后世的人类学家中并非通识。① 他们当中很多人受否认动物种内杀戮理论的深刻影响，同时影响他们的还有 20 世纪五六十年代所研究的一些狩猎—采集者群体，如卡拉哈里（Kalahari）沙漠的昆布须曼人（! Kung Bushmen）、东非的哈扎人（Hadza），以及中非的俾格米人（Pygmy）当中战争现象的明显缺位。这些人类学家相信，因为狩猎—采集者人口密度低，居无定所且[12]几乎不拥有财产，所以他们没有理由争

---

① Margaret Mead, 'Warfare is only an invention—not a biological necessity', *Asia*, 1940；15；402-5, reprinted in L. Bramson and G. Goethals (eds), *War: Studies from psychology, sociology and anthropology*. New York: Basic Books, 1968, pp. 269-74.

斗。战争被认为是随着后来农业和国家的出现而到来的。这一观点如今在非专业人士中仍有影响，但这是建立在对大量关于狩猎—采集者的证据视而不见的基础之上的。②

对居于主导地位的卢梭主义人类学"原始战争"观的重重一击来自劳伦斯·基利（Lawrence Keeley）无比杰出的《前文明时代的战争：关于和平的野蛮人神话》（*War before Civilization：The Myth of the Peaceful Savage*，1996）一书。通过压倒性的证据，基利彻底摧毁了前国家时代社会是和平的以及战争是更晚近文化产物的信条。不过，他的书也存在重大缺陷，在沉重打击卢梭主义的同时却未能驳倒其核心观点。作为考古学家，基利的研究领域是人类逐渐采用农业和畜牧业的新石器时代。他搜集了全球各地不同时期原始的、前国家的农业社会与战争相关的大量证据。但如同我们前面所说，农业和畜牧业是较晚近的文化发明，仅在 1 万年前才被人类社会所采用。卢梭原本的观点不就是说这些发明导致人类可以积蓄大量食物和其他财产，有了值得为之一战的东西后，才有了战争吗？这只不过是把战争的起源从 5000 年前国家兴起，往前推到 1 万年前人类社会向农业转型而已。根本问题仍然没有得到回答，那就是从 10 万年前晚期智人这一物种诞生——或者不妨放远到 200 万年前人属出现，因人的本性也有前智人时代进化的根源——到 1 万年前这段时期之内，人是和平的吗？因为这段时间内人一直作为狩猎—采集者而生活，前国家农业社会争斗的证据可能

② 关于这一主题的一般性著作可参见如：Ashley Montagu, *The Nature of Human Aggression*. New York：Oxford University Press，1976，pp. 164-80；Richard Leakey and Roger Lewin, *People of the Lake：Mankind and its beginnings*. New York：Anchor，1978，pp. 276-80；Gwynne Dyer, *War*. London：Bodley Head，1985；Robert O'Connell, *Ride of the Second Horseman：The birth and death of war*. New York：Oxford University Press，1995，pp. 29-31，passim.（这本关于战争演化的富于想象力的书中不乏深刻洞见，同时也充斥着奇特想法，且并未参考关于生活在距今较近时期的狩猎—采集者和原始农民的人类学研究成果。）

就不适用于他们。因此,为了真正解决霍布斯和卢梭之争,将狩猎—采集者和前国家时代农民混为一谈的"原始战争"这一概念必须被分解,从而将注意力放在狩猎—采集者身上以考察他们彼此之间的关系。③

对狩猎—采集者的学术研究也是一个在 20 世纪 60 年代后又有高度发展的领域。理查德·李(Richard Lee)和埃尔文·德沃尔(Irven DeVore)编辑的学术会议论文集《作为猎人的人类》[13](*Man the Hunter*,1968)是这一比较研究领域得以奠基的标志。对狩猎—采集者的不断研究揭示出霍布斯式的地狱和卢梭式的伊甸园均言过其实,现实情况是某种更为平庸乏味的混合状态。卢梭说对了的是狩猎—采集者的确劳作较轻,闲暇时间更多,与农民相比其身体也相对更加健康。"原始丰饶的社会"即为 60 年代创造出的描述这些发现的夸张词汇。然而,不时袭来的旱灾或其他有害气候现象威胁着他们的生存,往往会使得人口锐减。更加阴暗的是为了减轻资源压力而导致的杀婴(尤其是女婴)盛行。霍布斯所描绘的没有国家权威下的安全缺失,从而造成泛滥的"战争状态",尽管可能有些夸大,但也不算离谱。和其他人类一样,狩猎—采集者之间常有争端,导致相

---

③ Lawrence Keeley, *War before Civilization*: *The myth of the peaceful savage*. New York: Oxford University Press, 1996;类似观点在更早期的名著如 Quincy Wright, *A Study of War*, *Vol. 1*. Chicago: University of Chicago, 1942, pp. 33-5, 471-8, and 527-59, 569-70 (statistics)中亦有表述。很多学者可能忽视了这部可能是迄今为止此领域内最优秀的著作,即 Maurice R. Davie, *The Evolution of War*: *A study of its role in early societies*. New Haven, CT: Yale University Press, 1929。这样一部旧时的并在很多方面已经过时的作品仍有如此高的地位,实在应当令后世战争研究者汗颜。相比之下,特尼-海常常被引用的著作 Harry Turney-High, *Primitive War*. Columbia, SC: University of South Carolina, 1949 中尽管也搜罗了大量关于战争的证据,其评价却未免过誉。上述所有著作均未区分狩猎—采集者和前国家农民。在基利的书和我关于狩猎—采集者战争的论文出版后,出现了一部对狩猎—采集者投以更多关注,且最终得到与我相近结论的新著,即 Steven LeBlanc, with Katherine Register, *Constant Battles*: *The myth of the peaceful noble savage*. New York: St Martin's Press, 2003。

对任何现代工业社会而言都高出很多的谋杀率。没错，狩猎—采集者群体之间的征战杀戮也相当普遍。

狩猎—采集者生活在被称为氏族（最近的人类学术语则是"本地群"[local groups]）的包含几代人的扩展家族群体中。和黑猩猩一样，这样的群体往往包括 20 到 70 名成员，最典型的是 25 名。和黑猩猩一样，群体绝大多数是父系的，也就是说女性通常来自群外而男性留在群体里，使后者之间保持紧密的血缘关系。和黑猩猩不一样的是，几个家族（本地）群体会共同组成一个区域群。一个区域群或几个有亲缘关系的区域群往往代表一个"方言部落"，有着自己的名称和作为"族人"的独特认同感。取决于周边环境下资源的丰富度，区域群有时会集中居住，或者仅在定期的节日中集合到一起来举行共同仪式，以及订立和履行婚约。④ 计算机模拟显示保持一个通婚圈子平衡和稳定所需的最小数目是 150 到 200 人。⑤ 现实中区域群的规模从 175 人到 1400 人不等，平均常见数目是 500 人。区域群和相邻区域群之间的关系包括交易、共同仪式、同盟——以及战争。

能够维持原始生活方式[14]一直生存到近代的狩猎—采集者少之又少，而且他们在接触到现代世界后也很快被转变了。如今还维持着狩猎—采集生活方式的人并不能完全代表史前时期的狩猎—采集者。前者大多居住在不适合农业的贫瘠环境之中，如极地和沙漠。某些情况下他们是被人口更多的农业社群给挤压到了边陲地带，在那里低声下气以图存。这些苟延下来的狩猎—采集者所居住的环境生产力低下，导致其人口密度也极低：1 平方英里（约 2.59 平方千米）低于甚至远低于 1 人属于常态。他们不断迁徙以维持生存，拥有

---

④ Stephen Perlman, 'Group size and mobility costs', in S. Green and S. Perlman (eds), *The Archaeology of Frontiers and Boundaries*. Orlando, FL: Academic Press, 1985, pp. 33-50.

⑤ H. M. Wobst, 'Boundary conditions for Palaeolithic social systems: A simulation approach', *American Antiquity*, 1974: 39: 147-78.

的财产也极少,结果是实现了很高程度的平等主义。他们之中分工和地位的差异主要取决于性别和年龄。人们对狩猎—采集者的一般印象即来自他们,但这也造成了一定程度的误导。农业发端之前,狩猎—采集者遍布全球,也分布在那些最富饶的生态环境中。很多狩猎—采集者在与西方人初次接触时便居住在此类地方。在这样的条件下,狩猎—采集者的人口密度、生存方式、移动性以及社会规范与更晚近时期的有着显著区别。尽管如此,从最简单的到最复杂的狩猎—采集者社会,争斗现象都不乏明证。

对于覆盖了人类进化史绝大多数时期的更新世(约 200 万年前到 1 万年前之间)的狩猎—采集者争斗的状况,我们的知识还远谈不上完备。来自遥远年代的证据极为稀少,且很难确定其与战争的相关性。石斧、矛头和箭头是多用途的,可能只用在了猎物身上。木制盾牌、皮甲和獠牙头盔这些历史上狩猎—采集者所熟悉的东西又很难保存至今。人骨化石上的伤痕很难断定是打猎或日常意外造成的,还是战斗造成的。⑥ 不管怎样,通过对大量骨骼样本的全面检视,至少能够得出其中一部分是在战斗中受伤的结论。在一些案例中,箭头或矛头还留在头颅和骨头里。有据可查的最初样本是一名 5 万年前的尼安德特人,他的胸口被一个右撇子的对手刺中。另外还有一些更近的[15]尼安德特人受到人形生物致命伤害的案例。距离现在越近,则证据越丰富。保存状况的改善不仅仅是因为自然因素,也因为人们开始埋葬死者。在前南斯拉夫的圣达里雅 II 号洞穴(Sandalja II)发现了一群共 29 名旧石器时代晚期的人集体被砸烂头颅。在前捷克斯洛伐克的旧石器时代晚期墓葬考古中,暴力致伤的痕迹也相当常见。在埃及努比亚地区的捷贝尔萨哈巴(Gebel Sahaba)旧石器时代末

⑥ 对由此造成的考古学上的偏见的批评可参见:S. Vencl, 'War and warfare in archaeology', *Journal of Anthropological Archaeology*, 1984; 3: 116-32。

期墓葬中,超过40％的男人、女人和儿童被石质抛射物所伤,有的受伤不止一处。⑦ 此外,历史上记载过的那些生活方式和旧石器时代晚期祖先相差不远的狩猎—采集者之间进行战斗的证据也相当充分。

在20世纪60年代,一些从不知群体争斗为何物的狩猎—采集者人群得到了广泛关注。这些案例中最突出的是加拿大中部的北极爱斯基摩人。但这并不令人吃惊。首先,他们居住在属地球上最严酷之列的环境中,人口分布极为稀疏。其次,他们赖以为生的资源也是四散分布的,无人能够加以垄断。这些爱斯基摩人并非与暴力绝缘,他们个体之间争吵打斗、血亲复仇和杀人的比例都相当高。此外,居住在他们东西两侧的格陵兰和阿拉斯加海岸不同环境下的爱斯基摩同族,就都是地盘意识强且好战的。⑧ 我们前面提到过的卡拉哈里沙漠昆布须曼人、东非哈扎人和中非俾格米人在60年代人类学中负有崇尚和平的盛名。在世界上仅存的那些按传统

---

⑦ Robert Wenke, *Patterns In Prehistory*. New York: Oxford University Press, 1990, p. 177; M. K. Roper, 'A survey of the evidence for intrahuman killing in the Pleistocene', *Current Anthropology*, 1969; 10: 427-59; Irenaeus Eibl-Eibesfeldt, *The Biology of Peace and War: Man, animals and aggression*. New York: Viking, 1979, pp. 126-7; Martin Daly and Margo Wilson, *Homicide*. New York: Aldine, 1988, p. 144, citing E. Trinkaus and M. R. Zimmerman, 'Trauma among the Shanidar Neandertals', *American Journal of Physical Anthropology*, 1982; 57: 61-76; Christoph Zollikoffer, Marcia Ponce de León, Bernard Vandermeersch and François Lévêque, 'Evidence of interpersonal violence in the St Césaire Neanderthal', *Proceedings of the National Academy of Science of the United States of America*, 2002; 99: 6444-8; 以及引自 Keeley, *War before Civilization*, pp. 36-7 中富有教益的概述。

⑧ 一份最新的优秀研究报告:C. Irwin, 'The Inuit and the evolution of limited group conflict', in J. van der Dennen and V. Falger (eds), *Sociobiology and Conflict: Evolutionary perspectives on competition, cooperation, violence and warfare*. London: Chapman & Hall, 1990, pp. 189-226。对于格陵兰,可参见:Eibl-Eibesfeldt, *The Biology of Peace and War*, pp. 131-6。如同其他很多情况下一样,Davie, *The Evolution of War*, pp. 46-8 中已大致预见到这一点。

方式生活的狩猎—采集者当中,他们获得了一种"典范"的地位。⑨
然而,有清楚的证据表明他们在过去不仅卷入与那些把他们驱赶到
与世隔绝之地的农牧民邻人的争斗,在遇到这些邻人前他们自己也
互相争斗。近期统计的这些人群中的谋杀率相当高,甚至高过工业
化社会里谋杀率首屈一指的美国。只有当加拿大和南非国家的管
辖权降临到他们头上,并通过警察加以维持时,人群中的暴力水平
才有所下降。⑩

尽管如此,我的观点是并非所有狩猎—采集者都始终同样好斗。
人类社会——无论狩猎—采集型的还是农业或[16]工业的——均或
长或短地经历过和平时期。但大多数已知的社会,包括最简单的狩
猎—采集型社会,也不时卷入战争。对属于 37 种不同文化的 99 个
狩猎—采集者群体所做的比较研究显示,基本上所有群体在被观察
时都处在交战状态下,或不久前刚刚停战。根据另一项研究,90%的
狩猎—采集者社会中存在暴力冲突,其中大多数每两年至少卷入一
次群体间战争,和其他类型的人类社会相似或更胜一筹。另一份跨
文化综合研究报告的作者也得出类似结论说:"对狩猎的依赖越深,

---

⑨　E. N. Wilmsen and J. R. Denbow, 'The paradigmatic history of San-speaking peoples and current attempts at revision', *Current Anthropology*, 1990；31：489–525.

⑩　Irenaeus Eibl-Eibesfeldt, 'The myth of the aggression-free hunter and gatherer society', in Ralph Holloway (ed.), *Primate Aggression, Territoriality and Xenophobia*. New York：Academic Press, 1974, pp. 435–57；进一步阐述见 Eibl-Eibesfeldt, *The Biology of Peace and War*, pp. 125–161；Bruce Knauft, 'Reconsidering violence in simple societies：Homicide among the Gebusi of New Guinea', *Current Anthropology*, 1987；28：457–500；Keeley, *War before Civilization*, pp. 28–32, 132–4. 对前班图和后班图时期,描绘布须曼人之间以及布须曼人与其邻人间战斗的充满细节的绘画的分析,见：H. C. Woodhouse, 'Inter- and intragroup aggression illustrated in the rock painting of South Africa', *South African Journal of Ethnology*, 1987；10：42–8；以及 C. Campbell, 'Images of war：A problem in San rock art research', *World Archaeology*, 1986；18：255–67。

则战争的频率也越高。"⑪

前面已提到过,零星散落、居无定所且没有多少财产的简单的狩猎—采集者,是卢梭式理论的核心要素。他们没有什么东西需要争夺,也可以随时迁移到别处来避免战斗,因此必然是和平的。简单狩猎—采集者之所以意义重大,是因为在约 200 万年更新世的绝大多数时间里——直到 3.5 万年前旧石器时代晚期为止——生活过的所有人类显然都属于这一类型。然而,关于这些简单狩猎—采集者的历史证据却显示他们不但战斗,还造成不小的伤亡。确实,在很多已知案例中,可以争辩说是外来的干扰扭曲了原本"纯粹"的狩猎—采集者生活方式。这里就存在着一个难以克服的悖论。狩猎—采集者没有文字记录。关于他们的诸多证据不可避免地是由与他们接触过的识文断字的群体所创作的。在这样的接触发生之前,狩猎—采集者被厚厚的黑幕所笼罩,只有考古学的一两束光芒偶尔穿透黑幕。然而,根据物理学的基本定律,观测本身就会改变被观测者。大多数历史上和近现代的狩猎—采集者都与农牧民有互动,比如说前者往往贪图后者的农产品和牲畜并着手据为己有,而这就会导致暴力冲突。另一些则受到与西方人接触的深远影响。所有这些案例在用来验证卢梭式的假说时,均变成了"被污染的样本"。

一个例子是关于那些美洲和大洋洲的原住民(其中包括狩猎—采集者)的,他们由于不具有免疫力而被来自欧洲的疾病大量杀死。这些疾病[17]很快传播到了那些还没有与欧洲人发生直接接触的地区,在白人到来之前就影响到了当地的人口和社会形态。另

---

⑪　W. T. Divale, 'System population control in the Middle and Upper Palaeolithic: Inferences based on contemporary hunter-gatherers', *World Archaeology*, 1972; 4: 222–43; Carol Ember, 'Myths about hunter-gatherers', *Ethnology*, 1978; 17: 439–48; K. Otterbein, 'Comments on "Violence and sociality in human evolution", by B. M. Knauft', *Current Anthropology*, 1991; 32: 414.

一个例子里,北美大平原地区那些简单的狩猎—采集者在 17 世纪中期从欧洲人那里获得了马匹和枪支,使得持续千年之久的猎杀野牛生活方式发生革命性变化并大为扩张。此后,大平原地区的印第安人开始和欧洲人交易毛皮。这些因素增强了大平原印第安人闻名于世的好战性。尽管得不到考古证据和专家意见的支持,印第安人在与西方接触前是和平的这一理念还是在卢梭主义的高潮时期扎下了根。[12]

因此,问题就在于如何观察到那些尽量"纯粹",尽可能少受与农牧民接触影响的狩猎—采集者,来判断他们是否互相争斗。

简单的狩猎—采集者:澳大利亚"实验室"

对于我们的课题而言,幸运的是有一个近乎理想且范围广大的狩猎—采集者"实验室"或"保护区",历史上相对很少受外界影响。这就是过去完全由土著狩猎—采集者占据的澳大利亚大陆。这一无价而独特的"实验室"在现代人类学著作中令人吃惊地未得到充分重视,学术价值更低的对非洲布须曼人的实地研究的风头反而将其盖过。[13] 欧洲人在殖民时代晚期抵达澳大利亚,第一个定居点建立在 1788 年,此后扩张较为缓慢,遥远的内陆和北部更是长期未触及。欧洲人到来前,澳大利亚没有农民或牧民。整个大陆是约 30 万狩猎—采集者的家园,他们分为 400 到 700 个区域群,每个群的平均人

---

⑫　我们将在适当时候继续讨论与此主题相关的文献。与此同时,关于大平原上长达数千年的野牛狩猎和战争的演化的考古资料,可参见:George Frison, 'Prehistoric, plains-mountain, large-mammal, communal hunting strategies', in M. Nitecki and D. Nitecki (eds), *The Evolution of Human Hunting*. New York: Plenum, 1987, pp. 177-223; Karl Schlesier (ed.), *Plains Indians, A. D. 500-1500: The archaeological past of historical groups*, Norman: University of Oklahoma, 1994。

⑬　然而参见:Kenneth Maddock, *The Australian Aborigines*. London: Penguin, 1973, pp. 21-2。

数为 500 到 600 人。严格说,澳大利亚土著并不是完全"孤立"的:南澳大利亚的原住民在能够被研究前便遭到灭绝;欧洲的疾病[18]波及更遥远的地方,在殖民者与原住民直接接触前就消灭了后者大量人口;而北方的某些土著也与美拉尼西亚的原住民有联系。[14] 尽管如此,澳大利亚土著狩猎—采集者的生活方式是极其简陋的。因为隔绝于世,他们甚至没有约 2 万年前在世界上其他地方就发明出来的弓箭,而根据某些学者的说法,正是弓箭促进甚至直接导致了战争的发端,因其使得人们可以从远处相对安全地进行战斗。所有真正的远距离武器里,只有著名的回旋镖曾被澳大利亚土著应用。虽说如此,就像米德清楚意识到的那样——尽管她的一些同事和学生并不同意——战争就像长矛、棍棒、石刀,以及木制盾牌(最后这个不像其他,显然只能用于战斗而不是狩猎)那样在澳大利亚相当普及。[15]事实上,展示以上全套武器的战斗场面早就在至少有 1 万年历史的土著岩画中得到了充分描绘。[16]

如同某些学者所指出的,即便低人口密度以及在低产出地形上的不断迁移,也并不必然导致人群缺少竞争意识和领地性。低产出的环境只不过意味着需要更大地盘以维持生存。人群分布的稀疏也

---

[14] Harry Lourandos, *Continent of Hunter-Gatherers: New perspectives in Australian prehistory*. Cambridge: Cambridge University Press, 1997. 书中认为原住民人口数目原本要大得多。

[15] Mead, 'Warfare is only an invention', p. 271. 关于澳洲原住民的盾牌,参见:Baldwin Spencer and F. J. Gillen, *The Native Tribes of Central Australia*. London: Macmillan, 1899, pp. 28, 583; A. A. Abbie, *The Original Australians*. London: Frederick Muller, 1969, pp. 117-18, opposite 128。卢兰多斯(*Continent of Hunter-Gatherers*, p. 33)评论道:"群体间竞争的更多方面,在与用于展示和战斗的武器(盾牌、棍棒等)相关的复杂物质文化中得以展现。"然而这也是他书中唯一提到战斗或冲突的一段,在如今的人类学叙事中可谓相当典型。

[16] Paul Tacon and Christopher Chippindale, 'Australia's ancient warriors: Changing depictions of fighting in the rock art of Arnhem Land, N. T.', *Cambridge Archaeological Journal*, 1994; 4: 211-48.

不意味着就有无主之地可供迁居。事实上确实是没有的,因为每一物种都会填满其栖息地并扩张到极限。移动的游牧的生活方式也是在一个存在界限的区域内才能实现的。许多动物物种——例如狮子——需要很大的领地维持生存,因此群与群之间相距很远,且会积极防御各自领地,阻止试图扩张的入侵者。这对人类同样适用。与20世纪60年代人类学给公众带来的持久印象相反,大多数被研究过的狩猎—采集者社会均具有领地性。有些领地条件较好,野生动物种类数量丰富,从而饱受觊觎。对稀缺自然资源如干旱或半干旱地区的水源的竞争甚至更为严重。[17] 此外,像前面提到过的那样,在过去简单狩猎—采集者所居住的地方并不都是人迹罕至的不毛之地,也包括——甚至更多是——这个世界上最为富饶的区域。这样的区域往往位于河岸(尤其河口)、湿地以及海岸,拥有丰富的可利用的野生动植物资源,是激烈争夺的对象。

和别处一样,澳大利亚草木丰茂的环境下有着比贫瘠地带更高的[19]人口密度:前一种情况可达每平方公里2人,或每公里海岸线上6人——一个对于狩猎—采集者而言很高的密度。[18] 这导致与其他群体之间更紧密的接触和更多的竞争。而这样的条件是更新世末期的狩猎—采集者经常遇到的。人类学模型令人信服地显示地盘意识和暴力竞争,与资源密度及获取资源的确定性之间成正比;后者越

---

[17]　Robert Bigelow, 'The role of competition and cooperation in human e-volution', in M. Nettleship, R. D. Givens and A. Nettleship (eds), *War, Its Causes and Correlates*. The Hague: Mouton, 1975, pp. 247-8; Eibl-Eibesfeldt, *The Biology of Peace and War*, p. 129; Edward O. Wilson, *On Human Nature*. Cambridge, MA: Harvard University Press, 1978, pp. 107-9; Timothy Anders, *The Evolution of Evil*. Chicago: Open Court, 1994, pp. 230-2.

[18]　R. G. Kimber, 'Hunter-gatherer demography: the recent past in central Australia', in B. Meehan and N. White (eds), *Hunter-Gatherer Demography*. Sydney: University of Sydney, 1990, p. 180; Maddock, *The Australian Aborigines*, pp. 22-3; David Harris, 'Aboriginal subsistence in a tropical rain forest environment', in M. Harris and E. Ross (eds), *Food and Evolution*. Philadelphia: Temple University Press, 1987, pp. 373-4.

高，为垄断资源而付出的努力就越合算。[19] 话虽如此，即便在澳大利亚中部人口密度通常不超过每50平方公里1人的沙漠里，群体领地也照样存在，其边界被清楚界定并得到例行维护，和那些资源丰富人口众多的地区并无二致。这些领地边界在大陆上纵横交错，总体上都有着相当长的历史。从来没有20世纪60年代人类学家所设想的什么"广袤的公共土地"。澳大利亚土著（以及格陵兰爱斯基摩人，又一个"实验室里的"简单狩猎—采集者典型）实际上都是"被限制的游牧民"或"有根据地的漫游者"，其生活范围在历代相传的家园领地之内，而不是像卢梭式人类学想象中那样自由游猎。图腾和神话赋予领地神圣性，擅自闯入被认为是重罪。陌生人会引起警报且通常会被阻止进入。作为不速之客，他们很可能遭遇咄咄逼人的示威甚至暴力。群体间和群内的争斗相当普遍。[20]

塔斯马尼亚原住民是我们着手研究时很好的出发点，因为他们即便在澳大利亚这个闭塞落后的地区也最为闭塞落后。在欧洲人抵达之初曾有约4000名塔斯马尼亚人。他们的岛隔绝于澳大利亚大陆长达1万年以上，其技术和社会组织是人类所知的最原始的。他们连回旋镖都没有，人口密度也极低。然而他们的群体之间仍存在

[19] R. Dyson-Hudson and E. Alden Smith, 'Human territoriality: An ecological reassessment', *American Anthropologist*, 1978; 80: 21-41.

[20] Gerald Wheeler, *The Tribe and Intertribal Relations in Australia*. London: John Murray, 1910，特别是 pp. 19-20, 29-30, 40, 62-3, 71, 118, 139, passim; 这是一部极好的收纳了这一领域内最初的那些人类学研究成果的著作; Norman Tindale, *Aboriginal Tribes of Australia*. Berkeley, CA: University of California, 1974，特别是 pp. 10, 55-88; M. J. Meggitt, *Desert People: A study of the Walbiri Aborigines of Central Australia*. Chicago: University of Chicago, 1962, pp. 44-6, passim; Maddock, *The Australian Aborigines*, p. 26; Nicolas Peterson (ed.), *Tribes and Boundaries in Australia*, Canberra: Australian School of Aboriginal Studies, 1976，特别是 p. 20; Lourandos, *Continent of Hunter-Gatherers*, p. 33; also Annette Hamilton, 'Descended from father, belonging to country: Rights to land in the Australian Western Desert', in E. Leacock and R. Lee (eds), *Politics and History in Band Societies*. New York: Cambridge University Press, 1982, pp. 85-108。

着杀戮侵袭，且各自划定边界，互相警惕。㉑

到 19 世纪中叶，塔斯马尼亚人被欧洲移民猎杀以致灭绝。澳大利亚大陆上的土著部落则存活了下来。在一次经典实地调查中，M. J. 麦吉特（M. J. Meggitt）研究了澳大利亚中央沙漠的瓦尔比里（Walbiri）部落。该部落领地的人口密度极低，为 90 平方公里 1 人。他调查了瓦尔比里部落与周边[21]地区其他狩猎—采集者部落之间的关系，发现他们和一些邻居保持友好关系，和另一些则相互敌视。后一种情况下，劫掠袭扰和报复性袭扰成为日常：

澳大利亚土著为简单而孤立的狩猎—采集者，几乎不拥有任何财产。他们为研究农业和国家出现前争斗的普遍程度和烈度提供了最好的实验室样本：

欢迎仪式上开始的争吵，阿兰达（Arunta）部落。照片摄于 20 世纪初，当时澳大利亚政府对大陆中央和北部的统治仍是象征性的

㉑　N. J. B. Plomley (ed.), *Friendly Mission: The Tasmanian journals and papers of George Augustus Robinson 1829-1834*. Kingsgrove: Tasmanian Historical Research Association, 1966, pp. 968-9; H. Ling Roth, *The Aborigines of Tasmania*. Halifax: King, 1899, pp. 14-15, 82; Rhys Jones, 'Tasmanian tribes', in Norman Tindale (ed.), *Aboriginal Tribes of Australia*. Berkeley, CA: University of California, 1974, p. 328; Lyndall Ryan, *The Aboriginal Tasmanians*. Vancouver: University of British Columbia, 1981, pp. 13-14.

　　杀戮后归来的袭击小队，受到他们为之复仇的人的女性亲属迎接。阿兰达部落，复仇队（Atninga）

　　土著盾牌：不像矛或回旋镖，盾牌只能用于人与人之间的战斗。盾牌也在前面的图片中出现

　　这个男人的描述表明了瓦拉蒙加（Warramunga）部落（和瓦林加里［Waringari］部落）的越界侵犯不仅仅是因为自身的食物短缺，而是结合了抢夺猎物以及绑架妇女的目的，或者经常只是渴求一战。瓦尔比里部落以武力阻止他们，双方都死了人。此后，瓦尔比里部落会派出作战队伍侵入瓦拉蒙加领地以寻求

报复。如果他们出其不意地袭击了敌人营地并杀死或赶走所有男人，他们就会把找到的女人抓回来。

在 20 世纪初某个时间的记录中，发生了一次规模更大且缘由不同的战斗：

> 直到那以前，瓦林加里部落拥有塔纳米（Tanami）地方的几口水井及其周边地区。为了获得水源，瓦尔比里部落在一次列阵交战中击败赶走了瓦林加里人，吞并了那块地方。以沙漠的标准而言这次交战可谓壮观，双方都死了不下 20 人。㉒

杰拉德·维勒（Gerald Wheeler）翻阅了关于澳大利亚各地的人类学研究报告后，总结出了一些经常导致群体间或群内冲突的因素："女人、谋杀（经常被认为是遭到下咒的后果），以及擅入领地。"㉓

直到 20 世纪之前，热带的北澳大利亚同样几乎不受欧洲人活动影响。然而与贫瘠的中部地区相比，那里的人口密度要高得多，土著狩猎—采集者之间的接触也更频繁。在 20 世纪 20 年代末对北方的阿纳姆地（Arnhem Land）一个土著部落所进行的经典案例[22]研究中，W. 劳埃德·沃纳（W. Lloyd Warner）写道："战争是门金人（Murngin）和周边部落最重要的社会活动之一。"根据沃纳的说法，大多数情况下战斗是为了替死去的亲属报仇，其他原因包括拐走妇女、指控以巫术杀人和亵渎神圣。㉔ 人类学家 T. G. H. 斯特勒罗

㉒　Meggitt, *Desert People*, pp. 38, 42.

㉓　Wheeler, *The Tribe and Intertribal Relations in Australia*, pp. 118, 139.

㉔　W. Lloyd Warner, 'Murngin warfare', *Oceania*, 1930-1；1：457-94；略加修订后收入：W. Lloyd Warner, *A Black Civilization：A social study of an Australian tribe*. New York：Harper, 1958(1937), pp. 155-90；文中所参考的为后一部著作；引文出自第 155 页。

(T. G. H. Strehlow)描述了在阿纳姆地因亵渎神圣指控而导致的一次大规模行动：

> 为了惩罚勒贾巴库卡（Ltjabakuka）和他的族人，意味着要把通常扎营在伊布曼卡拉（Irbmankara）的一帮人全部消灭，这样就没有活口能泄露袭击者的名字。从沿着帕尔默河（Palmer River）的曼吞塔拉（Matuntara）土地上，一大批复仇者被召集起来，还有一些来自南方几个阿兰达人的本地群。领导这批人向伊布曼卡拉进军的是津纳瓦瑞蒂（Tjinawariti），别人告诉我他是帕尔默河曼吞塔拉人的"仪典酋长"，他的名声因作为战士的高超技艺而响亮……在一个所有当地人结束白天觅食返回营地后的夜晚，津纳瓦瑞蒂带着他的人冲进了伊布曼卡拉。男人、女人和儿童被不分青红皂白地屠杀。袭击者凯旋而归时深信他们没有留下任何活口。

然而还是有人活下来报了信。于是：

> （与受害者）关系亲密的西方阿兰达群体可以为伊布曼卡拉的屠杀进行报复。由纳梅亚（Nameia）率领的一小队有经验的战士深入杀戮者的土地。他们必须生存在敌人的地盘上，在两次击杀之间有时要潜伏数周之久，因为他们每次只能抓住机会干掉不超过三个落单者。凭借着耐心和高超的林中谋生技能，他们出色完成使命，最后除掉了津纳瓦瑞蒂。㉕

㉕ T. G. H. Strehlow, 'Geography and the totemic landscape in Central Australia', in R. M. Berndt (ed.), *Australian Aboriginal Anthropology*. Nedlands: University of Western Australia, 1970, pp. 124-5.

人类学家R. G. 金伯尔（R. G. Kimber）从大量研究成果和原始材料中总结出：

> 从考古证据中可以看出暴力冲突自古以来一直存在，很多神话叙事里也体现了这一点。毫无疑问，通常状况下冲突规模很小，极少造成死亡，但"以眼还眼"的律令也会导致长期世仇。后一种情况下发生的大规模冲突甚至会导致人口的锐减。

金伯尔引用了数个大规模冲突的例子，包括斯特勒罗所描述的这一个：

> 大约在1840年，在一个叫纳里瓦尔帕（Nariwalpa）的地方，作为对受到侮辱的回应，[23]"詹得卢旺塔人（Jandruwonta）和皮里亚塔帕人（Piliatapa）杀死了大批迪亚里人（Diari），以至于大地被尸体覆盖"。……斯特勒罗对一场干旱地带的大规模冲突做出了极富戏剧性的描述。据他估计，1875年在芬克河（Finke River）上一个叫流水（Running Waters）的地方发生的一次袭击中，约有80到100名男人、女人和儿童被杀。作为报复，发动这次袭击的50到60名战士里除一人外，均在随后三年里被杀，被杀的还有他们的一些亲属。这意味着两个可识别的"部落"里约20％的人在这场交锋中丧生。

即便在最简单的社会里，也会有为了寻求交易、奢侈品、装饰物以及能够带来荣耀的东西而组织的远征。这就要穿过别人的领地，结果并不总是和平的：

> 为搜集代赭石（red ochre）的远征……意味着从研究区域的东部直到弗林德斯山脉（Flinders Ranges）的旅行……远征

是定期举行的，正常情况下成员都是男性。尽管试图与遇到的群体保持友好关系，远征队还是经常要面临战斗的风险。1870 年左右有一支队伍遇到埋伏，除一人外全部遇难。约 1974 年时一支 30 人的队伍里也是除一人脱逃外其他人均"葬身洞窟"。

金伯尔总结道：

> 证据表明，在那些水源充沛人口密度最高的地带很容易发生大规模冲突，为了寻找高价值产品而组织的擅入他人领地的"旅行"也很容易引发此类冲突。尽管我们无法掌握准确数字，但估计在那些冲突较少的地方每代人里会有 5％死于冲突，而在其他地方则会有每三代人里 20％的高死亡率。[26]

人类学家阿诺德·皮林（Arnold Pilling）就北澳大利亚提维人（Tiwi）中武装冲突的形成、人口影响和终止写道："大约在 1912 年，在鲍德温·斯宾塞爵士（Sir Baldwin Spencer）被一个提维人掷矛误伤后，夜袭行为被有效制止了。"正是这一事件向他们表明了一旦伤害到欧洲人，争斗就不会再被容忍：

> 斯宾塞事件被认为与夜袭和伏击的结束有关，而且貌似令造成死亡的阵战不再发生。然而事实上，晚至 1948 年，仍有人在战斗中被棍棒殴击致死……在旧的模式下，伏击是如此普遍，以至于我们的情报提供者讲到了一种特殊的应对方式……受到威胁的 A 群体很可能搬进红树林，那是一个极为特别且令人不

---

[26] Kimber, 'Hunter-gatherer demography: the recent past in central Australia', p. 163. 长途贸易研究的概述可参见：Lourandos, *Continent of Hunter-Gatherers*, pp. 40-3。

适的生态区位,充满了鳄鱼和泥潭。

[24]关于人口上的影响:

> 必须强调伤亡发生率是和旧的攻击模式以及生活方式相联系的。在 1893 至 1903 年的 10 年内,因仇杀的缘故,25 至 45 岁年龄组的男子中至少有 16 人死于偷袭或事先约定的阵战。这些被杀的人代表了可成为青壮年父亲的这个男性年龄组人口的 10%。㉗

显然,这里的估计和上面金伯尔的估计一样无法做到精确。不过,这些估计极为近似,大体上也与沃纳的观点合拍。在他研究区域的 3000 部落人口中,沃纳记录下"大约 100 人在过去 20 年里死于战争"。考虑到这个区域里他没能准确记录的部分,沃纳将数字翻番,估计 20 年里约有 200 人死于战争。㉘ 应当看到,以上这些估算和来自其他很多原始社会的数据都能吻合。这些数字显示了很高的杀戮死亡率,高于以卷入大规模残酷致命战争而闻名的各工业社会。

即便有这些无可辩驳的证据,对于某些人类学家而言也还是不够的。尽管研究澳洲土著的专家里没有人会认为在欧洲人到来之前土著们不互相争斗,但人类学中却出现了这样一种风气,认为欧洲人的到来改变了一切,因此谁也说不清之前是什么情况。然而,对于这一点我们恰恰掌握了一份有力的证词。1803 年,欧洲人首次登陆澳大利亚后仅 15 年,一个叫威廉·巴克利(William Buckley,1790—1856)的 13 岁英国男孩随第一艘囚犯船被押送到这个新大陆,前往

㉗　Arnold Pilling,引自:R. Lee and I. DeVore (eds), *Man the Hunter*. Chicago:Aldine, 1968, p. 158。

㉘　Warner, *A Black Civilization*, pp. 157-8.

菲利普港(如今的墨尔本)的流放地。他很快就逃跑了,此后 32 年和
土著部落一起生活,直至 1835 年。在那段时间里,他学会了土著语
言并参加他们的日常活动。没有哪个人类学家在这么早的时候能够
像他一样熟知土著的状况。回归"文明"之后,巴克利在一些不同场
合中讲述过他的经历。他的叙述显得极为真实可信,关于土著生活
的每一个方面都可以得到印证。在他的叙述中,提到了十多次战斗
场景,以及构成土著传统生活方式中不可分割一部分的大量寻仇、袭
击和埋伏。㉙ 我在后面将不时引用他的证言。

　　哪怕是外行——奇怪的是,很多人类学家却相反——也会[25]
自然而然推断出大多数狩猎—采集者,包括最简单的居住最分散的
那些,都会经常卷入争斗。况且,他们还生活在对暴力冲突的持久恐
惧之中,这也塑造了他们的日常生活方式。争斗造成的死亡是最主
要的死因之一。大陆规模且孤立的澳大利亚"实验室"在此问题上具
有独特的示范意义,澄清了一些长久以来的疑问,令在"接触悖论"
(contact paradox)基础上产生的,世界其他地方的狩猎—采集者之
间的战争是受外来影响产生从而不够"纯粹"这一理论不攻自破。从
这些证据以及对动物种内致命暴力的全新研究成果中,可以得出结
论认为,争斗是贯穿了人属数百万年进化史的狩猎—采集者生存状
态中不可或缺的一部分。

复杂狩猎—采集者之间的战争

　　因此,与仍然被广泛信奉的卢梭式观点相反,战争并非是一种和
定居点、食物贮藏、财产、高人口密度和社会分化相关联的晚近时代
的发明。不过,尽管这些人类生活方式中的革命性变化并未造就战

　　㉙　John Morgan, *The Life and Adventures of William Buckley*: *Thirty-two years a wanderer among the Aborigines of the unexplored country round Port Philip*. Canberra: Australian National University Press, 1980(1852).

争，但它们是如何影响战争的呢？

总的来说，上面这些变革均与约 1 万年前农业的发端有关。某些情况下，它们早于农业而发生。从旧石器时代末期开始，哪怕没有农业的协助，变革也在世界上最富饶的一些生态区位中开启了。前面说过，生物种类最为丰富的区域往往坐落在水源充沛的地方，如湿地、湖泊、港湾、河口，以及海岸。在这类区域中的某些地方发展出了所谓的复杂型狩猎—采集者社会。这表明人口密度更高；区域群里的扩展家族群住得更近，形成较大的聚落；定居倾向更强，产生了具有季节性的食物贮藏和保存技术——也就是说不光是"采"，还要"集"；开始广泛从事手工艺和贸易；也开始拥有可观的财产，富者和强者能够独占[26]资源最丰富的土地。⑳ 很可惜的是，我们仅在很有限的一些案例中能得到关于复杂狩猎—采集者社会的完善证据。幸而这些案例也足以为我们讲述永恒战争阴影笼罩下的人生故事。

资源丰富并非复杂狩猎—采集者社会得以发展的唯一先决条件。生物学上的现代人类也是必需的。显然只有我们晚期智人这一物种能够有效开发资源丰富的环境，使之足以永久支撑大量人口聚集。水生资源的开发尤其需要有高效的渔业技术，而这在晚期智人之前是不存在的。㉛ 此外，只有生物学上的现代人类才拥有发达的沟通和社交技能，使大规模复杂社会中的生活成为可能。最早的有记录的复杂狩猎—采集者生活在 2 万年前的旧石器时代末期，于法

㉚ 一般而言可参考：S. Koyama and D. Thomas (eds), *Affluent Foragers: Pacific coasts east and west.* Osaka: National Museum of Ethnology, 1979；T. Price and J. Brown (eds), *Prehistoric Hunter-Gatherers: The emergence of cultural complexity.* Orlando, FL: Academic Press, 1985；Robert Bettinger, *Hunter-Gatherers.* New York: Plenum, 1991, pp. 64-73。

㉛ David Yesner, 'Life in the "Garden of Eden": Causes and consequences of the adoption of marine diets by human societies', in M. Harris and E. Ross (eds), *Food and Evolution.* Philadelphia: Temple University Press, 1987, pp. 285-310.

国南部的多尔多涅(Dordogne)地区被发现，那里也是世界上被古人类学家最彻底研究过的地方。在那段时期内，多尔多涅地区的环境极为多样化，拥有湖泊、河流、森林等多种地形。约1.1万年到7000年前的中石器时代，由猎人、渔夫和搜集者所组成的复杂狩猎—采集者社会扩散到了整个法国南部和西班牙北部。这一时期其他复杂狩猎—采集者人群存在的证据在乌克兰、日本、丹麦和黎凡特均有发现。所有案例中的考古记录均显示有高密度的人口、精美的文物、对远方而来的原材料的运用、广泛的交换，以及堆满文物的壮观的古墓——这是考古学家判断一个富有的精英阶层以及发达的社会分层存在的标准迹象。

史前时代的麻烦在于它无法言说的特性。文物是沉默不语的。没有文字，就不能讲故事，就不会有关于行为、思想和社会生活的可靠记录。不过，在旧石器时代末期的法国南部和西班牙北部，黑暗之幕部分被一种仅次于人类语言的东西穿透：在此地区诞生并蓬勃发展的人类艺术形式被很好地保存下来。毫无疑问，这一艺术勃兴最著名的标志就是精美的旧石器时代晚期岩洞绘画艺术。从历史学[27]角度看，不幸的是，旧石器时代晚期绘画的主题几乎都是栩栩如生的动物。人类主题只占其中的3%，且相对于动物而言画得较为简略。只有一个人类形象看上去是被箭给射穿了。㉜ 不过，在西班牙东部沿海地带的中石器时代（约公元前1万年到公元前5000年）岩画中，表现人类的内容上升到了总数的40%。㉝ 其中包括了对几个战斗场景的描绘——尽管也有一些否认狩猎—采集者会从事战争的人将之解释为仪式或舞蹈。

㉜　P. G. Bahn and Jean Vertut, *Images of the Ice Age*. New York: Facts on File, 1988, pp. 152, 154.

㉝　John E. Pfeiffer, *The Creative Explosion: An inquiry into the origins of art and religion*. New York: Harper & Row, 1982, pp. 151-2.

西班牙东部沿海地带描绘战斗场面的中石器时代岩画：

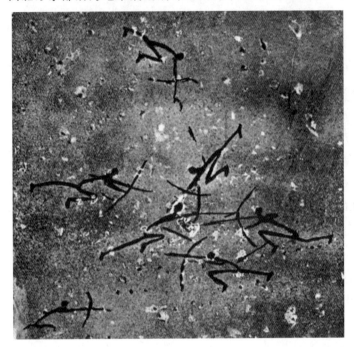

战斗中的弓箭手

战斗场面

被箭射中的战士

"处　决"

　　近年来的研究使我们得以了解和欧洲岩画同样古老的澳大利亚土著岩画艺术。根据[28]对北澳大利亚阿纳姆地 650 个遗址所进行的一项研究，其中最古老的那些岩画描绘了大型动物，但没有人类。也是从约 1 万年前开始，图画中的人类主题开始变得越来越突出，出现了大量的战斗场面。最初,表现的[29]大多是很少几个或一小群人之间的战斗,但从约 6000 年前开始出现大规模交战的场面:一场战斗中有 111 个人参与,还有 68 人以及 52 人的。研究报告的作者合理推断规模更大的战斗队伍反映了那段时期内,更密集而复杂的人类聚落在阿纳姆地发展起来。㉞ 史前岩画对战斗场面的描绘以及更晚时期关于澳大利亚中部沙漠的战争的证据显示,在人口稀少和密集的地方均存在争斗现象。可明显上溯到前班图(pre-Bantu)时代(即前农业时代)的南非布须曼人对战斗场面的描绘——其中最大的一个场面里一方有 12 人而另一方有 17 人加 11 名"后备军"——亦可作为旁证。㉟ 持盾战士的形象同样出现在北美平原地区逐野牛而居的狩猎—采集者创作的史前岩画中。㊱

[30]欧洲中石器时代考古记录中也有暴力死亡的证据:

> 德国的欧夫内特洞穴(Ofnet Cave)里最为阴森恐怖的发现是窖藏的两堆头骨"战利品",像"篮子里的鸡蛋"一样摆放着,里面有 34 个男人、女人和儿童被砍下的头颅,其中大部分头骨上面能看到被石斧击穿的多个破洞。㊲

卢梭的追随者把这些艺术和考古的证据解读为战争仅仅是更多人口和更复杂社会条件下的竞争产物。还有些人把战斗场景与约 2 万年前弓箭的发明联系在一起,认为是远程杀人的能力激发了战争的产生。然而,由丰富多样的澳大利亚资料可知,这两种说

㉞ Tacon and Chippindale, 'Australia's ancient warriors'.

㉟ Woodhouse, 'Inter- and intragroup aggression';亦可参见:Campbell, 'Images of war'.

㊱ John Ewers, 'Intertribal warfare as the precursor of Indian warfare on the northern Great Plains', *Western Historical Quarterly*, 1975;6:399;J. D. Keyser, 'The plains Indian war complex and the rock art of writing-on-stone, Alberta, Canada', *Journal of Field Archaeology*, 1979;6:41-8.

㊲ Keeley, *War before Civilization*, p. 38.

法都是错的。最严重的思维误区之一就是因只能在夜晚的路灯灯光下找到硬币，于是便认为所有硬币都掉在路灯下面。战斗由新发展出的艺术形式（尤其其中更晚近的描绘了人类形象的那些）所记录这一事实，并不表示战争是和这些艺术形式同时出现的。使中石器时代甚至旧石器时代晚期关于战争的考古迹象不像之前那些那么容易引发争议的实际原因是定居化的逐渐成熟。定居生活留下了堡垒、被焚毁的定居点、大规模群体墓葬以及艺术形式等对于考古而言不可或缺的证据。这些证据在定居化之前都必定不会存在。

　　无论如何，为了更好了解复杂的狩猎—采集者社会以及战争的问题，我们需要比图画和考古记录更好的东西：书面记录。毋庸讳言，这样的记录只在历史上那些识文断字的群体遭遇上复杂狩猎—采集者时才能得以书写。这不是一个容易达成的要求。总体而言，当有书写能力的文明发展起来时，世界上那些过去曾被复杂狩猎—采集者社会所占据的膏腴之地，早就落到了农民手里。有书写能力的文明要与复杂狩猎—采集者——不是在生产力低下的边缘地区较容易发现的那些简单类型——相接触，就要有发现一个新世界那样的历史机缘，要不然只能靠时光旅行了。新旧世界的相会确实在欧洲人发现美洲时实现了。为避免误解应当声明一下，当时美洲[31]的大部分地方也早就被农民据有。不过，仍存在着一个复杂狩猎—采集者繁衍生息的主要地区——北美洲的西北海岸。

　　自从杰出的人类学家弗朗茨·博厄斯（Franz Boas）19世纪末先驱性的研究以来，北美大陆西北海岸已成为一个关于复杂狩猎—采集者的梦幻实验室，正如澳大利亚之于简单狩猎—采集者那样。由于和其他地方的农民基本不相往来，且与西方人的接触也迟至18世纪末才开始，西北海岸在作为研究对象的"纯洁性"上是可以和澳大利亚相媲美的。此外，它也和澳大利亚一样广阔而多样，从而可以构成具有更强代表性的多个案例，而非单独一个可能受偶然因素影响

的案例。从美国大陆西北诸州穿过加拿大直到阿拉斯加的长约
2500 英里(约 4023 千米)的带状海岸区里,居住着数十个操不同语
言的"民族",他们又分为数百个"部落",大多数是印第安人,但也包
括阿拉斯加海岸的爱斯基摩人。每个民族的人口数从几百到几千不
等。区域群有时也会组成高度松散的联盟。

　　和在澳大利亚最丰腴的环境中一样,西北海岸最南端的某些
地区人口密度可达每英里(1 英里约 1.6 千米)海岸线上 8 人(某些
地方甚至有 20 人)之多,相当于每平方英里(1 平方英里约 2.6 平
方千米)3 到 5 人。与西方人初次接触时,这一地区的美国本土和
加拿大部分据估计有 15 万人,若加上阿拉斯加则可在人口上轻松
超越干旱贫瘠之地占了大半的澳大利亚。㊳ 西北海岸极为丰富的
海洋资源——尤其是溯河洄游的鲑鱼——是该地区较高人口数量
和人口密度的关键所在。操控独木舟的技巧也使居民能够从事深
海渔业。针对海生哺乳动物的狩猎颇为盛行。充足的陆地猎
物——大多数是鸟类,也包括南边的鹿和北边的驯鹿——亦可为
当地人的食谱提供补充。季节性食物被贮藏起来加以保存。然

㊳　关于西北海岸的学术文献极为丰富。其中一篇将重心放在战争相关证
据的综述型文献为:R. Brian Ferguson (ed.), 'A reexamination of the causes
of northwest coast warfare', in *Warfare, Culture and the Environment*. Orlan-
do, FL: Academic Press, 1984, pp. 267-328, and 273, 298 (关于人口密度)。
关于该地区北部,可参见:Wendel Oswalt, *Alaskan Eskimos*. San Francisco:
Chandler, 1967, pp. 2-10, 113-15; Ernest S. Burch, 'Eskimo warfare in north-
west Alaska', *Anthropological Papers of the University of Alaska*, 1974; 16:
1-14; 以及:Ernest S. Burch and T. Correll, 'Alliance and conflict: interregion-
al relations in north Alaska', in L. Guemple (ed.), *Alliance in Eskimo Socie-
ty*. Seattle: University of Washington, 1972, pp. 17-39。亦可参见:Elizabeth
F. Andrews, 'Territoriality and land use among the Akulmiut of Western Alas-
ka', in E. S. Burch and L. S. Ellanna (eds), *Key Issues in Hunter-Gatherer
Research*. Oxford: Berg, 1994, pp. 65-93; Brian Hayden, 'Competition, labor,
and complex hunter-gatherers', 同上, p. 236; Leland Donald, *Aboriginal Slav-
ery on the Northwest Coast of North America*. Berkeley, CA: University of
California, 1997, p. 17。

而,这片看上去相当丰裕的长条土地上仍然充斥着血腥的战争。和澳大利亚一样,从未离去的战争阴影影响了人们的整体生活方式。

对于西北海岸武装冲突的盛行,战争亲历者和外部观察者给出了多个原因。首先是对资源的激烈争夺。丰裕这一概念具有[32]一定误导性,因为丰裕都是相对的。最重要的相对因素就是需要填饱肚子的人的数量。一个地区的资源越丰富,从外面吸引来的人就越多,同时内部的人口增长也更快。如托马斯·马尔萨斯指出的那样,在人类历史上所有的前工业社会,资源和人口的比例最后都会达到一个临界点,即仅能维持生存的最低限度。无论在群体及民族之内或是之间,总会有人过得更好,另一些人则过得更差。比如说,控制了富饶河口地区的人或群体,其境况就比住在无河流海岸上的、河流上游的或最差情况下身处内陆的那些人或群体更为优越。在群体内部,丰富的资源是在穷人和富人、贵族和平民之间形成发达社会等级的根源,这一现象在较富饶的南方地区尤其显著。等级阶梯的两个极端是奴隶和拥有这些奴隶并迫使他们为自己工作的豪强。各民族以及各区域群所据有的资源差异明显,境况不佳者会眼红于他人手中资源丰富的膏腴之地,从而造成永无止境的边界争执,并进一步引发战争。领地间的边界是众所周知的,死亡的威胁使得人们一般不敢跨越。没有亲戚在的地方,人们就会觉得不能安全前往。群体的领地范围通过典礼和仪式加以认证。壮观的巨型印第安图腾柱是该地区著名的产物,被用来标识氏族领地。取决于时机、相关的人和货物等特定因素,偶尔会有一些商路开放。这种情况下穿越边界必须遵循传统的规矩和惯例。不然的话,陌生人会被当作敌人,擅入者将受到攻击并被杀死,往往在死前还要受一番折磨。人与人之间的猜疑根深蒂固。除了领土扩张外,不可避免的季节性的或其他自然原因导致的食物短缺及压力也是外来袭击的常见原因。尤其在饥荒时期,战斗队伍会四出劫掠更富足的邻人储藏的食物。掠奴也是一个始终存在的威胁以及战争的起因。

对妇女的绑架相当常见。㊴

　　事实上,贪欲和饥饿并非争斗的全部理由。充裕或不足不仅是相对于需要养活的人口而言的,也是相对于不断扩张、永无止境的人的需求和渴望而言的。吊诡的是,资源越来越丰富时和资源短缺时竞争都会变得更加激烈。资源的充裕将令竞争形态和表现方式更为复杂,令人与人之间的鸿沟加深,分化加剧。㊵ 像澳大利亚[33]土著群体里的长老和西北海岸的"贵人"(big men)那样的富人有能力供养更多妻子,因此也确实这样做了。为了女人而引发的敌意是暴力致死的主要原因,有时甚至是最主要的原因。此外,人消费简单基本的生活用品的能力根本上存在一个上限,但消费起精加工的高级产品来就毫无止境了,所谓由俭入奢易。人类社会中最初的炫耀式消费现象便诞生于复杂狩猎—采集者社会。这类消费品的一个重要类别是那些能为主人增光的装饰物。通过发达的商路,以食物盈余作为交换,用珍稀或异域原材料精心打造的饰物被运送进来。在旧石器时代晚期的欧洲和北美西北海岸诸文化的考古记录中均发现了类似物品。它们包括用象牙、黑曜石、贝壳、骨头和动物的角所制成的珠宝、雕像以及带有艺术性雕刻和装饰的实用工具。精美的羽饰或高级衣物因难以保存而不多见于考古记录,不过我们知道这些也是被希求的对象。最后,西北海岸印第安人也因一种在其他"原始"或不那么原始的社会中同样可见的社会现象而著名——也就是所谓的

㊴　Ferguson, 'A reexamination of the causes of northwest coast warfare', pp. 273-4, 278, 282, 285, 298, 312; Donald, *Aboriginal Slavery on the Northwest Coast of North America*. 大规模强占土地的案例可参见:Philip Drucker, *The Northern and Central Nootkan Tribes*. Washington, DC:Smithsonian Institute, 1951, pp. 332-65; Philip Drucker, *Cultures of the North Pacific Coast*. San Francisco, CA:Chandler, 1965, pp. 75-6; Oswalt, *Alaskan Eskimos*, pp. 179-90; Burch and Correll, 'Alliance and conflict', pp. 21, 24-5, 33-4; Andrews, 'Territoriality and land use among the Akulmiut of Western Alaska', pp. 82-93。

㊵　在人类学研究领域,这些观点的主要提倡者为布莱恩·海登,例如在 Hayden, 'Competition, labor, and complex huntergatherers' 中。

斗富宴。为了让自己声名远扬，"贵人"们举办提供海量食物的大型社交宴会，而且真刀实枪地在宴会上毁坏自己的各种宝贵财产，以显示其富有。出于积累财富这一目的，人们需要控制资源丰富的地区，需要垄断贸易或驱使大批奴隶为自己劳作，从而令对武装力量和战争的需求成为常态。

像其他所有狩猎—采集者那样，西北海岸的人也有着除物质以外的多种多样的争斗动机——这一点对"原始战争"或其他任何形式的战争均能成立。事实上，他们经常把对侮辱和损害的报复、血亲复仇、追求荣誉以及猎头记功这样的动机放在更优先的位置。我将在后面的章节中回过头来更系统地讨论动机问题。和在所有其他狩猎—采集者案例以及"原始"致命冲突中一样，西北海岸的战斗既包括少数几个人参加的伤亡很少的小规模事件，也包括几百人参加的可能导致大批伤亡的大规模事件，甚至还有独木舟远征队在大洋中航行数百英里投入战斗的记录。为了应对无时无刻不在的战争威胁，定居点被建在易守难攻的地段，且常以[34]栅栏和壕沟加固。如秘门、暗道、藏身所、夹壁、格栅以及带刺滚木等复杂机关均被应用在定居点中。㊶ 我将在第 6 章中更详细地讨论战争的模式。

白人的抵达开启了西北海岸的一个新阶段。从 17 世纪末起，当地人与俄国军舰、商人和贸易点之间建立了定期且越来越密切的联系。美国商人也接踵而来。贸易的通常形式是用当地出产的毛皮换取金属工具、衣物、玻璃珠和火器等西方商品。财富的新来源

㊶ Franz Boas, *Kuakiutl Ethnography*. Chicago：University of Chicago，1966，pp. 105-19；Drucker，*The Northern and Central Nootkan Tribes*，pp. 332-65；id., *Cultures of the North Pacific Coast*，pp. 75-82；Oswalt，*Alaskan Eskimos*，pp. 178-90，246；Burch and Correll，'Alliance and conflict'，p. 33；Burch，'Eskimo warfare in northwest Alaska'，p. 7-8；Ferguson，'A reexamination of the causes of northwest coast warfare'，p. 272；Andrews，'Territoriality and land use among the Akulmiut of Western Alaska'，p. 83；Donald，*Aboriginal Slavery on the Northwest Coast of North America*，especially p. 27.

以及对这一来源的争夺加剧了原住民中的社会分化以及战争。奴隶劳动变得更有价值，蓄奴也更加普遍，最富的人拥有多达数十个奴隶。部落、氏族和唯利是图的"贵人"们争先恐后，希望在有利可图的贸易中插一手或将其垄断。根据西方观察者的记录，19 世纪大多数时候此地战乱频仍。直到西方人的统治牢固建立，战争才得以终止。

某些人类学家，如 R. 布莱恩·弗格森（R. Brian Ferguson），提出观点认为西方商品在 17 世纪更早的时候就已通过间接渠道打入这一地区，因此西方商品的流入一定程度上造成了这段时期内竞争的加剧，以及通过年长的当地知情者的叙述得以揭示的好战性的增长。但是在接触的早期阶段，西方商品的间接渗透规模不可能很大。而且，这些人类学家不得不认可其他人的研究成果并承认西北海岸战争的历史已经相当悠久，远早于"最初的接触"。我们手里拥有不少于 4000 年时间的证明战争存在的考古学证据，其间几乎没有明显变化。语言学证据表明通过战争而建立的奴隶制在这一地区也很古老。[42] 确实，原住民所使用的由几层皮革制成的皮甲，或由木质甲片或木条制成的木甲——一种被 18 世纪末最早的白人探险者详细报道过，如今收藏在博物馆里的特殊战斗用具——在白人到来后变得越来越少见。但那显然是因为火枪的威力使其沦为无用之物。平原印第安人的盾牌和皮甲也出于同样原因而走上了

----

[42] Ferguson, 'A reexamination of the causes of northwest coast warfare', pp. 271, 272-4, 278, 285, 298, 312；根据：George MacDonald, *Kitwanga Fort National Historic Site, Skeena River, British Columbia: Historical research and analysis of structural remains.* Ottawa: National Museum of Man, 1979, 以及后者其他未发表的研究报告。同样指出在西北海岸的阿拉斯加和其他地区，复杂狩猎—采集者和战争已存在 1000 年之久的还包括：David R. Yesner, 'Seasonality and resource "stress" among hunter-gatherers: Archaeological signatures', in Burch and Ellanna, *Key Issues in Hunter-Gatherer Research*, p. 237; Burch and Correll, 'Alliance and conflict', p. 24; Burch, 'Eskimo warfare in northwest Alaska', p. 1; Donald, *Aboriginal Slavery on the Northwest Coast of North America*, pp. 27, 205-9。

下坡路。㊸

然而争论并未就此终止。弗格森和其他一些人将论点扩展到包括中南美洲的园艺种植者，[35]继续援引"接触悖论"（即上面提到过的观察者悖论），声称西方人的到来在所谓"部族区域"内深刻改变了原住民的战争形态。他们造成过一阵轰动，不过大体而言有些虚张声势。既然这些人类学家无法否认与西方人初次接触前，土著内部便存在着普遍而残酷的战争，而且不得不在著作中加以提及（尽管是蜻蜓点水式地一带而过），那他们的论点，或者说经批驳后残余下来的论点，就没有多少意义了。㊹

㊸　Erna Gunther, *Indian Life on the Northwest Coast of North America, as Seen by the Early Explorers and Fur Traders during the Last Decades of the Eighteenth Century*. Chicago：University of Chicago，1972，pp. 14，43，114，133，159，187. 关于阿拉斯加海岸的爱斯基摩人的甲胄和盾牌可参见：E. W. Nelson，*The Eskimo about Bering Strait*. Washington，DC：Smithsonian Institute，1983(1899)，p. 330；Robert Spencer，*The North Alaskan Eskimo*. Washington，DC：Smithsonian Institute，1959，p. 72；Oswalt，*Alaskan Eskimos*，pp. 186，188；Burch，'Eskimo warfare in northwest Alaska'，p. 5。关于大平原印第安人可参见如：F. R. Secoy，'Changing military patterns on the Great Plains'，*American Ethnological Monographs*，1953；21；Ewers，'Intertribal warfare'，pp. 390，401。

㊹　Jeffrey Blick，'Genocidal warfare in tribal societies as a result of European induced culture conflict'，*Man*，1988；23：654-70（此文相对于假定存在"前接触"和平状态的众多著作是一个例外）；R. Brian Ferguson，'A savage encounter：Western contact and the Yanomami war complex'，in R. B. Ferguson and N. Whitehead（eds），*War in the Tribal Zone*. Santa Fe，NM：School of American Research，1992，pp. 199-227，特别是第 225 页；R. Brian Ferguson，*Yanomami Warfare*. Santa Fe，NM：School of American Research，1995，特别是第 14 页；Neil Whitehead，'The snake warriors—sons of the tiger's teeth：A descriptive analysis of Carib warfare，ca. 1500—1820'，in J. Haas（ed.），*The Anthropology of War*. New York：Cambridge University Press，1990，pp. 146-70，特别是第 160 页。他们受到了基利的严厉批评，参见：Keeley，*War before Civilization*（p. 20）；但得到了试图淡化复杂狩猎—采集者战争的卢梭主义者奥康奈的赞同，参见：O'Connell，*Ride of the Second Horseman*，p. 49. 我对他们的更完整批判可参见：A. Gat，'The causes and origins of "primitive warfare"—reply to Ferguson'，*Anthropological Quarterly*，2000；73：165-8。

从我们对澳大利亚和北美西北海岸两个狩猎—采集者"梦幻实验室"的观察中可以总结出如下观点:它们清楚地表明了,来自各色各样原初状态下土著社会里的狩猎—采集者,无论是简单型的还是复杂型的,彼此间都互相争斗。人们即便从血腥的冲突中稍得喘息,也要为下一次冲突做好准备。对冲突的恐惧使人们各据一方划界自守,令他们必须时常保持警惕,并采取有针对性的自保措施。战斗中的杀戮是主要死因之一。争斗在复杂狩猎—采集者中要比在简单狩猎—采集者中更为频繁和激烈吗? 将更高的人口密度、更集中的资源以及对财富和声望的激烈竞争这些条件代入被广泛接纳的人类学模型,答案似乎是肯定的,但现如今已无法实际加以验证。致命的冲突在有更多人群聚集的地方貌似总是更为普遍,然而以杀戮在总死亡率中的占比来计算的按人口平均的暴力水平,是否在简单的狩猎—采集者中就更低呢? 若以上面引用过的金伯尔的粗略估算为依据的话,那么确实如此,但并未达到数量级上存在差异的程度。简单狩猎—采集者同样互相争斗,也承担因此导致的所有那些同样的后果。[45] 我们可以信誓旦旦地说在进化的自然环境中,遵循进化产生的自然生活方式并被人类数百万年的进化史所塑造的狩猎—采集者,的确会普遍卷入彼此之间的争斗。在这个意义上,与其说争斗是晚近的文化"发明",倒不如说它即便不是"自然"的,它对于人类而言也毫无疑问并不是"非自然"的。但为何如此呢? 这一危险而致命的行为究竟在进化论上有无道理可言?

---

[45]　类似结论可参见:Burch, 'Eskimo warfare in northwest Alaska', p. 2。来源于:Keeley, *War before Civilization* (p. 202, Table 8.3) 中的汇总数据也无法证明更低的人口密度必定会导致更少争斗。

3 为何争斗？进化论的观点

内在但可选择的策略

[36]若战争并非晚近的文化"发明"，那它是人性中固有的一部分吗？如果是的话，那么以何种方式？说战争根植于人性的观点可谓颇有来历，可上溯到希伯来《圣经》中的箴言"人从小时心里怀着恶念"（《创世记》8.21），并在后来的基督教教义中留下印迹。自那以后，这一观点以多个版本和形式反复出现。第一次世界大战后，它在齐格蒙特·弗洛伊德等人的推动下得以复兴。像他同时代的很多人一样，弗洛伊德对一战中狂暴的流血和毁灭感到惊愕困惑，紧接着看到又一次大战的暗云逐渐笼罩。在他对精神分析学的全新阐述以及写给阿尔伯特·爱因斯坦的两封著名信件里，他试图解释为何被包括他自己在内的有教养的欧洲人认为是人类发展巅峰的19世纪欧洲文明大厦，如此轻易地坍塌了。弗洛伊德一向认为文明建立在人类原始冲动的不牢固基础之上。然而，在这个毫无目的、毫无理性的动荡时代，他感到有必要在他的理论中添加一个新的要素。他提出，除了性本能也就是生命本能之外，人还有着一种毁灭性的、实际上是自毁性的冲动——也就是"死亡本能"。尽管像其他所有本能一样，[37]死亡本能随着文明的进步日益受到压制，但它仍具有撕破脆弱的文明表象的能力，从未被彻底制服。为了解答何以如此的问题，弗洛伊德的确也尝试了为其论点寻求生物学的甚至进化论的支持。然

而人怎么会拥有一种如此有害于他自己的生存和福祉的荒谬的"死亡愿望"呢？弗洛伊德不得不承认这样一套摩尼教式（Manichaean）二元对立冲动的理论，实在是有点像"某种神话"，并为此向爱因斯坦表示歉意。① 他的精神分析学门徒也对这一后期的理论修正感到不太舒服。

其他理论家引用进化论逻辑时至少在表面上更为小心谨慎。杰出的动物行为学家康拉德·劳伦兹、尼科·丁伯根（Niko Tinbergen）以及心理学家安东尼·斯托尔（Anthony Storr）宣称从进化论角度看，人所拥有的基本攻击本能或冲动在蛮荒时代是有用的，但在文明社会背景下可能就变得有害了。这又是一个在 20 世纪 60 年代相当流行的观点。其支持者称，和性冲动或饥饿冲动等其他冲动一样，攻击冲动也会在人的身体内积聚，达到一定程度就需要释放。如果不能被引导到其他渠道如体育竞赛上面，冲动可能就会"溢出"，从而表现为各种各样的攻击与暴力。②

对于大众读者而言，一种会盲目而自动地积聚起来的基本攻击

---

① Sigmund Freud, 'Beyond the pleasure principle', (1920) in *The Complete Psychological Works of Sigmund Freud*, Vol. 18. London：Hogarth，1953-74，pp. 7-64；id., 'The ego and the id', (1923)，同上，Vol. 19，pp. 12-66；id., 'Civilization and its discontents', (1930)，同上，Vol. 21，pp. 57-145；id., 'New introductory lectures on psychoanalysis', (1933)，同上，Vol. 22，pp. 5-182；id., 'Why war', (1933)，同上，Vol. 22，pp. 203-215，特别是第 210-11 页。在一部颇能令人联想到弗洛伊德某些著作的书中，芭芭拉·艾伦瑞克创造了另一个用来解释人类争斗的神话，参见：Barbara Ehrenreich, *Blood Rites: Origins and history of the passions of war*. New York：Metropolitan，1997。根据她的观点，争斗是一种内在的生物和文化上的"神圣狂喜"（sacred ecstasy）仪式，用以庆祝人类物种在遥远的过去由猎物转变为猎人这一事件，在狩猎衰落后仍然被人们传承下来。

② Konrad Lorenz, *On Aggression*. London：Methuen，1966；Niko Tinbergen, 'On war and peace in animals and man', *Science*，1968；160：1411-18；Anthony Storr, *Human Aggression*. London：Penguin，1968. 近年来，马丁·范·克里费德似乎将争斗视为一种时刻需要得到表达的基本冲动，参见：Martin van Creveld, *The Transformation of War*. New York：Free Press，1991。

冲动是一个有吸引力的概念，因为它似乎可以解释一些看上去毫无道理可言的暴力行为和战争的发生。不过，科学共同体严厉批评且拒绝接受这种理论。他们指出攻击背后有一套与对食物和性的基本需求完全不同的生理机制。人的体内并没有一套荷尔蒙循环机制以供攻击性积聚并且在达到一定水平时就需要释放。人想活着就必须定时进食，在一定年龄段内若完全避开性生活就必须拼命压抑自己，造成很大痛苦。作为对比，人可以一辈子与世无争心地平和，也不会因此遭受特别的痛苦。我们也知道历史上有整个社会几代人不闻兵戈的例子。在进化论功能的意义上，攻击明显不同于对食物或性的需求。营养和性是进化算式中[38]生物的主要目的，直接关系到生物体的存续和繁殖。相比之下，攻击性只是为了实现生物主要目的的一种手段和一种策略——而且是多种策略之一。是否采用这种手段就取决于它的有效性如何。

或许有人会争辩说像交流能力这样的手段一旦被剥夺，人也会陷入深深的痛苦之中。然而，人对交流能力的功能性需求是相当明确且无可替代的，而对于攻击，则要随时将它与其他行为策略如退却、服从与合作放在一起权衡，因为攻击是一种具有高度风险性的策略。它可能使攻击者遭受严重的身体伤害甚至死亡，从而适得其反。平均而言，那些以扣动扳机为乐（trigger happy）的人很可能有着更短的预期寿命，且可能因减少了自己生存和繁殖的机会而遭到自然淘汰。将博弈论应用于生物学可以发现，毫无约束的攻击性策略在进化上是站不住脚的。③ 因此像研究成果所显示的那样，动物和人类在任何形势下都要不断运用直觉对风险、利益和替代途径进行评估，以决定是否诉诸攻击。④ 如果利益关系较为重大，替代途径又较

---

③ J. Maynard Smith and G. R. Price, 'The logic of animal conflicts', *Nature*, 1973；246：15-18.

④ Bronislaw Malinovski, 'An anthropological analysis of war', *American Journal of Sociology*, 1941；46, reprinted in L. Bramson and G. Goethals (eds), *War：Studies from psychology, sociology, anthropology*. （转下页注）

不可取,那么即便成功机会较小而风险较高,攻击策略也很可能被采用。每一物种,以及同一物种中的每一个体,都会根据所面对的特定形势而修正其策略。

生理机能受到感官刺激的调节,从而引出情感机制。营养和繁殖作为基本需求,被强烈的、发作起来不顾一切的感官欲望和满足感所调节。当然,对于这些欲望也不是没有制约和限制。存在着不同程度的欲望饱和感,但同时也有过度放纵欲望的问题。比如说,一个人一段时间内只能吃下有限的食物,如果超出的话就会收到身体所反馈的恶心反胃信号。同样如我们所熟知的那样,在富足社会里,过度进食会成为严重问题。然而对包括历史上绝大多数人类在内的动物而言,食物通常情况下是短缺的,一旦有机会,就应当放开肚皮吃下尽可能多的食物。因此食物总是有着感官上的诱惑力。与此类似,太多的性行为也可能会有害,因为这将分散用于其他必要活动如觅食上的精力,导致忽视[39]已有的后裔,以及与危险的性竞争者之间产生矛盾。此外,雌性一生中最多能够拥有的后裔数量远低于雄性,导致前者对于选择配偶往往比后者更为挑剔。总之,如果想要提升而不是降低自己的繁殖成功率的话,性行为就应当受到节制。但在一定的范围内,性行为大体上又是和繁殖成功率呈正相关的,所以自然界中对性的渴望也相当普遍。

(接上页注)New York: Basic Books, 1964, pp. 245-68, 特别是第 245-50 页; Ashley Montagu, *The Nature of Human Aggression*. New York: Oxford University Press, 1976; 这本书转向了大体上已过时的卢梭式理论; Edward O. Wilson, *On Human Nature*. Cambridge, MA: Harvard University Press, 1978, pp. 101, 106; Felicity Huntingford and Angela Turner, *Animal Conflict*. London: Chapman, 1987, pp. 86-90; R. Paul Shaw and Yuwa Wong, *Genetic Seeds of Warfare*, *Evolution*, *Nationalism and Patriotism*. Boston, MA: Unwin Hyman, 1989, p. 6; Adam Kuper, *The Chosen Primate*: *Human nature and cultural diversity*. Cambridge, MA: Harvard University Press, 1994, p. 145; J. Silverman and J. P. Gray (eds), *Aggression and Peacefulness in Humans and Other Primates*. New York: Oxford University Press, 1992。

相比之下，攻击只是一种可选的高风险策略，而非基本需求，因此调节它的情感机制也就表现为一种简单的开关形式。在"开"的那一边，攻击在情感方面的支撑不仅包括与引发攻击的根本动机和冲动相关的恐惧或敌意，也包括与攻击行为自身相关的个体或群体兴奋感、因竞争而带来的身心愉悦，甚至残忍、嗜血和杀戮狂喜，等等。正是这些情感机制推动和维系了攻击。与之旗鼓相当，在"关"的那一边，从情感上抑制攻击的有畏惧、精神或肉体的疲惫、同情心、对暴力的厌恶以及对流血的反感，因此在促进合作以及维系和平方面同样有着强大的情感刺激因素。这两组在支撑或抑制攻击方面针锋相对、南辕北辙的情感序列，令古往今来的艺术家、思想家和普通人当中有的对人类热爱战争深信不疑，有的则一口咬定人类把战争看作十足的灾难。事实上两类情感同时存在，只不过根据情势不同此起彼伏而已。高唱战争的颂歌和谴责它带来的恐怖均为正常不过的人类反应。

回到我们原本的疑问：狂暴且致命的攻击性是内在于人类本性的吗？是"刻在基因里"的吗？如果是的话，以何种方式？我们的回答是肯定的，但也要指出攻击仅仅是一种技能、潜力、倾向或素质。科学家反复强调基因是一种对外部环境影响开放的一般性、整体性设计方案，而非具体现成的功能菜单。人们经常断定攻击要么是一种"发明"，亦即完全是后天习得且可自主选择的；要么是一种"固化"（hard wired）且极难抑制的内在基本冲动。事实上，攻击是一种策略性的，同时也具有高风险性的[40]技能。它既是内在的，也是可选择的。当然，它作为一种技能是极为基本而核心的，对于人的生存一向有用。这就是为何它对于包括人类在内的各种动物均为内在固有，因为这是几百万年来强大的天择压力的结果。还得强调一下，攻击尽管是可选择的，但也一贯是一种主要选项，很容易被选中触发。⑤ 然而，当触发

⑤ Lionel Tiger and Robin Fox, *The Imperial Animal*. New York: Holt, 1971, pp. 149, 206; Wilson, *On Human Nature*, p. 106; Chet Lancaster, 'Commentary: The evolution of violence and aggression', in D. McGuinness (ed.), *Dominance*, *Aggression and War*. New York: Paragon, 1987, p. 216.

攻击的条件不那么突出时，以及可替代方式存在或能够想象时，攻击性水平可能下降，有时甚至降到整个行为模式极少被触发的程度。暴力攻击的水平随条件而波动。

心理学理论如今得出了同样的观点，认为攻击性行为尽管是一种内在潜能，但也是经社会性学习得来的。⑥ 脑研究发现人类（但也不仅限于他们）大脑具有结构上的可塑性，尤其当人处于幼年阶段时。大脑可以大规模自我重组，形成新的神经回路以应对环境变化的挑战。因此，根据所面对的环境类型，个人、群体和社会（研究表明也适用于动物）可以变得更多或更少暴力。我们在日常生活中就能直观感受到这一点：在充满暴力的社会环境中成长的年轻人会变得更暴力；从小被家长体罚的小孩长大后体罚自己的小孩，等等。历史向我们展示了某些社会以好战而闻名，而另一些则倾向和平。在卢梭学派如日中天之时，人类学家到处搜寻毫无好战倾向的狩猎—采集者社会或原始农业社会，以证明战争是"文化发明"而非"与生俱来的需求"。他们成功找到了几个被更强大的昔日邻居驱赶到遥远且与世隔绝的"桃花源"中生存的小规模和平主义社会。⑦ 事实上根本不用费心搜寻，因为近在眼前

----

⑥ 一种假定存在着简单的挫折—攻击行为模式的较古老理论已被证明不成立；挫折并不总会导致攻击，也不是后者的必要条件。John Dollard et al., *Frustration and Aggression*. New Haven, CT: Yale University Press, 1939; Leonard Berkowitz, *A Social Psychological Analysis*. New York: McGraw-Hill, 1962; Mark May, 'War, peace, and social learning', in *A Social Psychology of War and Peace*, New Haven, CT: Yale University Press, 1943; reprinted in Bramson and Goethals, *War: Studies from psychology, sociology, anthropology*, pp. 151-8; Albert Bandura, 'The social learning theory of aggression', in R. Falk and S. Kim (eds), *The War System*. Boulder, CO: Westview, 1980, pp. 141-56; Russell Geen and Edward Donnerstein, *Aggression: Theoretical and empirical reviews*. New York: Academic Press, 1983; L. Huesmann (ed.), *Aggressive Behavior: Current perspectives*. New York: Plenum, 1994.

⑦ S. Howell and R. Willis (eds), *Societies at Peace*. London: Routledge; D. Fabbro, 'Peaceful societies', in R. Falk and S. Kim (eds), *The War System*. Boulder, CO: Westview, 1980, pp. 180-203; Chapters 1, （转下页注）

就有瑞士和瑞典这样众所周知已有约两个世纪没有卷入战争的现代社会作为例子，而在更早先的时候它们都曾是欧洲最好战的。（过去曾有的好战性对于证明战争是"生理冲动"并无用处，因为谁也不会真的相信先祖的武功能够满足其现代后裔对暴力的渴望。）就像好战社会以及战争的普遍[41]存在不能证明战争是生理上所必需的，"和平社会"的存在也不能证明战争是一种发明。再说一遍，致命的攻击性是一种进化塑造的内在重要潜能，在正确的条件下很容易被激发出来。然而，这些条件若不够充分的话，那么攻击的发生概率也会随之降低。

进化论的算式

查尔斯·达尔文的进化论甫一问世，便被达尔文自己，以及更多由他学术上和公众中的追随者用来解释战争，其中最值得注意的是赫伯特·斯宾塞（Herbert Spencer）和威廉·格雷厄姆·萨姆纳（William Graham Sumner）。萨姆纳的《战争》是一部很有见地的著作，至今读来仍有新鲜感。[8] 在他的影响下，莫里斯·R. 达维（Mau-

---

（接上页注）3，5，and 6 in J. Haas（ed.），*The Anthropology of War*. New York：Cambridge University Press，1990；J. M. G. van der Dennen，'Primitive war and the ethnological inventory project'，in J. M. G. van der Dennen and V. Falger（eds），*Sociobiology and Conflict*. London：Chapman，1990，pp. 264-9；R. K. Dentan，'Surrendered men：Peaceable enclaves in the post-enlightenment West'，in L. E. Sponsel and T. Gregor（eds），*The Anthropology of Peace and Nonviolence*. London：Lynne Rienner，1994，pp. 69-108；Keith F. Otterbein，*The Evolution of War*. New Haven，CT：HRAF，1970，pp. 20-21；Maurice Davie，*The Evolution of War*. New Haven，CT：Yale University Press，1929，pp. 46-54；Lawrence Keeley，*War before Civilization*. New York：Oxford University Press，1996，pp. 28-32.

[8] William Graham Sumner，'War'（1911），reprinted from *War and Other Essays*，in Bramson and Goethals，*War：Studies from psychology，sociology，anthropology*，pp. 205-27. 亦可参见：William Graham Sumner，*Folkways*. New York：Mentor，1960(1906)。

rice R. Davie)写出了令人赞叹不已的《战争的进化》(*The Evolution of War*, 1929)。然而,像社会学研究中很多其他领域一样,关于战争的一些进化论作品染上了社会达尔文主义的色彩。当社会达尔文主义随着时代的发展遭到唾弃后,将进化论视角应用于包括战争在内的社会问题的做法也随之名誉扫地。

两个重要进展扭转了这一趋势。20 世纪 50 年代初在 DNA 基因编码方面的突破,为格雷戈尔·孟德尔的遗传学理论找到了生物化学上的基础,最终也为达尔文的进化论补齐了遗传的生物学机制这一缺失环节。这一发现开辟了通向基因领域革命性突破的道路,为进化论注入新的动力。此外,曾经居于主导地位的自由派行为主义"白板说"(tabula rasa),⑨70 年代开始从各个知识领域退却。将进化论应用于人类事务的"社会生物学"——或更准确的说法:进化心理学——强势回归。对进化心理学的激烈反对曾于 70 年代末期引发了所谓的"社会生物学论战",但如今在专业领域则已偃旗息鼓。然而不少从未费心去了解相关领域文献的历史学家、社会学家以及文化研究者仍然令人惋惜地重复着大体上已沦为陈词滥调的反对观点。⑩ 我请求这类读者在听取我展开论证前先搁置自己的成见。达尔文《物种起源》的结语中,[42]只有著名的第二部分经常被引用,虽说第一部分同样提纲挈领:"放眼遥远的未来,我看到了涵括更为重要的研究领域的广阔天地。心理学将会建立在已由赫伯特·斯宾塞先生牢固打下的基础上,即每一智力与智能,都必然是由逐级过渡而

---

⑨　即认为人最初的心灵如一块白板,此后的一切观念均来源于后天经验的学说。——译注

⑩　论战随着这本大部头著作的出版而爆发:Edward O. Wilson, *Sociobiology: The new synthesis*, Cambridge MA: Harvard University Press, 1975。不过,最出色地展现了新达尔文主义理论观点及其重要性的或许是以下这本书:Richard Dawkins, *The Selfish Gene*, 2nd edn. Oxford: Oxford University Press, 1989; Daniel Dennett, *Darwin's Dangerous Idea*. New York: Simon & Schuster, 1995; Jan Stewart and Jack Cohen, *Figments of Reality: The evolution of the curious mind*. Cambridge: Cambridge University Press, 1997。

获得的。人类的起源及其历史，也将从中得到启迪。"⑪这并非社会达尔文主义的观点，而是达尔文本人的研究结论。

从一开始，进化论便在多个方面重新定义了战争问题。首先，它为竞争和争斗为何构成了这个世界内在不可或缺的一部分这一古老问题提供了一个非超验性（non-transcendent）的解释。达尔文进化论的核心论点是有机体盲目进化，为了生存而与环境作斗争，同时为了争夺稀少的资源而与同类作斗争，在此过程中受到自然选择。最能适应生存及繁殖者的种群数量得以增长，数量的增长反过来进一步助长其生存繁殖上的优势。最后，数量的增长导致对资源的压力加大，从而为斗争继续注入动力。斗争的形式既可以是非直接的竞争也可以是直接的冲突。两者间差异在 20 世纪初期得到社会学家格奥尔格·齐美尔（Georg Simmel）的首次系统性阐述。⑫ 在竞争中，参与者的目的是比其他参与者更好地达成某个目标，为此将采取除互相挑衅以外的所有可用手段。竞争是齐头并进的。与此相对，在冲突中，参与者将会通过对其他参与者采取直接行动来令其出局或降低其竞争能力。如果采用了肉体伤害手段，冲突就变成了暴力冲突。

竞争和冲突之所以存在，并不是因为其中有什么"道理"，而只不过是因为它们被证明是生存斗争中成功的方法。"成功"也不是以任何超验性的标准而定义的，它仅取决于进化过程的内在逻辑。于是，进化论在使得自然规律显得更加随意无目的性的同时，却使得争斗在这一规律中所起的作用变得更有目的性了。争斗的动机同样变得更有目的。在大自然的规则书中，争斗动机最终必须具有生存和繁殖上的进化合理性，因为不具适应力的行为会被淘汰。于是进化论

---

⑪ Charles Darwin, *The Origin of Species*, in *The Origin of Species and The Descent of Man*. New York: The Modern Library, n. d., Chapter 15, p. 373.

⑫ Georg Simmel, *Conflict: The web of group affiliations*. Glencoe, IL: Free Press, 1955.

就这样重新构建了关于争斗的问题：它表明争斗有着更深层次的自然合理性，[43]而且由此可推论出，这样一种极为危险致命而又消耗巨大的行为能够通过某种方式对生存和繁殖的成功有所助益。然而是哪种方式，又是谁的生存呢？

显然，这里的"生存"并非指所有个体的生存，而只意味着在生存和繁殖所必需的有限资源争夺中获胜者的生存，意味着永无尽头的生存和繁殖游戏中"最适者"的生存。争夺既是种间的，也是种内的——发生在不同物种之间以及同一物种的不同个体之间。事实上，科学家认识到一个达尔文本人强调过的论点，即同类之间的争夺要更加激烈，因为它们生活在同一个生态区位，吃着同样的食物，追逐同样的配偶。⑬ 我们知道动物行为学家和生物学家有一段时间曾相信动物不会杀害自己的同类。他们中的一些人声称这是因为种内杀戮会危害物种的生存。甚至还有进化理论家认同这样的观点。然而这已经被事实证明是错误的，在理论上也必定不成立。⑭ 种内争斗和杀戮之所以发生，是因为进化斗争成败的关键在于个体要运用一切具有成本效益的手段，将自身而非其他个体的基因传递给下一代。

有两个原因阻止了无底限的同类相残。在社会性动物这一特殊情形下，一个群体里的同类对自身的成功是很重要的，比如说在狩猎或防御的时候——我们后面还会讨论到这一问题，此处暂且略过。另一个原因更为普通，对于所有动物都成立，那就是同类之间强壮程度基本相当，考虑到风险收益比，刻意消灭同类在进化论意义上是划

⑬　Darwin, *The Origin of Species*, Chapters 3-4, pp. 60-2, 83.

⑭　劳伦兹、阿特里、莫里斯和其他一些人可从这些作品中寻求支持：V. C. Wynne Edwards, *Animal Dispersion in Relation to Social Behaviour*. Edinburgh: Oliver & Boyd, 1962；以及：id., *Evolution Through Group Selection*. Oxford: Blackwell, 1986。反对这一观点的名著包括：G. C. Williams, *Adaptation and Natural Selection*. Princeton, NJ: Princeton University Press, 1966；以及：Dawkins, *The Selfish Gene*, pp. 1-11, passim.

不来的。个体关心的是它自己而非物种的生存。在此逻辑驱动下，同类个体之间也会像国家间一样形成势力均衡和互相威慑。⑮ 正因如此，如果来自其他物种的对手足够强大的话，动物也会试图避免与其暴力对抗——很奇怪的是劳伦兹忽视了这一点。只有当利益关系重大且一方获胜可能性较高时，争斗和杀戮才会爆发。

为了澄清一些对进化论原理的流行误解，我不得不啰嗦几句：这里绝不是说[44]苍蝇、老鼠、狮子以至人类都在深思熟虑后有意识地采取了上述行为模式，只不过是说那些表现与其不符的动物将会绝嗣，为它们不适应行为负责的不适应基因将因此遭到淘汰。于是，那些最简单的、缺乏任何意识的生物体也进化出了极为复杂的身体构造和行为模式。这一进化理论原理是必须时时刻刻记在心头的。

个体的基因不仅通过自身的后裔传递下去，也通过与其共享基因的近亲而得以传递。⑯ 动物个体与其兄弟姐妹平均共享50％的相同基因，与双亲和子嗣共享的比例也是这么多。异父或异母兄弟姐妹共享25％的基因。堂表兄弟姐妹共享12.5％基因。这就是"血浓于水"这句老话的生物学基础。动物个体的近亲构成了它的基因池，因此在进化论意义上值得它加以照顾以及保护——根据关系的远近和涉及的亲属数量，有时甚至值得冒自身生命的风险。在进化论意义上，个体牺牲自己拯救两个兄弟，或四个异父（异母）兄弟，或八个堂表兄弟，就是值得

---

⑮　对于后一论点参见：Dawkins, *The Selfish Gene*, pp. 66-87；前一论点在以下著作中作为修正被提出：Frans de Waal, *Good Natured: The origins of right and wrong in humans and other animals*. Cambridge, MA: Harvard University Press, 1996, p. 27；亦可参见：Irenaeus Eibl-Eibesfeldt, *The Biology of Peace and War*. London: Thames & Hudson, 1979, pp. 37-40, 125, passim。在此之前已同时提到过这两个原因的则是：W. D. Hamilton, *Narrow Roads of Gene Land*. Oxford: Freeman, 1996, p. 188。

⑯　最早由达尔文、R. A. 费希尔以及 J. B. S. 哈尔丹提出的这一理论已成为现代进化生物学的基石，参见：W. D. Hamilton, 'The genetical evolution of social behaviour', *Journal of Theoretical Biology*, 1964; 7: 1-16, 17-52。达尔文本人的表述见：*The Origin of Species*, Chapter 8, and *The Descent of Man*, Chapter 5, in *The Origin of Species and The Descent of Man*, pp. 203-5, 498。

的。若冒并非必死的风险的话，那不用救这么多也值得。进化论原理所看重的与其说是个体的存活，倒不如说是个体自身及其近亲共同拥有的基因的"亲属选择"（kin selection）或"内含适应"（inclusive fitness）。在进化论语境里，最终只有基因的存活和繁衍才算数。

在社会性昆虫里，一个巢群中有成百上千个体，个体与个体彼此是平均共享75%或更多相同基因的兄弟姐妹，甚至是基因完全一致的克隆体。作为一个极为紧密的大家族，巢群中汇聚着个体自身基因的大量备份，其进化意义远超个体本身。个体于是随时准备牺牲自己以保护巢群。然而，人类家庭——更不用说大规模人类社会——的关系结构与此并不相似。要讨论这一点，我们需要回到"人的自然状态"下，也就是占人类进化史99.5%的人作为狩猎—采集者而存在的时间里。人从进化中得来的全部遗产均形成于这一时期。我们已经知道，狩猎—采集者最基本的社会单元是由二三十名近亲组成的扩展家族群（或称氏族、本地群），包含了年长的父母、子女以及子女各自的核心家庭。很容易理解为何群体里的成员能够合作、分享以及为互相保护而承担风险。[45]绝大多数情况下人的忠诚都从属于这些首要的群体。此外，与黑猩猩类似，人类本地群以父系和从夫婚为绝对主流——意味着女性在婚后将离开自己的家庭，加入男方的家族群体。家族群因此而以一帮兄弟为主体构成。就像我们后面会提到的那样，男性本质上是更加好斗的性别，因此人类本地群在冲突中的内聚力进一步增强。⑰

———————

⑰　这一被称为"兄弟利益集团"的基本现象同样早已受到人类学家和社会学家的关注，参见：H. U. E. van Velzen and W. van Wetering, 'Residence, power groups and intra-societal aggression', *International Archives of Ethnography*, 1960；49：169-200；K. F. Otterbein and C. S. Otterbein, 'An eye for an eye, a tooth for a tooth: A cross-cultural study of feuding', *American Anthropologist*, 1965；67：1470-82；K. F. Otterbein, 'Internal war: a cross-cultural comparison', *American Anthropologist*, 1968；70：277–89；Richard Wrangham and Dale Peterson, *Demonic Males: Apes and the origins of human violence*. London：Bloomsbury, 1997。

　　狩猎—采集者也拥有更高级的社会群体即区域群以及区域群的联盟（"方言部落"），其人口可达数百人或更多。区域群的主要作用之一就是在战争中相互合作。然而人为何要为更大群体里的其他成员冒生命危险呢？尽管区域群也是通婚圈，大多数成员彼此还是只能算远亲。在这方面区域群和社会性昆虫巢群以及本地家族群之间就有了区别。然而，血缘关系逻辑仍可发挥强有力的影响。首先，虽说区域群里并非所有成员之间都是近亲关系，它还是一个由近亲关系构成的密集网络。当一个氏族的女儿嫁给了别的氏族时，她以及她未来的子女就象征着进化论意义上妻族存放在夫族那边的"投资"。为了照顾他们的投资，妻族对于存放投资的"银行"——主要是女婿，但也包括女婿的族人——的生存就变得关心起来。夫族成为投资成效的关键。整个区域群被这种关系连成一体，使得氏族随时准备为保护共同投资而在应对外部环境、猛兽或陌生人威胁时承担风险，互相支持。人们早已意识到血缘和婚姻联系在所有"原始"或不那么原始的社会中均构成了最主要的社会纽带，而这一现象背后的进化论原理便是上面所说的那样。我们前面提到，狩猎—采集者只有去他们亲属所在的地方才会感到安全。历朝历代以来，通过联姻而奠定的政治性条约也不计其数。

　　此外，血缘关系的原理也不仅适用于近亲，而是会以效用下降为代价向外扩展。根据牺牲自己拯救两个兄弟或八个堂表兄弟在进化上有利的逻辑，救 32 个两代以上堂表兄弟，或 128 个三代以上堂表兄弟，或 512 个四代以上堂表兄弟也是值得的。大体上，一个区域群就是由上述这些人构成的，这也说明[46]为何群体成员更喜欢其他成员而非外人，甚至愿意为其他成员担风险。大多数婚姻发生在区域群内部，使血缘关系难以超越该群体或者说部落，因此部落成员的"我们"和外人之间便显得泾渭分明。[18] 然而，亲属原理理论上能否

　　[18]　W. D. Hamilton, 'Innate social aptitudes of man: an approach from evolutionary genetics', in R. Fox (ed.), *Biosocial Anthropology*. New York: Wiley, 1975, p. 144; Irwin Silverman, 'Inclusive fitness and ethnocentrism', in V. Reynolds, V. Falger, and I. Vine (eds), *The Sociobiology of Ethnocentrism*. London: Croom Helm, 1987, p. 113.

进一步扩展下去——为了 2048 个五代堂表兄弟、8192 个六代堂表兄弟、32768 个七代堂表兄弟，以至于整个民族或人类整体而牺牲自己？这岂不是一种全人类兄弟友爱的理论，和我们前面驳斥过的"物种团结"是一样的？这里存在着忽视血缘关系等式另一面的陷阱。

亲属的血缘越近，关心照顾他们所得的进化奖励就越大，但前提是他们不会威胁到基因经济学中更近的亲属。举例说，一个拥有与某人自身平均 50％相同基因的兄弟姐妹，是一个高价值的基因"合伙人"，因此为保证其生存而付出可观代价和冒重大风险是值得的。然而，一个人与自己的基因相似性是 100％，两倍于兄弟姐妹，那么在竞争极为严峻的情况下，兄弟就会反目成仇甚至骨肉相残。婴幼儿时期的同胞兄弟就会为不可或缺的父母照料展开竞争，尤其在物质极度匮乏之时。兄弟之间也会为成功繁殖而发生冲突，如争夺同一个值得追求的配偶或为了各自的子女互相较劲。尽管叔叔或婶婶进化出了喜爱侄儿侄女的本能，但他们还是加倍喜爱自己的儿女。因此就有了每个人几乎都亲身体会过的亲戚之间的嫉妒、紧张以及敌意。若要对这一复杂主题进行总结的话，那就是血缘关系纽带受到了远亲与更近亲属（或者说更高级的基因合伙人，最后两级是自己的子嗣和自己）之间竞争的对冲。[19] 进化决定了人倾向于支持更近的亲属而去反对更远的亲属（除非他自己和近亲起了严重冲突，不得不寻求外援，而这普遍被认为是不正常的和道德上有问题的）。一则传统阿拉伯谚语表达了这种进化逻辑："我对抗我的兄弟；我和我的兄弟对抗我的堂兄弟；我和我的兄弟以及我的堂兄弟对抗全世界。"

这就解释了我们所熟悉的氏族成员之间、氏族之间以及部落之

---

⑲　同样由哈密尔顿在：Hamilton, 'The genetical evolution of social behaviour', p. 16 中指出，并在：R. L. Trivers, 'Parent—offspring conflict', *American Zoologist*，1974 中得到进一步发挥；14：249-64。亦可参见：de Waal, *Good Natured*, pp. 212-14。关于亲人互相残害现象的统计及其进化论逻辑，参见：Martin Daly and Margo Wilson, *Homicide*. New York：Aldine, 1988, pp. 17-35。

间的关系结构。民族志研究报告显示致命攻击案例存在于以上所有层次之中。部落内和部落间均会发生争斗和杀戮，这比斯宾塞和萨姆纳提出的"群内合作/群间敌对"的简单模型要复杂得多。我们[47]用以区别"家族仇杀"或"战争"，"普通杀人"或"在战争中杀人"的标准是相当武断的，反映了我们因身处或多或少有秩序的社会之中而具有的见解。然而在部落世界中，就如同弗朗茨·博厄斯在北美东部、大平原以及西北印第安人那里所观察到的那样，"'战争'这个词不仅用来指部落或氏族之间的争斗，也用来指个人跑去杀害其他群体里一人或多人的行为"。[20] 这些均为致命攻击的现象，能够被同样的进化论原理所解释。

近亲间的紧张和敌意相当普遍。对近亲间暴力的禁忌原本相当强烈，因为这样的暴力行为在进化意义上对个体自身相当不利。然而，当个体自身进化意义上的前景受到严重威胁时，针对近亲的敌对行为就可能升级。该隐和亚伯的故事既显示了兄弟之间的激烈竞争也显示了对这类行为的高度禁忌。每个社会里都存在家庭内（大多是但也不完全是夫妻之间的）暴力，甚至达到致命程度。[21] 但与此同时，无论氏族成员之间有怎样的紧张和敌意，他们都倾向于在与外人的争端和冲突中互相支持，而这样的冲突也不时会升级为致命攻击事件。在氏族间的敌对中，互相通婚的氏族经常会彼此扶持以应对其他氏族。最后，同一区域群中的各个氏族在与血缘关系更加疏远的其他区域群的冲突中通常也互相支持。然而，与支持近亲时所愿意承担的风险相比，人们在支持同一区域群中关系疏远的亲属时愿

---

[20] Franz Boas, *Kwakiutl Ethnography*. Chicago：University of Chicago，1966，p. 108；亦可参见：Leland Donald, *Aboriginal Slavery on the Northwest Coast of North America*. Berkeley, CA：University of California，1997，p. 104。

[21] 举例而言可参考：Lancaster, 'Commentary：The evolution of violence and aggression', p. 219。这一为人熟知的现象或许能够帮助解释杀害亲属现象高发的原因：Bruce Knauft, 'Reconsidering violence in simple societies：Homicide among the Gebusi of New Guinea', *Current Anthropology*，1987；28：457-500（例如，在第 470 页可看到他对杀害姐妹现象的解释）。

意承担的风险要小得多。对于哪些人构成"我们"的认识是相对的，其范围可以大大扩展，但总体上范围越广，回报率也就越低。一个更小更紧密的"我们"总是会居于更加重要的地位。像我们说过的那样，进化论逻辑下，一个人可能愿意为 32 个二代表兄弟、128 个三代表兄弟或 512 个四代表兄弟而献身——最后这一组差不多就代表了一个区域群的范围。这能够解释自我牺牲以拯救自己族人的利他行为。不过，一人的努力能够拯救整个部落命运的情况并不常见，但对于更小的近亲群体倒是颇有可能。总之，亲属血缘关系越近，一个人就越愿意为其冒险，甚至自我牺牲以换取其生存。

[48]我们怎样知道谁是我们的亲人？自然界中，无论对于微生物还是人类，均存在着诸多生物学和社会学线索用以识别近亲。㉒人的成长过程中有近亲相伴，经历着他们的婚丧嫁娶，对他们的家世所知甚详。对于远亲，识别方式就粗糙得多。相似的生理特征（表型）是一个显示有亲属关系的遗传特征。因此，与自己样貌不同的陌生种族群体就总是会显得格格不入，难以亲近。除了生物学特征，人类还能凭借文化彼此区分。文化（尤其在狩猎—采集者中）往往是本地性的，且与血缘关系有很强相关性，文化认同于是成为血缘关系存在的强有力指标。因此人们总是倾向于站在与自己拥有共同文化的人一边反对外来者。㉓ 另一文化与自身文化的差异越大，其成员就越容易被看作"陌生人"而非"我们"。甚至关系较近的文化群体的成

㉒　D. C. Fletcher and C. D. Michener (eds), *Kin Recognition in Animals*. New York: Wiley, 1987; P. Hepper (ed.), *Kin Recognition*. Cambridge: Cambridge University Press, 1991；亦可参见：Scott Boorman and Paul Levitt, *The Genetics of Altruism*. New York: Academic Press, 1980, p. 16; Shaw and Wong, *Genetic Seeds of Warfare*, *Evolution*, *Nationalism and Patriotism*, pp. 38-9。

㉓　Colin Irwin, 'A study in the evolution of ethnocentrism', in Reynolds, Falger, and I. Vine, *The Sociobiology of Ethnocentrism*, pp. 131-56; G. R. S. Johnson, H. Ratwil, and T. J. Sawyer, 'The evocative significance of kin terms in patriotic speech', 同上，pp. 157-74。

员也热衷于寻找方言、语调、服饰和行为举止上的微妙差异，赞赏其中与自己最像的那些。这种关系紧密的族群间"对微小差异的自恋"曾使弗洛伊德感到困惑。㉔他又一次试图用基本攻击冲动的受压抑表达来进行解释，把这种现象描绘得毫无道理可言——当然也不存在进化合理性。至于攻击性为何要在这个特定领域内表达出来则没有任何答案。弗洛伊德承认他对群体纽带现象背后的根本原理不甚了解。他也犯了倒果为因的错误，事实上是族裔差别引发了攻击性行为，而非攻击冲动使人们乐于强调差别，以便找到理由挑起争斗。对文化近似者的偏爱体现了潜藏于意识深处的根深蒂固的对更近血缘关系的偏好。

更大的群体

相通的文化——其中最突出的是语言——从另一个角度看也极为关键。它不仅是小型人类社群中血缘关系的强指标，也是人类社会协作的极为重要的工具，因为除血缘关系以外，人类也发展出了更多的社会协作机制。原则上，协作是极为有利的，可以将数量上的优势发挥出来。比如说在战争中，彼此合作的两个人或两个氏族实力是一个人或一个氏族的[49]两倍，占上风的机会可能就有对手的四倍。㉕协作的问题在于人人都希望能够避免出

㉔　Sigmund Freud，'Group psychology and the analysis of the ego'，(1921) in *The Complete Psychological Works of Sigmund Freud*，Vol. 18，pp. 101-4；id.，'Civilization and its discontents'，(1930)，同上，Vol. 21，pp. 108-16。

㉕　当然，与之相关的所谓"兰彻斯特方程"（Lanchester law）只不过是一个粗略的指标，参见：Frederick Lanchester，'Mathematics in warfare'，in J. Newman（ed.），*The World of Mathematics*，Vol. 4. New York：Simon & Schuster，1956，pp. 2138-57。更为一般性的论述参见：Peter Corning，*Nature's Magic：Synergy in evolution and the fate of humankind*. New York：Cambridge University Press，2003。

力而坐享其成。理性选择理论家将其称为"搭便车"现象。这也是很多社会行为比如纳税和避税背后的问题所在。如果有一个像国家那样的中央权力机构存在,那它可以强迫"搭便车者"为共同善而贡献自己的份额。不过,即便这样的权威不存在或很弱时,在关系亲密到能够互相监督和评估的群体如狩猎—采集者群体内,仍存在着能够维持社会协作的机制。㉖"搭便车者"一旦暴露就会面临被排斥甚至"放逐"的风险,从而失去协作体系带给他的全部好处。人不仅会时刻警惕身边的"作弊者",而且和别的动物相比他们有很长的记忆。人们帮助他人时会期望得到类似的回报,受帮助者立刻回报或未来某个时候慢慢加以回报均可,取决于具体情况。但如果期望的回报化为泡影,人们就倾向于中止协作。这就是人际关系中所谓的互惠利他主义,能够解释大多数针对非亲属者的利他主义行为。日常人际关系中的所谓"人情债"背后就是这个原理。㉗

因此,除血缘关系网内含的协作外,区域群中的人也会冒险以帮助其他成员并期望在自己遇险时得到同等待遇,这样一个风险共担的制度对所有人都有利。当然,"作弊"而不贡献自己份额的诱惑是强烈而持续的,尤其在作弊行为不会被察觉,以及要冒生命危险帮助别人时。于是协作就无时不受到各种隐蔽或不太隐蔽的"作弊"方式的威胁,这就是为何人们对能够表现他人是否值得信任的行为模式特别敏感的原因。"正派"的行为会得到奖励,因为人们会通过观察一个人对其他人的行为来推断自己与此人打交道的结果。"互惠利他主义"因此在较大的社会群体里就扩展成了"普遍利他主义"或"间接互惠的

㉖　Mancur Olson, *The Logic of Collective Action*: *Public goods and the theory of groups*. Cambridge, MA: Harvard University Press, 1965.

㉗　这一关键概念在如下经典著述中被提出: Robert L. Trivers, 'The evolution of reciprocal altruism', *Quarterly Review of Biology*, 1971; 46: 35-57。亦可参见: Darwin, *The Descent of Man*, Chapter v, pp. 499-500。

利他主义"。㉘如同我们从日常生活经验中所知的那样，"互惠利他主义"以及"普遍或间接互惠的利他主义"加在一起，是一种脆弱但也相当有效的社会协作机制。任何情况下，区域群都算是一个大型[50]社会组织，但又小到足以维持进化理论家所分辨出的两种社会协作动机：针对近亲的"真正的利他主义"和针对其他人的"互惠利他主义"。人们倾向于帮助和自己有着同样基因的人。区域群足够小，拥有密集的亲属关系网，并且所有成员都彼此认识，可以保持沟通并使每个人承担责任。

共享的文化在这里意义就极为重要。文化和基因一样随时间而变化，只不过速度要快得多。因此人类的文化将逐渐产生差异，变得多种多样。人群之间联系越密切，差异就产生得越慢；反之则更快，最终多样化程度也更高。在狩猎—采集者那样的低密度人口中，文化共同体规模可能会变得很小。分布在横跨数千公里土地上的爱斯基摩人和南非布须曼人说着大致类似的各种语言。然而澳大利亚数百个区域群或"方言部落"之间的语言差异就要大得多，总共拥有 200 种以上不同的语言和更多方言。㉙上面说过共享的文化不仅是小群体内血缘关系的强指标（爱斯基摩人和布须曼人均有很高遗传同质性而澳洲原住民则较为多样化，显然后者是几波不同时期移民的后裔），㉚也

㉘　Robert L. Trivers，'The evolution of reciprocal altruism'，*Quarterly Review of Biology*，1971；46：35-57. 进一步发挥可参见：Richard Alexander，*The Biology of Moral Systems*. New York：Aldine，1987，pp. 77，85，93-4，99-110，117-26，passim；Robert Frank，*Passions within Reason：The strategic role of the emotions*. New York：Norton，1988；Matt Ridley，*The Origins of Virtue：Human instincts and the evolution of cooperation*. New York：Viking，1996；also James Wilson，*The Moral Sense*. New York：Free Press，1993；de Waal，*Good Natured*。

㉙　Harry Lourandos，*Continent of Hunter-Gatherers：New perspectives in Australian prehistory*. Cambridge：Cambridge University Press，1979，p. 38.

㉚　人类群体基因多样性与语言多样性之间关系方面的头号权威是卡瓦利-斯福尔扎. 主要可参考以下著作：L. Luca Cavalli-Sforza，Paolo Menozzi，and Alberto Piazza，*The History and Geography of Human Genes*. Princeton，NJ：Princeton University Press，1994。

是社会协作的必要工具。当文化符号尤其是语言一致的时候,协作效率将显著提高。通过在语言和习惯上与周边居民的差异而得以定义的区域群或"方言部落",构成了一个其成员之间进行最有效社会协作的网络。像所有移民体验过的那样,成员一旦离开自身所属的群体,则会发现自己处于极为不利的地位,面临重重阻力。因此,在一个存在文化多样性的世界里,共同文化使区域群成员将群体的生存看作自己的切身利益。区域群被重重叠叠互相强化的血缘关系、社会协作以及文化独特性等纽带牢固结合在一起。

于是就出现了"族裔中心主义"这种在区域群中普遍存在,随后又扩散到更大规模族裔集团中的现象。族裔中心主义是一种将整个世界清楚划分为"我们"这个优越种族以及与之对立的"其他人"(他们可能是盟友、敌人或只不过是外人而已)的固有倾向。创造这一词汇的萨姆纳通过富于启发性的例子描绘了族裔中心主义的多种表现。[31] 下面这些例子,我们看着也会觉得似曾相识。爱斯基摩人(来源于[51]印第安人对他们在北极地区的邻居的统称)"用来指代自己族群的名称往往意味着'真正的人'。爱斯基摩人把自己看作字面意义上的真正人类,一个有别于其他所有人的种类"。[32] 居住在巴西和委内瑞拉之间奥里诺科河流域(Orinoco basin)的亚诺玛诺(Yano-

[31]　Sumner，*Folkway*，pp. 27-9. 其生物学依据可参见：Pierre van der Berghe，*The Ethnic Phenomenon*. New York：Elsevier，1981；Reynolds，Falger，and Vine，*The Sociobiology of Ethnocentrism*；Shaw and Wong，*Genetic Seeds of Warfare*，*Evolution*，*Nationalism and Patriotism*；以及：Daniel Druckman，'Social-psychological aspects of nationalism'，in J. L. Comaroff and P. C. Stern (eds)，*Perspectives on Nationalism and War*. Luxemburg：Gordon & Breach，1995，pp. 47-98；Paul Stern，'Why do people sacrifice for their nations?'，in J. L. Comaroff and P. C. Stern (eds)，*Perspectives on Nationalism and War*. Luxemburg：Gordon & Breach，1995，pp. 99-121；Tatu Vanhansen，*Ethnic Conflicts Explained by Ethnic Nepotism*. Stamford，CT：JAI，1999。同样仍可参考：Darwin，*The Descent of Man*，Chapter vi，p. 492。

[32]　Wendel Oswalt，*Alaskan Eskimos*. San Francisco，CA：Chandler，1967，p. xi.

mano)狩猎者和园艺种植者则"相信自己是地球上最初、最好也最为精华的人类。其他所有人都更低一等……他们奇怪的习俗和诘屈聱牙的语言就是证据。'亚诺玛诺'这个词便意味着'人类'，或至少是人类中最重要的一部分。其他人被叫做'纳巴'（naba），意味着他们并非'真正'的人，而是'次等人类'。……外邦人如能向亚诺玛诺人提供有用的东西，通常会被容忍……但除此之外他仍将时刻受到蔑视"。

其至在亚诺玛诺人内部也是这样：

> 邻近群体所表现出的任何差异都被夸大并受到嘲笑。亚诺玛诺人尤其乐于指出他人语言中的不同之处并加以批评。……一个亚诺玛诺群体听到别的地区同族人讲话录音时的典型反应是："他们话说得太侉了，我们的说法才是对的！"[33]

亲属关系、社会协作和区域群的文化之间的相互联系，与人类进化方面的两场主要论战有着莫大关联。第一场是关于生物的集体选择。我们知道，现代进化理论以个体或基因的生存为核心，至于协作则可以用"亲属选择"以及"互惠利他主义"的原理来解释，并且随后还可以扩展到"间接"或"普遍"的利他主义上面。然而，还有一种更古老的合作机制理论。它曾被现代理论家打入冷宫，但最近又有强力复兴势头。根据这一最初被达尔文本人当作可能性提出的观点，对生物的选择不仅发生在个体或基因层面上，也发生在群体的层面上。一个群体若通过生物学禀赋而具有了更高团结性，且其个体愿为群体自我牺牲的话，那么它将战胜那些凝聚力更低的群体。因此除对亲属的利他主义以及互惠利他主义外，真正的群内利他主义基

---

[33] Napoleon Chagnon, 'Yanomamo social organization and warfare', in M. Fried, M. Harris, and R. Murphy (eds), *War: The anthropology of armed conflict and aggression.* Garden City, NY: Natural History, 1968, pp. 128–9.

因同样能够提升群体成员的生存机会,从而也具有了适应性。[34]

　　这种观点的野心过大的旧版本已遭到现代进化论生物学家的驳斥,理由是自我牺牲[52]的利他基因尽管通过协助群体而对持有基因的个体间接有利,但这根本抵消不了它对基因持有者,从而也是对自己的快速消灭作用,因此最后能够把自身基因传递下来的是群体内那些受益但不必牺牲的"作弊者"。不过,像某些学者指出的那样,整个争论某种程度上是误解的产物。争论围绕着假想中的亲属选择和群体选择间的区别展开,但这样的抽象表述与现实中的人类进化史并无多少关联。达尔文最初提出群体选择论点时对人类进化史几乎还一无所知。现实中,在人类进化史的绝大多数时间里,人类群体的唯一形式就是小型亲属群。[35] 真正由非亲属(或远亲)构成的大型

---

　　[34] 推动这种观点(尽管是以很大程度上修订过的形式)复兴的不是别人,正是从"基因层面"考察进化论的先驱:Hamilton, 'Innate social aptitudes of man'。进一步阐述可参见:Boorman and Levitt, *The Genetics of Altruism*;David S. Wilson, *The Natural Selection of Populations and Communities*. Cummings Menlo Park, CA:Benjamin, 1980;David S. Wilson and E. Sober, 'Reintroducing group selection to the human behavioral sciences', *Behavioral and Brain Sciences*, 1994;17:585–654;id., *Unto Others:The evolution and psychology of unselfish behavior*. Cambridge, MA:Harvard University Press, 1998;以及:Y. Peres and M. Hopp, 'Loyalty and aggression in human groups', in J. M. G. van der Dennen and V. Falger (eds), *Sociobiology and Conflict*. London:Chapman, 1990, pp. 123-30。达尔文本人的论述可参见:Darwin, *The Descent of Man*, Chapter v, pp. 496-500,且这样的观点被 19 世纪末 20 世纪初的进化学者普遍接受,例如:William McDougal (1915) 'The instinct of pugnancy', reprinted in L. Bramson and G. Goethals (eds), *War:Studies from psychology, sociology, anthropology*. New York:Basic Books, 1964, pp. 37-41。

　　[35] Hamilton, 'Innate social aptitudes of man';Umberto Melotti, 'Ingroup/outgroup relations and the issue of group selection', in Van der Dennen and Falger, *Sociobiology and Conflict*, p. 109;Irwin Silberman, 'Inclusive fitness and ethnocentrism', 同上, pp. 113-17。关于所谓"兄弟利益群体"可参见:Velzen and Wetering, 'Residence, power groups and intra-societal aggression';Otterbein and Otterbein, 'An eye for an eye, a tooth for a tooth';Otterbein, 'Internal war:a cross-cultural comparison';Karen Paige and Jeffery Paige, *The Politics of Reproductive Ritual*. Berkeley, CA:University of California, 1981。

社会是很晚近的产物，随农业和文明一起诞生。从生物进化（有别于文化进化）的视角看，这一变化出现得太晚，无法在生物学方面对人类造成显著影响。所以讨论相对于亲属选择的"群体选择"是没有意义的，因为人类生物学上的进化历程几乎完全处于亲属群体主导之下。与亲属群相比，甚至区域群也相对出现得较晚，不过还不至于晚到未能在人类生物学上留下印记。

狩猎—采集者区域群中亲缘关系、社会协作及文化独特性的互相重叠和紧密联系或许并不是偶然的。我们必须自问，从何时起人类开始生活在区域群中。应当记住黑猩猩没有这样的大规模组织，代表了人属进化史绝大部分阶段的直立人和智人的其他古老亚种也没有。显然，区域群只出现在现代人类即晚期智人中。我们这一物种进化出了发达的语言能力（尽管是否为唯一具有此能力的物种还存有争议）；35000年前的旧石器时代晚期，我们这一物种在文化发展和文化多样性上便已达到相当高度，在制造工具、手工艺、艺术以及仪式等方面均有体现，留下了大量记录。上述这些新生因素都是互相依赖、互相促进的。它们通过不同方式构成了进化上的优势，其中一些比另一些更为明显。复杂工具和更好的交流能力是其中最为显著的。高级的语言技能和共同文化很可能促进了拥有数百人的区域群的产生，而这样的区域群有着几个主要的进化优势。首先，区域群由相对不太远的亲属构成，比远亲或陌生人之间更有凝聚力。其次或许更重要的是区域[53]群比扩展家族群（本地群；氏族）更为强大，而很明显，人多就是力量。这将使得晚期智人在武装冲突中面对没有区域群这一组织形式的对手时具有明显优势。哪怕我们不相信所谓群体选择在人类进化史上的重要意义，仅以亲属选择而言，显然亲属群体更大，能够团结一致的亲属越多，其优势也就越大。㊱

㊱ 更大和更强的群体在被群体间斗争所主导的人类进化中有着显著重要性观点的最初提倡者为赫伯特·斯宾塞，而近年来对这一观点的提倡则可参见：R. D. Alexander and D. W. Tinkle, 'Review', *Biosense*, 1968；18：245-8；R. D. Alexander, 'In search of an evolutionary philosophy of man', （转下页注）

　　这里可能就隐藏着能够解释人类进化史上最大谜团的关键因素。如今我们知道晚期智人从非洲向外扩散,取代了早先时期居住在欧亚非旧大陆的全部古人类。被研究得最透彻的案例是晚期智人取代——或用不那么婉转的说法:灭绝——曾繁盛于欧洲和中东的尼安德特人。这是如何发生的? 人类和平取代了尼安德特人的说法在卢梭主义极盛阶段流行一时,现在也未见其衰。史前史学家指出,生存和繁殖方面的微弱优势就足以在不多的几个世代后造成人口数目的巨大差异,而这样的优势很容易通过更好的工具或交流手段达到。但就像贾雷德·戴蒙德(Jared Diamond)所问的那样,难道尼安德特人就坐着不动,眼睁睁看着他们最好的牧场被外来的晚期智人抢占,也丝毫不愿诉诸武力? 举例来说,美国的印第安人在白人杀光他们赖以为生的野牛时可没有坐以待毙。如果这一发生于旧石器时代晚期之初的进程并非完全和平的话,那么人类要与之为敌的尼安德特人岂不是可怕的对手吗? 他们体格比晚期智人更加强壮,相当聪明,也是可在近距离内杀死大型猎物的熟练猎手。

　　戴蒙德提出了关于尼安德特人衰亡的几种可能解释。就像西方扩张时代美洲和澳大拉西亚㊲与世隔绝的当地人一样,尼安德特人

(接上页注)*Proceedings of the Royal Society of Victoria*,Melbourne,1971;84:99-120; id., *The Biology of Moral Systems*. New York:Aldine,1987,p. 79,passim; 以其为主旨的还包括:Robert Bigelow, *The Dawn Warriors: Man's evolution towards peace*. Boston,MA:Little Brown,1969; 以及:Hamilton, 'Innate social aptitudes of man', p. 146; Darius Baer and Donald McEachron, 'A review of selected sociobiological principles:Application to hominid evolution', *Journal of Social and Biological Structures*,1982;5:69-90,121-39; Shaw and Wong, *Genetic Seeds of Warfare*, *Evolution*, *Nationalism and Patriotism*。所有这些作者均未将这样的发展与特定进化背景或史前人类史联系起来,且大多数未注意区分生物和文化领域的进化。只有维恩提出过与我相近的观点,参见:Ian Vine, 'Inclusive fitness and the self-system', in Reynolds,Falger,and Vine, *The Sociobiology of Ethnocentrism*, pp. 67-8。

㊲　指包括澳大利亚和新西兰在内的西南太平洋地区,较大洋洲范围更小。——译注

或许也缺少自然免疫力以抵抗入侵者带来的疾病。然而当时的晚期智人是否也像居住在 16 世纪广阔且城市众多的欧亚大陆上的他们的后代那样,身上带有诸多病菌和相应的抗体,还是很成问题的。戴蒙德也提出晚期智人在语言交流能力上的极大优势使他们在群内合作上占上风,从而成为决定性因素。⑱ 这是有可能的。更好的交流能力是形成较大社会群体的最重要先决条件之一。如果晚期智人能够维持区域群(部落),而尼安德特人没有[54]或只有更弱化的版本的话,那么成员互相协作的晚期智人部落群在面对人数少得多的尼安德特人家族群时将有着决定性的数量优势,从而能够解释尼安德特人神秘的失踪。这一原理也可以解释晚期智人为何在 8 万年前走出非洲后取代了世界上其他所有古人类。不然的话,这些古人类的失踪也就同样神秘难解。

我曾就这一主题写过一篇专门文章,感兴趣的读者可以参考。⑲ 当然,我提出的假设很难加以验证。对这一假设最有利的论据在于区域群似乎是和晚期智人一同出现的,或至少从那时起才成为明显现象。但不应认为区域群是晚期智人无数的文化发明之一。创造文化和复杂语言等发达符号体系的能力是晚期智人通过生物进化得来的,能够处理区域群规模的人与人之间关系的能力(紧密依靠发达符号体系的存在)同样如此。无论哪里的晚期智人都至少拥有语言和区域群这两样东西。亚里士多德在定义人为天生的政治动物时,可能并未意识到他的说法在进化史意义上其实相当准确。

某些形式的文化生活如集体典礼、仪式和公共艺术,都可以用大群体协作下的进化优势原理加以解释,否则它们在进化过程中的作用就会显得很难理解。和战争一样,宗教也是复杂的社会现象。它可能是几个不同的因素互动下的结果,是晚期智人在更多领域内予

---

⑱ Jared Diamond, *The Rise and Fall of the Third Chimpanzee*. London: Vintage, 1992, pp. 44-8.

⑲ Azar Gat, 'Social organization, group conflict and the demise of the Neanderthals', *The Mankind Quarterly*, 1999; 39: 437-54.

以运用的想象力和理解力的副产品,正是这样的想象力和理解力使他们沉思、恐惧,试图使自己安心面对死亡以及自然和宇宙的冥冥之力。[40] 如果这一首先由托马斯·霍布斯所阐述并由众多研究宗教的现代人类学家发扬光大的解释是正确的,那么紧接着要问的就是宗教这个在人类历史上起了如此重要作用的"副产品",在进化上究竟有利还是有害。正反两面或折衷的答案都不乏其例。有人会说人类毫无意义地在宗教上投入了大量稀缺资源,而这些资源本应用在 [55]人们更为世俗的需求上。借用计算机科学的术语,现代进化论中可将宗教称为一个潜伏在晚期智人发达的智慧"软件"中的"程序漏洞""蠕虫"或者"病毒"。[41] 我们后面也会看到,这样的东西在进化过程中很常见。包括进化设计在内的任何设计都不能免于缺陷,受缺陷所困扰的人类唯一能感到欣慰的是他的敌人和竞争者也遭受着同样或类似缺陷的折磨。

　　从另一方面看,消耗在宗教方面的资源和时间或许并非毫无进化意义。首先,它可以被看作总的"防务花费"中的一部分,而任何动物物种都会在防务上投入可观资源。自埃米尔·涂尔干(Emile Durkheim)——他的《宗教生活的基本形式》一书集中探讨了澳大利亚土著群体——以降,功能主义理论家声称宗教的主要作用是增强社会凝聚力。马基雅维利、卢梭和 19 世纪的法国实证主义者多多少少也持同样见解。理查德·道金斯(Richard Dawkins)用进化论语

---

　　[40]　对具有适应性的进化副产品作用的著名阐述可参见：S. G. Gould and R. C. Lewontin, 'The spandrels of San Marco and the panglossian program：A critique of the adaptionist programme', *Proceedings of the Royal Society of London*, 1979；250：281-8.

　　[41]　这一观点颇为古老,但以上述语言加以总结则要归功于：Dawkins, *The Selfish Gene*, pp. 189-201, 329-31；进一步发挥参见：Pascal Boyer, *Religion Explained：The evolutionary origins of religious thought*. New York：Basic Books, 2001。虽说站在宗教立场上进行辩护但也引用了很多这一问题上相关文献的则是：John Bowker, *Is God a Virus：Genes, culture and religion*. London：SPCK, 1995。

言表达了同样的意思：“何等的武器！宗教信仰值得在战争技术史中单辟一章来叙述。”[42]这一点在历史上体现得再明白不过。宗教诞生于人类群体从家族群转变为新的更大规模的区域群之后，公共典礼和仪式因此得到强化，使得社会协作成为惯例且具有了精神上的正当性。这些可以转变为战争上的优势。我们知道共同仪式和典礼不但在区域群内部生活中发挥着核心作用，也知道当多个区域群组成同盟或邦联（如古希腊的近邻同盟）时，仪式作为纽带的作用也同样关键。而这类同盟的主要任务之一就是战争。语言、宗教、艺术和区域群的产生均体现了人类大为增强的符号体系能力。它们互相助力共同作用，使晚期智人在战争中占据上风。[43]

　　区域群令晚期智人在对抗无类似组织者（也就是那些晚期智人之前的古人类）时具有显著优势，然而当对手被消灭，剩下的所有人都生活在区域群里时，优势便不存在了。我们随后也会看到，一切“军备竞赛”本质上都是通过这种方式逐渐升级的。

---

[42]　Dawkins, *The Selfish Gene*, p. 331. 对宗教作为一种“进化上有用的幻觉”的论述亦可参见：Wilson, *On Human Nature*, pp. 169-93。

[43]　这一方向上的很多论述完全无视了仪式等因素对战争所起到的作用，如：H. Martin Wobst, 'Locational relationships in Paleolithic society', *Journal of Human Evolution*, 1976；5：49-58；Geoff Bailey, 'Editorial', in G. Bailey (ed.), *Hunter—Gatherer Economy in Prehistory：A European perspective*. Cambridge：Cambridge University Press, 1983, pp. 187-90；以及：Clive Gamble, 'Culture and society in the Upper Palaeolithic of Europe', in Bailey, *Hunter Gatherer Economy in Prehistory*, pp. 201-11。勒兰多斯将这一模型应用到澳大利亚土著人身上，但一点也没有提到“联盟”在武力冲突上的重要性：Lourandos, *Continent of Hunter-Gatherers*, pp. 25-8, 38-9。我之前将上面所说的内容以文章形式发表后，在此领域又出现了一部我完全赞同的杰出专著：David S. Wilson, *Darwin's Cathedral：Evolution, religion, and the nature of society*. Chicago：University of Chicago, 2002；但令人惊讶的是尽管威尔逊富有洞见地指出了宗教在促进合作上的益处，军事方面的作用却被他忽视了。

4 动机：食与色

[56]对于高风险的争斗行为，进化上的奖励究竟是什么？这个问题触及了古往今来哲学和心理学上对人类动机、需求和欲望体系的本质所做的探索。千百年来，人们列出各种各样的基本需求和欲望的清单，有的粗疏，有的严谨。最新的那些清单并没有比霍布斯在《利维坦》第六章中列出的有多少进步，或者说有任何进步。① 缺少进化理论的指引，这些清单总是免不了过于武断或琐碎的毛病。没有一个统一的理论框架来说明为什么会有这些需求和欲望，以及它们是如何互相联系的。人们提出过各种各样被认为决定了人类行为的唯一根本因素，但这些因素之间完全缺乏联系。精神分析运动的分裂就是一个很好的例子。弗洛伊德声称性是最基本的人类冲动时，阿尔弗雷德·阿德勒（Alfred Adler）、亨利·柏格森（Henri Bergson）和弗里德里希·尼采却争辩说对成功和优越的追求才是，而卡尔·古斯塔夫·荣格（Karl Gustav Jung）则强调对创造力和"整体实存"的求索。没法判断哪一种冲动才是"真正"基本的那个，而非另一种；或者究竟有没有唯一的一个基本冲动——除非你加入围绕着上面这些人的半宗教性小圈子，成为他们的虔诚信徒。

当然，人类的动机体系并非我的主题。在这本书里面只需要关

① 举例说，可参见：Abraham Maslow, *Motivation and Personality*. New York：Harper，1970(1954)；以及：J. Burton (ed.), *Conflict：Human needs theory*. London：Macmillan，1990。

注它与争斗之间的关系。我们还是要[57]从"人类的自然状态",也就是人作为狩猎—采集者生活在小的亲属群中的状态说起。这一阶段占据了人属进化史 99.5% 的时间,在此期间人的生物进化已经定型。"自然状态"下形成的人类行为模式大体被认为是有进化适应性的。本书后面将看到通过进化传承得来的行为模式如何与丰富多彩的人类文化发展互相影响并有所改变。

原始战争的起因仍是人类学中的一个谜团。过去几十年里,这方面的讨论被进化论者和文化唯物主义者之间的争论所主导。人类学在历史上的发展导致了争论以这种形式出现。作为人类学主要理论学派之一的文化唯物主义将改善物质状况视为人的基本动机。文化唯物主义理论中不乏真知灼见,似乎很有解释力。不过,也要同样清楚地指出其局限性,而这样的局限性也确实在 20 世纪 70 年代关于战争的人类学研究中暴露了。当时的争论主题不是狩猎—采集者,而是原始的农民和园艺种植者。他们包括巴西—委内瑞拉边境奥里诺科河流域雨林中的亚诺玛诺人,以及如今属于印尼和巴布亚新几内亚的新几内亚高地人。没有迹象表明亚诺玛诺人或新几内亚高地人缺少用于耕种的土地,按照唯物主义原理,他们就没有理由互相争斗(然而他们的确互相争斗)。唯物主义学派的支持者于是提出,这些原始种植者可能是为了高价值的动物蛋白而战。在亚诺玛诺人那里,表现为对村庄附近森林里猎物资源的竞争。在新几内亚,则说是为了能在林中放牧家猪的土地。尽管有一定可信度,这样的解释还是不能契合在此问题上所拥有的全部证据。② 我们可以看

---

② 参见该学派领军人物之一就长期以来的"蛋白质争议"主题所撰写的概览和文献综述:Marvin Harris, 'A cultural materialist theory of band and village warfare: The Yanomamo test', in R. B. Ferguson (ed.), *Warfare, Culture and Environment*. Orlando, FL: Academic Press, 1984, pp. 111-40。生态/唯物主义学派在新几内亚高地战争问题上遭遇的挫折可参见主要鼓吹者和权威之一的著述:Andrew Vayda, *War in Ecological Perspective*. New York: Plenum, 1976, pp. 1-7。

到,不久之后文化唯物主义者自己也开始给他们的解释打补丁。

　　和前面提到的精神分析学派诸理论"体系"一样,文化唯物主义者从未认真解释,也从来没觉得有必要解释他们在"基本"层面上的核心论点:为什么追求物质收益就是压倒[58]一切的人类行为动机? 他们将其看作不言自明的事实,就像人类学学科从未扪心自问作为所有社会中基本特征的亲属团结或乱伦禁忌等现象背后的道理何在那样。此外,唯物主义逻辑的一个必然延伸就是将其他可能的动机全部说成是次要的、衍生的或伪装的物质动机。这种逻辑和马克思主义的物质"基础"与意识形态"上层建筑"关系理论一样,包含了一定的真理。但一切出于"物质"的论证往往会变成一套复杂的智力体操,在某些极端案例中使文化唯物主义以生拉硬套强行曲解而闻名。③

　　现代进化理论则是从 20 世纪 60 年代开始发展,在 70 年代中期势头渐涨,逐渐赢得人类学界关注。最早受其影响的人类学家之一是拿破仑·夏侬(Napoleon A. Chagnon),当时已是最著名的亚诺玛诺研究者。例如,在一篇文章(和一部纪录片)里,他展示了亚诺玛诺村庄里的一场争吵如何导致当事人的近亲和远亲依次站队支持自己的亲属,令村民根据血缘关系分为不同阵营,正像亲属选择理论所预测的那样。在其他文章里,夏侬称亚诺玛诺人的战争和群体内部冲突大多数情况下都是为了提升繁殖机会。在村庄间的战争中,妇女经常被强奸或被绑架去成为配偶。村庄头人和杰出的战士拥有很多妻子儿女,数倍于普通人。村子内部的暴力寻仇多数是因通奸而导致的。④

---

　　③　哈里斯在他的很多杰作中为我们展示了这一点。对文化唯物主义理论的最系统阐述可参见:Marvin Harris, *Cultural Materialism*. New York:Random House, 1979。

　　④　Napoleon A. Chagnon, 'Male competition, favoring close kin, and village fissioning among the Yanomamo Indians', in N. Chagnon and W. Irons (eds), *Evolutionary Biology and Human Social Behavior*. North Scitnate, MA:Duxbury, 1979, pp. 86-132; id., 'Is reproductive success equal in egalitarian societies?' in N. Chagnon and W. Irons (eds), *Evolutionary Biology and Human Social Behavior*. North Scitnate, MA:Duxbury, 1979, pp. 374-401; id., 'Life histories, blood revenge and warfare in a tribal population', *Science*, 1988;239:985-92.

　　我们后面会看到这些观点大多正确。可惜的是，夏侬虽在"蛋白质争议"中全力反对亚诺玛诺战争是为了争夺狩猎地盘的说法，但自己却给人以一种他的进化理论是完全关于狭义的繁殖（性）而非广义的繁殖（例如抚育后代）的印象。这导致他的观点遭到方方面面的批评。进化理论要求对公认的人类学解释方法进行彻底重新审视，从而令人类学家对这种外来理论表现出相当程度的抵触。夏侬的批评者中很多对进化论基础知识缺乏了解——比如有个批评者质问，如果争斗对整体的适应性有益的话，那它为何[59]不是无所不在永不停息的。⑤　他的错误在于没能理解争斗和其他行为一样，只是内含适应原则下的一个可能策略，只在满足特定条件和具备成功可能性时才会被激活。另一组常见批评则说原始人中杀婴现象的普遍存在证明了人并不受最大化子嗣数目的欲望所驱动，而且男性追求女性也不全是为了性目的，也有经济目的如获得她的劳动力。⑥

　　此处只能简单指出批评中的缺陷。人并非有意识地"想要"最大化其子女数量。尽管很多人的确想要小孩而且有了小孩后也对其充满爱意，但这还是性的欲望——马尔萨斯所说的"激情"——作为一种强力而直接（或间接）的生物学机制在起作用，以便最大程度繁殖。人和其他动物在有繁殖能力的年龄里经常交媾，有着很强的繁殖潜力。在有效避孕手段出现前，这一潜力的实现主要取决于环境条件。往往在资源短缺，以至于新生儿对其尚需照料的哥哥或姐姐的生存构成威胁的情况下，杀婴才会发生。内含适应性不是意味着要令子嗣数量最大化，而是要令能够存活的子嗣数量最大化。女性在某些情况下会因经济原因被看重也是符合进化论的——为了成功繁殖，必须先有东西吃，有地方住，而且能保

　　⑤　Clark McCauley, 'Conference overview', in J. Haas (ed.), *The Anthropology of War*. New York: Cambridge University Press, 1990, p. 3.

　　⑥　同上；R. Brian Ferguson, *Yanomami Warfare*. Santa Fe, NM: School of American Research, 1995, pp. 358–9。

护自己。⑦

　　这就是现今人类学争论的关键所在。夏侬过去因片面强调繁殖动机在战争方面的作用而受到非议,给他的批评者以错误印象,认为进化论不过如此。如今他已有更为正确的理解,开始强调进化理论中为生存和为繁殖的努力是相辅相成的。⑧ 奇怪的是,他声称自己这样做是"融合"了进化理论以及文化唯物主义,从而大大削弱了原本的立场,把整个论战带偏了方向。对面的阵营似乎也想寻求"融合"。夏侬近年来的主要对手 R. 布莱恩·弗格森(R. Brian Ferguson)曾经鼓吹一种关于原始战争起因的[60]彻底唯物化的解释。然而,尝试过一切抹杀贬低非物质的动机的办法后,他不得不承认这样的动机事实上是存在的。⑨ 他逐渐限制自己理论的解释范围,并呼吁拓宽对战争起因的研究途径。⑩ 对这种双方共同发出的和解倡议,其他参与辩论的人类学家显然会很欢迎。

　　然而,夏侬的真正观点是说进化理论事实上已经把整个唯物主义解释路径包含在内了,更不用说生态唯物主义这一分支。唯物主

---

　　⑦　关于其他典型误解可参见我与弗格森之间的争论:R. Brian Ferguson,'The causes and origins of "primitive warfare": on evolved motivations for war',*Anthropological Quarterly*,2000;73:159-64;Azar Gat,'Reply',*Anthropological Quarterly*,2000;73:165-8。

　　⑧　令夏侬转而相信这一点的是:Richard Alexander,*The Biology of Moral Systems*. New York:Aldine,1987. 见:Chagnon,'Life histories,blood revenge and warfare in a tribal population';id.,'Reproductive and somatic conflicts of interest in the genesis of violence and warfare among tribesmen',in J. Haas(ed.),*The Anthropology of War*. New York:Cambridge University Press,1990,pp. 77-104。

　　⑨　R. Brian Ferguson,'Introduction',in *Warfare*,*Culture and Environment*,pp. 38-41;id. 'Northwest coast warfare',同上,pp. 269-71,308-10,passim;id.,'Explaining war',in J. Haas(ed.),*The Anthropology of War*. New York:Cambridge:Cambridge University Press,1990,pp. 26-55;id.,*Yanomami Warfare*,pp. xii,8-13,passim。

　　⑩　Ferguson,'Explaining war',pp. 54-55;Ferguson,*Yanomami Warfare*,p. 8.

义生态学的主要观点都可以通过更高层次的进化论原理统一阐释。需要融合的是从生存和繁殖两方面解释战争的途径,而不是唯物主义和进化论这两种理论,因为进化论向来包含了生存和繁殖两个方面。所谓"繁殖主义对唯物主义"其实是一种虚假两分法。我们随后看到在这场论战中出现了一些奇特转折。为了给所谓的猎物短缺假说打补丁,唯物主义者马文·哈里斯(Marvin Harris)最后拿出了一套繁殖主义解释。另一方面,尽管夏侬承认进化理论涵盖为生存和为繁殖两个方面,他仍坚持对于包括亚诺玛诺人在内的所有原始人类,繁殖而非生存才是战争的主要动机。

事实上,"人类的自然状态"和生物界的自然状态并无多少不同。为生存和为繁殖的斗争均为其内在组成部分。社会科学家和历史学家被人类诸社会的文化多样性乱花迷眼,以至于往往看不到人类作为同一物种的整体特性。[11] 长期以来这些学者认为人类行为——包括争斗——的动机千奇百怪无所不有。然而事实上,根据人类学家在世界各地的实地调研,狩猎—采集者社会和其他原始人类社会在战争动机和战争形态上表现出惊人的相似性。同样的动机后来在文化发展的指数级放大作用下渐趋复杂化,才造就了我们人类物种在争斗等方面极为丰富的行为模式。按照萨姆纳的说法,那些推动包括争斗在内的人类行为的强大动机是饥饿、爱欲、虚荣和对[61]更强大力量的恐惧。[12]

---

[11] 关于这一点的最优秀讨论或可参见:John Tooby and Leda Cosmides, 'The psychological foundations of culture', in L. Cosmides, J. Tooby, and J. Barkow (eds), *The Adapted Mind: Evolutionary psychology and the generation of culture*. New York: Oxford University Press, 1992。

[12] William Graham Sumner, 'War' (1911), reprinted from *War and Other Essays*, in L. Bramson and G. Goethals (eds), *War: Studies from psychology, sociology, anthropology*. New York: Basic Books, 1964, p. 212; id., *Folkways*. New York: Mentor, 1960(1906), para. 22;紧随其后的还有:Maurice Davie, *The Evolution of War*. New Haven, CT: Yale University Press, 1929, p. 65。同样可参见:Walter Goldschmidt, 'Inducement to military participation in tribal societies', in R. Rubinstein and M. Foster (eds), *The Social Dynamics of Peace and Conflict*. Boulder, CO: Westview, 1988, pp. 47–65。

尽管我也要根据人类学家对狩猎—采集者战争的观察而将这些动机一个个加以梳理,但我的本意并非在此列出又一张由多个独立因素构成的"清单"。相反,我打算说明的是这些不同的动机或原因是如何构成了一个完整的动机复合体。这一动机复合体不但是数十亿年来生物界进化和自然选择塑造下的产物,也是人属数百万年进化史以及我们自身物种晚期智人数万年历史的遗产。

生存资源:狩猎区、水、住所、原材料

对资源的竞争是自然界中攻击和暴力——尤其是致命暴力——的主要原因。食物、水以及(较小程度上)遮风避雨的住所具有极强的自然选择力。如达尔文和在他之前的马尔萨斯解释过的那样,包括人类在内的任何生物都会迅速繁殖。能够限制并阻止生物数量增长的只能是该生物特定栖息环境中资源的有限性,以及竞争者——例如同类、消耗同样资源的其他生物、捕食者、寄生者,以及病菌——的存在。⑬

一些人类学家争辩说这一原理不适用于人类,指出无论在更新世还是之后,狩猎—采集者的人口在相当长时间内要么增长极其缓慢,要么根本不增长,且他们还常用杀婴的方式调节人口数量。然而,正如我们说过的那样,杀婴通常是用来保证最大数量子嗣存活的,这一现象的发生恰恰说明环境中资源压力已达到极限。一旦发生自然条件下并不常见的情况如生活环境突然扩大,那么人口也会随之迅速增长。历史中记载了很多这样的案例。其中最为闻名的或许是欧亚非旧大陆野生动物在地理大发现时代的急速扩张。例如,家鼠、田鼠和兔子在传统竞争者不存在或很弱的美洲和大洋洲的增

---

⑬　Charles Darwin, *The Descent of Man*, Chapter 2, in *The Origin of Species and The Descent of Man*. New York: Modern Library, n. d., pp. 428-30.

殖尤为夸张。人类在类似情况下同样[62]会迅速繁殖。超过 150 万年前，直立人走出非洲的原栖息地，散布到旧大陆的大部分地区。8 万年前晚期智人重复这一进程并走得更远。最著名的例子来自我们人类中的一些小群体，他们在最近数万年里从亚洲跨过冰封的白令海峡，进入此前无人居住的北美洲。在相当短的时间里，这些小群体人口扩张到数十万、数百万，甚至在农业发明之前便填满了从最北端到最南端的整个美洲大陆。同样，一些东亚人小群体乘着独木舟，在最近两千年里殖民了被数千公里的大洋隔开的太平洋诸岛。大多数情况下，最初每个岛上的定居者可能不超过几十个，但很快就能填满新的家园，增长到数以千、万计。

这些罕见案例从反面说明了在通常情况下，与卢梭主义者认为的不同，我们旧石器时代的祖先并没有什么空无一人的土地可去。与动物一样，人类的最大化繁殖倾向时刻受到资源匮乏以及大多来自同类的竞争的制约。前面说过，竞争多数情况下是关于摄入养分的，这是所有生物最基本最关键的维持生存行为。养分的充足与否常常造成生物种群数量的剧烈波动。不过，资源竞争和冲突并非常量而是一个高度可调的变量。每时每地的资源竞争和冲突均随特定生态区位内资源的不同性质以及相对应的人口构成模式而变化。⑭人类对不同生态环境的适应方式是大自然中最为多样化的。于是，根本问题就成了：在特定环境下充当人口增长主要制动器的究竟是哪些因素？最稀缺的从而成为人类竞争主要对象的东西是哪些？这些问题的答案同样不固定，而是根据条件不同有所变化。

---

⑭　根据进化论原理，这一点在原则上是不言自明的。参见：William Durham 'Resource competition and human aggression. Part I：A review of primitive war'，*Quarterly Review of Biology*，1976；51：385-415；R. Dyson-Hudson and E. Alden Smith，'Human territoriality：An ecological reassessment'，*American Anthropologist*，1978；80：21-41；Doyne Dawson，'The origins of war：Biological and anthropological theories'，*History and Theory*，1996；35：25。

　　前面提到过的加拿大北极地区中部那种资源高度分散且人口密度极低的极端情况下，和资源相关的竞争与冲突几乎不存在。在澳大利亚中部那种人口密度同样极低的干旱和半干旱环境里，水源往往是资源[63]竞争和冲突的主要原因。在整群整群土著人死亡殆尽的旱灾时期，水源显然至关重要。因此，即便水不那么稀缺的时候，人们也急于控制水源。根据麦吉特的记载，澳大利亚中部沙漠的瓦尔比里人和瓦林加里人会为了"占领"并垄断水井而争斗，甚至大张旗鼓列阵交战。⑮ 在水源充沛的环境里不存在水资源短缺也就没有水资源竞争，这时食物往往成为资源竞争和冲突的主因。食物引起的竞争冲突在荒年尤其常见，但为了防荒备荒有时也会提前发生。⑯ 勒兰多斯（Lourandos）就土著人的澳大利亚如此写道："在维多利亚州西南部，人群之间围绕一系列自然资源以及土地展开竞争，这已被很多到访维多利亚州的早期欧洲观察者记录下来。"尽管一般不使用冲突或争斗这样的词，勒兰多斯所说的"竞争"事实上也包括"战斗"。⑰ 资源里最主要的是食物，而各种不同环境下会成为竞争目标的食物显然也有区别。但仍然可以稳妥地总结说各种各样的肉食——无论来自陆地动物、鸟类还是鱼类——均为狩猎—采集者激烈争夺的目标。

　　这一现象是营养价值差异导致的必然结果，在自然界中也相当显著。食草动物很少为食物而争斗，是因为草的营养价值太低，无法

---

　　⑮　M. J. Meggitt, *Desert People*. Chicago：University of Chicago, 1965, p. 42.

　　⑯　备荒作为战争和预先行动的强有力推动因素，可参见：M. Ember and C. R. Ember, 'Resource unpredictability, mistrust, and war：A cross-cultural study', *Journal of Conflict Resolution*, 1992；36：242–62；以及：W. D. Hamilton, 'Innate social aptitude of man：An approach from evolutionary genetics', in R. Fox（ed.）, *Biosocial Anthropology*. New York：John Wiley, 1975, p. 146。

　　⑰　Harry Lourandos, *Continent of Hunter-Gatherers：New perspectives in Australian prehistory*. Cambridge：Cambridge University Press, 1997, p. 33.

有效独占。用人类学中有关防守领地和暴力争夺密集资源的术语来
说的话,[18]草的营养价值过于"弥散",垄断它的效益相对于投入而言
极低。果实、根茎、种子以及某些植物的营养价值比草高得多,常常
成为动物或人类争夺的对象。肉则代表了自然界最为集中的营养价
值,围绕它的争夺也是最为激烈的。动物为了独占配偶或食物(或以
上两者)需要捍卫其领地。除繁殖因素引发的动物领地性行为外,更
高的食物营养价值也会导致更多与食物相关的领地性行为。食物链
顶端的肉食动物不但要为了狩猎地盘而与同类斗争,还会和其他物
种的掠食者斗争以排除竞争者。比如说,人们观察到狮子一旦发现
豹和鬣狗[64]的幼兽,便会杀死它们。猎物资源是决定掠食者动物
在大自然中分布方式的主要因素。

　　"蛋白质争议"中出现的和此前进行的一系列调查研究均显示猎
物资源在受调查的各个原始人类社会里也扮演了类似角色。夏侬正
确判断亚诺玛诺人的战争有更重要的(为繁殖的)动机,但他声称对
猎物的竞争完全不算一个动机则是错的。争论对手提醒他,他曾经
承认"猎物数量并不多,一个地区很快就被狩猎一空"。对手接受了
亚诺玛诺人并未受"蛋白质缺乏"困扰的观点,但他们也指出亚诺玛
诺人能保证最低摄入水平靠的是几乎不增长的人口,而人口增长停
滞的很大一部分原因在于原始人类中争斗所造成的高死亡率。人口
一旦增长,就很容易会导致猎物被捕杀殆尽,[19]进而引发人类猎手之
间的竞争和冲突。外来的猎人自然而然被认为是竞争者并将遭遇敌
对行为。在那些猎物高度集中且分布不均的环境里,对食物的竞争

---

⑱　Dyson-Hudson and Smith, 'Human territoriality'.

⑲　同样可参见下列概论和文献综述:Harris, 'A cultural materialist the-
ory of band and village warfare'; Napoleon Chagnon, *Yanomamo*: *The fierce
people*, 2 nd edn. New York: Holt, 1977, p. 33. 夏侬本人亦承认人类像其他
动物一样会很快填满新的生态区位,逼近维持生存的物质资料的承载极限;与他
通常情况下的态度截然不同的是,夏侬承认此时争夺生存资源的冲突将成为常
态,参见:Chagnon, 'Reproductive and somatic conflicts of interest', pp. 87-9。

和冲突最为激烈。如同我们在澳洲南北两端和北美西北部看到的那样，诸如河流入海口这样的鱼类、鸟类或其他野生动物主要聚集地，其猎物密度远高于普通的海岸或河岸，更不用说不临水的内陆。因此领地上猎物较少的群体常常会到别处偷猎，或向猎物更多的土地移动，因此而导致的暴力冲突可谓司空见惯。毫无疑问，这样的冲突在饥荒袭来时还会变得更激烈。根据一项比较研究，狩猎—采集者领地中的 5％到 10％会在一代人内易手。⑳ 如果人们赖以为生的猎物集群有着迁徙习性的话，情况将更加复杂。北美大平原的美洲野牛（美洲水牛）群迁徙路线游移不定，难以预测，时不时造成狩猎者需要进入其他部落领地的状况，而这往往会导致战争。㉑ 从法国到乌克兰，旧石器时代晚期狩猎大型动物的猎人可能也遇到了与北美印第安野牛猎手同样的问题。

　　资源竞争和冲突存在于绝大多数狩猎—采集者社会中。不过竞争冲突的严重程度如何，与其他冲突理由相比孰轻孰重，以及[65]哪种资源最容易引发冲突这些问题，其答案都取决于相对应的社会环境和自然环境。特定环境下缺乏和重视的资源有所不同，冲突的起源和发生状况也就随之而异。20 世纪 60 年代由阿特里、劳伦兹和丁伯根提出的领地性的概念必须在此视角下加以审视。与攻击性一样，领地性并非一种盲目的冲动。它是服从于进化论规律的，对于生存环境极为多样的人类尤其如此。资源状态和资源竞争导致狩猎—采集者的领地大小有巨大差异，并影响领地性行为的强弱。60 年代被普遍认为是暴力原因的人口密度同样需要在资源冲突视角下重新审视。绝大多数情况下，人口密度

---

⑳　Lawrence Keeley, *War before Civilization*. New York: Oxford University Press, 1996, pp. 109–10.

㉑　W. W. Newcomb, 'A re-examination of the causes of Plains warfare', *American Anthropologist*, 1950: 52: 325; Thomas Biolsi, 'Ecological and cultural factors in Plain Indian warfare', in Ferguson *Warfare*, *Culture and Environment*, pp. 148–50.

必须和资源稀缺性以及相应的资源竞争联系在一起，才能起到冲突导火索的作用。若非如此，东京或荷兰这样的人口极稠密区域将成为地球上最暴力的地方。㉒

最后，让我们更详细分析一下为何在进化论算式中，为资源而争斗这样的高风险行为是值得的。生于物质丰富社会的我们可能难以理解前现代社会人们的生存是如何地具有不确定性。饥荒的幽灵一直在他们头上徘徊不去。饥饿影响人们的死亡率，并通过降低男人的性欲和女人的生育能力而影响繁殖率，从而与疾病一道持续不断地削减着前现代社会的人口数量。因此，争夺资源往往就成了进化上有较高效益的行为。当然，不愿承担争斗风险的话，也不是没有其他替代策略（饿死自然不算），其中一项就是与竞争者停战并另寻土地生活。这一策略经常被采用，尤其当对手过于强大时，但这也有着明显的局限性。我们已经说过，大体上，并没有什么"空白地"可供迁居。从一开始，最好的、生产力最高的土地往往已被人占有。退而求其次者会发现那些次一等的土地通常也已经被其他退而求其次者占据了。需要经过考察探索才能发现无人之地，但这一过程中同样可能遭遇其他群体的暴力对抗。此外，迁徙意味着离开人们对其中所蕴含的资源和风险均烂熟于心的老地盘，进入未知的领域。对于狩猎—采集者而言，这样的变化是相当不利的。[66]屈服于外界压力

㉒　Charles Darwin, *The Descent of Man*, Chapter 2, in *The Origin of Species and The Descent of Man*. New York: Modern Library, n. d., pp. 428-30; Konrad Lorenz, *On Aggression*. London: Methuen, 1966; Robert Ardrey, *The Territorial Imperative*. New York: Atheneum, 1966; Niko Tinbergen, 'On war and peace in animals and men', *Science*, 1968; 160: 1411-18; Felicity Huntingford and Angela Turner, *Animal Conflict*. London: Chapman, 1987, pp. 229-30, 233-7; Charles Mueller, 'Environmental stressors and aggressive behaviour', in R. G. Geen and E. I. Donnerstein (eds), *Aggression*, Vol. ii. New York: Academic Press, 1983, pp. 63-6; Keeley, *War before Civilization*, pp. 118-19; Frans de Waal, *Good Natured: The origins of right and wrong in humans and other animals*. Cambridge, MA: Harvard University Press, 1996, pp. 194-6.

还会使自己显得软弱可欺。外族人可能会受到鼓舞,变本加厉欺压曾经退让的群体。所以,冲突策略不仅关乎当下的争端,也起到给未来的群体间关系奠定基调的作用。奋起自卫实际上反而可能降低未来冲突的发生几率。冲突中威慑的重要性绝不低于实际战斗,或许还要更高。人们过去太多关注战斗本身,往往忽视了威慑的作用,因此这一原理直到核时代才变得较为醒目。

我们已经讨论了争斗的可能益处和替代策略,威慑则将我们带向争斗成本这一问题。如果在诉诸冲突时能令自身重伤和死亡的风险有所下降,这一策略就会更具进化吸引力,因此无论对于动物还是人类,力量展示和以攻击行为相威胁就成为在冲突中最广泛使用的武器。相比奠定关系基调的实际战斗,手持武器互相监视提防才是人类群体之间更为普遍的状态。此外,人类和动物往往在拥有很大获胜机会时才会运用致命暴力。我们后面还可以看到,原始战争最具标志性也最为致命的形式不是摆开阵势正面交战,而是偷袭和埋伏。这两种不对称战斗方式将造成受害者极大的损失,然而人人都有可能成为受害者。因此狩猎—采集者战争中的死亡率相当高,任何现代社会均无法与之相比。

动物之所以重要不仅因为它们给人类提供了肉食,也因为它们是遮寒保暖的毛皮的来源,其骨头、角和其他部位的材料亦可用来制作工具。至关重要的原材料还包括燧石和黑曜石(火山玻璃)。此外还有一些奢侈、贵重或异域的物品如颜料(赭石)、象牙以及羽毛,其进化价值我们将在后面讨论。对于狩猎—采集者来说,大多数情况下这些原材料或许并不稀缺,环境中所有的量足够所有人使用。然而,像我们在澳大利亚看到的那样,它们仍可能导致暴力冲突。由于这些物品中至少一部分是分布不均的,附近居民通常会为了贸易目的尝试加以垄断。此外,由于各群体已出于其他原因时刻互相防备,越过领地边界获取原材料也会有引起暴力对抗的风险。各种动机因素混合、交织且互相影响,[67]共同构成了进化塑造下的通向冲突的动机复合体。

繁 殖

繁殖斗争的目的是为了获得有繁殖潜力的配偶。整个自然界的雄性和雌性动物在繁殖方面地位均极不对称。为了让受精卵在体内发育成熟,雌性要消耗自身大量资源,往往在生产之后还要继续投入资源抚育后代。严重的后勤负担限制了雌性的繁殖潜力。由于一段时间内只能照料少量受精卵或后代,雌性一生中所能拥有后代的数量大大受限。举例说,理想的自然条件下,人类女性一生中可生育 20 个子女,不过现实中最多也就在 5 个到 10 个之间。充足的性行为有助于令雌性受孕概率最大化,但增加性伴侣数量却不能达到同样效果。雌性一次只能从一个雄性那里受精并怀孕。因此,按照进化论的逻辑,她必须努力争取最好结果。她寻求的是质量而非数量。那个令她受精的雄性必须是她能找到的最好的。于是,她必须很挑剔,必须选择看上去最适于生存和繁殖的雄性,以令自己的后代获得他的基因和品质。在那些与人类相似的雄性也参与抚育后代的物种中,雄性作为赡养者的能力以及他的专一性也是值得考虑的关键因素。

与雌性相反,雄性理论上几乎没有后代数量的限制。他可以令无数雌性受孕以将自己的基因大规模复制到下一代身上。雄性的繁殖能力随性伴侣数目线性增长,而雌性则不然。现实生活中,在性方面最成功的人类男性往往有几十个子女。雄性性成功的主要障碍是来自其他雄性的竞争。

当然,以上这些只是概括性的。自然界中实际围绕着这一原理而发展出的性策略多种多样且相当微妙。㉓ 一些物种是[68]高度多

㉓ 作为例子可以参见:Donald Symons, *The Evolution of Human Sexuality*. New York:Oxford University Press, 1979;Martin Daly and Margo Wilson, *Sex, Evolution, and Behavior*. Boston, MA:Willard Grant, 1983;Matt Ridley, *The Red Queen:Sex and the evolution of human nature*. New York:Macmillan, 1994。

妻制的。在很多社会性动物中,作为领袖的雄性独占群体中所有的雌性。雄性之间争夺"后宫"的斗争极为激烈且理由充分:这在进化意义上实在是至关重要。在很多物种,尤其是食草动物中,亲近雌性大概是唯一能引起种内争斗的理由。多妻制的程度越强,雄性和雌性之间的体格差异也就越大(两性异形),因体格庞大且凶猛的雄性将在自然选择中占有优势。猿类中高度多妻的大猩猩是这一现象最好的例子。很多非社会性动物的雄性也会为了处于交配期的雌性而互相争斗。当然,并非所有物种都是高度多妻制的。在其他物种中,接触雌性的机会可能分配更加均匀,直至单配偶制。尽管单配偶制会减少雄性之间的竞争,但也远未将其消除。在单配偶制度中,雌性伴侣的质量会受到重视。若雄性只能拥有一位伴侣,那对他而言,伴侣的繁殖品质就很重要。与更好品质相关的因素包括年轻、健康,以及有着利于养育后代的最佳体态——也就是那些被雄性解读为具有性吸引力的体态。

人类在这方面偏向哪一类呢?为了照顾缓慢成熟的后代,需要人类双亲的持续投入,会将人类向单配偶一夫一妻制方向转变。这本身即可极大降低男性之间的竞争和暴力,因为繁殖机会的分配更加平均了。当然,对最佳女性伴侣的竞争仍然存在。此外,人类,尤其是男人,也并非严格实行单配偶制的。首先,男人只要可以的话对妻妾的态度是多多益善,只不过仅有少数能做到而已。尽管在绝大多数已知的人类社会,包括狩猎—采集者社会中,都存在一夫多妻制,也只有很少一些非富即贵之人能养得起更多老婆孩子。其次,哪怕家有妻妾,男人还是有和其他有夫之妇或未婚女性发生婚外情的倾向。从男性的角度看,不忠是一种进化论意义上的策略,通过让更多女人受孕来增加自身的繁殖成功率。从女性"第三者"的角度看,如果她未婚,偷情可能是她与一个(有魅力或富有的)成功男人发生性关系的唯一机会;如果她已婚,那么婚外情也可能让她找到[69]一个质量更高的,能够许诺更多照顾和支持的丈夫,或者提供眼下婚姻失败时的保险。

当然,此处仍然是泛泛而谈,因为两性之间的勾心斗角和不伦之恋并非我们的关注点。不过，这与人类的暴力冲突和争斗究竟有何关系？来自各个狩猎—采集者（以及原始农耕者）群体的证据可以给我们同样的启示。在部落内部，与女人有关的争执、暴力、仇恨以及杀戮是相当普遍的，通常构成一种主要暴力类型。引发暴力的原因包括求爱者之间的竞争；绑架妇女和强奸；毁弃婚约；以及妒火中烧的丈夫怀疑妻子不忠这一案例数最多的因素。部落之间的状况大同小异。战争通常涉及绑架妇女。被绑走的妇女会遭到反复强奸，或被强娶为妻，或两者皆有。摩西命令以色列的子民杀死除可以掳走的未嫁女子之外的所有米甸人（《民数记》31.17—18），显示了历史上胜利者的典型行为：杀了男人，强奸女人，并把那些最年轻漂亮的女人当作战利品带走。如果因为敌人的反抗或来自己方的反对而不能带走这些妇女的话，那她们往往会和男人以及儿童一道被杀死，以减少敌人的人口数量。

由此可见，狩猎—采集者的战争通常涉及掳掠和强奸妇女，但战争就是因女性而起的吗？对女性的掳掠强奸究竟是战争的主因，还是它的副作用表现？在最近的人类学研究著作中我们可以看到弗格森针对亚诺玛诺人的战争提出了这个问题。认为战争由物质因素引起的弗格森，与声称亚诺玛诺人主要为了女人而战的夏侬之间发生了争论。为了反驳唯物主义者的立场，夏侬引用了亚诺玛诺男人的证词："我们是喜欢肉，但我们更喜欢女人！"不过，夏侬在亚诺玛诺人的战争是否确因女人而起这个问题上偶尔也会发生动摇。㉔

与其说亚诺玛诺人是狩猎—采集者，不如说他们是猎人和园艺种植者。当然，所争论的基本问题仍适用于纯粹的狩猎—采集者。前面已经说过，我认为这个问题事实上是没有意义的，导致学者陷入反复无益的争论并把他们带入死胡同。问战争究竟是因物质而起还是因女人而起，实际上是从引发战争的[70]人类动机复合体的整体中人为

㉔ Chagnon, *Yanomamo: The fierce people*, pp. 123, 146 (quote); Mc-Cauley, 'Conference overview', p. 5; Ferguson, *Yanomami Warfare*, pp. 355-8, passim.

割裂出一部分加以强调,同时对所有部分因素背后的整体逻辑视而不见。这就像问一个去超市购物的人"究竟"想要什么一样:面包、肉还是奶酪? 实际上只在特殊情况下,哪种动机"更"显著的问题才是有意义的。[25] 在进化塑造的"人类自然状态"中,人类的动机复合体由在任何社会下均可能导致暴力竞争的各种匮乏不足混合而成。为生存和为繁衍的因素对人类而言均可能存在,且两者是相互关联的,还会引出后面将讨论的其他因素。对于狩猎—采集者,女人是战争的强动机,往往也是主要的动机,但很少是唯一的动机。女人作为如此显著的动机的原因在于繁殖机会是一种极强的自然选择力量。

大陆级的澳大利亚简单狩猎—采集者实验室再一次成为我们的最佳数据来源,其中的案例被达尔文(和本书第 3 章)加以引用。[26] 根据在 1803 至 1835 年间和土著一同生活的英国人威廉·巴克利的证词,土著中频繁的争斗和杀戮大多数情况下是"因妇女被从一个部落抢到另一个部落而引起——这可谓是家常便饭。其他时候是因妇女自愿离开丈夫投入别的男人怀抱而起。……每起事端的背后总有这些妙人儿的身影"。[27]

在与世隔绝的塔斯马尼亚,土著人群体之间无尽争斗、划地而治以及互相警惕的缘由也与此类似。冬季的食物短缺可能会造成麻烦,但女人一直是仇恨和争斗的主要原因。[28]

多妻制在很多地方有着重要影响。它在澳大利亚所有土著部落中都是合法的,且男人对其极为憧憬。然而,比较研究显示,在已婚

[25] 我与弗格森之间的争论可以参见:Ferguson, 'The causes and origins of "primitive warfare" ' and Gat, 'Reply'.

[26] Darwin, *The Descent of Man*, Chapter xix, p. 871.

[27] John Morgan, *The Life and Adventures of William Buckley: Thirty-two years a wanderer among the Aborigines of the unexplored country round Port Philip*. Canberra: Australian National University Press, 1980(1852),引自 pp. 41, 68, 亦可参考 pp. 42, 59, 70, 74, 76, 81, 96。

[28] Rhys Jones, 'Tasmanian tribes', in N. Tindale (ed.), *Aboriginal Tribes of Australia*. Berkeley, CA: University of California, 1974, p. 328.

男子中,只有一个妻子的仍是最多的一类,通常超过一半。有两个妻子的位居第二。有三个和更多妻子者比例就急剧下降到 10％到 15％,且每多一妻则人数愈少。㉙ 最成功的男人会想要多少个妻子呢？这里环境变量就起到很大作用。在贫瘠的中央沙漠地区,有 4 个、5 个或 6 个[71]妻子就顶天了。5 个或 6 个也是巴克利提到的 19 世纪早期澳洲东南部菲利普港(墨尔本)附近土著人中的最高数字。然而,在北方更为富饶多产的阿纳姆地以及周边岛屿中,少数男人可拥有 10 到 12 个妻子;极端案例中数字甚至会翻倍。由此可见,在资源密度、资源积聚垄断、社会阶层以及多妻制之间存在直接的关联。㉚ 显然,一个男人的妻子数量越多,大体上他的繁殖率(子女数目)也越高。我们缺少关于澳大利亚土著的数据。㉛ 不过,在巴西的沙万提(Xavante)园艺种植者中,一个村庄里 37 名男子中有 16 人拥有多于一个妻子(在另一项规模更大的调查中则是 184 人中有 74 人)。酋长有 5 个妻子,多于其他任何人。酋长的活着的子女数目有

㉙　这些数字会随年龄而有所变化,因为随着年岁增长,一些年轻时只有一个妻子的男子会再娶一个或者更多。然而这一现象对整体状况影响不大。更多统计数字可参见：M. J. Meggitt, 'Marriage among the Walbiri of Central Australia: A statistical examination', in R. M. Berndt and C. H. Berndt (eds), *Aboriginal Man in Australia*. Sydney: Angus & Robertson, 1965, pp. 146-59; Jeremy Long, 'Polygyny, acculturation and contact: Aspects of Aboriginal marriage in Central Australia', in R. M. Berndt (ed.), *Australian Aboriginal Anthropology*. Nedland: University of Western Australia, 1970, p. 293。

㉚　Morgan, *The Life and Adventures of William Buckley*, p. 58; C. W. M. Hart and Arnold Pilling, *The Tiwi of North Australia*. New York: Holt, Reinhart & Winston, 1964, pp. 17, 18, 50; Meggitt, *Desert People*, p. 78; R. M. Berndt and C. H. Berndt, *The World of the First Australians*. London: Angus & Robertson, 1964, p. 172; I. Keen, 'How some Murngin men marry ten wives', *Man*, 1982; 17: 620-42; Harry Lournados, 'Palaeopolitics: Resource intensification in Aboriginal Australia and Papua New Guinea', in T. Ingold, D. Riches, and J. Woodburn (eds), *Hunter and Gatherers*, Vol. i. New York: Berg, 1988, pp. 151-2.

㉛　作为例子可参见：Meggitt, *Desert People*, pp. 80-1。

23 人,构成他们同辈人中存活者总数的四分之一。辛波涅(Shin-
bone),一个最成功的亚诺玛诺男子,拥有 43 个孩子。他的兄弟也相
当成功。因此截至调查之时,辛波涅的父亲共有 14 个子女、143 个
孙子女、335 个曾孙子女以及 401 个玄孙子女。[32]

园艺种植者中的这一现象也适用于狩猎—采集者。阿卡俾格米
人(Aka Pygmies)领袖的妻子数目平均下来是普通人的两倍,儿女
也更多。[33] 我们知道资源的匮乏会抑制包括婚姻现象在内的社会分
化,但不能将其完全消除。对于贫瘠的卡拉哈里沙漠中的昆布须曼
人,多妻制更为受限,但 5% 的已婚男子仍然有 2 个妻子。[34] 与女人
相关的争执是他们当中杀人事件的主要原因。和澳大利亚土著一道
被我们看作狩猎—采集者代表的北美西北海岸和北极地区的土著也
表现出相同趋势。在加拿大中部极地的极端严酷条件下,资源极为
稀少而分散,对资源的争斗几乎不存在。资源匮乏的结果是一夫一
妻在土著爱斯基摩人中占主导地位。一项研究记录下 61 桩婚姻,其
中只有 3 例是多妻的。然而抢婚依然普遍,且很可能是爱斯基摩人
中杀人和"血仇"的主要原因。[35] 拜访营地的陌生男人将成为当地人

　　[32]　Daly and Wilson, *Sex, Evolution, and Behavior*, pp. 88-9, 332-3;
Symons, *The Evolution of Human Sexuality*, p. 143; Chagnon, *Evolutionary
Biology and Human Social Behavior*, p. 380.

　　[33]　Laura Betzig, 'Comment', *Current Anthropology*, 1991; 32: 410.

　　[34]　Daly and Wilson, *Sex, Evolution, and Behavior*, p. 285.

　　[35]　这些现象被完全依靠爱斯基摩人和(尤其是)卡拉哈里布须曼人来研究
简单狩猎—采集者的布鲁斯·克劳夫特所忽略,见: Bruce Knauft, 'Violence
and sociality in human evolution', *Current Anthropology*, 1991; 32: 391-428
(同时应当参考 L. Betzig,R. K. Denton 和 L. Rodseth 对其文章的评论)。我们可
以看到克劳夫特以一种近乎幼稚的方式夸大了简单狩猎—采集者中的平等性,导
致简单狩猎—采集者显得与复杂狩猎—采集者截然不同,从而难以自圆其说。他
否认简单狩猎—采集者之间存在任何为生存或繁殖的竞争,但又清楚意识到他们
的暴力死亡率极高,因此只好将其归咎于"性挫折"的表现。事实上,简单狩猎—采
集者社会中大多数均存在着少数人拥有多个妻子的现象,亦有对能够得到的最高
"质量"妻子的强烈竞争,因抢婚、通奸和打破婚约而引发的冲突也无时无刻不在。

易如反掌的猎物,尤其如果他还带着妻子一同旅行的话。他可能被营地里任何一个渴望女人的家伙杀掉。在爱斯基摩人人口更稠密的阿拉斯加海岸,绑架妇女是战争的首要原因。多妻现象在他们当中也更为普遍,[72]尽管仍然限于少数人。㊱ 强大的因加利克(Inga-lik,即"贵人")往往有第二个妻子,且"有一个家伙曾同时有 5 个妻子,后来又有 7 个。此人是一个伟大的战士,他的女人全是抢来的"。㊲

如同第 3 章中讨论过的那样,北美西北海岸资源丰富的环境加剧了资源竞争和社会分化,并导致争夺资源的激烈冲突。然而,资源竞争并非与繁殖问题无关,事实上是与其共同构成一个整体。弗格森在他关于西北海岸印第安人战争长篇大论的唯物主义研究中很典型地一字不提女人问题。然而,就算不提,问题也不会消失。西北海岸大部分土著奉行一夫一妻,然而富者、强者和有权者大体上是多妻的。具体有多少,要看各个部落的情况,常见的说法是"一帮"或"数个",在某一案例中甚至提到有 20 个妻子。人们常常绘声绘色描述这些成功男人令人印象深刻的大家庭。此外,和在其他地方一样,被

㊱　Mildred Dickemann, 'Female infanticide, reproductive strategies, and social stratification: a preliminary model', in N. Chagnon and W. Irons (eds), *Evolutionary Biology and Human Social Behavior*. North Scitnate, MA: Duxbury, 1979, p. 363; Symons, *The Evolution of Human Sexuality*, p. 152; Martin Daly and Margo Wilson, *Homicide*. New York: Aldine, 1988, p. 222 (quotation), citing A. Balikci, *The Netsilik Eskimo*. Garden City, NY: Natural History, 1970, p. 182; C. Irwin, 'The Inuit and the evolution of limited group conflict', in J. van der Dennen and V. Falger (eds), *Sociobiology and Conflict*. London: Chapman, 1990, pp. 201-2; E. W. Nelson, *The Eskimo about Bering Strait*. Washington, DC: Smithsonian, 1983(1899), pp. 292, 327-9; Wendel Oswalt, *Alaskan Eskimos*. San Francisco, CA: Chandler, 1967, pp. 178, 180, 182, 185, 187, 204; Ernest Burch and T. Correll, 'Alliance and conflict: interregional relations in North Alaska', in L. Guemple (ed.), *Alliance in Eskimo Society*. Seattle: University of Washington, 1972, p. 33.

㊲　Betzig, 'Comment', p. 410.

掳掠来干活的女奴往往也要和主人同床共枕。⑧

为何土著人中的少数酋长和"贵人"渴求并积蓄越来越多的资源和贵重物品？首先当然是为了自己在吃饭、穿衣和居住上面尽可能多的感官享受，然而也是为了一个包含更多妻子儿女的大家庭的衣食住行。物质能力的展示也是证明自己属于一个理应拥有更多妻子的阶层的必要条件。对女人的争夺可以直接或间接地导致战争。资源冲突至少部分是为了通过掌握资源来获得更多女人，并供养她们及她们所生的子女。布莱恩·海登(Brian Hayden)提出了一个在资源丰富的社会里，出于对地位、声望和权力的剧烈竞争，简单资源是如何被积累并转换为奢侈物品的人类学模型。⑨他其实可以把女人也加进转换后的奢侈品的列表里。资源、繁殖以及我们后面会讨论的社会地位，在进化塑造的动机复合体中均为互相联系且可互相转换的。资源可以转化为更多和"更好"的女人。在一些幸运的案例中——就像爱因斯坦的质能转化公式那样——倒过来也是对的，即女人可以生产出比她们和孩子向夫主索取的更多的资源。例如在大平原的印第安人那里，[73]酋长和"贵人"的妻子制作装饰长袍以供与白人进行贸易。⑩最后，资源和女人都有助于提升地位，地位反过来又可以增进在获取资源和婚配上的机会。M. J. 麦吉特在解释新

⑧ Abraham Rosman and Paula Rubel, *Feasting with the Enemy: Rank and exchange among Northwest Coast societies*. New York: Columbia University Press, 1971 pp. 16-17, 32, 110; Philip Drucker, *The Northern and Central Nootkan Tribes*. Washington, DC: Smithsonian Institute, 1951, p. 301; id., *Cultures of the North Pacific Coast*. San Francisco, CA: Chandler, 1965, p. 54; Aurel Krause, *The Tlingit Indians*. Seattle: University of Washington, 1970(1885), p. 154; Leland Donald, *Aboriginal Slavery on the Northwest Coast of North America*. Berkeley, CA: University of California, 1997, p. 73.

⑨ Brian Hayden, 'Competition, labor, and complex hunter-gatherers', in E. S. Burch and L. S. Ellanna (eds), *Key Issues in Hunter-Gatherer Research*. Oxford: Berg, 1994, pp. 223-42.

⑩ Biolsi, 'Ecological and cultural factors in Plain Indian warfare', pp. 159-60;关于北澳大利亚可参见：Jones, 'Tasmanian tribes', p. 328。

几内亚高地的梅·恩加(Mae Enga)园艺种植者的战争时,将这些因素巧妙地联结起来:

> 一个缺少足够土地的氏族拿不出娶妻所需要的作物和猪只,因而也就没人给他们生下未来的战士来保卫家园,也生不下能够索取彩礼为其兄弟娶媳妇的女孩。……况且不娶妻的话,谁来照应园地和猪群呢?出现麻烦的时候,又哪来的猪交换军事和经济援助呢?因此人们说,一个氏族别无选择,必须使用全部手段来尽快获得更多土地,否则其末日便近在眼前。[41]

多妻制在恩加人中是"理想的",也被某个样本中 17.2% 的男人所采用。在另一高地部落戈伊拉拉人(Goilala)当中有 12% 的男人(或已婚男人中 16%)拥有超过 1 个妻子,多的达到 4 个。对于他们,婚姻也是一个由性、经济和姻亲联盟等互相联系的各方面构成的复合体。[42]

前面已经提到,财富、地位、婚配和权力对于北澳大利亚的"贵人"而言是互相联系的。[43] 同样的模式对阿拉斯加海岸爱斯基摩狩猎—采集者中的"贵人"(Umialik,乌米亚利克)也适用:

> 发生盗窃的情况下,拥有最多物质财富的乌米亚利克通常是受害者。由于他有不止一个妻子,因此他的血亲和姻亲均多

---

[41] Mervin Meggitt, *Blood Is Their Argument: Warfare among the Mae Enga of the New Guinea Highlands*. Palo Alto, CA: Mayfield, 1977, pp. 182-3.

[42] 同上, p. 111; C. R. Hallpike, *Bloodshed and Vengeance in the Papuan Mountains*. Oxford: Oxford University Press, 1977, pp. 122-6, 129, 135-6。

[43] Hart and Pilling, *The Tiwi of North Australia*, pp. 18, 50.

于别人，他就可以依靠很多人的援助。此外，作为一个乌米亚利克，他的意见会得到别人的尊重。㊹

于是就形成了一个正回馈机制。夏侬展示过这个机制是如何在亚诺玛诺人当中运作的，而研究澳洲土著婚姻的权威伊安·基恩(Ian Keen)也独立探索出澳大利亚狩猎—采集者中的相同机制。氏族的成长取决于繁殖上的成功。由更多同辈兄弟姐妹组成的最大的那些氏族在面对部落里其他人时，总是依照亲属团结的原则而行动。以他人利益为代价，他们通过控制领导职位、资源和婚姻[74]机会的方式来推进自己的优势。结果是一段时间之后，大的氏族得以在政治上和人口上主导一个部落。前面提到过的亚诺玛诺人里的辛波涅家族在几代人后就扩展到几个村子。㊺令人们变得富裕、有权势和成功的各种因素可以自我推动并互相推动，使其人永居人生赢家之位——这一现象早已为人所知。"富者愈富"的信念在更普遍的意义上也是成立的。一个人要想成功，他必须具有尽可能多的以下品质：是一个好的赡养者(猎手)、强壮、处世("政治上")圆滑、来自一个大("好的")家族。

多妻制极大加剧了女性的稀有程度，并使得男性间针对她们的直接、间接竞争和冲突愈演愈烈。一项跨文化研究揭示多妻制是与仇杀和内斗相关的最突出因素之一。㊻另外还有一个导致女性稀有和男性间竞争的因素。在所有狩猎—采集者(以及农业)社会中，杀女婴均为常事。父母更喜爱能够打猎(或种地)和守卫家庭的男孩。

㊹ Oswalt, *Alaskan Eskimos*, p. 178. 以及：Ernest Burch, 'Eskimo warfare in Northwest Alaska', *Anthropological Papers of the University of Alaska*, 1974；16(2)：1-14。

㊺ Chagnon, *Evolutionary Biology and Human Social Behavior*, pp. 385-401；Ian Keen, 'Yolngu religious property', in T. Ingold, D. Riches, and J. Woodburn (eds) *Hunter and Gatherers*. New York：Berg, 1988，p. 290。

㊻ Keith Otterbein, *Feuding and Warfare*. Longhorne, PA：Gordon & Breach, 1994，p. 103。

杀婴往往是偷偷摸摸实施的,并以意外为托词,但前工业社会的统计数字不会说谎。自然条件下男女新生儿数目应近乎相等(男女比为105∶100),然而事实上活到童年的男孩远多于女孩。对来自一百多个不同文化(其中五分之一为狩猎—采集型)的数百个社群所做的调查显示,青少年男女比为127∶100,在某些社会中甚至还要高于此数。爱斯基摩人便是极端情况之一。在更温和的气候条件下,女性的搜寻采集活动尚有较大经济价值。爱斯基摩人所处的严酷环境却使他们完全依赖于男性狩猎,于是杀女婴得以盛行。历史记录中他们的男女儿童比例为150∶100甚至200∶100。无怪乎哪怕在基本没有多妻制的情况下,爱斯基摩男人也曾为了女人而大开杀戒。过去在澳大利亚土著部落中记录下的男女儿童比例为125∶100甚至138∶100。奥里诺科和亚马孙流域的猎人和园艺种植者也被仔细研究过,对应于每100个女童的男童数目为:亚诺玛诺人129(0—2周岁为140);沙万提人124;秘鲁的卡西纳华(Cashinahua)人148。在斐济,这个数字为133。在巴尔干半岛黑山的部族地区约为160。尽管作为证据不够有力,[75]旧石器时代中晚期成年狩猎—采集者的遗骸中也存在相近的男女性别比,表明类似的杀女婴行为或许已有数十万年历史。[47]

多妻制与杀女婴制造出了一种女性缺失的局面,从而加剧了男性对女性的竞争。竞争最终如何解决?部分程度上,是通过和平但

---

[47] William Divale, 'Systemic population control in the Middle and Upper Palaeolithic: Inferences based on contemporary hunter-gatherers', *World Archaeology*, 1972; 4: 222-43; William Divale and Marvin Harris, 'Population, warfare and the male supremacist complex', *American Anthropologist*, 1976; 78: 521-38; Lorimer Fison and A. W. Holt, *Kamilaroi and Kurnai*. Oosterhout, The Netherlands: Anthropological Publications, 1967 (1880), pp. 173, 176; Dickemann, 'Female infanticide, reproductive strategies, and social stratification', pp. 363-4; Christopher Boehm, *Blood Revenge: The anthropology of feuding in Montenegro and other tribal societies*. Lawrence: University of Kansas, 1984, p. 177.

也仍然具有压迫性的方式。尽管对澳大利亚土著瓦尔比里人的研究显示，并没有哪个男人被完全排除在婚姻之外，[48]但对于等级更为森严的狩猎—采集者社会中的少数边缘男性而言却未必如此。此外，在所有原始社会中，女性都在青春期到来后立刻进入适婚年龄，而大多数男性则要等到二十大几甚至三十多岁时才能结婚。这当中 10 到 15 年的男女适婚年龄差很大程度上缓解了性别比的失衡。还有，男性更容易在狩猎或危险游戏中遭受意外死亡（尽管死亡率差异会部分被女性难产死亡抵消）。最后，仇杀和战争等冲突形式也会让众多男性丧命。

沃纳在对澳大利亚北部门金人的研究中最早指出了女性缺失和男性暴力死亡之间的联系，此后，迪维尔（Divale）和哈里斯（Harris）也独立发现并详尽阐述了这一关联。[49] 亚诺玛诺人的例子很有代表性：大约 15％的成年人死于群体内和群体间暴力，然而这一死因对于男女两性而言并不同等成立。成年男性中有 24％死于暴力，女性则只有 7％。[50] 北美大平原印第安人的黑脚（Blackfoot）部落在 1805年时成年男性比成年女性少 50％，在 1858 年时少 33％，进入保留地时代后性别比则迅速回升到 50：50。[51] 虽说亚诺玛诺人和大平原印第安人均有着凶猛暴烈的名声，但被普遍视作"和平"社会典范的卡拉哈里沙漠昆布须曼人事实上和他们相差无几。参与创造了昆布须

[48] Meggitt, 'Marriage among the Walbiri of Central Australia', pp. 149-50.

[49] W. Lloyd Warner, 'Murngin warfare', *Oceania*, 1930—1；1：479，481.

[50] Dickemann, 'Female infanticide, reproductive strategies, and social stratification', p. 364；另一组与之略有不同和不一致的数字可参见：Marvin Harris, 'Primitive war', in *Cows*, *Pigs*, *Wars and Witches*. New York：Random House, 1974，p. 69。

[51] Frank Livingstone, 'The effects of warfare on the biology of the human species', in M. Fried, M. Harris, and R. Murphy (eds), *War：The anthropology of armed conflict and aggression*. Garden City, NY：Natural History, 1967，p. 9.

曼人和平形象的人类学家理查德·李也在他 1963 至 1969 年的研究中记录下了 22 起杀人案,其中 19 名受害者和所有的 25 名杀人者均为男性。[52]

如同以上统计研究所显示的,原始社会男童远多于女童的性别比例,到[76]成年时就趋于平衡。暴力冲突既是男性争夺女性竞争的主要表达方式,也是这种竞争的主要解决方式。此外,像迪维尔和哈里斯指出的那样,存在着一种恶性循环:时刻处于暴力威胁下的社会里,家庭对于能够扮演保护者角色的男性则更加偏爱。家庭的选择于是进一步加剧了女性的稀有和与此相关的男性竞争及暴力,尽管从社会角度来看,更多的女性将有助于抑制这样的竞争及暴力。于是冲突和暴力就不断自我催生。每个家庭立足自身利益判断后作出理性选择,最终结果却违背他们的整体利益,而这样的状况并非罕见。解决这种"囚徒困境"的唯一办法是自上而下的。引人注目的是,当现代国家强制诸原始社会实现对内和对外和平后,由青少年性别比所反映出的杀女婴现象就大为衰落。[53] 不过,也必须注意到迪维尔和哈里斯未曾提及的另一因素,即国家对杀婴罪行的制裁本身也慑止和减少了这一现象。

前面提到过,年轻的成年男性是对女性竞争的受害者,因他们必须将婚姻推迟很长时间。这种普遍流行于原始人类社群中的或许有着极悠久历史的规范造成了一些有趣的进化后果。例如说从男性的繁殖角色和繁殖器官看,繁殖为他们带来的生理负担要远低于女性,按理他们应当比女性更早达到性成熟,但事实却恰恰相反。男性晚

---

[52]　Richard Lee, 'Politics, sexual and non-sexual, in egalitarian society', in R. Lee and E. Leacock (eds), *Politics and History in Band Societies*. New York: Cambridge University Press, 1982, p. 44;关于布须曼人男女两性之间 7 至 15 年的适婚年龄差异可参见第 42 页。

[53]　Divale, 'Systemic population control in the Middle and Upper Palaeolithic'; Divale and Harris, 'Population, warfare and the male supremacist complex', pp. 527-30.

熟的主要原因或许就是他们之间的竞争。晚熟使男性在面对潜在的暴力冲突前可得到额外数年时间来成长并获得力量。(54) 年轻成年男性遭受性剥夺的另一后果是他们标志性的躁动、冒险和好战倾向。这在任何社会中都显而易见。年轻成年男性被进化“设定”成勇于冒险者，因为他们在性方面的既得利益极为不足。他们仍需建功立业，在世界上挣得一席之地，因此永远都是暴力和战争中的天生打手。无论在伦敦还是底特律，男性谋杀率均于 25 岁时达到顶峰（尽管底特律的数字要 40 倍于伦敦）。(55) 而较成熟的，已经有了家室的男性，则天然被“设定”成采取更保守、更“安全”的行为策略。

题外话：男人等于禽兽？

[77]行文至此我们不得不对一些较为含糊的概念予以澄清。我一直使用“人类”和“人类的战争”这样的表述，然而更准确的做法或许应当用“男人”来替代“人类”。从古至今，争斗一向与男人紧密相关。针对两性差异的跨文化研究发现严重暴力行为构成了男女之间最显著的差异——当然要除去生孩子这件事。这是教育和社会规范造成的，还是说男人天生比女人更热衷于争斗？这一问题在当今时代颇具重要性，且与现代社会女性平等地位的一个热门核心议题直接相关：女性能够且应当担任军队中的战斗性职务么？

与争斗有关的明显而无争议的性别差异首先表现在体能方面。平均而言（包括后面要提到的也都是平均而言），男性要比女性强壮

---

(54) R. D. Alexander, J. L. Hoogland, R. D. Howard, K. M. Noonan, and P. W. Sherman, ‘Sexual dimorphisms and breeding systems in pinnipeds, ungulates, primates, and humans’, in N. Chagnon and W. Irons (eds), *Evolutionary Biology and Human Social Behavior*. North Scitnate, MA: Duxbury, 1979, pp. 414-16; Daly and Wilson, *Sex, Evolution, and Behavior*, pp. 189-95.

(55) Steve Jones, *The Language of the Genes*. New York: Anchor, 1993, p. 92. Daly and Wilson, *Sex, Evolution, and Behavior*, pp. 92-7, 297-301.

得多。男性身高比女性多出 9%,体重也相应更重。不仅如此,男性在肌肉和骨骼重量上的优势还要更大。男性体重中肌肉和骨骼占比较大,特别在臂、肩、胸这几个部分与女性差异明显。男性体重中脂肪占 15%,相比之下女性则是 27%。长期以来的体育竞技和体能测试均显示男性在力量方面有着最大的生理优势。尽管柔韧度不如女性,速度优势只有 10%,肺活量和腿部力量优势也只有三分之一,但总体而言男性还是有着约为女性两倍的身体力量。(56) 由于人类历史上的战斗很长时间内都是力量的较量,性别差异就变得极为关键。

当然,解剖学不是万能的。我们说过,上面引用的均为平均数值。实际上两性成员里都有着从高到低的体能排列,这当中自然就会出现重合部分。某些女性要比某些男性更加强壮,或者差不多强壮。另一个性别差异也值得考虑。在精神方面,男性是否天生比女性更具攻击性,尤其更倾向使用暴力或严重暴力手段?男女的心智是否也和身体一样不同?这是一个极容易惹火上身的当代争论话题。20 世纪 60 年代和 70 年代早期[78]“白板论”自由派和女权主义者相信除了明显的生理差别外,男人和女人是一样的。所有其他差别都可归因于教育和社会规范。(57) 然而,随着越来越多女性进入职场等社会生活中“由男性主导的世界”,新一代女权主义者的立场也发生了转变。她们认为“男性主导的世界”正是为了适于男性特有的需求、目的和规范而构建的,因而断定仅仅被允许平等进入男性所构建的领域这一让步并不能令女性满意。

对性问题的两性不同态度是一个尤为有趣的案例。20 世纪 60

---

(56) 相关研究的综述见:M. Baker (ed.), *Sex Differences in Human Performance*. Chichester: Wiley, 1987, 尤其是 pp. 109–10, 117, 127, 136–7, 180; 以及:Symons, *The Evolution of Human Sexuality*, p. 142; Marvin Harris, *Our Kind*. New York: Harper, 1990, pp. 277–81。

(57) 在心理学研究领域这样的态度占据了主导地位,参见:S. Maccoby (ed.), *The Development of Sex Differences*. Stanford: Stanford University Press, 1966。

年代性革命的最大成就之一即令西方女性获得了男性一贯享有的性关系方面的自由。然而不久后，女人们便发现她们并不想以和男人相同的方式来行使此种自由。所以，尽管后世的女权主义者仍继续寻求平等和机会，她们中的很多人认为如今自由意味着与女性自身的独特需求和目的相协调，并且在可能的情况下推动世界向这一方向转变。有趣的是，现在强调女性有着相对于男性的特有品质的人里不仅有大男子主义者，也有女权主义者。女权主义者指控正是男性独有的特质如高度竞争意识、冷酷无情、不善交流以及攻击性，要对包括战争在内的这个世界的诸多——即便不是全部的话——病症负责。(58)

这些女权主义者能够从关于人类的生物科学研究中获得支持，而此类证据往往被她们的前辈不屑地认为与争论无关。近年来科学研究的总体趋势是强调性别差异在心智上如同在身体上一样存在。本章中，我们已提到过男女对性的态度差异的生物学解释，然而科学家发现的差异要比这多得多。认知研究揭示了平均而言，男性更善于空间定向(spatial orientation)，从而能够解释他们在数学(尤其在极高层次上)方面有据可查的优势。女性的优势则在对细节的空间注意力(spatial attention)、语言沟通技巧，以及判断他人情绪和处境——即著名的"女性直觉"——等方面。这些差异很长时间内一直被认为仅由教育和社会期望所塑造，然而过去几十年里两性平等方面的重大进步[79]似乎并未能扭转上述差异。事实上，作为最"硬"科学之一的脑研究恰恰收获了大量证明存在性别差异的成果。脑部

(58) 从生物社会学角度认可男性要为战争负责的观点可参考这样一部有趣但力不从心的书：Richard Wrangham and Dale Peterson，*Demonic Males：Apes and the origins of human violence*. London：Bloomsbury，1997；更多与之观点相通的著作可参见：p. 284，n. 53；以及：Wendy Chapkins，'Sexuality and militarism'，in E. Isaksson (ed.)，*Women and the Military Service*，New York：St Martin's Press，1988，p. 106；Barbara Ehrenreich，*Blood Rites：Origins and history of the passions of war*. New York：Metropolitan，1997，pp. 125-31。

扫描辅助下的认知科学研究揭示了男女两性在应对各种认知任务时使用了不同的大脑部位。男性大脑的左右半球分工更为明确,而女性的左右脑更倾向协同工作,连接两部分的胼胝体也比男性的更大。女性和男性不仅身体构造不同,大脑这个特殊器官的构造也是不同的,从而造成了两性心智的差异。

我们的基因是这些不同构造的总设计师,它们的代理人是性荷尔蒙,包括尤为著名的男性荷尔蒙睾丸酮。科学家发现,胚胎在子宫中发育之初,睾丸酮便已介入并开始将男性向不同于女性的方向塑造(生物学上,所有胚胎原始状态下都是女性的)。男女性的身份差异在呱呱坠地时大体上已受塑成形,行为差异在社会影响能够生效前的早期阶段也已表现出来。粗略来说,小女孩对人更感兴趣,而小男孩对物更感兴趣。尽管如今的社会与家庭已变得更为开明,在儿童教育上不再遵循过去那种刻板的模式,男孩和女孩仍然会发展出不同的爱好,其中男孩更倾向于竞争性的、打打闹闹的以及带有攻击性的游戏和玩具。女性体内也产生睾丸酮,只不过分量要远低于男性。此外,自然的或化学的(比如说用药)因素会导致部分人睾丸酮偏离常规。女孩中所谓的"假小子"行为模式就被发现与睾丸酮偏高相关。另一方面,男性睾丸酮偏低会导致害羞拘谨的"女性化"举止,而青春期男性的极高睾丸酮水平会导致他们额外具有攻击性。[59] 在

---

[59] 相关研究参见:R. M. Rose et al., 'Androgens and aggression:A review of recent findings in primates', in R. Holloway (ed.), *Primate Aggression*, *Territoriality*, *and Xenophobia*. New York:Academic Press, 1974, pp. 276-304; E. E. Maccoby and C. N. Jacklin, *The Psychology of Sex Differences*. Palo Alto, CA:Stanford University Press, 1974; Luigi Valzelli, *Psychobiology of Aggression and Violence*. New York:Raven, 1981, pp. 116-21; Anne Moir and David Jessel, *Brain Sex:The real difference between men and women*. New York:Lyle Stuart, 1991; Daly and Wilson, *Sex*, *Evolution*, *and Behavior*, pp. 258-66; Huntingford and Turner, *Animal Conflict*, pp. 95-128, 339-41; J. Herbert, 'The physiology of aggression', in J. Groebel and R. A. Hinde (eds), *Aggression and War*. Cambridge:Cambridge University Press, 1989, pp. 58-71; Marshall Segal, 'Cultural factored biology and (转下页注)

这方面,像中国人的阴阳理论那样的传统见解与事实相差不远。

严重暴力与犯罪方面的显著性别差异存在于所有文化之中。前面提到过,1963 到 1969 年昆布须曼人中记录下的全部 22 桩杀人案均由男性所犯。34 起人身攻击中除一起外也均为男性所犯。[60] 在美国,男性谋杀犯占总数的 83%,在严重伤害罪犯中的[80]比例也差不多。93%的醉驾者和相近比例的武装劫匪均为男性。尽管世界各地的谋杀率大相径庭,杀人犯中男多女少的状况倒是极为一致。况且,即便这样的数字也没有完全反映现实。[61] 真正的性别差异要比统计数字所体现的更为显著,因为很多女性所犯的严重暴力和谋杀是对男性暴力的反应,或者是受男性所指挥。因此,就像一次全面统计调研所揭示的那样:

> 来自现当代澳大利亚、博茨瓦纳、巴西、加拿大、丹麦、英格兰和威尔士、德国、冰岛、印度、肯尼亚、墨西哥、尼日利亚、苏格兰、乌干达、美国国内十几个不同地区、扎伊尔[62],以及 13、14 世纪英格兰和 19 世纪美国,并且包含了狩猎—采集者社群、部落社会、中世纪和现代民族国家等多种社会在内的犯罪统计数据,全部揭示了同样的基本模式。除 1 例以外,其他所有来自不同时代不同地域的社会形态下,一桩同性别间的谋杀是由男性所犯的可能性均位于 92% 到 100% 的区

(接上页注)human aggression', in J. Groebel and R. A. Hinde (eds), *Aggression and War*. Cambridge: Cambridge University Press, 1989, pp. 173–85; Ridley, *The Red Queen*, pp. 247–63; James Wilson, *The Moral Sense*. New York: Free Press, 1993, pp. 165–90。

[60] Lee, 'Politics, sexual and non-sexual, in egalitarian society', p. 44.

[61] Daly and Wilson, *Sex, Evolution, and Behavior*, pp. 266; Wrangham and Peterson, *Demonic Males*, pp. 113, 115; Segal, 'Cultural factored biology and human aggression', pp. 177–8; David Jones, *Women Warriors: A history*. Washington, DC: Brassey, 1997, p. 4.

[62] 今刚果民主共和国。——译注

间内。(63)

这就令我们有必要思考女性攻击性和暴力的性质。女性同样可以具有攻击性。不过,她们的攻击性不像男性的那样容易以人身暴力形式表达出来,更不用说严重的人身暴力。女性在两种典型情况下会变得相当暴力:当她们和她们的孩子受到迫在眉睫的威胁,需要殊死抵抗时;或者为了争夺男人而伤害"第三者"。此外,相较于男性的暴力攻击行为,女性更倾向于采用非身体对抗的、间接的和匿名的方式。(64)

这一最明显的性别差异有何根源?最初从生物学上对此做出清晰解释的仍是达尔文。(65) 男女两性的身体及心智均受几百万年人类进化过程中进化压力的制约,只不过两性所面对的压力略有不同。当关系到性别分工和在繁殖进程中的角色时,针对不同性别的压力差异也是最大的。如学者曾指出的那样,与其他动物物种,包括与我们血缘关系最近的黑猩猩相比,人类双亲均要负责养育后代,因此与性别相关的劳动专业化(劳动分工)才变得更为可能。用进化论术语说,女性将专精于生养孩子,并在离大本营

(63) Wrangham and Peterson, *Demonic Males*, p. 115, 依据来源于: Daly and Wilson, *Homicide*, pp. 145–9。丹麦是一个例外,因其谋杀犯为男性的比例只有85%,但若不计入杀婴案的话,则100%的谋杀均为男性所犯下。

(64) Huntingford and Turner, *Animal Conflict*, pp. 332 – 3; K. Bjorkqvist and P. Niemela (eds), *Of Mice and Women: Aspects of female aggression*. Orlando, FL: Academic Press, 1992; Kirsti Lagerspetz and Kaj Bjorkqvist, 'Indirect aggression in boys and girls', in L. R. Huesmann (ed.), *Aggressive Behavior: Current perspectives*. New York: Plenum, 1994, pp. 131–50.

(65) 尤其值得参考的是: Symons, *The Evolution of Human Sexuality*; Ridley, *The Red Queen*; de Waal, *Good Natured*, pp. 117–25。达尔文在"雄性性选择"中所描绘的(极为鲜明的)性别差异对于我们当代人的口味而言或许太过维多利亚时代化了,参见: Darwin, *The Descent of Man*, Chapter xix, pp. 867–73。

不远处搜寻采集；男性则专精于远距离狩猎以及保卫妇孺（或从别处绑架妇孺）之类对力量和凶猛[81]有较高要求的工作。性别差异不仅是职业性的。尽管在抚育孩子时父亲的存在也很重要，但仍比不上母亲，因此为了保卫孩子前者更可以被牺牲掉。因此防御战时男性将组成群体的主要防线承受打击，而女性则尽其所能守护儿童。再者，旧石器时代的男性对于敌人是毫无用处的。在战斗中他们只有逃跑和全力作战直至见出分晓两个选项，投降保命则无可能。相比之下，女性本身就是一种值得争夺的资源。在战败的情况下，她们通过顺服、合作和暗中操作而生存下来的可能性要比男性大得多。男女两性具有各自不同的能力，因而也有着不同的进化策略。这两者彼此联系，互相作用，使男性比女性更倾向于争斗。

不过，如教育和社会规范这样的环境影响，难道就一点也不起作用？基因岂非一直与文化互动吗？显然环境的影响极为重要，导致了文化规范极为多样的局面。然而，与性别研究中流行的见解相反，文化规范并非无限可塑，也不是完全"相对性"的。它不会突破人类先天倾向所设定的范围，只会在这个范围内分化出多种多样的形式。（不用说，这一主题是极为复杂的，且我们后面可以看到，随着不断加速的文化革命创造出新的机遇、互动和张力，它还将变得更为复杂。）不管怎么说，事实就是对于"人类自然状态"下的狩猎—采集者而言，女性在战争中的参与总是极为有限。女性虽可在为数不多的一些社会的狩猎活动中担负边缘性职责，然而对于战斗这一性别差异最为显著的领域，她们却被普遍排除在外。事实上可以肯定地说在狩猎—采集者中，社会规范补充并加强了先天的性别差异。尽管一些女性的体格和精神条件足以令其跻身战士群体，这样的事也极为罕见。"战争文化"和"袍泽之情"是男性战士群体所拥有的显著特征。前面提到过，人类自然状态下的本地群事实上就是由一帮兄弟所组成的。此外，女人的性诱惑还会妨害男性战士群体中的凝聚力，令她们只能成为被这些男人保卫的对象，而非保卫者中的一员。⑥⑥

　　这并不意味着女人在战争中没有自己的角色。大多数情况下，[82]男人为之而战的东西对她们也同等重要，或至少这些男人本身对她们而言是重要的。⑥⑦ 因此在原始战争中，女人也常常伴随男人参战，为他们加油助阵并提供辅助服务如回收箭矢和长矛。前面说过，仅在很少的一些案例中她们会作为弓箭手积极参与作战，并且当妇女和儿童组成的内圈受到威胁时，她们也会背水一战投入防御。著名的亚马孙女战士显然是个神话，但也和很多神话一样有着一定的现实基础。古希腊作者将乌克兰大草原上的斯基泰（Scythian）和萨尔马提亚（Sarmatian）游牧骑射手描述为亚马孙人的"邻居"。在这一地区发掘的一些战士墓葬的墓主是女性，随葬品中包括全套军事装备。一座斯基泰王族大型坟塚（kurgan）中，50个战士墓穴里有4个埋葬着女性。在据认为曾属于萨尔马提亚人的区域里，发掘出的战士墓穴中20％墓主为女性。⑥⑧ 弓箭是女性在战争中能够有更多——虽说仍是边缘性的——参与的原因所在。

　　文明创造出了很多新的"人造"的条件与联系，使人类生活方式的深远转变成为可能。然而在历史上绝大多数时期内，生理、心理和社会多重约束下进化形成的女性在战争中的角色与上面所描述的相差无几，罕有变化。除了事态危急时人人上阵拼死一搏之外，女性参与战争

---

　　⑥⑥　Lionel Tiger, *Men in Groups*. New York: Random House, 1969, pp. 80–92; Wrangham and Peterson, *Demonic Males*. 已知且为数不多的部落社会中女性参与战争的案例可参见：Davie, *The Evolution of War*, pp. 30–6; David Adams, 'Why there are so few women warriors', *Behaviour Science Research*, 1983; 18; 196–212; Goldschmidt, 'Inducement to military participation in tribal societies', p. 57。

　　⑥⑦　认为男女在这方面地位更为"平等"的一种论点可参见：R. Paul Shaw and Yuwa Wong, *Genetic Seeds of Warfare: Evolution, nationalism and patriotism*. Boston: Unwin Hyman, 1989, pp. 179–80。

　　⑥⑧　Timothy Taylor, 'Thracians, Scythians, and Dacians, 800 bc – ad 300', in B. Cunliffe (ed.), *The Oxford Illustrated Prehistory of Europe*. Oxford: Oxford University Press, 1994, pp. 395–7。

的方式大体局限于为男性战士提供辅助服务，如担任随从人员甚至营妓。当然，历史上曾存在无数对女性所参与行为和所从事职业的禁忌规则，但不允许女性参军作战这一条却总是其中最强的，也执行得最为彻底。可在现代的、工业化的尤其是发达工业社会中，情况又是怎样？这些社会经历了急剧的史无前例的变革，妇女在社会中的地位也发生了巨大变化。这些变化是否也能影响到女性参军并担任战斗职务？

答案是的确有影响，但整体上而言可能并没有太多变化。使用枪炮和爆炸物作战已经令生理性别差异的重要性有所下降。例如，在18至19世纪的达荷美(Dahomey)，国王的军队里包含了一支精英女兵卫队，其人数从数百增长到数千。这些装备着枪支及[83]弓箭、砍刀、棍棒的女战士以作战勇猛而闻名。(69) 自19世纪末以来，女性也积极参与代表了非正式社会结构和激进意识形态的各路革命军和游击队。众所周知，二战中的苏联和南斯拉夫武装部队里以及越战中的共产党一方均有女性担任战斗职务。然而对于这些著名案例，即便存在着激进社会意识形态获胜，国家遭遇外敌入侵导致女性也面临极大危险，以及男性人力极度短缺这些要求女性参战的条件，女性在战争中的角色仍然是有限的。大多数女性只是顶替了男性在工厂和田间地头的岗位，或在军队里提供辅助服务。真正担任战斗职务的女性不超过战斗部队总人数的8%到12%。这个数字和达荷美军队，以及为数极少的允许女性参加战斗的部落社会(包括斯基泰和萨尔马提亚“亚马孙人”)中女战士所占的比例相差无几。此外，在苏联、南斯拉夫、越南和其他革命政权中，一旦战争结束，女性也就立刻被解除了战斗职务。(70)

---

(69) Stanley Alpern, *Amazons of Black Sparta: The warriors of Dahomey*. New York: New York University Press, 1998.

(70) 参见：N. Goldman (ed.), *Female Soldiers—Combatants or noncombatants?* Westport, CT: Greenwood, 1982，尤其是 pp. 5, 73, 90, 99；另一部学术水平稍逊且不甚平衡的作品为：E. Isaksson (ed.), *Women and the Military Service*. New York: St Martin's Press, 1988，主要参考 pp. 52-9, 171-7, 204-8；Jones 偏重趣味但在学术上并不严谨的 *Women Warriors* (1997) 一书意在批驳女性在战争中的参与度有限的传统观念，然而书中内容却往往证实了这一点。

为何会这样？且这种状况在发达工业社会中有多大可能还会持续下去？毕竟在充斥着现代机械和电子技术的战场中,大量任务已很少或不再需要体力。战斗依靠火力决出胜负,而人员和负载的转移也大体上机械化了。很多女人和男人一样有能力驾驶装甲战车,或者担任炮手和车长,或者指挥一个装甲营以至于装甲军。一些女人甚至强壮到足以加入仍然严重依赖体力的普通步兵单位。当然,虽说好莱坞拍出了《魔鬼女大兵》(G. I. Jane)这样的电影,现实中女性的体能还是很难达到精英步兵部队或特种部队的要求,正如她们没法和男性认真比拼橄榄球、拳击或举重那样。女性在二战中作为苏联红军飞行员参加空战,不过她们当中有多少人能够在现代发达国家竞争更为激烈的空军中脱颖而出也还是未知数。无论如何,现今仍有很多一线作战职务是女性可以担当的。

与战争相关的心理上的性别差异也同样收窄了但并未完全消除。如今的战斗往往是"超视距"的,交战双方[84]很少有身体接触,与此类似,传统上与男性相关联的攻击性和暴力性气质在如今的战斗中地位也弱化了。即便不能说现代战争只是按几个按钮,但相比过去它更像一门普通职业,更需要冷静的专业精神和组织纪律,而非攻击倾向。如果女性愿意的话,她们在心理上应当可以成功应对这样的战斗。不过她们果真愿意吗？有迹象显示愿意从事战争的女性人数还是远低于男性。哪怕身体方面不成问题,女性也远不如男性那样愿意选择作战行动和相关职务。这一动机差异的原因仍然要追溯到与性别相关的基本倾向。平均而言,男性更易受到竞争性的、高风险的、暴力的和与机器相关的行为的吸引。就像有效的避孕措施大大影响了女人对性的态度,但仍没有使男女性行为方式趋于一致那样,社会和家庭模式的深远变革也没能完全消除与性别相关的职业偏好。

纵观人类历史,女性在生育方面的沉重负担是使她们无法积极参与战争的原因之一。著名的达荷美娘子军之所以能存在,也是因为其成员名义上都嫁给了国王,所以被迫保持单身,否则将被判处死刑。这支部队可能就是从守卫后宫以阻止其他男人进入的宫廷卫队演变而来的。不仅如此,这些女人童年时还要经受已成为习俗的生殖器残割。[71] 尽管当今世界发达国家的女性平均只生两个孩子,家务负担比过去轻得多,且夫妻之间的家务分配也较过去更为平均,女性在养育后代方面往往还是承担得更多。(虽说理论上宣称男女平等,各国法律仍然倾向于在离婚时将子女监护权判给女方,从而承认了女性应对子女负有更大义务。)相比男人,女人往往更倾向回避那些要求她们长时间离开丈夫和孩子的"高风险"职业。这样的偏好长期以来被归咎于社会持续建构的男女不平等文化。尽管所说的不平等的确仍然存在且相当严重,但偏好背后的一些先天因素恐怕还是被过于轻率地忽略了。哪怕在接受教育和参与工作方面已达到最为平等状态的社会里,性别差异仍会导致某些行业男女参与度的极大[85]差异。即便在近 80% 女性参与工作的北欧,也只有不到 10% 女性所在的行业中男女比例大致相当。在部分行业里,90% 的雇员来自某一个性别,而这些行业的雇员数占到了劳动者总数的一半。[72] 战士只不过是性别差异最为显著的一种职业而已。

拥有发达世界中最为平等的性别立法和政策的荷兰是一个恰当的例子。从 20 世纪 70 年代末开始,荷兰当局便允许女性平等申请全部军事职位,且对此加以鼓励。然而,正如一位女权主义研究者气馁地写下的那样:"女性对参军的兴趣似乎不升反降……体能要求以及男性袍泽能否接纳她们仍然是问题所在……步兵、骑兵、炮兵和王家工程兵中作战岗位的要求过高,大多数女性无法达到。"女性在整个军队,尤其是一线作战人员中所占比例仍然很低。另一个立法和

---

[71]　Alpern, *Amazons of Black Sparta.*

[72]　Matt Ridley, *The Origins of Virtue: Human instincts and the evolution of cooperation.* New York: Viking, 1996, p. 93.

政策高度平等的国家挪威的情况也极为类似，而这样的状况部分——尽管不是全部——要归因于女性自身对参军缺乏兴趣。(73)

然而不是还有一些渴望走上战斗一线的女性吗？虽说劳动力市场很多行业中男女比例极不平衡，然而在发达国家，对于希望加入特定行业的男男女女，唯才是举这一条是能够保证的。战士这一职业有何特殊之处以至于应当成为例外？不情愿招收女性的军方往往提出女性更难维持家庭与事业的关系，而针对这一理由也已进行了充分的讨论。问题或许可以通过女军人和军方互相妥协让步加以克服。被俘的可能性是另一个主要关注点。我们知道，女性远比男性更易遭受性侵犯，尤其当她们身处法律和社会秩序保护之外时。不过，这一危险或许应该留给希望参军的女性自己去权衡。最后，在亲密的战士团队中长期服役共同生活的男女，会不会被彼此之间的性吸引力分散注意，从而损害他们的作战效率？战士团队中的"男儿羁绊"难道不是靠着没有女人才能实现的吗？"战争文化"本身，亦即那些关于战士阳刚之气的传统品质，不是要在一个非男性莫入的环境里才能最好地加以培养吗？[86]在此类论点上，某些女权主义者和对女性参军持怀疑态度的男性一起组成了一个令人尴尬的同盟，声称经验证明加入作战部队会使得女性丧失其真正的本质，而采用男性化的思维和行为方式。

我们缺少足够的经验去判断现代的性别混合战斗部队的效率是否受到两性互动的严重拖累。当然原则上而言，女性参战并不需要男女混合这一形式。还有一种可能是由男女分别组成独立作战单位。总之，军队大概也会步其他行业的后尘，迫于难以抗拒的压力而向女性开放。加入军队甚至战斗部队的女性数量会越来越多。另一方面，女性在战斗部队中的角色相对于男性而言恐怕仍将是边缘性

(73) Annemiek Bolscher and Ine Megens, 'The Netherlands', in Isaksson, *Women and the Military Service*, pp. 359-69; Ellen Elster, 'Norway', 同上, pp. 371-3。

的。进化所塑造的那些使得战斗成为最单一性别化活动的生理、心理和社会因素,不太可能会就此消失。[74]

---

[74]　自从我将以上部分以文章形式刊出后,这一领域内又诞生了很多新的著作,其中最为全面的包括:Michael Ghiglieri, *The Dark Side of Man: Tracing the origins of male violence*. Cambridge, MA: Perseus, 2000; Joshua Goldstein, *War and Gender: How the gender shapes the war system and vice versa*. New York: Cambridge University Press, 2001; Martin van Creveld, *Man, Women and War*. London: Cassell, 2001。这三本书使用了大致相同的材料并得出与我相近的结论。不过,齐格列里的书是其中唯一以进化论原理为基础的。其他两名作者看到了生物性的作用,却忽视了塑造生物性的进化过程。因此他们难以理解性别差异的深层次根源,以至于在范·克勒韦尔德的书里,差异的根本原因被归结为男性的调皮好斗。

5 动机:欲望之网

[87]和其他所有动物物种一样,资源竞争以及与之互相关联的繁殖竞争,是人类冲突和争斗的根本原因。自然界中争斗的其他原因和表现方式,以及与之相关的动机性和情感性机制,均是从这些主要原因中衍生而来,并且从属于它们。原本来自自然状态的人类也不例外。当然,这不是说从属性的原因就比主要原因更不"真实",而只是试图解释前者在进化塑造的动机复合体中的功用,以及它们是如何形成的。我下面要讲的就是这些与主要原因直接相联系的"次级原因"和动机机制。

支配:等级、地位、威望和荣誉

在社会性哺乳动物和灵长类中,群体内更高的等级意味着能够获得更多群内资源如猎物或与雌性交配的机会。某些物种如狒狒和狼有着严格的等级差序,其中所谓的阿尔法雄性(有时是雌性)所占有的资源比其他群体成员多得多。哪怕像在黑猩猩这样群内关系更为平等的社会性物种中,"领袖"地位也会带来可观的[88]物质和繁殖优势。正因如此,社会性哺乳动物和社会性灵长类群体中针对等级的争夺相当激烈。因地位而产生的对抗极为尖锐且从无休止。强壮者、凶猛者——以及像在我们最聪明的近亲黑猩猩中那样,在"政治"上精明者——通过武力的实际使用或展示而赢得地位。① 因此自然界中针对等级和支配展开的对抗从根本上而言也就几乎等于针对资源和繁殖的竞争。在第 4 章中我们已经提到过,雄性中的对抗程度更为强烈,且与睾酮水平密切相关。

与黑猩猩相似,"自然状态"下的人类群体要比其他物种群体更为平等,但地位差异仍然显著。个人在力量、狩猎技能、社交能力以及家族背景(人丁数量)方面优势越大,他所占有的资源也就越多。同时环境中资源丰富度和人口密度也与社会发展程度呈正相关,用人类学术语来说,就是从平等社会到等级社会,再到阶层社会。② 不过,哪怕在那些位于地球上最不适宜居住的环境中的所谓平等社会里,地位也是重要的。理查德·李在研究了世界上最贫穷,居住最分散,也是最为平等的卡拉哈里沙漠昆布须曼人狩猎—采集者社会后不得不最终承认这一点,并写下与自己的马克思主义偏好相悖的《平等社会中的性政治与非性政治》一文。③ 尽管此类社会中的领导者地位是较弱且非正式的,处于社交网络核心的领导者仍能从中得到

① Jane Goodall, *The Chimpanzees of Gombe*. Cambridge, MA: Belknap Press, 1986; Frans de Waal, *Good Natured: The origins of right and wrong in humans and other animals*. Cambridge, MA: Harvard University Press, 1996.

② Elman Service, *Primitive Social Organization*. New York: Random House, 1962; Morton Fried, *The Evolution of Political Society*. New York: Random House, 1967; Allen Johnson and Timothy Earle, *The Evolution of Human Societies: From foraging group to agrarian state*. Stanford: Stanford University Press, 1987.

③ Richard Lee, 'Politics, sexual and non-sexual, in egalitarian society', in R. Lee and E. Leacock (eds), *Politics and History in Band Societies*. New York: Cambridge University Press, 1982, pp. 45–50. 克劳夫特有意忽略了这篇文章,因其对他主要基于昆布须曼人而对简单狩猎—采集者所做的天真描绘毫不相容,杀伤力太大,参见: Bruce Knauft, 'Violence and sociality in human evolution', *Current Anthropology*, 1991; 32: 391–428. 关于塔斯马尼亚人(有史以来记录中最为简单的狩猎—采集者)中的群体领袖、全体成年男性以及"可怕的猎手和战士",可参见: Rhys Jones, 'Tasmanian tribes', in N. Tindale (ed.), *Aboriginal Tribes of Australia*. Berkeley, CA: University of California, 1974, p. 327。

好处。除领导者地位外,社会对某个成员的尊重也具有很大意义。例如,19世纪早期在澳大利亚土著人中生活了32年的威廉·巴克利这样说道:

> 他们不承认某个酋长比其他人高出一等,但对于技艺最娴熟从而对整个社群有用的人,却是带着极大的尊敬高看一眼的,并认为此人有权比其他人拥有更多老婆。④

判断一个人的地位时,形象和认知向来都和更为实际的因素同等重要。很明显,形象认知与现实因素或多或少紧密相关,但也不能认为其完全从属于后者。成功者的名声与其拥有的物质财富互相支撑印证。财富的存在必须为人所知。因此,公然或含蓄地炫富便成为人类惯常的行为,而动物也是如此。这类行为会受到[89]平衡作用的限制,即避免因过于张扬而带来负面社会反应,因为社会上的其他人也会渴望得到尊重,从而满怀妒意地守护自己的荣誉。传统社会中的人在保卫自己的荣誉时尤为执着。最轻微的冒犯都可能引发暴力。强有力的中央权力机构不存在的情况下,个人荣誉就是至关重要的社会商品,可以影响到人在物质上和繁殖上所拥有的机会。⑤

这意味着那些努力争取领导权或他人尊重的人"真正"想要的是性机遇或物质资源么?并非如此。欲求是主观的,它在心理上可以和终极进化目标毫无联系。举例说,人们普遍渴望爱情和性,但这主要是为了满足自己,未必怀有通过性行为繁衍后代的目的,甚至还会积

---

④　John Morgan, *The Life and Adventures of William Buckley*: *Thirty-two years a wanderer among the Aborigines of the unexplored country round Port Philip*. Canberra: Australian National University Press, 1980(1852), p.72.

⑤　事实上即便在现代社会,与侵犯财产相比,冒犯他人尊严也导致了更多杀人事件,参见: Martin Daly and Margo Wilson, *Homicide*. New York: Aldine, 1988, pp.123-36。

极避孕。同样,地位和尊重可以带来更好的物质和繁殖前景,而地位和尊重也是人类和动物所追求的,但人类和动物可以完全意识不到这样的进化逻辑和目标。⑥ 因此,和他们愿意为生活必需品、女人和亲人而冒险使用暴力一样,人们也时刻准备为获得和保卫自己的地位和尊严而使用暴力。在最终的进化分析中,所有这些目标都是统一的。

因此,和为女人而进行的竞争一样,为了等级和尊严的竞争也会间接和直接地导致暴力冲突。例如,我们已提到过即便在最简单的社会中,人们也渴望着装饰性的、奢华炫耀的,以及为主人增光添彩的物品,尽管它们不具备明显的生活必需价值。"文化唯物主义者"把这些物品和生活必需品混为一谈,然而两者的社会功能和重要性是完全不同的。色彩造型多种多样的饰物和衣服能够起到凸显性感迷人身体特征的作用,而这些特征在自然条件下是健康、活力、年轻和多产的信号。对这一进化理论家刚开始探索的主题我们只能略作考察。⑦ 比如说:人类女性(不过也对男性适用)色调匀称富有光泽的眼睛、嘴唇、头发和皮肤都可以发出上述信号,而上述特征可以人

---

⑥ 关于这一众所周知的主题,尤其应当参考:Edward O. Wilson, *Sociobiology*. Cambridge, MA: Harvard University Press, 1975, pp. 279-97;以及: Donald Symons, *The Evolution of Human Sexuality*. New York: Oxford University Press, 1979, pp. 154-65;Daly and Wilson, *Homicide*, p. 135; de Waal, *Good Natured*; Robert Wright, *The Moral Animal*. New York: Vintage, 1995, pp. 248-9;Napoleon Chagnon, 'Reproductive and somatic conflicts of interest in the genesis of violence and warfare among tribesmen', in J. Haas (ed.), *The Anthropology of War*. New York: Cambridge University Press, 1990, pp. 93-5. 错误地颠倒了原因和结果的则有:Clark McCauley, 'Conference overview', in Haas, *The Anthropology of War*, p. 20。

⑦ 最初来源于:Charles Darwin, *The Descent of Man*, Chapter 3, in *The Origin of Species and The Descent of Man*. New York: Modern Library, n. d., pp. 467-8. 以及其他著作如:Dobbi Low, 'Sexual selection and human ornamentation', in N. Chagnon and W. Irons (eds), *Evolutionary Biology and Human Social Behavior*. North Scitnate, MA: Buxbury Press, 1979, pp. 462-87;Jared Diamond, *The Rise and Fall of the Third Chimpanzee*. London: Vintage, 1992, Chapter 9。

工加以增强;对称、健全和精致的体貌特征——同样可以后天增强——则暗示着好的基因、好的营养以及高质量的身体结构;高耸而华贵的头饰是对人的身高的后天修饰,等等。我们应当记住全世界的人都会在化妆品、时尚和[90]珠宝等幻象工业的产品上花钱如流水。此外,原因和效果还会互相反馈放大,构成更为复杂的互动。如果某种装饰品稀少昂贵的话,那么拥有它这一事实本身便是财富和成功的象征。此即经济学家托斯丹·凡勃伦(Thorstein Veblen)指出的 20 世纪初期美国社会"炫耀性消费"现象的根源。在石器时代社会里,拥有奢侈品,以及炫富式大量消耗一般产品也可以成为社会地位的标志,从而使人们不惜动用武力去争夺这些东西。

对地位和尊重的直接和非直接竞争显然还有很多其他形式。一些学者争论过身为武艺高强战士的威名可提升此人在群体内的地位从而有助于其繁殖成功这一命题是否成立。对于处于危机的或特别好战的社会而言,名声在外的战士将更受欢迎,其地位也会不可避免地上升。身为战士的名声也让一个人在与群体内其他成员的关系中更有威慑力——又是一个在社会议价中的优势。另一方面,好斗者也确实更容易过早死亡,那么由此造成的较短繁殖期和对后代照料的中断将成为对繁殖不利的因素。[8] 总而言之,作为战士的名声,就像好斗性本身一样,其社会价值是可变的,由特定社会环境下与之相联系的更大范围内的利弊权衡所决定。若一个社会内部和外部环境严重不安全,并导致个人武力与获得物资的能力紧密相关,那么身为战士好勇斗狠的名声所带来的便是正面的社会收益。

正因如此,人们会用种种标志来展示自身武艺的高强。例如,大平原印第安人以关于战争中勇武行为的复杂荣誉系统而闻名,即所谓的"记功"。记功是社会地位的主要决定因素,因此战士对战功凭

---

⑧ Napoleon Chagnon, 'Life histories, blood revenge and warfare in a tribal population', *Science*, 1988; 239: 985-92. 这篇文章引起不少人的回应。相关论战的综述可参见: R. Brian Ferguson, *Yanomami Warfare*. Santa Fe, NM: School of American Research, 1995, pp. 359-61。

记趋之若鹜。剥下的敌人头皮便是一种著名的战功凭记。原始社会中将砍下的敌人首级作为战功凭记的现象极为普遍。在年代久远以至于成为化石的人类头骨上也发现了割头皮留下的痕迹。史前时代考古发现中最为阴森恐怖的便是前面提到的德国欧夫内特洞穴里有7500年历史的两处首级窖藏，"像篮子里的鸡蛋"一样存放着34名男性、女性和儿童的骷髅头。⑨ 对于原始战士而言，首级起到如今的勋章、绶带和涂在战斗机上的击坠标志同样的社会效用。这解释了为何人类学家观察到[91]原始人群中经常会因"猎头"行为引发战争。这一看上去毫无进化合理性或任何其他合理性的行为，曾被一些早期人类学家解释为人类只是纯粹本能好战。事实上，当两个社群因资源或女人而进入一种竞争和冲突（并伴随着疑惧和敌意）的基本状态时，伤害敌人就成为具有正面价值的行为，从而也能带来自身社群的尊重。在这样的情形下，猎头将不仅仅是战争冲突下的一种副现象。作为一种能够伤害敌人并在本族人中赢得威望的行为，原始战士无需其他理由便会"为猎头而猎头"。毫无疑问，这样的行为将进一步加剧敌意和互相疑惧，给战争火上浇油。尽管不是完全无需外部理由，敌对行为和战争至少部分程度上是可以自行产生动力并持续下去的。

这些混在一起且互相联系的动机常常使学者感到困惑。最明显的一例是在关于大平原印第安人的争论中，学者分别强调了不同的战争动机因素。例如，玛丽安·史密斯（Marian Smith）认为偷马和狩猎权是印第安人战争的显著动机。她也强调了我们随后会讨论的

---

⑨ 对于这种广泛观察到的现象，尤其可参见：Lawrence Keeley, *War before Civilization*. New York: Oxford University Press, 1996, pp. 38, 99-103; Maurice Davie, *The Evolution of War*. New Haven, CT: Yale University Press, 1929, pp. 136-46; 以及：Andrew Vayda, 'Iban headhunting', 出自他本人的 *War in Ecological Perspective*. New York: Plenum, 1976, pp. 43-74; Christopher Boehm, *Blood Revenge: The anthropology of feuding in Montenegro and other tribal societies*. Lawrence: University of Kansas, 1984。

复仇因素。然而她却相信对社会尊重(功绩)的追求是真正的动因,是其他所有动机背后的"唯一共同要素"。[10] 伯纳德・米什金(Bernard Mishkin)正确地反驳了这样的观点,强调经济动机在大平原印第安人战争中的作用。然而,他也意识到这当中或许有着更深一层的联系。他在结论中已接近于采用一种综合性解释方法:

> 战争的经济因素和记功竞赛因素之间并不存在矛盾……社会威望和对财产的控制基本上是紧密相连的……在大平原的案例中,等级分隔和经济分化形影相随。毕竟战争说到底是可以带来财富回报的,而获得了正式军事地位的男人也同样会从战争中得到财富。[11]

米什金也注意到了印第安人中女人因素和地位的相关性。他列出了俄克拉荷马基奥瓦人(Kiowa)当中"25 个最有名的男人"。根据他的发现:"全体男性中拥有多妻的从不超过 10%;而这'25 人'中的一半人有不止一个妻子。"尽管尚欠缺观念上的突破,米什金的观点已经相当接近于将印第安人战争中的不同动机因素联系到一起,而非沉溺于毫无希望的非此即彼之中。[12]

对被俘敌人的折磨和羞辱是印第安人和其他文化中的又一[92]普遍实践。这一行为同样可部分解释为主宰和优越欲望的表达。当

---

[10] Marian Smith, 'The war complex of the Plains Indians', *Proceedings of the American Philosophical Society*, 1938; 78: 433, 452-3.

[11] Bernard Mishkin, *Rank and Warfare among the Plains Indians*. Seattle: University of Washington, 1940, pp. 61-2; 以及: W. W. Newcomb, 'A re-examination of the causes of Plains warfare', *American Anthropologist*, 1950; 52: 319, 329。

[12] Mishkin, *Rank and Warfare among the Plains Indians*, pp. 54-5. 戈德施密特的跨文化研究注意到了动机的多样性但未能察觉它们之间的相互关联,参见: Walter Goldschmidt, 'Inducement to military participation in tribal societies', in R. Rubinstein and M. Foster (eds), *The Social Dynamics of Peace and Conflict*. Boulder, CO: Westview, 1988, pp. 47-65。

然我们也知道某些情况下折磨和羞辱是为了报复、威慑或逼供。然而，在以竞争更高地位为特征的人类社会中，它们也是一种情感欲望的宣示——有时甚至达到虐待狂的地步——为的是令"他者"感到无助并对自己卑躬屈膝不断哀求。不幸的俘虏有时咬紧牙关忍受折磨，就是为了能够保持尊严而使折磨者无法得到这样的满足。在一些社会中甚至产生了有趣的反转，导致折磨者更希望俘虏威武不能屈；因为俘虏表现得越有荣誉就会显得越有身份，而能够击败和擒获他的人的身份也就水涨船高。我们已经看到各种动机互相混合，互相作用，并衍生出无限形式。然而，我们在此探讨的目的就是为了展示看上去无比复杂而千变万化的表象背后，均可追溯到进化理性所塑造的核心。可惜如今大多数历史学家、人类学家和文化研究者都未能充分意识到在对人类的研究中，应当更多运用由繁化简追寻本质这一更加有效的研究方法。

复仇：为消灭和威慑而反击

在对前国家社会的人类学观察中，复仇或许是最常见也最重要的导致争斗的原因。人们以暴力来报复对荣誉、财产、女人以及亲属的伤害。若是有人丧命的话，复仇也会随之升级，往往导致一命还一命的无休止恐怖循环。

如何解释这种极为普遍、危险且通常很血腥的行为模式？从进化论视角看，复仇是一种意在摧毁敌人或建立对其（以及第三方）威慑的报复行为。人身伤害和暴力行为，以及非人身伤害和非暴力行为均可能招致报复。如果一方不对所受伤害寻求报偿，他就可能显得软弱可欺，从而遭受原伤害者和其他人的进一步[93]伤害。这就是一个令自己变为受害者的过程。⑬ 当然，默默忍受

---

⑬ 参见：Daly and Wilson, *Homicide*, pp. 221-51。与之相关的内容亦可参见如：Vayda, 'Iban headhunting', p. 80；Chagnon, 'Life histories, （转下页注）

强者造成的伤害并接受地位下降这一选项也同样常见。在报复和忍受两种策略中如何抉择,取决于一个人对风险代价和相对力量的总体评估。这一原理在任何缺少可以提供保护的高级权威的环境中——即最早由托马斯·霍布斯所描述的无政府体系——均适用,且在现代社会里国家或其他权威行为者不去干涉的社会关系广阔领域内也是适用的。当然,在前国家社会里所适用的范围更广。后来被纳入国家权责范围的对生命、财产及诸如此类的基本保护,在当时只能靠自己、亲人和盟友来实现。受到伤害的情况下,通过报复或者说"复仇"来消灭侵犯者或重新建立威慑便是首要的应对措施。

可是,这种对复仇的解释是否过于生硬或过于简单化了?人们难道不是在盲目的盛怒而非冷静的算计驱使下去进行复仇的吗?此外,复仇难道不是一种实现正义的原始方式,因此应当置于道德领域内,而非安全和威慑理论下来研究探讨吗?我列出这些典型的疑问,仅仅是为了再一次说明进化理论如何易受误解。作为对极长时间内所受进化选择压力的反应,人类的基本情感得以产生并被调节为如今所呈现的状态。它们是为生存和繁殖目的而服务的近因机制,并不需要人们的意识才能发挥作用,或许无意识反而更好,且人类(更不用说动物)的绝大多数基本情感反应的确是无意识的。要不是有进化理论作为支撑,心理学和社会科学理论中所采用的无意识动机这一概念将显得无法解释、武断甚至反直觉。人之所以在受害时有血债血偿的基本情感反应,恰恰是因为他们的祖先面对同样状况时依靠(在一个恰当的回应范围内)摧毁敌人或建立威慑这样的复仇行

(接上页注)blood revenge and warfare in a tribal population'; id., 'Reproductive and somatic conflicts of interest in the genesis of violence and warfare among tribesmen', in Haas, *The Anthropology of War*, pp. 98-101; McCauley, 'Conference overview', p. 20; de Waal, *Good Natured*, pp. 160-2. Boehm, *Blood Revenge*, 尤其是 pp. 51-5, 173,但作者未充分意识到荣誉和威慑之间的相互关联,而是将它们分开考察。

为而取得了进化意义上的成功。人类相比动物有着更长久的记忆，因此人类的复仇——或者说对冒犯自己的人的社会性清算——也就达到了一个全新的层次。

[94]同样的道理也适用于诸如正义和道德这样的概念。这些概念受文化影响已经变得相当繁复，然而它们的进化论基础仍是所谓"互惠利他主义"以及"间接"或"普遍性互惠利他主义"原理，即试图通过奖惩机制来建立互利合作的原理。著名的博弈论电脑游戏能够证明"玩家"所能采用的最有效策略即是"以德报德"和"以直报怨"。为了达成互利合作，他必须对正面行为给予相应报答，同时在其他玩家试图损害自己时进行报复，使其意识到不付出代价便无法从中脱身。⑭ 显然，电脑游戏都是简单化的。但正因如此，它们有些时候可以揭示深藏于表象之下的基本模式。

"以直报怨"或者说"以牙还牙"也带来一个问题。冒犯者并不总是能被消灭。此外，冒犯者也有能为他复仇的亲戚，要把他们全部消灭则更加困难。一网打尽当然是最理想的，但如同前面提到的斯特勒罗描述的澳洲土著冲突，以及伯奇（Burch）和科雷尔（Correll）关于阿拉斯加爱斯基摩人所写的那样，这样的情况极为罕见：

> 在阿拉斯加北部所进行的战争的目标是歼灭敌对群体中的所有成员，包括男人、女人和小孩……于是一场全胜之战便通过消灭一整个群体而一劳永逸地解决了各地各群体间的关系问题。然而典型的战争结果往往只是部分胜利，双方都有人被杀而其他人幸存下来。因此战争通常会使得地区之间的敌意得以延续，因为幸存者在道德上总是有义务去

---

⑭　W. D. Hamilton and Robert Axelrod, *The Evolution of Cooperation*. New York: Basic Books, 1984; in effect anticipated by: J. Maynard Smith and G. R. Price, 'The logic of animal conflicts', *Nature*, 1973; 246: 15-18. 一些修正内容可参见注 17。

寻求复仇。⑮

于是，在很多情况下，以牙还牙成为一种难以摆脱的报复与反报复的恶性循环。最初的冒犯会造成经久不衰的敌对。特别是所谓的"血仇"，开始只是一起事件，此后会在很多年和很多代人中延续下去，夺走一大批人的性命。报复所带来的并非消灭或威慑，而是不断的暴力升级。哪怕"最初"的原因已显得鸡毛蒜皮微不足道，争斗也有能力自我持续下去，就像以献祭人类之火为食的摩洛神（Moloch）那样。人们因此被"锁死"在违背自身意愿和利益的冲突中。为了最初死掉的那个亲人而在不断的报复和反报复中失去无数亲人，这怎么可能是有益的呢？正是这个因素使战争往往显得像是非理性行为，无法用纯粹的功利逻辑解释。和瘟疫或饥荒一样，战争也常被视作人类生命中的最大灾难之一，不同之处在于，它是人类自找的。

[95]如何解释这个谜题？首先，必须再次强调最初的冒犯和报复均源于一种人与人间存在竞争的基本状态。在此状态下充满着疑惧和不安，并蕴含引发冲突的可能性。若非有这种人和人之间要为生存和繁殖而竞争甚至发生冲突的基本状态，报复这一行为模式将不会演化出来。某些情况下复仇甚至不过是一种借口，真正引发冲突的正是生存或繁殖这类更为基本的因素。⑯ 然而，即便人与人之间的竞争能够解释报复之所以存在的根本原因，它也并不能解释报复为何会不断升级并陷入恶性循环。为此，必须提供额外的解释方法。

---

⑮　Ernest S. Burch and T. Correll, 'Alliance and conflict: Inter-regional relations in North Alaska', in L. Guemple (ed.), *Alliance in Eskimo Society*. Seattle: University of Washington, 1972, p. 34. 以及：E. S. Burch, 'Eskimo warfare in Northern Alaska', *Anthropological Papers of the University of Alaska*, 1974; 16: 8, 11. 关于澳洲土著可参见第 2 章注 25。

⑯　R. Brian Ferguson (ed.), 'A reexamination of the causes of northwest coast warfare', in *Warfare, Culture, and Environment*. Orlando, FL: Academic Press, 1984, p. 308.

博弈论再一次证明了其有用性。理性研究领域内一个或许最著名的博弈正是所谓的"囚徒困境"。它展示了在某些特定条件下,人们是如何被条件所限而理性地采取了不符合自身利益最大化的策略。我不想在这里用数学和建模来推导"囚徒困境",但仍建议有兴趣的读者花些功夫去理解其背后的逻辑。简而言之是这样:两个囚徒就他们共同犯下的一桩罪行而分别受到讯问。如果一个囚徒招供,把罪过都推给另一个,而后者保持沉默的话,那前者将被放走而后者会被重判。如果两人争相供出对方,则均得重判,尽管将因与当局坦白合作而得到一定程度的从宽发落。如果两人均缄口不言,当局得不到对付他们的口供证据,则两人均得轻判。那么,在这样的条件下,被互相隔绝的囚徒所应采取的理性策略是什么呢?答案应当是"出卖"同伴,因为既然无法保证和同伴互通声气共同进退,那么无论同伴选择了哪个策略(招供或沉默),囚徒本人在相对应的两个策略中,选择招供均优于选择沉默。然而,这就会保证两个理性囚徒争相出卖而均得到次等的重判,而如果他们能够确定彼此合作保持沉默的话,则两人均将获益。于是在互相隔绝条件下的理性抉择就要显著劣于能够确保互相合作条件下的最优抉择。

和所有其他博弈一样,"囚徒困境"的结果取决于其预设条件。这一理论极为有效,因为现实生活中的很多场景被证明包含了"囚徒困境"的元素。例如,它解释了为何人们在确信可逃脱惩罚的情况下会理性选择[96]避税,尽管整体上这个税收体系的存在是有利于他们的;同样也解释了为何人们会在公地上过度放牧,尽管过度放牧最终会摧毁土地,导致人人得不偿失。与此类似,在没有一个权威来强制人们互利合作,或至少令他们彼此造成的损失最小化的情况下,报复的循环通常是人们唯一的理性选项。如果不报复,那么就很可能招来新的伤害。然而尽管报复是理性抉择的结果,它却并非是最佳选项,可能会导致付出极大代价。然而报复仍将持续下去,因为正像"囚徒困境"中那样,结束你来我往报复循环的协议在双方缺乏沟通的情况下无法产生,而由于对立双方之间充满敌意和恐惧,缺乏沟通或沟通不良恰恰极为常见。

如果双方均无法彻底击败另一方的话，怎样才能结束他们之间的报复循环？所有前国家社会都采用了相同的机制。或迟或早，通常在第三方中间人的帮助下，饱受创伤的双方会达成停战或和解，以释前嫌。他们或者是承认双方通过报复已经扯平了，或者安排一方给予另一方补偿以保证扯平。⑰　显然，这样的停战或和解也可能维持不了多久。遗恨未了，或根本上的竞争关系未变——抑或两者兼而有之——将会导致敌对状态和新一轮的暴力冲突。不断冲突将导致双方间的互相怀疑长存不消，难以建立信任，而怀疑反过来又会成为再次冲突的助力。

很明显，"囚徒困境"对于解释战争这一复杂问题也极为有用：循环往复的不仅是复仇或报复，也包括敌对状态和战争。我后面还将回到这个问题，但容我提醒一句：并非所有暴力冲突或复仇行为都可归入"囚徒困境"之中。基本资源极度缺乏的背景下，如果一方能够消灭敌人，令其一蹶不振，或使其屈服，从而掌握绝大部分资源的话，那一结果将比妥协合作更符合其自身利益。只有当无法达成这样的决定性目标，或必须付出极大代价才能达成时，"囚徒困境"的条件才算得上成立。在此条件下，敌对双方被锁定在一场对双方而言均代价不菲的斗争中，且缺少从中脱离并达成更好解决方案的机制。

权力和"安全困境"

[97]复仇或报复是人与人之间存在竞争和潜在冲突可能的基本关系状态下，人们对于来自他人的伤害的积极反应。如我们所见，相

---

⑰　关于其他防止"以牙还牙"造就无休止报复循环的"调节"机制，可参见：Robert Axelrod, *The Complexity of Cooperation*. Princeton, NJ: Princeton University Press, 1997, pp. 30-9; 以及: Matt Ridley, *The Origins of Virtue: Human instincts and the evolution of cooperation*. New York: Viking, 1996, pp. 67-84。

对应的消极反应即某种形式的屈服在一定条件下也是可能的。现实中两种反应兼而有之且彼此交织。然而,如霍布斯敏锐意识到的那样(《利维坦》,13),人与人之间存在竞争和潜在冲突可能的基本条件导致了普遍的疑惧和不安全感,以至于人们不仅对他人的行为做出被动反应,还会采取先发制人的措施,从而使彼此之间的疑惧和不安全感更为恶化。必须强调,冲突可以来源于"次级"因素。它并非必然源于针对生存和繁殖资源的竞争,也可能源于这些"一级"冲突起因所具有的引发恐惧、怀疑和不安全感的力量。⑱ 未来冲突爆发的可能性便可导致当下的实际冲突。若"他人"必须被当作潜在的敌人看待,那么其存在本身便成为威胁,因为他可能在某一天发动突然袭击。譬如,我们怎么知道一个游荡的陌生人是在和平行商,还是打算拐骗妇女?约翰·尤尔斯(John Ewers)就大平原印第安人中"一级"和"次级"战争起因所做的阐述发人深省(当然,我们应注意这两种原因之间的因果关联而非将它们割裂看待):

> 这一区域内部落间战争的根源在于部落主义的本质特征——每个部落的成员都只把他们的部落视为"人"而对外来者满腹怀疑。这不是说部落间冲突没有其他的或更为具体的原因如争夺狩猎地,抢夺女人、马匹或非活物财产,以及通过在战争中立功而赢得认可及地位。然而在这种部落间信任荡然无存的气氛中,哪怕凭着毫无根据的妄想指控外人犯下亵视的罪行,都有可能导致对其整个部落进行报复……挑起一场战争要比结束它容易得多。⑲

---

⑱　M. Ember and C. R. Ember, 'Resource unpredictability, mistrust, and war: A cross-cultural study', *Journal of Conflict Resolution*, 1992; 36: 242-62.

⑲　John Ewers, 'Intertribal warfare as the precursor of Indian—white warfare on the northern Great Plains', *The Western Historical Quarterly*, 1975; 6: 397-8.

在这种根本性的不安全状态下,一方必须首先采取预防措施以应对他人可能的进攻并且尽可能增强自己的力量——例如用各种自然和人工的办法来防守或隐藏他的住所;与潜在敌人保持安全距离并随时观察;组建联盟对抗敌人,等等。然而,[98]另一方也将面对同样的安全问题并且采取同样的预防措施。哪怕双方间并无坚定的敌对意识,他们也会自然而然相互抱有恐惧、疑虑和不安全感——何况这样的敌意往往存在。

然而并不是人们彼此采取警戒性防御性措施就可以万事大吉。原因在于这类措施往往也内在包含了一定程度的直接或间接攻击潜力。以间接潜力为例,拥有一座防御良好的主基地意味着可以较少担心受到反击,从而起到让人放心大胆发动进攻的作用。换一种说法,这意味着减少了相互威慑。直接潜力的例子就是一个防御性的同盟转变为一个进攻性的同盟,而这样的前景是其所针对的对象必须满怀忧惧地加以考量的。加紧作战训练,占据一些前哨阵地,派出侦察队——这些措施的本意可能是防御性的,但因为同样能增强攻击能力,也就自然而然会被对方理解为进攻性措施。结果就是在这个不安全的世界上,任何一方所采取的增强自身安全的手段均会减少他人的安全,哪怕这并非任何一方的初衷。一人的力量即他人之弱点。

这样一种被称作"安全困境"的局面将产生何种后果?[20] 首先,这会导致"军备竞赛"的不断升级。自然界中的竞争者之间总是发生着军备竞赛,这也是对进化过程的一种描述。[21] 通过自然选择产生出了跑得更快的猎豹和羚羊;更狡猾的寄生虫或病毒,以及免疫力更

[20] John Herz, 'Idealist internationalism and the security dilemma', *World Politics*, 1950;2:157-80; Robert Jervis, 'Cooperation under the security dilemma', *World Politics*, 1978;30:167-214.

[21] R. Dawkins and J. R. Krebs, 'Arms races between and within species', *Proceedings of the Royal Society of London Bulletin*, 1979;205:489-511.

强的"宿主";为了与同类争斗而长出更长的角的鹿,等等。军备竞赛
对有机体造成了沉重负担。如果没有竞争的话,有机体的很多构造
和机能是毫无必要的。举例说,树为什么要有树干的原因就在于此,
因为它们的生死取决于能不能长得比其他树更高,从而接受阳光照
耀。一个对于人类也不例外的吊诡之处在于:环境越富饶的地方,竞
争就越为激烈,因为竞争者数量更多,也有更多资源供它们调遣。这
就是为何树木在热带和温带气候下水源充沛的茂密树林中长得最高
的原因所在。

军备竞赛往往也会产生真正自相矛盾的结果。持续而不断升级
以超过竞争者的努力若能导致竞争者被摧毁或严重削弱而胜利者独
揽好处的话,就将是成功的。但很多情况下,双方你来我往[99]不分
胜负,结果是每一方在冲突中均投入越来越多的资源,却没有人得到
好处。按照刘易斯·卡罗尔《爱丽丝镜中奇遇》里的一个谜题,这一
现象被命名为"红皇后效应":双方都跑得越来越快,然而也都留在原
地一步未动。军备竞赛因而也可能成为一个"囚徒困境"。如果双方
均不再希望能超过对手并赢得竞赛,那他们至少可以停下来以控制
沉重而互相抵消的竞争成本。然而,由于彼此间的怀疑、沟通不善以
及无法核查对方究竟在干什么,双方往往无法停止竞争。只有在这
些不利条件一定程度上得以克服的情况下,军备竞赛才能够被停止、
限制或放缓。

前面说过,军备竞赛总体而言是竞争的自然产物。安全困境所
造就的军备竞赛的特别之处在于双方的基本动机均为防御性的。每
一方都恐惧另一方,然而其增强自身安全的每一步措施也都使另一
方恐惧而采取类似措施,从而循环往复不断升级。这又是一个互相
怀疑而导致的"囚徒困境"。同样,打破循环的途径是找到使互相怀
疑得以缓解的办法。在所有前现代社会中,通婚曾是一个达成此目
的的经典办法。通过互致友好访问并举办仪式性筵宴来达到彼此熟
稔和显示善意,是另一个常见办法。尽管如此,怀疑和不安全感还是
很难克服。表面上一团和气的宴会有时也会变成"鸿门宴"。然而,

还有另一种办法来减少不安全感。哪怕安全困境中双方的动机都是防御性的,他们也可能选择先发制人——不仅仅是采取预防措施而是攻击另一方以图消灭对手,或将其严重削弱使之不再构成威胁。这种办法将使另一方感到更加不安全,使安全困境更为严重。战争从而成为一种自我实现的预言。对战争的恐惧引发了战争。由于彻底的安全总是难以实现,穷兵黩武,无休止地发动战争开疆拓土的理由就一直有效,而这一切确确实实是出自安全——或者说"自卫"——的考量。当然,在现实中动机则不那么纯粹,安全动机往往和其他动机并存。

总结一下,"荣誉"和"复仇"是由人与人之间竞争和潜在冲突可能的基本条件所创造的[100]"次级"的战争原因,是在"一级"原因基础上产生的。这不意味着任何特定情况下安全困境引发战争时,都存在着对生存和繁殖资源的实际竞争。然而这一竞争的实质确实隐藏于普遍的不安全感之下,且竞争越激烈,安全困境也就越近乎无解。冲突于是至少在部分程度上实现了自我维持和自动升级,并根据"囚徒困境"原理使对立双方陷于违背自身愿望和利益而又得不偿失的冲突中。对于亚诺玛诺人,安全困境只是复杂的战争动机中的一部分,但他们对这一困境的表述是极为经典的:"我们厌烦了战斗。我们不想再杀戮了。然而外人奸诈无比,不可信任。"㉒

这样一种自相矛盾的状态何以成为可能?这是因为自然选择建立在个体竞争的原则之上。并没有一个能够调节竞争以避免"囚徒困境"或"市场失灵"情况出现的更高级权威(如人格化的"自然")。有机体运用合作、竞争或战斗等手段来令自身生存和繁殖几率最大化。某些情况下,战斗至少对于其中一方而言是最为可行的选择。其他情况下,战斗尽管是理性选择,却并非是最佳的。信息匮乏、沟通不畅和无法确定对方能够遵守诺言等条件导致双方不能达成合作

㉒ Cited in: Edward Wilson, *On Human Nature*. Cambridge, MA: Harvard University Press, 1978, pp. 119 20.

双赢的协议，从而使他们被迫进行争斗。冲突因而具有了自我维持的生命力。无论冲突双方的真实意愿或利益为何，他们都将无可奈何地向摩洛神的祭坛不断献上祭品。㉓

世界观和超自然

我系统性梳理考察了人类学文献中经常引用的狩猎—采集者战争动机，试图展示这些动机是如何通过进化塑造的"一级"或"次级"近因机制直接或间接地追溯到生存和繁殖方面的冲突。然而仅止于此吗？这样的阐述岂非落入了朴素的、机械的唯物主义窠臼？我们所创造的文化世界呢，[101]难道这不是我们作为晚期智人物种成员最显著的标志？我们不是从历史书上读到人们会为了观念和理想而杀戮或献身吗？的确，世界各地的人类学家均将"精神"因素——即对使用巫术的恐惧和指控——列为狩猎—采集者和原始农民战争中最显著的因素之一。在那些精神生活发达，充满超自然信仰、神圣礼拜仪式以及魔法实践的社群中，这一因素是不可小觑的。所有已知的狩猎—采集者社会——以及其他所有人类社会——均表现出了人类为宇宙订立秩序，继而对其加以操纵的普遍追求。

我不敢保证能在这里把一个比战争更为复杂的问题剖析明白。不过就像我提到过的那样，人类对规范宇宙的追求或许是晚期智人高度扩张的智力和想象力的产物。为了应对环境，人类努力识别、理解并解释在此环境中及其幕后运作的各种力量，这样他们至少能够进行预测或在可能的情况下操纵这些力量，以达到对自身有利的效果。人类往往预设此类力量是存在的。通过这样的思维方法，人在理解自然和人类社会两方面均取得了显著的成就。对认知和理解的追求从而进化成了一种基本的人类特质。对于围绕着他的这个世界

㉓　通过无政府国家体系这一概念将霍布斯式的逻辑发扬光大的是：Kenneth Waltz, *Theory of International Politics*. Reading, MA：Addison, 1979。

的原理和方向,人类必须得到答案。将这一能力发挥到极致,人于是产生了对整全解释框架或一整套解释"理论"的深深的情感需求。这样的框架或理论能够解释并整合纷繁复杂的种种元素,赋予世界及人的存在本身以意义。他们需要关于宇宙的认知地图和操作手册,通过缩小未知领域来带给自己一种安全感和控制感,从而缓解恐惧,减轻痛苦和焦虑。当答案超出了他们的眼界和经验时,他们就会用推测或"神话化"来填补缺口。[24]

我有些不情愿使用"神话化"这个词,因为对于哪些力量和效果是真实的,哪些解释是成立的,哪些操纵手段是有效的,做出判断并非总是易事。晚近的人们发展出了理论和神话、自然和超自然、科学和魔法这些二分法。事实上,它们均来源于对现象背后力量的探索和企图使这些力量为己所用的追寻。19世纪由奥古斯特·孔德提出的从"神学"到[102]"形而上学"再到"实证"的著名三阶段论,大体上反映了拒斥传统权威而肯定自由思想,以及应用严格规范程序来检验经验

---

[24] 对于宗教的现代"诠释性"说明可追溯到:Edward B. Tylor, *Primitive Culture*. London:John Murray,1871;达尔文对其予以认可,参见:Darwin, *The Descent of Man*, Chapter iii, pp. 468-70;以及:James Frazer, *The Golden Bough*. New York:Macmillan, 1922; R. Horton, 'African traditional thought and Western science', in B. Wilson (ed.), *Rationality*. Oxford:Blackwell, 1970, pp. 131-71; T. Luckmann, *The Invisible Religion*. New York:Macmillan, 1967; P. Berger, *The Social Reality of Religion*. Harmondsworth:Penguin, 1973; S. E. Guthrie, *Faces in the Clouds*:*A new theory of religion*. New York:Oxford University Press, 1993; Stuart Vyse, *Believing in Magic*:*The psychology of superstition*. New York:Oxford University Press, 1997。在诠释基础上强调宗教的操纵性因素的有:Emile Durkheim, *The Elementary Forms of Religious Life*. New York:Free Press, 1965, pp. 165ff, 476-7, 463-4; Bronislav Malinovski, *The Foundations of Faith and Morals*. London:Oxford University Press, 1936; id., *Magic, Science and Religion*. New York:Doubleday Anchor, 1954;以及:Terrence Deacon, *The Symbolic Species*. London:Penguin, 1997,尤其是 pp. 416, 433-8;其实霍布斯早就提出了类似论点,参见:Hobbes, *Leviathan*, Chapter 12。以上参考出处同样适用于下一段。

假设的渐进过程。㉕ 结果是,在人类对宇宙进行规范化的探索中便产生了两种需求之间的矛盾:其一是很容易通过实证加以检验并具有可证伪性的对知识和操控的需求,其二是对证据有着高度抵抗力的对意义、和谐、安全和慰藉的需求——后者对人们的吸引力往往正是来自反经验性和荒谬性。第二类需求便构成了神圣的领域。根据这种解释,晚期智人极大扩张的心智能力也带来了一些副产品或"(计算机)程序"中的"臭虫"(bug)。人的某些心理焦虑、智识关注和情感需求使他们对包罗万象并能够予以情感投入的理念有着近乎"成瘾"的渴望。

狩猎—采集者对世界的构造方式进行猜测,并发展出控制世界的技术。某些情况下,猜测是部分正确的而控制技术不然,某些情况下则反过来;某些情况下两者均有正确性,或者均没有。对于生存而言,某些观念和实践是有助于适应的,另一些则是不适应的,或者没有适应性差异。适应性价值通常不仅由观念和实践的"本意"决定,也同样取决于意料之外的副作用或副产品。这些副产品,或者像古尔德(Gould)和李温廷(Lewontin)所说的"拱角"(spandrels),既可以成为一种以其"宿主"为牺牲品独立生长的"病毒",也可以成为对宿主有益的友好"寄生菌",或两者皆是。㉖ 需要解答的问题是狩猎—采集者的"形而上学"如何影响了他们之间的战争。

前面我提到过一种可能的效应。如同涂尔干和他的门生强调的那样,群体中的超自然信仰、神话、崇拜和仪式或许能够加固群体认同,从而起到增强群体凝聚力的作用。㉗ 因而无论需要消耗多少时间

㉕ 例如:Pascal Boyer, *Religion Explained*: *The evolutionary origins of religious thought*. New York:Basic Books, 2001 以及其他类似著作的主要问题便在于其作者试图以宗教理念具有反直觉性来区分宗教与科学——事实上大多数科学理念也同样如此。

㉖ 参见本书第 3 章第 54—55 页(原书页码)。

㉗ Durkheim, *The Elementary Forms of Religious Life*; Malinovski, *The Foundations of Faith and Morals*; id., *Magic*, *Science and Religion*; A. R. Radcliffe-Brown, 'Religion and society', in *Structure and Function in Primitive Society*. London:Cohen & West, 1952, pp. 153-77, especially 161; Ridley, *The Origins of Virtue*, pp. 189-93.

和资源,它们也可被认为是间接但具有高度适应性的"防务费用"。此外,类似于语言或人类"符号体系"里的其他文化元素,信仰、崇拜和仪式一旦在幼年通过社会学习而内化后是极难改变的。人们在认知和情感上已对其投入太多。改变一个人的"精神面貌"恐怕要比[103]改变他的"物理面貌"代价更大,有时令人望而却步。这也增强了一个人对自身群体利益的关切,同时令"他人"变得更加具有"他者性"。㉘

虽说狩猎—采集者的世界观和超自然信仰能够影响与冲突和战争有关的社会凝聚力,但对于我们这一章的主题即冲突和战争本身的成因,它又是如何影响的?我的看法是它们从整体上补充或强化了我们前面讨论过的那些原因。人类学研究中来自各个狩猎—采集者文化的证据所讲述的故事均极为相似。我们熟悉的那些为了诸神的荣耀,或平息他们的怒火,或传播信仰之类的动机从未成为狩猎—采集者战争的起因。这些是后来才有的,我们将在适当的时候加以讨论。宗教像战争一样随着文化变革而转变。在万物之灵、图腾和巫觋宗教主导下的狩猎—采集者世界中,用于支持战争的超自然原因是完全不同的。

前面说过,最常见的原因是对巫术的恐惧和指控。不过也须注意,这样的指控并非随机针对。那些所谓的巫术受害者感到有理由会伤害他人的人,常常成为被控使用巫术者。当然,被指控者未必真的伤害了前者,起码他们绝对没有通过巫术来伤害前者。真正能够体现的是人与人之间的竞争、潜在冲突、敌意和怀疑。这一状态成为对巫术的恐惧和指控的温床。需要进一步声明,并不是说这些"凭空想象"出的恐惧和指控没有像它们背后的"真实"或潜在"真实"原因一样导致致命暴力的发生。它们当然是难辞其咎的。和安全困境一样,巫术妄想也来源于真实的恐惧和不安全感,只不过恐惧和不安全

㉘　相似的观点可参见:Johan van der Dennen, 'Ethnocentrism and in-group/out-group differentiation', in V. Reynolds, V. Falger, and I. Vine (eds), *The Sociobiology of Ethnocentrism*. London: Croom Helm, 1987, pp. 37-47。

感在这里变得更加失控，难以遏制，并导致战争症结愈发复杂难解。夏侬很好地把握住了亚诺玛诺人中的互相怀疑和不安全感与巫术指控之间的联系：

> 庆宴和联盟往往并不能帮助独立自主的村落之间建立稳定而友好的关系。这些村落可能已经共处一段时间而并未表现出明显敌意。然而，这一状态是不稳定的，没有哪两个彼此在轻松步行可及范围内的村庄能够无限期维持这样的关系。它们要么成为盟友，要么就很可能面对敌意的逐渐增长。[104]冷漠导致无知和怀疑，然后迅速演变为巫术指控。一旦关系达到这种地步，村里每死一个人都会被归咎于对方村落萨满派遣过来的邪灵作祟，最后将以村落间兵戎相见而告终。㉙

有些时候超自然因素也出现在恐惧和不安全感以外的战争动机中——比如说，我们曾经提到过的擅闯领地通常被认为是对一个群体神圣土地的冒犯。对部落图腾的亵渎行为也被认为是对部落本身的侮辱。涂尔干在他研究澳洲土著宗教的著作中强调了这一类的符号投射。在以上两例中，难以具体想象的东西如土地所代表的资源和图腾所代表的荣誉被超自然化。图腾因而成为一种神圣符号，与徽章和旗帜作用相当。当然，某些情况下超自然动机仅仅被用来当作借口，真实动机并不在此。即便没有直接援引超自然因素，它们也为已有的动机增添了一个精神的、神圣化的和合法性的维度。

举例说，居住在新几内亚高地的为了猪、女人和土地而争斗的杜古姆-达尼人（Dugum Dani），便将"鬼魂的复仇"看作他们战争动机不可分割的一部分。如果一个被杀的杜古姆-达尼人未得到复仇的话，他的同族就必须面对鬼魂的愤怒：

㉙　Napoleon Chagnon, *Yanomamo*：*The fierce people*, 2nd edn. New York：Holt, 1977, p. 118.

当敌人杀死了他们人民中的一员时，来自鬼魂的威胁就逐渐增长；人们越强烈地感受到鬼魂的威胁，就越努力去杀敌，而这将使鬼魂收回他们的威胁。[30]

新几内亚低地的戈布西人（Gebusi）中的谋杀率是全世界有史以来记录中最高的。谋杀的理由往往是对施行巫术的报复。不过，就像人类学家（他并非一名"社会生物学家"或者说进化心理学的信徒）布鲁斯·克劳夫特（Bruce Knauft）所总结的那样：

> 在其背后有更深层次的因果机制：男人之间为女人的争端……戈布西社会中归因于巫术的杀人案与交换姐妹婚姻中的不公平之间存在着引人注目的相关性……当交换婚姻中的不公平问题未能解决甚至不被承认时，巫术指控就会出现。[31]

以上这种对超自然因素在狩猎—采集者战争中作用的解释是"还原主义"的吗？我并不这样认为。首先，超自然因素和安全困境一样，[105]具有内在的可自我维持的生命力，可脱离原始"动机"而推动冲突和暴力不断升级。此外，我也认为"基础"和"上层建筑"的粗糙二分法并不够准确。进化塑造的"人类自然状态"下，狩猎—采集者战争中所有的因素——"物质的"和"精神的"——均应被视为一种整体生活方式的相互协调的组成部分。

食人：动机杂糅的产物

食人存在于包括狩猎—采集者社会在内的很多原始社会中，但因人们将其视为一种恶行并经常用来指控外人，他们头脑中对吃人

---

[30] Karl Heider, *The Dugum Dani*. Chicago：Aldine，1970，pp. 130，132.

[31] Knauft, 'Violence and sociality in human evolution', p. 477.

现象的认知往往过于夸张。例如,麦吉特记载澳大利亚中央沙漠的土著狩猎—采集者便确信其他部落会杀死并吃掉陌生人(麦吉特认为他们的想法几乎毫无根据)。�32 这样的信念在部落社会中极为常见。显然,基本的人类竞争和敌对状态,及从竞争和敌对中产生并反过来为这一基本状态提供支持的恐惧、不安全感和错误信息,是人们坚信他人食人的主因。于是,就像对巫术的指控一样,对食人的恐惧也起到了加剧安全困境的作用。如此之多的食人指控被证明是惊惶想象下的捏造,以至于人类学家威廉·阿伦斯(William Arens)在《食人神话》(*The Man Eating Myth*,1979 年)一书中宣称食人行为从未以一种有意义的社会实践的方式存在过。然而如其他人类学家所反驳的那样,食人也并非完全出自想象。大量食人案例曾存在于美洲、太平洋以及(在这方面略逊一筹的)非洲的部落社会中。近现代与之发生接触的欧洲人将这些案例详细记载了下来。食人现象的遗存也在包括尼安德特人遗址在内的史前遗址中得以发现。�33 是什么导致了这一切?

　　人类学家得出结论认为食人就像任何其他复杂人类行为模式——例如战争——一样,往往由杂糅的多种动机所引发。�34 然而也和战争一样,尽管现象是复杂的,但追根溯源,复杂现象的背后仍

　　㉜　M. G. Meggitt, *Desert People*. Chicago: University of Chicago, 1965, pp. 36, 43.

　　㉝　Paloa Villa et al. 'Cannibalism in the Neolithic', *Science*, 1986; 233: 431-7; Tim White, *Prehistoric Cannibalism at Mancos*. Princeton, NJ: Princeton University Press, 1992; Alban Defleur, Tim White, Patricia Valensi, Ludovic Slimak, and Évelyne Crégut-Bonnoure, 'Neanderthal cannibalism at Moula-Guercy, Ardèche, France', *Science*, 1999; 286: 128-31; 以及一份极为出色的综合性概述,见: Keeley, *War before Civilization*, pp. 103-6。

　　㉞　P. Brown and D. Tuzin (eds), *The Ethnography of Cannibalism*. New York: The Society for Psychological Anthropology, 1983; 以及: Peggy Reeves Sanday, *Divine Hunger: Cannibalism as a cultural system*. Cambridge: Cambridge University Press, 1986; Robert Carneiro, 'Chiefdom-level warfare as exemplified in Fiji and the Cauca Valley (Colombia)', in Haas, *The Anthropology of War*, pp. 194, 199, 202-7。

是一些更为简单而基本的人类动机在运作。㉟ 某些情况下,的确如大众所想象的那样,部落社会中的食人就是为了吃肉,俘虏会被人们烹制分食。据报道,一些部落社会[106]甚至发展出了对人肉的嗜好。这种情况下食人现象就是一种因资源而产生的冲突,不同之处在于人成了猎物——或者说资源本身。这一类型的食人现象在原始人类众多的南美北部以及位于东南亚和太平洋的巴布亚新几内亚、加里曼丹、苏门答腊、爪哇和斐济诸岛均有所发现。

不过在多数情况下,资源性的或者说"烹饪性"的食人并非主流。为何如此? 让我们再一次以其他动物物种为例。同类相食也存在于动物之中,但在程度上并不能与正常的狩猎相提并论。原因在于我们前面提到过的一点,即捕猎同类对于动物——个体,而非物种——而言是危险行为。因为同类个体的力量大体相当,这就抑制了同类之间的互相争斗和捕猎。出于同样的原因,食肉动物捕猎其他食肉动物或大象、犀牛、河马之类强壮食草动物的行为也极不常见。正常的捕猎行为均针对总体上比自身更弱小因而也不那么具有威胁的物种(虽然看似不然,但人类猎杀大象也和猎豹捕捉羚羊一样属于这一模式)。动物对付同类和其他掠食者的主要方法是把它们吓走,有时也会与它们争斗以保证自己能够正常捕捉猎物。自然界中一边倒的捕猎极为寻常,而势均力敌的争斗则相当罕见。

现实中几乎不存在纯粹"烹饪性"的食人行为。在有据可查的多数食人案例中,为了吃肉而食人的动机也是不成立的。人类学家观察到食人行为普遍与某种符号性或神话性系统下的复杂仪式或巫觋崇拜结合在一起。在大多数案例中,受害者身上只有(营养上)极不重要的一小部分被真正吃掉。这种仪式性食人的目的是什么? 威廉·巴克利就他与之共同生活半辈子的澳洲土著人这样说道:"我见过他们吃掉在战斗中杀死的敌人的一小块肉。据我观察,他们这样

㉟ 达维敏锐地察觉到了这一点,尽管其他情况下他对食人现象的看法略有过时,参见:Davie, *The Evolution of War*, pp. 65-6。

做并非出于对人肉的喜爱,而是因为相信通过吃掉对手的肉可使自己变成更杰出的战士。"他也列出了关于此行为的其他一系列动机。㊱ 的确,如同考察形形色色原始社会的人类学家所记载的那样,吃敌人的肉意味着复仇完成以及超越了被击败者。它还能让人继承被食者的秘密力量、[107]精魂或者波利尼西亚人所说的"魔力"(mana)。它能够展现雄性气质、勇猛、战技以及不受常规束缚的魄力,从而构成一种面向群体成员的政治姿态。总之,作为一种现象和战争起因的食人,其根本动机仍是我们已经考察过的人类动机复合体中多种因素的杂糅混合。

以一种令人恐惧的方式展示了杂糅的食人动机的是已知历史上唯一大规模推行食人的文明,即阿兹特克帝国。出于人祭目的捕捉战俘是阿兹特克人战争的最主要动机之一,且这一行为达到了惊人的规模。阿兹特克战士被训练得更愿意抓活口而非杀人,成为阿兹特克附庸的族群也被迫献上活人作为贡品。在阿兹特克人的首都特诺奇蒂特兰,作为向神灵献上的牺牲,成千上万人被一次性屠杀,因为阿兹特克宗教中认为只有人血才能让太阳朝升夕落,从而令大地生生不息。被屠杀者身上只有心脏会被献给神灵,他们的肉则会在随后城中各处举行的庆典盛宴上,被祭司和战士吃掉。文化唯物主义人类学家马文·哈里斯(Marvin Harris)和迈克尔·哈纳(Michael Harner)据此认为阿兹特克人牲献祭和战争的真实原因是肉类的缺乏。中美洲不存在驯化的可作为肉类来源的食草动物,而墨西哥谷地人口稠密。因此,人肉便成为蛋白质的基本来源。㊲ 像大多数文

㊱ Morgan, *The Life and Adventures of William Buckley*, p. 190,以及 pp. 73, 97, 108. 因此麦吉特以为土著人毫无根据地怀疑他人食人,但实际上错的是他自己。

㊲ Marvin Harris, *Cultural Materialism*. New York: Random House, 1979, pp. 336-40; id., *Good to Eat: Riddles of food and culture*. New York: Simon & Schuster, 1985, pp. 199-234; id., *Our Kind*. New York: Harper, 1990, pp. 428-36; Michael Harner, 'The ecological basis for Aztec sacrifice', *American Ethnologist*, 1977: 4: 117-35. 这样的观点并不新颖,可参照: Davie, *The Evolution of War*, p. 68。

化唯物主义解释一样，这种理论或许有一定真实性，也有着诱人的简明特征，但还是过于夸张偏颇。阿兹特克帝国诞生前3000年里，中美洲已是包括位于墨西哥谷地的大型城邦在内的重要文明的摇篮。在这些文明中尽管也有着献祭人类和仪式性食人现象，但没有哪个达到阿兹特克那样的巨大规模。也没有记录显示阿兹特克人在仪式以外的情形下——比如说战场上——继续食用人肉。如果说阿兹特克的食人案例中确有营养上的因素，那么它也已经与超自然的仪式性因素相融合而成为一种完整的文化实践。已不可能分辨何者是"主要"因素，且这个问题也没有多大意义。

同样，认为阿兹特克人的战争完全或主要出于宗教动机也是错误的。和中美洲及世界各地的国家和帝国所面对的情况无甚差别，推动阿兹特克统治者和人民投入战争的依然[108]是我们讨论过的资源、威望、权力、自卫，以及超自然因素等诸多动机。[38] 人牲献祭和食人现象是源于人类动机复合体中一组杂糅动机的实践行为，且与这些动机发生互动。

阿兹特克文明稍稍偏离了我们就"人类自然状态"进行讨论的主题。不过，为何食人现象——无论仪式性的或烹饪性的——总体上随着文明的发展而消失了呢？唯物主义者颇有道理地提出是因为奴隶劳动成为更有效率的使用俘虏的方式，导致俘虏不再被屠杀吃掉。[39] 然而需要加以补充的是无论有没有这一发展，所有动物物种也通过进化产生了对同类相食的排斥，不会将同类相食当作一种日常行为——其原理我们已在前面解释过。与哈里斯所说的相反，食人从未被看作一种平凡无奇的肉类消费。[40]

---

[38] 参照：B. Isaac, 'Aztec warfare: Goals and comportment', *Ethnology*, 1983；22：121-31；Keeley, *War before Civilization*, pp. 105-6。

[39] 见上面引用的哈里斯的观点。达维此前也提出过，参见：Davie, *The Evolution of War*, p. 75。

[40] Harris, *Our Kind*, pp. 428-30.

嬉戏、冒险、虐待和狂喜

对于进化塑造的战争目的我们已经说了很多，最后尚有疑问的是，人们可能不为任何特定目的，仅仅为了取乐而进行争斗吗？是否会有类似于体育运动、游戏、冒险那样的，只是为了好斗本性得以释放的"表现性战争"？

由于游戏和体育经常被认为——甚至定义为——"无目的的""表现性的"或"纯粹娱乐的"行为，[41]我们还是先用几句话讨论一下其本质。应当记住游戏并非人类的独特行为，而是所有哺乳类的特性。它的进化论逻辑是什么？毕竟从表面上看来，这是一种消耗不少能量而无明显收获的活动。但事实上，它的目的在于为生活中的任务而进行体能锻炼和行为训练，这些任务包括狩猎、逃离掠食者和自然险境、战斗、哺育，以及各种各样的社会合作。正因如此，从所有哺乳类动物的幼者身上都能观察到最积极而热切的游戏行为模式，而年长者和有经验者则不那么热衷。[42] 运动和游戏的性质差不多，只是其中竞争因素更强。除了训练以外，它还给有能力者一个机会来展示他们的优越性并[109]在群体成员中赢得尊重。冒险的背后也有着进化上的理由。它意味着一种高风险/高收益且具有探索性的行为模式。同样，它也在尚需出人头地的年轻人里最为流行。进化机制通常会通过情感满足来奖励适应性行为，因此游戏、运动和某些冒险行为往往令人愉悦。[43]

---

[41] 举例而言可参见：Johan Huizinga, *Homo Ludens*. Boston：Beacon，1955，passim，关于战争可参见 pp. 89-104。

[42] Robert Fagan, *Animal Play Behavior*. New York：Oxford University Press，1981；以及：P. Smith（ed.），*Play in Animals and Humans*，Oxford：Blackwell，1984；Felicity Huntingford and Angela Turner, *Animal Conflict*. London：Chapman，1987，pp. 198-200。

[43] Margaret Clark, 'The culture patterning of risk-seeking behavior：Implications for armed conflict'，in M. Foster and R. Rubinstein（eds），*Peace and War：Crosscultural perspectives*. New Brunswick，NJ：Transaction，1986，pp. 79-90；这近乎颠覆了进化论的秩序。

　　游戏和运动的功用之一就是为战斗做准备。以此观之,在少数案例中或许会用战斗本身来作为带有娱乐性质的训练,从而为更加严酷的战斗做准备。不过这还不足以回答所提出的问题:人们会不会不为其他任何目的,仅仅为了游戏和运动中所得到的同样的情感满足而挑起争战?就像一场排遣无聊的冒险那样?我们知道情感满足是自然界中一种用来引导达到进化目的的近因和中介机制,而这也同样适用于争斗行为。但同时应注意争斗也是一种高风险策略,因此负面情感反应会和正面情感反应一样,被设计用来引导人们是否采用这一策略。只要这些反应如同正常情况下那样与进化上的成本—效益计算紧密相关,那就没什么需要特别加以讨论的。可情感满足岂不是也可能获得自我推动能力,使争斗无休止延续下去,就像它令人们不由自主地沉迷于某些或许有害的行为那样?我认为这种情况是存在的,但只是进化逻辑的过度延伸,而不是对它的否定。

　　首先,必须牢记即便是全然嬉戏性或"表现性"的争斗行为,也发生在冲突和争斗属于常态的进化背景中,因而仍属于一种有深刻根源的行为模式。从这一角度看,完全"无目的的"暴力只是进化塑造的"正常"暴力行为的一种"错误配置"或"错误激活"的表现形式。其次,就像巫术指控一样,即便看上去"无目的的"暴力的对象也非全然随意指定。根据麦吉特对澳大利亚中部沙漠的瓦尔比里和瓦拉蒙加人之间冲突的描述,针对外人或竞争者的"无目的"暴力要比针对友邻的远为常见。[44] 因此可将"无目的"暴力视作竞争和潜在冲突状态下的一种延伸,或对此状态的"过度反应"。

　　既然"无目的""表现性"的暴力的确存在,那为何要将它们称作"错误配置""错误激活"甚至是"反常"的呢?显然这并不意味着对它的负面道德判断或其他任何形式的价值判断。我们唯一的目的是从进化论角度理解[110]这些行为。而在我看来,所有生灵的行为,包括我们自身的基本动机和情感机制都是由进化所塑造的。在此背景

---

[44]　参见第 2 章注 22(第一个引用出处)。

下，"错误配置"或"错误激活"的行为意味着什么？它意味着一种虽然有其进化根源，但却脱离了进化"设计"下的环境而表现出来的行为，因此往往也是不适应的。如果暴力攻击能够带来进化优势，那就不能认为它是"无目的"的；另一方面，因为暴力行为与严重的危险相伴，真正无目的的攻击很可能就是不适应的。这就引出了另一个问题：如果某种行为在进化所设计的环境以外被激活，且是不适应的，那为何它能一直存续下来，而不是被自然选择所淘汰？

在现实中，不适应特质总是会遭到淘汰，因此往往极为罕见。可是，它们依旧存在。既然自然选择通过无数代人的时间除去了不适应特质，为何这些特质仍会出现？这里有几个原因。不仅仅是因为变异，或因为每一新个体诞生时均会伴随着独特的基因重组，或因为环境条件的改变，而导致自然选择过程无穷无尽从未达到终点。主要原因在于人类刻意设计或自然选择无意造就的任何机制都不可能是完美的，或百分百有效的以及完全协调的。自然选择的产物有的简单，有的复杂。在很多方面，它们都堪称奇迹，但和其他所有设计一样，它们有着极限、缺点和漏洞，只能以一种近似而非最优化的方式运作，经常做出"错误"选择。它们必须满足的唯一标准是在一个特定环境里面对特定的竞争挑战时，能够生存下来——或者说活得足够长。

回到我们的话题，控制暴力的情感机制有着上面提到的各种局限性。这一机制可被触发或"错误激活"，从而爆发出"无目的的""表现性的""自发的"或"方向错误的"暴力。这样的状况的确会发生，且在某些环境下和某些人身上表现得较为突出，无法视而不见。但就像我们更为熟悉的暴食或失眠那样，此类行为应当被理解成对进化所塑造的常规模式的一定程度偏离。纯粹"表现性"或"无目的"的暴力时而有之，但仅仅作为进化塑造的攻击机制和行为的边缘和"变异"形式而存在。

[111]我们以虐待狂为例。它可以导致包括争斗在内的各种各样的行为，而这些行为除了能令虐待者获得情感满足外别无目的。

因此虐待狂是一种相对罕见的对基于进化的情感的偏离。首先,它偏离了具有清晰进化合理性的"正常"的残酷。残酷是为伤害对手而设计出的情感激励,但它会受到其他行为激励因素的制约;一旦形势发生变化,它就可能被"关闭"并退居幕后。当然我们不要在这一点上有所误会:"正常"的残酷也可以是极其可怕的。要点在于,这样的残酷才是一种进化塑造的具有适应力的行为。除残酷外,虐待狂也来源于——并且偏离了——进化塑造的获得相对于他人优越性的欲望。

另一个例子是与暴力相关的欣喜若狂行为。狂喜是一种由突然增多的荷尔蒙如肾上腺素、血清素和多巴胺而引起的欣快感和超越感。它导致身体对痛苦和疲劳变得更不敏感,激发出高水平能量,并放松通常的自我抑制。自然状态下,可通过往往与搏斗和作战相联系的剧烈体力消耗来达到狂喜。人类早就发现了将其"人工"唤起以享受其快感的方法——例如节奏型的舞蹈歌唱或使用麻醉物质。人类学家对麻醉剂在史前社会的广泛使用已有越来越深的了解,而战争也是其使用场合之一。㊺麻醉物质可在战斗前使用,以便为暴力行为做准备:出战前喝几口酒壮胆至今仍是大多数国家军队里的惯例。然而在另一些例子中,狂喜状态本身也会孕育出更多不必要的暴力——仍然可以用醉酒为例,它在很多社会里都是暴力行为的主要原因,或起到推波助澜的作用。此外,也会有反过来的情况,即刻意进入暴力状态以引发狂喜感受。例如在青年帮派中,帮派成员除了为金钱、女人、社会尊重等"普通"原因进行冒险外,也会纯粹为了达到极乐状态而犯下"无目的"的暴行——往往伴随着酗酒。再次说明一下,虐待狂和"无目的"的暴力狂喜是对进化塑造的行为模式的

㊺　关于在战斗前使用麻醉药物,可参见：Gilbert Lewis, 'Payback and ritual in war: New Guinea', in R. A. Hinde and H. E. Watson (eds), *War: A cruel necessity*? London：Tauris, 1995, pp. 34-5。使用药物、舞蹈和仪式等作为辅助手段可参见：Goldschmidt, 'Inducement to military participation in tribal societies', pp. 51-2。

过度伸展和偏离,大体上是不适应的。

[112]总之,"无目的""表现性"或"嬉戏性"的争斗并非关于战争的动机复合体所不能涵盖的现象。它们并不是"独立"或"例外"于进化塑造的正常行为模式的又一种行为模式,而是能够以同一套原则解释的边缘行为,只不过偏离了正常行为模式所具有的适应性逻辑而已。

结　语

长久以来,人类学中有一种忽视"原始战争"所具有的适应性逻辑的传统。一些人类学家甚至"逆练"进化原理,声称战争是自然状态下人类的一种本质上不适应的特征,直到农业和国家出现后才开始带来"回报"。这一传统的代表人物之一 C. R. 霍尔派克(C. R. Hallpike)这样写道:

> 如果原始战争是不适应的,那它为何如此普遍? 很明显,这是由一系列普遍存在的因素导致的:年轻男性的攻击倾向;群龙无首社会中缺乏有效社会控制;不同群体之间的互相怀疑;复仇;社会体制的自我持续性;发展调解机制时所遇到的难题;宗教上以战争胜利作为获得生命力的标志,等等。㊻

然而为何年轻男性有着攻击倾向? 为何人与人之间不存在根本性冲突的情况下也会因缺乏社会控制和调解机制而走向战争? 为何在这样的环境里会互相怀疑? 是什么引发了复仇? 为何宗教要把生命力与战争胜利联系起来? 最后,动物中频繁发生的种内争斗也应当被视作不适应的吗? 这些问题甚至没有被提出,更不用说回答了。

㊻　C. R. Hallpike, *The Principles of Social Evolution*. Oxford: Oxford University Press, 1986, pp. 113, 372.

在高度竞争性的进化自然状态下,争斗"仅仅"是一种"仪式性"和"表现性"的无目的行为,只是为了满足"心理"需求而不具有任何现实生活基础——这样一种站不住脚的观念居然也能在人类学中大行其道,实在令人难以置信。

和很多人一样,霍尔派克持有上述奇特立场的一个原因在于他错误地相信原始社会中不仅没什么值得[113]为之而战的,而且战斗在任何情况下都是完全无效率的竞争方式,因为它并不能导致征服和灭绝。⑰"仪式性战斗"的概念又一次要为这一议题上的认知偏差负责。接下来对人类进化的自然状态中争斗模式的考察将使我们对此有更多了解。

---

⑰　Hallpike, *The Principles of Social Evolution*, pp. 101-13. 更多关于人类学家在此问题上奇特立场的信息可参见我与弗格森之间的争论: B. Ferguson, 'The causes and origins of "primitive warfare": on evolved motivations for war', *Anthropological Quarterly*, 2000; 73: 159-64; A. Gat, 'Reply', *Anthropological Quarterly*, 2000; 73: 165-8。

6 "原始战争":它是如何进行的?

[114]做出是否选择战斗的决定,本质上根据的是一种权衡了相对应的危险和可能收益的进化意义上的成本—效益计算。我已经系统性地梳理了自然状态下人类愿为之而战的效益部分,从中提炼出生存和繁殖两类动机,以及在其基础上的各种近似和衍生动机。现在我要转向成本部分,并且在这里同样会试图证明"人类的自然状态"和整体上的自然状态并无根本不同。

一种由康拉德·劳伦兹(Konrad Lorenz)提倡的,关于土著人类和其他动物种的经久不衰的幻想在 20 世纪 60 年代和 70 年代早期曾流行一时。这种幻想认为种内争斗是"仪式性"的,主要目的在于展示力量而很少涉及杀戮。前面已说过,后来的研究发现在许多物种中均存在严重的种内杀戮现象,从而打破了这一幻觉。此前错误的原因在于原始人类和动物往往只会在相信自己受到伤害的可能性极小的情况下才会诉诸严重暴力行为;然而最容易观察到,也是我们将其视为争斗标准形式的势均力敌的"正面战斗",恰恰因此而较为罕见。自身付出严重代价的风险越低,暴力就成为越有吸引力的选项。由此可见,自然界[115]中致命暴力的使用原则便是在十拿九稳的情况下以强凌弱,即所谓不对称战斗,而这样的战斗并不那么显眼。①

---

① 清楚认识到这一点的有:R. Pitt,'Warfare and hominid brain evolution',*Journal of Theoretical Biology*,1978;72:551-75;Richard Wrangham and Dale Peterson,*Demonic Males:Apes and the origins of human violence*. London:Bloomsbury,1997,pp. 159-62。

两只成年动物间的暴力冲突模式往往是这样：大多数时候是在展示自身的力量和凶猛，试图以此来说服对方放弃战斗。如果仅仅展示还不够的话，那么就可能需要用实际战斗来证明。战斗常常会造成重伤甚至致命伤。然而，如果一方意识到必败无疑而撤退的话，胜利一方大多数情况下（尽管不是所有时候）并不会追上去把对手结果了。原因不在于对待同一物种成员的仁慈，尤其当战斗双方不是受益于互相合作的近亲或同一群体成员时。动物在和其他物种的竞争者争斗时通常也不会战至最后一刻。真正原因在于"穷寇莫追"这一原理。将爪牙依然锋利的失败者逼入绝境背水一战，胜利者就有可能受到严重伤害。且不谈创伤本身的危险性，伤势也会降低胜利者的觅食能力，并使其他对手能够坐收渔翁之利。自然界中不存在社会保险，任何严重伤害都可能导致饿死。因此大多数情况下，当对手战败逃亡而战斗目标已经达成时，成本—效益计算便不再鼓励继续作战。显然，动物对于毫无风险地杀死弱小而无助的同类或其他竞争物种成员就不会有多大顾虑。前面说过，种内杀戮中的多数案例是雄性动物杀死并非自己后代的毫无抵抗力的幼年动物。这样既可以令它们的母亲重新进入繁殖周期，也可以扼杀未来的食物竞争者。

同样，在"人类的自然状态"中，大多数杀戮是在受害者处于无助、防备不足，且（最重要的）几乎无力伤害攻击者的情况下进行的。所谓"原始战争"的这一模式具有高度普适性，在所有被研究过的狩猎—采集者社会和原始农业社会中均得以展现。人类学研究中，某些最近大量发表的针对特定群体的研究案例会在一定时间内吸引学界主要注意力。因此，一代又一代学者通过考察不同的社会，一次又一次独立"重新发现"了几无差别的"原始战争"模式。北美印第安人、阿拉斯加爱斯基摩人、澳大利亚[116]土著人、巴布亚新几内亚高地人和亚诺玛诺人是其中最著名的案例。事实上，甚至在人类学肇端之前，地理发现和扩张时代的欧洲人便已识别出这种模式。亚当·弗格森（Adam Ferguson）在《文明社会史论》（1767 年）中如此描述"美洲的野蛮民族"：

> 他们常用的作战方法是伏击战。他们试图以智取敌，在伤
> 亡最少的情况下尽可能多地杀敌，尽可能多地俘虏敌人。他们
> 认为把自己暴露在敌人面前，正面攻击敌人是愚蠢的行径。对
> 于以自己人鲜血换取的胜利，他们并不感到欢欣鼓舞。他们不
> 像欧洲人那样以在平等条件下挑战敌人为荣。[②]

我现在要对"原始战争"的模式做出界定。和前面一样，我把重
点放在与狩猎—采集者战争相关的证据上，因为狩猎—采集者阶段
反映了进化塑造的"人类自然状态"下巨大的时间跨度。来自原始农
业社会的证据将只作为旁证使用，虽说两者之间并不存在显著差异。

交战、伏击和偷袭

1930 年，研究澳大利亚北领地阿纳姆地土著门金人狩猎—采集
者的 W. 劳埃德·沃纳完整阐述了"原始战争"的模式。他的阐述相
当卓越，以至于如今也没有多少需要补充的地方。沃纳描述了一系

---

② Adam Ferguson, *An Essay on the History of Civil Society*. Cam-
bridge：Cambridge University Press, 1995(1767), p. 112. 下面这位法军上校
（得益于法国在阿尔及利亚与游牧民交战的经验）或许是第一个将这一战斗模式
提炼为其战争理论基础的人：C. J. J. J. Ardant du Pick, *Battle Studies*. Har-
risburg, PA：The Military Service Publishing Co., 1947(1868). 大致将这一概
念加以总结的则有：Quincy Wright, *A Study of War*. Chicago, University of
Chicago, 1943；H. H. Turney-High, *Primitive Warfare*. Columbia, SC：Uni-
versity of South Carolina, 1949；Keith F. Otterbein, *The Evolution of War：A
cross-cultural study*. New Haven, CT：HRAF, 1970, pp. 32, 39-40；以及：
Christopher Boehm, *Blood Revenge：The anthropology of feuding in Montene-
gro and other tribal societies*. Lawrence：University of Kansas, 1984, pp. 202-
27。唯一出色的概述来自：Lawrence Keeley, *War before Civilization*. New
York：Oxford University Press, 1996, pp. 59-69。

列层次的暴力冲突，从个人寻仇到小群体之间的冲突，到氏族冲突，再到部落冲突。他总结指出在所有层次上，冲突均具有相同模式：双方面对面的对抗往往多为展示性、表演性的且很少造成伤亡，而单方面发动的突然袭击却能够杀死很多人。

让我们从面对面的对抗说起。通常有亲戚撑腰的个人寻仇行为发生得极为频繁，其原因也是我们已经讨论过的，大多与女人有关。双方都携带武器，往往在互相激烈辱骂后忍不住挥棒掷矛。然而，在双方真正扭打起来造成严重伤害前，他们通常都会被各自的亲戚朋友拉开劝住。事实上：

[117]争执当事者往往正因如此而有恃无恐，向对方大放明知不会兑现的"狠话"……他们可以通过要求朋友别拦住自己以及挣扎摆脱阻拦的动作，来表现自己的愤怒并向社群展示谁也不能轻易占自己的便宜。很明显这里面有很多虚张声势诈唬对方的成分……几乎没人因此被杀。③

氏族或部落之间的冲突同样会导致面对面的对抗或交战，其时间和地点通常会事先约定。此类对抗中的交战者同样很少接近对方。双方布成间距约 50 英尺（约 15.24 米），也就是掷矛射程的两列，向对方投掷飞矛并躲避对方的飞矛。某些情况下，这样的交战是事先商量好用来给之前的冲突画上句号的，因而确实是"仪式性"的；掷矛时会加以克制并且掺杂着仪式性舞蹈。一旦有人流血，或者甚至还没有，怨恨便被视为已经化解，战斗也就此告终。不过，有些时候甚至这样的仪式性战斗也会因战意冲昏头脑、意外事件或一方背信弃义而升级为真正的交战。此外也有很多例子一开始便决定了要进行真正的交战。即便在这种情况下，因为双方保持安全距离，伤亡

---

③ Lloyd Warner, 'Murngin warfare', *Oceania*, 1930-1；1：467；以及：id., *A Black Civilization*. New York：Harper, 1937。

数字通常也是很低的。例外可能发生在一方使用了诈术时,如在战场上埋伏了一群战士,伺机偷袭另一方的侧翼或后方。这就可能会造成严重伤亡。

然而战争最致命而普遍的形式还是多在夜晚进行的出敌不意的突然袭击。袭击可以由一个人或一小群人执行,目的在于杀掉一个特定的敌人或者一家人,往往发生在受害者于营地中熟睡之时。尽管这样的袭击规模很小,却也经常导致伤亡。袭击也可以是大规模的,由来自整个氏族或部落的袭击队执行。这种情况下,遇袭一方的营地会受到包围,营中那些毫无准备,往往还在睡梦中的人(除了可以带走的妇女之外)将遭到无差别的屠杀。"原始战争"受害者的很大一部分是在这类较大规模袭击中被杀的。沃纳的研究报告里,35人死于大规模偷袭,27人死于小规模偷袭,29人死于运用埋伏的大规模交战,3人死于普通交战,[118]还有2人死于个人对个人的遭遇战。④ 交战和偷袭的准备和结束阶段均会伴随着仪式性的、巫觋宗教性的行为。人们在自己身上画出战争图案,既是仪式的要求,也可以用来恐吓敌人。

沃纳的研究是针对一个地区的土著战争而做的,因此较为独特。不过来自其他研究项目的证据也进一步证明了无论在水源充沛还是干旱贫瘠的环境下,他所描述的模式对于整个澳大利亚土著世界都成立。⑤ 例如,曾于1803—1835年间生活在土著部落中的

④　Warner, 'Murngin warfare', p. 457-8.

⑤　举例而言可参见一些已引用过的著作:Gerald Wheeler, *The Tribe and Intertribal Relations in Australia*. London: John Murray, 1910, pp. 118-19, 141-5——这部极好的书里包含了相关领域内最早的一批人类学著作;M. J. Meggitt, *Desert People*. Chicago: University of Chicago, 1965, pp. 37-8, 42, 325-6;T. G. H. Strehlow, 'Totemic landscape', in R. M. Berndt (ed.), *Australian Aboriginal Anthropology*. Nedlands: University of Western Australia, 1970, pp. 124-5;A. Pilling, in R. B. Lee and I. DeVore (eds), *Man the Hunter*. Chicago: Aldine, 1968, p. 158;H. Ling Roth, *The Aborigines of Tasmania*. Halifax: F. King, 1899, p. 15.

威廉·巴克利便描述了数十起面对面遭遇战,其中主要的作战方法是互掷长矛和回旋镖;尽管时间长达数小时,往往也只会造成 1 到 3 人死亡。他还描述了数量众多的偷袭、埋伏和寻仇的案例。偷袭中的伤亡一般并不会更多,然而若一整个营地的人都对袭击毫无察觉,则情况完全不同:

> 吉朗(Geelong)的瓦透荣加人(Watouronga)和雅拉(Yarra)的瓦若荣人(Warrorong)之间的竞争极为激烈而血腥。我曾跟随过前者攻击后者的队伍。攻击者在夜里出其不意到来,毫无怜悯地杀光了所有男人、女人和小孩。⑥

尽管人类学家使用的名称和分类略有不同(我也未照搬沃纳所使用的那些),仍可看出"原始战争"的模式在各地均有展现。土著澳大利亚与世界其他部分之间的主要差别在于后者拥有弓箭,从而拉长了交战距离。后者中最好的例子是另一个"纯净"的大型狩猎—采集者实验室,即北美西北海岸。在这里独木舟成为移动手段,村庄也更为耐久而防守坚固,然而战争的整体模式却保持不变。下面我们会引用一些关于西北海岸战争的看上去很熟悉的叙述。德国地理及人种学家奥莱尔·克劳斯(Aurel Krause)和阿瑟·克劳斯(Arthur Krause)兄弟在 1878 至 1879 年间注意到"个人以及部落和氏族之间几乎无穷无尽的敌意"。他们观察到"特林吉特人(Tlingit)缺乏面对明显危机的个人勇气",因此"人们往往避免堂而皇之交战,但如果一个部落对另一个开战,那他们大多数情况下会设伏或进行夜袭"。他们有时会商定举行"仪式性"战斗来

---

⑥ John Morgan, *The Life and Adventures of William Buckley*: *Thirty-two years a wanderer among the aborigines of the unexplored country round Port Philip*. Canberra: Australian National University Press, 1980(1852), p.189,面对面的战斗可参见 pp.40, 41, 42, 49-50, 60, 68, 68-9, 76-7, 81, 82。

结束冲突。⑦ 据弗朗茨·博厄斯所说："印第安人避免正面作战，
[119]但会试图去袭击那些无助的或毫无防备的并且手无寸铁的受
害者……个人也会攻击他的敌人，不是光明正大挑战，而是暗地里伏
击。"战争的主要形式是袭击敌人的村庄，即便在村庄设防的情况下
这也常常是毁灭性的：

> 敌人在清晨天还没亮时发动进攻……进攻方很少遇到抵
> 抗，因为他们总是试图在敌人睡着时发动奇袭……一个男人被
> 杀后，人们会用他自己的战斧砍下他的头颅。村庄被焚烧。战
> 士们中意的女人以及儿童被掳作奴隶。⑧

菲利普·德鲁克(Philip Drucker)也注意到"仇杀和战争中的武
器、战术、战利品和其他细节都是相似的"。"最流行的战术就是众所
周知的美洲印第安人夜袭。"只有在不得已时才会正面进攻，例如一
支袭击队自身中伏，陷于压倒性火力之下且背后是河流难以撤退时：

> 其他一些更成功的战术也是包围战法的变种……还有一类
> 战术则是彻头彻尾的背信弃义……通常包括倡议和平，并且提
> 出缔结婚姻来加以保证。在庆典的某个阶段，阴谋者混入对方
> 人群中，每个人都针对各自目标站好位置，等待战争酋长一声令
> 下，便可掏出匕首或棍棒将其拿下。

---

⑦　Aurel Krause, *The Tlingit Indians*: *Results of a trip to the Northwest
Coast of America and the Bering Straits* (trans. Erna Gunther). Seattle: Uni-
versity of Washington, 1956, pp. 169–72.

⑧　Franz Boas, *Kwakiutl Ethnography*. Chicago: University of Chicago,
1966, pp. 108–10；以及：Leland Donald, *Aboriginal Slavery on the Northwest
Coast of North America*. Berkeley, CA: University of California, 1997, p. 27，
关于"令人愉悦"的女奴可参见 p. 73。

德鲁克总结说：

> 如果我们从效率方面来评估努特卡人（Nootkan）的战争，那么必须给予高度评价。希绍伊什特人（Hisau'ishth）和奥佐萨特人（Otsosat）近年来已遭灭绝；居住在穆查拉特湾（Muchalat Arm）的一群人数目从几百降低到四十以下，据说还有其他群体在更古老的时期被完全消灭。这些均为我们所描述的那种战争方式的后果。⑨

阿拉斯加海岸爱斯基摩人的战争遵循类似的模式。据 E. W. 纳尔逊（E. W. Nelson）所说：

> 在俄国人抵达阿拉斯加的白令海岸之前，爱斯基摩人的部落间战争几无休止。与此同时，激烈的争端也沿着与内陆提奈（Tinné）印第安人的交通线展开。海岸的人们⋯⋯有很多关于被提奈人部队摧毁的村庄的故事⋯⋯一些提奈人在双方所占地区之间的[120]无人苔原上狩猎驯鹿时被马勒穆特人（Malemut）所杀。
>
> ⋯⋯一种古老的战术是在一个村子外面埋伏下来，等入夜后悄悄潜入，封住公共大厅的出口，把男人关在里面，然后从屋顶上的烟道口向内射箭。胜利者要么将女人杀掉，要么将她们带回家，不过对男人和男孩总是一个不留的。

---

⑨　Philip Drucker, *The Northern and Central Nootkan Tribes*. Washington, DC: Smithsonian Institute, 1951, pp. 337-41; Philip Drucker, *Cultures of the North Pacific Coast*. San Francisco, CA: Chandler, 1965, pp. 75-81. 就同一主题所作的简短概述参见：R. Brian Ferguson, 'Northwest Coast warfare', in id. (ed.), *Warfare Culture and the Environment*. Orlando, FL: Academic Press, 1984, p. 272。

正常情况下，男性战士"会在夜里悄悄出发去偷袭敌人。如果偷袭失败才会进入正面交战"。[10]

奥斯瓦尔特（Oswalt）[11]和伯奇（Burch）[12]也描绘了相似的场面，后者写道"在阿拉斯加西北地区总的战争模式是相同的"。偷袭依然是最主要的战争方式。只有在优势明显的条件下，或双方碰巧相遇时（大多在偷袭敌人的途中），才会进入面对面的交战。纳尔逊和伯奇对交战初期阶段的描述一致："对抗的早期阶段往往极富仪式色彩，男人直着腿跳来跳去互相挑衅，弯弓搭箭准备发射。"[13]这可能会持续几个小时，中间还会停下来休息。根据伯奇的说法，双方随后会互相接近，尽管他和他的消息来源对于这一阶段战斗的激烈程度有着意见分歧。当地人声称他们的祖先更喜欢远程火力投射而非冲击战术，但伯奇还是推断这一阶段战斗中"必然"会包含使用棍棒或类似武器的近身作战，并导致严重杀伤。纳尔逊则认为整场战斗中双方几乎完全是在用弓箭对射。尽管他的描述有时会给人以伤亡惨重的印象，但他从未明确指出。罗伯特·斯宾塞（Robert Spencer）则告诉我们"这样的'战斗'貌似一直都是非决定性的"。[14]

大平原印第安人在获得马匹之前和之后所采用的类似战术被广泛记录下来，并成为举世闻名的民间故事题材。根据玛丽安·史密斯所说："无论战队里只有一个战士，还是一个人加上一两个好友，还是一到四百个战士，又或是由整个部落的人组成，战队的目的和作战

---

[10]　E. W. Nelson, *The Eskimo about Bering Strait*. Washington, DC: Smithsonian Institute, 1983(1899), p. 327.

[11]　Wendell Oswalt, *Alaskan Eskimos*. San Francisco, CA: Chandler, 1967, pp. 185–8.

[12]　Ernest Burch, 'Eskimo warfare in Northwest Alaska', *Anthropological Papers of the University of Alaska*, 1974; 16: 尤其是 pp. 2, 4。

[13]　Burch, 'Eskimo warfare in Northwest Alaska', pp. 10–11; 以及: Nelson, *The Eskimo about Bering Strait*, pp. 328–9。

[14]　Robert Spencer, *The North Alaskan Eskimo*. Washington, DC: Smithsonian Institute, 1959, p. 72.

程序都是大体不变的。"夜里和凌晨的袭击是常态。"大平原战斗中，[121]趁敌不备而攻击时的死亡率是最高的……这样的案例中弱小群体经常被彻底消灭。至于那些比预期中发生得更为频繁的正面交战，其死亡率则要低得多。"原因在于"不愿冒不必要的生命危险"。⑮据罗伯特·米什金(Robert Mishkin)所说："大平原上更受青睐的作战方式是突然袭击……这样的突然袭击……导致无法组织协同一致的防御……一方隐秘出击而另一方只能被迫承受损失；如果后者还有还手之力的话，他们将等待前者露出破绽时以相同方式进行报复。"⑯约翰·尤尔斯列举了与欧洲人接触前大平原印第安人战争的历史和考古证据，并写道：

> 伤亡最大的情况出现在一支大部队出其不意袭击并彻底荡平一个小型狩猎营地时……在双方参战人数大致相当的列阵交战中伤亡很少。这些大规模战斗里没有近身接触。双方组成面对对方的战线，距离刚好在箭的射程之内。他们用大型生皮革盾牌保护自己，并用长弓射箭。他们同样穿戴用几层生皮革制成的护身甲……交战通常在天黑时结束。⑰

弗兰克·塞科伊(Frank Secoy)在其杰出的研究报告中所描述的马匹和枪支出现前印第安人的战斗模式与此一致。有更被青睐的毁灭性偷袭，也有分两步进行的交战。交战第一阶段，双方组成两条长战线对峙数小时之久，躲在盾牌后面射箭。接下来，他们可能互相接

---

⑮ Marian Smith, 'The war complex of the Plains Indians', *Proceedings of the American Philosophical Society*, 1938; 78: 436, 431.

⑯ Robert Mishkin, *Rank and Warfare among the Plains Indians*. Seattle: University of Washington, 1940, p.2.

⑰ John Ewers, 'Intertribal warfare as the precursor of Indian—white warfare on the northern Great Plains', *The Western Historical Quarterly*, 1975; 6: 401.

近。和伯奇一样,塞科伊和他的情报来源对于接下来的事态发展也有
不同看法。他认定此时通常会发生短暂而血腥的肉搏战。然而,他的
唯一证人,年龄在 75 到 80 岁之间的黑脚(Blackfoot)部落的扫卡玛佩
(Saukamappee),于 1787 到 1788 年间所留下的著名证词称:

> 双方均有数人负伤,但都没有伤到只能躺下的地步;天黑时
> 战斗结束,没有一块头皮会被割掉。当时的战斗结果一般就是
> 如此,除非一方的人比另一方多得多。过去和现在战争的最大
> 伤害都是通过袭击摧毁有 10 到 30 顶帐篷的小营地达成的。⑱

拿破仑·夏侬因对亚诺玛诺人"原始战争"形态的经典研究而广
受关注。亚诺玛诺人是猎人和原始园艺种植者,而非纯粹狩猎—采
集者,不过他们的战争手段并没有多少不同。事实上,尽管亚诺玛诺
人被夏侬贴上"凶猛者"的标签,也始终生活在[122]战争威胁下并有
着极高的暴力死亡率,然而他们的战争——至少在夏侬和他们待在
一起的那段时间里——规模甚至比其他地方更小。不管他们吹嘘得
如何天花乱坠,这些"凶猛者"相当不情愿把自己暴露于危险之中。⑲
面对面的对抗受到严格管控,采取了竞技般的形式,以尽可能避免致
命伤害。无论个人冲突还是群体冲突,双方都要面对另一方,轮流出
招接招。引发对抗的怨恨越深,则打在对手身上的招数也随之升级。

---

⑱　Frank Secoy, *Changing Military Patterns of the Great Plains Indians*.
New York: Augustin, 1953, pp. 34-5. 他在谈及 1539—1543 年间对抗西班牙德索
托远征队的南方定居园艺种植者时(第 10—12 页)可能就犯了类似的错误。他提到
印第安人组织了一场先射箭后冲锋的"大规模步兵战役"。然而在他引用的更为
详细的材料里——尤其是来自远征队的那些,往往只强调了围攻、埋伏、黎明时分
的突袭以及我们熟悉的列队射箭,没有提到意义重大的近身肉搏战。

⑲　Napoleon Chagnon, *Yanomamo: The fierce people*, 2nd edn. New York:
Holt, 1977, pp. 113-37; Walter Goldschmidt, 'Inducement to military participation
in tribal societies', in R. Rubinstein and M. Foster (eds), *The Social Dynamics of
Peace and Conflict*. Boulder, CO: Westview, 1988, pp. 49-50.

最温和的形式是赤手空拳用胸部轮流顶撞。接下来是掌击身体侧面。再进一步则是大棒互殴,这显然会造成严重得多的伤害,但也极少死人。最后则是正式且须要事先约定的掷矛战,这已经非常罕见,至于弓箭对射的情况就更不用说了。

亚诺玛诺人:

通奸而导致的棍棒战斗。头上的伤和流血很明显

正在集合的袭击队。注意他们身上的战争纹饰,这几乎是全世界部落社会的普遍特征

[123]同样,亚诺玛诺人在面对面遭遇战中的行为约束不是因为他们害怕杀人,而是因为他们害怕被杀。杀人大多是悄悄进行的。正如夏侬所说,夜间部署而于凌晨发动的偷袭就是"战争本身"。[20] 我们在别处看到的那种包围并歼灭一整个营地或村庄的大规模袭击,在夏侬的叙述中无处可寻。与之相对应的亚诺玛诺人战争体验是不间断的偷袭和反偷袭。哪怕有很多战士参与袭击,袭击方往往也在成功杀死一两个人——射中跑出帐篷的人或把箭射进帐篷里——后便匆忙撤退。不过尽管每次袭击的杀伤很少,日积月累的伤亡总数却也可观。夏侬写道,他所居住的那个村子"在我进行田野调查的 15 个月里被约一打不同群体袭击了大约有 25 次"。[21] 有时战争和伤亡的压力会迫使一群居民抛弃自己的村庄逃到其他村庄寻求庇护(显然要为此给予对方好处),敌人于是就把[124]他们的住所和田园毁掉。最后,杀戮也可能在我们前面已经说过的那类"背信弃义的宴会"上发生。[22]

世界上最大也最孤立的原始农民集群位于新几内亚高地。当地居民直到 20 世纪中期甚至更晚才首次接触欧洲人或任何其他外来者。正因如此,他们得到了人类学家的关注。高地人生活在数百人的氏族以及可能达到数千人的氏族群里,占据了被崎岖而森林密布的山脉所隔开的各个谷地,说着约 700 种不同语言(作为对比,全世界的语言总共有大约 5000 种)。在与外界接触前,他们经常要面对战争威胁或实际发生的战争。他们的永久性不安全感和警惕感更多来自永远悬在头上的战争威胁,而不是偶尔发生的那几次战争。在与夏侬研究亚诺玛诺人的大致相同的时段内,人类学家也对高地人的战争进行了独立

---

[20]　Chagnon, *Yanomamo：The fierce people*, p. 122.

[21]　同上,p. 40。

[22]　同上,pp. 78-9, 102-3。

研究。通过他们的成果可以发现战争在这里的形式仍然是我们所熟知的。㉓

我们熟悉的有社群之间正式约定的交战。参战者同样在盾牌的掩护下，从远处射箭或投掷飞矛。作为高地人中一支的马林人（Maring）将其称作"小战斗"或"什么也不是的战斗"。战斗极为喧闹，可能持续数日甚至数周，然而更像是"竞赛"而且"很少发生死亡或重伤"。㉔ 有时，"什么也不是的战斗"可能升级为使用近身兵器如矛和斧子的"真战斗"，但交战者仍然很少接近到能与对手打真正肉搏战的距离内。战斗处于僵持状态，双方的人躲在盾牌后射箭，保证自己不暴露也不脱离队形。这样的战争可以持续数周或数月之久而不造成严重伤亡。如果下雨或交战者觉得需要休息，他们就会结束战斗。交战往往起到怨恨出气口的作用，而且由于很多人集中在战场上能进行语言交流，停战也是能够达成的。像在澳大利亚那样，交战中重大伤亡较为罕见，一般是在某一方的背后遭到伏兵或敌人盟友突然袭击时。这会导致一方彻底溃败，战士和他们的家人逃出村庄，而胜

㉓ 尤其应参考：Andrew Vayda, *War in Ecological Perspective*. New York：Plenum, 1976, pp. 9–42；Ronald Berndt, *Excess and Restraint：Social conflict among a New Guinea mountain people*. Chicago：University of Chicago, 1962；Roy Rappaport, *Pigs for the Ancestors*. New Haven, CT：Yale University Press, 1967；K. Heider, *The Dugum Dani*. Chicago：Aldine, 1970；Klaus-Friedrich Koch, *War and Peace in Jalemo：The management of conflict in Highland New Guinea*. Cambridge, MA：Harvard University Press, 1974；Mervin Meggitt, *Blood is their Argument：Warfare among the Mae Enga tribesmen of the New Guinea Highlands*. Palo Alto, CA：Mayfield, 1977；C. R. Hallpike, *Bloodshed and Vengeance in the Papuan Mountains*. Oxford：Oxford University Press, 1977；Paula Brown, *Highland Peoples of New Guinea*. Cambridge：Cambridge University Press, 1978；Gilbert Lewis, 'Payback and ritual in war：New Guinea', in R. A. Hinde and H. E. Watson (eds), *War：A cruel necessity?* London：Tauris, 1995, pp. 24–36。

㉔ 引文出自：Meggitt, *Blood is their Argument*, p. 17；Vayda, *War in Ecological Perspective*, p. 15；不过权威学者在此类问题上基本重复着一样的说辞。

利者紧接着将其摧毁。

新几内亚的战斗场面。这些极为典型的照片可能是在全球普遍发生的类似现象的唯一影像资料。照片摄于 20 世纪 60 年代早期,当时国家对该地区的控制仍然是象征性的。这类面对面对抗中的伤亡一般较低,因为双方均注意保持距离。然而,在突袭和埋伏中也会有很多人被杀

[127]同样，新几内亚高地战争的最致命形式是偷袭。袭击者可以是希望解决"私人恩怨"的个人和小团体，也可以是整个氏族。偷袭大多在晚上开始实施而在拂晓达到高潮，袭击者试图趁敌人睡着时杀死尽可能多的人——主要是男人，但也包括妇女和儿童。在大多数例子里，如果袭击者人数不够多，那他们会在敌人惊魂稍定并开始反击前迅速撤退。然而，有时在一击之下，"这样的战术可以消灭敌对氏族的全部人力"，令其彻底灭绝。[25] 和北美西北海岸一样，新几内亚高地的很多村庄以栅栏和障碍物为防护，有时还会建造瞭望塔。村庄最好选在难以抵达的地点建立。人们对陌生人充满恐惧和怀疑。擅越群体边界要冒死亡风险，因此人们通常会避免这样做。也存在邀请他人访问时背信弃义将其杀害的现象，可造成很大伤亡。当毁灭性袭击导致一方溃败时，被逐出自己村庄的战败者可能在休养生息一段时间后依靠盟友帮助返回家园，收复部分土地；也可能从

面对邻近群体方向进行监视的瞭望塔。冲突和暴力死亡在前国家社会中极为普遍，不安全感成为常态，因而影响到了生活的方方面面

㉕ Vayda, *War in Ecological Perspective*, p. 23.

此销声匿迹,其土地被胜利者完全吞并。

对其他"部落"社会如尼日利亚—喀麦隆边界地区的希吉人(Higi)以及巴尔干黑山人的研究,所描绘出的画面也是相似的。㉖在所有这些提到过的和没有提到过的案例中,人们都会向我们第一个例子里的澳洲土著人那样,在战争爆发前、结束后,以及进行过程中,举行复杂的仪式——以此呼唤超自然的助力,祭奠死者告诉他们复仇已经完成,以及被除丧生沙场的战士的恶灵。人们还会在身体上画出战争图案,并常常穿着特殊装饰的战衣。

非对称的、先发制人的杀戮

我们已经展示了"人类自然状态"下的战斗模式与一般自然状态下的大体上能够互相重合。对于人类和动物,严重而致命的面对面争斗均属罕见。这不是因为同种之间的仁爱,而是为了避免将自己和近亲暴露于危险之中——因为在牵涉到[128]暴力冒险行为时往往只有近亲才是最靠得住的,会与自己共同出战。确实也有着数量可观的种内杀戮案例,但主要针对的是无法自卫无力回击的弱者。因此致命战斗通常是非对称的,伤亡压倒性地集中发生在被攻击者一方身上。不过,人类和其他动物物种从这里开始便有了差异。在动物里,年幼者是种内杀戮的最主要牺牲品,成年者则相对安全——尽管有时也会在战斗中受致命伤。相比之下在人类的杀戮中,尽管妇女儿童也经常受害,但主要的伤亡承受者还是作为攻击者的男性战士本身。人类致命战斗的非对称性是因为战斗经常发生在一方被出其不意袭击且无法反击的条件下。不过在人类当中,非对称性是风水轮流转的,攻击者和受害者会对调位置:今日袭击中的无助受害者明天可能就成了袭击者。因此不同人类群体的成年战士往往不是

㉖ Keith Otterbein, 'Higi armed combat', in his *Feuding and Warfare*. Longhorne, PA: Gordon & Breach, 1994, pp. 75-96; Boehm, *Blood Revenge*.

在同一场战斗中遭受同等程度的伤亡，而是轮流成为伤亡的主要承担者。人类和其他动物物种之间这一区别的根源是什么？

在成年动物中大致行之有效的互相威慑，某些情况下对于人类却失效了。这是因为存在着一个令威慑无效化的主要因素，即先发制人的能力。为何人类比其他动物物种更多拥有先发制人能力？这是因为人类有着制造工具这一独门绝技。制造工具技能越先进，人就变得越发具有致命性；然而与此同时其体格也变得越来越柔弱，这是因为工具已经取代了肌肉、骨骼和牙齿的作用。晚期智人就要比尼安德特人和直立人更加纤弱，与此相应，后者又不如那些大型猿类肌肉发达。简而言之，人类的进攻能力增长是与其自然防御力的不断退化相同步的。

一些学者早已在人类对自身物种的致命性及其独特的工具制造能力间寻找关联。然而起初他们的方向是错误的。例如，劳伦兹和德斯蒙德·莫里斯就提出，人类进化过程中武器的发展过于迅速，因此压倒了对种内杀戮的禁忌。㉗ 但首先，人类使用工具作为武器已有数百万年[129]——这段时间内人类自身发生了巨大的变化——若需在进化上对此加以适应，则时间完全足够。其次，在自然界中实际并不存在劳伦兹和莫里斯所设想的那种对种内杀戮的禁忌。第三，虽说有了武器，自然状态下的人类还是和动物一样避免面对面的严重对抗。造成区别的也并非如某些学者所建议的那样，是从远处发动攻击的能力。人类在交战中的互相威慑和动物的一样有效，只不过人类交战双方拉长了彼此之间的距离以保证他们的相对安全。

人类特有的面对同类攻击时的脆弱性主要体现在受到突然袭击的情况下。这与动物的情况有很大不同。大多数动物有着比人类更敏锐的知觉，因此敌人很难在不被发现的状态下接近它们。况且即

㉗　Konrad Lorenz, *On Aggression*. London：Methuen，1965（1963），pp. 206-9；Desmond Morris, *The Naked Ape*. London：Jonathan Cape，1967，pp. 174-5.

便在出其不意的袭击中,动物也难以一击杀死同类。前面已说过,动物体格更为强壮,因为身体就是它们的武器;而且由于武器永远"装备"在身,所以也是随时可用的。相比之下,如果人类赤手空拳时遇袭,他们就处于极大劣势并且极为脆弱。人类于是成为典型的先发制人攻击者。因为害怕伤到自己,他们和其他动物物种一样,通常不会在面对面的战斗中与同类殊死相搏。而不同于其他动物物种的是,他们能够在目标没有武器从而极为脆弱的状况下,通过突然袭击杀死成年的同类。[28]

他们也确实这么做了。和其他动物物种一样,自然状态下的人类种内暴力导致的死亡率相当高,只不过在后果主要由成年战士自身承担这一点上有别于动物。国家统治尚未触及的情况下,很难精确估测狩猎—采集者战斗中的死亡率。不过由于在不同案例中独立估测的结果有很强的一致性,我们还是可以采信这些估测结果。其中一些数据前面已经提到过。对于阿纳姆地的门金人,沃纳的估计是在3000总人口中的700名成年男人里,20年时间内共有200人战死,占男人数量的约30%。女人和儿童的暴力致死率未曾提及。皮林对[130]提维人的估计则是10年中至少10%的男人被杀,与上面的数据在同一范围内。金伯尔参考暴力死亡率与总死亡率的关系后的估计则是干旱地区一代人中有5%死于战斗,水源丰富地区则是6.5%。这也意味着很高的暴力死亡率。[29] 大平原印第安人中的

---

[28] J. Maynard Smith and G. R. Price, 'The logic of animal conflict', *Nature*, 1973;246:15-18;Pitt, 'Warfare and hominid brain evolution', p. 571;Darius Baer and Donald McEachron, 'A review of selected sociobiological principles:Application to hominid evolution', *Journal of Social and Biological Structures*, 1982;5:82;Matt Ridley, *The Origins of Virtue:Human instincts and the evolution of cooperation*. New York:Viking, 1996, pp. 164-5.

[29] Warner, *A Black Civilization*, pp. 157-8;Pilling, in *Man the Hunter*, p. 158;R. G. Kimber, 'Hunter-gatherer demography:The recent past in Central Australia', in B. Meehan and N. White (eds), *Hunter-Gatherer Demography*. Sydney:University of Sydney, 1990, p. 163.

黑脚部落在 1805 年存在 50% 的男性人口缺口，在 1858 年则是 33%。[30] 甚至在没有群体战争的加拿大中部极地爱斯基摩人那里，根据当局统计，血仇和谋杀导致的暴力死亡率也达到年平均 1‰，10 倍于美国社会 1990 年的巅峰水平。简·布里格斯（Jean Briggs）颇具揭示性地写道："加拿大因纽特人民族志的读者，尤其看过我写的《不再愤怒》（*Never in Anger*，1970）的人，有时会得出结论认为因纽特人无论何时何地都生性和平。这与事实差了十万八千里。"[31]著名的"人畜无害者"即卡拉哈里沙漠的昆布须曼人的暴力死亡率是年平均 0.29‰，而在国家的严格控制建立前曾是 0.42‰。[32]

关于原始农业社会的数据可靠性更高，而从中能够得出的结论也基本和狩猎—采集者社会的一致。前面说过，亚诺玛诺人里 15% 的成年人，即 24% 的男性和 7% 的女性死于群体间或群体内暴力。[33] 厄瓜多尔印第安人中的一支，在生活方式和战争的起因、形态等方面均与亚

---

[30]　Frank Livingstone, 'The effects of warfare on the biology of the human species', in M. Fried, M. Harris, and R. Murphy (eds), *War: The anthropology of armed conflict and aggression*. Garden City, NY: Natural History, 1967, p. 9, 以及其他相关统计数据。

[31]　Donald Symons, *The Evolution of Human Sexuality*. New York: Oxford University Press, 1979, p. 145; Bruce Knauft, 'Reconsidering violence in simple societies: Homicide among the Gebusi of New Guinea', *Current Anthropology*, 1987: 28: 458; Jean Briggs, ' "Why don't you kill your baby brother?" The dynamics of peace in Canadian Inuit camps', in L. E. Sponsel and T. Gregor (eds), *The Anthropology of Peace and Nonviolence*. London: Lynne Rienner, 1994, p. 156.

[32]　Richard Lee, *The !Kung San*. New York: Cambridge University Press, 1979, p. 398.

[33]　Mildred Dickemann, 'Female infanticide, reproductive strategies, and social stratification', in N. Chagnon and W. Irons (eds), *Evolutionary Biology and Human Social Behavior*. North Scitnate, MA: Buxbury Press, 1979, p. 364; 与之稍有差异（且无法自圆其说）的数字可见：Marvin Harris (ed.), 'Primitive war', in *Cows, Pigs, Wars and Witches*. New York: Random House, 1974, p. 69.

诺玛诺人相似的瓦奥拉尼人(Waorani,或称奥卡人),创造并保持了世界纪录:五代人里超过 60％的成年人死于仇杀和战争。[34] 在巴布亚新几内亚高地,分别独立估算得出的数据仍然极为相似:达尼人中 28.5％的男人和 2.4％的女人死于暴力。[35] 恩加人中 34.8％的男人命运相同——麦吉特记录下他们 50 年间的 34 次战争。[36] 赫瓦人(Hewa)里,杀人死亡率达到年平均 7.78‰;[37]果拉拉人(Goilala)150 出头的总人口里,29 人(主要是男人)在 35 年中被杀;[38] 在低地的戈布西人里,35.2％的男人和 29.3％的女人死于非命——女性高死亡比例或许是因为这些杀戮大多和姐妹交换婚姻中的矛盾有关。[39] 20 世纪初巴尔干半岛的黑山部族社会中,暴力死亡比例大约是 25％。[40] 考古学发现也讲述了同样的故事。在俄亥俄州麦迪逊维尔(Madisonville)的史前时代晚期印第安人遗址中,22％的成年男性[131]头颅有伤且 8％已破裂。[41] 在伊利诺伊州的一个史前墓葬地中埋葬的 16％的人死于暴力。[42]

---

[34]　J. A. Yost, 'Twenty years of contact: The mechanism of change in Wao (Auca) culture', in N. A. Whitten (ed.), *Cultural Transformation and Ethnicity in Modern Ecuador*. Urbana, IL: University of Illinois, 1981, pp. 677–704; C. A. Robarchek and C. J. Robarchek, 'Cultures of war and peace: A comparative study of Waorani and Semai', in J. Silverberg and J. P. Gray (eds), *Aggression and Peacefulness in Humans and Other Primates*. New York: Oxford University Press, pp. 189–213.

[35]　Heider, *The Dugum Dani*, p. 128.

[36]　Meggitt, *Blood is their Argument*, pp. 13–14, 110.

[37]　转引自: Symons, *The Evolution of Human Sexuality*, p. 145。

[38]　Hallpike, *Bloodshed and Vengeance in the Papuan Mountains*, pp. 54, 202.

[39]　Knauft, 'Reconsidering violence in simple societies', pp. 462–3, 470, 477–8.

[40]　Boehm, *Blood Revenge*, p. 177.

[41]　Livingstone, 'The effects of warfare on the biology of the human species', p. 9.

[42]　G. Milner, E. Anderson, and V. Smith, 'Warfare in late prehistoric West-Central Illinois', *American Antiquity*, 1991; 56: 583; 转引自: Keeley, *War before Civilization*, pp. 66–7, 书中还包含了很多其他相关数据。

所有这些都表明了自然状态下成年人类的暴力死亡比例平均而言在 15% 左右（对于男性是 25%）。资源分散而人口极度稀少的地方数字可能低于平均数，但也相差无几。此外，如麦吉特在澳洲土著和新几内亚高地恩加人那里所观察到的那样，大多数男人身上都有伤疤，且将其看作理所当然之事。[43] 夏侬对亚诺玛诺人的描述与此一致。至少在这个方面，霍布斯对人类自然状态的看法比卢梭的更接近事实。

国家的出现是否降低了暴力死亡率？一些学者对卢梭式的人类学空想提出反驳，声称现代战争尽管造成了巨大死亡数字，但整体上对人口的负面影响远小于前国家时代的战斗。[44] 国与国之间的战争改变了战斗的形态，且国家至少在相当程度上抑制了血亲复仇和谋杀之类的群体内暴力，因此使整体的暴力死亡率得以下降。统计对比无法做到准确。不过关键因素可能在于被战争波及的人口——无论是直接的（男性）参与者还是受暴力影响的非战斗人员——是多了还是少了。暴力死亡率于是便与战争的"总体性"挂钩。国家间的战争越接近总体战，其死亡率也就越回归到前国家时代水平。

对于第二次布匿战争（公元前 218—前 202 年）这一古罗马所经历的最具毁灭性的冲突，我们有着相对可靠的人口统计和其他人口数据。据估计，罗马（以及整个意大利）失去了至少 17% 的成年男性人口——如果不是 20% 以上的话。[45] 不过这种程度的灾难属于不常见的个案。德国部分地区在三十年战争（1618—1648 年）中甚至遭

---

[43] Meggitt, *Blood is their Argument*, p. 100.

[44] 参见：Livingstone, 'The effects of warfare on the biology of the human species'; Keeley, *War before Civilization*; M. Ember and C. R. Ember, 'Cross-cultural studies of war and peace', in S. P. Reyna and R. E. Downs (eds), *Studying War: Anthropological perspectives*. Langhorne, PA: Gordon & Breach, 1994, p. 190。

[45] Peter Brunt, *Italian Manpower*, 225 B.C.—A.D. 14. Oxford: Oxford University Press, 1971, pp. 54, 63, 84, 主要讨论的是公元前 218—前 216 年这个多灾多难的时期。

遇了更大的人口损失。正常情况下,欧洲最好战国家之一的法国据估计战争死亡比例在 17 世纪为 1.1％,18 世纪为 2.7％,19 世纪为 3％,而在 20 世纪前 30 年中达到了 6.3％。⑯ 美国内战中总人口的 1.3％被杀或负伤。第一次世界大战中[132]法德两国总人口的 3％ 死亡,换算为成年男性的话,就是其中约 15％。在第二次世界大战中,苏联丧失了 15％的人口;德国也失去了 5％的人口。然而一旦以战争持续时间平均计算,即便这些灾难性事件中的可怕数字和原始社会的比起来也还是相形见绌。

　　如果国家间战争总体上比前国家时代战斗致命性更低这一点的确成立的话,就有助于解释一些学术权威为何会得出这样的观察结论,即人类的种内杀戮水平比不上任何一种我们研究过的哺乳动物。⑰ 他们所根据的是现代社会的暴力死亡率。显然,如果是“自然状态”下的人类的话,他们和其他动物物种之间的差距就不那么显著了。和一般的自然状态下一样,“人类的自然状态”归根结底也是极度不安全且充满暴力死亡的。

　　人类成年战士拥有独特的对同类先发制人的攻击能力(其内在不稳定性终于在核时代引起了广泛关注),在由此造成的非对称杀戮中,他们的角色不断在受害者和加害者之间轮换。他们在高伤亡的隐秘袭击战争中交锋,今日之杀手可能成为明日的牺牲者。名副其实的先发制人能力使得首先攻击的一方具有极大优势,从而在理论上几乎要迫使人们抢先攻击。由于缺少更高一级的具有管控能力的权威以及其他安全机制,敌对双方被锁死在“囚徒困境”的变化形式即“安全困境”之中,任何一方都无法相信如果他们不首先出击的话,

---

　　⑯　Quincy Wright, *A Study of War*, Vol. i. Chicago: University of Chicago, 1942, p. 665, Table 57;估算数字的可靠性很低,但仍可被视为大致指标。

　　⑰　Edward O. Wilson, *On Human Nature*. Cambridge, MA: Harvard University Press, 1978, pp. 103-5;George Williams, 引自: Daniel Dennet, *Darwin's Dangerous Idea*. New York: Simon & Schuster, 1995, p. 478。

则对手也不会这样做。如果确实能做到一击之下消灭或重创敌人的力量，那就再好不过。如果不能，那么以牙还牙的互相报复可能会持续一段时间，直到威慑重新建立，双方达成协议结束杀戮。这样的杀戮往往显得毫无意义。但如我们所见，冲突这一形势本身便会有规律地迫使对抗双方不断升级，直到将他们最初的竞争动机抛诸脑后。

7　结语:进化的自然状态下的争斗

[133]本书这一部分中所考察的人类自然状态,与 17 和 18 世纪时所说的"人类自然状态"概念有根本上的区别。旧的概念仍然支撑着人类学中关于"原始战争"的讨论,其中的自然状态包含整个前国家时代,因而也就把狩猎—采集者和前国家时代的农民混为一谈。然而在过去的一百多年里,古人类学、地质考古学和进化论已经对这两类人进行了明显的区分。狩猎—采集者的生活方式跨越了 200 万年时间(当然在此过程中也发生了极大变化),覆盖了人属历史的99.5%。晚期智人物种历史的 90%以上也位于这一阶段内,比例根据每一人群采用农业的具体时间而有所不同,对于那些至今尚未走出这一阶段的人群,该比例就是 100%。农业是一个较晚近的文化发明,我们物种中从事农业最早的也不过在约 1 万年前,因此农业对人类的生物学属性影响甚小。按照现代科学的理解,讨论人类的自然状态意味着讨论人如何适应其自然栖息环境,而人所具有的生物学特征便是这一适应过程的结果。因此,我们所说的人类自然状态概念事实上是指进化塑造的人类自然状态。原始农民的生活方式与狩猎—采集者生活方式之间存在相似性,尤其当前者与狩猎—采集者一样居住在相对小而分散的群体中,严重依赖狩猎[134]维持生活,且耕地短缺并未构成其主要生存压力时,生活方式的延续性就相当明显,从而使他们可被当作人类自然状态的研究对象。然而,研究范围的扩展必须伴随着仔细的鉴别,不能不假思索地断定相似性必

定成立。

　　人类的自然状态已被揭示出与一般的自然状态没有根本差异。然而,对于它们各自究竟意味着什么,则一直存有不少争议。康拉德·劳伦兹认为一般自然状态下,种内争斗大多是力量展示性的且不会导致杀戮。他认为原因在于自然界中存在对种内杀戮的抑制,而之所以有这样的抑制,是出于物种的自我保护。他的观点在整个20世纪60年代和70年代大部分时间里占主导地位。但自那以后,动物学实地观察和进化理论都对他的论点提出了挑战。现在我们已经很清楚,种内杀戮在自然界中普遍存在,不过大多是针对那些太弱而无法反抗的幼年动物。同类动物事实上互为主要竞争对手,争夺同样的配偶和资源。然而,成年同类也大致具有同等力量因而对彼此而言都尤为危险。一方屈服时争斗一般就会停止,因为自我保存的逻辑对胜利者施加了限制。自然界中的杀戮通常是针对无防御能力者,此时成功的几率极高而风险极小。

　　对于人类自然状态的争论由来更久,其基础是由霍布斯和卢梭奠定的。通过集中考察两个一直存在到较近年代,基本避免了与农民、文明和西方人之间"接触悖论"的大而纯粹的狩猎—采集者"保留地"——即澳大利亚大陆和北美西北海岸——我们发现霍布斯更加接近真相。和其他动物物种一样,人类在自然状态下与同类频繁争斗。因此,并不是农业或文明的到来引发了战争。旧石器时代的狩猎—采集者已占据了世界上最富饶的生态环境区域,且并未分散到几乎不与其他人发生接触的地步——与如今仍存在的一些被迫边缘化的狩猎—采集者并不相同。他们从来不是广阔"公地"上的自由游荡者,而是只能在自己拥有且严加守卫的领地里活动的"受限的游牧民"。他们生活在小的亲属[135]群体里,并以此为基础逐步组合为扩展家族群和更大的区域群(部落)。

　　在决定人类攻击行为的方向时,亲缘关系是一个主导因素。如"内含适应"或"亲属选择"的原则所预测的那样,人们倾向于帮助他们的近亲对抗血缘关系更远者。在关系足够近或亲属数量足够多的情况下，人们甚至会愿意冒生命危险。人们与亲属一同成长，一同生活，被互相介绍熟悉，并观察到彼此在体貌和行为上相似，从而能够自然而然地识别自己的亲人和彼此间的关系。在条件具备时，半亲缘群体中也可复制出类似近亲之间的团结友爱。例如战士小群体中著名的"男儿羁绊"长久以来便已被认为是军队凝聚力和战斗精神的支柱。一些学者正确地指出军队凝聚力的进化根源便是此类小群体中的团结性，而这对于旧石器时代的猎人而言是必不可少的。唯一需要补充的是旧石器时代的男性群体由近亲所组成，比如说本地群就是字面意义上的一帮兄弟。在社会学和人类学术语中，这就是所谓的"兄弟利益群体"。① 而在一些同吃同住形影不离的非亲属（或远亲）小群体中，也可以人工复制出这样的兄弟情感。

　　进化塑造的亲属识别机制被复制到其他"人工"环境下时易于产生误导效果。一个在人类学文献中常被引用的极具启发性的例子是关于以色列基布兹农业公社的儿童群体的。过去在这些公社里，儿童从出生起便不在自己家中，而是被送到公社托儿所集体养育。这些孩子长大后被发现彼此以兄弟姐妹相待，很少互相缔结婚姻。他们本能地对自己的"假"亲人应用了人类社会普遍具有且有着生物学根源的乱伦禁忌，而这一后果是当初没有预料到也绝不会加以期望的。② 亲属团结的移情（transference）还有其他重要表现。例如，体育团队也会模仿那些与外人斗争的自家人群体，使成员产生强烈的

---

　　① K. F. Otterbein and C. S. Otterbein, 'An eye for an eye, a tooth for a tooth: A cross-cultural study of feuding', *American Anthropologist*, 1965; 67: 1470–82; Lionel Tiger, *Men in Groups*. New York: Random House, 1969; W. D. Hamilton, 'Innate social aptitude of men: An approach from evolutionary genetics', in R. Fox (ed.), *Biosocial Anthropology*. New York: John Wiley, 1975, p. 148; Richard Wrangham and Dale Peterson, *Demonic Males: Apes and the origins of human violence*. London: Bloomsbury, 1997.

　　② J. Shepher, *Incest: The biosocial view*. New York: Academic Press, 1983.

情感认同。体育竞赛本质上就是一种对战斗的模拟。③

　　在约 500 人的狩猎—采集者区域群中，共有的文化构成了亲属关系的独特标志，以及社会协作的坚强基础。[136]这也是族裔中心主义、排外恐惧、爱国主义和民族主义的根深蒂固的进化起源之所在。④ 随着农业、文明和现代性的发展，共有文化的群体膨胀了千倍甚至百万倍，亲属团结的情感覆盖范围已远远超越最初的进化设定。人民或国族——最初的基因和文化区域群的扩展——可以唤起人们最诚挚的认同。同一个"祖国"或"母国"（这些词汇本身便已足够说明问题）的国民被认为是"同胞"，而不管他们之间实际上有多少遗传相关性（现代各民族在这方面表现不一，尽管很多情况下基因和文化有着超出人们意料的重合度⑤）。个人为了与他共享文化的半亲属群体——有时是伪亲属或者说"想象的"亲属群体——真心实意地准备冒险甚至自我牺牲，虽说其背后有着强迫因素，但自愿成分也是无可否认的。遗传上和象征意义上的"同胞"的范围越广，成员自我牺牲能够对其中另一成员的生存所产生的正面影响也就越小。小群体

---

　　③　Matt Ridley, *The Origins of Virtue：Human instincts and the evolution of cooperation*. New York：Viking，1996，pp. 166-7.

　　④　Pierre van den Berghe, *The Ethnic Phenomenon*. New York：Elsevier，1981；V. Reynolds，V. Falger，and I. Vine（eds），*The Sociobiology of Ethnocentrism*. London：Croom Helm，1987；R. Paul Shaw and Yuwa Wong，*Genetic Seeds of Warfare：Evolution, nationalism and patriotism*. Boston：Unwin Hyman，1989；以及：Daniel Druckman，'Social-psychological aspects of nationalism'，in J. L. Comaroff and P. C. Stern（eds），*Perspectives on Nationalism and War*. Luxemburg：Gordon & Breach，1995，pp. 47-98；Paul Stern，'Why do people sacrifice for their nations'，同上，pp. 99-121；以及转引自：Frank K. Salter，*Emotions in Command：A naturalistic study of institutional dominance*. Oxford：Oxford University Press，1995，pp. 8-9 中的内容。最初出处可参见：Charles Darwin，*The Descent of Man*，Chapter 4，in *The Origin of Species and The Descent of Man*. New York：Modern Library，n. d.，p. 492。

　　⑤　基因—文化延续性方面的主要研究著作可参见：L. L. Cavalli-Sforza，P. Menozzi，and A. Piazza，*The History and Geography of Human Genes*. Princeton，NJ：Princeton University Press，1994。

中亲属选择的进化逻辑就这样膨胀到了超出其初始适用性的程度。

这就是为什么现代观察家充满迷茫地看到人们愿意为了与自己关系不大的事业杀人和被杀时，只能含糊地用"返祖"这个词加以解释的原因所在。这个词事实上构成了一条不可或缺的线索，令我们得以理解如一个法国人和一个德国人会准备为与他们日常生活毫不相干的阿尔萨斯-洛林的归属而死这种超越现实功利考虑的现象。在现代条件下，文化群体和它观念上的边界极大扩张，因此这些省份可被人们视作由近亲群体所居住的邻近的乡土。自然状态下，这样的土地有着无可估量的根本价值，在进化上值得为此而献出生命。

在急剧变革的文化背景下，进化所塑造的行为的变或不变，构成了人类历史发展的核心要素。人们可能自觉意识到原初条件已不再适用，但这往往并不能改变他们受进化塑造的近因刺激所决定的根深蒂固的行为模式。举一个简单的例子：人们对甜味的偏好是在进化中形成的，能够指示出成熟而具有最佳营养的果实；但如今可以在食物中人工添加大量具有甜味的糖分，过度摄入糖则有害健康，然而人们仍继续表现出对甜食的强烈偏爱。文化发展的起飞阶段在进化史上相对较晚，以及发展具有越往后越快的加速度这两点，令我们作为生物继承下来的这副皮囊[137]没有时间赶上其发展步伐。这并不必然意味着一旦失去进化将其塑造成形时的背景条件，战争便会成为不适应的。我们后面可以看到，整个人类历史上自然与文化通过复杂的互动相互交织融合。当人类逐渐远离其进化的自然状态时，过去在此状态下被塑造的各种行为，包括争斗，仍然获得了与原初的、进化塑造的逻辑下不完全相同的新的意义和新的角色。

正如一般的自然状态下那样，人类自然状态下的冲突和争斗本质上是由竞争所导致的。尽管唤起和压抑暴力的是极为强力的情感刺激，但暴力自身并非一种主要的、"不可抵挡"的冲动；它是一种由进化所塑造并受高度调控的策略，既是固有的，也是可选的，根据在生存和繁殖方面的作用而被激活或关闭。一种广为流传的观念认为在极度竞争性的进化自然状态中，争斗"不过是"为了满足"心理"需要；它本质上是不适应的，直到农业和国家产生后才开始带来"回报"。这种观念构成了对进化理论的奇特反转，几乎达到荒谬的地步。由于有机体在资源丰富时倾向于快速繁殖扩张，导致稀缺和竞争成为自然界的通则。取决于环境和成功概率，合作、和平竞争和暴力冲突等策略被分别或混合加以运用，以满足为"内含适应性"的斗争而塑造出的种种欲望。对于常被问起的人们为何而战这个问题，回答是他们为了那些构成一般人类欲望对象的事物而战。而在整个自然界，包括人类的自然状态下，欲望的对象总是供不应求，但对生存又极为关键。人们冒生命危险而战斗，只不过是因为那些决定了他们和他们亲属生存和繁殖成功与否的有形和无形事物，要比战斗中所冒的危险更加关系重大罢了。我们生活于其中的社会的物质丰富状态阻碍了我们对这一简单道理的理解。

暴力冲突可被对稀缺资源的竞争激发。在不同社会中，哪些资源稀缺且会造成资源压力也是不同的，不过大多数情况下都会和高营养价值的肉类有关。致命暴力也经常因对女性的竞争而起。尽管人类男性多妻化的程度要逊于某些动物物种，他们仍然会为了能够占有的女性的质量和数量而竞争。[138]绑架妇女、强奸、通奸和背弃婚约是常见的繁殖冲突直接原因，而为了能够负担更多妻子儿女所导致的资源竞争则既是直接的，也是间接的原因。如现代进化论耆宿 W. D. 汉密尔顿（W. D. Hamilton）所言：对于"狩猎—采集者……若要提高一个群体的平均适应性，那就必须取得新的领地，或者从外面引入配偶"。⑥ 某些情况下，一方可通过与另一方的冲突净获得大量女性和/或生存资料。此外常被忽略的一点是，在死亡率极高的群体间冲突中，并不需要产生净获得才能满足冲突的进化合理性，因为群体间冲突同样会导致群体内选择：双方都有一些群体成员被杀，对于幸存下来的人，资源短缺的压力便减轻了。

从最主要的生存和繁殖目标基础上，又浮现出其他近似的、派生

---

⑥　Hamilton, 'Innate social aptitude of men', p. 148.

性的、"次级"的目标。不仅最有能力的赡养者可以拥有更多妻子儿女,群体内的社会仲裁者也可利用他们的地位来攫取生存和繁殖优势。因此,和生存与繁殖的主要竞争一样,对尊重、声望、权力和领导地位这些近因物品的竞争也能引发暴力冲突。在这里竞争同样既可以是直接的也可以是间接的。存在着能够转化为尊重、声望、权力和领导地位的无形或有形物品,为获得它们而发生的暴力冲突就是间接的。这里虽然有着极为复杂的互动,但从原理上支撑它的不过是简单的进化论逻辑而已。

竞争基本状态和潜在暴力冲突制造出了更多的冲突原因。对于一次冒犯或伤害通常必须进行报复,以免被再度伤害并被定格为受欺侮者。于是报复或"复仇"的目的便在于消灭对手,或通过显示自己并非软弱无力而是有办法反击,来重建针对对手和第三方的威慑。以牙还牙的报复可能在重获平衡时结束,但也可能升级并导致自我固化的攻击和反击的无限循环。某些时候双方累积的损失会远远超过最初引发冲突的伤害。然而,敌对双方常常因为信息交流问题而难以达成协议,或因为无法确定对方会遵守协议,而被锁死在冲突之中。身处这样一种"囚徒困境",他们[139]所做出的理性选择结果往往要远逊于最佳状况下的结果。

同样,在潜在冲突的状态下需要有安全防范措施,而这样的措施可以是防御性的,也可以是进攻性或先发制人的。作为"囚徒困境"变种的"安全困境"再一次说明了无论是否打算使用,他人拥有的进攻能力本身即构成威胁,且迫使另一方有所行动。在不存在强有力中央权力机构,缺乏他人相关信息且无法保证安全协议有效性的情况下,怀疑、敌意和冲突将不断滋长,以一种"不顾他们自身愿望"和最佳利益的方式被"强加"于各方。因各方试图超过他人或不落人后愿望而导致的军备竞赛可能会使一方占有优势,但往往不过是制造出一种"红皇后效应",即双方均加大资源投入后发现和对手之间的相对位置丝毫未变。如同树必须长出树干一样,竞争者仅仅因为竞争不受管制这一现实便被迫投入了大量资源。

因此原则上有两个主要因素与暴力冲突的发生可能性紧密相关。第一个是稀缺性。物质压力和繁殖权的剥夺会令人铤而走险采取如暴力这样的不顾一切的行为。这就是"饱狗不敌饿狼"这句格言背后的原理。显然，稀缺性一定程度上是相对的。当机会更多，物质更加丰富时，竞争和暴力冲突反而可能加剧。于是便引出了第二个重要因素：能够将竞争保持在非暴力轨道内的社会规范机制的存在。暴力行为虽说是人的内在潜能，但同时也是社会习得的，好斗与和平均可通过经验而化为习性。而无政府体系——无论各社会之间的还是社会内的——下的行为者会更加倾向于暴力并更习惯于使用暴力。这再一次说明了为何野狼能战胜家犬。

如今我们可以更为慎重地判断竞争和潜在冲突对自然状态下人类生活所造成的影响。在此状态下，战斗会不时爆发，带来极高的死亡率；多达 25—30% 的成年男性可能因此丧命。这并不意味着所有狩猎—采集者社会都是同等好战的。它们在这方面存在区别，正如后世的国家在这方面也有区别一样。[140]但不管怎样，就像历史上的国家那样，多个原始社群同时并存以及它们之间有着竞争关系这一基本条件，便足以使争斗成为通则。无论某个社群是否好战，它都很难逃避争斗，或者不去为之做好准备。尽管可以因此说争斗是"无穷无尽"或"广为流行"的，但这样的说法也有一定误导性。实际战斗并不频繁发生，与之相比更有存在感的则是笼罩在人们头顶上挥之不去的战争阴云。这个由霍布斯率先提出的观点（《利维坦》，13）也得到了现代人类学家的认可。⑦ 为了"冲淡其凶猛形象"，夏侬在《亚诺玛诺人：凶猛者》的后期版本中加入了他事后所作的思考：

> 首先，亚诺玛诺人并非只要醒着就会去和邻人打仗……其次，战争在亚诺玛诺人中是因时因地而异的：特定时段内，战争

---

⑦ 再度说明，适用于国家体系的霍布斯式逻辑可参见：Kenneth Waltz, *Theory of International Politics*. Reading，MA：Addison，1979。

在某些地方极为激烈，而在其他地方则近乎不存在。哪怕最"好战"的村庄也有可能在相对和平状态下长时间享受着安宁而快乐的生活……另一方面，最不好战的村庄也会突然卷入激战或遭到袭击。⑧

在人类自然状态下任何地方的狩猎—采集者中，我们都可以看到大体相似的景象。人们有时和他们的邻居和平共处，有时互相冲突。竞争是普遍存在的，但表现方式和激烈程度均有所不同。通过或隐或显的互相威慑，竞争者之间可能会达成友善或不友善的妥协。若妥协不够友善或稳定，抑或完全未能达成的话，暴力就可能爆发。自然状态下，暴力冲突的威胁对人们生活的影响并不比实际爆发的冲突更小。恐惧、互相威慑和不安全感令人紧紧依附于自己的同族和家乡的土地，迫使他们预先防备且从不放松警惕。田野考察和实验室环境下的观测证明了人类和其他灵长类对陌生者的最基本反应是高度警觉、怀疑、不安和发动攻击。⑨ 我们已无数次看到人们用赤裸裸的刻板印象丑化外来者，甚至以极为阴暗险恶的笔调将他们描绘为敌人。人们不惮以最坏的动机去揣测陌生人，防人之心很容易就会被激发到最大。在竞争和潜在冲突的环境下，进化所塑造的反应是"宁可我负天下人，[141]不可天下人负我"。由于另一方也抱着类似想法，这种以最坏可能性来忖度他人的反应便成为一种自我实现的预期。若陌生人表现得无侵略性，不对共享的资源提出非分要求，或表现出乐于达成妥协、共存甚至合作（或者说交易），那么经过一段时间观察后他们可被认为不构成威胁；对他们的警觉、怀疑、不安和攻击就会消退下去。不过，一定程度的排外仇外倾向仍是不可避免的。

---

⑧ Napoleon Chagnon, *Yanomamo*：*The fierce people*, 2nd edn. New York：Holt, 1977, pp. 162-3.

⑨ D. W. Rajecki, 'Animal aggression：Implications for human aggression', in R. G. Geen and E. I. Donnerstein（eds）, *Aggression*：*Theoretical and empirical review*. New York：Academic Press, 1983, pp. 199.

竞争和冲突的现实孕育出更多竞争和冲突。竞争和冲突来源于匮乏这一基本状态,但由于它们创造出的疑惧、不安全感和对权力的渴望,它们也具有了自我维持的生命力。通过更有效率地运用手中的资源,参与者可以赢得竞争;但矛盾的是,与此同时又有更多资源因竞争被白白消耗,而这与效率是背道而驰的。就像树的树干或动物巨大而肌肉发达的身体那样,引发竞争的资源最终大部分可能都会消耗在竞争中。这样的消耗至少在一定程度上会加剧匮乏并使竞争愈演愈烈。冲突中消耗的所有或至少大部分时间和资源原本都可直接用来改善生活,而现实状况却是除了产生少量类似于"军转民"的副产品外,这些用于冲突的"防务费用"对生活毫无助益。我们随后还会看到,在有了农业和资源积累之后,冲突的后果已不仅是浪费资源,还包括通过摧毁他人财产而直接消灭资源。即便在自然状态下,只要双方均无力击败对手,就可能产生双方均在竞争/冲突中受损的"红皇后效应"。冲突已不能被单纯视为一方之所得即为另一方之所失的"零和游戏";它甚至可能造成"双输"的结果,而进化/繁殖意义上的"输"主要意味着亲属的死亡以及活着的人的生存质量和繁殖能力的下降。然而若单方面退出冲突则意味着可能遭受更惨重的损失,于是双方只能被束缚在缺乏管制的竞争/冲突状态中,直到达成一项中止敌对状态的协议为止。正如人们总是能感觉到并对此表示困惑的那样,一场冲突打到最后,其最初的起因往往早就变得不相干也不相称了。

竞争和冲突起源于真正的资源匮乏状态,而对于那些生活在这一状态中的进化塑造的不断自我增殖的有机体而言,竞争的成败可谓生死攸关。从这个意义上说,竞争和冲突是"真实"的。但与此同时,它们也常常是过于夸张的、自我固化的,以及互相损害的,因为[142]无秩序无管制环境中的冲突使得冲突双方陷于"囚徒困境"和"市场失灵"中无法自拔,令他们都处于得不偿失的状态。这就导致人们对战争持有针锋相对但又都是有据可依的看法:一些人将战争视作了严肃目标的严肃事业,而另一些人则被其荒谬性所震惊。

最后，对于支撑了我们对人类自然状态的研究的进化视角，我还有几句总结性评语。我希望进化理论这一令我们得以理解自然界的秘诀，在帮助我们理解人类自然状态、自然状态下的争斗和一般的人性方面的重要性，通过我的叙述已得到充分展现。然而我并不幻想能够成功说服那些无法被说服的人。出于种种原因，进化理论总是会引起未必完全熟悉相关背景知识者的激烈反对。如今，关于人类的诸学科中正在发生一场伟大复兴，而进化理论在其中发挥着重要影响力。很多相关学科背景者无论在学术上还是情感上，已经对与进化理论不同甚至相矛盾的理念投入太多，因此对进化理论感到陌生并抱有排斥态度。对于用一种颇为残酷方式揭示真相的"社会生物学"或者说进化心理学，大众传媒往往用过于感性的陈词滥调予以负面描绘，这当然也无助于人们正确理解进化理论。

进化理论是解释自然界的唯一宏大科学理论。它与精神分析理论、"唯物主义"或"功能主义"这样的纯粹学术建构之间并不存在"竞争"关系。事实上，进化理论的整体解释框架便可涵盖后面这些理论的部分主要观点。⑩ 例如，我们可以看到弗洛伊德、荣格和阿德勒为理解人类行为背后的调控原则而分别提出的不同的基本冲动——性、创造力和对意义的探索、对优越性的渴望——可以被进化理论框架兼容并包，同时它们各自的起源也得到了解释。与此类似，进化理论解释了为何人类和其他有机体的确受到对物质的欲望的驱动；然而进化理论并不认为这一动机是孤立的，而是将其视为一个整体性的生存和繁殖理性中相结合的诸多动机中的一种。进化论也解释了

---

⑩　更多内容可参见：A. Gat, 'The causes and origins of "primitive warfare": Reply to Ferguson', *Anthropological Quarterly*, 2000；73；165-8。与此同时，以下著作的几位作者推动发展了另一种对匮乏和人类冲突的生态学解释：Steven LeBlanc with Katherine Register, *Constant Battles: The myth of the peaceful noble savage*. New York：St Martin's Press, 2003。尽管这部书的内容与我自己的发现大体相符，但其作者在生态学方面的洞察力并未引领他们认识到背后更深更全面的马尔萨斯—达尔文主义逻辑。

长期以来人们所承认的争斗动机——如萨姆纳所说的饥饿、爱欲、虚荣和对强权的恐惧——是如何成立的,以及它们如何协同一致并互相联系。

"功能主义"曾是社会科学中一种广受欢迎的方法,近年来则受到更多批评。它与进化理论面对着大致[143]相同的问题,也得出了大致相同的答案。它认为种种社会现象之所以发生,是因为有一套具有适应性的规范机制在努力保持系统运行。不过,功能主义理论中也存在着不少问题。功能主义并不解释这些"机制"是怎么来的或者说如何演化而出的——它们被看作理所当然的既定条件。它揭示社会现象的功能,但并不试图澄清是什么令其具有这样的功能。是某种神意秩序,或其他"天钩"(sky hook)⑪,如常被假设存在于自然界甚至人类社会中的超凡和谐? 此外,为何社会体系、社会现象和社会功能均被认为有维持稳定平衡的倾向? 功能主义总是对变革不知所措,倾向于将现实看作稳定不变的,从而会完全颠倒事物的意义或从错误的方向加以理解。它试图以社会抽象原则尤其是所谓"稳定性"来自上而下解释个别行为,而不是自下而上,以行为体在情境下的群体互动为原则来解释整体的社会现象和社会关系。⑫

就我们的主题而言,文化唯物主义者如马文·哈里斯和文化生

---

⑪ 丹尼尔·丹内特(Daniel Dennett)用"天钩"来形容某种凭空出现以创造出秩序和复杂性的机制,而达到同样结果的进化过程则被比作"起重机"。——译注

⑫ 关于这一主题可参见以下作品中提出的批评:Robert Carneiro, 'Preface', to Keith F. Otterbein, *The Evolution of War: A cross-cultural study*. New Haven, CT: HRAF, 1970; C. R. Hallpike, 'Functional interpretations of primitive warfare', *Man*, 1973; 8: 451-70; Robert Bettinger, *Hunter-Gatherers*. New York: Plenum, 1991, pp. 178-9; Doyne Dawson, 'The origins of war: Biological and anthropological theories', *History and Theory*, 1996; 35: 21-3。自从这一部分以文章形式写成发表后,学者已就进化理论和功能主义之间的异同展开了富有成效的全面讨论,可参见:David Wilson, *Darwin's Cathedral: Evolution, religion, and the nature of society*. Chicago: University of Chicago, 2002, Chapter 2,我对这部分内容深表赞同。

态学家如安德鲁·瓦伊达（Andrew Vayda）提出了功能主义的假设，即争斗是一种因资源压力和男性过剩而引发的人口调节机制。我们知道生存和繁殖的确是解释争斗现象的核心要素，因此他们的阐述方向是正确的。有问题的是他们的功能主义推理过程而非答案。争斗并不是什么自然或社会为了应对人口过剩而设计出的调节机制，而是人及其他有机体为了应对人口增长所导致的竞争加剧而采取的策略。顺便这也同样适用于马尔萨斯所说的除战争外对人口过剩的其他两种"积极制衡"即饥荒和瘟疫。它们不是自然设计中内含的"调节机制"。相反，饥荒不过是人群的数量超出了其维持生存的手段的后果。与之类似，更密集的人群也更易受寄生虫和病原体传播的打击。显然，如果功能主义推理只不过是一种"修辞手法"（façon de parler）或公认的简略表达，就和我们说有机体"希望"其数量增长一样，那就不会有什么问题。然而对于功能主义者而言，功能被认为是真正的解释而非修辞手法。[13]

[144]一些读者可能看不出关于人口压力的进化论解释相对于功能主义解释优越在何处，或者对进化理论在人类自然状态研究中不同于并且优于其他任何学术理论这一点抱有疑问。是因为进化论是自然研究中的主导理论吗？那样的话，岂非诉诸权威而不是根据理论本身的品质？然而，正因进化论比其他人为建构的理论更能指明自然界的内在原理，它才赢得了与自然界相关的诸学科中的统治地位。19世纪以来，进化论已被认为是在解释生命的复杂设计时的唯一非超验机制。再说一遍，这一机制就是盲目的、无目的的自然选择，即拥有最适于生存和繁殖品质者能够在每一进化阶段中存活下来。存活者并非因任何"理由"而被选择，它们只不过是在生存竞争中取得了成功而已。因此"成功"也不由任何超验的标准所定义，而只服从进化过程的内在逻辑。

---

[13] 通过这一途径研究战争的近期实例可参见：Robert O'Connell, *Ride of the Second Horseman*. New York：Oxford University Press, 1995。

　　强调这一点也是为了减轻常见的对于将进化论应用于人类事务的担忧。进化逻辑本身不具有规范性含义。它可以告诉我们人具有怎样的天然倾向,而我们最好将此类倾向的影响纳入考量——虽说我们常常忽视这样的影响。然而影响往往又是多变甚至自相矛盾的。(19世纪末20世纪初的社会达尔文主义者和白板论自由派分别走向了两个错误的极端。)我们可以选择追随天性的指导而为,或反叛它们。从"适者生存"中并不能得出神圣的或有道德约束力的准则;"适者生存"不过是一种由自然"设计"出的盲目的算法规则。人类的大脑是从进化中产生的有意识、有目的且面向未来的强大工具,它完全可能思考出更令人满意的解决方案。

　　这就引出了很多人对"社会生物学"心存抵触的另一个原因。他们认为"社会"本应是一个特别受人类文化所决定的领域,但"社会生物学"却在这一领域内宣扬生物决定论;而使人成为人,使人类的成就得以实现的,正是人身上那些非生物性的因素。因此他们承认达尔文主义可以成为理解自然界的关键,但认为它对于理解由文化所塑造的[145]人类社会大体上而言并无用处。历史学家和社会科学家很容易倾向于无视人类文化中的生物因素,而非反过来成为忽略文化的进化论支持者。事实上,进化论支持者并不相信生物决定论。在揭示我们进化塑造的内在基因遗产的同时,进化论支持者对于解释基因和文化的互动也提出了富于启发性的见解。人类社会一旦演化出农业,后续的一系列发展便随之而来,带动人类逐步远离作为狩猎—采集者曾拥有的进化形成的自然生活方式。人类社会从此以后彻底转变并分化出多种多样令人叹为观止的形态。原本在自然条件下经进化塑造产生并固化的人类需求、欲望以及近因行为和情感机制,如今都在经历了巨大变化的"人工"条件下继续得以表达。它们从未在这一过程中消失,但也经历了极大转变,获得了全新的差异明显的表现方式。人类历史的一切素材便来自这些基因和文化之间的互动,而争斗的历史也是如此。人类离开进化塑造的自然状态后的文化进化和基因—文化互动的进化,正是我下面要讲的主题。

第二部分
农业、文明和战争

8 引言:演变中的文化复杂性

[149]在第一部分中我们看到,与广为流行的卢梭式信念相反,人类争斗并不是一种晚近的"文化发明"。它并非随着农业以及其后国家和文明的发端而诞生,或直到那时才变得严重起来。当然无可置疑的是,这些里程碑式的文化进展使人类生活方式发生了革命性的变化,同时也深刻影响了战争。我接下来将考察战争的转型与这些人类文化进化中主要发展之间的关系。不过首先,必须要对文化进化这一概念本身,及在本书中使用它的方式略说两句。

文化进化是一个甚至比生物进化更为古老的概念。它随着18世纪的"进步"观念和19世纪的黑格尔主义、马克思主义和实证主义哲学而变得引人注目。赫伯特·斯宾塞、爱德华·泰勒(Edward Tylor)和路易斯·亨利·摩尔根(Lewis Henry Morgan)等社会学和人类学的奠基者推动了这一概念的流行。随后潮流便逆转了。产生于19世纪的文化进化理论被批评为过于抽象,对现实中历史的"凌乱"毫不在意,是臆测性的、形而上学的和目的论的,将"历史"预设为不断"进步"的过程。甚至由亚当·弗格森首创并得到摩尔根和戈登·柴尔德(Gordon Childe)推广的人类从"野蛮"经过"蒙昧"直至"文明"的转变理论,听起来也不再显得正确了。弗朗茨·博厄斯提出应拒绝一切关于未知起源和进化的假设,集中精力对现存社会进行实证研究,从而改变了[150]人类学研究的发展方向。不过，由于考古研究不断拓展我们对过去的认识，考古学家和人类学家中仍有着人类文化进化学说的支持者。这些支持者同时也极力避免重蹈其前辈著作中非实证性方面的覆辙。大多数文化进化论者以一种博厄斯式的态度在生物进化和文化进化之间划出鸿沟，认为人类事务受生物进化影响极小，但面对文化时则具有近乎无限的可塑性。①

　　首先要澄清的便是这两种进化之间的关系。两者之间的类比一直以来是得到认可的。例如，两者均涉及某种重复性因素的无限循

---

① V. Gordon Childe, *Social Evolution*. Cleveland: Meridian, 1951; Leslie White, *The Science of Culture*. New York: Grove, 1949; id., *The Evolution of Culture*. New York: McGraw-Hill, 1959; J. H. Steward, *Theory of Cultural Change*. Urbana, IL: University of Illinois, 1955; Marshall Sahlins and Elman Service (eds), *Evolution and Culture*. Ann Arbor: University of Michigan, 1960; Elman Service, *Primitive Social Organization*: *An evolutionary perspective*. New York: Random House, 1962; id., *Origins of the State and Civilization*: *The process of cultural evolution*. New York: Norton, 1975; Morton Fried, *The Evolution of Political Society*. New York: Random House, 1967; Marvin Harris, *The Rise of Anthropological Theory*. New York: Crowell, 1968; R. L. Carneiro, 'Foreword', in K. Otterbein, *The Evolution of War*: *A cross-cultural study*. New Haven, CT: HRAF, 1970; R. L. Carneiro, 'The four faces of evolution: Unilinear, universal, multilinear and differential', in J. Honigmann (ed.), *Handbook of Social and Cultural Anthropology*. Chicago: Rand, 1973, pp. 89-110; C. Refrew, et al. (eds), *Theory and Explanation in Archaeology*. New York: Academic Press, 1982, Chapters 16 and 19; A. W. Johnson and T. Earle, *The Evolution of Human Societies*: *From foraging group to agrarian state*. Stanford: Stanford University Press, 1987; Tim Ingold, *Evolution and Social Life*. Cambridge: Cambridge University Press, 1986; C. R. Hallpike, *The Principles of Social Evolution*. Oxford: Oxford University Press, 1986; David Rindos, 'The evolution of the capacity for culture: Sociobiology, structuralism, and cultural selectionism', *Current Anthropology*, 1986: 27: 315-32; Stephen Sanderson, *Social Evolutionism*. Oxford: Blackwell, 1990; id., *Social Transformations*. Oxford: Blackwell, 1995; Ernest Gellner, *Plough*, *Sword*, *and Book*: *The structure of human history*. Chicago: University of Chicago, 1989.

环式的再生产,偶尔产生的变异则至少部分程度上必须面对各种选择性压力。在生物学中,复制体(replicator)是储存于细胞核中并在代际之间传递的基因。在文化里面,复制体是行为和理念,或者按理查德 · 道金斯(Richard Dawkins)极具创见的说法叫作"模因"(meme)——人的一生中会不断将其积累储存在大脑里并通过学习加以传播。在这里生物进化和文化进化之间就出现了一个重要差别:前者关系到"与生俱来的",从而只能传递给后代的复制体;后者则关系到后天获得的,能够被"水平"复制到任何脑袋里的特性。获得特性的传递被称作拉马克主义或拉马克式演化,得名于达尔文的先驱者拉马克(Larmarck)。在生物学中,拉马克主义被证明不成立并被达尔文主义彻底排挤出去,但对于文化则并非如此。拉马克主义使文化进化的速度远快于生物进化。不过,在文化进化中也存在着经久不变的复制体。如语言和习惯这样被一代代人传播复制下去的符号和惯例体系变化尤为缓慢。然而即便它们也会改变,或通过随机的"漂移"和"突变",或通过有目的的适应,或受到外来"模因"的影响。②

　　生物和文化进化不仅是因相似而联系在一起。它们共同代表了人类进化或者说所有进化的连续性。首先一点就是其中一个起源于另一个。文化进化得以迅速起飞的基础是生物进化近乎完美的最终成就之一:极大增强了的教授和学习能力。这一能力并不是等到自然界中有了脑容量足以处理对符号的使用交流的智人[151]后才得以问世。进化"军备竞赛"的后期产品如鸟类、大型哺

---

② 尤其可参见:D. T. Campbell, 'Variation and selective retention in sociocultural evolution', in H. Barringer et al. (eds), *Social Change in Developing Areas*. Cambridge, MA: Schenkman, 1965, pp. 19–49; Richard Dawkins, *The Selfish Gene*, 2nd edn. Oxford: Oxford University Press, 1989, Chapter 11; Daniel Dennet, *Darwin's Dangerous Idea*. New York: Simon & Schuster, 1995; Dan Sperber, *Explaining Culture: A naturalistic approach*. Oxford: Blackwell, 1996; J. M. Balkin, *Cultural Software*. New Haven, CT: Yale University Press, 1998。

乳动物、灵长类、猿类和古人类身上已经发展出一种较大且更灵活的,在生命过程中能够随经验和学习等与环境的互动而改变的"开放"式脑结构。不过,直到晚期智人出现,不断增长的教授和学习能力方才跨过了一个决定性门槛。在我们人类的一生中(尤其早期阶段),遗传所构建的大脑"硬件"能够根据对外界刺激的反应进行相当程度的自我重构,安装一批多样化程度前所未见的"软件",而从这些"软件"中又能产生更为丰富多样的"应用"。这在旧石器时代晚期的"文化爆炸"和后续发展中已表现得很明显。文化进化被证明具有爆炸性的潜力。若将旧石器时代晚期之后的人类进化视为整体的话,那么其中文化进化所占的比重压倒性地超越了生物进化。③

文化进化并非是在一页白纸上作画。它不仅是源于生物进化的一种能力,也必须要在一个由长期进化而来的天性刻画出的人类生理和心理环境中运作。人类文化形态的惊人差异性和文化进化的奇妙轨迹,令一些 19 和 20 世纪的历史主义思想者断定人的独特品质恰恰在于他们缺乏"天性"这种东西。人被宣布为"完全是历史的"——也就是说全然由文化所决定。文化进化论者倾向于认为只要给予对应的社会形态,那么人几乎可以接受任何行为。然而自 20 世纪 50 年代以来,诺姆·乔姆斯基(Noam Chomsky)在语言学领域掀起的革命给人文和社会科学领域送去了一种极具启发性的新—旧模型,预示了在 20 世纪中期居主导地位的人类意识"白板"论的衰落。乔姆斯基和他的门徒宣称,尽管如今能够识别的人类语言有数千种之多,且还有为数不详的更多古老语言已被遗忘,但总而言之,所有这些语言均共享一套"深层次"的句法(syntax)模式。

---

③ 参见这本才华横溢的书:Jack Cohen and Jan Stewart, *Figments of Reality:The evolution of the curious mind*. Cambridge:Cambridge University Press, 1997。以及这部更早且更具人类学导向的著作:Warwick Bray, 'The biological basis of culture', in C. Renfrew (ed.), *The Explanation of Cultural Change:Models in prehistory*. London:Duckworth, 1973, pp. 73-92。

这些句法模式反映了我们固有的，令我们能够轻松自然掌握语言能力的语言处理机制。理论上，人类可以创造出任意一种假想语言，但只有那些"元结构"符合上述共通深层次模式的，才在事实上被创造了出来。④ 我们仍可以期盼丰富的近乎无限的多样性，但与此同时多样性也会受到高度约束，被限定在一个范围内。

[152]作为典型的文化形态，语言被证明是一般性人类意识结构的一个具有启发性的模型。大多数文化进化论者错误地投向了先天—后天伪二分法的两个对立面之一。的确存在着惊人的文化形态多样性和文化"弹性"，但并不是任何形态都能存在。文化选择和偏好并非简单"取代"了生物性的选择和偏好。相反，丰富多样的文化形态是围绕着一个由进化塑造的固有倾向、需求和欲望——终极目的、近因机制和派生性副产品——构成的易于识别的深层内核而建立的。我们后面会看到，某些情况下文化形态构成对这一内核的反叛或反映了它们彼此之间的冲突，但无论如何两者之间始终有持久不变的互动。文化进化使人们不必完全被自身生物性所左右，从而成为一种针对生物性的避险机制。生物性和文化性构成了一个在互动中共同进化的组合，具有绝妙的复杂性但又远非随意搭配而成。我们的生物性倾向使我们的文化决策难以做到不偏不倚。反过来，如同某些研究所显示的那样，我们的文化也能够选择出某些生物学上的性状使之延续下去。文化特质同样服从于选择压力。一些文化特质直接影响到与它们相联系的人群的生存和繁殖成功率。在另一些案例中，它们影响的不是人本身的生存能力，而是流行于他们之中的理念和实践行为的生存能力，使得在一群人中某些"模因"能够脱颖而出并取代其他的。它们并不一定要帮助人更好地适应。在特定的生物文化背景下，有些文化特质就是比其他的更具有"成瘾性"，能

---

④ Noam Chomsky, *Cartesian Linguistics*. New York: Harper & Row, 1966; Steven Pinker, *The Language Instinct*. New York: Morrow, 1994; Terrence Deacon, *The Symbolic Species: The co-evolution of language and the human brain*. London: Penguin, 1997.

够以类似于病毒或寄生虫的方式在人群中传播。它们甚至可能对被
"感染"人群的生存繁殖有害,但只要它们能够被更快传播到其他人
群当中,就可以避免灭绝。生物性和文化性组合的两者之间如有一
条"长狗绳"(long leash)将它们联系在一起;狗绳很长从而有着很高
的自由度,但它毕竟还是一条狗绳。⑤ 在变化的文化条件下人类动
机和其他禀性的变与不变,及其与争斗之间的关系,是本书剩余部分
的主要关注点之一。

在生物进化和文化进化之间还有着另一个具有连续性的因素。
被永无止境的进化"军备竞赛"推动,两种进化在经过漫长时间后均
造就了越来越复杂的"设计"。前面说过,学习能力和创造文化的能
力均来源于生物[153]进化的最终"创新"。此后文化进化成为生物
进化的延续,因为两者均逼迫可繁殖、可扩散的"复制体"进行竞争,
从而创造出更复杂的结构。两种进化竞赛的节奏越来越快,越来越
具有挑战性,原因在于参与者变得越来越精于此道,成为更加"职业"
的选手。参与者不但更加适应了,其达成适应的能力也在飞速发展。
这就是为什么自然选择从 40 亿年前相对简单的细菌开始,到 15 亿
年前才进化出最早的多细胞生物。而此后体型更大且拥有分工合作
更为明确的器官的多细胞生物的进化速度就越来越快了:维管植物
在约 4 亿年前进化出来;约 4 亿年前到约 2.5 亿年前之间,鱼类、两
栖类、爬虫类和哺乳类相继进化出来;最初的鸟类出现在约 1.35 亿

---

⑤ C. J. Lumsden and E. O. Wilson, *Genes*, *Mind and Culture*. Cambridge, MA: Harvard University Press, 1981; L. L. Cavalli-Sforza and M. W. Feldman, *Cultural Transmission and Evolution*. Princeton, NJ: Princeton University Press, 1981; Robert Boyd and P. J. Richerson, *Culture and the Evolutionary Process*. Chicago, University of Chicago, 1985; W. H. Durham, *Coevolution: Genes, culture, and human diversity*. Stanford, CA: Stanford University Press, 1991. 道森在生物性—文化性关系上有着一边倒的观点,认为在战争的后期发展中只有着纯粹的,因发展速度过快已挣脱基因束缚的文化演化,参见: Doyne Dawson, 'The origins of war: Biological and anthropological theories', *History and Theory*, 1996; 35: 24。

年前。陆地和天空直到相对很晚的时间里才被生物占据下来。⑥

　　复杂性是由整合于功能性层级结构中的不同的、专门的且互相依赖的部件的数量和多样性所决定的。最初，是在 20 世纪已经不受待见的斯宾塞将进化——无论生物的还是文化的——的作用描述为"通过连续的分化和整合，从模糊的同质性过渡到明确的异质性"的一个复杂性不断增长的过程。不过，所谓的复杂性增长，岂不是回到了 19 世纪将进化视为"进步"的目的论观点了吗？对这一关键之处不能不加以说明。上面所描述的进程并不具有任何价值意义上的"进步"之处，也并不必然导向更多"幸福""福祉"或其他任何"目的"。当谈起某种复杂性增长的倾向时，我们只能将其理解为不断繁殖和扩散的重复性因素——通过竞争和选择——进化出更精密复杂的设计来应对竞争性环境的这样一种非超验性的"内在"倾向。（诚然，有时简化而非复杂才能带来效率，但大多数情况下是相反的。）进化中趋于更大复杂性的内在倾向并不表示这样的过程"不可避免"。某些进化形态可以在很长时间内大体维持不变，也可能会发生退行，甚至因为走进进化的"死胡同"或遭遇了自我造就的或外来的[154]剧烈环境灾变而灭绝。我们对自然进化中几次灾难性的大规模灭绝已经相当熟悉。比如说，一次小行星碰撞理论上完全可以毁灭地球上的全部生命，甚至地球本身。并不存在什么"预先注定"的进程。不过，无论何处只要存在着任何类型的互相竞争并不断增殖的复制体（生

---

⑥　最优秀的相关著作为：Cohen and Stewart, *Figments of Reality*; and earlier: id., *The Collapse of Chaos: Discovering simplicity in a complex world*. New York: Viking, 1994; as well as: John T. Bonner, *The Evolution of Complexity by Means of Natural Selection*. Princeton, NJ: Princeton University Press, 1988; Simon Morris, *Life's Solution: Inevitable humans in a lonely universe*. Cambridge: Cambridge University Press, 2003。较为粗糙但也有用的是：Max Petterson, *Complexity and Evolution*. Cambridge: Cambridge University Press, 1996。对于古尔德极度强调进化偶然性的观点，人们已给予充分批驳，不过仍可参见：Stephen J. Gould, *Wonderful Life*. New York: Norton, 1989。

物和文化进化的那些只是其中的特例），经历足够长时间后均会产生向更适于竞争的方向进化的动力。进化史因而不仅仅是一个从前到后的序列。从大体倾向于进化出更高复杂性这一点来看，它是有着方向性的。这是一个循序渐进的过程，每一次复杂性的增长必须建立在前一次的基础之上。

从简单元素的简单互动中"自发"进化出有序的复杂性或者说自组织这一现象，是当今科学研究前沿最为热点的话题之一。⑦ 关于这一进程的一个有趣特点是它并非完全"随心所欲"——也就是说，并非任何形式都能从中产生。复杂性的产生不仅受到这一进程的渐进本质的制约，也受到"设计空间"中可用材料——物理的、化学的、有机的或文化的——性质的约束。所以虽然进化可以造就多个彼此相异的世界（在地球的自然和文化史上也的确出现过形形色色的世界形态），同样的"约束"却总能导致一些相同或相似的构造在不同时间和地点反复独立产生。例如，在自然进化中，光合作用这一从阳光中吸收能量的方式，曾被多种不同的细菌发明了数次。⑧ 有翼飞行在昆虫、翼手龙、蝙蝠、鸟类和很多鱼类身上多次独立进化出来。性繁殖也独立进化了数次。此后这些"机制"才分别从各自的独立起源点向外扩散。同样在文化进化中，当条件具备

⑦ 作为上面一条所列材料的补充，仍可着重参考：Stuart Kaufman, *The Origins of Order：Self-Organization and selection in evolution*. New York：Oxford University Press，1993。概述可参见：M. Mitchell Waldrop, *Complexity：The emerging science at the edge of order and chaos*. New York：Simon & Schuster，1992。亦可参见：Richard Dawkins, *The Blind Watchmaker*. London：Longman，1986；John Holland, *Hidden Order：How adaptation builds complexity*. Reading, MA：Helix，1995；Matt Ridley, *The Origins of Virtue*. New York：Viking，1996；Philip Ball, *The Self-Made Tapestry：Pattern formation in nature*. Oxford：Oxford University Press，1999；Peter Corning, *Nature's Magic：Synergy in evolution and the fate of humankind*. Cambridge：Cambridge University Press，2003。

⑧ Cohen and Stewart, *Figments of Reality*, pp. 111–12. Also Dawkins, *The Blind Watchmaker*, pp. 94–106.

时,类似的主要构造也在不同时间和地点彼此独立产生。农业至少有四个独立进化的起源地——可能还要多一倍。在此之后,国家和文明也从数目大致相当的独立源头先后产生。因具有强大的选择优势,这些从文化进化中产生的构造开始从它们的原始发源地向外扩散到整个世界。⑨

本书的要旨在于将战争的发展与[155]人类生活方式中主要变革的"相对年表"进行对照,而不是按照传统的出自西方历史特定视角的固定纪年方式来叙述。例如,在很多方面具有宏伟和精密特征的前哥伦布时代中美洲文明和秘鲁文明,在这里就被视为石器时代末期或青铜时代的国家和帝国,"对应"于旧世界的早期美索不达米亚文明和埃及文明,尽管后两者在公元前 3000 年到公元前 2500 年就达到了这一阶段。⑩ 这些文明位于相互隔离且彼此基本无联系的两个世界,因此在不同的"绝对时间"点上分别独立进化到了同一阶段。虽说这些新旧世界的不同文明之间存在明显的地域差异,其处于石器时代末期和青铜时代的基本结构仍使它们具有足够的相似性,将之归为一类加以研究是有价值的。前面已经提到过,欧洲对美洲的发现的"科幻性"在于这次航行不仅跨越了空间,还跨越了相对意义上的时间。

同理,我们在本书中不会将欧洲中世纪看作西方单向线性发展中的一个位于古典时代和近代之间的"中间"阶段。它的初期阶段即"黑暗时代"完全可被看作古典地中海世界文明的一场"崩溃",以及征服了罗马世界的北欧诸民族铁器时代文化的延续。这一时期有着全套退回前文明时代的特征:识字人群、城市和大规模经济均不复存

---

⑨ 桑德森对此已很好地加以强调,参见:Sanderson, *Social Evolutionism*。

⑩ 注意到这一点的有:William McNeill, *The Rise of the West: A history of the human community*. Chicago: University of Chicago, 1963; Michael Mann, *The Sources of Social Power*, Vol. 1. Cambridge: Cambridge University Press, 1986, pp. 173, 525。

在。在相对时间表上，黑暗时代先于古典时代而非紧随其后，因此最好将它与其他史前铁器时代社会放在一起进行比较研究。在此后的中世纪阶段，一种欧洲的或基督教形态的"文明"重新出现，城市、写作和货币经济也得以复苏。当然，中世纪的文明重建并非白手起家，而是在时间和空间上受到古典文明遗产，以及主要来自穆斯林文明和中华文明的文化扩散的强烈影响。

这种相对的和比较的方法，以及上面所引的应用案例，对于考古学家可算是老生常谈，但对于特别关注诸社会之间孰"先"孰"后"的历史学家而言就颇不寻常。历史学家对于文化"阶段"的概念以及缺乏敏感性的跨文化比较抱有疑虑，这也并非没有道理。因此我必须强调本书所采用的进化论和比较研究[156]理论框架是灵活而非教条的。在相似的生物文化—环境"约束"作用下，相似的人类文化形态往往会从不同且毫无联系的社会中分别独立进化出来，随后齐头并进或者相互融合。社会彼此接触时的文化扩散显然会进一步增强它们的相似性。这样的相似性值得我们在研究中努力探索识别。然而，不完全相同的地域条件和纯粹的偶然性也会导致历史发展的"多线性"，并造就出文化形态之间的无尽差异。人类历史中主要的相似之处和一些显著的差异均会在此加以概述，以支起我们对人类武装冲突发展史研究的框架。正是通过这种"求同"和"识异"二元并存且互补的过程，人类的认识才得以运作。

本书将会根据变化的程度来运用相对时刻表和弹性尺度。因此第一部分讨论了缓慢进化的"最初200万年"中的人类争斗。然而随着历史上人类文化进化的不断加速和分化，作为我们每一部分讨论主题的一个"时代"便从200万年飞速缩水到数千年，再到数百年。在第二部分中，我将依次考察人类文化进化的两个主要"起飞"式转变对战争的影响。这两个转变分别是农业和畜牧业的出现，以及国家和文明的兴起。我将首先从人类学—社会学—历史学角度对这些进程和争斗之间的关系进行结构性描述。在最后的总结章节里，我将更为系统地尝试将第二部分与第一部分的发现联系到一起，揭示当人类走出"进化的自然状态"并经历文化进化的伟大转型时,他们之间暴力冲突的原因和形态保持了何等的延续性,又发生了哪些变化。

9　农业和牧业世界中的部落战争

农牧业的诞生和扩散

[157]约 1 万年前,早于公元前 8000 年的某个时候,西南亚(近东)的人们首先发明了农业,约 1000 到 1500 年后又发明了畜牧业。他们种植小麦、大麦和豆类,此后又种植各类水果和蔬菜;畜养绵羊和山羊,后来又加上猪和牛。晚于西南亚约 2000 到 4000 年,类似的进程也在东亚(粟、猪和鸡,随后有水稻、大豆和水果)、中美洲(玉米、豆类、南瓜、辣椒和鳄梨)和安第斯地区(豆类、红椒、玉米、木薯、花生、马铃薯、棉花)分别独立发生。其他次级的、半独立的动植物驯化中心还包括美拉尼西亚、赤道以南非洲以及北美东部。① 从这些起源中心出发,农牧业扩散到地球上绝大部分条件适宜的土地,其影响极为深远。最为重要的影响是所有那些农牧业独立起源的中心,在

---

① 关于近期研究成果的有用的文集包括:D. Harris (ed.), *The Origins and Spread of Agriculture and Pastoralism in Eurasia*. Washington, DC: Smithsonian Institute, 1996; T. Price and A. Gebauer (eds), *Last Hunters—First Farmers*. Santa Fe, NM: School of American Research, 1992; A. Gebauer and T. Price (eds), *Transitions to Agriculture in Prehistory*. Madison, WI: Prehistory Library, 1992; C. Cowan and P. Watson (eds), *The Origins of Agriculture*. Washington, DC: Smithsonian Institute, 1992; Richard MacNeish, *The Origins of Agriculture and Settled Life*. Norman: University of Oklahoma, 1992。

其开端之后的 5000 年内,无一例外地独立形成了国家和文明。我首先对农牧业的开枝散叶进行简单勾画解释,随后将评估其对战争的影响以及两者之间的关系。

农业和国家的起源及扩散(主要中心)

　　人类为何采用农业,这个问题并不像乍看之下那么容易回答。在"进步"理念[159]盛行的 18 和 19 世纪,答案似乎是不言而喻的。农业被认为是对人类饮食、生活方式和控制自然能力的明显改进。因此,在人类不断进步的进程中,一旦农业这个选项出现,人类就没有任何理由不去选择它。然而进入 20 世纪后,不但人们对于"进步"概念的信心大大降低,考古学和人类学的发现也推翻了将农业视作具有诱惑力的改进的传统观点。首先,人类学家注意到狩猎—采集者比农民劳作更少并享有更多闲暇时间。人们因为弃猎务农而给自己戴上了辛苦劳作的枷锁,神话般呼应了《圣经》中对被逐出伊甸园的人类的诅咒:"你必汗流满面才得糊口。"(《创世记》3.19)正因如此,历史上的狩猎—采集者很多居住在农业地区附近,并非不知道或不熟悉农业,但仍不情愿成为农民。前农业时代很长的时间里,生活在自然环境中的晚期智人并非没有意识到他们可以主动去种植一些东西,是他们自己选择不去干。考古学家和人类学家还发现狩猎—采集者总体上比农民更为健康。很多我们耳熟能详的传染病如麻疹、天花、流感、白喉和肺结核,最初明显是由驯化动物传给人类的。密集的定居人口,以及与人和动物粪便的密切接触,使病原体和寄生虫造成的感染急剧增长。最后,向农业的转变实际上在一段时间后会导致饮食多样性的下降。大多数人变得依赖于由屈指可数的几种易生长农作物构成的不平衡饮食。②

那为何来自世界不同地区的人会不约而同采用栽培植物和驯养动物的生产方式呢? 学者仍在就此进行辩论,而下面是我所赞同的一种说法。根本的动力在于人口增长,这在晚期智人崛起后的 10 万年内显得尤为突出。两种机制——移民和技术创新——既促进也维持了人口的增长。晚期智人扩张到整个旧世界,取代了更古老的人类种群,随后还发现并迅速殖民了此前无人居住的美洲(和大洋洲)。与此同时,我们智人物种越来越高效的渔猎[160]工具和技术使旧石器时代晚期较高的人口密度成为可能。大型动物被过度捕猎,迫使人们从野外寻找更多食物来源。于是,当生活在较为富饶环境中的人群没有更多土地可供容身,但有着更有效的维持生存技术和更密集的人口时,他们就逐渐转向定居。在这样的环境中他们不能也不再需要像过去那样频繁移动。如同考古学所发现的那样,定居无论在哪里都是原始农业的先决条件,而非反过来先有农业再有定居。到了约 1.5 万年前的旧石器时代晚期和随后的中石器时代,全球多个地方的人类居住地都变成了更加定居化的和资源密集型的形式。所有这一切的动力若不是世界范围内的人口增长的话,就很难解释在世界各个角落,更高人口密度、更高定居化水平和原始农业这些因素都几乎同步出现的现象。

在那些产生了农业和畜牧业的定居化程度和人口密度较高的地

---

② William McNeill, *Plagues and Peoples*. Garden City, NY: Anchor, 1976, Chapters 1, 2; Mark Cohen, *Health and the Rise of Civilization*. New Haven, CT: Yale University Press, 1989.

区，考古发掘出的人类遗骨显示他们并未比其他地方的人更加苦于资源匮乏的影响。人口压力和采用植物栽培之间的催化关系并非简单粗暴而是更加微妙。相对于居无定所的生活方式，定居本身或许便使得某些形式的种植成为更加自然的选项。当然，如果存在季节性的食物短缺（如在半干旱气候下），同时环境中存在一系列有培育潜力的野生品种的话，那显然也会产生更强的推动力。③　就这样，一个新的变革进程得以启动。

我们现在对变革是如何逐步推进的已经有了更清楚的认识。所谓新石器时代革命——之所以这样说，是因为这一进程具有毋庸置疑的深刻革命性——如今更经常被看作一场历时数千年之久的过渡或转型。首先，野生物种要经过数千年的人类选择育种，才能使其易受人类驾驭并增加其产量——换句话说，就是被驯化了。与此同时，人类对青睐的野生物种的照料也从保护、除去竞争者和协助播种，进化到直接的有目的的种植培育。④　种植技术本身的效率也在不断改

---

③　Mark Cohen, *The Food Crisis in Prehistory*. New Haven, CT: Yale University Press, 1977；这本书对以人口变化解释农业起源的理论有所推动。然而，科恩写作这本书时，尚无法利用近年来我们对晚期智人的迁徙扩散所获得的新知识。指出发明了农业的中石器时代人类并不受某种特定营养匮乏困扰的有：Brian Hayden, 'Models of domestication', in Gebauer and Price, *Transitions to Agriculture in Prehistory*, pp. 11-19; id., 'A new overview of domestication', in Price and Gebauer, *Last Hunters—First Farmers*, pp. 273-99; 以及：Price and Gebauer, 同上，pp. 7, 19。关于定居和农业，可参见：David Harris, 'Settling down: An evolutionary model for the transformation of mobile bands into sedentary communities', in J. Friedman and M. Rowlands (eds), *The Evolution of Social Systems*. London: Duckworth, 1977, pp. 401-18。Charles Redman, *The Rise of Civilization: From early farmers to urban society in the ancient Near East*. San Francisco, CA: Freeman, 1978——这是一部融合了文化和进化理论的杰出著作；Jared Diamond, *Guns, Germs, and Steel: The fate of human societies*. New York: Norton, 1997——这本书极为巧妙地解释了驯化过程中的随机性和相关问题，而正是这些导致了各大陆不同的文化演化轨迹。更多观点可参见本章注 1 中所引用的著作。

④　David Rindos, *The Origins of Agriculture: An evolutionary perspective*. Orlando, FL: Academic Press, 1984.

进,从不断迁移"刀耕火种"的园艺种植,到辅以灌溉的精耕细作的园艺种植,再到使用犁铧开垦土地的[161]农业。相应地,通过种植加以满足的人类食物需求比例也不断扩大,而在很长一段时间里仍和园艺种植鼎足而立的狩猎和采集则逐步萎缩。

这是一个每一次进展均为下一次创造出条件的自我推动的进程。走上这条单行道后想要回退就越来越难了。种植的生产效率越高,就越值得人们密集投入劳力,并且也可以负担更为稠密的人口。人口密度高了,野生动植物资源就更容易耗尽,导致狩猎采集等活动的回报率越发低下。人口密度越高,在耕作上也就要更加密集投入以从人均越来越少的耕地上榨取同样多的收获。定居生活使得更大规模的物质资料占有成为可能,并为经济、社会和文化的高度分化和精细化逐步打下了基础。然而,这一一直延续到工业革命前夕的漫长农业集约化过程的最终成果却是这样:全世界约80%到90%的人是幸苦劳作、疾病缠身、营养不良且死亡率极高的农民,必须挣扎着从精耕细作的小块土地上获取仅可维持生存的物资。何以会导致这样的矛盾结果?

主要原因仍然是人口增长,而且这次人口增长的规模极大。向农业的过渡貌似令人类死亡率有所升高(整体上也使其健康状况恶化),但出生率则升高得更多。女性净生育率(net fertility)的增长要归功于一系列因素,其中包括永久性的住宅,缩短了的哺乳期(哺乳期是哺乳动物的自然避孕措施),卡路里摄入的增长(主要摄入碳水化合物并存储为脂肪),以及对劳动力的需求(更多子女意味着田间地头和锅边灶头的更多劳力)。从狩猎—采集者到农民,出生率几乎翻倍,从每个妇女平均生育 4—5 个孩子提高到 6—8 个。⑤ 比起狩猎和采集,通过种植和畜牧从单位土地上获得的食物产量要高得多,

---

⑤ Martin Daly and Margo Wilson, *Sex*, *Evolution*, *and Behavior*, Boston, MA: Willard Grant, 1983, pp. 328-41; Cohen, *Health and the Rise of Civilization*, pp. 87-9, 102-3.

因此能够养活这些多出来的小孩。结果就是一场持续不断的人口"爆炸"。种植带来的高生产效率转化成了更多的人口数量——并迫使集约化程度随之提高——而非人均福利的增长。这可以说是一个失控的"红皇后"过程。⑥

对约 1 万年前新石器时代——同时也是农业时代开端——的世界人口,我们只能做出粗略的估计。[162]根据考古遗址的分布和存在于现当代的狩猎—采集者群体的人口密度,估计当时全世界有500 万人到 1500 万人。耕作和畜牧使世界总人口在此后的头一个5000 年里大致增长到了原先的 10 倍,而在下一个 5000 年里直到工业革命前夕则可能又增长了 10 倍,总计约 100 倍。这一阶段的人口增长依赖于两个因素:对于已开垦土地,是与技术和方法上的创新相关的农业集约化;以及对处女地的不断开拓。集约化和耕地扩张在历史上是齐头并进的。富饶环境下,原本每平方公里土地只能养活几个狩猎—采集者,有了农业后可以维持数十个农民生存,当灌溉这样的集约系统产生之后则可维持数百个。在不那么多产的环境里以上数字都会变得更小,但相应的人口密度比是差不多的。⑦ 与此同时,种植和畜牧从它们的起源中心不断向外扩张。这样的扩张有三种形式:农业群体人口的持续增长使其中一部分人移居到未开垦的土地上,依靠人数优势赶走当地的狩猎—采集者,或一定程度上与他们相混合;与农耕社会为邻的狩猎—采集者社会通过文化模仿接受了农业,也就是说扩张出去的是农业而非农民本身;或者是上述两者的结合。在历史(或不如说史前)现实中,三种形式的扩张很显然都

---

⑥ 一篇很好的综述性文章为:Robert Netting, 'Population, permanent agriculture, and polities: Unpacking the evolutionary portmanteau', in S. Upham (ed.), *The Evolution of Political Systems: Sociopolitics in small-scale sedentary societies*. Cambridge: Cambridge University Press, 1990, pp. 21-61。

⑦ 一般介绍性著作可参见:Colin McEvedy and Richard Jones, *Atlas of World Population History*, London: Penguin, 1978; Massimo Bacci, *A Concise History of World Population*, Oxford: Blackwell, 1997, pp. 27, 38, 41-7,可作例证。

发生过。

　　从关于这一议题的学术争论中产生了这样的经验法则：农业殖民者扩张所涉及的地区原先居住着的都是些人口稀少、无法有效抵抗扩张的简单狩猎—采集者；相比之下，农业殖民者要想侵入那些人口密度更高也更为定居化的狩猎—采集者社群的土地就相当困难。后面这类狩猎—采集者最终会自行通过文化模仿采纳农业。⑧ 第一种模式中，有一个案例因发生时间相对较晚而显得脉络尤为分明易于考察，那就是操班图（Bantu）语的农民的扩张。公元前 1000 年左右他们开始从西非向外扩张，花了 1000 年以上的时间逐步殖民了非洲中部和东南部。在此过程中，他们将原先居住在从北到南的整个东非的科伊桑（Khoisanid）狩猎—采集者（其后代即今日西南非洲的布须曼人和科伊人［Khoikhoi］［163］或者说霍屯督人［Hottentot］）驱逐出去并使其人口剧减。这一剧变很久之前即已在对班图语支诸语言的研究中得到证实，同时也通过考古加以验证，最近又得到人口

---

　　⑧　关于整个这场争论以及后面几段中的内容可参见：A. J. Ammerman and L. L. Cavalli-Sforza, *The Neolithic Transition and the Genetics of Populations in Europe*. Princeton, NJ: Princeton University Press, 1984; L. L. Cavalli-Sforza et al., *The History and Geography of Human Genes*. Princeton, NJ: Princeton University Press, 1994; Colin Renfrew, *Archaeology and Language*. Cambridge: Cambridge University Press, 1987; id., 'The origins of world linguistic diversity: An archaeological perspective', in N. Jablonski and L. Aiello (eds), *The Origins and Diversification of Language*. San Francisco, CA: California Academy of Sciences, 1998, pp. 171-91; T. Price, A. Gebuer, and Lawrence Keeley, 'The spread of farming into Europe north of the Alps', in Price and Gebauer, *Last Hunters—First Farmers*, pp. 95-126; the contributions by L. L. Cavalli-Sforza, C. Renfrew, J. Thomas, M. Zvelebil, and T. Price, in D. Harris (ed.), *The Origins and Spread of Agriculture and Pastoralism in Eurasia*. Washington, DC: Smithsonian Institute, 1996; Robin Dennell, 'The hunter-gatherer/agricultural frontier in prehistoric temperate Europe', in S. Green and S. Perlman (eds), *The Archaeology of Frontiers and Boundaries*. London: Academic Press, 1985, pp. 113-39; Stephen Oppenheimer, *Out of Eden: The peopling of the world*. London: Constable, 2003, p. xxi.

基因研究的新方法的验证。在这个案例里,农业的扩张意味着原始农民自身和他们的语言的扩张;扩张目的地人口稀疏的狩猎—采集者人群则遭到取代。

农业从它最古老也最有影响力的近东中心向外的扩张是一个尤其有意思的话题,尽管因年代过久,相关证据很难找到,即便有的话也复杂难解。近东农业扩张的目标之一便是欧洲。从考古记录中可以推算出农业扩张的"浪潮"从安纳托利亚出发,以平均每年 1 公里的速度向西北方向推进,在公元前第五千纪时抵达了最远端的大西洋海岸。当然,这一浪潮在各地区的进展情况有所差异。大多数考古学家认为至少巴尔干和中欧两地的农业是由近东农业殖民者直接带来的。与中欧农业的起源相关联的是一种具有一致性但毫无本地起源迹象的考古文化。更早时期居住在此处的人口稀疏的简单狩猎—采集者显然被新来的农民取代了,也可能被后者部分同化了。然而,从伊比利亚半岛延伸到波罗的海的资源丰富的欧洲西北海岸与这两地有所不同。居住在此处的是人口数量和密度均较高的中石器时代复杂狩猎—采集者。考古记录显示这些复杂狩猎—采集者社群在面对农业扩张浪潮时维护了自身的独立性。在这里,农业像其他文化元素一样,可能是通过贸易、通婚和其他形式的接触———包括战争———而从早期农业领域扩散过来的。和非洲的班图农业殖民者案例一样,人口基因方面的证据对于揭示已经"成为化石"的史前时期历史发展有不可取代的作用,开辟了新的研究视角。研究结果显示现代欧洲人口地图上最明显的基因梯度是东南—西北向的,毫无疑问反映了新石器时代农民的波状殖民进程。

欧洲只是新石器时代近东农业和农民扩张的方向之一。其他扩张方向包括向东通过伊朗高原到印度次大陆,以及向西南到[164]尼罗河谷和北非。扩张方式仍是殖民或传播或两者皆有。从近东向外扩散的新石器遗址以及在遗址中发现的源于近东的驯化植物种子证实了上述扩张模式。此外,如同我们在研究非洲操班

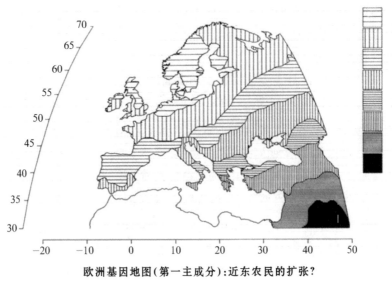

欧洲基因地图(第一主成分):近东农民的扩张?

（资料来源：L. L. Cavalli-Sforza, P. Menozzi and A. Piazza, *The History and Geography of Human Genes*, Princeton, 1994; permission by Princeton University Press）

图语民族的殖民时所发现的那样,语言构成了又一种穿透沉重黑暗之幕追踪各族裔群体发展和分化的方法。某些理论认为世界上有三个大的语系源于近东新石器时代的殖民和同化,如化石一般保存了这一进程中的原始特征。在东方的是埃兰-达罗毗荼(Elamo-Dravidian)语系,其中最早有文字记录的代表埃兰语来自伊朗西南部,可追溯到公元前第三千纪;达罗毗荼语的诸衍生语言至今仍在印度南部被人们使用,在巴基斯坦也有一些残留。人们认为埃兰-达罗毗荼语的使用区域曾从底格里斯河一直延伸到印度洋,后来才因为遭到操印-欧语者的压迫而退缩。亚非(Afro-Asiatic)语系(旧称闪含语系)被认为反映了近东新石器时代农业和农民往西南方向的扩张。其最古老有文字[165]记录的代表古埃及语和阿卡德语亦可追溯到公元前第三千纪,而语系的其他成员——亚述语、阿拉米语、腓尼基语、迦南语、希伯来语、阿拉伯语以及埃塞俄比亚的阿姆哈拉语和北非的柏柏尔语(仅略举数例)——也都以古老而闻名。最后,考古学家科林·伦福儒(Colin Renfrew)提出了具有争议性的观点,认为从安纳托利亚至欧洲的新石器时代殖民构成了印-欧(Indo-European)语系的源头。⑨ 在其他世界农业中心,类似的模型也被提出,用来解释东亚和东南亚的语系扩张。汉藏(Sino-Tibetan)语系、澳台(Tai-Austronesian)语系和南亚(Austro-Asiatic)语系(也有人将后两者归为同一语系)中的源流关系很可能也反映了从约公元前 5000 年开始的北方粟和南方水稻原始种植者的迁徙。⑩

显然,所有这些大型语系不可能是在没有任何扩散机制的情况下纯粹偶然形成的。语言学家认为这必然与某种完全或部分由人口迁徙造成的文化统一过程有关。语言变异节奏规律显示这些语系的创建时间距离现在不会超过数千年,不然的话每个语系中的各种语言一定已经互相分化得无法识别其相似性了。因此从 1 万年前开始的农业扩散极有可能是语言/民族扩张背后的最主要推动力。不过,它也不是唯一有可能的一个。我们会看到在历史上还存在着很多语言统一的重要推力。上面所讨论的过程是具有历史复杂性、"凌乱"且多层次的,其细节大多遗失在史前时代的黑暗之中而难以完全重构。我们的主要关注点在于它们可以帮助理解农业的扩散与战争之间的相互关系。首先要问的是,这一过程有多么暴力?

---

⑨ 除上个注释中所列出的以外,还可参见下面这本书中所提出的批评:J. P. Mallory, *In Search of the Indo-Europeans*. London: Thames & Hudson, 1989。

⑩ J. L. Mountain et al., 'Congruence of genetic and linguistic evolution in China', *Journal of Chinese Linguistics*, 1992; 20: 315-31; Ian Glover and Charles Higham, 'New evidence for early rice cultivation in south, southeast and east Asia', in Harris, *The Origins and Spread of Agriculture and Pastoralism in Eurasia*, pp. 413-41; Peter Bellwood, 'The origins and spread of agriculture in the Indo-Pacific region: Gradualism and diffusion or revolution and colonization', 同上, pp. 465-98。亦可参见这样一部极佳的综合性著作:Jared Diamond and Peter Bellwood, 'Farmers and their languages: The first expansions', *Science*, 2003, 25: 597 603。

农业扩散中的武装冲突

前面已提到过,尽管考古学在揭示过去方面具有至高地位,它在为我们打开通向史前时代的窗口时却遭遇重重困难。这个人类尚无法"发声"的时代的事件[166]没有留下记录,民族没有留下名字,包括语言在内的大多数非物质文化也不为后人所知。于是历史语言分布和最近投入应用的基因标记检测便成为一窥史前时代的新门径:前者是因为语言进化速度相对较快(尽管在文化形态中已经是变异得最慢的),不出数千年必定完全分化;后者的意义则更加重要且前景广阔。然而,要向考古发现的枯骨中注入生气,并用社会细节的血肉使其丰满起来,那么有文字的文明民族就其接触过的史前农民而留下的民族志记录是无可取代的。我们可以像第一部分中那样依靠这些材料,在严格控制适用条件的前提下进行类比研究。因此我将引用考古学证据和民族志证据,并尝试将它们结合起来。

在战争方面,狩猎—采集者和农民之间存在着一种相当平衡的关系。农民有着数量上的优势,因为他们的人口更加密集且社会单元规模更大。另一方面,他们是定居的,所拥有的农作物和牲畜易遭到他人掠夺和破坏。⑪ 他们的财产对狩猎—采集者构成很大诱惑,尤其当(但也不仅止于)后者资源紧张的时候。作为无财产之累的流民,狩猎—采集者掌握着主动权,可以选择袭击的时机,而又不易受到报复性反击。因此这两类人之间的互动一会儿是和平与交易,一会儿又是袭击与暴力,不断循环。双方均将另一方看作与自己截然不同者,且认为对方的生活方式更加劣等。农民扩张占据过去由人口稀疏的狩猎—采集者拥有的适合耕作的土地,绝大多数情况下不是靠直接武力对抗甚至间接武力威慑,而是靠一代代人

---

⑪　对农民易受伤害特质的精细分析可参见:Dennell,'The hunter-gathe-rer/agricultural frontier in prehistoric temperate Europe'。

不断定居渗透，从而造成人口和生态上的既成事实。与入侵相比，这是一个本质上极为漫长的过程——人的一生之内几乎难见其成。尽管狩猎—采集者会时不时进行袭击，但也无法从根本上扭转局势。只有当日渐稀少的狩猎—采集者被逐渐挤压到不适于耕作的土地上时——从那里他们仍可时不时袭扰他们务农的邻人——这一过程才会结束。像前面说过的那样，某些情况下狩猎—采集者会自行采用农业，模仿农业殖民者并在一定程度上与他们互相融合。农业殖民者一般无力占据人口相对密集的土地，因此不得不长期忍受后者的侵袭。文化模仿[167]是农业向复杂狩猎—采集者地区扩散时的主要途径。

狩猎—采集者对农民的袭击大多属于打了就跑的小规模偷盗或"武装抢劫"性质，尤其在农民拥有家畜家禽等驯化动物的情况下。牲畜富含高级营养物质，又易于移动，几乎一定会成为袭击者的主要目标，被从牧场或围栏中抢走。例如，在班图人的考古遗址中动物被圈养在定居点中心。⑫ 这显然就是一种防范措施。防范对象无疑包括掠食性动物，可能包括其他农民，但十有八九是针对狩猎—采集者。在南部非洲，根据航海发现时代后欧洲人的记录和更早的岩洞壁画，桑布须曼人（San Bushmen）时不时就会为偷牛而对邻近的班图农民和科伊人牧民发动袭击，而这偶尔会导致战争。⑬ 考古调查发现，欧洲西北海岸中石器时代狩猎—采集者，和有着明显近东起源特征的中欧早期新石器农民之间，存在着暴力摩擦的迹象：在他们的边界上有一道无人地带；农业定居点中有用墙围住的场地，据推断是用来保护牲畜的；至少一部分定居点本身也受到栅栏和壕沟的防护；另外还发现了焚烧定居点和剥人头皮的证据。农业经地中海扩散进入希腊和意大利后不久，当地同样出现设防村庄，或许也是人口密集

---

⑫　John Iliffe, *Africans: The history of a continent*. Cambridge: Cambridge University Press, 1995, pp. 35-6, 99-100.

⑬　参见以下作品中富有教益的讨论：Lawrence Keeley, *War before Civilization*. New York: Oxford University Press, 1996, pp. 132-5。

的土著中石器狩猎—采集者对农业移民发动袭击所导致的。[14]

农作物是狩猎—采集者袭击农民时的又一个目标,虽说强行夺取大批农作物要比强抢牲畜更困难。从田里直接盗取农作物的情况也不是没有,但出于后勤原因这只能偶尔为之。要想有重大成果,就必须夺取定居点内的农作物贮藏处。此外,不像牲畜那样,大批量的农作物不会自己移动,也难以搬动——至少不可能很快搬走。袭击者可能必须把农民全部杀死占据其家园,才能享用后者丰富的食物贮藏。

北美大平原半干旱地区的阿帕奇人(Apache)和纳瓦霍人(Navaho)经常掠夺他们的[168]邻人,即定居在现今美国西南部的印第安村寨(pueblo)农民。正常情况下,这些都是由个人或小团队执行的小规模袭击。袭击者将农场动物看作主要目标,一般不会占领村庄,虽说有时会破门进屋。[15]关于这些袭击的记录是在欧洲人到来之后写下的。此时通过与欧洲人的接触,大平原狩猎—采集者已经获得了马匹,而村寨农民获得了牲畜。这些引进显著改变了两个社群原先的生活方式。在与旧世界发生接触前,美洲几乎没有什么农用牲畜,其部分原因在于缺乏适合驯化的野生品种,尤其是牛亚科(牛)、

---

⑭　同上,pp. 136-9；Lawrence Keeley, 'The introduction of agriculture to the Western North European Plain', in Gebauer and Price, *Transitions to Agriculture in Prehistory*, pp. 92-3；Lawrence Keeley and Daniel Cahen, 'Early Neolithic forts and villages in NE Belgium: A preliminary report', *Journal of Field Archaeology*, 1989；16：157-76；Marek Zvelebil, 'The transition to farming in the circum-Baltic region', in Harris, *The Origins and Spread of Agriculture and Pastoralism in Eurasia*, pp. 338-9；I. J. Thorpe, *The Origins of Agriculture in Europe*. London：Routledge, 1996, pp. 35-6, 39；Alasdair Whittle, 'The first farmers', in B. Cunliffe (ed.), *The Oxford Illustrated Prehistory of Europe*. Oxford：Oxford University Press, 1994, pp. 145, 150-1, 160-5；Roger Mercer, 'The earliest defences in Western Europe. Part I：Warfare in the Neolithic', *Fortress*, 1989；2：16-22。

⑮　W. W. Hill, *Navaho Warfare*. New Haven, CT：Yale University Press, 1936；以及：Keeley, *War before Civilization*, pp. 135-6。

羊亚科(山羊和绵羊)以及马科(马和驴)动物。驯化动物就只有狗，以及各地区的个别品种如火鸡、豚鼠和小型单峰驼(美洲驼、羊驼)等，因此当时美洲的农业基本上就等于种植业。⑯ 另外也要注意纳-德内(Na-Dene)语系阿萨巴斯卡(Athapaskan)语族的阿帕奇人和纳瓦霍人或许直到 1500 年左右才从北方抵达这一地区。

尽管如此，村寨农民采取措施防卫他们的粮仓和住宅却是从美洲史前时代早期就开始了。当地的农业和定居生活方式发端于公元第一千纪的中期，依靠的是从墨西哥原产地传来的驯化品种。考古中发现了当时所建造的一个带有围栏的村庄，且"其他遗址或许也曾有过围栏，只不过发掘者没有留意去寻找"。⑰ 密西西比河—密苏里河流域的农民大致与此同时用栅栏和壕沟把他们的定居点包围起来，很明显部分原因也是为了抵御大平原上游荡的狩猎—采集者邻人。回到西南部村寨话题上，公元 1000 年左右，查科峡谷(Chaco Canyon)文化的一些大型定居点——居住着数千名农夫、神职人员、工匠和商人的地区中心——被建成了著名的封闭式马蹄铁形状。住宅和储藏室的外墙连接起来，构成了一道对外封闭的围墙；围墙在博尼图村(Pueblo Bonito)这样的地方可高达四五层楼。年代稍晚而规模宏大的梅萨维德(Mesa Verde)村寨群高踞峡谷一侧，被峭壁所掩护。房屋紧挨在一起构成连续的墙壁，阻止外人进入定居点内部。建在每个定居点中的塔楼显然起到瞭望和避难的作用。

这些防御措施可能至少也是部分针对其他农业社群。我们后面会看到，农民之间[169]经常也爆发敌对行为。不过，对于这样位于半干旱草原边缘的绿洲社区，主要的威胁必然还是源自四处劫掠的

---

⑯　此处仍可参见戴蒙德的杰出著作：Diamond, *Guns, Germs, and Steel*。

⑰　Stuart Fiedel, *Prehistory of the Americas*. New York: Cambridge University Press, 1987, p. 209. 一份人们期待已久的研究报告如今可见于：George Milner, 'Palisaded settlements in prehistoric eastern North America', in James Tracy (ed.), *City Walls: The urban enceinte in global perspective*. Cambridge: Cambridge University Press, 2000, pp. 46-70。

梅萨维德的"峭壁官殿"。在公元 12 世纪的科罗拉多繁盛一时的该村寨定居点包括了 200 多间房屋,并拥有大致超过 400 的人口。它的后方受到峭壁掩护,并以紧密相连的住所构成向外的围墙,一旦梯子拉起来后便无人可出入

狩猎—采集者群体。世界上最早的构造与印第安村寨相似,即由密集建造而难以攻破的房屋(根据其发掘者的看法,这一设计显然是为了防御)构成的定居点,位于最古老的农业中心西南亚,也是世界上已知最早的大型农业、手工艺和贸易定居点之一。它就是公元前第七千纪中期位于安纳托利亚的加泰土丘(Çatal-Höyük)。它在时间和空间上均与北美印第安人村寨相距遥远,但按照农业社会发展的"相对年代"来看差距就小得多。[18] 加泰土丘的居民无疑已拥有了牛。所以能够证明狩猎—采集者对种植农作物的农民也构成威胁的最显著证据并不是它,而是比它更早,事实上也是世界上最早的一个定居点:杰里科(Jericho)。[19]

[18] James Mellaart, *Çatal-Hüyük*. New York:McGraw-Hill,1967,尤其是 pp. 68-9;以及:id., *Earliest Civilizations of the Near East*. New York:McGrawHill,1965,pp. 81-101,尤其是 82-3。

[19] 即《圣经》中的耶利哥。——译注

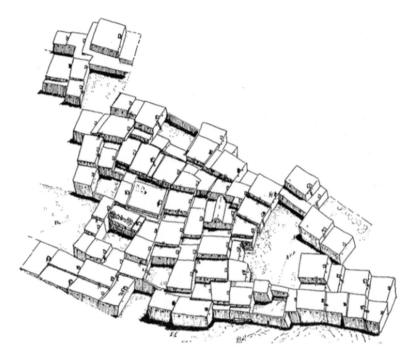

安纳托利亚加泰土丘的部分复原图。繁盛于公元前第七千纪中期的它是世界上已知最早的大型定居点之一。在这个与北美印第安村寨相似的定居点中，密密麻麻地分布着易守难攻、只能通过梯子进出的房屋。与卢梭式观点不同的是，事实上人类只要定居下来便有必要构筑防御，而不是非要等到农业的出现

位于约旦河谷的杰里科是近东原始农业摇篮中已知最早的农业定居点之一，其年代可上溯至公元前第九千纪末期。到公元前第八千纪时，[170]杰里科仍处于尚未有驯化动物的早期新石器时代（前陶新石器 A 期，PPNA），但此时的它面积已达到约 10 英亩（约 0.04 平方千米），可能拥有约 2000—3000 人口（现在倾向于将这一数字下调），并且被一道长 600 米、可能高 4 米且宽 1—2 米的无支撑石墙所环绕。在墙脚处还有一道凿开基岩挖出的大型护城壕。墙的后方伫立着高 8.5 米的石塔。20 世纪 50 年代主持发掘该遗址的凯瑟琳·肯扬（Kathleen Kenyon）认为杰里科并非当时周边地区唯一的大型定居点，只不过其他的尚未被发现。由此她断定防御设施针对的是

其他农业定居点而非四处劫掠的狩猎—采集者,另外杰里科遗址中年代更晚(前陶新石器 B 期,PPNB)的有围墙定居点是另一批定居居民占领此地的标志。其他学者推断杰里科可能是死海矿物的一个主要交易中心,因而令人垂涎。⑳ 然而,经过[172]数十年的考古研究,如今已很清楚,并不存在能够与早期新石器时代杰里科为敌的类似大型定居点。杰里科的确是那个时代独一无二的。此外,在该遗址的第一和第二层之间有着明显的年代间隔,实际上也排除了另一个定居社群从前一个手中夺取此地的可能性。未发现有矿产加工及贸易,或拥有与之相关的物质财富的证据。因此如考古学家詹姆斯·梅拉特(James Mellaart)所总结的那样,劫掠的狩猎—采集者团体对定居者贮藏的谷物及其性命的严峻威胁,以及拥有周边地区独一无二的肥沃土地,或许才是令这一原始农业绿洲的居民集中到一起居住,并付出劳力修建大型防御设施的最主要原因。㉑

总而言之,凭借武力夺取农作物似乎要比夺取牲畜困难得多,也危险得多。抢掠农作物要求袭击者占领定居点并杀死居民,从而要求他们组织协调一致的大规模行动。这比夺取牲畜更麻烦,也无法像前者那样频繁发动。不过,当饥荒临近时,袭击者就顾不上这些问题了。不用说,农民的粮食一旦被抢走,那他们也只有饿死一条路,因此只能拼命抵抗不能逃跑。以纳瓦霍人和阿帕奇人为例,他们在

⑳　Kathleen Kenyon, *Digging Up Jericho*. London：Ernest Benn, 1957, pp. 66-9, 75-6; Emmanuel Anati, 'Prehistoric trade and the puzzle of Jericho', *Bulletin of the American Schools of Oriental Research*, 1962；167：25-31.

㉑　Peter Dorell, 'The uniqueness of Jericho', in R. Moorey and P. Parr (eds), *Archaeology in the Levant*. Warminster：Aris, 1978, pp. 11-18; Marilyn Roper, 'Evidence of warfare in the Near East from 10,000—4,300 bc', in M. Nettleship et al. (eds), *War：Its causes and correlates*. The Hague：Mouton, 1975, pp. 304-9; James Mellaart, *The Neolithic of the Near East*. London：Thames & Hudson, 1975, pp. 48-51. 巴尔-约瑟夫的观点是墙和壕沟均为防洪设施而塔楼为仪式建筑,其论证颇为严密,但仍不够有说服力,参见：O. Bar-Yosef, 'The walls of Jericho', *Current Anthropology*, 1986；27：157-62。

袭击农业定居点时会顺便把女人抢走。若袭击者被打败丧命，随后可能会有多至 200 人参加第二波袭击为其报仇，从而引发一连串的报复和敌对行为。战士在这些战斗中还会割取敌人的头皮。㉒

随着时间流逝，世界各地狩猎—采集者的人数均不断下降，冲突于是变得主要在农民之间进行。由于杰里科是第一个农业定居点，又是第一个拥有石墙防御设施的定居点，它就被卢梭主义者看作是暴力冲突随农业而产生或变得真正重要起来的证据。毕竟，防御设施是考古学所能探测到的第一个无可辩驳证明了战争存在的证据。然而我们知道所谓农业和战争的相关性并无根据，很容易误导他人。防御设施的确是一种新现象，但导致这一新变化的是定居化的发展，而不是过去一直有的暴力冲突——没有防御设施说明尚未定居，但不能说明没有暴力冲突。定

杰里科，已知最早的设有围墙的定居点。图中为公元前第八千纪所建造的无支撑石墙和城壕

居于北美西北海岸富饶环境中的狩猎—采集者也建造防御设施来保

㉒ Hill, *Navaho Warfare*.

护他们的据点。简单狩猎—采集者并不这样做，是因为他们居无定所；这和后世的[173]游牧民不建造防御设施是一样的道理，然而谁也不能说游牧民对暴力和杀人一无所知。

　　甚至也并非所有开始种植农作物的地方都像杰里科那样立刻兴建了防御工事。公元前第八到前第五千纪的近东，农业已诞生但尚未有真正的城市。在这一阶段内的部分定居点遗址中发现了设防的迹象，但在大多数情况下没有发现，或许是因为本来就没有建造。㉓在世界上别的很多地方，防御设施的出现和扩散也花了很长时间。一些学者认为这说明了在农业的扩张期，世界上仍有大量空白无主土地可供移居，因此人和人之间没有必要发生暴力冲突。㉔这种论点即便不是全错，也几无可取之处。人类为之而战的东西并不仅限于可耕土地。我们已经知道对女性的竞争（以及抢夺）随处可见且经常引发暴力冲突。狩猎领地仍具有很高重要性，因为狩猎还会在相当长时间内构成园艺种植和畜牧的补充，为人们提供大量养分。一次杀人会带来无休止的循环报复。另外随着农业的发展，如今又有了牲畜和农作物可供抢夺。从我们通过民族志研究所了解的关于园艺种植者的全部事迹中，可推断出史前时代园艺种植者也处于极不安全的状况，被暴力和死亡所困扰。

　　那么为何防御设施没有在世界各地与农业一并出现？这要归因于一系列因素的结合。首先，在最初很长时间内，农业就等于不断迁移而极为粗放的园艺种植。每隔数年土壤肥力耗尽时，人们便要抛弃农田将定居点迁往他处。这种情况下的住宅和防御设施都只能因

　　㉓　Roper, 'Evidence of warfare in the Near East from 10,000—4,300 bc', pp. 299-343；这是一份很有见识的专业研究报告，但也略有瑕疵，只因作者根据过时的劳伦兹生物学理论认定种内杀戮反自然，因而是一种晚近的人类发明。亦可参见：Mellaart, *The Neolithic of the Near East*, pp. 115-16，126，150，152，225。

　　㉔　Roper, 'Evidence of warfare in the Near East from 10,000—4,300 bc'; John Keegan, *A History of Warfare*. New York: Alfred Knopf, 1993, pp. 125-6.

陋就简。在定居程度上，迁移的园艺种植者甚至还不如北美西北海岸印第安人那样的集约型渔猎采集者。此外，在世界上很多地区，例如直到史前时代晚期气候仍很温和的中欧和北欧，定居点是由一组较为分散的家庭农场（"宅地"）或仅有几户人家的小村庄构成的。这与干旱的近东，尤其是像杰里科这样的沙漠绿洲中的定居模式有很大区别。后者拥有水源、自然灌溉和自然施肥的冲积扇平原、温暖高产的冬季气候以及丰富的野生动物，从很早时期便像[174]磁铁一样吸附大批人口，成为一个人烟稠密且真正定居化的农民聚居地。这令杰里科显得远超其所处时代的发展水平，而在某种程度上成为一个学术谜题。㉕ 前面提到过，农业发端后不久的希腊和意大利村庄遗址中便出现了设防迹象，随后在中欧的情况也是如此。㉖ 然而，直到公元前第一千纪北欧才有了大型村庄，在远北地区还要更晚。零星散布在家庭农场和小村庄中的人们往往缺乏建立大规模防御设施的手段，而且更重要的是，也没有足够的人力昼夜站岗放哨，守卫这样的防御设施。（欧洲"宅地"与美国的"蛮荒西部"虽在时间空间上相距遥远，但在这方面颇有相似之处。）简单农耕者中的暴力冲突大多发生在氏族之间（因而也是"内部"的），规模不大，以突然袭击的方式发动。如一位权威学者所说："民族志显示，在防御工事普及之前，史前时代欧洲的很多农业社会中战争可谓家常便饭。"㉗

从能够互相印证的考古和历史证据中，我们可以推导出一幅足够清晰的整体图景。以公元前 12 至前 8 世纪间黑暗时代的希腊人、公元前 4 至前 3 世纪的北意大利凯尔特人、基督教时代开端前后的

㉕ 令人信服地提出这一点的是：Dorell, 'The uniqueness of Jericho', 且在：Bar Yosef, 'The walls of Jericho' 中也得到承认。

㉖ Keeley, *War before Civilization*, p. 137；Whittle, 'The first farmers', pp. 145，150–1，160–5；Mercer, 'The earliest defences in Western Europe. Part I'.

㉗ Graeme Barker, *Prehistoric Farming in Europe*. Cambridge：Cambridge University Press，1985，p. 261.

日耳曼人、晚至公元第一千纪中期的挪威和瑞典的诺曼人，以及欧洲中世纪末期以前的苏格兰高地人为例，他们均居住在大体无设防的家庭农场和小村庄中，其生存状态极不安全，也充满暴力甚至好战性。波利比乌斯（Polybius）写道，凯尔特人"居住在没有围墙的村庄里……极度专注于战争和务农"。[28] 在离现在近得多的 19 世纪，有着约 25％成年男性死亡比例的黑山人建造带小窗和厚墙的住宅，却忽视为公共目的而建的防御设施。暴力冲突是令农民聚集到能够设防守卫的村庄中的原因，但也只是原因之一。其他原因包括空间上分布不均的资源（肥沃土地、水）、农业集约化程度的增长、更密集的人口、更稀缺的土地，以及更为紧密的可导致更大规模社群战争的社会关系网，等等。

民族志研究中还有更多颇具教益的案例。我们前面已经说过，亚诺玛诺园艺种植者和猎人要经常[175]面对致命的但规模也很小的敌对冲突，并居住在由极为简陋的栅栏围绕的村庄里。新几内亚高地更为集约型的园艺种植者同样也要经受连绵不绝的武装冲突，包括大规模的夜袭。他们中一部分人住在设防定居点里，另一部分住在分散的农场里。例如，男性暴力死亡比例几乎达到 35％的梅·恩加人住在氏族农场里——"以寸土不让的方式加以防御"——但没有设防村庄。[29]

本书中迄今尚未考察的由多个岛屿社会构成的波利尼西亚是一个具有高度多样性的前国家时代农业社群实验室。自从 18 世纪末被欧洲人发现后，太平洋诸岛一直激发着他们对质朴、纯洁、欢乐、未腐化的、前文明的、享受着自然丰饶和自由恋爱的和平人民的想象，成为卢梭式观念的典型投射。然而，一旦牵涉到暴力冲突（以及其他很多方面），那么这幅图画与事实可谓毫无交集。这一范围极广的群

㉘　Polybius, *The Histories*. Cambridge, MA: Harvard University Press/Loeb, 1975, 2.17.

㉙　Mervin Meggitt, *Blood is Their Argument: Warfare among the Mae Enga of the New Guinea Highlands*. Palo Alto, CA, 1977: Mayfield, p. 2.

岛中各个不同的岛屿社会均以暴力充斥而闻名。根据对其中 18 个社会——最小的环礁社会居民不超过一两千人；最大的拥有数十万人——所做的一项重要研究，它们中没有一个不是战乱频仍。另一位权威专家则说："战争……在波利尼西亚随处可见。"这并不是近期才有的现象，因为"toa"即"战士"这个词的变体被各种各样的波利尼西亚语言所使用，显示出这个词的产生时间早于他们祖先数千年前驶向太平洋诸岛的航行。[30] 然而，尽管波利尼西亚有不少地方构建了防御设施，但还远远达不到随处可见的地步，且其密度与战争的频繁激烈程度不相称。譬如有人说："与新西兰或复活节岛形成鲜明对比的是，夏威夷群岛总体上缺少设防遗址——虽说频繁的战争是史前晚期夏威夷文化的一大特色。"[31]

我的结论是关于前国家农业社会的民族志证据能够显示这些社会中暴力水平很高，而这并不总能在防御设施的建造上得到体现。因此防御设施只能被看作暴力冲突存在的充分条件而不是必要条件。[32]

到了这里我们将更进一步去考察那些简单的农业社会的本质，以及它们卷入的是哪种暴力冲突。

部落社会

[176]民族志记录揭示出了一些仅仅通过考古学无从知晓之事：狩猎—采集者或简单农耕者并不只是一些胡乱散居在被发掘出的住

---

[30] Irving Goldman, *Ancient Polynesian Society*. Chicago：University of Chicago Press，1970；Patrick Kirch，*The Evolution of the Polynesian Chiefdoms*. Cambridge：Cambridge University Press，1984，p. 195.

[31] Kirch，*The Evolution of the Polynesian Chiefdoms*，p. 213.

[32] 我的结论与罗兰兹不谋而合，参见：M. Rowlands，'Defence：A factor in the organization of settlements'，in P. Ucko，R. Tringham，and G. Dimbleby，（eds），*Man，Settlement and Urbanism*. Cambridge，MA：Schenkman，1972，pp. 447–62。

所或村庄中的人,也不仅仅是一个考古学中范围较广的工具"文化"的成员。在每个地方他们都参与了社会纽带的组建,并被社会纽带连接在一起。亲缘关系和文化在这当中起了决定性作用。从 20 世纪 60 年代开始,人类学家使用"部落"这个概念时不如以前那么有把握了,对这一概念的流动性和多样性有了更清醒的认识。当然,对其他任何具有清楚含义的概念如国家、社会或民族等,流动性和多样性也同样适用。在城市和国家出现前的简单农业社会里,部落关系网和隶属联系往往是——几乎天然是——松散的,但它们确实存在。有影响力的怀疑论人类学家莫顿·傅瑞德(Morton Fried)则极端到认为部落只是一种"次级现象",只是作为对更复杂的社会实体(国家)的冲击的反应而被创造出来的,而这种冲击的主要形式就是武装冲突。㉝ 然而,部落间冲突在时间上要早于国家的诞生,且冲突的确起到令部落发展成型的强有力的塑造作用。

更高的生产力以及由此造成的更高(并不断增长)的人口密度,意味着农业部落要比狩猎—采集者部落或者说"区域群"来得更大。更多人生活在能够接触互动的距离内,自然而然就会造成这样的结果。更宽泛的扩展亲属群体如今可以紧密居住在一起。我们提到过的北美西北海岸人口密度较高的狩猎—采集者区域群中较大的拥有约 2000 名成员,相比之下简单狩猎—采集者区域群平均只有 500人。然而农业部落要比它们更大,其人数通常在 2000 到数万人之间,虽说以后世社会的标准而言仍是相对小规模的。部落与邻近部落并不一定在族裔和语言上有所不同,不过方言差异是普遍存在的。

㉝ Morton Fried, *The Notion of the Tribe*. Menlo Park, CA: Cummings, 1975;可被视为后面这篇文章的延续: id., 'On the concepts of "tribe" and "tribal society"', in J. Helm (ed.), *Essays on the Problem of the Tribe*. Seattle: American Ethnological Society, 1968, pp. 3-20。傅瑞德的极端看法影响了此后的人类学界。更近的著作可参见: B. Ferguson and N. Whitehead (eds), *War in the Tribal Zone: Expanding states and indigenous warfare*. Santa Fe, NM: School of American Research, 1992。

不同的部落共同构成更大的,有时比它们本身大很多的族裔群体或次群体。同一族裔群体中各部落的互动关系可能是和平的也可能是敌对的,时不时就从一种变成另一种。这些更广大的族裔群体或次群体通常被称作"人民"(people)或"民族"(nation),但还是以"族群"(希腊语的 ethnos 或法语的 ethnie)来称呼更为妥当。㉞ 族群成员共享族裔文化特征,但与部落成员不同的是,能将他们连结成一个社会性实体的纽带就很少或完全没有了。

[177]族群和部落在时代变迁中表现出了相当程度的文化和种族延续性,但它们绝非"原封不动"或静态的。当原来的族群或部落成长到一定规模,扩张到更多土地上或进入新的领域时,就可能有新的族群或部落从中分出并逐步发展到独立状态。部落也会因内部矛盾而分裂,被外来部落或族群打散、消灭或吸收。来自同一族群的几个部落(偶尔也会包括外来部落)有时会一起组成更大的部落联盟,以应对某种状况。武装冲突属于这些状况之一,或许还是其中最主要的。例如,公元 1 世纪塔西佗(Tacitus)在他价值无可估量的著作《日耳曼尼亚志》——对古代部落社会最全面的调查之一——中所描述的一些部落,后来直到 5 世纪的日耳曼人大迁徙再也没人听说过。另一方面,两个后世的主要日耳曼部落实体法兰克人(Franks)和阿勒曼尼人(Alamanni)直到 3 世纪才出现,因此它们可能是由此前人们所知的罗马边境外的那些部落和另一些部落结盟或合并而成的。阿勒曼尼(意味着所有人)这个名字暗示了这一进程。

另一个著名案例是美国东北部的易洛魁人(Iroquois)。通过路易斯·摩尔根《古代社会》(1877 年)一书——其中观点被弗里德里希·恩格斯全盘照搬——的介绍,他们成了全体部落社会的典范。

㉞　Dell Hymes (ed.),'Linguistic problems in defining the concept of the tribe', in *Essays on the Problem of the Tribe*. Seattle:American Ethnological Society, 1968,pp. 23-48;其中忽视了族群、语言和部落这些概念之间的区别。然而也可参见:Fredrick Barth (ed.),'Introduction', in *Ethnic Groups and Boundaries*. London:George Allen, 1969,pp. 9-38。

由居住在今日的纽约上州的 5 个部落——莫霍克人（Mohawks）、奥
奈达人（Oneidas）、奥农达加人（Onondagas）、卡尤加人（Cayugas）和
塞内卡人（Senecas）——组成的易洛魁联盟，在 17 世纪为权力和贸
易打响的殖民战争和土著战争中，以作战勇猛战技高超而闻名。不
过，这个联盟在荷兰人、法国人和英国人抵达北美前就已经存在了。
联盟具体何时成立并不清楚，但根据当地土著中流行的传说，学者推
断这一时间在 1500 年前后。此外，它最初是作为一个成员部落之间
维持和平互不侵犯的联盟而建立的。这些部落过去均独立存在且彼
此征战不休。考古研究显示经过几个世纪的发展，该地区一些稀疏
分布的农业遗址于公元 1000 年后合并成大型的设防村庄。欧洲殖
民时代，设防村庄仍是原住民定居点的典型形式，得到了欧洲人的详
细描述。应当注意到联盟并未包括全部操易洛魁方言的部落。易洛
魁联盟与其中一些部落，例如西北方向的休伦联盟（Huron Confed-
eracy）的 5 个部落经常开战，最终令休伦人逃亡他乡，[178]遭到部
分灭绝。准确计算易洛魁人人口是困难的，因为欧洲传来的流行病
杀死了大批北美原住民。17 世纪上半叶全部说易洛魁方言的人大
约有 9 万人，而易洛魁联盟的 5 个部落人口加起来在 2 万到 3 万之
间。各成员部落的人数从 2000 到 7000 不等，每个部落最多可派出
少至数百，多至 1000—1500 名战士参战。㉟

㉟　这一领域的开创性著作为：Lewis Morgan, *League of the Ho-De-No
Sau-Nee or Iroquois*. New Haven, CT：Human Relations Area Files, 1954
(1851)。关于人口估算，可参见：Dean Snow, *The Iroquois*. Cambridge, MA：
Blackwell, 1994, pp. 1, 88, 109-11；Daniel Richter, *The Ordeal of the Long-
house：The people of the Iroquois League in the era of European colonization*.
Chapel Hill：University of North Carolina, 1992, pp. 17, 293；Francis Jennings,
The Ambiguous Iroquois Empire. New York：Norton, 1984, pp. 34-5；Bruce
Trigger, 'Maintaining economic equality in opposition to complexity：An Iro-
quoian case study', in S. Upham (ed.), *The Evolution of Political Systems：
Sociopolitics in small-scale sedentary societies*. Cambridge：Cambridge Univer-
sity Press, 1990, pp. 119-45；上面这篇文章是易洛魁史前史领域的近期佳作。

　　比较民族志研究再一次为我们指明了典型部落社会的规模和构成状况。与欧洲人接触时,休伦联盟大约有 21000 人;弗吉尼亚的波瓦坦联盟(Powhatan Confederacy)有 15000—20000 人;东南部的切诺基人(Cherokee)人数和上面接近。㊱ 墨西哥湾的克里克联盟(Creek Confederacy)有 6 个部落;达科他"民族"或"苏族"(Sioux)则有 12 个部落。大平原上共有 27 个部落和部落联盟。支配了大平原北部的 4 个部落联盟(达科他、黑脚、克里、曼丹-希达察)每个约有 15000—25000 人。在他们南方,波尼联盟(Pawnee Confederacy)有 7000—10000 人,分为 4 个部落群。㊲ 大平原南部的基奥瓦(Kiowa)部落人数可能从未超过 2000。㊳ 在中美洲,阿兹特克人属于从北方迁徙到墨西哥谷地的 7 个操纳瓦特尔语的部落之一。他们的初始部落组成可以从特诺奇蒂特兰城市各区的划分上看出。该城是这些部落于 14 和 15 世纪形成国家时所建,随后成为强大帝国的中心。

　　公元前 4 至前 3 世纪凯尔特人入侵地中海世界时——这也是凯尔特人首次在历史记载中登场——6 个有名字的部落(或部落的一部分)定居在意大利,3 个定居在小亚细亚,后面这 3 个共有约 20000 人。㊴ 公元前 1 世纪中期尤利乌斯·凯撒征服凯尔特核心领土之一的高卢时,他提到了约 100 个大的凯尔特部落社群。当时它们正处

　　㊱　参见:B. Trigger and W. Washburn(eds),*The Cambridge History of the Native Peoples of the Americas*:I. *North America*,Part 1. New York:Cambridge University Press,1996,pp. 403,408,506。

　　㊲　Brian Fagan,*Ancient North America*. New York:Thames & Hudson,1995,pp. 121,141-2,160;John Ewers,'Intertribal warfare as the precursor of Indian-white warfare on the northern Great Plains',*The Western Historical Quarterly*,1975:6:403-7.

　　㊳　Bernard Mishkin,*Rank and Warfare among the Plains Indians*. Seattle:University of Washington,1940,p. 25.

　　㊴　Polybius 2. 17;Barry Cunliffe,*The Ancient Celts*. Oxford:Oxford University Press,1997,pp. 72,177.

于开始建立城镇并走出部落社会的阶段。㊵ 公元 1 世纪罗马征服不
列颠时期当地有超过 30 个主要部落集团。㊶ 塔西佗的《日耳曼尼亚
志》里提到了约 50 个日耳曼部落实体（还只是其中较重要的那些），
而公元 2 世纪的地理学家托勒密（Ptolemy）记载了 69 个。㊷ 后世日
耳曼部落联盟之一的法兰克人显然是[179]在约 8 个下莱茵部落集
团基础上形成的。㊸ 古典资料中提到了 50—100 个色雷斯部落（大
致位于今日的保加利亚）。㊹ 和阿兹特克人的特诺奇蒂特兰类似，雅
典源自 4 个爱奥尼亚（Ionian）部落所组成的联盟，斯巴达来自 3 个
多利亚（Dorian）部落，而罗马来自 3 个拉丁部落实体。摩尔根——
承亚当·弗格森的《文明社会史论》（1767 年）之前，而启恩格斯之
后——认为近代欧洲人于"大发现时代"所遇到的那些部落社会，和
他们通过古典教育而熟悉的远古希腊人、罗马人以及更晚时候的欧
洲北部蛮族之间，有着显著的相似性。在常规的编年史中，两者的时
间差可谓巨大，然而以"相对时间"衡量差距则小得多。黑山或许是
欧洲最后一个部落社会，一直坚持到了枪炮火器的时代，直到 19 世
纪末仍有明显部落特征。30 多个黑山部落每个约有 2000 人；氏族
间和部落间暴力无所不在，同时还要与土耳其占领者进行残酷
斗争。㊺

在波利尼西亚，每个部落的标准人数是几千人，虽说在夏威夷、

㊵　对于其中某些后部落时代联盟群体的人口数据（尽管可能有所夸大，这
也是古代对待敌人数目的惯例），可参见：*The Gallic War* 1.29，2.4，或许最可
借鉴的是：7.75。

㊶　Barry Cunliffe，*Iron Age Communities in Britain*. London：Rout-
ledge，1974，pp.105，114.

㊷　Malcolm Todd，*The Early Germans*. Oxford：Blackwell，1992，p.8.

㊸　Edward James，*The Franks*. Oxford：Blackwell，1988，pp.35-6.

㊹　Kristian Kristiansen，*Europe before History*. Cambridge：Cambridge
University Press，1998，p.195.

㊺　Christopher Boehm，*Blood Revenge：The anthropology of feuding in
Montenegro and other tribal societies*. Lawrence：University of Kansas，1984，
pp.19，21.

汤加和萨摩亚也有人数高达数万的部落。⑯在新西兰,总数几十万的人口散布在约 40 个彼此经常开战的部落里。⑰

关于非洲的下列数据来自 20 世纪上半叶对前国家时代族群的研究成果。南苏丹的丁卡人(Dinka)约有 90 万,被划分为 25 个规模相差很大的主要部落集团,其中最大的可进一步分出"次级部落"。他们的邻居努尔人(Nuer)总数 30 万,部落规模同样差异明显,从数千到 45000 不等。肯尼亚西部的罗格里(Logoli)和乌古苏(Vugusu)班图人约有 30 万,被分为约 20 个部落。多哥北部的孔孔巴人(Konkomba)有 45000,分为数个部落。乌干达和扎伊尔的卢格巴拉人(Lugbara)为数 25 万,分为平均每个 4000 人的约 60 个部落。同一地区的布万巴人(Bwamba)为数约 3 万。黄金海岸(今加纳)的塔伦西人(Tallensi)约有 35000,而其所属的更大的语言和族裔集团有约 17 万人。拥有数十万人的祖鲁"民族"是在 19 世纪早期由每个数千人的很多先前独立的部落联合而成的。⑱

所有这些小规模社会均建立在扩展的且环环相扣的亲属圈基础上。就像我们在第一部分中所说的那样,这些圈子与[180]共同地域和共同文化紧密相关。核心家庭聚到一起组成扩展家庭,并与氏族中其他有亲戚关系的家庭联结起来。部落社会中最主要的社会互动行为体氏族,事实上或被认为是源自一个共同的先祖;此人通常被信奉为具有超自然的或英雄般的出身。有亲戚关系的氏族合组为胞族(phratry),构成部落中最高级的分支单位。这些一层又一层的分支

---

⑯ Kirch, *The Evolution of the Polynesian Chiefdoms*, p. 98; Marshall Sahlins, 'Poor man, rich man, big-man, chief: Political types in Melanesia and Polynesia', *Comparative Studies in Society and History*, 1963; 5: 287.

⑰ Andrew Vayda, *Maori Warfare*. Wellington, New Zealand: The Polynesian Society, 1960, p. 20.

⑱ M. Fortes and E. Evans-Pritchard (eds), *African Political Systems*. Oxford: Oxford University Press, 1940, pp. 7, 36, 198, 239, 276-84; J. Middleton and D. Tait, *Tribes without Rulers: Studies in African segmentary systems*. London: Routledge, 1958, pp. 28, 97, 102-4, 164, 167, 203, 207.

单位在不同的人类学研究者那里被赋予不同的名称。当然,各社会自身对它们的称呼也是不同的,但基本结构都很相似。既然亲属关系是构成社会的基本元素,那么就必须口耳相传记录下能上溯到很多代之前的祖先名称和家谱。人对自己的家庭和氏族的忠诚是居于首位的。氏族间冲突至少和那些更大规模的冲突一样频繁。"裂变社会"(segmentary society)⑭这一术语常被用来描述这种社会结构。各个氏族和胞族可能一起组成武装同盟以对抗外来威胁。这也同样适用于在部落联盟中互相协作的各部落。在所有这些情况下,人们会经常援引亲缘关系和共同祖先作为理由来征求支援。祖先、婚姻、地域和语言构成的纽带得到其他共同文化特质作为补充,其中最重要的有仪式礼拜关联体系和近邻同盟(Amphictionic alliance)等。

地位差异在部落社会中具有极度重要性。一些学者已经意识到在人类学中常被用于定义大多数狩猎—采集者和很多园艺种植者社会的术语"平等社会",只不过是相对的。我们知道,即便在那些财产微不足道的社会中,地位和威望仍然至关重要——例如,在婚姻的机会方面。人们的地位和威望相差甚远,不足者热切追求,已有者竭力捍卫。"裂变"被认为是比"平等"更好的用来描述这些社会中松散而碎片化的等级结构的词汇。⑮这对于同样没有多少财产的简单园艺种植者社会(如亚诺玛诺人)也是成立的。不过,随着财富日益增长并支配了社会关系,因技能和出身而产生的地位和名望差异也稳步增长,其效果还被进一步放大。土著社会成员中的相对平等只不过是相对贫穷的结果,因为任何狩猎采集者都是直接从自然界中取得

---

⑭ 这一概念出自埃米尔·涂尔干,又译为"环节社会"。——译注

⑮ 这一点在以下作品中被很好地加以指出,尽管这样的见解与学界主流看法背道而驰。参见：William Sanders and David Webster, 'Unilinealism, multilinealism, and the evolution of complex societies', in C. Redman et al. (eds), *Social Archaeology*. New York: Academic Press, 1978, pp. 249-302; Elman Service, *Origins of the State and Civilization: The process of cultural evolution*. New York: Norton, 1975。

生存物质的,拥有的东西太多只会给他们游动不居的生活方式带来不便。自从人们开始定居和/或从事畜牧,财富以及与之相伴随的社会实力终于可以被积累起来了。

[181]牲畜是尚未经历可耕地短缺的简单农业社会里财富积累的最初形式,也是最主要形式。牛和羊直至今日依然是全世界通用的财富衡量标准,是所有拥有它们的简单农业社会中最早的货币。正因如此,在塔西佗《日耳曼尼亚志》中的日耳曼部落和 20 世纪的非洲,人们对于他们所拥有的动物数量都极为看重,对质量则没有那么关注。猪在新几内亚高地人那里扮演了相同的角色。无论何时何地,只要人们接触到更晚驯化的马和骆驼,就会将它们加入这一财产清单。牲畜是彩礼的主要组成部分,再一次显示了生存—繁殖动机复合体中不同元素之间紧密的关系。在非洲部落社会对女性的竞争中,天平极为偏向那些年龄更大财产更多的男人,从而制造出了真正的代际冲突。同样,澳大利亚狩猎—采集者群体中的长老也以牺牲年轻男子利益的方式垄断了婚姻特权。很多非洲部落社会里的长者牢牢掌控自己家庭和氏族的牲畜,拥有多个妻子,耄耋之年还要大办喜事。因此,尽管女性一到青春期就出嫁,男性却往往被迫把成家的年龄推迟到三十多岁。据估计在某些地区有多至三分之二的女性成为多妻婚姻中的配偶,而一半的成年男性始终不能结婚。那些地方的年轻男子会热衷于绑架妇女、与之私奔或肆意使用暴力,就毫不足怪了。

推迟成家是流行于非洲的年龄组制度的主要原因。在这一制度下,尚无法成家的年轻成年单身汉在年龄相近的战士群中共同生活。躁动不安的单身青年男子群体向来都是每个社会中最为好战的那一部分。"年轻男子可能会培育出一种特立独行的强调美丽、衣着、装饰、阳刚气概、张狂,以及具有攻击性的亚文化。"[51]据塔西佗的说法,

---

　　[51]　举例而言可参见:Iliffe, *Africans*, pp. 92-6, 115-17;以及:Elizabeth Isichei, *A History of African Societies to 1870*. Cambridge:Cambridge University Press, 1997, pp. 147, 149。

日耳曼人"可能是唯一的满足于一夫一妻的野蛮人,极少的例外(楷体为本书作者所加)"来自那些出身高贵者。根据对早期日耳曼社会所做的一项研究:"一种资源性的多妻婚姻在我们的一些材料中有所反应:那些能够负担的人可以拥有超过一个妻子。"这也适用于斯堪的纳维亚的诺曼人。在相对贫困的日耳曼和诺斯社会里,牛也成为衡量财产的主要标准,而且还是付彩礼的手段。尽管没有受到非洲同龄人那种程度的压迫,年轻的[182]单身汉还是倾向于追随一些杰出的战争领袖去寻求他们自己的财富。[52]

牲畜也能被拿来交换具有稀缺功用的物品,以及装饰性的—威望性的—异域的—奢侈的物品。后面这类物品除了在第一部分中已提到的那些之外,随着历史发展很快又包括了上等衣物,以及铜、白银和黄金。在所有金属中,这三种属于定居农业社会最早采掘出的那一类,几乎仅具有纯粹装饰性的观赏价值,可用于公开展示自己的财产和社会地位。戴在身上并逐年增添的铜环在全世界很多简单农业社会中是财产和地位的标志——这样的状况现在依然存在。按照希腊和罗马作者的古典品味来评判,凯尔特男人对金质身体饰物的喜好已达到过于浮夸的地步。最后,随着人口的增长,耕地逐渐成为竞争的对象。耕地的肥沃程度和位置便利性从一开始便有所差异,且越来越成为一种整体上稀缺的资源;投入耕地的劳力也越来越密集。[53]在富人的田里和家中劳动的奴隶最初大多来自被袭击绑架的外邦人,后来也包括了被迫卖身的穷人。

财产差异和社会分化的加剧是一个渐进的过程,其形式和步调均

[52]　Tacitus, *Germania*. London: Loeb, 1970, sections 13, 18 (quotation); Todd, *The Early Germans*, p. 32; Gwyn Jones, *A History of the Vikings*. Oxford: Oxford University Press, 1984, p. 197.

[53]　瓦伊达提出了早期土地竞争的几种模式,参见: Vayda, *Maori Warfare*, pp. 109-16; id., 'Expansion and warfare among Swidden agriculturalists', *American Anthropologist*, 1961; 63: 346-58; id., *War in Ecological Perspective*. New York: Plenum, 1976。

由每个社会中不同因素的互动而决定。不过,经济和社会要素的紧密相连是其中的普遍规律。很多部落社会(尤其是那些"贫穷"的)在社会和经济上相对"平等"。氏族的长老说话更有分量,然而大事仍要通过所有自由男人的部落大会进行集体决议。古典作者对凯尔特人和日耳曼人的描述与近代欧洲人在美洲、太平洋诸岛和非洲部落土地上观察到的状况之间有着显著的相似性。氏族中的地位有时是按家系排列的,根据真实或虚构的父系长幼尊卑次序确定。很多——但并非所有——部落社会中均包含两种独特的社会地位。按照在波利尼西亚进行的一项实证研究,两者分别被称为"酋长"和"贵人"。[54]

　　在那些有着(很多并没有)酋长"职位"的部落社会里,酋长通常只拥有很有限的权威。酋长可能是公开选出的,不过更普遍的状况是由某一资深氏族垄断并世代相传,尽管并不一定是父死子继而是经常通过内部选举产生。酋长有时也是战争中的领袖,但并非总是如此。他组织协调社会活动并充当社会[183]争端的仲裁人。他也要履行仪式性职责。所有这些行为中他基本上不会运用强制力。他所拥有的权威来源于职位的合法性、作为年长者的身份、劝说技巧以及达成共识的能力。另一方面,"贵人"则没有任何职位。他的地位来自他的明于世故、"进取"精神、魅力、个人才能,以及对财产的灵活运用。他与一群来自自己氏族(经常也来自其他氏族)的追随者之间建立了错综复杂的社会联系。他向追随者提供照顾和保护,在困难时给予他们经济资助,在平时向他们施以种种恩惠。当然作为回报,他也接受他们的服从和支持。依靠这样的支持他可以在地位、财产和婚姻成功等方面更进一步。他的社会地位取决于一种双向的,但也极为不平等的施受关系。[55]

---

[54]　这些概念的初步理论构建可参考:Sahlins, 'Poor man, rich man, bigman, chief';以及这本简明扼要的著作:Marshall Sahlins, *Tribesmen*. Englewood Cliffs, NJ: Prentice-Hall, 1968。

[55]　关于"贵人"之间的敌对关系在引发暴力冲突中的作用,可参见:Saul Sillitoe, 'Big men and war in New Guinea', *Man*, 1978; 13: 252-71。

即便在经济比波利尼西亚更发达的地方也存在着同样的模式。根据波利比乌斯对公元前 3 至前 2 世纪意大利北部凯尔特人的描述："他们的财产包括牛群和黄金……他们当中最被惧怕的和最有权力的,是那些被认为拥有最多随从和伙伴的人。"在非洲,理想的目标是拥有"女人、牛群和指使别人的权力"。"一个贵人的典型形象是拥有充裕的谷物储备、牛群、黄金,以及更重要的是有人可以指使,从而让他获得劳力、权势和安全……被他的妻子们、结了婚的和没结婚的儿子们、年轻的兄弟们、穷亲戚们、随从们,以及一大群小孩所围绕。"⑯

正是上面所说的氏族和胞族等基于亲缘的松散社会组织,以及社会内部对地位的竞争,构成了物质资源日益丰富条件下部落社会中包括战争在内的社会活动的基础。

部落战争

中世纪初期爱尔兰军事史研究中的一则描述适用于所有部落社会:"从现代观点看,这里战争很少但暴力很多。"我们熟悉的由国家所组织的、大规模的、中心化结构并由士兵所执行的战争基本看不到,但暴力武装冲突及其威胁却无处不在。国家的边界分隔开外部的战争和内部的和平这一我们熟悉的模式在当时毫无效力。⑰ 接下来的内容中综合了从世界各地独立获取的关于部落社会中暴力冲突[184]的记录。它们具有显著的相似性(同样也要注意到一些区别)。

---

⑯　Iliffe, *Africans*, pp. 92, 94, 119; also I. Schapera, *Government and Politics in Tribal Societies*. London: Watts, 1956, passim.

⑰　T. M. Charles-Edwards, 'Irish warfare before 1100', in T. Bartlett and K. Jeffery (eds), *A Military History of Ireland*. Cambridge: Cambridge University Press, 1996, p. 26. 比较 Roanal Cohen, 'The tribal, pre-state West African Sahel', in H. Claessen and P. Skalnik (eds), *The Study of the State*, The Hague: Mouton, 1981, pp. 108-9. 理论性概述可参见: Sahlins, *Tribesmen*, p. 5。

我将尽量避免引用某个相关研究的原文，除非是关于特定事实的。

在部落社会暴力层级的底端，是常因菜园、田地、牲畜、女人、地位和荣誉，以及巫术指控而导致的氏族间"仇怨"，往往会升级为敌对和报复的恶性循环。这些我们已经在新几内亚的土著中看到过，且在其他部落社会中也是如此。在解决这些仇怨时，社会斡旋只能部分缓解缺乏中央权力机构所带来的问题，且发生冲突的社会实体越大，就越没有什么能制衡它们的因素。最常见的战争形式是对其他部落领地和定居点的袭击，这与我们在第一部分中看到的没有多大不同。袭击者人数从几个到几十个或几百个不等。参与是自愿的（如果不考虑社会压力的话）。袭击由酋长、"贵人"或任何声名卓著的战士发动。他们在集会的男性战士面前发起提议，然后率领那些自愿参与者去执行。参与者通常多数来自他们自己的或与之有亲属关系的氏族。军事领导权是最低限度的，仅仅在敌对行动过程中有效；领导者缺乏任何纪律措施的协助，也只能进行最基本的战术控制。

人们因一些互相关联的动机而参与袭击。这些动机在我们对狩猎—采集者的讨论中已出现过，只不过其中的物质因素在性质和重要性上都发生了转变：由自然（主要是狩猎）资源变成种植出来的、制造出来的和被积蓄起来的资源。只要有牲畜，它们一定会成为主要战利品。这在关于黑暗时代的希腊人、凯尔特人、日耳曼人、中世纪早期的爱尔兰人、18 世纪前的苏格兰高地人，以及更晚时候的非洲部落的叙述中均有明确记载。在部落农业社会中，夺来的牲畜可以显著改变一个人在物质上的地位。其他富有营养的物品也有着类似的重要性。例如在波利尼西亚小小的汤加雷瓦（Tongareva）环礁上，战争会因争夺椰子树而爆发。[58] 劫掠——以及作为战士的声誉——对于袭击领导者和参与者均为其实现向上社会流动的主要渠道。古典希腊人和罗马人在接触到中欧和北欧的蛮族时，饱受惊吓地记录下后者会为展

---

[58] Goldman, *Ancient Polynesian Society*, p. 69.

现战士的武艺而斩下敌人首级。在 19 世纪的黑山,展示在房屋和定居点前方的敌人首级同样使外国观察者感到震惊。类似情况也发生在 17 世纪的易洛魁领地或 20 世纪的亚马孙流域。妇女经常遭到强奸和[185]绑架。成年男性很少有机会成为俘虏;而一旦被抓,等待着他们的往往是可怕的折磨和伴随着仪式性食人的献祭杀戮。某些俘虏,尤其是其中年轻的那些,会被当作奴隶。也有其他的处置方式,例如易洛魁人会强制俘虏加入易洛魁社会(在接受了夹道殴打之后),来补充这个好战民族日益减少的兵丁。早期罗马的传说也显示他们颇不寻常地愿意接纳外国人和战俘加入初生罗马社会以填充行伍。对于一个高度不安全的世界,力量和自助就是公理,战士声望是社会优势,荣誉是需要时刻警惕捍卫的社会通货,而掠夺是通往财富和地位的钥匙。这种情况下很多部落社会都变成了战士社会。田间劳动大部分落到了女人头上。口头传诵的关于战争、英雄和冒险(以及众神)的史诗成为世界各地的主要文学形式。

袭击队多由与领导者同一氏族的人自愿组成,因此他们在行动中会注意尽力避免己方伤亡。他们往往在凌晨居民都睡着时突袭设防村庄之类的定居点。关于这些,记载最为详细可靠的是易洛魁人对休伦人设防村庄的袭击,以及新西兰毛利人群体对彼此的"帕"(pa,即设防村庄)的袭击。⑤ 如果没能达到出其不意的效果,袭击者通常就会选择撤退。围困是极为罕见而低效的。在宴会上设伏这一方法也是全世界通用的。袭击者也可能会中敌人的埋伏,或无意中与敌人在路上相遇(比如说在敌人也要去袭击他们的时候)。在这些

⑤　Keith Otterbein, 'Why the Iroquois won: An analysis of Iroquois military tactics', 以及: id., 'Huron vs. Iroquois: A case study in inter-tribal warfare', 均再版于: Keith Otterbein, *Feuding and Warfare*. Langhorne, PA: Gordon & Breach, 1994, pp. 1-23; Richter, *The Ordeal of the Longhouse*,尤其是 pp. 31-8, 54-74——它们是易洛魁社会和战争研究领域最好的人类学作品;以及: Snow, *The Iroquois*, pp. 30-2, 53-7, 109; Vayda, *Maori Warfare*——所有关于世界各地部落战争的著作中最为完整全面的之一。

情况下袭击者可能遭受严重伤亡。正式的战斗大多是展示性的,往往制造出更多的噪音而非流血。⑥噪音大多来源于舞蹈、吟唱、喧哗的音乐、嘲骂敌人和高声逗弄武勇等行为。见证这一幕的罗马人或受到惊吓,或迷茫不解,或乐不可支,认为这些动作是野蛮的、儿戏般的和怪异的。渴望巩固自己地位的领袖和杰出战士经常在两军阵前和旗鼓相当的对手单挑,以此方式决定胜负。这一习惯对于通晓早期希腊罗马史诗的人而言也是相当熟悉的。一些罗马政务官(magistrate)直到公元前4至前3世纪仍接受与凯尔特人酋长一对一决战并且胜出。但对于后世的罗马人,此习惯就显得越来越原始和过时了。⑥

　　部落战争中的武器装备属于个人且通常相当劣质。在石器时代社会,它们主要包括矛(以及[186]斧子、棍棒和刀)、弓箭和其他投射物、盾牌,偶尔还包括皮甲或更罕见的牙片头盔。金属的应用导致武器材质发生改变并极大提高了其有效性,但令人惊讶的是武器种类几乎没有变化。价格昂贵利润丰厚的青铜是欧亚大陆人类所制造的第一种实用金属(但在美洲、非洲和太平洋诸岛则并非如此),最早可追溯到公元前第三千纪但主要应用于第二千纪期间。使用青铜的均为精英阶层,因此青铜兵器既具有军事价值也具有威望价值。铁器时代的武器装备同样主要由矛、斧和箭头这几种构成。使用金属更多因而制造起来也更加昂贵的头盔、护甲甚至剑直到很晚才变得较为普及,在此之前仍主要为精英所拥有。因此战士常常凭一介匹夫

---

　　⑥　除了第6章中所引用的之外,理论性概述亦可参见:Service, *Origins of the State and Civilization*, pp. 58-9。

　　⑥　对凯尔特战士的经典描绘可参见:Cunliffe, *The Ancient Celts*, pp. 91-105; id., *The Oxford Illustrated Prehistory of Europe*, pp. 361-4;以及:M. Green (ed.), *The Celtic World*. London:Routledge, 1995, pp. 26-31, 37-54。在研究日耳曼人方面,塔西佗的《日耳曼尼亚志》堪称部落社会和部落战争领域的开山之作,且得到考古和其他来源证据的支持,参见:D. H. Green, *Language and History in the Early Germanic World*. Cambridge:Cambridge University Press, 1998, pp. 21, 49-87。

之勇全裸或半裸地冲上战场(尽管有时也会使用皮质护甲)。往身上画战争纹饰是全世界通行的行为。驯化马匹在欧亚大陆广泛传播后,一些部落农业社会的精英拥有了战车作战能力,随后又掌握了骑马作战。然而,绝大多数战士仍是徒步行军打仗的。

时过境迁,随着部落农业社会由简单向复杂的转变,正式会战变得更为重要也更加血腥了。几个因素导致了这一变化。随着农业集约化和人口密度的逐步增长,武装突袭的距离和时间也随之延长。部队规模越大,行军距离越长,而所跨越地区居住的人口越多,袭击的突然性和隐蔽性也就越难保证。所涉及的战利品也变得更多更为至关重要,因此战争双方都情愿为之打一场可能牺牲性命的正式会战。关系极为重大的部落领地本身可能成为战利品的情况下,奋不顾身的人可能是最多的。很明显,一些最关键的案例与人口迁徙有关。在 20 世纪 60 年代,作为对更早时期视"部落入侵"和征服为历史主导因素的浪漫化观点的正确反思,所谓"新考古学"试图淡化史前时代的人口迁徙,转而强调内生性、渐进性的历史发展。然而,他们的做法有些矫枉过正。无论通过考古发现的史前部落迁徙,还是进入信史时代后有记载的部落迁徙,其证据均极为丰富,无法否认。⑥ 部落中的派系、部落以及部落联盟,在某些情况下都会扶老携幼并带上财产迁入其他地区。对于此类迁徙的原因,历史上记载得相当模糊,但不外乎内部分裂、人口压力/土地稀缺、地力耗尽,或自然灾害灾荒,等等。这样的迁徙可能在部落世界中[187]造成连锁反应,被迫离开自己土地的部落又会构成对他人的压力,把后者也逐出家园。不仅土地,人们所有的财产和家人都会暴露在迁徙大潮之中,无论冲击者一方还是被冲击者一方都必须拼死加以捍卫。

凯尔特人和日耳曼人的民族迁徙是记载最为详细的案例。对他

---

⑥ Kristiansen, *Europe before History*, pp. 2, 314-44; Cunliffe, *The Ancient Celts*, pp. 73-5, 88-90; Mallory, *In Search of the Indo-Europeans*, pp. 63-4, 166-7.

们迁徙的记录始于公元前 4 世纪,以公元 4、5 世纪在匈人(Huns)压力下的日耳曼民族大迁徙为顶峰。不过我们也知道即便在缺乏历史记录的情况下,凯尔特和日耳曼世界中的迁徙仍然存在。例如,公元前 5 世纪凯尔特人从马恩河和摩泽尔河之间的发源地向中欧和西欧的扩张,就通过考古(拉坦诺文化)和语言学得以证明。其他部落社会中类似迁徙的存在也很明显。当部落社会(例如北欧世界)和文明社会(例如地中海世界)毗邻时,后者所拥有的金钱、高级制成品、其他奢侈品(酒),以及丰富的农产品等会为前者的民族迁徙提供一个新的动力(或者说"拉力")。因此,部落战士与文明国家世界纪律严明的军队进行正式会战的可能性便随之增长。

到了要打生死攸关的正面战时,除偶尔使用伏击和诡计外,部落军近乎或彻底不具备熟练配置阵型以及进行战术控制的能力。领导者的主要战术是以身作则。著名的把主将放在最前端而其他人马紧随其后的日耳曼"楔子"阵型或许正是这种英雄主义领导方式的体现。若非如此,他们就会以个人或小队为单位,全体一拥而上投入近身作战。曾有人观察到北欧部落军队使用一种盾牌紧靠在一起的类似希腊方阵的粗糙阵型,但它的出现时间已经比较晚了。欧洲部落武士在与南方文明民族冲突时的近身作战方式,通过他们使用的典型武器长剑得以强化定型。适合单打独斗左右砍杀的长剑,与习惯结成密集阵型作战的古典地中海军队配备的近战武器短剑形成了对比。凯尔特人和日耳曼人依靠在尚武好战社会中训练出的(体格也更强的)精力充沛而咄咄逼人的战士进行狂怒突击,令希腊和罗马的对手为之胆寒。罗马军队在阿里亚战役(公元前 387 年)和泰拉蒙战役(公元前 225 年)中与凯尔特人交战,在公元前 2 世纪末的辛布里人和[188]条顿人入侵,到阿德里安堡战役,再到日耳曼大迁徙中与日耳曼人交战,其胜败记录几乎相当。不过,一旦蛮族一鼓作气的突击被抵挡下来,文明国家军队依靠更有纪律和凝聚力的阵型、更好的战术控制和更适于肉搏战的武器和盔甲,往往能取得最终胜利。在古典时代希腊和罗马人看来,他们的北方邻居缺乏稳定性和毅力,上一秒还凶猛无比，下一秒就彻底绝望崩溃。

此外，与古代作者习惯性的夸张表述给人留下的印象不同，凯尔特人和日耳曼人的迁徙大军很少超过 10 万人规模，哪怕其中包含了整个部落和部落联盟，并带着全部家人、大车和牲畜同行。迁徙大军中的战士最多 2 万人。当然，即便以古典地中海文明国家的标准衡量，这个数目也是相当可怕的。然而不同之处在于罗马人即便输掉一场又一场战役，也可以从他们更大的人力储备——在公元前 3 世纪罗马主宰了意大利半岛时便已超过任何蛮族——中征召出一支新军重新投入战场。相比之下，凯尔特人和日耳曼人的军队只要输一次就满盘皆输。尽管历史中凯尔特人和日耳曼人的入侵声势浩大，但他们部落社会的本质决定了其社会规模是相对较小的。罗马帝国最终屈服于数世纪以来一直是其手下败将的蛮族敌人，其原因是多方面且互相关联的：与过去孤立的部落入侵相比，公元 4 世纪末到 5 世纪初在匈人的压迫下越过莱茵河和多瑙河边境的日耳曼民族迁徙，在地理上更为全方位，人口组成也更多更完整；受到与罗马接触的影响，各日耳曼部落合并成了更大的集群；帝国被敌对将领和皇帝之间频繁的内战撕裂；这些皇帝和将领眼红于部落勇士的战斗力，开始招募他们为自己服役，起初只招募个人，后来更加危险地将整个部落群体作为“蛮族盟军”(foederati)招募，并允许他们定居在帝国封疆之内。即便当时，举例说，428 年从西班牙进入北非前的汪达尔人（Vandal）、阿兰人（Alan）及其同盟加起来也不过 8 万人左右，其中能够披坚执锐的恐怕最多不过 2 万人。由成分复杂的各部落合并而成的西哥特（Visigoth）和东哥特（Ostrogoth）部落集群，各自的人数大概也只比上面的略多一点。[63]

诚然，中央集权的文明国家通常还有其他[189]一系列办法羁縻

---

[63]　Todd, *The Early Germans*, p. 189；Peter Heather, *The Goths*. Oxford：Blackwell, 1996, pp. 73, 148, 151；Herwig Wolfram, *History of the Goths*. Berkeley, CA：University of California, 1988, p. 7.

部落社会为己所用,或使之不那么危险。此外,部落社会在与国家和文明的交往中,也会受内外因素影响而发生转型。不过,在探讨它们的转型之前,我还要考察另一类仅略晚于农民而从新石器时代革命中诞生的人群:牧民部落社会。

牧民部落的战争

我们知道狩猎—采集者在遭遇农民的扩张时不断退缩,直到退入那些不适合农耕的边缘地带才稍得喘息;然而曾几何时,另一类人群即牧民又开始占据其中虽不适合种植但能够用来放牧的土地,标志着狩猎—采集者的衰落进入了一个新的阶段。农民与牧民相分离——这个新石器时代的首次主要经济分化——为各个农业社会创造出一批机动性较强的新型邻居。这些新邻居在包括军事在内的各个方面,都有着比狩猎—采集者远为突出的表现。

前面已经说过,畜牧业紧接着农业之后出现于西南亚。从公元前7世纪起,该地区的早期农业社区便开始从事种植和畜牧相混合的农业。这一形式的农业传入欧洲后延续了千年之久。根据凯撒的说法(《高卢战记》,4.1,5.14,6.21),他所遇见的越原始、越好战的欧洲北部部落民——如英格兰内陆地区的布立吞人,以及日耳曼人——就越依赖于牧牛而非务农。然而,不同于气候温和的欧洲,西南亚和北非的肥沃和半干旱土地之间有更明确的分界线,农牧民分化也更为彻底。这同样适用于东欧—西亚的大草原(steppe)。从公元前第五、第四千纪起,一群又一群人先后进入围绕着农业社会的边缘土地,开发了这一经济区域,牧民生活方式得以发展成形。[64] 人们养殖绵羊和山

---

[64] O. Bar-Yosef and A. Khazanov (eds), *Pastoralism in the Levant: Archeological materials in anthropological perspectives*. Madison, WI: Prehistory Press, 1992;谢拉特关于"二次产品革命"的多篇论文再版于:Andrew Sherratt, *Economy and Society in Prehistoric Europe*. Princeton, NJ: Princeton University Press, 1997, pp. 155-248。

羊,在更为葱郁的草原上还养牛牧马,并以奶产品(以及畜血制品)而非肉类为主要食物。不过,农牧民之间的分化[190]并没有达到非此即彼的地步。农民继续养殖牲畜;牧民也没有完全放弃农耕,而是种植季节性的作物来补充饮食,且在机动性上也有不同层次的表现。我们以后会看到,纯粹的游牧民社会直至公元前第一千纪才随着较为先进的马背骑乘技术而产生,且仅限于某些特殊环境下。

牧民也同样拥有部落的、基于亲缘的关系网络。[65] 他们对土地的使用是高度粗放的,但在经济上仍比狩猎—采集者有效率得多。尽管牧民的人口密度和绝对数目远低于农民,[66]但由于他们具有更高机动性,使更远距离内的人也能保持联系,导致其单个社群规模大致与农民的相当。民族志研究为此提供了证据。例如,在 20 世纪中叶的东非,游牧的达托加人(Datoga)数目有 3 万,分为几个部落和次级部落。著名的马赛人(Maasai)总数接近 25 万,分为 17 个部落,每个部落人数在几千到几万之间。[67] 多多斯人(Dodoth)数目有 2 万。[68] 卡拉莫琼(Karimojong)部落共同体同样有 2 万人。[69] 半游牧的丁卡人和努尔人前面已提到过。伊朗南部的巴瑟里(Basseri)部

---

[65] 这一领域的重要著作包括:Anatoly Khazanov, *Nomads and the Outside World*, 2nd edn. Madison, WI: University of Wisconsin, 1994, see pp. 119-52;以及:Roger Cribb, *Nomads in Archaeology*. Cambridge: Cambridge University Press, 1991, pp. 45-54。一本更为流行的教科书式概述著作为:Thomas Barfield, *The Nomadic Alternative*. Englewood Cliffs, NJ: Prentice Hall, 1993。

[66] 一些相关人口密度数据可参见:Sahlins, *Tribesmen*, p. 34。

[67] K. Fukui and D. Turton (eds), *Warfare among East African Herders*. Osaka: National Museum of Ethnology, 1977, pp. 15, 35;以及:John Galaty, 'Pastoral orbits and deadly jousts: Factors in the Maasai expansion', in J. Galaty and P. Bonte (eds), *Herders, Warriors, and Traders*. Boulder, CO: Westview, 1991, p. 194。

[68] Elizabeth Thomas, *Warrior Herdsmen*. New York: Knopf, 1965。

[69] P. Bonte, 'Non-stratified social formations among pastoral nomads', in J. Friedman and M. Rowlands (eds), *The Evolution of Social Systems*. London: Duckworth, 1977, pp. 192-4;文中还包含了对牧民部落结构的重要理论观察。

落大约有 1.6 万人,分为 12 个血统群体,每个又可进一步分为多个大型扩展家族。该地区的游牧人口总数达数十万。[70] 20 世纪初期,叙利亚北部中幼发拉底河谷的游牧贝都因人(Bedouin)每个部落有数千"帐",而整个部落联盟有 1 万帐。[71]

在叙利亚同一地区发掘出的公元前 19 到前 18 世纪的马瑞(Mari)王国档案,令我们得以对古代新月沃地的游牧人口一探究竟。其中提及马瑞国内 3 个主要亚摩利游牧部落联盟中的 10 个哈尼安(Hanean)部落、5 个便雅悯(Benjaminite)部落和 3 个苏提安(Sutean)部落的名称。还有其他更小的部落群体,每个部落可按血缘关系继续分割。[72] 古代以色列人的起源仍很模糊不清。他们在历史(或者说史前史)上的出现始于 12 个大小不等的有亲缘关系的部落的合并,而这些部落又可以进一步划分为多个氏族。至少古以色列人的核心部分是由转向定居过程中的多个牧业部落群体所形成的。这些群体说着相近的方言(与他们在迦南及附近地区的[191]其他邻居所说的语言并无不同),并组成了松散的军事—近邻同盟。通过考古调查估算,早期以色列人的人口如今被大幅下调到远低于 10 万。[73] 根据老普林尼(Pliny)的《博物志》(5.4.29—30),在主要由半游荡部落牧民所占据的罗马北非地区有着 516 个"民族"(populi),

---

[70] Fredrik Barth, *Nomads of South Persia*. London: Oslo University Press, 1961, pp. 1, 50-60, 119.

[71] V. Müller, *En Syrie avec les Bedouin*, Paris: Ernest Leroux, 1931; M. von Oppenheim, *Die Beduinen*, Vol. 1. Leipzig: Harrassowitz, 1939.

[72] Jean Kupper, *Les Nomades en Mesopotamie au temps des rois de Mari*. Paris: Société d'Edition 'Les Belles Lettres', 1957; J. T. Luke, 'Pastoralism and politics in the Mari period', doctoral dissertation, Ann Arbor, Michigan, 1965; Victor Matthews, *Pastoral Nomadism in the Mari Kingdom* (*ca. 1850-1760*). Cambridge: American School of Oriental Research, 1978; Moshe Anbar, *The Amorite Tribes in Mari*. Tel Aviv: Tel Aviv University, 1985 (希伯来文版;以及 1991 年的法文版).

[73] Israel Finkelstein, *The Archaeology of the Israelite Settlement*. Jerusalem: Israel Exploration Society, 1988, pp. 330-5.

其中包括 53 个城市群体。他只列出了其中 25 个,而在一份现代编撰的古代文献综述中我们可找到略少于 130 个群体的名称。㊆

牧业部落同样以亲属和氏族为核心。一些部落中有酋长职位(与我们之前看到的一样,往往由地位较高的氏族把持,并只拥有有限权力),另一些则没有。氏族、家庭和个人的物质和社会地位有着很大差异,而牲畜无疑是最主要的财产。平均而言,每一家(帐)有几十头牛或接近 100 头小型牲畜,但富裕者所有的往往数倍于此。㊎ 一个人若想有社会地位,就必须有足够牲畜可供交易,并且能借牲畜给别人周转。最主要的交易不用说就是彩礼,往往会需要一大群牲畜。例如,东非多多斯人中一个有影响力的"百万富翁"在接受调查时拥有(如其字面意义一样,像拥有财产一样"拥有")10 个女人(其中 8 个仍然活着)、15 个儿子、23 个女儿、10 个女婿、9 个儿媳和 25 个孙子女。后面这些人都要轮流照料富翁的巨大畜群和广阔的季节性园地,并在社会事务中协助后者。这再一次显示了生存(物质)、繁殖和地位上的成就是如何互相转化的。㊏ 与之类似,卢旺达富有的图西(Tutsi)牧主有几个妻子,后者也因管理前者分布在各处的产业而成为其"经济资产"。于是我们再度看到"子嗣和牛群"增强了"权力和声望",且反过来也成立。"从权力的角度看,多子女的好处在于可以(通过联姻)给自己带来

㊆　D. J. Mattingly, 'War and peace in Roman North Africa: Observations and models of state-tribal interactions', in B. Ferguson and N. Whitehead (eds), *War in the Tribal Zone: Expanding states and indigenous warfare*. Santa Fe, NM: School of American Research, 1992, p. 33.

㊎　Khazanov, *Nomads and the Outside World*, pp. 30, 152–64; Theodore Monod (ed.), 'Introduction', in *Pastoralism in Tropical Africa*. London: Oxford University Press, 1975, pp. 114–15; Andrew Smith, *Pastoralism in Africa*. London: Hurst, 1992, p. 168; Barth, *Nomads of South Persia*, pp. 13, 16–17; Cribb, *Nomads in Archaeology*, pp. 34–5.

㊏　Thomas, *Warrior Herdsmen*, p. 152. Bonte, 'Non-stratified social formations among pastoral nomads', pp. 192–4, 其中很好地阐述了这一互相关联的复杂结构。

更多的牛和社会关系。"⑦

氏族和家族族长垄断婚姻特权的状况在长老掌管着牲畜群的非洲牧民中尤其显著。与之相联系的单身战士年龄组制度也同样流行，其成员的好战性极为突出。非洲牧民经常抢掠其他部落的牲畜和妇女，因此成为受人畏惧的战士。⑧ 氏族间因积怨而导致的冲突则更为频繁。抢牛的行动若发生在晚上，则目标是定居点附近的牲畜棚；[192]若在白天则目标是牧场。一旦得手，抢劫者就会带着战利品迅速撤退，令被抢者来不及组织队伍追赶他们。⑦ 像更为干旱的环境中的水那样，牧场土地也是暴力冲突的一个主要原因。只要把这些冲突考虑进去，牧业世界就绝非人们想象中的那种宁静安详的浪漫田园。

牧民彼此构成的威胁，比起他们对农民的威胁来还是小巫见大巫了。对现存社会的最新研究揭示了牧民—农民互动中的复杂性，其中所包含的远不止是敌意、互相蔑视和冲突（尽管这些都存在）。为了抓住变化中的机遇，群体需要在介于"纯粹"的农民或牧民两个极端间的频谱中不断寻找自身定位。在任何地方，牧民都要向农民购买农作物和一系列制成品，而以肉类、兽皮、羊毛和奶制品来支付。然而对于牧民总是存在着使用暴力的强烈诱感。首先，农民也拥有可以被掠夺的牲畜。其次，他们的土地可作为富饶而水源充足的牧场，这一点对于半干旱环境下遭受灾害的牧民尤其有意义。牧民擅自侵入农民土地的现象很常见，且他们对土地所有权和使用权的观念显然与农民不同。再次，如果可以通过

---

⑦　Jacque Maquet, *The Premise of Inequality in Ruanda*. London：Oxford University Press, 1961, pp. 72-3, 82.

⑧　举例而言可参见：P. T. W. Baxter, 'Boran age-sets and warfare', in K. Fukui and D. Turton (eds), *Warfare among East African Herders*. Osaka：National Museum of Ethnology, 1977, pp. 69-96；Uri Almagor, 'Raiders and elders：A confrontation of generations among the Dassanetch', 同上, pp. 119-46；以及：Galaty, 'Pastoral orbits and deadly jousts', 尤其是 pp. 188-92；Thomas, *Warrior Herdsmen*, pp. 3-9, 55-8。

⑦　参见：Thomas, *Warrior Herdsmen*, pp. 120-1，描述了一场发生在白天的劫掠。

偷盗、强夺和勒索获得农产品,而不用拿出东西交换的话,那当然更好。最后但并非不重要的是,在与农民的冲突中,牧民享有原先狩猎—采集者同样具有的显著优势,但他们的人数要比狩猎—采集者多得多。高机动性让他们能够选择时间地点主动出击,同时对手却难以找到他们,从而使他们一定程度上免受反击。而他们对面的农民则是静止的靶子,特别易受劫掠破坏行为的伤害。除此之外,在旷野中不断迁徙的生活总体上也令牧民成为比农民对手更好的战士。⑧

学者普遍认为部落牧民对农业社会的入侵是具有重大历史意义的事件,但他们的注意力主要放在了欧亚草原驯化马匹(这些马起初被用来拉战车,随后用于军事骑乘)后发生的那些案例上。马的驯化令牧民生活方式为之一变,推动了他们的游牧化,并使其实力大为增强。此外,马的驯化这一过程大多发生在信史时代,因此当那些已有文字的国家和文明面对牧民强有力的有时甚至是具有毁灭性的[193]威胁时,它们也将这一过程的影响记录了下来。然而,牧民在马的驯化和普遍应用之前即已存在。当时他们并未完全游牧化,机动性也比后来更差,但仍然远远超过农民。此时的牧民与邻近农业社群发生冲突会有何结果?

试图回答这个问题时,我们手头幸好有世界上各个地区的案例,可代表牧业社会进化过程中的不同"模式"或"阶段"。畜牧始于西南亚。随后,东欧—西亚草原上(可能在乌克兰)的牧民驯化了马匹。轮子发明于上述区域之一或周边更广阔区域内。所有这些进步都发生在欧亚大陆,且在不久后扩散到整片大陆。然而,因存在地理障碍和生态限制,以上这些均未传入美洲和大洋洲,或在当地独立发生(美洲驼和羊驼的养殖仅限于安第斯山高海拔地带,且并未由此演化出一种畜牧生活方式)。结果是在这两地均产生了既无牧民也无马匹更无轮子的社会。牧民的缺失也导致人数可观的狩猎—采集者群体得以在美洲的边缘地区生存下来。相比之下,撒哈拉以南非洲,尤其是东非,

---

⑧　再次强调最出色的理论探讨来自：Khazanov, *Nomads and the Outside World*, pp. 222-7。

则构成了一个"中间态"案例,与更早的、拥有马匹前的西南亚牧民社会极为相似。早在新石器时代,甚至还在撒哈拉的干旱化之前,驯化家畜便已从北方传来,因此畜牧在此地的存在已有数千年之久。然而后来的新物种如马直到公元第二千纪的中期才越过撒哈拉传至西非,进入东非时则已是近现代。东非一大批没有马也没有轮子的牧业部落社会一直存在到 20 世纪。通过欧洲人的观察,他们与农民邻居的关系模式可以很清楚地总结出来,就是前者为刀俎后者为鱼肉。最值得注意的是,大约就在最后这一千年里,操尼罗语系(Nilotic)诸语言的牧民从南苏丹不断向埃塞俄比亚西南部、肯尼亚、坦桑尼亚、乌干达和卢旺达—布隆迪扩张,袭扰当地操班图语的农民,有时还占据了后者的土地或成为他们的支配者(这些牧民也会自相争斗)。

在某些案例中,这一模式变成了彻头彻尾的政治统治。乌干达的安科拉人(Ankole)、尼奥罗人(Nyoro)、巴干达人(Baganda)和布尼奥罗人(Bunyoro)均为较有名气的例子,而最著名的或许是卢旺达和布隆迪的图西人统治胡图人(Hutu)[194]的案例。在这些不同的社会中,牧民统治精英只占总人口的 10% 到 15%。按照 20 世纪 60 年代讳言暴力的传统,一些学者将牧民的统治归因于他们在经济增长上的更高潜力和他们的等级社会结构。[81] 但大多数学者毫不怀

---

[81] Fredrik Barth, 'A general perspective on nomad-sedentary relations in the Middle East', reprinted in id., *Process and Form in Social Life*: *Selected essays*, Vol. I. London: Routledge, 1981, pp. 187-97;作为农—牧关系问题上的开创性著作,本书将牧民优势的原因过分狭隘地限定在经济方面。与之类似的是莫诺德所主编的文集。与此前的趋势相反,这与非洲一些最为好战的社会有关的书居然根本没有提到冲突问题:Theodore Monod (ed.), *Pastoralism in Tropical Africa*. London: Oxford University Press, 1975。与共同主编者形成鲜明对照的是,皮埃尔·邦特代表了一种流行于 20 世纪 60 和 70 年代的思想倾向,即否认北方外族牧民入侵者的军事统治构成了非洲大湖区社会的基础,参见:Galaty and Bonte, *Herders*, *Warriors*, *and Traders*, pp. 62-86。与之相似,20 世纪 90 年代卢旺达种族灭绝背景下,西方仍有很多人对其中的"部族"—族裔因素掩耳盗铃视而不见。这里面可能存在着对 19 世纪末 20 世纪初流行理论的过分修正,后者代表可参见:Franz Oppenheimer, *The State*, New York: Vanguard, 1926;这本书里将牧民征服视为国家最初形成过程中的普遍机制。

疑支撑统治的是武力和威胁使用武力。牧民的主宰地位表现在土地优先使用,从农民手里榨取农产品贡物,和以牧民构成武士精英统治集团等方面。精英集团和农民大众之间的关系可能包含程度不一的互相同化和融合,但通常仍具有不平等性质并伴随着一种恩庇—侍从(patron-client)关系,甚至偶尔会建立起种族阶层隔离的制度。(在其他地方,这样的制度以入侵印度的雅利安牧民所建立的种姓制最为闻名。)随着时间流逝,无论在非洲还是其他地方,入侵的牧民几乎不可避免地会安顿在肥沃的农业土地上,采取一种混合且更为定居的生活方式,在此过程中完成自身转型。融合了征服者与被征服者的政治实体就这样建立起来。"通过更具机动性和更为好战的牧民精英对定居种植者的统治,政治体制变得更为集权化。"⑧

　　东非民族志类比研究有助于我们理解尚未有驯化马匹的史前时代晚期近东这一农—牧业摇篮中的牧民—农民关系。这一主题,包括其中与暴力相关的方面,均为学术关注和争论的焦点所在。公元前第三千纪,新月沃地的农业社群中逐渐诞生出众多小国、城邦和国家。然而到了这个千纪的末期,危机从天而降。关于危机的书面记录主要存在于这一地区东部的美索不达米亚文明中。在这里,操闪米特语的阿卡德人(Akkad)的萨尔贡(Sargon)大帝——"他的父亲曾居于帐篷之中"——于公元前 24 世纪崛起并统治了古老的苏美尔

　　⑧　Ronald Oliver,'The Nilotic contribution to Bantu Africa',*Journal of African History*,1982;23:442. 出色的历史和理论综合叙述可参见:Service,*Origins of the State and Civilization*,pp. 117-26;Khazanov,*Nomads and the Outside World*,pp. 290-5;A. Richards(ed.),*East African Chiefs*. London:Faber,1960;Edward Steinhart,'Ankole:pastoral hegemony',in H. Claessen and P. Skaknik(eds),*The Early State*. The Hague:Mouton,1978,pp. 131-50. Ronald Cohen,'State foundations:A controlled comparison',in R. Cohen and E. Service(eds),*Origins of the State*,Philadelphia:Institute for the Study of Human Issues,1978,p. 155;此书否定了结构主义—功能主义的和谐化理论。亦可参见:Isichei,*A History of African Societies to 1870*,pp. 89,139-40,443-8;Iliffe,*Africans*,pp. 105-9. 关于图西人—胡图人之间的等级制度和恩庇—侍从体系,参见:Maquet,*The Premise of Inequality in Ruanda*。

各城邦的土地。他所创立的帝国传到继承者手里后，被古提（Gutian）牧民摧毁。当这个千纪接近尾声时（留存下来的书面证据也变得更多更好了），美索不达米亚文明受到来自其西方的叙利亚北部闪米特部落牧民持续不断的大规模渗透和侵扰。当地人称这些牧民为马尔图人（Martu，苏美尔语）或阿穆鲁人（Amurru，阿卡德语），意思均为"西方人"；在希伯来《圣经》中则称之为亚摩利人（Amorites）。当时居统治地位的强权国家乌尔第三[195]王朝的诸王发动了针对这些牧民的军事远征，除此之外还建造了连接底格里斯河和幼发拉底河的 280 公里长城以限制其侵犯——这也是世界上第一座由文明国家树起的针对其游牧邻人的屏障，领先著名的中国长城近两千年。如同后来的类似工程一样，这道长城被证明作用有限。乌尔第三帝国的解体既是亚摩利人入侵的结果，也成为下一波入侵的起源。在随之而来的混乱中，亚摩利部落群体和亚摩利人领袖积极充当袭击者、掠夺者、侵略者、受雇于城邦统治者的佣兵，以及最终的篡权者。到公元前第二千纪之初，亚摩利人所统治的各个王朝及其精英已在这一区域内确立了自己的统治地位，无论是在拉尔萨（Larsa）、巴比伦（著名的汉谟拉比）、马拉德（Marad）、希帕（Sippar）、基什（Kish）、马瑞（Mari），还是在亚述。这些统治者和萨尔贡一样夸耀着"他们的父亲曾居于帐篷之中"。⊗

对于同一时期发生在新月沃地西半部分即黎凡特（Levant），尤其是在其南部的事件，我们只能主要依靠考古去了解，因为书面记录几乎不存在。从公元前 2350 年到前 1950 年，位于后世的叙利亚、以色列和外约旦（Trans-Jordan）的大批处于青铜时代早期（第三阶段）的设防城市定居点突然衰落。大部分荒废了，一小部分被摧毁或被

⊗ 参见：Mario Liverani, 'The Amorites', in D. Wiseman (ed.), *Peoples of Old Testament Times*. Oxford: Oxford University Press, 1973, pp. 100–33；Anbar, *The Amorite Tribes in Mari*, p. 179。语文—统计学分析可参见：Giorgio Buccellati, *The Amorites of the Ur III Period*. Naples: Instituto Orientale, 1966。

新的统治精英占领。该地区考古和历史研究的先驱者将这场动荡与美索不达米亚文献中记载的亚摩利牧民入侵联系到一起。《圣经》中叙述一千年后的以色列人迁徙时,也称亚摩利人在当时占据了外约旦边缘地区和迦南(Canaan)的中部山区。不过,更为晚近时期的学者则否认亚摩利人(以及公元前第二千纪末期的阿拉米人和以色列人)在他们起源之地的黎凡特,也像在美索不达米亚那样,是种族上不同于当地人的外来入侵部落"民族"。从对现存社会的研究中,这些学者认识到同一地区内的牧民和农民间往往并非泾渭分明,而是有着共生的和不断互相转变的关系。根据他们对古代文献的解读,阿穆鲁人及其同类所指代的是同一"社会空间"内的边缘成员群体,而非真正的外来者。外来者军事入侵这一解释让位给了在一个"双态"的牧业—农业社会中发生的"过程性的"(processual)内部经济和社会变革。其他学者则强调城市和国家统治精英阶层与他们试图统治的乡村农民[196]和牧民之间的冲突,而非农民与牧民间的冲突。黎凡特城市中心的衰落据说是与这种紧张所导致的内部"系统崩溃"有关。其他相关因素还包括国际贸易的衰落、埃及人的侵袭(在埃及文献中有一定证据,不过还远谈不上充分),或其他我们尚无从得知的原因。㉞

　　㉞　与居住在马瑞(Mari)和黎凡特的亚摩利人、阿拉米人和以色列人相关的类似争论也同样存在。关于由威廉·奥尔布赖特(William Albright)最初提出的"传统"式观点,可参见:Kupper, *Les Nomades en Mesopotamie au temps des rois de Mari*;Horst Klengel, *Zwischen Zelt und Palast*. Vienna:Schroll, 1972;Kathleen Kenyon, *Amorites and Canaanites*. London:Oxford University Press, 1966。这一观点后来又被加以修正更为持平,参见:Kay Prag, 'Ancient and modern pastoral migrations in the Levant', *Levant*, 1985;17:81-8;更有力的论述参见 Mattanyah Zohar, 'Pastoralism and the spread of the Semitic languages', in O. Bar-Yosef and A. Khazanov (eds), *Pastoralism in the Levant: Archeological materials in anthropological perspectives*. Madison, WI:Prehistory Press, 1992, p. 172。关于"修正主义"观点可参见:Luke, 'Pastoralism and politics in the Mari period';Matthews, *Pastoral Nomadism in the Mari Kingdom*;M. Rowton, 'The physical environment and the problem of (转下页注)

　　这些观点都很有意义，然而似乎也走得太远了，以至于很多论辩都浮于表面而缺乏真实内涵。或许可以采用以下的综述：现在已清楚部落牧民并非过着完全居无定所的生活（更不是什么骑马的游牧民），也不是来自什么叙利亚或阿拉伯"沙漠"——如一种可追溯到19世纪的早期观点中声称的那样。直到公元前第一千纪中期，当欧亚草原上对马的驯化和阿拉伯地区对骆驼的驯化均告完成时，彻底的游牧化生活方式才依次在这两个地区出现。拥有马和骆驼前的部落牧民居住在农业社区内外边缘。在那里或因地形崎岖不平，或因降水量过低以及不规律（年降水量为 100—400 毫米）而导致土地无法耕种。他们的游牧化水平不一，一般最起码也会从事季节性谷物

（接上页注）the nomads', in J. Kupper (ed.), *La Civilisation de Mari*. Paris: Société d'Édition 'Les Belles Lettres', 1967; M. Rowton, 'Dimorphic structure and the parasocial element', *Journal of Near Eastern Studies*, 1977; 36: 181-98; Robert Adams, 'The Mesopotamian social landscape: A view from the frontier', in C. Moore (ed.), *Reconstructing Complex Societies*. Cambridge, MA: American Schools of Oriental Research, 1974, pp. 1-20; William Dever, 'Pastoralism and the end of the urban early Bronze Age in Palestine', in Bar-Yosef and Khazanov, *Pastoralism in the Levant: Archeological materials in anthropological perspectives*, pp. 83-92; Mario Liverani, 'The collapse of the Near Eastern regional system at the end of the Bronze Age: the case of Syria', in M. Rowlands, M. Larsen, and K. Kristiansen (eds), *Centre and Periphery in the Ancient World*. Cambridge: Cambridge University Press, 1987, pp. 66-73; Suzanne Richard, 'Toward a consensus of opinion on the end of the Early Bronze Age in Palestine—Transjordan', *Bulletin of the American Schools of Oriental Research*, 1980; 237: 5-34; id., 'The early Bronze Age: The rise and collapse of "urbanism"', *Biblical Archaeologist*, 1987; 50: 22-43; Gaetano Palumbo, *The Early Bronze Age IV in the Southern Levant*. Rome: La Sapienza University Press, 1991; G. Mendenhall, 'The Hebrew conquest of Palestine', *Biblical Archaeologist*, 1962; 25: 66-87; Finkelstein, *The Archaeology of the Israelite Settlement*; Helene Sader, 'The 12th century b. c. in Syria: The problem of the rise of the Aramaeans', in W. Ward and M. Joukowsky (eds), *The Crisis Years · The 12th century B. C. from beyond the Danube to the Tigris*. Dubuque, IO: Kendall, 1992, pp. 157-63。

种植，并与农民充分互动。两者间关系既包括贸易，也包括冲突，而后者的主要形式是劫掠袭击。尽管并非完全游牧化，他们仍具有比农民高得多的机动性，在适当时候也会表现出更强的侵略性。

牧民与农民之间的族裔和社会关系这一问题某种程度上颇具误导性。在公元前第三和前第二千纪的近东地区，政治、社会和族裔的界限过于模糊，而各社群也都是一些小的、以亲属关系为基础且彼此离得不远的群体，以至于很难说居住在各个农业社区边缘或其间土地上的部落牧民究竟是属于农业社会内部，还是属于严格意义上的社会以外。或许在这两个极端之间的各种状况都有，具体情况则取决于环境。⑧ 在美索不达米亚，亚摩利牧民显然是从外面来的，说着与当地人不同的语言，以通常所用的一切标准衡量都是族裔上和社会上异质性的，直到他们被逐渐同化。在黎凡特，牧民和农民之间的地理和族裔差别或许更小一些，但也[197]未必如此。而且亚摩利人、阿拉米人和以色列人这几个案例之间也存在差异。应当记住，甚至在晚至 19、20 世纪的中东，贝都因游牧部落和农民（falahin，"费拉"）也被看作属于不同族裔，且他们彼此也以外族人视之，尽管两者都说着相近的阿拉伯语方言。现代民族主义分类学同样会起到误导作用，例如目前流行的认为古代希伯来人实际上是迦南人的观点，原因只不过是他们所说的方言与居住于附近的城市居民和平原农民相似。

更加细化的考古研究——如早期青铜时代第三至第四阶段转型期间城市衰落过程中差异性和连续性孰为主次这种主题——本身确实很有价值，但只要我们还没有获得更好的书面记录，靠它终归无法真正解决牧民族裔问题，也无法就城市衰落究竟是否由亚摩利人或其他牧民造成得出确定结论。事实是，尽管埃及的侵袭被假定为黎

---

⑧　进一步研究可参见：Kathryn Kamp and Norman Yoffee, 'Ethnicity in Ancient Western Asia during the early second millennium b. c. ', *Bulletin of the American Schools of Oriental Research*, 1980；237：85-104。

凡特城市衰落的一个可能原因,埃及自身却也在同一时段经历了闪米特牧民从东部向尼罗河三角洲的渗透入侵。对此我们像在美索不达米亚一样拥有相关书面记录。和公元前第三和前第二千纪之交的新月沃地其他地方一样,入侵也给埃及带来了危机。入侵者显然对古王国的崩溃和第一中间期的动乱起到助力作用。在埃及,这些新来者很明显也是外邦人。

另一方面,牧民的行为大多并不符合人们头脑中入侵者如"狂潮"一般进军的印象。一个例子是图西人先缓慢渗透占领位于人口较多的低地胡图农业部落和小型政治体缝隙中的高地牧场。从高地出发,图西人接下来取得了对胡图人的优势并最终统治了整个国家。这一过程与最近考古中发现的以色列人首先定居于人口稀少的迦南山地,并从此处缓慢扩张直至统治了人烟稠密的平原地区的过程有一定相似性。在以色列人的案例中,考古和书面证据可以互相印证。考古揭示了一个漫长的、零敲碎打的征服过程,其中所涉及的部落集团很明显也是碎片化的且不断重组的。这与《士师记》中所包含的早期传说更为符合,而《约书亚记》中对统一指挥下的入侵征服战役的描述则很显然受到了后来国家时代的观念的影响。⑧⑥

[198]东非类比有助于消除古代近东研究中的一个疑问,解答尚无马匹的早期牧民如何也能像后世骑马的牧民那样,拥有对农业社区(或小型政治体)的军事优势这个问题。⑧⑦公元前第四千纪美索不达米亚的定居点聚集组成了有围墙的城市,这或许主要是大规模的、人口密集的且逐步集权化的农业和贸易社群之间冲突的结果。然而在公元前第三千纪前半叶,社会和政治方面均较为落后的早期青铜时代黎凡特南部,人口的聚集和有围墙定居点的产生更有

---

⑧⑥　Finkelstein, *The Archaeology of the Israelite Settlement*.

⑧⑦　Bar-Yosef and Khazanov, 'Introduction', in *Pastoralism in the Levant*, p. 5.

可能意味着牧民对乡间居民的威胁有所增长,而不是因为定居农民社群之间发生冲突。⑧ 如美索不达米亚的记录所显示的那样,牧民虽然也以大致和平的方式进行渗透,然而一旦看到机会或觉察出弱点,便会发动袭击;对手的软弱可欺激发起他们的野心,最终令他们成为定居农民的主人。然而,城市和国家组织形式也成为该地区更强有力的定居社群试图控制和统治部落牧民的手段。⑧ 应当记住与世界上其他一些地方不同,在古代新月沃地,我们所考察的并非仅仅是农民部落与牧民部落之间的关系。当农业城邦或国家衰落时,依附于它们的牧民部落成分可能会趁势扩张,但也很可能随之一同衰落。

为了取得统治地位,牧民部落并不一定要攻击设防城市。他们无疑会发现这是相当困难的。在美索不达米亚的一些发达城市中心,当地统治者会雇佣素有勇武之名的部落牧民战士,而某些情况下统治权的转移便通过雇佣兵首领从雇主手中夺取政权而实现。异族雇佣兵夺权的行为在此后的历史上将成为惯例。不过,这并非牧民通向宝座的唯一途径。他们可以蹂躏比城市本身更缺少防御能力的农村腹地,对城市的脆弱经济造成毁灭性打击,令城市迅速走上衰落和消亡之路。这就是"过程主义"考古学者所说的"系统崩溃"背后的

---

⑧　Zohar, 'Pastoralism and the spread of the Semitic languages', p. 172. Robert O'Connell, *Ride of the Second Horseman*. New York: Oxford University Press, 1995, Chapter 6;奥康奈关于上述可能性的出色见解中也存在着瑕疵,其一是他猜想来自大草原的骑马游牧民早在公元前第四和前第三千纪时便展开了对近东的侵袭,其二是他的卢梭主义研究路径。金普塔斯最初的论文(1970 年)也同样在这方面误入歧途,参见: Marija Gimbutas, *The Kurgan Culture and the Indo-Europeanization of Europe: Selected articles from 1952 to 1993*. Washington, DC: Institute for the Study of Man, 1997, pp. 107–10。

⑧　一般性的理论探讨可参见: Talal Asad, 'The Beduin as a military force: notes on some aspects of power relations between nomads and sedentaries in historical perspective', in C. Nelson (ed.), *The Desert and the Sown: Nomads in the wider society*, Berkeley, CA: University of California, 1973, pp. 61–73; Khazanov, *Nomads and the Outside World*, pp. 212–21。

机制。正如外来牧民占领旧说的一位主要批评者所写的那样："当部落民占领了乡下大片土地,当食物供应减少而贸易衰退,城市就会开始收缩并陷入了无生气的贫困之中。"关于[199]美索不达米亚,另一位学者这样写道："亚摩利人接管了设防城市以外的地盘,将城市一个接一个孤立起来。田地因而荒芜,大麦⑨的价格飞涨到正常水平的 60 倍。"⑨

与更早的观点不同,近年来黎凡特考古学界倾向于认为城市崩溃并不一定意味着严重的人口减少,只不过当人口转移到农村或牧民部落时,其定居点遗址更难以发现罢了。不过,"黑暗时代"似乎普遍具有人口减少的特征,原因在于长距离贸易衰退和经济总量的下滑,在于安全条件的恶化,也在于牧业生产方式比农业更加粗放。随着时间流逝,农业社群中的牧民成分以各种方式逐渐融入其中。一些牧民采取了更为定居化的生活方式,使他们原先占据的边缘地带向新的牧民群体敞开。公元前第二千纪末的阿拉米人和以色列人可能就是在一千年前的亚摩利牧民定居化后接替他们的这类后期牧民群体。⑨

在东非,牧民的优势地位导致了尼罗语系诸语言的大扩张。在古代近东,闪米特诸语的传播同样被认为与起源于新月沃地"内侧"的牧民有关。这一语言传播和牧民扩张的双重过程约发生在

---

⑨　原文作 barely,疑误。——译注

⑨　Rowton, 'The physical environment and the problem of the nomads', p. 120; Anbar, *The Amorite Tribes in Mari*, p. 179, relying on: Thorkild Jacobsen, 'The reign of Ibbi Suen', *Journal of Cuneiform Studies*, 1953; vii: 36–47.

⑨　关于这一点已有完善论证,举例而言可参见: Glenn Schwartz, 'The origins of the Aramaeans in Syria and Northern Mesopotamia', in O. Haex, H. Curves, and P. Akkermans (eds), *To the Euphrates and Beyond*. Rotterdam: Balkema, 1989, pp. 275–91, 尤其是 pp. 283–4; Ran Zadok, 'Elements of Aramean prehistory', in M. Cogan and I. Eph'al (eds), *Ah, Assyria: Studies in Assyrian history and ancient Near Eastern historiography*. Jerusalem: Magnes, 1991, pp. 104–17。

公元前第四到前第三千纪。旧阿卡德语、亚摩利语,以及后来为人所知的其他闪米特语分支语言即为此次扩张的证据。[33] 新月沃地文明摇篮中所孕育的更原始的农民群体语言很可能因此而被取代。苏美尔语事实上被阿卡德语所取代,只因尚具有仪式用途,且已留下大量以该语言书写的文字资料而幸存下来。古代黎凡特的大多数地名并非来源于闪米特语,这是该地区存在更早语言断层的一个明显的语言学标志。公元前第三千纪末期和前第二千纪的早期闪米特诸语之间的紧密相似性,也说明了这些语言的扩张和分化不可能是在很早之前开始的。语言替换并不表明人口也一定遭到替换,尽管后面的情况可能在某种程度上确有发生。原住民语言的变化更可能是由于牧民成为社会中的精英统治阶层而导致的。

闪米特语的扩张年代过于久远,[200]我们对其具体情况不可避免地只能通过推测来补全。好在后世历史中记录下了很多类似案例。它们包括阿尔泰语系诸语言通过突厥人和蒙古人在中亚和西亚的传播,阿拉伯语在中东和北非的传播,以及乌拉尔语系的匈牙利人向中欧的迁徙。前两个案例涉及疆域的剧烈扩张,且均是在公元第一千纪中期到公元第二千纪中期之间,由骑马或骑骆驼的牧民在相对较短的时间内达成的。然而正如尼罗语系和闪米特语族的案例所揭示的那样,没有马的牧民虽说在机动性上不如骑马的游牧民,但他们也能达成与后者相似——尽管可能没那么壮观——的成就。活动范围比束缚在土地上的农民更广的牧民社会天生便是语言传播的理想载体。而要令语言传播成果巩固下来,还要靠牧民随时抓住机会对农业社会发动攻击,建立起自身的精英统治。

---

[33] 19世纪时人们普遍相信早期闪米特人以牧羊为生。这一点在如今已变得不那么肯定,举例而言可参见:Mellaart, *The Neolithic of the Near East*, pp. 280-2, 以及:Zohar, 'Pastoralism and the spread of the Semitic languages'.

　　畜牧被认为是继农业扩张之后的又一个推动了欧亚大陆上大型语系形成的关键因素。在前哥伦布时代的美洲，驯化动物的角色无足轻重，因此不存在牧业社会。而美洲在语言方面也是极度碎片化的，语言总数四倍于欧亚大陆。㉔ 仅仅在北美（如今的美国和加拿大）就有 23 个语系和 375 种不同的语言（整个南北美则有约 2000种）。混合了畜牧成分的农业在传播语言方面的能力已被非洲班图人的扩张所证明。前面提到过的新石器时代农业在近东内部及由此向外的扩张或许也能够作为证据，但我们还应考虑到这一点：到了公元前第二千纪末期，近东的所有原始语言均已被闪米特语族和印欧语系诸语言取代；然而在这一取代过程发生前，古代近东地区北部就有几种截然不同的均已形成文字的语言——哈梯语（Hattic）、胡里安语（Hurrian）、乌拉尔图语（Urartian）和苏美尔语。这或许能够说明在早期（新石器时代？）的古代近东，语言的异质性比我们过去认为的更大，也就是说这一时期依靠农业进行语言传播的效果并没有那么显著。因此相比混合农业，哪怕还处于无马阶段的畜牧业也可能是语言传播更有效的推动因素，原因在于牧民能够进行大规模的领土扩张并建立军事—政治统治，而这是早期农民无法做到的。当然，就像征服英格兰的诺曼人最终采用了本地日耳曼语言那样（这一语言也受征服者的影响而发生了一定变化），某些情况下是居统治地位的牧民精英说起了人数远多于他们的本地农民的语言，而非反过来。例如，在乌干达和卢旺达，人们说的是班图语，而阿尔泰语系的保加利亚骑马牧民也采用了[201]他们在公元 8 世纪所征服的斯拉夫农民的语言。

　　㉔　Colin Renfrew, 'Language families and the spread of farming', Harris, *The Origins and Spread of Agriculture and Pastoralism in Eurasia*，尤其是 pp. 73-6；更详细的论证可参见：R. Austerlitz, 'Language-family density in North America and Africa', *Ural-Altaische Jahrbücher*, 1980；52：1–10；Johanna Nichols, *Language Diversity in Time and Space*. Chicago：University of Chicago，1992。

最初的骑马牧民

牧民的扩张使我们的讨论对象得以转移到比近东更大,同时也最受关注的另一个畜牧业中心,也就是新石器时代和早期青铜时代的东欧—西亚大草原。人们的注意力主要集中在两个众所周知且很可能是相关联的问题上:马的驯化和应用,以及印欧语系语言的起源和传播。

野马在欧洲一直存在到新石器时代末期或更后,不过只有在大草原上,它们才得以繁盛并形成了大型种群。公元前第四千纪,它们被当地居民大批捕猎并加以驯化。这种其貌不扬,只有 130—140 厘米高,相当于今日矮种马大小的动物能有什么用处? 这成了一个人们激烈争辩的问题。对此已有共识,认为最初相当长一段时间内,它们的主要用途是提供肉食(和奶制品);考古中发现的屠宰痕迹证明了这一点。就此而言,野马的用途和北美野牛对印第安人的经济用途并无不同,而这也是那些被驯化的畜类如牛、羊和北方的驯鹿对于在不同生态区位中围绕它们而建立的牧业社会的用途。然而,马是否除此之外还被用于其他目的——也就是运输——以及从何时开始呢? 考古发现的一些鹿角被认为是颊革的组成部分,并且最近在一匹马的骨骼样本上发现了臼齿磨损的痕迹(但在其他样本上没有),这可能表明早在公元前第四千纪乌克兰草原上就开始使用马嚼。㊟这意味着马被用作驮兽,或许也用于轻量拖拽(如雪橇)和骑乘。在近东,其他马科动物如驴和(驯化较不成功的)中亚野驴,或两者的杂交品种,也在大致相同的时期以类似方式被驯化并用于同样的目的。

㊟　Dmitriy Telegin, *Dereivka : A settlement and cemetery of copper age horse-keepers on the Middle Dnieper*. Oxford:British Archaeological Reports, 1986, 更多研究成果可参见:I. Potekhina and V. Bibikova;David Anthony and Dorcas Brown, 'The origins of horseback riding', *Antiquity*, 1991;65:22-38。对于上述证据的早期驯化意义表示怀疑的看法可参见:Marsha Levine, 'Dereivka and the problem of horse domestication', *Antiquity*, 1990;64:727-40。

北方的驯鹿或许是与野马最为相似的：它被人驯养，但也有遭到捕猎的野生种群；它被人宰杀食用；它既驮又拉，有时也被人骑。[96] 然而，马嚼的发现，使得[202]一些学者将公元前第一千纪才为人所熟知的基于骑马的游牧社会的出现时间向前推到了公元前第四和前第三千纪。一些通俗作者很快也以后来纵横欧亚的骑马游牧战士为原型想象出他们的早期版本。[97] 这一形象被与原始印欧语（proto-Indo-European，PIE）——整个印欧语系均分化自这一语言——传播的理论联系到一起。该理论认为原本只在东南欧—西亚草原牧民中使用的原始印欧语，通过这些牧民的迁徙和军事扩张传播了出去，形成我们今天看到的局面。[98]

这一关于早期马背骑乘的演绎中有着根本的缺陷。首先，考古

<hr>

[96] R. Meadow and H-P. Uermpann (eds), *Equids in the Ancient World*. Wiesbaden: Ludwig Reichert, 1986(1991)；Eran Ovadia, 'The domestication of the ass and pack transport by animals: a case of technological change', in Bar-Yosef and Khazanov, *Pastoralism in the Levant: Archeological materials in anthropological perspectives*, pp. 19-28；Andrew Sheratt, 'The secondary exploitation of animals in the old world', in *Economy and Society in Prehistoric Europe*, pp. 199-228. 关于古代和现代人对驯鹿的应用（包括骑乘），可参见：Miklos Jankovich, *They Rode into Europe: The fruitful exchange in the arts of horsemanship between East and West*. New York: Scribner, 1971, pp. 19-22，以及 p. 24 后的图片；Tim Ingold, *Hunters, Pastoralists and Ranchers: Reindeer economies and their transformations*. Cambridge: Cambridge University Press, 1980，尤其是 pp. 104-7；Khazanov, *Nomads and the Outside World*, pp. 112-14。

[97] David Anthony, 'The "Kurgan culture", Indo-European origins, and the domestication of the horse: A reconsideration', *Current Anthropology*, 1986; 27: 291-313；Anthony and Brown, 'The origins of horseback riding'. 更为通俗的作品可参见：O'Connell, *Ride of the Second Horseman*, Chapter 6；然而戴蒙德很小心地避过了这一陷阱：Jared Diamond, *The Third Chimpanzee*. New York: Harper Collins, 1992, Chapter 15；基根也表现得可圈可点：Keegan, *A History of Warfare*, pp. 155-78。

[98] Gimbutas, *The Kurgan Culture and the Indo-Europeanization of Europe*.

所呈现的普遍的马背骑乘及其军事化应用直到公元前第一千纪才开始出现，并全面取代了欧亚大陆上一千纪在战争中占主导地位的马拉战车。⑨ 这就引出另外一些很有意义但竟然从未有人问过的问题。若马背骑乘比被它取代的战车作战在军事上效率更高的话——事实也的确如此——那为何战车在公元前第二千纪初被发明出来后能够超越据说早已有之的马背骑乘，而在世界各地占据主导地位呢？为了解决这个矛盾，很多人纷纷论证是因为精英阶层的傲慢势利，以及和具有威望炫示属性的战车相关的社会规范，使得战车在古代近东、爱琴海地区和中国的文明中长时间占据了主导地位。⑩ 然而，这一主张必须建立在一个很靠不住的假设之上，即在大国拼死相搏的高度竞争性的世界上，战马这样一种据说早已存在且更为有效的工具，竟然在所有地方都被压制了超过一千年之久。

更加难以解释的是，如果大草原的牧民对骑马这个更好的选项已经如此熟悉的话，为何在历史（或者说原史）上他们的首次亮相，即公元前第二千纪从伊朗高原向印度和新月沃地北部的扩张中，他们驾着的却是马拉战车？⑪ 此外，如果公元前第四和前第三千纪的草

---

⑨ Renfrew, *Archaeology and Language*, pp. 197-9；Colin Renfrew, 'All the king's horses：assessing cognitive maps in prehistoric Europe', in S. Mithen (ed.), *Creativity in Human Evolution and Prehistory*. London：Routledge，1998，pp. 260-84.

⑩ 例如：Renfrew, 'All the king's horses'。

⑪ E. E. Kuzmina, 'English summary', *Where had Indo-Aryans Come From？ The material culture of the Andronovo tribes and the origins of the Indo-Iranians* (Russian). Moscow：Russian Academy of Sciences, 1994；David Anthony and Nikolai Vinogradov, 'Birth of the chariot', *Archaeology*, 1995；48(2)：36-41. 为了解释游牧民为何驾车而不骑马，安东尼和维诺格拉多夫提出可能是因为游牧民此时缺少有力的马上武器如复合弓，因他们认为复合弓是到公元前1500年左右才被发明出来。然而，首先复合弓的历史明显要比他们说的早一千年，可参见：P. R. S. Moorey, 'The emergence of the light, horse drawn chariot in the Near East c. 2000—1500 bc', *World Archaeology*, 1986；18；208-210；其次，若它不存在的话，那么驾驭战车的战士同样也会受到影响；第三，骑兵就算没有它，也可以（而且必定会）使用普通的弓、标枪以及长矛。

原牧民是依靠战马的优势将印欧语言传入中欧和安纳托利亚的话，前第二和前第一千纪初期的他们为何在欧洲和其他地方抛弃了这一优越武器，又用起了战车？如果骑马牧民的游群存在于公元前第四和前第三千纪，为何新月沃地的诸文明未能感知其存在，[203]而公元前第一千纪的骑马游牧民就能令文明世界感受其毁灭性影响？最后，为何北非半游牧的牧民直到公元前第一千纪中期还驾着战车而非骑马？[102]

用技术传播的缓慢来解释以上现象是毫无说服力的。我们知道同样发明于那个时期的东西，如公元前第四千纪末出现的牛拉碟形轮重型货车，以及第三千纪末出现的马拉辐条车轮轻便快速战车，传播速度都很快。两者均花了不到 500 年时间就遍布于大西洋和乌拉尔山之间。[103]后者又用了 500 年时间从欧亚草原传播到中国。[104]如果战马真的在公元前第四和前第三千纪即已存在，它为何不遵循同样的规律？毕竟，在欧洲人将马带到美洲之后，印第安人只用了不到一百年便发展出完全的骑马武士社会，驰骋于美国中部的大平原之上。

更早一代的学者或多或少知道问题的答案。他们相信一系列可能因素导致早期驯化的马匹不适于骑乘，只能在战车出现后用来拉车。近些年来关于马可能早在公元前第四千纪就被用于骑乘的考古发现反而造成了思想混乱。要驱散头脑中的迷雾，最重要的是必须认识到骑马并非一蹴而就，马的驯化也是一个漫长的过程而非孤立事件。前面针对普遍意义上的农业和动物驯化已经说过，要使一个

⑩　Henri Lhote, 'Le cheval et le chameau dans les peintures et gravures rupestres du Sahara', *Bulletin de l'Institut Français d'Afrique Noire*, 1953; 15 (3).

⑩　Stuart Piggott, *The Earliest Wheeled Transport: From the Atlantic Coast to the Caspian Sea*. Ithaca, NY: Cornell University Press, 1983.

⑩　Edward Shaughnessy, 'Historical perspectives on the introduction of the chariot into China', *Harvard Journal of Asiatic Studies*, 1988; 48: 189-237.

物种逐渐发展出适合人类需求的生物属性,需要的是长达千年之久的选择育种过程。同时,方法和器物上的文化创新也可令对驯化物种的利用更有效率。因而问题不在于显然很早就有人做过的骑马,而在于有效率的、为军事目的的骑马。从这一角度看,战马的进化是用了几千年时间并经历几个逐级推进的阶段才完成的。[105] 这一过程中最后的主要进展之一是公元第一千纪中期马镫的发明和传播,它被普遍认为是军事骑术臻于完善的标志。[106] 颇为令人不解的是,很多人都知道一些更早的发展进程是长期渐进式的,却没有联想到马背骑乘也是如此。

公元前第四和前第三千纪的人显然已经骑过了马,但[204]他们也同样骑过驴,在更晚时期还骑过驯鹿——古代岩石壁画上就有骑鹿射手进行狩猎的画面。无论如何,驴和驯鹿从未被认为适用于有效的骑行作战。骑一匹13掌高的马是可能的,但并不适合骑着它长久奔驰。早期的骑马者更可能是骑在马的臀部而非背部,就像骑驴那样。公元前第二千纪前中期巴比伦、埃及和迈锡尼(Mycenae)有关骑马的绘画中也表现了这一点。[107] 认为古代近东诸文明因习惯于

[105] 骆驼的驯化也被认为是循序渐进的,持续了两到三千年,参见:Juris Zarins,'Pastoralism in southwest Asia:The second millennium bc', in Clutton-Brock, J. (ed.), *The Walking Larder:Patterns of domestication, pastoralism, and predation*. London:Unwin, 1989, pp. 144-9。以及:Khazanov, *Nomads and the Outside World*, p. 100。

[106] Lynn White, 'The origin and diffusion of the stirrup', in *Mediaeval Technology and Social Change*. Oxford:Oxford University Press, 1962, pp. 1-38.

[107] Sheratt, 'The secondary exploitation of animals', pp. 217-18；Harold Barclay, *The Role of the Horse in Man's Culture*. London:J. A. Allen, 1980, pp. 28, 116-18;以及:Khazanov, *Nomads and the Outside World*, pp. 91-2。相关描绘可参见:P. R. S. Moorey, 'Pictorial evidence for the history of horse-riding in Iraq before the Kassites', *Iraq*, 1970；32：36-50；Alan Schulman, 'Egyptian representations of horsemen and riding in the New Kingdom', *Journal of Near Eastern Studies*, 1957；16：263-71；Renfrew, 'All the king's horses', p. 279。

骑驴而有一千年之久不知如何正确骑马是荒唐的。[108] 在公元前第二千纪的大部分时间里,那里存在着为运用战车而养马的众多邦国,其精英阶层多为骄傲的骑手,与马终日相伴。况且,哪怕他们没能自行参透"正确"骑马的奥秘,邻近的游牧民也很快会教给他们。马的应用很明显是受到了生物和技术条件,而非社会习惯的限制。因此直到公元前 2000 年轻便的辐条轮战车被发明出来,一组马可以拉着它持续快速奔跑时,马才在军事上得到了有效的应用。直到公元前第一千纪早期培育出了更大更强壮的 14 和 15 掌高的马(如今中型马的尺寸),能够在载人状况下快速可控持续奔跑后,有效的骑马作战才成为可能。为军事目的的马背骑乘一旦发展出来,便再一次只花了不超过 500 年时间就传遍欧亚大陆和北非。随后一千年里,基于马背骑乘的一系列创新如马鞍、马蹄铁和马镫进一步增强了骑马作战的效率。

若公元前第四和前第三千纪的牧民并不拥有军事上更先进的战马的话,那是否意味着原始印欧语通过牧民扩张传播这一理论也失去了根据?[109] 并不一定。我们已经知道,和农业的渐进式发展一样,游牧(包括骑马游牧)也是一种不断发展递进的历史现象。早期东南欧草原牧民代表了这一发展过程中的一个"阶段"。他们拥有牛拉的载人载货车辆,因此他们的家人和财产能够比那些徒步牧民的更易于移动。此外,哪怕他们的马匹还不足以支持骑战,牧民战士总归还可以骑着马以比步行更快的速度[205]从一处移动到另一处——这就增强了他们的"战略机动性"。如果像我们在东非和古代近东看到的那样,连徒步牧民也享有相对于农民社群和小型农业政治体的军事优越性的话,在史前欧洲拥有牛车和原始马匹的牧民很可能就会有更大的优势。和古代近东不同,部落牧民在中欧遇到的对手只是些部落农民群体,并没有国家或城邦,因此他们拥有的马匹必然更加增强了他们的

[108] 关于这一站不住脚的观点,可参见: M. A. Littauer and J. H. Crouwel, *Wheeled Vehicles and Ridden Animals in the Ancient Near East*. Leiden: Brill, 1979, pp. 66-8, 96。

[109] Renfrew, 'All the king's horses'.

优势——尽管这时的马还不能支持完全的骑马作战。牧民迁徙和扩张的假说证明起来最大的麻烦在于它发生在无知黑幕笼罩下的史前时代,无论当时多么重大的事件,也只能在黄土之中留下最微弱的回音。尽管如此,考古学家中确有相当程度的共识,认为有证据显示在公元前第四和前第三千纪,东欧草原的牧民带着他们的牛车、马匹和典型的竖穴墓,穿越多瑙河走廊进入中欧、巴尔干和安纳托利亚。⑩ 定居点撤并集中和防御设施增多的现象也发生在这一时期的上述地区。

以下是在匈牙利平原这个牧民最初扩张的西端(也是后世从匈人到阿瓦尔人[Avars]到马札尔人[Magyars]的各路草原牧民入侵欧洲的终点)所进行的深度研究的报告内容:

> 这一时期的一个重要发展是大量古墓的出现……这些墓葬与在本都(Pontic)草原发现的,以及多瑙河下游其他已知的案例极为类似。它们被可信地解释为保持了相对土著群体的文化独特性的入侵草原人群存在的证据……到公元前 2800 年这些人群已相互融合……这段时间内的创新包括……大规模马匹饲养的开端。金属物品贸易和战争的迹象均有所增长……这一时期的遗址……拥有了设防的特征……并追求高度上的优势……看起来像是有一个起源于东方的小规模人群渗入东喀尔巴阡盆地的土著群体之中。此种解释被两类人群在空间分布上的互斥性所强化。如果是这样的话,那么建造古墓的群体似乎偏爱相对开阔的地形(或许是为了养育牲畜)。⑪

---

⑩ Gimbutas, *The Kurgan Culture and the Indo-Europeanization of Europe*,该作从考古上确立了上述理论,尽管作者提出的三波首尾相继的扩张浪潮和"坟塚文化"等理论已不再得到普遍认可。

⑪ Andrew Sheratt, 'The development of Neolithic and Copper Age settlement in the Great Hungarian Plain', in *Economy and Society in Prehistoric Europe*. Princeton, NJ: Princeton University Press, 1997, pp. 270-319, 引文出自 pp. 281-3, 309-10;同时也参考了: I. Escedy, *The People of the Pit-Graves Kurgans in Eastern Hungary*. Budapest: Akademiai Kiado, 1979。

根据另一项范围更广的研究报告：

考古学家发现公元前第四千纪东南欧大部分地区发生了社会的结构重组。繁荣数[206]千年之久的台型遗址被放弃；除东方以外各个方向上原先的文化都被替换；原住民向边缘地点如岛屿和山洞，或者易于防守的山顶地带迁徙……一个文化放弃原先居住的遗址并向外迁徙的结果往往是迫使邻近文化重复这一过程。这一时期的背景是当地文化与草原文化如乌萨多伏(Usatovo)文化和瑟纳沃达Ⅰ期(Cernavoda I)文化之间发生了较低程度的混合，以及流动牧民持续不断的入侵……随后产生了一个新的文化范围，将东欧、本都西北部以及安纳托利亚西部的文化全部整合到一起……发生在东南欧的文化联合的背景是来自大草原的进一步侵袭。如果说人口从本都—里海草原向巴尔干流动的证据在公元前3000年以前还只是偶尔出现的话，那么在公元前第三千纪里，毫不含糊的证据已大为增多……本都—里海草原居民在西进运动中留下的证据并未止于多瑙河；坟塚(kurgan)墓葬如今在罗马尼亚、保加利亚、南斯拉夫和西至匈牙利蒂萨河的地方均有发现。⑫

前面提到过的欧洲基因地图显示出一个从东南到西北方向的梯度，据推测是表明了新石器农民从安纳托利亚向中欧的最初迁徙，但它也同样显示了一个自东向西的明显梯度。这被认为是草原牧民一波接一波向欧洲迁徙遗留下的特征。这些牧民中的一部分出现在信史时代，另一些则可能是史前时代的，并可能与原始印欧语的传播有关，因为说这种语言的人就是欧亚草原上的早期牧民。⑬

如果牧民的确是印欧语传播背后的推动力的话，那么马的驯化

---

⑫　Mallory, *In Search of the Indo-Europeans*, pp. 238-40, p. 261.

⑬　Cavalli-Sforza, in *The Origins and Spread of Agriculture and Pastoralism in Eurasia*, pp. 57-65; Cavalli-Sforza et al., *The History and Geography of Human Genes*, pp. 292-3.

和运用的长期渐进性,和印欧语系诸语言在地域上广泛传播所需的时间也是合拍的。拥有牛车和原始马的牧民很可能在公元前第四和前第三千纪从草原扩张到中欧、巴尔干和安纳托利亚。公元前第三千纪中欧操印欧语者的群体可能还继续向北扩张,以至于和牧民战士高度相关的绳纹器/战斧文化传播到了欧洲北部。大多数学者也相信赫梯人和希腊人的说印欧语的祖先在公元前第三千纪已抵达其后代建立文明时的相应区域。他们向这些区域的迁徙被认为与公元前 2700—前 2600 年左右安纳托利亚西部早期青铜时代第二阶段设防据点的崩溃,以及前 2200 年左右早期希腊铜器时代 II 期[207]文化的毁灭之间存在相关性。随后在公元前第二千纪,赫梯人和希腊人,以及当时正向新月沃地北部(米坦尼)、伊朗高原和印度扩张的草原牧民的东部印度—伊朗分支,均驾起了战车。[114] 与之相似,自身受

⑭　Mallory, *In Search of the Indo-Europeans*, pp. 28, 37-8, 70. Robert Drews, *The Coming of the Greeks: Indo-European conquests in the Aegean and the Near East*. Princeton, NJ: Princeton University Press, 1988;这本书复活了一种认为希腊人在更晚的公元前 1600 年左右才来到希腊的假说,且作者认为抵达并征服该地的是一小群精英战车驭手。基于一种认为原始印欧语的摇篮是高加索山以南的亚美尼亚的理论,德鲁斯将操原始印欧语居民的最初向外扩张时间推迟到了公元前 1750—前 1500 年这一时段,并将其与战车的发明联系在一起,而非认为他们是拥有"原始马匹"的草原牧民。他的假说中有几个很明显的问题。首先,如果如德鲁斯所言,操原始印欧语者是在那么晚的时候才从亚美尼亚向外扩张的话,那么原始印欧语是如何传入东南欧草原这一"跳板"(并在随后通过其中转进入中欧和北欧)的? 德鲁斯并未提到在公元前第二千纪中期有一次越过高加索山向北的对草原的战车征服。其次,从安纳托利亚(还是经海路!)来到希腊的一小股精英战车驭手貌似很难令被征服的国家里操当地语言的大多数人改用他们的语言,德鲁斯应当很清楚这样的情况并未在同一时期精英战车驭手"接管"古代近东其他国家时发生;恰恰相反,这些精英武士统治者被当地人同化了。只有如同征服印度的雅利安人那样的迁徙牧民群体——人数仍相对较少但比一支战车部队规模大得多——才有能力改变被征服土地的文化。最后,无论在希腊语里,还是在迈锡尼文明出土泥板上记录的人名,都与在印度—伊朗语和安纳托利亚语中的有很大不同,而根据德鲁斯的说法,操后面这些语言的人不久前刚刚入侵占领希腊。当然,我们仍然不排除来自草原,操原始希腊语并驾着战车的牧民确实是在公元前 1600 年左右,而非更早的公元前第三千纪里入侵希腊的可能性。

到拥有战车的草原牧民的压力的欧洲中部和北部操印欧语者,可能
也使用了战车向更西更南方向扩张,导致公元前第一千纪上半叶哈
尔施塔特(Hallstatt)和拉坦诺(La Tène)战车文化的扩散传播,虽说
其过程仍不甚明确。再举例说,原史时代操印欧语的凯尔特伊比利
亚人在公元前第一千纪中期进入伊比利亚半岛,部分取代了当地说
非印欧语系的伊比利亚语(Iberian)、塔特西语(Tartessian)和巴斯克
语(Basque)的居民。[⑪] 正如语言学家经常指出的那样,印欧语系诸
语言的传播必然是一个长期多层且纷乱不齐的过程。

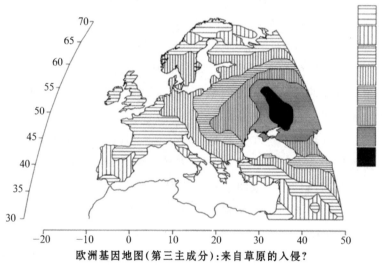

欧洲基因地图(第三主成分):来自草原的入侵?

(资料来源:L. L. Cavalli-Sforza, P. Menozzi, and A. Piazza, *The History and Ge-
ography of Human Genes*, Princeton, 1994; permission by Princeton University
Press)

---

⑪　　Mallory, *In Search of the Indo-Europeans*, pp. 66–109; Kristiansen,
Europe before History, 190; Andrew Sheratt, 'The transformation of early
agrarian Europe: The later Neolithic and copper ages 4500—2500 bc', in Cun-
liffe, *The Oxford Illustrated Prehistory of Europe*, pp. 190-3; id., 'The sec-
ondary exploitation of animals', pp. 218-19. 这个想法也体现在 Diamond, *The
Third Chimpanzee*, pp. 271-2。

应当再度强调印欧语系诸语言的传播并不像 19 世纪和 20 世纪初的（往往是种族主义的）理论家所认定的那样，意味着其他所有人群或种族均被一个族群取代。尽管操原始印欧语者可能称得上是一个种族，[208]且在印欧语系语言漫长多层的传播过程的各个阶段均可能涉及一定程度的基因流动，但语言的传播很大程度上甚至绝大部分应当归因于操印欧语的精英对土著人口的统治。如同 19 世纪的理论家前往印度寻找白种雅利安人时失望地发现的那样，历史上说印欧语的人群并不能构成一个基因共同体。除了畜牧、马和战车所造就的偶然的军事优势令他们得以扩张外，操原始印欧语者也没有什么特别的"天才"之处。同样的标准也适用于土耳其人在安纳托利亚的扩张以及阿拉伯人在中东北非的扩张。在这些发生较晚因此有详细历史记录的案例中，也是通过人数相对较少的骑马游牧民的精英统治，而令数目极大的土著人口改变了所用的语言。

马的出现并不是在任何地方都有利于牧民。在某些地区，马首先被城市和农民社群所采用。《圣经》和考古证据都明白无误地指出公元前第二千纪末的早期以色列部落牧民仍未拥有马匹。公元前 12 到前 10 世纪不断侵袭亚述和巴比伦的叙利亚北部阿拉米（Aramaean）牧民也同样如此。但在那一时期，从北方引进的马拉战车却已成为新月沃地农业社会中都市精英的武器。⑯ 结果是牧民社会和定居社会之间的力量对比变得更为平衡。更早的亚摩利人入侵时的，或在东非那样的牧民占尽优势的情况不复存在。以色列人被长期禁锢于山区，迦南人的城邦则统治了肥沃的平原。我们随后可以看到，在公元前第二千纪末的叙利亚和迦南，牧民很可能是从第三方即"海上民族"摧毁当地城市政治体的行动中渔翁

---

⑯ Khazanov, *Nomads and the Outside World*, p. 101. 有关阿拉米人的突袭，参见 Schwartz, 'The origins of the Aramaeans in Syria and Northern Mesopotamia', pp. 277, 286 n. 2; 以及：D. Wiseman (ed.), *Peoples of Old Testament Times*. Oxford: Oxford University Press, 1973, pp. 158, 181.

得利。

对没有马或只有原始马匹的牧民的考察，很好地揭示了偶然性在人类进化中所扮演的角色。在本地野生畜类难以驯化，或与有驯化牲畜的欧亚大陆交通不畅的地方如美洲和澳洲，牧民部落社会并未产生。[⑪] 如撒哈拉以南非洲[209]那样没有马但拥有其他驯化畜类的地方，则一直到今天还有步行的牧民。马的驯化——人类历史中一个极端重要的因素——之所以成功，是因为马恰好具有通过人为育种持续受控进化的生物学潜力。偶然性和多样性的存在使我们能够控制变量进行比照。例如，农民和牧民所拥有的牲畜是战争真正的、"严格意义上"的导火索吗？当这样的牲畜存在时，它们的确是一个引发冲突的主要原因，但在美洲和新西兰（那里的毛利人甚至没有在东南亚和大洋洲其他地方很常见的猪），人们依然互相残酷厮杀。

有必要在此做出一些澄清。我在讨论人类好战性时并不假设所有部落社会或所有的人都是同等好战的。各个社会之间总是会有很大差异，差异性来自它们所处的独特复杂环境。不过几乎所有社会都需要面对暴力冲突的可能性，为冲突做好准备，并且偶尔卷入其中。极端好战很可能是一把双刃剑，既能令某些社会开疆辟土，也会让另一些社会玩火自焚；然而再清楚不过的是若想在"部落地带"奉行彻头彻尾的和平主义，那么必将丧失独立地位并走向灭亡。在一个存在绝对和相对的资源稀缺性且缺少管控的世界上，所有人类社会都将被迫按照"游戏规则"行事。同样有必要提到的是，尽管部落社会的人们生于一个充满内部和外部不安全以及潜在和实际暴力，因此极适合向社会成员灌输武士价值观念的体制下，但他们并不总是咄咄逼人充满威胁性的，而是能够拥有各种各样的行为和情感。如同斯特拉波（Strabo）（《地理学》[*Geography*]，4.4.2）就令人畏惧的凯尔特武士社会而向他的古典地中海世界文明读者所做的保证那

---

⑪　仍可参照：Diamond, *Guns, Germs, and Steel*。

样:"整个这一种族……疯狂地爱好战争,对作战情绪高涨且极为敏锐;但除此之外他们则是坦诚直率的,品性并非邪恶。"[118]

必须承认,由于我们已讨论过的那些原因,牧业社会的人们整体而言要比农民表现得更为凶恶。骑马游牧和马上作战的进化将使牧民的威胁性大为增强。然而,在骑马游牧社会逐渐演变产生的同时,农业世界也并非原地顿足不前,其中的部落和小型政治实体已逐渐让步给国家和幅员辽阔的帝国。

武装护卫:部落转型时期的财富和武力

[210]作为新石器时代革命渐进性的成果,物质资源的制造和积累本身并不能导致社会分化或暴力冲突,但它使前者极度放大,并深刻影响了后者。群体间资源冲突不再仅和谁能利用自然资源有关,虽说可用于农牧的土地、水、原材料等仍是激烈争夺的对象;它现在也关系到对他人制造的资源的直接获取——获取的方式是掠夺或征收贡赋,某些情况下还包括将这些"他人"掠为奴隶,从而直接控制他们的资源制造。权力也成为在社会内部积聚资源的主要途径。财富增强了那些在社会交往中有影响者的权势,反过来也一样,从而形成了富者恒贵、贵者恒富的正回馈。卢梭是第一个将这一过程放到聚光灯下的人。在这方面,他倒是比描绘纯洁无瑕的土著时靠谱得多。一个社会越富裕,其内部的权力关系就越倾向于对富者和强者有利,而他们也就可以掌控更多资源;与此同时,这些富者和强者也会为权力、财产、威望及它们带来的其他一切好处而你争我夺,争夺过程冷酷无情,时不时还会变得非常暴力。一种"掠夺性"或"寄生性"的生存方式已成为社会间和社会内关系中的一个选项。这里用"掠夺"或"寄生"并非要进行道德谴责,而只是表明如今可以直接运用权力、武力和强迫手段来夺取产品,而不仅仅用它们来消除竞争者再自行获

---

⑪⑧ 转引自:Cunliffe, *The Ancient Celts*, pp. 93。

取和生产产品。尽管上面说的这两种行为仍是互相混杂的,但无可否认已有人能完全依赖掠夺他人为生。

财富积累、社会分化和对外冲突这样一些进程以错综复杂的方式相互关联,彼此也互相影响。通过这些进程,酋长和"贵人"变得越来越重要。掠夺来的战利品成为最"原始"的资源积累,并开启通向社会分化的主要途径。成功的战争领袖如今不仅仅能临时聚拢一批追随者,以执行部落集会上提议的某场特定袭击,而是与追随者建立了更为持久的联系。他可以用自己的资源来养活他们,期待他们能够为自己弄来更多的资源(与此同时平分战利品的传统原则已遭削弱)。[211]于是就必须以战养战。要让一群战士继续待在领袖的身边以维持整个体系的运作,就需要持续不断地进行劫掠。成功的劫掠将为领袖带来更多牛、贵金属、奴隶、田地、随从和武装家丁,进一步增强他们的财富和权力,同时相应地提升他们的社会地位。部落和氏族对土地的公共占有以及土地在各氏族之间的定期轮换——马克思所说的"古代共产主义"——日益让位于各种形式的财产私有。积聚的财产"具体化"了地位差异,使"等级化"社会转变为"阶层化"社会并使酋长和"贵人"成为新生的贵族。任何孜孜不倦的人都可成为"贵人",或任何杰出战士都可成为战争领袖的日子一去不复返了;要爬上这些位置,需要具有深厚的经济和社会基础作为垫脚石,从而使领导权更加牢固而制度化地掌握在精英手里。尽管如此,随着社会能够提供的激励增多,竞争中的胜利者仍有向上流动的途径,而一个成功的战士往往能够在竞争中胜出。年轻的战士聚集在著名战争领袖麾下去寻求财富,他们组成了后者身边的"护卫"或"伙伴"战士群体,以战争为业,将弱肉强食作为生存逻辑。他们同吃同住——群体宴会和在领袖的桌子上交杯换盏成为军营生活中的核心部分。

这样的过程一旦在任何地方发生,部落社会的转型也就随之而来。权力和权力关系不再仅建立在亲缘之上。新的因素已被引入。酋长和"贵人"如今可运用武装护卫、随从和佃客来增强自身在社会事务中的影响力。这些人大多来自酋长和"贵人"自己的或与其有血缘关系的氏族,但同样也来自其他氏族甚至部落以外;他们与主人之间是以超越亲缘关系的经济、社会利益及义务的纽带相联结的。精英阶层内部的纽带也超越了部落或亲缘关系。来自不同部落社群的酋长和"贵人"不仅会互相袭扰劫掠,也会交换贵重物品、订立联盟,并在神明见证下建立友谊,以对抗其他部落——或对抗各自所属群体内部的竞争者和敌人,往往会以"部落的利益"为代价。精英与精英之间殷勤招待,赠送礼物,以及在需要时施以援手的做法逐渐成为习惯和荣誉信条,并通过互利逻辑得到保障。[119]

尤利乌斯·凯撒对凯尔特和日耳曼社会的观察,以及一个世纪后塔西佗在《日耳曼尼亚志》中的描述,为我们提供了关于转型中部落社会的最早最有价值的人类学研究素材。前面已提到过,公元前3世纪到[212]前2世纪中叶的早期凯尔特社会,如波利比乌斯所说的那样(《历史》,2.17),"除作战和务农外别无追求"。酋长、战争领袖和"贵人"的地位主要由围绕他们的佃客和"伙伴"战士的数量而决定。伙伴一同饮宴,但也要通过激烈竞争排出"好汉座次"。酋长或"贵人"为了大张旗鼓炫耀财富还会举办散财宴。在宴会上财产将被消耗、赠出或被主人亲手摧毁。[120] 这些"投资"都是为了增强主人的地位,通过吸引更多战士为其掠夺更多资源的方式带来回报。凯尔特社会的阶层化程度与日俱增。凯撒所描绘的高卢已经在从部落到早期国家的道路上前进了很远,而这一进程部分应归功于和罗马世界之间的贸易与交往。公元前1世纪,高卢历史上首次出现了城市中心或城镇(欧匹达姆,oppidum)。社会已经高度阶层化,酋长和"贵人"转变为有权势的贵族阶层。

凯撒的描述中不乏对凯尔特社会转型的敏锐观察(《高卢战记》,尤其是6.11—15)。旧的部落议会重要性下降,普通人几乎完全失

[119]　这一全世界普遍存在的关系的前城邦时代希腊版本已被人们充分加以研究,参见: Gabriel Herman, *Ritualised Friendship and the Greek City*. Cambridge: Cambridge University Press, 1987。

[120]　Cunliffe, *The Ancient Celts*, pp. 73-4, 105-6.

去了发言权。很多穷人成为贵族的佃客。年轻战士则加入贵族护卫并且根据凯撒所说，要年复一年地进行劫掠袭击和报复性袭击。一个人拥有的护卫和佃客数目是"他们仅知的衡量影响力和权力的形式"。例如，凯撒提到了厄尔维几人（Helvetti）中最有权势者之一被召去接受控告他阴谋建立专制统治的审判时，带上了"他所有的护卫，数目可能达到几万人，并且也在那里集结了他所有的佃客和债务人，其数也很巨大。依靠他们他逃了过去没有受到审判"（1.4）。他还写道"（高卢人中）越有势力的，以及有能力雇佣很多人的那些酋长，通常都会试图自立为王"（2.1；楷体为本书作者所加）。

这些事例是一个社会逐渐告别部落形态的标志，而凯撒很清楚地意识到了这一点。他对比了当时的高卢人和日耳曼人。对于后者，古老的、更原始的和更平等的部落社会仍是常态（6.21—6）。但到了塔西佗的时代，日耳曼社会也发生了显著变化，且同样在部分程度上要归因于与扩张后的罗马世界的接触。它仍然落后于公元前1世纪的高卢，更为接近波利比乌斯描绘的一[213]两百年前的凯尔特社会。在日耳曼尼亚不存在年代早于公元第一千纪后期的任何形式的城市定居点。然而在凯撒的时代，日耳曼战争领袖还是在部落集会中被临时选出，其职权仅限于军事行动期间；塔西佗时代的酋长和"贵人"却已吸收年轻战士成为护卫，围绕着自己创建了超越部落体制的永久性权力中心。塔西佗对由"伙伴"所组成的，其存在理由就是为了获取战利品的"护卫"的描述，成为一段经常被引用的经典文字：

> 护卫们为了决定谁应是第一名护卫的问题而引起激烈的竞争；酋长们为了决定谁应有最多和最勇敢的护卫也有竞争。这意味着地位和力量……很多高贵的青年就要自愿地去找寻那些正在发生战争的部落……因为他们在危难之中容易博得声誉；再则在干戈扰攘之中才能维持人数众多的护卫，因为护卫希望从酋长的赏金中得到雄骏的战马和无比锋利的长矛。筵席饮宴

是他们唯一的报酬,饮食虽然粗陋,但供设却甚为丰富……当他们不打仗的时候,很多的时光是……无所事事,整天地吃喝睡觉,最勇敢善战的武士现在却什么事也不做,把一切生计家务都委托给家中的妇女和老弱掌管。[120]

古典作家经常为如何将部落的机构和职位翻译成他们自身文明中相对应的概念而绞尽脑汁(其实是无法对应的)。现代学者对此也相当为难,经常需要从人类学比较研究中寻求指引,因为部落世界中不同部落的机构和职位之间存在着显著相似性。作为一名极其敏锐、极为权威且立足实地的观察者,凯撒一直以罗马的"壮年兵"(principes)来称呼高卢人的酋长和新生贵族。这是一个相对准确的翻译(其派生形式为英语中的形容词/名词"主要的"[principal]或首领,而非"君王"[prince])。更小的贵族或"贵人"则被他译为"骑兵"(equites)——该名称来自一个较具地位的罗马社会阶层,他们和其他古代社会精英一样,原本构成了军事力量中的骑兵分支。传统英语翻译将之译为"骑士"(knights)则是具有误导性的。

塔西佗也将日耳曼人中拥有随从的强者称为"壮年兵"。但在书中另一处(《日耳曼尼亚志》,7)描述传统的部落职位时,他又使用了拉丁文中的国王(rex,reges)和战争领袖(dux,[214]duces)这样的名称——前者因出身高贵得居此位,而后者因其勇武。尽管 dux(与后世欧洲的"公爵"不同,dux 在塔西佗时代的罗马并非一个官方称号)对于战争领袖是一个尚可的翻译,rex 的用法却很成问题。塔西佗清楚表达了这两个职位均只具有极有限的权威和更少的纪律惩戒权力,和在其他部落社会中一样主要靠声望和榜样进行领导。不过,

---

[120] Tacitus, *Germania*, 13-15. E. A. Thompson, *The Early Germans*. Oxford: Oxford University Press, 1965;书中详细记录了日耳曼社会转型背后的相关因素。

对于那些来自国家社会并与部落社会发生接触的人而言，将部落酋长混同于国家的君王是很普遍的。没有意识到这只是在使用熟悉词汇为不熟悉事物命名的文明世界观察者和入侵者，往往会被这样的混淆误导，将部落酋长并不具有的势力和职权归于他们。如我们后面会看到的那样，从罗马到近现代，在很多殖民地的案例中，由于殖民者更愿意与一个集权化的被保护者合作，他们实际上将酋长扶植成了国王，赋予其之前并不具有的势力和职权。

有趣的是，古典作者和现代学者不仅在处理欧洲北部部落世界的问题时犯下词不达意的错误，他们对前国家时代希腊和罗马的往昔也产生了误解。对那个年代模糊不清的记忆只是通过神话、史诗和传统才勉强残存到了信史时代。早期的希腊人和罗马人与他们的北方邻居大体并无不同，只不过他们更接近古代近东的文明摇篮，因此在每个阶段都更早受其影响而已。公元前第二千纪中期迈锡尼文明的诸政治体兴起前，希腊人必定也曾是部落民，然而这个早期部落阶段并未留下任何文字记述作为考古证据的补充。不过，当处于巅峰的迈锡尼文明于公元前1200年左右突然崩溃后，希腊人退回到基于部落和亲缘关系的生存状态，维持着大体上由畜牧和初期农业构成的经济，进入了一个从公元前12世纪延续到公元前8世纪的动荡不安且在物质和文化上均极为贫瘠的"黑暗时代"。黑暗时代这一名称部分来源于该时代的人失去了书写能力且没有创造出任何书面记录。然而口述传说仍然存在；公元前8世纪中期左右希腊的写作和文化生活复兴后，口述得以转为书面，从而使该时代的历史留存下来。关于这一时期的至高无上的书面史料——对于古希腊人和我们皆是如此——毫无疑问是荷马史诗。《伊利亚特》保存了对[215]迈锡尼文明世界辉煌荣耀的微弱记忆。吟游诗人在黑暗时代传唱数百年而拯救下来的记忆与现代考古学的揭示互相吻合。不过，学者均同意这部史诗中很大一部分，以及与之并为双璧的《奥德赛》中的绝大多数内容，事实上反映的是它们被写下前不久的黑暗时代后期的社会制度和生活状态。[122]

我们对黑暗时代希腊部落的存在有着较为模糊的意识,是因为它们在信史时代以及在城邦中留下了印记。在"奥德赛世界"中,部落社会是断裂性和高度阶层化的,被富裕的、拥有护卫和佃客的当地酋长和"贵人"家族所统治。这个世界很不安全,强者以劫掠为主要职业和生活方式。前面提到过,直到公元前 9 世纪甚至前 8 世纪之前都不存在有围墙的居点;人和农场散布于乡间,得不到保护。[123] 同样,牛、贵金属和奴隶——大多是妇女儿童——成为主要战利品,而成年男性被屠杀或驱逐。如史诗告诉我们的那样,年轻漂亮的女俘是最受垂涎的。在英雄史诗的社会中,强者也会依靠战利品来维持一群身边的护卫。武士精神盛行。权力和财富关系密不可分。亲属关系网络已转变到这样的地步,即强有力的家庭(oikos)首领将他们的氏族(genos)名称扩展到其佃客和随从头上。现在只剩他们的氏族名和他们的谱系得以传世了,且只有他们能够声称自己的血统来自诸神或半传说性质的英雄。[124]

对于黑暗时代里这些酋长式首领的称呼"巴西琉斯"(basileus,复数为 basileis),最好是按照更早的迈锡尼文明公文记录中的定义即职位相对低下的村庄首领来理解,而不是按这个词在黑暗时代向

[122] M. I. Finley, *The World of Odysseus*, revised edn. London: Penguin, 1978(1954);这本书仍保持着经典地位。学术界主流意见如今倾向于认为荷马史诗中描绘的时代背景为黑暗时代后期,参见:Jan Morris, 'The use and abuse of Homer', *Classical Antiquity*, 1986;5:81-138。

[123] 相关领域考古研究著作的圭臬仍然是:Anthony Snodgrass, *The Dark Age of Greece*. Edinburgh:Edinburgh University Press, 1971。

[124] D. Roussel, *Tribu et cité*. Paris:Belles Lettres, 1976,书中强调了城邦初期阶段很多部落权力机构的"被发明"性质,但这并不意味着部落本身是"被发明"的。相反,很多新生的国家权力机构形成于部落社会现存的权力结构基础之上。关于亲属—部落争议的概述,参见:John Fine, *The Ancient Greeks*. Cambridge, MA:Harvard University Press, 1983, pp. 34-6, 56, 59, 183-8;Anthony Snodgrass, *Archaic Greece*. Berkeley, CA:University of California, 1980, pp. 25-6。

古典时代转型期间以及在古典时代所获得的含义——也就是国王。
当荷马提到真正的王者如特洛伊国王普里阿摩斯或众神之王宙斯
时,他用的词是 anax,即发掘出的泥板上提到迈锡尼国王时所使用
的头衔 wanax。"巴西琉斯"原本指的是强大的部落和地方酋长,以
及通过出身或财产而拥有世袭地位的"贵人"。他们在断裂化的部落
和地方社会中手握军事领导权、司法权和主持公共仪式的职权。⑫
和其他地方一样,他们是从一个居领导地位的氏族中遴选出的,而非
简简单单由儿子继承父亲的职位。全民部落议会重要性下降,主要
氏族的长老的建议和支持成为共同行动的前提;然而"贵人"也会率
领他的护卫进行[216]"私人"冒险。尽管我们对那个时代所知甚少,
但通过和其他文明的对照,我们相信在原史时代也就是城邦的早期
进化阶段,一些"巴西琉斯"必定致力于将自己从权力有限的酋长提
升到更为集权的地位(也就是建立"酋邦"),或更进一步建立起真正
的王政。信史时代斯巴达共治双王高度受限的权力似乎就是早期部

---

⑫　Robert Drews, *Basileus*: *The evidence of kingship in geometric
Greece*. New Haven, CT: Yale University Press, 1983, pp. 102, 104(关于荷马
时代的 anax),这本以"证据"为题的著作要面对的一大问题便是相关证据的匮
乏,但作者仍努力令它在历史方面详尽无遗并极具洞察力。以及: C. G. Thom-
as, 'From Wanax to Basileus: Kingship in the Greek Dark Age', *Hispania An-
tiqua*, 1978; 6: 187-206; Chester Starr, 'The age of chieftains', in *Individual
and Community*: *The rise of the Polis 800—500 BC*. New York: Oxford Uni-
versity Press, 1986, pp. 15-33。上面这些著作如能从比较考古研究中获得灵
感,则还能更进一步。比较考古研究可参考: Walter Donlan, 'The social groups
of Dark Age Greece', *Classical Philology*, 1985; 80: 293-308;对前者加以补
充修正的是: Walter Donlan and Carol Thomas, 'The village community of
Ancient Greece: Neolithic, Bronze and Dark Age', *Studi Micenei ed Egeo-Ana-
tolici*, 1993; 31: 61-9;尤其应参考: Walter Donlan, 'The pre-state community
in Greece', *Studi Micenei ed Egeo-Anatolici*, 1993; 31: 5-29。还有: Oswyn
Murray, *Early Greece*. Cambridge MA: Harvard University Press, 1993,
p. 38;以及在人类学理论方面的极佳探讨: Yale Ferguson, 'Chiefdoms to citys-
tates: The Greek experience', in T. Earle (ed.), *Chiefdoms*: *Power, economy
and ideology*. New York: Cambridge University Press, 1991, pp. 169-92.

落体制的残留,而非更晚时代确立的宪法性约束。如同某些学者所注意到的那样,直到公元前 7 世纪和前 6 世纪城邦崛起时的僭主(tyrant,在早期希腊是一个中性词汇),才在希腊历史上第一次行使了专制权力。

摩尔根(恩格斯是其追随者)在对部落社会的开创性研究中首先指出以上这些问题。他不但考察了希腊的"巴西琉斯",也考察了早期罗马的"勒克斯"(rex,复数为 reges)。最早的半传奇性的罗马"勒克斯"职位——传统上认为起始于公元前 8 世纪——原本意味着担当战争领袖和高阶祭司的部落联盟酋长。这个词和其他前国家时代即已产生的早期印欧语言中对酋长的称谓是同源的,其中包括:梵语的 raj、高卢语的 rix、旧爱尔兰语的 ri、色雷斯语的 Rhesos、希腊语的 aregon/archon、哥特语的 reiks。[126] 直到后来伊特鲁里亚人(Etruria)统治罗马时期,随着国家地位逐渐确立和城市化开始,最后的几个"勒克斯"才试图建立我们如今所理解的真正王政。因此当最末一个"勒克斯"即"高傲者"小塔克文于公元前 510—前 509 年被前部落强人逐出罗马这一著名事件发生时,罗马已转变为一个早期贵族政体国家。

后世罗马人对他们自己早期历史的了解极为模糊,还受到一大堆神话的干扰。早期罗马人没有留下类似《伊利亚特》和《奥德赛》那样的史诗。但在这里历史的发展和希腊依然相似。诸贵族家庭同样依靠他们的大群护卫、佃客和随从主宰了整个社会,并将所有这些人纳入自己的氏族(gens)名下。他们自称是神灵和英雄的后代,为争夺统治权而互相竞争。贵族废除王政后建立起来的共和国成为在确

---

　　[126]　Mallory, *In Search of the Indo-Europeans*, p. 125；D. A. Binchy, *Celtic and AngloSaxon Kingship*. Oxford：Oxford University Press，1970，pp. 1-21；Wolfram, *History of the Goths*, pp. 96，144,其中强调了哥特人的 reiks 具有有限的部落酋长式权威；Green, *Language and History in the Early Germanic World*, p. 133 对日耳曼社会中最初的 kuning(王,相当于现代德语的 König——译注)也有类似判断(kuning 可能源于 kuene 即"亲属")。

保他们对其余人的共同统治的同时调节他们内部竞争的手段。一些幸存下来的早期罗马传说中仍保存了对国家草创阶段真实情况的记忆。例如,在公元前479年,罗马最强大氏族之一的法比(Fabii,或译费边)家族自行挑起对伊特鲁里亚城市[217]维爱(Veii)的战争,"如同我们自己的家族私斗一般"。根据公元前1世纪的历史学家李维所说(《罗马史》,2.48—9),306名氏族成员在一大群族人(cognati)和朋友(sodales)的伴随下,参与了这起事件。他的同时代人哈利卡纳苏斯的狄奥尼修斯(Dionysius of Halicarnassus)补充称族人和佃客(pelatai)的总数达到了4000人(《罗马古代史》,9.15)。

　　不过让我们暂且放下文明民族对自身前国家时代遥远而迷雾重重的历史的考察,将注意力转移到他们对同时代的部落民的观察上。他们曾与这些部落民贸易、作战,并遭受其劫掠。此处应当补充的是部落民劫掠者不但来自陆地,也来自海上。后面这种情况下,酋长和"贵人"在组织一支由渴求财富者组成的袭击队方面,在配备船舶方面,在领导远征方面,以及在适宜条件下定居海外方面,均扮演了重要角色。这类形式的海上劫掠或许和航海本身同样古老,就像在北美西北海岸那样,可以一直追溯到新石器时代。至晚到公元前第二千纪,地中海东西两部分的劫掠和海盗行为就已遐迩闻名了。它们构成了"奥德赛世界"中一个不可或缺的部分。

　　到了罗马帝国建立后,留给我们的资料就更加可靠了。在凯尔特人的时代,沿着大西洋海岸及跨过英吉利海峡的海上贸易和劫掠已经相当盛行。凯尔特人能够驾驭大西洋风浪的大型先进船只给凯撒留下了深刻印象(《高卢战记》,3.8和3.13—15)。此外,尽管现代学术界在此问题上所知甚少,他们或多或少都同意必定有人把凯尔特语言引入了不列颠诸岛,这一过程也必然牵涉到一定数量的来自大陆的移民。根据凯撒的说法(《高卢战记》,5.12),他在对不列颠的远征中所遇见的海岸居民的部落名称和一般习俗,与今比利时一带的部落相同。这些海岸居民是为了"通过入侵寻求战利品"而从海峡对面来到此处的。

弗里斯人(Frisian)和后来的法兰克人对罗马高卢的海上劫掠是帝国时期的一大顽疾。公元 3 世纪中叶,哥特人,这一从波罗的海沿岸迁徙到黑海沿岸的日耳曼人最东端分支,开始从海上和陆地双路并进侵袭帝国的另一端。由哥特酋长和战争领袖组织领导的战士队伍在海上远征中袭击并掠夺了巴尔干和小亚细亚的富裕沿海省份,甚至进入[218]地中海并威胁到君士坦丁堡。⑫ 公元第一千纪中期,来自更北方的大西洋海岸的日耳曼族群盎格鲁人(Angles)、撒克逊人(Saxons)和朱特人(Jutes)成为英吉利海峡两岸的主要海上劫掠者。劫掠者时不时充当当地统治者的佣兵。他们队伍的首领即酋长和战争领袖逐渐抓住机会在不列颠沿海定居,把自己的整个家族从海外迁来,并开始向内陆扩张。这个过程非常有名,但其具体细节隐没在原史之中而显得模糊不清。

对于历史上最为成功的,也是来自日耳曼诸民族中最北方一支的海上劫掠者,我们有着更好的了解。他们就是斯堪的纳维亚的诺曼人(Northmen)或称维京人(Vikings)。他们征服大海的业绩在很多方面都是独一无二的,但在其他方面与我们反复见证过的历史案例也有显著相似性。因其所处位置,诺曼人直到最后才被向西北方向扩张的地中海文明拖入其轨道,并对此做出反应。在他们四处打劫的公元 9 世纪和 10 世纪,诺曼人仍处于向国家形态过渡的阶段——他们南方的邻居则因迁徙进入罗马帝国的影响而早已经历了这一阶段。与旧诺斯社会和部落往昔有关的很多传统特征仍相当明显。公元 1 世纪末的塔西佗将斯堪的纳维亚归于如绥约内斯人(Suiones,即斯韦阿人[Svear]或瑞典人)这样的部落实体。该部落是当时瑞典——即托勒密所说并将其误认为"岛屿"的斯堪地亚(Scandia)——中部最有势力的一个。6 世纪约达尼斯(Jordanes)的《哥特史》(Getica)中提到了更多反映在斯堪的纳维亚旧省份名中的

---

⑫　Wolfram, *History of the Goths*, pp. 45-56; Heather, *The Goths*, pp. 40-2, 44-5.

部落名,如位于今日瑞典的哈林人(哈兰)、里奥提达人(吕斯古德,现称卢古德)、伯吉欧人(比耶内)、高提哥特人(约塔兰),以及苏提狄人/瑞典人;位于今日挪威的有格伦兰的格兰尼人、阿格德的奥甘齐人、霍达兰的哈罗提人,以及罗加兰的鲁吉人;最后还有在更早的当地日耳曼部落居民南徙之后,从海岸诸岛迁入今日丹麦的达尼人(丹人)。[128] 除去北方的拉普人和东方的芬人,以上所有这些部落均在种族上有着紧密亲缘关系且说古诺斯语。当时这一语言与位于其南方的其他北日耳曼方言的分化进程才刚刚开始。

到公元第一千纪的下半叶,诺斯社会的阶层化已然加剧。城镇开始出现,特别是在与[219]欧洲其他地方距离更近,联系更紧密的丹麦。在仍然基于本地亲缘关系网的社会中,地方豪强的势力逐渐增长。全体自由男人组成的部落议会和部落民兵仍起到一定作用,但酋长和"贵人"(拥有 godar、jarl[等于 earl 即伯爵]、hersar[等于 herr 即战斗指挥官,后用作男性一般称谓]、hauldar[等于 holder 即乡绅地主]以及其他一系列称号)如今不仅在战时担任领袖,也在平时向普通人提供庇护和安全保障。他们因牛群和奴隶——前者部分来自劫掠,而后者几乎全是抢来的——而富有。他们也因佃客和随从而变得更加强大,彼此之间进行剧烈的暴力竞争,声称具有超自然血统,并且招募年轻战士组成近身护卫以谋取权力和战利品。[129]

到公元 9 世纪诺曼人开始对西欧的劫掠时,两个重要进展已经发生了。其一,考古显示他们从南方邻居那里获得了风帆,而更早些

---

⑫　Jones, *A History of the Vikings*, pp. 24-6.

⑫　上下两个段落相关内容可参见:Jones, *A History of the Vikings*;Peter Foote and David Wilson, *The Viking Achievement*. New York:Praeger, 1970;David Wilson, *The Vikings and their Origins*. New York:A&W, 1980;P. H. Sawyer, *Kings and Vikings:Scandinavia and Europe AD 700—1100*. London:Methuen, 1982;军事方面可参见:Paddy Griffith, *The Viking Art of War*. London:Greenhill Books, 1995;Karl Leyser, 'Early medieval warfare', in J. Cooper (ed.), *The Battle of Maldon*. London:Hambledon, 1993, pp. 106-7。

时候他们只拥有划桨船。其二，王权开始从他们之中产生，逐渐将各
地豪强置于中央的权威之下，强行将其转变为居从属地位的贵族阶
层。我们所拥有的关于早期斯堪的纳维亚王朝的知识极为有限，甚
至不足以列出一张年代表。吊诡之处在于我们更了解在海外而非在
家乡的诺曼人，因为前一种情况下受害者对他们进行了记录。当然
也有例外，比如说著名的口述萨迦史诗；它在很晚之后也就是12世
纪起才在冰岛被记述成文字。在王权的形成方面，丹麦很明显又一
次领先，时间大约在公元第一千纪中期后不久。紧随其后的是瑞典。
挪威王权的产生和扩张最晚。于是挪威人从9世纪末开始殖民的冰
岛便成为最完好地保存了旧诺斯社会结构和体制的地方。在那里，
自由人的集会依然存在，并与"贵人"激烈竞逐。无论如何，当维京劫
掠时代开始后，执行冒险远征的多数情况下仍是"贵人"所组织的队
伍（尤其在挪威人对英伦三岛北部的侵袭中）。事实上在某些案例
中，"贵人"是因家乡发生的变革和王权扩张而造就的流亡者。斯堪
的纳维亚诸王直到维京时代晚期才积极投入对西欧的海上扩张。挪
威国王是其中行动最晚的，不早于11世纪。

　　正因如此，令西欧居民心惊胆战的劫掠队伍规模往往不大，由几
艘到几十艘船以及数百名追随领袖参加远征的战士组成。[130] 在权力
有限的领袖之下有一些战士小队，其成员关系[220]大体是平等的、
"兄弟伙"式的。劫掠队伍的力量来自他们在大海和内河上的水面机
动力，这让他们得以趁敌不备发动袭击，而受害者几乎无法组织起人
数更多的部队反击。他们的战争模式同样也是基于隐秘行动，依靠
夜袭、埋伏、躲藏在树林和沼泽中、诡计和快速撤退。他们能够熟练
运用急忙树立起来的野战工事。不过若是到了要进行更严酷的正面
战斗的地步，这些来自一个更加简朴且无法无天的社会的战士，要比
他们南边土地上那些驯服的臣民更为优秀，除非后者以多打少。以

---

　　[130]　人数可参见：Sawyer, *Kings and Vikings*, pp. 80-3, 93; Jones, *A History of the Vikings*, pp. 218-19; Griffith, *The Viking Art of War*, pp. 122-6。

这样的方式,他们掠夺、强奸、纵火、杀戮,并且勒索,驱使西欧当地人在如雨后春笋般涌现的设防定居点中寻求庇护。西欧那些仍很虚弱的国家试图调度海陆军资源并建立防御工事来抵抗他们,或贿赂他们以求远离自己,或割让省份给他们定居来换取和平。法国的诺曼底是这类定居地中最早的一例,而挪威人和丹麦人的定居点也遍布不列颠诸岛的北部和东部海岸——这一过程实际上和更早的凯尔特和盎格鲁-撒克逊移民浪潮并无区别。当以丹麦国王为首的斯堪的纳维亚诸王登场并逐渐取代“贵人”及其战士后,远征队规模就扩大到了数百艘船和数千名战士,海外定居和统治也得以强化。

从上面这些能明显看出我们对案例的选择是如何依赖于部落社会和能够记录他们的有文字的人民之间的接触。哪怕是原史时代的、只言片语的叙述性证据——我们的大部分证据不可避免地属于这一类——也比完全没有叙述性证据要强无数倍。举例而言,维京人或许就和地中海东部的“海上民族”有一定相似性,而我们是靠残存至今的公元前 13 世纪及前 12 世纪初埃及、赫梯和乌加里特(Ugarit)王家文档中的简短记录才对后者有所了解。可悲的是我们对于这些以《圣经》中的非利士人(Philistines)为代表的人所知仍极为有限。显然,海上民族大多来自爱琴文化领域:爱琴海诸岛;主要说印欧语系卢维语的安纳托利亚海岸省份吕基亚(Lycia)、卡里亚(Caria)和西利西亚(Cilicia);或许也包括希腊大陆。他们可能由以下这些成分中的一种或多种混合而成:迁徙中的部落群体(埃及浮雕中描绘了坐在牛车上的妇女和儿童);从事掠夺、海盗和佣兵业的酋长的战斗团伙;以及躲避[221]入侵和兴起中的国家权力的流亡者。他们的活动某种程度上与公元前 1200 年左右东地中海地区一场更大规模的民族迁徙和全面动荡相关联。这次动荡导致安纳托利亚的赫梯帝国——可能还有迈锡尼文明——的毁灭。海上民族蹂躏了塞浦路斯和黎凡特海岸,洗劫和摧毁了包括主要商业中心乌加里特在内的很多大型城市,使这些地区如同希腊一般陷入数世纪之久的黑暗时代。他们的队伍还独立地或作为服务于他人的佣兵几次侵入埃

及,结果被法老麦伦普塔（Merneptah）和拉美西斯三世（Ramesses
III）在陆地和海上大战中击退。他们中的一部分,尤其是非利士人,
在埃及人手中得到了安置,并于后来统治了迦南的南部沿海平原。[130]
对于海上民族,或至少其中一部分人的部落和队伍组成,这大概就是
我们从现有资料中能够推断出的一切了。关于海上民族和盎格鲁
人、撒克逊人、朱特人、诺曼人或其他前面提到过的部落社会,我们将
在后面继续深入探讨他们所建立的早期政治体。

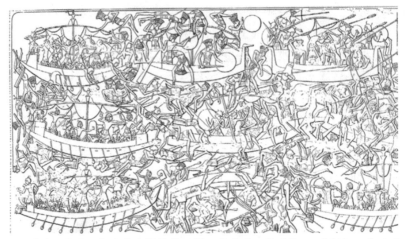

**海上民族在一场海战中被拉美西斯三世击败。公元前 12 世纪初。位于哈
布城的浮雕。（陆地战斗见原书页码第 353 页）**

---

⑬　N. K. Sanders, *The Sea People*: *Warriors of the Ancient Mediterra-
nean 1250—1150 BC*. London: Thames & Hudson, 1978. 谢克莱什人（Sheke-
lesh）和施尔登人（Shardana）究竟是来自西西里和撒丁,还是最后迁徙到那里并
以自己的名字为两地命名,如今仍不可考,尽管后面一种可能性更大。Robert
Drews, *The End of the Bronze Age*: *Changes in warfare and the catastrophe
ca. 1200 BC*. Princeton, NJ: Princeton University Press, 1993；德鲁斯富有启
发性的书中提出了这样的见解,即海上民族并非起源于某个共同的核心区域,而
是由整个地中海世界各国的边缘人组成（如非利士人就是迦南的当地人,诸如此
类）。然而这一观点与我们所知的所有证据全然相悖,实际情况可参见：Trude
Dothan, *The Philistines and their Material Culture*. New Haven, CT: Yale
University Press, 1982. 与前面引用过的关于希腊人的印欧起源的书中一样,
德鲁斯再度因在民族地理学方面过于离经叛道而损害其著作的价值。

酋　邦

[222]从部落社会到政治体的道路也是一条进化之路。随着财富积累、社会分化加剧，以及酋长和"贵人"的私兵的崛起，酋长权力已不仅是在社会中占主导地位，而是开始实现对社会的真正统治。原先的酋长，或战争领袖和"贵人"变成的酋长（推举酋长的氏族内部经常发生血腥篡夺，其他氏族也会试图夺取权力）依靠护卫的力量，获得了自己在过去更简单的部落社会中从未有过的控制权。

权力和财富在这一过程中又一次紧密交织。如塔西佗在《日耳曼尼亚志》(15)中所写的那样，部落的人们被迫意识到应当向酋长和"贵人"贡献牛和谷物来取悦他们。赫西俄德（Hesiod）在公元前700年左右也描写了那些"以礼物为食的巴西琉斯"（《工作与时日》，37—9），并提到他们拥有仲裁和审判权。这些贡献和礼物被用于维持武装护卫或扩充其人数，从而进一步增强酋长的权力和财力。临近社群同样被迫赠送"礼物"来换取酋长的善意——很明显这就是所谓的"保护费"。事实上传统的西西里黑手党教父就是与之类似的地方强人，在一个国家权力影响微弱的社会里得以兴旺发达。随着酋长权力的进一步集中化，更为正式的贡赋和征税制度得以推行。更多差役打手被雇佣来监督社会。通过下级小酋长和赋予正式制度化地位的家族和村庄头人，酋长的权威得以向下贯彻。尽管部落中人人皆兄弟的表象仍在，并且不少旧的平等习俗（尤其在武装护卫伙伴群体之中）也留存下来，这些建立了集权化和层级化权力制度的"复杂"酋长制实体——也就是所谓酋邦——实则已比普通的部落社会远为等级分明，也远为专断独行。社会权力越来越不以亲属关系为核心了。[132]

---

[132]　理论探讨尤其可参见：Elman Service, *Primitive Social Organization*. New York: Random House, 1962; Allen Johnson and Timothy Earle, （转下页注）

　　酉邦中一个经典且有详细记录的案例甚至一直延续到了近代欧洲。这个案例位于蛮荒且难以羁縻的苏格兰高地和群岛。作为曾雄踞英伦列岛西半部的凯尔特诸酉邦的遗迹，当地的氏族制度直到1746年库洛登(Culloden)战役后才被国家权力所粉碎。苏格兰历代国王以及随后的英国王室长期以来很难将国家的统治延伸到这一崎岖而[223]贫瘠的领域，并且这样做的价值也很值得怀疑。伟大的当地酉长将自家氏族的名称——麦克劳德、麦克唐纳、克兰雷纳德、坎贝尔、麦克格雷格——赋予他们的人民，在近亲体制的表象下实施统治，为自己编撰大部头的家谱并在必要时加以虚构扩充。酉长借助精心培育强化的虚假父爱主义形象扮演着氏族父亲和保护人的角色。尽管族人要以食物、酒水和衣物等向酉长纳贡，但在艰难时期或族人急需时，酉长——像黑手党教父那样——也会慷慨地将族人所贡献的一部分赐还给他们。贡赋养活了整整一屋武装护卫和打手，他们陪着酉长同桌吃喝，并且在适当场合下(如招待其他酉长或贵人时)帮助展示其主人的权力和财富。酉长与其他酉长(及外部世界)交换个人饰物、武器和其他威望性物品。⑬ 酉长订立具有兄弟般友谊形式的战略同盟，宣誓忠于对方并拿"耻辱和恶名"赌咒。如同其他地方一样，很多苏格兰酉长"一生中有两个或三个妻子……和很多孩子"，其婚姻部分是为了巩固同盟而安排的。邻近氏族间的仇杀抢掠常年不断，还会互相偷牛并烧毁谷物储备。如同1609年酉长之间的一份"释怨协议"所宣布的那样，其效力涵盖他们的"自家亲人、朋

(接上页注)*The Evolution of Human Societies*. Stanford: Stanford University Press，1987，Chapters 9—10；T. Earle (ed.)，*Chiefdoms：Power，economy and ideology*. New York：Cambridge University Press，1991；Robert Carneiro，'The chiefdom：Precursor to the state'，in G. Jones and R. Kautz (eds)，*The Transition to Statehood in the New World*. New York：Cambridge University Press，1981，pp. 37-79。

　　⑬　英文原文为 prestige goods。按照许宏的说法，这类物品可作为权力和地位的象征物，例如青铜礼器；但中文中尚无精准对应词。日语中称为"威信财"。故此处暂译为"威望性物品"。——译注

友、佃户、随从和其他所有人",而将过去"无论是由他们或其他人犯下的谋杀、继承纠纷、抢夺物品,以及纵火"所造成的恩怨一笔勾销。[134]

宗教在很多酋邦的巩固方面扮演了角色,其中包括前基督教时代爱尔兰的凯尔特酋邦这样的例子。在很多部落社会中,酋长已拥有一定仪式性职权;如今他们进一步扩张这一职权并加紧对它的控制,同时集中和强化公共礼拜仪式,以增强自身意识形态合法性和酋邦的凝聚力。这些仪式性和礼拜性职权在酋邦的创建中起到多大作用是可以商榷的。麻烦在于我们拥有的关于那些"祭司性"的酋邦的证据大多来源于考古,并不像文字记录那么可靠。不过,当我们确实拥有了信史时代的观察记录后(早期中世纪爱尔兰的酋邦仍可作为例子[135]),可以看出社会、经济、"军事"和宗教方面的权力的确[224]相辅相成,而为这些权力提供最终保障的仍是护卫和打手。对于部落社会中任何重大的集权化进程,一定程度的强迫都是不可或缺的。

散布于浩瀚太平洋中的波利尼西亚诸岛屿社会拥有多样化的部落制度,从相对平等到等级森严均不乏其例,从而为上面所说的那些相辅相成的因素提供了极好的民族志记录。汤加、社会群岛、塔希提,尤其还有夏威夷属于高度层级化的社会。其中一些拥有数万人口,被金字塔般一层又一层的大小酋长统治着;还有一名高踞金字塔顶端的最大的酋长。无论哪一级的酋长和平民之间都有一道鸿沟。这些"酋邦"中最集权化和复杂的离国家仅有几步之遥,

---

[134]　尽管关于苏格兰氏族的学术作品已有很多,令人惊讶的是仍缺少一部综合性理论著作。不过也可参见:Robert Dodgshon, 'Modelling chiefdoms in the Scottish Highlands and Islands prior to the "45" ', in B. Arnold and D. Gibson (eds), *Celtic Chiefdom*, *Celtic State*. Cambridge: Cambridge University Press, 1995, pp. 99-109, 引文出自 pp. 102, 106。关于早期凯尔特酋邦,参见: Binchy, *Celtic and Anglo-Saxon Kingship*, pp. 1-21。

[135]　可参见宾奇(Binchy)才华横溢的论述。

只不过前者尚保留着部落形式,以及规模略差而已。酋长是部落崇拜和仪典的监护者。他们不仅征收贡赋分派劳役,还要组织大规模的公共生产。早先的"功能主义"人类学家经常提到某种"再分配"的酋长式经济,即由酋长集中保管的产品通过再分配返还给民众。然而后来的学者已经承认生产成果的分配明显是不平等的,其中一大部分被用来维持精英阶层和他们身边人的奢侈生活。[136] "酋邦"之间的战争和劫掠无休无止,战士的力量无论在对内还是对外方面均极为重要。因此尽管酋长有着神圣的,往往还是禁忌般的地位,在复杂仪式中受到众人崇拜,但还是避免不了这样的情况,即"由功勋卓著的战士,尤其是在位酋长的年轻旁系亲属发动的篡权,是波利尼西亚政治传统中一个反复出现的主题……夏威夷人说'每个国王即位时都表现得像一个征服者',因为如果他没有把老王杀死献祭,人们就会假设后者是被毒死的"。在这些仪式、经济和军事方面均由酋长控制的酋邦中,明里暗里的暴力主宰了对外关系、社会关系和精英之间的关系。[137]

殖民时代前的非洲有着大批形态各异的酋邦。在拥有多种多样地理和生态的区域内,"平等"部落社会、阶层化部落社会和国家比邻而居。然而当地社会形态与其他地方也无不同。"贵族吃得比平民好……他们身穿罕见的毛皮衣服,佩戴以铜及其他材料制成的大量首饰。统治者住着更大的房子,他们的牛也养得更为健壮并且数量更多。因为他们的牛更多,所以他们也有更多妻子和孩子……劫掠仅仅是他们所使用的手段之一。"他们"通过多种方式来构建自己的

---

[136] 很明显,提出了"再分配"概念的波兰尼将这一关系看作是严重偏向社会地位较高者一方的;与之相对照的则是地位平等者之间的"互惠"(reciprocity)关系,参见:Karl Polanyi, *Primitive, Archaic, and Modern Economics*. Boston, MA: Beacon, 1971。

[137] Kirch, *The Evolution of the Polynesian Chiefdoms*, especially pp. 35-9, 195-7 (quotation), and 207; 以及:Marshall Sahlins, *Social Stratification in Polynesia*. Seattle: University of Washington, 1958; 这是一本理论奠基性的著作; Goldman, *Ancient Polynesian Society*。

权力：在饥荒时招募佃客或控制稀有资源……运用多种形式的[225]神圣权威来增强自身权势"。[138] 在 14 世纪的马里，"基础政治单位是当地酋邦，它们以殖民先驱者的后代以及统治着平民和奴隶的军事贵族为其首脑"。在稀树草原(savanna)的西部，"'法玛'(fama)既是土地的主人也是一个'卡夫'(kafu)的政治首领"。19 世纪的旅行者对这种小型政治实体做出如下描述："在树林之中有直径几公里的广大空地。空地中心聚集着 7 个、8 个、10 个甚至 15 个村庄，每一个都建立了防御设施。"[139]权贵家族之间对酋长职位的争夺与社群间的冲突一样常见且充满暴力。

最终，通过考察相当数量有文字记载的处于向"酋邦"转型过程中的部落社会，我们再审视仅留下考古证据的史前社会时，就能对情况有更清楚的了解。在考察后者时，我们进入了一个没有个人姓名和群体名称，没有史诗传统，也没有任何叙述性故事的世界。这一阶段的考古发现中有两个主要体现了酋邦转型过程的迹象。最重要且普遍存在于全世界的是酋长陵墓：大型的，往往非常巨大的墓葬遗址，依靠公共劳动修建，堆满了包括武器在内的威望性物品，表明了死者的财富和地位。其次且含义不那么明确的是设防遗址，它在某些情况下可以表明这里曾是集权化酋邦中发展程度较高的酋长居城。我们前面说过，即便在那些暴力极为盛行的地方，设防遗址也并非随处可见。即便发现这样的遗址，它们原本也可能仅是普通部落社会中的设防村庄或山顶避难所（例如新西兰毛利人的"帕"），而这些社会中酋长权力（如果有的话）仍极为有限。但对于某些遗址，从其布局——例如酋长居所的规格——中就可看出尖锐的社会分化迹象，尤其是发掘出豪华的酋长墓葬时。"普通"的部落酋长没有能力建设这样的设防酋长居城，拥有它们的只能是权力更大的酋邦酋长。

---

[138]　Isichei, *A History of African Societies to 1870*, pp. 109–10, 148–9. 亦可参见：Schapera, *Government and Politics in Tribal Societies*, passim。

[139]　Iliffe, *Africans*, pp. 70–2, 76–80.

前面提到过,在史前时代的欧洲,设防定居点从新石器时代起便出现于地中海各国和巴尔干。青铜时代晚期,尤其进入铁器时代后,它们逐渐向西欧和中欧扩散。令人惊讶的是在这片世界上被考古队探索得最为彻底的大陆,很多此类定居点遗址还没被认真发掘过。因此我们就不清楚它们过去究竟是设防村庄、[226]抑或流散部落社群的避难所,抑或酋长式领袖及其护卫所居住的设防中心。不过在以晚期铁器时代为主的一些案例中,可以发现大小不等的山顶堡垒围绕一个中心而建,显示出等级结构特征;或是规模巨大且有丰富随葬品的酋长式战士墓葬;或者是垄断威望性物品的生产和贸易的证据。这些都证明了存在集权化的甚至复杂的"酋邦",其中居于顶端的酋长通过次级酋长和本地小酋长来统治乡村地区。⑩ 在东南欧草原发现的设防中心和豪华酋长式战士墓葬也说明在当地半游牧的、拥有原始马和战车的青铜时代牧民之中,存在一个强大的精英阶层。这些精英之中,至少也有一部分曾建立起"酋邦"性质的政治体。⑪

考古专家推断在新石器时代末期("巨石阵时期")的英格兰以及北美中西部林地(阿德纳[Adena]和霍普韦尔[Hopewell]文化)均存在"宗教性"或"祭司性"的酋邦,[227]其依据是发掘出了并非"军事"建筑,而是用来存放尸体供人崇拜的公共纪念碑式土丘。因为相关社群处于史前时代,而相关证据也纯粹来源于考古,导致我们难以确切判断这些酋邦的形成过程中是否存在——或在何等程度上存

---

⑩ Cunliffe, *Iron Age Communities in Britain*; Cunliffe, *The Oxford Illustrated Prehistory of Europe*, pp. 244-355; Kristiansen, *Europe before History*; C. Renfrew and S. Shennan (eds), *Ranking, Resource and Exchange*. Cambridge: Cambridge University Press, 1982; D. Gibson and M. Geselowitz (eds), *Tribe and Polity in Late Prehistoric Europe*. New York: Plenum, 1988; B. Arnold and D. Gibson (eds), *Celtic Chiefdom, Celtic State*. Cambridge: Cambridge University Press, 1995, pp. 43-63.

⑪ Gimbutas, *The Kurgan Culture and the Indo-Europeanization of Europe*; Mallory, *In Search of the Indo-Europeans*, pp. 218-19; Cunliffe, *The Oxford Illustrated Prehistory of Europe*, pp. 174-5; 对牧民酋邦极为出色的概述性讨论可参见: Khazanov, *Nomads and the Outside World*, pp. 164-97.

波兰比斯库平（Biskupin）早期铁器时代定居点的复原木围栏。劳齐茨（Lausitz）文化。全世界不同环境中的前国家社会均会重点使用在当地较为丰富的原材料如木头、泥土、黏土和石头

在——暴力的一面。前面说过，在信史时代的夏威夷酋邦中，尽管暴力肆虐，人们还是很少建立防御工事，反而建造了神殿和其他崇拜场所。在一些晚期霍普韦尔文化遗址（例如俄亥俄的希尔堡和安先特堡）中[228]发现了可能与战争和设防相关的迹象；而更晚更复杂的密西西比文化中，社群间全面暴力的迹象则更为明显，因为一些大型仪式性土丘遗址和村庄遗址周围都建造了栅栏。如一份近期的研究报告所总结的那样："敌对行为很明显迫使一些地方的人用围墙把他们的定居点围起来保护自己。虽说总有人抱着这样一种奇怪观念，认为史前时代一片和谐；但事实上在欧洲人凭借武力打入北美东部前很久，战争已迫使当地人普遍采取了有针对性的自卫措施。"⑭类

---

⑭　Milner，'Palisaded settlements in prehistoric eastern North America'，pp. 69–70.

似的宗教—经济—军事"酋邦"也曾存在于中美洲,其中一些后来发展成了玛雅文明诸政治体。⑭

梅登城堡(Maiden Castle),靠近英格兰多切斯特。这一铁器时代遗址中的多层土质防御工事十分巨大,但并非独一无二;在世界上其他很多遗址中也发现了类似结构。城门处的结构则更为特别,可以让城中居民的轮式车辆——包括战车——通过

总之,在酋邦的形成过程中,经济、宗教、军事等方面因素往往互

---

⑭ 有价值的研究报告可参见:Fiedel, *Prehistory of the Americas*, Chapter 6, 尤其是 pp. 243, 248, 251; Bruce Smith, 'Agricultural chiefdoms of the Eastern Woodlands', in B. Trigger and W. Washburn (eds), *The Cambridge History of the Native Peoples of the Americas*: *I. North America*, Part 1. New York: Cambridge University Press, 1996, 267–323, 尤其是 281–92; R. Drennan and C. Uribe (eds), *Chiefdoms in the Americas*. Lanham, MD: University Press of America, 1987。关于英格兰, 可参见: Colin Renfrew (ed.), 'Monuments, mobilization, and social organization in Neolithic Wessex', in *The Explanation of Culture Change*: *Models in prehistory*. London: Duckworth, 1973, pp. 539–58。

相交织不可分割,但在不同社会和不同环境下,其表现形式也多种多样。[14] 例如在古代近东,安纳托利亚和北叙利亚的一些公元前第五千纪的设防遗址(如梅尔辛[Mersin])被认为是酋邦/小型国家首领及其战士团队的据点。但另一方面,人们也普遍相信一些苏美尔城市遗址是从公元前第五千纪的宗教—经济性的酋长—祭司统治中心基础上发展而来的(欧贝德[Ubaid]文化)。可能只有当人口聚集到形成城市并建立起城墙后,苏美尔各政治体才开始被战士领袖所统治,正如信史时代的案例所显示的那样。[15] 话虽如此,由于考古证据存在局限性,未必能反映全貌,如果仅根据考古证据认定史前时代苏美尔的初步权力集中化完全是由宗教—经济因素导致的,那恐怕也是个错误。

在部落—亲属社会的转变过程中发挥了重要作用的酋长和"贵人"的武装护卫队伍,其规模究竟如何?可靠数据相当缺乏,不过只要任何地方出现过这类数字,那它最多也不过几百;200 左右是一个常见的数目。[16] 小型护卫队伍则由几十名武装人员组成。然而必

---

[14] 很好展现了这一点的著作是:Timothy Earle,*How Chiefs Come to Power:The political economy in prehistory*. Stanford:Stanford University Press,1997。

[15] 关于安纳托利亚和叙利亚北部可参见:Mellaart,*The Neolithic of the Near East*,pp. 124-9;Roper,'Evidence of warfare in the Near East from 10,000—4,300 bc',pp. 323-9。关于美索不达米亚可参见:Robert Adams and Hans Nissen,*The Uruk Countryside*. Chicago:University of Chicago,1972;Robert Adams,*Heartland of Cities*. Chicago:University of Chicago,1981;以及:Gil Stein,'The organizational dynamics of complexity in Greater Mesopotamia',in G. Stein and M. Rothman(eds),*Chiefdoms and Early States in the Near East*. Madison,WI:Prehistory Press,1994,pp. 11-22;id.,'Economy,ritual,and power in "Ubaid" Mesopotamia',in G. Stein and M. Rothman(eds),*Chiefdoms and Early States in the Near East*. Madison,WI:Prehistory Press,1994,pp. 35-46。

[16] 举例而言可参见:Thompson,*The Early Germans*,p. 55;Heather,*The Goths*,pp. 67-8;Jenny Wormald,*Lords and Men in Scotland*. Edinburgh:John Donald,1985,p. 91;关于法兰克国王克洛维,可参见:Bernard Bachrach,*Merovingian Military Organization*. Minneapolis,MI:University of Minnesota,1972,p. 4。

须记住,这些数字在部落社会背景下可不是像我们现在看到的这么不起眼,而且还要考虑到可能造成的滚雪球效应。就像做生意一样,有钱的人总有办法挣到更多钱。在一个没有中央权力机构也没有受控于中央的常备军的社会里,由"职业"战士组成的,且只效忠于一名酋长或"贵人"的武装护卫队伍,除了遇到类似的另一支[229]队伍外,可以说并无敌手。这一状态的后果就是拥有武装护卫的地方豪强的权力、财富和下属佃客数量不断增长。他们能够调遣的武力有着洋葱式的结构:其内层核心是常备性质,可以随时动用的最多几百名"职业"战士组成的武装护卫;其次,一旦有需要,佃客也可被召来协助;最后,作为强者不仅意味着有强大的敌人,也意味着他能够求援于强有力的朋友和同盟者。以早期罗马法比家族或凯撒书中强大的高卢领袖为例,一个人的所有这些武装支持者加起来可能达到数千人。此外,当酋长式领袖运用自己的武装护卫确保了部落社会定于一尊,从而建立起"酋邦"之后,整个部落的人力就可以被召来为其所用;而原先部落成员在是否参与部落大会上提议的武力行动方面是有自主选择权的。至此,酋长已或多或少可对部落或地方"民兵"中的成员动用强迫性和纪律惩罚性措施。苏格兰"氏族"酋邦和夏威夷酋邦的案例表明,酋长可对部落民发出强制的军事召集令。除这些以外,个人武力的扩张还有别的途径。譬如说,一名军事领袖成功执行了大规模袭击,甚至占领了敌人的土地,那么或许就有战士从远方慕名而来加入他的护卫队伍,导致其人数膨胀到数千人,那么这支队伍很可能就会成为一个在该领袖统治下的新的独立部落群体的核心。

与之相应,在转型的部落社会战士群体中也发生了质量上的分化。由年轻战士组成的,并以战争为其职业的常备护卫成了精英部队。而原本构成传统部落社会支柱——或不如说部落社会本身——的自由农民—战士,则受到了社会阶层化加剧的影响。(许多语言中的"人民"一词原本都具有一支武装部队的含义,如古高地德语的

heri、folk、liuti；早期希腊语的 laos。⑭）境况较好的"自耕农"或小地主仍或多或少保有军事上的地位和义务。但对于那些不断丧失财产和独立性，以至于不得不接受豪强手下佃客地位者的作战能力，就不必抱有太多指望。尽管在有需要时他们仍会被召集起来，靠人数为他们的主人撑一下门面。一个人在社会中的分量越轻而在冲突中获利越少，他就越缺乏动力去锻炼武艺；即便他选择了以打仗为业，由于出身贫寒，他也注定要一辈子受人指使支配。在社会分化加剧以及酋长和"贵人"的权力增长的影响下，部落社会的转型程度越高，由过去[230]淳朴奔放的"平等主义"社会培养出的那些杰出的部落战士就会变得越罕见。当然事物都有另一面。更为集权化的政治实体也可以用更严格专断的动员指挥方式，以及更大的军队规模来弥补上面所说的损失，打造出更加有效的权力工具。

---

⑭　Green, *Language and History in the Early Germanic World*，pp. 84-5，包含了其他一些欧洲早期的案例；Walter Donlan,‘The pre-state community in Greece’，*Symbolae Osloenses*，1989；64；15-16，22。

10　国家形成过程中的武装力量

[231]早期国家是一个看似熟悉但其实不然的现象。相对于人类发展的更早期阶段,文字的产生——国家是它必要(尽管并不充分)的先决条件——导致我们手头的信息在质和量上均发生了飞跃。不过历史之光就如同那众所周知的只照亮光斑中硬币的街灯,有着相对"实感性"的最后这几千年只不过是我们漫长过去的一小部分,但在大多数人的意识中,这几千年就是我们的全部过去。而在这样的意识中,国家也是从一开始便完全就位的。然而事实上在此之前存在着一个进化的和渐进的国家成长过程。这一过程发生在史前和原史阶段,因此必然会显得模糊不清,原因在于文字只会在国家社会中出现,是国家形成后才发展出来的。因此这一章中所要解答的问题就是国家如何演化产生,以及暴力冲突在这一进程中扮演了何种角色。

我处理这一问题时所用的材料和方法原则上和本书前面所用的相类似。证据来自考古,也来自有文字的文明与正在形成国家的更落后社会接触时留下的书面记录。此外,在国家发展起来以后以书面形式记录下的前国家和早期国家阶段的口述传说,也是一种在各国普遍存在且具有高度重要性的资料来源。这样的记录在很多情况下[232]令国家的成长成为一个原史的而非史前的过程。和前面一样,我会比较检验来自全世界的处于同一"相对"时期的一大批演化中的国家。我希望通过前面部分的展示,读者已经领悟到若只看单个社会的话,那么来自史前和原史时代的微弱回声往往令人茫然不解;但如果看到类似的证据在民族志记录中反复出现且互相印证的话,就能够识别出较为清晰的模式。尽管在统一的人类史中,国家——以及随后的有城市和文字的文明——约于5000年前诞生于苏美尔和埃及;但在本书所运用的相对框架中,国家的诞生却是在世界各地反反复复发生的,几乎一直持续到今天。这些地区彼此情况各异,互相联系程度也千差万别,但均由阶层分化的/酋邦化的部落社会成长为具有全部相关标志的国家。这并不是说所有演化中的国家都一样——远非如此。不同的国家,在不同的生态和社会环境中开始其进化,也会走上多少不同的演化路径。尽管如此,环境的限制和人类的习性还是会导致它们之间有着本质上有限的多样性和高度相似性。在我们的考察中,多样性和相似性均不容忽略。

当然,在绝对时间的编年史中,哪个国家首先出现也是有意义的。早期国家会在它周边造就出更多的国家,因为无论内部进化还是外部影响对于国家的诞生都很重要。内部方面,国家是农业革命所启动的一系列进程的几乎"必然"的终点——至少对于那些具备了正确条件的社会是这样。再好不过的证据就是世界上最"早"诞生国家的四个区域,恰恰也是农业革命的四个最初始中心:近东、中国北方、中美洲和安第斯山。这些独立发展的中心在绝对时间上相差可达数千年,但均有着极为相似的发展轨迹,即经历大约5000年的农业和农业社会发展后国家架构开始浮现。几乎没有证据表明亚洲两端国家诞生的早期中心之间,或中美洲和南美洲的中心之间,有着任何显著联系。新旧大陆之间有显著联系的理论则更加难以成立。在这些彼此相隔的"实验室"中,国家形成是独立发生的,由类似的内部进程自发开启,只不过各有各的相对时间表而已。

[233]对于这些中心以外的其他国家的诞生,内部的农业进化因素也是最为重要的。不过,它们的成长或多或少会受到更早形成的国家的辐射和扩散影响。这些所谓的"次生"国家是否像一些学者所相信的那样,是与所谓原初或原生国家截然不同的一类,并拥有不

样的发展史?① 我对此问题的看法是灵活的：某些位于四个"最早的"国家形成区域以外的国家足够孤立到宣称自己具有原初或近乎原初的地位；其他一些国家的形成则受到现存国家的重大影响，使其成长过程和轨迹均有所不同；还有一些位于两者之间。"次生国家"的称呼把这几类全部混到了一起，把它们与原初国家之间的关系描绘成了一种过于尖锐的非此即彼关系。此外，我认为"原初"或原生国家这样的称呼本身也是误导性的。即便在最早的国家形成区域内，也没有哪个国家完全符合"原初"——即在不与其他国家发生任何互动的条件下被创造出来——的定义。在所有这些"原初"中心——苏美尔、埃及、中国北方、中美洲（奥尔梅克）和安第斯——最早诞生的都不是一个国家，而是由一组国家构成的国家体系；国家在这一体系内与其他新兴国家不断互动并共同进化。② 从这一角度看，并将所有的变化纳入考虑，我们所知的与国家形成相关的历史案例实属丰富多彩。

　　何种内部和外部力量作用导致了国家的兴起？我不想卷入人类学文献中就此话题而展开的众多，且往往还不断重弹老调的论辩。大多数这类论辩已经耗尽口水无可再辩，而最近的趋势则是综合性理论和多元化解释。③ 不管是来自上层的精英强制，还是

---

　　① 学者的声明可参见：Morton Fried，*The Evolution of Political Society*. New York：Random House，1967，pp. 240-2。

　　② 我在这里发展了伦福儒关于"早期国家模组"的突破性理论，将其视为系统的一部分，参见：Colin Renfrew，'Trade as action at a distance：questions of integration and communication'，in J. Sabloff and C. Lamberg-Karlovsky（eds），*Ancient Civilization and Trade*. Albuquerque，NM：University of New Mexico，1975，pp. 3-59；以及：C. Renfrew and J. Cherry（eds）*Peer Polity Interaction and Socio-Political Change*. Cambridge：Cambridge University Press，1986，特别是 pp. 1-18。

　　③ 最有价值的参考材料包括：Fried，*The Evolution of Political Society*；Elman Service，*Origins of the State and Civilization：The process of cultural evolution*. New York：Norton，1975；R. Cohen and E. Service（eds），*Origins of the State*. Philadelphia：Institute for the Study of Human Issues，（转下页注）

来自下层的对更复杂社会的社会需求和经济需求,现在都不会被看作是国家形成的唯一机制。所有这些力量的结合或许才是答案。也不再有多少人相信任何单独因素——所谓"主要推动力"——可以在本质上为国家的形成负责;战争、宗教、灌溉农业或贸易都不行。国家权力结构形成的基础是阶层化/酋邦化部落社会一系列权力累积进程的综合。第9章中所描述的这些相互联系的进程包括农业集约化、人口增长、经济和社会阶层化加剧,[234]以及"贵人"和酋长以(用掠夺来的战利品养活的)武装护卫和佃客为后盾,并借助对社群中仪式、崇拜和魔法的强化控制,而获得的大为增强的权力。

不同社会中,权力累积进程的混合方式也不同,不过很少有哪个方面是完全缺席的。例如有人认为某些政治体的演化是由经济性和祭司性的领袖所主导的,而其他则由精英所率领的战士集团主导。④在考古中的体现就是在前者那里用于崇拜的建筑更为突出,在后者那里则是军事构造。尽管现实中的确也有以庙宇或城堡为中心的城

(接上页注)1978; J. Friedman and M. Rowlands (eds), 'Notes towards an epigenetic model of the evolution of "civilization" ', in *The Evolution of Social Systems*. London: Duckworth, 1977, pp. 201-76; David Webster, 'Warfare and the evolution of the state: A reconsideration', *American Antiquity*, 1975; 40: 464-70; William Sanders and David Webster, 'Unilinealism, multilinealism, and the evolution of complex societies', in C. Redman et al. (eds), *Social Archaeology*. New York: Academic Press, 1978, pp. 249-302; H. Claessen and P. Skalnik (eds), *The Early State*. The Hague: Mouton, 1978, 尤其是其中由编者撰写的部分; H. Claessen and P. Skalnik (eds), *The Study of the State*. The Hague: Mouton, 1981; Jonathan Haas, *The Evolution of the Prehistoric State*. New York: Columbia University Press, 1982; J. Gledhill, B. Bender, and M. Larsen (eds), *State and Society: The emergence and development of social hierarchy and political centralization*. London: Unwin, 1988。

④ Friedman and Rowlands, 'Notes towards an epigenetic model of the evolution of "civilization" '; Kristian Kristiansen, 'Chiefdoms, states, and systems of social evolution', in T. Earle (ed.), *Chiefdoms: Power, economy, and ideology*. New York: Cambridge University Press, 1991, pp. 16-43.

市,但对于国家形成阶段的政治体,我们一旦有了文字记录(而不是只有物质性的考古发现),则往往都会看到其中有着更为错综复杂的权力关系。各种形式的权力都能互相流动和转化。或者换一套说法:某种权力的持有者为了保护和扩张自己的权力,迟早都会通过染指和攫取其他形式权力的方法来做到这一点。如果没有来自各方面的支撑力量,任何国家权力都无法维持对社会的有效控制,抵御外敌对国土的侵犯,或防止政权遭到篡夺。我们已经在对酋邦的讨论中看到过这些。以多样化的波利尼西亚诸岛屿社会为例:在所有这些社会之中,争斗均极为常见。作为它们中最复杂和等级化最严重社会之一的夏威夷,就是一个典型的(灌溉)经济—宗教性酋邦/早期国家;在当地进行的考古发掘中也只能找到宗教性建筑的遗迹,而找不到军事建筑遗迹。然而事实却是在与欧洲人接触前,政治体间争斗、社会强制(social coercion)和暴力篡夺即已成为这片土地上的法则。我们后面还会看到,有证据表明其他曾在考古上被认为是"祭司性"的政治体在暴力方面也毫不逊色,尽管过去有很多人相信它们一直处于和平状态下。

　　列出国家之所以不同于前国家社会的几条正式标准,已成为某种学术写作惯例。人们普遍认同这一点,即与前国家社会相比,国家的中央强制权力达到了一个新层次,可用来命令国民服从,组织社会并调动资源。最初的人类社会是依靠基于亲缘的关系构建起来的;后来,其他社会权力手段也被加进去作为其补充。这使得国家的出现成为可能。一个大体建立在等级化权力关系和利益分配基础上的多层级国家机构成为公共领域中的主导力量。尽管并不存在多少异议,这里还是要强调亲属关系在国家环境下仍是决定社交网络、忠诚对象和行为模式的核心要素——[235]统治精英是按照亲属关系组织起来的;更一般性的社交网络是按照亲属关系组织起来的;在族裔的构建中,亲属关系同样扮演了重要角色。此外,新的超越亲属关系的国家权力机构也是从前国家时代发展而来,并非一夜之间以"理想形式"突然出现。任何正式的标准或"定义"都不应遮蔽这样的事实,即早期国家并非甫一诞生就形态完整、轮廓鲜明。它的形成是一个过程而非一次性事件,通常需要很多代人或几个世纪时间逐步展开。

这一过程牵涉到权力的累积和集中化。达到一定程度后,权力就可以被体制化并提升到一个新的层次。做到这一点的通常是那些在精英内部竞争中取得优胜地位的领袖个人及其追随者,不过某些情况下也可能由一个精英集体来完成。当这样的国家权力中心出现,它行使权力的效率将得到极大提升,从而构成一个对自身有利的正回馈。个人侍卫转变为国家统治者的近卫军,以及国家常备军中的核心力量。过去的部落和地方民兵来去自由,如今则必须服从强制征调。军事领导者可对士兵施加纪律惩罚。人民"赠与"酋长和贵人的礼物和服务,变成了常态化的税收和强迫劳役。与此同时,被征服的土地以及通过各种手段获得的更加丰富的战利品,大多被统治者据有,进一步增强了他们的权力。通过这些方式,裂变社会中的各独立权力中心被迫向统治者臣服,属于同一族裔中的各个部落被聚拢起来并融为一体,而外来部落和族裔也可被同化吸收。"国家建构"的过程就这样发生了。

从一开始,国家的成长和扩张就倾向于遵循一种模式:在每一阶段,国家的统治最初都是通过霸权、"宗主权"或"领主权"得以扩展,然后逐步转变为更加统一、直接和科层化的结构。这个不断重现的模式背后存在着深刻的动因机制。边缘精英向政治中心输诚,是因为他们既被后者更强大的实力所慑服,但也被承诺保留在当地的统治地位——既有胁迫,也有笼络。同样,中央通过作为中间人的当地精英来实施统治,则可利用后者的传统合法性;这也是最简单的实现中央支配的方式,仅需配备最小化的行政机构。假以时日,当内部一体化进程和中央行政机构的发展都达到[236]一定程度后,就将形成一个更为统一的政治实体。这一从霸权性间接统治到更直接统治的不断重复的模式尚未得到早期国家学术研究界的足够认识,尽管在对某些特定政治实体的专门研究和对帝国发展的研究中已注意到该模式的存在。⑤ 未能充分认识的原因依然在于上述国家进化的初期进程往往被史前和原史时代的迷雾所笼罩，也就是说发生在尚未形成文字因此无法得到记载的状态下。

部落/酋邦环境中新生的"雏形国家"（nucleus state）在这一环境中不断扩张；若同时有数个新生雏形国家在相互关联状态下同步演化产生的话，那么它们彼此之间还要进行竞争。本章将对来自一系列史前和原史案例的证据进行比较概述，以重现武装部队在不同形式的早期国家演化中所扮演的角色及其代表性特征。

战争在建立乡村小国和国家中的作用

部落区域中的国家创建

19 世纪初由恰卡（Shaka）所创建，位于今日南非境内祖鲁兰（Zululand）和纳塔尔（Natal）一带的祖鲁王国，是国家产生研究中的一个著名案例。⑥ 祖鲁国家形成于绝对时间中很晚的阶段——在我们考察的案例中是最晚的——因此这一事件被不久之后到来的欧洲人详细记录了下来。尽管很晚，它仍是发生在与欧洲人大规模接触前的部落/酋邦区域内，基本未受外来影响。它构成了一个近乎原初的案例，在相对时间中处于很早的位置。此外，这一早期国家形成过

⑤　Edward Luttwak, *The Grand Strategy of the Roman Empire*. Baltimore, MD: Johns Hopkins University Press, 1976; Michael Mann, *The Sources of Social Power*, Vol. 1. Cambridge: Cambridge University Press, 1986, pp. 142-6.

⑥　现代这一主题下出色的、充分利用了人类学研究成果的作品包括：Max Gluckman, 'The kingdom of the Zulu of South Africa', in M. Fortes and E. Evans-Pritchard (eds), *African Political Systems*. Oxford: Oxford University Press, 1940, pp. 25-55; id., 'The rise of the Zulu Empire', *Scientific American*, 1960; 202: 157-68; Keith Otterbein (1994) 'The evolution of Zulu warfare', 再版于: K. Otterbein, *Feuding and Warfare*. Longhorne, PA: Gordon & Breach, 1964, pp. 25-32; Service, *Origins of the State and Civilization*, pp. 104-16。

程中几乎未留下任何如纪念碑建筑这样的考古遗迹。因此它可以成为史前农业部落/[237]酋邦区域内，被认为具有军事性质但无实质性证据加以佐证的类似早期国家的原型。祖鲁案例中也完整地展现了一些我们通过其他国家形成案例已颇为熟知的特征。

祖鲁国家诞生于单一族裔集团的领域内。这一族裔即是说恩古尼（Nguni）语支语言，并以养牛和迁移农业为生的班图人。如同第 9 章中所说的那样，单一族裔并不一定意味着单一政治实体。直到 18 世纪末，恩古尼人还分成了很多在"政治上"独立并包含多个部落和次部落的酋邦。氏族仍是主导性的社会群体，而酋长的护卫一般不超过数十人。酋长死后，其家族内部为继承权而引发的暴力斗争极为常见。酋邦间频繁的战争以我们熟悉的双重形式进行：其一是袭击抢掠——对象大多是牛这一主要财产和衡量财富的标准；其二是低伤亡的掷矛战，每方参与者都不会超过几百人。酋邦基于亲缘的有限结构使得征服战争无从发生。然而，在 19 世纪初，一个叫丁吉斯瓦约（Dingiswayo）的酋长成功打破对权力的亲属关系束缚，开始了向王政的转型。通过刚柔并济的手段，他逐步扩张并取得对其他酋邦的霸权，保留它们在位的统治氏族，但通常会将酋长更换为同一氏族的年轻成员，从而令后者对他感恩戴德。他也解散了旧的以氏族为基础的民兵，代之以来自不同地域的相同年龄组战士组成的常备军，并任命军官去领导他们。这些凌驾于部落之上，通过以战养战来维持的战士团队，构成了他进一步征服和累积权力的基础。约 30 个不同部落屈服于丁吉斯瓦约的霸权。尽管战争为他统治下疆域的扩张打下了基础，但他对于这一疆域内的各部落，却要强制它们维持和平，并自任为大法官来仲裁部落之间的纠纷。

1817 年丁吉斯瓦约被杀后，新生的王国陷入群雄逐鹿局面。最后胜出者是他最优秀的军事指挥官之一，祖鲁氏族的恰卡。新的国家因之而得名。恰卡继承了丁吉斯瓦约的手段，并以新战术和残酷性加以补充——这两者并非无关。他迫使他的战士使用一种新的刺击式短矛进行近身作战，而不是传统的掷矛战。人们往往以为这种血腥的全力以赴的战斗方式是世界历史上战争的共同特征,而事实上它在部落世界里是前所未有的全新事物。这种新战术一旦在祖鲁兰得以运用,便立刻令恰卡的对手闻风丧胆,以至于在非洲南端造就了大批逃散难民。恰卡麾下的武装部队[238]增长到数万人,其中很多人被命令对祖鲁边界以外进行持续不断的袭击。他们驻扎在环绕王国的"军营"里,远离自己所属的部落,因此他们无法逃出军营加入当地部落抵抗者的队伍。恰卡的王国扩张到约 20 万平方公里,大致和英格兰面积相当,其人口至少也有数十万。恰卡用于巩固王国的手段还包括建立和他个人相关的仪式制度,并亲自主持公共仪式,以作为对传统的祖先崇拜和村庄信仰的补充。

1828 年,恰卡被他的同父异母兄弟暗杀,其恐怖统治也随之告终。暗杀者自己的恐怖统治持续到 1840 年,随后被另一个更年轻的同父异母兄弟推翻。此人即姆潘德(Mpande),作为一名相对温和的统治者继续追求王国的巩固。他将部落领地转变成国家的地方行政区,将他和多个妻子生下的诸子任命到关键的行政岗位上。与此同时,他把自己的女儿嫁给贵胄名流和地方酋长,并娶他们的女儿为妻,从而使围绕着王室的统治者亲属关系网变得更加牢固。一种越来越强烈的祖鲁认同感和团结感逐渐被塑造成型。在此期间,部分受祖鲁国家的影响,其他非洲人的国家在与之相邻的土地上建立起来。19 世纪 30 年代中期,阿非利卡人(Afrikaners)⑦开始了从开普殖民地向纳塔尔的大迁徙,导致与祖鲁人的血腥对抗。在姆潘德统治时期,各方势力尚能达成某种形式的共存,但 1872 年姆潘德死后不久,英帝国便摧毁了独立的祖鲁国家并建立起对该地区的统治。在与英国人的战争中,以令人胆寒的集体冲锋而闻名的祖鲁军队败于西方式强大火力之下。

一名英国军官将祖鲁民族和国家描绘为"一系列或多或少自治的也或多或少不满的部落的集合;一条由沙粒组成的绳索,其仅有的

---

⑦　即南非荷裔或布尔人(Boers)。——译注

凝聚性来源于祖鲁统治家族的存在及其对一支常备军的统领"。⑧
虽说这段话里不乏真知灼见,实情却更为复杂。前面提到过,武装部
队的存在是国家形成过程中常见现象的根本,而这些现象包括:核心
国家权力通过霸权体系实现扩张,原先独立的部落或酋邦统治者受
到胁迫和笼络的联合作用,成为体系中的合作者;霸主与加入霸权体
系的新精英阶层结成亲属关系纽带,同时运用超越亲属关系的制度,
以加强新生国家的统治;霸主对最高军事、[239]司法和宗教权威的
掌握;以及随着时间流逝,整个霸权统治领域由于科层化的不断增长
以及文化融合和共同身份的形成,而被逐步锻造为一个更加统一的
国家。祖鲁国家的形成过程显然也符合以上这几点。

　　所有这些现象在位于今日乌干达的东非部落国家那里也表现得
相当明显。这也是一个关于早期国家形成的精华案例,因为这些国
家足够孤立,但相关信史和原史资料又很充分。欧洲人最早于1862
年抵达这一地区并发现了布干达(Buganda)、⑨安科拉、布尼奥罗和
土柔(Toro)等国。这些国家在体量和权力上相差甚远,但即便其中
最小的也有上万平方公里土地和数十万人口。流传下来的口述传说
和王系表显示这一地区的国家历史已有约5个世纪,且得到从王家
墓地和神庙中发掘出的考古证据的支持。第9章中提到过,从北方
先后迁入的牧民可能构成了这些国家最初的统治精英。新兴王室氏
族开始建构国家和帝国,胁迫和笼络本地酋长,将他们整合到国家体
制之中。酋长为国家征集税收和贡品。国家通过联姻关系、利益分
配和加官进爵的前景在他们之间维持一种微妙的平衡。国王的朝廷
并不固定设于某处,而是在官吏以及众多后宫人员的伴随下频繁巡
幸各地。国王被认为具有神圣地位。他们也会主持复杂的国家仪

---

　　⑧　出自以下备忘录:Sir Theophilus Shepstone, *British Parliamentary
Papers*, 12 August 1887 (about 5531), enclosed in no. 13;并在以下书籍中被
引用:John Laband, *The Rise and Fall of the Zulu Nation*. London: Arms &
Armour, 1997。

　　⑨　第9章中提到的巴干达人即布干达的主体民族。——译注

典。全国各地的年轻人被召到朝廷所在地进行军训,随后在委任军
官率领下前往各省驻扎。国家在战时会召集地方民兵,战争目的则
包括抢掠牛群、征收贡物、征服,以及将邻近邦国纳为附庸。国王薨
逝后,经常会有一场由他的子嗣以及其他王室氏族成员参加的血腥
争位战。⑩ 和祖鲁一样,军队在东非国家形成的各个方面均处于中
心地位。军队的实力随其规模而增长,与国家的不断扩张形成正反
馈。除此之外,部落武装部队的集中化和整编化也会提升军队实力,
同时使这些部落军在更多情况下能为国家所用并受国家控制。

国家相对于部落社会的力量优势恰恰存在于这些因素中。单打
独斗的话,部落战士要胜过国家的征召兵。很多部落的领土尽管在
人口密度上不如文明国家,但也能养育出一大帮[240]勇士。然而,
部落社会仍是小规模的和四分五裂的,并且对自己的成员没有多少
强制力。虽说在危急和绝望的情况下例如外敌入侵或部落迁徙时,
部落人力可能会被充分动员参战,但这类协调一致的行动难以持久。
一旦情况有变,很多人就会因自利和自保而"背叛"共同事业。其他
好坏之处且不论,国家至少可以令这类"作弊"行为大大减少,通过迫
使人们为了自身的"真正"利益——或统治者的利益,或两者皆
有——而合作来消灭"搭便车"者,从而将人们从"囚徒困境"中解放
出来。

根据《圣经》中的原史传说,扫罗王建立以色列国家这一行为是

---

⑩　A. Richards (ed.), *East African Chiefs*. London: Faber, 1960;这本
书大体上仍有参考价值。相关个案研究包括:M. Semakula Kiwanuka, *A History of Buganda*. London: Longman, 1971 (或许是这里面最好的一部);
Christopher Wrigley, *Kingship and State: The Buganda Dynasty*. Cambridge:
Cambridge University Press, 1996;Samwiri Karugirc, *A History of the Kingdom of Nkore*. Oxford: Oxford University Press, 1971;John Beattie, *The Nyoro State*. Oxford: Oxford University Press, 1971;A. Dunbar, *A History of Bunyoro-Kitara*. Nairobi: Oxford University Press, 1965;Kenneth Ingham,
The Kingdom of Toro in Uganda. London: Methuen, 1975;Jacque Maquet,
The Premise of Inequality in Ruanda: A study of political relations in a Central African Kingdom. London: Oxford University Press, 1961。

对其周边不断增长的国家力量的反应。以色列国家的基础是一个成分各异且不断变动的部落大杂烩;通过选举扫罗为王,它们被联合到一起。面对亚扪人(Ammonites)对外约旦的袭击,扫罗一反过去只会让当地人去应付的做法,采取了一个具有关键意义的举措。他"将一对牛切成块子,托付使者传送以色列的全境,说,凡不出来跟随扫罗和撒母耳的,也必这样切开他的牛。于是耶和华使百姓惧怕,他们就都出来,如同一人"(《撒母耳记上》,11.7)。在他胜利后的构建国家过程中(当时的以色列国家与我们前面提到的东非乡村部落王国非常相似),扫罗保留了 3000 人作为新设立的常备军。借助这支部队他可以向部落社会强制推行自己的权力,并加强对部落民兵的控制(《撒母耳记上》,13.2)。

更为可靠的历史记录也反映出部落社会在面对国家时有着明显的劣势。例如,在尤利乌斯·凯撒对高卢的征服中,约 500 万当地人口向最多 8 万人的罗马军队(8 个军团和配合作战的协防军)屈膝投降。[11] 这样的劣势也正是在凯撒高卢战役的末期领导了反对罗马人的总叛乱的维钦托利(Vercingetorix,又译韦辛格托里克斯)所设法弥补的。像恰卡那样,他给每个部落邦设定了士兵和武器的配额,努力推行国家式的惩戒措施。如凯撒所写的那样(《高卢战记》,7.4):

> 他处处极端的谨慎小心,再加上极端严格执行命令,还用最厉害的刑罚来压制动摇的人。对犯有严重罪行的人,他用烈火和其他一切酷刑把他处死;如犯的罪较轻,他便把犯者双耳割去或挖掉一只眼睛之后送回家去,给其他人做鉴戒,使别人对他的严刑峻法有所畏惧。

---

[11] 对高卢人口的估计参见：John Durand, *Historical Estimates of World Population*: *An evaluation*. Philadelphia: University of Pennsylvania, 1974, p. 29; 以及: Colin McEvedy and Richard Jones, *Atlas of World Population History*. London: Penguin, 1978, pp. 55–60。

[241]从凯撒的描述中几乎很难让人体会到,严苛的(更具约束的)纪律措施对罗马帝国军队来说是根本的。

根据凯撒所说,维钦托利的父亲便是一位重要的酋长,曾经图谋当上高卢的王并因此而遭到处决。在当时那个日益阶层化的高卢社会里,"越有势力的,以及有能力雇佣很多人的那些酋长,通常都会试图自立为王"(《高卢战记》,2.1)。尽管凯撒可能是利用了罗马人对王政的厌恶而试图给与他作对的蛮族领袖安上想要称王的罪名,他说的这些也不完全是夸张之词。指挥众人赢得战争是通向王座的主要途径,因为这可以令成功的战争领袖更为富裕,同时令他的护卫和佃客队伍扩大,超越原本和他地位相当的竞争者,也就是其他部落豪强;这也可以为他赢得声望、群众支持和部落内的合法性,再一次超越他人;同时这还可以让远方的战士慕名而来成为他的追随者,从而使他的权力基础扩展到原生部落以外。

这些在相互关联的部落内和部落外政治中通过军事领导实现权力累积的手段,再一次由维钦托利向我们展现。他从本族的阿浮尔尼人(Arverni)中召集了一支武装队伍,打出自由的旗号反抗罗马人。通过这一方法他驱逐了自己在阿浮尔尼精英中的敌人(《高卢战记》,7.4)。奥格托里克斯(Orgetorix),那个挑起对高卢的大规模入侵并为凯撒的最初干涉提供了借口的厄尔维几贵族,同样被凯撒指控为有着称王的野心(《高卢战记》,1.2—4)。与凯撒从南方进入高卢同时,战士领袖阿里奥维司都斯(Ariovistus)也正在高卢东北部为自己划出一个日耳曼人的原始王国;西日耳曼尼亚各地的武装人员和一些部落都受到吸引蜂拥而至(《高卢战记》,1.31 和 1.51)。若不是凯撒发动了一场针对他的规模巨大的战役,将他和他手下的日耳曼人击败并赶回莱茵河以东的话,他的早期国家建构和令当地凯尔特人部落屈服的事业很可能就会取得成功。

因为罗马人的记录,阿里奥维司都斯成为第一个被历史之光照亮的几乎成功称王的日耳曼战士。在他之前日耳曼人中是否还有这样的企图称王者则是我们难以断言的。答案被史前时代的黑幕所掩盖。⑫ 但我们知道在他之后的效仿者[242]不乏其例。此时罗马的影响力与阿里奥维司都斯时代已不可同日而语。在阿里奥维司都斯之后不久崛起的马科曼尼人（Marcomanni）领袖马罗博杜斯（Maroboduus）是早期日耳曼战士——国王获得的新权力的最好例证。历史学家 E. A. 汤普森对相关进程进行了敏锐的人类学分析：

> 马罗博杜斯，马科曼尼人的领袖，是我们所知的第一个把自己的职位由依靠人民善意的联盟酋长，转变为可将意愿强加于臣民的君主的日耳曼人。在公元纪年开始前不久的某一时期，由于罗马军队已挺进到德国西部，马罗博杜斯率领马科曼尼人从美因河谷撤退到了位于今日波希米亚的新家园。……他在波希米亚为自己修筑了一座"宫殿"，与他的人民所居住的要塞靠在一起但仍然是一座独立建筑。……我们并不确切知晓他是如何赢得专制权力的，或他的护卫在此过程中扮演了什么角色。⑬

不过很显然，和其他案例中一样，对自由的部落民兵——往往以松散阵型作战且只能靠首领以身作则展现英雄气概的方式来领导——进行改革也是马罗博杜斯计划中不可或缺的一部分：

> 只有当国家对社会的组织管理取代了基于部落的组织管理时，才有可能组建起某种形式的国家军队。……军队性质的转

---

⑫　关于今日南德境内的发达铁器时代哈尔施塔特文化（可能属于凯尔特文化）的"君主"，可参见：Kristian Kristiansen, *Europe before History*. Cambridge：Cambridge University Press，1998，pp. 255-73，277。

⑬　E. A. Thompson, *The Early Germans*. Oxford：Oxford University Press，1965，pp. 67-8；资料来源参见：Tacitus, *Annals* 2. 44-6，62。关于国王与旧式酋长权威的对比，参见：J. Wallace-Hadrill, *Early Germanic Kingship：In England and on the Continent*. Oxford：Oxford University Press，1971，p. 7。

变……必须以超越其他日耳曼人群体的高度强制权力为
前提。⑭

和祖鲁、东非等案例中一样,超越亲属关系的国家机器(军事机
器是其中一部分)的创建使进一步的对外扩张成为可能,而扩张反过
来也会加强这样的国家机器:

> 马罗博杜斯的名字与日耳曼人历史上另一创新联系在一起
> 也并非偶然。总体上,日耳曼人之间的战争……是为了有争议
> 土地、牛群或领袖的威望等而打起来的。极端情况下,战败者可
> 能会被迫迁徙……甚至被彻底灭绝。不过自基督纪元之初,一
> 种新的战争已经登场。……这样的战争将以战败一方的臣服和
> 沦为征服者的臣民而告终。⑮

过去的日耳曼人中完全不存在"收集贡赋、税收之类的行政机
器"。如今虽说马罗博杜斯的国家[243]机构还处于草创阶段,战利
品也已经被存放在"宫殿和相邻的堡垒中"保管起来。⑯ 拥有一个处
于形成阶段国家的马罗博杜斯从波西米亚"发动了一系列针对新邻
居的战争……令他们屈膝投降;他还强迫新近臣服的战士跟随他参
加下一步作战"。⑰ 于是产生了一种滚雪球式的扩张效应。"他的帝
国实属巨大,因为他甚至能从位于波希米亚的总部统御着当时很可
能居住在易北河下游的伦巴第人。"⑱

如果说马罗博杜斯是在更大规模上重演阿里奥维司都斯的早期
国家建构的话,那么切鲁西人(Cherusci)贵族和战争酋长阿米尼乌

---

⑭　Thompson, *The Early Germans*, pp. 66–7.

⑮　同上,p. 69。

⑯　Tacitus, *Annals* 2. 62.

⑰　Thompson, *The Early Germans*, p. 70.

⑱　同上,p. 68。

斯（Arminius）就是在德国西部重复了维钦托利对罗马人的大反叛和构建国家的努力，但至少在反叛方面取得了更大成功。公元9年，3个罗马军团在泥泞的条陶堡（Teutoburg）森林遭到伏击，全军覆灭。这一著名事件立竿见影地终结了奥古斯都统治期间征服日耳曼尼亚的尝试。尽管结局无疑是戏剧性的，起因却并非如此。罗马遭受的灾难是一个例外事件。在这一事件前后不久的年代里，罗马军队在日耳曼尼亚的行动堪称胜利。提比略（Tiberius）皇帝在公元16年做出的放弃征服日耳曼尼亚的决定，只不过是承认了这样的事实，即在一个如此遥远、荒凉和贫瘠的位于城镇（欧匹达姆）线以外的国度里，要想制服那些飘忽不定的部落民相当困难，而且看不出有什么预期收益值得付出这样的努力。罗马人选择了通过部落精英间接控制和分而治之的政策。对这些精英，帝国可以通过礼物、荣誉和名声、罗马式教育以及威慑来影响和操纵——这些政策在此后数世纪中还将很好地服务于罗马的利益。

不过，在这里我们主要感兴趣的是阿米尼乌斯而非罗马人在部落环境中的行动。在与罗马的斗争中，阿米尼乌斯试图为部落军队引入更严格的纪律和更系统性的战术，并威胁那些动摇者和通敌者。然而，他还是继续在部落制度和部落传统的限度内行事，并不得不与那些若非公然反对他，也常常拒绝接受他的方案的其他部落强人竞争。和维钦托利一样，阿米尼乌斯的反对者里包括了他本家近亲中的首领人物。他们怀有二心并与阿米尼乌斯唱反调。但和维钦托利不同，阿米尼乌斯没有试图在战争中攫取形同王者的权力以压制反对者。当然他[244]确实也模仿了作为自己同时代人和对手的马罗博杜斯的手法，也就是依靠护卫建立对族人的专制统治。最终，他被自己的亲人背信弃义地杀害。⑲ 马罗博杜斯最后也被马科曼尼精英和民众废黜放逐，他的早期国家随即解体。

――――――――――

⑲　Tacitus, *Annals* 1.55-60, 2.45, 88. Thompson, *The Early Germans*, pp.72-84；此书对部落/酋邦政治的描绘极为出色。

日耳曼疆域内王政雏形屡次兴衰的案例,有助于展示早期的国家结构是何等脆弱且易于解体。这一事实同样未得到学术界充分关注,因为大多数案例仍在史前和原史的迷雾中若隐若现。民众和(尤其是)精英对失去旧有自由的抗拒,与无力支撑发达国家机构的薄弱社会经济基础相结合,造成了早期国家的脆弱性。国家的诞生和巩固与几个前后连续、互相依赖且互相支撑的进程密不可分:社会阶层化与经济复杂性的增长,削弱了亲属关系网络在社会建构中的首要性,并促进了国家结构和国家机器的强化;国家体量的增长;以及由多个国家构成的国家体系的整体扩张。历史上的早期国家大体都朝着这些方向发展前进,直到国家将继续存在下去并在内部和外部的竞技场上占据主导地位这一事实变得不言自明。[20]

从小国到国家:欧洲北部的实验室

在一些案例中,区域内国家结构的巩固是由唯一一个早期国家雏形主导的,因此国家能很快向周边的部落/酋邦土地扩张。然而在其他或许也是占大多数的案例中,国家巩固是由数个竞争中的国家雏形同步推动的,导致产生出体量小得多的早期国家单元。小型国家这一"丢失环节"是关于早期国家演化的学术研究中的又一块短板。相关文献中有不少地方提到过"土邦"、公侯国、亲王国(德语Fürstentum)、"小型国家"(德语Kleinstaat)甚至"微型国家",以及相对于大王(德语Grosskönig)的小王(德语Kleinkönig),但仍然缺少对小型国家"阶段"在国家成长过程中的普遍性的系统认识。

短板的存在同样是因为史前和原史时代处于黑幕笼罩之下。城

---

⑳　与上述说法大致相符的论述可参见:Robert Carneiro, 'Political expansion as an expression of the principle of competitive exclusion', in R. Cohen and E. Service (eds), *Origins of the State*. Philadelphia: Institute for the Study of Human Issues, 1978, pp. 205-23; Stephen Sanderson, *Social Transformations: A general theory of historical development*. Oxford: Blackwell, 1995, pp. 103-19;以及以上著作中所参考的文献。

邦是唯一一种知名度较高的小型国家，而这恰恰是因为它们有着发达的城市文化和书面语言，从而前进到了黑幕被掀开的信史时代。本章的[245]第二部分将讨论城邦。然而，城邦只是小型国家的形态和发展路径之一。一些学者把城邦和我们定义为乡村小型国家的另一种国家形态混为一谈。其他人则设想存在城邦，以及"乡村"（village）、"领土"（territorial）或"邦域"（country）国家这两种早期国家形态，而认为后者在形成之初便具有较大地域规模。㉑ 事实上，面积广阔的"乡村"、"领土"或"邦域"国家往往也是从一个小型国家体系中逐步发展整合而成的。这一过程中被整合到一起的是一些已具国家形态的乡村小国，而非部落或酋邦。

让我们回到日耳曼王政的成长这一主题上。公元后最初几个世

㉑ "城邦"国家与"领土"国家之别可参见：Bruce Trigger, *Early Civilization : Ancient Egypt in context*. Cairo：The American University，1993，pp. 8-14；不那么注重其规模差异的则是：Charles Maisels, *The Emergence of Civilization : From hunting and gathering to agriculture, cities and the state in the Near East*. London：Routledge，1990，p. xvi. 对特里格"领土国家"与"城邦"模型的合理批评可参见：David Wilson, 'Early state formation on the north coast of Peru：A critique of the city-state model', in D. Nichols and T. Charlton (eds), *The Archaeology of City-States : Cross-cultural approaches*. Washington, DC：Smithsonian Institute，1997，pp. 229-44；以及：Robin Yates, 'The city-state in Ancient China', in D. Nichols and T. Charlton (eds), *The Archaeology of City-States : Cross-cultural approaches*. Washington, DC：Smithsonian Institute，1997，pp. 71-90. 然而，上面这本书中又出现另一个方向的错误，也就是认为所有早期国家均为城邦，而事实上其中提到的很多所谓城邦均为乡村小型国家。同样将所有小型国家混同于城邦的还有：G. Feinman and J. Marcus (eds), 'Introduction', in *Archaic States*. Santa Fe, NM：School of American Research，1998，pp. 8-10；Joyce Marcus, 'The peaks and valleys of ancient states：an extension of the dynamic model'，同上，p. 92. 马库斯关于政治统一和分裂的周期性模型（螺旋上升比循环往复更为接近历史真实）也导致她误认为小型国家最初是从大国中分离而出，而实际情况恰恰相反；在任何进化的体系中，向一体化程度更低形式的"瓦解"或"退行"是完全可能且事实上也经常发生的。所有这些都说明在小型国家体系中全面应用伦福儒"早期国家模组"的方法未得到充分理解。

纪的日耳曼社会经历了一些互相关联的变化进程：它与罗马帝国之间的互动因贸易、掠夺、战争、政治依附和佣兵服务而有所增长；农业集约化、人口增长和社会阶层化的发生；更大的部落联盟如法兰克人、阿勒曼尼人和萨克森人（Saxons）[22]正在形成；以及从 3 世纪起，某些日耳曼民族中已越来越明显有了"小国王"的存在。例如，在 4 世纪的哥特人中，罗马的记录和对设防中心的考古发掘证据均显示可能有多至 6 个独立的君王式势力，分别统治着不同的部落集团。[23] 3 世纪的阿勒曼尼人平时被一群小王/酋长所统治，但时不时会出现一位统御全局的战时国王——大多数情况下这是因为和罗马帝国之间发生了战争。[24] 4 至 5 世纪的法兰克人中同时存在多个小国王（reguli），每人统治一个部落集团。所有这些案例里，战士护卫群体在王权的创立和行使中均扮演主导性角色；且所有这些案例里从集权化的"酋邦"到早期王国也只有一线之隔。这两者某种程度上只是人为加以区分的，或者更准确地说，它们之间是一种连续进化的关系。

"全面"的日耳曼王政和更加坚实但依然粗陋的国家结构，要等到一些日耳曼族裔集群在大迁徙中进入罗马帝国后才得以形成。王室的权威、财富和力量通过领导大规模的、胜利的军事行动而得以增长。对外国土地和外国人民的占领和统治削弱了入侵者中旧的部落亲缘纽带，使后者成为新创立的混合型社会/政治体中的成员。各个新继承国接收了残存的罗马行政和税收系统。因此[246]西哥特人、东哥特人、勃艮第人（Burgundian）、汪达尔人和伦巴第人（Lango-bard）的国家均围绕着新的"民族"国王而形成，而像阿勒曼尼人这样坚守部落/酋邦体制且未发展出统一的君主制国家的民族就发现自己已然处于劣势。公元 5 世纪末到 6 世纪初，法兰克人中的克洛维

---

[22] 若指其中登陆不列颠岛的一部分人时，则通常译为撒克逊人。——译注

[23] Peter Heather, *The Goths*. Oxford: Blackwell, 1996, pp. 54–64.

[24] 同上，p. 64, relying on Ammianus Marcellinus 16. 12. 23–6; 21. 4. 1–6; 27. 10. 3–4; 28. 5. 8; 29. 4. 2ff; 30. 3。

王(Clovis)推翻了其他所有法兰克"小国王",残忍而奸诈地将他们杀死——有时亲自下手;受害者中有不少是他的血亲。他起家时拥有一支不超过四五百人的护卫队伍,通过击败其他统治者吸收他们的护卫加入而不断扩大。㉕ 克洛维发动了一系列成功的战争,使法兰克人统治扩展到北高卢,随后又扩展到南高卢。这增强了他在法兰克内部政治中的分量;相应地,他构建国家和民族的努力也使法兰克人变得更为强大并在对外扩张中取得更多成功。

在日耳曼盎格鲁-撒克逊人入侵后的英格兰,循序渐进、长达数世纪之久的国家诞生、巩固和扩张过程以或多或少相似的形式发生。从公元5世纪起,盎格鲁人、撒克逊人和朱特人战士作为劫掠者、佣兵和当地政权的篡夺者抵达不列颠,更多的普通移民也追随他们而至。在随后的数个世纪中,众多小型王国围绕着一个个战争领袖和他们的护卫形成,其数目通过历史学家所说的"淘汰式竞争"逐渐减少。7世纪黑暗之幕徐徐揭开后,剩下的7个小型国家——肯特、威塞克斯、萨塞克斯、埃塞克斯、东盎格利亚、麦西亚和诺森布里亚——中某一个的统治者偶尔会通过暴力、胁迫和笼络建立起对其他国家的"宗主权",将它们联合起来;但这位成功的霸主死后,各国联合又会很快分崩离析。到8世纪末麦西亚(其户口数目据估计有1.2万,可作为这类小型国家的代表)诸王才设法组建了一个处于其霸权之下,由所有南方和一部分北方小王国组成的较稳定的联盟。一个世纪后麦西亚被维京人摧毁,威塞克斯取代它成为新的霸主。一个"统一"的盎格鲁-撒克逊王国从此诞生。㉖ 同样,在5世纪到12世纪的凯尔特人爱尔兰和威

㉕　Bernard Bachrach, *Merovingian Military Organization*. Minneapolis, MI: University of Minnesota, 1972, pp. 3-17. 图尔主教格雷戈里所记录的那些关于克洛维的恐怖故事的概述可参见:Edward James, *The Franks*. Oxford: Blackwell, 1988, pp. 88-91。

㉖　Steven Bassett (ed.), *The Origins of Anglo-Saxon Kingdoms*. London: Leicester University Press, 1989; C. J. Arnold, *An Archaeology of the Early Anglo-Saxon Kingdoms*, 2nd edn. London: Routledge, 1997, 尤其是第8章;Barbara Yorke, *Kings and Kingdoms of Early Anglo-Saxon* (转下页注)

尔士,不断有小国王从地方酋长中崛起,建立起面积可达 1500 平方公里的诸多国家;这些小国王会为了争夺霸权和战利品(主要是牛)整天打来打去。随着时间流逝,小型国家的数量因兼并而减少,令[247]一些"上王"(盖尔语 ruiri)和"上王之王"(盖尔语 ri ruirech)的霸权扩张到爱尔兰或威尔士越来越多的土地上。㉗

　　如果说关于黑暗时代不列颠诸岛的资料相当贫乏的话,那么关于同一时期斯堪的纳维亚的资料就几近无存。不过现有材料反映出的两地早期国家发展概况依然相似。丹麦在 6 世纪有了国王,瑞典的国王也差不多在相同时间出现,而挪威直到 9 世纪末才有。和当时其他地方的情况一样,与其说这些"国王"就是我们今天所说的这几个"国"的王,倒不如认为他们是在这几个国中称王的人。有多少个王,他们是否按血统稳定传承——这些我们一概不清楚。根据一项关于后来的维京时代的统计,三分之一以上的挪威国王死于战斗,另有三分之一被放逐。在接下来的几个世纪里,这些雏形国家的统治者或快或慢地逐步扩张其疆域,消灭敌对的雏形国家,并使地方豪强屈从其霸权。在这一血腥进程中,旧的地方独立统治者被迫接受了臣属的地位,或者被国王的亲戚和追随者所取代。㉘

(接上页注)*England*. London:Seaby,1992,尤其是 pp. 15-24, 157-72;D. P. Kirby,*The Earliest English Kings*. London:Unwin,1991. Frank Stenton, *Anglo Saxon England*, 3rd edn. Oxford:Oxford University Press,1971,书中叙述仍有参考价值;麦西亚户口数可参见第 40 页。

　　㉗ D. A. Binchy,*Celtic and Anglo-Saxon Kingship*. Oxford:Oxford University Press,1970,pp. 31-46;此书极为出色。同样出色的还有:Blair Gibson, 'Chiefdoms, confederacies, and statehood in early Ireland', in B. Arnold and B. Gibson (eds),*Celtic Chiefdom, Celtic State*. Cambridge:Cambridge University Press, 1995,pp. 116-28;T. Bartlett and K. Jeffery (eds),*A Military History of Ireland*. Cambridge:Cambridge University Press,1996,Chapters 2-5。

　　㉘ 统计可参见:Paddy Griffith,*The Viking Art of War*. London:Greenhill,1995,p. 26。关于斯堪的纳维亚国家形成的零星历史证据可参见:Gwyn Jones,*A History of the Vikings*. Oxford:Oxford University Press,1984;P. H. Sawyer,*Kings and Vikings:Scandinavia and Europe AD 700-*(转下页注)

　　一些相同特征在所有这些案例中均有所体现。君王所拥有的权力的核心在于其武装护卫,以及由护卫转变成的王家"近卫"军或初期的职业军人。在某些案例里,统治者还雇佣了真正的佣兵团。佣兵团主要——但也不完全——由那些素有勇猛之名的外族战士(如在爱尔兰的维京人)组成。举例说,在 10 世纪突然间以波兰国家首领身份登上历史舞台的梅什科王(Miesco)就曾指挥一支由 3000 名领薪饷武装人员组成的护卫队。㉙ 他的国家源于多个斯拉夫部落实体(包括国家因其而得名的波兰尼[Polanie]部落)和小型国家(如日后的克拉科夫附近的"维斯瓦"部落联盟国),在经历一段模糊不清的巩固过程之后得以建立。由于地方豪强已向新生霸主纳款输诚,他们自己和他们的半常备性家丁/战士护卫便成为国家武装部队第二重要的组成部分。最后,霸主和地方行政首领也统率着民兵;在危急时刻他们会被全面动员,或在严重程度较低的情况下被部分召集。以上这些就组成了国家权力的洋葱式或雪球式结构。㉚ 在皈依基督教前,上面所提到的那些国王通常都自称神的后裔并行使礼拜—魔法性职能。㉛

　　在国家的形成中起到重要作用的护卫战士既可能来自部落社会

(接上页注)*1100*. London: Methuen, 1982; Peter Foot and David Wilson, *The Viking Achievement*. New York: Praeger, 1970; Aron Gurevich, 'The early state in Norway', in Claessen and Skalnik, *The Early State*, pp. 403-23; Niels Lund, 'Danish military organization', in J. Cooper (ed.), *The Battle of Maldon: Fiction and Fact*. London: Hambledon, 1993, pp. 109-26。

　　㉙　Karl Leyser, 'Early medieval warfare', in Cooper, *The Battle of Maldon*, p. 108; Adenek Vana, *The World of the Ancient Slavs*. London: Orbis, 1983, pp. 193-5。

　　㉚　举例而言可参见:Warren Hollister, *Anglo-Saxon Military Institutions on the Eve of the Norman Conquest*. Oxford: Oxford University Press, 1962。

　　㉛　Binchy, *Celtic and Anglo-Saxon Kingship*; William Chaney, *The Cult of Kingship in Anglo-Saxon England*. Manchester: Manchester University Press, 1970.

内部,也可能来自其外部。[248]如今俄罗斯和乌克兰境内最早的国家政治体罗斯的诞生便是一个很好的例子。罗斯的诞生历程最早可追溯到公元 750 年,然而这一阶段就和其他所有国家形成阶段一样具有原史时期的模糊性,准确细节往往不可考。对这一过程的重建既要依靠考古,也要依靠 12 世纪在基辅汇编而成的口述传说《往年纪事》(*Primary Chronicle*)。"罗斯"(Rus)其实是西芬兰语和爱沙尼亚语中对瑞典人的称呼。在他们的邻居挪威人和丹麦人向西航行的时候,瑞典人则启航前往波罗的海东岸,并从大河的河口溯河而上,再穿越陆地进入伏尔加河和第聂伯河的支流向下游进发,用毛皮、奴隶和白银与东罗马帝国、伊斯兰哈里发国以及伏尔加河下游的突厥系可萨人(Khazar)和保加尔人(Bulgars)进行交易。与留在西方的同族人一样,他们围绕着战争领袖组织起半平等主义的武装团队。贸易、袭击、海盗、劫掠、勒索、绑架和强奸——只要有机会他们什么都做。有证据显示在他们自己人之间,致命暴力和仇杀也极为流行。他们沿着河流形成的水上大道建立定居点/贸易站,其中部分设置了防御。最早的一批据点建立在拉多加湖和伊尔门湖附近(其中在后世最著名的是诺夫哥罗德),随后自 9 世纪末起建到了更南的地方,尤其是在基辅。以这些定居点为基础,他们将统治扩张到周边地区。这一带人烟稀少,仅有的居民是组织松散而只拥有最基本物质文化的操波罗的语和斯拉夫语的部落。

我们对这些外来者扩张过程中的具体机制并无多少线索,不过他们显然建立起了某种"保护费"制度,向当地居民索取贡赋;作为交换,则保护其免受南方的可萨和保加尔草原游牧民——事实上,还有其他诺曼人——的侵袭。外来者还与当地氏族的首领进行贸易,并娶当地女子为妻。新兴的小型政治体从酋邦进化成拥有一座设防城镇和附近乡村地区的小型国家;其统治者最初是一些战队领袖—冒险家,后来逐步获得了可汗(酋长)和王公的称号。斯堪的纳维亚强盗和商人中的精英采用了当地人的东斯拉夫语;他们所信奉的北欧异教与本地巫觋信仰也处于融合过程中,直到基督教的传入将这一进程打断为止。从 10 世纪末到 11 世纪中期，基辅的王公将霸权扩展到整个乌克兰及其北方，征伐范围远至巴尔干。此后该国再度分裂成独立的彼此经常开战的众多小型国家，每个都拥有自己的王公、数百名武装护卫、一支当地民兵，以及偶尔还会有的一些雇佣兵部队。㉜

"罗斯人"的家乡斯堪的纳维亚比罗斯更为繁荣，其人民也[249]更加好战，但在政治组织水平上仅比他们作为外来冒险家所征服的波罗的人和斯拉夫人略高一点。然而在其他案例中则可能有出自邻近的高度发达国家的外来领袖及其随从，有些甚至是被一个部落—酋邦社会邀请过来协助他们应对外部国家势力的挑战。例如，早期罗马的最后三个王都有伊特鲁里亚式的名字。考古显示他们之前那些符合罗马传统的"勒克斯"即部落联盟战争酋长属于一个简单的乡村—部落社会，而伊特鲁里亚诸王的统治则与公元前 7 至前 6 世纪在伊特鲁里亚和罗马同时发生的城市化和国家成长相吻合。学者一度认为罗马的转型要归因于伊特鲁里亚人的占领。然而罗马史料从未提到过这样的占领，且当时伊特鲁里亚人自身也分裂为多个互相对抗的城邦，并未形成统一帝国。更可能的情景是来自伊特鲁里亚的战队领袖兼冒险家强行接管了罗马政权，或甚至被罗马人拥立为王。例如有人认为公元前 6 世纪中叶的罗马国王，同时也很可能是罗马国家和军队真正奠基者的塞尔维乌斯·图利乌斯（Servius Tullius），就是如上面所说的那样的人物。㉝

尽管外来统治者接管政权时不可避免要动用一些强迫手段，这

㉜　Simon Franklin and Jonathan Shepard，*The Emergence of Rus 750-1200*. London：Longman，1996；本书价值极高且对最新的考古发现均有涉及；亦可参见：H. R. E. Davidson，*The Viking Road to Byzantium*. London：Allen Unwin，1976。

㉝　对此最具趣味的叙述可参见：T. J. Cornell，*The Beginnings of Rome：Italy and Rome from the Bronze Age to the Punic Wars（c. 1000-264）*. London：Routledge，1995，pp.130-45，151-9，224。

一选项或许并不像乍一看那么糟糕。在领导地位、权力和名声上有着强烈竞争关系的部落强人往往宁愿要一个外来统治者，也不想便宜了他们之中的某个人。举例说，阿兹特克人在 14 世纪初进入墨西哥谷地时还是一个贫穷落后的部落社会，只能在该地区发达城邦国家的边缘地带寻找到一席之地并遭到这些城邦的无情打压。为了应对这一局势，阿兹特克人用一个正规的国王职位（tlacochcalcatl）取代了他们的最高战争酋长，邀请一位来自库尔瓦坎（Colhuacan）城邦的外国贵族阿克玛皮奇特里（Acamapichtli）来担此重任。新国王娶了所有 20 个部落氏族（calpolli）首领的女儿，将他们的利益与新政权联系到一起。

由于罗马和基督教会的文字记录能力，我们拥有的关于欧洲北部国家形成过程的资料要比正常情况下更为丰富。显然，与地中海文明的互动是这一地区国家形成中的决定性因素。出于这一原因以及欧洲北部诸社会的落后性，以掠夺为生的战士团队是这些社会通向立国过程中累积权力的主要行为体。不过，这些[250]案例（以及阿兹特克）究竟能否代表典型的"次生"国家形成方式？如马克思和恩格斯以及后来的学者所注意到的那样，"日耳曼国家"及其形成方式是否具有根本上的独特性，尤其是不同于"亚细亚国家"？

《圣经》传说中也记录了武装护卫在以色列王权形成中的角色。最早的尝试来自亚比米勒（Abimelech）。依靠示剑（Shechem）的人们从本地神庙中取来的钱雇佣的一小队战士，他在以法莲山（Epharaim Hill）中部自立为王，但旋即失败（《士师记》9）。后来，率领400—600 名匪徒和非利士人佣兵的大卫被立为南部犹大部落的王（《撒母耳记上》22—30；《撒母耳记下》2）。此后，大卫以这个小型部落王国为权力基地，创建了统一的以色列人国家。他的老部下改编为一支常规部队，其中包括了一些被称作"勇士"的护卫/部队指挥官（传统上认为有 37 人），以及海上民族非利士人中的基利提人（Kerethite）、比利提人（Pelethite）和迦特人（Gittite）雇佣兵，共约 600 人。这支部队被用来加强国王对部落民兵的控制（《撒母耳记下》15，20，

23)。如《圣经》传说明确指出的那样,公元前 1000 年左右古代希伯来人的早期国家建构过程是"次生"的,是对更早形成的邻国的军事压力的反应,尤其是针对非利士人的国家和新出现的外约旦诸王国。若除此之外还有其他更为"原生"的通向建国之路的话,武装力量和暴力在其中会扮演何种角色? 为了回答这个问题,我们要去考察那些在绝对时间尺度上出现得最早的国家。

从小型国家到国家:一些最初的案例

最初的国家往往在集约化灌溉农业环境中产生。[34] 与关于国家产生的"治水社会论"不同的是,这并不意味着国家不能或不会在其他生态环境中独立产生,而只不过是说越早达到农业集约化状态的地方,国家产生所需的人口密度和社会复杂性等条件就能越快得到满足。[35] 苏美尔和埃及作为早期国家中心和文明中以绝对时间标准衡量的最初两个而享有盛名,在公元前 3000 年之前即已崭露头角。尽管在尼罗河谷发现的一些零星证据可能指出埃及与美索不达米亚之间很早就存在互动,但考虑到两者间的地理距离以及[251]考古所揭示出的埃及文化独特性,有理由认为埃及国家从根本上而言仍是原生性的。

埃及给人的第一印象就是一个无与伦比的、统一而巨大的早期王国。似乎从一开始,关于它的一切便都具备了宏大的特征。最初

---

[34] 承认这一点的人并不需要完全接受由魏特夫最先提出的"治水社会论"。灌溉环境的主要案例包括底格里斯河与幼发拉底河、尼罗河、黄河、印度河甚至密西西比河流域;也包括奥尔梅克、玛雅、墨西哥中部、安第斯、夏威夷和斯里兰卡等地的集约化灌溉系统。参见:Karl Wittfogel, *Oriental Despotism*. New Haven, CT: Yale University Press, 1967。

[35] 我相信这一标准要比卡内罗那篇常被引用的论文中所提出的具有更好的预测性和解释性,参见:Robert Carneiro, 'A theory of the origin of the state', *Science*, 1970: 169: 733-8。卡内罗所提出的国家产生的条件即生态和社会界限对于前国家社会也同样常见。导致国家出现的最重要因素其实是人口密度和社会复杂性。

的埃及在人们心目中的形象一向是和早王朝（Early Dynastic）时期
统一国家的君王在阿拜多斯和萨卡拉的纪念性陵墓，以及由此演化
出的象征着古王国统治者无上权威的金字塔联系在一起的。早王朝
和古王国时代从约公元前 3100—前 2100 年延续了整整 1000 年，并
维持了相对的和平。受沙漠和大海所保护，埃及只在努比亚、利比亚
和（部分城市化的）黎凡特南部三个主要方向上存在着一些部落邻
居。埃及国家无论是要防御他们还是要进行帝国主义扩张，所采取
的行动的重要性往往都很有限。

　　然而印象可能是具有欺骗性的。历史向我们展现的那个文明高
度成熟的埃及并非生来如此。它必须从一大群小型邦国之中被创造
出来，或者说予以"统一"。这一模糊不清的原史进程仅能通过传说
和考古加以揭示，而在此过程中扮演了核心角色的仍是战争。㊱ 我
们对这一进程无疑已经相当熟悉了。考古记录显示在公元前第四千
纪，沿尼罗河谷分布的农业部落/酋邦社会联合成为一个个小型区域
政治体。埃及学家倾向于认为后来埃及的大约 40 个行政区或"诺
姆"（nomes）保留了当初那些独立小国的原始分布状况，正如英格兰
的郡名或大多数欧陆国家的省名的来源那样。制作于前王朝（Pre-
Dynastic）末期或早王朝初期（约公元前 3100 年）的一件被称作"城
镇调色板"㊲的仪式性调色板上的浮雕显示了数个设防定居点，其城
墙上筑有间隔均匀的马面；设防定居点内外刻着象征性的动物画像，
通常被解释为防御者和攻击者中统治氏族的图腾。随着时间流逝，

　　㊱　所有这些均可参见：Michael Hoffman, *Egypt before the Pharaohs*,
London：Routledge, 1980；Feki Hassan, 'The predynastic of Egypt', *Journal
of World Prehistory*, 1988；2：135-85；Michael Rice, *Egypt's Making*. Lon-
don：Routledge, 1991；A. J. Spencer, *Early Egypt*. Norman：University of
Oklahoma, 1995；最后这本书中关于考古发现的插图尤为出色（尤其是第 52—
57 页）。亦可参见：Yigael Yadin, *The Art of Warfare in Biblical Lands in the
Light of Archaeological Study*, Vol. 1. New York：McGraw-Hill, 1963, pp.
116-17。

　　㊲　又称利比亚调色板或利比亚贡赋调色板。——译注

埃及逐渐走向统一。考古证据表明在南方和北方形成了两个文化区域，即上埃及和三角洲。上埃及拥有一个似乎更为中央集权和等级分明的国家，其政治—宗教性的有围墙城市中心位于希拉孔波利斯（Hierakonpolis）。北方的三角洲国家——如果它是个国家的话，不过如今对这一问题越来越倾向于给出肯定答案了——很明显以正在发掘中的布陀（Buto）为中心。

"城镇调色板"。动物图案可能代表了围城者和筑墙定居点内的守城者。前王朝晚期至第一王朝，约公元前 3100 年

[252]虽说原史——埃及的也不例外——都会包含一定的臆测成分，后期古埃及文献中对国家起源的叙述却也越来越多地得到考古发现的证实。根据文献记录，上埃及的国王美尼斯（Menes）通过征服下埃及统一了尼罗河谷。而考古证据，尤其是那些最引人注目的装饰性调色板，则证明了这一进程可能长达两个世纪。通过考古发现的有一系列上埃及战士统治者的徽记或名字：卡（Ka）、艾拉-荷尔（Iry-Hor）、蝎子王（Scorpion）和那尔迈（Narmer）（美尼斯[Menes]?）；他们被描绘成在光荣的战斗、胜利和征服场景中猛击他们的敌人，并将重要战俘和战士斩首的形象。也发现了将人用于献

那尔迈王击打他的敌人。第一王朝早期,约公
元前 3100 年。希拉孔波利斯

祭的证据,但这一习俗在统一后很快消失。尼罗河养育了埃及这片
狭长的土地,通过一年一度的泛滥给埃及带来有利农业发展的天然
肥料。这条河流同时也成为统一进程中快速运输军队的通道。

关于国家的逐步形成,[253]仍须指出其中一个未得到充分认识
的因素。前面已提到过,与人们惯常所想的不同,即便在尼罗河谷这
样的"原生"文明核心区域内,国家也不是独立于其他任何国家而产
生的。后世的统一埃及国家的形象再度造成了误导。在尼罗河谷中
政治体演化的所有阶段,国家均与其他国家在互动中共同演化,彼此
不断激发和回馈。从一开始便存在着位于日后的"埃及"之内的政治

体间和国家间体系,更不用说[254]埃及地区的国家还会与尼罗河谷以外进行商业或其他形式的互动。在尼罗河谷这一区域之中,一个地方的政治体形成,会促进邻近地区相类似的发展,从而导致这一进程不断深化。表面上"原生"的案例里也不乏内部行为体之间的互动和外部刺激因素的作用。㉘

一旦被合而为一,埃及独特的地理孤立性就有助于保护新的联盟。国家建构以及历史上最早的民族建构㉙可以在几个世纪内不受打扰地进行下去:在位于过去上下埃及边界上的孟斐斯建立了一座新首都;权力的象征——先前两个王国国王的称号、王冠和王家徽记——合为一体;过去的地方神崇拜在官方推动下融合到同一个宗教体系中,创造出以具有神性的国王为中心的国教;地方方言融入(上埃及的)国语之中(尚未知新石器时代尼罗河谷的居民的族裔同一性程度如何);强制实现国内和平;王家行政、税务、经济、司法和军事体系得以建立;纪念性国家建筑、国家艺术,以及记录和协助管理众多国家事务的国家文书机构均迅速发展起来。

从小型国家到扩张了的霸权体系再到更大政治构造——其中必定牵涉到武力和其他权力巩固手段——这一政治进化模式在不同的且毫无关联的地理环境下,有着极为相似的体现。当然,其中的区别也同样显著,因为环境、生存方式或社会条件的差异会使每个文化呈现出与众不同的独特形式。因此在亚洲大陆另一端的中国的国家产生,就既与埃及模式相似,又有着相当多的不同之处。和埃及一样,"中国"在后世人们心目中的第一印象是一个巨大的民族—国家或帝

㉘ 作为系统一部分的伦福儒的"早期国家模组"(参见本章注释 2)同样适用于此处。奇怪的是,尽管特里格(Trigger)作为埃及研究领域的杰出专家,在《早期文明》(*Early Civilization*,第 10 页)中曾提到埃及是由"诸多小国"统一而成;然而他在将埃及当作一个完全成型的早期大规模"领土国家"典型提出时,却完全忽视了这一点。

㉙ Anthony Smith, *The Ethnic Origins of Nations*. Oxford: Basil Blackwell, 1986, pp. 43, 89.

国,事实上也是一个文明,但这并不意味着它的"原初"状态便是如
此。它也是在多个国家雏形各自建构国家和民族的过程中被逐渐
"创造"而成的。和埃及一样,这一形成国家的演化的背景设在今日
中国北方的一条大河即黄河的肥沃冲积平原上,在那里,粟(小米)、
小麦/燕麦、蔬菜和牲畜构成了经济的基础。中国农业在新石器时代
的集约化进程耗费数千年之久,其开端和完成都比亚洲西端晚约一
千年。这一进程造就了公元前第四[255]千纪沿黄河一带的发达村
庄社会以及前第三千纪的阶层化"酋邦"(龙山文化)。较早的新石器
时代定居点遗址周围就发现了壕沟和栅栏的痕迹,不过随着人们逐
渐放弃刀耕火种的迁移农业,住进定居村庄,围绕着村镇的夯土墙和
壕沟、被大火焚烧过的迹象,以及生前遭毁伤的骷髅等考古证据也变
得越来越常见。⑩ 从约公元前 2000 年的黄河流域原史时代开端算
起,我们已识别出至少数百个小型国家。典型情况下这些小型国家
的中心是一座有围墙的城镇或设防宫殿,统治者所属的氏族即居于
此处。在这里,我们再次看到因兼并而导致的早期国家体系中独立
政治体数目的不断下降。⑪

　　在公元前第二千纪的黄河流域,一个原生性的书写系统很可能
随国家的出现而产生,但书面材料的保存状况相对于其他文明却不
甚令人满意。由于文字载体主要是一些易腐朽的物质如木头、竹子
和丝绸,早期中国文明的书面材料就不如埃及的低湿度环境中的莎
草纸,或美索不达米亚具有持久性的泥板那样能经受长期保存。从
约公元前 1200 年起,一些附在更为持久的物质——主要是青铜文物
和占卜甲骨——上的文字才较多地存留下来。总的来说,后世中国
传说和历史中关于中国国家形成的概略,与从原始书面材料和其他
考古发现中解读出的内容基本相符。这些历史传说讲述了三个首尾

　　⑩　Kwang-Chih Chang, *The Archaeology of Ancient China*, 4th edn.
New Haven, CT: Yale University Press, 1986, pp. 242-94;其中包括对设防状
况和战争的综合概述。

　　⑪　同上,pp. 303-5。

相继的朝代夏、商和周，其纪年始于公元前第二千纪初期。夏朝的存在至今尚未有明确考古证据，尽管潜在相关证据有所增加。[42] 统治时期大致位于公元前 18 世纪到前 12 或前 11 世纪之间的商，则留下了大量被现代考古学发现的遗址、书面材料和文物，从而能够被清晰识别。它很可能取代了夏并延续和扩展了其统治体系。

商的疆域覆盖了黄河流域和更远地方，最南端可能抵达中国的另一条大河长江所流经的稻米种植区。商代国家具有松散的结构，说明它实质上是一个霸权体系。来自商王室氏族的国王居住在政治性和宗教性首都（已确认前后有 7 个都城），凌驾于地方精英氏族之上，但也通过他们构成的网络来进行统治；而所有这些地方统治者均拥有一座设有城墙的市镇中心并管辖着周边一片领域。商这个名称即来自王室氏族自己的封国，从这里 [256] 他们逐步攀登上了权力的顶峰。商的霸权最初也是通过征服、胁迫和笼络等手段而建立的，并借助了亲缘关系来巩固；王室和精英地方氏族通过多妻婚姻基础上的长期联姻而结成联盟；空缺的和新的地方爵位则被分配给商王室氏族的成员。以商王室为首的氏族精英还建立起了以国家为中心的仪典制度，并垄断了"高等巫术"。商统治疆域内的族裔和语言碎片化情况如何仍不明确。不过，至少精英和大多数人说的是古汉语，可能来源于新石器时代黄河流域农业扩张中的一种语言或方言。总之这种语言成为国家语言后，其使用范围就进一步向外扩张，并将外部语言成分吸收进来。

尽管王朝的行政机构有所增设，商统治疆域内的司法、税收和军事结构大体仍保持地方属性，只有部分物资自下而上流向地区和王朝中心。与埃及在几个世纪内的迅速集权化相比，"中国"花了长得多的时间才从一个霸权体系彻底演化为一个中央集权的科层国家。商的武装力量大部分由王室和各地方精英氏族的近卫兵构成，而各氏族族长也负有管理当地农民人口之责。与埃及和其他类似社会一

---

[42]　同上，pp. 307-16。

样,平民百姓在和平时期须要服劳役并充当戍卒,战时还会被大规模征召入伍。为了保证服从和纪律,当权者有权对平民施加严酷刑罚,但整个政治结构仍然只能算是个松散的霸权体系。它必须保证地方统治者能从中获得利益,并且要靠商王的权威来维持;后者将他们的大部分时间花在巡视境内上面,并通过不断举行仪式和进行讨伐来彰显其个人权力。战争大多是小规模的,牵涉的军队人数通常只有小几千——记录中最大的数字达到 1.3 万。和埃及一样,这代表了国家总人口中不大的一个比例,但相对于中国的敌人而言仍是一支可怕的力量。敌人包括叛乱的封臣、在商的边缘地带崛起并受其影响的国家,以及部落邻人。战争因而成为国家的永恒使命。烧杀抢掠在战争中实属常态,为的是通过消耗敌人而使力量对比发生决定性转变。战争的目的是获取权力、霸权、贡品、珍贵原材料、贸易权、俘虏等,但也是为了自身的安全。不仅生存资料,贵重的威望性物品如青铜、[257]贝壳、玉石和丝绸等也得到人们的热烈追求。在仪式中杀死战俘进行献祭极为常见,是战争行为的核心要素之一。⑭

　　在绝对时间尺度上,日本列岛的政治进化要比中国的晚 2000 年以上。由于在关键节点上不断受到大陆上的发展影响,日本通常被看作一个"次生"国家的典型。尽管如此,如我已指出的,以及中国案例本身已说明的那样,认为"原初"和"次生"的国家形成截然不同,是过于夸张了。在任何地方,政治进化均通过与国家体系内其他政治体的互动而进行,从而被互相影响的内部和外部刺激因素共同推动前进。

---

⑭　Kwang-Chih Chang, *Shang Civilization*. New Haven, CT: Yale University Press, 1980, pp. 194-200（关于军事力量）。以及: Robin Yates, 'Early China', in K. Raaflaub and N. Rosenstein (eds), *War and Society in the Ancient and Medieval Worlds*. Cambridge, MA: Harvard University Press, 1999, 尤其是 pp. 7-15; R. Bagley and D. Keightley, in M. Loewe and E. Shaughnessy (eds), *The Cambridge History of Ancient China*. Cambridge: Cambridge University Press, 1999, pp. 124-91; David Keightley (ed.), 'The late Shang state: When, where, and what?', in *The Origins of Chinese Civilization*. Berkeley, CA: University of California, 1983, pp. 523-64。

从约公元前 7500 年起在日本占主导地位的未脱离采集的初级种植经济(绳文文化),在公元前 300 年左右因从大陆引入的水稻种植和铁器生产而开始转型。在随后从公元前 3 世纪到公元 3 世纪的弥生时代,农业集约化、人口增长和社会阶层化迅速发生。设防的定居村庄出现,随之一同出现的还有大型古坟这种在考古学上体现酋长权力增长的标志。很多古坟中随葬了大批武器和威望性物品,说明酋长对(部分自大陆舶来的)奢侈商品趋之若鹜,也说明他们不但在仪式和巫觋宗教中扮演角色,还经常卷入战争。对弥生时代的考古发现得到大陆史籍中对日本的几次"抓拍"作为补充。一部中国西汉时代(公元前 2 世纪和前 1 世纪)的编年史提到了"倭人"的 100 多个"国"(酋邦)及他们与中国人建立联系的过程。⑭ 几个世纪后的公元 240 年,中国的帝国朝廷首次向日本当时最重要的政治体邪马台国派出一个正式使团。使团造访时,这个早期国家被一名居住在"城栅严设"的宫殿中的女性国王兼最高萨满统治着。凭借武装力量和巫觋宗教权威的结合,邪马台将其宗主权扩张到日本列岛南部的 22 个"国"。

　　自 3 世纪起的大和国延续了邪马台国建立政治"联盟"的进程。大和国的中心地区位于奈良—大阪平原,并从这里逐渐向外扩张,消化吸收新的领土。自称"大王"的该国君主将地方精英氏族的小统治者置于其霸权之下,但让他们中的很多人保留原先地位并[258]控制过去的领土,使他们既臣服于中央又能分享国家的利益。包括军事在内的国家管理的其他很多方面大体上也还是操于这些地方首领之手。他们统率着自己的护卫和农民组成的地方民兵,构成了国家军队的主体。直到 6 世纪末,随着农业集约化的推进,以及来自中国的影响和威胁的增长,日本模仿了中国的宗教、文字、建筑、城市,建立起中央集权科层制的国家,并开启了日本的信史时代。由征发农民组成的国家军队得以设立,并被用于劳役、戍守以及在西部及东北部

---

　　⑭　即《汉书·地理志》。"乐浪海中有倭人,分为百馀国,以岁时来献见云。"——译注

边境发动战役。演化中的日本国家朝这些方向不断扩张,吞并了大片异族部落的土地。⑮

让我们返回亚洲另一端的早期安纳托利亚。尽管并非一个河谷文明,它在政治演化中表现出的特征却与中国北方颇为类似。公元前第三千纪末期,这一地区的"酋邦"开始进化成以设防宫殿——逐渐发展为设防城镇——为中心的小型国家。特洛伊二期遗址即是这类设防中心中最著名的。小型国家的存在被遗址本身以及在该地区发现的最早的一批书面记录所证实,记录人是公元前第二千纪初的亚述商业殖民者。这些国家之间的敌对行为相当普遍,其中一些国家的王室氏族成功取得了对其他国家的支配地位。从公元前 17 世纪起,以哈图沙(Hattusa)的宫殿—城堡为中心的王朝逐渐将其霸权扩张到安纳托利亚中部,创造出了今天人们通常所称的赫梯国家。赫梯(Hittite)这个名称有一定误导性,因为并不存在一个赫梯族裔实体或民族。哈图沙的统治者掌管着一个由五花八门的族裔构成的国度,其中说哈梯语(Hattian)的早期安纳托利亚居民与说印欧语系涅西特语(Nesite)、卢维语(Luwian)和帕拉刻语(Palaic)的人并肩而居。之前我们考察过的国家形成时期的特征也一样不缺:执掌最高军事和宗教权力的"大王";通过战争、胁迫、与统治家族联姻(多妻婚姻),以及给予中央层面的利益等一系列组合手段,从前的小国统治者被降格为地方贵族及附庸国王;连绵不绝的战争成为大王的首要任务,他们通过战争来创立、扩张和保护王国,并榨取贡赋。

随着赫梯国家的扩张巩固,王朝对军事事务的管理变得更加科层化了。位于武装力量核心的[259]是一支小规模的由精英王家贴

---

⑮　关于以上内容尤其应当参见这些充分运用人类学和考古学方法的著作:Joan Piggott, *The Emergence of Japanese Kingship*. Stanford:Stanford University Press, 1997;Keiji Imamura, *Prehistoric Japan*. Honolulu:University of Hawaii, 1996;以及:D. Brown (ed.), *The Cambridge History of Japan*, Vol. 1. Cambridge:Cambridge University Press, 1993 的最初几章。参考价值较低一些的著作还有:Gina Barnes, *China, Korea and Japan:The rise of civilization in East Asia*. London:Thames & Hudson. 1993。

身侍卫组成的常备军,资料显示他们的数量只有几百人。驻守着边境要塞的卫戍兵很明显大多来自半定居的军屯户,他们得到土地/配给口粮作为服役的报酬。因频繁出征,从属于大王和他的封臣的地方贵族护卫常常被征召集合。在赫梯国家的后期阶段,他们多数驾着新引进的马拉战车,这一点与商代后期非常相似。国家的大量农民人口也要被征召参战,并且还要负担劳役。军队总人数大致只能靠推测:最早的一些战争中可能出动数千人;后来则能在主要战役中将 1 万或更多军队派上战场;极盛时期的王国武装部队则包括了总数可达数十万的步兵和几千辆战车。㊻

在爱琴文化圈另一边的希腊,迈锡尼文明诸邦国的诞生在很多方面与安纳托利亚相似,并为国家演化最初阶段的考察提供了独特视角。迈锡尼文明的历史通过口述史诗传说得以保存(尽管信息已相当薄弱且有所扭曲);传说在公元前 8 世纪被编纂成荷马史诗,从而令这一文明的事迹流传于世。对迈锡尼世界的考古发掘开始于 19 世纪末。20世纪 50 年代对线形文字 B 书写系统的破译,令我们得以一睹公元前1200 年左右,迈锡尼文明诸邦国毁灭前夕的一些零散的行政事务记录。它们是存放在档案室里的泥板经大火炙烤后的残余。对遗址的考古显示从公元前 17 世纪起,迈锡尼文明各政治体已逐渐由复杂"酋邦"发展为小型科层制国家。在克里特和东地中海文明的影响和刺激下,这些小国的经济也繁荣成长,以国家主导下的精细手工业、纺织业、奢侈品贸易和远海通商为特征。迈锡尼、梯林斯(Tiryns)、雅典(卫城),以及维奥蒂亚(Boeotia,又称玻俄提亚)的底比斯(Thebes)和戈拉(Gla)的巨型宫殿—城堡,以及巨石垒成的"独眼巨人"城墙,均于迈锡尼文明晚期的公元前 14 和前 13 世纪所建。其他晚期宫殿如皮洛斯

㊻　Trevor Bryce, *The Kingdom of the Hittites*. Oxford: Oxford University Press, 1998; Michael Beal, *The Organization of the Hittite Military*. Heidelberg: Winter, 1992. 一篇有价值的短文为: Amélie Kuhrt, *The Ancient Near East c. 3000—330 BC*, Vol. 1. London: Routledge, 1995, pp. 225-82,尤其是 pp. 266-70.

(Pylos)的"涅斯托尔宫"(Nestor's palace),则显然并未设防。

一些奋力在史前时代黑暗中寻出头绪的学者推测,战争的[260]频率和残酷性在迈锡尼文明后期阶段有所增长,并导致了一个最终毁灭前的"动荡时代",他们以此解释那些后期巨型防御工事的出现。⑰ 然而,从来自这段历史初期的考古发现中可以看出这样的解释并不准确。考古发掘出的文物中很大比例来自精英战士墓葬,其中出现大量对早期迈锡尼文明战士的图形描绘。来自墓葬的文物还包括大批武器装备,从前金属时代的牙片头盔到早期青铜头盔,再到身体护甲、矛、剑和匕首。⑱ 这一时期的战争都是相对小规模的,且以我们熟悉的袭击劫掠和精锐战士单打独斗方式为主,而非全方位的入侵和征服战争。牲畜和女性俘虏是这类社会中主要的劫掠战利品。更晚时期的泥板记载了劫掠而来的女性俘虏被迫纺纱织布,而难以驾驭的男性则被当场杀死——这也是所有早期文明的通行做法。⑲ 关于早期迈锡尼文明的考古记录显示,"大多数定居点位于易守难攻的山顶附近。……不幸的是,随处可见的后世建筑工程遮盖了那些早期建筑或防御围墙,或导致它们被彻底毁坏"。⑳ 只有当早期酋长式统治者被更强大、更富有、统治着科层制小型国家且掌握着更有组织的武装部队的君主(wanax)所取代后,建立雄伟的后期宫堡以保卫权力根基和积聚的金银财宝才变得既可能,也有必要。如

---

⑰ 举例而言可参见:V. R. Desborough, *The Greek Dark Ages*. London: Ernest Benn, 1972, pp. 18-19, 22。

⑱ John Chadwick, *The Mycenaean World*. Cambridge: Cambridge University Press, 1976, pp. 160-72; J. T. Hooker, *Mycenaean Greece*. London: Routledge, 1977; A. M. Snodgrass, *Arms and Armour of the Greeks*. London: Thames & Hudson, 1967, pp. 15-34。

⑲ Chadwick, *The Mycenaean World*, pp. 79-81; M. I. Finley, *The World of Odysseus*. London: Penguin, 1979, p. 54。

⑳ K. A. Wardle, 'The palace civilizations of Minoan Crete and Mycenaean Greece, 2000—1200', in B. Cunliffe (ed.), *The Oxford Illustrated Prehistory of Europe*. Oxford: Oxford University Press, 1994, p. 224; 与之对照可参见:Hooker, *Mycenaean Greece*, pp. 94, 98。

我们已见过且后面还将讨论的那样，防御设施的演化过程并非那么一目了然，而是一个更为复杂的话题。

皮洛斯——最重要的迈锡尼文明小型国家之一，并且也保存了相对丰富的泥板记录——在极盛时期拥有约 5 万人口[51]和数千平方公里土地。除了国王之外，泥板还提到了众多宫廷、政府和地方显要人物。他们构成了围绕君王的武装"伙伴"和"随从"的核心，在国家后期阶段还充当战车驭手。除了一两个最强大的迈锡尼文明小型国家有数百辆战车外，其余国家所拥有的明显不超过数十辆。此外，农民也普遍有应征服役的义务。在[261]较晚阶段还出现了由部分来自国外的职业战士组成的步兵小队。[52]《伊利亚特》中将迈锡尼国王描写成反特洛伊联盟的首领，是同辈中的第一人，或者还不止于此。他可能拥有迈锡尼周边政治体的宗主权，并在更大范围内——包括在海上——行使着某种霸主性权力。在哈图沙发掘出的泥板提到了西方的亚希亚瓦（Ahhiyawa）大王，这在当时的外交辞令中意味着其地位与埃及、巴比伦和赫梯本国的大王相当。亚希亚瓦是否指的是亚该亚人（Achaeans），他们的大王是否为迈锡尼的统治者，成为一个经久不衰的争论主题，并越来越偏向于得出肯定结论。[53]无论如

[51]　Chadwick, *The Mycenaean World*, p. 68.

[52]　同上, pp. 71-3, 159-60, 173。Robert Drews, *The End of the Bronze Age: Changes in warfare and the catastrophe ca. 1200 BC*. Princeton, NJ: Princeton University Press, 1993, pp. 107-8, 148-9, 155-6, 161-3；为了支持自己的论点，德鲁斯可能在某种程度上高估了战车的数量并完全否认由农民组成的民兵的存在，无论后者在军事上有何等价值。

[53]　Hans Güterbock, 'Hittites and the Aegean world: Part 1. The Ahhiyawa problem reconsidered', *American Journal of Archaeology*, 1983; 87: 133-8; id., 'Hittites and Akhaeans: A new look', *Proceedings of the American Philosophical Society*, 1984; 128: 114-22; Machteld Mellink, 'The Hittites and the Aegean world: Part 2. Archaeological comments on Ahhiyawa-Achaians in Western Anatolia', *American Journal of Archaeology*, 1983; 87: 138-41. 运用了最新的特洛伊考古发现材料、赫梯档案以及新发现的大批底比斯档案的最具时效性和权威性的叙述，可参见：Joachim Latacz, *Troy and Homer: Toward a solution of an old mystery*, Oxford: Oxford University Press, 2004。

迈锡尼文明的军队。武士纹双耳喷口杯，迈锡尼，公元前12世纪

何，公元前1200年左右，在迈锡尼文明的小型国家和国家间体系能够向某个方向进一步演化之前，它们突然全部遭到毁灭，从而将希腊推回了长达四个世纪的无国家和无文字的黑暗时代。

谁应当为突如其来的毁灭和崩溃负责至今答案不明，且因为文字证据的缺失，对此进行推测也不具有多大意义。一度流行的外来多利安(Dorian)入侵者导致迈锡尼文明毁灭的理论，在考古和语言学证据面前失去了可信度。民众起义(历史上鲜有能达到这般效果的案例)或时髦的“体系崩溃”论，以及自然灾害理论均不足采信。[54]总之，学者如今转而关注我们在第9章中讨论过的可能的(也是众多候选者中有着最详细记载的)罪魁祸首，[262]也就是得名于埃及史料中称号的“海上民族”。约公元前1200年左右，由不同民族和武装集团组成的大规模流动人群从文明区域边缘涌出，横扫爱琴海和整个东地中海，从海上和陆上发动极具破坏力的袭击，导致希腊和黎凡特海岸各个设防权力中心——包括赫梯首都哈图沙和赫梯帝国本身——几乎同时突然毁灭；积蓄在这些地方的金银财宝也被掠夺一空。和叙利亚的乌加利特一样，皮洛斯最后的文字记录提到了海岸

[54] 不管德鲁斯自己给出的答案怎样(详见第9章注释131)，他在《青铜时代之尾声》(*The End of the Bronze Age*)第二部分中对上述理论的批判却是相当有力的。

哨戒和海军准备工作。⑤ 横跨连接了伯罗奔尼撒半岛和希腊大陆的科林斯地峡仓促建造的一座城墙的遗迹已被发掘出来。

迈锡尼文明最初的产生得益于自公元前第二千纪初起繁盛于克里特岛的所谓米诺斯(Minoan)文明。克里特岛在公元前 1500 年后被迈锡尼文明控制。迈锡尼文明的线形文字 B 书写系统是将克里特线形文字 A 应用于希腊语的结果。然而,由于人们对显然并非希腊语的克里特语言一无所知,线形文字 A 仍无法破译。具有惊人美感和精妙性的米诺斯宫廷社会,在迈锡尼文明占领前的绝大部分时期里未留下任何书面证言。由于鼎盛时期的米诺斯宫殿不设防备,且米诺斯艺术中总体上缺少对战争场景的描绘,导致早期研究者很容易产生对它的罗曼蒂克和田园牧歌式想象,将其视作一个充满和平与幸福的黄金时代或失去的乐园。不过从那以后学术界的观念也发生了变化。显然,克里特是一个岛,因此在面对外来入侵时更为安全。但无论如何,维持内部和平的唯一机制——只要这样的和平存在于克里特的话——在于克诺索斯(Knossos)诸王对其他较小宫殿中的小统治者所拥有的霸权性权力。这样的权力结构事实上在希腊人的历史记忆中也有所反映。证据之一来自与米诺斯相关的神话传说;其二是《伊利亚特》(2.645-52)中列举"统率船队的首领和海船的数目"时,将国王伊多墨纽斯(Idomeneus)称为克里特岛"一百个城邦"的首领。大多数学者相信考古证据也证明了克诺索斯的霸权。山顶和宫殿的防御工事,以及公元前第二千纪初期战争中被摧毁的宫殿,说明克里特岛上的霸权统治建立前发生过岛内战争。此外,要让当地民众屈膝服从于富有的宫廷居民,并为索取严苛的奢侈宫廷经济提供劳力,那么全方位的精英统治就是唯一途径。

米诺斯文明对本国以外海上贸易和市场的支配——或者说制海权——是由[263]强大的米诺斯海军所保证的。修昔底德这样写道(《伯罗奔尼撒战争史》,第一卷第一章):"根据传说,米诺斯是第一个

---

⑤ Chadwick, *The Mycenaean World*, pp. 174-7.

组织海军的人。他控制了现在希腊海的大部分；他统治着西克拉底斯(Cyclades)群岛。在大部分这些岛屿上，他建立了最早的殖民地；他驱逐了开利阿人(Carians)之后，封他的儿子们为这些岛屿上的总督。"希罗多德同样提到了米诺斯王治下的岛民有义务在国王发出要求时前往他的战船上报到(《历史》,1. 171 和 173)。考古学家如今承认了米诺斯人对克里特以外岛屿的殖民。岛上的防御工事被认为是由米诺斯殖民者建立的，用来防备当地居民——或者反过来；但无论如何，这都显示了冲突的存在。在米诺斯势力范围内的锡拉岛(Thera,或称圣托里尼岛)上发现的一幅精美壁画详细描绘了桨帆船、战士和海上作战的场景。最后但并非最不重要的证据是在克里特岛数个地点发掘出的被献祭人类的遗骸，为过去赋予米诺斯宗教的光明形象投下了一道暗影。后来关于忒修斯(Theseus)的希腊神话[264]称雅典人受米诺斯王所迫，每年要向其进贡青年男女各 7 名用来献祭给怪物米诺陶洛斯(Minotaur)，或许就是这一阴森现实的反映。在神话中，忒修斯杀死了米诺陶洛斯，这或许也反映了真实历史事件，也就是大约在公元前 15 世纪中期，来自大陆的迈锡尼文明战士队伍攻占了克诺索斯和其他较小的宫殿，在克里特岛上建立了他们的统治。与米诺斯文明的衰落可能有关也可能无关的是发生在公元前 1500 年左右的灾难性的锡拉岛火山大爆发。此次爆发将整个锡拉岛的中心炸飞，并摧毁了米诺斯人的宫殿和船只。㊷

㊷ 关于上述内容以及相关学术观点的变化，参见：R. Haegg and N. Marinatos (eds), *The Minoan Thalassocracy：Myth and reality*. Stockholm：Paul Astroems, 1984；其中包括这一领域内最权威专家的文章；尤其应当参阅：Chester Starr, 'Minoan flower lovers', 同上，pp. 9–12；Gerald Cadogan, 'A Minoan thalassocracy?', 同上，pp. 13–15；Steffan Hiller, 'Pax Minoica versus Minoan thalassocracy：Military aspects of Minoan culture', 同上，pp. 27–31；以及：Sinclair Hood, 'A Minoan Empire in the Aegean in the 16th and 15th centuries?', 同上，pp. 33–7 这几篇。关于米诺斯内部霸权与分裂化问题的探讨可参见：John Cherry, 'Polities and palaces：Some problems in Minoan state formation', in Renfrew and Cherry, *Peer Polity Interaction and Socio-Political Change*, pp. 19–45。

手持矛、剑和盾，戴着野猪牙头盔的米诺斯军队，公元前 16 世纪。注意桨帆船，以及丰富而简练的背景描绘。阿克罗蒂里（Akrotiri）的舰队带状装饰

通过对以上案例的检视，我们看到了很多从部落/阶层化/酋邦社会及乡村小国经霸权统治而形成更大国家的国家形成过程。从中得出的结论是它们能够显示出无论在"原初"还是更为"次生"的演化过程中，武装力量总是一个主要的，有时还是最主要的因素，并与笼络以及其他所有经济和宗教上的权力累积手段一道加以运用。只要稍加留意，任何人都会得出与我同样的结论，但并非所有人都愿意承认武力具有决定作用这一事实。事实背后的原因几乎是不言自明的：如果没有或明或暗的压倒性强制力为支撑，能够带来诸多利益的政治权力累积就无法完成，因为那些在此过程中必然受损者将会坚决反对；若无此支撑，那么即便累积起足够的权力，也无法防止这样的权力遭到他人篡夺。可能的确如塔列朗（Talleyrand）尖锐指出的那样，你不能直接坐在刺刀上面；⑰但不管要用什么样的坐垫垫在中

---

⑰　即不能完全依靠赤裸裸的暴力来统治。——译注

间,最下面支撑的仍必须是刺刀这样的利器。各式各样的合法性来源非常重要,但它们并不能自我维持。

日本的神圣王权是一个具有启发性的案例。我们知道,3 世纪中期中国派去日本的第一个使团在邪马台国发现了一名隐居于宫殿—城堡中从事巫觋宗教活动("事鬼道")的祭司女王。不过,在现实世界中,仅仅靠魔法性个人魅力是不足以维系权力的。邪马台国的实际权力掌握在以世俗手段管理这个国家的女王"男弟"手中。⑱从 7 世纪起的日本天皇常常为了逃避尘世俗务而遁入宗教冥想,此时相同模式再度出现,即一名皇室近亲将出来执掌权柄。君主具有神性的日本皇朝大体上在没有改朝换代的情况下存续至今,也是因为从 12 世纪后,他们就只保留了正式场合下的仪式性权力。这段时期的实际政治—军事—经济统治权,以及[265]从中衍生出的一切权力,均由"幕府"即军政府掌握。幕府的首领"将军"(shogun)的王朝则毫不意外地不断兴起和衰亡,期间充满武力竞争和血腥篡夺。最高宗教权威通常是政治权力的一个主要方面,也是合法性的主要来源之一,但无论对于酋邦还是由酋邦发展而来的国家,它都不足以独力支撑,或哪怕以之作为最主要支柱。我们审视过的所有乡村小型国家和霸主国家的统治者均掌握着混合了世俗性与宗教性的权力。

一旦权力得以累积,它就可以被用来累积更多权力,并起到一个门槛式的"淘汰"作用,从而逐步去除较小的竞争者——无论它们是部落/酋邦还是小型国家——并将它们置于围绕着更大的霸权国家的结构之中。经过更长一段时间后,从霸权国家的权力中就可能产生文化和族裔的融合或者说"民族建构",并导致科层制的国家机器取代因人而异的霸权统治。更加集权化的国家军队也将从中产生,对此我们将在后面予以考察。

---

⑱ Piggott, *The Emergence of Japanese Kingship*, p. 15; E. Kidder, in D. Brown (ed.), *The Cambridge History of Japan*, Vol. 1. Cambridge: Cambridge University Press, 1993, pp. 97-9.

非部落和非国家的武装集团

在演化中的国家体系里,国家并非唯一拥有集体作战能力的主体。我们已经见识过武装护卫在国家创建中的主导作用。不止如此,在国家结构以外,武装团队也同样扮演着重要角色。首先,"国家结构"本身就是一个非常松散的概念,其中的地方豪强仍然保持着对他手下人马和当地居民的控制。他们或多或少被看作合法的权力持有者。其次,当时不管小型国家,还是霸权国家,或是正在兴起的国家间体系,规模都很小并且支离破碎。在国家的边缘和国与国之间存在着大片的"边疆土地",甚至在国家领土内部也有着类似的"无人地带"。除部落或蛮族外,非部落、非国家的武装团伙也有可能占据这些土地。他们之中三教九流无所不包:逃犯或躲避血亲复仇者、被剥夺继承权逐出家门的私生子或幼子、流亡贵族、欠债者、逃亡奴隶,或扔下锄头选择刀口上讨生活的穷苦农民。小型国家往往太小,即便是大的国家,其力量也相当分散,因此只要这些团伙规模足够大——比如达到数百人——就足以对当局构成真正挑战。

未必不可以说在这些群体[266]和当局之间并不存在多大区别,只不过前者通常属于社会弃民,也往往从社会底层招募新人,而当局则通过时间和权力取得了合法性。"自由连队"的好汉从农民那里榨取贡品并回报以"保护",所作所为与国家大同小异。况且,这些强盗、土匪或海盗的身份经常在黑白两道之间来回变换,时不时为国家服务,或自身变成国家。在有国家的环境中行动,意味着这些自由战士可以充当佣兵两面通吃,有时从部落手里拿钱,有时从国家手里。一般来说,国家只会在危急时刻雇佣他们,但也可能开出更为长久的合同。若机缘巧合(尤其是在动荡时期),这些集团将有可能在小型国家里取得大权,甚至在更大的国家里也有可能。在四分五裂的政治和族裔环境中,他们有时会与其他非国家势力如贵族护卫以及部落战队合作,其合力足以动摇弱化了的国家权力。

在早期美索不达米亚建立的人类历史上最初的国家体系中,便已留下了与盗匪集团相关的文字。但他们还是更多出现在公元前第二千纪黎凡特众多小型国家——从北边的马瑞到南边的迦南——存留至今的记录中。[59] 在迦南，这些位于当地社会边缘的盗匪群体被称作"哈卑路人"（habiru）或"阿匹路人"（apiru）。过去的学者曾尝试证明他们在族裔上等同于早期希伯来人；但如今人们已经知道他们当中包含了各式各样的族群，而正在形成中的希伯来人或许也由此得到了他们的族名。很多形成中的族裔群体的名称都来源于与之邻近的更发达社会对他们的称呼，而这些称呼往往是贬义的。更晚的《圣经》传说讲述了一个由耶弗他（Jephthah）所率领的匪徒群体。此人是妓女之子，长大后被其父亲的家庭剥夺继承权并驱逐出去。然而在危难之际，基列（Gilead）的长老将他叫回去率领众人抵抗亚扪人。获胜之后，耶弗他担任了基列人及周边部落的领袖（《士师记》11—12）。我们已经提到过另一个在大卫领导下的类似匪帮在后来以色列人国家的诞生中扮演的角色。从扫罗王军中逃出的大卫和他的一帮人向犹大部落边境的人们索求贡赋，并受雇于非利士人的迦特王亚吉（Achish of Gath）。扫罗战败身亡后，大卫返回夺取了犹大部落的权力，随后又使自己成为以色列人的统治者。

希伯来人无疑只是黎凡特的一个小群体。他们的传说之所以被相对完好地保存下来，不过是[267]因为其部落宗教后来的光辉业绩。相比之下，我们对被称为"喜克索斯"（Hyksos，埃及语中的"外邦首领"）的人群就所知甚少。他们趁埃及中央政权衰弱之机，于公元前17世纪中叶到前16世纪中叶期间建立起统治了尼罗河三角洲以及埃及其他大部分地方的霸权。人名和其他证据显示他们大多是源自黎凡特南部的闪米特人或迦南—亚摩利人。与仍然流行的印象相反，他们并没有驾着新发明的战车迅速攻入埃及。直到他们在埃及的统治末期，战车才经古代近东渐次传入。喜克索斯人可能代表了由亚洲

　　⑤⑨　M. B. Rowton, 'Dimorphic structure and the parasocial element', *Journal of Near Eastern Studies*, 1977；36：181-98.

的酋邦战士、贵族护卫、佣兵和盗匪群体混合而成的一个大杂烩,并且在三角洲地区闪米特城市居民和牧民的里应外合下夺取了埃及。⑩

从公元前 16 世纪下半叶开始,为了寻求财富,来自酋邦、部落和盗匪的胡里安人(Hurrian)和加喜特人(Kassite)战士从新月沃地北方逐渐渗透到整个近东。最后则是我们已讨论过的大多有着爱琴和安纳托利亚文化来源,于公元前 1200 年左右在黎凡特海岸造成严重破坏并入侵埃及的海上民族。我们对他们所知不多,但他们似乎也是由五花八门的战斗队伍、流亡者和各种族裔的迁徙者混合而成的,以劫掠和向外部强权出售军事服务(既服务于埃及法老,也服务于入侵埃及的利比亚酋长)为生,同时为自己的目的发动大规模远征。在对埃及的攻势失败后,他们中包括《圣经》里的非利士人在内的一部分人被埃及人安排到迦南沿海平原戍守。当埃及的中央政府在公元前 12 世纪中叶再度衰落时,他们便摆脱了埃及的控制,在驻地自立为王。其中的非利士人在南部平原上建立了 5 个互为盟友的小型政治体。另一支海上民族阐卡尔人(Tjekker)占据了迦南北部沿海平原。通过对他们的早期遗址的考古发掘,这些晋升为统治者的战士的爱琴文化背景得以揭示,但随后他们就迅速被当地的迦南文化和语言所同化。⑪

---

⑩ 喜克索斯人的有关资料留存极少。虽说如此,范·塞特斯的著作仍然富有教益和说服力,而比耶塔克也是相关考古学领域的权威,参见:John van Seters,*The Hyksos*. New Haven, CT: Yale University Press, 1966; Manfred Bietak, *Avaris: The capital of the Hyksos*. London: The British Museum, 1996。对喜克索斯人和战车的流行错误观念的批驳参见:T. Säve Söderbergh, 'The Hyksos rule in Egypt', *The Journal of Egyptian Archaeology*, 1951; 37: 53-71; Alan Schulman, 'Chariots, chariotry, and the Hyksos', *Journal of the Society for the Study of Egyptian Antiquities*, 1979; 10: 105-53。

⑪ Trude Dothan, *The Philistines and their Material Culture*. New Haven, CT: Yale University Press, 1982, 此书为考古学领域权威著作。引人入胜地描写了各个族裔,但对他们来源于希腊人还是爱琴/安纳托利亚人往往搞混的著作则是:Othniel Margalith, *The Sea Peoples in the Bible*. Wiesbaden: Harrassowitz, 1994。

在公元 7 世纪以降的古典晚期和后古典时代中美洲,盗匪战队活动的迹象可谓相当显著。在这里,他们同样要么独立行事,要么充当佣兵。如同一位历史学家所称呼的那样,这些"新世界的雇佣兵队长(意大利语 Condottieri)"来自位于墨西哥中部和尤卡坦半岛的[268]伟大的特奥蒂瓦坎(Teotihuacan)和玛雅文明的周边一带——也就是墨西哥湾沿岸和墨西哥北方。他们受雇于这些文明国家的统治者,并极有可能要为两大文明分别于约 650 年和约 850 年的崩溃负责。他们在此后的乱世中也扮演了中心角色,[62]其中一些人崛起成为后古典时期政治体的统治者。最著名的中美洲史诗传说讲述了托尔特克(Toltec)统治者克特萨尔科瓦特尔(Quetzalcoatl)在权力斗争中失败后,率领追随者向东流亡的故事。这一史诗似乎也有着历史事实作为其内核,因为在位于托尔特克东方超过 1000 公里的后古典时代低地玛雅小型政治体中,传说与考古均证实了由库库尔坎(Kukulcan,玛雅语中的"羽蛇",与克特萨尔科瓦特尔同义)率领的托尔特克战士队伍于 987 年抵达并攻占了这些小国。这些战士还带来了可确切无疑证明他们来源的艺术、建筑和宗教象征。从位于奇琴伊察(Chichen Itza)的首都,他们统治了尤卡坦半岛北部约 200 年。

当然,我们手头还有更多来自其他小型国家体系的类似案例。我已经提到过伊特鲁里亚城邦体系中独立的武装团伙及其冒险家领袖。约 2000 年后的英法百年战争中,由多国人员组成的"自由连队"诞生于遭战火蹂躏的法国。随后,政治上四分五裂的意大利半岛将佣兵这一职业推上了成功的巅峰。佣兵时而向敌对意大利城邦中的

---

⑥ Richard Adams, *Prehistoric Mesoamerica*, revised edn. Norman: University of Oklahoma, 1991, p. 263. 关于古典玛雅时代墨西哥雇佣兵的存在证据和详细年表,参见:Andrea Stone, 'Disconnection, foreign insignia, and political expansion: Teotihuacan and the warrior stelae of Piedras Negras', in R. Diehl and J. Berlo (eds), *Mesoamerica after the Decline of Teotihuacan AD 700—900*. Washington, DC: Dumbarton, 1989, pp. 153–72。

一方出售其服务,转眼又为另一方效力,同时也不忘建立自己的独立权力基础。他们肆意欺凌掠夺平民,令当地人被刺激得也纷纷干起佣兵这一行当。不过,对于这些在已经建立的佣兵市场中运作的盗匪性武装团体的案例,最好还是在后面和城邦联系起来加以探讨。

随着时间流逝,城市在原先只有乡村和宫殿/寺庙/设防中心的政治体中发展起来。疆域的扩大,集权化国家政府和科层制的出现,多样化的、更为复杂的国家经济,贡赋和其他战利品的流入等,均为我们考察过的那些早期国家中城市化现象的原因。埃及和中国的王朝首都均属于国家引导下建立并发展起来的大都市中心。日本新生的科层制国家于8世纪在奈良建造了中国式的王朝都城。随着赫梯王国领土、权力和财富的扩张,一个城市围绕着过去的哈图沙城堡持续成长。规模不断膨胀的定居点[269]围绕着米诺斯文明的一座座宫殿——尤其是克诺索斯——而形成,估计有数万人居住在克诺索斯周围。迈锡尼文明的宫殿/城堡周边形成了拥有数千人的小型定居点,在前者遭到焚烧摧毁时后者也未能幸免。

应当注意到,在上述案例中,城市的兴起均落后于国家的产生和巩固;尽管两者紧密相关,但前者仍可被认为是后者的“次生性”进程。仅当小型国家这一阶段已被迈过后,城市才会随之而起。然而在另外一些案例中,城市的成长却与从小型国家到国家的形成过程同步,甚至可以说没有城市就没有这些国家。这些案例指向的就是小型国家的另一种形式:城邦。因其与众不同的特征——包括在军事上——以及在历史上的突出地位,城邦值得被单独拿出来讨论。

城邦兴衰中的战争

防御在城邦形成中的作用

作为小型国家的一类“变种”的城邦往往给人留下文明发达的印象。城邦在它们的全盛之时大体都已掌握了文字,从而迈入了信史时代。然而只要我们把时钟往回拨一圈,从人们印象最为深刻的城邦鼎盛时期回到它的形成阶段,坚实的信史几乎就立刻退化为惊人的无知,只剩一些神话、传说和考古证据让我们去琢磨。不过即便我们手头只有这些材料,从中找一些不同案例来进行比较研究也不失为一个获得更多启示的办法。比如说,我们通过比较发现了城邦通常是围绕一个酋邦中心/地方崇拜中心产生的。通过某种聚集效应,此类中心进一步演变为地区市场中心,并吸引商人和工匠在此定居,逐渐成为一个规模更大的居民点。

过去和现在都有不少人认为城邦的初始形态中,一部分主要具有宗教或经济性质,围绕一个庙宇建筑群展开;其他则是"世俗"性的和军事性的,被要塞或城堡的阴影笼罩。与埃及并列为(甚至略早于前者)世界上最早掌握了文字的文明的苏美尔城邦,便被认为是宗教—经济型城邦的代表。通过考古,我们知道苏美尔城邦诞生于[270]公元前第四千纪末和前第三千纪初位于今伊拉克南部幼发拉底河与底格里斯河下游的肥沃冲积平原,是围绕着更早的欧贝德(Ubaid)时期的一些神庙所在地发展起来的。最早的那些城邦国王的头衔是"恩"(en)或较晚一点使用的"恩西"(ensi),其含义是"(为神庙)奠基的祭司",显示了他们在宗教上有着极高的地位。在早王朝时期(公元前29世纪到前24世纪)其头衔变为"卢旮勒"(lugal),即"贵人"。以往认为在这一时期战争变得更加频繁激烈,然而也"有可能更早时期的居民并非更不好战,只不过我们所知甚少"。[63] 例如,在撒宛丘(Tell es-Sawwan)发掘出的公元前6000—前4500年间的村庄周围,环绕着一圈既深且阔的护城壕,和一道有着结构复杂的设防出入口的围墙。在今日的乔加·玛米村(Choga Mami)发现了

---

[63] C. J. Gadd, in I. Edwards, C. Gadd, and N. Hammond, *The Cambridge Ancient History*, 3rd edn, Vol. 1, Part 2. Cambridge: Cambridge University Press, 1971, p. 121. 一种更加"和平主义"的观点可参见:Gil Stein, 'Economy, ritual, and power in Ubaid Mesopotamia', in G. Stein and M. Rothman (eds), *Chiefdoms and Early States in the Near East*. Madison, WI: Prehistory, 1994, pp. 35-46.

类似的大门防御工事,保卫着古代村庄唯一被发掘出的出入口。[64]
来自年代更晚的乌鲁克(Uruk)时期的一枚圆筒印章上刻有被绑缚
的俘虏和被击打的敌人。[65] 正因为这类与战争相关的发现太过依赖
于偶然性因素,我不得不反复强调不能仅靠考古学证据来研究史前
和原史时期社会中的战争。证据缺乏所造成的问题很难彻底克服,
但类比方法可以有所助益。

　　玛雅城邦构成了一个极富戏剧性的案例。从公元 3 世纪开始,
城邦政治体逐渐出现在位于今日墨西哥南部、危地马拉、洪都拉斯、
伯利兹和萨尔瓦多的尤卡坦半岛上。构成这些城邦核心的是更早
的、自公元前 1500 年起就从乡村社会中逐步成长出的仪式/崇拜中
心。本章内容几乎还没有涉及美洲最早的那些国家,因为它们总体
上缺少发达书写系统,因而也就没有任何形式的历史叙事。对这些
国家的称呼来自西班牙人和现代考古学家为它们的遗址所起的名
字,只因我们甚至不知道这些国家的人是如何自称的。然而玛雅是
个例外,其象形文字书写系统于 20 世纪 50 年代基本得以破译。玛
雅文字的破译标志着学术界对玛雅文明印象的一个分水岭。在此之
前,玛雅被普遍认为是一个祭司主导下的和平社会。人们发挥天马
行空的想象力,将玛雅描绘为由一群群快乐的农民构成;祭司精英阶
层充当人神之间的中介,而人们会满怀感激地向诸神奉献出自己生
产的物品——总而言之,就是一种原型式的田园牧歌神话意象。所
有可能的战争迹象都被另作解释。然而,一旦玛雅文字能够被识读,
一幅完全[272]不同的景象就浮出了水面。大祭司的确是玛雅国王
扮演的主要角色之一。他们主持包括人祭在内的各种仪式,自己也

---

[64]　Joan Oats, 'The background and development of early farming commu-
nities in Mesopotamia and the Zagros', *Proceedings of the Prehistoric Society*,
1973;39:147-81,尤其是 pp. 168-9。

[65]　J. N. Postgate, *Early Mesopotamia*. London:Routledge, 1994, pp.
24-5;以及:Marc van de Mieroop, *The Ancient Mesopotamian City*. Oxford:
Oxford University Press, 1997, pp. 33-4。

被各种繁文缛节深深束缚,而这一切据说都是为了保证世界的正常运转和社群的福祉。但与此同时,玛雅诸王也是各城邦政治体间战争中的军事领袖,而这样的战争实属频繁。毕竟,一旦我们能看懂神庙墙壁和城市中心广场纪念碑上刻下的铭文,就可以发现里面充满了玛雅诸王自吹自擂的战争胜利记录。他们同时是世俗性、军事性,以及宗教性的领袖;且今日多数学者认为自前国家时代玛雅酋邦和寺庙/市政中心形成以来,其领导者所扮演的角色一直都是这样。[66]

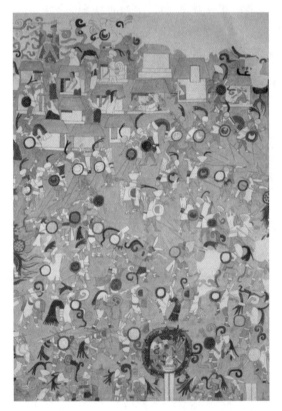

玛雅战争场景。上美洲豹神庙南墙壁画,奇琴伊察

---

[66]　虽说这是学术界的共同见解,但其中在理论上论述最为完善的则是:David Webster, 'On theocracies', *American Anthropologist*, 1976;78;812-28;我完全赞同这篇文章的结论。

有证据表明美洲其他所有起源于酋邦兼寺庙的早期政治体也是如此。就我们这本书的程度而言,只需列举其中一个案例,也就是位于今日美国伊利诺伊州密西西比河畔的卡霍基亚(Cahokia)。作为气候温和的北美地区最发达的政治体,它的出现比起中美洲文化区域的类似进程,在绝对时间上要晚约 2000 年(且可能受后者影响)。卡霍基亚花了几个世纪的时间从早期酋邦进化为该地区最强大酋邦之一,角逐并最终取得霸主地位,最后于公元 11 到 14 世纪发展成为一个早期国家。⑥ 密西西比文明在欧洲人到来前没有足够时间进一步发展,因此遗址没有被更晚期的文明地层覆盖,从而令早期国家阶段的形态较为独特地保存了下来。在卡霍基亚政治体的中心有一座巨大的仪式广场和统治者的居所,向外则是围绕着它成长起来的有数万居民的城市。遗址中有多座大型土墩——在世界各地均为向砖石结构金字塔发展的第一步——土墩顶上建有神殿和祭坛。考古发掘显示广场周边环绕着一道原木栅栏。围墙当然有多种用途,但一座有女墙、墙顶步道和塔楼的围墙就很明显是用于防御的。每 20 米围墙设置塔楼一座;城门处设有复杂的防护措施;此外,在墙的周围还发现了大量箭头。⑥ 很明显,卡霍基亚的权力中心是一座遭受过攻击的防御围场(defensive enclosure)。

印度次大陆的印度河文明为此提供了又一个案例。作为世界上最古老和最伟大的文明之一,[273]印度河文明原本已被彻底遗忘在历史长河中,直到 20 世纪 20 年代才重见天日。公元前第三千纪下半叶,当地已有数千年历史的农业社群和村镇中独立进化产生了大

---

⑥　Thomas Emerson, *Cahokia and the Archaeology of Power*. Tuscaloosa, AL: University of Alabama, 1997.

⑥　Timothy Panketat, *The Ascent of Chiefs: Cahokia and Mississippian Politics in Native North America*. Tuscaloosa, AL: University of Alabama, 1994,尤其是 pp. 91-2;依据来源于: W. Iseminger et al. (eds), *The Archaeology of the Cahokia Palisade: The East Palisade investigations*. Springfield, IL: Illinois Historic Preservation Agency, 1990。

型的、复杂的且经过系统规划的城市。印度河文明的语言(达罗毗荼语?)和文字至今尚未破译,因此除物质方面外,我们对这一文明的认识仍极为模糊。很明显手工和贸易在这些城市政治体中举足轻重,而专制统治证据的缺失可能说明了其政府是神权或商业形式的。过去认为印度河文明天性和平的人在考古发现面前不得不缄口。这些城市不仅拥有设防的卫城,也拥有很长且高大的城墙,以及城墙上的马面和设防城门。很多遗址中发现了多次遭到摧毁和焚烧留下的痕迹。在更早的公元前第四千纪建造的城镇防御设施清楚显示了武装冲突从一开始就是印度河文明进化过程中的基本要素。⑩ 印度河文明及其城市在公元前 1700 年左右神秘地灭亡了。尚不清楚这是否与大致同时期操印欧语的雅利安牧民从西北方向抵达印度次大陆有关。印度已知最古老的梵文诗歌总集《梨俱吠陀》中描写了这些新来者的赫赫战功——驾着战车,与暗肤色的土著交战,并且攻陷了他们的城市据点。

从上面这些案例,以及我们已经考察过的酋邦和乡村小型国家案例中,可以得出更普遍的结论,即并不存在"宗教/经济"和"世俗/军事"两种截然不同的统治类型。无论通过常识判断,还是通过实证

---

⑩　Jonathan Kenoyer,'Early city-states in South Asia',in D. Nichols and T. Charlton (eds), *The Archaeology of City-States: Cross-cultural approaches*. Washington,DC: Smithsonian Institute,1997,pp. 56–62;Bridget Allchin and Raymond Allchin,*The Rise of Civilization in India and Pakistan*. Cambridge: Cambridge University Press,1993,pp. 133–4,146,150,157,162,171–6;Gregory Possehl,'Sociocultural complexity without the state: The Indus civilization',in Feinman and Marcus,*Archaic States*,pp. 269–72;此书列举了与战争有关的证据但很奇怪地忘记了提到防御工事的存在。很遗憾,宣称人类最初天性和平的理论也影响了一些重要的非专业著作如:William McNeill,*The Rise of the West: A history of the human community*. Chicago: University of Chicago,1963,p. 86,以及:Service,*Origins of the State and Civilization*,p. 241,甚至在当下也仍保持着影响力,例如:Robert O'Connell,*Ride of the Second Horseman: The birth and death of war*. New York: Oxford University Press,1995,pp. 219–22。

检验,都无法支持相反的理论。真正的宗教性/经济性政治权力——亦即对人心和资源的控制——一旦被建立起来,指望它能一直免受内部或外部的暴力篡夺,是不可能的;事实上若没有其他强制力量加以支持,这样的权力从一开始就无法建立。⑩ 尽管通向政治权力的途径很多,这些途径从根本上看却相差无几,且最终都会合为一条,因为毕竟如老话所说:权力是政治中的硬通货。这一基本事实对于作为城邦雏形的酋邦/城镇/宗教中心一概适用。它们之间虽说存在显著差异,但都包含有混合的功能。

[274]关于公元前8世纪后,也就是刚刚走出黑暗时代的这一时期里希腊城邦的成长过程,我们所拥有的知识极为稀少。在大多数案例中,城邦是围绕着一片防御围场——某些情况下也是一名大酋长的居所——而产生的。它既是保护当地民众和他们的牲畜的要塞,也是神殿和庙宇日益汇聚的神圣场所,因为要塞也能同时起到保护宗教中心的作用。⑪ 希腊语中用来表达一座城市的词"波利斯"(polis)来源于印欧语中对一片圈起来的设防地域的称呼(梵语 pur,立陶宛语 pilis);⑫ 而城邦就是围绕这片地域发展起来的。古典时代

---

⑩　以早期苏美尔来验证这一理论的话可参见这篇经典论文:Thorkild Jacobsen, 'Early political development of Mesopotamia' (1957), in *Towards the Image of Tammuz and Other Essays on Mesopotamian History and Culture*. Cambridge, MA: Harvard University Press, 1970, pp. 142-4。

⑪　举例而言可参见:A. W. Lawrence, *Greek Aims in Fortification*. Oxford: Oxford University Press, 1979, pp. 112, 132-3; Anthony Snodgrass, *Archaic Greece*. Berkeley, CA: University of California, 1980, pp. 31-3, 154-7; John Fine, *The Ancient Greeks*. Cambridge, MA: Harvard University Press, 1983, pp. 48-51; Walter Donlan and Carol Thomas, 'The village community of ancient Greece: Neolithic, Bronze and Dark Ages', *Studi Micenei ed Egeo-Anatolici*, 1993; 31: 67-8. François de Polignac, *Cults, Territory and the Origins of the Greek City-State*. Chicago: University of Chicago, 1995 (法语原版出版于 1984 年), 本书重点讨论了地方崇拜中心的扩散及其在城邦的疆域形成方面所扮演的角色,显示这两个过程很可能互相促进而非彼此矛盾。

⑫　J. P. Mallory, *In Search of the Indo-Europeans*. London: Thames & Hudson, 1989, p. 120.

的设防地域往往还位于一片易守难攻的高地上，从而构成所谓"卫城"或"上城"。赫梯的哈图沙及其他安纳托利亚设防中心，罗马的帕拉廷山和卡匹托利丘，以及高卢的"欧匹达姆"均为围绕山顶建立的酋长/国王居所兼地方崇拜中心兼避难要塞。其他用于称呼城市的词如斯拉夫语中的"哥罗德"（gorod）和日耳曼语中的"贝尔格"（burgh），均带有同样的防御围场含义；未来的城市正是围绕着这些围场形成。正如先驱性的历史学家亨利·皮朗（Henri Pirenne）和非洲古代城市的研究者所说的那样，东南非洲和祖鲁语言中牧人和农民的"克拉尔"（Kraal）代表了类似的酋邦和宗教性质防御围场以及早期商业中心。[73] 作为东非布干达王国首都的山顶防御围场，"基布加"（kibuga）也有着同样的功能。[74] 古代文献中提到苏美尔城市乌鲁克（Uruk）时习惯性地将其称为"乌鲁克（羊）圈"，这令翻译者长期以来为之不解，因为他们很难将此名称与宏伟壮丽的历史名城联系到一起。典型表现就是近来有一名翻译者说："我更倾向于将之译为'乌鲁克—避难所'，以体现它是弱者的神圣庇护所。"[75]但或许字面上的意义正是其原始含义。

　　于是我们就触碰到问题的关键之处：如果不是因为压倒一切的防御需求，城邦就不可能发展起来。仪式/地方崇拜/市政中心、市场以及工匠铺子——所有这一切的意义和城邦的防御功能相比都不值一提。这一看上去显得大言不惭的断言的根据是什么？有一种现象

---

　　[73] Henri Pirenne, *Medieval Cities*. Princeton, NJ: Princeton University Press, 1952, pp. 57-8; Richard Hull, *African Cities and Towns before the European Conquest*. New York: Norton, 1976, pp. xvii, 23-4; Max Weber, *The City*. New York: The Free Press, 1958; David Nicholas, *The Growth of the Medieval City: From late antiquity to the early fourteenth century*. London: Longman, 1997, pp. xvi, 81-8. 皮雷纳和韦伯，甚至也包括赫尔和尼古拉斯，均强调了城市形成过程中的复合多功能性：防御、商业以及宗教方面。

　　[74] Peter Gutkind, *The Royal Capital of Buganda*. The Hague: Mouton, 1963, pp. 9–15.

　　[75] M. Kovacs (trans.), *The Epic of Gilgamesh*. Stanford: Stanford University Press, 1985, I. 10 and note.

可以证明这一点。城邦有一个引人注目的特征,就是最初住在乡下的人当中的一大部分甚至大多数,后来都跑到了城市里;城邦的发展很大程度上靠的就是这一人口流动。据估计,在苏美尔城邦中有80％到90％的人居住在城市里,也正是那些在[275]公元前第四千纪末和前第三千纪初从乡下搬到城里的人造就了这些城市。⑦ 为了理解这一不寻常数字的意义,应当记住前工业时代的经济状况恰恰是与此相反的,也就是80％到90％的人是生产食物的农民。即便一些城邦成为手工业和长途贸易的中心,为进城的人提供了做工的岗位,大部分人仍须以农耕为业。也就是说,城市居民里的一大半是早上牵着牲畜到城外田地和农场干活,晚上回城休息的农民。

尽管对于印度河文明城邦,我们的知识并不充分,但我相信那里的情况也是如此。殖民时代前的非洲或许是一个最有意义的"实验室",因为那里的早期城市时间上距现在并不遥远。虽说包含了一个很大的工业部门,"非洲的城市和城镇基本是农业性的。至少70％的男性居民要在城市和城外农场间定期通勤"。⑦ 尽管前殖民时代尼日利亚西部的约鲁巴人(Yoruba)"无疑是所有非洲人中最为城市化的",他们的大城市仍然"基于农业而非工业"。研究非洲的历史学家大多假定非洲在这方面表现特别,然而事实并非如此。城市化的农民这一矛盾现象之所以产生,是因为防御因素导致的人群聚集。由于欧洲人19世纪已在非洲站稳脚跟,关于约鲁巴人的历史记录在这段时间里也变得更加丰富起来。记录中讲述了来自北方的骑马的富拉尼(Fulani)牧民所发动的猛烈侵袭,以及城市之间无休无止的

---

⑦　对美索不达米亚聚落的综合性考古调查报告可参见:Robert Adams and Hans Nissen, *The Uruk Countryside*. Chicago:University of Chicago, 1972;以及:Robert Adams, *Heartland of Cities*. Chicago:University of Chicago, 1981。关于城市人口比例可参见:Hans Nissen, *The Early History of the Ancient Near East 9000—2000 BC*. Chicago:University of Chicago, 1988, p. 131;Kuhrt, *The Ancient Near East c. 3000—330 BC*, pp. 31-2。

⑦　Hull, *African Cities and Towns before the European Conquest*, p. xiv.

战争。如果要说考古证据的话,那么与战争相关的大型城防工程在几个世纪前即已开工建造。⑱

对于发生在约公元前 750—前 500 年的希腊古风时期(Archaic period)的城市化以及城邦的形成,如今我们已经很清楚地知道其过程相当漫长,同时也是循序渐进的。⑲ 人们对古典时代希腊城邦的城市化程度仍然存有很多疑问。⑳ 和通常一样,拥有最详细记录的

⑱ Eva Krapf-Askari, *Yoruba Towns and Cities*. Oxford: Oxford University Press, 1969, 尤其是 pp. 3-7, 154-5; Robert Smith, *Kingdoms of the Yoruba*. London: Methuen, 1969, pp. 120-9; Hull, *African Cities and Towns before the European Conquest*, pp. 19-20; Graham Connah, *African Civilization: Precolonial cities and states in tropical Africa: An archaeological perspective*. Cambridge: Cambridge University Press, 1987, pp. 130-4; J. Peel, 'Yoruba as a city-state culture', in M. Hansen (ed.), *A Comparative Study of Thirty City-State Cultures*. Copenhagen: The Royal Danish Academy, 2000, pp. 507-18; 引文出自: W. Bascon, 'Urbanization among the Yoruba', *The American Journal of Sociology*, 1955; 60: 446。

⑲ 举例而言可参见: Chester Starr, *The Economic and Social Growth of Early Greece 800—500 BC*. New York: Oxford University Press, 1977, pp. 97-9; Anthony Snodgrass, 'Archaeology and the study of the Greek city' and Ian Morris, 'The early polis as city and state', both in J. Rich and A. Wallace Hadrill (eds), *City and Country in the Ancient World*. London: Routledge, 1991, pp. 1-58; Mogens Hansen (ed.), 'The polis as citizen-state', in *The Ancient Greek City-State*. Copenhagen: The Royal Danish Academy, 1993, pp. 7-29。

⑳ 最近人们才逐渐认识到这一不足之处。这方面的研究仍处于起步阶段。大多数涉猎此问题的学者均错误假定农民和食物生产在前工业社会中毫无疑问的主导地位,可以直接反映在城市人口比例中;然而这两者并不能划等号。举例而言,农民就完全可以居住在城市里,且实际上也的确如此。错误见解的例子包括: M. Finley, 'The ancient city: From Fustel de Coulanges to Max Weber', in *Economy and Society in Ancient Greece*. London: Chatto, 1981, pp. 3-23; 这本书中甚至完全没有意识到问题的存在; Starr, *The Economic and Social Growth of Early Greece 800—500 BC*, pp. 41, 104-5; Chester Starr, *Individual and Community: The rise of the polis 800—500 BC*. New York: Oxford University Press, 1986, pp. 6, 7, 13; Rich and Hadrill (eds), *City and Country in the Ancient World*; Victor Hanson, *The Other Greeks: The family farm and the agrarian roots of western civilization*. New York: Free (转下页注)

案例是雅典。根据修昔底德的说法(《伯罗奔尼撒战争史》,2.14 和 2.16),阿提卡(Attica)的大多数人口此前居住在乡下,但在伯罗奔尼撒战争爆发(公元前 431 年)后撤入了雅典城。通过考古推算出的数据也支持这一说法。[51]然而,雅典(和第二著名的城邦斯巴达)在希腊城邦中却相当不具有代表性。修昔底德同时也说了(《伯罗奔尼撒战争史》,2.15),雅典人多居住在乡下这一特点对其他希腊人并不成立。雅典之所以独特,一个关键因素[276]在于其体量很大。以古典时代希腊的标准而言,它拥有广阔的领土,包括整个阿提卡地区。这一大片区域中的大多数农民不可能以雅典城为家,哪怕他们希望如此(他们其实不想);因为这将导致他们无法正常下地干活。大部分农民住在乡下(khora),在村庄和集镇(komai)里,其中一些有围墙防护。另一方面,由于阿提卡是一个半岛状地带,与陆地相接的北方一侧也大致被雅典城护住,使这一地区几乎免于威胁——除非遭遇公元前 5 世纪波斯人和斯巴达人入侵那样的大规模侵略。大多数

(接上页注) Press, 1995, p.7, passim; id., *Warfare and Agriculture in Classical Greece*, revised edn. Berkeley, CA: University of California, 1998, pp.42-9, 214-17. 以下著作则指出了古代希腊城市居民多为农民,但没有试图估算其所占比例:Robin Osborne, *Classical Landscape with Figures: The Ancient Greek city and its countryside*. London: George Philip, 1987; Alison Burford, *Land and Labour in the Greek World*. Baltimore, MA: Johns Hopkins University Press, 1993, pp.10, 56-64; M. Hansen (ed.), *A Comparative Study of Thirty City-State Cultures*. Copenhagen: The Royal Danish Academy, p.159。直到最近我们才看到汉森提出了在我看来不得不承认很有说服力的反对论点,即古典希腊城邦有着很高的(非农业的)真实城市化水平,参见:Mogens Hansen, 'The polis as an urban centre. The literary and epigraphical evidence', in *The Polis as an Urban Centre and as a Political Community*. Copenhagen: The Royal Danish Academy, 1997, pp.9-86。

[51]　M. Finley, *The Ancient Greeks*. London: Penguin, 1975, pp.70-1 中认为约有三分之一到一半人口居住在城市里;Ian Morris, *Burial and Ancient Society: The rise of the Greek city-state*. Cambridge: Cambridge University Press, 1987, p.100 中得出较上面更低的数字;奥斯伯恩意义重大的考古调查则几乎没有涉及这一问题,参见:Robin Osborne, *The Discovery of Ancient Attika*, Cambridge: Cambridge University Press, 1985。

希腊城邦领土太小也太过暴露,因而不具备这样的条件。地区差异在这一问题上无疑是显著的。

很可惜,我们对于雅典以外其他城邦的认识相当不足。有一小段证据是与维奥蒂亚(Boeotia)的普拉提亚(Plataea)有关的。普拉提亚距其宿敌底比斯仅 13 公里,在伯罗奔尼撒战争初始阶段便遭到后者突然袭击。根据修昔底德所说(《伯罗奔尼撒战争史》,2.5),底比斯人在普拉提亚城外的田地(agori)里俘虏了一些普拉提亚人,缴获一些财产(kataskeue)。从他的叙述中,可明显看出在这个大小相当典型的城邦里,大多数农民居住在城市,从那里下田干活只要走几公里。普拉提亚的成年男性公民仅 1000 人,其中大多数务农;这些人再加上他们的家人就构成了城邦全部人口。如果连这点人里面都有一大半不住在城中的话,那么这座根据修昔底德所说,有城墙、市场和众多住宅的普拉提亚"城市"里还能有什么人?[32] 历史学家维克多·汉森(Victor Hanson)的看法与我不同,他认为城邦的农民大多住在乡下,因此他引用了伯罗奔尼撒战争中伯拉西达(Brasidas)对色雷斯海岸上的安菲波利斯(Amphipolis)城外乡村居民的突然袭击这一例子(《伯罗奔尼撒战争史》,4.102-4)。[33] 然而,安菲波利斯位于希腊半岛的边缘,未必能代表其他城邦;况且周边环境也使它成为一座天然受保护的"岛屿"——"因为它的两面都被斯特赖梦(Strymon)河包围着"——直到伯拉西达夺取一座桥梁后他的部队才得以进入此地。从修昔底德感到自己有必要特地说明安菲波利斯的一部分人分散居于乡下这一点,便可推断出其他城邦通常情况下并非如此。

古代资料中与此相关的另一案例(色诺芬《希腊史》,5.2.6-8)来自伯罗奔尼撒半岛上的曼丁尼亚(Mantinea)。公元前 385

---

[32] 与汉森的解读相反(*Warfare and Agriculture*,p.46),在这里无论原始本还是背景材料都显示所说的是一小部分人在地里耕作,而不是说有一小部分人外宿在农庄里。

[33] Hanson,*Warfare and Agriculture*.

年陷落于斯巴达之手后,根据强加的[277]和平协定,"曼丁尼亚的城墙被推倒,并被分为四个互不统属的村庄,正如在上古时代那样"。色诺芬写道,最初的震惊后,当地地主发现这其实是一个很方便的安排,因为如今他们可以住得离农场更近了。无论如何,曼丁尼亚一旦重获独立(公元前 371 年),人民就立刻搬回城里集中居住,因为这对于独立城邦的自卫而言实属不可或缺(《希腊史》,6.5.3-5)。

对于古代希腊城市化程度这一问题的更多更新答案,我们大体只能依靠在希腊各地区进行的考古调查来获得。凯阿岛(Kea)调查显示至少 75％的人口住在城市中。根据在阿尔戈利斯(Argolid)南部地区的调查,公元前 4 世纪中期有近 60％的人口住在"城市"定居点中,约有 36％住在村庄里,另有约 5％居住在独立农舍。仍在进行中的维奥蒂亚调查尚未有针对性地研究这一问题,但学者粗略估计维奥蒂亚大约三分之一的人居住在"城市";如果把卫星"城镇"算上的话,城市人口就上升到约 40％。我们从所有这些案例(包括前面提到过的阿提卡)中貌似可以总结出一个有点矛盾的规律:城邦越小,其城市化程度就越高。[84]

---

[84] J. Cherry, J. Davis, and E. Manzourani, *Landscape Archaeology as Long-Term History：Northern Keos in the Cycladic Islands from earliest settlement until modern times*. Los Angeles, CA：Monumenta Archaeologica 16, 1991, pp. 279-81, 337-8; Michael Jameson, Curtis Runnels, and Tjeerd van Andel, *A Greek Countryside：The Southern Argolid from prehistory to the present day*. Stanford：Stanford University Press, 1994, pp. 548-53, 561-3; J. Bintliff and A. Snodgrass, 'The Cambridge Bradford Boeotian Expedition：The first four years', *Journal of Field Archaeology*, 1985；12：143. Compare Catherine Morgan and James Coulton, 'The polis as a physical entity', in Hansen, *The Polis as an Urban Centre and as a Political Community*, pp. 125-6. 对米洛斯(Melos)的考古调查貌似也没有给出农业与城镇居民的比例,参见：John Cherry and Malcolm Wagstaff, in C. Renfrew and M. Wagstaff (eds), *An Island Polity：The archaeology of exploitation in Melos*. Cambridge：Cambridge University Press, 1982, Chapters 2, 11 and 19。

那么这些小型政治体的农民为何要聚集到城市之中？城市有其闪光之处，但并不能掩盖拥挤的居住条件、恶劣的卫生状况、流行病高发病率和长时间的通勤等与城市生活不可分割的缺点。很多研究不同城邦文明的学者都已经意识到了最主要的原因仍在于防御，但这样的意识还没有上升成为普遍共识。城邦有着与时代背景不相称的高度城市化水平，不是因为大规模的、集中化的工业和商业——前工业社会食品生产和运输的实际状况决定了历史上只有少量备受瞩目的城邦能够依靠工商业立国（尤其以沿海城邦为主）。城邦人口之所以大量集中在城市里，是因为有时只在几公里开外的其他城邦对该城邦的安全构成了威胁。也正是这一点导致了一个极为明显但很少有人注意到的现象，即城邦几乎总是成群结队出现，多则数百，少则数十。希腊有约 1200—1500 个城邦；中世纪北意大利有数百个城邦；美索不达米亚有三十多个；西方接触前的墨西哥谷地有 40—50 个。这些城邦体系中只有极少数城邦拥有高度专门化的[278]商业经济。公元前 5 世纪的雅典与典型希腊城邦有天壤之别，威尼斯、米兰、佛罗伦萨和热那亚都不能作为中世纪意大利一般城邦的代表。在那些政治进化过程中没有较早发生很大范围内领土统一的地方，才会有城邦崛起；也正是因为没有政治统一和国内和平，人口才有必要集中于城市。空间被大批互相敌对的小型政治体分割这一条件既提出了问题，即造就了近在咫尺的可构成高度威胁的邻国，也给出了答案，即农民可以在城墙内躲避危险，同时在仅仅几公里外的地方劳作。毫不奇怪，学者经常因为要把"城市"或"城市化水平"之类的概念应用到这些往往极其微小的"城镇"级政治体上而感到麻烦。恰当的做法或许是抛弃"城邦"这样的概念，称其为高人口密度且绝大多数人口聚集在一起居住的小型政治体。与学者的假设相反，城邦中城—乡居住地的差别与非农—农业的职业差别并不重合。

这也再次证明城邦是在一个体系中——而非孤立状态下——通

过与其他成员的互动和共同进化而产生的,从最古老的"原初"文明即美索不达米亚的城邦开始便是如此。[85] 城邦也是战争的产物。事实上,如果在一个像埃及那样的统一而安全的王国里,农民就不必迁就防御需求而住在城市里,会继续居住在乡间和未设围墙的市场集镇周围;而大城市数量也将很少,并作为真正的大都会式行政和商业中心而发挥作用。[86]

防御工事之谜

我们往往难以在考古中找到早期城市防御工事的踪迹。这一问题造成了相当程度的混乱。前面提到园艺种植者部落社会中的居住地防御时我已经说过:是迁移种植还是长久定居,资源是分散还是集中,诸如此类的因素会决定定居点的形式,从而也决定了防御工事是否存在。这些社会中防御工事的缺失并不一定意味着没有战争。历史和民族志研究早已告诉我们这一点,然而很多考古学家对此仍不明就里。考古学家面对早期城市防御工事时也遇到了类似的情况,而最令人迷惑的莫过于哥伦布之前美洲的案例。在玛雅文字被破译前,学者相信玛雅文明[279]政治体具有和平天性的

---

[85] 尽管伦福儒('Trade as action at a distance', p. 32)充分强调了在"早期国家模组"中战争作为体系互动中心因素的地位,在我看来,他仍然低估了战争在城邦形成过程中所扮演角色的重要性。

[86] 埃及学家与我的观点最为接近或许并非偶然,参见:Bruce Trigger, 'Determinants of urban growth in pre-industrial societies', in P. Ucko, R. Tringham, and G. Dimbleby (eds), *Man, Settlement, and Urbanism*. Cambridge, MA: Schenkman, 1972, pp. 575-99; id., 'The evolution of pre-industrial cities: A multilinear perspective', in F. Genus and F. Till (eds), *Mélange offerts à Jean Vercoutter*. Paris: CNRS, 1985, pp. 343-53; Fekri Hassan, 'Town and village in Ancient Egypt: Ecology, society and urbanization', in T. Shaw, P. Sinclair, B. Andah, and A. Okpoko (eds), *The Archaeology of Africa: Food, metals and towns*. London: Routledge, 1993, pp. 551-69。关于埃及亦可参见:David O'Connor, 'Urbanism in Bronze Age Egypt and Northeast Africa', in T. Shaw et al. (eds), *The Archaeology of Africa: Food, metals and towns*. London: Routledge, 1993, pp. 570-86。

主要原因就在于当地没有发现城墙,而其他类型的防御工事当时也未能识别出来。整体上,前哥伦布时代美洲的城市都没有哪怕勉强能和旧世界相提并论的环形城墙,尽管除玛雅之外还有很多案例——欧洲人到来时的墨西哥中部可以说是最为突出的——清楚显示了当地城邦之间经常发生战争。新旧世界之间这一明显的区别成为一个谜题。

然而新旧世界之间事实上并没有多少差别,因为真正通行于世的模式是城市设防工事将跟随城市的进化按部就班地进化,而我们熟悉的环形石砌城墙也是经历数世纪的进化后方才成形。我们对旧世界的发展成果过于熟悉,以至于扭曲了我们对其前置发展进程的认知。例如在苏美尔的案例中,学者倾向于以环形城墙的建造作为史前和原史时代(乌鲁克时期和早王朝时期)城市诞生的标志。然而,这些城墙所包围的区域之广阔,说明在城墙树立起来前,城市必然已发展了相当长一段时间才达到如此规模。应当记住即便在公元前3000年前后的史前和原史时代,数个世纪也可以算是相当长一段时间了。早王朝时期建立的著名的乌鲁克城墙长9公里,包围了400公顷土地;城墙内的居民最少也有约4万人。[87] 以任何标准衡量,这都是一个高度发达的城市。

印度河文明的城市也有高大的城墙。城墙内面积很大,人口众多,而且有着令人惊讶的良好城市规划。这些表明城墙是在城市已有相当程度的发展后才开工建造的。在一些更小的遗址中,只有卫城建造了城墙,环绕卫城的下城区则没有,[88] 显示出这里仍处于城市防御工事的最初发展阶段。印度河文明毁灭约1000年后,城市在印度的恒河河谷又一次诞生。通过对一系列遗址的考察,可清晰识别出从拥有土木结构防御工事的城镇,到筑有城墙(某些情况下为石

---

[87] Postgate, *Early Mesopotamia*, pp. 74-5, 80; Charles Redman, *The Rise of Civilization: From early forms to urban society in the Ancient Near East*. San Francisco, CA: Freeman, 1978, pp. 255, 264-5.

[88] Kenoyer, 'Early city-states in South Asia', p. 58.

质)的城市的进化序列。[89]

在尼日利亚西部,对约鲁巴人城市的发掘揭示出同心圆式的、自内向外随城市的扩展一道接一道加筑的防御工事。[280]伊费(Ife)这座城市最早的环形城防工事也长达 5 公里以上,说明在其建造前城市规模就已经很大了。贝宁城的包含了大型土埂和壕沟的环形城防工事长达 11.6 公里。从壕沟和栅栏,到防御土墙,再到更坚实的城墙——这样的城市防御发展趋势在全世界都可以找到例证。[90]

可能会令大多数人惊讶的事实是,经过数个世纪的城市发展,爱奥尼亚(Ionia)和意大利南部的希腊城邦到公元前 6 世纪方才有了环形城墙,而希腊大陆要到公元前 5 世纪才。[91] [281]最大的希腊城邦雅典于公元前 480 年被居民不加抵抗地放弃,随后被波斯人放火焚烧,原因在于当时仍只有卫城拥有围墙,而围绕着城市中心公共区域的规模更大的防御设施尚在起步阶段。[92] 希腊—波斯战争后,雅典终于得到了其著名的环形城墙。斯巴达则对这一新生事物抱有反对态度。大多数希腊城邦直到伯罗奔尼撒战争时才建起环形城

⑧⑨　A. Ghosh, *The City in Early Historical India*. Silma: Indian Institute of Advanced Study, 1973, pp. 51, 61-7; F. R. Allchin et al., *The Archaeology of Early Historic South Asia: The emergence of city and states*. Cambridge: Cambridge University Press, 1995, pp. 62, 70, 106-111, 134-6, 142-6, 202, 222-6; George Erdosy, *Urbanization in Early Historic India*. Oxford: BAR, 1988, pp. 109, 113-4.

⑨⓪　J. Ajay and R. Smith, *Yoruba Warfare in the Nineteenth Century*. Cambridge: Cambridge University Press, 1964, pp. 23-8; Smith, *Kingdoms of the Yoruba*, pp. 22, 125-6; Connah, *African Civilization*, pp. 131-6; Graham Connah, 'African city walls: a neglected source?', in D. Anderson and R. Rathbone (eds), *Africa's Urban Past*. London: Currey & Heinemann, 2000, pp. 36-51; Hull, *African Cities and Towns before the European Conquest*, p. 41.

⑨①　F. E. Winter, *Greek Fortifications*. London: Routledge, 1971, 尤其是 pp. 54-5, 60, 101; Lawrence, *Greek Aims in Fortification*, pp. 113-14; Snodgrass, 'Archaeology and the study of the Greek city', pp. 6-10。

⑨②　Winter, *Greek Fortifications*, pp. 61-4.

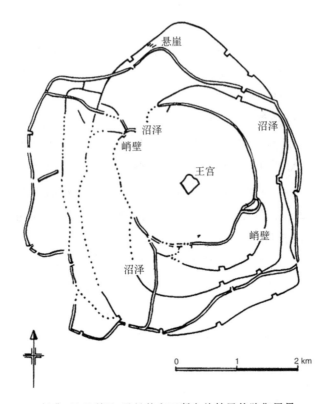

伊费,尼日利亚:最早的和不断向外扩展的防御周界

墙;而斯巴达依然是例外,成为过去时代的象征。晚至公元前 4 世纪
下半叶,亚里士多德仍觉得值得花时间讨论防御城墙对城邦是否有
利,写下了"城堡(或卫城)适于僭主和君主;一片平原则适于民主的
特性"(《政治学》,7.11.5-12)。同时代意大利城邦的城防发展轨迹
也与之相似。㊝ 例如,发掘显示罗马的石砌环形城墙是高卢人于公
元前 390 年和前 387 年两度洗劫该城后兴建的。如果早先就全面设

㊝ R. Ross Holloway, *The Archaeology of Early Rome and Latium*.
London: Routledge, 1994, pp. 91-102; Cornell, *The Beginnings of Rome*, pp.
198-202, 320, 331; id., 'The city-states in Latium', in Hansen, *A Compara-
tive Study of Thirty City-State Cultures*, pp. 217-19; Christopher Smith, *Ear-
ly Rome and Latium: Economy and society c. 1000 to 500 BC*. Oxford: Oxford
University Press, 1996, pp. 152-4.

防的话,高卢人便无法拿下这座城市。罗马只在城市周界上特别暴露的几面,才于石墙以外加筑了壕沟和土垒(ager)。罗马人民的紧急避难所在卡匹托利丘;这座天然要塞或许也得到某种形式的防御工事的加强。

欧洲中世纪城邦大体上也是如此。经历了日耳曼大迁徙后黑暗时代的城市衰落,城邦从 10 世纪起在意大利、德国和佛兰德斯再度蓬勃发展起来。一些城邦最初的防御体系仅仅是能够充当紧急避难要塞的城堡或设防修道院/主教座堂。部分城邦还利用了罗马时代的旧防御工事(castra)。11 世纪的很多新兴城市会用防御工事把要塞周边包括市场和主要公共建筑在内的一块较大的城市中心区圈起来。对于设防核心区以外不断扩张的居住区或者说“郊区”,最多也只会以土木结构工事加以防御,有时连这也没有。到这个世纪快要结束时,人们才开始建造完整的环形城墙。此类城墙中大部分是在 12 世纪建成的,距这些城市的发端已有约两个世纪。[94]

最后让我们回到前哥伦布时代的美洲。在这里,防御工事同样是随城市进化而逐步进化的,经历了数世纪的发展后也逐渐出现了环形城墙。早期玛雅研究者未能探明的一系列建筑,通过对遗址的

----

[94] 撇开其他方面的不同,以下文献在这点上取得了共识:Pirenne, *Medieval Cities*, pp. 141-3, 177-8; id., *Early Democracies in the Low Countries: Urban society and political conflict in the Middle Ages and the Renaissance*. New York: Harper, 1963,尤其是 pp. 4, 37; Adriaan Verhulst, *The Rise of Cities in North-West Europe*. Cambridge: Cambridge University Press, 1999, pp. 70-117. 以及:Nicholas, *The Growth of the Medieval City*, pp. 92-5, 184。关于意大利可参见:J. K. Hyde, *Society and Politics in Medieval Italy: The evolution of civil life 1000—1350*. London: Macmillan, 1973, p. 74 and plates 1a and b; Gordon Griffiths, 'The Italian city-states', in R. Griffeth and C. Thomas (eds), *The City-State in Five Cultures*. Santa Barbara, CA: ABC-Clio, 1981, pp. 87-8; Franek Sznura, 'Civic urbanism in medieval Florence', in A. Molho, K. Raaflaub, and J. Emlen (eds) *City-States in Classical Antiquity and Medieval Italy*. Stuttgart: Franz Steiner, 1991, pp. 403-18; Leonardo Benevolo, *The European City*. Oxford: Blackwell, 1993, pp. 34-6, 44-6, 50。

进一步发掘而大白于天下。很多年代极为久远的[282]遗迹原本被认为是排水系统,现在已被确定无疑地鉴定为大型土质防御工事。例如,在洛斯纳兰霍斯(Los Naranjos)发现了"由壕沟和堤防组成的土建工程,长约 1300 米"。它从一处沼泽延伸到一个湖泊,守住了通往主要遗址的道路。这一工程的年代在公元前 800—前 400 年,远早于国家时期。另一个类似工程的长度是它的 2 倍以上,明显建于公元 400—550 年左右的古典时期。在米拉多尔(Mirador)的前古典时代遗址中发现了一道长 600 米的墙。在蒂卡尔(Tikal)的巨大遗址中,也有长达 9.5 公里,由泥土和碎石筑成并包括了壕沟、护墙和城门的防御体系,从一处沼泽延伸到另一处沼泽,守卫着从北方通向遗址的道路。它距离蒂卡尔的大广场 4.5 公里,到最近的大型邻邦乌夏克吞(Uaxactum)则有 4 小时的行走路程。这一防御体系据认为是从古典时代早期开始建造,在中晚期达到顶点。埃兹那(Edzna)"城堡"甚至有一条早于古典时代的注水城壕。贝坎(Becan)是目前所知的第一个被建于前古典时代或古典时代早期(公元 100—450 年)的壕沟和护墙完全环绕的大型遗址。壕沟"周长 1.9 公里,平均宽 16 米,深 5.3 米"。壕沟后方的护墙高度 5 米。其他来自古典时代不同阶段的设防遗址也被识别出来,尽管其中很多还没有被发掘。

到了古典时代晚期和后古典时代,环形城墙已出现在很多玛雅遗址周围,尤其是北方低地的那些。尽管在一些案例中城墙保卫的不过是最核心区域的仪式/市政/避难围场,另一些案例中城墙却围住了面积大得多的城市中心。玛雅潘(Mayapan)是其中年代最晚的也是最大的,其外墙长 9 公里,墙内面积 4.2 平方公里,还有一道内墙(更早期的?)围绕着仪式—市政中心。图伦(Tulum)和伊克帕吞(Ichpaatun)的城墙布局是四方形的,所用材料为石头。在某些遗址中,石墙的顶部还有一道木寨。所有地方的防御工事均依托高地、沼泽和大海这样的天险而配置。在后古典时代的玛雅高地,只要以不连续的高墙将陡坡峭壁串联起来,便可防守通往城市的道路。⑨

让我们将目光转向墨西哥中部。巨型城邦特奥蒂瓦坎（Teotihuacan）于古典时代主宰了整个这一地区，其影响力则遍及中美洲。该城在其巅峰时拥有大规模的但并非完整环形的城墙，其中有些部分高 5 米而基部宽 3.5 米。城市周界上没有城墙的[283]那些部分则由水道、浸水区和仙人掌丛构成的迷宫加以防御，且城内的大型建筑也能发挥"天然堡垒"的作用。⑨ 无论如何，鼎盛时期的特奥蒂瓦坎也没有什么像样的对手需要认真防备。直到 650 年左右城市被未知因素摧毁后，大批互相敌对的城邦崛起于古典时代晚期和后古典时代的墨西哥中部，整个城邦体系才变得更有竞争性。一些在体系中位居前列的城市有设防卫城；而另一些如霍奇卡尔科（Xochicalco）和卡卡西特拉（Cacaxtla），则发展出了依赖有力的自然障碍物的环形防御系统。举例而言，在霍奇卡尔科，城市中央山顶的宗教—市政区域被墙所环绕，下方更长的周界则依靠一些不连续的护墙和壕沟将陡坡峭壁连接起来防御。某些城市在西班牙人到来时拥有环形城墙，而其他的——如位于湖中的阿兹特克首都特诺奇蒂特兰（Tenochititlan）——则主要靠选址的作用，当然也有人工建筑辅助防守。在更南边的瓦哈卡谷地（Valley of Oaxaca），繁荣于前古典时代末期和古典时代（一至三期；大致相当于[284]公元 1 至 5 世纪）的阿尔班山（Monte Alban）城市也是主要依靠位于山顶的地势

---

⑨ 尤其应当参见：David Webster, 'Lowland Maya fortifications', *Proceedings of the American Philosophical Society*, 1976；120：361–71；id., 'Three walled sites of the northern Maya lowlands', *Journal of Field Archaeology*, 1978；5：375–90；id., 'Warfare and the evolution of Maya civilization', in R. Adams (ed.), *The Origins of Maya Civilization*. Albuquerque, NM：University of New Mexico, 1977，pp. 357–9；Dennis Puleston and Donald Callender, 'Defensive earthworks at Tikal', *Expedition*, 1967；9(3)：40–8；具有权威性的概述可参见：Adams, *Prehistoric Mesoamerica*, pp. 161–2。

⑨ Rene Millon, *The Teotihuacan Map*, Vol. 1, Part 1, Text. Austin, TX：University of Texas, 1973，pp. 39–40。

来防御,并以长达数公里的不连续防御墙作为补充。谷地中的山顶避难要塞遗址比比皆是。⑰ 从上面列举的这些案例中我得出的结论就是,绝对时间视角造成人们错误认为前哥伦布时代的美洲从根本上不同于旧世界(美洲在欧洲人到来前尚处于形成环形城墙的数百年发展过程中,而在旧世界这一发展过程早已完成);在这里,使用相对时间视角则更为恰当。

玛雅城防:图伦(Tulum)。卫城及其周墙

⑰ Pedro Amillas,'Mesoamerican fortifications',*Antiquity*,1951;25:77-86;R. Diehl and J. Berlo (eds),*Mesoamerica after the Decline of Teotihuacan AD 700-900*. Washington,DC:Dumbarton,1989,尤其是其中的:Kenneth Hirth,'Militarism and social organization at Xochicalco,Morelos',同上,pp. 69-81,84;Richard Blanton,*Monte Alban*. New York:Academic Press,1978,pp. 52-4,75-6;Michael Lind,'Mixtec city-states and Mixtec city-state culture',in Hansen,*A Comparative Study of Thirty City-State Cultures*,p. 572;一部极佳的综合性概述为:Ross Hassig,*War and Society in Ancient Mesoamerica*. Berkeley,CA:University of California,1992,pp. 35-6,41,68,100-9,150。

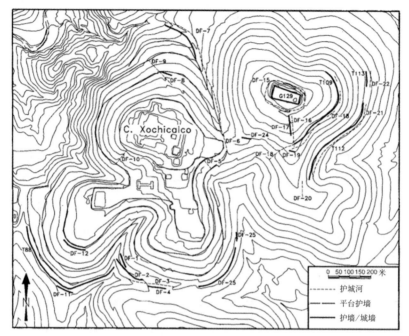

霍奇卡尔科：不连续的平台、护墙和护城河增强了城市的天然防御。这样的布置在旧世界很多早期城市遗址中也相当常见

　　然而这又带来一个更大的问题：如果像前面我提出的那样，乡下人口向城市的聚集以及定居点的核化（nucleation）这些在城邦成长过程中堪称标志性的现象，其背后的原理是为了防御目的，且这一原理同时适用于旧世界和美洲的话，那为何这些城市没从一开始就把自己用砖石材质的环形城墙完全包围起来？如果缺少这样的墙，仅仅靠人们聚集起来又能起到什么防御上的积极作用？

　　之所以有这样的迷惑，仍然是因为人们脑海中由历史所塑造的战争观念[285]偏向于战争的成熟形态，导致他们对与之存在差异的前国家和原始国家战争模式普遍不熟悉。前国家和原始国家时期的战争主要形式是袭击劫掠，由规模不大的战斗队伍执行，因此战争中处境最危险的是零零散散住在乡下的人以及他们的财产。若人们集中到一座要塞周围居住，在危急时刻他们就可以在里面寻求保护，并且把一些高价值可移动财产——主要是牲畜——也一同保护起来。这样做还有一个效果就是让袭击者失去可以轻松下手的弱小孤立目标。和成群的飞禽走兽一样,人也是聚在一起越多则越安全。城市的头号安全机制是其规模,然后才轮到所有那些防御设施。规模较大的定居点不会在一次出其不意的夜袭中就被迅速消灭,其居民就构成了一支可观的防御力量,且有时间醒过来进行抵抗。夺取一座城市意味着要面对最严酷、持久而危险的直接战斗,即逐屋争夺;每幢建筑的上层或房顶都可能成为一座坚持抵抗的小型要塞。而这正是前国家和原始国家时期全凭自愿参与袭击的战士倾向于回避的那种战斗。

这不仅仅是推测。来自古风时代希腊和前哥伦布时代晚期墨西哥(以及前殖民时代的非洲)的证据均支持这一点。古风时代希腊城邦之间的战争往往只是对敌国乡间一带的劫掠,若敌人出来保护他们的田地和果园的话,那么还会有一场激烈但短暂的面对面遭遇战。遭遇战要么以攻击者的撤退而告终——大多数情况下似乎都是这样——要么是防御者撤退,而攻击者继续进行掠夺。能够说明问题的是城市本身很少受到攻击。希腊战争的专家认为在公元前 7 世纪或前 6 世纪,以武力强行占领另一个城邦超出了一个城邦的能力范围。然而,这一事实通常却被归因于公元前 5 世纪末之前攻城技术的落后,以及公民民兵无法长期作战。这两个因素在公元前 5 世纪大部分时间里的确是成立的,然而奇怪的是人们似乎忘记了古风时代的城邦尚没有环形城墙,因而也谈不上需要有足够的技术来包围攻打。⑱

---

⑱　汉森在他关于(主要是古典时代初期的)希腊重步兵战争的叙述中似乎完全未意识到这一点:Victor Hanson, *The Western Way of Warfare: Infantry battle in classical Greece.* New York: Alfred Knopf, 1989;以及:Hanson, *The Other Greeks*,尤其是 pp. 145, 251-2; id., *Warfare and Agriculture*, p. 8. 不过汉森也的确强调了古典时代劫掠战的重要性,且毫无疑问,古风时代劫掠战的中心地位更加突出(*Warfare and Agriculture*, pp. 143-4;与之相对照可参见:Osborne, *Classical Landscape with Figures*, pp. 138-41, 145)。Josia Ober, 'Hoplites and obstacles', in V. Hanson (ed.), *Hoplites: The classical Greek battle experience.* New York: Routledge, 1991, pp. 173-196,其思路更加接近,但仍未能考虑到古风时代没有环形城墙这一因素。

那么为何这些城市极少被征服？希腊重步兵方阵的战士以在面对面冲突中表现出的独特勇气和坚韧性而闻名于世。然而，他们习惯于在平原上并在对等条件下和敌人交战，会尽量避免进攻那些占据高地之类有利位置的敌人。显然，如果遇到的是彻头彻尾不对等的城市巷战，他们就会更加踌躇不前。正因如此，[286]公元前371年底比斯人及其盟友在留克特拉（Leuctra）取得压倒性胜利，并在已侵入伯罗奔尼撒和拉科尼亚（Laconia）的情况下，仍在不同场合下两次退缩，不去进攻仍无城墙护卫的斯巴达（色诺芬《希腊史》，6.5.27-31，7.5.11-14），尽管攻城战在这一时期已经变得更为常见了。因此早期的希腊"战役"虽说短暂——持续时间大多不超过一天或数天——希腊城邦之间的冲突却往往极为漫长且难以产生决定性结果。战士自保的欲望，以及早期城邦缺乏令行禁止的军事组织纪律，造就了这种与现代人观念大不相符的战争。学者经常引用诸如"仪式化"战争和习惯性约束这样的概念，来解释古风时代希腊、中美洲以及一切前国家社会中的战争为何缺少决定性，但这样的解释几乎没有事实根据。早期希腊和中美洲城邦间的战争极为残暴可怕，根本看不出有多少约束存在。⑨

在玛雅人中，战争的主要形式是由贵族所领导的袭击（以及贵族一对一战斗），这同样使玛雅历史上大部分战争变得漫长且缺乏决定性。⑩　尽管阿兹特克人以凶狠残暴而著称，与"仪式性战斗"一脉相

---

⑨　希腊人有一种强烈的宗教义务感，要求他们允许敌人在战后举行埋葬其战死者的仪式；但在其他情况下他们则不会表现出多少仁慈态度，也不将仁慈视为美德。史料中充满了关于大规模处决战俘和平民、奴役以及破坏的阴暗描绘。概述可参见：W. Kendrick Pritchett, *The Greek State at War*, Vol. 5. Berkeley, CA: University of California, 1991, pp. 203ff。

⑩　关于作为玛雅人最主要战争形式的劫掠，可参见：David Webster, 'Warfare and the evolution of Maya civilization', in R. Adams (ed.), *The Origins of Maya Civilization*. Albuquerque, NM: University of New Mexico, 1977, pp. 357-9; Hassig, *War and Society in Ancient Mesoamerica*, pp. 74-5; Linda Schele and David Freidel, *A Forest of Kings*. New York:（转下页注）

承的"荣冠战争"(flowery wars)⑩仍是其战争的主导形式。阿兹特克人需要迫使敌人屈服时的主要手段是大规模的抢掠破坏;较弱者仅仅面对这样的压力就可能投降。随着阿兹特克霸权帝国的成长,其敌国即便拥有城市或宗教/市政要塞,也未必能抵挡住阿兹特克军队的强攻。尽管如此,学者最近才不得不承认一个极为明显的事实,即尽管互相敌对约70年,阿兹特克人却未能征服他们的宿敌特拉斯卡拉(Tlaxcalla)的城市,或特拉斯卡拉在普埃布拉谷地(Valley of Puebla)的盟友;后者主要依靠天险防御,辅以边界设防工事和避难要塞,并无环形城墙。⑩ 与此相似,斯巴达也从未设法征服其古风时代以来的主要对手阿尔戈斯(Argos)。在尼日利亚西部的约鲁巴人中,城市间战争也以劫掠和伏击为主要形式。⑩

　　个别情况下,早期城市也会被敌人攻破,此时居民将撤退到市中心的仪式/市政要塞中去。若要塞位于山顶或水岸岬角的话,也可以用最简单的[287]工事如壕沟和土木壁垒来增强其天然防御力。土木之类的材料是随处可取且最易处理的,砖石建筑只是到后来才变

(接上页注)Morrow,1990;其中包含了极为生动的描述;Linda Schele and Peter Mathews,'Royal visits and other intersite relationships among the Classic Maya',in T. P. Culbert (ed.), *Classic Maya Political History: Hieroglyphic and archaeological evidence*. Cambridge: Cambridge University Press,1991,pp. 245-8;David Freidel,'Maya warfare: An example of peer polity interaction',in Renfrew and Cherry, *Peer Polity Interaction and Socio-Political Change*, pp. 93-108。

⑩　或译为"花之战",指阿兹特克与其邻国之间的一种仪式性战争。战争的目的是为了获取俘虏向太阳神献祭,而战争参与方对此均事先达成共识,在战争中会尽可能活捉战俘,以至于很少造成实际伤亡。——译注

⑩　参见:Isaac Barry,'The Aztec "flowery war": A geopolitical explanation', *Journal of Anthropological Research*, 1983;39: 415-32;Ross Hassig, *Aztec Warfare*. Norman: University of Oklahoma,1988,pp. 105-9,129-30,254-6;id.,'The Aztec world',in K. Raaflaub and N. Rosenstein (eds), *War and Society in the Ancient and Medieval World*. Cambridge,MA: Harvard University Press,1999,pp. 378-80。

⑩　Smith, *Kingdoms of the Yoruba*, pp. 126-7。

得更为普遍，除非是在木材难寻而石材或粘土丰富的地方。即便是在那些地形平坦，以至于仪式/市政中心无法居高临下获得天然防御的地方，如美索不达米亚或(较小程度上的)玛雅低地，此类中心仍会发挥避难要塞的作用。在中美洲，能够证明这一点的相关证据以任何标准看均相当充分。当地的纪念碑式建筑本身也可充当最后一道防线，并有永久性或仓促建造的壕沟和壁垒将它们包围或连接起来。在南美的史前安第斯文明中，山地国家普遍建造山顶避难要塞和城堡，海岸平原国家则建造设防的仪式/市政中心，其作用也是完全相同的。⑭ 无论在新世界还是旧世界，夺取城邦的避难要塞/设防神庙并将其烧成平地总是标志着最终的胜利。这不仅像某些学者认为的那样只是胜利的象征，而且也是实际意义上的胜利，因为这意味着城市居民最终抵抗地点的陷落。

莫切(Moche)战斗场景。莫切文化政治体于公元 100—800 年间在秘鲁北部繁盛一时

总而言之，城市防御工事不断进化的历程在世界各地大体上都很清楚(日本就是一个很好的例子)：先是泥土、碎石和木材的建筑，然后是在此基础上增加石质外墙面的中间形态如"欧匹达姆"的"高

⑭ 主要参见：J. Haas, S. Pozorski, and T. Pozorski (eds), *The Origins and Development of the Andean State*. Cambridge：Cambridge University Press, 1987 一书的第 5—7 章；以及：Jeffrey Parsons and Charles Hastings, 'The late intermediate period', in R. Keating (ed.), *Peruvian Prehistory*. Cambridge：Cambridge University Press, 1988, pp. 152, 204-17。

卢墙"(Murus Gallicus)，[288]再到砖石建筑，最后是纯石构建筑。与此齐头并进的还有一个从一小块位于定居点中央的防御围场，到更大的设防市政中心（有时跳过这一步骤），再到完整环形城墙的进化过程。[105]

推动这一系列进化并造就了我们熟悉的砖石环形城墙的因素是什么？显然又是与城市社会／政治体的巩固有关的一系列互相联系的进程。城邦体量越大，组织程度越高，资源越丰富，它们就越有能力在敌国境内进行长期持久的军事行动（例如希腊直到公元前 5 世纪才达到这一水平），越有能力执行对城市的进攻，部署攻城机械，以及守住攻克下来的城市。然而，在攻击能力和威胁性因时代发展而增强的同时，防御能力同样得到了增强。攻击力的增长导致了对防御力的需求，防御力就会跟上发展以满足这样的需求。仅举一例，在远离本土的长期作战中，用现金给征召士兵发饷这一使进攻能力大为增强的措施，在希腊、罗马和中世纪意大利城邦发展到一定阶段后都予以采用；几乎与此同时，它们也都树立起了环形城墙。为支付这些费用而开征的税收大体上也是同步实施的。[106] 长达数公里的环形砖石城墙如今出现在过去仅有壕沟和土木围栏，最多加上一些石头碉堡的村庄和避难要塞周围。这样的大型工程，没有投资和政治协

[105] Weber, *The City*, pp. 75—80；这部经典著作在此问题上依然见识卓著。

[106] 发放薪饷措施的采用及时间可参见：W. Kendrick Pritchett, *The Greek State at War*, Vol. 1. Berkeley, CA: University of California, 1974, Chapter I（伯罗奔尼撒战争期间）；Cornell, *The Beginnings of Rome*, pp. 187-8（公元前 406 年）；以及 Hyde, *Society and Politics in Medieval Italy*, pp. 182-4；Philip Jones, *The Italian City-State 500—1300: From commune to signoria*. Oxford: Oxford University Press, 1997, pp. 385-6；Daniel Waley, 'The army of the Florentine republic, from the twelfth to the fourteenth century', in N. Rubinstein (ed.), *Florentine Studies*. London: Faber, 1968, pp. 94-6；Nicholas, *The Growth of the Medieval City*, pp. 255-8；Philippe Contamine, *War in the Middle Ages*. Oxford: Blackwell, 1984, p. 91（从 12 世纪开始，但主要在 13 世纪）。

调是建不起来的。大为增长的国家权力将原先结构松散,依赖亲缘关系的农业部落社会或早期城市社会整合为一体,既是所有这些互相关联进程的原因,也是其结果。[107]

在苏美尔史诗传说中,乌鲁克环形城墙的建立,与一位强大的国王吉尔伽美什(约公元前 2700 至前 2500 年间)的统治联系在一起。吉尔伽美什的力量因对抗另一位强大的城邦国王基什的阿伽(Agga of Kish)的霸权统治而得以增长。[108]进攻、防御和政治能力的增长是互相交织且互为助力的。在西非,“卡诺(Kano)最初的一组城墙由‘萨尔基’(豪萨语 sarki,国王)哲吉马苏(Gijinmasu,约 1095—1134 年)动工兴建,在他的儿子手中完成。……大约在 1440 年,贝宁王国的统治者埃瓦雷大王(Eware the Great)在贝宁城周围建造了高墙深沟”。[109]在玛雅文明中,更复杂的防御设施(包括石质环形城墙在内),与更大的区域性城邦政治体、佣兵服务、更系统化的国家间战争、征服战争几乎同步地发展起来。[110]在 [289] 爱奥尼亚(安纳托利亚海岸)和大希腊(南意大利)这两个希腊世界的发达边缘地区,城市防御设施于公元前 6 世纪出现,与之同时现身的是僭主的新型专制权力,和对这些地区造成威胁的域

---

[107]　在我将以上部分以文章形式发表后,特雷西在他的书中也注意到了君主或国家权力与防御工事之间的关联,参见:James Tracy (ed.), *City Walls: The urban enceinte in global perspective*. Cambridge:Cambridge University Press,2000,p. 6。Frederick Cooper,‘The fortifications of Epaminondas and the rise of the monumental Greek city’,同上,pp. 155-91,其中声称希腊在公元前 4 世纪已经出现了纯石质而非石面砖砌的城墙,原因在于当时发明出了投石机。

[108]　Andrew George, *The Epic of Gilgamesh*, London:Penguin, 1999, I. 10, 17-22, and pp. 143-8;J. Pritchard (ed.),‘Gilgamesh and Agga’(trans. S. Kramer) in *Ancient Near Eastern Texts*. Princeton, NJ:Princeton University Press, 1969, pp. 44-7.

[109]　Hull, *African Cities and Towns*, p. 40.

[110]　Webster,‘Warfare and the evolution of Maya civilization’;Schele and Freidel, *A Forest of Kings*;Freidel,‘Maya warfare’.

外强国——东方的吕底亚(Lydia)和波斯;西方的迦太基——的职业军队。[11]

不过,国家权力并非一定要借助专制形式崛起。雅典僭主庇西特拉图(Peisistratus)的环形城墙建设工程,由一位民主改革者克里斯提尼(Cleisthenes)继续下去;后者将早期建立在亲属关系基础上的雅典政体结构转变为以地域为基础。与此类似,尽管考古学不支持罗马传说中国王塞尔维乌斯·图利乌斯于公元前6世纪中期建立了罗马城墙的说法,有趣之处在于传说也同时将罗马国家的重组(从以亲属关系为基础到以地域为基础)和军团制度的发明归功于他。学者倾向于认为王政时代和共和国初期长达两个世纪的罗马国家形成阶段中一系列的政治和军事改革,可能被后世的罗马传说在叙述中加以压缩了,从而全部归功于一位或许在其中扮演了启动者角色的原史时代的国王。[12] 对于中世纪城邦而言,12世纪很多城市驱逐当地大主教/封建领主并建立公社这一有组织市民自治共同体的行动,亦与当时一系列环形城墙的建立相重合。

城邦的崛起:从贵族武士到公民兵

城邦产生于酋长和贵人的武装护卫主宰下的阶层化乡村社会。如果没有一场针对这些贵族武士权力的成功斗争,城邦的崛起也是不可能的。在对历史个案的研究中,人们往往能认识到这样的道理,但从未将其视作普遍规律。在历史上人所共知的那些城邦诞生的案例中,贵族护卫的力量和马有着很强的联系。不过,样本本身就有偏差,因为几乎所有此类案例都发生在那些已经拥有了马的社会。昂贵的战马无疑增强了富有精英阶层的战斗力,但如果能知道在早期美索不达米亚或中美洲这些缺少马的文化中,城邦的崛起是否也以

---

[11] 举例而言可参见:Herodotus 1.141, 163。

[12] 极为出色的分析和综述可参见:Cornell, *The Beginnings of Rome*, pp. 173-96。

市民与贵人护卫的斗争为标志,那将是饶有趣味的。然而与之有关的证据近乎不存在,仅有的一些我后面将会提到。因此我接下来将从[290]古风时代兴起的希腊城邦谈起;可以说,这是我们所知道的尚有依稀可辨脉络的最早案例,尽管其细节已遗失于遥远的原史时代。

公元前9世纪和前8世纪希腊黑暗时代末期的战争被贵族大家庭(oikoi)的首领和他们的护卫所主宰,而这些人也主宰了整个社会。随着更高大的马匹和马背骑乘技术被引入地中海东部各文明社会,贵族也骑上了战马。然而因希腊地形崎岖不平,骑马战士主要用他们的马运载自己从而获得"战略"机动性,而在战斗时往往会下马步战。⑬ 农民不是这些贵族战士及其随从的对手,因此无论平时还是战时,都要屈服于本国或外国贵族的淫威之下。贵族战士在与其他贵族的私战中,或率领自己领地的人马加入规模更大的冲突时,都可能会按照荷马描述过的"英雄"风范来进行战斗,其中偶尔会包括以投掷矛为主要武器的一对一决斗。

学者指出步兵部队和大规模步兵战斗在《伊利亚特》中显得十分重要,说明这些必定是荷马所生活的时代即黑暗时代末期的典型特征。有些学者甚至更进一步提出颇具争议性的观点,认为当时已存在事实上与后世的希腊方阵(phalanx)并无区别的步兵军阵。⑭ 但

---

⑬ P. A. L. Greenhalgh, *Early Greek Warfare: Horsemen and chariots in the Homeric and Archaic Ages*. Cambridge: Cambridge University Press, 1973; Lesley Worley, *Hippeis: The cavalry of Ancient Greece*. Boulder, CO: Westview, 1994.

⑭ Joachim Latacz, *Kampfparänase, Kampfdarstellung und Kampfwirklichkeit in der Ilias, bei Kallinos und Tyrtaios*. Munich: Zetemata, 1977, p. 66; W. Kendrick Pritchett, *The Greek State at War*, vol. iv. Berkeley, CA: University of California, 1985, pp. 1–44; 以及: Morris, *Burial and Ancient Society*, pp. 196–201; Kurt Raaflaub, 'Soldiers, citizens, and the revolution of the early Greek polis', in L. Lynette and P. Rhodes (eds), *The Development of the Polis in Archaic Greece*. London: Routledge, 1997, pp. 49–59。但也应当参考: Hans van Wees, 'Leaders of men? Military organization in the (转下页注)

提出这种观点的人似乎未能正确解读当时的社会背景和军事现实。一大队步兵并不能自动组成一个高效的希腊方阵；他们或许只能展开成一个乱糟糟毫无纪律的队列，或者采取北欧"野蛮人"社会用过的那种粗糙的"盾墙"阵列。此外，无论黑暗时代的步兵部队是由贵族护卫还是地方农民民兵组成的，或两者兼有，我们都可以认为这些步兵要服从于贵族战士的指挥，并往往只充当战斗中的辅助角色，就像在中世纪初期那样。然而从公元前 7 世纪起，一场急剧的转变发生了。留存至今的图像和文字片段显示希腊方阵，这一由具有公民身份的农民和工匠组成的排列紧密的步兵阵型，在新生的希腊城邦中登场并取代了骑马的贵族及其护卫，从此主导了希腊的战争。[19]只有在地势平坦、政治发展水平低下，城邦因此未能立足的色萨利（Thessaly），骑马的封建贵族才将其旧有的社会和[291]军事优势一直维持到古典时代。"重步兵革命"与城邦崛起之间的紧密联系，以及这些发展过程中的民众因素，已经得到了学者的强调。

我们对早期希腊骑马贵族战士的了解程度，要比对后来希腊城邦由步兵构成的民众军队（mass army）低得多；而一旦换到中世纪欧洲，情况就要反过来了。不过这两个社会中的事态发展在很多方

（接上页注）Iliad', *Classical Quarterly*, 1986；36：285-303；id., 'The Homeric way of war：The Iliad and the Hoplite phalanx', *Greece and Rome*, 1994；41：I. 1-18，II. 131-55。虽说范·韦斯在后一篇文章中将黑暗时代后期希腊重步兵战术与新几内亚"混乱无序"的正面交战相比，是富有启发意义且相当中肯的，但他忽视了更晚时间的北欧式紧密"盾墙"战术，后者与希腊的相似性或许更高；以及：Snodgrass, 'Archaeology and the study of the Greek city', p. 19；Everett Wheeler, 'The general as Hoplite', in Hanson, *Hoplites：The Classical Greek battle experience*, pp. 127-8. Hugh Bowden, 'Hoplites and Homer：Warfare, hero cult, and the ideology of the polis', in J. Rich and G. Shipley (eds), *War and Society in the Greek World*. London：Routledge, 1993, pp. 45-63；这篇文章惊世骇俗地提出《伊利亚特》所反映的是公元前 750—前 650 年间早期城邦国家时代的状况。

[19] Snodgrass, *Arms and Armour*, pp. 49 - 77；id., *Archaic Greece*, pp. 100-11, and plates 11，15，16。

已知最早的对希腊步兵方阵的描绘。公元前 7 世纪晚期的科林斯陶瓶

面极为相似。大迁徙之后的黑暗时代欧洲社会越是走向阶层化，就越深地受到本地贵族精英及其武装护卫的支配。8 世纪起在西欧和中欧，这一贵族精英阶层变得更具骑兵性质，也更为正式地掌握权力。在一个国家权力影响极弱，甚至近乎不存在的乡村欧洲社会中，他们的军事支配地位持续了数个世纪，直到社会本身发生转变。转变之一就是城市和城邦的出现。无论出现在哪里，这些新生城邦或"城市公社"均奋力摆脱当地贵族的统治；而为了做到这一点，它们均求助于同样的武器，即按照大区、镇区和行会组织起来的，[292]以工匠和农夫为其成员，以步兵为主要兵种的公民军队。

　　总而言之，中世纪欧洲城邦取得了压倒性的军事胜利，揭示出一种确切无疑的模式。在意大利北部，每个新生城邦政治体的军队——哪怕它们各自为战且互为敌手——都先在城市，后在乡间成功驱逐了当地贵族并夺取了他们的要塞。随后，以米兰为首的伦巴第同盟的城邦公民联军在莱尼亚诺（Legnano）战役（1176 年）中，战胜了神圣罗马帝国皇帝"红胡子"腓特烈一世所代表的封建势力。在佛兰德斯，各公社的公民军队——也是各自为战——对它们周边的贵族势力取得了相似的一连串胜利。并且，佛兰德斯公社联盟的民兵以密集的、八行纵深的阵型在科特赖克（Courtrai）战役（又称金马刺战役,1302 年)中彻底击败了法国国王的骑士大军。随后数十年中,在后来成为瑞士的那些地方,三个山区和森林州的农民社群挫败了德意志贵族欲令其屈服的企图——当然,这一成绩也要归功于地利因素。山地人随后与平原的城邦结盟。他们共同组成的以密集阵型作战的瑞士民众步兵军队在旷野上摧毁了每一支向他们进攻的骑士部队。在 15 世纪末 16 世纪初,这些军队将继续成长为顶级步兵和欧洲战场上令人恐惧的存在。⑩

米兰公社的部队在伦巴第联盟于莱尼亚诺战胜皇帝"红胡子"腓特烈(1176年)后凯旋而归

诚然,不同时期、不同地区和不同文化的城邦之间有着显著差异,这些差异[293]将随着讨论展开而得到更全面阐述。其中一个显著差异在于欧洲中世纪公社兴起于一个已被大型的——尽管也是断裂化的和虚弱的——封建国家所主导的政治环境中,而不像我们讨论过的其他大部分城邦体系一样是兴起于无国家环境中的。第 11 章中将就封建国家进行讨论,这里不再详述。我们应当注意,尽管中央权力的虚弱是封建欧洲城邦得以产生发展的一个不可或缺的条件,但此种权力仍然存在,且在不同程度上限制了公社所能达到的自治程度。在那些国家中央权力相对较强的地方——如佛兰德斯(属于法国)和德意志——公社的自治程度更低,意大利则是其反面案例。⑪ 国家权力的

---

⑩ J. F. Verbruggen, *The Art of Warfare in Western Europe during the Middle Ages*. Woodbridge: Boydell, 1997, pp. 111-203;这是一部很好的且具有社会意识的综述著作。

⑪ 对照参考:Stephan Epstein, 'The rise and fall of Italian city-states', in Hansen, *A Comparative Study of Thirty City-State Cultures*, pp. 277-94。

存在也影响了公社的成长模式。这解释了一个众所周知的现象,即不同于其他城邦体系,中世纪公社在政治上是从城市核心向外扩张的。尽管在成长的同时也不断吸收附近的乡下人,公社却只在权力增长的时候才能将其统治扩展到周边乡村及当地农民人口(contado)头上,因此各工匠行会和镇区就在政治和军事上扮演了更具主导性的角色。当然,农民毕竟构成人口中一个不可忽视的部分,且农民士兵一般更具坚韧性,所以他们在城邦政治和军事中至少也有一定分量。

　　虽说不同时代不同地方的城邦间存在着差异,但无论在哪里,步兵构成的公民军队——通常有着高效的战斗力——都和城邦的崛起紧密相连。前面说过我们对前国家和原始国家时期美索不达米亚的战争模式了解很少。然而若是关于国家时代的话,我们则有纪念拉格什(Lagash)和乌玛(Umma)之间一场战争(约公元前 2450 年)的秃鹫碑(Vulture Stele)这一重要文物。现代学者惊讶地发现这块碑上刻画着类似于我们熟悉的希腊方阵的六行密集阵型,有紧密相连的盾牌和水平指向前方的一排排长矛,而这在过去被认为是约 2000 年后的希腊城邦发明的。历史上,人们——尤其城邦的人们——曾反反复复独立发明出密集的近距离作战步兵阵型,因此它并非希腊人的独创。来自阿拉伯半岛的早期穆斯林军队也是密集步兵阵型的实践者,虽说大众脑海中他们的形象远非如此。尽管后世的穆斯林军人常常骑着神骏的战马,但事实上他们是在征服了中东和北非之后才转变为骑手的。骑兵部队在干旱的阿拉伯半岛是不实用的。构成早期伊斯兰军队主心骨的是从[294]麦加、麦地那和其他阿拉伯半岛西南部商队城邦的镇民中征召出的可靠的步兵部队。与他们结盟的部落民充当了轻装快速部队,不过只有北方的部落民骑马,其他人骑的则是骆驼。骆驼为人们提供了长距离战略机动的手段,但在抵达后,骑手仍须徒步投入战斗。在外约旦的叶尔穆克(Yarmuk,636 年)和伊拉克的卡迪西亚(al-Qadisiyya,637 年)两场决定性战役里,入侵的穆斯林分别对阵拜占庭和波斯两大帝国的军队,采取了严密

　　秃鹫碑，约公元前 **2450** 年。拉格什国王率领着一个类似希腊方阵的军阵。
士兵双手手持的长矛伸出阵前，每一列有六根，显示这是一个六行阵型

的防守态势，以枪阵和盾墙遏止了敌人的骑兵冲锋，并最终将他们彻
底击溃。⑪

　　让我们将注意力转回更加广为人知的案例，即中世纪欧洲南方
意大利和北方佛兰德斯的城市公社。这些公社由公民充当的步兵
至少穿戴某种防护盔甲，手持矛、长枪（pike）和弩。独立于以上两
者的瑞士人发展出了中世纪最为可畏的类似希腊方阵的阵型，也就
是由长枪兵和戟兵组成的密集厚实的瑞士刺猬阵。最后值得注意
的是，尼日利亚西部的约鲁巴人也经历了类似的过程。16 世纪马
被引入西非后，骑马的酋长护卫构成了奥约（Oyo）帝国武装部队的
中坚。然而到 18 世纪末，帝国已经解体，新独立的各个城邦以徒步
民兵作为发动战争和击败富拉尼骑马牧民[295]的手段。他们使

---

　　⑪　　D. Hill, 'The role of the camel and the horse in the early Arab con-
quests', in V. Parry and M. Yapp (eds), *War*, *Technology and Society in the
Middle East*. London: Oxford University Press, 1975, pp. 32-43; John Jando-
ra, *The March from Medina: A revisionist study of the Arab conquests*.
Clifton, NJ: Kingston, 1990. 亦可参见: Jorgen Simonsen, 'Mecca and Medina:
Arab city-states or Arab caravan-cities', in Hansen, *A Comparative Study of
Thirty City-State Cultures*, pp. 241-50。

用长剑和弓箭作为武器，直到火器在 19 世纪中期变得越来越普及为止。⑲ 是什么导致了这样一种几乎具有普世性的现象，令世界各地的城邦民兵胜过了曾在战争中叱咤风云，通常也骑着马的地方贵族战士及其武装随从？

根特的公社军，约 1346 年

第 11 章中将把步兵和骑兵的相对力量放在一起专门做一个比较。此处我们必须先指出一点，即对上面提出的问题，有人会提出某种技术性因素作为答案，但对于这样的因素，我们最多只能说它确有关系，然而也是次要的。例如，很多人——大部分是非专业人士——会说应归功于公元前第一千纪的铁器时代里变得更便宜也更容易获得的武器。相对于只有精英才能负担的昂贵的青铜，铁器的出现令古风时代城邦能够装备起披甲的步兵军队，从而打破贵族的军事支配地位。⑳ 但必须注意的是，古风和古典时代希腊重步兵装备的主

---

⑲　Ajay and Smith, *Yoruba Warfare in the Nineteenth Century*, pp. 3-4, 13-22, 133-5.

⑳　McNeill, *The Rise of the West*, pp. 117-18; Mann, *The Sources of Social Power*, pp. 185, 188.

体——头盔、体甲、护胫和盾牌上的金属部分——仍是用易于铸造的青铜制作的。铁主要用来制造剑和矛头。因此一套盔甲仍和过去一样昂贵。重步兵军队[296]在组成上要比早先的贵族护卫平民化得多，但仍然仅由城邦中拥有财产的农夫和工匠组成。他们约占体格健全成年男性人口中的三分之一到一半（在我看来更接近后一个数字），能够负担得起一套盔甲。此外，重型防御装备主要是在两支敌对步兵部队近身步战时发挥重要作用，而不是[297]在对抗骑兵时。后一种情况下，步兵只须能排出可靠的阵型，配上他们矛尖的一点点金属，便可完成任务。著名的马其顿方阵及后来的瑞士方阵均不依靠任何金属盔甲。事实上在古典希腊，从公元前5世纪末开始，重步兵也普遍抛弃了既重且贵的青铜护甲，换上更为灵便却仅能防止划伤皮肤的硬化麻布衣物。金属盔甲对于步兵方阵而言并非必不可少。

穆尔滕战役（1476年），瑞士枪兵在此击败勃艮第公爵大胆查理的精锐骑士军队

**留存至今的最早的希腊重步兵
青铜体甲和头盔，发现于阿尔戈斯的
一名公元前 8 世纪战士的墓中**

学术界在探讨欧洲中世纪背景下城邦步兵何以胜过贵族骑兵这一问题时，很少会想到和古代进行对比。这一方面是[298]因为历史研究专门领域的细化，另一方面也因为人们普遍假设骑兵装备的改善——马鞍、马蹄铁以及最重要的马镫的陆续采用——使得中世纪的马背作战效率远高于古代早期。8 世纪以后欧洲骑士的作战优越性被归功于马镫。然而，如同我们已看到的那样，到了中世纪晚期（但早于流行观念里造成骑士衰亡的火器在战场上的普遍运用），这些装备精良的精英骑兵不但经常且彻底地被新式武器如英格兰长弓击败，而且还被复活了的密集步兵阵型击败。而这些步兵中的很多人，尤其是那些瑞士人，装备的只是最粗糙最基本的武器。问题的关键因而在于能够将由平民组成的，密集且具有凝聚力的步兵军阵布置到战场上。是什么令这一看似简单的举措成为一个实际上相当困难的任务？答案更多地在于社会构成方式以及政治演化，而非任何技术因素。

我们在第9章中看到，"平等"的部落社会——在那里根本的现实是只能依靠自己和亲人，往往要对他人暴力相向——总体上有助于培养战士精神。然而，这些社会缺乏强制性的中央权力机构将部落的人力动员组织起来投入大规模的有组织战争。对于更加农业集约化和阶层化的社会，则由酋长和贵人的护卫占支配地位。尽管他们人数相对很少，但由于他们是社会中唯一有组织的力量，因此只能被相同性质的力量所制约。结果是他们的统治以滚雪球的形式不断推进，令社会的阶层化愈演愈烈。逐步变得顺从起来的民众对此无法予以有效抵抗。他们广泛分散在乡间的农场和小村落中，难以进行有效的沟通合作，从而只会被各个击破。正是这些"客观条件"解释了为何全世界各地的乡村社会均屈服于武装的精英阶层，以及为何少数人能够严酷压榨多数人。与之相应的是地方民兵变得越来越不重要。部分原因在于精英认为他们构成了潜在的威胁。更重要的是，低人一等而处境凄惨的农民在社会和政治事务中毫无发言权，战争的收益也与他们毫无关系，[299]这就使他们普遍成为拙劣的战士。他们越是顺从如绵羊，在战场上就愈加"无用"，无论是要和贵族战士及武装护卫为敌时，还是充当其助手时。

城邦的出现则代表了民众力量的急剧反转，某种程度上正合于那句中世纪谚语"城市的空气使人自由"。人多代表着力量，以及更不易受到损害。城市的人口聚集使沟通交流和政治组织变得更加容易也更有效率。研究古希腊的学者坚称城邦的革命性不仅在于创造了一个城市国家，也在于创造了一个"公民国家"[121]——当然这两者显然是有关联的。再度强调，所有这些都是循序渐进的过程

---

[121]　举例而言可参见：Morris, *Burial and Ancient Society*；但也应参见：Hansen（'The polis as citizen-state'）作为补正。在前面提到过的曼丁尼亚案例中，聚集于城市意味着民主，而分散于乡村意味着寡头制；奥斯伯恩（*Classical Landscapes*, p.25）已经很清楚注意到了这一点。

而非一蹴而就的事件，其中包括：贵族护卫的权力被收回；农奴制和其他传统人身约束方式被纳税和服兵役的义务所取代；自治的城市机构建立起来；人口向城市聚集的势头有增无减；农夫和工匠变得更加自信，在公共事务中有了更多发言权，也逐渐习惯于管理自身事务。结果就是城邦社会创造了空前的独特条件，既能建立一支由自由公民构成的民众军队，同时又能在政治上将这些自由人组织起来，从而使其服从来自中枢的至少具有基本程度的动员、控制和指挥。

各城邦距离之近、领土之小和它们间战事持续之短也有助于将人力动员水平拉升到前所未有的程度。[12] 与前国家的部落/酋邦/阶层等裂变社会或其他形式政治体相比，城邦人民为了自身利益更有动力进行集体合作，以保卫散布在城市近郊的农田、果园和牧场；成员关系更为亲密的城邦共同体也能够通过集体制裁强有力地打消"搭便车"或消极形式的"背叛"企图，维持城邦与城邦间的合作。发现敌人部队穿越边界进入城邦领地时，城里的男人很快就会拿起武器——邻居和政务/军事官员的监督保证了他们不会踌躇不前——并且整队出发与敌人对峙并阻止其破坏。

这些条件一旦发挥到极致将很可能带来胜利，且古典希腊人也意识到了这一点。他们将对波斯帝国的胜利归功于他们是自由人，为他们自己的集体利益而战；反之被波斯帝国强行征召参战的臣民则是"奴隶"，虽然被驱赶到战场上，但想让他们[300]卖命搏杀则是近乎不可能的。敌对城邦之间很短的距离，人力的集中化，包容性更强的社会政治组织，对田地和果园更密集的农业投入和更大的依赖性（相对于早期更偏向牧业/迁移农业/采集的经济），这一切都意味着适用于前国家时代蛮荒、人烟稀少、几未开垦的环境的隐秘战术必须加以改变。为了保卫不可移动的农业财产——如人们赖以为生的

---

⑫　可对比参照：Robert Sallares, *The Ecology of the Ancient Greek World*. London: Duckworth, 1991, p. 47。

果树和农作物——而发生的集体正面对抗变得越来越重要。⑫

随着需要通过战斗保卫的事物价值的增长，远距离放箭的非决定性战斗也让位于距离更近且更危险的白刃战。战士和己方战友紧紧靠在一起，组成希腊方阵或其他名称的简单密集阵型来增强震慑力并互相保护。冲击武器——穿刺矛、剑或戟——主宰了更加密集和近距离的作战，很大程度上取代了过去僵持战中使用的投射武器如投掷矛和弓箭。（任何情况下箭术都是一种要在大自然的生活环境下加以培养的技艺，因此城市居民大体上无法习得，直到易于操作的弩的出现。）我们所熟悉的战争以血肉横飞的近身肉搏战为其高潮和决胜时刻的历史模式，便是从此开始的。古典历史学家维克多·汉森满怀赞赏地将这一模式转变与希腊城邦的成长联系在一起。⑬为何像汉森声称的那样，近身步兵作战将成为更典型的欧洲或"西方"战争方式，是第 11 章中要考察的问题之一。然而，像苏美尔方阵、早期穆斯林军队和约鲁巴徒步民兵所显示的那样，模式转变同样出现在希腊以外的其他城邦中。

在这里应当明确，前面提到的"民众性""包容性""公共"和"自治"这些对城邦及其公民兵的形容，并不意味着存在民主政府。在大众意象中代表了希腊城邦的公元前 5 世纪和前 4 世纪的民主雅典，事实上差不多是个例外。城邦——包括雅典在内——更不是社会和经济上平等的。除一两个民主政权外，城邦内在的民众性、包容性和公共性往往是通过这样的形式得以表达：得到民众支持的独裁制，以及贵族—民众共治的混合政体或者说共和国。

---

⑫ 汉森的《战争与农业》（*Warfare and Agriculture*）令人赞赏地展示了对农作物和农地造成持久毁灭性损害其实并非轻而易举；不过，即便只损失一季收成，对于农民而言也将是无可忍受的灾难。

⑬ Hanson, *The Western Way of Warfare and The Other Greeks*. 在他之前以类似方法论证的有：Ardant du Pick, *Battle Studies: Ancient and modern battle*. Harrisburg, PA: The Military Service Publishing Co., 1947（1868）。亦可参见：Victor Hanson, 'Hoplite technology and phalanx battle', 出自他的：*Hoplites: The classical Greek battle experience*, pp. 63-85。

　　某个统治者和城市平民经常会在限制贵族权力的斗争中[301]
联合起来,尤其是——但也不仅限于——在城邦的形成时期。关于
早期苏美尔城邦的历史证据极为有限。不过,学者认为可以从关于
乌鲁克的早期国王吉尔伽美什的史诗中,寻找出城市形成阶段社会
制度的印迹。两个相关制度特征吸引了人们的注意力:相较于更早
的祭司统治者"恩",早王朝时期国王的权力似乎一直在增长;但与此
同时,民众议会的权力也在增长。这导致一些熟知古代近东专制政
权特征的学者开始谈论早期苏美尔城邦的"民主"性。史诗传说揭示
了这些进程之间的关系。当国王吉尔伽美什的开战提议在贵族长老
议会中遭到反对后,他将之提交给由城市年轻男子——事实上等于
城邦全体战士组成的民兵团——组成的民众议会表决并得以
通过。⑫

　　关于早期希腊城邦的证据多少要好一些。城邦在公元前7世纪
和前6世纪的崛起与希腊的第一个僭主——或专制统治者——时代
相重合。他们与早期权力有限的"巴西琉斯"或者说酋长式统治者是
不同的。这些僭主被屈居其下的贵族所憎恶,但在很多案例中明显
得到民众的支持。同样在这一时期,士兵多来自民众的希腊方阵出
现,并取代了贵族骑马战士。某些证据表明希腊方阵的诞生可能与
公元前7世纪以来的僭主夺权直接相关。这些僭主包括科林斯的库
普塞鲁斯、西锡安的奥塔戈拉斯和克里斯提尼(与雅典的并非同一
人),以及阿尔戈斯的斐顿——一位根据亚里士多德的说法(《政治
学》,5.10.5-6)僭越了"巴西琉斯"的传统权限而寻求更为专制的权

---

　　⑫　Pritchard, 'Gilgamesh and Agga'; Jacobsen, 'Early political develop-
ment of Mesopotamia'; Thorkild Jacobsen, 'Primitive democracy in Ancient
Mesopotamia', in *Towards the Image of Tammuz and Other Essays on Meso-
potamian History and Culture*. Cambridge, MA: Harvard University Press,
1943, pp. 157-72; I. M. Diakonoff, 'The rise of the despotic state in Ancient
Mesopotamia', in Diakonoff (ed.), *Ancient Mesopotamia*. Moscow: USSR
Academy of Sciences, 1969, pp. 173-203; Van de Mieroop, *The Ancient Meso-
potamian City*, pp. 123-4, 132-5.

威的国王。公元前 6 世纪初的雅典处于贵族与人民之间内战一触即发的状态。梭伦(Solon)的改革有利于希腊方阵的构成基础,即有产且能服重步兵军役的阶层,给予他们政治权利以取代纯粹的贵族统治。梭伦被授予独裁僭主权力但拒绝接受,然而如我们提到过的,他的事业由僭主庇西特拉图和民主改革者克里斯提尼继承下来。如学者普遍注意到的那样,所有这些进程似乎都互相紧密联系:伴随着城邦的崛起,民众力量得以增长,他们又与一位成功的领导人组建统一战线联合对抗贵族。⑫⑥

在罗马,国王塞尔维乌斯·图利乌斯代表了"勒克斯"的地位和权力的类似转变。据说他完成了削弱[302]权贵氏族的政治地位,创建由公民组成的步兵方阵军团,设立有公民权的军人的代表大会,即百人团大会(comitia centuriata),作为罗马国家的主要机构等环环相扣的改革。⑫⑦ 在同一时期,即公元前 6 世纪后半叶,迦太基的玛戈尼德王朝诸王(以及失败的马尔库斯,如果他确实存在的话)无疑依靠军队和民众的支持打压了寡头制并加强了君主专制。⑫⑧ 大致相似的进程也发生在中世纪的意大利和佛兰德斯。崛起的公社将当地贵族扫地出门,最富有的商人家庭则成为新的豪门显贵,主导了公社政治。他们之间时常为了权力和声望展开激烈竞争,而这样的竞争往

---

⑫⑥ A. Andrewes, *The Greek Tyrants*. New York:Harper, 1963, pp. 31-49. Anthony Snodgrass, 'The Hoplite reform and history', *Journal of Hellenic Studies*, 1965; 85: 110-22;斯诺德格拉斯在相关事件年代等方面的保留意见遭到有力驳斥,参见:J. Salmon, 'Political Hoplites', *Journal of Hellenic Studies*, 1977; 97: 84-101。斯诺德格拉斯在年代问题上的质疑之所以落空,是因为当今学术界主流意见倾向于认为步兵方阵出现在更早的时期,即公元前 8 世纪末,参见:Hanson, 'Hoplite technology and phalanx battle'。关于城邦的自耕农—重步兵体制亦可对照:Hanson, *The Other Greeks*, pp. 203-14。

⑫⑦ Cornell, *The Beginnings of Rome*, pp. 148, 194-6, 238.

⑫⑧ Gilbert Charles-Picard, *Carthage*. London:Sidgwick & Jackson, 1968, pp. 56-61, 80-6. 最前沿的学术著作可参见:Maria Aubert, *The Phoenicians and the West*. Cambridge:Cambridge University Press, 1993。

往升级为暴力并最终变成家族武装护卫之间近乎无休止的城市内战。作为反应,城市民众和公民民兵采取措施收紧对这些巨室大家的控制。此外——尤其在意大利——各城邦越来越多地建立以"人民统领"(capitano populi)或"总督"(podesta)为首的基于民众支持的个人统治,藉以限制贵族权力,从而将公社变为一个领主政府(signoria)。[129]

独裁统治易于变得肆意妄为,且在很多早期城邦中贵族最终成功将其废除。不过无论在哪里,贵族权力仍想在早期城邦政治体中占据主导地位的话,就有必要在贵族和民众之间建立某种协调机制并组建一个具有包容性的政体。而这事实上就是亚里士多德和罗马人所说的"共和政制"(希腊文 politeia;拉丁文 res publica)。不仅因为民众的庞大人数使之成为国内政治中无法忽视的强大力量;而且一旦其他邻近城邦发展出了基于民众的步兵大军,那么一个贵族所领导的小型政治体就极难在国家间冲突中生存下来,除非它能够以某种方式令自己的平民也心甘情愿参军作战,而这将不可避免地导致给予他们一定的政治参与权。构建城邦从而成为一个能够自我促进和自行扩散的——"传染性的"——进程,政治体内外的各种力量在其中相互作用。例如,可以假定古风时代希腊贵族战士护卫的衰落不仅是因为受各早期城邦内部发展进程的影响,也是因为受到了已经建立基于民众的重步兵方阵的某些核心地区城邦所施加的外部

---

[129]　M. V. Clarke, *The Medieval City State: An essay on tyranny and federation in the later Middle Ages*, Cambridge: Speculum Historiale, 1966 (1926); Hyde, *Society and Politics in Medieval Italy*, pp. 94-118, 141-52; Daniel Waley, *The Italian City-Republics*. New York: Longman, 1988, pp. 40 -5, 117-72; Griffiths, 'TheItalian city-states', pp. 81-2, 93, 101-5; Nicholas, *The Growth of the Medieval City*, pp. 262-71. 关于佛兰德斯可参见: Pirenne, *Early Democracies in the Low Countries*; David Nicholas, *Town and Countryside: Social, economic and political tensions in fourteenth century Flanders*. Bruges: Ghent University Press, 1971。Weber, *The City*, pp. 157-230; 韦伯的一般性讨论读来仍有教益。

军事压力；于是我们就能看到从内向外波浪状扩散的对核心地区制度的模仿。[130] 这样的核心地区似乎位于伯罗奔尼撒半岛东部的阿尔戈斯和科林斯，可能说明了为何阿尔戈斯圆盾和科林斯式头盔成为希腊重步兵全套装备中的标志性组成部分。

[303]此类发展中无与伦比的且也有着更详细记录的典型案例是早期罗马。从希腊城邦殖民地引入的公民兵方阵在意大利迅速传播，被正在形成中的伊特鲁里亚城邦采用，以取代自铁器时代微兰诺威文化（Villanovan culture）以来在该地区占主导地位的贵族武士护卫的战车和骑马作战。不过有迹象表明伊特鲁里亚社会仍保持了高度阶层化，方阵阵型被贵族护卫采用，而非成为一支真正的公民军队的基础。[131] 如果这一情况属实的话，将有助于解释伊特鲁里亚的军事衰落。与之形成对比，塞尔维乌斯·图利乌斯治下的罗马全面启动了因采用步兵方阵作战而变得迫切起来的民政—军事改革。公元前510年罗马人驱逐了国王之后，贵族不得不通过与人民（populus）达成诸多妥协来掌握权力，这一进程使罗马成为一个贵族—民众混合共治的共和国。除直接对抗外，人民在这场斗争中的主要武器很简单：只要拒绝应征加入步兵方阵军团作战，就使得掌权的显贵氏族别无选择而只能让步。

关于中美洲的证据极为模糊。不过，如果事实确如学者所说的那样，贵族战士在玛雅城邦的战争中仍占据首要地位，而墨西哥中部的后古典时代城邦则已发展出以民众为基础的包容性更广的军事组织的话，那就可以解释托尔特克人为何能在公元1000年左右强行接管尤卡坦北方的低地玛雅诸国，并可能揭示墨西哥中部在9世纪古

---

[130]　Hanson，*The Other Greeks*，p. 226 中所说的与之大体相似。

[131]　韦伯充分意识到了这一点，而德·阿戈斯蒂诺又进一步加以发掘，参见：Max Weber，*The Agrarian Sociology of Ancient Civilizations*. London：Verso，1998（1909），pp. 261，306；Bruno d'Agostino，'Military organization and social structure in Archaic Etruria'，in O. Murray and S. Price （eds），*The Greek City*. Oxford University Press，1990，pp. 59–82。

典玛雅的神秘崩溃中所扮演的角色。⑬ 19 世纪尼日利亚西部的约鲁巴人提供了更多关于混合政体形成与城市民兵崛起关系的证据，这些证据可以令人回想起历史上那些耳熟能详的早期城邦。根据一名英国军官的报告(1861 年)：

> ……为了获取人民的意见，因军事成就而被人民推举的酋长……召集了"奥波尼斯"(Obonis)即长者并向他们陈述情况……长者随后退场商议，并在商议出结果后返回将其决定告知酋长。……
>
> 在这样一种形式的政府下不存在常备军。战争问题一般是由公众在所谓"奥尤"(Oio)即特别会议上决定。会议在露天召开以便公众意见得以表达，并批准一些根据公众意见拟定的法令。……
>
> [304]除去少数武装家仆，部落里其余的人基本全部是农夫或从事和平职业。他们温顺，服从命令，能够忍受严重的身体疲劳并轻而易举地每天行走 40 英里(约 64 千米)。……阿贝奥库塔(Abbeokutan)的军队是通过志愿应征制度组建的，但经常会依靠某些极端措施来保证兵员。例如在当前这场战争中，前面提到过的"奥尤"就通过法令宣称任何不立刻加入军队者将被挖出心脏。⑬

在混合型贵族—民众城邦中，改革后的旧贵族或新贵族保持了

---

⑬　举例而言可参见：Hassig, *War and Society in Ancient Mesoamerica*, pp. 168-70；David Webster, 'Warfare and status rivalry：Lowland Maya and Polynesian comparisons', in Feinman and Marcus, *Archaic States*, pp. 332-6；David Webster, 'Ancient Maya warfare', in Raaflaub and Rosenstein, *War and Society in the Ancient and Medieval Worlds*, pp. 345-6；Schele and Freidel, *A Forest of Kings*；Freidel, 'Maya warfare'。他们之间存在一定程度的差异：弗雷德尔相信城邦战士几乎完全出自精英阶层，而韦伯斯特(我倾向于赞同他的观点)则主张在贵族领导下更广泛的民众参与。

⑬　报告撰写者为：Captain Arthur Jones (6 June 1861)，引自：Ajay and Smith, *Yoruba Warfare in the Nineteenth Century*, pp. 132-3。

在政治、社会和经济上的显赫地位，并成为城邦军队的督率者。他们也继续作为战斗部队中的精英而存在，尽管这一地位已有所削弱。由于只有贵族能负担得起战马，他们也就当仁不让地构成了步兵大军之外的小规模骑兵分队，人数约占军人总数的十分之一。然而即便在没有马的社会里，他们仍设法为自己保留了精英地位。例如在墨西哥中部，从特奥蒂瓦坎到托尔特克再到阿兹特克，其军队中精锐的美洲豹战士和雕战士大多出自贵族青年。只有显示出了过人勇气的平民中的佼佼者，才有可能向上流动进入这些军事组织并升至贵族阶层。

商业、海权、雇佣军和雇佣兵队长的统治

城邦是一种动态的、进化的现象，自诞生之后，便随着政治体内外的各种进程所创造出的条件而发展转变。鼎盛时期的城邦留给人们的主导性印象往往遮蔽了此前不断进化的过程。这一发展过程中存在着多种不同的互动因素。为了清晰起见，我将对其中一些因素——以及它们的军事方面——分别依序加以考察。

商业在某些城邦中与城市的发展携手并进。城市化的过程创造出了一个由市场、工匠铺和各类商铺组成的不断增生扩展的胚胎核。前面说过，欧洲中世纪城市公社是在统治了乡村地区的封建国家体系夹缝中生长出来的，因此制造业和商业在这些城市中占据了主导地位。其他情况下[305]产生的城邦仍以农业和农民人口为主，但手工业和贸易也不同程度发展起来。[34] 因此某些城邦——如黎凡特海岸的腓尼基城邦和以迦太基为代表的它们的殖民地，很多中世纪城市公社，也可能包括印度河文明中最大的那些城邦和墨西哥谷地的特奥蒂瓦坎——似乎从一开始就作为手工业和贸易中心而发展起

---

[34] 韦伯区分了"生产性"和"消费性"城市，且不像他的很多门徒那样，他能够意识到这一区分与他关于"西方"和"东方"城市的另一种区分并不重合，参见：Weber, *The City*, pp. 68–70。

来，且随着时间流逝其特征越来越鲜明。其他一些城邦——如美索不达米亚城邦和爱奥尼亚的希腊城邦，大陆上的科林斯和雅典，以及南意大利的一些"大希腊"城邦——在很早阶段，手工业和贸易便成为其经济中一个重要方面，随后又进一步朝商业方向发展。一些商业城邦，如特奥蒂瓦坎、早期亚述城、佛罗伦萨、米兰和德国南部的中世纪城邦，均位于内陆。另一些如美索不达米亚南部城邦、很多希腊城邦和中世纪佛兰德斯城市公社，位于海边或靠近海洋的地区，因而在发展方向上有海—（河）—陆兼顾的趋势，并表现在它们的作战模式和相关制度上。还有一些城邦，尤其是因地理或政治原因而缺少一片广大农业腹地的（或完全没有陆地边界的）那些——如腓尼基城邦、爱琴海诸岛的希腊城邦、中世纪意大利沿海城市公社和汉萨城市——则具有显著的海洋性质。

我们已经说过在拥有数十或上百成员的城邦体系中，只有少数城邦会产生出大规模的商业。这些较晚形成的商业—航海城邦的人口组成和职业结构以及战时的军队编成，均与此前的那些城邦有很大不同。作为国际海洋贸易者，它们的经济要比大部分城邦的更加专门化。在它们之中自由农民组成成分较小也较弱，甚至小的独立工匠的地位相对而言也不断下降。它们不但自身制造出越来越多的无产者，还从外地把他们吸引过来；这些人被雇佣在港口、船坞、船上和大规模手工作坊里工作。结果是这些城邦成为可畏的海军强国，拥有庞大的商船队和数十甚至数百艘国家控制下的，专门用于作战的划桨战船或桨帆船，用来保护和扩张其贸易路线、贸易站和商业利益。另一方面，在城市和海上讨生活的无产者无法胜任陆地军事勤务。他们缺少自耕农的社群凝聚力和自由自立精神，而这些对于一支以步兵方阵形式出战的公民军队而言，可以说必不可少。[306]因此，专门化的商业—航海城邦对陆战总是心存忌惮，尽管其中一些——如迦太基和威尼斯——在获取财富和权力后，出于种种原因转而为自己打造出一片农业腹地和大陆领地。

类似进程甚至在更为陆地性的城邦变得越来越市场导向时也会

发生。财富增长加剧了经济和社会的阶层化。在这里,雇佣大批劳工的大型城市工商企业同样使得个体或拥有少数雇员的工匠变得越发相形见绌。而在乡下,使用奴隶或雇工劳动,或两者兼有的大型商业化农庄也削弱了小土地所有者的地位。与之相应的是愿意承担军事义务的人不断减少。精英阶层成员不愿离开他们的生意和优裕生活。自由农夫和个体工匠数目缩水,重要性降低。而城市和乡村无产者则缺乏动力、自信和在社会中的权益,以至于无法成为可靠有力的公民民兵成员。

从帝国属邦流入的财富也能导致或多或少相同的效应。[135] 尽管在斯巴达,传统而神圣的"莱库古"法确立了公民平等拥有土地的原则,来自其帝国的金钱还是被贵族用来兼并土地。到公元前 4 世纪,拥有完整公民权并可充当全职军人的斯巴达土地所有者的人数,从以往最多约 5000 人急剧下降到 1500—2000 人,随后又进一步下降。[136] 更大规模的类似进程发生在公元前 2 世纪的罗马。希腊人和罗马人在当时便意识到并提出的财富有损于武德这一观念,有着坚实的经济和社会基础。

然而,商业城邦社会所缺少或失去的寓兵于民的能力,部分可通过其购买力得到补偿。有需求就会有供给:拥有可用来雇佣部队的金钱的地方,就有一贫如洗的农民为了更好的前途投身于雇佣兵行业;此外还有经验老到的指挥官——大多是由破产、流亡或野心勃勃的贵族转变而成的职业将领——来领导他们。前面提到过,绿林好

---

⑬　就希腊人而言,Hanson, *The Other Greeks*, Chapter 9 中所论述的大体上与我的主张一致。

⑯　Aristotle, *Politics*, 2. 9. 13 - 17; Stephen Hodkinson, 'Warfare, wealth, and the crisis of Spartiate society', in Rich and Shipley, *War and Society in the Greek World*, pp. 146-6; Paul Cartledge, *Sparta and Lakonia: A regional history 1300—362 BC*. London: Routledge, 1979, pp. 307-18; Paul Cartledge, *Agesilaos and the Crisis of Sparta*. London: Duckworth, 1987, 尤其是 pp. 37-43, 160-79; J. F. Lazenby, *The Spartan Army*. Warminster: Aris, 1985。

汉在早期城邦体系中也会兼差扮演雇佣兵,辅佐城邦军队作战。如今在[307]蓬勃发展的市场经济中,他们的地位变得更加重要,甚至成为主流军事力量。城邦体系中战争起起落落,这些雇佣兵部队也就像其他服务提供者一样,追随着战火硝烟从一处跑到另一处来满足需求。

从公元前4世纪起,佣兵部队在希腊战争中的作用便与日俱增。在漫长的伯罗奔尼撒冲突中获得了经验且已习惯于战争的士兵和将军宁可继续其戎马生涯,而不是回归平民生活。他们为外国人提供服务,头号主顾是波斯的大王,但对于其国内外的对手也是来者不拒。最热切寻求希腊重步兵雇佣军服务的既有波斯大王的总督,也有如小居鲁士王子这样的帝国王位竞争者,后者在公元前401年率领著名的希腊雇佣兵万人远征军深入帝国中心直抵巴比伦。根据希罗多德的说法(《历史》,2.152-4),早在公元前7世纪中期,埃及法老普萨美提克一世(Psammetichus I)便雇佣了卡里亚和爱奥尼亚重步兵来帮助他反抗亚述人。从那以后埃及也有了对希腊佣兵的需求。到公元前4世纪和前3世纪,本国公民兵在战争中作用日益衰落的迦太基同样雇佣了来自希腊和其他很多民族的佣兵。

佣兵在希腊本土战争中的地位亦有显著提高。例如,雅典这个繁荣的商业化城邦在公元前4世纪已苦于公民不愿参军,而仅仅50年前它还能以其驰骋沙场的公民武装部队为豪。不顾伊索克拉底(Isocrates)的非难,雅典严重依赖于佣兵。其他城邦亦不免于此,尤其是那些拥有帝国野心及现金收入的大城邦,其中又以斯巴达为最。[⑬] 在同一个世纪里,伊特鲁里亚城邦也通过雇佣大多由凯尔特人组成的佣兵团,而与崛起的罗马作最后一搏。从13世纪起,意大利各城市公社逐渐过渡到主要依赖佣兵部队进行战争。他们的首领

---

⑬ H. W. Parke, *Greek Mercenary Soldiers*. Oxford: Oxford University Press, pp. 1-32; Cartledge, *Agesilaos*, pp. 314-30.

佣兵队长(condottieri)的名称意为承包商,来源于"合同"(condotte)一词。城市的公民则不再愿意应征。⑬ 前面已提到过,英法百年战争期间大批渴望受雇佣的外国武装团队的涌入,亦为这一不断增强的趋势之一环。尽管(文艺复兴时代的)人文主义者——其中以马基雅维利最为著名——对依靠佣兵的现象提出批评,复兴城市公民民兵这一补救措施终究也只是泡影。

雇佣兵毫无爱国心可言,时不时背叛,[308]更不用说也很费钱。然而即便对于那些仍以市民民兵构成军队主体的城邦而言,在战时求救于雇佣兵也显著增强了其武装部队,且可在市民民兵不能有效作战的战争中充分发挥雇佣兵的作用。这毫无疑问是一种自我助长的进程,因为城邦越依赖于雇佣兵,其平民服兵役的习惯和实践就越加受到侵蚀。职业佣兵一般而言在战技上的娴熟程度要胜过毫无经验的短期应征兵。职业将领相对于每年通过选举产生、缺乏军事经验却须要按照传统领导城邦军队的兼摄军民两政的行政官而言,也是高明得多的指挥者。过去的战争中,双方的重步兵都只想赶紧找个地方排好阵型打一场,然后各自回家干活,因此粗糙的方阵战术就足够管用。到公元前 4 世纪,这已经不再适应时代要求了。更为复杂多样的战术应运而生;战略和战术机动、诡计,以及重步兵、轻盾兵(peltasts)、弓箭手和骑兵各兵种之间的配合变得愈加重要;系统性的攻城战法也发展起来。职业将领在所有这些新的战争方式中大放

---

⑬　关于公民越来越不愿应征的现象可参见:Jones, *The Italian City-State*, pp. 387-90; Contamine, *War in the Middle Ages*, pp. 157-8。更具一般性的内容可参见:Michael Mallett, *Mercenaries and Their Masters*:*Warfare in Renaissance Italy*. London:Bodley Head, 1974; C. C. Bayley, *War and Society in Renaissance Florence*:*The De Militia of Leonardo Bruni*. Toronto:University of Toronto, 1961;卡费罗这本极为优秀的书着重描写了雇佣军自主发动的袭击劫掠并强调了他们所引起的灾难和损失:William Caferro, *Mercenary Companies and the Decline of Siena*, Baltimore, MA:Johns Hopkins University Press, 1998;以及:Kenneth Fowler, *Medieval Mercenaries*, Vol. 1, *The Great Companies*. Oxford:Blackwell, 2001。

异彩。⑬ 一个世纪后，希腊职业将领如皮洛士（Pyrrhus）和受雇于迦太基的斯巴达人赞提帕斯（Xanthippus）——当然，还有并非来自希腊的布匿人汉尼拔——通过击败罗马执政官统率的军队，展示了他们的优越性。不过，罗马还是靠着它的公民军队的规模和坚韧不拔，在所有这些冲突中赢得了最终胜利。

　　除了商业的增长外，在公民兵衰落和雇佣军崛起的背后还有着其他一些重要原因。首先，我所关注的是这一发展过程对城邦内部政治的深刻影响。既然能够凭借雇佣兵夺取权力，一类新的暴发户式专制统治者便蔚然兴起。其中一些统治者笼络群众并获得了他们的支持，以反对贵族的支配地位。然而，与早期城邦的独裁者不同的是，这些新式独裁者大体上无需本国民众军队撑腰，很多人完全是靠着赤裸武力和外国雇佣兵的刺刀维持其统治。阿卡德的萨尔贡是从公元前第三千纪下半叶起在美索不达米亚诸城邦中夺权的一连串专制军事统治者里最早的，也是最出名的一个。公元前 6 世纪下半叶受民众欢迎的雅典僭主庇西特拉图曾被贵族驱逐，又凭着一支色雷斯佣兵部队[309]重掌政权。到公元前 4 世纪，希腊世界迎来了又一个僭主时代（在叙拉古要更早），佣兵将领和佣兵协助下的当地领袖纷纷夺权。⑭ 即便在斯巴达，由于规定了平等社群主义和公民常备兵役制的古老宪法早已分崩离析，一个名叫纳比斯（Nabis）的僭主也于公元前 3 世纪末依靠雇佣军的力量上台。⑭ 在中世纪末期的意大利，起初被各城市公社雇来打对外战争的雇佣兵队长篡夺了大部分城市的政权。米兰的维斯孔蒂（Visconti）家族和后来的斯福尔扎

⑬　J. K. Anderson, *Military Theory and Practice in the Age of Xeno-phon.* Berkeley, CA: University of California, 1970; W. Kendrick Pritchett, *The Greek State at War*, Vol. 2. Berkeley, CA: University of California, 1974, Chapters III, VII–IX; Parke, *Greek Mercenary Soldiers*, pp. 73ff; Josia Ober, *Fortress Attica: Defence of the Athenian land frontier 404—322 BC.* Leiden: Brill, 1985.

⑭　Parke, *Greek Mercenary Soldiers.*

⑭　Polybius, *The Histories* 13.6—8.

(Sforza)家族只不过是其中较著名的例子而已。

有趣的是,那些海洋商业城邦被证明对军事僭政最具抵抗力。一位被现代学者称为"老寡头"的佚名雅典评论家声称,航海和商业活动的发展,以及涉及此类活动的无产者人数的增长,推动了雅典不断深入的民主化进程(还可参见亚里士多德《政治学》5.4.8,6.7.2)。然而,雅典在这里仍然是一个例外。在大多数商业——航海城邦中,随着位居前列的各大商业寡头家族收紧控制,人数日益增加的无产者被剥夺了越来越多的权利。为了防止雇佣兵指挥官在城市无产者的支持下夺权,寡头们严加防备。在公元前4至前3世纪的迦太基,国王统治被两名"苏菲特"(Suffetes,即执政官,意译为裁判官)和一个寡头议会取代后,将军们便备受猜忌且处于政府的严密监视之下。不过也应当注意到,功勋卓著的巴卡家族将领哈米尔卡(Hamilcar)和汉尼拔在第二次布匿战争前和战争期间,依靠职业军队和民众的支持,在西班牙建立了一个具有极大自主权的势力范围,并且主导了迦太基政坛。最极端的案例是威尼斯,它被寡头统治者变成了一个名副其实的极权国家。国家安全委员会和秘密警察在国内实施大规模特务政治,以最严厉的措施来防止政变。

扩张、力量极限和城邦的终结

商业增长只是改变城邦及其武装力量的因素之一。商业既影响了城邦从小型国家到更大政治结构的扩张进程,[310]也受其影响。和在乡村小型国家体系中一样,城邦体系中的诸多行为体,在权力政治的引力作用下也有着合并为更少且更大的政治集合体的趋势。随着城邦的成长,更大的那些城邦逐渐主宰了其周边区域,直接兼并紧靠它们的弱小邻国,并对更远的外围地带建立起所谓"联盟"的霸权性控制。结果便形成了区域性的城邦。某些情况下,还会继续产生出更大的、帝国性的"超级"城邦政治体。在一个竞争性政治环境中,更大的体量是一种选择优势。城邦无法在不断升级的竞赛中长期角逐,因而成为政治体演化过程中一种特殊的过渡现象。然而城邦在巅峰时期的光辉往往遮蔽了在任何情况下其寿命均难以超过数百年的事实。⑭ 最终，城邦体系不是被它的成员之一，就是被外来势力所消灭。

在公元前第三千纪中期的苏美尔，随着乌尔、拉格什、基什、乌玛－乌鲁克等城市一个接一个占据统治地位并赢得对其他城市的霸权，早王朝时期的约 30 个地位大致相当的独立城邦逐渐走向其终点。于是，在公元前 24 世纪，阿卡德的萨尔贡王首次统一了这片土地，建立起一个包含全部美索不达米亚的帝国。帝国崩溃后，各个区域性城邦王国——如乌尔第三王朝、伊辛－拉尔萨（Isin-Larsa）、汉谟拉比的和加喜特人的巴比伦、马瑞、亚述城，以及阿勒颇——彼此争霸，令其他国家臣服甚至将之纳入自身疆域，有的还建立起更大但维持时间不长的帝国。类似进程似乎也发生在印度河谷的城邦之中。由于印度河文明的文字尚未破译，考古学家只能通过哈拉帕（Harappa）和摩亨佐达罗（Mohenjodaro）城市规模的显著扩张来推断这些城市或许曾是印度河文明晚期大型统一国家的中心。⑬ 在公元前第一千纪的早期信史时代的印度，数目众多的新生城镇—乡村小型国家（巴利语 janapada）逐渐被少数最强大的国家吞并，在此过程中形成了区域性国家（巴利语 maha-janapada，意为"大国"，传统上认为共有 16 个）和"超级"区域性国家。⑭ 在 17 到 18 世纪的尼日利亚西部，旧奥约也获得了凌驾于其他约鲁巴城邦之上的帝国性霸主地位。

---

⑭ 尽管在书的引言结语中已清楚指出城邦寿命有限这一事实，分别创作各篇章的作者中多数却仍对此表示不解，见：Griffeth and Thomas, *The City State in Five Cultures*, pp. xix, 195-7, 201-2。关于希腊可参见：W. Runciman, 'Doomed to extinction: The polis as an evolutionary dead-end', in Murray and Price, *The Greek City*, pp. 347-67；以及这本杰出著作：S. E. Finer, *The History of Government from the Earliest Times*, Vol. 1. Oxford: Oxford University Press, 1997, pp. 369-84；Mann, *The Sources of Social Power*, pp. 227-8。

⑬ Allchin and Allchin, *The Rise of Civilization in India and Pakistan*, p. 169.

⑭ Ghosh, *The City in Early Historical India*, pp. 34-5；Allchin et al., *The Archaeology of Early Historic South Asia*, pp. 115-17, 334

　　玛雅研究者仍在争论究竟是有 60 个[311]左右，每个占据约 2500 平方公里土地的玛雅城邦，还是只有大约 8 个对其他较小中心行使霸权的，平均面积为 30000 平方公里的独立区域性城邦。[145] 关于玛雅政治演化的证据显示随着时间流逝，到古典时代末期，一些较强大的玛雅城邦如蒂卡尔、科潘（Copan）、帕伦克（Palenque）和卡拉科尔（Caracol）通过武力扩张成为区域性城市政治体。例如，防卫蒂卡尔与其北方的乌夏克吞之间道路的一长段防御工事在古典时代末期被部分拆毁，显示这两个敌对城市中的一个或许在竞争中胜出，建立了对这两者的共同区域性统治。[146] 不过，在低地玛雅文明神秘崩溃之前，并没有哪个玛雅城邦达到了至高无上的统治地位。对于墨西哥中部，人们争论的是在特奥蒂瓦坎于公元纪年最初数百年崛起成为广大区域范围内的霸主之前，是否存在城邦体系，如果有的话又是什么样的。特奥蒂瓦坎崩溃后很多个世纪里，墨西哥中部有一个竞争性很强的城邦体系，没有哪个城邦能够成为其中的霸主，虽说图拉（Tula）或许在 10 至 12 世纪扮演某种高出其他城邦一等的角色。然而，从 14 世纪起，不久前奠基于特诺奇蒂特兰的阿兹特克城邦赢得了对墨西哥谷地四十多个城邦的霸权统治地位，向更远处扩张并建立了一个囊括了整个墨西哥中部的霸权帝国。[147]

---

　　[145] 参见：T. P. Culbert（ed.），*Classic Maya Political History：Hieroglyphic and archaeological evidence*，pp. 140-5，318-25，以及 pp. 27-9；Adams，*Prehistoric Mesoamerica*，pp. 173-4；Simon Martin and Nikolai Grube，'Maya superstates'，*Archaeology*，1995；48(6)：41-6。

　　[146] Puleston and Callender，'Defensive earthworks at Tikal'，pp. 45-7；与之对照可参见：Marcus，'The peaks and valleys of ancient states'，pp. 59-94；我已在本章注释 21 中对马库斯的整体模型提出批评，在后面的讨论中还将继续指出其不足之处。

　　[147] Thomas Carlton and Deborah Nichols，'Diachronic studies of city-states：Permutations on a theme—central Mexico from 1700 bc to ad 1600'，以及：Mary Hodge，'When is a city-state：Archaeological measures of Aztec citystates and Aztec city-state systems'，均出自：D. Nichols and T. Charlton，*The Archaeology of City-States：Cross-cultural approaches*，pp. 209-27。

在希腊,雅典自古风时代早期诞生之初即已是一个不同寻常的大型区域性政治体,包括了整个阿提卡。斯巴达甚至更加不同寻常。从公元前 8 世纪晚期或前 7 世纪起,拉科尼亚和麦西尼亚(Messenia)的居民便沦为斯巴达军事占领下的外邦奴隶,即所谓的"希洛人"(helot)。为了防止和镇压他们的反抗,斯巴达自身也成为一个由"主宰者种族"(德语 Herrenvolk)构成的永久动员的武士社会。通过在公元前 6 世纪下半叶创建的伯罗奔尼撒联盟,斯巴达主导着区域内和全希腊的政治。底比斯通过维奥蒂亚联盟建立了对邻近弱小城邦的霸权控制。从公元前 5 世纪到前 4 世纪中期,每个强大的城邦均尝试并创立了环绕着它们的更为广大的霸权帝国。[148] 与之类似,叙拉古也成为希腊殖民下的西西里东部占据支配地位的城邦。数百个小型独立城邦并立的日子一去不返了。

公元前 4 世纪,罗马与其他较小的拉丁城邦之间的早期霸权区域联盟正在转变,其中一些城邦被直接[312]吞并,另一些不得不屈服于罗马这个"盟邦"更严格的霸权控制。在北非、西班牙、西西里和撒丁岛,迦太基建立起了对其他数十个腓尼基殖民城邦的霸权,并采取行动扩展自己在西地中海的商业和政治控制。与之类似,中世纪意大利和佛兰德斯独立城邦的数量(意大利有数百个,佛兰德斯有数十个)在两个世纪的时间内不断地下降。从 13 世纪到 14 世纪,佛罗伦萨、米兰、威尼斯和热那亚在不同程度上建立起对其他北意大利城邦的统治,各自成为区域性的超级城邦政治体。[149] 布鲁日、根特和伊

---

[148]　举例而言可参见：Victor Ehrenberg, *The Greek State*, London：Methuen, 1969, pp. 103-31；Peter Rhodes, 'The Greek Poleis：Demes, cities and leagues', in Hansen, *The Ancient Greek City-State*, pp. 161-82。

[149]　举例而言可参见：Giovanni Tabacco, *The Struggle for Power in Medieval Italy：Structure of political rule*, Cambridge：Cambridge University Press, 1989 (意大利语原版出版于 1979 年), pp. 295-320；Peter Burke, 'City-states', in J. Hall (ed.), *States in History*. Oxford：Basil Blackwell, 1986, pp. 140-3. Giorgio Chittolini, 'The Italian city-state and its territory', in A. Mollho, K. Raaflaub, and J. Emlen (eds), *City-States in Classical* (转下页注)

普尔则在佛兰德斯扮演了类似角色。

在这一通向领土大国目标的进化竞赛中,城邦几乎天然地处于劣势。领土扩张否定了城邦作为一个以城市为中心的紧密市民共同体的社会和政治本质特征。当域外大国对城邦造成威胁时,唯一能保证它们不彻底失去独立性的应对方法是组建联盟甚至联邦,以协调外交政策并集中调配战争资源。由于城邦相对于其他前国家和国家社会的高度动员能力,这样的安排往往被证明是相当有效的,尤其在防御时——除非它们之间产生内部纷争,被某一成员城邦或极为强大的域外国家各个击破。

譬如说,希腊城邦曾联合起来击退了公元前 480—前 479 年的波斯入侵,尽管它们当中出现了大规模的叛变和通敌行为,且盟友之间的合作也很差,导致它们发起反击将战线推回敌国疆域的尝试未能成功。相比之下,希腊城邦对腓力二世和亚历山大统治下兴起的马其顿国家的抵抗可以说是失败的。不过,公元前 3 世纪已形成邦联国家的埃托利亚同盟(Aetolian League)和亚该亚同盟(Achaean League)在抗击马其顿维持自身独立方面也取得了一定程度的成功,最终令它们屈服的是罗马。前面提到过,由 12 世纪北意大利各城市公社组成的伦巴第同盟成功挫败了神圣罗马帝国皇帝“红胡子”腓特烈一世牢固控制它们的企图,而 14 世纪佛兰德斯各城市公社与它们的公爵和法国王室斗争的表现则是成败参半。瑞士联邦和北德意志汉萨同盟也是为了类似目的而建立起来的。

[313]虽说如此,一旦欧洲孱弱的诸封建国家中的某一个开始被更加强大,也更为统一和集权化的近代“民族”国家所取代,力量对比就将发生改变。即使城邦组成了邦联,也难以与之对抗,更不用说像意大利的区域性城邦那样彼此之间勾心斗角,宁可被法国和西班牙

(接上页注)*Antiquity and Medieval Italy*. Stuttgart: Franz Steiner, 1991, 本文相当出色地从更广阔的欧洲视角对这一进程加以审视;关于下面所讨论的邦联同盟亦可参见:Clarke, *The Medieval City-State*, pp. 147-207。

国家势力逐一击破,也不能联合起来对抗它们。将尼德兰各半自治商业城市联合起来,在与西班牙和法国的斗争中赢得并捍卫了其自由的荷兰联省共和国则是一个例外。不过,荷兰的成功很大一部分有赖于它能够以江河大海之水作为屏障。另一个要感谢地理因素的成功幸存者是拥有群山天然要塞的瑞士。在此过程中,这两个邦联自身也逐渐向统一国家转化。

一些已达到区域性规模的城邦也巩固了其扩张后的疆域,使之成为一个民族国家。在美索不达米亚南部,此类进程或多或少发生在乌尔第三王朝和巴比伦治下,然而亚述或许才是最引人注目的案例。⑮ 源自公元前第三千纪末期的城邦亚述城的亚述逐渐壮大,在公元前第二千纪初期和末期两度统治了整个底格里斯河上游地区。后一阶段的亚述已成为一个民族国家,并在公元前第一千纪彻底征服消灭了近东各国和区域性城邦体系。它逐步建立起对被征服领土的直接、统一的科层化帝国统治,使其成为近东地区自此而后的通则,由一个又一个帝国继承下去直至现代为止。

然而,当一个城邦体系被其成员之一终结时,大多数情况下该成员建立帝国的事业早在其脱离城邦形态前已告完成。为了使建构帝国的进程发生,帝国式城邦必须获得比典型城邦所拥有的多得多的人口基础,并通过扩张而与建构帝国的进程构成正面互动,从而逐步打破城邦内在的资源局限性。国内人力基础的增长使得其他城邦的战斗潜力能够为霸主所用,创造出一个急剧扩张的帝国体系。

随着各自对应的霸权帝国的扩张,特奥蒂瓦坎和阿兹特克大都市特诺奇蒂特兰的人口均膨胀到数十万。阿兹特克帝国[314]潜在人力资源的总和或许使他们能够动员起几十万名战士。⑯ 希腊城

---

⑮ Jacobsen, 'Early political development of Mesopotamia', pp. 155-6; Kuhrt, *The Ancient Near East c. 3000—330 BC*, pp. 338, 362.

⑯ Hassig, *Aztec Warfare*, pp. 55, 59-60; Adams, *Prehistoric Mesoamerica*, pp. 367, 389.

邦的平均人口数可能只有 2500—4500 人。相比之下,雅典从一开始就是一个庞然大物,而到了公元前 5 世纪其帝国的繁荣还能为其吸引来更多的移民。据估计,雅典的人口增长到了 20 万人,其中约 4 万人适于服役。⑫ 雅典的盟友向其提供重步兵和船只,并且在雅典收紧对其霸权同盟的控制时还要贡献越来越多的金钱。雅典的帝国势力被以斯巴达和伯罗奔尼撒同盟为首的一个对立联盟所摧毁。然而,斯巴达的帝国霸业因公民资格不对外开放,公民人数过少且不断萎缩而最终受挫。即便在其巅峰时期,斯巴达的公民人群也只能为国家提供不到 1 万名战士。底比斯在维奥蒂亚的权力基础虽说以希腊标准来看堪称可观,可对于一个持之以恒的帝国而言则仍有所不足。迦太基发展成为一个拥有数十万人的巨大商业都市,并将其控制扩展到北非和西地中海的其他腓尼基城邦殖民地和部落民的头上。随着中世纪欧洲排名靠前的城市公社扩张成为区域性政治体,其人口也增长到大几万人甚至 10 万以上。例如,与米兰和威尼斯并列为意大利最大的城市公社,且扩张到据有托斯卡纳大部的佛罗伦萨的人口就从 1200 年的约 5 万人,增长到黑死病爆发前夕的 1330 年的 12 万人。非独立而是从属于公爵和国王统治的根特和布鲁日的人口增长更为受限,但也各自达到了约 4 万至 5 万人的高峰。⑬

所有帝国型城邦中最为成功的莫过于罗马,而它的成功主要归

⑫　关于城邦规模可参见:Kurt Raaflaub,'City-state, territory and empire in classical antiquity', in Molho, Raaflaub, and Emlen, *City-States in Classical Antiquity and Medieval Italy*, pp. 565-88;Fine, *The Ancient Greeks*, p. 51;Carol Thomas, 'The Greek polis', in Griffeth and Thomas, *The City-State in Five Cultures*, pp. 43, 47。

⑬　Waley, *The Italian City-Republics*, pp. 21-2;Jones, *The Italian City-State 500—1300*, pp. 153, 193;Griffeth and Thomas, *The City State in Five Cultures*, pp. 87, 99, 186-7;Pirenne, *Early Democracies in the Low Countries*, pp. 104-5;Contamine, *War in the Middle Ages*, p. 117.

因于它非同凡响地扩大了自身的人力资源基础。⑭ 这已经得到学者的普遍认可,但很少有非专业人士能够意识到。从公元前 218 到前 168 年的 50 年里,罗马迅速且大体上轻易地取得了对其他所有地中海强国的一连串胜利(第二次布匿战争除外),令历史学家波利比乌斯这样的同时代见证者大为震惊。然而使这一伟业成为可能的基础,早已在此前罗马将其霸权统治扩展到意大利半岛的三个世纪中打下。早期扩张阶段缺乏名将的现象引人注目,只因在罗马的政治体制中,管理国家军民两政的政务官和执政官的任期仅有 1 年,从而卓有成效地阻止了他们成长为富有经验的成功将领。罗马的成功可部分归因于[315]其著名的军团。数世纪以来,通过与意大利中部和高卢的山民在崎岖不平的山地上的漫长斗争,军团逐步从单纯的步兵方阵——仅适于在平坦开阔地形上作战——进化成掌握远为灵活多变的战术阵型的军队。然而,罗马的公民军团和盟友部队的潜在和实际人数,及其对应的公民资格的扩大化和霸权帝国的架构,才是它力量崛起的真正奥秘之所在。

罗马统治在意大利中部的扩张从三个方面增强了其军事人力资源。首先,一个个社群被直接完整吞并,纳入罗马公民群体。从很早开始,罗马在接纳外来成分方面就表现出了不同寻常的开放性。拉丁姆地区被合并的诸拉丁社群原本就属于和罗马相同的族裔集团。对于拉丁姆地区以外的意大利社群则需要几个世纪时间加以吸收并使之拉丁化。其次,被打败但未被吞并的社群通常会被迫将部分土地割让给罗马和其拉丁同盟。罗马人在这些土地上的定居使其公民群体能够实现稳定的内生性人口增长。最后,所有保留了分离政治

---

⑭ 关于这一问题特别应当参见:Raaflaub, 'City-state, territory and empire in classical antiquity'. 整体背景可参见:Claude Nicolet, *Rome et la conquête du monde méditerranéen 264-27*, Vol. I:*Les structures de l'Italie romaine*. Paris:Presses Universitaires de France, 1993;以及:J. Rich and G. Shipley(eds), *War and Society in the Roman World*. London:Routledge, 1993, pp. 1-68。

地位的社群被要求与罗马签订同盟条约。它们无须纳贡，名义上也维持着独立，但其对外政策则由"同盟"——也就是罗马——来决定，并有义务响应请求为"共同行动"提供一定数量的部队。它们亦可从战利品和夺取来的土地中分一杯羹。

公元前 4 世纪中期到前 3 世纪末罗马将权力进一步扩张到意大利北部和南部时，也将同样的政策带了过去。这一阶段很少有社群被直接兼并，然而罗马和拉丁殖民地在被割让的土地上系统性地建立起来；且无论是因战败还是出于它们的"自由"意愿，罗马势力范围内的所有社群均与其结为同盟。建造极为完善的罗马军用公路令军队可以在很长距离内迅速移动，抵消复杂地形带来的不利影响。公路网和殖民地巩固了整个罗马疆域内的统治。罗马在意大利的扩张持续了数个世纪，因而有足够时间压制每一个原本和它一样能够向外扩张的权力源头，使之失去独立的习惯，并被整合到罗马的体系之中。当地精英受到精心笼络和照顾，但若表现不忠的话，则将损失惨重。对反叛的惩罚极为严厉。领导者[316]将被处决而全体人民将被卖为奴隶。反叛周而复始地发生，尤其是在丧失独立后的最初阶段里。无论如何，罗马在维护此项政策上毫不妥协的名声，构成了保持体系安定的强有力的恐怖威慑。历经数世纪缓慢形成的罗马体系被证明具有非凡的持久性。

这个体系中最为关键且不同寻常的因素是它所创造出的庞大公民群体。罗马国家的核心领土及其公民群稳步扩大，在共和国初期的公元前 495 年分别为 900 平方公里和 2.5—4 万人；在拉丁战争结束后的公元前 338 年分别为 5500 平方公里以上和约 35 万人；在第一次布匿战争爆发的公元前 264 年分别为 26000 平方公里和约 90 万人。这些数字代表了罗马控制下意大利约二成的土地面积和三成人口。⑮ 罗马的人口大致是最大的希腊城邦雅典，以及规模最大的中世纪意大利城市公社中任何一个的 4 至 5 倍。由于霸权国自身公

---

⑮　Cornell, *The Beginnings of Rome*, pp. 204–8, 320, 351, 380–5.

民人力规模及其能够控制的附庸"同盟"人口数量之间存在明显的相关性,罗马的广大公民群体就使得覆盖整个半岛的霸权性势力范围成为可能。

公元前 225 年,罗马为了应对凯尔特人大规模入侵,就意大利的人力进行了一次调查。波利比乌斯引用的调查数字显示,在罗马霸权领域内有 75 万男子适合服役,其中约有三分之一是罗马公民(《历史》2.24)。能够投入一线战斗的 17 到 46 岁年龄组别(拉丁文 juniores,意为青年人)中,罗马公民有 17.5 万人,加上霸权领域内共有 50 万人。虽说对数据的确切阐释尚存争议,这些数据与罗马公民群体中的定期调查结果却也大致相符。出于经济和后勤考虑,罗马每年从这一巨大人力储备中征召的兵员数目是相当小的。在共和国中期,武装力量通常包括两支由执政官统率的大军,每支拥有两个军团(每个军团由约 5000 公民兵组成),并由数目相近或略多的盟国部队作为补充,总计有大致 2 万公民和 2 至 3 万盟军。有理由认为这代表了处于服役年龄段的罗马公民的六分之一到四分之一。[156] 由于一次只动员其人力中有限但数量仍然可观的一部分,罗马能够经年累月地[317]维持作战而将对手拖垮,并且在遭遇重大军事挫折甚至灾难后总是能依赖其巨大人力储备重整旗鼓。

罗马在战争方面传奇般韧性的实际基础便在于此。当汉尼拔入侵意大利,给予罗马军队接二连三的灾难性打击,甚至分化了罗马的联盟,使罗马面临其历史上最严重的危机时,罗马的全部人力潜能被调动起来为战争服务。军队保持动员状态长达数年,哪怕这意味着对农业经济的毁灭性打击。在第二次布匿战争灾难性的头三年中丧失约 10 万士兵(其中半数为罗马公民)后,罗马在地中海西部的多个战区仍能动员部署总计多达 25 个军团的数支大军。算上同盟军的

---

[156] William Harris, *War and Imperialism in Republican Rome 327–70 BC*. Oxford: Oxford University Press, 1979, pp. 44. 关于这些还可参见: Peter Brunt, *Italian Manpower*. Oxford: Oxford University Press, 1971, pp. 44-90, 416 20。

话,这些军队所拥有的士兵和水手必定达到约 25 万,其中一半为罗马公民。汉尼拔及其盟友在长达十余年的消耗战中被逐渐拖垮。同样,罗马巨大的人力基础是地中海东部诸希腊化王国无法与罗马相匹敌的最主要原因,而非人们普遍相信的罗马军团相对于希腊步兵方阵具有优势。马其顿民族国家全部动员起来的野战军人数不超过 3 至 4 万。从叙利亚延伸到亚洲腹地,由多民族构成并拥有一个马其顿—希腊统治阶层的塞琉古帝国的军事潜力较马其顿高出一倍,与托勒密埃及大致相当,[157]但仍无法望罗马之项背。在罗马对马其顿(公元前 200—前 197 年,以及公元前 171—前 168 年)及塞琉古(公元前 192—前 188 年)的战争中,一次战役的胜利便足以为罗马奠定胜局。

　　一个依赖其附庸国军事人力的霸权性城邦帝国将面对养虎反噬的危险。霸权城邦帝国内的微妙平衡由几个因素所决定,其中一些我们已经提到过。它们包括:霸主自身资源与帝国整体资源之间的一个适当比例;各附庸邦国彼此疏远,无力联合、协作并有效协调其行动——这也是全部帝国和一切能够在政治上压迫统治不团结多数派的有组织少数派的不传之秘;霸主能够对变节和反叛行为予以报复;以及,帝国统治也应对其属民中的精英和民众有一定益处。然而,当一个成功的霸权挑战者破门而入,[318]微妙平衡局面就会发生极大变化。因此造成了一个荒唐的现象,即帝国性城邦在其境内反而最为脆弱。克劳塞维茨关于防御强于进攻的定律在此处不适用——当然其本身能否作为一种普遍规律也大可怀疑。[158]

　　因此,当雅典人在与斯巴达和伯罗奔尼撒同盟的冲突中因一次

　　[157]　数字可参见:Bezalel Bar-Kochva,*The Seleucid Army*. Cambridge:Cambridge University Press, 1976;在我看来,巴尔-科赫巴的结论(pp. 205-6)未得要领。

　　[158]　Azar Gat, 'Clausewitz on defence and attack', *Journal of Strategic Studies*, 1988;11:20-26.

战败而丧失其海上优势时,雅典帝国便随之瓦解。既然雅典的报复已不再那么可畏,很多雅典的附庸城邦便投向承诺让它们重获自由的挑战者一方,从而引发多米诺骨牌式的坍塌。而斯巴达也同样在其自身疆域内最为脆弱。战争的更早期阶段,雅典人成功地在伯罗奔尼撒半岛海岸上建立了一些设防据点,使之成为从斯巴达逃亡或叛离出来的希洛人的集结点。50 年后,底比斯将军埃帕米农达(Epameinondas)在战场上击败斯巴达人,随后入侵伯罗奔尼撒并解放了麦西尼亚的希洛人,令斯巴达一蹶不振。

　　关于这一点最引人注目的案例仍是第二次布匿战争。战争的双方罗马和迦太基均在国外取得成功战绩,而一旦战火蔓延至国内则都会变得极为脆弱。公元前 218 年战争爆发时,双方不约而同筹划进攻。罗马人计划双管齐下攻击西班牙和非洲,但被汉尼拔对意大利先发制人的入侵打乱阵脚。汉尼拔在公元前 218-前 216 年取得一系列压倒性胜利,并保证解放意大利各地人民后,约有半数的罗马附庸国易帜投靠,尤其是意大利南部最晚被纳入罗马治下的那些。前面已说过,这一对罗马权力的最严重威胁,仅在罗马全面动员了其剩余的人力资源并与汉尼拔的新盟友进行长期消耗战后,才被压制下来。然而,罗马最为迅速地取得最壮观战果的战场仍是在其境外。西庇阿(Scipio)获得在西班牙以及随后在非洲的最初几场胜利后很快发现迦太基的附庸国臣民急于背弃其霸主。在公元前 202 年决定性的扎马(Zama)会战中,被召回国内的汉尼拔发现过去曾是他手中战术王牌的最优秀的努米底亚骑兵,如今却站在罗马人一边。千百年之后,强大的阿兹特克霸权帝国毁于几百名西班牙征服者之手的一个主要原因在于它的宿敌(主要是特拉斯卡拉)以及随后一些希望将自身从阿兹特克令人憎恶的统治下解放出来的附庸国,均加入了西班牙人的行列。[159] 当然,多数情况下,挑战者许诺的自由并未兑现,而是试图建立自身的帝国统治来取代旧的帝国统治。

---

　　[159]　Hassig, *Aztec Warfare*, pp. 236, 266-7 中对此很好地予以强调。

在一个由更大的政治聚合体主导的世界里,独立城邦的时代已一去不返。

[319]区域性和帝国性城邦政治体随着自身的成长而发生转变。军事方面,更广阔的疆域、更长的距离、分布遥远的利益,以及对异族区域和邦国的永久性占领必然会影响城邦的作战方式。过去的战争中,公民兵在收获季节后花上一天、几天或最多几个星期在城市周边行军交战,如同离开他们的农场或工坊休一个短假,补给很大程度上也靠就地解决;如今这些早已不成立。⑯ 使城邦能够达到超常的高人力动员水平的那些因素也已消逝。旷日持久的战役、更加漫长的围城战,以及驻军卫戍勤务——所有这些都会令服役的小自耕农或工匠破产——已是战争常态。体量较大的各城邦采取了各种手段来满足更为复杂的需求。后勤、金融、组织管理,这些在城邦极盛时期根本不存在,或处于草创阶段,或者扔给公民士兵自行打理的事务,如今变成了复杂得多的国家公务。城邦开始向被征召的公民兵按日计发薪饷,或购买雇佣兵的服务——除非有来自帝国的贡赋为此买单,否则就还需要开征新税。过去能够以自给自足的方式进行的战争,从那以后到今天一直都是所有国家行为中最为昂贵的一种。⑯

拥有巨大公民群体的罗马也在付费战争服务市场上占据着垄断地位,因此不必依靠外国雇佣军。为了维系一个有着广泛安全承诺的地中海帝国,罗马从公元前2世纪末开始将其部分公民转变为常备、受薪且长期服役的职业军人。常备军主要来自贫穷的农村无产阶级,在此之前不服军团兵役,也基本没有政治权利。由于共和国从未能妥善解决这些职业军人的退伍补偿金问题,某个

---

⑯ 就希腊的情况而言,在这方面写得很好的是 Hanson, *The Other Greeks* 中的第 6—7 章;亦可参见 Thucydides i. 141—4 中伯里克利当着雅典人面所做的战略剖析。

⑯ 关于战争对意大利城市公社造成的沉重财政负担,可参见:Hyde, *Society and Politics in Medieval Italy*, pp. 182-4。

功勋卓著的将领便很容易通过许诺给他们田地作为遣散补偿,鼓动起一批军团士兵追随自己进军罗马。⑯ 当然,随着疆域的扩张,将领职位本身也不可避免随之变化。我们已说过,最初领导罗马军队在一些农闲季节短期战役中对抗意大利半岛上组织得很差的对手的任期一年的民选执政官,被证明无法与罗马在后来的扩张中遭遇的那些率领着组织架构更为精密的军队的职业将领相抗衡。此外,既然罗马的执政官兼将领和士兵均要花费大量时间前往遥远的海外战场,并努力适应[320]陌生的敌人和地理条件,若是再一年年将他们召回本国轮换则毫无益处。从第二次布匿战争开始,罗马所参与的所有战争均需要罗马人在国外与敌国一等一的将领长期角逐,因此最好、最有经验且久经沙场洗礼的罗马军事领袖均于一年任期后的更长时间里保留着统帅职位。到公元前1世纪,在野心勃勃的职业将领兼政客领导下,无恒产的职业军人终于推翻了罗马共和政体。

如我们已经看到的那样,帝国性城邦的政治转型显然并非仅限于罗马一国。在世界各地(雅典是个例外),霸权势力范围的建立均意味着民众势力的衰退,因小体量公民共同体的内聚力必将受到帝国广阔疆域和巨大资源的侵蚀。聚集在权力中心周围的城市无产阶级仍可能是麻烦的根源,需要谨慎加以对待;但由于他们在军事上充当的角色越来越微不足道,而国家的体量和帝国财富分布的悬殊性却成倍增长,无产阶级的政治重要性因此不断下降。贵族阶层在此进程中或有受益,或有受损。专制权力则几乎总是随着帝国一同崛起,且帝国越大,专制程度往往也越强。

举例说,阿兹特克人从一个贫穷落后的层级化部落社会过渡到城邦再到一个强大的霸权帝国,只花了从14到15世纪的200年时

---

⑯ Peter Brunt,'The army and the land in the Roman revolution',*Journal of Roman Studies*,1962;52:69-84;进一步发挥可参见:Alexander Yakobson,*Election and Electioneering in Rome:A study in the political system of the late republic.* Stuttgart:Franz Steiner,1999,pp.230-1。

间。当西班牙人到来时，他们仍依靠征召的公民兵作战，宣战理论上也需要民众的许可。然而事实上民众权力已然式微，贵族和国王的权力迅速崛起。从战争中获取的战利品被后者不成比例地纳入囊中。王政最初建立于 14 世纪初期，目的是提供更高效的军事领导机制，以适应阿兹特克人迁徙到墨西哥谷地后面临的竞争性国际环境。随着帝国的扩张，被西班牙人称作"皇帝"的阿兹特克君主（tlacochcalcatl）变得极度富裕而有权势，尽管他在重大决策上仍有义务听取贵族首领的建议。和罗马权贵一样，阿兹特克贵族从征服的"公共"土地中获得了最肥的一份，令佃客属民为其耕种。他们变得越来越有别于平民，形成一个高踞于后者之上的阶层。[163] 由于西班牙的征服阻断了这一发展进程，我们无法得知原本会有何种结果。

美索不达米亚各邦国政治体有着更悠久的历史。我们已看到，早王朝时期[321]城邦君主与民众议会权力共存的局面得以巩固。然而，随着阿卡德的萨尔贡、乌尔第三王朝诸王、巴比伦的汉谟拉比，以及其他区域性城邦的统治者相继建立起帝国，民众议会逐渐沦为职责有限的市政和司法机构，国王则攫取了专制权力。从战争中获取的战利品和来自帝国四方的贡品直接流入王家宝库，使国王拥有了超越旧的城邦机构的资源。职业军队——从萨尔贡训练有素的5400 人部队开始——听从国王的调遣。[164] 美索不达米亚北部城邦亚述城遗留下来的记录虽说残缺不全，但已足够令我们一窥端倪。记录显示在公元前第二千纪初期，主要商业家族的长老主导下的城市议会仍活跃并有影响力，明显对在重大决策上需要他们背书的国

---

[163]　Geoffrey Conrad and Arthur Demarest, *Religion and Empire: The dynamic of Aztec and Maya expansion*. New York: Cambridge University Press, 1984，尤其是 pp. 25-6, 33-5; Hassig, *Aztec Warfare*，尤其是 pp. 145-7; Robert Adams, *The Evolution of Urban Society: Early Mesopotamia and Prehistoric Mexico*. Chicago: Aldine, 1966, pp. 111-18。

[164]　Diakonoff, 'The rise of the despotic state in Ancient Mesopotamia'.

王形成权力制衡。然而,到这一千纪末期和下一千纪时,亚述军事帝国已然形成,城邦议会便不再见诸经传。取而代之的是人们耳熟能详的东方君主专制机构。[165]

通过对考古证据的解读,我们大体上认为公元前第三千纪下半叶的印度河文明中存在着一种宗教—商业性的市民政体。公元前最后数世纪信史时代再度浮现的印度城市政治体也留下了关于贵族共和国和市民机构的记录。但随着更大的国家和帝国出现,它们同样被专制统治所取代。与之相似,在 11 至 13 世纪的罗斯诸城镇—乡村小型国家中,所有较大规模城镇中心和王公居城均有扮演重要角色的市民议会。后世俄罗斯历史中自由的丧失传统上被归咎于灾难性的蒙古人入侵和占领。然而无论归因于内生还是外来因素,总而言之,国家体量越大,民众政治参与度便越低。

在西方,帝国的逻辑与此并无不同。取代了罗马共和制的元首制仅保留了自由制度的门面,等到 3 世纪末帝制形成后甚至把这些门面也抛弃了。和在东方一样,不用等到死后,罗马皇帝生前即已被宣布为神。前现代世界的帝国由于缺乏通过印刷品通信交流的技术以及代议制政府,必然意味着专制统治。从城邦向帝国的转变过程中,[322]城邦的公民政治机构逐渐被侵蚀以至于消灭。到公元前 1 世纪时,意大利的罗马化以及文化和社会一体化已达到这样的程度,即罗马的盟国人民纷纷请求并被赋予了罗马公民权,放弃了他们原先独立的政治认同,从而在事实上构成了一个罗马化的意大利民族。到公元 3 世纪初,这一进程推进到整个帝国,以至于所有人民均被赋予罗马公民身份并逐渐融合为两个大型文化共同体——罗马化的西

---

[165]　Kenoyer, 'Early city-states in South Asia', pp. 65-8; Romila Thapar, *From Lineage to State: Social foundations in the mid-first millennium BC in the Ganga Valley*. Delhi: Oxford University Press, 1990; 对早期国家转型的堪称典范的分析可参见:A. Majumdar, *Concise History of Ancient India*, Vol. ii. New Delhi: Munshiram Manoharlal, 1992, pp. 32, 44, 131-44; Max Weber, *The Religion of India*. Glencoe, IL: The Free Press, 1958, pp. 87-91.

方和希腊化的东方——的成员。在此过程中,城邦的公民政治机构同样被证明不适于管治由帝国统治所开创,并在此后不断形成的大规模的政治、文化和民族国家实体。

11　作为先锋的欧亚大陆：
东方、西方和大草原

[323]在第 10 章中我们考察了武装力量和世界各地早期国家诞生之间的关系。这些来自世界不同区域的案例中既有着根本的相似性，也存在大量的分歧点。这一章将要追踪国家、国家间体系和文明在权力和复杂性上的进一步演化，以及它们和战争的关系，并将重点放在世界最大的陆地单元欧亚大陆上。地理范围的缩窄并不意味着偏离了全球视角下的演化和比较研究范式。演化会导致体系内复杂性的参差不齐，而在不同的体系之间，复杂性的差异就更为显著。因此我们考察的范围越广，所发现的简单和复杂形态之间的差距也就越大。与其他大陆相比，欧亚大陆农业、国家和文明的起点更早，发展也更为迅速，从而导致超出第 10 章所考察内容的人类社会主要制度——包括战争——的继续发展均首先发生在欧亚大地上，并随后被推广到其他大陆，打乱了当地独立或半独立的发展进程。

贾雷德·戴蒙德在他的《枪炮、病菌与钢铁：人类社会的命运》（1997 年）中出色地阐述了欧亚大陆具有显著先进性的诸人类社会战胜其他大陆上各社会的原因之所在。从一开始，欧亚大陆的新石器时代人类便拥有一系列最高效的农业技术组合。[324]除极为成功的谷物作物驯化外，大型驯化家畜也几乎被他们独占，从而为他们提供动物蛋白和畜力。拥有大型家畜也引出了另一个欧亚大陆独占的发明，即轮子。在所有大型驯化动物中，马——与轮子一样，在约公元 1500 年前的数千年内仅见于欧亚大陆—— 或许是具有最显著而直接的军事影响力的一种。此外,受到尤为成功的农业技术组合(以及其他因素)的促进,欧亚社会是最早开始向定居生活方式转型的,从而也第一个掌握了实用性金属如青铜(在欧亚大陆以外貌似仅出现在印加,且晚了约 4000 年)和铁(早期只有非洲从欧亚大陆接受了这一技术)的冶炼。在此基础上,世界最大、最强的国家、帝国以及最先进的文明均奠基于欧亚。从数字上看,欧亚大陆面积仅占(除南极洲外)世界陆地总面积的约 40%,但在公元 1500 年时其人口却占了世界总数的约 80%。这些人口大多分布在从日本和中国,经由东南亚、印度、西南亚直到地中海和欧洲的欧亚大陆南部海岸线的一片肥沃条状地带中。①

欧亚优势并非纯属偶然,而是有着根深蒂固的地理和生态基础。陆地的形状本身并没有多大意义。正确看待地理因素的角度,是看它如何创造出了生态和文化互动的边界。(例如,从生态、人口和文化传播等方面来看,通过陆地以及地中海与欧亚大陆相连的撒哈拉沙漠以北的非洲应当被视作欧亚大陆的一部分。该地区与撒哈拉以南的所谓"黑非洲"的联系则要弱得多,只因沙漠构成了难以逾越的障碍。)欧亚大陆适于更迅速演化的头号因素在于它的面积。其他条件如生态宜居性相等的情况下,面积越大就意味着拥有更多可供演化的生态区位,演化成功的种群从自身区位扩散到临近区位,引发更激烈的选择性竞争。欧亚大陆的面积和竞争性优势也有赖于陆上交通的便利性(当然也不能太便利,否则会消除多样性)。此外,"其他条件"并非相等,欧亚大陆在现实中确有其明显优势。如戴蒙德指出的那样,[325]欧亚有着一个东西向的"轴线",而非南北美洲和非洲那样的南北向"轴线"。这使得驯化动植物(以及野生生物)很容易沿着相近的纬度和气候区域扩散到整个大陆。相比之下,由于要穿越

①　Colin McEvedy and Richard Jones, *Atlas of World Population History*. London: Penguin, 1978, pp. 344-7; E. Jones, *The European Miracle: Environments, economies and geopolitics in the history of Europe and Asia*, 2nd edn. Cambridge: Cambridge University Press, 1987, pp. 3, 159.

不同纬度和气候区域，生物物种在全美洲的扩散几乎是不可能的。于是，在自然界数量极为有限的可驯化物种（已被驯化或能够驯化的野生物种只有数百个）之中，欧亚大陆的人们从一开始便可接触到较大份额，且一旦将之驯化后也能更容易地与这片陆地上其他人互通有无。所有这些使欧亚诸社会拥有更高效的驯化生物组合，以及更快速的文化演化，从而相对其他社会领先了一大截。

　　不仅仅是人类文化在欧亚大陆上进化出了更有力的形态，我们还可以从类似案例中看出其背后存在的更基本的演化模式：随着欧洲的"大发现时代"到来，欧亚大陆野生生物物种渗透到美洲、澳洲和大洋洲，几乎毫无例外地将当地物种压迫到边缘地带甚至令其灭绝。欧亚大陆在面积和内部交流方面的优势导致更为激烈的选择性竞争，使野生生物和人类文化的进化（尽管从表面上难以看出二者的相关性）均比在那些更小更受约束的大陆上前进得更远。② 无须赘述，上面说的这些并不意味着在价值取向上欧洲文化高于美洲文化，或欧亚野生哺乳动物高于澳大利亚有袋目；我们只不过是要解释为何原先互相隔绝的两者突然发生接触后，来自欧亚大陆的一方总是会成为胜利者。

　　随着所考察的年代越来越靠后，我们的研究内容也越来越偏向于历史学，也就是说或多或少总有书面记录可供参考。虽说这一点显然对研究有极大好处，我仍希望本书能避免成为一部"事件的流水账"（通论性质的著作往往会落入这样的陷阱），罗列出欧亚旧世界然后是西方历史上"一个又一个历史事件"。如同本书前面的章节一样，本章将通过对案例的考察来揭示更普遍的范式、主要演化路径，以及战争与文明共同进化现象背后的深层次因果关系。我接下来的切入点是一个将要贯穿在本章之中的重要事物。相对于欧亚大陆的

---

　　② 参见：Alfred Crosby, *Ecological Imperialism：The biological expansion of Europe*. Cambridge：Cambridge University Press, 1986；书中第 11 章提出了类似解释以及更多解释。这本书在某些观点上可以说是戴蒙德《枪炮、病菌与钢铁》的先驱。

其他特有事物,它有着无可比拟的军事效用,[326]在欧亚诸文明发展过程中扮演着创造性和毁灭性的双重角色——它就是马。

国王的骑士:马、步兵和时间与空间中的政治社会

马在它们后来被人们驯化的欧亚大草原上生存至今,而在北美却随着冰川期到来和人类定居点的出现而灭绝了。这不过是一个生态条件约束下发生的偶然事件,然而其后果却是决定性的。

在第 9 章中我已经就马的驯化的早期阶段加以概述。关于这一主题的信息极为有限,只能依靠推断加以补充。简单复述一下:马于公元前第四千纪在乌克兰被驯化。人们一开始只是将其当作一种普通牲畜,为了从它身上获得肉和奶而加以饲养。然而,通过考古也发现了马嚼残片和马的骨骼上被马嚼勒过的痕迹。此类证据虽说稀少,亦可显示马或许在很早的时候即已用于骑乘。综合所有相关证据,不难发现在马的体型较小的情况下,为军事或其他目的而长时间骑马绝非普遍。然而到了公元前 2000 年前后,可由几匹马拉动的轻型辐条轮战车在欧洲和亚洲接壤的大草原上被发明了出来。在此之前的公元前第三千纪期间,草原上已经拥有了牛拉的重型货车。

在更南方的美索不达米亚,由另一种当地所驯化的马科动物中亚野驴所拖拽的碟形轮"战车"从公元前第三千纪中期起得以应用。很可能这种战车大部分情况下仅被用作精英阶层的代步工具,或在战场上担当移动指挥所,但也不能排除贵族战士将其用于作战,在上面使用远程兵器,或是用来拉近与敌人的距离后下车战斗。③ 公元前 1800 年左右,更轻便也更具机动性的马拉辐条轮战车现身于古代近东,随即带来了野战方式的革命。到公元前 17 世纪中叶,战车在这一领域内已完全占据主导地位。5 个世纪后的公元前 1200 年左

---

③　M. Littauer and J. Crouwel, *Wheeled Vehicles and Ridden Animals in the Ancient Near East*. Leiden: Brill, 1979, pp. 33-6.

乌尔(Ur)军旗,其中描绘战争的一面,公元前第三千纪。可看到由野驴拉拽的四个碟形轮的"战车"

右,战车已通过大草原一路向东传播到中国,[327]引发了类似的效应。在此期间印度和欧洲也接受了这一发明。

马为人类服役的第三个阶段开始于公元前第二千纪后期的某个时间,当时更大型的马匹在西亚—东南欧被培育出来。这使得高效和长时间的马背骑乘变为可能,导致骑兵在约公元前 900 年出现于此地。该技术再一次花了约 500 年时间,于公元前 4 世纪传播到中国。从那以后,马的体型和相关骑乘技术——如马鞍、马镫和马蹄铁——均不断向前进化,令马的作战效率稳步提升。

马拉战车和骑兵显然难以相提并论。我在这里先提一点关键差别:尽管战车是在大草原上发明的,但将其发展到终极状态却是在别处;此时的战车已成为一种对于贫穷的草原人民而言过于复杂、昂贵、专业化且还脆弱的工具,只有他们中的[328]富有精英能够负担得起。全民(几乎全体成年男性)皆兵的草原游牧部落只有在马背骑乘技术以及相应的游牧经济和生活方式成熟后才会出现。我在后面还将讨论这一主题，但首先需要将战车和骑马放在一起，强调它们在军事上的共同特征和对军事之外的社会、政治领域的重要意义。尽管其间经历了重大发展，上述两点在公元前 1500 年到公元 1500 年的 3000 年间保持着不同寻常的连续性。

人们对于骑兵普遍持有的观点中，最具误导性的就是认为他们在军事上总是比步兵更强，或者至少在历史上某个时间点（例如马镫在欧亚大陆得以普及的公元第一千纪中期）后是这样。在第 10 章中我已经证明了事实绝非如此。如同马基雅维利在《兵法》（1521 年，或译《战争的技艺》）一书中敏锐指出的那样，任何实际了解过的人都知道马是一种敏感且极易受伤害的动物。因此，若步兵能够——在大多数情况下也确实能——保持紧密队形，维持纪律和士气，并且装备着很简单但必不可少的武器（多为矛或长枪）的话，骑兵在与这样的步兵正面冲撞时往往就讨不到好处。另一方面，骑兵的主要优势则在于其机动性，尤其在位于开阔地形时。步兵和骑兵之间的力量对比会因特定条件下各种变量间的平衡关系而发生调整。

尽量化繁为简表达的话，骑兵相对于步兵的效率将随着下面这些条件而增强：

·地形的平坦度。越平坦，骑兵在战术和战略上就越能快速行动，而不受崎岖地形——如山地、树林或沼泽——上各种障碍的影响；

·距离。军事行动的距离越长，战区越大，骑兵的高战略机动性就越能派上用场；

·低人口密度。因为集约化农业意味着更少供马匹休整的牧场。大量设防城镇中心也意味着更多的围城战，而骑马的战士在这类战斗中毫无用处。

[329]除了影响骑兵和步兵之间的力量对比外，这些因素也影响了骑兵自身的配置：战场越"紧凑"，骑兵就越倾向于下马徒步作战，使得马匹仅被用来增强接敌机动性和运输便利性；同时，战场的"紧凑"也会使得骑兵（骑马或下马的情况下）重装上阵以备近距离作战，

而不是像在开阔地那样配置轻装和投射武器，并运用一击即离的战术。

战马的地理学和生态学基础简而言之便是如此。虽说地理和生态至关重要，社会、经济和政治结构也有着大致同等的重要性。马不存在的情况下，如在公元前第二千纪中期马出现之前的欧亚，以及一直没有马的美洲、非洲和大洋洲的各个农业社会中，社会层级化和精英统治仍得以产生发展。然而，马的引入进一步提升了精英阶层的优势地位。应当注意到在定居社会中，马几乎不具有经济上的实用价值。引车拉犁一直由牛来承担。直到公元第一千纪，马的胸带肩套挽具发明出来并传遍欧亚，取代了旧有的低效且容易导致窒息的项前肚带挽具后，马才能勉强接替这一工作。但另一方面，马却需要精细照料，喂养成本也较高。正因为在定居社会中马昂贵而缺少实用性，这些社会的精英才对其趋之若鹜，原因在于拥有一种昂贵而不实用的奢侈品能够给他们带来声望。马在军事上的角色——它主要的实用价值之所在——不可避免地与各个社会中的统治模式以及精英与民众之间的权力关系交织在一起。在欧亚大陆相应的整个历史时期里，地理、生态、政治社会和马以多种形式共同存在并互相影响。

在第 10 章里我已经提到过，在那些定居的"阶级"社会里，"贵人"和随从对社会的支配力越强，由民众组成的民兵的重要性和军事能力就越低下。这是一个双向的过程：民众被压迫得越深，精英就越不乐意见到他们持有并习惯于使用武器，因武器可被用来反抗上层精英的统治；与此同时，贫困、被剥夺政治权利、卑躬屈膝且意志消沉的农民大众，对社会缺乏归属感，也不能从战争中得到多少好处，因而无心也无力提升自己的军事[330]技能。马的存在令上述趋势进一步增强。骑马的精英机动性更强，活动范围也更广，从而可随时集结起更强大的力量，压倒散布于乡间的势单力薄的农民。马所导致的军事能力分化同样体现在对外战争中，因为精英骑士令本国农民卑躬屈膝的同时，也能向外掠夺其他国家的农民。后一种情况下他们可能遭遇的主要反抗来自那些与他们势均力敌的骑马贵族。

从希腊黑暗时代末期(约公元前 8 世纪)的前国家和原始国家社会,以及同时代意大利北部的微兰诺威文化中,我们可以找到一些案例印证上面的描述。希腊和意大利的半岛地貌及其他地缘政治因素决定了曾统治各个社会的精英骑手最终将让位于城邦(以及随后的领土国家)的公民步兵军队。但值得注意的是,可以从这两个半岛的平原地带找到上述发展进程的反例:在希腊的色萨利,对骑马作战的依赖导致了精英统治和城邦政治发展的落后,后者反过来又加深了对骑马作战的依赖;在意大利中部的坎帕尼亚(Campania),骑马的精英在乡村和城市中均保持着主导地位。约鲁巴的案例显示公元15 世纪的西非从撒哈拉沙漠另一端引入马之后,类似的生态和政治分化也开始出现。骑手主宰着更加干旱且人口更加稀少的北部,而向南去则是城邦和国家步兵军队的天下。④

如同在前国家/原始国家层级社会和城邦里那样,骑兵的军事和政治角色在更大的国家里也是根据生态地理和政治社会的交互加以调整的。政治因素的关键在于中央政权:国家是怎样治理的,其财政又是如何管理的?用什么方法来攫取资源维持其武装部队?国家的统治者往往也富甲一国,因其拥有和管理着众多广大的王室庄园,可从中直接获得收入。为了让中央权力最大化,理想状况下统治者应以类似方式直接管理全国的税收和劳役。⑤ 武装部队也应由中央政权以直接的方式征召或雇佣,并以税款支付其费用。然而,为达到这种程度的中央集权,有两个先决条件必须得到满足。首要条件是必须存在发达的经济、运输和官僚系统。为了征收实物和[331]货币,要进行估税、征集、输送到大大小小的权力中心、储存以及调配等一系列工作。所有这一切都需要由受薪的(或领配给的)国家代理人经

---

④　参见:John Thornton, *Warfare in Atlantic Africa 1500—1800*. London: University College London, 1999, 尤其是 pp. 25-8, passim。

⑤　参见韦伯对“家产制”(patrimonial)国家的经典论述: Max Weber, *Economy and Society*. New York: Bedminster, 1968, pp. 231-6, 964, 968-71, 以及 xii-xiii 章。

营管理。为了治安和军事目的征召的士兵和雇佣的职业军人也需要以类似方法管理。与首要条件相关的第二个先决条件，是地方豪强必须得到抑制。

这些建立科层化中央集权国家的苛刻条件很少能得到满足。如前所述，较大的国家通常会崛起成为区域性霸主，而它们不同程度上仍需依赖各地的掌权贵族来管治其疆域，原因既在于中央政权缺少发达的官僚机构，也在于地方贵族强大到足以维持其相对于中央的社会和政治地位。马增强了贵族相对于平民的军事力量，使贵族成为精英骑士，从而也使得他们面对中央政权时更有分量。只有在有马的社会里，贵族才会构成一支有别于其他人的特殊部队。与中央集权科层化对应的另一个极端则是权力被地方领导者所掌控，导致权力碎片化甚至中央权力的实质性瓦解。马为这一集权化—碎片化的对立紧张关系增添了一个新的维度。

即便不考虑马的存在，大的国家和帝国有时也会因地方军队或行省官员篡夺政治权力，建立有效自治甚至正式宣布独立而分裂或解体。根据地缘政治环境，这样的分裂或解体可以是相对短暂的，如中国和古埃及历史上那些漫长统一朝代之间的"中间期"那样。相反，分裂和解体也可能更为常态化，如在印度历史上各个统一帝国废墟上崛起的诸国那样。大国在政治上的分裂和解体，其民事和军事官僚机构四分五裂，并在自封为统治者的行省总督、将军或本地贵族手下以较小规模重组起来的这一过程，不应被等同于（虽然常常如此）另一种与分裂和解体相关的特殊机制，也就是封建制。后者意味着一种以军事封地为基础的[332]非官僚式统治。马在军事上的应用则是这种制度的直接源头。

什么是封建制？

封建制这一概念的含义和适用性是出了名的难以捉摸。历史学家考察了封建制在特定历史环境下的发展，尤以对中世纪欧洲的探讨最为详尽。学术专门化导致研究这一地区和时代的历史学家对其他地区和时代的封建现象兴趣寥寥，甚至不承认存在能够解释此类现象的普遍框架。从孟德斯鸠到马克思到韦伯，社会学理论巨擘对于封建概念能否以及在多大范围内适用于欧洲以外的问题意见不一。最近有观点认为，传统上被认为和欧洲封建制相联系的一些主要特征与其说从一开始便存在，倒不如说是在所谓欧洲封建时代的末期才正式明确下来。这使得人们对封建制概念在欧洲的适用性也产生了疑问。⑥ 在这样的氛围里，认为过去对封建制的定义站不住脚，甚至认为封建制在现实中从未存在过的见解蔚然成风。无论是否认同这种极端陈述，很多学者出于安全起见，如今都尽量避免使用封建制或封建主义这样的词。

显然，如果我们打算在对封建制的理解方面有所贡献的话，那就要继续围绕着本书一直关注的那些问题，运用广泛比较研究的视角加以审视。学者对什么是封建制这一题目的回答往往是罗列出其在社会、政治、经济、司法、技术和军事上的一系列特征，但很少有人尝试对封建制得以存在的条件做出一种更加深入普遍的解释，以及考察封建制与历史上其他社会军事体制之间的关系。假设封建制的确

---

⑥　影响最大的包括：Georges Duby, *The Early Growth of the European Economy: Warriors and peasants from the seventh to the twelfth century*. London: Weidenfeld & Nicolson, 1974; Guy Bois, *The Transformation of the Year One Thousand*. Manchester: Manchester University Press, 1992; Jean-Pierre Poly and Eric Bournazel, *The Feudal Transformation*, 900—1200. New York: Holmes, 1991; Susan Reynolds, *Fiefs and Vassals: The medieval evidence reinterpreted*. Oxford: Oxford University Press, 1994; 以及：Marjorie Chibnall, 'Military service in Normandy before 1066', *Anglo-Saxon Studies*, 1982; 5: 65-77. 来自渐进主义的批判可参见：Dominique Barthélemy, *La Mutation de l'an mil a-t-elle eu lieu?* Paris: Fayard, 1997. 不过值得注意的是，所有这些权威学者都没有否定作为现象和概念的封建制度的存在。对近期学术趋势的简介可参见：Constance Brittain Bouchard, *Strong of Body, Brave and Noble: Chivalry and society in medieval France*. Ithaca: Cornell University Press, 1998.

存在，那么它是一种欧洲历史上特定时期的独特现象，还是一种更普遍的社会形态，在其他社会中也能找到对应物？如果答案是前者的话，那么是什么令中世纪欧洲如此独特？如果是后者的话，我们又要去寻找何种表明封建制存在的迹象？

关于封建制，我们首先要记住它无论如何都是[333]某种国家结构的产物，且既然它未曾导致国家的彻底解体，那么它自身也成了国家结构的一种较为断裂化的形式。不应将封建制下的封建领地与非国家的、完全地方性的、以亲属关系为基础的酋邦混为一谈。⑦ 事实上，往往在较大的国家里才会出现封建制。⑧ 同样应当记住，封建制也不等于贵族阶层对乡村的支配，因为任何近代之前的国家社会中均是如此。这些社会的层级化程度越高，土地贵族在社会、经济、政治和军事上的分量便越重。他们的地位既来自他们的财富和权力，也来自他们所拥有的随从和奴隶。这类贵族主导下的乡村社会在欧洲中世纪初期的案例包括了墨洛温（Merovingian）王朝的法兰克和盎格鲁-撒克逊时期的英格兰，但来自其他时间和地点的案例也极为丰富。这些社会均有发展出封建制的潜力，哪怕它们之间存在很大不同。⑨ 类似的道理，封建

---

⑦　对比参考对封建制的最早通论式著作：Mark Bloch, *Feudal Society*. London：Routledge，1961，p. 446（以及第 9—10 章）；F. L. Ganshof, *Feudalism*. London：Longmans，1964，p. xv；also, W. G. Runciman, *A Treatise on Social Theory*, Vol. 2. Cambridge：Cambridge University Press，1989，pp. 208，368；Kristian Kristiansen, 'Chiefdoms, states, and systems of social evolution', in T. Earle (ed.), *Chiefdoms: Power, economy, and ideology*. New York：Cambridge University Press，1991，pp. 16-23。关于融合了两种政治形态的政治演化的著作可参见：Elman Service, *Origins of the State and Civilization*. New York：Norton，1975，pp. 81-3；Allen Johnston and Timothy Earle, *The Evolution of Human Societies: From foraging group to agrarian state*. Stanford：Stanford University Press，1987，p. 249。

⑧　Rushton Coulborn (ed.), *Feudalism in History*. Princeton, NJ：Princeton University Press，1956，pp. 7，186 中清楚地指出了这一点。这本仍很有价值的选集往往因年代久远而被人忽略。

⑨　关于盎格鲁-撒克逊时代的英格兰，可参见：Robin Fleming, *Kings and Lords in Conquest England*. Cambridge：Cambridge University Press，1991。

领主—采邑经济是一种落后的农业经济,然而除此之外还有很多前近代自然经济的案例,它们中大多数并未发展出封建制特有的经济、政治和法律上的从属结构。前近代的很多国家都有着碎片化的结构,乡村地区多由外省贵族支配。在所有这类国家中,封建制国家的独树一帜之处在于它的外省贵族是一群起初为军事目的而被拔擢为精英的骑兵战士,但这些军事贵族为了长久保有其地位,随后便篡夺了原属中央政权的政治权力,并将乡村地区的人口收为其附庸甚至农奴。

　　所有标准的封建制定义中都明确指出了这样的要素,即存在一个具有优势地位的专业战士阶层,而他们的优势地位主要通过分封土地来维持。然而上述定义均忽视了这些战士所具有的一个最为关键的特征,那就是他们毫无例外均为骑兵。⑩ 可以理解学者为何不愿将牵涉到社会方方面面的一整套制度完全归功于一种牲畜——无论这种牲畜的地位多么重要。尽管欧洲封建制度具有完全的骑兵主导军事的特征,且这一点已得到一些历史学家的充分阐述,大部分学者还是避免把骑兵两个字放到封建制的定义里。⑪ 我自己对封建制

---

　　⑩　Otto Hintze,'Wesen und Verbreitung des Feudalismus'(1929),再版于：Otto Hintze, *Feudalismus—Kapitalismus*. Göttingen：Vandenhoeck, 1970,pp. 12-47,尤其是 pp. 14,22；Bloch, *Feudal Society*, p. 446(虽说在第 444 页中他认为骑兵优势只是一种偶然现象)；Ganshof, *Feudalism*, p. xv。在韦伯对封建制的诸多论述中,只提到过一次(第 1077 页)骑兵的主导地位,且未加以重视,参见：Weber, *Economy and Society*, pp. 255-62,1070—85；Coulborn(*Feudalism in History*, pp. 8-9)对骑兵在封建制中的作用予以很高评价,但仍未将骑兵主导写入他的封建制定义(第 4—6 页),且认为这只是一个普遍存在但并非不可或缺的现象。Poly and Bournazel, *The Feudal Transformation*, *900—1200* 一书中强调城堡的作用以及权力向地方强人的转移,但未讨论封建制度中的骑兵因素,而他这种观点在近年来的学术著作中颇为典型。

　　⑪　H. Brunner,'Der Reiterdienst und die Anfänge des Lehnwesen', *Zeitschrift der Savigny Stiftung für Rechtsgeschichte*. Germanistische Abteilung,1887,8：1-38；Lynn White, *Medieval Technology and Social Change*. Oxford：Oxford University Press,1962,pp. 1-38. 对怀特文章的批评可参见：Bernard Bachrach, *Armies and Politics in the Early Medieval West*. Aldershot：Variorum,1993,Chapters xii,xiv,xvii。

的定义是这样的：封建制是指一种地方或地区的政治和司法权力从中央权力机构转移到以封地为根本的骑兵战士和领主手中的趋势。封建制仅在这些条件下可能出现：

［334］·在拥有马的社会中；

·在马优先被视为一种战争工具的环境下；

·在领土较广，但小规模粗放农业经济占主导的国家里。这些国家缺乏经济和官僚制度基础来直接支持和管理为其所需，但也相当昂贵的骑兵部队，因而只能将土地分封给骑兵以换取其军事服务——换言之，即对于国家而言，（军事服务形式的）"地租"取代了"税收"的作用。⑫

这三个先决条件对于封建制的产生缺一不可。

有一个极为重要但未得到充分认识的因素：在所有前近代国家中，军备开支不但是国家预算中最大的一项，往往还占据了预算的一大半；骑兵又是其中最昂贵的。骑兵的地位如此之高，以至于可以说管理一个国家的核心要务便是建立和维持一支人数可观的骑兵部队。正是这一艰巨任务催生了封建制。为了完成任务，那些行政机构落后，经济也简单粗放的国家往往只能乞灵于去中心化的外包制。地方官员和本地豪强成为区域领主，负有召集并领导其管理范围内骑兵部队的责任。这些领主又通过将土地分封给自己的附庸，向下重复此过程。某些封建制度下（日本最为典型），只有在金字塔结构最下面一层的领主，其关系网络才小到足以让手下的战士领实物配给或其他俸禄，而不是继续向他们授予土地。大多数情况下，底层骑兵的生计仍然是通过向其颁授某种产出固定收益的产业——绝大部

---

⑫　认为这体现了封建制本质的有：Chris Wickham，'The other transition：from the ancient world to feudalism'，*Past and Present*，1984；103：3-36，然而，作者未能准确认识到这一转变所需的必要前提条件，而是将其归因于不愿向国家纳税的贵族实力强大。然而正如我们看到的那样，封建化之前的墨洛温王朝国家统治者相对于贵族的力量，并不比开启了封建化进程的加洛林王朝统治者更强。

分为土地——来维持的。这样的制度具有不少优点。令战士（及其他服务提供者）直接与收益源头相联系，国家就可以彻底省去建立一整套复杂、昂贵、臃肿的行政官僚机构作为中间人来征集分配收益的麻烦。此外，获益者也自然而然构成了某种管理者阶层，对被分封的资源负起责任。无怪乎这套原理被前近代社会广泛运用。

近年来，历史学者对传统上认为是欧洲封建制形成基础的关键要素提出了挑战。他们辩称在 9 世纪和 10 世纪期间，很多——甚至可能是大多数——[335]分配给显要人物并用来供养骑兵战士的土地还算不上是封建采邑。与之同时，军事义务也来源于拥有土地者均须服役这样的更为普遍的原则，而不是因拥有某个采邑才导致产生特定的契约式义务。直到 11 和 12 世纪，国王以及地方大诸侯试图重申对原本四分五裂脱离控制的领土的权威之后，在封建—附庸契约关系基础上确立的制度才得以成型。⑬ 尽管这些重要的（且仍在争论中的）见解大幅度偏离了对封建转型的传统认知，但对我们上面所说的原理并无多大影响。

无论封地的具体法律地位如何，将土地这一国家用于支付服务的手段分封出去的问题在于，对土地的控制从中央政权转移到了服务提供者手中。此后，即便国家对服务提供者履行义务的情况不满意，或想终止与他们的关系，也没有什么实质性办法，只能眼睁睁看着他们继续从土地中获取利益。对个人的效忠誓言之所以成为欧洲11 世纪后封建体系中的显著特征，正是因为其他手段很难保证附庸者正常提供服务。若领主的实力超越附庸者，能够以没收后者采邑为最后威胁手段的话，尚算得上是令后者提供服务的有力保证，但这也并不十分可靠。⑭ 假以时日，受封土地从而坐拥收入来源且垄断当地武力的精英骑士便攫取了庄园的世袭产权，并获得对周边乡村地区农民（此时已降为农奴）的政治司法特权。通过对居所加固设

---

⑬　参见本章注释 6。

⑭　可对比参照：Poly and Bournazel, *The Feudal Transformation*, 900—1200, p. 81 中极其理想化的解读，尽管他们相信效忠宣誓这一行为代表了"惊人的现实主义"。

防，他们成为法兰克人所说的"城堡领主"（castellans），在面对更高级领主和下层属民时的底气都更加充足了。

这就是封建制的恶性循环：国家若是因为中央官僚—行政机构不完备，为了减少统一征收调配财物的工作量，而将骑兵直接安插到乡村地区收入来源的话，骑兵很快就会接管收入来源甚至乡村本身，使国家的收入源泉进一步枯竭，从而更难维持一个中央行政系统。[15]然后还有另一个更加终极的反转，使建立封建制度以保证有一支职业军队随时供国家调遣的[336]原始意图彻底落空：力量越来越强大的封地骑兵战士常常能够设定为领主服军事义务的时间上限，例如在封建欧洲，这一期限为每年 40 天。

诚然，在很多国家社会（例如远古的美索不达米亚和埃及），中央政权也授予步兵战士土地以维持其生计。然而，在没有马的情况下封建制无从谈起，因为只有拥有土地的骑兵才有割据一方，与国家中央政权在政治和司法权上角力，从而在不发达农业社会中催生出封建制的潜力。其原因并非马在生物学上有什么特殊之处，而是社会—经济学方面的：供养一名骑兵——特别是身披重甲的那种——的花费比供养一名步兵多得多，因此要分封给前者一块相当大的可称为"庄园"的地产才行。在能够找到相关记录的社会中，骑兵拥有或者享受权利的土地至少是步兵的 2 倍。如果是精锐的重甲具装骑士，需要数匹马以供替换，再加几名武装随从的话，那么这个数字可达到最高 15 倍。来自不同社会的数据往往很晦涩且可做出多种解读，但大致图景是足够清楚的。在梭伦制定的阶级制度中，骑兵的收入是拥有两头牛的富农的 2 倍，而后者构成了重步兵军团的主心骨。[16] 平均而言，罗马的骑

---

⑮　仍可对比参照：Ganshof, *Feudalism*, pp. 51-9。

⑯　前者拥有每年生产 300 至 500 "模底"农产品的土地，而后者拥有生产 200—300 "模底"农产品的土地，参见：Aristotle, *Constitution of Athens* 7. 3-4; Plutarch, *Solon* 18。关于阿契美尼德王朝，可参见：I. Gershevitch (ed.), *The Cambridge History of Iran*, Vol. 2. Cambridge: Cambridge University Press, 1985, pp. 281, 573-6。

兵殖民者所分到的土地是步兵的 2 倍。而到了共和国末期进行的调查中,两者收入已达 10 倍之差。[17] 据估计,拜占庭骑兵所分到的土地是步兵的 4 倍,若为特殊的重骑兵的话则可能达到 16 倍。[18] 到了中世纪,加洛林(Carolingian)王朝对步兵的财产资格要求是 10—18 公顷土地,而对骑兵是 120—216 公顷;亨利二世的英军中,骑士所拥有的财产为重步兵的 2.5—4 倍;百年战争前夕,一名骑士拥有 5 倍于一名弓手的财产。[19]

这一切的后果就是骑兵除了在军中有一定官职外,在地方上也拥有很高的经济和社会地位。无论是农业社会原本存在的地方豪强转变成骑马的武士阶层,还是国家给骑马的战士分配了能够维持其开销的庄园(这两种状况在各个社会里有着不同程度的互相重合),拥有土地的骑兵从此便构成了地方上富裕且有权势者的一部分,[337]而他们的步兵伙伴则做不到这一点。正因如此,只有他们能够成为所有已知历史案例中封建化进程的主体。将封建制概念扩展到涵盖全部拥有土地的战士的马克斯·韦伯,在谈到所谓步兵采邑时也不得不承认:“上面提到的案例在功能上和法律地位上与采邑地产类似但并非同等,因为其主人的社会身份仍然是农民。无论如何,即便作为有特权的农民,他也只能被视作‘平民’。”[20]

---

[17] Livy 35:9, 35:45, 37:57, 45:34; Alexander Yakobson, *Elections and Electioneering in Rome*. Stuttgart: Franz Verlag, 1999, pp. 43-8.

[18] Warren Treadgold, *Byzantium and Its Army 284-1081*. Stanford: Stanford University Press, 1995,尤其是 pp. 23-5, 171-9;以及:John Haldon, *Warfare, State and Society in the Byzantine World 565-1204*. London: University College London, 1999, p. 128。

[19] Bernard Bachrach, *Early Carolingian Warfare*. Philadelphia, PA: University of Pennsylvania, 2001, p. 55; Philippe Contamine, *War in the Middle Ages*. Oxford: Blackwell, 1986, p. 88; Charles Oman, *A History of the Art of War in the Middle Ages*, Vol. 2. New York: Burt Franklin, 1969 (1924), p. 127.

[20] Weber, *Economy and Society*, pp. 1071-2. 编写《历史上的封建主义》(*Feudalism in History*)的柯尔本(Coulborn)及其他学者也与韦伯 (转下页注)

　　传统上,学界公认符合封建制定义的历史案例只有三个。绝对时间上最早的,是约公元前 1200 年从欧亚大草原引入马和战车(以及轮子)之后的中国。我们已经说过那个时期的中国国家属于霸主制结构。居住在设防屋舍或"堡寨"之中,统治着当地农民的地方领主和他们的护卫与霸主分享权力。战车进一步增强了这些地方领主相对于其上级领主和治下农民的力量。最初,战车的数量不多。商代晚期的考古证据显示它们大多被国王用来代步或被用于仪式。来自商的西方的周王朝在战车方面具有的优势,可能是它得以在约公元前 1050年推翻商并取代其霸主地位的原因——至少是部分原因。即便如此,周王在征服战争时所拥有的战车据记载也不过 300 辆左右。新的霸主越来越依赖战车部队作为随时可动用的力量,在广阔的领土内快速部署。旧的地方贵族也效仿他们用起了战车。周王朝分封了大批庄园地产,并建立诸侯国以治理新开辟的疆土。相对于驾驭马车的贵族在军事和社会地位上的崛起,旧的征召步兵则衰落了。封建制如滚雪球般不断壮大。到后来的东周时代(从公元前 842 年起),周王的实际权力仅能通行于王畿一带。在所谓的"春秋"时期(公元前 722—前481 年),整个国家解体为数百个事实上自治的邦国,被称为"公"的统治者对其宣示效忠的共主周王仅保有表面上的附属关系。在因此导致的无政府状态下,驾驶战车的地方贵族战士("士")在无休止的战事中互相厮杀,从而形成了典型的骑士战争规范。㉑

（接上页注）一样讨论过存在于如古埃及和汉谟拉比巴比伦的所谓步兵"采邑",并得出同样结论,即否认其构成封建制案例。在 15 至 17 世纪的莫斯科公国—沙皇俄国,为维持骑兵而分配土地的行为导致了封建化和农奴化进程的开启;16 世纪,一种新的火器步兵即"射击军"(streltsy)得以创立,且也向他们授予了(面积小得多的)土地,但这些新型步兵战士从未能够成长为地方领主;参见: Richard Hellie, *Enserfment and Military Change in Muscovy*. Chicago: University of Chicago, 1973。

　　㉑　Edward Shaughnessy, 'Historical perspectives on the introduction of the chariot into China', *Harvard Journal of Asiatic Studies*, 1988; 48: 189-237; M. Loewe and E. Shaughnessy (eds), *The Cambridge History of Ancient China*. Cambridge. Cambridge University Press, 1999; Cho-Yun　（转下页注）

　　另外两个知名度更高的封建制案例出现在日本和[338]欧洲。两个案例中封建制的发端均在 8 世纪，相应的环境和发展轨迹也极为相似。在日本和加洛林法兰克两个国家中，社会基本状态是经济以小规模农业为主，城市和商业基本不存在，人民绝大多数为文盲。交通体系也极为薄弱。在欧洲，罗马帝国崩溃后，所留下的文明遗产在各个领域均迅速衰落。在日本，自中华文明的文化输入尽管相当可观，但影响基本限于国家中枢，对乡村和社会的渗透则相当肤浅。由于是在不久之前才扩张成为大型国家，日本和加洛林法兰克均只拥有不发达的社会基础制度，无法满足在广大国土上组织行政和军事的需求。此外，两者在此前的战争中均主要依靠短期服役的农民民兵，如今发现他们难以应付新环境下遥远的边境战争。在与东北边境之外弓马娴熟的部落野蛮人之间无休止的袭击、报复性袭击和搜猎作战中，日本国家发现相较于行动不便且缺乏动力的征召农民兵，地方要人和大庄园主的常备骑兵护卫要高效得多。而当加洛林王朝统治者所面临的主要军事挑战来自遥远边境地带的骑兵侵袭者，如西班牙的穆斯林和匈牙利的马扎尔人，以及沿着海岸线和内河劫掠的诺曼人时，他们也同样倾向于以时刻准备出击的行动迅捷的骑兵作为最可靠的军事力量。于是，日本和法兰克对靠封地维持的骑兵部队的依赖均加深了，任由徒步的农民民兵和征召兵不断衰落。日本在公元 792 年正式废除征兵制，而加洛林王朝统治者从约公元 800 年起明确倾向于动员地方领主指挥下的骑兵部队进行作战。

　　再次强调，在这两个案例中，封建化进程在发端之后均持续了数

（接上页注）Hsu and Katheryn Linduff, *Western Chou Civilization*. New Haven, CT: Yale University Press, 1988; Herrlee Creel, *The Origins of Statecraft in China*, I: *The Western Chou Empire*. Chicago: Chicago University Press, 1970, 尤其是第 11 章; Li Xueqin, *Eastern Zhou and Qin Civilizations*. New Haven, CT: Yale University Press, 1985; Mark Lewis, *Sanctioned Violence in Early China*. New York: State University of New York, 1990; Derk Bodde, 'Feudalism in China', in Rushton Coulborn (ed.), *Feudalism in History*. Princeton, NJ: Princeton University Press, 1956, pp. 49–92。

世纪之久,尽管对其确切的发展轨迹还是存在争议的。相比于欧洲,
在日本称为"大名"(daimyo)的封建主向骑兵战士支付俸禄的情况
更常见,战士控制的土地比例更低,效忠誓言的作用不那么重要,领
主和骑士之间的地位差距更大,且战士改换门庭的情况更普遍。㉒
日本和欧洲封建制之间的这些差异长久以来为人所知,[339]但很少
有人费心解释其原因。事实上这些差异之间存在着紧密联系。相对
于日本,土地所有权和政治、司法权力在欧洲被下放到了封建层级的
更底端,但基本原则仍是一样。地方领主和骑兵战士逐渐获得了对
自家庄园的世袭所有权,将社会、政治、经济和司法上的主导权扩展
到邻近乡村,使农民降为奴仆,并组成一个封闭而恪守规范的军事贵
族阶层(日本的武士,欧洲的骑士)。㉓ 中央权威极大衰落,在某些地

㉒　F. Joüon Des Longrais, *L'Est et L'Ouest*. Paris: Institut de Recherches d'Histoire Étrangere, 1958; John Hall, 'Feudalism in Japan—A reassessment', in J. Hall and M. Janssen (eds), *Studies in the Institutional History of Early Modern Japan*. Princeton, NJ: Princeton University Press, 1968, pp. 15-51; id., *Government and Local Power in Japan 500 to 1700*. Princeton, NJ: Princeton University Press, 1966; Peter Duus, *Feudalism in Japan*. New York: McGraw-Hill, 1993; Jeffrey Mass, *Warrior Government in Early Medieval Japan*. New Haven, CT: Yale University Press, 1974; id. (ed.), 'The early Bakufu and feudalism', in *Court and Bakufu in Japan*. Stanford: Stanford University Press, 1982, pp. 123-42; Ishii Ryosuke, 'Japanese feudalism', *Acta Asiatica*, 1978; 35: 1-29; M. Jansen (ed.), *Warrior Rule in Japan*, Cambridge: Cambridge University Press, 1995(由《剑桥日本史》的第 3 和第 4 章汇集而成)。

㉓　日本封建制度与欧洲封建制度或多或少存在相似之处从而可以进行比较这一点,最初由老一代日本学者提出并得到他们西方同行(如欣策、布洛赫、冈绍夫和柯尔本)的肯定。然而近年来日本研究学界对此却变得越来越怀疑,甚至对封建制概念能否适用于日本也产生了疑问;与此同时,欧洲封建制这一概念本身也遭到了越来越多的挑战。我们能够确定的是,在日本和欧洲这两个案例中,封建制度的成长和确立都比过去所认为的更加复杂,也更为不平衡。关于欧洲可参见本章注释 6。除前面引用过的材料外,关于日本封建制的军事方面还可参见：William Farris, *Heavenly Warriors: The evolution of Japan's military*, *500 1300*. Cambridge, MA: Harvard University Press, 1992; Karl （转下页注）

方几近于无。

日本和欧洲的封建制不但演化路径大体相似（周王朝也表现出相似性），时间上亦大致重合。由乡村封地供养的骑兵战士均从公元8世纪起变得重要起来。11 至 12 世纪时，西欧整个制度体系的封建化臻于顶点；而日本的相应阶段是 14 至 16 世纪。时间上的平行性不仅要归因于日本和欧洲相近的整体环境，也要归因于如马镫这样的新发明从欧亚大陆中心向两端的同步扩散。科技史学家林恩·怀特（Lynn White）在一篇才华横溢的论文中称马镫使骑手稳居马背之上，从而令骑手将长枪夹紧在腋下发动冲锋的战术成为可能，大大提升了骑兵作战的效率。根据怀特的说法，这一发展为封建制在西欧的成长打下了基础（也意味着对其他地方如日本同样适用）。[24] 骑兵威力的强化不仅开创了封建制，甚至开启了整个欧洲中世纪这样的观点，实际上也早已被很多人所接受了。

尽管马镫毫无疑问地增强了骑兵的作战效率，并在某种程度上有助于骑兵优势地位的形成，它的作用还是被高估了。与大众观念相反，马在罗马帝国的崩溃中没有起到多大作用，公元 500 年后才传播开的马镫更是与之不相干。公元 378 年的阿德里安堡战役中，罗马军队正在攻击哥特步兵和大车营地时，还没有马镫的哥特骑兵出

（接上页注）Friday, *Hired Swords: The rise of private warrior power in early Japan*. Stanford: Stanford University Press, 1992。这些著作的可靠性并无问题，但某些围绕它们的言辞却导致了一种错误印象，令人以为新的学术研究成果将否定整个封建制概念。关于不断成长但仍很薄弱的骑士精神，参见：Georges Duby, 'The origins of knighthood', in *The Chivalrous Society*. London: Edward Arnold, 1977, pp. 158-70; Maurice Keen, *Chivalry*. New Haven, CT: Yale University Press, 1984; Matthew Strickland, *War and Chivalry*. Cambridge: Cambridge University Press, 1996。比较研究可参见：Stephen Morillo, 'Milites, knights and samurai: Military technology, comparative history, and the problem of translation', in R. Ables and B. Bachrach (eds), *The Norman and their Adversaries at War*. Woodbridge: Boydell, 2001, pp. 167-84。

[24]　White, *Medieval Technology and Social Change*, pp. 1-38.

其不意包抄了他们，导致罗马人彻底溃败。这一事件往往被误解为"骑兵时代"的开端。㉕ 然而事实上，更早之前的很多战役里[340]已经运用过类似的骑兵"锤砧战术"（如亚历山大大帝的战役，以及和罗马相关的坎尼会战和扎马会战——这只是其中较著名的一些例子）。此外，尽管阿德里安堡战役对罗马造成了极深创伤，它在帝国的衰亡过程中也只算是一个孤立事件。来自乌克兰草原的哥特人确实拥有强大的骑兵部队，但在公元 5 世纪入侵并毁灭了西罗马帝国的日耳曼各民族中的绝大多数均以部落步兵战士为主力。哥特人对骑兵的依赖反而是他们最终败于法兰克步兵之手的一个原因。㉖

关于封建制的兴起，学者证明了马镫在法兰克土地上的扩散可能比怀特所说的要慢很多。这一过程发生在查理·马特（Charles Martel，或译铁锤查理）开始向骑兵分封土地的 8 世纪中期之后，在 9 世纪和 10 世纪期间逐步推进。高马鞍的应用，以及将长枪锁定于腋下进行冲锋的战术均[341]发生在更晚的 12 世纪。㉗ 在日本，崛起的骑兵战士一直扮演着骑射手而非枪骑兵的角色。此外，在第 10 章中讲过且后面还会提到的是，到欧洲中世纪末期，精英骑兵将被复活了古代简单集群战术的步兵军队击败。因此查理·马特分封土地的措施、骑兵的优势地位，以及封建制的兴起等与其说是马镫的应用造成的，倒不如说是与中世欧洲和日本特有的一些经济、社会、政治和战略因素相关。值得注意的是，整个欧亚大地上只有在欧洲和日本，

㉕ 造就了这一误解但除此之外仍富有教益的著作包括：Oman, *History of the Art of War in the Middle Ages*, Vol. 1, pp. 13-14, passim；J. Verbruggen, *The Art of Warfare in Western Europe during the Middle Ages*. Woodbridge：Boydell, 1997, p. 5. 同时应参见：White, *Medieval Technology and Social Change*, pp. 6-7；Arther Ferril, *The Fall of the Roman Empire: The military explanation*. London：Thames & Hudson, 1986, pp. 7-8, 60, passim.

㉖ Herwig Wolfram, *History of the Goths*. Berkeley, CA：University of California, 1988, pp. 127, 217.

㉗ Bachrach, *Armies and Politics in the Early Medieval West*, pp. xii, xiv, xvii.

封建制才发展成为一种完全成熟的体系。这显示了两个地区之间存在条件上的相似性,也使得"中世纪"的概念能够被扩展应用到日本。而对欧亚其他地区应用这一欧洲式历史分期则会显得过于武断,因为这些地区此前已形成发达的都市化文明,且大体上延续了下来,并未发生剧烈中断。

冲锋中的重骑兵。约 925 年。可看到他们的马镫(而他们对面的敌人没有)

但为何得到学者公认的封建体制最完备的案例,在历史上仅有两三个?原因在于,我们前面论述中提到过的那些封建制产生所必需的先决条件全部具备的情况相当罕见。在所有其他拥有马的国家社会中,未能演化出完全成熟封建制的原因如下(可以同时成立也可以部分成立):

· 战略条件对骑兵部队并非有利;

· 城市或乡村民众能够维护其社会和军事地位,未曾彻底屈服于骑马的精英阶层;

· 社会在经济、交通、城市化和识字率等方面发展充分,为中央国家政权依靠税收和官僚体系直接维持管理武装部队打下了基础。

　　这些国家社会从而能够避免走上将军事和经济权力层层外包，造成政治上的分裂化，以致中央权威受到严重损害这条不归之路。

　　上述封建制先决条件的根本重要性，也体现在未能像周代中国、中世欧洲和中世日本那样达到封建制的"纯粹形态"，但也具有某些封建特征甚至可称为"半封建"的更多国家社会的案例之中。[342]这些"半封建"社会经常在关于封建制更广泛适用性的学术讨论中造成麻烦，于是就涌现出关于封建制的狭义和广义的各种定义。来自孟德斯鸠的最狭义定义将这一概念限定在欧洲。马克思和大多数现代学者会在此基础上添加上述"纯粹形态"的一两个，并可能较为保留地提及几个近似案例。㉘ 然而由伏尔泰首创并由韦伯和很多马克思主义者发扬光大的更广义定义，则会应用一个宽泛的框架，以容纳更多存在土地—军事贵族统治的"半封建"案例。㉙ 不过，这些从宽到严不同程度的"封建"定义，对于我们理解封建现象的深层次原因有何帮助？

　　对于那些仅具备封建制先决条件中一部分而非全部的社会，可以认为它们具有封建特征，甚至存在着"半封建"的体制。最典型的情况下，部分封建化的国家同样依赖于土地精英——或通过系统性分封土地的政策——来构建骑兵部队，原因在于其经济的简单性和/或中央政权需要迎合地方权力持有者并与之达成妥协。然而，相对

㉘　Montesquieu, *The Spirit of the Laws*. Cambridge：Cambridge University Press，1989，p. 30：1；Bloch, *Feudal Society*, pp. 441-7，书中提出了封建制现象的共同原因（第447页）这样一个悬而未决的问题供后世学者解答；Ganshof, *Feudalism* pp. xvi-xvii，书中提出了一些近似案例。

㉙　Voltaire, *Fragments sur quelques révolutions dans l'Inde*，cited by Bloch, *Feudal Society*, pp. 441；Max Weber, *The Agrarian Sociology of Ancient Civilizations*. London：Verso，1998(1909)，pp. 38-9；深入阐述见：Weber, *Economy and Society*, pp. 255-62，1070-85；以及：Runciman, *A Treatise on Social Theory*，Vol. 2，p. 158。朗西曼清楚意识到国家维持一个中央征税系统和一支非封建军队的能力是它抵抗封建化的关键，这使他对某些特定案例的研究更为缜密周全；然而他的理论框架仍是简单的封建/非封建二分法。

于"纯粹形态"下的封建社会,部分封建化国家的商业、城市和识字率更为发达,拥有令中央政权能够从非封建资源中自行征税供养部队的官僚和税收体系。此外,中央政权也能通过自身的指挥和行政架构来直接管理受封土地的骑兵,而不是只能依赖于封建等级制度下的间接管理。于是,通过分封土地来供养骑兵而导致政治权力被篡夺分割的现象——也就是封建化本身——就未在这些社会中完整实现。分封骑兵所导致的封建化趋势与其他维持供应军队的手段形成了互相制约平衡的关系,结果就是一种社会、政治与军事上的混合均衡状态,并且有一个更为中央集权的国家。尽管封地骑兵在军事和社会领域拥有权势,以至于常常能够获得对土地的世袭权利并在一定程度上对乡村施加控制,他们始终未能成功篡夺中央的政治和司法权力,也没能让国家陷于实质上的四分五裂状态。㉚

[343]由此可见,当一个大国需要组建并供养花费不菲的骑兵部队时——这也是它们在军事、经济和行政上最重大的任务——它可能做出的选择之一便会导致封建制。事实上,封建制是其中一个最"原始"选项,即在缺乏发达的中央经济—行政基本架构的情况下,将骑兵直接"植入"乡村税赋源头这一做法的结果。与《共产党宣言》中简单马克思主义模型所描绘的相反,封建制在世界历史上并不代表一个相对于古代社会更"高"的演化阶段。的确,在中世欧洲和日本,封建制均诞生于"古代"之后,且确有可能对此后的资本主义成长有一定促进作用。然而欧洲封建制诞生于落后的日耳曼国家社会,距离古典地中海世界在识字率、城市化、货币经济和官僚体制上更为发达的社会的崩溃已有数世纪之久。日本封建制则是通过牺牲了新创建的大型中央集权国家而兴起的。后者尽管在初步引进外来(中华)文明方面有所成就,但在经济和社会方面大体上与后续的封建时代同样欠发达。

　　㉚　Hintze, 'Wesen und Verbreitung des Feudalismus',柯尔本和《历史上的封建主义》(*Feudalism in History*)一书的其他作者观点与之相近。

中国可被视作一个富有教益的案例。其封建制的春秋时代（公元前 722—前 481 年）与日本和加洛林国家类似，是按"正确顺序"紧随于上古霸权制帝国（商和周）之后。然而，如我们所见，取代它的却是古典中国的一系列中央集权—官僚—都市—货币经济的王朝国家。[31] 因此在后世的中国历史上，即便帝国不统一并出现政治分裂和解体，封建制也从未以任何接近于"纯粹形态"的方式重生。与欧洲不同，中国在分裂时期仍能保持一定程度的城市化、商业和识字率水准，足以支持分裂出的各个朝廷和地方军阀建立自己的官僚—行政—货币体系。[32]

半封建和中央集权官僚体制下的军事系统

封建制构成了关于国家结构和武装部队组织的集权—分权连续变化区间中的一段。区间内分布着封建制、部分封建化体制，以及更为中央集权科层化的体制类型。所有这些体制类型[344]在公元前 17 世纪中期引入战车后的古代近东诸文明中均有体现。如同在周

[31]　马克思主义者发现古代中国在这一方面构成颇为棘手的问题。中国和苏联马克思主义者相关论述的简介参见：Arif Dirlik, 'The universalization of a concept：From "feudalism" to "Feudalism" in Chinese Marxist historiography', in T. Byres and H. Mukhia（eds）, *Feudalism and Non-European Societies*. London：Frank Cass, 1985, pp. 197-227；Colin Jeffcott, 'The idea of feudalism in China and its application to Song Society', in E. Leach, S. Mukherjee, and J. Ward（eds）, *Feudalism：Comparative Studies*. Sydney：Pathfinder, 1985, pp. 155-74；Derk Bodde, 'The state and empire of Ch'in', in D. Twitchett and M. Loewe（eds）, *The Cambridge History of China*, Vol. 1. Cambridge：Cambridge University Press, 1986, pp. 22-3. 近期的马克思主义论述案例见：Li Jun, *Chinese Civilization in the Making*, *1766—221 BC*. London：Macmillan, 1996。

[32]　敏锐地指出这一点的是：Chris Wickham, 'The uniqueness of the East', in T. Byres and H. Mukhia（eds）, *Feudalism and Non-European Societies*. London：Frank Cass, 1985, pp. 172-5；also Bodde, 'Feudalism in China', pp. 83-92。

代中国一样，战车也为这一地区带来了军事事务上的革命。该地区各政治体根据各自所处的特定环境而对战车的运用，导致了一系列不同政治—行政—军事体制的产生。㉝

相关信息仍然很贫乏，且分布不均衡。例如，我们对安纳托利亚东部至美索不达米亚北部一带强大的米坦尼-胡里特（Mitanni-Hurrian）帝国（公元前 16 世纪末至前 14 世纪末）的内部结构便所知甚少。该国的精英阶层显然是由源于北方，并经伊朗抵达此地的异族构成的，可能是一些能够驾驭马匹的雅利安人。他们构成了推动战车传入古代近东的一股力量。证据显示该国的精英战车驭手（mariyannu）拥有私人庄园，国君大体上相当于一位军事霸主。然而，拥有土地的精英与社会其他部分的关系如何，以及这一体系具有何种程度的封建性质，则仍不可考。㉞

对于继承米坦尼成为新月沃地北部主要强国的新赫梯帝国（约公元前 1420 年至约公元前 1200 年），我们所拥有的信息则更为充分。第 10 章中我们已看到赫梯帝国作为一个霸权联合体诞生，并在很大程度上一直保持原样。然而赫梯大王也拥有足够发达的官僚机构，以及从税收、贡赋和战利品中得来的大量财富，从而保证了他们对国家的主导权，并使地方贵族权势阶层受到抑制。在整个新王国

㉝　仍可参考柯尔本及《历史上的封建主义》一书中收录的文章，如：Burr Brundage, 'Feudalism in Ancient Mesopotamia and Iran', 位于 pp. 93–119。

㉞　大部分相关证据来自米坦尼的附庸国阿拉法（Arrapha）而非米坦尼自身，参见：T. Kendall, *Warfare and Military Matters in the Nuzi Tablets*. Ann Arbor：University Microfilms, 1974。对雅利安人优势的质疑参见：Annelies Kammenhuber, *Hippolgia Hethitica*. Wiesbaden：Harrassowitz, 1961；id., *Die Arier im Vorderen Orient*. Heidelberg：Winter, 1968；对其反驳参见：Manfred Mayrhofer, *Die Arier im Vorderen Orient—ein Mythos?* 再版于：Manfred Mayrhofer, *Ausgewählte kleine Schriften*. Wiesbaden：L. Reichert, 1979, pp. 48–71；Robert Drews, *The Coming of the Greeks*：*Indo-European conquests in the Aegean and the Near East*. Princeton, NJ：Princeton University Press, 1988, pp. 140–7, passim；Gernot Wilhelm, *The Hurrians*. Warminster：Aris, 1989。

时期,赫梯战车部队的实力和重要性不断增长,从数百辆战车扩充到数千辆;作战范围也越来越大,直至叙利亚和美索不达米亚北部平原。根据埃及的记录,来自赫梯及其盟友的 3500 辆战车参加了对抗法老拉美西斯二世(Ramesses II)的卡迭石(Kadesh)战役(公元前 1285 或前 1274 年)。㉟ 除那些驾驭战车的半封建贵族封臣和他们的随从外,国王还直接指挥着以王家卫队形式存在的常规部队,以及用钱和其他方式(配给品)收买的雇佣兵。他也要在边境上维持一支驻防军,并用封地或配给——或两者并用——加以保障。他还掌管着农民的劳役和兵役,而农民虽说社会地位低下,其军事重要性相对于上面那些部队也在不断下降,他们却从未沦为贵族的奴仆。赫梯国家的军事结构中混杂着半封建[345]封臣部队、科层制的中央军、雇佣兵以及征召兵等各路人马,并使他们互相制衡,从而令中央政权能够保持支配地位。㊱

　　作为第三个进入战车时代的强大文明国家,也是与前两个国家即米坦尼和赫梯争夺黎凡特统治权的对手的新王国时期埃及,其国家结构则要更加中央集权化。埃及拥有被尼罗河交通大动脉联系起来但同时与外界相对隔绝的领土,拥有较为同质化的人民,拥有发达的识字官僚阶层,也拥有强势的君主。在埃及历史上,这些因素间一向有着相辅相成的关系,并共同造就了一个高度中央集权化的国家。新王国埃及建立了一支由中央政权掌管的战车部队。对于埃及,大国竞争同样牵扯到遥远的黎凡特地区的战事,以及战车的部署、领薪饷的驻防军和雇佣兵,以及征召的农民。埃及的战车部队也是一支在公元前 15 至前 13 世纪拥有数千乘战车的精锐军团。然而在埃

㉟　Alan Gardiner, *The Kadesh Inscriptions of Ramesses II*. Oxford: Oxford University Press, 1960, 80, 130-5, 150-5. 记录显示赫梯在安纳托利亚的对手也出动了数以百计的战车,参见: Littauer and Crouwell, *Wheeled Vehicles and Ridden Animals in the Ancient Near East*, p. 94。

㊱　Michael Beal, *The Organization of the Hittite Military*. Heidelberg: Winter, 1992.

及,驾驭战车的战士成了一群依附于国家,并要在国家机构或朝廷中服役的缺乏独立性的精英。无论在埃及还是其他所有农业社会中,赠与土地都是酬赏这些精英战士的首要方式,但赠与钱币或实物的案例也屡见不鲜。战士可以保留自己所用的战车,但维护支持战车的设施大多属于国家马政系统,因此中央可通过这一系统对战车驭手施加牢固的控制。㊲

在黎凡特和爱琴海地区围绕着"宫殿"—城市形成的一些主要小型国家中,对战车部队的控制程度与埃及类似,甚至更为集中化。这些商业化、富有而又领土狭小的政治体有着高度集权化和科层化的统治方式。在很多上述政治体中,驭车的精英战士(胡里语的"mariyannu"被整个黎凡特地区借用来作为其称呼)驾驶着所有权属于国家的战车,且受到国家机构的仔细监督。如同中世纪末期的欧洲那样,这些军事贵族骑手/驭手具有多种多样的身份地位,酬劳他们的手段也不一而足,既包括直接支付,也包括分封土地。各国拥有的战车从数十辆到数百辆不等;拥有上限数量的是其中最强大的国家和区域性霸权国,如黎凡特的乌加里特和夏琐(Hazor),以及爱琴地区的迈锡尼和克诺索斯。法老图特摩斯三世(Tuthmosis III)夸耀其在美吉多(Megiddo)战役(公元前 1468 或前 1457 年)中夺取了黎凡特诸国联盟的 894 辆战车。他的继承者阿蒙霍特普二世(Amenhotep II)㊳宣称在两场黎凡特战役中分别俘获了 730 辆和 1092 辆战车。㊴

㊲　Alan Schulman, 'The Egyptian chariotry: A re-examination', *Journal of the American Research Centre in Egypt*, 1963; 2: 75-98; id., Military Rank, *Title and Organization in the Egyptian New Kingdom*. Berlin: Hessling, 1964, 尤其是 pp. 59-62。

㊳　原文为 Amenophis II,是同一名称的希腊语形式。——译注

㊴　James Pritchard, *Ancient Near Eastern Texts Relating to the Old Testament*. Princeton, NJ: Princeton University Press, 1969, pp. 237, 246, 247; Kendall, *Warfare and Military Matters in the Nuzi Tablets*; Roger O'Callaghan, 'New light on the maryannu as chariot-warriors', Jahrbuch für kleinasiatische (转下页注)

从战车向军事性马背骑乘的过渡（过渡期[346]在世界各地均长达数世纪，期间这两种方式并存）并未让国家整体上变得更加分权或更加集权。仍然存在着一个连续变化区间，从为了维持昂贵骑兵部队而产生的相对罕见的"纯粹"封建制案例，到半封建制，再到发展度较高的政治体中的更加科层化的体制。军事马背骑乘最早在公元前9世纪被引入古代近东诸文明，其来源地很明显是位于近东北方的乌克兰—西亚草原。当时近东最强大的国家亚述帝国以一种相当集权—科层化的形式组建起自己的骑兵部队。和其他地方的贵族一样，亚述的贵族先是习惯了驾车，后来又习惯了骑马。然而，除了间断性的衰落期外，亚述的王权总是强大到足以阻止国家的封建化。此外，因为亚述的属民进贡了大量财物，亚述帝国后期（公元前8世纪中叶至公元前7世纪）骑兵中的很大一部分可以由受薪的职业军人或雇佣兵组成。亚述高度发达的国家机构以科层化方式运营着国有的大型牧场，饲养数以万计的军马，以满足亚述军队的需求。⑩

与之相对照的是，亚述周边一些政治和经济发达程度不及它的国家若想维持一支军队，则需将不同程度的封建形式与以国家为中心的方法手段混合在一起。我们对富裕的吕底亚帝国的社会、政治和军事结构的细节所知甚少。凭借着长枪骑兵的力量，吕底亚于公元前7世纪至公元前6世纪中期主宰了安纳托利亚西部，直至被波

（接上页注）Forschung, 1950；1：309-24；A. Rainey, 'The military personnel at Ugarit', *Journal of Near Eastern Studies*, 1965；24：17-27；H. Reviv, 'Some comments on the maryannu', *Israel Exploration Journal*, 1972；22：218-28；Michael Heltzer, *The Internal Organization of the Kingdom of Ugarit*. Wiesbaden：L. Reichert, 1982，尤其是第6章和 pp.111-15, 127, 192-4；Robert Drews, *The End of the Bronze Age：Changes in warfare and the catastrophe ca. 1200 BC*. Princeton, NJ：Princeton University Press, 1993, pp. 104-13，尤其是第112页。

⑩　J. Postgate, *Taxation and Conscription in the Assyrian Army*. Rome：Biblical Institute, 1974, especially pp. 208-11；Stephanie Dalley, 'Foreign chariotry and cavalry in the armies of Tiglath-pileser III and Sargon II', *Iraq*, 1985；47：31-48.

斯的居鲁士大帝消灭（希罗多德《历史》，1.79）。我们对包括波斯在
内的一系列伊朗地区强国的了解倒是要比对吕底亚的更为清楚。

这些国家中最早的是米底（Media）王国。作为对亚述长期压力
的反应，六个部落和数十个以设防城镇为中心的小型国家在公元前
673 年共同构成了一个霸权政体。它与迦勒底人的巴比伦（Chaldae-
an Babylon，又称新巴比伦）结盟并于公元前 7 世纪末最终摧毁了亚
述。从伊朗到安纳托利亚东部，各族人民均服从米底的宗主权。与
该地区其他所有强国一样，米底努力模仿亚述的军事制度，将冲击步
兵、投射步兵、骑兵、攻城兵和工兵混编在一起。全部自由男性均有
义务服役，国王从战利品、贡赋和税收中积蓄的财富也使他能够雇佣
得起常备的王室卫队和卫戍部队。土地贵族[347]及其护卫构成骑
兵中的大多数和军事领导层中的很大一部分，然而他们的权力在这
样一种"混合型"国家结构中似乎受到了抑制。虽说如此，贵族的势
力仍很强大，且可能通过与帝国同步积蓄财富而获得更大力量。事
实上，当米底贵族对试图限制他们权力的君主阿斯提阿格斯（Asty-
ages）越来越不满时，他们便改换阵营，向此前为米底附庸，且同属一
个印度—伊朗语族群的邻国阿契美尼德（Achaemenid）王朝的波斯
效忠，协助其统治者居鲁士登上波斯—米底联合帝国的宝座（公元前
550 年）。㊶

在居鲁士和他的继承者治下，波斯帝国扩张到整个古代近东，囊
括了近东地区所有伟大的文明中心。帝国掌握了惊人的财富，控制
着主要城市中心的商业和文化资源，并建立了发达的道路体系。大

㊶　Herodotus 1.96，98，101，103，123，127；I. Diakonoff，'Media'，in
I. Gershevitch（ed.），*The Cambridge History of Iran*，Vol. 2. Cambridge：
Cambridge University Press，1985，pp. 36-148. Also，Muhammad Dandamaev
and Vladimir Lukonin，*The Culture and Institutions of Ancient Iran*. Cam-
bridge：Cambridge University Press，1989，p. 55. 关于其为稀少的历史证据中
存在的问题及其解读，参见：Helen Sancisi-Weerdenburg，'Was there ever a Me-
dian Empire'，*Achaemenid History*，1988；3：197-212；在我看来，她的疑问最
后可以导向一个结论，即米底国家只是一个霸主联合体。

流士一世(Darius I,公元前 522—前 486 年)因此能够使国家变得更加科层化,并抑制贵族的权力。根据主要来自希腊人的史料,波斯帝国建立了一支中央控制下的可能包括 1 万名骑兵和 1 万名步兵的常备军,并在整个帝国的战略要冲派驻卫队,其中一些人是外国雇佣兵。除支付货币外,分配土地仍是维持各类半常备部队的方法之一,尤其是在外省地区。在大规模战争和其他紧急情况下,国家仍然要征召规模庞大的部队来作为常备军的辅助力量。国王继续赏赐大量地产给他的宠臣,而波斯—米底骑马的土地贵族总体上也依旧富裕而有权势。不过,他们想获得地位的话,则必须作为国家机构中的精英官吏在帝国宫廷和首都供职,或者去参与帝国行省的治理。[42]

此后的伊朗历史上,每隔一段时间便有新的帝国再度兴起。它们展现出很多与米底和早期阿契美尼德帝国相同的特征。在帕提亚帝国(Parthian Empire,公元前 247 年至公元 224 年)和萨珊帝国(Sasanian Empire,224—651 年)时期,大封地贵族和他们的骑兵护卫构成了国家的精锐战斗部队,与中央政权之间维持着紧张的平衡。从自由民中征召的步兵大军重要性不如贵族骑兵,且从属于后者。这些帝国扩张到包含越多伊朗高原以外的重要城市中心(大多属于希腊化世界或美索不达米亚),帝国国君便能获得越多土地税和商业税以供养卫队和雇佣军,也就能更成功地[348]将半封建国家中的力量平衡扳向有利于中央政权的方向。[43] 在随后的萨法维(Safavids)突厥—伊朗帝国(1501—1736 年)时期,沙王(shah)采取了类似措施来抑制部落—封建贵族的权力。[44]

---

[42]　J. Cook, *The Persian Empire*. London: Dent, 1983, especially pp. 53, 101-12; Dandamaev and Lukonin, *The Culture and Institutions of Ancient Iran*, 尤其是 pp. 138-52, 222-34。

[43]　E. Yarshater (ed.), *The Cambridge History of Iran*, Vol. 3. Cambridge: Cambridge University Press, 1985, Chapters 2, 4; Josef Wieshöfer, *Ancient Persia: From 550 BC to 650 AD*. London: Tauris, 1996.

[44]　P. Jackson and L. Lockhart (eds), *The Cambridge History of Iran*, Vol. 6. Cambridge: Cambridge University Press, 1986, pp. 264-6, 344, 363-7.

在古代近东这些城市化水平较高的文明中,力量平衡不出意外地更加倾向于中央国家政权。为维持骑兵的采邑制度被广泛应用,在某些时间和地点造就了封建化现象。然而,国家总体上掌控着更为发达的经济和行政基础,因此可以成功地遏制封建化。甚至这一环境下的"恩赏"(拉丁文 beneficium,例如拜占庭的普洛尼亚[pronoia],阿拉伯的伊克塔[iqta],以及土耳其的蒂马尔[timar])本身也比欧洲自然经济下的采邑拥有更发达和更为金融化的成分。不仅土地,来自工商业实体的收入也可被作为"恩赏"授予受益人。㊺

例如,拜占庭帝国极度依赖于向步兵和骑兵分配土地的措施,且维持费用高昂的骑兵所分得的农田 5 倍于步兵。不过,这个富裕的帝国同时也能负担一支强大的中央军(其规模在帝国一千年的历史上随国运起落而伸缩)和外国雇佣军,并对他们实施高度科层化的管理。因此,那些相对富有的骑兵采邑持有者从未得到足够空间以成长为封建强人。㊻ 公元 7 世纪的阿拉伯人征服后,伊斯兰国家的土地一度被游牧部落精英和驻防于城镇的支领薪饷的战士统治着。但随后采邑制度得以广泛实施。统治者依靠自己的卫队和雇佣兵勉强维持与采邑领主之间的平衡。中央权力的衰落时不时会导致封建化

㊺　韦伯已强调过这一"西方"与"东方"封建制之间的差异,参见:Weber, *Economy and Society*, pp. 259-62, 1073-77。

㊻　John Haldon (ed.), 'The feudalism debate once more: The case of Byzantium', in *State, Army and Society in Byzantium*. Aldershot: Variorum, 1995, Chapter 4; id., 'The army and the economy: The allocation and redistribution of surplus wealth in the Byzantine state', 同上, Chapter 6(观点与我的论文不谋而合); id., 'Military service, military lands, and the status of soldiers: Current problems and interpretations', 同上, Chapter 7。以及:Ernst Kantorowicz, 'Feudalism in the Byzantine Empire', in Coulborn, *Feudalism in History*, pp. 151-66; Treadgold, *Byzantium and Its Army 284-108*, 尤其是 pp. 23-5, 171-9; Mark Bartuisis, *The Late Byzantine Army: Arms and Society, 1204—1453*. Philadelphia: University of Pennsylvania, 1992, 尤其是 pp. 157-60, 164-5。

取得进展。㊼

从公元 15 世纪下半叶起便囊括了整个近东地区的奥斯曼帝国,同样借助于分配采邑的办法来供养它的骑兵(西帕希,sipahi)。这支骑兵部队的实力在 16 世纪达到巅峰状态,拥有 10 万至 12 万人。然而与此同时,苏丹也有一支强大的中央常备步兵军(禁卫军或苏丹亲兵,janissaries)、各行省的卫戍部队,以及众多的雇佣职业军人可供其支配;所有这些军人均以帝国庞大的财富来维持。此外,通过治理整个帝国的官僚行政机器,苏丹还能从属下各省的人力资源中征调壮丁。直到帝国衰落后,西帕希才赢得了对封地的世袭所有权和在地方上更大的[350]主导权,导致封建化程度加深。他们也越来越倾向于逃避服役。㊽印度次大陆上帝国级政治体的结构与发展进程与此极为相似。㊾

㊼ C. Bosworth, 'Recruitment, muster, and review in medieval Islamic armies', in V. Parry and M. Yapp (eds), *War, Technology and Society in the Middle East*. London: Oxford University Press, 1975, pp. 59-77; Hugh Kennedy, 'Central government and provincial elites in the early "Abbasid Caliphate"', *Bulletin of the School of Oriental and African Studies*, 1981; 44: 26-38; Patricia Crone, 'The early Islamic world', in K. Raaflaub and N. Rosenstein (eds), *War and Society in the Ancient and Medieval Worlds*. Cambridge MA: Harvard University Press, 1999, pp. 309-32. Hugh Kennedy, *The Armies of the Caliphs: Military and society in the early Islamic state*. London: Routledge, 2001, pp. 59-95;肯尼迪在这本书里声称伊克塔制重要性不高,也没有多少军事意义,而哈里发依靠抽税发放薪饷来维持他们的军队;然而他的证据远远算不上充分,况且即便如此,随着哈里发权势的衰落,事态也会发生变化。

㊽ Abdul Karim Rafeq, 'The local forces in Syria in the seventeenth and eighteenth centuries', in Parry and Yapp, *War, Technology and Society in the Middle East*, pp. 277-307; M. Yapp, 'The modernization of Middle Eastern armies in the nineteenth century: a comparative view', 同上, pp. 330-66, 尤其是 pp. 343-56; Rhoads Murphey, *Ottoman Warfare 1500—1700*. New Brunswick, NJ: Rutgers University Press, 1999, 尤其是 pp. 36-43。在伊斯兰世界"半封建"问题上与我见解大体一致的是: Wickham, 'The uniqueness of the East', pp. 175-82。

㊾ Daniel Thorner, 'Feudalism in India', in Coulborn, *Feudalism in History*, pp. 133-50; Byres and Mukhia, *Feudalism and Non-European Societies*; Leach, Mukherjee, and Ward, *Feudalism: Comparative Studies*.

苏莱曼的大军在匈牙利西盖特瓦尔
(Zigetvar)战役(1566 年)中,图中展示了西
帕希骑兵和禁卫军步兵

　　所有这些历史进程与欧洲封建制典型案例下的路径是互相协调
的。当对骑兵的军事需求上升时,法兰克国家在经济和行政基础上
的相对落后状态导致封建化进程不得不就此启动;而正是这些基础
方面的改善又导致了后世欧洲新型君主专制国家的逐步去封建化。
是这一点,而非领主—庄园制"生产方式"下内外部因素引发的任何
经济危机,造成了封建制的衰落。⑩ 当封建制在公元 11 到 12 世纪
达到其顶点时,城市的兴起和贸易的复苏开始为统治者带来税源和
行政管理技能。地方大领主和中世纪末期的国君逐渐有了财力来扩

---

　　⑩　指出这一危机存在的有：Guy Bois, *The Crisis of Feudalism*：*Econo-my and society in Eastern Normandy c. 1300—1550*. Cambridge：Cambridge University Press，1984。

充个人卫队并向其支付薪水，能够招募外国雇佣军，能捧出现金让履行封建义务的征召兵服役更久，还能复活由城市和乡村的自由平民组成的国民步兵军。他们开征更多税收，扩大行政机构以监督各类事项，并根据市场原则雇用私人企业家为他们提供服务。[51] 相对于封建贵族，他们所拥有的权力越来越大，且这一权力扩张进程还具有了自我推动力，恰如当初封建化时的反向进程那样。其结果是从 13 世纪开始，欧洲的国家体制已不能再被看作近似封建制的"纯粹"模式了，而是转型成一种"半封建"的法团国或组合国（corporate state），既具有很强的封建特征，但同时也运用市民社会的、货币经济的和中央集权科层制的各种手段方法来供养军队并统治国家。随着这一进程在近代的继续发展，旧的封建贵族将进一步转变为服役贵族并占据国家官僚机构和军事机构的上层职位。无论欧洲"纯粹封建制"的消亡，还是欧洲封建制本身，都不是孤立的历史现象；应当以前面提出的封建制的基本先决条件为准绳，将这些现象置于一个更广阔的可进行比较的背景下加以审视。

最后，还存在着那些最为中央集权科层化的政治—军事体制。例如在中国，春秋时代（公元前 722—前 481 年）的[351]全面封建化和分裂化趋势到了战国时代（公元前 5 世纪至公元前 221 年）便开始逆转，而这一过程与欧洲中世纪末期的情况颇为相似。各国中央政权从新兴的城市化进程中获取了经济和人力资源，从而令诸国林立的华夏世界逐渐整合为少数几个越来越中央集权科层化的国家。这些国家中最大的拥有数千乘战车组成的军队（可与古代中东最强大

---

[51]　与此相关的文献极为丰富。关于军事方面，举例而言可参见：Contamine, *War in the Middle Ages*, pp. 77-101, 115-8, 150-72；Michael Prestwitch, *Armies and Warfare in the Middle Ages：The English experience*. New Haven, CT：Yale University Press, 1996；M. Keen (ed.), *Medieval Warfare*. Oxford：Oxford University Press, 1999, Chapters 6, 7, 10, 13；以及：Terence Wise, *Medieval Warfare*. London：Osprey, 1976；John Beeler, *Warfare in Feudal Europe 730—1200*. Ithaca：Cornell University Press, 1971。

的国家相比），且将军队置于中央政权日益严格的控制之下。当中国被诸雄中最为集权化的国家秦（公元前 221—前 206 年）统一之后，诞生了一个由秦和汉（公元前 206 年后）王朝相继统治的新帝国，并创造出一种强有力的科层体制。取代了战车兵的骑兵仅仅是千千万万征召兵组成的帝国军队里的一个兵种，并没有什么特殊地位。如同在亚述那样，数以十万计的军马的采买和养殖均由一个管理着很多国有大牧场的专门机构负责。㉜

在罗马共和国历史上大部分时间里，骑兵部队仍由贵族组成——虽然像前面说过的那样，由于罗马在这一阶段战争中的主要对手是城邦，作战距离较短，且战场位于崎岖不平的亚平宁半岛，导致骑兵的军事优势并不能得到发挥。共和国末期和帝国时期罗马军队职业化后，骑兵部队便如秦汉两代的中华帝国那样成为一个普通兵种。在罗马和中国这两个中央集权科层制的案例里，骑兵与贵族的社会优越地位之间的联系大体上已经瓦解。这些国家的骑兵部队中不再充斥着骑士或卿大夫之类有头衔的人物，而仅仅是由一些骑马的普通兵卒构成。

国家组织下的步兵大军和骑士力量的衰落

一旦具有正确的社会和政治条件以及战略需求，足够强大的中央国家政权亦可建立起一支高效的民众步兵大军。前面已经提到过，民众的问题在于他们分散于乡间，难以合作对抗贵族的统治，从

㉜ 一般而言可参见：Twitchett and Loewe, *The Cambridge History of China*, Vol. 1；以及：Hans Bielenstein, *The Bureaucracy of Han Times*. Cambridge：Cambridge University Press, 1980；关于唐代马政可参见：Jacques Gernet, *A History of Chinese Civilization*. Cambridge：Cambridge University Press, 1996, pp. 248-51；Denis Twitchett, 'Tibet in T'ang's grand strategy', in H. van de Ven（ed.）, *Warfare in Chinese History*. Leiden：Brill, 2000, pp. 135-6；明代马政可参见：Mitsutaka Tani, 'A study on horse administration in the Ming Period', *Acta Asiatica*, 1971；21：73-97。

而使他们很容易沦为贵族的臣仆。因此，强大的步兵军队[352]大多出现在小规模且相对平等的部落社会中，或聚集起来的民众得以抗衡贵族势力的城邦之中。然而，在小规模政治体中令民众能够有效作战的政治组织方式，也同样能够在体量更大的"乡村"国家中实现。除在对外战争中扮演的角色外，大国中央政权所组建的民众步兵军队也可起到抑制贵族骑兵权力的作用，在君主—贵族—民众之间动态的权力三角关系中增强贵族以外的其他两方。

前面说过，只要在合适的战场上运用适当的战术，步兵军队便能胜过骑兵。此外，步兵的维持费用比骑兵便宜得多，因此可以大规模动员。昂贵的骑兵——尤其精英骑士类型的——必然只能组成一支小规模精锐部队。根据来自多个历史案例的数据进行估算，可以发现社会中每 500 到 1000 人才能对应 1 名骑士（骑士占人口 0.1%—0.2%）。每名骑士又平均拥有 2—3 名武装随从。单个案例可能不说明问题，然而多个案例显示出相同的趋势时必然是有意义的。公元 981 年的神圣罗马帝国人口可能达到 1000 万，其中骑士约有 9000 名（约 0.1%）。[53] 1166 年中央集权程度特别高的英格兰 250 万人口中有 5000—6000 名骑士（约 0.2%）。[54] 按照这样的标准，1300 年法国约 1600 万的人口可支持约 1.6 万—3.2 万名骑士，与普遍认可的估计数字相符。12 世纪的耶路撒冷十字军王国有不到 50 万人口，供养了约 600 名骑士（0.15%）。除此之外还有人数相近的军事修道团体骑士为其效力，但他们的收入大多来源于境外。[55] 1200 年前后的日本拥有约 750 万人口和约 5000—6000 名武士（少于 0.1%）。[56] 1600 年

[53] Contamine, *War in the Middle Ages*, p. 37; McEvedy and Jones, *Atlas of World Population History*, p. 71.

[54] Contamine, *War in the Middle Ages*, p. 79; McEvedy and Jones, *Atlas of World Population History*, p. 43.

[55] J. Prawer, *Histoire du royaume Latin de Jérusalem*, Vol. 1. Paris: Centre National de la Recherche Scientifique, 1975, pp. 497, 568-70.

[56] Farris, *Heavenly Warriors*, pp. 341-3; McEvedy and Jones, *Atlas of World Population History*, p. 181.

前后的奥斯曼帝国有着比封建制极盛期欧洲或日本更富裕的,可能也更为高效的经济,可以依靠约 2800 万人口维持 10 万至 12 万西帕希骑兵(0.35%—0.4%)。[57] 0.1%—0.2% 的比例大致也适用于战车部队。这样的小规模精锐部队一旦遇上高效的步兵大军,就会变得极其脆弱。

学者们尚不能确定是什么导致了公元前 1200 年前后地中海东部拥有战车的青铜时代后期诸政治体——[353]如迈锡尼文明诸小型国家、赫梯帝国和黎凡特诸城邦——的突然倾覆。现有证据指向的最大嫌疑是海上民族,他们来自爱琴海沿岸和安纳托利亚的文明边缘地带,是一个由部落群体和武装团伙混合而成的大杂烩。埃及的浮雕中将他们描绘为步兵战士。有理论认为当时那些受害的国家败在了对精英战车部队的过度依赖上,因为劫掠者大军在对抗战车方面表现优异。[58] 从埃及的书面记录中,我们知道海上民族的战士正是擅长充当散兵即轻装快速步兵,在战斗中使用剑和投掷标枪骚扰敌方战车,以协助己方的战车部队。由于有这样的专长,他们常被埃及法老雇佣去打仗。所以并不令人奇怪的是,唯一在这场灾难中幸存下来的地中海东部的大国就是埃及,因为它可能已经得到了经验教训而减少了对贵族战车部队的依赖。在发生在尼罗河三角洲的击败海上民族入侵者的两场大战中,埃及本土的徒步弓箭手扮演了最主要角色,并被证明对战局起到决定作用。

然而埃及的农民仍过于顺从——虽说顺服的对象是国家而非贵族——以至于不能成为一流的步兵战士。最早[354]从自由民中成功打造出一支高效率步兵大军的是后来的亚述。亚述君主将步兵、战车和骑兵组合起来,构建了一支组织完善的诸兵种合成部队,使亚述获得了在古代近东前所未有的一骑绝尘的军事优势。那些从事旱

[57]　Parry and Yapp, *War*, *Technology and Society in the Middle East*, pp. 282, 344; McEvedy and Jones, *Atlas of World Population History*, p. 137.

[58]　Drews, *The End of the Bronze Age*.

作农业的亚述自耕农尽管生活在一个高度层级化社会中，也需要服从国家法令，但仍拥有比该地区其他邦国的农民更高的社会地位。直到帝国更晚时期，职业军人日益占据主导地位，以及大量财富流入加深社会分化之后，亚述自耕农阶级的地位才被逐渐侵蚀直至彻底丧失。[59]

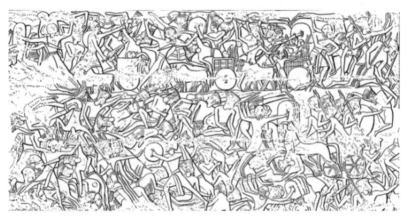

拉美西斯三世对海上民族的陆地战役，公元前 12 世纪初。可看到载有海上民族家眷的牛拉碟形轮大车，以及埃及步兵扮演的角色。位于哈布城的浮雕。（海上战役参见原书页码第 221 页）

[355]在战国时代的中国，几个逐渐成熟的中央集权科层制君主国家也纷纷建立起由征召农民组成并由国家组织和指挥的步兵军队，同时将农民从贵族的奴役下解放出来，授予他们土地私有产权。这对于此后的发展进程具有极为重要的意义，而这样的发展进程就是封建制被打破，各国建立起规模庞大的诸兵种合成军队以争夺霸权，直到变革最为彻底的秦国征服其他所有国家并统一中国。秦是一个极度严酷专制的国家。然而秦，以及继承它的更为温和开明的汉王朝的统治者却也尤其注重保护被视作国家的经济和军事根基所

　　⑤9　同上，pp. 139-40，147；H. Saggs, *The Might that was Assyria*. London：Sidgwick，1984，pp. 133ff, 243-8；Postgate, *Taxation and Conscription in the Assyrian Army*；Florence Malbran-Labat, *L'Armée et l'organisation militaire de l'Assyrie*. Geneva：Librairie Droz，1982。

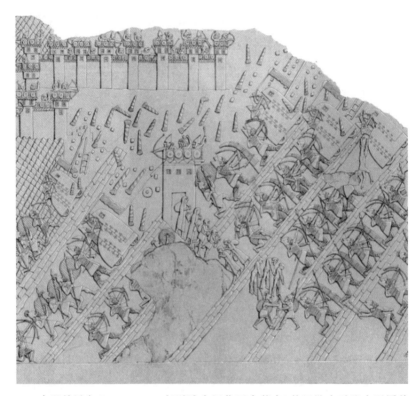

辛那赫里布(Sennacherib,《圣经》中译作西拿基立)的军队在对犹大王国拉吉(Lachish)的围城战中(公元前 701 年)。亚述轻重投射步兵和冲击步兵。可看到攻城坡道和撞城槌,城中居民弃城流亡,以及被处以穿刺刑的受害者

在的小农阶级。直到汉代末期,土地兼并现象才导致了小农阶级的衰亡,并相应地造成了民众军队的衰落。[60]

　　欧洲最早的民族国家马其顿是另一个突出案例。公元前 5 世纪和前 4 世纪上半叶,马其顿君主将他们位于希腊世界半野蛮化边陲的,由牧人和农民组成的人口稀少的部落王国整合成一个典型的民

　　[60]　Lewis, *Sanctioned Violence in Early China*, pp. 61–5；Mark Lewis, 'Warring states: Political history', in Loewe and Shaughnessy, *The Cambridge History of Ancient China*, Chapter 9；Twitchett and Loewe, *The Cambridge History of China*, Vol. 1, 尤其是 pp. 27–8, 38, 162, 274, 479–82, 512–5, 616 –26；Gernet, *A History of Chinese Civilization*, pp. 65–7, 80–1, 150–2。

　　秦王朝的民众步兵(和骑兵)大军,由中国第一个皇帝秦始皇位于西安的陵墓中的数千尊兵马俑栩栩如生地加以展现

族国家。促进马其顿国家成长的因素包括该国在公元前 6 世纪末和前 5 世纪初作为波斯附庸的经历;从南方的希腊输入的文化以及与希腊人之间的政治和经济接触——[356]其中包括与雅典主宰下的爱琴海北岸地区的军事摩擦;与侵袭马其顿北方省份的色雷斯人(Thracian)和伊利里亚人(Illyrian)部落战队之间无休止的战争。所有这些都加强了君主的权力。传统上,马其顿军队主要由骑马的部落贵族和他们的护卫组成;这些骑手在马其顿平坦且未充分开发的土地上发展出了高超的骑术。然而到公元前 4 世纪,定居农业在该国南部逐渐生根,城镇也在君主的积极支持下成长扩散。曾在底比斯受教育的国王腓力二世(Philip II)于是能够从这些新生资源中积蓄钱财,大体上从无到有地创建了一支由征召的农民和城镇居民组成的方阵步兵军队。这支军队在国王发动的无休止战争中持续稳定地获得经验和自信心。通过谨慎运用王国有限的资源,腓力扩张吞并了邻近部落和希腊人的土地,获得了新的臣民和可靠的盟友。随着他权力的增长,马其顿贵族也向王室靠拢。贵族子弟被送到宫廷接受教育,组成了该国一流的"王伴"骑兵,与新组建的方阵步兵军队一起构成了腓力和亚历山大麾下战争机器的主体。马其顿农民士兵所享有的自由既是该部落传统的残留,也得到国家和君主的保护,

并反过来成为君主权力的支柱。国王既要听取士兵大会表达的意见，也要重视贵族"王伴"的愿望——直到亚历山大和他的继业者从东方获得了帝皇般的权力和惊人的财富，使马其顿—希腊化的君主能够更为专断行事，而不再那么依赖于上述任何群体的支持。[61]

最后，我们从中世纪后期欧洲新型君主专制国家的王朝中央政权崛起过程中，也能识别出大体相似的轨迹。英格兰或许是最明显的案例。从亨利二世时代起，英格兰国王恢复了在封建制度下仍保有自由的城镇市民和自耕农民在步兵中服役的义务。根据在苏格兰和威尔士的战争中获得的经验，从 13 世纪末开始，这些自由民军人大多接受使用长弓的训练。是他们而非该国的封建骑兵在百年战争中发挥了决定性作用，一次又一次完胜法国的骑士大军。在这场漫长的战争中，英格兰的封建义务兵和[357]自耕农民兵均变得职业化了——这意味着国家要向他们支付现金薪饷，向他们发放战利品并容许他们对占领区居民肆意压榨，以维持他们在外国领土上长期作战。

英国人的对手法国人在战争中接受了痛苦的教训后好不容易才理清头绪。法王查理七世于 1448 年创立了一支 8000 人的国民步兵军队，此后路易十一又将其规模扩大。然而，不到一代人的时间，这一重大社会—军事改革便已失去了推进动力而偃旗息鼓。前面已说过，由社会中受压迫者组成的军队既会被贵族视作威胁，同时其军事价值也相当值得怀疑。平民的地位越低下，他们相对于贵族的战斗力就越弱，从而使其地位更加低下。这种恶性循环只能通过王朝国家积极有力的行动来打破。然而，法兰西国王却选择了更简单且也似乎可行的解决方案。瑞士自由农民步兵在击败勃艮第公爵大胆查

⑥　N. Hammond, *The Macedonian State*: *Origins, institutions, and history*. Oxford: Oxford University Press, 1989, pp. 9-11, 53-65, 96-8, 100-29, 152-3, 162-4, passim; Eugene Borza, *In the Shadow of the Olympus*: *The emergence of Macedon*. Princeton, NJ: Princeton University Press, 1990, pp. 125, 165-6, 202-5, passim.

理的骑士军队时表现出不屈不挠的战斗意志和致命的效率，给法国国王留下深刻印象，于是一大帮瑞士佣兵被雇来充当法军步兵的主力。[62]

必须注意的是，如果某些时候中央政权会与自由平民联合起来抑制贵族权力，那仅仅是因为它在玩权力平衡的游戏，因为中央政权更多情况下会与贵族组成统一战线以迫使平民安于其位。在大多数社会中，贵族对于国家政权而言是不可替代的，既因为他们在军事上发挥着极大的作用，也因为他们早就占据了社会—政治体系上层的那些位置。[63] 日本是一个与此相关的尤为有趣的案例。和欧洲一样，日本的封建体系在 15 和 16 世纪发生了转型。大的地方领主（daimyo，大名）组建起由平民构成的强大的步兵军队，用长枪、戟、弩——在 16 世纪 40 年代之后还有火绳枪——将他们武装起来。这样的军队逐渐主宰了战场，削弱了武士的军事优越性。然而，当德川幕府（1600—1868 年）借助此类手段统一日本后，一种混合了绝对专制与封建制的体制建立了起来。地方领主受到严格遏制的同时，武士重新垄断了军事力量。原先已崭露头角的城市自治体被取缔，平民也被彻底解除武装。[64] 由于与外部世界相隔绝，从而能免受国际

[62]　Prestwick, *Armies and Warfare in the Middle Ages*, pp. 115-27；Contamine, *War in the Middle Ages*, pp. 88-90, 132-4, 150-1；Keen, *Medieval Warfare*, Chapters 6 and 13；Wise, *Medieval Warfare*, pp. 15-16；Jim Bradbury, *The Medieval Archer*. Woodbridge：Boydell, 1985.

[63]　可将孟德斯鸠的经典表述与赫尔关于中国的书进行比较，参见：Montesquieu, *The Spirit of the Laws*, 1：4；以及：John Hall, *Power and Liberties：The causes and consequences of the rise of the West*. Oxford：Basil Blackwell, 1985, p. 42。

[64]　Duus, *Feudalism in Japan*, pp. 67ff；Hall, 'Feudalism in Japan—A reassessment'；Perry Anderson, *Lineages of the Absolutist State*. London：NLB, 1974, pp. 413-20, 435-61；Stephen Morillo, 'Guns and government：A comparative study of Europe and Japan', *Journal of World History*, 1995：6：76-106；S. Eisenstadt, 'Tokugawa state and society', *Japanese Civilization：A comparative view*. Chicago：University of Chicago, 1996, pp. 184-218.

强权政治的压力影响(这样的压力在封建欧洲的转型中发挥了不小作用),日本的贵族—战士统治得以一直延续到 19 世纪。

从封建领主手下以及平民之中征召的士兵,与外国[358]雇佣军以及常备职业军人一起构成了国家和帝国的军事机器。此前我一直关注的是欧亚大陆定居国家中为军事目的使用马匹的现象,并从社会和政治维度对这一进程加以考察。现在我要放宽视野,将塑造国家军事体系的更多因素纳入考量。

帝国的成长和衰落

大国,以及帝国式军队

社会学家查尔斯·蒂利(Charles Tilly)在考察现代欧洲国家的兴起时,总结出了一个更具普遍性的规律:"战争造就国家,而国家也造就战争。"[65]国家说到底不过是一股体制化、集中化并被提升到统领整个社会的位置上的力量;通过设立税收、劳役和兵役,这股力量还能调动起更多的权力和资源。此外,无论其他机制——经济、社会或宗教的——在相对较小而关系亲密的共同体内国家政权的形成上起到过何种作用,在将多个共同体,或者说一些截然不同的社会、族群、文化和政治体整合起来形成更大的国家时,军事力量和战争永远是其中的主导因素。在这样的扩张中,国家首先是一种权力工具,通过征服、压制和强迫来进行统治。然而假以时日,随着一些凝聚性因素逐步发生作用,国家权力的扩张便能在其统治范围内产生一种统一化效应。国家的机构、法定宗教和语言、改善了的交通条件、文化扩散、精英阶层融合、人口流动、更大规模的经济以及军事服役等,均可以起到粘合性作用,从而促进互相交流和一体化的发展。[66] 国家

---

[65] Charles Tilly (ed.), *The Formation of National States in Western Europe*. Princeton, NJ: Princeton University Press, 1975, p. 42.

[66] Michael Mann, *The Sources of Social Power*, Vol. 1. Cambridge: Cambridge University Press, 1986, pp. 130, 142–61.

的扩张因而能够循序渐进地做到如下这些：首先消除同一族群内的
部落和地域隔阂；然后减少多民族国家和帝国内不同族群间的差异；
再然后赋予所有人超越族群的身份认同；最后甚至能创造出新的、包
容更多人的族群认同。因此借用蒂利的格言形式，我们也可以说：
"族群创造出国家，而国家也创造出族群。"⑥⑦

诚然，这样的进程需耗时数百年，也从未能完全抹除地方[359]
差异，且一旦与之相关的大国或帝国分裂解体，其进度也会发生倒
退。尽管如此，这样的进程仍代表了文明在长时段内的整体演化方
向。于是，在欧亚大陆这个文明出现得最早，发展也最迅速的地方，
就既产生了极为丰富的文化多样性，也通过文化和族裔融合而产生
了体量最大的政治单元。语言无疑是最明显的文化传播标志之一。
在欧亚大陆，语言多样性程度只及非洲和南北美洲的四分之一。⑥⑧
我们已经提到过一些有助于语言统一性的特性，其中最显著的包括：
开阔地形，植被不能过于茂盛，原始农业的扩张，牧民扩张和精英统
治，以及刚刚讨论过的国家政权的存在及扩张，特别在有文字的文明

---

⑥⑦　关于这一辩证关系的最佳著作包括：Hugh Seton-Watson，*Nations and States：An inquiry into the origins of nations and the politics of nationalism*. Boulder，CO：Westview，1977；John Armstrong，*Nations before Nationalism*. Chapel Hill，NC：University of North Carolina，1982；Anthony Smith，*The Ethnic Origins of Nations*. Oxford：Basil Blackwell，1986；Walker Connor，*Ethnonationalism*. Princeton，NJ：Princeton University Press，1994；Craig Calhoun，*Nationalism*. Buckingham：Open University，1997。

⑥⑧　具体情况更为复杂，可参见：Colin Renfrew，'Language families and the spread of farming'，in D. Harris（ed.），*The Origins and Spread of Agriculture and Pastoralism in Eurasia*. London：University College London，1996，pp. 70-92，尤其是 p. 73；其中引用了：R. Austerlitz，'Language-family density in North America and Africa'，*Ural-Altaische Jahrbücher*，1980；52：1-10；Johanna Nichols，'The origins and dispersal of languages'，in N. G. Jablonski and L. C. Aiello（eds），*The Origins and Diversification of Language*. San Francisco，CA：California Academy of Sciences，1998，pp. 127-70，尤其是 pp. 134-9；Merritt Ruhlen，*A Guide to the World's Languages*. Stanford：Stanford University Press，1987。

存在的地方。在墨西哥中部，阿兹特克帝国的短暂历史、它的霸权帝国而非统一国家性质的架构，以及它缺少文字的特征，导致其母语纳瓦特尔语仅是诸多方言和语言之一，未有足够时间发育成一种帝国"通用语"（lingua franca）。安第斯地区的情况也与之相似，尽管印加帝国在此处采取了更为直接的统治方式（但仍严重依赖地方精英阶层）。政治分裂的玛雅文明区域共享同一套文化和文字，但也有着约30种玛雅语系的语言。

相比之下，在欧亚大陆的尼罗河谷，历时千百年的文化统一进程通过埃及君主主导的民族—国家建构得以完成。更加广阔也更为分裂的古代近东则是在进入文明时代超过 2000 年后，由亚述帝国首次实现了全面政治统一。在此过程中，国王提革拉毗列色三世（Tiglath-pileser III，公元前 744—前 727 年在位）将亚述过去对进贡附庸国的霸权性控制改革为依靠帝国官僚行政机构的直接统治。他还启动了对被征服人民的大规模流放，使整个近东区域内的族裔混合程度大为加深。[69] 从亚述的时代起直到 20 世纪，除短暂间隔期外，近东地区被一个又一个强权帝国所统治。各帝国主导性的文化上层建筑被强加于各地区文化之上。例如，阿拉米语（在亚述、巴比伦和波斯帝国期间）、希腊语和阿拉伯语便先后成为该地区的通用语，和当地语言及方言共存，或将其取代。在中国，汉语北方官话也取得了类似的主导地位，凌驾于其他 7 种汉语语言（以及约[360]130 种非汉语的少数民族语言）之上，并在帝国初次统一2000 多年后的今天仍被人们所使用。[70] 在罗马的统治下，经过数个世纪时间，原本说着数十种不同语言的意大利各族群全部完成了拉丁化，从而在事实上创造出一个意大利民族。再过了几个世纪，地中海西部—西南欧地区也完成了拉丁化，形成了一个多族群的拉

---

[69]　Bustenay Oded, *Mass Deportations and Deportees in the Neo-Assyrian Empire*. Wiesbaden: Ludwig Reichert, 1979.

[70]　Jared Diamond, *Guns, Germs, and Steel: The fate of human societies*, New York: Norton, 1997, Chapter 16.

丁化民族共同体。（写完这一段后，我很欣慰地发现吉本在《罗马帝国衰亡史》第二章中表达了同样的观点。）罗马帝国的崩溃终结了拉丁化进程。然而，一个最终分化成多种欧洲语言的拉丁语族，连同一份古典—基督教的文化遗产仍然留存了下来。欧亚大陆历史中，类似但规模较小的由国家和民族建构导致的族裔—文化—语言融合进程不胜枚举。

由于体量所产生的权力优势，大的国家和帝国不断鲸吞小国，霸主制让位于直接统治，民众和贵族权力在专制权力面前也越来越相形见绌。在印刷品通信交流方式和代议制政府出现前的世界，没有任何大国能像部落社会和城邦一样维持民主制或共和制（甚至城邦规模达到一定程度后也会帝国化）。所有大国都是专制的。必须看到，尽管更大的体量能够转化为更大的权力，大国也有其自身的弱点，其中包括军事方面的弱点，以及其他方面弱点在军事上的反映。

在第 10 章中，我们看到小型国家为了战争可以充分动员其人力资源。由于它们体量较小，且军事行动往往发生在本土周边，令军事服役可以是短暂的和季节性的，能够与人民的日常行为——如最明显不过的农业生产节奏——协调一致。秋收之后在邻近本土的地方进行的短时间作战，令后勤工作得以简化，因为每个士兵只需携带数日补给，剩下的依靠在敌人土地上夺取即可。这种高动员潜力能在何种程度上落实，以及动员的军队战斗效率如何则属于另一个话题，取决于国家和人民之间的契合程度。规模尚小、民众地位较高时期的农业城邦是最为成功的，能够召集出富有凝聚力的民兵部队，由成年男性人口的一大部分或者说高达五分之一的总人口所组成。

[361]国家越大，民众军队的实用性就越低。造成这一现象的首要原因是距离的增长。我们讨论帝国式城邦时已对此有所了解。普通民众不可能参与遥远战场的作战行动，因为这将使得他们长期远离自己的收入来源。后勤的复杂性也将随距离增长，使国家的精细

筹备管理成为必需,并为军队规模和行动范围设置了无法忽视的上限。[71] 因此若从绝对数字上看,更大的国家体量可转化为更多的在役和后备军兵,从而使大国获得凌驾于小国的力量优势;但从相对比例看,则小国能达到更高的动员水平。国家越大,其增加的体量转化为更多部队的边际转化率就越低。只有在帝国兴起阶段这种短时间内取得极大军事成功并实现领土迅速扩张的罕见情况下,出于以战养战目的长期维持一支国民大军才具有可行性。亚述帝国因在掠夺和榨取方面表现出色,才能够维持其很大程度上职业化了的征召兵部队在战场上长期作战,且从提革拉毗列色三世时代起还有余力组建一支完全职业化的常备军来协助征召兵大军。以战养战的冷酷循环于是得以不间断运作下去。不过,在大多数案例中,达到可行的扩张界限后,帝国不可避免地将转入一种更加和平安定的状态,并建立起更为经济的军事体制。

　　大国将如何应距离对动员能力施加的内在限制而构建其军事体制呢? 一种方法是在战时仅动员国家人力的一部分长期服役。如果社区和家族仅被要求在 5 名、10 名或 20 名男丁中抽取 1 人从军的话,那剩下的人可以替此人完成农活或其他工作,或只须替他支付参战期

---

　　[71]　关于这一课题,来自古代的直接证据极为稀少,且课题本身也遭到现代研究者的忽视。凯撒的第一手证言仍是最有价值的材料。古典时代战争后勤研究的典范可参见:Donald Engels, *Alexander the Great and the Logistics of the Macedonian Army*. Berkeley, CA: University of California, 1978; Martin van Creveld, *Supplying War*. Cambridge: Cambridge University Press, 1977, 作为近代后勤研究的著作,此书的最终结论与我的大体相似。此外还可参见:G. Periés, 'Army provisioning, logistics and strategy in the second half of the 17th century', *Acta Historica Hungaricae*, 1970; 16 (1—2): 1—51; J. Lynn (ed.), *Feeding Mars: Logistics in Western warfare from the Middle Ages to the present*. Boulder CO: Westview, 1993。接下来这两篇作品均对范·克里费德的书提出了有价值的修正意见:John Lynn, 'The history of logistics and supplying war', in *Feeding Mars*, pp. 9—29; Derek Croxton, 'A territorial imperative? The military revolution, strategy and peacemaking in the Thirty Years War', *War in History*, 1998; 5: 253—79。

间的养家费即可。对于大国而言，通过这种方法仍可获得相当多的兵员。自古王国时代起，埃及国家便规定了各地区在战时的征兵配额。即便在新王国时期已组建了人数可观的职业部队的情况下，开赴遥远的黎凡特战场参与大国争霸的法老军队的主体似乎仍是由征召兵构成的。[72] 这类远征军中数目最大的一支达到 2 万人左右，在公元前第二千纪已算是很强大的军队，但仍只占［362］总人口约 300 万且理论上成年男子均有义务服役的埃及人力储备中的一小部分。

　　一些较晚期的国家建立了更加严格的军事体制，从而能应对更大的军事人力需求。中国的战国（公元前 5 世纪至公元前 221 年）列强卷入了一场无休止的权力争霸。通过建立对农民人口（"野人"）的兵役制，这些人口最多达数百万的国家得以从它们的数十万男丁中征召出数万以至 10 万战兵的大军。在天皇制初期的日本，公元 689 年和 702 年的律令也规定了每户 3 到 4 名正丁中有 1 名可被征召服兵役。[73] 我们前面说过，共和国中期的罗马已是一个在全意大利半岛（及其以外）负有安全义务的帝国性城邦，每年按例召集两支共拥有 2 万名公民兵和至少同等数目盟军士兵的执政官指挥下的集团军。根据估计，这占用了罗马适于服役的自由成年男性人力的六分之一到四分之一。[74] 加洛林帝国和诺曼人入侵前的盎格鲁-撒克逊英格兰国家均在战时召集其适于服役的自由男性人力中与罗马类似或更少的份额，组成某种"特选民兵"（select fyrd）参加远方作战。[75]

---

[72]　R. Faulkner, 'Egyptian military organization', *Journal of Egyptian Archaeology*, 1953; 39: 32-47.

[73]　Farris, *Heavenly Warriors*, p. 49.

[74]　参见第 10 章注释 156。

[75]　相关证据并不十分明确，但仍可参见：Oman, *History of the Art of War in the Middle Ages*, Vol. 1, pp. 76-80; Bachrach, *Early Carolingian Warfare*, pp. 53-8; Warren Hollister, *Anglo-Saxon Military Institutions on the Eve of the Norman Conquest*. Oxford: Oxford University Press, 1962 (每五"海得"［hide］土地出一人当兵); Richard Abels, *Lordship and Military Obligation in Anglo-Saxon England*. London: British Museum, 1988。

按比例动员民兵的一种替代或补充策略是对恰好在某一特定时间里与某个特定战场距离更近的地区发出召集令。这一策略常常会在防御情况下被采用。然而，只有定期的动员和参战才能使人们习惯于服役，而在逐渐不习惯服役的地方，民兵也会趋于衰落。

在汉王朝治下再度统一的中国将民兵制度发展到了极致，规定全体男性达到 23 岁时均须应征服役。作为步兵、骑兵或水手在其家乡地区训练一年后，征召兵还要在守备地、边防军或船队中度过另一年时间。随后他们将被遣散，但每八个月仍会被召集起来训练，直到65 岁为止（后来降到 56 岁）。⑯ 这一制度相对于单纯的民兵制有很多优点：通过让所有年轻人短期服役创造了可随时用于军事行动的永久后备军；为战争目的系统性地训练帝国全体男性；减少了对经济和家庭生活的扰乱。中国是 19 世纪前便采用此类[363]制度的唯一一个主要国家。尽管如此，对于包括中国在内的所有大国和帝国，即便先进的征召民兵体制往往也表现得问题百出。

为了在广阔领土内绥靖叛乱并守卫漫长边境，帝国需要常备军。出于几个因素，轮换的民兵部队或短期征召的士兵都不能满足这一战略需求。短期服役的军人难以熟悉周边环境和需要面对的军事任务；而且任何时候征召部队中大部分人都会是一些仍在经历基本训练的或刚刚训练完成的新兵，只有很少的军事经验。此外还要加上庞大冷漠的专制官僚帝国治下，被迫远离家乡服役的士兵中不可避免会产生的士气低下问题。所有这些均会导致部队的战斗力不堪信任。因此至少在执行帝国战争机器的某些长期性任务时，使用轮流上岗的短期服役士兵是低效而浪费的。职业战士组成的常备军构成了费效比更高的方案。

各大帝国于是便按照各自不同的比例混合职业军人、半职业军人和民兵部队，以组建自己的武装部队。从奥古斯都到戴克里先

---

⑯ Bielenstein, *The Bureaucracy of Han Times*, p. 114; Loewe, in Twitchett and Loewe, *The Cambridge History of China*, Vol. 1, pp. 479–82.

(Diocletian)统治下的公元前三个世纪的罗马帝国军队在这方面独一无二,因其完全由专职且受薪的职业军人构成。人们几乎没有注意到类似制度直至近现代才被其他大国采纳。[77] 25 至 28 个军团——以及由非公民组成,总数约 25 万至 30 万的专职协防军——在相当长时间内成功保卫了帝国免受内外威胁,虽说这也要归功于奥古斯都之后的罗马事实上放弃了大规模领土扩张。有争论意见认为结束扩张导致了此后罗马帝国的衰落,因为帝国国库再也得不到战利品和俘虏的输入。但这样的说法毫无道理,因为从直接管治的省份有条不紊征收赋税要比掠夺高效得多,且罗马直到奥古斯都逝世两个世纪后的公元 3 世纪仍是繁荣和安全的。奥古斯都所创立的职业军队被证明足以扑灭这个巨大的地中海帝国内部的民族——群众性叛乱,并能抵挡来自高度碎片化的蛮族边疆的侵袭。

[364]帝国的真正问题,如我们已了解过的那样,在于它的存在激发了边境以外更大规模部落集团的融合进程,导致帝国边境受到更强烈的压力。到 3 世纪后期,戴克里先皇帝发现有必要将帝国的军事力量增加近一倍,达到此后历史上的约 45 万至 60 万人。然而,奥古斯都所定下的 25 万人并非一个随意的数字,而是帝国能够合理支付其费用的上限。一条贯穿历史的铁律——很少有人认识到,尽管亚当·斯密曾加以提及 [78]——证明了一个国家能在经济上维持的常备且完全职业化的部队数目,不能超过国家人口的 1%(正常情况下还会更少)。罗马帝国人口数在公元 200 年左右达到巅峰,即约 4600 万人,此后逐渐下降;[79]因此在戴克里先大幅增兵后,1%这个门槛已经被突破,导致帝国预算捉襟见肘。此外,在 2 世纪末到 3 世纪的内战中,罗马职业军人通过为帝国皇位竞逐者中出价最高者卖

[77] 不过也有敏锐觉察到这一点的,参见:Martin van Creveld, *The Rise and Decline of the State*. Cambridge: Cambridge University Press, 1999, pp. 41-2.

[78] Adam Smith, *The Wealth of Nations* 5.1.1, 1776.

[79] McEvedy and Jones, *Atlas of World Population History*, pp. 21-2.

命，成功地为自己争取了可观的加薪，以及其他各种各样的好处。面对由此产生的巨大额外开支，皇帝除加税外，还不得不采用新的军事组织管理措施以填补旧有措施造成的预算黑洞。

从戴克里先之后的君士坦丁一世皇帝在位时起，罗马帝国军队就被划分为两个独立类型。"野战军"（comitatenses）作为机动的中央预备队，按照旧的原则领取全额薪饷。随着帝国财政越来越难以为继，这类军队的数目逐渐减少，最终大约只相当于另一类军队即"边防军"（limitanei）的一半。边防军的职责就是戍守一段固定边界，一般不会被调来调去。因此就像之前很多国家已经做过的那样，罗马也向他们授予了驻地周边的田地作为维持生活的手段，从而颇有成效地令他们变得亦兵亦农。⑧ 以军事为专门职业意味着经济上的不事生产，所以维持一支专职军队的代价很高；然而如此昂贵的部队又不是随时有仗可打，大多数时候他们只是枕戈待旦保证对潜在敌人的威慑而已。这就使各大帝国长久以来青睐于令驻屯军和边防部队能够自给自足的军事殖民策略。共和国中期的罗马人便已在新近征服的意大利地区建立起本国公民和拉丁盟邦的殖民地，使之作为农业—军事要塞而存在。因此［365］罗马帝国后期采用的边防军人—殖民者体制并非像某些学者所争辩的那样，是出于选择"集中机动"抑或"前沿防御"之类的战略因素，而只不过是出于经济原因。⑧ 更准确地说，在对部队数量要求增长的背景下，前沿防御的战略部署

---

⑧　A. H. M. Jones, *The Later Roman Empire 284-602*. Oxford：Basil Blackwell，1964，pp. 97-100，607-86；这本权威著作至今未被超越；Pat Southern and Karen Dixon, *The Late Roman Army*. London：Batsford，1996，一本关于最新研究概况的有益的书。

⑧　关于罗马帝国边界线设置的争议双方均未充分认识到一个至关重要的经济方面的存在，参见：Edward Luttwak, *The Grand Strategy of the Roman Empire*. Baltimore，MD：Johns Hopkins University Press，1976；Benjamin Isaac, *The Limits of Empire：The Roman army in the East*. Oxford，Oxford University Press，1990. 以及：Ferril, *The Fall of the Roman Empire*；Hugh Elton, *Warfare in Roman Europe*，AD 350-425. Oxford：Oxford University Press，1996，pp. 199-214。

使军事殖民这一经济上的权宜之计成为可能，虽说这样的权宜之计也会对军事效率造成严重的负面影响。

从一开始，边境上的士兵—农夫便不可避免地沦为二流部队，与旧日执政官军团和新的机动野战军这样完全职业化的劲旅不可同日而语。况且还有另一个后果。从奥古斯都建立完全职业化的军队起，罗马帝国便缺少任何形式的民兵。军人和平民的生活截然分离，帝国的平民人口彻底不谙兵事。[82] 我们可以看到，这样的和平化进程在所有帝国均会发生。随着蛮族压力的增长，没有民兵且大部分常备军被束缚于边境的罗马帝国发现自己在东部和西部都只有约10万人的机动野战军去应付各种威胁。这个数目仍是令人敬畏的，且可能已经足够了——事实上直到公元5世纪为止都足以应对一切。除非最坏的状况化为现实，而这将是帝国军事力量无法承受的。

前面说过，任何大规模压迫性权力的生存，依赖的都是它的外部敌人和受其压迫者之间不通声气，难以有效协作；根本原因则在于这些为数众多的内外部敌人之上没有一个更高级的权威。这一原理对罗马的边疆也同样适用，因为如塔西佗所说的那样（《阿古利可拉传》，12），帝国的蛮族邻人尽管已组成较大的部落联盟，但无论在联盟之内还是各联盟之间仍呈现出四分五裂的状态。他们很容易被影响和操纵。即便不得不与他们中的一部分人交战，帝国军队仅凭自身之力也足以将其击溃。这就像19世纪与20世纪之交颇为流行的"总罢工"论：理论上只要所有工人参与罢工，就能够保证扳倒资本主义；而事实上因工人之中缺乏一个真正有约束力的，能够强制执行这一大规模行动的中央权威，总罢工从未实现。同样，除了在较低的地

---

[82] Jones, *The Later Roman Empire 284-602*, pp. 1058-64；Elton, *Warfare in Roman Europe*, pp. 102-3（以及其中引用内容）；John Rich, 'Introduction', in J. Rich and G. Shipley (eds), *War and Society in the Roman World*. London: Routledge, 1993, p. 7；Dick Whittaker, 'Landlords and warlords in the later Roman Empire', in Rich and Shipley, *War and Society in the Roman World*, pp. 277-302；Bachrach, *Early Carolingian Warfare*, pp. 52-3.

方性层面上之外，罗马的蛮族邻人也从未能联合起来协调一致地行动。然而，突如其来的外力推动却令他们做到了这一点。

[366]从欧亚草原进入东南欧和中欧的匈人（Huns）骑马游牧民，将惊恐的日耳曼诸民族成批驱入罗马帝国境内。公元376年，首先受到匈人入侵冲击的哥特人跨过多瑙河进入罗马治下的巴尔干。随后则是一次规模更大的越界行动：公元406年年底，汪达尔人（Vandals）、阿兰人（Alans）、苏维汇人（Suevi）以及勃艮第人（Burgundians）踏过冰封的莱茵河进入高卢。罗马的常备军尤其是机动野战部队数量太少，不足以遏止这样的横扫整个帝国边境的大规模迁徙，于是多米诺骨牌效应随之发生。⊗⊗ 应当记住每个入侵部落联盟仅拥有1.5万—2.5万名战士，而他们的全部人口加起来也不过100万左右。相比之下，人口稠密的罗马帝国仅西半部就有约1600万居民，理论上其中有数百万人可以拿起武器。这些居民已经彻底罗马化，希望帝国继续存在下去。5世纪的皇帝们拼尽力量试图重新激活这一巨大的人力储备，颁布法令动员城市人口去守备新近树立起来的城墙。当中央政权失去控制，行省将领、名流和贵族便组织城乡人民进行本地防御。虽说如此，由于在"罗马和平"（pax Romana）下承平日久并且与国家事务完全脱节，帝国广大平民表现得消极被动，对入侵者几乎未作抵抗。⊗⊗ 东罗马或者说拜占庭帝国也只能依靠其数目庞大但仍有限的中央野战军（仅有数万人可供调用）去对抗突破了界墙（limes）的阿拉伯穆斯林军队，后者实力相对而言较为适中。拜占庭军队于公元636年被击败后，帝国除安纳托利亚外的

⊗⊗　Elton, *Warfare in Roman Europe*; E. A. Thompson, *Romans and Barbarians*. Madison, WI: Wisconsin University Press, 1982; Malcolm Todd, *The Early Germans*. Oxford: Blackwell, 1992; Thomas Burns, *Barbarians within the Gates of Rome: A study of Roman military policy and the Barbarians, ca. 375-425 AD*. Bloomington, IN: Indiana University Press, 1994.

⊗⊗　Jones, *The Later Roman Empire 284-602*, pp. 1025-68, 在我看来, 这本书里对罗马帝国衰亡的原因给予了最为全面的分析。

东部省份均陷于入侵者之手,而这些土地上非军事化的平民人口仍然袖手旁观。[85]

这并不意味着其他帝国的军事制度要优于罗马,或者更成功地避开了其内在缺陷和矛盾。事实恰恰与之相反。大多数帝国拥有分为三个层级的军队。[86] 第一级包括相对少数的完全职业化部队,主要构成一支中央军/帝国卫队。前面提到过,在阿契美尼德王朝的波斯帝国,这样的中央常备军约有 2 万人,一半骑兵一半步兵。根据希罗多德的说法,他们被称作"长生军"(Immortals),不过希罗多德的[367]消息来源很可能把这个称呼的波斯词汇和另一个相似的词即(国王的)"同伴"(Companions)弄混了,后面这个词就合理得多。在汉代中国,一支与波斯的数目相仿的中央常备职业军队驻防于都城周边,构成征召兵大军之外的又一道保障。

第二级包括各省和边境的驻屯军,各大帝国在这方面普遍应用了军事殖民原则。尽管为了换取半职业化的军事服务而分配出的土地大多位于边疆省份,但也不乏在帝国腹地建立军屯区的案例,因为这一制度的受益者比起普通的帝国应征军人更有战斗力。该制度最早被证明存在于阿卡德,随后是公元前 18 世纪汉谟拉比的巴比伦,以及赫梯帝国。军屯制度在亚述和迦勒底时期的美索不达米亚延续下来,被波斯帝国继续采用,并随后服务于亚历山大之后的各希腊化王国,以维持它们主要由希腊人和马其顿人构成的士兵—殖民者阶层。同样的制度也广泛应用于中国,其重要性在汉代末期征召民兵部队衰落时顺势上升。隋和唐王朝(581—907 年)重建了民兵军制,

---

⑧⑤　Water Kaegi, *Byzantium and the Early Islamic Conquests*. Cambridge: Cambridge University Press, 1992, p. 131, passim; John Jandora, *The March from Medina: A revisionist study of the Arab conquests*. Clifton, NJ: Kingston, 1990, p. 62, passim; 以及: Treadgold, *Byzantium and Its Army 284-1081*。

⑧⑥　韦伯对"家产制"军队的讨论可参见: Weber, *Economy and Society*, pp. 1015-20,他只提到了三个层次军队中的前两个。

但到晚唐时期军屯和世袭军户体制又得以复兴，可提供约 60 万人的军力。后世所有中国王朝维持了一套大致相仿的民兵与屯兵共存的部队结构，因为和过去一样，民兵仍然存在缺陷而不可完全依靠。[87]在印度诸国，军事采邑领有者——或许正是考底利耶（Kautilya）在《政事论》（*Arthasastra*，9.2）中提到的那些"世袭军人"——作为一支比征募来的部队更可靠的力量，成为王家卫队的补充。[88]

第三级的征召部队将在大规模战役或紧急状况下被集合起来，并构成军队中的多数。帝国主体族裔的征召兵至少具有一定的军事价值，具体程度如何则取决于社会和地缘战略环境；但无论如何，他们相对于帝国的职业和半职业部队而言只是次要的。多民族帝国中从属民族所提供的短期征召兵通常只有极小价值。不能指望这些被迫参战的人在战斗中有任何认真表现。尽管欧亚大陆历史上有无数案例，阿契美尼德波斯帝国"被皮鞭驱赶上战场"的多民族大军还是成为留存在历史记忆中的此类军队的典型。[368]这既要感谢希腊历史学家的记录，也是因为波斯帝国及其军队的规模的确无比庞大——虽说希腊人所记录的波斯军队人数存在着极度的夸张。近代之前的作者无不夸大敌人的数目，一方面是因为缺少准确信息，另一方面也因为总是希望凸显敌强我弱状态下己方的表现。

根据希罗多德的说法（《历史》，7.60—99），公元前489—前479年薛西斯入侵希腊大军的规模有数百万人；同样，希腊人估计大流士三世在伊苏斯（Issus，公元前 333 年）和高加米拉（Gaugamela，公元

---

[87]　Mark Lewis, 'The Han abolition of universal military service', in H. van de Ven (ed.), *Warfare in Chinese History*. Leiden: Brill, 2000, pp. 33-76; Denis Twitchett (ed.), *The Cambridge History of China*, Vol. 3, Part 1. Cambridge: Cambridge University Press, 1979, pp. 13-14, 16, 96-103, 207-8, 362-70, 415-18; David Graff, *Medieval Chinese Warfare*, *300-900*. London: Routledge, 2002; Ch'i-ch'ing Hsiao, *The Military Establishment of the Yuan Dynasty*. Cambridge MA: Harvard University Press, 1978.

[88]　关于古印度的证据极为贫乏，但仍可参考：P. Chakravarti, *The Art of War in Ancient India*. Delhi: Karan Publications, 1987, pp. 4, 76。

前 331 年)战役中集结起来对抗亚历山大的军队人数分别达到 30 万
至 60 万以及 20 万至 100 万。这些数字都很难以置信且无从检验。
为了这些站不住脚的数字,学界已经在争论中浪费了成吨的墨水。
在我看来,考虑到人口统计和后勤,并通过比较加以推断,薛西斯军
队的人数应当在 10 万到 20 万之间。如果不是因为希腊各城邦习惯
性内讧,以至于其中很多与入侵者合作的话,波斯帝国军队相对于本
土作战的希腊城邦公民联军并不具有人数上的压倒优势。大流士三
世军队的规模可能与薛西斯的大致相当,其中包括了数万名骑兵。
归根到底,很多人都没有意识到当时世界上希腊人的数目可能比波
斯本民族的人口数更多。而在波斯帝国庞大的多民族军队中,值得
依靠的只有相对较少的波斯和米底常备军,以及包括骑兵和步兵在
内的来自伊朗本土的征召兵。大多数实际战斗任务都是由以上这些
人承担的。除了他们之外,帝国军队战斗力较为可靠的成分还包括
薛西斯军队中的希腊盟军,以及服务于包括大流士三世在内的后世
波斯君王的希腊雇佣兵。这些佣兵越来越多地构成了古典世界各帝
国军队中的重步兵军种。[89]

如我们在第 10 章中看到过的那样,某些职业战士可以从国外招
募。他们来自多国体系中一个超国家的市场,或者霸权强国的边疆地
区。这些外来职业战士组成独立团队被集体雇佣时,就会被称为雇佣
兵(若作为个人加入国家军队则不会)。由于外邦人组成的部队与当
地社会没有联系,只效忠于自己的雇主,他们有时会被当作国内政治
斗争和社会管控的工具而使用。同时,雇佣外籍军人也有两个军事上
的优点。[369]首先,可以在战时迅速增加职业部队数量而无须在和
平时期持续供养他们,这就具有了经济上的合理性。其次,如果某个
族群的战士尤为擅长使用某种武器或充当某一兵种,并且/或者尤其

[89]　关于波斯军队规模的研究可谓汗牛充栋,大致了解的话可参见：Cook,
The Persian Empire, pp. 53, 101–25; Dandamaev and Lukonin, *The Culture
and Institutions of Ancient Iran*, pp. 147–52, 222–34。

凶猛好战的话,那么即便无限期雇佣他们也是合算的。随着时间流逝,帝国越来越倾向于使雇佣兵成为常备军中的一个重要部分。这些来自野蛮或半文明边疆土地,来自桀骜不驯的部落社会或冲突频繁的小国的外籍战士,对战争的适应性远超终身不知兵事的帝国民众。

在伊斯兰的土地上,被称作"马穆鲁克"(mamluk)的奴隶兵代表了外籍战士的一种独特形式。这些精英士兵的奴隶身份只不过意味着国家在他们还是儿童时就把他们从伊斯兰的边缘地带——突厥、高加索、巴尔干或非洲——购买过来,且他们在法律上是国家的财产,而不意味着他们低人一等。有人认为这一制度是伊斯兰教特有的,因为伊斯兰信徒对战争有强烈反感,导致其社会的军事动员能力受到限制。⑩ 无论如何,奴隶士兵将外籍战士的优势与极高的职业化水平结合在一起。他们在兵营中长大,从小被当作战士训练,并被灌输宗教激情,从而成为一支凶猛的战斗力量。他们原本只构成统治者的贴身侍卫或近卫军的一部分,但后来在人数和军事职能上均有扩展。在马穆鲁克埃及,奴隶兵成为骑兵;而在骑兵占了一大半的奥斯曼帝国军中,他们又构成了禁卫军这一精英职业步兵团体。由于在当地社会中缺少正常的根基,奴隶兵被认为是完全忠诚于统治者的。然而在现实中,他们往往会形成一个特权阶层,时机合适的情况下偶尔还会取代旧的统治者,尤其是在那些人民已彻底非军事化并被排除出政治舞台的地方。帝国运势通常都会在一段时间后发生内在的变化,从而给那些野心勃勃者以可乘之机;而这样的变化与帝国的军事组织和所面临的军事问题之间又有着千丝万缕的联系。

帝国循环

帝国和王朝的兴亡或者说成长和衰败的循环是思想家和评论

---

⑩ Daniel Pipes, *Slaves, Soldiers and Islam: The genesis of a military system*. New Haven, CT: Yale University Press, 1981; David Ayalon, 'Preliminary remarks on the Mamluk Military Institution in Islam', in Parry and Yapp, *War, Technology and Society in the Middle East*, pp. 44–58.

家思考历史政治时反复提及的一个主题，至晚在柏拉图[370]和
罗马德学家(moralists)那里已被提出。在穆斯林北非编撰了《历
史绪论》(*Prolegomena to History*，1377)的伊本·赫勒敦(Ibn
Khaldun)也曾加以强调。不过，这一主题在今日的学术讨论中已
被边缘化。历史学家怀疑所谓盛衰循环是一种决定论式的高度抽
象，不愿将之视作有学术价值的课题。令人吃惊的是历史社会学
家也对此予以忽视，而他们本来可以将传统见解和德学概念转换
为现代语言下实证的社会、经济和政治进程。⑨ 这些进程在统治
者和被统治者身上均有不同程度的体现，可以自上而下整体加以
概述。

　　王朝的创立者几乎毫无例外是些有着超凡本领和行动力的
人，具有现实生活的充分经验，以及对权力及其衍生出的一切事
物的渴望。他们的后代很少表现出同样品质，而这不仅仅是因为
生物遗传的不确定性。从积极方面看，帝王的继承者从幼年起就
专心接受治国之术训练，而训练有时也的确产生了良好结果。然
而在大的专制帝国(我们说过，大和专制两个特征彼此紧密关联)
里，宫廷生活几乎必然会严重危害到人格品质的培养。专制君主
被赋予超凡入圣的半神化地位(体现在与他们相关的宗教习惯和
宫廷礼仪上)，其人身安全又受到严格保护，导致他们经常与外界
完全隔绝，毫无直接接触途径。他们接受的往往都是些经过精心
选择的信息，极易被臣下的阿谀奉承所蒙蔽。此外，他们经常沉
迷于林苑和后宫的声色犬马之中难以自拔，无心处理国事。他的
众多后妃与子嗣围绕着继承问题将后宫变成一个阴谋的马蜂窝，
常常会导致宫中的暗杀和继位时的血腥清洗。在没有法定长子继

---

　　⑨　堪称例外的是：Joseph Tainter，*The Collapse of Complex Societies*.
Cambridge：Cambridge University Press，1990；不过他运用了边际回报率降低
原理的经济解释在我看来太过狭窄；以及：N. Yaffee and G. Gowgill (eds)，
The Collapse of Ancient States and Civilizations. Tuscon，AZ：University of
Arizona，1988。

承权的地方——这包括了大部分专制国家——王位继承者并不总能事先接受充当君主的训练。㉜所有这些都会导致王朝的政治日益劣化,并令君主时刻受到篡位阴谋的威胁。

不过,王朝衰朽只是问题的一部分。例如,在其历史上很长一段时间里,罗马帝国采用的是一种非世袭的选贤任能继承制,即让在位皇帝从帝国最优秀的将领和行政官中选择并培训继承者。但即便不考虑继承问题,帝国的行政管理也会变得越来越僵化沉闷,[371]越来越官僚化、中心化和干预化,留给地方和个人发挥积极主动性的空间越来越小。在此过程中,官僚变得无孔不入且根深蒂固,几乎不受外界力量制约,甚至专制君主本人也不能动摇他们。与之相对应的是税负有增无减,被用来供应官僚和统治者的奢侈花销,不过更多还是被用来支付军队日益增长的费用——这方面的开支在任何案例中均构成国家支出的最大一项,往往还占据其一大半。对罗马帝国时期国家岁入的计算显示武装部队吞噬了支出的 40% 到 70%,况且罗马预算中用于民众的部分——大型公共建设、对谷物和马戏的补助——已算得上相当之高。㉝然而如同我们已经说过的那样,军队的兵员增加和开支上升不仅仅是因为它要应对的威胁有所增长,它还经常会利用自身对武力的垄断要挟国家,为自己拿到更多经费。

㉜　没有必要一一列举关于历史上各大帝国研究的海量现代学术文献。不过,孟德斯鸠《论法的精神》1:14 总体而言仍值得一读。

㉝　近代以前的材料零散而不成体系。参见:Tenney Frank, *An Economic Survey of Ancient Rome*. Baltimore, MD: Johns Hopkins University Press, 1940, p. 7; Keith Hopkins, 'Taxes and trade in the Roman Empire (200 bc—ad 400)', *Journal of Roman Studies*, 1980; 70: 101-25; J. Campbell, *The Emperor and the Roman Army*. Oxford: Oxford University Press, 1984, pp. 161-98。关于官僚,可参见:Jones, *The Later Roman Empire 284-602*, pp. 1045-58. 更具普遍性的著作参见:S. Eisenstadt, *The Political Systems of Empires*. New York: Free Press, 1963, pp. 151-2, 318-19; John Kautsky, *The Politics of Aristocratic Empires*. Chapel Hill, NC: University of Carolina, 1982; Michael Doyle, *Empires*. Ithaca: Cornell University Press, 1986, pp. 100-2.

以罗马帝国和唐代中国为例,军费开支的不断上升及其在经济和社会领域引发的连锁反应便加速了它们的衰败。唐王朝的军事力量构成由民兵切换到职业和半职业部队,再加上军人对薪饷要求不断上升,导致 714 年至 741 年间帝国边境防务支出增长到原先的 5 倍,在742 年至 755 年间又进一步增长了 40%至 50%。[94]

所有这些同样影响到贵族精英阶层。如果他们不趁中央王朝权力衰微之际夺取外省控制权分割帝国的话,那么另一种可能就是他们作为地方领导者的传统角色被扩张的帝国官僚集团逐步剥夺。一旦训练有素的专业人士在政府和军队中顶替了贵族的位置,后者就将退回奢靡的个人生活中去,不再操心国家大事。如马基雅维利所意识到的那样(《君主论》,4),结果便是一旦国家的中枢被其他任何力量夺取,整个帝国就可能以惊人的速度倒下,因为一个活跃的、军事化的、掌握着地方权力从而能组织进一步抵抗的贵族阶层已经不存在了。我们之前总是说封建制会削弱国家权力,但在这里也应当提出反面论点,即中央集权并非总能加强国家权力,尤其当伴随着集权化的是专制主义的时候。

与之相应,民众的政治参与度(如果有的话)也会在[372]贵族经济优势和专制集权化的共同压力下趋向弱化。贵族庄园的扩张使小自耕农人数减少,地位下降,沦为乡村和城市里的佃户和奴工。农民个人及其所属社群掌控自身命运的影响力遭到剥夺,又受到重税和劳役的压迫,因此对高高在上面目不清的帝国政权越来越感到疏离冷淡,习惯了在任何情况下均逆来顺受。帝国各大都市中脱离根基并且在族裔构成上极为异质化的居民毫无实际军事价值。如同第10 章中说过的那样,类似进程也可能发生在更小规模的政治体中,但在大的国家和帝国中无疑会达到更高程度。此外,大帝国所确立的内部和平或许并不完美,但也足以令人民变得不知战争为何物,不再热衷于掠夺战利品,也不关心共同体的防御——而这两者对于好

---

⑭　Twitchett, *The Cambridge History of China*, Vol. 3, Part 1, p 416.

战的小规模部落或市民共同体十分重要。例如，到罗马帝国后期，意大利居民基本上已不再加入军团。应募入伍者先是来自那些更加尚武好战的省份，此后更是只能依靠来自帝国之外的蛮族了。

这些进程会导致帝国军事行为和武装力量的性质逐渐发生转变。在扩张阶段，帝国主要与其他国家作战，将其征服或使之屈从，并在一定时间后将其完全整合到统一的国家内。扑灭被征服民族为重获独立反复发动的叛乱——这一血腥过程被婉转称为"绥靖"——在此后很长时间内仍将是帝国军队的最主要职能之一。不过通常情况下，经过几个世纪的帝国直接统治，民族反叛几乎都会偃旗息鼓。被征服民族的精英和民众不再记得何为独立，也早已不习惯独立管理国家。何况，他们还会受到帝国同化和融合的影响。帝国此后所面临的主要安全威胁和挑战将源自其他地方。

国内方面，民族反叛让位于两种形式的内战。首先存在着经济和社会因素引发乡村农民/农奴/奴隶起义和/或城市无产阶级暴动的危险，前者尤其容易发展成燎原烈火。其次还有围绕着帝位继承和篡位的无休止斗争。这类斗争往往局限于都城之内，[373]只牵涉到宫殿和朝堂之上的阴谋诡计和御林军的武力，但也可能把整个国家拖进斗争。挑战者可能来自王室内部，大多数情况下是君主的某个觊觎王位的兄弟姐妹，他们往往得到一部分精英阶层和军队的支持；也可能是某个凭借个人能力或（更多地）通过许诺报酬而赢得手下职业军人拥戴，从而半推半就披上了紫袍或黄袍的行省总督或军队将领。内战常常是战争中最具毁灭性和致命性的，因为原本较为安全的国家内地也会在内战中经历战斗、杀戮、掠夺和毁坏。根据国家结构受影响的程度，内战可能仅导致专制君主或王朝被推翻，但也可能造成无政府状态，或导致国家至少暂时发生分裂。此外，内战还会分散对外部威胁的注意力，令国家无法对其采取行动。罗马帝国后期缺乏王朝合法性与延续性造成了一大恶果，即统率职业军队的将领为争夺帝位展开无休止的内战。这些内战是帝国在日耳曼人入侵面前未能组织有效抵抗的一个主要原因。在很多其他案例中，继承权内战也是致使帝国倾覆于外敌之手的重要因素。

对外方面，帝国某些情况下会陷入与邻近帝国之间的斗争。双方的力量对比可能会因斗争而发生变化，甚至一方会被另一方消灭。即便不存在这类旗鼓相当的对手，帝国也可能沦为那些过去曾向其俯首称臣的半野蛮小国或边疆蛮族部落联盟的猎物。㉟　表面上看这很不合常理：国家和帝国被同一级别或更加强大的帝国击败不足为奇，然而一个庞大帝国为何会败给比它小得多的对手呢？这就回到了前面说过的帝国的弱点，以及它经历一段时间发展后会暴露出的问题，包括精英和民众的和平化趋势。显然，和平化并不意味着国家及其精英的好战性或残忍程度有所下降。在某些罕见案例中（例如帝制中国），王朝建立一段时间后，去军事化的文官治国特征会变得非常明显。朝廷和统治精英以鄙视的态度看待战争，认为它是可憎的、破坏性的和不文明的；但他们至少仍会将战争视作统治和保卫国家的必要之恶，并赞同需要为此维持适当的武备。不过，这样的工作将更多依靠从本土以外招募的战士来完成。

[374]必须加以澄清的是文明国家的士兵并非一定不如部落战士，实际情况往往与之相反。部落战士来自以亲族为基础且缺少规则和安全性的社会，因此在纪律、凝聚力和持久忍耐性上存在不足，但出于同样原因，他们相当熟悉暴力，且非常勇猛。与之相对，文明国家的士兵则将他们在更加有序的社会生活中获得的服从、坚韧和善于在大型组织中协作等品质带到战场之上。不过，随着帝国循环周期的推进，双方的状态都会发生变化，从而导致力量平衡被打破。

帝国很难无视从边疆地区招募蛮族或半蛮族战士这样一个吸引力极大的选项。当帝国自己的人民丧失参军积极性和战士精神的时

㉟　William McNeill, *The Rise of the West*. Chicago: University of Chicago, 1963, pp. 50, 228; Mann, *The Sources of Social Power*, pp. 162-4；更具专门性的讨论参见：Bennet Bronson, 'The role of Barbarians in the fall of states', in Yaffee and Gowgill, *The Collapse of Ancient States and Civilizations*, pp. 196-218；他的论证在某些方面与我不谋而合。

候，边疆仍能够作为尚武好战士兵的可靠来源。对于很多帝国，这样一套制度可以在相当长时间内良好运作，但也随时可能演变为一发不可收拾的局面。对外族部队的依赖加重了帝国自身人口的和平化。蛮族战士作为雇佣兵为帝国服役时能够学习到更多纪律和秩序，并将学来的东西带回自己的家乡。这样的文明影响可能会使边疆地区变得更加温顺，从而在一定程度上对帝国有利。但它同时也可能有助于边疆地区形成规模更大且更有秩序的政治结构，从而为帝国造就出更危险的对手。为帝国服役还会令外族战士及其领袖对帝国的力量和弱点了如指掌并加以利用。

有外族战士，就有外族战士领袖。他们或是在帝国军队指挥序列中不断升迁——因为帝国不但缺少本地兵源，也缺少本地指挥人才；或是率领着自己的人马，作为一支完整的队伍被纳入帝国军队序列。一旦开始依赖外族战士及其领袖，帝国就将被迫采取越来越严重的饮鸩止渴措施。各大帝国在自身武力衰退时都会更多地雇佣蛮族战队，这实际上也是一种花钱买平安的办法，因为若非如此，这些蛮族就很可能上门抢劫。在自己的领袖率领下的外来蛮族部队甚至可能成为帝国都城内的皇家卫队。一旦处于这样的地位，他们就很容易利用动荡不安的时局（或者自行挑起动乱），趁机向外敌打开[375]帝国的大门，或者为自己夺取大权。

从上古时代起，各大帝国就不断被来自边疆的人们接管，其中往往牵涉到之前充当雇佣兵的那些人。萨尔贡所建立的"历史上第一个帝国"，即阿卡德（公元前 24—前 22 世纪），在其继承者统治期间被来自美索不达米亚东北蛮族边疆的古提人摧毁。随后，亚摩利、卡赛特（Kassite）和迦勒底边疆部落民及其酋长相继统治了巴比伦尼亚（Babylonia）。同样的一幕也在埃及上演，只不过主角换成了喜克索人、利比亚人和努比亚人（苏丹人）；海上民族差一点就能进入这一行列。事实上在后期王国（Late Kingdom）阶段（公元前 1069 年之后）的大部分时间里，埃及均被外族人所统治。中国有可靠记录的第一个帝国商被来自西方半野蛮边疆的周所取代，后来又是起源于同一地区的半野蛮的秦成功击败了其他所有国家并于公元前221年统一中国。在中国大致整合了除西藏外的西部边疆后，来自东北边疆的满洲诸民族成为新的挑战者，三度或四度入主中原。⑯ 与埃及的后期王国阶段相似，公元906年唐王朝覆灭后的大部分时间里是外族人统治着中国。这样的倾覆帝国名单还可以继续列下去，其中包含一连串我们熟知的案例：日耳曼人与罗马帝国；保加尔人、斯拉夫人、诺曼人、阿拉伯人与拜占庭；突厥人与从中国到印度、伊朗和近东的整个亚洲。

　　入侵者可能会以自己的国家取代被侵略的帝国，或仅仅占据它，或将其分割。取代多出现在入侵者自身拥有强大的政治和文化基础的情况下，因此即便接管了被征服者的帝国，同时不可避免地顺便接受一些文化遗产，他们仍可拥有与被征服者截然不同的政治和文化认同。希腊人对波斯帝国的征服以及阿拉伯穆斯林对拜占庭东部（但不包括波斯）的征服均为其中的突出案例。然而大多数情况下，来自边疆的蛮族或半蛮族战士将惊叹于帝国的财富和光辉，只愿自己能成为统治者即可。一旦征服成功，他们会尽可能保留原有的国家机构，自己很大程度上也会被臣民的文化同化。对于帝国臣民而言，这只不过是一次改朝换代或社会精英的部分换血而已。乡村地区农民大众的生活[376]以及肩上的负担几乎不会有什么变化，虽说他们对于外国人充当新统治者的感受仍是一个强有力的不容忽视的因素。试图推翻"外国入侵者"的反抗者可以利用这样的爱国情绪，而反抗常常会在蛮族王朝传承数代，外来统治者和精英已经失去锐气并被文明和权力腐化之后发生。最后，如果蛮族或半蛮族的征服者太弱，无力接管并维持全套帝国架构的话，帝国就可能分裂解体。这种情况不可逆转地发生在罗马帝国身上，也反复发生于中国，虽说每次只持续较短时间。

　　尽管定居和半定居边疆地带构成对帝国的持久安全挑战，偶尔

---

⑯　作者后面提到四次指的是北魏、辽、金和清。——译注

也会成为入主帝国的根据地,但它和草原边疆比起来只能算是小巫见大巫。草原上的人们对定居文明国家的大规模侵袭和系统性压榨达到了其他边疆居民不能望其项背的程度。马背骑乘的广泛应用在辽阔的欧亚草原上造就的转变,要比在欧亚定居文明区域中的更为彻底;它还令一种游牧—掠夺式的生活方式成为可能。由于草原横跨了欧亚大陆的整个腹地,草原之民因而能够对东方和西方的各个文明施加决定性的,但也程度不等的影响。

骑马侵袭者和草原帝国

从乌克兰到蒙古延绵 7000 公里,南北跨度也有约 1500 公里的一片草海便是我们所说的欧亚大草原。纬度和极端大陆性气候条件导致降水量稀少,使得在这片巨大区域内的大部分地方罕有树木生长。在它北方的森林和泰加林(taiga)中,人口更为稀少,且人们仍遵循着新石器时代之前的狩猎—采集—捕鱼—设陷阱捕兽的生活方式。不过,草原本身则早已接受了从南方农业社会传来的新石器技术文化,并导致其经济和人口分布发生转变。在有河流的地方的河谷里,居民每年按时种植谷物,人口密度也更高。但更[377]重要的仍是在整个草原上均可进行的牛羊放牧,它与粮食种植以及园艺一起构成了一种半游荡半定居的牧—农混合经济。除此之外还要加上一种公元前第四千纪以来在草原本地驯化的动物,也就是马。

前面说过,直到 14 至 15 掌(140—150 厘米)高的马匹被成功培育出来后,长期可靠的载人马背骑行才成为可能。这一重大进展发生在公元前第二千纪末的大草原西部,可能是里海和咸海周边一带。这也解释了为何公元前最后几个世纪的波斯人和中国人如此渴求来自中亚地区的体格高大的尼萨恩马(Nisaean horse)或大宛“天马”。马背骑乘的发展造成了势不可挡的经济—人口—军事效应。牧人如今可以骑在马上驱赶牛羊进入草原深处,使更远距离内的草场和水源得到利用。尽管还有很多人居住在河谷和绿洲地带,保持着半定居半畜牧的生活方式,其他人群却已能够采用机动性十足的完全游牧化的生活方式——这对于尚未拥有马的时代的牧民是不可想象的。游牧化并不意味着相关人群彻底切断了与从事农业的邻居之间的联系。恰恰相反,完全游牧化的生活方式必然要求一种与定居人群之间进行交换的共生关系,从而使游牧民能够获得以粮食为主的农产品和其他商品。和我们前面讨论过的那些没有马的牧民一样,游牧民若无须付出任何东西交换也能通过武力从定居人群那里榨取必需品,那显然更合他们的意。

骑马牧民的生活方式所赋予他们的军事优势,远远超越了无马牧民和草原战车驭手曾经拥有过的。大草原上发明的战车令驾驶它的部落战队能够在公元前第二千纪穿越伊朗,征服并统治了美索不达米亚北部(米坦尼)和印度北部。尽管如此,它在部落中仍是一种仅属于精英阶层的武器,既专门又复杂,难于制造维护,也很昂贵。然而一旦传入文明地区后,战车便得到了更为成功普遍的应用,因为有组织的定居社会拥有制造维护战车所需的更好的经济基础。与之相比,骑马不需要专门设备,且同样一匹马既是[378]游牧经济和生活方式的根本,也能充当无与伦比的作战工具。马于是极大程度上改变了草原与耕地之间的力量平衡。广阔牧场上的游牧生活养育出了可供全社会成员乘用的大量马匹,也创造出一支几乎包含全体部落男性的骑兵大军。相比之下,在定居文明区域中马被精英垄断,只能作为奢侈品拥有。

"游牧集群"(horde)这个词可能具有很强的误导性。尽管古代作者极度夸大骑马牧民群体的人数,他们在这方面仍是无法与定居社会相比肩的,因为农业生活方式更为集约化,能够支撑起数十倍密度的人口。一个游牧部落的男性人数往往只有几百或小几千;即便在真正的大型部落联盟里,能骑马的男人也不超过数万。由成吉思汗所建立的,包含了蒙古全部部落的古往今来最可畏的草原部落联合体,在 1206 年和 1227 年也不过分别拥有 9.5 万名和 12.9 万名男性战士。这些数字被记录在所谓的《蒙古秘史》和其他同时代文献中。相对于其他游牧民族，蒙古人很罕见地征服了有文字的定居文明，从而使他们能够自行记录包括可靠数字在内的自身的历史。[57] 中国的人口有成吉思汗帐下游牧民的百倍之多。然而比较草原和耕地所拥有的绝对人口数目是没有什么意义的，因为骑马游牧民掌握着战争的主动权。

游牧生活中常见的野外长距离移动和放牧、打猎活动，均为实际作战的最近似模拟。此外，游牧部落民之间为草地、水源和畜群而展开的无休止冲突，也使战争成为伴随他们终身的习惯。与定居邻人交战时，牧民的高超机动力使他们能够随意掠夺散布在乡间的农业定居点，不断切换行动目标，并轻易在一天之内奔驰 70 公里。高机动力和切换行动目标的能力，在敌国农业区域中即意味着后勤方面的极高灵活性，因为人和马均可就地取食。农业社会移动缓慢但数量更多的步兵要么没有足够时间集结起来，要么就被骑马游牧民"放风筝"而找不到交战机会。只有骑兵能[379]追上袭击者，但定居社会需要花大价钱养起来的骑兵数量有限，相对于骑马游牧民不占优势，且作战能力还不如游牧民，或至少不适于和他们作战。马背上的生活令游牧民掌握了无人可及的骑术。再者，他们的主要武器是小而有力的复合弓，由动物筋腱、动物角和木头经复杂工序处理后粘接而成。由于自幼接受训练，他们能够在战斗中以毁灭性的速度和准头发射箭矢，甚至可以在马全速疾驰时射箭或反身向后射箭。装备更重盔甲以进行冲击的定居社会骑兵很难迫使他们被动进入战斗。

草原轻骑兵能够保持这种作战方式，并按自身意愿避开正面对抗的关键在于他们没有什么不得不站定双脚加以守卫的东西。定居社会的军队找不到能够有效反击的行动目标，于是也就难以歼灭或

⑤⑦　第一个数字参见：Francis Cleaves（trans.），*The Secret History of the Mongols*. Cambridge，MA：Harvard University Press，1982，x. 231；第二个数字出自同时代的一部伊朗史书，参见：H. Franke and D. Twitchett（eds），*The Cambridge History of China*，Vol. 6. Cambridge：Cambridge University Press，1994，p. 345。

威慑其对手。骑马牧民的家庭和畜群远不可及，且几乎和游牧战士本身一样游移不定。一些骑马游牧民甚至放弃了马背骑乘技术羽翼丰满前曾被草原牧民使用过的行动缓慢的牛拉重型货车。游牧民对其定居邻人的残暴行为——书写了历史上最为骇人听闻的篇章之一——是所有这些因素的结果。这不仅仅是因为两类生活方式极为迥异的人群互相蔑视；也不仅因为游牧民对定居邻人的财产和劳动成果毫无概念，因此下手破坏时也毫不可惜；还有一个重要原因是游牧民不怕遭到定居者的报复，而对报复的畏惧正是冲突双方均为定居社会或游牧社会的情况下各自约束自己行为的主要动力。此外，他们的人数太少，以至于只能靠赤裸裸的恐怖来逼迫和压制定居社会。他们在劫掠方面更为得心应手，而对扮演"普通"入侵者，征服土地和人民使之成为永久战利品的行为不太感兴趣。总之，尽管只占了欧亚大陆总人口的几个百分点，游牧民却能将马的应用转化为一股强大动力，决定性地影响了人数远超他们的大陆诸定居社会的历史。

从新月沃地边缘到中国的边关

[380]从河中地区（Transoxiana）到乌克兰的欧亚大草原西部是大型乘用马匹的发源地，在这里居住着说伊朗语支诸语言的人们，其中最为著名的是斯基泰人（在印欧语中意为射手，在东方他们则被称作萨卡人[Saka]）。马背骑乘起源后经过了最多数百年——在此期间骑马得以传播，完全机动化的游牧经济发展起来，草原人口也大为增长——草原上的人们便一路向南留下足迹，使古代近东诸文明感受到沉重的压力。亚述军队便是在公元前9世纪时从草原引入了骑马和骑兵部队。这些发明后来又传播到整个近东地区。此外，辛梅里安人（Cimmerians，我们对他们所知甚少）于公元前8世纪末和前7世纪上半叶从克里米亚经高加索抵达近东，使亚述在北方的宿敌乌拉尔图（Urartu）遭受一场惨败。他们随后在安纳托利亚定居并摧毁了强大的弗里吉亚（Phrygia）王国。他们四出劫掠，严重压迫着吕

底亚以及爱奥尼亚的希腊人，并对亚述造成骚扰。[98] 斯基泰人于公元前 7 世纪初接踵而至，沿里海海岸经高加索东部驰入安纳托利亚东部和伊朗高原。他们首先与早期的米底部落联盟结为盟友反对亚述，随后又与亚述结盟，甚至在一个时期内（公元前 653—前 624 年）拥有对米底的宗主权。米底、亚述两大国以及整个古代近东在公元前 7 世纪期间均遭到他们的大肆劫掠。[99] 然而，骑马游牧民成为近东强权政治中重要因素达一个世纪后，其威胁逐渐消退。炎热干燥、部分地区多山且人口稠密的近东无法为他们的马匹提供足够的牧场。该地区和北方草原故地之间的通路也是高度受限的，在两边被黑海和里海阻断，只余两海之间群山屹立的高加索走廊。

骑马游牧民易于抵达的地方只有伊朗，但该地区的人，尤其较干旱的北部和东部的那些，自身即包含了部分牧民，且已普遍接受了骑马。米底和之后的波斯均通过在伊朗各地征募兵员建立了强大的骑兵部队。波斯帝国的骑兵也来源于东部省份巴克特里亚（Bactria，中国古籍称大夏），甚至来源于那些一直骚扰着帝国北方邻近草原的边境地带的斯基泰/萨卡人部落。据说居鲁士大帝[381]便是在征伐河

---

[98] 尤其应当参考：Askold Ivantchik, *Les Cimmériens au Proche-Orient*. Friburg: Editions Universitaires, 1993; 以及: Anne Kristensen, *Who Were the Cimmerians and Where Did They Come From?* Copenhagen: The Royal Danish Academy, 1988; 即便不接受作者的结论，也可通过此书了解游牧民族识别中会遇到的种种困难。

[99] R. Rolle, *The World of the Scythians*. Berkeley, CA: University of California, 1989; Diakonoff, 'Media', pp. 91-109, 117-19; Dandamaev and Lukonin, *The Culture and Institutions of Ancient Iran*, pp. 49-55; J. Harmatta, *History of Civilizations of Central Asia*, Vol. 2. Delhi: UNESCO, 1999, Chapter 1; Laszlo Torday, *Mounted Archers: The beginning of Central Asian History*. Edinburgh: Durham, 1997, pp. 274-5; Timothy Taylor, in B. Cunliffe (ed.), *The Oxford Illustrated Prehistory of Europe*. Oxford: Oxford University Press, 1994, pp. 373-410; Kristian Kristiansen, *Europe before History*. Cambridge: Cambridge University Press, 1998, pp. 185-209. Herodotus, 1.103-6 and 4 是最重要的文字史料，构成了对亚述编年史和考古证据的补充。

中地区的游牧民时阵亡的(公元前 530 年,出自希罗多德《历史》
1.214)。大流士一世对东方萨卡人的作战更为成功,俘虏了他们的
酋长或国王。然而试图通过武力彻底打败或降伏游牧民的徒劳无
益,在随后公元前514或前512年大流士对斯基提亚(Scythia,即乌
克兰)失败的大规模入侵中表露无疑。希罗多德对游牧民战略的描
述相当典型(《历史》4.120,121,127,128):斯基泰人"决定不在旷野
上与敌人交战……而是撤退并赶走他们的牲畜,填塞撤退道路上的
水井和泉水,并令地面上寸草不留。……至于他们的妻子儿女用来
作为住宅的大车,都被提前送走,得到命令一直向北方行进。……
'因为我们斯基泰人既没有城市也没有耕地'"。避免正面交锋的情
况下,他们保持一段距离紧随波斯人,"在波斯人搜寻补给时袭击他
们。……斯基泰人的骑兵总能击败波斯人的骑兵……但斯基泰人打
败对方骑兵后却因畏惧其步兵而回撤。斯基泰人在白天和夜里均用
这种方式发动进攻"。发现自己深入敌境却不能取得任何显著战果
后,波斯军队因害怕粮秣断绝以及与后方联系被切断而被迫慌忙
撤退。

　　最早的关于真正骑兵的图像描绘,来自公元前 9 世纪上半叶的亚述。骑手
骑在光马背上,成双结对行动。其中一人操纵两匹马的缰绳,另一人射箭:"就
像一个没有战车的战车组那样"。亚述纳西拔二世(Ashurnasirpal II)在尼姆鲁
德(Nimrud)的宫殿

[382]历史上第一次大规模深入草原作战预示了后来无数次类似尝试的结局,其中最引人注目的是中国跨过其漫长草原边界发动的那些战役。不过在将注意力转向欧亚大草原的另一边前,我们应当补充一点,即在亚历山大大帝摧毁波斯帝国以及他的塞琉古继业者,将统治重心放在叙利亚后,伊朗地区便没有了一个大国去阻断草原通向近东的道路。于是,这一真空迅速被另一群来自北方操伊朗语支语言的游牧骑射手即帕提亚人(Parthians)所填补。帕提亚人在伊朗高原和美索不达米亚部分地区建立了统治。从公元前247年到公元224年,这一横跨草原、耕地以及两者间过渡区域的帝国成为塞琉古和随后的罗马这两个地中海帝国的抗衡者,是在罗马面前生存下来的唯一强大对手。

值得注意的是,尽管马的驯化、战车的发展和骑乘马匹的繁育均发生在欧亚大草原西部——当史前时代结束时这里居住着操伊朗语支诸语言的人们——那些最令人畏惧的骑马游牧民族集团却是从草原的东部反复不断涌现出来的。这些在信史时代说着阿尔泰语系(包括突厥语族和蒙古语族)诸语言的人们显然是从西方引入了马拉战车,后来又从同一个地方习得了骑马。每个这样的发明从草原西部的发源地传到东部都要花掉差不多500年时间。这一史前时代东进运动的遗迹在中国西北边疆一个孤立族群中有所体现。他们直到公元500—750年间仍用一种被学者命名为吐火罗语(Tocharian)的印欧语系语言进行书写。在中国记录中被称作"月氏"的这一族群所具有的明显的高加索人种特征——如红头发和蓝眼睛——被古代艺术呈现和考古中发掘出的遗体加以证实。⑩尽管如此,一旦阿尔泰语诸民族也学会了骑马游牧之后,潮流便逆转了。自此之后反反复复出现的迁徙大潮毫无例外均为单向的:从东向西横扫大草原,进入

---

⑩ A. K. Narain, 'Indo-Europeans in inner Asia', in D. Sinor (ed.), *The Cambridge History of Early Inner Asia*. Cambridge: Cambridge University Press, 1990, pp. 151–76; Harmatta, *History of Civilizations of Central Asia*, Chapter 7.

西亚和东欧。

为什么会这样？操突厥语和蒙古语的诸民族为何能建立在草原上的优势地位，并对欧亚大陆各定居文明造成巨大的冲击？似乎从未有人提出一个涵盖范围如此广阔的问题。[⑩] 这当然不是因为他们天赋异禀。[383]造成这一切的仍是地理和生态。尽管完全形态的游牧生活方式诞生于欧亚大草原西部，该地区的居民却并非全为纯粹的游牧民。例如，斯基泰人中便只有某些部落——希罗多德所说的王族斯基泰人（《历史》4.18—20）——是完全游牧化的；而其他的，尤其居住在河谷地带和降雨更多的西部地区的那些部落，则保持着半游牧形态，同时从事畜牧和农耕。毕竟无论从食谱还是舒适性方面来看，混合生活方式都是更令人惬意的。而更为空旷荒凉的草原上无法满足农业需求的生态条件，则是决定了必须采用更为艰苦的完全游牧化选项的最主要因素。重要的是，这一出于无奈的选项反而造就了骑马民族军事优势的最纯粹形态。军事优越性于是便建立在了更艰苦更贫穷生活方式的基础之上。正因如此，游牧的斯基泰人统治了更为定居化的斯基泰人。与之类似的是从公元前 3 世纪起，来自顿河以东更为贫瘠草原的萨尔马提亚人（Sarmatians）逐步占据了斯基提亚。

在欧亚大草原的东部，无论是阿尔泰山脚下、戈壁沙漠（Gobi Desert）还是蒙古平原，其降水量均比西部更为稀少，河流也更稀疏。结果就是本地人口更多从事游牧而非定居农业，并具有游牧生活方式所带来的军事优势。这也导致他们更加依赖于中国的定居邻人为自己提供农产品和其他物品。此外，不同于古代近东，中国北方与草原之间的边界漫长而开放，没有广阔内海这样的地理障碍物加以屏蔽。最后，与既是游牧民前往西南亚的主要走廊，但也是一个能够对

---

⑩ 关于东方可对应参照：Owen Lattimore, 'The geographical factor in Mongol history', in *Studies in Frontier History*. Paris: Mouton, 1962, pp. 241 -58，尤其是第 257 页。

抗他们的半游牧缓冲区的伊朗相比,在中国,从草原向黄河河谷人口
稠密农业地带的过渡要更加突兀。诚然,中国在东西两翼均有农—
牧混合区域,尤其是东方的满洲地区,但在正对着中华文明心脏地带
的中间部分,这样的缓冲带就窄得多。所有这些因素结合起来,导致
中国草原边疆的骑马游牧民成为一股足以影响世界历史的极其可怕
的力量。

直到公元前 4 世纪,也就是比西南亚相应晚了四个世纪时,处于
战国时代的中国才遭到兴起于北方的骑马游牧民的侵袭,导致中国
也开始编制骑兵。[384]与随后统一中国的秦王朝(公元前 221—前
206 年)和汉王朝(公元前 206 年至公元 220 年)相对应的,是一个兴
起于北方边境外与之并立的草原帝国,即在中国史籍中被称作匈奴
的巨型部落联盟。我们不知道匈奴人说的是(原始)突厥语还是(原
始)蒙古语,或两者皆有,只知道他们中可能也包含了高加索人种成
分。从此以后,中国与大草原便如同连体共生的暹罗双胞胎一样,拥
有了彼此联系不可分割的政治发展进程。中华帝国历史上各个伟大
的王朝不断见证着与它们势均力敌的强大草原帝国的崛起。汉朝和
匈奴之后是中国的一个分裂时期,随后的隋和唐王朝(公元 581—
907 年)又要面对草原上幅员辽阔的突厥帝国。

如同历史人类学家托马斯·巴菲尔德(Thomas Barfield)指出
的那样,草原上的国家和帝国不仅仅是在那些促进文明边缘地带国
家构建的通常要素——包括战争——推动下产生的;这些国家还有
一个特殊的使命,也就是构建有能力挑战定居帝国的大型敲诈集
团。⑩ 成吉思汗及其继承者建立的蒙古帝国塑造了人们对草原帝

---

⑩　Thomas Barfield, *The Perilous Frontier: Nomadic empires and China, 221 BC to AD 1757*. Cambridge, MA: Blackwell, 1992. 强调中华帝国对
游牧民造成的压力的相反论述可参见: Nicola Di Cosmo, *Ancient China and Its Enemies: The rise of nomadic power in East Asian history*. Cambridge: Cambridge University Press, 2002, 尤其是 pp. 161-205; 尽管证据罗列和说理都可
圈可点, 我仍然认为这篇文章最多只能起到对正面论点略加修正的作用。

国的普遍印象,然而这一印象是不准确的,因为通常情况下草原游牧民并不会去尝试征服和统治定居文明区域。征服文明区域意味着他们要面对不情愿也不够格承担的统治重任,也意味着要放弃或至少改变他们的草原牧民生活方式。他们宁可进行掠夺,若能升级成某种制度性的敲诈(以及强行要求通商权利)则更佳。他们的理想是强迫定居区域的国家政权为他们劳作,征集事先议定的大量农产品和奢侈品送到草原作为保护费或者说"岁币",从而使双方免去常规劫掠所带来的麻烦、死亡、破坏和痛苦。如果定居帝国政权不堪重负撕毁约定的话,那么大规模的侵袭将马上恢复,以迫使他们重新考虑。可以看出草原游牧民社会与其他掠夺性的前国家和早期国家社会事实上并无不同,后者同样宁可劫掠并榨取贡赋,而不是建立直接统治。

但为什么千百年来,强大而骄傲的中国皇帝也接受了草原游牧民的敲诈,导致形成一种中国被草原附身吸血的关系呢? 其实不过是因为中国没有摆脱这种境况的决定性军事方案罢了。[385]从一开始,中国人就分别或同时尝试过使用防御和进攻这两种策略。防御方面,战国时代邻接草原的各国树立起了中国式的夯土城墙,保护本国领土免遭游牧民侵袭。中国的第一个皇帝秦始皇(公元前 221—前 210 年在位)将这些防御工事连接成著名的,此后历朝历代还将反复重建的长城。[⑩] 然而尽管长城绵延数千公里,却并不能彻底阻挡住高机动性骑兵集群所发动的大规模袭击。

中国人尝试过的另一种运动攻势策略的具体内容包括模仿草原骑兵的作战装备和战术,组织起大规模轻装骑兵部队,对来自草原的敌军进行伏击、阻截和追踪。这种行动模式最早也是在战国时期,由

---

⑩　与他的总体论调相对应,Di Cosmo, *Ancient China and Its Enemies*, pp. 138ff 中将中国的长城建造解读为向北方扩张边界的侵略性行为的一部分,而我只能认为这样的理论说服力有限。

赵国的武灵王所采用的（公元前 307 年）。这一变革同样影响到华夏国家之间的战争，导致战车逐步被骑兵所取代。[104] 两个世纪后，当匈奴的索求变得越来越贪得无厌，条约和贸易也无法完全阻止他们的袭击劫掠时，汉朝的皇帝再度采用了这一战略并更进一步。从公元前 129 年开始，他们发动了多次对草原的大规模入侵，试图追踪并俘获部落百姓和畜群。不过，即便在最成功的情况下，此战略的效果也是有限的，代价却异常高昂。前面已说过，游牧部落极其飘忽不定。对于中国方面而言，组织大型骑兵军团需要国家牧场养育数以十万计除军事之外别无他用的马匹，牵涉到巨大的后勤和财政支出。深入荒凉草原的大规模战役中的高损耗和后勤复杂性同样令人头疼不已，与游牧民后勤的自给自足和灵活性对比极为鲜明。因此历史上的中国政权总是不得不苦苦思索是否需要与游牧民达成协议支付一笔合理的贡金，以免付出更高代价。[105]

在几乎从未间断的游牧民威胁的阴影下，中国被迫长期忍受这样的两难处境。只有在游牧民内部发生分裂，中央权威弱化之际，中国才能较为成功地处理这一问题，也就是利用形势，挑起内斗，并用酬赏、外交和军事支持等手段为自己赢得游牧民中的盟友。更为成功的方法[386]则是将草原的一部分整合进来形成一个中国—草原的联合帝国。来自中国东北边疆半游牧半定居的满洲地区的帝国统治者尤其善于使用这一手段。不同于蒙古地区完全游牧化的骑马牧民，满洲各民族经常在中原王朝衰落或陷入乱世时试图夺取其整体

---

[104]　Di Cosmo, *Ancient China and Its Enemies*, pp. 134-8 中主要强调了这一举措在华夏世界内部战争中的作用。

[105]　同上，pp. 29-84；Nicola Di Cosmo, in Loewe and Shaughnessy, *The Cambridge History of Ancient China*, Vol. 1, pp. 892, 962；Yü Ying-shih, in Sinor, *The Cambridge History of Early Inner Asia*, pp. 118-50；id., in Twitchett and Loewe, *The Cambridge History of China*, Vol. 1, pp. 383-405；Owen Lattimore, 'Origins of the Great Wall of China: A frontier concept in theory and practice', in *Studies in Frontier History*. Paris: Mouton, 1962, pp. 97-118。

或一部分的控制权,并时不时取得成功。其中最为成功者包括拓跋部的北魏(公元386—556年)、契丹的辽和女真的金(公元907—1234年),以及满人的清(公元1616—1912年)。[106] 如同伊朗那样,这些混合了畜牧和定居地带的政治体要比集约化农业的中国本部更有能力遏制草原上的骑马游牧民。

唯一一个成功征服并直接统治中国的游牧民草原帝国是成吉思汗及其继承者的蒙古帝国。作为一个部落酋长的流亡后裔,成吉思汗通过二十年不断征战,使草原各部在他统治下形成一个具有空前广泛性的联盟。公元1206年,他被尊为蒙古草原上所有蒙古和突厥部落的大汗,随后使两个横跨中国—草原边界的汉化半游牧国家金和西夏向其称臣纳贡。起初,成吉思汗的野心似乎并未超出建立一个统一的草原帝国并向中国敲诈贡品这一传统目标。1211—1214年间他在中国最初的几次作战所贯彻的便是这样的意图。然而,在外部环境和游牧国家内部改革的共同作用下,他的政策指向发生了变化。外部环境方面,经历激烈战斗和大规模破坏之后,华北的金国统治者于1214年屈服并与蒙古订立和约。但金人随后将都城迁往南方,远离草原边境。在成吉思汗看来这表明了金人打算继续抵抗。与此同时,蒙古人在西方卷入了一场预料之外的复仇战。由于河中地区强大的花剌子模(Khwarazm)国家的统治者沙王摩诃末(Muhammad)杀死了成吉思汗派去的使者,蒙古人便入侵并毁灭了这个国家(1219—1220年)。

处于这样的环境下的成吉思汗帝国比以往草原上的任何游牧帝国更为集权有序,因而能使自身的力量充分对外伸展。成吉思汗将他的草原大军按十进制原则,从十户、百户、千户直到万户依次编组起来,而不是像过去那样通过各部落进行指挥。统领这些军事单位

---

[106]　理论方面参见:Barfield, *The Perilous Frontier*, pp. 118-19, 124-7, 145-6, 167-82, 250-77;历史方面参见:Franke and Twitchett, *The Cambridge History of China*, Vol. 6。

的是一些在战场上证明了自己的能力[387]和对大汗的忠心,从而得到提拔任命的指挥官。草原骑手标志性的军事素养通过严明的秩序、纪律以及组织团结性得到了进一步提升。尽管这一军事指挥体系明显不足以用来治理复杂的定居社会,它也已经构成了一个中央集权化的永久性国家结构,从中可进一步发展出民政机能。

在征服战争中,蒙古人起初考虑将华北"悉空其人以为牧地"。一名曾出仕金国[107]如今为大汗服务的契丹族官员耶律楚材为了阻止这场惨剧发生,向新统治者解释说如果让他和平治理国家,那他每年可以为蒙古人征收"银五十万两、绢八万匹、粟四十万石"。[108] 蒙古人接受了建议,继续借助旧的帝国官僚机构来统治中国。在征服过程中,蒙古人自己的兵力最多只有 6.5 万名草原骑兵,因此他们也招募了大批中国人充当步兵,参与围城并提供其他技术服务。从成吉思汗的孙子忽必烈汗(1260—1294 年在位)的时代起,蒙古帝国的中国部分便越来越汉化,蒙古统治和军事精英逐渐失去了与草原的联系并被中国文化同化。采用"元"作为国号后,蒙古人又统治了一个世纪。经过一段衰落和失控时期后,他们于 1368 年被明王朝驱逐出中国本部。

成吉思汗及其继承者的大军同样横扫了西方。通过在推进过程中收编当地草原游牧民,他们发动了一场兵分两路的攻势:一路入侵西南亚,征服伊朗并摧毁了巴格达的穆斯林哈里发国;另一路入侵东欧,打垮并降伏了乌克兰和俄罗斯的罗斯诸国,并继续向西进入波兰和匈牙利,击败当地统治者。蒙古及其各个继承国最终统治了一个包括印度北方在内的世界历史上从未有过的大帝国。

欧洲的门户

然而成吉思汗的大军并不是向西迁徙,从操伊朗语牧民那里夺

⑩⑦　原文作"前契丹高官"。——译注

⑩⑧　Barfield, *The Perilous Frontier*, p. 205.

取了大草原西部并对西南亚和东欧诸文明造成重压的一系列突厥—蒙古部落集群中的第一支。相反，这个在他们之前已经延续了1000年的序列排到他们这里时已经接近了末尾。完全骑马游牧的生活方式从[388]草原西部传到东部花了约500年；游牧生活方式在东部不断深化发展，从而积蓄并释放出一波波向西迁徙的游牧民又花了约500年。这一时间顺序——新的生活方式抵达远东草原，扎根下来，逐步积蓄能量——解释了一连串迁徙浪潮的头一波，即4世纪70年代初匈人在乌克兰的突然现身，为何并没有在西方历史上更早的时间节点发生，而在此之后的浪潮为何又以近乎规律性的节奏不断重现。一个全新的元素被引入西方历史之中。

如同在中国边境上那样，来自远东的骑马游牧民激烈地撼动了欧亚大陆西部草原—文明区域之间的势力均衡。和土生土长、较少流动性、经济形态更为复杂的说伊朗语支语言的辛梅里安人、斯基泰人、萨尔马提亚人和阿兰人骑马牧民相比，他们是一股远为凶恶而更具毁灭性的力量。和中国草原边境上的匈奴人一样，匈人所说的语言因遭遇他们的文明国家未将之记录成文而至今无人知晓。学者同样无法确定匈人是否为匈奴帝国分裂后权力斗争中脱离出去的一个部落集团。[109] 最合理的假设是匈人的确源自匈奴，且两者都使用突厥语。

或许仅拥有小几万名战士的匈人部落集群突袭并击败了草原西部说伊朗语的各个民族和乌克兰的日耳曼哥特人，驱使他们向西逃窜到罗马帝国境内。匈人继续向西，一路侵掠进入中欧，将惊恐的日耳曼诸民族尽数驱入帝国西部。在这个意义上，可以说是马导致了西罗马帝国的垮台。并不是说骑兵此时突然被证明优于罗马步兵，而是因为草原骑手的到来在罗马蛮族边疆的日耳曼诸民族中引发了

---

[109] Otto Maenchen-Helfen, *The World of the Huns*. Berkeley, CA: University of California, 1973; E. Thompson, *The Huns*. Oxford: Blackwell, 1996 (1948).

广泛的连锁反应,导致后者迁徙、重新定居,并依靠自身以步兵为主的军队最终摧毁了帝国。草原骑马游牧生活方式在遥远东方历时千年的发展,极为决定性地(虽说也是非直接地)影响了遥远西方的历史进程。

[389]匈人自己的行为却与被他们驱赶到罗马的蛮族完全不同。他们在与罗马帝国的接触中复刻了一种在中国草原边界上不断重复的模式。匈人部落社会在阿提拉(Attila,5 世纪 40 年代至 453 年在位)领导下联合成为一个帝国,其中也包括了来自草原和中欧、操伊朗语和日耳曼语的若干附庸民族。匈人反复侵袭东罗马帝国和萨珊波斯。阿提拉的实力如今使他能够对这些国家进行规模前所未有的压榨。与大众印象中不同的是,他从未试图征服东西罗马帝国中的任何一个。通过率领骑兵对罗马帝国——尤其是较富裕的东半部——大肆劫掠破坏,他从帝国统治者那里榨取了数额巨大的贡金。

阿提拉死后,他的帝国在继承者的权力内斗和附属民族的叛乱中解体。然而很快便有一连串起源于阿尔泰故地的突厥系民族追随匈人踏上了向西的征途。在欧洲,阿瓦尔人(Avars,可能为中国边境上的柔然人)于 6 世纪中期,保加尔人于 7 世纪初分别到来。随后在 9 世纪抵达的是来自乌拉尔的匈牙利—马扎尔人。他们是芬兰—乌戈尔(Finno-Ugric)语族而非阿尔泰语系突厥语族的部落民,但由于居住在草原北部边缘,他们也受到保加尔人、可萨人和佩切涅格人(Pecheneg)这些突厥系邻居的影响而采用了骑马牧民的生活方式,并被这些主宰了中亚北部的民族向西压迫进入欧洲。在中亚南部,月氏人(其中包括高加索人种的"吐火罗人")从中国边界向西移动,于公元前 1 世纪抵达河中地区,并于公元 1 至 5 世纪间在阿富汗和北印度建立了贵霜帝国(Kushan Empire)。贵霜被公元 4 至 6 世纪入侵劫掠了伊朗和北印度的嚈哒人(Hephthalites)或称白匈奴人摧毁。从 8 世纪中期开始,突厥系部落民接连不断地从东北方进入伊朗、美索不达米亚和安纳托利亚的伊斯兰世界。他们起初为当地统治者充当雇佣兵,随后便到处夺权。其中最为著名的是塞尔柱突厥人(Seljuk Turks)。⑩

尽管骑马游牧民对欧洲西部所造成的影响从很多方面看不可谓不大,但无论如何,与他们对东亚、西南亚、南亚甚至东欧的影响相比还是相差甚远。西欧从未被草原游牧民所主宰,更不用说彻底征服。原因很简单。与上面提到的其他地区相比,[390]西欧平原不多,又有山海河流作为屏障,不能为游牧民的马匹和畜群提供广阔的牧场,而这正是游牧民特有生活方式的根本所在。匈牙利平原一直以来构成了草原游牧民迁徙的最西端终点,从那里他们可以对中欧和西欧发动袭击散播恐怖。但匈牙利平原太小了,不足以成为一个大规模骑马畜牧民族的真正家园。匈牙利有限的牧场被认为是导致阿提拉的匈人、阿瓦尔人和匈牙利—马扎尔人等草原游牧民的威胁性随时间流逝逐渐衰落的一个主要原因。此外,随着游牧部落民变得更加定居化,他们越来越依赖两轮和四轮货车改善运输能力,以携带更多战利品;但这也损害了他们的机动性,使他们更易受到阻截或被困住。这一问题同样在阿提拉的匈人、马扎尔人和克里米亚鞑靼人(Crimean Tartars)曾享有的军事优势的弱化和最终丧失中发挥了作用。另一方面,奥斯曼土耳其人则逐步适应了对安纳托利亚西部和巴尔干定居社会的直接统治,放弃游牧部落遗留下来的大部分传统,以高效的步兵部队和攻城设备为核心重组了他们的军事机器。⑪

只有在广阔的东南欧草原上,⑫游牧民才站稳了脚跟。成吉思汗帝国在这一地区的继承者金帐汗国主宰着东欧地区公元第一千纪

---

⑩　关于这一游牧民复杂拼图的最好作品为：Golden, *An Introduction to the History of the Turkic Peoples*；*History of Civilizations of Central Asia*；Sinor, *The Cambridge History of Early Inner Asia*。

⑪　Rudi Linder, 'Nomadism, horses and Huns', *Past and Present*, 1981；92：1-19；以及更早提出类似观点的：Bloch, *Feudal Society*, pp. 11-14；Rudi Linder, 'What was a nomadic tribe?', *Comparative Studies in Society and History*, 1982；24：689-711。

⑫　指乌克兰和南俄,并非通常意义上提到东南欧时所指的巴尔干半岛。——译注

后期开始涌现的诸农业国家社会,向它们征收贡赋,而且也正是靠着对它们的统治才得以成为一个辽阔的帝国性草原联合体。金帐汗国于 15 世纪末解体后分裂出的克里米亚汗国、喀山汗国和阿斯特拉罕汗国在几个世纪里继续对邻近草原的波兰—立陶宛和莫斯科公国俄罗斯进行掠夺破坏,经常满载战利品和俘虏而归,并将俘虏卖到南方的定居社会——主要是奥斯曼帝国——充当奴隶。实力越来越强大的近代东欧各国以我们极为熟悉的方式作出应对:在边境定居点设防并建立一系列堡垒;从这些堡垒出发,部分由雇佣来的草原游牧民组成的轻骑兵部队可以伏击、追逐和拦截袭击者。尽管如此,这些措施并不能彻底解决草原边境的问题,乡村地区的毁坏和人民所遭受的苦难依然巨大。⑬ 直到近代化彻底完成之时,1000 年前在中国的草原边境上建立起来的那些基本规则才最终得以改变。

西方对东方

[391]牧民所造成的影响较小,只不过是西欧有别于欧亚大陆其他主要文明区域的独特生态和地理环境所导致的结果之一。欧洲或西方,与亚洲或东方之间因而具有了众所周知但也令人困惑的相异性。当然,上面这些地理名词在这里应当加上引号,作为最宽泛意义上的政治—文化分类来使用。大多数历史学家对如此大而化之的分类法深表怀疑,认为"东方—西方"这样的对立概念不仅陈腐粗陋,而且常常只是伪装起来的歧视和偏见。大多数历史学家也敌视(对历

---

⑬ 关于这一后期阶段的两部杰出著作为:L. Collins, 'The military organization and tactics of the Crimean Tatars during the sixteenth and seventeenth centuries', in Parry and Yapp, *War, Technology and Society in the Middle East*, pp. 257-76;William McNeill, *Europe's Steppe Frontier 1500—1800*. Chicago:University of Chicago,1964;亦可参见:John Keep, *Soldiers of the Tsar:Army and society in Russia 1462—1874*. Oxford:Oxford University Press,1985,pp. 13-20。

史的)地理—生态学解释,批评它具有太多决定论性质,忽视了随机偶然因素和文化—历史过程的作用。令人不解的是,历史学家在对年鉴学派(Annales)的著作深表尊崇时,其态度又仿佛人格分裂般地颠倒过来了。这个史学学派广泛运用深层次区域地理、气候和生态因素来解释"长时段"(longue durée)下不同社会中的特定历史现象。起源于20世纪法国的年鉴学派研究方法可追溯到近代和启蒙时代,并以孟德斯鸠为集大成者。正是在那个时期,欧洲的探索扩张与印刷技术相结合,赋予了欧洲人全球性的视野和对世界其他社会越来越多的知识。欧洲人同时也逐渐意识到这些社会均具有各自的标志性特征,它们与欧洲有着种种差异,彼此之间也有着不同之处。自孟德斯鸠以降,每个重要的历史学和社会学思想家——伏尔泰、休谟、亚当·斯密、赫尔德(Herder)、黑格尔、马克思以及韦伯只不过是他们当中最伟大的那些而已——均设想并以各自不同的方式试图解释东方与西方之间的差异。这样的差异也是受教育的公众普遍意识到的,尽管他们可能无法予以恰当定义和描述。

　　近年来,这些思想家的观察,得到了对近代以来所谓欧洲奇迹或"西方崛起"现象起因的更加专门化研究的补充。此类研究试图揭示是什么导致欧洲16世纪后在科学、技术、经济和权力方面获得其他地区难以匹敌的优势。[114] 这个问题通常被认为[392]和另一个欧洲"奇迹"即两千年前古希腊所代表的"西方崛起"是不相干的。但欧洲的这两个成就果真不相关吗,还是说在某些重要因素上确有共通之处? 如果答案是后一种的话,那么共通之处是如何造成的? 是因为欧洲存在着从古到今的文化延续和传递,还是因为受到某些一直存在于欧洲历史表层以下的基础性因素影响?[115]

　　显然,每个地区、时代和文化都是独一无二的。和欧洲一样,中

---

[114]　Jones, *The European Miracle*; Hall, *Power and Liberties*; 以及: David Landes, *The Wealth and Poverty of Nations*. New York: Norton, 1999。

[115]　戴蒙德在他的书的后记中以罕见的广阔视角讨论了这一问题,参见: Diamond, *Guns, Germs, and Steel*, pp. 411-16。

国、印度和西南亚的历史均随着时间和地域变化而表现出极大差异，且每个都和欧洲一样具有自身的独特性。问题在于究竟是哪种"独特性"造成了东西方历史的分道扬镳。我们所要考察的问题与本书的基本主题密切相关，也就是战争和军事力量在东方和西方分别以何种方式受到特定环境、经济、社会和政治因素的调节影响（或反过来影响这些因素）？本章中到目前为止，我一直关注的是令欧亚大陆有别于世界其他地方的共通因素，对这片大陆上的战争和军事机制倾向于一概而论，未作过多区分。从现在开始我将考虑到欧亚大陆内部的某些重要地区性差异。⑯

相对于欧亚大陆其他三个人口稠密的主要定居文明区域，欧洲在历史上最为与众不同的特征是与大一统帝国有关的。亚洲两端的近东与中国的大一统程度极高，在历史早期阶段便建立起了几乎包含所有农业区域的帝国；除帝国与帝国之间相对较短的中间期外，大一统从此成为惯例。甚至在印度，孔雀（Maurya）、笈多（Gupta）、德里苏丹国（Delhi Sultanate）和莫卧儿（Mogul）等帝国也囊括了除最南端以外的大部分次大陆，只不过它们之间的过渡期更长，过渡期间也分裂得更彻底。（来自阿富汗和内亚的突厥和蒙古王朝的骑兵打下了后两个帝国的江山。）与之相对照，欧洲历史上一个极为显著但又鲜有人注意到的事实便是，欧洲——不同于其他所有地区——从未被来自内部或外部的力量所统一。唯一一个能够引起争议的例外是罗马，但它是一个仅包含了欧洲南部的地中海帝国，而非欧洲帝国。尽管存在了数个世纪且[393]具有高度影响力，它仍然只占据了欧洲历史上一个较小的时间跨度。其他所有建立大一统帝国的尝试——加洛林王朝的、奥托王朝的（Ottonian）、⑰哈

---

⑯　人类学家古迪指出若以世界上其他地方为参照物的话，则欧亚大陆东方与西方社会之间的相似性与差异性几乎是势均力敌的，参见：Jack Goody, *Food and Love: A cultural history of East and West*. London: Verso，1998。

⑰　又称萨克森王朝，其创立者为神圣罗马帝国第一任皇帝奥托一世。——译注

布斯堡王朝的和拿破仑的——都很短命，且在疆域上达到的成就甚至不如罗马。

孟德斯鸠最早且最清晰地阐明了这一欧洲独特性，同时也指出了其背后的地理和生态因素：

> 在亚洲，人们总是看到有大的帝国存在，而在欧洲从来没有过这种大的帝国。这是因为亚洲有大的平原。亚洲由海洋分割成较大的板块，而且由于它比较偏南，所以水源容易枯竭，山脉积雪较少，而且河流不够大，不能给人形成障碍。因此，在亚洲就必须始终实行专制统治。……在欧洲，自然划分形成一些不太大的国家。在这些国家中，依法治国与护卫国家不是矛盾的。……正是由于它而形成了一种自由的特性。因为有这种特性，……每一个地方都难以被征服，难以向外来势力屈服。[120]

西南亚和东亚，以及印度次大陆北部均包含了巨大开阔的平原，有利于军队的快速移动和帝国领土上的沟通交流。相比之下，南欧、西欧和中欧被山脉和海洋分割得七零八落，既有利于防卫，也增加了出海通道。与在亚洲相比，在这样的碎片化地形中所产生的一大批小规模政治单元能够更为成功地捍卫自己的独立。

希腊在这方面堪称典范。它是从古代近东扩散出来的农业和文明在欧洲最早的立足地。在山脉和海洋的切割下，希腊成为欧洲海岸线最为犬牙交错的一个半岛，也构成了政治碎片化的欧罗巴大陆或者说大"半岛"的缩微模型。将希腊人与后世欧洲历史联系起来的不仅仅是地理上的巧合，也包括记忆和文化传承。应当注意的是，为希腊和其他地中海政治体提供屏障的大海也能像亚洲的开阔平原一样，作为沟通交流的大道发挥作用。罗马在公元前 3 世纪中期征服意大利半岛并与迦太基发生冲突后，便掌握了利用海洋的技巧。出

---

[120] Montesquieu, *The Spirit of the Laws*, 17：6；以及 17·4。

于这层意义,我们将罗马描述为一个地中海帝国,因为正是这片构成交通和后勤大道的"我们的海"(mare nostrum)决定了[394]帝国能达到如此巨大的规模。为免遭到批评,我应当强调上面说的这些并不意味着欧洲不可能被强行统一或被外来统治者征服,如同已经被"预先注定"了一样。它只不过意味着现实中欧洲历史的进程并非完全偶然,而是令大型政治单元极难在此大陆上稳固存在的物质和生态条件的产物。

前面已经提到过,政治体量越小,则贵族和民众的权力越不易被集中到专制君主手中。这样的权力集中化是在亚洲的广袤帝国中通行的规律,也就是所谓的东方专制主义。如同爱德华·吉本明确指出的那样,罗马帝国后期越来越专制化的趋势表明了欧洲也不能免受这一规律影响。⑲ 除了破碎的地形外,其他地理—生态因素也有助于欧洲的政治碎片化以及拥有相对于其体量而言的较高实力。我们已说过,西欧没有中国甚至印度北部那样的向草原世界敞开的漫长边界。它的内部也不像西南亚那样可分为农耕地带和更为贫瘠的畜牧地带,以至于牧民侵袭和夺权成为当地文明发展史上的显著特征。在气候温和的欧洲,几乎所有地方的降水量都足以支撑农业发展,基本不存在一组与农业社会之间界限分明的畜牧社会,或一套纯粹畜牧性的经济。相反,畜牧在欧洲普遍构成了农—牧混合经济的组成成分,虽说在成分占比上也有一定的地区差异。

此外,欧洲的降水模式决定了农耕以旱作而非集约化灌溉为主;定居点也较为平均散布,而非集中于河谷地带。根据多项计算,这意味着欧洲的人口密度只有那些以河谷为基础的文明的三分之一,若就河谷地带本身而言的话可能只有十分之一。⑳ 这样的生产—定居

---

⑲　Edward Gibbon, *The Decline and Fall of the Roman Empire*, Vol. 1. London: Everyman, 1966, p. 81.

⑳　Jones, *The European Miracle*, pp. 5, 8.

模式有着政治上的后果。如孟德斯鸠、韦伯和其他人注意到的那样,灌溉农业有助于专制统治。[121]首先,大型灌溉系统需要公共组织和建筑工程来加以实现,而从事旱作农业则更加独立,不依赖其他条件。其次,从事灌溉农业的农民遭遇外力毁坏灌溉系统时更为脆弱,顿时生计无着。最后,在小块灌溉土地上的精耕细作[395]需要农民投入大量劳动时间,令其无暇顾及包括战争在内的其他事务,而在旱作农业下情况则较好一些。总之结果就是,从事灌溉农业的农民要比从事旱作的农民更为恭顺屈从。古代近东最有力的步兵出现在亚述或许并非巧合,因为亚述所在的美索不达米亚北部农业经济以旱作为主,而不像它南边的巴比伦尼亚和更远的埃及一样依赖灌溉农业。

因此与亚洲诸文明相比,地理轮廓破碎和降水模式导致了南欧—中欧—西欧的国家间体系更为碎片化,各个国家社会体量更小,在阶级和财富上分化不那么严重,压迫程度也较浅。考虑到在近代之前及近现代欧洲的很多情况下,人们的社会和经济地位差异极大,并且存在着严重的压迫,似乎应当对上面说的这些抱有怀疑态度。然而当代的历史学家和社会科学家确认了孟德斯鸠和亚当·斯密等先辈所觉察到的现象:相对而言,亚洲社会更易屈从于帝国统治,更加专制,在社会和经济上也更为两极分化。[122]

所有这些都与(相对于东方而言的)西方战争和军事组织模式紧密相关。首先,如我们说过的那样,较小的体量意味着相对更高的动员水平,因为军队可以在距离本土更近的地方作战,对经济和后勤造成的压力不那么严重。更小更多的政治体、距离本土更近的作战、更

---

[121] 虽说魏特夫对这一颇有年代的观点的阐述遭到来自各方面的正确批评,但这一观点从根本上而言仍是站得住脚的,参见:Karl Vittfogel, *Oriental Despotism*. New Haven, CT: Yale University Press, 1967。可参照对比:M. Finley, *The Ancient Economy*. Berkeley, CA: University of California, 1973, p. 31。

[122] 参见本章注释114。

高动员水平,这一切的后果就是成年男性乃至普通群众比大帝国的臣民更频繁接触战争。这使得欧洲作为一个常年无休的战场和大军营而闻名于世,与平静的亚洲帝国以及"罗马和平"形成鲜明对照。此外,崎岖地形、有限的牧场、更短的行军距离、设防城市密布和高动员水平等造就了步兵在欧洲的优势地位,从而也增强了民众在社会中的议价能力。

很明显,当以上条件不再满足时,欧洲同样会出现步兵相对于骑兵地位下降的情况。早在马镫出现前,骑兵在后期罗马帝国——特别是东部诸省——中的重要性便有所增长。漫长的多瑙河边界需要机动力更强的部队[396]加以守卫,以阻止来自乌克兰草原的哥特人和匈人骑兵的侵袭。近东地区的漫长界墙更是需要机动骑兵部队防守,以对抗萨珊波斯帝国的大规模骑兵部队,并截击流窜骚扰的沙漠游牧民。前面说过,8世纪后骑兵作战在西欧占据了主导地位,原因在于法兰克国家疆域扩大后,到边境地带的行军距离也相应变长,同时具有高机动性的侵袭者出现在国土四面八方,这就使得快速反应的机动骑兵部队成为必需。在这样一个原始而裂化的农业社会中,骑兵战士能够在封建制达到顶峰的11和12世纪期间取得权力,并保持他们在社会和军事领域的优势地位。然而不久之后——甚至不用等到火器出现——步兵就重新成为军事领域内的优势兵种(当然,分别构成骑兵和步兵的人员的相应社会地位变化并没有那么快),如同它在欧洲历史上绝大部分时间里那样。

再者,欧洲步兵属于一种特殊类型,与我们曾考察过的城邦步兵有相似之处。在欧洲文明史上的大半时间里,近距离冲击战术是战争中的通行法则,而这是以下几个互相关联的原因所导致的:步兵在战斗中扮演主导性而非辅助性角色;欧洲土地上遍布定居的农业和城市社区,而非游荡的畜牧群体,再加上社区之间距离较短,人口分布又比较均衡,致使秘密潜入战术效力低下;民众在社会和国家中的融合程度、地位以及利益相关度都比较高,使他们较有动力挺身而出参与战斗。这些支撑了独特的"西方战争方式"的结构性因素最初在希腊人那里有所体现，随后又在欧洲历史上不同地域和时代继续表现出来。这不仅仅是习惯、传统或文化传承的作用（虽然某些情况下也不可忽视），也是出于西方所具有的"客观"条件。[123]

在那些上述条件与欧洲恰好相反的亚洲国家和帝国里，步兵不常使用近距离冲击战术，而是喜欢摆好阵势用投射武器攻击。即便亚述军队中战斗力很强的重甲步兵分队也不会排出希腊方阵那样的密集队形交战，在战场上亦没有发挥决定性作用。在地形开阔的西南亚，战车兵和骑兵才是主宰者。步兵大军在围城战和其他特殊任务中扮演主角，但在野战中通常只用箭矢来削弱混乱敌军，为己方骑兵发动致命一击做好准备。[397]持矛步兵的主要作用是保护弓箭手。希罗多德所描述的阿契美尼德王朝波斯军队继承了这样的作战模式。[124] 尽管信息不够具体，但我们可以认为该模式对中国战国时期的步兵军队同样适用。古代印度也是如此，只不过在那里战象逐渐成为决定性角色，令骑兵退居二线。[125]

希腊城邦动员大量步兵（而非骑兵）在本土周边作战的能力，是

---

[123]　汉森关于西方战争方式的观点正是在这样的大背景下能够得到解释，参见：Victor Hanson, *The Western Way of War: Infantry battle in Classical Greece*. New York: Knopf, 1989。林恩的保留意见则至少应被认为过于夸张了，参见：John Lynn, *Battle: A history of combat and culture*. Boulder, CO: Westview, 2003, Chapter 1。

[124]　注意到这一点的有：Doyne Dawson, *The Origins of Western Warfare: Militarism and morality in the ancient world*. Boulder, CO: Westview, 1996, p. 48。我们所知的信息多来源于亚述王家浮雕。其精良拓印可参见：Yigael Yadin, *The Art of Warfare in Biblical Lands*, Vol. 2. New York: McGraw-Hill, 1963。关于波斯人可参见：Cook, *The Persian Empire*, p. 103; Duncan Head, *The Achaemenid Persian Army*. Stockport: Montvert, 1992。

[125]　'T'ai Kung's six secret teachings', in *The Seven Military Classics of Ancient China* (trans. R. Sawyer). Boulder, CO: Westview, 1993, p. 99, 104-5; Chakravarti, *The Art of War in Ancient India*, pp. 15-57; B. Majumdar, *The Military System in Ancient India*. Calcutta: Mukhopadhyay, 1960, pp. 50-1, 70; Sarva Singh, *Ancient Indian Warfare with Special Reference to the Vedic Period*. Leiden: Brill, 1965, pp. 8-12, 22; Herodotus, 7.85.

罕见的亚述长矛兵在原野上排成行列的图像。辛那赫里布统治时期

他们在公元前 480—前 479 年波斯入侵中战胜[398]薛西斯的帝国大军的关键。(当然,海军优势可能也起到了不相伯仲的作用。)希腊人担任重步兵时表现出的特殊才能使他们赢得了来自波斯的雇佣兵合同。腓力二世和亚历山大的中央国家政权将希腊冲击步兵战术与来自希腊北方较平坦地带——马其顿、色萨利和色雷斯——的冲击骑兵结合起来后,西方战争方式至少一段时期内在东方无往而不胜。西方骑兵和西方步兵一样更倾向于采用重装冲击战术,其原理也大致相同;这与东方骑兵擅长的轻装投射战术形成了对照。与外界相对隔绝、行军距离短、定居点均匀分布、少有游牧群体和空旷平原等

因素导致一击即离的轻装投射骑兵战术在欧洲无用武之地。在这些条件下,重装冲击骑兵比较容易迫使轻装的对手近距离对决,从而将后者打垮。

甚至早在战车时代(显然在欧洲的崎岖不平地形上操作战车要比骑马更受限制),东方和西方各自典型的作战方式便有了明显差异。在古代近东平原上流行的战车快速战术机动和远程射击战术到了欧洲就难免水土不服。在欧洲,战车可以提供战略机动性(以及作为精英阶层更方便而体面的出行工具),但到了战场上,战士往往会携带重型武器下车徒步作战。荷马对迈锡尼人(亚该亚人)运用这种方式作战的描述遭到了一些现代学者的批判。他们声称荷马对在他那个时代早已不存在的车战并不熟悉,因此将自身所处时代骑兵的作战方式错误映射到历史上的战斗中。这些学者和我们一样缺少关于迈锡尼时代车战模式的直接证据,所以他们认定近东模式是唯一合适的参照物。然而如同其他学者觉察到的那样,如果骑兵在希腊也因地形崎岖而不得不经常下马作战的话,那么战车兵一定会更经常这样做,因为战车对平坦地面的依赖度远远超过骑兵。[126] 既然在

---

⑫　荷马的作品中战车被描写成只是用来运输徒步战士的"战场出租车"。对此的反对可参见如:Edouard Delebecque, *Le Cheval dans l'Iliade*. Paris: Klincksiek, 1951, pp. 86-109;以及更新和更全面的:Drews, *The End of the Bronze Age*, pp. 113-29. 尽管格林哈尔希承认早期希腊骑兵往往下马徒步作战,但他也同时主张迈锡尼文明与赫梯战车军均会在战车上以长枪作战,因此与上面两位观点相近,参见:Peter Greenhalgh, *Early Greek Warfare: Horsemen and chariots in the Homeric and Archaic ages*. Cambridge: Cambridge University Press, 1973; id., 'The Dendra charioteer', *Antiquity*, 1980; 54: 201-5(关于赫梯人可对比参照:Yigael Yadin, *The Art of Warfare in Biblical Lands*, Vol. 1. New York: McGraw-Hill, 1963, pp. 80, 108-9). 然而,利陶尔和克劳威尔向我们清楚展示了在战车上以长枪交战是不可能的:Mary Littauer and J. Crouwel, 'Chariots in late Bronze Age Greece', *Antiquity*, 1983; 57: 187-92. 荷马所叙述的战斗模式可得到下列作品中所列举的证据的支持:J. K. Anderson, 'Homeric, British and Cyrenaic chariots', *American Journal of Archaeology*, 1965; 69: 349-52; id., 'Greek chariot-borne mounted infantry', *American Journal of Archaeology*, 1975; 79: 175-87; Josef Wiesner, *Fahren* (转丁页注)

骑兵作战形态方面,历史上的东西方有着明显差异,又怎么能假定它们在车战方面遵循同一模式呢?

被荷马的批评者所忽视的关于欧洲崎岖地形条件下[399]车战的唯一清晰证据,来自一位亲历者,同时也是军事领域最高权威之一的尤利乌斯·凯撒。在入侵遥远而孤立的不列颠时(公元前54年),凯撒面对着在欧洲其他地方已被骑兵取代的战车部队。他对车战的描述(《高卢战记》4.33)与荷马不谋而合:

> 他们首先驾了车到处驰突,发射箭矢。……当他们突入骑兵的行列后,便跳下战车进行步战。同时驾车的人驱车退到离战斗不远的地方,把它们安放在那里,以便车上跳下来的战士们因敌人众多陷入困境时,可随时退回到自己人这边来。这样,他们在战斗中便表现得跟骑兵一样的灵活,步兵一样的坚定。

东方同样有重型冲击骑兵,如帕提亚和萨珊波斯从贵族中召集的人马均披挂铠甲的具装枪骑兵(cataphracts)。反过来说,西方自然也有轻装骑射手。然而条件的差异决定了以中世纪骑士为代表的重型冲击骑兵在西方成为主流,尽管在欧洲历史上大多数时期他们扮演着次于重型冲击步兵的角色。另一方面,轻骑兵——尤其是骑射手——则在东方占据着优势。

这就是为何阿契美尼德波斯的扩张在希腊达到了它的极限,而亚历山大在黎凡特海岸以外征服的土地也迅速被以骑兵为主力的伊

(接上页注)*und Reiten*. Göttingen: Vandenhoeck, 1968, p. 95; Mary Littauer, 'The military use of the chariot in the Aegean in the late Bronze Age', *American Journal of Archaeology*, 1972; 76: 145-57; J. Crouwel, *Chariots and Other Means of Land Transportation in Bronze Age Greece*. Amsterdam: Allard Pierson Museum, 1981, pp. 121-4, 129, 145, 151; id., *Chariots and other Wheeled Vehicles in Iron Age Greece*. Amsterdam: Allard Pierson Museum, 1992, pp. 53-5。

朗语诸民族夺回。罗马在美索不达米亚的边界线比塞琉古帝国向西退缩得更远。公元前53年，在罗马和帕提亚的首次严重军事冲突中，拥有1万骑兵，其中9000人为骑射手的帕提亚军队在叙利亚北部平原的卡莱（Carrhae）开阔地战场上全歼了克拉苏（Crassus）指挥下的罗马军团。军团士兵无法迫使敌人短兵相接，也无法还击敌人在对峙中射来的箭雨。罗马是两个大国中较强的一方，在此后数世纪中大部分时间里向帕提亚施加着压力，但两国在美索不达米亚北部的边界并未发生很大改变。马克·安东尼（Mark Anthony）和后来的一系列罗马皇帝对帕提亚（以及随后的萨珊波斯）的入侵均以失败告终，因为罗马步兵始终不能将伊朗骑兵困住以寻求决战。如同前面提到的那样，罗马帝国在其东部省份也逐渐将骑兵作为[400]主力兵种。这一做法被该地区后来的所有强国加以继承。

我将在第三部分关于现代性和战争的讨论中回过头来审视西方独特的演化轨迹。但首先我们要以更为分析性的方式，对武装部队和因农业的应用以及国家文明成长而导致的人类转型之间的关系进行总结，这也是第二部分中所考察的内容。同样需要思考的还有文化转型与第一部分中考察过的进化塑造的人类固有暴力倾向有何种联系这一问题。

12 结语：战争、利维坦，以及 文明的快乐与痛苦

[401]尽管人与人之间的争斗并非源自人类向农业和畜牧业的逐步过渡，但前者——以及整体上的人类生活——的确受后者影响而急剧转型，使得文化进化大为加速。在基础层面上，生产力和人口均稳步增长，从农业出现到近代前夜翻了 100 倍。由于人口增长大体与生产力的上升同步，剩余产品并未增加多少，绝大多数人仍作为食物生产者生活在不稳定的仅能糊口的状态下。然而，更为稠密和定居化的人口、稳定的生产方法以及积累下来的财产，使得对剩余产品的级差性的汇聚和占有在当时成为可能。通过一个由卢梭最早加以概述的过程，人与人之间存在的天生差异被无限放大，并在所积聚的资源上得以体现。

权力积聚和资源积聚形成互相增强的正回馈，从中产生了强大的社会权力结构。对资源的控制意味着大批门徒随从被束缚在与富者和强者之间的不对称关系中。这相应地也意味着为了自己那份微不足道的利益和/或害怕受到制裁，他们会支持富者和强者利用经济机会并对他人进行盘剥压榨，从而进一步扩张其[402]财富和权力。通过此类层级化的权力集中过程，富者和强者主宰了社会生活，其成员彼此结盟，但同时也互相激烈竞争。这一过程的顶点便是国家的产生，即一个权力核心在通常很暴力的社会内部竞争中战胜其余核心，或者接受其他权力核心的加入以规范它们之间的竞争。无论通过哪种方式都将建立起一个权力结构，使之能够号令百姓，将权力制

度化,迫使其他社会权力核心服从并引入前所未有的等级组织、强制力、系统性资源获取和力量动员,同时与周边的国家结构展开竞争。国家结构因而起源于内部"阶级社会"的发展或外部其他国家施加的压力,或两者兼有。

强制性结构和指数增长

社会内部和顶端权力及资源趋于集中的演化过程构成了文明成长的推动力。各个政治社会体量增长,创造出具有一定规模的各经济体,有目的地配置资源和人类活动并使之集聚化,并对社会生活进行调控。诸如纪念性建筑、文字作品、高雅艺术等事物均为其成果。规模和强制性结构规划是整个进程的关键所在。权力优势的形成引发进化竞赛,而除了偶尔会出现的反复倒退之外,竞赛总是会导致优势的进一步扩大。资源基础越雄厚,社会内部以及诸社会之间的资源和权力集聚化现象就越严重。于是"平等"社会变得更为层级化:裂变社会转型为国家社会;等级机制被叠加在亲属关系网络之上;乡村和城市(战争迫使农民集中定居以寻求安全)小型国家中出现独霸一方者,随后形成邦联、霸权联盟以及更大的国家;国家通过兼并形成帝国(这个词通常适用于非常巨大的国家和/或一个民族[403]占据统治地位的多民族国家);霸主政体让位于更为直接的统治和更加统一的政治体。随着各个政治体的扩张,它们统辖的人口也从数千增长到数万、数十万乃至数百万。由国家构成的网络涵盖范围越广,复杂性越高,全面的系统崩溃就越不可能发生,因为相对于初期阶段更为孤立的诸文明,此时的同类国家之间互动和共同进化已极为普遍。①

使用或威胁使用武力是通过不断聚合而形成更大规模政治体过

---

① 由于美洲的土著文明出现较晚,发展程度较低,学者往往缺乏根据地假定其中存在不断发生崩溃的循环演化模式。

程中所依赖的最主要方法。为了将绝大多数从事农业，因而从根本上而言是地方性的和自给自足的各个社会联合起来，诸如长途贸易或宗教权威这些因素所起的作用都远不能和武力相比。事实上，贸易和宗教权威既是政治统一之因，也是其果。② 族裔是一个决定政治扩张的更强力因素，不过在这里也同样存在因果二重性问题。与某些流行理论相反，基于亲缘团结之上的族裔纽带并非完全被"发明"出来的，亦不会被加诸其上的政治权力结构彻底取代。大规模的族裔建构在国家出现前已有发生，尤其是在世界上那些经历了最初的农业扩张或牧民接管的地区。③ 政治边界的创建并未影响到这样的族裔空间和族裔边界的存在。另一方面，通过武力达成的政治统一会逐渐抹除部落和族裔差异，使国民融合到更大的族裔认同中，和/或在现存的族裔认同之上建立起超越族裔—文化的纽带。

地理和生态不连续性以及区位的存在是决定了族裔和政治边界的另一个主要因素。政治单元在地域上的扩张不可能无限持续下去，因为在达到某一点后，更大体量所带来的权力优势将被族裔、地理和生态因素的负面影响所抵消。于是政治体扩张到一个平衡状态后将稳定下来，而这个平衡状态自然是因时因地因特定条件而异的。和其他影响可到达性的因素一样，距离本身便为国家的体量设置了上限，因为距离越长，则通信交流、有效控制和权力集中都将变得更加困难，从而增加了国家受外部力量侵犯和内部发生解体的风险。④

在国家之内和国家之间，为权力以及权力所带来的好处[404]而进行的斗争无所不在（尽管存在一定程度的差异）。国家往往被

---

② 对比参照：Michael Mann, *The Sources of Social Power*, Vol. 1. Cambridge：Cambridge University Press，1986，pp. 130，142–61。

③ Colin Renfrew, 'Language families and the spread of farming', in D. Harris（ed.），*The Origins and Spread of Agriculture and Pastoralism in Eurasia*. London：University College London，1996，pp. 70–92。

④ 举例而言可参见：Robert Gilpin, *War and Change in World Politics*. Cambridge：Cambridge University Press，1981，尤其是 pp. 121，146–55。

认定为基础的且具有内部一致性的战争行为者，为对抗其他国家而
调动其人民和资源。统领全体人民并掌握所有社会内集中化权力
的地位——这样的统率性地位即为国家的实质，既是国家特有的组
织和强制力量之原因，也是其结果——导致了社会权力上的极大进
展，相当程度上改变了国家管辖下"国内"领域中的游戏规则。国家
力量越强，它对社会的管控就越成功，使霍布斯所说的"每个人对每
个人的战争状态"即普遍的无政府不安全状态转变为内部和平状
态。当然，国家并未完全消除国内的暴力性权力竞争，只不过是或
多或少将其约束或压制住而已。按照马克斯·韦伯的定义，国家成
功地宣称拥有对合法暴力的垄断性权利。[5] 然而，即便宣称了甚至
成功宣称了对合法暴力的垄断，也从不意味着实际达成了对暴力的
垄断，哪怕对于合法暴力也是如此。在国家这个巨型海兽利维坦的
周围和体内不仅存在着不计其数的小鱼小虾，也有很多凶狠的鲨鱼
和梭鱼。

　　首先，国家必须与社会内部被一定程度制服但未完全消灭的各
权力核心分享权力：因为消灭它们超出了国家之所能；因为国家只有
与这些权力核心合作才能进行统治；因为权力核心事实上构成了国
家（如贵族制政府的情况下）；或者因为以上因素的任意组合。作为
一个阶级的贵族以及许许多多贵族个体，构成了中央政权以外主要
的，通常是最主要的权力中心。国家和贵族之间通过分享利益维持
动态权力平衡，但也通过互相威慑来维持。两者间内在的紧张关系
偶尔会导致或多或少有限的武装对峙。在更为科层化的国家里，地
方贵族被剥夺大部分权力且总体上变得非军事化，但贵族成员仍经
常在国家机构中担任高官。不过在这种情况下，对国家构成主要威
胁的正是掌握了太多权力的国家官僚机构。能够调动当地资源的行
省总督和领兵的将军有时会发起叛变，其目的要么是割据一方自立，

---

[5]　Max Weber, *Economy and Society*. New York: Bedminster, 1968,
pp. 54，904.

要么是向首都进军。他们将国家的资源花在购买职业部队支持上。后者会[405]加入出价最高者的队伍,获取更多薪饷和其他不寻常的好处。以保卫国家统治者为职责并战略性地驻扎在都城周边的王家卫队尤其善于利用其所拥有的半垄断性权力来为自己谋取利益(利益的分配显然也是按照上位者多得的原则)。卫队偶尔会扮演拥王者的角色,尤其当统治者之间爆发权力斗争时,而斗争中最为明显的是常常会引起亲人和兄弟之间敌对的继承问题。

匪徒和海盗构成了另一类非国家的社会内强制性暴力主体。在政治上分崩离析的时期,他们的力量随着国家权威的衰弱而增强,有时达到了能够在外省夺权甚至以此为基地向首都推进并占据中枢的地步。最后,被重税以及国家和社会精英的其他种种榨取手段所压迫的乡村和城市大众偶尔也会叛乱或暴动(尤其是在经济困难时期),威胁到所有的社会权力等级结构。此外,尽管法律和制裁保证了较高程度的公共安全,国家对草根社会的渗透力在不同国家和不同时期却有着很大差别。个人、亲属团体和社群之间,依靠自助和互助方式来阻止暴力侵害和/或对他者施加暴力仍然很重要,而这有时会升级成世代积怨、血亲复仇和执行私刑。

因此,国家内部和外部的权力政治会相互影响。当集合军队去对抗外敌时,国家必须考虑到这些部队——贵族的、民众的或职业的——中的每一个均可能成为国内权力政治中的行为者。此外,国家掌控国内政治局面的成败与否会影响到它应对外敌的能力,反之对外作战的成绩也会极大影响国内政治中的支持率。无论之前有过多少争论,想要确认内部和外部政治这两个领域何者为主何者为次,其可能性不比认定鼓掌时是哪只手拍出了声音更高。事实上,这样的互相依赖性可能被蓄意加以操纵利用,因为在一个领域中的行为很可能是被用来在另一个领域内施加影响的。例如,国家统治者可以挑起对外战争以激起"集合在旗帜下"的效应,从而巩固其国内地位;同样,军队将领也可以如法炮制赢得资源和声望[406]以便篡位。这就构成了一种可能牵涉到两个层次上暴力的"双重博弈"。⑥

在国内政治中，公开的暴力有时会对国家造成天崩地裂的倾覆效应。来自内部的对国家权力的成功挑战或统治阶层的内讧时而会导致国内武装冲突以及至少一段时间的中央权威崩溃。很多此类冲突局限于朝堂之上，主要影响到的只是一些小圈子里的直接参与者，而另一些则席卷了整个社会。大规模民众起义有时会导致可怕的血腥屠杀，但即便精英阶层内部的暴力斗争也可以通过人力动员、资源攫取、扰乱经济、毁坏和大规模杀戮而使整个社会付出沉重代价。尽管不会彻底回归到"自然状态"，这样的"内战"也因更接近人们的日常生活，以及会导致无政府状态的扩散，而可能会恶化成某种霍布斯式的"战争状态"，其毁灭性和致命性将使得"正常"的对外战争相形见绌。

尽管在国家的存续过程中，无论在其外部还是内部，暴力冲突的阴影都从未远去，但在"正常"时期内国家的存在仍构成了与两个领域内暴力状态的显著隔离。国家在一边的谋杀世仇以及另一边的对外战争之间——或者说"战争状态"和战争之间——创建了一个中间隔离带，使得我们将两者之间的差异视作不言自明，而事实上这样的差异和国家本身一样是晚近历史发展的产物。我们倾向于认为国家已有约 5000 年之久，但达到如此寿数的其实只有那些最早期的美索不达米亚和埃及的国家。在世界其他地方——包括现今最发达的那

---

⑥　关于哪个领域为"主"的争论可追溯到 19 世纪的德国，也体现在列宁对克劳塞维茨的评价中。对其概括可参见：Eckart Kehr, *Economic Interest*, *Militarism*, *and Foreign Policy*. Berkeley, CA：University of California, 1977；Azar Gat, *A History of Military Thought*：*From the Enlightenment to the Cold War*. Oxford：Oxford University Press, 2001, pp. 505-7。较新的理论研究可参见：Robert Putnam, 'Diplomacy and domestic politics：The logic of two-level games', *International Organization*, 1988；42：427-60；Jeffrey Knopf, 'Beyond two-level games：Domestic-international interaction in the intermediate-range nuclear forces negotiations', *International Organization*, 1993；47：599-628。

些——国家的出现要晚得多。例如,欧洲北部和日本的国家均产生于公元第一千纪的下半叶,而另一些地区的国家则更为年轻。况且,即便是 5000 年也只不过构成了我们这一物种即晚期智人历史(人属的历史还要长 20 倍)的 5％,(欧洲北部和日本的)1500 年更是只占1.5％。然而历史中曾有国家存在的冰山之一角,却主宰了我们对人类争斗以至于整个人类的认识。国家出现前,群体内杀戮和群体间杀戮亦有不同。在小规模的旧石器时代人类社会中,前者局限于随血缘关系的弱化范围逐步扩展的亲属圈子内,其上限为一个数百人或最多上千人的区域群。在农业部落社会中,这些一层又一层的洋葱状亲属圈变得更大了,但无论内部还是外部争斗的主要特征仍是无政府、[407]自愿参与和参与者数目较少。然而,政治组织的出现极大地加剧了这两种"形式"的争斗之间的差异,使后者——如今已可被称作战争——成为国家最典型的属性。

国家拥有的资源、不断增长的体量和对人力的强制动员导致战斗队伍规模持续扩大,组织度也提升到一个全新层次:参军由志愿变为义务;武装部队总数从几十人猛增至数百、数千、数万以至数十万——对于那些最大的国家,单次战役中的参战军队最多可达 10 万人左右;战士变成了士兵;无组织的基于亲属关系的作战群体被秩序井然的军事编制所取代(后者仍广泛依赖于亲属—社群—族裔关系加以契合);严格的军事指挥体制取代了领袖以身作则。设防工事随居民定居点和资源积聚而产生,又随着国家权力的演化而逐渐变得规模巨大,令人生畏。随着国家掌握大型工程建设所需的管理资源和劳动力的能力增强,其执行系统化且旷日持久的围城行动的能力也有所增长,两者可谓相互促进。设防工事、更为稠密的定居点以及距离的增长意味着劫掠袭击——前国家社会中占主导地位的也是最致命的不对称战争形式——的重要性大大下降,因为要想达到对敌人社区完全出其不意的突袭变得越来越困难。围城和野战几乎已成为战争的同义词。

与之相应的是,那种双方保持一段距离以令伤害最小化的低伤亡率"仪式性"对峙战也发生了转变。避免受到伤害的可能性越小,战斗就更加事关重大,军人更有动力作战,而国家对他们施加的强制性纪律也就更加严格——士兵越是接受面对面战斗不可避免要带来痛苦的事实,此类战斗所造成的伤亡就越是严重。需要复杂后勤支持的大规模长距离作战是与国家社会相关联的另一个重大更新。国家的组织管理机构将致力于在平时和战时供养维持更大规模且更为常备化的军队,为此要建立必需的官僚机构,为之划拨资金,并对所需物资的采购征用进行管理。国家机构也使得对其他民族的永久征服和直接治理成为可能——战争行为上的关键性创新[408]直接导致了国家的持续性扩张。

有鉴于此,战争通常被认为与国家和政治密不可分——像普鲁士战略学家卡尔·冯·克劳塞维茨(Carl von Clausewitz)19 世纪初的著作《战争论》中的名言所描述的那样,是"国家政策的延续"。大规模"战争"的确是一种典型的由国家所组织的"政治"行为。然而如果将这样的概念理解为战争所具有的某种显著而不变的"本质",那将是误导性的。克劳塞维茨生活在欧洲国家体系和国与国之间战争的巅峰时期,其观点受到了相应历史视野的限制。⑦ 大规模"战争"以及国家与"政治"均为历史进程中共同演化并塑造出的现象。认识到这种共同演化的本质及其发生在相对较近阶段的事实后,人类战争和动物种内杀戮两者为何存在不同的谜团也就不攻自破。在社会性动物中,如同在小规模人类社会里那样,群体战斗和杀戮经常发生,且绝大多数杀戮是以不对称方式进行的,从而避免施暴者自身受到伤害。进入有历史时代后,通过强制性政治组织达成的人类群体规模的极大扩张(即亚里士多德认为属于人类天性的政治向更大规

---

⑦ 关于上述评价可参见: Azar Gat, *The Origins of Military Thought from the Enlightenment to Clausewitz*. Oxford: Oxford University Press, 1989, 亦可见于: Gat, *A History of Military Thought*; Martin van Creveld, *The Transformation of War*. New York: Free Press, 1991; John Keegan, *A History of Warfare*. New York: Knopf, 1994。

模演化的趋势)引发了人类群体间争斗规模的严重扩大和复杂性的提升。群体争斗的规模是随着人群的规模一同增长的。

虽说各方面规模的扩大成为趋势,整体上的暴力死亡率却随着国家的成长和从"战争状态"向战争的过渡而明显降低了。第6章中已经就此进行了讨论。国家成功实现内部和平——尽管这样的和平是有限、脆弱和不稳定的——或许是暴力死亡率下降的主要原因。但另一个不太为人所知,甚至违背通常直觉的因素也与之有关。随着国家体量的增长,其平民人口变得更少卷入战斗,成年男性人口加入武装部队的比例也随之下降(比较对象是小规模的社会,无论它们是断裂性的还是政治上有组织的)。因此尽管军队人数、战争规模以及单次交战中杀人数目均显著增长,暴力死亡率却只有在极其惨重的国家间战争中才会达到接近25%的水平,而这一水平对于小规模裂变社会中无休止的[409]群体间和群体内暴力行为而言只是家常便饭。部分程度上因规模经济和较大政治体系中技术创新的更快速传播而导致的农业生产率的提高,构成了人口增长的主要推动力。不过,国内安全程度的提升和被外敌屠杀可能性的降低,或许对于大国和强国的人口稳定增长起到了同样重要的作用。长期内战和无政府状态和/或特别严重的外敌入侵时不时会打断并逆转这样的增长趋势。在这类危机中,整体死亡率不仅来源于实际战斗,也来源于农业生产受破坏后造成的饥荒爆发,以及由军队和流民加以传播,并因普遍营养不良状态而变得更为致命的流行疾病。

在利维坦治下暴力死亡率的下降这一由霍布斯首先阐述的现象,反驳了将争斗归罪于国家的观点。国家可被贴切地比作有组织犯罪,因两者均垄断武力并为自身利益从社会强制榨取资源,以提供免受内部和外部暴力侵害的保护作为回报。⑧ 某些人会进一步发展

---

⑧　Charles Tilly, 'War making and state making as organized crime', in P. Evans, D. Rueschemeyer, and T. Skocpol (eds), *Bringing the State Back In*. Cambridge: Cambridge University Press, 1985, pp. 169-91.

这一类比,声称两种形式暴力的主要威胁均来自国家(或黑社会)自身——解铃者亦是系铃人。然而基于前面作出的分析,我们至少不应当轻易接受后一种类比所得出的结论。被视作"普通犯罪"的前国家时代暴力要比国家暴力更为盛行也更为致命。尽管国家或黑社会的暴力具有更高量级也更加引人注目,其所造成的伤亡事实上是更低的。国家进行的系统性"榨取"对经济的破坏性较"战争状态"为小,且国家也能提供更多保护。无可否认的是,"保护费"总是会流向上面,并且强制性组织的规模越大,在收益分配上的等级化和差异化程度也就越高。

谁得益(CUI BONO)? 物质因素

第一部分中已经说过,争斗的动机从根本上来源于一般性的人类动机体系。[410]借用克劳塞维茨的说法,争斗是人类目的的延续,是被设计来以暴力方式达到这些目的的一种行为。随着规模不断增大和组织程度的提高,争斗如今主要与国家联系在一起。不过,耕作、资源积累、层级化、强制性结构以及体量的增长——这些在向农业的转型和国家崛起过程中互相强化的因素——究竟如何影响了导致争斗的动机体系?

可供耕种(以及放牧)的土地取代了采集狩猎区域,成为竞争的对象。然而,尽管这两类竞争均涉及获取自然资源的权利,耕作所带来的真正创新却是对人类劳动的直接剥削。耕作意味着从此以后有人可以依靠别人的劳动生活下去。食物之类的产品可以通过掠夺来获取,尤其是易于移动的牲畜,它们构成了拥有牲畜的简单农业社会中主要的战利品。身体需求的或功能性的物品,如织物、工具和金属(无论以工具形式还是金属条锭形式存在)亦为可取的目标。除功用之外,物品也具有装饰性的,以及宣示地位和提升声望的价值,有些甚至仅具有此类价值。获得货币地位的贵重物品,如最为常见的贵金属,成为最有价值的战利品。和过去一样,对自然界中原材料资源以及产品流通（贸易）的控制仍会引发竞争，只是程度和规模更上一个台阶而已。此外，不仅仅是产品，生产者自身也可以被捕获并带回去成为奴隶，在直接控制之下劳作。起初被掠为奴隶的主要是妇女和儿童，被俘的男人则将遭到屠杀，因为他们难以管束，且更有可能逃跑。但当政治社会的体量增长，区域扩大，作战和劫掠所跨越的距离越来越长后，奴役战俘的行为就变得更加普遍，获取奴隶本身甚至成为作战和劫掠的目的，因为如今奴隶更加难以逃跑并找到返回家乡的道路。

　　掠夺可以进一步升级为榨取贡赋这样一种更为系统化的通过政治上的征服而获取劳动力和资源的方式。其中的进贡者要么仍拥有自己的政府，要么受到征服者的直接统治。通过引用众多历史案例，学者经常会论断当帝国停止扩张，它从战争中获得的收益也将随之下降。但应当注意的是，榨取贡赋总体上是比掠夺远为有效的一种剥削机制，因为后者不可避免地［411］更为混乱无序，且导致大规模的毁坏、损耗和对生产行为的扰乱。其后果是被掠夺者的损失远高于胜利者之所得，意味着胜利者实际上得到了比可能情况下更少的东西。这个基本事实往往被初次征服中所获得的蔚为大观的战利品所掩盖，因胜利者能够夺取寺庙和宫殿中经年累月代代相传积累下来的巨量财富。然而这种情况就其本质而言是一次性且不可重复的。在此之后继续进行随意的奴役和掠夺则无异于杀鸡取卵。和所有有利可图的事业一样，有效的剥削要求对可供剥削的资源加以精心照料。不可否认，一个规范化的贡赋索取机制可能产生大量管理开销，因为胜利者需要在被征服区域内负担起行政和军事职责。某些情况下，不断增长的管理开销和额外负担可能将胜利者拖垮。尽管如此，从古至今最富裕的帝国仍是建立在规范化贡赋索取之上的那些。在国家内部也发生了相应的变革，建立起了国家调控下的利益分配体系，给保卫帝国的士兵定期发放薪饷，取代或补充了向他们直接分配战利品或被征服土地的做法。

成本和收益的结算是这里面最为错综复杂但也引人入胜的问题。第一部分中展示了狩猎—采集者,如同自然界中其他所有有机体一样,被无约束的竞争和冲突现实所迫而将能量和资源投入竞争和冲突之中。投入可能会给胜利者带来正面回报和净收益,因此这种情况下的行为逻辑是可以理解的。但另一种可能情况是导致"红皇后效应",即出于压倒敌人或取得相对于敌人的安全边际(margin of safety)的目的而引发的军备竞赛(所谓"安全困境"),最终只是增加了所有参与者的负担且未使任何一方获得相对于其他各方的优势。无约束竞争可产生这种看似矛盾的结果,不过是因为任何一个竞争者均可选择挑起冲突,致使其他所有竞争者必须为此做好准备而已。无约束竞争体系的逻辑决定了只要在与其他竞争者相比较时,某一竞争者的成本收益结算仍足以令其继续参与竞赛的话,那么在竞争和冲突中"浪费"的资源对其而言就是值得的。举例说,这意味着很可能所有参与者为竞争所花费的均多于从中所获得的——即俱为[412]受损者——但只要相对他人的损失仍不足以致命,它们就会参与角逐并努力生存下来。

耕作使得争斗的物质代价大为增长。狩猎—采集者(以及动物)争斗的代价包括以下这些:死亡;对生命和繁殖造成负面影响的伤害;为提升力量和在争斗过程中消耗的能量;因存在敌人威胁以及额外花费时间进行防卫和战斗而造成的体力活动效率下降。所有这些只会危害竞争者本身及其繁殖行为,(除少数情况外)几乎不会对资源造成影响。然而,耕作使得对资源和其他体力和劳动密集型设备造成损害成为可能。敌对者经常互相毁坏庄稼、牲畜、生产工具和房屋来削弱对方和/或增加其战争负担。此外,政治单元的扩张和技术进步意味着战斗不再于农闲季节发生在邻近本土的地方,且只需依靠简单装备和临时的后勤措施。金属武器、防御工事、马匹、船只、长期服役士兵的薪水和军需补给消耗了巨量资源。精确数据极为罕见,但很明显军事支出通常构成国家支出中最大的一项,大多数情况下甚至占据其 大半。在那些征税体系最为高效的国家中,国税税

额可高达国民产出的 10％。⑨ 军事支出于是可能吞噬了多至 10％
的国民产出，在紧急情况下甚至上升到更高水平。征兵也意味着生
产领域的劳力减少，从而构成额外负担——其影响同样取决于国家
动员体系的效率。在前现代的处于维持生存水平的经济条件下，营
养不良是普遍状况，饥荒的阴影从未远离，如此程度的军事负担便意
味着从人们口中夺食。

　　在战争中遭到破坏的以及投入战争中的资源，构成了争斗成本
中一个新的规模庞大的增项。狩猎—采集者之间为资源展开的斗争
大致是一种零和游戏，资源数量大体不受影响，一方之所得即为另一
方之所失。此后，至少在其持续期间争斗将不可避免造成资源总量
的减少。令一方能够在损害另一方基础上得到净收益的，只能是通
过对减少的总资源进行重新分配，并且将未来更有利的产出格局纳
入计算。

　　[413]但这里的"一方"究竟指的是谁？人类整体甚至单个社会
均非竞争中的实际行为者。分配不均不但存在于敌对"各方"之间，
也存在于每一方之内。酋长和他们手下的战士可以通过劫掠积累财
富，而敌人的报复、反向劫掠和破坏等后果则将由部落里其他人承
担。在劫掠队伍内部，酋长、他的副手和普通战士之间也会发展出差
异化的利益分配制度，且行动越成功，财富和权力积累得越多，差异
就会变得越明显。国家本身大体上就是此类进程的产物：权力带来
财富，这两者又互相促进，使得社会内的权力关系趋向于更加等级分

---

⑨　关于前现代社会这方面的信息大体上相当不足，罗马情况较好，然而确
切数据也很罕见。出色研究案例可参见：Tenney Frank, *An Economic Survey
of Ancient Rome*, Vol. 1. Paterson, NJ：Pageant Books，1959，pp. 146，228，
passim；同上，Vol. 5，pp. 4-7，passim；Keith Hopkins, 'Taxes and trade in the
Roman Empire (200 b. c.-a. d. 400)', *Journal of Roman Studies*，1980；70：
101-25。更多可参见：Raymond Goldsmith, *Premodern Financial Systems：A
historical comparative study*. Cambridge：Cambridge University Press，1987，
pp. 18，31-2（雅典），48（罗马），107，121（莫卧儿印度），和 142（德川日本）；
对后两者的估计尤其缺乏依据。

明的金字塔结构，使下层在利益分配中所得份额越来越小的同时仍服从于上层。于是，令人们投入战斗的将不仅是包括自身防卫在内的预期利益，同样也包括了强迫，甚至纯粹出于强迫——强迫意味着对受到上位者惩罚的恐惧超过了对在战斗中遭到损害的恐惧。在一个利益分配高度差异化的体系中，人们常常会被迫参与某种对他们而言弊多利少的行为。虽说无任何利益激励而单纯依靠强迫令人作战的效率极低，将不同程度的强迫与利益分配结合起来达成目标的方法却也已成定规。

重复一遍，这里的重点在于耕作、资源积累和国家使得此前未有的建立在他人劳动成果上的掠夺性、"寄生性"生存方式成为可能。与生产力相关的竞争提高了生产效率，而掠夺性—寄生性的竞争则以生产效率为代价提高了掠夺和寄生效率。尽管如此，个人只要在掠夺竞争中表现得足够高效，就可以保证从生产中获得利益。在一个无政府体系中，只要某人诉诸掠夺性竞争选项，其他人就要被迫在彻底放弃资源和仅出于防卫目的也不得不加入的暴力竞争中作出选择。

此处也应当强调一下，尽管战争会造成整体上的资源损耗，在这样的权力竞争中同样可能——事实上的确——产生出某种"衍生"的和长时段下的生产净收益。冶金、[414]工程、马匹繁育、战舰建造和补给技术等军事创新对于社会而言构成何等程度的"衍生"效应难以确证。然而最显著的衍生效应莫过于国家本身。通过暴力，一个权力中心对一片地区或一个社会建立起权威，从而确保内部和平，协调实施至少部分有助于公共利益的集体行动，通过打击"搭便车"使全体人民摆脱"囚徒困境"。前面说过，大国带来规模经济，且只要它们还未膨胀到独霸天下或无力负担维持统治的开支，就能够对大体上具有民用性质的创新起到催生和加速作用。⑩ 长期以来一直有这样

---

⑩　对比参照：Michael Mann，'States，ancient and modern'，in *State*，*War and Capitalism*. Oxford：Blackwell，1988，pp. 64-5。

的争论,即国家究竟是自上而下创立,由一小撮剥削精英将自己强加于社会,还是因为要满足下层对社会管制和其他社会服务的需求而导致了复杂社会的产生。⑪ 与其认为它们互相排斥,倒不如说这两种进程在不同程度上结合到了一起。

战士和广大群众可以分享到胜利战争的成果。此外,通过成功的军事扩张巩固而成的相对稳定的大国——如埃及、罗马和中国——大大改善了安全形势,有助于景气提升和人口增长,因此它们的庞大军事开支可被视为物有所值。不过,虽说成功的战争和扩张可导致平民百姓数目的增加,其平均生活水平通常不会得到多大改善,但精英阶层却能积聚大量财富(再一次出现了等级金字塔下的分配不均)。征服的疆域越广阔,精英阶层能够从中攫取利益的资源基础也就越大。与我前面主张的规范化贡赋榨取优于掠夺相符合的是,在国家疆域巩固后,对武装部队的大规模投资往往未必能产生直接利益——即通过对外战争得到的收益(大多数案例中的确得不偿失);相反,这样的投资可被视作为确保一个提供大量税收的内部领域而付出的保险费,间接上得到了回报。应当再次指出,战争是一种"两个层次的游戏",内部和外部的权力关系,以及内部和外部的利益获取在其之中均互相联系。

性与后宫

[415]从男性争斗的视角出发,同样的逻辑可应用于人类竞争的另一个主要源头——也就是性——上面。本章至此为止的部分里,我所提到的"利益"主要指的是物资资源。随着资源积累和有序国家社会的发展,在"原始战争"中扮演了地位突出角色的性竞争,在作为

---

⑪ 概述可参见：R. Cohen and E. Service（eds），*Origins of the State*. Philadelphia，PA：Institute for the Study of Human Issues，1978；Jonathan Haas，*The Evolution of the Prehistoric State*. New York：Columbia University Press，1982。

争斗动机方面,其重要性是否也随之下降?表面上看答案是肯定的。战争研究者很少考虑到性作为一种争斗动机的可能性。显然,克劳塞维茨在提到需要以战争这种"严肃手段"加以实现的"政治"上的"严肃目的"时,并未将性利益包含进去(《战争论》1.1.23)。性这个联结了人类动机系统中多方面因素的深层次纽带就这样大体上被忽视了。⑫

沉默是导致此盲点的原因之一。人类对性的某些方面不厌其烦地加以叙述,对另一些方面则讳莫如深。不过关于后者的证据仍然极为充分确凿,且在最近通过对波斯尼亚、卢旺达和苏丹战争中暴行的详尽记录而重回新闻头条,震撼了西方公众。纵观历史,由士兵所犯下的大规模强奸和掳掠一道构成了军事行动中不可分割的一部分。在友好领土或已建立起有序占领的被征服土地上,以及在战况仍然激烈时,往往会以严峻的军法来约束强奸和掳掠,虽说效果可能不尽相同。但在敌方领土上,尤其在军队遭遇了抵抗并在弭平抵抗后被给予行动自由的情况下——最典型的如攻下一座设防定居点后——强奸和掳掠会被视作战士凭冒险和勇武为自己挣来的权利和奖赏。事实上,对性经历和战利品的期盼正是驱使男性加入诸如战争之类行动的主要推力之一。年轻而美丽的女俘是极有价值的奖赏。如同其他所有战利品一样,领袖有权优先挑选。半野蛮社会的英雄史诗如《伊利亚特》中毫无遮掩地描述作为战利品的女性的性价值,而这样的价值体系对于较文明的社会中的武装部队同样适用,只不过表现得或许没有那么露骨罢了。[416]当代论述中有一种颇为流行的见解认为,与其说强奸是关于性的,倒不如说是一种关于暴

---

⑫ 毫无疑问,也有人尝试过将性与政治联系起来,其中较著名的是弗洛伊德的门徒赖希。他从性压迫与性压抑、压迫性的经济政治体制,以及人类福祉之间的关系这一角度来构建理论,参见:Wilhelm Reich, *The Sexual Revolution*. London:Vision, 1972(1935); id., *The Mass Psychology of Fascism*. New York:Orgone Institute, 1946(1933)。米歇尔·福柯相关著作的知名度则还要更胜一筹。

力、羞辱和支配的行为。然而这种虚假的二分法具有严重误导性,因为强奸究其本源正是以暴力强迫实施的性行为。哪怕强奸犯确实也在受害者身上发泄了其对女性个体或敌方整体的支配和羞辱欲望,也不能认为这样的欲望与性动机是彼此互斥的而非相互结合的。⑬

除胜利者和受害者的沉默之外,导致忽视了性作为争斗的预期利益之一的另一个原因在于财富在大规模文明社会中的急剧膨胀,并成为一种能够换来生命中大部分其他好东西的通用中介物。我们知道对于狩猎—采集者和园艺种植者而言,通过强奸和绑架女性,争斗可以直接促进其繁殖成功率。然而争斗也可以间接促进繁殖成功率,因为通过争斗赢得的资源和地位可以使男性在求偶和养家的社会内竞争中占据先机——在这里面成为竞争目标的女性数量更多,"质量"更高。于是通往性成功的间接途径便令直接途径黯然失色。战争可以带来财富和地位,而财富和地位的诸般益处之一就是性成功。反过来,即便想以和平方式获取财富地位,武装防备也是不可或缺的。社会内部性机会和性成功向少数人集中的趋势,与权力分配和财产所有权方面的不平等相吻合,事实上也是紧密相关的。总体而言,权力、财产和性机会共同构建起了互相重合并彼此相连的等级金字塔体系。

首先,在一夫多妻被允许的情况下,富者和强者可拥有很多妻子

---

⑬　Randy Thornhill and Craig Palmer, *A Natural History of Rape*: *Biological bases of sexual coercion*. Cambridge, MA: Massachusetts Institute of Technology, 2000; 对于这一令人不安的主题,此文是一篇充分依据了进化理论的优秀研究著作; 以及: D. Buss and N. Malamuth (eds), *Sex*, *Power*, *Conflict*: *Evolutionary and feminist perspectives*. New York: Oxford University Press, 1996。布朗米勒的著作代表了一种误入歧途的研究方向,对历史证据的运用也相当马虎,参见: Susan Brownmiller, *Against Our Will*: *Men*, *women and rape*. London: Penguin, 1976, pp. 31-113。这种所谓强奸是一种意在主宰和羞辱他人而非以性为目的的行为的理论甚至在以下作品中也有所体现,参见: Joshua Goldstein, *War and Gender*: *How the gender shapes the war system and vice versa*. New York: Cambridge University Press, 2001, pp. 362-9; Martin van Creveld, *Men*, *Women and War*. London: Cassell, 2001, p. 33。

并在选择年轻、漂亮或有其他优点(如繁殖力强,以及具有作为好的母亲和配偶的潜质)的女性方面享有突出优势。能够为这些优点锦上添花或作为其替代品的是女性的身家地位,因其能带来大笔嫁妆和有权势的姻亲。除妻子外,或在不允许娶多名正妻的情况下,很多社会认可通常娶自社会较低阶层的有正式地位的姬妾作为二等配偶。⑭当然,在不存在正式纳妾习俗的情况下,也有非正式的妾或情妇。性机会的另一来源是家中的婢女,其中一些是在战争或劫掠中擒获的女奴。这也是漂亮的女奴能在市场上[417]卖出高价的原因所在。最后还有性交易,而顶级青楼的冶游之资也足以令人倾家荡产。某些文化中还有在精英阶层社交生活中扮演重要角色的交际花。

应当注意,和资源的分配一样,构成性机会分配基础的权力的集中与分配是相对的。与其他文明相比,西方无论是社会整体还是精英内部,其在权力和财富上的分化程度均较低,而与之同时出现的是专制度较低的政权和更为平等的性利益分配,这并非巧合。这也解释了一个若非如此就难以理解的明显事实,即西方以正式的一夫一妻制为准则,甚至国王最后也不得不遵循。西方的诸多独特属性——相对较小的国家体量、更多元化的国内权力分配、较小的贫富差距,以及正式的一夫一妻制——彼此间均紧密联系。诚然,西方的统治者和精英同样是权力越大财产越多,不需要举止大方仪表出众也能有更好的性机会。权力关系不但决定了与之相关的种种实践,也使炫耀性消费和"性沉迷"或"性放纵"之类概念得以明确。这些规范本身很大程度上是受社会权力分配以及社会对权力的制约所塑造的社会建构。在那些更大的专制帝国中,顶层统治者更加不受约束,而社会规范也将与此现实相适应。

---

⑭　举例而言可参见:Jack Goody, *The Oriental, the Ancient and the Primitive: Systems of marriage and the family in the pre-industrial societies of Eurasia*. Cambridge: Cambridge University Press, 1990。

权力、财富和性机会互相联系的方式,在等级金字塔的顶端得到了最醒目的展示。高踞这一顶端的最具代表性人物是所谓的东方专制君主,以及他们在前哥伦布时代美洲诸帝国的对应者。我们已经提到过前国家社会中的酋长,尤其是较为富足和等级分化的社会中的那些,享有比平民更大的繁殖成功机会,拥有数十名妻子并养育众多儿女。集更大权力于一身的国家统治者的成就则要大得多。古代近东所有大帝国的统治者均拥有大型后宫。这一机构毫无疑问是供其私人享用并禁止外人进入的——"后宫"(harem)这个词本身即来源于闪米特语中的"禁止"。只有女人和宦官被允许在后宫中服务和充当守卫。关于后宫生活的内部信息相当稀有且几乎均为偶然获得。例如,根据希腊人的记载,马其顿的亚历山大在伊苏斯战役(公元前 333 年)后[418]俘获了波斯王大流士三世的 329 名嫔妃。为了甚至在行军作战时也能尽情享乐纵欲,后世的阿契美尼德王朝统治者从后宫中挑选一部分跟随自己上战场。这些女人坐在封闭的车厢中旅行,由宦官看守。⑮ 此后不久,由显然身为印度高官的考底利耶所撰写的关于治国术的经典著作《政事论》(1.20 和 1.27)中,才从内部知情者视角对后宫的建设和管理进行了详细描述,同时还提到了管理高级宫妓——她们被选入宫廷中作为国王的仪仗扈从——的官僚机构。

虽说关于后宫生活的证据极为缺乏以至于人们用大量幻想填补空白,幸存下来的官僚机构记录仍可构成最坚实的原始资料,从中能够得出经过核实的数字。(例如犹太人的国王所罗门的 1000 名嫔妃便与其他大部分关于他的细节一样,是他去世数世纪后才编写出来的传说故事。)毕竟,后宫里的女人和她们的孩子都是要靠国库去供养的。最为宏伟壮丽且有着最强官僚统治传统的帝国毫无疑问是古代

---

⑮ J. Cook, in I. Gershevitch (ed.), *The Cambridge History of Iran*, Vol. 2. Cambridge: Cambridge University Press, 1985, pp. 226-7; id., *The Persian Empire*. London: Dent, 1983, pp. 136-7(两本书中均有关于更晚的伊朗诸王朝的内容).

中国诸王朝。根据国家档案记录，西汉(公元前 2 至前 1 世纪)的帝国
后宫中有约 2000—3000 名女性，而到了东汉(公元 1 至 2 世纪)时期
此数目上升到 5000—6000 名。按照某种品位制度，这些女性被正式
划分等级并给予相应待遇。⑯ 显而易见的是，总量有限的资源中一些
人得到很多，就意味着其他人被剥夺相应份额。虽说帝国后宫中哪怕
有佳丽三千，也不会使中国的适婚男女比例产生可感知的变化，但全
社会的富有男性普遍娶多名妻妾时就不一样了，尤其是在男女比例还
会遭受包括中国在内的前工业社会中普遍流行的杀女婴现象的进一
步影响的情况下。贫穷男性不可避免地成为牺牲品。在距今更近的
时代，有证据表明中国的某些省份中约有五分之一男性未能成婚。学
者指出，年轻、贫困且未婚的被称作"光棍"(来源于男性生殖器的俗
称)的男性群体是帝国政权极为疑惧提防的对象。他们构成了各路匪
帮的骨干力量，而这些匪帮的种种罪行之一便是暴力性侵犯。⑰

帝制中国在后宫规模上可谓登峰造极。可以拿来进行比较的是
被称作"大领主"(grand seigneur 或 grand seignior)的奥斯曼苏丹的
后宫。数百年来，关于它的故事和传说令欧洲为之着迷。[419]奥斯
曼宫廷内库的记录显示，在 17 世纪上半叶的巅峰时期，后宫由约
400 名女性组成，另外还有约 400 名大多为前朝后妃的女性居住在
一座离宫中。⑱ 值得注意的是，后宫规模在帝王权力已开始衰落后
才达到顶峰——奥斯曼帝国、中国以及其他所有地方均是如此。毕

---

⑯　Hans Bielenstein, *The Bureaucracy of the Han Times*. Cambridge：
Cambridge University Press，1980，pp. 73-4.

⑰　Elizabeth Perry, *Rebels and Revolutionaries in North China*，1845—
1945. Stanford：Stanford University Press，1980，pp. 51-2；Matthew Sommer,
Sex，*Law*，*and Society in Late Imperial China*. Stanford：Stanford University
Press，2000，pp. 12-15，93-101. 根据 20 世纪初期的统计，中国乡村的男女性别
比例高于 120∶100，而这正是杀女婴现象的结果。虽说这一数据时间较近，但有
理由相信它在原则上适用于中国历史上更多时期。感谢尼尔·迪亚曼特(Neil
Diamant)博士令我注意到这一信息。

⑱　Leslie Peirce, *The Imperial Harem：Women and sovereignty in the
Ottoman Empire*. New York：Oxford University Press，1993，pp. 122-4.

竟当帝王已拥有世间一切声色犬马之娱可供沉溺时,还有什么能驱使他率领兵马进行危险而乏味的御驾亲征呢?帝国统治者常常成为被拘禁在宫殿和后宫的金笼中的半囚徒,将治国重任推给各路帝国官僚,而后者对此求之不得并极力怂恿君主继续不问政事。只有冒出一名篡位新君,才能够并很可能打破这一令人舒适的安排,开启下一轮循环。

伊甸乐园与手持炎剑的守门天使

上面说的这些不应——虽说经常会——被视作异国风情的趣闻轶事,且与真正的政治事务关系不大。事实恰恰相反。如同人类动机体系中的其他因素一样,人们也为了主宰后宫乐园的帝王统御之位而互相争夺杀戮。伊本·赫勒敦写道:"身为帝王其地位高贵而令人愉悦。这里面有着世间一切美好事物,身体的享受,灵魂的欢愉。因此对帝王宝座的激烈竞争变得司空见惯。主动让出王位极为罕见,强行篡位的却不少。混乱将随之而来,并导致争斗和战争。"[19]关于达摩克利斯之剑的古希腊道德轶事生动反映了同样的现实。根据这一故事,统治者坐在一张摆满奇珍异宝的桌子旁,头上却悬着一柄用马鬃系住的宝剑,随时可能掉下来将他杀死。[20] 统治者是一种高投入高风险高回报的职业。

尚未有人对历史上帝王的暴力死亡率进行过细致研究,[420]而这样的死亡率显然也随时间地点不断变化。不过,一些数据能够说明问题。我们前面说过:

由功勋卓著的战士,尤其是在位酋长的年轻旁系亲属发动

---

[19] Ibn Khaldun, *The Muqaddimah: An introduction to history*. New York: Pantheon, 1958, Chapter 3.1.

[20] Cicero, *Tusculan Disputations*, 5.20–21.

的篡权,是波利尼西亚政治传统中一个反复出现的主题……夏威夷人说"每个国王即位时都表现得像一个征服者",因为他如果不是从上一代国王手里篡权并将后者杀死献祭的话,人们就会假设他是靠鸩杀老王而上位的。㉑

另一项研究中粗略估计了在维京时代后期,超过三分之一的挪威国王在战斗中被杀,另有三分之一被放逐。㉒公元 7 世纪的诺森布里亚,8 位国王中的 6 位死于战争。㉓ 与之类似的是,根据圣经记载,以色列 19 位国王中只有 9 人是自然死亡(以色列王国的王朝合法性不如犹大王国的大卫王朝那般稳定)。剩下 10 人中,7 人死于叛乱,1 人为逃避同样的命运而自尽,最后 1 名被亚述人流放。阿契美尼德波斯的 13 位国王中的 4 或 5 位遭到暗杀,还有 1 位明显是在战争中被杀。㉔ 亚历山大征服之后,取代了阿契美尼德王朝统治西南亚的希腊化塞琉古帝国的最后一个世纪里(公元前 162 年至公元前 63 年),由于统治者家族的两个分支之间爆发残酷无情的战争,全部 19 名君主均通过篡夺产生,随后又依次死于继任者的暴力篡位。

甚至在罗马第一个帝制王朝儒略-克劳狄(Julio-Claudian)王朝相对稳定的统治期间,6 位统治者中的 3 位——尤利乌斯·凯撒本人、卡利古拉(Caligula)和尼禄(Nero)——也死于暴力。对其他 3 位——奥古斯都、提比略(Tiberius)和克劳狄乌斯(Claudius)——也一直有传言称他们是被谋害的(关于最后一位的谋杀传言被普遍接受),但无法证实。尼禄死后的"四帝之年"(公元 68—69 年)中,3 名

㉑ Patrick Kirch, *The Evolution of the Polynesian Chiefdoms*. Cambridge: Cambridge University Press, 1984, pp. 195-7.

㉒ Paddy Griffith, *The Viking Art of War*. London: Greenhill, 1995, p. 26.

㉓ Richard Abels, *Lordship and Military Obligation in Anglo-Saxon England*. Berkeley, CA: University of California, 1988, p. 12.

㉔ Gershevitch, *The Cambridge History of Iran*, pp. 227, 331.

将领加尔巴(Galba)、奥托(Otho)和维特里乌斯(Vitellius)相继通过内战夺权又迅速败亡。第四个夺取政权的将军韦斯巴芗(Vespasian)建立了稳定的王朝,但在他的儿子也是王朝第三任皇帝图密善(Domitian)于公元96年死于暗杀时该王朝便告终结。随后则是整个罗马帝制历史上最为稳定的"五贤帝"时代。然而维持至今的记录在紧随他们之后的混乱世纪(公元192—284年)中彻底崩坏。这段时间内走马灯般轮换的37个皇帝中,24人被暗杀,6人死于战斗,2人自杀(为了避免前面两类人的[421]命运),1人死于敌人囹圄之中,只有4人死于自然原因(其中3人统治时间极短,来不及死于暴力)。随后的公元284年至476年西帝国灭亡期间,统治整个帝国或其西半部的30位皇帝里,只有12人是在位时以非暴力方式得以善终。㉕这就表示罗马帝国500年来的约70%的统治者死于非命,更不用提无数未能爬上帝国宝座便被杀死的皇位竞争者。东罗马或称拜占庭帝国存在期间(公元395—1453年)的107位皇帝中有64位,亦即总数的60%以上被推翻和/或被杀害。㉖

奥斯曼帝国以一种最令人毛骨悚然的方式,提醒人们在大多数国家和帝国里,王位竞争者均为统治家族成员,通常互为兄弟姐妹或异母兄弟姐妹这一事实。帝国极盛时期(15至16世纪),由于缺少明确的继承规则,且苏丹令后宫中很多女人分别生下子嗣,在父亲死后成功继承权力的那个儿子会杀死他所有的兄弟和侄子,或至少令他们严重残废(刺瞎),使其无能力继位。父子为权力互相残杀的情况也发生过。直到17世纪初建立起皇族男性中最年长者继承皇位的制度后,恐怖的权力争夺战才告一段落,在此之前宫廷和统治家族日常生活中的气氛可谓难以想象。对苏丹的每个儿子而言,权力斗争即为生存斗争。哪怕不存在其他动机,纯粹为了自保而造成的"安

㉕ 关于帝国后期的数据,参见:Pat Southern and Karen Dixon, *The Late Roman Army*. London:Batsford, 1996, pp. x-xii.

㉖ 关于拜占庭,参见:S. E. Finer, *The History of Government From the Earliest Times*. Oxford:Oxford University Press, 1997, p. 702.

全困境"本身也足以强迫他们所有人以最凶恶的方式进行斗争。㉗

　　所有这些只不过是无数发生在政治权力之巅的关于不安全、暴力斗争和血腥屠杀的大同小异故事的一部分。暴力篡夺不仅为统治者或觊觎者带来灾祸，他们的家人和追随者也要遭殃。如果斗争转变为全面内战的话，大量士兵和平民也将沦为牺牲品。由于篡位的威胁始终存在，统治者永远生活在焦虑和怀疑之中，在自己身边设下重重护卫，导致自己在行动和其他方面的自由受到限制。在亚述，因弑君和暴力篡夺如同其他地方一样流行，当时尚年轻但日后有为的国王亚述巴尼拔（公元前 668—前 627 年在位）身为君主的真实感受是：

　　　　[422]……年长的酋长、国王的伙伴、他的兄弟或他父亲的兄弟、王室家族的成员等统统构成（对国王的）威胁。他对他的战车御者、参乘随从、守夜人、王家信使和贴身侍卫、驻守宫中或边境的军官、御膳总管和面包师的忠诚均抱有疑心。他害怕他吃下的食物和喝下的饮料，害怕白天和黑夜。无论在城墙之内还是之外，都存在着爆发反抗他的叛乱的危险。㉘

　　作为内行人士，考底利耶在《政事论》(1.20—1)中也对印度君主的安保措施作出了独一无二且实事求是的描述。我们往往只看到君王的荣耀，很少对上述这些方面加以思考。尽管如此，觉得自己拥有适当地位参与角逐并对成功有一定信心的人当中，加入竞争王位的高风险高收益游戏者仍从不缺乏。

　　为何会这样？这样做是否"值得"且是在什么意义上值得？如同第一部分中所展示的那样，我们的动机体系由进化所塑造，被精准调

㉗　Peirce, *The Imperial Harem*, pp. 21, 44, 99-103.

㉘　A. T. Olmstead, *History of Assyria*. Chicago: University of Chicago, 1960, p. 396.

节得与居住在小规模亲缘社会中的狩猎—采集者在漫长的地质年代跨度时段内所受的生存和繁殖压力相匹配。以最终繁殖成功来衡量的进化意义上的适应方式，是通过修剪基因池——或更直白地说，修剪人类——来去除人类的不适应行为。然而，最近的几千年里（对很多社会而言只有几百年）人类社会的扩张以及财富、等级制与复杂性的增长是如何影响了人类由进化塑造的动机体系并重新定义了适应性行为？这显然是和人类令人惊叹的自然—文化共同演化相关的最引人入胜的问题之一。无可置疑的是文化演化已经极大改变了人类行为并使之多样化。但如同我们已经提到过，并与一种仍很流行的观点相对立的那样，文化演化并非是从"零"开始的，也不具有演化出"任意"形式的能力。多样化和差异化的文化形式均建立在一个清晰可辨的人类固有倾向和禀性的深层内核之上，这一深层内核代表了进化塑造的基本需求和被"设计"来达成这些需求的近因情感机制。文化演化的方向并非完全不可预测。不过，在相对于人类禀性形成时的"进化的自然状态"已有很大改变的"人为的"文化条件下，我们受进化塑造的行为是否仍能保持其适应性——亦即能否最终成功繁殖？

[423]答案在很大程度上是肯定的：如同第一部分中概述过的那样，人们在经历了剧烈变动的多样化条件下仍继续生儿育女，将他们抚养成人，为此做出一系列生存和繁殖行为，并进行更多与之相关的衍生性质的活动。人类数目自新石器时代文化起飞以来已膨胀1000倍。虽说从整体上看这象征了惊人的繁殖成就，但并不意味着全部个别行为均保持着相对于激烈变化后环境的精准匹配的适应性。我们必须牢记这一文化起飞发生得太晚，以至于无法通过选择压力对人类生理产生任何显著影响。生物学意义上，我们和我们石器时代的先辈是一样的人，有着同样的禀性。甜味可指明水果已成熟且具有高营养价值，但如今可被人工合成甚至对人有害，人们对它的嗜好却未有改变，这就显示了原本具有适应性的禀性倾向如何在变化后的文化条件下成为一种不利品质。另一个例子是好胃口在食

物稀缺环境中具有适应性，到了物质丰富的社会里却会导致肥胖症。

驱动人类行为的并非进化目的本身，而是近因机制，即那些原本作为达成生存繁殖目的的手段而演化出的能够带来情感满足的行为。当激烈变化后的新环境切断了近因机制和其原本的进化目的之间的联系后，人们仍会受到强力的情感刺激束缚从而继续追随近因机制，而非进化目的。对情感满足而非繁殖成功率的衡量指导了人们的行为，哪怕前者已经或多或少偏离了后者。再举一例：人们仍会为了爱情和性满足感频繁做爱，尽管有效的避孕措施已经使得这一令人痴迷的行为在绝大多数情况下与繁殖成功毫无关系了。

所以，那些参与了高风险高收益的社会内和社会间"两个层次"的权力政治游戏的人，其最终繁殖成功率——他们的欲望和追求正是来源于这一进化塑造的原初目的——是否因此而得以提升？答案貌似很难推算出来。一方面，以专制君主的后宫为标志，统治者享有高出常人很多的繁殖机会。另一方面，王位[424]竞争者甚至在位的统治者，都将自己和家人置于高度危险的境况之中。就此问题而言，近期对从中国到里海地区的中亚和东亚人群 Y（男性）染色体所做的一项非凡的研究颇具启发意义。它揭示了这一地区男性总人口中的约 8%（亦即全世界男性人口的 0.5%）拥有相同的 Y 染色体，只能意味着他们均为同一名男性的后代，同时还可以确定这名男性生活在约 1000 年前的蒙古。识别出唯一可能的候选人并不困难——他就是成吉思汗，而这一结果也通过考察其现存后裔的 Y 基因而得以确认。当然，这并不意味着成吉思汗一个人令巨大数量的女性生下了如此多的子孙，很明显即便他别的什么事都不干也不可能做到。他的 Y 染色体的广泛传播要归功于他的子孙继承他的家业，成为统治中亚和东亚数百年之久的各王朝首脑，且每个人都享有常人无可比拟的性机会。㉙

㉙　Tatiana Zerjal, Yali Xue, Giorgio Bertorelle, et al., 'The genetic legacy of the Mongols', *American Journal of Human Genetics*, 2003, 72, 717-21.

诚然，成吉思汗是历史上最伟大的军阀之一，他的王朝很可能也是最成功的一个。在等式的另一边则有着无数不成功的权力竞逐者，其血脉随着他们的失败而绝灭。尽管如此，我们并不需要等式两边互相抵消后仍得到整体上对繁殖有益的结果，来解释人类在迅速文化演化所创造的新的"人工"环境下热衷于权力争斗的行为。是近因机制和人类欲望主宰了人们的行为并驱使他们加入权力政治游戏，而不管这样的行为是否具有"适应"性。[30] 社会金字塔的顶点之所以具有如此强大的吸引力，在于人们到达那个位置后就能够无限放纵自身欲望并沉溺其中。很多争夺这一终极奖赏的竞争者可被拟为彩票游戏中志在头奖的重度赌徒。很明显任何此类游戏中头奖的赢面都很低，且重度赌徒很可能会输得一无所有。但这样的重度赌徒却从不见少，原因若不是在于如同认知心理学揭示的那样，错误估计可能性是人类最常见的认知扭曲（cognitive distortion）之一，就是因为奖品的吸引力可导致出现强迫性—成瘾性的赌博行为，使我们评估费效比的精神机制无法发挥作用。当然这也不意味着致命的顶层权力斗争中的所有竞争者均违背了[425]"预期效用"（expected utility）这一博弈论中用来判断奖励与获得它的可能性的原则，虽说其中很多人的确如此。同样的原理也适用于社会等级制度中顶端以下的层面，只不过程度较轻罢了。

对权力和荣耀的追求

人类社会的几何级数增长与等级结构的建立同样也影响到了在第一部分中考察过的人类动机体系中其他"派生性"的因素。在进化

---

[30] Laura Betzig, *Despotism and Differential Reproduction: A Darwinian view of history*. New York: Aldine, 1986; 此书忽视了权力政治中的两个"负面因素"：其一是它或许会不利于最终的繁殖成功；其二是那些在进化的自然状态下被证明具有适应性的近因机制在决定人的行为时仍占据主导地位，然而此时的环境已与自然状态下有了很大区别。

的自然状态中,人们追求地位、领导权和权力,因为它们可以带来获取生存繁殖资源方面的优势。资源积聚和等级组织令强制性社会权力的影响范围和重要性均有极大增长。此外,随着资源和权力均可被积累并扩张到此前难以想象的规模,且两者紧密交织并可互相替换,权力便与金钱一样成为一种能换取绝大多数可欲求对象的通用中介物。权力成为其他一切事物的中介,因此追求权力就代表了追求其他一切。出于这一原因,对权力的追求看上去便成为一种有自我生命力的无需外因推动的行为。

权力不仅因自身的正面价值而被欲求;"安全困境"也会驱使人和政治共同体去扩张其权力,因为在激烈的竞争中吞噬别人总好过自己被吞噬。更大的体量和权力首先是一种防御措施,在威慑、议价以及真正试图使用武力时均极为关键。与此同时,为安全目的而获取的更大力量也可被用来达成损人而利己的结果,并使他者处于不利地位。既然所有行为者均遵循这样的逻辑,他们就都会毫不停歇地争夺权力,为他们之间的竞争提供动力,使竞争能够自动持续下去。强烈的安全压力与亚述、罗马等很多最强大的帝国的形成、黩武化和扩张均有关联。尽管学者倾向于怀疑防御性动机所起的作用,声称预期利益驱使了国家进行扩张,而事实上这两种动机是交错在一起而非互相排斥的关系。

[426]对与地位和权力相类似且与它们紧密相关的荣誉和威望的追求,原本也是被"设计"来获得更多生存和繁殖资源,同样通过强烈的情感满足加以激励,从而使之具有似乎是独立于外界的生命力。再一次,在更大规模的社会中,满足此类追求的可能性得到了几何级数的增长。身处社会顶端的人尤其能够沉迷于此,其程度是在此类追求得以成型的进化的自然状态中难以想象的。事实上,对荣誉和威望的沉迷本身即构成权力的主要吸引力之一。荣耀——这一仅在大型社会中才能够产生之物——受到统治者(当然还有其他人)的追求,原因在于它既是一种巩固其对权力及所有和权力相关事物掌控的手段,也是一种独立的和最强力的情感满足来源。专制君主在石

碑上刻下自己的高大形象并颂扬其成就,这种行为被学者解读为御用宣传,但它同时也表达了对具有终极满足意义的无上荣耀和绝对主宰权的追寻——如同某些最强大的帝国统治者所吹嘘的那样,其主宰权已扩展到"地之四极"和"普天之下"。令国内外尽可能多的人屈服于自己的统治之下可导致满足感并构成行动的动力。这一过程所带来的更为实际的收益与之亦有联系,但他人的屈服本身即可独立地引起满足感,并不依赖于前者。

如果说前几页内容集中描述的是专制统治者对荣耀的沉迷的话,那也应当强调所有这些同样适用于一般情况下的个人以及政治共同体。共同体成员浸淫于其集体荣耀之中,愿意为之付出代价并竭力加以守护。这同样来源于荣誉和光荣在牵涉到权力、威慑和国与国之间讨价还价时可加以转换兑现的价值。个人和政治共同体警惕地捍卫自身荣誉,对轻微的冒犯也予以强力回应,这并非小题大做,而是因为若表现得软弱可欺,对手就可能得寸进尺而导致自己逐步沦为牺牲品。如温斯顿·丘吉尔所说的那样:在屈辱和战争间选择屈辱的结果很可能是屈辱过后仍要面对战争。对冒犯不予以适当回应将导致声望和地位受损,且只会引来更多更严重的冒犯。对上述逻辑的敏锐意识通过长期进化而深深植根于[427]人类心理之中,导致荣誉本身几乎已成为一种目的。此外,冲突双方可能还会因此被锁死在报复与升级的循环之中,哪怕没人真正想要这样的结果,最初的动机已被抛在脑后,且双方付出的代价已远超原先所争夺的东西的价值。

最后,如第一部分中已展现过的,和所有其他至关重要的追求一样,争斗行为的引发和维持是由一些在年轻人中表现得尤为明显的强有力情感刺激所支撑的。它们包括:与身体、精神和智力机能的竞争性运用相关的欣快感和愉悦感;陶醉般的暴力狂热;象征着逃脱一成不变平庸无趣生活束缚的高风险高收益冒险和探索所带来的兴奋激动。除此之外,一个人还可能因为想见识世界而加入军队。因此,除了通过争斗能得到的收益外,人们也可从争斗行为中获得满足,从而"纯粹"因其本身而乐此不疲。

据传出自成吉思汗的一段名言涵盖了上面提到的人类动机系统中的所有方面。他说的是："人生最大之乐，即在胜敌、逐敌、夺其所有，见其最亲之人以泪洗面，乘其马，纳其妻女也。"[31]我们前面引用的 Y 染色体统计数据已再直白不过地说明了其中最后一句的含义。

亲属关系、文化、观念和理想

前面所论述的道理是否还有未尽之处？人们所感兴趣的只有那些粗俗的物质目的吗，哪怕在最终能够证明人类可在进化塑造的根基上实现令人惊诧的文化起飞之后？人们是否也会为了比成吉思汗所体现出的那些目的更为抽象的观念和理想而出生入死？毫无疑问他们会这样做，但如同第一部分中说过的，这并非是对我们前面所述内容的否定，而是一种延续。自然与文化通过一种高度错综复杂的机制相互联系。显然，我们对这一复杂问题只能略加涉及，范围限于我们的既定主题即人类争斗方面。

[428]让我们从身份这一因素开始谈起。我们已经看到过相对于"陌生人"而言，人们对自己的亲人会表现出一种显著的，由进化所塑造的内在偏爱——也就是说偏爱与自己拥有更多共同基因的人。亲缘关系以同心圆方式向外扩散——同时也被稀释，从中推演出亲属间利他主义和竞争的步骤这里就不加重复了。简单说的话，就是在任何亲属圈子里的人均会为更近的亲人（最终就是自己和自己的后代）的利益而与其他人斗争，但同时他们也会合作去对抗更疏远的圈子里的人。在这种可无限延伸的多层次游戏中，内部合作往往会在共同体面对外部威胁时得以强化，而内部的互相敌对则会不同程度地消退，尽管从未完全消亡（爱国者对此深恶痛绝，痛斥内斗者是

---

[31] 引自：Michael Prawdin, *The Mongol Empire*. London：George Allen，1961，p.60。（原文出自拉施特《史集》。——译注）

在自我削弱甚至自我毁灭）。在极端状况下，人们甚至会不顾引起强烈负面情感和背负道德耻辱的代价而与外人结盟以赢得与同胞之间的斗争。当然也应当补充说明在不违背亲人利益的情况下，无亲缘关系者之间也常常为共同获利而合作或结盟，而这随着大规模有组织社会的成长只会变得越来越常见。

虽说如此，我们仍应时刻牢记亲属合作有着高度显著的局限性。如同很多别的事物一样，亲人之间归属感和纽带的范围在大规模国家社会中急剧扩张。最大的那些狩猎—采集者亲属圈子仅由数百人或最多上千人组成。而无论在什么地方，一旦发生农业的扩散，就会创造出人数常达数十万的民族（ethinie，复数 ethnies，原为法语词），但这些民族也被分为多个不同的，相互竞争且经常彼此敌对的部落或部落联盟，以及后期演变出的小型国家。必须再次强调，一个民族（ethnos，希腊语）与其说是一个整体，倒不如将其视为包含了巨大多样性的马赛克拼图。人们与本地部落或政治体（以及其内部的氏族）之间有着最强烈的羁绊，从而产生出强大的离心力并时常导致这些群体彼此分道扬镳甚至兵戎相向。另一方面，一个尚未得到充分认识的事实就是较大的国家归根到底仍是在某个民族的范围内产生并扩张的，因为具有共同族裔身份、特征和纽带的人更容易被联合起来并维持联合状态。国家和帝国最初将统治扩展到其他族裔时，主要依靠的就是其忠诚的本土核心民族。因此与广泛流行的观点相反，民族早在最初的[429]政治边界确立时已具有举足轻重的作用，而非等到近现代才开始发挥这样的作用。

从 20 世纪 80 年代起，声称民族和民族主义完全是被"发明"的，并认为大多数民族所拥有的关于共同血统和源流的深入人心的信念纯属神话的这样一种论调变得时髦起来。作为对劣迹斑斑的民族主义和种族主义的勇敢反抗，这种认为民族是由国家和精英阶层"建构"、操纵并加以神化的观点能够获取可观影响力的原因显然在于，它在很大程度上反映了事实，虽说也只是部分的事实。这一观点的倡导者坚持认为民族是一种文化的而非遗传学的现象。然而此处错误的非此即彼假设无视了远为错综复杂的现实。首先，如同我们说过的那样，研究显示总体而言世界上较大范围的文化（语言）边界与基因遗传边界有着引入注目的重合度，哪怕是在把信史时代的精英征服和大规模迁徙均纳入考量的情况下。[32] 大多数民族远在现代民族主义诞生前即已存在，构成了后者生长的基础。[33] 即便最初的民族构建是通过整合多个存在很大（遗传）差异的群体而完成的——这种情况实际相当常见——假以时日，普遍的互相通婚也会赋予新构建民族共同的遗传标记。[34]

当然，使某个民族不同于其他民族的因素里，文化差异的作用要远大于基因上的细微差别。为了避免任何误解，我必须赶紧加一句，即人类的大多数基因差异对于其文化而言是可以忽略和毫不相干的。如我们已经看到的那样，问题完全不在此处。在小规模狩猎—采集者群体中亲缘关系和文化相互重合，人们外表上的相似性以及共同的文化特征均可作为具有亲缘关系的线索发挥作用，对促成人与人之间的合作极为关键。因此，一个民族共同体无论在基因遗传上有没有关联性（大多数情况下是有的），在共同文化特征的作用下，其成员也会觉得他们互为同胞手足并根据这一点而行事。对这样的人类集体身份构建中复杂心理机制的来源和运作原理视而不见，则不可避免会导致对一些塑造了人类历史的最强有力情感纽带产生误解。

这正是族裔中心主义——对自身所属民族的高度认同、忠诚且愿为之牺牲自己——存在的解释。其所具有的明显返祖性质令许许

[32] L. Luca Cavalli-Sforza, Paolo Menozzi, and Alberto Piazza, *The History and Geography of Human Genes*. Princeton, NJ：Princeton University Press，1994；以及更受欢迎的：L. Luca Cavalli-Sforza, *The Great Human Diasporas*. Reading, MA：Addison，1995。

[33] 参见第 11 章注释 67。

[34] 认识到这一点的有：Adrian Hastings, *The Construction of Nationhood：Ethnicity，religion and nationhood*. Cambridge：Cambridge University Press，1997，p. 169。

多多现代社会思想家、历史学家和评论家为之迷惑和震惊,[430]在他们的分析框架中完全无法加以理解。如同第 3 章中讨论过的那样,对亲属的利他主义覆盖范围超出原初状态下旧石器时代区域群的数百人,扩展到拥有数百万成员的整个民族,而原先塑造出这一禀性的进化论原理已无法继续适用。民族这样的规模远大于区域群的群体虽然也具有个人能够籍此认同的外表和文化特征,在与个人的血缘关系亲近程度上毕竟无法与后者相比。此外,虽然个人命运与其民族的命运紧密相连,匹夫匹妇通过自我牺牲而对民族命运产生影响的能力仍可以忽略。尽管如此,人们的行为又一次被近因机制所主宰,哪怕这一机制最初形成时的条件如今已发生改变。虽说人们也会在民族利益与自身和近亲利益之间进行权衡,他们还是难以无视本民族的繁荣昌盛所具有的深厚情感意义。国家和社群的强制显然是集体行动的主要动力,但个人也的确易于受到感召而自愿参与此类行动。

不受外人统治的独立状态被认为对一个民族的繁荣昌盛具有决定性意义。当独立受到威胁时,对集体的忠诚和奉献往往会以最激烈的方式表达出来。屈服于外敌不仅意味着资源遭到掠夺,也构成了对共同体文化完整性的威胁。这也使我们的视角被进一步拓宽。为何人们感受到与他们共同文化之间的强烈依恋并在这一文化或将受到损害时产生严重的威胁意识? 一个原因就是我们不久前刚提到的。人们高度适应并倾向于珍视他们在行为、观念和外表上的无数微妙而独特的表征,因这些表征标志了他们属于一个亲缘和互助的共同体。对共同文化的威胁于是也就意味着对共同体完整性的威胁。此外,在青少年时代经长期社会化而获得的文化形态是极难加以替换的。成年人的大脑结构会固化。大脑在更早阶段所具有的通过学习自行重组的可塑性中的绝大部分将在成年时失去。紧密依附于一个人最熟悉的且不太可能被成功替代的事物——语言、信念和行为模式、社会规范等——于是便成为对人们较有利的选项。同样的原因,故乡熟悉的山川土地也会烙印于人的意识之中,引发深深的羁绊和依恋，难以漠然忘怀。无需赘言，这些并不是"盲目的本能"，而是根深蒂固但受到高度[431]调控的禀性，有着大体上取决于环境的特定表现方式。显然，人们也常常采用外来文化样式，有时还表现得非常急切。他们也可能从故乡（尤其是那些条件艰苦的地方）迁徙出去。这说明人们认为此类行为对他们有利，因此能够加以忍受。

然而这并非全部。我们知道观念的影响力还要更加深远。到处都有人会为了那些与亲缘无关的跨民族的观念而杀人或被杀。为什么会这样？这一不切实际的领域——通常包含了最为抽象的形而上观念，以及经常显得荒诞不经的见解——如何与现实生活相通？解答此疑问的关键，在于我们人类这一物种所具有的以尽可能深入全面的方式解释认知范围内一切事物的强烈偏好。这样的偏好有助于揭示万事万物的奥秘，并形成一套应对相关风险和机遇的心理指引。我用"偏好"（propensity）这个词是经过深思熟虑的，尽管可能已经有读者开始怀疑"偏好"被太过频繁地用作一种万能解释。无论如何，我的论点恰恰在于晚期智人具备一种固有的、无所不在的且由进化所塑造的赋予世界以秩序的倾向，而这也是神话、玄学和科学得以形成的基础。和其他所有适应性倾向一样，这种为世界构建解释性心理框架的人类偏好以难以抗拒的强烈冲动和深刻情感需求的形式表现出来，导致我们成为无法自控的意义探寻者。这一偏好——以及与之密切相关的符号化呈现与经过归纳的概念性思考——正是我们这一物种取得可观成就的原因所在。

寻求并赋予结构的内在偏好作为我们人类的一种突出特质，在考古和对现存狩猎—采集者社会的研究中均得以揭示。㉟ 如同第一部分说过的那样，对于这些社会而言，宇宙自有其意义和目的，而这些意义和目的应当被认识并编织成一套和谐的体系。夸张一点的

㉟ 表明这一倾向存在的最早的考古学证据可参见：Steven Mithen, *The Prehistory of the Mind: The cognitive origins of art, religion and science.* London: Thames & Hudson, 1996。

话,可以说一切技术进步和原科学(proto-science)——天文学、形而上学、生物学、地理学、历史学和社会学——的产生,均为这种对宇宙的不断试错的解释进程的成果。出自同一进程的还有那些被认为是"超自然"的产物如魔法、神话和迷信。与人们的常识相反,后者与前者间的同质性要高于异质性,因为在缺少完善的验证程序的情况下,哪种解释途径和操作方法为真,哪种为假,[432]并不易于判断。出于同样的原因,一些根深蒂固难以割舍的幻想和错觉至少也可以被部分认为是我们人类复杂而高度敏感的心智"软件"中的"漏洞"或"病毒"或"错误激活的程序",而驱动、困扰我们的心灵并使其为之狂热追寻的依然是对意义、秩序、控制和安定的无休无止的需求。㊱

　　因此,与宇宙基本结构和运作方式以及保证其良性运行所需的方法和实践相关的一系列观念,大体上便被视为极端重要的实际问题,像其他所有重大的实际问题一样,能够引发强烈的情绪并成为包括暴力行为在内的行为动机。㊲ 事实上,它们或许比任何一般实际问题更能引发强烈的反应,因为与之相关的至高力量会被看作比其他任何事物更为强大并散发出所谓的"神圣恐惧"(sacred horror)。从最初和最简单的人类社会时代起,关于此类根本问题的正确实践和恰当完成方式方面的争议便足以引发冲突。此后社会的急剧扩张以及社会和经济复杂性多样性的增长所导致的权力的集中化、制度化和正式化,也映射到了人们对神圣性、精神性领域和宇宙体系的认识中。㊳ 其最值得注意的后果是一批大规模的、制度化的宗教因此而诞生。

㊱　参见第 3 章和第 5 章。

㊲　对于信徒而言,宗教问题所具有的极深刻的实际意义,及其作为影响人类生存方式的最重要因素之一的地位,可参见:Pascal Boyer, *Religion Explained : The evolutionary origins of religious thought.* New York : Basic Books, 2001, pp. 135-42。

㊳　对比参照:Marcel Gauchet, *The Disenchantment of the World : A political history of religion.* Princeton, NJ : Princeton University Press, 1997, Chapter 2。

因此统治者自然而然会加强对作为社会权力重要组成部分的精神事务的控制。统一国家中的各地方神祇、祭典仪式和信仰体系被国家政权加以融合，使之制度化并通过国家的奖惩体系加以推行。在此过程中，由制度化的资源榨取方式加以供养的专业化全职教士阶层成长起来，地位越来越牢固，构成了既得利益集团和半自治的社会权力中心，常常与统治者发生冲突。㊴ 信仰和仪式的世界构成了权力政治的竞技场，因为控制人心即为权力，可由此获得人类动机体系中其他所有被欲求的好处。此外，如同其他主要的文化差异一样，社群或宗派之间的信仰差异可导致分裂与冲突，而信仰的统一也会促进政治统一。㊵ 因而一切关于信仰和仪式的问题本身即为政治议题。然而也必须注意，这样的关系是[433]复杂且双向的。人民若不是认为关于宇宙运转的观念及对其施加控制的实践对他们而言相当重要的话，控制信仰和仪式领域也就失去了意义。事实上对于统治者和神职人员这些操纵他人人心的权力持有者来说，上述观念和实践通常也事关重大。与 18 世纪以来的启蒙思想家表达的观点相反，那些操纵他人的权力持有者并非仅是一些狡猾世故的骗徒；他们自己往往也在情感和智识上深深融入了信仰的世界。借用启蒙传统中的表达方式，他们是"迷信的骗子"，自身亦沉醉于"人民的鸦片"。

在战争中，各个神灵、寺庙和教派同时构成了能够向其祈求帮助的实体，可以很容易唤起人民加以保卫或为之争取荣耀的共同文化的神圣组成部分，或者为了满足神灵自身的特殊需求如人牲献祭等而导致的半独立的战争根源。类似这样的政治共同体在超自然领域的清晰投射在作为战争手段和动机方面于是便与其他更为"真实"的有形或象征性因素同样有效。另一方面，超自然也从不像人们经常

㊴ 对比参照：Boyer, *Religion Explained*, pp. 270-7。

㊵ 关于这一因素同样可对比参照：Boyer, *Religion Explained*, pp. 285-91。

声称的那样,是一个完全独立的战争根源。例如,在阿兹特克人的战争中,其精英阶层便是我们所说的典型的"(自身)迷信的操纵者"。他们征服并压榨他人的动机与阿兹特克神灵对人类鲜血的渴望难解难分地缠绕在一起。阿兹特克战争中的惯例是大规模屠杀俘虏并对降伏者进行无情剥削,而不是(像其他民族一样)用少数战俘进行象征性献祭。[41] 无论如何,地球上所有文化之间的战争均会被习惯性地与神灵之间的战争联系起来,或者甚至就是由他们所挑起的。各个敌对共同体和民族的众神将被征召来为他们各自对应的人民而战。如同一个强大但也善变的盟友那样,对神灵也时常需要进行奉承、笼络和安抚,否则一旦触怒他们的话,他们就很可能抛弃甚至转过头来反对自己的子民。

这样的模式通行于全球各地,但文明在欧亚大陆的进一步演化也带来了信仰和精神领域的进一步发展。这些发展背后最具重要性的因素可能在于欧亚大陆演化出了发达的有文字的文化,[42]使得具有前所未见的准确性、复杂性和丰富细节的海量信息和观念得以积聚、储存和传播。识字阶层——[434]教士、官僚、社会精英成员,但也包括平民——在文字媒介的基础上组成了一个信息网络。通过这一网络,人们得以完整地阐述和交流其世界观,且该网络能够以较大程度不受国家干预的状态而存在。

在欧亚大陆各个识字文明中如雨后春笋般生长起来的种种新兴意识形态——信仰、伦理和行为方式的诸多体系——并不仅仅关注人类与宇宙和超自然的联系,以及如何取悦众神,尽管上面这些仍构

---

[41] 参见这篇条理分明的文章:Barry Isaac, 'Aztec warfare: Goals and battlefield comportment', *Ethnology*, 1983: 22: 121-31。

[42] 关于发达文字影响力的类似见解可参见:Shmuel Eisenstadt, 'The axial age: The emergence of transcendental visions and the rise of the clerics', *Archives européennes de sociologie*, 1982: 23: 294-314; Ernest Gellner, *Plough, Sword and Book: The structure of human history*. Chicago: University of Chicago, 1989; Boyer, *Religion Explained*, pp. 277-83。

成其信条中的一个基础部分，通常也是最基础的部分。除此之外，这些意识形态也对社会发展和个人救赎提出了各自的独特见解。虽然这些精神意识形态彼此间大相径庭，它们均为如何缓和、解决或超越生命中的诸多问题如死亡、痛苦和欲求等提供了一整套包罗万象的解决方案。它们将我们之前提到过的构成了自然状态下社会合作基础的"互惠利他主义"和"普遍互惠利他主义"原则，提炼成关于正当性的伦理体系。大规模的、复杂的、"异化的"(alienating)且失去了人与人之间亲近感的诸社会——尤其是那些大都市和国际性大都市(cosmopolitan cities)——刺激产生了对此类完整的社会和精神解决方案的需求。㊸

对于追随者而言，此类信念处理的是具有最高等级重要性的实际问题，关系到此世和/或来世、后世的个人、共同体和宇宙的命运，值得为此做出巨大奉献甚至为之献身。这种视之具有关系人类存亡的极度实际重要性的意识是难以忽视的。应当注意到只有那些向大众发出呼吁并承诺个人和共同体的拯救的形而上学和伦理信条才能够鼓舞人们起来行动。纯学术性的形而上学或科学信条则因其曲高和寡而从未能够引起如此激烈的反应。

尽管此类宗教性的以及后期出现的世俗性的关于拯救和正义的意识形态通常起源于一个特定民族之内，其中一些的影响也从未超出此范围，但另一些则往往带有跨越国界的普世意义。它们能够构建一个类似于其他非亲缘合作情况下的，能够影响到多个民族的信仰与行动的共同体。宇宙中的各种力量不再自动为特定民族的事业而服务，[435]尽管实际上各民族仍常常借用其名义。新的普世宗教性意识形态与战争之间的关系是复杂的、多面的且依个案而定。很多旧的宗教中已经明显存在关于"正义战争"的义务。这表明了植根

㊸　对于大都市和国际性大都市异化环境的效果的杰出分析可参见：Rodney Stark, *The Rise of Christianity*: *A sociologist considers history*. Princeton, NJ: Princeton University Press, 1996, Chapter 7。

于生物—社会学中互惠原则的对"他人"的正义的概念已经具有了影响力，而且在发动战争时其条件需要加以满足，以便获得国内公众以及貌似具有超然地位的神明的赞同。（事实上"正义"的义务通常很容易履行，这也表明了对他人的正义往往具有较低标准。）但在新的普世宗教性意识形态下，"正义战争"的义务得到了加强，信徒之间的交战也受到更严厉的禁止。

　　然而事情的另一方面就是某些新的救世意识形态中包含了强烈的传教狂热，而这样的狂热可转化为对非信徒发动圣战的倾向。此外，好战的救世意识形态对圣战士可起到极大的振奋效果，因为：世界的得救有赖于正信的胜利；此类意识形态无一例外均会提倡信徒共同体内部的合作与无私精神；以及，通过许诺现世和非现世的丰富奖赏，无私合作的确在不同程度上得以促成，尽管在外人看来这些奖赏可能只是画饼而已，但在信徒眼中它们却常常显得比任何东西都更加真实。⑭ 在与人类动机体系中其他的争斗动机的合力作用下，救世意识形态所提供的那些真实的和"虚构但被认为是真的且与真的效果相当"的奖赏便解释了道金斯的那句话："何等的武器！宗教信仰值得在战争技术编年史中单辟一章来叙述。"⑮

　　最初作为一个关于爱、怜悯与非暴力的宗教而兴起的基督教，后来发展出了针对非信徒和异端的残酷好战特征。这两种截然相反的倾向在教义和实践中尴尬但持续地共存着。基督教对于信徒之间的关系则持有较为一贯的和平主义立场。伊斯兰教自肇端之日便将对非信徒的圣战纳为其教义的基本组成部分，同时宣扬信众之间的团结与非战。然而尽管受到宗教的严厉谴责，基督教和伊斯兰教内部

---

　　⑭　对相信存在非现世酬赏者的更多讨论可参见：Stark 'The martyrs：Sacrifice as rational choice'，in *The Rise of Christianity*，Chapter 8；David S. Wilson，*Darwin's Cathedral：Evolution，religion，and the nature of society*. Chicago：University of Chicago，2002。两部著作均忽视了军事方面。

　　⑮　Richard Dawkins，*The Selfish Gene*. Oxford：Oxford University Press，1989，p. 331.

的争斗却从未停歇。这一赤裸裸的现实表明了尽管宗教性意识形态是一种极为强大的力量，它在根除引起战争的动机和现实状况方面几乎是无能为力的。

[436]这一切也同样适用于欧亚大陆东部，哪怕那里的精神意识形态更加反对冲突。在欧亚西部的两种主要普世宗教性意识形态含有强烈好战的传教性和排他性特质的情况下，欧亚东部的普世性宇宙和伦理体系——如佛教和儒教——尽管也是传教性的，但就其教义而言却非排他性的，也不赞同强制皈依。欧亚东西两半之间存在如此差异的原因并不容易解释，且无论如何也不属于本书的主题范围。显然这与强烈否认其他神存在的一神教有莫大关系，这使得欧亚西部的新宗教不仅区别于远东的信仰，也区别于欧亚西部更古老的、多神的，也相对较为宽容的那些宗教。⑯ 即便如此，事实情况是欧亚东部的精神意识形态也构成了导致各社会之间产生隔阂的文化差异的一部分。超自然因素经常被援引来支持爱国事业。由超验观点——如关于此世和来世的信仰和行为体系等——引发的战争明显比欧亚西部更为罕见，尽管战争本身大体上出现得同样频繁。

欧亚大陆的某些宇宙和伦理意识形态体系于是便向其信仰者群体内部注入了团结精神和凶猛的狂热，并用对个人和共同体的救赎以及非现世奖赏的许诺加以支持。但与此同时，它们中的一部分不仅表现出对和平与正义的偏好，对于人类贪得无厌但也徒劳无功地

---

⑯ 举例而言可参见：Regina Schwartz, *The Curse of Cain : The violent legacy of monotheism.* Chicago：University of Chicago, 1997。由于对历史的认识过于天真，此书夸大了一个本来有一定真实性的论点，以至于忽视了多神异教徒一样会为了共同的（部分是宗教性的）身份认同、圣地和诸神的荣耀而战，并且依赖于宗教支持。Daniel Martin, *Does Christianity Cause War?* Oxford：Oxford University Press, 1997；虽说观点离经叛道且对基督教进行（自我）贬低，此书也正确指出宗教只是一个复杂的作用因素阵列中与其他因素互动的组成部分。Rodney Stark, *One God : Historical consequences of monothesim.* Princeton, NJ：Princeton University Press, 2001，第三章中的内容与我在此处的见解极为接近。

追求财富、性和荣誉等俗世目标——在进化塑造的人类动机体系中，正是这些目标驱使人与人之间发生冲突——的行为，也越来越表现出疏离和拒斥。不久之后我还将回过头来讨论的这样一种社会情绪，构成了人们认为战争一概无益且愚蠢，并对其表示出怀疑和绝望的更为普遍的情绪的一个方面。

战争：为了严肃目的的严肃事务，还是毫无意义的行为？

前面引用过的成吉思汗关于"人生最大之乐"为战争的诸多成果的名言，无疑是某种真实人类[437]观点的代表。但我们也说过他是历史上最成功的军阀之一，而一个在战争领域取得如此规模成就的人自然会热衷于此。不过即便能取得他很小一部分成就的人也没有多少。如果只是因为这个的话，那么对战争的疑虑也应当与对它的赞颂同等普遍。

前面提到过，预期中的危险和代价会阻止人们（以及所有动物）进行争斗，正如预期收益会吸引他（它）们参与一样。这两种互相冲突的情感机制导致争斗成为最两极分化的人类活动之一。个人与集体所遭遇的死亡、伤残、物质损失和艰辛处境会引起巨大的痛苦、畏惧、恐怖、凄惨、悲痛、消沉和绝望。当你赢得压倒性胜利时，这些问题都不存在。但与表面印象相反，决定性胜利在历史上是例外而非通则：武装对抗可持续数代人时间，很多时候冲突各方均几无所获；无数人命、消耗的资源和毁灭的财富被吸入一个无底洞中而产生不出任何意义；即便这次取得了胜利，下次往往也会被寻求报复的对手扳回一局。尽管过去的人们没有总结出"囚徒困境"、军备竞赛中的"红皇后"悖论、以牙还牙策略的陷阱和局势升级的循环（见第5章）等理论——所有这些理论均揭示了敌对各方如何被锁死在一个不受规范的竞争性体系中——但他们能强烈感觉到相关现象的存在，从而产生深深的绝望和无助感。战争是来自上天的诅咒，是无视人们真实愿望而吞噬他们的灾难，是某种类似饥荒和瘟疫等自然灾害性质而降祸于人类的外来力量——类似这样的观点得以广泛流行。

自从农业产生和财产得以积累以来,战争几乎就不可避免地意味着资源总量的净损失(对于战争中一方而言仍有可能带来净收益——有时还很巨大)。如果战争短暂而轻松,胜利来得容易,获得的利益也较为显著的话,人们就易于在轻浮情绪的影响下保持对战争的热情。对于保卫自身、亲人、财产和集体认同的战争,情感动员也很方便进行——只不过激起的往往更多是绝望而非热情。即便在战争看上去不会有任何好下场时,人们经常也会抱着冷漠、绝望和迷惘的心情而将其贯彻下去,[438]因为其他所有选项似乎只能带来短期或长期内更糟的结果。

古希腊人对战争益处的怀疑而矛盾的看法通过哲学家齐纳斯(Cineas)之口得以表达。此人为伊庇鲁斯(Epirus)国王皮洛士(Pyrrhus)——一位著名但最终功败垂成的将领和冒险家,曾试图在地中海西部打造一个希腊化帝国并为此与罗马和迦太基交战(公元前281—前274年)——的朋友。皮洛士被人们视作前面提到过的那种眼中只有头奖的强迫症赌徒的代表。古代哲学家深刻地认识到了这一点:"他通过自己的英勇业绩所赢得的,又会因执迷于渺茫的希望而失去。他总是热切渴望自己所没有的,而无法确保自己已有的。因此安提柯二世(Antigonus II)曾将他比作一个能够多次掷骰掷出很好数目的玩家,但在运气来了的时候却不知如何去利用。"[47]"皮洛士式胜利"——在战场上取胜,但因己方的惨重损失累积下来导致了最终的失败——这一概念对于皮洛士本人不仅是军事上的,也是政治上的。

齐纳斯在和皮洛士国王谈话时不仅提到了上面这一问题,还试图说明另一个。他问皮洛士若获得对罗马人的胜利,将如何去利用它。皮洛士回应以描述意大利的大小、富饶和重要性。齐纳斯问下

---

⑰ Pyrrhus, xxvi, 引自:Plutarch: *Lives*, Vol. ix. Cambridge, MA: Loeb,1959。

一步行动是什么。皮洛士回答说在此之后他们就能够夺取西西里，及其全部财富和人口。哲学家再度追问后，国王声称这些初步胜利将使他可以征服迦太基和北非；依靠至此为止所统合的全部力量，他便能取得马其顿和希腊。齐纳斯继续问那时他们还要做什么，皮洛士笑而答道："我们将会轻松自在，我的朋友。我们将整日纵饮并亲密交谈，而令彼此心灵愉悦。"早已预料到这一答案的哲学家反驳道，国王提到的这些悠闲安逸行为的先决条件目前均已具备，那为何不现在就享受这样的生活，而要等到经历了充满动乱、危险、痛苦和血腥的漫长战争之后？⑱

　　显然，这里所表达的是哲学家而非国王—将领的见解。除两人的倾向和职业视角之间的差异之外，只有后者——而非前者——所处的地位能使他沉溺于胜利的成就之中。[439]然而确实也应当考虑，从付出和风险角度看，一味好战到什么程度时战争的收益便开始递减？尽管人们对于获取更多资源的贪欲在很多情况下无穷无尽难以满足，但欲望大小也是相对于他人所拥有的资源而言的，且会根据预期损失而进行调整。如果已经取得了相对于其同辈的较高地位，而要想更进一步则需冒较大风险的话，人们就会倾向于采用较保守的策略，以守成为第一要务。此外，如齐纳斯所表达的那样，一个人可以渴望达到越来越大的成就，但到了某个层次以上，更多更奢侈的享受因超出了个人能享用的限度，已不再有意义。正因如此，愿意冒最大风险的往往是那些瘦骨嶙峋挨饿受冻的白手起家者。同样的规则也适用于性满足。男性的欲望在很多方面是无止境的，但与此同时仍会受到一个实际的（高水平）上限限制。可以想一想那些终极的专制君主如汉代中国的皇帝。他们真能享受后宫中全部 2000—6000 名美女的陪伴吗？这里同样出现了超过某一程度后增长远不如维持更重要的问题，而这也适用于荣誉等人类动机体系中的其他因素。

---

　　⑱　同上，xiv。

此外,如同前面提到过的那样,在欧亚大陆的发达识字文明和大规模社会中出现了一种关于人类动机的更为激进的态度。我们的欲望体系是由进化"强加"给我们的。然而与其他动物相比,我们高度发达的智力和想象力机能以及代代相传的集体智慧使我们能够发觉诸多俗世追求的难以满足、徒劳无益以及固有的令人沮丧的一面,使我们意识到与之相关的痛苦和磨难,以及我们最终均难逃一死。所有这些培育出了一种广泛的焦虑、虚无和厌弃意识,尤其常见于大规模的复杂社会中。在这些社会里,诱惑和挫折均更为强烈;社群内部缺少亲密度,也较少互相支持;存在着表达此类意识的丰富文本,并且通过文字创造出了虚构和非虚构的想象世界,人们可以埋首书卷,逃避现实并从文字中得到安慰,从而"净化"自己的世俗欲望。

还有自杀。这是对内在于我们进化塑造的动机系统中的痛苦和挫折表示反抗的最极端的一种方式。通过自杀,人弃绝并超越了全部感官欲望和与之相关的一切活动,通过五感俱寂来获得内心的平静,从为自我实现的无休止竞赛中引退。

这样的倾向在据说生活在公元前 500 年左右的北印度的青年王子乔达摩·悉达多(Siddhartha Gautama),[440]也就是未来佛陀的故事中得以体现。有朝一日发觉所有人均将遭遇生老病死之苦后,他抛下一切离家出走,并矢志于发现通过弃绝一切世俗和感官之物来实现精神超脱的方法。在南亚和东亚有无数人追随他的教导,其中一些以他为实践榜样成为佛教僧侣。事实上,不少日本天皇会放弃宫廷的享乐遁入佛门。他们中的一些是被强迫的,但其他则出于自由意愿,大部分可能是在年岁较长,情感已不再像过去那么激烈的时候才剃度入道。传说中拥有 1000 名妃嫔和其他各种奢侈享受的圣经中的所罗门王,在年老体衰后也感到了幻灭,从而有了那句据称是他所说的名言:"凡事都是虚空。"(《传道书》1.2)

不同形式的禁欲主义(asceticism)也出现在欧亚大陆西部。在一则著名的虚构故事里,希腊人让放弃了一切享乐的犬儒学派(Cynic School)哲学家第欧根尼(Diogenes)站到了马其顿的亚历山大这个最伟大的国王、将军和征服者的对立面上。亚历山大前去看望住在一个木桶里的第欧根尼时，提出可以给后者任何他希望的东西，而哲学家的反应是请亚历山大移开不要挡住他的阳光。据说亚历山大随后声称若他不是亚历山大，那么他情愿做第欧根尼。[49] 世界性的且越来越异化的希腊化世界和随后的罗马世界中的另外两个主要哲学流派分别代表了面对感官享受——挫折两难问题时的两种对立策略。伊比鸠鲁学派（Epicureans）颂扬享乐和感官满足，而斯多葛学派（Stoics）则教导人们控制世俗欲望。基督教中的禁欲主义无处不在，并得到隐士和各修道教团的积极奉行。

那么在我们的整体框架中要怎样去理解禁欲主义，且它对人类争斗造成了何种影响？与通常的在各种欲望之间作出权衡并考虑可能的代价不同，禁欲主义是一种从整体上压制欲望的尝试，并构成了对进化塑造的人类动机体系的反叛。这其实也正是禁欲主义在人类历史上一直处于边缘地位的原因，因为它和我们最为根深蒂固的内在禀性是相悖的。严格尝试过它的只有很小一部分人。对于芸芸众生中为欲望挫折所苦的大多数人而言，它主要是作为一个未能履行的选项、一种精神向往、一项信条，或最重要的，一种规训[441]约束因素而发挥其作用。

我们现在来讨论禁欲主义对争斗的影响。佛教对冲突成因的分析极为出色，很典型地导向了和平主义："冲突通常起自对有形事物的喜爱：享乐、产业、土地、财富、经济主宰，或政治优势。在《中部·第十三苦蕴大经》（M. 1.86—7）里，佛说感官享受会引起更多感官享受欲望，导致包括统治者在内的各种人之间的冲突，以至于发生争吵和战争。"[50]虽说如此，禁欲主义和非现世倾向——即将获得终极奖赏的希望投射到此世之外的其他世界——除了表现为和平主义

---

[49]　Diogenes Laertius 6.32, 38.

[50]　Peter Harvey, *An Introduction to Buddhist Ethics*. Cambridge: Cambridge University Press, 2000, pp. 239-85（引自第239页）. 此段中经文出处一般标记为 MN.1.13.11-13，原文 M. 1.86-7 为 PTS 式经号。——译注

外,也能够表现出好战性,原因在于如前面所提到的那样,某些宗教
式运动鼓励用武力来推广其信条,而愿意为其事业誓死战斗的人将
获得比人世间所能提供的更多且更纯洁的奖赏,且感官上的自我克
制常常能转化为极度的坚韧和专一。纵观人类历史,禁欲的狂信徒
常常能够成为最好的战士,无论他们来自基督教、伊斯兰教、印度教
(瑜伽士[Yogi],即禁欲修行者),甚至佛教。这些战士—僧侣如今
已成为大众很感兴趣的对象。[51]

不仅仅是自我欲望的克制,更普遍意义上的克制也能够产生上
面所说的效果,使人们拥有比尽兴满足者和放纵者更强的行动动力。
令定居文明的好战性减弱的并非严酷的禁欲主义,而是其所具备的
生活便利性等特质。有秩序的社会及其国家政权不仅会建立纪律和
大规模长期协作的习惯,也实现了相对的内部和平。与部落社会和
其他更少秩序的社会相比,定居社会中人们日常生活的暴力程度大
为降低——他们被"驯化"了,而这也必然影响到他们对战争之类行
为的态度。[52] 此外,国家越大,外敌距离越远,人民就越不会因外来
威胁的持续存在而习惯于战争,也越少觉得有必要关注这样的威胁。
还有,普通群众被压迫、排除和异化的程度越深,他们就越没有动力

---

[51] 尽管公众对其富有兴趣,对佛教战士—僧侣的学术研究成果仍屈指可
数。一般而言可参见:Harvey, *An Introduction to Buddhist Ethics*,中国佛教
武僧可参见:Meir Shahar, 'Ming-Period evidence of Shaolin martial practice',
Harvard Journal of Asiatic Studies,2001;61:359-413。在动荡时代抵御盗
匪,是佛教修道团体不顾其教义限制而习武的主要原因和理由。然而在日本,以
正当方式运用武艺已融入"禅"这一理念之中,可参见:Tukuan Soho, *The Un-
fettered Mind: Writings of the zen master of the sword master*. Tokyo: Ko-
dansha, 1987。我对夏维明博士(Dr. Meir Shahar)在这一主题上对我的指导深
表感谢。关于印度教(瑜伽士)和伊斯兰教中的武士团体,可参见:W. Orr,
'Armed religious ascetics in Northern India', in J. Gommans and D. Kolff
(eds), *Warfare and Weaponry in South Asia 1000—1800*. New Delhi: Oxford
University Press, 2001, pp. 185-201。

[52] 这一主题下与现代西方相关的内容可参见:Norbert Elias, *The Civili-
zing Process*. Oxford: Blackwell, 1994。

也没有习惯去参加战斗。与此同时,在社会等级中的位置越高,本国所产生的财富越多,边界以外越荒凉穷困,统治者和社会精英越满足于已有的财富和享乐的话,这些统治者和社会精英就越少准备好去冒险并经历战争的考验。凭借其经济[442]和行政基础,国家仍可以维持大规模的军队,但军事事务大体已被委托给那些有可能自行夺权的职业军人和边疆民族战士。

无论在国内还是国际上,只要在隐蔽或公然地使用武力与利益获取之间仍能建立起直接联系,武备在收割利益方面就仍然会和生产同等重要——或许更加重要。即便定居社会之间的战斗大体上总是会因毁坏和生产力下降而造成所有参与者的净损失,它也还是可能导致有利于胜利者的大规模利益重新分配。这就意味着武力依然能够被用来赢得大量利益。说得更明白一点,有些时候武力的确被用来赢得了大量利益。其后果就是,总有人会抱着获利的希望捡起暴力——或者说冲突性竞争——这一选项,从而迫使其他更不情愿的相关者加入游戏。正因如此,任何一方至少也需要为可能的冲突做好准备。这就一而再再而三地导致所有各方被锁死在"囚徒困境"中并遭受"红皇后效应",为战争或战备不停地消耗资源,却无法赢得相对于敌人的优势或取得任何收获——也就是说与不存在冲突的情况下相比,所有各方都是输家。因此对战争的"现实主义"或"理想主义"这两种态度与其说是互不相容,倒不如说均触及了幕后真相:因其本身作为一个选项的存在,暴力冲突既是"为了严肃目的的严肃事务",也是荒谬得无以复加的;既可以对某些参与者极度有益,也会造成整体上的可怕损失,有时甚至令各方均遭受损失;既是理想主义愿景无力消灭的不可缺少之物,也是一种经常会在"违背他们意愿"的情况下被强加给所有参与者的东西,如同它是一股外来力量那样。

随着近代的到来——正是在这一时代,产生武力的能力有了突飞猛进的增长,与生产力的增长达成同步——武力与财富获取之间的联系才开始逐步瓦解。

第三部分
现代性:雅努斯的双面

13　引言：财富和权力的爆炸式增长

[445]现代性通常被认为肇始于 15 世纪末。此后又过了一个半世纪，世界已进入一个比以往任何时代更为发达的新纪元的观念才流行起来。根据弗朗西斯·培根（Francis Bacon）的名著《学术的伟大复兴》（1620 年）中的见解，三种新发明——火药、海上导航技术和印刷术——开启了新时代的大门。这三大发明中的第一种与战争直接相关，其他两者的影响则不那么明确。

培根的三大发明并非孤立现象。它们源自欧亚大陆上技术基础和社会组织方面更为广泛普遍且不断累进的进化。尽管偶有反复倒退，这一进化过程已稳定持续了数千年之久。前现代前工业的文明——有时也被称作"农业世界"（agraria）——远非某些学者应用近现代大为加速的变革节奏为标准时断定的那样，是停滞不变，在社会上和技术上遭到"冻结"的。① 技术史和经济史家揭示了在农业技术、驭马、冶铁、采矿、水车和风车的发明传播、指南针、三角帆，以及水坝和运河建造方面的稳步改进。所有这一切导致了这片大陆上生产力和人口的持续增长。

[446]此外，上述社会生产力在"深度"上的增长与各文明的持续向外扩张密不可分。这一在空间或"广度"上的增长产生了一些重要

----

① 可参见这样一部运用进化论视角并与我观点相近的著作：Stephen Sanderson，*Social Transformations：A general theory of historical development*．Oxford：Blackwell，1995，Chapters 4—5。

结果。新的生态区域及其特有作物、动物种群、技术应用和原材料被整合进来，提升了系统的多样性。当位于诸古代文明中心外围和彼此之间的前边疆地带被文明中心所吸收后，此前相互隔离的各个交换体系便被连接起来，构成一套不断扩张的整体体系，使得新的发明能够跨越整片大陆，从一个区域传播到另一个。除此之外，整体体系的"系统效应"还能缓解区域性的衰退或崩溃，使得某一地区走出"黑暗时期"（欧洲的案例只不过是其中之一）的进度不但受内部发展的推动，也受益于强有力的外部刺激。

尽管现代性的确建立在早先技术和社会组织的渐进演化基础上，但与此同时它毕竟还是构成了一次门槛跨越。如同1万年前新石器时代向农业的转变/革命那样，缓慢的累进过程达到了一个起飞点，随即爆发成为横扫一切的转型进程并大大加速了变革步骤。近代以欧洲为中心的全球贸易体系和商业资本主义相互关联的发展进程开启了一系列最终通向工业化的连锁反应——这一切均发生在短短几个世纪内——并释放出前所未有的以几何级数飞快增长的财富和权力。第三部分中我们所要关注的正是这些以其现代形式和量级所表现出的财富和权力之间的互动及其效应。

引言部分我们只关注这一互动的两个方面。首先，生产能力和军事力量从此互相紧密联系起来。这一相关性是保罗·肯尼迪（Paul Kennedy）的《大国的兴衰：1500—2000年的经济变迁与军事冲突》（*The Rise and Fall of the Great Powers：Economic change and military conflict from 1500—2000*，2000年）的主题。应当意识到，只有在1500年之后，随着现代性的增长，这一相关性才变得如此直接和明确。从那时起，战争的胜利变得极度依赖于军事装备——首当其冲的便是火器——而这些装备需要有发达的技术基础来进行制造，并需要高度组织化的社会政治基础加以有效部署。在近代之前，富裕的文明相比它们边疆地带的穷邻居，[447]大体上也能负担起更大规模的装备更好的军队。但这样的优势并不明显，因为我们已经说过边疆民族往往以凶猛来弥补财富之不足，并通过以战养战就食于敌而简化了后勤需求。最富裕的国家和帝国在其势力衰弱时反反复复沦于又一批边民之手，构成了文明史上无休止的循环。来自阿富汗的莫卧儿人在 1526 年对北印度的征服，以及满洲人在 1644 年对中国的征服，可被视作历史上不断重复的边民入主的最后案例。在印度，只有入侵者能够有效运用火器；在中国，入侵者通过征服过程而逐渐掌握了它们。然而自此之后，如同爱德华·吉本和亚当·斯密均观察到的那样，文明社会与蛮族社会之间的平衡发生了根本上的改变。②

通过对世代积累的历史经验加以推演，与吉本和斯密同时代的并且也是斯密好友的亚当·弗格森，③以及他之后直到美国总统尼克松为止的很多人，均害怕他们所在的文明社会不断增长的财富和繁荣会腐蚀公民和军人的美德，助长"软弱"和堕落，并预示最终的社会崩溃。但斯密和吉本也看到了作为拥有更多财富和更发达基础结构的结果，近世文明社会已不再像更早的诸文明那样苦于边民军事接管——其中包括曾在欧亚历史上发挥过决定性影响的骑马游牧民入侵。财富、技术优势和军事实力已变得密不可分。历史上第一次出现了只有富者才有资格成为强者的现象。财富和军事能力之间发展出了大体上运行无阻的正回馈机制，而不像过去那样，两者之间的关系模棱两可，甚至存在一种自毁性的循环结构。

财富和权力的现代形式中应予注意的第二个方面在于它们具有极为高效的自我复制能力，能够持续不断扩张并征服一切障碍。马克思曾指出这是资本主义——即以市场为导向，对经济生活进行大规模重组和理性化——增长和扩张中的一个本质性因素：通过制造海量的廉价商品，资本主义逐步摧毁并取代了无法与之竞争的旧的经济组织形式。马克思这样写下他令人印象深刻的比喻："［资产阶

---

　② Adam Smith, *The Wealth of Nations* (1776) 5.1.1.

　③ Adam Ferguson, *An Essay on the History of Civil Society*, 1767, 尤其是第 5 和第 6 部分。

级的]商品的低廉价格,是它用来摧毁一切万里长城、征服野蛮人
[448]最顽强的仇外心理的重炮。……它迫使它们在自己那里推行
所谓文明,即变成资产者。"④如同这一比喻所暗示的那样,近现代化
的陆军和海军也同样被证明优于过去的一切军事组织形式,迫使那
些传统武装力量要么转型适应,要么灭亡。两个进程紧密相连:资本
主义社会的先进陆海军必须先摧毁长城,才能令资产阶级的商品畅
通无阻;而被迫向资本主义开放国门的社会若不能实行国内经济—
社会—政治的近现代化,就无法打造出有效的军事反制力量。在激
烈竞争的推动下,财富创造和作战的现代形式迅速扩张演化,同时密
切协作,互相增强。

　　资本主义与近现代武装力量不断增长的竞争优势及其持续扩
张,使在这些进程中处于领先地位的欧洲国家逐渐获得了对世界其
他地区的支配地位。出于这一原因,我们关注的重点将从欧亚大陆
进一步集中到欧洲,以及后者与世界其他地区的关系上——所谓的
"西方及其他"。更精确地说,第三部分所考察的是在西方演化出的
最有效的财富和权力复制增殖机制是如何在全球范围内扩散并取代
了原有的社会文化形态。由此产生出的巨大的趋同效应(conver-
gence effect)将到那时为止互相隔绝或只有微弱联系的各人类社会
连接起来,并令它们之间产生前所未有的紧密联系、互动和相似性。
与此同时,深刻的差异继续存在,财富和权力爆炸性增长的成果被不
均等地分配,且这一过程本身即充满暴力和冲突,其冲击令整个世界
为之共震。

　　近世欧洲的发展进程,以及西方与世界其他地区的关系,或许是
历史和社会学领域内得到最为充分研究的课题。不过,尽管建立在
这些最有价值的学术成果之上,本书作者仍希望做到既非复述一个

---

④　Karl Marx and Friedrich Engels, 'Manifesto of the Communist Party',
in *Economic and Philosophical Manuscripts of 1844 and the Communist Mani-
festo*. Amherst, New York: Prometheus, 1988, p. 213.

熟悉的故事,也非制造出又一篇关于西方战争和军事制度的历史概论。相反,第三部分将和第一、第二部分一样,在以事实为根本并注重差异性的基础上,将关注点放在战争最深的根源,以及它与现代性强力推动下的人类生活中文化转型的相互关系方面。

14　枪炮与市场：新欧洲国家和一个全球化世界

[449]现代性以欧洲为起点。在这里，培根所说的三大发明——火药、导航术和印刷术——中的每一个都发展到了超越其他任何地区的程度（尽管它们均非起源于此）。短短几个世纪里，欧洲令人印象深刻的转型赋予其日益增长的全球优势，并令整个世界随之发生转变。是什么造成了这样的革命性爆发，亦即所谓的欧洲奇迹和西方相对于世界其他部分的崛起？这一问题吸引了学者相当多的注意力，但他们的关注点往往落在近现代时段。然而，如同我们在上一部分的第11章中所解释过的那样，早在近代之前，西方在一些相当重要的方面便已与欧亚大陆其他伟大文明区域分道扬镳。

第11章中也提到过世界历史上最为先进的文明均散布在横跨欧亚大陆东部、南部和西部，几乎从日本不间断延续到欧洲的一个带状区域中。在这条带状区域内，气温较高，水源也较充沛，从而孕育了一系列人口稠密的农业社会。在公元1500年时它们拥有约占世界总数70%的人口。带状区域位于大陆边缘，濒临[450]大洋和海域的事实相当关键。海洋不仅带来了适宜的气候，也为前工业社会主要依靠水路完成的长距离大宗货物运输提供了条件。在欧亚大陆带状区域的诸文明中，位于西南亚、印度和中国的那些较欧洲文明更为古老。后者是一个相对较新的创造物，直到公元第一千纪末期才在融合了刚刚脱离野蛮的欧洲北部，与遭受蛮族入侵后在城市化、贸易、经济复杂度和识字率方面经历了急剧倒退的古典—基督教地中海文明旧有区域的基础上诞生。确实,直到近代前夕,欧亚大陆上的其他伟大文明在帝国权力和荣光、物产种类,以及高级工艺品等方面看上去均能令欧洲相形见绌。

我用"看上去"一词,是因为起步于公元 1000 年左右,在近代前夕已从低谷中复苏的新兴欧洲文明并不像某些情况下被描绘成的那样,是巨大欧亚世界的一块渺小、落后且偏远的附属地。亚洲的大半事实上由干旱和半干旱的草原构成。(除俄国外的)欧洲在面积和人口两方面均大于西南亚,仅略小于印度,大概相当于中国的一半。由于拥有更温和的气候和更加平均的降水模式,欧洲的人口分布也更为均衡,且早在 1400 年左右便明显享有更多人均财富,尤其在拥有的牲畜方面。[①] 被高耸的山脉和犬牙交错的海岸线隔开的欧洲土地及其人口从未像其他主要文明中心那样统一于一个大帝国之下,而是被大量政治单元加以分割。然而如学者指出的那样,这样的政治分裂恰恰被证明是欧洲竞争优势的源头之所在。

毫无疑问,大型政治集团在促进经济复杂性和技术创新方面拥有一定优势,但这样的优势常常会被独断专横的中央政权和僵化的帝国行政机构所抵消。[②] 举例说,尽管帝制中国也取得了无数辉煌

[①] John Durand, *Historical Estimates of World Population: An evaluation*. Philadelphia, PA: University of Pennsylvania, 1974, p. 9; Colin McEvedy and Richard Jones, *Atlas of World Population History*. London: Penguin, 1978;还可参见这部杰出著作: E. L. Jones, *The European Miracle: Environments, economies, and geopolitics in the history of Europe and Asia*. Cambridge: Cambridge University Press, 1987, pp. 3-8, 159。Kenneth Pomeranz, *The Great Divergence: China, Europe, and the making of the modern world economy*. Princeton, NJ: Princeton University Press, 2000,这本书提出了一流的修正论点,我后面还将提到它。最后还有: Angus Maddison, *The World Economy: A millennial perspective*. Paris: OECD, 2001, pp. 42, 44, 47, 49。

[②] 参见第 11 章及其中引用的权威著作;亦可参见: William McNeill, *The Pursuit of Power: Technology, armed forces, and society since A. D. 1000*. Chicago: University of Chicago, 1982, pp. 113-16; Paul Kennedy, *The Rise and Fall of the Great Powers*. London: Fontana, 1989, Chapter 1。

成就并实现了持续增长，中国文化传统的全面奠定，及其历史上最迅速的社会进化和技术创新，却发生于该国被分裂为多个互相[451]征伐不休的国家的"战国"时代（公元前 5 世纪至公元前 221 年）。欧洲在政治上的不统一，及各国内部较高的分权水平，意味着更难以政治手段压制创新。此外，对创新的压制很可能会遭到惩罚，因为别的政治体可以接纳同样的创新，从而在欧洲体系中各政治体之间激烈而无止境的经济和军事竞逐中获得优势。在这样的竞争性环境中，一切相对较为低效的行为均可能因同样理由而受到惩罚，而这一因素可导致进化步骤大为加速。

欧洲"战国"时代的到来

人们通常会将欧洲的崛起与中世纪后期以来被称为民族国家的主导性政治组织形式的逐步巩固，以及一个包含了互相竞争的民族国家的欧洲体系的形成联系在一起。这些早期的民族国家（national state）/"领土国家"（territorial state）/"邦域国家"（country state）普遍被认为是欧洲独特的发展产物，是前无古人的创举。但很少有人问过这种情况——姑且认为它是事实——为何会出现。新欧洲国家形成时的环境未曾被拿来与其他时间空间下，例如古典地中海欧洲的情况进行详细比较。

事实上，民族—"领土"—"邦域"国家并非起源于新的欧洲文明。其他文明区域只不过是因地理和生态而更易于产生更小或更大的政治组织形式如小型城邦和帝国而已。例如，古代近东的民族—"领土"—"邦域"国家便经常在旧的部落领域内或在统一诸小国的基础上产生。我们已经探讨过的埃及和中亚述时期的亚述国家便是这样的例子，除此之外还有乌拉尔图、埃兰、波斯，或许也包括了加喜特人的和迦勒底人的巴比伦。公元前第一千纪初期的黎凡特南部发展出了以色列人、亚扪人（Ammonite）、摩押人（Moabite）和以东人（E-domite）的小型民族—领土国家，其北部人数更多的阿拉米人则分为数国。但到了公元前 7 世纪，[452]近东所有的新兴民族国家和其他各种政治体均被亚述帝国所征服。在亚述之后，一个又一个帝国相继横扫西南亚的开阔平原，建立起几乎不间断延续到 20 世纪的统治，将当地各民族纳入其帝国结构之中。③

相比之下，欧洲最靠近古代近东，从而也最早从那里接受了农业和文明传播的恰好是欧洲地形最为崎岖的一个由半岛和群岛组成的部分——也就是希腊。无巧不巧的是，其次接近且从希腊获得文明传播的是地形崎岖程度仅次于希腊的欧洲又一个半岛加群岛部分，即意大利。（我把挪威排除在外，因为尽管地形也相当复杂，但它是欧洲距离近东最远的部分，从而在文明自东南向西北的渐次传播中排到了最后。）前面已说过，在高山和海洋构成极大障碍的希腊和意大利，各有一群城邦主宰了被分割得支离破碎的这两个地区，哪怕至少在希腊（但不包括意大利），其居民均自认为属于同一个民族。

然而，欧洲农业和文明由东南向西北的梯次传播也意味着接下来的目的地将是夹在欧洲阿尔卑斯山系④之间或位于其北方的更为开阔的平原地带。此外，上述地带即便毗邻海岸，也不会像希腊和意大利那样几乎被大海所环绕。很少有人注意到欧洲最早的民族国家

---

③ S. Finer, *The History of Government from the Earliest Times*. Oxford：Oxford University Press，1997，p. 1305；本书认识到在亚洲，诸"邦域国家"最终沦入帝国之手，而这样的情况在欧洲并未发生，但作者并未试图对此差异提出解释。艾森施塔特和吉登斯的分类列表中均只包含了世袭制或官僚制帝国以及与之相对的封建体制，但没有近代之前的民族国家：S. Eisenstadt, *Political System of Empire*. New York：Free Press，1963，pp. 10-11；Anthony Giddens, *The Nation-State and Violence*. Berkeley，CA：University of California，1985，pp. 79-80。相比之下，蒂利不但承认"民族国家"这一概念范围更广，出现得更早，还试图解释为何它在欧洲占据优势：Charles Tilly, *Coercion, Capital, and European States, AD 990—1992*. Cambridge，MA：Blackwell，1992。然而，他未能将地理和族裔因素纳入考量。尽管我大体赞同他对资本和国家性（statehood）因素的强调，但我仍会试图以某种不同的方式将以上所有因素串联到一起。

④ 包括比利牛斯山、阿尔卑斯山、狄那里克阿尔卑斯山和喀尔巴阡山等。——译注

并非出现在中世纪末期或近代，而是诞生于古代马其顿。我们已经提到过，公元前 5 至前 4 世纪，马其顿王室在希腊和地中海海岸以北的这块更加开阔连续的土地上主导实施了成功的国家和民族建构，将血脉相近的各马其顿部落，以及部分色雷斯人、伊利里亚人（Illyrians）、色萨利人（Thessalians）和一些希腊城邦整合到一起。凭借它较大的体量和实力，马其顿随后得以征服并统治（尽管并非统一）了希腊，甚至征服了巨大的波斯帝国。然而，此后的马其顿沦为帝国性超级城邦罗马的猎物，后者继而转型成拥有整个地中海沿岸地区的大一统帝国。

虽说如此，后世的发展证明了马其顿的[453]演化路线，即部落—族裔区域被合并成一个民族—邦域国家而非形成碎片化的城邦体系，并不是孤例。在崎岖的希腊和意大利半岛以北以西的广大蛮族地区逐渐受到吸引而与文明发生接触，并因此而开启经济、社会和政治上的转型时，马其顿路线更多是构成了通则而非例外。例如，公元 1 世纪多瑙河下游平原地区与罗马的接触便促进了达契亚（Dacia）民族—邦域国家的形成。罗马征服并摧毁了该国，且阻止了北部蛮族边疆其他大规模国家建构的尝试，但罗马帝国的衰亡最终导致民族—邦域国家在欧洲如雨后春笋般诞生。这里说的不仅仅是形成于前帝国境内，有着征服者与被征服臣民并存的族裔结构，并依赖于罗马行省所遗留的管治基础的那些日耳曼人继承国，如西哥特和墨洛温法兰克国家，甚至也包括了一系列在接下来几个世纪里涌现于旧罗马边境外的民族—邦域国家，如盎格鲁-撒克逊人的英格兰、斯堪的纳维亚诸国、波兰、匈牙利、摩拉维亚和波希米亚（Moravia and Bohemia）、保加利亚、塞尔维亚和苏格兰（德意志民族的"帝国"⑤能否算这样的国家则不甚明确）。无论它们是由一群乡村小国经短暂过渡阶段转变而来，还是直接从部落区域中形成，所有案例中最引人注目的特征便在于这些规模较大的领土国家均围绕在族裔上

---

⑤   应指神圣罗马帝国。——译注

彼此紧密相连的人民而建立。⑥

欧洲民族国家"自发"涌现的潮流——无需赘言，其国家建构过程充满暴力并受到外来压力和刺激的强烈影响——难以被视作巧合。我们可以发现民族—邦域国家"自然"产生于典型的西欧—中欧—北欧地形环境之中，尤其是在人口密度增长和森林面积因更为集约化农业的持续发展而缩减后。另一方面，尽管不像希腊和意大利那样被山海分割得如此破碎，西欧—中欧—北欧在地理上仍然要比亚洲的各大文明区域更加碎片化。这就是为何加洛林王朝建立欧洲帝国的尝试很快失败，而此后的尝试也从未成功的原因所在。

[454]与其他文明的对比有助于正确审视欧洲民族—领土国家的历史经验。不像西南亚的那些多民族帝国，围绕着两大江河流域统一起来的中华帝国实际上变成了一个巨大的民族国家。尽管中国理所当然包含了很多"少数民族"，汉人始终构成其人口的压倒性多数。同时，中国也是一个大体上垄断了整个东亚大陆农业区域的民族国家。它是一个霸主，与其接壤的除游牧民外只有一些小得多的邻国。虽说其在朝鲜半岛、满洲地区和中南半岛（印度支那）的一部分邻邦也发展成为民族—领土国家，一个与欧洲相类似的竞争性国家体系在东亚仍是不存在的。日本也在公元第一千纪中期统一成具有中等体量的民族国家。这一民族国家会周期性分裂并陷于内战。

---

⑥　此处与我观点最为接近的历史探讨可参见：Hugh Seton-Watson, *Nations and States: An inquiry into the origins of nations and the politics of nationalism*. Boulder, CO: Westview, 1977; Walker Connor, *Ethnonationalism*. Princeton, NJ: Princeton University Press, 1994, Chapter 9; Adrian Hastings, *The Construction of Nationhood: Ethnicity, religion and nationalism*. Cambridge: Cambridge University Press, 1997。Patrick Geary, *The Myth of Nations: The medieval origins of Europe*. Princeton, NJ: Princeton University Press, 2002, 此书很多观点是正确的，但论点过于夸张。无可否认，蛮族迁徙起到了将入侵者群体中不同族裔集团混合到一起的作用，正如它将入侵者和被征服者混合到一起那样。然而，格里甚至完全没有提及旧罗马疆域北方边境之外的民族构建。此外，此书的副标题与时髦的主标题互相矛盾，因为作者也承认很多现代欧洲民族起源于后大迁徙时代，也就是公元第一千纪的后期。

但由于受到海洋的全面保护,除偶尔对外发动侵袭外,日本无须参与竞争激烈的国家间体系。在非洲,民族国家从公元第一千纪末期开始不断产生(祖鲁国家已是前殖民时代后期的例子)。然而如同我们所见的那样,撒哈拉以南非洲的相对隔绝状态使其发展慢于欧亚大陆。所有这些例子都是为了显示,与通行观点相反,民族—领土国家远非中世纪末至近代欧洲的独特产物。不过同时也因西欧—中欧—北欧特殊且具有高度偶然性的地理和生态配置,才使得拥有一批中等大小的民族—领土国家成为定规。

作为又一种独特的欧洲现象,封建制导致了学术界对民族—领土国家成长的认知扭曲。如前所述,早在西欧—中欧—北欧地区进入文明时代的公元第一千纪末期,民族—领土国家便随之诞生。随后,对重骑兵的偏好以及落后的国家治理基础共同导致了这些国家中央政治权力的封建化解体。由此直至 1200 年左右王权的复兴和能够运作的国家再度出现之间的断裂期,导致后面所出现的被误认为是某种全新事物,从而使人们认定民族—邦域国家的诞生时间为 13 世纪。

[455]既然民族—邦域国家实际上并非一种欧洲独有的产物,且在 1200 年左右它们不过是再度出现于欧洲,那么其演化就不应归功于较晚的近代新生事物如培根的三大发明。与普遍流行的信念相反,我们认为摧毁了男爵城堡并使封建贵族阶层屈服的并非火炮。自腓力·奥古斯都(Philip Augustus)⑦以降,13 世纪创建了新的法兰西国家的法国君主在火炮出现前很久就做到了上面说的这些,且在其他欧洲新君主国,类似进程也大体上于同一时期发生。事实上,远在火器诞生前上千年之久,类似进程即已发生在中国,即从"春秋"时期(公元前 722—前 481 年)高度碎片化的封建体制过渡到更为中央集权科层化的"战国"诸国再到大一统国家。如第 11 章中已说过的那样,在中世纪末期的欧洲,以及其他不同时期和

---

⑦ 即腓力二世。——译注

地点，当中央王权能够从越发商业化城市化的社会中获取财政和行政资源，以建立对地方上的地主—战士精英阶层的优势时，就会引发封建制的退潮。

与之相似，新欧洲国家的成长导致欧洲城邦国家的衰落这一过程的原因，也很难说有多少是近代独有的。我们观察过的历史上曾经存在的城邦体系均在数个世纪后向内部或外部的强权屈服。城邦太小以至于无法成功参与竞争，原因仅此而已。这一地缘政治逻辑鲜明地体现于以下事实，即在中世纪欧洲，只有多山的意大利半岛上出现了一个由完全独立的城邦而非民族—领土国家所组成的体系。然而一旦新兴大国在其边界上形成，意大利各城邦便已时日无多，哪怕它们拥有充裕的金融—商业财富和壮丽的文化。我们后面会讲到，它们的衰落同样与枪炮的力量没有太大关系。相反，这不过是以下事实的直接结果：意大利城邦中最大最富裕的帝国性城邦威尼斯统治了约 150 万人口，而这个数字不到法国人口的十分之一，为西班牙或西班牙及其海外帝国人口的八分之一到五分之一（尽管意大利的总人口大于西班牙）。到 16 世纪时，法国和西班牙的国家预算均已超过威尼斯预算的 10 倍，意大利其他大型区域性城邦的［456］50 倍，以及欧洲北部各城市公社的数百倍。⑧ 同样的原因导致了丹麦和瑞典的崛起以及北德意志汉萨同盟城市（Hanse cities）的相应衰落。

---

⑧ 数据来自：Martin Körner,'Expenditure', in R. Bonney（ed.）, *Economic Systems and State Finance*. Oxford：Oxford University Press，1995，pp. 398-401。上述事实并未被一些作者完全掌握，参见：Charles Tilly and Wim Blockmans（eds）, *Cities and the Rise of States in Europe*, *AD 1000—1800*. Boulder, CO：Westview, 1994。但也应参见：Frank Tallett, *War and Society in Early—Modern Europe*, *1495—1715*. London：Routledge, 1992, pp. 205-6。布罗代尔和布洛克曼均意识到领土国家诞生于城市化程度较低之处，但未做解释：Fernand Braudel, *The Mediterranean and the Mediterranean World in the Age of Philip II*. London：Fontana, 1978, p. 658；Wim Blockmans,'Conclusion', in Tilly and Blockmans, *Cities and the Rise of States in Europe*, pp. 419-23；可与本书第 10 章中的论述进行对比。

　　只有两群过去半自治的城市公社最终获得了独立,原因在于它们各自组成了联盟,也在于它们均在地理上受到极好的保护——在瑞士以山为堡垒,在荷兰则以水为城池。在此过程中,瑞士和荷兰联邦日益向国家转变。学者指出,作为以体量为优势的激烈权力竞赛的结果,近现代时期欧洲政治单元的数目从约 500 个下降到 25 个,其中较小的单元失败出局并被较大的对手吞并。⑨ 然而也应当补充说明这一进程中所有的"受害者"几乎都是半独立的领地、自治城市公社以及独立城邦。民族—领土国家则无论大小均表现出惊人的韧性,其原因我们将在后面讨论。

　　到这里为止我们所提出的论点是欧洲的新型民族—领土国家于近代肇端之前便已开始成长,其成长原因也与特定的近代发展动态无关。尽管如此,近代新生事物的登场时间却也不比这一进程的开端晚多少,与其不可分割地联系在了一起,并对其造成深刻影响。我们接下来试图揭示的将是那些近现代特有的创新,如培根的三大发明,对战争所造成的影响,以及两者之间的互动。

是什么构成了"军事革命"?

　　欧洲经历了一场所谓的军事革命:火器使野战和攻城均发生转型;陆军规模大为扩张且变得更加常备化,并越来越倾向于由日益强大的中央国家政权加以维持、管理和指挥;海军也受到类似进程的影响,令欧洲人得以纵横七海。以上这些内容得到了普遍认可。但学者对于发生"革命"的时间段及其各种要素之间的因果联系[457]仍存有争议,有必要对整个议题进行一次全面的重新评价。

　　首先要解决的问题是关于"军事革命"发生的确切时间。发明了"军事革命"这一表述的迈克尔·罗伯茨(Michael Roberts)是一位研

---

　　⑨　Charles Tilly (ed.), *The Formations of National States in Western Europe*. Princeton, NJ: Princeton University Press, 1975, p. 24.

究北方欧洲历史的学者，因此他毫不奇怪地将此进程的关键时段定在北方取得了伟大成就的时期（1560—1660 年）。后世的学者对罗伯茨这样一位杰出历史学家和先驱者均抱有敬意。但他整体上的推导论述，尤其关于此进程的起因这一方面，是经不起推敲的，也没有必要在此直接引用。⑩ 重新捡起这个课题，将其发扬光大并打上个人印记的，是历史学家杰弗里·帕克（Geoffrey Parker）。

作为研究欧洲 16 世纪头号强国西班牙帝国军事发展史领军人物之一的帕克指出，罗伯茨所描绘的进程事实上从这一世纪初起便在西班牙军队中取得良好进展。为了描绘这场变革的总体规模，帕克写道："在 1530 年至 1710 年间，欧洲主要国家所雇佣的武装部队总人数和重要欧洲战役的参战人数均增长了 10 倍。"⑪前一数字从数万人增长到数十万人，后一数字从每方几千人增长到每方几万人；而这一切发生在一个欧洲总人口仅增长了 50% 的时期内。欧洲列强拥有关于准确数字的记录。西班牙帝国在 16 世纪 50 年代支付 15 万名士兵的薪饷，16 世纪 90 年代为 20 万名，17 世纪 30 年代则有 30 万名。继西班牙之后于 17 世纪成为欧洲头号强国的法国在 16 世纪 50 年代支付 5 万名士兵薪饷，17 世纪 30 年代为 15 万名，18 世纪初则达到 40 万名。⑫（在这两个案例中实际服役的人数均略少

⑩　Michael Roberts，'The military revolution，1560—1660'（1955，1967），再版于：C. Rogers（ed.），*The Military Revolution Debate*. Boulder，CO：Westview，1995，pp. 13-36。罗伯茨认为常备军的创建仅出于战术原因，因为要将射手和长枪兵组合进步兵阵列，就必须有更复杂的军事训练，从而要求更长的服役时间。他进一步提出在三十年战争（1618—1648 年）期间，由于军队有了更高的战术灵活性，更为大胆的战略也随之成为可能，进而要求有更大的军队规模。以类似的单线性思维，他声称这两个进程均增强了国家中央政权的实力，并导致一系列政治和社会后果。我在这里不打算逐一驳斥上述论断，而是准备在后面的讨论中一并加以处理。

⑪　Geoffrey Parker，'"The military revolution，1560—1660"—A myth?'（1976，1979），再版于：Rogers，*The Military Revolution Debate*，pp. 37-55；见p. 43。

⑫　同上，p. 44。

一些。⑬)

帕克的研究显示罗伯茨定义的"军事革命"不仅开始得太迟，也结束得太早。帕克所关注的是将"革命"的开端向前移动，而其他研究17世纪后期至18世纪欧洲的学者则唤起了人们对1660—1720年这一时段的注意。欧洲诸国陆军在此期间仍持续增长并变得更加常备化。⑭ 尽管在18世纪的大部分时间里法国陆军规模未能赶上18世纪初令它不堪重负的那个数目，⑮其他国家的陆军却仍在扩张。如今不仅欧洲最强大的法国陆军，每个欧洲列强的陆军均能在战时达到[458]数十万人规模。此外，又何必像学者所论证的那样以18世纪为限？这一世纪的最后几年里，法国的革命大军已达到75万人规模，更不必说进入工业化时代后拥有数百万人的各国军队了。至于说"革命"进程的起点，一位研究欧洲中世纪后期的历史学家也试图将之前移到这一时代。⑯ 英法百年战争中长期服役领取薪饷的部队已普遍存在，而如法国"王法军团"（compagnies d'ordonnance）这样的常备国家军队的基础则在战争接近尾声时被打下。

---

⑬　John Hale, *War and Society in Renaissance Europe 1450—1620*. London：Fontana, 1985, pp. 61-3；David Parrott, *Richelieu's Army：War, government and society in France, 1624—1642*. Cambridge：Cambridge University Press, 2001, pp. 164-222；John Lynn, 'Recalculating French army growth during the Grand Siècle, 1610—1715' (1994)，再版于：Rogers, *The Military Revolution Debate*, pp. 117-48，重新发表于：J. Lynn, *Giant of the Grand Siècle：The French army, 1610—1715*. Cambridge：Cambridge University Press, 1997, pp. 41-64；A. Corvisier (ed.), *Histoire militaire de la France*, Vol. 1, P. Contamine (ed.), *Des Origines à 1715*. Paris：Presses Universitaires, 1992, pp. 361-6。

⑭　Jeremy Black, *A Military Revolution? Military change and European society 1550—1800*. London：Macmillan, 1991；id., 'A military revolution? A 1660—1792 perspective', in Rogers, *The Military Revolution Debate*, pp. 95-116.

⑮　西班牙王位继承战争爆发于这一时期。——译注

⑯　Clifford Rogers, 'The military revolutions of the Hundred Years War', in Rogers, *The Military Revolution Debate*, pp. 55-94.

这样看来，所谓军事革命延续了数个世纪之久。它被认为与这几百年里欧洲更为广泛而全面的变革齐头并进且紧密相连——事实上可以说构成了早期现代化的一个"方面"。⑰ 那么构成"革命"的究竟是什么，且军事革命是如何与欧洲更普遍的变革进程互动的？如同帕克所指出的那样，"军事革命"的一个主要方面是步兵的复兴和扩散，而这也有助于陆军规模的扩大。各国陆军扩充的人数里大部分由维持费用为骑兵一半的步兵组成。如第二部分中解释过的那样，这一复兴进程早在 1500 年左右才得到普遍应用的步兵火器出现前便已全面展开，与之无甚关联。步兵复兴的最突出表现莫过于 14 和 15 世纪英格兰长弓手和瑞士长枪阵面对骑士时取得的压倒性胜利。尽管人们普遍相信火器在野战中的应用导致了骑兵的衰落，但实情是这一衰落过程因此被扭转了。火绳枪较低的开火频率——约一分钟射击一次——使得 16、17 世纪的钩铳手(arquebusier)和鸟铳手(musketeer)需要由长矛手加以保护。与过去不可抵挡的瑞士方阵相比，这种射手和长枪的组合较为笨拙不便，令步兵的战术灵活性、机动性和冲击效应反为削弱。步兵因此也越来越倾向于构建野战工事来保护自己。骑兵则在其冲击武器外得到了手持短火器的辅助，从而再度成为开阔战场上的进攻主力，并在欧洲内外将此地位又保持了两个世纪。尽管更廉价且用途更为多样的步兵被越来越多采用且装备了更多火器，骑兵在陆军中仍维持着较高的比例，通常在四分之一到一半之间，有时甚至更多。⑱

---

⑰ 人们逐渐认识到变革的过程要比原先所认定的漫长得多，以至于布莱克(Black)在《一场军事革命？》(A Military Revolution?)中提出最好将其看作一次渐进转型而非革命。罗杰斯(Rogers)颇有道理地认为这一进程符合"间断平衡"的进化论模型，即在长期的缓慢变革阶段后继之以高度增长的爆发阶段。在我看来，只要问题根源在于和"现代性"整体相关的持续数百年的大规模转变这一点得以被清楚认识，那么名称叫作"革命"抑或"转型"实在无关紧要。

⑱ Parker, '"The military revolution, 1560—1660"—A myth?', p. 44; Tallett, *War and Society in Early-Modern Europe*; M. E. Mallett and J. R. Hale, *The Military Organization of a Renaissance State: Venice c.* （转下页注）

[459]所以说步兵的崛起仅能部分解释陆军规模的扩大和更为正规化服役制度的建立,因为在步兵数量和所占份额增长的同时,骑兵数量同样有所增长。各国陆军均在扩张。根据帕克的说法,扩张的主要原因在于"军事革命"中的另一个主要因素即火器防御工事的出现。火器改变野战形态的同时,也重塑了攻城战。从新石器时代的杰里科到当时为止,防御工事的最高形态即为能够从物理上阻断敌人攻击路线的高耸的屏障式城墙。枪炮的力量令这类工事走到了尽头。

我们在这里尽可能简略地对火药的早期历史加以概述。有证据表明火药和枪炮均起源于中国。早在公元 9 世纪,火药即已被发明出来,并在 11 世纪投入军事应用,紧随其后的则是 13 世纪甚至 12 世纪问世的枪炮。由于蒙古人打通了东西方陆路,两者均迅速传播,欧洲到 14 世纪 20 年代或 30 年代已有关于火炮的记载,14 世纪下半叶火炮传至奥斯曼境内,15 世纪传至印度。此时西欧在枪炮发展方面处于领先地位。枪炮发展得到其分裂而对抗性的政治体系的激励,又受益于该地区丰富的矿产资源和勃兴的冶金工业。此外,如历史学家肯尼思·切斯(Kenneth Chase)在其近著中巧妙地解释的那

(接上页注)*1400 to 1617*. Cambridge:Cambridge University Press,1984,pp. 126,137-8,375. 对骑兵的兴衰予以重点描绘的还包括:Simon Adams,'Tactics or politics? "The military revolution" and the Hapsburg hegemony,1525—1648',in J. Lynn (ed.),*Tools of War:Instruments,ideas,and institutions of warfare,1445—1871*. Urbana,IL:University of Illinois,1990,p. 36;James Wood,*The King's Army:Warfare,soldiers,and society during the wars of religion in France,1562—1576*. Cambridge:Cambridge University Press,1996,especially pp. 127-33,144-52;Parrott,*Richelieu's Army*,pp. 60-1;and Lynn,*Giant of the Grand Siècle*,pp. 527-30。在 18 世纪初期的瑞典和俄国军队中,骑兵仍占将近一半,参见:Carol Stevens,'Evaluating Peter's army:The impact of internal organization',in E. Lohr and M. Poe (eds),*The Military and Society in Russia 1450—1917*. Leiden:Brill,2002,pp. 153-4。相关现象的解释可参见:Jeremy Black (ed.),'Introduction',in *War in the Early Modern World*. London:University College London,1999,p. 18。

样,火器被证明对于欧洲人而言比对那些邻近草原的定居国家社会更加有用。这些社会的主要安全问题来自骑马游牧民,而后者并没有带围墙的定居点需要突破,且用步兵对付他们难以牵制的骑兵也是毫无作用的。⑲

15 世纪中叶,经历不断的技术改进后,欧洲人铸造出了使用粒状火药(corned powder),发射石弹的铁质大炮,足以使高耸的城防工事无效化。在百年战争末期,法国的射石炮(bombard)击穿了位于诺曼底和吉耶纳(Guienne)的英国要塞的防御(1449—1453 年)。与此同时,由一名匈牙利火炮大师为奥斯曼苏丹穆罕默德二世(Me-

---

⑲　Joseph Needham, Ho Ping-Yü, Lu Gwei-Djen, and Wang Ling, *Science and Civilization in China*, Vol. Ⅴ, Part ⅶ, Military Technology—the gunpowder epic. Cambridge MA: Harvard University Press, 1986, pp. 39-51, 365-9,此书是里程碑式的著作,且极为详细;Kenneth Chase, *Firearms: A global history to 1700*. New York: Cambridge University Press, 2003,此书富有启发性,为相关主题的研究带来了很大变化;Thomas Allsen, 'The circulation of military technology in the Mongolian Empire', in N. Di Cosmo (ed.), *Warfare in Inner Asian History (500—1800)*. Leiden: Brill, 2002, pp. 265-93,此书强调了蒙古人扮演的角色;西波拉的先驱性著作至今仍具有价值: Carlo Cipolla, *Guns and Sails in the Early Phase of European Exploration 1400—1700*. London: Collins, 1965; Bert Hall, *Weapons and Warfare in Renaissance Europe: Gunpowder Technology and Tactics*. Baltimore, MD: Johns Hopkins University Press, 1997,此书是关于近代初期欧洲最为可靠的著作。关于其他地区,可参见: David Ayalon, *Gunpowder and Firearms in the Mamluk Kingdom*. London: Cass, 1978(1956); Djurdjica Petrovic, 'Fire-arms in the Balkans on the eve and after the Ottoman conquests of the fourteenth and fifteenth centuries', in V. Parry and M. Yapp (eds), *War, Technology and Society in the Middle East*. London: Oxford University Press, 1975, pp. 164-94; Kelly DeVries, 'Gunpowder weapons at the siege of Constantinople, 1453', in Y. Lev (ed.), *War and Society in the Eastern Mediterranean, 7th-15th Centuries*. Leiden: Brill, 1997, pp. 343-62; Iqtidar Alam Khan, 'Early use of cannon and musket in India: ad 1442—1526', in J. Gommans and D. Kolff (eds), *Warfare and Weaponry in South Asia 1000—1800*. New Delhi: Oxford University Press, 2001, pp. 321-36; Jos Gommans, *Mughal Warfare*. London: Routledge, 2002, pp. 144-62。

hmet II)铸造的巨型射石炮轰破了欧亚大陆西部最为雄伟的君士坦
丁堡城墙(1453 年)。15 世纪 70 年代法国与勃艮第之间的权力竞赛
推动了更大的技术进步。到这个世纪末的 1494—1495 年,法国国王
查理八世(Charles VIII)入侵意大利期间,他的攻城大炮——[460]
由青铜所铸,以轮式拖车装载移动,发射铁质炮弹——以令人惊诧的
方式轻而易举地攻破了沿途每一个设防城市的大门。

　　短短一段时间里,攻城炮可谓所向无敌。但一个适应进程几乎
与之同步发生,在几十年内达到成熟。意大利在 50 年内不幸沦为哈
布斯堡帝国与法国争夺欧洲霸权的战场,但这也使它在建筑方面得
以领袖群伦。军事工程学家发展出了[461]对攻城大炮的反制手段。
城墙被建造得更厚更矮,使自身目标变小而不易被进攻者的大炮击
中。城墙前方的壕沟变宽,以便在防御火力迟滞敌人的同时阻断其

关于火药兵器的已知最早形象。中国,约 1128 年。
1327 年对欧洲"射石炮"的最早描绘与之十分相似

进攻路线。一种令人畏惧的新型堡垒棱堡取代了旧式的方形或圆形
塔楼。安放在这一宽阔平台上的火炮可阻止敌人接近,并以侧翼交
叉火力覆盖城壕。于是火炮防御工事便作为对攻城炮的回应而发展
起来。尽管旧式防御工事建造得更为高大,却无法阻止进攻者强行
登城。相反,火器防御工事在物理上构成了更小的障碍,却能阻止敌
人接近。进攻者如今不得不费力挖掘通向防御方的地道以使自己免
受火力攻击。在掘进到极为接近防御工事时,进攻者会试图用地雷
或近距离炮火轰开缺口一拥而入。[20]

达达尼尔大炮,土耳其,1464 年铸造。炮管和火药室两部分以
青铜分别铸造,总重达 16 吨。可将重 300 千克的石弹发射到 1.5
公里外。可能与 1453 年轰开君士坦丁堡城墙的巨型射石炮极为
相似

[20] John Hale, 'The early development of the bastion: an Italian chronolo-
gy, c. 1450—c. 1534',再版于: J. Hale, *Renaissance War Studies*. London:
Hambledon, 1983, pp. 1-29; Horst de la Croix, *Military Considerations in City
Planning: Fortifications*. New York: Braziller, 1972, pp. 39-47; Simon Pep-
per and Nicholas Adams, *Firearms and Fortifications: Military architecture
and siege warfare in sixteenth century Siena*. Chicago: University of Chicago,
1986; Christopher Duffy, *Siege Warfare: The fortress in the early modern
world 1494—1660*. London: Routledge, 1979。

射石炮和钩铳手(约 1483 年)。步兵火器在 15 世纪后期的欧洲已具有实用性

[462]在接下来的几个世纪里,火炮防御工事和攻城技术均取得了长足进展,变得越来越复杂和系统化,成为几何学家与工程师的专长。从 16 世纪二三十年代开始,围城者与守城者之间的平衡又大致回复到枪炮出现前的状态。与大众认知相反,攻城炮对城堡的压倒性优势持续时间极为短暂。如同历史上长久以来的那样,围城再度成为一个漫长艰苦、耗时费力的[463]过程。至少在欧洲,当新的技术和方法扩散出去并为每个战场上的敌对双方所用时,对筑垒设防地点的攻击和防御两方面各自取得的进步便互相抵消,从而构成一种"红皇后效应"。

那么革命性的新型城防和攻城技术,是如何像帕克所相信的那样与陆军规模的扩大联系在一起的?帕克正确地指出了从意大利传

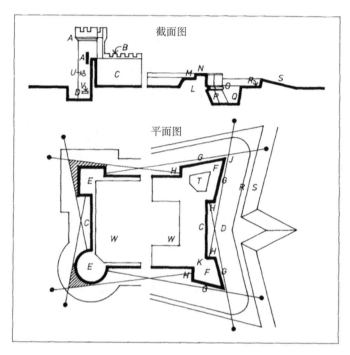

前近代和火炮时代的防御工事

播到西欧其他地方的新式设防工事（也被称作"意大利式要塞"
［trace italienne］）极为成功，在军事上占据了主导地位。越来越多的
地点建立了新式防御体系，使之在面对炮火时变得近乎坚不可摧。
除非［464］能靠战术上出其不意的袭击或叛徒里应外合一举拿下，否
则围城战总是会拖延数月之久，某些案例中甚至长达数年。[21] 会战
变得罕见。陆军主要执行围城和袭扰任务。以上这些都是毫无争议
的。帕克认为新式堡垒数量的增长使之需要比过去更多的驻防军。

---

[21]　Geoffrey Parker, *The Army of Flanders and the Spanish Road 1567—
1659*. Cambridge：Cambridge University Press，1972，pp. 5-12；id.，' "The
military revolution，1560—1660"—A myth?'；id.，*The Military Revolution：
Military innovation and the rise of the West*，*1500—1800*. Cambridge：Cam-
bridge University Press，1989，pp. 13-14；Charles Oman，*A History of the Art
of War in the Sixteenth Century*. London：Methuen，1937，pp. 544-5. 后两部
作品中均列举了一系列相关案例。

此外,因为堡垒面积变大,且能用炮火控制其周边数百米范围,导致围城方也需要更多部队对其进行包围封锁。很多历史著作中都采用了这一关于欧洲国家陆军规模扩大的解释,但也有一些学者持保留意见。约翰·林恩(John Lynn)在检视了当时的资料后得出结论认为,新型堡垒对攻守双方均未造成更大的人力负担,因此不能成为欧洲陆军规模扩大的原因。[22] 我们还可以加一句,那就是堡垒显然无法解释海军规模的扩张,而这也是与陆军扩张相平行的"军事革命"的一个不可或缺的组成部分。[23]

我赞同林恩的观点并希望能对他的论证加以补充。我在前面已提出这样的论点,即除了 1450 年至 1520 年间短暂的过渡时期外,火炮在攻城术和防御工事建设两方面的运用尽管使它们发生了深刻转型,但与过去相比则并未从根本上改变两者之间或围城与野战之间的平衡。围城战在历史上一向缓慢而艰难,需要花费数月或数年才能成功。在布满设防城市和堡垒的地区,战争往往围绕着对这些城市堡垒的争夺而展开。各国大军常常会在每年的战役里集中起来围困某一个选定的目标,而在近代的欧洲这样的情况并未发生变化。

历史上的相关事例极为充分,不胜枚举。其中最早的包括与古代近东诸帝国和统一前中国相关的征服战役。尽管罗马军团以其在战场上的表现而闻名,专家仍很清楚围城作业对于罗马在意大利长达数世纪的扩张有着与野战同等的重要性,如果不是更为重要的话。与之类似,汉尼拔的战争因特雷比亚河(公元前 218 年)、特拉西美诺

---

[22] John Lynn, 'The trace italienne and the growth of armies: The French case', in Rogers, *The Military Revolution Debate*, pp. 117-48.

[23] 这也正是帕克本人的观点,参见:Parker, '"The military revolution, 1560—1660"—A myth?', p. 43. 他在《军事革命》一书(第 24 页)中称无论欧洲哪个地方出现了新型防御工事,都会同时发生陆军规模的增长。但与其说这代表了一种因果联系,倒不如说是因为那些在政治、经济和军事上最为先进的强国在"军事革命"的各个方面均同时保持着领先地位。

湖(公元前 217 年)、坎尼(公元前 216 年)和扎马(公元前 202 年)等一系列关键战役而被世人铭记，但真正打败汉尼拔靠的却是经年累月不断消耗的围城战。罗马人集中力量一次针对一个大目标，在围城两年后拿下叙拉古(公元前 212 年)，又一个两年后攻下卡普阿(公元前 211 年)，随后是背叛了罗马的塔兰托(公元前 209 年)，[465]而这些只不过是被围攻的城市中最大的几个。第三次布匿战争中，迦太基本身在经历不短于三年(公元前 149—前 146 年)的围困——虽说罗马军队已算得上攻城战的行家里手——后落到了罗马人手里。围城战主宰了罗马对西班牙旷日持久的"绥靖"作战，及其对地中海沿岸各地的征服。除持续不断的袭扰和少数几次大规模入侵外，罗马与帕提亚和萨珊波斯之间长达数世纪的冲突均围绕着对它们在美索不达米亚和安纳托利亚接壤地带一系列有围墙的设防城市中某一个的攻击而展开。

人们同样清楚地认识到在火炮出现前的中世纪欧洲也存在着一张由属于贵族和王室的诸多设防要塞所组成的密网。与近代的状况大体相似，这一防御体系也影响了当时的战争形态。会战很不常见，且除了袭扰之外，战争的主要内容就是在一年一度的战役中持续围困并试图夺取一个关键的设防要塞。这方面的标志性案例包括法兰西国王削弱法国土地上的英格兰—安茹帝国(English-Angevin empire)势力的军事行动，即百年战争，以及发生在西班牙和圣地巴勒斯坦的基督徒与穆斯林之间的斗争。㉔

上面所说的这些均为持久的消耗战，往往拖延数年、数十年甚至数世纪之久。与之相似的还有 16 与 17 世纪新型火器防御工事普及后发生在北意大利、低地国家和莱茵兰(Rhineland)等地的激烈战

㉔ 关于这些认知度很高的主题，尤其应当参见：Richard Jones, 'Fortifications and sieges in Western Europe, c. 800—1450', in M. Keen (ed.), *Medieval Warfare: A history*. Oxford: Oxford University Press, 1999, pp. 163-85; Jim Bradbury, *The Medieval Siege*. Woodbridge: Boydell, 1992。帕克(参见《军事革命》，第 7 页)对以上所描述的中世纪战争的性质也有着清楚的认识。

争。帕克声称火器防御工事在规模上比旧式防御工事更大,但实情是中世纪末期和近代的城镇规模比起中世纪大部分时间里有了很大的扩张。结果就是设防区域也随之扩大。(事实上一些中世纪城市花了很长时间才把它们倾圮的罗马城墙内的空间填满。)与近代欧洲相比,前火炮时代的古代近东、古典地中海、拜占庭、伊斯兰世界和中国的大城市同样普遍设防。公元前第三千纪中期的乌鲁克城墙长 9 公里,古代雅典的"长城"长 35 公里,迦太基的三层防御体系共长 34 公里,叙拉古城墙长 27 公里,唐代中国都城长安城墙周长 35 公里,明代的南京城墙长 39 公里。当然,这些都是城市中的佼佼者,但前近代的城防工事往往绵延[466]数公里,有时还包括两重或三重防线,与任何近代的城防工事相比其长度和复杂性均不逞多让。

因此,尽管帕克在断言近代的围城军队必须拉长其防线,以与城墙及城墙上打过来的炮火隔开数百米距离时是正确的,这一现象却并未对围城军的规模造成他所认定的显著影响,因为前近代时期围攻大型城市的军队战线就已经达到数公里甚至数十公里长度。在前面提到过的每一次罗马大型围城战中,围城军队都达到了数万人规模,并建立起内外两道环形工事以防备城市守军和解围的援军。公元前 52 年,为了包围强大的高卢人要塞阿莱西亚(Alesia),尤利乌斯·凯撒的 8 个军团(包括协防军在内理论上约有 8 万人)建立了一道长约 17 公里的内层环形围墙和一道长 22 公里的外层围墙。此外,应当注意哪怕围城周界的确会因火器防御工事而拉长,也不一定意味着围城方将因此需要更多部队,因为他们同样拥有火器,从而可以采用比过去更加稀疏的阵型。这一原理对野战和围城战均适用。

此外,帕克还声称新式的大型防御工事耗资巨大。按照他的说法,因防御体系消耗了太多资源,以至于在军事人力持续增长的背景下,野战军的数量仍不足以打破密如蛛网的防御体系。战争于是更加漫长拖延,以至于从根本上变得缺乏决定性。帕克的观点再一次得到很多历史学家的附和。他们列举了花费在建设某些防御设施上的惊人款项,却忽视了各大强国军事支出总量的背景。实际上,来自欧洲一系列不同案例中的统计数字始终表明，防御工事仅消耗了军事总支出中一个相当小的部分。例如，威尼斯对其意大利大陆领土（Terrafirma territory）和海外帝国均加以严密设防，但在 16 世纪和 17 世纪初期，用于防御工事的费用也不过占据其防务总支出的 5％到 10％。西班牙的情况与之相似，同样约为 5％到 10％，且更接近较低的数字。路易十四（Louis XIV）统治下的法国在沃邦元帅（Marshal Vauban）主持下执行了一套精密复杂且极为昂贵的堡垒建造计划，但这一计划在极端情况下（1682 至 1683 年）也不过耗费全年军事总支出的约 17％，而整个 17 世纪里在防御建设上的平均支出份额则要低得多。㉕

㉕　Parker，*The Army of Flanders and the Spanish Road*，pp. 5-12；id.，*The Military Revolution*，p. 12. 采纳了他的论点的学者及其著作包括：John Hale（详见后文）；M. S. Anderson，*War and Society in Europe of the Old Regime 1618—1789*. London：Fontana，1988，pp. 88，140-1；id.，*The Origins of the Modern European State System*，*1494—1618*. London：Longman，1998，pp. 9-10，22；Adams，'Tactics or politics？'，p. 36；Tallett，*War and Society in Early—Modern Europe*，pp. 10，38，51，168-9；James Tracy，*Emperor Charles V*，*Impresario of War*：*Campaign strategy*，*international finance and domestic politics*. Cambridge：Cambridge University Press，2002，p. 30。然而有趣的是，所有这些学者某种程度上又都表达了不同看法。尽管将军队规模的扩张和战争费用的急剧上升归咎于火器和火炮防御工事，黑尔对威尼斯军费的细致统计却展现了一个完全不同的故事，参见：Mallett and Hale，*The Military Organization of a Renaissance State*，pp. 409，432-3，436-7，440-1，444-5，468-9，470-2，478，480，483-4，487；Hale，*War and Society in Renaissance Europe*，pp. 46-7，234-5。关于西班牙可参见：I. A. A. Thompson，*War and Government in Habsburg Spain 1560—1620*. London：Athlone，1976，pp. 34，69-71，288-93；id.，'"Money，money，and yet more money！" Finance，the fiscal-state and the military revolution：Spain 1500—1650'，in Rogers，*The Military Revolution Debate*，pp. 273-98，尤其是第 276-82 页。G. Parker，'In defense of The Military Revolution'，in Rogers，*The Military Revolution Debate*，p. 253，其中回应称西班牙帝国绝大部分的防御工事费用都花在了佛兰德斯、意大利和北非，而非西班牙本土。然而事实是其他所有军事开支（首当其冲的是人员维护费）用于海外和本土的比例也大抵与此相同。前面所提到的意大利的数字和：Lynn，'The trace italienne and the growth of armies' 中所引 （转下页注）

[467]在与我的通信中，帕克认为这些相对不高的防御工事费用具有误导性，因为防御工事的花费中有很大一部分由地方当局和居民负担，并未列入国家预算。然而事实上这一点不仅适用于防御工事，对军费中其他主要项目也同样适用——例如为部队提供食宿的开销、无薪的军事服务和劳役，等等。因此即便把地方上的贡献考虑进去，防御工事支出在总军事支出中的比例也不太可能会有多大变化。此外，包括防御工事在内的战争费用中的一部分向来是由地方所支付的。近代在这方面未发生任何可导致"军事革命"的根本性变化。如我们后面会看到的那样，即便有变化，也是朝着相反方向的。

此外，与占主流地位的观点不同，一些关于这一领域的专门研究成果（未引起足够关注地）显示新式防御工事并不比旧的更加昂贵。新式的宽阔低矮城墙使用挖掘城壕时产生的，比砖头石块更能有效吸收炮弹冲击力的泥土和碎石筑成，从而使其相对于旧的石质防御工事更加容易建造，所费时间也更短。砖石材料偶尔还是会用到，但只会用在外立面上，起到保护泥土免遭自然力侵蚀从而迅速流失的作用。大多数工程与过去一样，会从当地人口中征召无技能劳动力完成大部分建造工作，辅以少量领薪水的熟练技工。[26] 被学者忽视

（接上页注）用的关于法国的数据均能支持汤普森的观点。同样也应当对比参照：Lynn, *Giant of the Grand Siècle*，p. 592 中罗列的数据，而关于法国的总军事支出和全部财政支出则可参见：Richard Bonney, 'France, 1494—1815', in Bonney (ed.), *The Rise of the Fiscal State in Europe*, c. 1200—1815. Oxford: Oxford University Press, 1999, p. 143。

[26]　Judith Hook, 'Fortifications and the end of the Sienese state', *History*, 1977；62：372-87，该文依然强调了关于新型防御工事过于昂贵的早期不可靠观点。然而很奇怪的是，作者文章中几乎完全没有就此提供数据、经济分析，以及防御工事费用在锡耶纳总预算中的比例等。她承认该城已由于其他因素而陷入糟糕的财政状况（第 375、376 页），但未提出任何证据证明新型防御工事的负担也在锡耶纳的衰落中起到推动作用。她所引用的附属于锡耶纳的各城镇的设防花费——蒙达奇诺 4000 杜卡特、丘西 4000 杜卡特、卢奇尼亚诺 2000 杜卡特（第 379、381 页）不可谓不起眼，但也远未达到无法承受的地步，况且其中一部分还是由当地人负担的。与之相比，仅 1551 年一年西班牙驻防军的（转下页注）

的建造新型防御工事时面临的主要经济问题在于变革来得过于迅速:旧的防御工事必须在几十年甚至几年内全盘重建,使得受变革影响的每个欧洲地区在短时间内集中产生了较大财政压力。无论如何,当包括防御工事建设费用在内的总体军事开支在近代急剧增长时,新型防御工事在开支中所占份额则仍与旧日的前火炮时代防御工事相差无几,即现存不多的前火炮时代记录中反复提及的约 10%。㉗

(接上页注)费用便令锡耶纳付出近 4000 杜卡特(第 375 页),而海军的一艘桨帆船造价也达到 6000 杜卡特,且每年需要花费同等数额来维持(参见本章注释 34)。此外,胡克也很清楚建造防御工事的劳动力中大部分是国家近乎无偿征召来的(第 376、377、378、383、384 页)。被频繁引用来证明新型意大利防御工事极为昂贵的佩珀和亚当斯关于锡耶纳令人钦佩的研究事实上给出的是完全相反的结论,参见: Pepper and Adams, *Firearms and Fortifications*, pp. 30-4, 163, 171。Duffy, *Siege Warfare*, pp. 91-3,其中主要讨论的是荷兰更为轻型的土质防御工事,而此类工事也是数目最多的。亦可参见: John Childs, *Armies and Warfare in Europe 1648—1789*. Manchester: Manchester University Press, 1982, p. 135。David Eltis, *The Military Revolution in Sixteenth Century Europe*. London: Tauris, 1995, p. 29 及第 4 章,书中认识到但未完全理解并接受这一事实,即新型土质防御工事相对于其所取代的旧式工事既不更加昂贵,也无需花更长时间建造。关于威尼斯 15 世纪旧式防御工事的花费可参见: Mallett, in Mallett and Hale, *The Military Organization of a Renaissance State*, pp. 87-94;关于建造这些旧型工事常常需要花费的几十年时间,可参见: James Tracy (ed.), *City Walls: The urban enceinte in global perspective*. Cambridge: Cambridge University Press, 2000, p. 71。黑尔在: Hale, *War and Society in Renaissance Europe*, pp. 207-8 中正确指出,即便对于征发劳力,也存在着间接成本的问题。不过此类劳力中很多是在农闲或其他闲暇时间才被征调,并且雇佣了失业人员。

㉗ 近代以前的相关数据极为匮乏。在古代雅典,防御工事费用占军事支出的约 10%,参见: Raymond Goldsmith, *Premodern Financial Systems: A historical comparative study*. Cambridge: Cambridge University Press, 1987, p. 261, n. 60。一些中世纪的相关费用可参见: Bradbury, *The Medieval Siege*, pp. 69, 74, 131-2。在对圣地的长期十字军远征(1248—1254 年)中,法王路易九世花掉了超过 100 万银利弗尔的巨款,其中约 10 万花在大规模设防上面,参见: HF, t. 21, 512-515,引自: J. Prawer, *Histoire du Royaume Latin de Jérusalem*, Vol. 2. Paris: Centre National de la Recherche Scientifique, 1975, p. 353, n. 73。

如果说火炮防御工事本身的确不比早期防御工事更加昂贵的话,那么布置在其上的大炮以及为之储备的火药炮弹又当如何?当时所有国家的陆军火炮和补充弹药绝大多数部署于设防地点,而非[469]归野战军所有。虽说学者普遍认为火炮构成财政支出的重头,但来自近代多个强国(包括法国、威尼斯、西班牙和俄国)的资料分别显示,它与防御工事一样,只占据了欧洲国家总军事开支的一小部分,约为 4％到 8％。㉘ 手持火器也没有从根本上比中世纪价值不菲

㉘ 仍可参见:Hale, *War and Society in Renaissance Europe*,pp. 46-7,作者相信大炮和其他火器令战争费用大为提升,然而从他自己所列的数字中,可以看到在 1482 年火炮仅消耗法国军费支出的 8％(1500 年为 6％—8％,参见:Corvisier, *Histoire militaire de la France*,p. 245)。黑尔推测这一较低比例是因为年代较早,但既然法国军队本身此时规模相对较小,其火炮又是当时欧洲最为先进的,且用昂贵的青铜铸成,此后(当廉价的铸铁炮成为标准时)火炮在军费中占比想必也不会有所增长。黑尔还引用了威尼斯在火药上面所花费的惊人数字,但这一数目同样只占了总防务开支的几个百分点,参见:Mallett and Hale, *The Military Organization of a Renaissance State*,pp. 401-2, 461-501。与之相似的是法国 1538 年在硝石——火药中最贵的成分——上花去约 3.6 万图尔利弗尔,而该国年度总防务支出数字为 100 万左右,参见:Corvisier, *Histoire militaire de la France*,p. 247;Bonney, *The Rise of the Fiscal State in Europe*,p. 139。上面列举的这些还有助于我们更好地理解费尔南·布罗代尔所列举的关于火药开销的惊人数字,见:Braudel, *Civilization and Capitalism 15th—18th Century*,Vol. 1,*The Structure of Everyday Life*. Berkeley, CA:University of California, 1992(法文版出版于 1979 年),p. 395;他对威尼斯在火药储备上的总资本投入的计算是准确的,但也具有误导性,因为更有意义的是为维持储备,每年在替换补充方面投入的金额。以上支出模式也在其他国家重复出现,根据汤普森的说法(Thompson, '"Money, money, and yet more money!"',p. 279),16 世纪和 17 世纪初西班牙军事开支中仅有 4％—5％用于火炮;关于这一点亦可参见:Thompson, *War and Government in Habsburg Spain*,pp. 290-3, 296;在 17 世纪中期的俄国,强大但装备多来自进口(因此价格不菲)的炮兵部队耗费了陆军预算的不到 10％,参见:Richard Hellie, 'The cost of Muscovite military defense and expansion', in Lohr and Poe, *The Military and Society in Russia 1450—1917*,pp. 41-66,尤其是 p. 65;以及:J. Kotilaine, 'In defense of the realm:Russian arms trade and production in the seventeenth and early eighteenth century',同上,pp. 67-95。重复火炮和火药极为昂贵这一观点的还有:Anderson, *War and Society in Europe of the Old Regime*,pp. 19-(转下页注)

荷兰纳尔登鸟瞰

的冷兵器、盔甲和弩贵出多少。

　　这些数据也影响到了其他重要问题。例如，与流行的神话相反，领主的独立权力并未因"摧毁他们城堡的攻城大炮"，或按新的样式改建城堡的费用，或维持他们自己的大炮和其他火器的费用而衰落。领主和城邦均组建了炮兵并建造起星形棱堡要塞。㉙ 如前面说过的那样，他们的问题——这些问题早在火药出现前就已显露——不在于他们未能采纳新技术，事实上他们采纳了，而在于他们太过弱小，无法与

（接上页注）20，他同样罗列了一些从总军事支出背景中抽离而出的数字；以及：Tallett, *War and Society in Early-Modern Europe*，p. 169，但应参见他在尾注34 中的结论。

　　㉙ 明确提到这一点的有：Thompson, *War and Government in Habsburg Spain*，pp. 278，280；有些学者相信新型防御工事和火器的费用极高难以负担，但也不得不承认这一与自身观点不相符的现象，参见：Hale, *War and Society in Renaissance Europe*，pp. 248-9；Tallett, *War and Society in Early-Modern Europe*，pp. 188-93，205。关于意大利诸城邦在先进性方面处于欧洲第一梯队的火炮部队，参见：Mallett and Hale, *The Military Organization of a Renaissance State*，pp. 81-7；Hale, *War and Society in Renaissance Europe*，p. 156；Pepper and Adams, *Firearms and Fortifications*，pp. 12-13。雇佣兵队长也拥有自己的火炮。所有这些都与布罗代尔的说法相矛盾，参见：Braudel, *The Structure of Everyday Life*，p. 393。

新的、巨大的并越来越科层化—财政化的民族—领土国家相对抗。

防御工事、火炮和其他火器的价值可以反映出军事预算总体上的结构特征：尽管在财政上具有相当重要性，军事装备和资产上的支出仅构成列强总军事支出的一小半。海军这一最为资产密集型的军种可被视作此规则的鲜明体现。即便在意大利头号海上强国威尼斯，整个 16 世纪的陆军军费都超过海军，有时达到其 2 倍。[30] 17 世纪上半叶居领先地位的海军强国荷兰共和国像威尼斯一样不得不维持一支大规模陆军，其费用超出海军的 2 倍。[31] 甚至 18 世纪的英国这样一个领先的海军强国兼岛国，其陆海军军费也平分秋色。[32] 更重要的是，战船的购置费也只构成了海军总预算中的一小部分。木材这一主要原材料并不昂贵，且至少 16 世纪时（17 世纪便不再如此）所有强国境内均有充分供应。至于雇来建造战船的劳动力，尽管其人均薪资水平较高，但其规模与武装部队所使用的人力相比是不值一提的。[33] 在 16 世纪中期，一艘平均寿命达数年至数十年的

30　Hale, in Mallett and Hale, *The Military Organization of a Renaissance State*, p. 462；Jean-Claude Hocquet, 'Venice', in Bonney, *The Rise of the Fiscal State in Europe*, c. 1200—1815, p. 384.

31　Marjolein 't Hart, 'The United Provinces, 1579—1806', in Bonney, *The Rise of the Fiscal State in Europe*, c. 1200—1815, p. 312.

32　布鲁尔所计算的英国陆军军费略高于海军，而弗兰奇则认为英国陆海军军费比例平均而言为四六开，参见：John Brewer, *The Sinews of Power：War, money and the English state, 1688—1783*. London：Unwin Hyman, 1989, p. 31；David French, *The British Way in Warfare 1688—2000*. London：Unwin Hyman, 1990, p. 59。

33　对比参照威尼斯兵工厂的账目。该兵工厂是欧洲最为先进的之一，且相对较好地保存了其原始资料，参见：Robert Davis, *Shipbuilders of the Venetian Arsenal：Workers and workplace in the preindustrial city*. Baltimore, MD：Johns Hopkins University Press, 1991, p. 28, 以及：Mallett and Hale, *The Military Organization of a Renaissance State*, pp. 494-501 中的数据。亦可参照：Frederic Lane, 'Naval action and fleet organization, 1499—1502', in J. Hale (ed.), *Renaissance Venice*. London：Faber & Faber, 1973, pp. 146-73, 尤其是第 159-62 页；以及关于奥斯曼土耳其人的尾注 31。

[470]标准的地中海战斗桨帆船每年维持费用即等于其原始造价，也就是约 6000 杜卡特。而在其消耗的补给品中，食物的花费又两倍于各类装备器具。㉞

正是由于薪饷和补给而非船只建造费用占了海军军费的大头，奥斯曼帝国海军才能够在与威尼斯、西班牙、教皇国及其盟友的联合舰队对阵的勒班陀海战（Battle of Lepanto，1571 年）中遭到毁灭性打击并损失 200 多艘桨帆船后，依靠庞大的重建计划，在不到一年时间里将物质损失补了回来，尽管人力损失无法弥补。㉟（与地中海桨帆舰队相关的经济学原理历经无数世代未有大的改变：罗马在第一次布匿战争中主要因风暴而遭受超过 500 条五桨座战船[quinquereme]的灾难性损失后，也在几个月时间内演出了类似的一幕。㊱）17和 18 世纪的风帆船在费用方面继续遵循着相同的模式。尽管它们每艘可带有多至 100 门重炮，超过任何野战军团，然而维持这样一艘风帆战船一年的费用仍然约等于其建造价格。㊲

㉞　Braudel，*The Mediterranean and the Mediterranean World in the Age of Philip II*，p. 841，以及其中所列的文档证据；亦可参照：Thompson，*War and Government in Habsburg Spain*，pp. 168，171，173，175，289，294（以及注释），300–302 中的详细叙述。尽管缺少关于船只建造和弹药花费的资料，因贝尔所公布的奥斯曼档案仍能够为我们的说法提供佐证，参见：C. H. Imber，'The cost of naval warfare: The accounts of Hayreddin Barbarossa's Herceg Novi campaign in 1539'，*Archivum Ottomanicum*，1972；4：203–16。同样应参见注释部分。

㉟　Palmira Brummett，*Ottoman Seapower and Levantine Diplomacy in the Age of Discovery*. Albany，NY：State University of New York，1994，pp. 96，218 n. 30；Colin Imber，'The reconstruction of the Ottoman fleet after the Battle of Lepanto，1571—2'，in *Studies in Ottoman History and Law*. Istanbul：Isis，1996，pp. 85–101.

㊱　Polybius，*The Histories* 1. 20-1，38，59，63. 在罗马与迦太基之间的埃克诺穆斯角海战（公元前 256 年）中，双方均出动超过 300 艘五桨座战船，共有约 25 万人参战，甚至令勒班陀海战（1571 年）为之逊色。在后面这场战役中双方各出动约 200 艘桨帆船，参战人数达到约 16 万。

㊲　Brewer，*The Sinews of Power*，pp. 34–7.

　　勒班陀海战(1571 年)，在奥斯曼帝国和基督教联盟之间展开。作为地中海上由划桨战舰主导的最后一场大规模战斗，此次海战双方均投入超过 **200** 艘桨帆船，参战总人数可能达到 **17** 万。尽管也改装上了火炮，桨帆船最终还是被大炮和风帆的组合所取代

　　[471]只有少数学者注意到了这些统计数字背后隐藏的简单事实：虽说各式各样的武器装备所费不赀，构成一国陆海军开支中最大一项并且超过半数的仍然是士兵和水手的薪饷和供给。㊳ 前面说过，在近代武器装备变得对胜利极为关键，且需要先进且复杂的技术和社会基础来加以制造并有效地部署运用。尽管如此，为陆军和(较小程度上)海军所雇用的越来越多并且越来越常备化的人员发饷和提供补给，构成了"军事革命"中的最主要开支。㊴ 至于前面提到的

　　㊳　Childs, *Armies and Warfare in Europe*，p. 62 中清楚指出了这一点。在强调了防御工事和火炮造成的巨大开支后，Tallett，*War and Society in Early-Modern Europe*，pp. 170-1 也得出了同样结论。未明确声言但含蓄指出这一点的还有：Hale, in Mallett and Hale, *The Military Organization of a Renaissance State*，pp. 494–501，以及：Tracy, *Emperor Charles V, Impresario of War*，明确指出的则可参见：Hellie, 'The cost of Muscovite military defense and expansion'。

　　㊴　应当承认人们可以合理争辩说，各类军事装备的花费统计中并未完全体现制造这些装备所需的基础投入。对于用途单一的火炮，情况可能还不太复杂；而对受益于欧洲商用航海业造船业的扩张而使平均造价大为降低的战舰，就有必要充分考虑这一因素。

战争变得久拖不决的问题,其原因并不在于防御工事过于昂贵,恰恰相反,是因为和部队相比,它们要便宜得多,性价比更高。"长期而言,一次性投资于堡垒并随后维持一支小规模驻防军,要比无休无止地供养一支大军更加划算。"㊵

我们现在要把防御工事的效应这一问题放在一边,以便提出一个更加一般性的论点:任何基于无论是由防御工事还是其他因素所造成的需求和必要性变大,来解释近代欧洲国家军事人力规模和开支暴增现象的理论,都是根本上错误的。诚然,更高的冲突水平会导致征集调配更多资源用于战争。当卷入关乎重大利益,有时还是核心利益的斗争,并深陷军备竞赛时,对抗参与者通常都会奋力动员起最大可能的力量,往往将自身能力推至极限。它们互相压倒对方的"需求"体现在更多的投入,尤其是在更大规模的军队方面。防御工事在这里面是否扮演了重要角色其实无关紧要。历史上任何时候冲突达到了较高水平,情况均不会有所不同。近代在这方面并无特别之处。㊶ 然而尽管需求是无止境的,资源却非如此。近代欧洲国家陆海军规模和战争开支的持续增长并不是因为"需求"——无论这一需求是何种性质或何等迫切——的增长,而是因为列强能够调动比过去更多的资源,从而导致军备竞赛升级。虽说供给和需求紧密相关,在这里我们应当主要关

㊵ Pepper and Adams, *Firearms and Fortifications*, pp. 30–1;以及:Tallett, *War and Society in Early-Modern Europe*, pp. 171–2;Mallett, in Mallett and Hale, *The Military Organization of a Renaissance State*, p. 92。Hook, 'Fortifications and the end of the Sienese state', p. 387,随后将这一点总结为当时军事理念的还有:Adams, 'Tactics or politics?', p. 37,但他错误地认为这一理念并不正确。Gábor Ágoston, 'The cost of the Ottoman fortress system in Hungary in the sixteenth and seventeenth centuries', in G. Dávid and P. Fodor (eds), *Ottomans, Hungarians, and Habsburgs in Central Europe:The military confines in the era of Ottoman conquest*. Leiden:Brill, 2000, pp. 195–228, 此文着重关注驻守在前线省份堡垒中部队的高维护费用而非堡垒自身的花费。

㊶ 注意到这一点的有:Eltis, *The Military Revolution in Sixteenth Century Europe*, p. 32。

注的却是"供给侧"，即欧洲的资源总量和各国利用这些资源的能力。

各国及其军队

[472]为战争而筹集的资源的增长与欧洲中央集权国家的崛起两者紧密相关并互相促进这一点已得到了公认。[42]"战争造就国家，而国家也造就战争。"[43]自 17 世纪以降，很多欧洲统治者成功获得了代表机构不情不愿的同意，以便征收更多税金来维持开支浩繁的国家战争。与中世纪盛期（High Middle Ages）政治碎片化的欧洲极为普遍的小规模战事不同，国家战争的真正经济问题在于战争开销必须用真金实银直接支付。如我们在第 10 章和第 11 章中看到的那样，大国意味着在相当距离外进行的战争，距离意味着时间，而时间就是金钱。在远离本土的地方进行长期作战既需要专门且代价不菲的后勤支持，也需要向长期服役的战士支付薪饷，而不是依赖于业余民兵。在定居国家中，要做到这些就预设了要有一个

———————

[42] 帕克在他关于"军事革命"的数篇论文中最好也最平衡的一篇里强调了这一因素，参见：Parker, ' "The military revolution, 1560—1660"—A myth?', pp. 45-9；Roberts, 'The military revolution, 1560—1660', pp. 20-3 中也已提到过这一点，但文章过于单线性。

[43] Tilly, *The Formations of National States in Western Europe*, p. 42. 这方面的文献可谓汗牛充栋，但尤其应当参考：Charles Tilly, 'War making and state making as organized crime', in P. Evans, D. Rueschemeyer, and T. Skocpol (eds), *Bringing the State Back In*. Cambridge: Cambridge University Press, 1985, pp. 169-91；Michael Mann, *States, War and Capitalism*. Oxford: Blackwell, 1988；Brian Downing, *The Military Revolution and Political Change: Origins of democracy and autocracy in early modern Europe*. Princeton, NJ: Princeton University Press, 1992；Bruce Porter, *War and the Rise of the State*. New York: Free Press, 1994；Thomas Ertman, *Birth of the Leviathan: Building states and regimes in medieval and early modern Europe*. Cambridge: Cambridge University Press, 1997；Martin van Creveld, *The Rise and Decline of the State*. Cambridge: Cambridge University Press, 1999。

全国性的资源征集获取体系(缺乏此类体系令中世纪初期的国家不得不接受封建制这一安排)。防御工事也与之类似。与帕克的论证相反,其所造成的经济负担方面真正显著的变化在于如今它们更多由国家而非地方领主建造。尽管主要使用的劳力仍为当地民夫且仍然依赖于当地资源,防御工事的建设如今必然牵涉到中央拨款,这就预设了存在一个国家兼具收支职能的资源流转体系。于是,一个长达数世纪的循环推进的进程得以启动:国家花费在军队上的大量金钱强化了中央政府的权力,令其逐步垄断了合法的武力,令战争越发成为国家事务;相应地,这些变化又进一步增强了国家在征税、管理和命令方面的权力。"赋税国家"(tax state)逐渐取代了封建的"领地国家"(domain state),⑭受薪的士兵也取代了履行封建义务的战士。

可是我们应当如何从一个全球视角来审视欧洲的经验?新型的近代欧洲国家与历史上其他大型中央集权国家相比有何异同?毕竟,此时诞生于欧洲西部的这一新生事物对于其他区域或时代并无新鲜感可言。新型欧洲国家在中央集权科层化程度方面实际上还不如全盛时期的帝制罗马或帝制中国。学者聚焦于近代国家的崛起时,对其权力局限性也有着[473]较清醒的认识。国家不得不与地方权力、特权和各类传统机制达成妥协,因它们在其独立性和地位遭到侵蚀时往往进行抵抗并引发内战。此类妥协导致了免税与不公平的税负,使国家敛财体系的效率受到严重拖累。尤其值得注意的是国家与贵族阶层达成的妥协,后者让渡了一部分旧特权,但得到了其他好处作为回报。所谓的绝对专制国家(absolutist state)实际上是由诸地区和诸特权构成的异质性组合,其中贵族被

---

⑭ 这两个概念均出自约瑟夫·熊彼特,参见:Schumpeter,'The crisis of the tax state',*International Economic Papers*,1954;4:5-38(德文原版出版于1918年)。邦尼(Bonney)主编的《经济系统与国家财政》(*Economic Systems and State Finance*)和《欧洲财政国家的兴起》(*The Rise of the Fiscal State in Europe*)两书中包含了一些最全面且最权威的当代研究成果。

吸纳到国家管治结构中成为其高级官员阶层。⑤ 因此，当国家无力制服地方贵族权力时，国家行政向下的穿透力便受到了限制；在国家行政受限的情况下，国家就必须依靠贵族作为政府的中间代理人进行治理。

尽管受到国家越来越严格的控制，对战争和武装部队的管理这一国家行为和支出中最为重大的项目依然显现出与其他领域相同的结构模式。由于缺少一套足够发达的官僚机器，国家只得将部队的招募、管理甚至部分供应工作委托给其他代理人。在文艺复兴时期，雇佣兵队长与某国商定价格后，可向其提供现成的部队。一些佣兵队长成长为大型企业家和金融家，但这也令他们具有了危险性。国家一旦付不起账，这些独立行事的佣兵队长便不再可靠。此外，如同历史上其他雇佣兵那样，他们可能变得比国家更为强大并篡权成为统治者。这在意大利各城邦已是司空见惯。而阿尔布雷希特·冯·华伦斯坦（Albrecht von Wallenstein）这位在三十年战争中召集起一支超过 10 万人的军队为神圣罗马帝国皇帝而战的最成功的雇佣兵队长，甚至对他强大的主人构成了威胁。⑥

正因如此，国家需要取得对军队组织和指挥的最高控制权。从 17 世纪下半叶起（西班牙帝国则要早一个世纪），各国开始通过其发展中的官僚机构直接行使对军队的管理。然而即便在那时，它们也还是继续依靠有进取心的个人，通常是地方名流，来完成基层组织工作。国家任命某位乡绅为上校，按照标准付给他一笔款项，由他去招募、管理并领导一个团。这位乡绅再把各个连队分包给手下

⑤　遵循马克思主义理念但大体仍值得推荐的是：Perry Anderson, *Lineages of the Absolutist State*. London：NLB, 1774；更具说服力地发展了这一理论的著作可参见：Hillay Zmora, *Monarchy，Aristocracy and the State in Europe 1300—1800*. London：Routledge, 2001。

⑥　Michael Mallett, *Mercenaries and their Masters*. London：Bodley, 1974；Fritz Redlich, *The German Military Enterpriser and his Work Force：A study in European economic and social history*. Wiesbaden：Franz Steiner, 1964；此书仍是这一领域内的最佳研究著作。

的上尉。㊼ 以法国为例,以上这些职能直到七年战争之后的[474]大
革命前夕才被国家所接管。类似进程也影响到了在 16 世纪时仍主
要依赖向私人船主颁发委任状或征用其船只参战的海军。直到 18
世纪,从国家领取执照去打击敌国贸易的"私掠船"(Privateer)仍扮
演着重要角色。

现在我们来考察"军事革命"的核心元素即大规模常备军的发展,
并从比较的视角提出问题。前面已提到过,国家体量越大,一般而言
就更加青睐常备军。欧洲的经历并无特殊之处。距离是一个关键因
素。㊽ 欧洲各国军队越来越常备化,很大一部分原因在于各个新的大
国要在遥远的战场上长期征战。尽管统治者也很支持建立更为廉价
的民兵部队,后者却始终没有什么重要地位,因为他们既不愿长时间
服役,也不愿去远离家乡的地方,从而使他们的可用性大打折扣。㊾

关于军队的规模,我在第 11 章中已经说过,从历史上看,总人口

㊼ 关于这些变化的简介可参见:John Lynn, 'The evolution of army
styles in the modern West, 800—2000', *International History Review*, 1996;
18:505-35。

㊽ 对比参照:Braudel, *The Mediterranean and the Mediterranean World
in the Age of Philip II*, pp. 355-94; Parker, *The Army of Flanders and the
Spanish Road*, p. 21, passim; id., *The Grand Strategy of Philip II*. New Ha-
ven, CT: Yale University Press, 1998, Chapter 2。

㊾ 对欧洲各国的研究概述可参见:André Corvisier, *Armies and Societies
in Europe 1494—1789*. Bloomington, IN: Indiana University Press, 1979,
pp. 28-36, 52-60, 131-2; Childs, *Armies and Warfare in Europe*, pp. 59-60;
Hale, *War and Society in Renaissance Europe*, pp. 198-208; Tallett, *War and
Society in Early-Modern Europe*, pp. 83-5; Anderson, *War and Society in Eu-
rope of the Old Regime*, pp. 18-21, 90-4。对一些国家的国别研究可参见:
Mallett and Hale, *The Military Organization of a Renaissance State*, pp. 78-
80, 350-66; Thompson, *War and Government in Habsburg Spain*, pp. 126-45
(相比之下,再征服运动期间,由于战争发生在伊比利亚半岛内部,战场邻近各国
本土,从而令民兵得以扮演重要角色,参见:Theresa Vann, 'Reconstructing a "so-
ciety organized for war"', in D. Kagay and L. Villalon [eds], *Crusaders, Condot-
tieri, and Canon: Medieval warfare in societies around the Mediterranean*. Leiden:
Brill, 2003, pp. 389-416); Lynn, *Giant of the Grand Siècle*, pp. 371-93。

的 1% 即为一个国家纯职业化部队数目的可维持的上限。由罗马元首奥古斯都所确定下来的比例，即超过 4000 万帝国人口中有约 25 万至 30 万名正规军，很好地体现了这一黄金准则。当后期的罗马帝国不得不大举增兵时，它很快就陷入了经济—军事的恶性循环。由此观之，新型欧洲国家未曾过多偏离历史上的标准。⑤ 由于农业生产率的提高——尤其在欧洲北部——人口比古典时代更为稠密。吉本注意到法国国王路易十四拥有一支规模可与罗马帝国相比肩的大军，尽管法国（古代高卢）只不过是古时罗马帝国的一个省而已。⑤ 然而法国 2000 万的人口数却是罗马高卢的 4 倍，相当于整个罗马帝国的一半。此外，路易十四在 1700 年左右他统治期间最后的几场战争中，将法军人数增至最高 35 万至 40 万人，即接近总人口的 2%，被证明与前后两次三巨头战争、⑤公元 3 世纪的内战，以及帝国后期罗马军队人数扩张到奥古斯都比例的 2 倍时同样不可持续。法军异常巨大的规模仅在军事形势危急时维持了几年，通过将法国消耗殆尽而促成了它的战败，并在实现和平后被裁减到约 15 万，即该国人口的 1% 以下。

[475]更早时候，拥有约 1200 万至 1300 万欧洲人口的西班牙帝国军力在 1555 年跨过 1% 门槛，并在 17 世纪 30 年代跨过 2% 门槛。尽管西班牙的增兵部分程度上得到在 16 世纪后期占国家岁入近四分之一的来自西属美洲的大量金银的支持，⑤这样的军力水平仍然

---

⑤　亚当·斯密在他的时代便已注意到这一点：Adam Smith, *The Wealth of Nations* 5.1.1；意识到这一较低比例的有：Hale (*War and Society in Renaissance Europe*, pp. 75, 105)，以及理解更为明确的：Tallett, *War and Society in Early-Modern Europe*, pp. 217-18。

⑤　Edward Gibbon, *The Decline and Fall of the Roman Empire*, Vol. 1. London: Random House, 1993, Chapter 1, pp. 23-4.

⑤　即凯撒、庞培、克拉苏之间的第一次三巨头战争与屋大维、马克·安东尼、列庇都斯之间的第二次三巨头战争。——译注

⑤　Earl Hamilton, *American Treasure and the Price of Revolution in Spain, 1501—1650*. New York: Octagon, 1965, p. 34；Thompson, *War and Government in Habsburg Spain*, pp. 68-9, 288；Juan Gelabert, 'Castile, 1504—1808', in Bonney, *The Rise of the Fiscal State in Europe*, c. *1200—1815*, p. 213.

是不可维持的,也导致了西班牙的国家破产和霸权衰落。在 17 世纪
30 年代拥有约 150 万欧洲人口的荷兰人颇为例外地能够维持一支
占 3% 比例的 5 万人的陆军(以及一支强大的海军),但在 17 世纪最
后 30 年里,路易十四的战争迫使他们以仍不到 200 万的欧洲人口维
持一支多达 10 万人的军队时,荷兰的税负水平还是被提高到了令人
难以承受的地步。17 世纪古斯塔夫二世·阿道夫(Gustavus Adol-
phus)及其继承者治下的瑞典王国在瑞典和芬兰本土拥有少于 150
万人口,若算上其"帝国"[54]则可能加倍,但却保有一支间或超过 10
万人(最高峰时 18 万人,或总人口 6%)的军队。但瑞典能做到这点
全靠其军队在德意志和波罗的海沿岸的外国领土上作战时对当地居
民实施了极为高效的掠夺和盘剥。(更为正常的情况下,一支胜利的
军队可通过征用物资、收取赔款等方式从敌国压榨出其军费的四分
之一。)此外,瑞典在三十年战争中还得到了法国的大力补助。当瑞
典失去令所有这些经济来源成为可能的军事优势后,它就迅速缩回
其天然疆域内。[55] 18 世纪腓特烈二世"大王"(Frederick II)治下的
普鲁士有 500 万人口,在七年战争(1756—1763 年)中拉出 25 万大
军,和平时期也保有多于 15 万人,换句话说即人口的 3% 至 5%,靠
的是同样的方法。[56] 此外,治理较邻国更为高效并全力打造其陆军
的普鲁士(与瑞典的查理十二世[Charles XII]一样)部分复活了半职
业士兵制度,让一些士兵可以在每年农忙时休假回乡(普鲁士军区

---

[54] 即瑞典在北德意志、爱沙尼亚、利沃尼亚等地的领土。——译注

[55] Sven Lundkvist, 'The experience of empire: Sweden as a great pow-
er', in Michael Roberts (ed.), *Sweden's Age of Greatness 1632—1718*. Lon-
don: Macmillan, 1973, pp. 20-5; Sven-Erik Aström, 'The Swedish economy
and Sweden's role as a great power 1632—1697', 同上, pp. 58-101; Michael
Roberts, *The Swedish Imperial Experience*. Cambridge: Cambridge University
Press, 1979, Chapter 2. 对瑞典的问题加以出色总结的是: Porter, *War and
the Rise of the State*, p. 92. 当前关于瑞典、波兰和俄国最为全面的杰作则是:
Robert Frost, *The Northern Wars: War, state and society in Northeastern Eu-
rope, 1558—1721*. Harlow: Longman, 2000。

[56] 同样可对比参照: Porter, *War and the Rise of the State*, p. 115.

制），七年战争时也从英国盟友手里得到大笔补助。普鲁士对军事的极端关注令米拉波伯爵（Count Mirabeau）说出了那句名言，即普鲁士是一支有国家的军队，而非一个有军队的国家。

18 世纪初拥有 900 万本土人口［476］（人口数在这一世纪接下来的时间里开始迅速增长）的英国，在对欧洲大陆事务的首次重大干预即九年战争（1689—1697 年）[57]中，将其陆海军扩充到超过 10 万人，或略高于 1%。七年战争和北美独立战争时此数字达到接近 20 万，或 2%。但这些都是战时的高峰数字，英国和平时期的常备军则不到其一半。但另一方面，英国的海军和陆军在全球范围内活动，维持费用较一般情况下高得多。此外，英国战时对盟国的补助也高达其全部防务开支的五分之一到四分之一。例如在七年战争中，它为 10 万名盟军士兵（多数属于普鲁士）支付薪饷。军费和军力数字在拿破仑战争期间继续暴增，而不列颠的飞速工业化令它能够抗衡革命的法兰西共和国及帝国的力量。以 1809 年为例，英国陆海军使用了约 37.5 万人力。对于其 1200 万本土人口加 500 万爱尔兰人口而言，这个数字代表了其中的 2%。战争最后阶段（1812—1815 年）支付给大陆盟国的补助占英国防务开支比例和过去一样，但数额大大提高。如今它要为近 50 万名主要由俄国人、普鲁士人和奥地利人组成的盟军提供补助。[58] 不过，这些仍只不过代表了战争最为激烈的一些年份。这样的状况不可能，也没有无限持续下去。

从表面上看，老生常谈的近代欧洲各国军队规模的急剧增长尽管并非虚言，却也没有超出历史上大国的常备军动员水平。若

---

[57] 又称大同盟战争。——译注

[58] Brewer, *The Sinews of Power*, pp. 30-2；Christopher Hall, *British Strategy in the Napoleonic War 1803—15*. Manchester：Manchester University Press, 1992, pp. 1, 11, 15-6；R. Bonney, 'The eighteenth century II：The struggle for great power status', in his *Economic Systems and State Finance*, pp. 380-4, 387.

从更广阔的比较性的角度来考察，这样的现象事实上不是全新的。和很多情况下一样，对欧洲军力增长的认识中存在着错觉。近代欧洲的某些变化看上去极具革命性，是因为欧洲文明在区区数百年时间内将原本极低的政治权力集中度和城市化、商业化水平迅速向上提升，而其他文明未曾经历如欧洲黑暗时代那样的严重衰退，在文化和政治上保持着更多连续性，因此只产生了较为有限的改进。

　　同样，我们也不能确定按照历史标准，近代的欧洲列强是否像人们普遍认为的那样特别好战。从1500年到1750年，每个欧洲强国均有一半以上时间处于战争之中。⑤ 然而我们已提到过，这个多边的欧洲政治体系向来具有高度[477]竞争性。在古典时代，各政治体间的激烈冲突因"罗马和平"（pax Romana）的实现方才得以缓解。中世纪的碎片化更是在地方层面孕育出无休止的暴力，即国战以外的所谓私战。此外如果我们以体系的竞争性、霸权帝国的侵略性和内战频繁程度等为变量，也会发现没有证据证明位于近东、印度、中国和日本的其他文明中心比欧洲更不好战。另外，相对于中世纪，近代欧洲各国中央政权在调配资源方面的水平无疑已有极大进步，但大部分亚洲强国早在此之前即已拥有发展完备的资源调配能力。

　　与以上情况相类似的还有火器的出现。至少以18世纪前而论，火器对欧洲和欧亚大陆其他地方的国家和社会所产生的转型作用经常被高估。如同切斯论证的那样，火器对西欧和中欧的人们最为有用，是因为地理环境决定了他们在军事上所面对的主要对手是阵地战和围城战中的敌人，而非飘忽不定的草原轻骑兵。奥斯曼人在与巴尔干诸国的欧洲人交战时便毫不逊色地运用了火器。从中世纪后

---

⑤　Quincy Wright, *A Study of War*. Chicago：University of Chicago，1942，p. 653；Evan Luard，*War in International Society*. London：Tauris，1986，pp. 24-5，35，45.

期开始的欧洲国家体系转型,主要应归功于某些情况下比火器更早出现的其他在经济、社会和政治领域内的发展。而在奥斯曼帝国和另一些欧亚大陆文明国家,火器也取代了旧的武器并重塑了作战战术和攻城策略,但除此之外,它们充分发展的国家军队未受更多影响。尽管引入了炮兵和步兵火器,奥斯曼帝国相对于之前的各个突厥人和伊朗人国家以及同时代的马穆鲁克和萨法维帝国,莫卧儿印度相对于更早的德里苏丹国,明帝国和满洲(清)帝国相对于先前的中国王朝,在军队和国家的结构、组织以及社会构成方面几无根本性变化。这些强国在军事实力上也不逊于欧洲,甚至有所过之。其中唯一与欧洲为邻的奥斯曼帝国对前者造成沉重军事压力达数世纪之久。因此从历史角度看,经常被使用的"火药帝国"这一概念的意义并不如通常所设想的那么显著。

　　火器的采用无疑是一个标志性历史事件。火器改变了野战和围城战,对于在定居区域内的征服战争而言也是不可或缺的,成为在军事上跟随潮流的关键。[480]统治埃及和叙利亚的马穆鲁克帝国被奥斯曼人征服(1516—1517年)正是因为前者在采用火器方面落后了。伊朗的萨法维王朝避免了同样的命运,只不过是因为其轻骑兵调整了战术变得更具机动性,令奥斯曼人无法在伊朗本土和两国之间边境地区宽广而贫瘠的土地上困住他们而已。德里苏丹国在1526年沦于莫卧儿帝国开国君主巴布尔(Babur)之手,很大程度上要归因于后者更善于使用火器。葡萄牙人于1543年将枪炮引进到日本后,军阀织田信长运用火枪在长篠之战(1575年)中决定性地击败了敌人,且枪炮的重要性在此后通向统一的内战中变得越来越高。再一次引用切斯的说法,即日本与西欧一样免受草原游牧民侵袭,因此火器在其内部战争中被证明要比在东亚其他地方更为有效。如同欧洲新君主国的诞生那样,日本的统一是一个受更深层次社会政治因素不断向前推动的进程。火器对这一进程具有多大的决定性在我看来则是另一个话题了。至于火器的发展此后在德川家统治的日本停滞了下来,也是因为这个统一而孤立的岛国不再面对任何严重的

满洲骑兵在对中国的征服战争中蹂躏了明王朝的炮兵和鸟铳手

军事挑战。⑥

---

⑥　Chase，*Firearms*，此书为考察火器在欧亚大陆传播速度差异原因的学术里程碑著作。书中关于日本的章节大量运用来源于日本的原始材料，读来极富教益（关于中国的章节也同样如此）。亦可参见：Delmer Brown，'The impact of firearms on Japanese warfare，1543—98'，*Far Eastern Quarterly*，1948；7：236-53。Noel Perrin，*Giving Up the Gun：Japan's reversion to the sword 1543—1879*. Boulder, CO：Shambhala，1979，此书被批评为在学术上不甚可靠。我只在一点上不同意切斯的看法：尽管他承认早在火器引进前，大规模步兵军团和日益膨胀的大名领在日本的战争和政治中已逐步占据主导地位，也承认各方均有能力取得火器，他仍然认定火器起到了加速日本统一的作用。帕克起初小心地避免得出如上结论，但随后又接受了此类观点，参见：Parker，*The Military Revolution*，pp. 140-5，尤其是 p. 140；id.，'In defense of The Military Revolution'，p. 338。我自己的看法可参见第 11 章注释 64 以及相关正文。

长篠之战（1575 年）。在以日本重新统一为结局的内战中，织田信长的步兵躲在事先准备好的障碍物后施放火枪打垮了武田家的骑兵

由此可做一简短总结：当在火器的拥有方面不存在决定性的不平衡时，无论在欧洲还是别的地方，火器对军事事务的影响及通过军事对社会和国家造成的影响并不具有很强的革命性。如同学者认同的那样，火药，与培根现代三大发明之二的导航术一道，在海上发挥了远为革命而颠覆的效应。⑥

---

⑥　对于火器和导航术，我完全赞同布罗代尔在：Braudel，*The Structure of Everyday Life*，pp. 385，397 中的看法。

掌控海洋与商业—财政革命

1500 年后，欧洲主导的贸易体系的建立在历史上第一次覆盖全球，将各大洲通过海洋联系在一起，构成了塑造现代性的最为重要的一个因素，也是"欧洲奇迹"的真正动力来源。它使欧洲社会、经济和国家发生转变。市场开始[481]扮演前所未有的角色，赋予某些欧洲国家更多资源，从而使之具有比他国更大的实力，同时也令作为一个整体的欧洲变得比世界其他部分更加富裕和强大。最终，全球贸易体系催生了工业化，导致财富和权力的飞跃式增长。尽管受到某些当代学者的挑战，这幅最初由亚当·斯密和马克思加以描绘的图景在我看来总体上仍是准确的。㉒

㉒ 这一观点的鼓吹者包括：Adam Smith, *The Wealth of Nations*, 4.7；Karl Marx and Friedrich Engels, 'Manifesto of the Communist Party', in *Economic and Philosophical Manuscripts of 1844 and the Communist Manifesto*. Amherst, NY：Prometheus, 1988；Karl Marx, *The Capital*. London：Penguin, 1976, Chapter 31；F. Braudel, *Civilization and Capitalism*, Vol. 2. *The Wheels of Commerce*. Berkeley, CA：University of California, 1992, p. 601；Immanuel Wallerstein, *The Modern World System I：Capitalist agriculture and the origins of the European world-economy in the sixteenth century*. New York：Academic Press, 1974；Andre Frank, *World Accumulation 1492—1789*. New York：Monthly Review, 1978。近年来的研究对欧洲的内部经济成长正确地加以强调，但这两个发展进程显然是互相促进的。奥布莱恩认为欧洲的全球性商务活动相对于其总体经济活动而言是次要的、边缘性的；晚至 1790 年，欧洲的海外贸易额也仅占其贸易总额的 25%，参见：Patrick O'Brien, 'European economic development：The contribution of the periphery', *Economic History Review*, 1982；35：1-18；以及（某种程度上对全球贸易体系重要性评价更高的）：id., 'European industrialization：From the voyages of discovery to the Industrial Revolution', in H. Pohl（ed.）, *The European Discovery of the World and Its Economic Effects on Pre-Industrial Society 1500—1800*. Stuttgart：Franz Steiner, 1990, pp. 154-77。不过也应参见明确给予重要评价的著作如：Neils Steensgaard, 'Commodities, bullion and services in intercontinental transactions before 1750', 同上，pp. 9-23（以及：Frank, *World*   （转下页注）

我只能简短涉及这一有趣而已有很多人讨论过的问题：为什么是欧洲，而非欧亚大陆其他文明将各个不断扩张的区域间贸易体系（有时被颇具误导性地称为"诸世界体系"）破天荒地连接成一个全球体系。[63] 这一在 1500 年左右得以骤然达成的事业同样有着长期以来在欧亚大陆不断得以完善的基础。中世纪后期，欧洲自身已发展出了连接起环绕它的地中海、大西洋、北海和波罗的海的充满活力的贸易网络。地中海周边的旧罗马帝国疆域具有较大的气候和生态共性，因此农业和制造业发展条件较为平均，也就降低了交换的必要性；而欧洲北部和南部之间的差异则要大得多，这不但促进了奢侈品的贸易，也促进了大宗商品的贸易。[64] 三角帆起源于印度洋，通过阿拉伯人于中世纪初期传入地中海欧洲。11 世纪已被中国人普遍用于航海的罗盘，于 12 世纪末传入欧洲。

的确，其他区域性网络若不是比欧洲的更为发达，也至少同样发达。阿拉伯和穆斯林商人称霸于印度洋及其周边海域。17 世纪前欧洲从未见识过的庞大的中国皇家舰队由巨型多桅帆船组成，在宦官提督郑和的领导下于 15 世纪初（1405—1433 年）展开了远至东非

（接上页注）*Accumulation 1492—1789*，pp. 105-6，215-9，225，232-3 中整理的数据）。奥布莱恩本人也承认边际性的经济优势往往正是成功的关键。尽管彭慕兰（Kenneth Pomeranz）在《大分流》（*The Great Divergence*）一书中对很多关于西欧和欧亚大陆其他伟大文明之间差距的假设嗤之以鼻，他也依然以更为审慎的态度指出欧洲人通过掌握全球航路的地位而获取了至关重要的边际优势。与他抱有同样态度并得出相同结论的还有：Janet Abu-Lughod, *Before European Hegemony*: *The world system A. D. 1250—1350*. New York: Oxford University Press, 1989, p. 363。最后，还可参考：Maddison, *The World Economy*，p. 93，其中指出对于居领先地位的英国经济而言，欧洲之外的贸易绝非边缘性的；事实上在 1774 年，这部分贸易额构成了该国总贸易额的约一半。

　　[63]　Braudel, *The Structure of Everyday Life*，pp. 402-15，*The Wheels of Commerce*，pp. 14-37，581-601；Wallerstein, *The Modern World System I*.

　　[64]　关于罗马，可参见：Robert Lopez, *The Commercial Revolution of the Middle Ages 950—1350*. Cambridge：Cambridge University Press，1976，p. 7。

的伟大航行。⑥ 然而最终是欧洲人全面掌控了世界各大洋并抵达东方,而不是反过来。葡萄牙人最初感兴趣的是西非的黄金和奴隶,但也试图打破威尼斯和马穆鲁克埃及对经由埃及流入欧洲的香料贸易的垄断,因此他们不断提升航海和造船技术,以便从海上绕过非洲。⑥ 由于欧洲处于欧亚大陆的一个顶端,绕过非洲的航线意味着[482]欧洲人要在海上航行很远,才能接触到他们梦寐以求的南亚和东亚的贸易伙伴。

亚洲人则没有多少理由去进行如此长距离的航海,一方面因为他们的地理位置更加优越,另一方面也因为购买力低下的欧洲市场对他们不构成很大吸引力。欧洲的缺陷反而成了一种正面动力。在欧亚大陆的另一端,中国的领导者则有很好的理由相信他们富裕且发达的文明已拥有一切所需之物。1433 年郑和自东非返航之后,大明朝廷决定解散这支由能够远洋航行的平底帆船组成的先进舰队,并禁止此后再进行类似远航。郑和的数次航行均由国库出资,花费巨大但回报却相当存疑。北方游牧民族再度兴起的威胁使帝国当局的注意力和资源转移到了别处。由私人主持的,沿着更为有利可图的商业航线进行的远航同样不被允许,因为专制的中国国家及其儒家官僚阶层对贸易、商人和独立资本均抱有厌恶和怀疑态度。因此,当瓦斯科·达·伽马(Vasco da Gama)率领着葡萄牙人闯进印度洋时(1498 年),在海上几乎未遇到有效抵抗。服务于西班牙共治双王⑥的哥伦布试图跨越大西洋前往东亚,却意外抵达了美洲时(1492

---

⑥　Joseph Needham, Wang Ling, and Lu Gwei-Djen, *Science and Civilization in China*, Vol. 4, Part iii, Nautical Technology. Cambridge: Cambridge University Press, 1971, pp. 379-99; Louise Levathes, *When China Ruled the Seas: The treasure fleet of the dragon throne 1405—1433*. New York: Oxford University Press, 1994.

⑥　J. H. Parry, *The Discovery of the Sea*. Berkeley, CA: University of California, 1981; Bailey Diffie and George Winius, *Foundations of the Portuguese Empire, 1415—1580*. St Paul, MI: University of Minnesota, 1977.

⑥　即卡斯提尔的伊莎贝尔一世和阿拉贡的斐迪南二世。——译注

年），当地土著在陆上也不能进行有效抵抗。因此，欧洲凭借着远洋航行能力摘取了意料之外的巨大奖品。仅仅数年之内，整个世界便向欧洲人开放，以供其探索和牟利。

欧洲对世界探索的军事方面已得到学者的详尽梳理，此处只能略作总结。在美洲，最先进的土著文明——具有强有力的政治结构、数百万人口和大规模城市中心——也不过是建立在石器时代和早期青铜时代的技术之上，与新来的欧洲人之间隔着数千年技术进化所造成的鸿沟。他们成为一小撮装备着钢铁兵器、战马和火器，得益于突然性和文化冲击因素，并得到当地人协助的西班牙征服者（conquistadores）的轻易猎物。对旧世界的流行病缺乏免疫力的缺陷在征服者抵达前就已经重创了当地人，并将在一个世纪内造成南北美洲可能高达90％的人口减少。在导致土著居民面对入侵者时无力重整旗鼓这一方面，缺乏免疫力的后果至少与技术落后同等严重。[483]美洲大陆其他地方的土著人口更加分散且缺少发达的政治结构，所面对的则是数世纪不间断的大规模欧洲移民和农业开拓，并导致其土地最终被彻底征服，如同我们从最初的农业扩张中所看到的那样。⑱

相比之下，在南亚和东亚登场的最初两个世纪里，欧洲人仍弱小到不足以挑战当地各个强大的帝国，只被容许在其边缘占一席之地。然而这些帝国都是彻底陆地性的，具有内向的视角，对海洋几乎毫无兴趣。从阿曼到马来亚的诸多小国和港口城市的当地统治者和商人热衷于海上贸易，然而他们又比欧洲人更加弱小。出于全然的历史

---

⑱　近年来在这个探讨充分的领域内具有突破性的著作可参见：Jared Diamond, *Guns, Germs, and Steel: The fate of human societies*. New York: Norton, 1997。Noble Cook, *Born to Die: Disease and New World conquest, 1492—1650*. Cambridge: Cambridge University Press, 1998, 该书是依靠最新材料的综合性著作。在此问题上的保留意见和重新提炼可参见：G. Raudzens (ed.), *Technology, Disease and Colonial Conquests, Sixteenth to Eighteenth Centuries: Essays reappraising the guns and germs theories*. Leiden: Brill, 2001。

**玛丽·罗斯号(Mary Rose)，英王亨利八世(Henry VIII)的战船，约 1545 年。
图上显示了这艘新式风帆战船的炮位和总体结构**

偶然性，火炮令传统上用作商船的风帆船只在当时突然变成比一贯
主宰了封闭半封闭海域内海战的桨帆船更为优秀的战船。[69] 从 16
世纪初便在甲板上装备大量火炮并从舷侧炮位开火的欧洲帆船于是
便控制了南亚和东亚海域以及经过这些海域的大量贸易。[70]

虽说枪炮的力量是令[484]欧洲在全球获得成功的一个重要因
素，其他因素却被证明在令哪些欧洲人能够享用成功的果实——经

---

[69]　关于发生在地中海这个传统上被桨帆船所主宰的领域的这一转变，可
参见：John Guilmartin, *Gunpowder and Galleys：Changing technology and
Mediterranean warfare at sea in the sixteenth century*. Cambridge：Cambridge
University Press, 1974。R. Gardiner (ed.), *The Age of the Galley：Mediter-
ranean oared vessels since pre-classical times*. London：Conway Maritime Press,
1995，该书为新近问世且内容全面的概述著作。

[70]　西波拉的先驱性著作仍有一定价值，参见：Cipolla, *Guns and Sails in
the Early Phase of European Exploration 1400—1700*. London：Collins,
1965；R. Gardiner (ed.), *Cogs, Caravels and Galleons：The sailing ship
1000—1650*. London：Conway Maritime Press, 1994，此书从技术角度进行了叙
述；Diffie and Winius, *Foundations of the Portuguese Empire* 是一部很好的概
览性著作；亦可参考：Parker, *The Military Revolution*, Chapter 3。

济上的，从而也带来政治上和军事上的——方面更具决定性。因为我们已经知道欧洲多元化的国家体系具有高度竞争性，这一点与亚洲不同。尽管前工业化时代的欧洲经济以农业为根本主体，对全球范围内市场的掌控以及由此带来的繁荣成长的制造业仍将成为一个极其重要的财富来源，且比过去所知的任何财富来源更具灵活性和流动性。全球贸易体系的产生于是便成为欧洲资本主义形成的主要催化剂。⑦ 全球贸易体系以其前所未有的规模改变了欧洲各社会之间与社会内部的权力关系，而这是此前任何商业霸权无法达到的。在争夺全球贸易主导权中获胜的国家便确保了能够使自身在欧洲权力斗争中变得更强大的资源。而为赢得全球贸易竞争做好最充分准备的正是那些商人的国家。⑫

　　在过去的历史上，权力总是能带来财富，而财富向权力的转化则没那么顺畅；如今它们变得越来越能够互换了。再也不会有所谓贫穷的强国这类东西。结果是，为了生存，强国必须服务于经济中制造业和商业部门的利益，做得越好，国家就会得到越多权力。若国家的政治和军事精英为社会财富创造戴上桎梏，那就只会损害这些精英与其他国家竞争时所拥有的力量。历史上头一次，寄生性的战士国家及其战士精英在以权力为衡量时落到了那些经济生产性的国家及其精英后面。经济表现成为权力的关键，而资本主义贸易和制造经济越来越成为经济表现的引领因素。

　　现在让我们回到"军事革命"上面。我已经论述过从历史比较的角度看，新型欧洲常备军的规模并非什么彻头彻尾的全新现象。但如果相较于历史上或同时期其他大国，某个欧洲国家的陆海军规模的确在一定程度上更为庞大，且为其所配置的武器装备如枪炮等的确令战争成本有了边际性的提升，那么其中所需的额外资源有着三

---

⑦　参见本章注释 63。

⑫　沃勒斯坦（Wallerstein）在《现代世界体系（第一卷）》（*The Modern World System I*）中也或多或少提出了类似观点。

个主要的来源。首先,自古典时代以来人均农业生产率的提高令欧洲的剩余产品略有增加。其次,存在来自欧洲以外的行为而产生的收入,如[485]流入西班牙国库的美洲金银(其结果可谓好坏参半,西班牙因成为"食利者国家"[rentier state]而失去了经济发展的动力),以及多由荷兰人与英国人赚取的来自全球贸易与兴旺发达的制造业的收入。最后,近代国家将赤字财政发展到了历史上从未有过的高水平。这三个来源以错综复杂的方式互相关联,欧洲诸国在利用这三个来源方面的表现各不相同,因此也导致它们在大国权力斗争中成败各异。

各国在征税能力上首先就存在着差异。更大的国家自然可以征集到更多税收,但在近代欧洲,大的体量也会成为不利因素。前面说过,新型的、地域上"复合性"的、"绝对主义"的欧洲国家,由于存在各种区域和阶级特权,其征税效率可能还低于如罗马帝国这样的国家。西班牙帝国的税负主要由卡斯蒂尔(Castile)承担,一切在全帝国范围内平均税负的尝试(包括在西班牙走向衰落时期由首相奥利瓦雷斯伯—公爵[Count-Duke of Olivares]严格推行的税制改革)均只取得极为有限的成就,且引发了低地国家、葡萄牙、加泰罗尼亚、那不勒斯和西西里的叛乱并导致西班牙失去前两者。在法国,由地方议会所捍卫的行省特权几乎同样根深蒂固。18世纪时,地域上"复合性"的奥地利帝国甚至遭遇了比法国更大的税制困境。像英格兰、荷兰共和国和普鲁士这样较小而更具同质性的国家则最终得以推行更为平均的税制。然而英格兰将税负转嫁给帝国边缘地区的尝试也令它失去了北美殖民地。除了海外殖民地组建的用于自身防卫的民兵,以及从18世纪中期开始制度化征募的印度土兵(sepoy)之类例外状况,在计算欧洲列强的常备军比例时基本可将它们管辖下的欧洲以外的人口忽略不计。

对全球贸易的掌控和一个兴旺发达的制造业部门这两个额外因素令国家能够在很多方面提升其征税效率。它们对国民财富的间接贡献甚至超越了直接贡献。将18世纪钊锋相对的英法两国国民财富进行对比可以看出,法国人口约为英国的 3 倍,农业仍为其经济中最大的部门,其经济规模为英国的 2 倍以上。[73] 然而众所周知,英国凭借它财政能力上的优势赢得了与法国之间的海军竞赛。[486]英国远为商业化的经济所带来的更具流动性的财政资源是其胜利的关键。[74]

此外,贸易国家在赤字财政的发展方面也远远胜出,使它们能够在新兴的金融市场上借到低息贷款并成功偿付大笔国债。国家为战争而利用社会资源的能力显著扩张,构成了对过去的更为传统的方法的补充。因为战争在时间上是不规则分布的,且牵涉到巨大的支出,历史上的国家需要借助一些特别措施来填补其开销。摆在它们面前的有几个选项。它们可以在战时对盈余收入加重征税,例如各个新欧洲国家的代议机构自 13 世纪以来所批准的那类"特别"税。但为了压倒对手,仅靠战争年份的盈余收入是不够的,因此历史上的各国还会利用公私两方历年的积蓄和积累的资本。国家可以出售如土地这样的公共财产,花掉保存在府库和寺庙中的金钱;也可以通过或多或少武断专横的手段榨取私人手中的资本。

潜在的财源越富有越脆弱,对其采取行动的诱惑便越大。商人无论在何处——当然,在专制的东方他们更加任人宰割——都被视为可随意支配资本的来源。在中世纪的欧洲,犹太人是一个最容易下手的目标。各国反复敲诈他们的钱财用于战争,直到一点油水都不剩,然后将他们驱逐出去。为了利用各宗教机构所掌管的财富,国家通常会以民族和宗教拯救为借口取得这些机构的同意。但若是不需要宗教上的虔诚或表现出这样的虔诚为条件,甚至可以利用宗教热忱来反对这些机构时,国家也常会对其进行暴力征收。贵族阶层

---

[73]　Peter Mathias and Patrick O'Brien, 'Taxation in England and France, 1715—1810. A comparison of the social and economic incidence of taxes collected for the central governments', *Journal of European Economic History*, 1976; 5: 601-50; Bonney, 'The eighteenth century II', pp. 336-8.

[74]　Brewer, *The Sinews of Power*, pp. 180-3.

的财富则是一个难度高得多的目标，因为贵族实力强大，且本身即为国家统治精英的一部分。往往是在内战背景下才会对贵族下手，因为此时争权夺利的各支军队的领袖的赤裸裸的武力成为法则，而与之作对者会遭到褫夺头衔和财产的处分。

　　然而即便是在那些统治者拥有无上的专制权力，可以任意而行的地方，籍没资产也会引起反噬——例如，对商人征收重税可能是杀鸡取卵的行为。商人可能会一蹶不振，被外国同行取代，或迁移到别处。此外，在那些财产权得不到保障，时刻要面对任意没收的威胁的地方，经济[487]活动将遭到抑制，钱财会被拥有者囤积藏匿起来，从而退出流通。但在那些统治者权力不受约束的地方，掏空人民口袋的诱惑实在难以抵挡，从而成了家常便饭。只有在政治权力受限的国家里，尤其国家本身由富人统治或富人强大到能保障其财产权的情况下，才出现了一种与众不同的为公共支出——绝大多数情况下是战争——而利用"私人"积蓄资本的方式：贷款。⑦

　　共和制时代的罗马为我们提供了一个原始案例。漫长且毁灭性的第一次和第二次布匿战争中的大规模动员耗尽了罗马国家的积蓄。为了支付战争开销，罗马国家将向非战士公民征收的"额外"财产税即战争税（tributum）提升到原先的 2 倍甚至 3 倍，出售了公共土地，并动用了神圣的应急宝藏。但除此之外，它也向其富有公民——其中大多数可能属于出类拔萃的元老阶层——借贷了大笔款项。⑦ 当第一次布匿战争的交战双方均彻底耗尽元气时，是罗马的富有公民借出了自己的钱，推动罗马国家作最后一搏，重

⑦　关于由国家加以保障的财产权对于经济效率极为关键，并且也是荷兰与英国得以成功的原因这一观点的论述，可参见：Douglas North and Robert Thomas, *The Rise of the Western World*：*A new economic history*. Cambridge：Cambridge University Press，1973。

⑦　Tenney Frank, *An Economic Survey of Ancient Rome*, I：*Rome and Italy of the Republic*. Paterson，NJ：Pageant，1959，pp. 62，75，79-94.

建了一支大型作战舰队。当这支舰队出现在海上时,迦太基被迫求和。⑦ 当然,罗马的精英不但收回了借出的钱,也成为罗马国家这部历史上最成功的战争机器运作的直接受益者,收获了越来越多的财富。罗马的战争于是便成为一项绝佳的投资。与之相比,文艺复兴意大利和德意志的众多商业共和制城市公社的情况更为复杂。借助发达的金融业,它们发展了一套借贷和发行付息债券的体系,将战争在短时间内带来的巨大“额外”开支摊平到和平年代。然而,这一(通过强制摊派或自愿购买方式)借入资本的策略是为了代替征收直接税而设的。此类直接税将主要落在富人头上,而这些城市精英并不情愿缴纳。脆弱的税收基础于是造成了一些互相关联的后果:公共债务飙升,每年到期偿付的利息便占据了城市支出中的一大部分,而这些城市因征税收入的不足而发现自己越来越难按时付息。因而它们时不时便要暂停利息偿付。当这些城市在与崛起的领土国家的斗争中落败而导致财政负担进一步升高时,这套体系大体上便难以为继了。⑧

[488]借贷同样是一个有着难以抵挡的诱惑的陷阱,新的欧洲民族国家也没能逃脱。为了资助战争,13世纪以降的国家统治者从两个主要来源获得贷款。其一是聚集在那些大的欧洲贸易城市中的大量资本。由于国家统治者既缺少专制权力,且很多情况下这些贸易和银行业中心根本不在其管辖范围内,他们只能从一个全欧范围内的货币市场上借贷。这一市场最初由意大利(和弗拉芒)的城市主导,到16世纪时集中到奥格斯堡(Augsburg)、热那亚(Genoa)、安特卫普(Antwerp)和里昂(Lyons)等几个城市。从国际市场上借贷与从国际市场上雇佣士兵一样,使外国资源被用于战争,从而增加了己方的优势。为了偿付每年的利息和贷款本金,统治者为每一笔贷款

---

⑦　Polybius, *The Histories*, 1.59.

⑧　Jean-Claude Hocquet, 'City-state and market economy', in Bonney, *Economic Systems and State Finance*, pp. 87—100;Martin Körner, 'Expenditure' and 'Public credit', 同上, pp. 403, 407, 413, 515, 523, passim.

开征一项特别战争税。但由于借出款项的银行家多为外国人或至少是与国家政权相分离的，这就构成了极大诱惑，令国家在艰难时期如战争开支冲破天际时不是去削减开支并吞下政治和军事损失的苦果，而是干脆选择违约赖债。西班牙王室于 1557 年、1560 年、1575年、1596 年、1607 年、1627 年、1647 年、1652 年、1660 年和 1662 年反复违约，令世界上最富有的银行业者奥格斯堡的富格尔家族（Fug-gers of Augsburg）以及其他很多人随之破产。法国君主也在 1558年、1564 年、1598 年、1648 年和 1661 年宣布债务违约。然而，和没收充公相比，债务违约的后果同样严重，如果不是更严重的话。破产的不仅是银行家，还有国家的信用。由于向信用不佳的国家提供贷款风险更高，此类国家将更难获得贷款，即便获得也会伴随着更高的利息。这样便导致了一种恶性循环。

近代欧洲国家另一个获得贷款的来源是富裕精英阶层的个体成员。国家利用这一来源的主要方法是出售文武官职。个人购买官职时投入的真金白银可通过国家发的薪水逐年拿回一部分，但与此同时也可通过贪污挪用公款——如将士兵的薪饷和配给纳入私囊——的方法来迅速收回投资。对于国家而言，从卖官鬻爵中轻松获得现金的诱惑同样会带来反噬，即行政效率降低导致收入减少开支增加的恶性循环。国家敛财的需求不仅导致行政机器的腐化，且这类"捐纳"职位的无止境增长导致法国（各国中最严重的案例）有官职者的人数从1515 年的约[489]5000 人上升到 1665 年的约 5 万人。到 1787 年法国陆军军官的人数已膨胀到 3.6 万人，其中三分之一为现役军官，但所有人均有薪水可领。法军中有 1171 名将军，而普鲁士只有 80 多名，奥地利则有 350 名。军官的薪金便耗去了法国陆军预算的一半。和一切借贷后分期偿还的方法一样，国家的卖官收入最终也以发薪水的方式花到一点不剩，还要承受因此带来的无所不在的负面影响。[79]

---

⑲　关于出售文职官位，可参见：Emmanuel le Roy Ladurie, *The Royal French State 1460—1610*. Oxford：Blackwell, 1994, pp. 17, 130；（转下页注）

　　总之,借贷只有在借入方以负责任的态度提出,所借金额与其收入和支出成适当比例,且最重要的是最终能够带来超出借贷成本的收益的情况下,才是有益的。在这样的苛刻条件下,17 世纪的西班牙和 18 世纪的法国最终发现自身的状况越来越令人绝望,被不断膨胀且无力偿还的债务压倒。相比之下,赤字财政在 17 世纪的荷兰与 18 世纪的英国则成为致胜法宝之一。前面已暗示过,造成上述差异的关键在于是否拥有欣欣向荣的贸易。贸易在荷兰与英国的成功发展造就了庞大的金融财富和一个发达的货币市场,从而产生如证券交易所和国家银行这样的可用来发行大笔债券的新型机制,令国内外广大具有投资能力的公众均可按市场原则进行交易。英荷两国需要负担的国债利率从而降到了每年 2.5 至 4 个百分点,大体上是法国付给其债主利率的一半,或许只有历史上国家借贷平均利率的六分之一到三分之一。[80] 然而故事远不止于此。

（接上页注）关于出售武职官位,参见：Childs, *Armies and Warfare in Europe*, pp. 81-2。Corvisier, *Armies and Societies in Europe*, pp. 101-2; Lee Kennett, *The French Armies in the Seven Years War: A study in military organization and administration*. Durham, NC: Duke University Press, 1967, pp. 65-7, 97; 上述材料中提供的数字可能略有不同,但描绘的画面大体相似。关于军队中无所不在的腐败,参见：Parrott, *Richelieu's Army*, pp. 246-60, 331-65; Lynn, *Giant of the Grand Siècle*, pp. 221-47。Guy Rowlands, *The Dynastic State and the Army under Louis XIV: Royal service and private interest, 1661—1701*. Cambridge: Cambridge University Press, 2002, 此书坚持认为这一制度是有效的,强调了腐败具有"正面"或至少是"无可替代"的作用;关于国家从卖官所得收入的不可避免的减少,参见：同上, pp. 87-8。

　　[80]　P. Dickson, *The Financial Revolution in England*. London: Macmillan, 1967, pp. 470-85, 尤其是 pp. 470-1; Bonney, 'The eighteenth century II', p. 345; Körner, 'Expenditure', pp. 507-38; Parker, *The Army of Flanders and the Spanish Road*, p. 151; 长时段视角下的分析可参见：Goldsmith, *Premodern Financial Systems*, pp. 26, 44, 139, passim。尽管主张亚洲资本主义的发展可与欧洲相提并论, Pomeranz, *The Great Divergence*, p. 178 中还是不得不承认亚洲的利率远高于荷兰和英国。

市场机制与军事技能

　　繁荣的市场和发达的财政工具仅构成了更广泛的政治—经济体制的一个方面。荷兰与英国国家的高财政信用意味着其国债的违约风险较低，从而也降低了国债利率，而较低的利率反过来又增强了国家的信用。然而高信用度背后的事实在于国家并非一个外部实体，而是服务于商业经济的利益，并在很大程度上被[490]主宰了强大的代议机构的商业阶级所控制。17世纪荷兰与18世纪英国强有力的代议制政府不仅令违约风险降低，且能够让其所代表的精英阶层愿意缴纳重税去支持服务于他们利益的战争。在荷兰，战争最初的目的是捍卫独立，随后则是为了达成贸易霸权。光荣革命（the Glorious Revolution，1688年）后的英国先是为了维护新的代议体制而与被废黜的斯图亚特王室家族的盟友开战，其后的战争目标则是支撑一个日益强大的贸易帝国。更宽的税基与更高的国民收入水平反过来又令荷兰与英国能售出数额更为巨大但仍可轻易付息并偿还的国债。

　　如我们在历史上所看到的那样，若一个社会群体被更为成功地纳入国家体制并成为其持份者，这个群体就会对国家负起更多责任；若国家及其目标对他们变得更为疏离，就更难指望来自他们的自愿支持。正如孟德斯鸠在《论法的精神》（第二卷，第十三章，尤其是第十二节）里所观察到的，国家越自由，所征收的赋税便越多。荷兰与英国的税负最重；绝对主义的法国因豁免了贵族的纳税义务，赋税收入相对于其体量而言偏低；专制的奥斯曼帝国则是税负最轻的。早先一代的历史学家强调新的中央集权绝对主义国家比封建割据状态下的国家具有更强的征税能力。但近年来人们已承认代议制—包容性的国家政权（representative-inclusive state regimes）在这方面要比看上去独断专行的绝对主义国家表现得更强，且更能够产生并利用社会资源或者说"基础性国家能力"（infrastructural power）。近代欧洲国家的税率为国民收入的 5％到 15％不等。18 世纪英国的战时税率则已超过 20％，为法国的 2 至 3 倍，为 1688 年光荣革命前英国自身税率的 4 倍。[81] 荷兰共和国的税率与英国战时相当，部分原因在于英国拥有更多商业财富。"无代表，不纳（重）税"结果并不仅仅是一句北美革命口号，而是反映了更普遍的现实。

中世纪后期欧洲出现的代议制机构打破了我们从此前的历史中所总结出的规律，即自由只能在小的政治体中实现，而大国必然专制。[82] 最初，代议机构出现在封建制欧洲的独特环境中，在那里，[491]崛起的君主面对碎片化的政治局面仍只能行使有限的权威，需要有贵族和市民的同意才能征税。随着君主实力的增长，他们在某些国家得以收回议会手中的权力——也就是说变得更为专制（尽管因西欧—中欧更为平均的社会权力分配及从中产生的悠久传统，君主的专断权力从未达到亚洲国家的程度）。但在另一些欧洲国家，国民议会坚持了下来并成长为支配性力量。后面这类国家于是便将城

---

[81]　Mathias and O'Brien，'Taxation in England and France，1715—1810'；Brewer，*The Sinews of Power*，pp. 89-91，passim；also P. Hoffman and K. Norberg（eds），*Fiscal Crises，Liberty，and Representative Government，1450—1789*. Stanford：Stanford University Press，1994；I. A. A. Thompson，'Castile：Polity，fiscality，and fiscal crisis'，同上，p. 176；Phyllis Deane and W. Cole，*British Economic Growth 1688—1959*. Cambridge：Cambridge University Press，1967，pp. 2-3；Mann，*States，War and Capitalism*；id.，*The Sources of Social Power*，Vol. 2，*The Rise of Classes and Nation-States，1760—1914*. Cambridge：Cambridge University Press，1993，pp. 214-15，369-70；Juan Gelabert，'The fiscal burden'，in Bonney，*Economic Systems and State Finance*，p. 560；对这一研究领域的有用总结可参见：Ertman，*Birth of the Leviathan*，p. 220。对于较旧的观点，举例而言可参见：F. Gilbert（ed.），*The Historical Essays of Otto Hinze*. New York：Oxford University Press，1975。

[82]　可参考第 10 章和第 11 章。Robert Dahl and Edward Tufte，*Size and Democracy*. Stanford：Stanford University Press，1973，pp. 4，8，书中起初认为对于古代希腊城邦而言，专制与否和国家体量大小之间的关系可能只是偶然的（在我看来这并不准确），但后来又承认大型民主国家直到近现代才因代议制和民族主义而成为可能。

邦之类小政治体所具有的自由和政治参与,同邦域国家的更大体量结合了起来。⑧ 反过来,政治参与也意味着国家必须变得与有代表权者的愿望和利益更为合拍,而非服务于专制统治者的野心。拥有代表权的人们成为实际上的统治者,国家事务也就变成了他们自己的事务,反之亦然。那么接下来最根本的问题就在于谁是这些有代表权的人。

以波兰为例,在议会(seym)中有代表权的仅限于贵族,市民则被排除在外。在这个贵族"共和国"里,君主通过选举产生,土地贵族阶层的社会主导地位和区域自治权成为最优先的考量。代议制于是便导致了极度的权力去中心化,最终使这个一度强盛的国家成为其邻国手到擒来的猎物。与之相比,在由互为联盟的各城市公社及其附属乡间地区所构成的联省共和国,国会(States)由城市商业寡头(特别是来自荷兰省以及该省阿姆斯特丹的那些)所主导。他们与带有君主性质的奥伦治家族(House of Orange)世袭执政(Stadtholder)互相合作,但双方之间也不无紧张关系。尽管从制度上而言联省共和国绝非一个中央集权国家,但由于国内各贸易中心均能在此制度下获取财富及由财富而来的权力,使其商业精英有着为利益而倾力投资于共同防务和繁荣的动机。

英国是一个最为复杂的案例,因为它既非被贵族也非被商人独自主导。如同其他大的"领土"国家一样,贵族和市民在英国的国民代议机构即议会(Parliament)中均拥有议席。然而与欧洲其他地方的普遍状况相比,英国这两个阶层的利益差异没有那么明显,原因在于过去的世界历史上,两种财富[492]获取的主要方式——强行攫取与生产创造——之间的关系通常是前者胜过后者,而在英国这一关系发生了根本性转变。诚然,英国的社会—政治—军事贵族并未放弃其权力,而是在不断扩张的巨大市场诱惑下进行了自我转型。如

---

⑧　Joseph Strayer, *On the Medieval Origins of the Modern State*. Princeton, NJ: Princeton University Press, 1970, pp. 11-12, passim.

亚当·斯密所观察到的那样,这一历史性转型在中世纪末期便已启
动,当时英格兰的封建领主发现相比依靠从农奴身上榨取地租为生
(这会阻碍生产效率的提高),应一个迅速发展中的全国及西欧规模
的城市制造业和贸易市场的需求而组织生产要来得更为有利。[84] 当
这一市场扩张到全球范围时,他们也进一步直接参与其中。前面已
说过,规模是这一过程的关键。市场经济规模越大,它相对于根本上
自给自足的小型农业贵族经济的盈利能力便越强,对贵族精英阶层
的成员也就具有更大吸引力。贵族跨过了传统上分开他们与商人的
界线,从地租榨取者转变为羽翼丰满的工商企业家。

　　英国精英阶层因而变得比其他任何人更有意于维持国家的商业
繁荣,并准备为此而进行军事投资。正是这样的进程使英国成为领
先于欧洲的贸易国以及现代化的矛头。如马克思所指出的那样,新
的经济—社会—政治体制仍然建立在工商化了的贵族—资产阶级精
英所拥有的大规模强迫能力的基础上。他们通过国家和法律将这一
体制强加给无代表权的大众。尽管如此,马克思仍坚持认为资本主
义市场经济与过去一切社会组织形式的不同之处在于它以生产为导
向,且其榨取机制主要是经济性的,而非立足于直接或威胁使用
暴力。

　　如果说对于某些欧洲国家的精英,经商牟利已成为比强行榨取
更有前景的财富增长手段,且在国家这个利维坦的疆域内和平的自
由贸易可得到保障的话,在国家之间的关系中,暴力冲突则仍与经济

　　[84]　Smith, *The Wealth of Nations* 3. 这一观点由 Jones, *The European Miracle*, Chapter 5 承袭。亦可参见: Mancur Olson, *Power and Prosperity*: *Outgrowing communist and capitalist dictatorships*. New York: Basic Books, 2000, pp. 60-1.(特别针对贸易—殖民这一背景而发展出来的)大致相近的见解可参见: Frederic Lane, *Profits from Power*: *Readings in protection rent and violence-controlling enterprises*. Albany, NY: State University of New York, 1979. 受到马克思影响的关于前现代市场"嵌入"(embedded)或"浸没"(submerged)于社会关系中的观点可参见: Karl Polanyi, *Primitive, Archaic, and Modern Economies*. Boston, MA: Beacon, 1971.

竞争难解难分。历史上的商人在足够强大时,均会试图以武力垄断资源和市场,而不是在开放性竞争中与他人共享。如今这样的商战达到了全球尺度。国家通过管制和关税将竞争国阻挡在本国市场门外,通过发动战争来[493]直接压制它们,意在将其削弱,迫使其在商贸问题上让步,或将其逐出殖民地和国外市场。奉行所谓"重商主义"(mercantilism)政策的这一商业—军事复合体成为 17 和 18 世纪大西洋、北海和波罗的海沿岸大国之间连绵不休战争背后的最主要驱动力量。⑧ 这些战争同时在欧洲和海外——最典型如东南亚、印度、加勒比和北美——进行,其历史梗概是我们相当熟悉的:17 世纪荷兰从葡萄牙手里夺走了后者在东方的贸易帝国,并将对大宗贸易的控制扩展到欧洲海域。⑧ 然而,在这个世纪剩下的时间里,荷兰的贸易霸权遭到了两个比它大得多也强得多的国家法国和英国从陆海两方面施加的沉重压力,迫使荷兰过度透支了其力量。18 世纪,英国从它与法国之间的竞争中胜出,将法国人赶出加拿大和印度,并牢固确立了作为头号海军和贸易国家的地位。⑧

然而我们在这里所关注的是这些历史发展所展现出的更具普遍性的角度。"军事革命"与欧洲的商业和财政革命紧密相连,是因为欧洲通过转型为全球殖民和贸易体系的枢纽而积聚的巨大资本被用来支撑大国之间的竞赛,令各国争相建立能够在遥远的战场年复一年作战的更大规模的常备陆海军。我们已经看到了将这一巨大资本

---

⑧ 定量分析的尝试可参见:Kalevi Holsti, *Peace and War: Armed conflicts and international order 1648—1989*. Cambridge: Cambridge University Press, 1991,尤其是 pp. 47-51, 85-9。

⑧ Jonathan Israel, *Dutch Primacy in World Trade, 1585—1740*. Oxford: Oxford University Press, 1989。

⑧ 对各海军强国舰船建造的详细考察可参见:Jan Glete, *Navies and Nations: Warships, navies and state building in Europe and America 1500—1860*. Stockholm: Almqvist, 1993。对这一过程中经济维度的强调可参见:Paul Kennedy, *The Rise and Fall of British Naval Mastery*. London: Allen Lane, 1976。

积累用于战争的一个办法即为高度发达的赤字财政。与没收和征税相比,这种方法保证了私人资本可以很容易且自愿地为国家所用,而非迫使富人和有社会地位者竭力捍卫、隐匿或转移其资本。它还可起到引入外来资源的作用。然而,眼下轻松借来的金钱要以抵押未来为保证。虽说可视为一种对未来或多或少的谨慎投资,像任何"加杠杆"(leveraged)的投资一样,它仍是高风险高收益的。大国间的军备竞赛逐渐变成了一种达尔文主义的借贷竞赛。所有被迫借了超出自身偿还能力贷款的国家均深陷巨额债务之中。

1623 年西班牙所欠债务达到王室岁入的 10 倍。[88] 一些像西班牙这样的强国的债务状况恶化导致其在竞争中落败,陷入无望的财政困境中。在法国,一场著名的财政危机拖垮了统治王朝和整个旧制度(Ancien [494]Régime)。法国成为危机的牺牲品,然而以绝对数字而言,其债务总额仅为英国的约 60%;以相对比例而言其债务负担依然较轻,仅略超过法国国民生产总值(gross national product,GNP)的一半,而英国的债务几乎为国民生产总值的 2 倍。[89] 18 世纪的每次战争都会导致英国国债激增,在美国独立战争后达到了国家年平均税收收入 20 倍的惊人水平。英国战争支出的三至四成来自举债,其税收收入的一半到三分之二则被用于支付每年到期的(低利率的)国债利息。值得注意的是,20%左右的国债由外国投资者持有。[90] 英国能成为"加杠杆"竞赛的最终胜利者,完全是因为一系列战争的胜利使之拥有了一个殖民帝国和统领全球贸易的地位,并反过来在一个经济大扩张时期推动了其本土经济发展。财富支撑了战争,而战争为更大规模的财富创造打下基础。最富有和经济效率最

⑧ Geoffrey Parker, 'War and economic change: The economic costs of the Dutch revolt', in J. Winter (ed.), *War and Economic Development*. Cambridge: Cambridge University Press, 1975, p. 57.

⑨ Bonney, 'The eighteenth century II', 345.

⑩ Dickson, *The Financial Revolution in England*, pp. 10, 304-37, 尤其是第 320 页;Brewer, *The Sinews of Power*, pp. 30, 114-17。

高的国家得以从竞争中胜出。

　　陆海军军备竞赛无疑构成了对资源的极大浪费。除战争带来的巨大破坏和生产力损失之外，军费和因战争导致的国债付息成为近代国家支出中最大的一项，从和平时期的约占支出四成到频繁卷入战争时期的八到九成不等。况且如前面提到过的那样，1500 年至 1750 年间每个欧洲列强均有一半以上时间处于战争中。[91] 学者争论过这些"浪费"归根到底是否对经济有益，将有益方面归因于国家在冶金、采矿、造船和供应等领域大举投资而导致的经济上的衍生效应。[92] 然而，或许更为重要之处在于战争是更具生产效率的市场经济战胜传统经济—政治体制这一历史进程的基本组成部分。市场经济对欧洲和全球的渗透因欧洲的经济成功与军事优势的紧密互动而成为可能，也因此大为加速。若是这样的话，便可认为近代的战争携带着大量经济发展的红利了。因为财富和权力之间存在的强力互动，各国被迫提高自身的经济生产效率，以维持在大国角逐中的竞争力——反过来也一样。为此它们实施了经济、[495]社会和政治方面的改革。[93] 战争于是在现代化进程的整体推进方面扮演了中心角色。

　　我们已经引用了来自西欧的相关案例。在那里，市场经济与代

　　[91]　Bonney, *Economic Systems and State Finance*；*The Rise of the Fiscal State in Europe* 书中提供了各国预算数据的最全面总结。关于战争频率，可参见：Wright, *A Study of War*, p. 653。

　　[92]　Werner Sombart, *Krieg und Kapitalismus*. Munich：Duncker 1913；John Nef, *War and Human Progress：An essay on the rise of industrial civilization*. London：Routledge, 1950；and more briefly：Hale, *War and Society in Renaissance Europe*, Chapter 8；Tallett, *War and Society in Early-Modern Europe*, pp. 216–32.

　　[93]　意识到这一点的包括：John Hall, 'States and societies：The miracle in comparative perspective', in J. Baechler, J. Hall, and M. Mann (eds), *Europe and the Rise of Capitalism*. Oxford：Blackwell, 1988, p. 36；Linda Weiss and John Hobson, *State and Economic Development*. Cambridge：Polity, 1995, pp. 89–90。

议制政府和政治自由主义携手并进。荷兰与英国的发展促进了法国的类似发展,而后者一方面经历了市场经济的成长和国内社会的进化,另一方面又处于战争带来的无解的财政与债务危机中,终于迎来了大革命。然而,人们可能争辩说我们对西欧重商主义竞赛的关注在地理上过于局限,会导致一种具有进步主义"辉格史观"倾向的偏颇结论。毕竟,18世纪出现在中欧和东欧的新兴大国——普鲁士和俄罗斯——既非拥有发达金融市场的全球海洋贸易国家,也没有代议制或自由主义政体。两国均为以独断专行,往往还是粗暴无情的方式加以治理的专制国家,推行中央集权,征收赋税,并建立大规模的陆军。它们现代化的最初步骤实际上牵涉到更多的强迫,对议会的镇压,以及农民农奴化程度的加深,从而建立起绝对主义—(新)封建—土地-服役贵族的国家(absolutist—[neo-]feudal—estate-service state)。[94]

然而对于俄国和普鲁士,经济现代化以及随之而来的社会和政治现代化也是拥有强大国力的必要先决条件。简言之,在英国推动经济现代化和国家实力增长的行为者是一群寻求财富的工商化社会精英;在俄国和普鲁士相应的行为者则为专制国家的统治者,而工商化社会精英要么不存在要么太弱小,必须由国家创造出来。这些国家的"开明"统治者受到驱策去引领他们的国家走上现代化道路——培育工业部门和其他经济事业,建立国家官僚机构,聘请外国专家,

---

[94] 关于相对落后的普鲁士经济无力支撑为战争筹措资金的大笔国债,参见:Rudolf Braun, 'Taxation, socio-political structure, and state-building: Great Britain and Brandenburg-Prussia', in Tilly, *The Formations of National States in Western Europe*, pp. 243-327,尤其是第294-5页;以及:Ertman, *Birth of the Leviathan*, pp. 245-63,该书很大程度上混淆了原因和效果——实际情况是因为普鲁士较贫穷且商业不发达,导致它不得不依赖于传统的国家敛财手段,而不是反过来。关于俄国的发展,可参见:Richard Hellie, *Enserfment and Military Change in Muscovy*. Chicago: University of Chicago, 1973; John Keep, *Soldiers of the Tsar: Army and society in Russia 1462—1874*. Oxford: Oxford University Press, 1985。

吸引外国资本——从而创造出能够使本国跻身列强行列的税收基础和制造业基础。在随后的数个世纪里，大国间的斗争仍是推动这些国家一次又一次发起新一轮改革以免过于落伍的主要动力。经济和社会的现代化通过战争为中介被强加给它们，而非从内部自动产生。现代化的推进必然会在这些国家造成难以解决的国内[496]矛盾和紧张关系，导致与专制国家政权和统治社会的传统土地精英发生冲突并削弱他们的权威。现代化将迫使这些国家让越来越多社会群体融入体制，以维持在经济和军事赛场上的竞争力。市场机制在当时和后来都不仅仅是一个经济概念，也是社会—政治和军事上的概念。

　　于是由普鲁士的霍亨索伦王朝及以彼得大帝为代表的俄国君主所开启的现代化改革，在普鲁士被拿破仑的民族大众军队击败（1806年）和俄国于克里米亚战争（1853—1856 年）中败于英法的工业—军事力量后，均无视专制主义者的恐惧和阻挠而被向前推进得更远。不久之后，同样的进程开始影响到中国和日本。[35] 在一些社会中，资本主义市场经济的成长和广泛的国民参与直接导致了其他社会也发生转型。但若是没有最初限于欧洲范围，后来扩展到全世界的国家间权力政治为中介的话，那么两者将绝不会在"摧毁一切（被建造来阻挡它的）万里长城"方面取得如此彻底的胜利。未同时造就出更强大的武力的市场机制仅仅依靠其自身是无法取胜的。现代化的两个最成功的推广者，市场经济与先进的武装部队，形影不离地向全世界扩散，只因财富和权力已变得可以互相转换。

---

　　[35] 与我论点一致的著作是：Theda Skocpol, *States and Social Revolutions : A comparative analysis of France , Russia , and China*. Cambridge: Cambridge University Press, 1979。相比之下，戈德斯通则忽视了近代欧洲和现代世界革命中相对于近代之前时期的革命性元素，参见：Jack Goldstone, *Revolution and Rebellion in the Early Modern World*. Berkeley, CA: University of California, 1991。对这一进程中军事方面的初步解读可参见：David Ralston, *Importing the European Army : The introduction of European military techniques and institutions into the extra-European world , 1600—1914*. Chicago: University of Chicago, 1990。

印刷机、民族与大众军队

国家的中央政府（包括其军事分支）、大规模的国民（和国际）经济，以及逐步增长的政治参与所造成的统一效应，与培根三大发明中的最后一个即印刷机一道，导致了近代欧洲民族主义的产生。

我强调了近代民族主义是因为本书中已反复指出，与流行的观点相反，民族主义远非 18 或 19 世纪欧洲的全新"发明"，或只是在年代上稍早（关于这一点有多种不同的理论）。⑯ 民族主义和其他社会现象一样均为人类固有偏好与变化的文化—历史条件互动的产物。它由[497]早期形式的族裔中心主义和前近代民族主义演化而来，并将在近现代时期的变革冲击下继续演化。我们已看到，在文明史之初，被纳入统一的国家框架下的部落族群便发展出了可使其被视为一群"人民"的关于身份认同和团结的强有力的亲缘纽带。不愿承认从很早开始此类情感在塑造政治忠诚和政治边界上便具有极大潜力，是近年来学术潮流中令人费解的现象之一。在欧洲北部特殊的地缘政治条件下，从中世纪阶段该地区政治版图逐渐巩固时起，人民与国家便已于前近代的各民族国家中合为一体。然而，印刷术的出现却是一个新的——真正具有现代性的——能够极大增强民族认同的首要因素（当然还有上面提到的其他因素）。

印刷技术对欧洲社会的巨大冲击，包括对现代民族主义形成的

---

⑯ 关于民族主义"近现代发生论"观点主要可参见：Elie Kedourie, *Nationalism*. London：Hutchinson，1961；Ernest Gellner, *Nations and Nationalism*. Oxford：Blackwell，1983；E. J. Hobsbawm, *Nations and Nationalism since 1780*. Cambridge：Cambridge University Press，1990；Liah Greenfeld, *Nationalism：Five roads to modernity*. Cambridge，MA：Harvard University Press，1993；id., *The Spirit of Capitalism：Nationalism and economic growth*，Cambridge，MA：Harvard University Press，2001。认为族裔与民族主义之间有着更久远联系的观点可参见：Brewer, *The Sinews of Power*，Chapter 11。

影响,已得到学者充分的强调。它创造出了社会历史学家本尼迪克特·安德森(Benedict Anderson)所说的"想象的共同体"(imagined communities):一大群个人,尽管没有像在小的传统共同体中那样经历面对面的互动,却处于同一个共享文化和观念的世界,并被书籍、小册子、刊物和报纸等印刷媒介构建的一个密集(且越来越密集)的信息网络联系在一起。⑰ 这里也要再次提醒,在印刷术出现前的各民族中同样存在着超越家族和地方共同体的共同文化和民族团结纽带,不应低估其重要性。无论如何,印刷机带来的大为增强的文化传播和交流手段加强了民族认同和在整个国家范围内进行协作的能力。由于在罗马衰亡后,西方再也没有一个超民族的霸权帝国来推行其通用语,因此从中世纪后期开始,随着民族国家的崛起,各地的俗语(通常是每个语言区域内在文化和/或政治上占主导地位的方言)逐渐取代拉丁语成为文学语言。随着欧洲的语言、文化和政治边界变得越来越重合,这一发展过程反过来又进一步增强了民族国家。

其他为霸权帝国所主宰的文明又一次为欧洲提供了富有启发的比较和对照。尽管纸张和雕版印刷均为中国所发明,缺少一种由少量字母构成的文字的状况却阻碍了活字印刷的发展。[498]此外,中国的国家统治者和文官集团(以及日本的德川幕府政权)对促进观念的大规模传播没有特别的兴趣。伊斯兰世界同样如此,奥斯曼统治者甚至禁止了印刷这一新技术。⑱ 在这里,欧洲的政治碎片化再一次意味着对印刷机这个新发明的阻挠或对印刷品的审查不可能像欧

---

⑰　Benedict Anderson, *Imagined Communities: Reflections on the origins and spread of nationalism*. London: Verso, 1983,尤其是 pp. 38-49。关于印刷术所造成的更普遍影响,参见: Lucien Febvre and H-J. Martin, *The Coming of the Book: The impact of printing, 1450—1800*. London: Verso, 1984,尤其是第 8 章; Elizabeth Eisenstein, *The Printing Press as an Agent of Change: Communication and cultural transformation in early modern Europe*. Cambridge: Cambridge University Press, 1979。

⑱　Bernard Lewis, *Cultures in Conflict: Christians, Muslims, and Jews in the Age of Discovery*. New York: Oxford University Press, 1995, p. 23

亚大陆其他地方那样全面而有效。欧洲经历了大规模的思想激荡，这是其他任何文明从未有过的。马丁·路德（Martin Luther）通过印刷出来的通俗语言触及"德意志民族"的广大民众，使他颠覆性的理念得以传播。宗教改革（the Reformation）在其他国家也通过类似的方式而发动。科学革命的传播同样紧密依赖于印刷术。而被称为启蒙运动（the Enlightenment）的思潮——对国家和教会均具有颠覆性——亦通过这一媒介在欧洲的识字阶层中扩散开来。

的确，被印刷术联结成一个文化、语言和信息上大规模"想象的共同体"的主要是识字阶层，他们也是近代民族主义在各个国家中的行为主体。不识字的农民依然眼界狭窄，且对语言和地理上相对较近的人也抱有排斥态度，尽管在他们看来后者与距离遥远的外国人还是截然不同的。但乡村绅士以及城市和外省城镇的市民的见识教养如今已是由包含经典和当代书籍的同一套书单所塑造的了。此外，他们也因数量不断增多的小册子（从 16 世纪开始）、新闻书（newsbooks，从 17 世纪开始），以及刊物和报纸（从 18 世纪开始）而越来越了解国家的当前事务。而这正是引领了英国、美国和法国历次革命的同一批人。[99] 更广泛的政治参与在近现代国家成为可能，靠的不仅仅是那些从乡间前往首都的代议士，同等程度上也要依靠比过去远为容易接触的连接了首都与全国各地的反向信息流。

近代民族主义在一些国家比在另一些国家形成得更为迅速。可以理解的是，一国的人民具有较高族裔同一性，且该族裔绝大部分在这唯一的独立国家之中联合起来的情况下，民族主义将较早出现。这就是为什么早在 14 世纪就明显存在着一种强烈的英格兰民族认同，且这种认同到 16 世纪已基本确立。16 世纪时的苏格兰、丹麦、

---

[99] 举例而言可参见：Joad Raymond, *The Invention of the Newspaper*: *English newsbooks 1641—1649*. Oxford：Oxford University Press，1996；Bob Harris，*Politics and the Rise of the Press*：*Britain and France*，*1620—1800*. London：Routledge，1996。

瑞典、波兰和葡萄牙也与之相似，[499]有些甚至更早建立了民族认同。[100] 法国的案例较为复杂，从而经常导致在这一主题上的歪曲见解，尽管它被普遍认为是民族主义研究中的经典范例。中世纪法国国王拥有主权的广大土地实为由众多省份认同和罗曼语方言（Romance dialects）构成的马赛克拼图，其中北方使用的法语（又称奥依语［langue d'oïl]）和南方使用的奥克西唐语（Occitan，又称奥克语［langue d'oc]）互不相通，此外还要加上布列塔尼语（Breton）、巴斯克语（Basque）、加泰罗尼亚语（Catalan）、德语和弗拉芒语（Flemish）。随着法国国王于 1200 年左右成功收紧了对国家的控制，一种法兰西民族认同开始在北方出现，到 15 世纪时其存在已愈发明显。在接下来的几个世纪里，法国国家的影响力，与将巴黎周边地区的方言提升为法国政府官方语言和印刷通用语的措施一道，使法兰西民族认同扩展到整个国家，尤其是国家的识字阶层当中。即便如此，直到大革命时期法国的大部分人仍然不会说法语。[100]

---

⑩　拉努姆主编的书中由众多知名历史学家贡献的内容和马尔库的书均创作于近年来这股强调民族主义晚近性的潮流之前，因此其内容与书名显得不太合拍，参见：O. Ranum (ed.), *National Consciousness*, *History*, *and Political Culture in Early Modern Europe*. Baltimore, MD: Johns Hopkins University Press, 1975；E. D. Marcu, *Sixteenth Century Nationalism*. New York: Abaris, 1976。两书对案例的选择（葡萄牙、西班牙、意大利、德国、法国、英格兰和俄国）则不能完全令人满意。同样强调了欧洲民族主义较深历史根源的还有：Josep Llobera, *The God of Modernity : The development of nationalism in Western Europe*. Oxford: Berg, 1994；Hastings, *The Construction of Nationhood*。

⑩　Le Roy Ladurie, *The Royal French State 1460—1610*, pp. 26-7, 54, 278-85（书中坚定认为法兰西民族主义源自中世纪晚期）；William Church, 'France', in Ranum, *National Consciousness*, *History*, *and Political Culture in Early Modern Europe*, 1975, pp. 43-66（更倾向于使用"爱国主义"这个词）；Hagen Schulze, *States*, *Nations and Nationalism : From the Middle Ages to the present*. Oxford: Blackwell, 1996, p. 159。军事史学家强调了民族主义和爱国主义作为一种（有限的、近代形式的）动机的重要性，参见：Corvisier, *Armies and Societies in Europe*, pp. 21-5；Hale, *War and Society in Renaissance Europe*, pp. 42-4；Tallett, *War and Society in Early Modern Europe*，（转下页注）

　　尽管相较于其他更具族裔同一性的欧洲民族国家,法国的民族认同建立得较晚也较不完整,但民族主义理念和民族大众军队(national mass armies)的力量毕竟是在大革命时期的法国得到了最为鲜明的展现。为何会这样? 显然除了人民与国家的协同一致之外还有其他因素牵涉其中。社会和国家对人民的包容性,以及国家所卷入的战争的类型这两者均扮演着重要角色,因为如我们在历史上看到过的那样,若社会在财富、权力和地位等方面极化程度更低,而国家的包容度更高的话,那么人民就更加会认定国家的战争与自身利益密切相关,并更为坚定地在国家的旗帜下作战。纳税与应征——对社会作出贡献的两种主要表现——遵循着同样的规则。事实上,与其说民族军队——即在民族国家疆域内所征募的,并以爱国情绪加以激发的大众军队——是一种纯粹产生于近代的全新事物,倒不如说它在欧洲和其他地方都与民族国家本身同样古老。腓力二世在古代马其顿这个欧洲最早的民族国家所召集起来的大体上便是这样的一支军队。与之类似的军队如法兰克人的"ban"和盎格鲁撒克逊人的"fyrd"在中世纪初期的欧洲北部也占据主导地位。然而如我们所见的那样,这些社会里两极分化的加剧使大众民族军队的基础遭到侵蚀,[500]而对远距离作战的要求则推动了常备精英部队的建立并导致了封建化。

　　因此像英格兰这样的在封建制度下仍拥有一个自由农民或者说自耕农阶层的国家,能够在百年战争爆发时组建一支民族军队,并在都铎王朝治下保有一支充满强烈爱国热情的国家民兵,就显得顺理成章了。但英王政府仍需要在远离本土的地方部署作战,而这类作

(接上页注)p. 103(对其持否定态度)。Lynn, *Giant of the Grand Siècle*, pp. 445-50,此书不认为这些概念可适用于法国。无论如何,法国的民族主义情感并非到了大革命时才凭空产生,即便法国属于那种民族主义发展得较晚且民族构成更为复杂的国家。与其他很多作品一样强调了 18 世纪重要性的是:Daniel Bell, *The Cult of the Nation in France: Inventing nationalism 1680—1800.* Cambridge, MA: Harvard University Press, 2001。

战是民兵军队不能胜任的。王国政府因而越来越借助于市场原则去维持一支用于此类作战的职业化部队，以作为封建征召兵的替代。除了在本国招募人马外，这些职业军人也可从一个不断成长的欧洲市场中雇佣，且雇来的士兵还具有召之即来挥之即去的优点。从 15 世纪末到 17 世纪末，英格兰在海外的军事介入急剧减少。只有在 17 世纪中期的内战里才进行了全国范围内的大规模招募，创建了一支在议会和克伦威尔（Cromwell）统领下的强大的国民军，因其宗教、公民和爱国热忱而著称。

一支来自英国本地的职业军队自 17 世纪末起与外国雇佣兵一道为新的议会政权[⑩]及其贸易帝国而并肩作战。这些仍然是在远征作战中服役的常规部队。此外，将绅贵精英纳入国家统治阶层的议会制英格兰依旧是一个高度层级化的社会，平民大众被剥夺政治权利并遭受压迫。结果就是来自社会下层的意气消沉的英国士兵尽管不缺乏民族情绪和民族自豪感，在作战时还是积极性不足，因而被率领他们打败了拿破仑的威灵顿公爵（Duke of Wellington）毫不客气地称为"地球上的人渣败类"。与旧制度下的其他军队一样，英军要靠严厉的纪律措施和体罚来确保士兵在军营中和战场上的服从。开小差成为军中一大顽症，构成人力损失的最大来源，其次是疾病，最后才是战场上的伤亡。在那些政治边界模糊不明确的地方，开小差的情况就更为普遍——譬如说德意志。

毫无疑问，"德意志"只是一个定义松散的族裔—文化名称。它与法国的不同之处在于德意志的各个"邦国"（principalities）在中世纪末期战胜了国家—帝国的中央政权，使政治碎片化局面维持了下来。包含了德意志人、马扎尔人、多个斯拉夫民族、弗拉芒人、瓦隆人（Valons）和意大利人的哈布斯堡—奥地利多民族帝国以及[501]绝对主义—封建制的德意志诸邦都不太可能把希望寄托在士兵的民族感情上，尽管各个地区性邦国中也存在着独特的排外本土主义

---

⑩　即 1688 年光荣革命后的政权。——译注

认同感。此外，德意志松散的政治秩序导致在国境以外征募士兵成为常事，从 15 世纪末起德意志邦国和外国均对此加以广泛利用。[103] 邻近的联省共和国自 16 世纪后期掀起对西班牙的反叛之时起便开始从德意志大举募兵，因为在它与西班牙和法国的漫长战争中，虽说也有各种各样的本国民兵参与民防或守备工作，其大型商业城市中的居民却从来也不是当兵的料，所以他们更倾向于雇佣别人来为自己战斗。[104] 应当注意到联合起来发起最初反叛的省份的居民原本各不相同，在此之后才在他们之中逐渐发展出一种荷兰民族认同感。

近代欧洲民族军队的最突出例子是 1630 年在古斯塔夫二世·阿道夫率领下登陆德意志的瑞典军队。这不仅因为瑞典是一个被清晰界定的民族国家，也因为它是欧洲分化程度最低、政治参与度最高的社会之一。封建制几乎从未在瑞典立足，并且它也是唯一一个农民在国会（Riksdag）中有代表权的国家。从各地方社区中按配额征召兵员组成的瑞典军队被灌输了强烈的民族（和宗教）精神，有着远超其他军队中"志愿"职业兵的极高主动性。唯一问题在于瑞典人口很少，且在令该国威名远扬的 17 世纪的漫长对外战争中遭受了严重损失。其结果是君主不得不加大对雇佣兵的

---

[103] 除了 Redlich，*The German Military Enterpriser and his Work Force* 之外，举例而言还可参见：David Potter，'The international mercenary market in the sixteenth century：Anglo-French competition in Germany 1543—50'，*English Historical Review*，1996；111：24-58；Peter Wilson，'The German "soldier trade" of the seventeenth and eighteenth centuries：A reassessment'，*International History Review*，1996；18：757-92。

[104] F. Wagenaar，'The "waardgelder" of Den Haag'，in M. van der Hoeven (ed.)，*Exercise of Arms：Warfare in the Netherlands，1568—1648*. Leiden：Brill，1997，pp. 211-30. H. Zwitzer，'The eighty years war'，同上，pp. 47-8；泽维策相信荷兰人之所以要从外国募兵，是因为他们组建了一支相对于其人口过于庞大的军队（在 1630 年时超过总人口的 2%）；虽说繁荣的荷兰经济也吸引了大量外来劳动力，在雇佣人数方面仍没有哪个领域是能够和军队相比的。

依赖以填充兵员缺口，而这些雇佣兵同样大多来自德意志佣兵市场。⑩

北美英属殖民地为我们提供了又一个有趣的案例。随着各殖民地对英王的反叛转变为一场全面的独立战争，一种新的美利坚民族认同开始形成，弥合了各殖民地之间的深刻差异。代议制的大陆会议创建了一支由乔治·华盛顿指挥的大陆军，民兵部队则在本地活动。由于战争在这一即将诞生的新共和国的本土进行，社会参与度也很高，民众的参与便成为这场卫国战争胜利的[502]一个重要因素。反叛的标志性人物之一为印刷工、报纸发行人和启蒙运动代表本杰明·富兰克林。正是那些新兴的出版物让各殖民地的平民百姓得以了解正在发展的事态，并就各种政治议题进行辩论，成为构建美利坚民族认同的主要催化剂。与此同时，共和国的创建者通过对同一组书籍的阅读接受了启蒙运动的思想体系，而这与宗教意识形态驱动 16 和 17 世纪的一系列战争的方式是一致的。

以上所有这些因素和进程在大革命时代的法国达到了顶峰，因为革命的国家不承认除法国人民以外的任何合法性来源，不承认内部边界或特权，也不承认除法国公民以外的任何身份地位。在一个得到民众支持的帝国取代了革命共和国后，这些原则仍具有效力。法兰西国家比西班牙更成功地将各式各样的地域认同吸纳到法兰西民族的旗帜下。这一进程在君主统治时代便已开始，并得到大革命的极大推进。通过将此前仅在城邦中存在的参与性公民品格（participatory civic ethos）与邦域国家的巨大体量相结合，革命国家能够

---

⑩　Michael Roberts, *Gustavus Adolphus*：*A history of Sweden 1611—1632*, Vol. 1. London：Longmans, 1962, Chapter 6，尤其是 pp. 300-1；伤亡统计参见：Michael Roberts, in Geoffrey Parker et al. (eds), *The Thirty Years' War*. London：Routledge, 1984, p. 193；Jan Lindegren, 'The Swedish "military state", 1560—1720', *Scandinavian Journal of History*, 1985；10：305-36，尤其是 p. 317；Porter, *War and the Rise of the State*, pp. 88-93。

激发出民族主义—爱国主义能量，集合资源，并动员一支公民大军。共和国在 1793 年号召"全民动员"（levée en masse）后，在短短几年内征召了近 100 万法国人参军。尽管最初军费拮据，经验、装备和补给均存在不足，由军事组织天才拉扎尔·卡诺（Lazare Carnot）一手打造的革命军在人数上已相当于旧制度下列强军队的总和。从社会全部阶级中征召产生的这支军队以其人数和士气弥补了以上各种缺陷。[106] 他们采取了更具灵活性和进攻性的冲击战术，并且由于比旧制度下的军队更少担心逃兵问题（仍然相当严重），他们从而能够依赖就地取材的后勤措施，让士兵散布于乡间搜寻补给。此外，能够被轻易替代的大量征召兵意味着可以采取攻击性的，以会战为导向的战略。这就是丹东（Danton）的口号"勇敢，再勇敢，永远勇敢"（L'audace, et encore de l'audace, et toujours de l'audace）背后的物质支撑，并在拿破仑横扫一切的战略中臻于顶点。法国皇帝有一次告诉梅特涅（Metternich）他可以承受每个月损失 3 万名法军士兵时或许过于夸张了。但无论如何，吊诡的是，人力的膨胀使得对于革命的法兰西国家而言，人员伤亡的代价比军事装备的损失还要低，也低于其[503]旧制度敌国难以替代的职业军人的损失。国民征召制度使兵员轻易可得。

　　然而，与学者广泛持有的观点相反，这里需要强调，革命法国在令多于 1% 的人口长期武装起来方面并不强于过去历史上的国家。没有任何奇迹发生。人口约 2500 万的法国的士兵数在 1794 年达到了 75 万人的顶点，因此付出了经济动乱的代价。到下一年数字

　　[106]　Jean-Paul Bertaud, *The Army of the French Revolution*. Princeton, NJ: Princeton University Press, 1988; John Lynn, *The Bayonets of the Republic: Motivation and tactics in the army of revolutionary France, 1791—94*. Urbana, IL: University of Illinois, 1984; A. Corvisier, *Histoire militaire de la France, Vol. 2. De 1715 à 1871* (J. Delmas, ed.). Paris: Presses Universitaires, 1992, Chapters 8-15. 对理想化叙述的纠正和警示可参见: S. P. Mackenzie, *Revolutionary Armies in the Modern Era: A revisionist approach*. London: Routledge, 1997, Chapter 3。

便降至 40 万，并一直维持到世纪末。资助战争的手段包括出售从
贵族和教会那里没收来的土地，通货膨胀，以及大规模掠夺。随着
法军逼退外敌并将战争延伸到外国土地上，他们开始在当地大举征
用财产以满足自身需求并填补法国国库。这些方案在帝国时期仍
系统化执行。1805 年的法军人数仅 30 万左右，而当时法国人口因
吞并土地已增长到约 3000 万。然而战争与征服在此之后愈演愈
烈。200 万法国人在 1800—1815 年间被征召，现役人员最多曾高达
60 万（1813 年）。除此之外，还有一群卫星国以自身人力为帝国军
队贡献兵员，在帝国巅峰时期其数目与法国提供的相当，并且还要
支付驻守在它们领土上的法军的费用。战败国被迫献出大笔战争
赔款。整个西欧—中欧均受到法国的榨取，以用来支撑帝国的军事
力量。另外，拿破仑在紧急时期还会向私人银行家和金融家
借贷。⑩

　　拿破仑的失败是因为：（1）英国与俄国一个受到大海，另一个受
到辽阔疆域的保护，位于他能够达到的范围之外并成为抵抗法国统
治的核心；（2）他对欧洲秩序施加了过重的压力，导致原本彼此间存
在严重分歧的其他强国最终被迫联合起来与他斗争到底；（3）这些强
国——特别是受到最严重打击和羞辱的普鲁士——不得不"以彼之
道还施彼身"，启动社会改革以组建大众军队，并提升（令革命法国变
得如此强大的）民众对国家事务的参与。这再一次证明战争在促进
现代性方面扮演了关键角色。

现代战争——现代和平

　　[504]让我们再一次回到争议颇多的"军事革命"这一概念，来

---

　　⑩　Bonney, 'The eighteenth century II', pp. 347-90, 此书是一部杰出的
综述著作；以及：Gilbert Bodinier, in Corvisier, *Histoire militaire de la
France*, pp. 305-19.

看看应当如何理解它。一种关于它的发生时段和组成元素的定义，只有在将其视为西方连续而彻底的整体转型中一个互动的组成部分或一个"方面"，而非仅从狭窄的军事角度来看待它时，才是有意义的。

这一转型启动于 1200 年左右，表现为城市化的复苏与增长、货币经济，以及大体量的中央集权邦域国家和从中产生出的规模越来越大、越来越受中央控制、越来越常备化，且步兵扮演越来越重要角色的国家军队。以上这些均于 15 世纪末，在开启了现代性的培根三大发明——火药、导航术和印刷机——无远弗届的作用下受到了极大推进。火器的引进使围城和野战发生转变，并在短暂的动荡后很快将堡垒与攻城术、步兵与骑兵之间的均势恢复到与之前几无区别的状态。与此前中世纪碎片化时期的动员水平相比，这一时期欧洲军队规模的惊人增长从欧洲角度来看的确是革命性的。然而这些新的大规模常备军诞生的主要原因在于欧洲国家的中央集权化进程，以历史和比较的视角来衡量的话，这一现象就远没有那么革命性了。在很长一段时间内，近代欧洲国家可持续的动员水平与历史上组织良好的大型科层制国家的总人口 1%标准相比并无明显增长。只有当这些发展进程与培根的另外两个现代创新结合起来时，欧洲才实现了相对于过去自身以及历史上亚洲诸伟大文明中心的真正路径突破。

到 18 世纪时，欧洲人在权力和财富方面已遥遥领先于欧亚大陆其他所有文明。前面提到过，欧亚大陆的各大帝国最初至少能够将火器纳入其传统的社会与制度框架——例如奥斯曼帝国接纳火器的程度便与欧洲人不相上下。迟至 1683 年，在他们第一次这样做的一个半世纪后，奥斯曼人仍然有能力围攻维也纳。然而这已是奥斯曼[505]军事实力的落日余晖。即便在奥斯曼帝国全盛时期，它也从未构成征服整个中欧和西欧的真正威胁。它的力量难以投射到比多瑙河平原更远的地方，不然它的军队就无法通过河运补给，它的西帕希封建骑兵就无处放养坐骑，无法享有战术优势，也不能在服完每年夏季的兵役义务后很快返乡。[108] 但在 1683 年后,此前由奥斯曼人拥有的军事优势便逐渐转移到了欧洲人一边,而奥斯曼帝国在欧洲的边界线也开始被一步步推回。

培根三大发明所展现出的效应是势力均衡发生变化的原因所在。首先,只要用火绳击发的钩铳手和鸟铳手在面对骑兵时和近身战时仍需长枪兵的保护,步兵的战术灵活性与发动进攻的能力便受到了严重限制。在 16 和 17 世纪,大量的骑兵仍继续作为主要机动兵种存在于欧洲各国军队中。然而,随着能够固定在火枪枪口上的刺刀的发展应用,长枪不再有用武之地。大致与此同时,燧石击发机构也取代了火绳击发机构,再一次增强了火枪的可靠性和效用。[109] 只有到这时,完全由鸟铳手所组成的步兵才在欧洲与海外成为"战场上的王后"(queen of the battlefield)。[110] 出于地缘政治因素,欧洲的步兵传统上一直比其他地区的更强,因此欧洲也成为这一变化的主要受益者。奥斯曼的精英步兵禁卫军此时在人数上已不敷所需,而他们规模庞大的骑兵部队——包括马弓手——均成为过时之物。[111]

---

[108] 参见:G. Veinstein, 'Some views on provisioning in the Hungarian campaigns of Suleiman the Magnificent', in *Etat et société dans l'empire Ottoman*, *XVIe–XVIIIe siècles*. Aldershot: Variorum, 1994, Chapter vii; Caroline Finkel, *The Administration of Warfare: The Ottoman campaign in Hungary*, *1593—1606*. Vienna: VWGÖ, 1988; Rhoads Murphey, *Ottoman Warfare 1500—1700*. New Brunswick, NJ: Rutgers University Press, 1999, pp. 20-25, 65-6, 85-103, passim. Oman, *A History of the Art of War in the Sixteenth Century*, Book VII, 此书读来仍然有益。

[109] Black, *A Military Revolution?* and 'A military revolution?'; Chase, *Firearms*.

[110] 此称号被普遍认为可能来源于国际象棋中的王后,但实际最早出自关于亚述巴尼拔统领下的亚述军队的描述,因步兵的重要性而将其称为(相对于国王本人的)"亚述军队战役中的王后"。——译注

[111] Halil Inalcik, 'The socio-political effects of the diffusion of firearms in the Middle East', in Parry and Yapp, *War*, *Technology and Society in the Middle East*, pp. 195-217; V. Parry, 'La manière de combattre', 同上, pp. 218-56。Chase, *Firearms*. 应当注意奥斯曼人至少某种程度上在努力适(转下页注)

然而欧洲发展的决定性因素却是它对海洋的掌控（并得到其海军大炮的助力），由此而创造出了前所未有的全球贸易体系并促进了欧洲资本主义的崛起。火器大体上可被传统社会所吸纳，一个高度发达的市场经济却不能。到 18 世纪，尽管尚未工业化，欧洲的人均财富也已增长到了同时代亚洲的约 2 倍。⑫ 这样的增长不仅使欧洲拥有必要的资源和财政体制去维持规模逐渐增长且更加常备化的陆海军，也使欧洲拥有一个既具质量（技术复杂性）又具数量（规模容量）的生产基础来制造越来越优于对手的武器，譬如说火炮。市场[506]经济的扩张还改变了欧洲的社会与政治。旧的军事—农业资源榨取型精英逐渐被市场所吸引而导致自身的工商化，或者不得不与崛起的商业资产阶级分享权力。最初从这些进程中得益甚至推动其发展的专制权力迟早发现自己需要与在经济和社会领域强大的新兴阶级的利益相协调，吸收他们加入国家体制，或者向他们拱手让出政权。

在印刷传媒的助力下，具有更高参与度的市民—民族国家于是转变为古罗马意义上的"共和国"。国家权力成为"非人格化"（impersonal）的；公共资源与领导者的私有财产得到明确区分，并受到严格

（接上页注）应：17 世纪奥斯曼军队中步兵数目增长了而骑兵则减少了，参见：M. Yapp, 'The modernization of Middle Eastern armies in the nineteenth century: A comparative view', in Parry and Yapp, *War, Technology and Society in the Middle East*, p. 344；Murphey, *Ottoman Warfare 1500—1700*, p. 16。17 世纪奥斯曼对野战火炮的运用也比人们之前所认为的更加成熟，参见：Murphey, *Ottoman Warfare 1500—1700*, pp. 109-12；Gábor Ágoston, 'Ottoman artillery and European military technology in the fifteenth and seventeenth centuries', *Acta Orientalia Academiae Scientiarum Hungaricae*, 1994；47：15-48。

⑫ 彭慕兰在《大分流》中辩称东亚诸文明在工业化时代到来前始终未落后于欧洲，但他未对培根的三大发明予以足够重视。Paul Bairoch, 'European gross national product 1800— 1975', *Journal of European Economic History*, 1976；5：287，文中粗略估算 1800 年欧洲人均产值高于亚洲约 20%。然而彭慕兰和贝洛赫均遭到了麦迪逊的批评，后者经计算认为欧洲人均财富从 1400 年起超越亚洲，到工业革命前夜时已将人均产值的领先幅度扩大到整整一倍（荷兰与英国的人均产值则超出亚洲 200%），参见：Maddison, *The World Economy*, pp. 28，42，44，47，49，90，126，264。

的监察；法治防止了国家任意武断的行为。专制统治和"家产制"（patrimonial）的政治权力不再构成变现为财富的主要渠道。⑬ 过去历史上的大多数国家均为其统治者行使专断权力的工具，但同时也具有提供一定程度公共服务的功能；近现代国家则逐渐失去前一种特征而变得更符合后一种特征。此前一直屈从于榨取性政治权力的财富创造力如今已越来越能够支配前者，从而产生出更大的权力。

尽管削弱了"专制权力"，这些进程却通过深化社会动员等方式大大增强了"基础性国家能力"。此外，由于政权获得了更多公共合法性，由于其社会支持者基础的大举拓宽，也由于合法与和平更换政府成为可能，暴力篡权现象减少了，政治稳定性则提高了。这些特征可以说反映了亚里士多德及其门徒早已讨论过的"混合政体"（mixed polities）的长处，如今又在其基础上通过代议制机构和印刷技术扩展到了民族国家尺度。欧洲国家逐渐将它们自身从弑君和白痴继承者这两种曾困扰传统专制国家，时不时将它们带入混乱或无为状态的噩梦中解放出来。前近代大国难以避免的兴衰循环在现代社会中也被打破：生产性财富和技术上的先进性如今能够比过去远为直接地转化为更强大的实力，且尽管奢侈和安逸依然可令建制精英沉迷其中不问世事，如今却总能有经济和政治上的创业者起而取代他们的领导地位。于是，在工业化之前欧洲[507]便已在财政和技术方面超越了欧亚大陆其他文明，且它更为高效的社会政治结构又

---

⑬　一些作者在韦伯关于"家产制"国家和现代国家的原始区分基础上更进一步，称只有后者能够被认定为真正的国家，参见：Max Weber, *General Economic History*. Glencoe, IL: Free Press, 1950, pp. 313-14, 338ff; id., *Economy and Society*. New York: Bedminster, 1968, pp. 56, 904-10; J. Shennan, *The Origins of the Modern European State 1450—1725*. London: Hutchinson, 1974; Gianfranco Poggi, *The Development of the Modern State: A sociological introduction*. Stanford: Stanford University Press, 1978; id., *The State: Its nature, development and prospects*. Stanford: Stanford University Press, 1990, 尤其是 p. 25; Van Creveld, *The Rise and Decline of the State*。当然，这不过是一个修辞问题而已。在我看来，国家本身是一个古老的概念，而现代国家只是它发展过程中的一个新阶段。

赋予它额外的优势。

事实上在 18 世纪,不仅奥斯曼帝国,亚洲其他帝国也发现自己已在财富和权力上落后于欧洲,并经历着内部瓦解和王朝衰落。在印度,强大的莫卧儿帝国在 18 世纪初的衰落和分裂使英国东印度公司,一个雇佣白手起家的官员和将军以行使国家一般的权力的高效资本主义组织,得以作为新的霸主而接手。通过运用其巨大财富(多来自印度本身)招募当地士兵,公司得以依靠新近发展成熟的欧洲模式的火枪—刺刀步兵和野战炮的力量。这样的组合如今已胜过构成印度社会和军事权力支柱的半封建骑兵。在 18 世纪末 19 世纪初,印度各国以成功模仿欧洲人作为回应,雇佣了欧洲军官,采用和仿造先进火炮,并组建现代化的步兵军队。然而一切抵抗尝试均以失败告终,原因在于尽管印度土兵可被训练成为不亚于欧洲佃农的步兵战士,印度各国却不具有欧洲在 18 世纪已达到的对武装部队的完全控制和很高的社会强制力水平。⑭

---

⑭ 在此问题上我赞同的是:D. H. A. Kolff, 'The end of an ancien regime: colonial war in India, 1798—1818', in J. De Moor and H. Wesseling (eds), *Imperialism and War: Essays on colonial wars in Asia and Africa*. Leiden: Brill, 1989, pp. 22-49。以及:id., *Naukar, Rajput and Sepoy: The ethnohistory of the military labour market in Hindustan 1450—1850*. Cambridge: Cambridge University Press, 1990; Jos Gommans, 'Warhorse and gunpowder in India c. 1000—1850', in Jeremy Black (ed.), *War in the Early Modern World*. London: University College London, 1999, pp. 105-27, 尤其是第 118-19 页; id., 'Indian warfare and Afghan innovation during the eighteenth century', in Gommans and Kolff, *Warfare and Weaponry in South Asia 1000—1800*, pp. 365-86; Gommans, *Mughal Warfare*, pp. 74, 166, 204; Bruce Lenman, 'The transition to European military ascendancy in India, 1600—1800', in Lynn, *Tools of War: Instruments, ideas, and institutions of warfare, 1445—1871*, pp. 100-30; John Lynn, 'Victories of the conquered: The native character of the Sepoy', in *Battle: A History of Combat and Culture*. Boulder, CO: Westview, 2003, pp. 145-77. 尽管未考虑 18 世纪欧洲社会政治组织所带来的权力优势,Pomeranz, *The Great Divide*, pp. 4, 18-20, 201-6 中仍强调了欧洲大型商业公司所扮演的角色以及它们通过与各自国家的联盟而对权力的有效运用。

中国满清王朝的衰落仅晚于莫卧儿帝国一个世纪，而欧洲人直到19世纪才有足够能力强行侵入这个国家。尽管这一世纪发生的工业化的确是令中国（以及日本）在西方力量面前无力抵抗的关键因素，但工业化之前的拿破仑时代，欧洲民族国家军队其实已天下无敌。在拿破仑本人1798—1799年的黎凡特战役中，马穆鲁克和奥斯曼军队被证明完全不是他所指挥的远征军的对手。只是因为中国巨大的体量和它与欧洲之间的距离导致的力量输送问题，才令欧洲对中国（以及日本）的干预被拖延了一小段时间。

在此作一总结的话，就是令欧洲获得在全球优势地位的所谓军事革命既非来源于火枪和步兵操练，也非来源于火炮防御工事，或任何其他战术方面的发展。军事革命只是欧洲全面的、持续数世纪的现代化进程的一个方面，而推动现代化进程的则包括我们提到过的[508]培根三大发明各自以及共同产生的种种效应，从而使欧洲的经济、社会、国家均发生了转型——军事和战争也不例外。

虽说商业和国民参政令欧洲国家更加强大并在战争中取得更大成功，它们同时也起到了相反的作用，或至少具有这样的潜在可能。如果商贸经济和全球市场的结合能够创造出巨大财富，使得在一国之内，社会权势阶层和国家只需放任市场力量自由发展顺势而为而非加以干预就能从中获取更多利益的话，那么原则上相同的逻辑也应当能适用于国家之间。这样的逻辑在启蒙运动期间影响力逐渐增强，并由法国——这个17世纪重商主义竞赛中的大输家——的重农主义（physiocrat）经济理论家加以表述，但将其发扬光大的却是来自同一竞赛中最大赢家英国的亚当·斯密。⑮　作为市场经济理论家的斯密在《国富论》（1776, 4.7-8）中提出，“重商主义”或许能使更强大的国家获得对他国的相对经济优势，但通过将国际贸易按政治界线加以分割，它导致了总体财富的减少，并令重商主义大国自身的绝对

---

⑮　极其出色的概述可参见：Michael Howard, *War and the Liberal Conscience*. Oxford: Oxford University Press, 1981, Chapter 1.

繁荣程度有所下降。它阻碍了经济竞争,降低了国际经济专业化水平和交换规模,而这些才是效率、生产和创新的真正动力所在。斯密关于自由贸易的学说得到大卫·李嘉图(David Ricardo)在理论上的进一步阐释,并受到19世纪曼彻斯特学派(Manchester School)的一致拥护,从那以后被经济自由主义者视为繁荣与和平的秘诀加以宣扬。

然而这一逻辑是否又将在主宰了国际竞技场的无政府状态现实的铁壁上碰得粉碎?与国内领域不同,在国际上没有一个能够垄断权力并确保竞争规则实施的最高权威,从而将参与者从"囚徒困境"中解脱出来,使之不受那些可能诉诸暴力—冲突选项者的侵害。重商主义的逻辑即是权力带来财富而财富也带来权力。只要暴力仍作为选项存在,哪个国家能不受这一逻辑影响并放松警惕呢?斯密本人也做出让步,承认对均势的考虑可成为对自由贸易施加合法限制的依据,称"国防……比国富重要得多"(《国富论》,4.2.23)。如果通过垄断市场我们取得了斯密所说的"相对优势",那我们如何敢于向所有人开放[509]市场以增进整体的绝对财富,但同时冒着这样的风险,即他国可能会变得比我们更为富裕,并利用他们的"相对优势"来置我们于死地?[116]

在18世纪成为重商主义的经济—海军—帝国主义头号强国的英国不久后便实际面对了这一性质的问题。19世纪,英国在通过工业化进一步加强其相对经济优势的同时,其在重商主义方面的立场已有所后退,向外国人和外国商品开放了自己的市场,并解除了对外投资和对外出售技术的限制。英国于19世纪中叶废除了所有保护

---

[116]　对比参照：Richard Bonney, 'Early modern theories of state finance', in his *Economic Systems and State Finance*, pp. 225-6; id., 'Preface', in *The Rise of the Fiscal State in Europe*, *c. 1200—1815*. Oxford: Oxford University Press, 1999, p. v; 以及更具一般性的：Cosimo Perrotta, 'Is the mercantilist theory of the favourable balance of trade really erroneous?', *History of Political Economy*, 1991; 23: 301-35。

主义关税和航海法案，成为一个自由贸易国家。由此，它在促进自身增长的同时也为世界其他国家的增长注入动力。但从相对实力的角度看，这一开放措施使得其他国家——尤其是美国和德国——在经济上更容易赶上并最终超越英国，挑战其作为世界头号强国的地位。自由贸易或许的确可令积蓄并使用武力以获取经济机会的动机更加弱化，但要想安全地实践自由贸易的话，一国必须有理由相信其他国家不会为经济或其他目的而诉诸武力。然而，在一个没有比国家更高的力量加以规范的霍布斯式无政府国际体系中，这样的信心将从何而来？

在 18 世纪，启蒙思想者致力于思考如何彻底根除战争，并试图解决无政府状态和现代世界的一系列问题。在其《永久和平方案》(*Projet de la paix perpetuelle*，1713 年)中，圣皮埃尔(St Pierre)神甫提议所有欧洲统治者组成一个联盟，通过威慑和惩罚那些企图危害和平者来实现普遍和平。然而他未能成功说明如何解决核心问题：统治者为何要就此目的进行合作，而不是抓住机会通过武力获益？以及他们怎么能信任彼此的合作意愿？（"安全困境"）——总而言之就是受到诱惑和害怕遭到背叛这两个问题。卢梭在对圣皮埃尔的方案进行评价时认为不能相信专制统治者会遵循这套方案，因为他们永远不会放弃至高无上权力的一部分或对外扩张的愿景，哪怕冷静思考一下就会发现自己成功机会甚微而代价将十分高昂。只有来一场剥夺这些君主权力的革命，才能为和平方案带来一线希望。⑰

启蒙运动中的共和主义支持者，如法国的孔多塞侯爵(Marquis de [510]Condorcet)和美国的托马斯·潘恩(Thomas Paine)是最后这种逐渐兴起的思潮的代言人。潘恩在《人的权利》(*The Rights of Man*，1791—1792 年)中写道：

---

⑰ Jean-Jacques Rousseau，'Abstract and judgement of Saint Pierre's project for perpetual peace'，in S. Hoffmann and D. Fidler (eds)，*Rousseau on International Relations*. Oxford：Oxford University Press，1991(1756)，pp. 53-100.

倘若普世的和平、文明和通商终将是人类的福祉,那就非经过一场政府制度的革命不可。所有的君主制政府都是好战的。它们以战争为业,以掠夺和征税为目的。只要这种政府继续存在下去,就没有一天太平的日子。⑪⑧

共和国为什么不加入战争呢?因为它们的政府性质不容许存在一种与国民利益相违背的利益。

因此:

一旦欧洲所有的政府都建立起代议制,各国就会相互了解,宫廷的阴谋诡计所煽动的仇恨和成见也会消除。⑪⑨

此外,建立在对内对外掠夺基础上的君主制会对通商造成干扰,而通商"是一种通过国与国、个人与个人之间的互助互利而使人类相亲相爱的和平体制。……如果让通商达到它力所能及的全球范围,它就可以根除战争体制"。⑫⓪

伊曼纽尔·康德(Immanuel Kant)在他的《永久和平论》(*Perpetual Peace*,1795 年)中表达了极为类似的启蒙理念。他也认为若各国建立起立宪—共和体制的话,和平方案便是可以实现的。人民将不会投票加入战争,因为战争的代价要由他们自己来负担。在这一基础上,各立宪—共和国家应当为和平解决它们之间的分歧而组成联邦,从国与国之间的无政府状态中解脱出来,就像个人通过组成

⑪⑧　In Thomas Paine, *Rights of Man*, *Common Sense*, *and Other Political Writings*. Oxford: Oxford University Press, 1995, p. 212.

⑪⑨　同上,pp. 195-6,321。

⑫⓪　同上,pp. 265-6;亦可参见:pp. 128-31, 227; Howard, *War and the Liberal Conscience*, p. 29; Thomas Walker, 'The forgotten prophet: Tom Paine's cosmopolitanism and international relations', *International Studies Quarterly*, 2000:44:51-72。

社会所做到的那样。尽管没有像每个社会中那样的能够保障和平的最高力量，康德仍然断言各立宪—共和国家的存在本身以及来自它们国内民众的对战争的厌憎便足以达到类似效果。⑫

康德写这本书时，正值欧洲知识分子对法国大革命表现出普遍（但也是短命）的热情。然而如果他（以及潘恩）看一看历史，就应当能意识到与启蒙时代的观点相反，某些允许民众参政的共和国完全有资格跻身历史上最为好战[511]且在军事上最成功的国家之列。这不仅包括被康德认定为缺少宪政约束从而实行多数人暴政的直接民主制国家（如古代雅典），也包括其他古希腊和文艺复兴时代的城邦共和国——首当其冲的便是混合政体的共和国罗马。所有这些国家中，越多人拥有政治权利且能分享战利品，他们就越狂热地支持战争与帝国主义，并为此顽强奋战。此外，康德写书时法国的革命战争尚可被合理地认为是一场由多个旧制度大国强加于法国的防御性战争，而敌人的目的是要将法国人民新获得的自由扼杀于萌芽状态。但不久之后，革命的法兰西便转守为攻，它的由公民组成的大军横扫欧洲，使之屈从于法国的帝国主义统治。

斯密、潘恩和康德的著作恰好诞生于一个全面现代化的新时代的前夜。在接下来的世纪中，工业化将如普罗米修斯盗火一般创造出巨大的资源和能量，并开启社会急剧转型的进程。它向战争注入了此前无法想象的毁灭力，并释放出全民"总体"战这一恶魔。那么，上面所提到的这些思想家的预言和方案多大程度上是虚幻的？且如果他们的推论中出现了疏漏的话，又是在哪里？

---

⑫ In H. Reiss (ed.), *Kant's Political Writings*. Cambridge：Cambridge University Press，1970，pp. 93–130.

15 解放的和被缚的普罗米修斯：
机器时代的战争

[512]工业革命构成了人类文明演化史上的一次"量子跃迁"，只有数千年前农业和畜牧业的出现能够与之相提并论。和这场发生于新石器时代的革命一样，工业革命正式开始前先有一个更长的积累过程，其本身也花了一些时间才全面铺开。因此，我们对新石器时代的革命和工业革命有时会倾向于分别使用"新石器时代转型"或"工业化"这样的名称。词义上的问题且不谈，这两次转型中的每一次均代表了与此前的发展步骤不可同日而语的加速过程。通过将巨大的变革压缩到数千年（新石器）或数百年（工业化）内完成，每次转型都意味着一次"起飞"，从而将人类生活方式提升至一个全新层次；而它们所"打破"的虽说并非一潭死水，也是相比之下变化极为缓慢的一种状态。经济、社会——以及战争——均以直线上升的方式进入了一个新的演化阶段。在这一阶段里包含了什么？

首先，新阶段中包含了对非生物能量——即人类和驯化动物有限的肌肉能以外的能量——的大规模开发利用。这些能量被用来驱动机器的运转。很有趣的是，在此方向上的第一次（但很少有人注意到的）重大突破是在军事领域内达成的，且时间上远早于工业革命——那就是运用了化学能量的火器。人类在将此类能量用于破坏方面数世纪后（并依靠不同的能量获取方式），才达到了将能量用于生产的目的。[513]不过，后面这一影响更为深远的变化也使得用于毁灭和破坏的能量又一次得到革命性的发展。众所周知，生产方面的革命发端于18世纪末的英国这一在当时最为发达的市场经济国家、领先的制造业大国,以及欧洲和全球商业的枢纽;此外,它还拥有巨量的且已被利用的煤铁资源。工业革命的动力来源是蒸汽机。这一发明的原本用途是从矿坑中抽水,随后被用来驱动棉纺工业中新发明出的纺纱机和织布机,将行业生产效率提升了数百倍。事实上,蒸汽机——大致上也是19世纪末之前唯一一种动力机械——可以,而且确实逐渐被用来驱动各式各样的机器;这些机器属于数量越来越多的制造业分支,或制造业以外的部门。继纺织和冶金工业后,最令人瞩目的就是发生在运输业的蒸汽革命。蒸汽机被用来拖动在铁轨上运行的由多节轮式车厢组成的列车,这一发明从19世纪20年代开始使陆地交通革命化了。历史上头一次出现了一种在效率上可与水路运输一较高下的陆路运输方式,从而打开了通向世界各大陆腹地的道路。尽管早在1807年,蒸汽机已展现出了用于海上的技术潜力,作为前机械化时代技术巅峰代表之一的大型帆船仍坚持到了19世纪最后三分之一时间才让位于由改进后的蒸汽动力推动的船只。

我在这里并不打算将一个老生常谈而又枝节繁复的故事概述一遍。(由于和现代相关的参考资料无穷无尽,我在本书剩下部分里只好尽可能少地加以引用,而非采取之前的做法。)我的目的是指出这场发源于18世纪英国并随后不断展开的伟大转变的实质;因为正如运输革命所显示的那样,"工业革命"并不仅限于工业。它也不局限于机械方面——例如1837年以来电报通信上的发展,19世纪末以来电力和化学上的发展,以及又一个世纪后由电子产业所引领的革命。通过普罗米修斯式的利用非生物能量源驱动人造机器,技术进步和创新的步伐从旧有束缚中解放出来。在这一过程中,创新能够变得越来越系统化,具有了科学性。进化体系的[514]固有倾向导致文化进化也为之加速;人们变得越来越擅长于创新。尽管我在本章中将继续使用"工业革命"或"工业化"这样的公认表达方式,但我所要表达的含义却更为广泛。

工业革命为人类生活方式带来的主要变化是人均产值的快速连

续增长,使得作为过去人类历史标志的"马尔萨斯陷阱"(Malthusian trap)被一举打破。我们已看到过自新石器时代转型以来,农业和畜牧业的出现及其集约化使人类的生产能力相对于狩猎—采集生活方式下有了成百倍的增长。但这一增长成果很大程度上被世界范围内相近比例的人口增长所吸收了。尽管通过榨取剩余产品,社会精英阶层的生活水平有了显著的——有时是令人瞠目结舌的——改善,绝大多数人民却继续生活在赤贫之中,仅能勉强维持生存。当数千年内缓慢增长的生产力被人口增长导致的"红皇后效应"抵消时,人均消费也基本处于停滞不前的状态。

但这一切在工业—技术革命发生之后便彻底改变了。关于18世纪以来全球范围内增长的一般数据极为丰富,但若以之推算变化的幅度则仍具误导性,因为不同的国家和地区受工业革命波及的时间也不同。很多地区只是在最近才受到影响,且仍处于转型的初期或中间阶段,故而只有发达国家能够作为变化的真实度量。在这些国家里,生产总值相对于前工业化时代分别增长了50至120倍。制造业产出的增长倍数还要再翻一番。而同一时段内的人口仅平均增长了4至5倍(伴随着从人口较稠密地区如欧洲流出的大规模移民),从而令人均产值的增长达到15至30倍,大致与今日的发达世界相对于最不发达国家(其中一些比18世纪的西欧更加贫穷)的领先幅度相当。当今世界富国与穷国之间的差距比前工业化时代扩大了10倍。虽说时快时慢,但以平均而言,工业化进行中与已完成工业化国家的增长速度达到了前工业化时代的约10倍左右;人均产值破天荒地录得每年平均1.5至2个百分点的持续稳定增长。①

---

① 这些是我根据估测数据所做的粗略计算。当下能够参考的最全最新的估算可见:Angus Maddison, *The World Economy: A millennial perspective*. Paris: OECD, 2001, pp. 28, 90, 126, 183-6, 264-5。亦可参见:Paul Bairoch, 'Europe's gross national product: 1800—1975', *Journal of European Economic History*, 1976; 5: 301 (up to 1973);关于制造业,参见: id., 'International industrialization levels from 1750 to 1980', 同上, 1982; 11: 275 （转下页注）

[515]如果不在比例上做一些手脚的话,(有时即便在做了的情况下)这样的增长率急剧提升就会使产值的变化在图表上呈现为一条突转的折线,于人类历史上绝大部分时间内贴近图表底部爬行,但在最后两个世纪里猛然拔地而起直冲云霄。

技术爆炸与权力的基础

技术进步引发的生产力暴增能够转化为同等程度的军事力量暴增,因这两者已变得无法分离。军事能力于是呈几何级数增长,而令那些在经济上领先的国家在军事上也获得同样的领先地位。于是如同保罗·肯尼迪所巧妙展示的那样,在工业时代的大国间冲突中,生产能力的优势与军事胜利之间存在着明显的相关性。工业上更强大的一方几乎每战必胜。② 肯尼迪的主要依据来自贝洛赫(Bairoch)③所提供的权威性的经济史比较研究统计资料,后者注意到国民生产总值(GNP)本身不足以作为判断一个国家经济实力的可靠标准,因为几千万或几亿自产自销的农民或许能将统计数字撑到很高,但其生活水平却从不超过仅能糊口的程度。19世纪的中国以及(较小程度上的)俄国是其中最具代表性的案例。以国民生产总值而言它们均为不可一世的巨人,但透过外表人们能看到的则是它们落后的前工业化经济,以及随之而来的军事虚弱性和掉出强国行列的危险。贝洛赫认为一国制造业的产出总值才是衡量该国经济实力时更具代

(接上页注)(英国),284,286(日本);W. W. Rostow, *The World Economy*: *History and prospect*. Austin, TX: University of Texas, 1978, pp. 4-7, 48-9。兰德斯关于最富裕国家人均拥有的财富为最贫穷国家400倍的断言即便以名义汇率计算也过于夸张了,更不用说按购买力平价来计算,参见:David Landes, *The Wealth and Poverty of Nations*. New York: Norton, 1999, p. xx。

② Paul Kennedy, *The Rise and Fall of the Great Powers*: *Economic change and military conflict from 1500 to 2000*. New York: Random House, 1087.

③ 保罗·贝洛赫,瑞士经济史学家。——译注

表性的参数,因为它反映了工业时代经济中具有首要性的也更为先进的组成部分。④ 这一标准也被肯尼迪所采纳,且其数值与历史经验所揭示的各大国的相对战争潜力有着很好的对应关系。

我对肯尼迪的历史分析中的大部分照单全收,但对某些部分有不同意见。⑤ 同时,我也对工业化以来在基础性国家能力方面的整体指数性暴增更感兴趣,而不是几个头等强国之间相对权力的变化。为了同时体现两者,我将针对一些选定的大国,根据贝洛赫的标准分析它们在 19 和 20 世纪几个[516]关键历史节点时的表现。因为我觉得另外一些通行的衡量国力的标准存在问题,所以除贝洛赫的标准外,我还将使用我自创的,结合了一个国家的国内生产总值(gross domestic product,GDP)和人均国内生产总值——经济发达程度的最明显且全面的指标——的一套标准。(关于某些其他标准存在的问题请参见注释。⑥)

---

④　Bairoch, 'Europe's gross national product', p. 282；id., 'International industrialization levels from 1750 to 1980', passim.

⑤　一些较为重要的不同解读可参见:Niall Ferguson, *The Cash Nexus*:*Money and power in the modern world*,*1700—2000*. New York:Basic Books,2001。

⑥　贝洛赫起初也想创建一套与我所用的类似的公式,但后来选择用制造业产出来衡量经济实力,参见:Bairoch, 'Europe's gross national product', p. 282. Mark Harrison (ed.), *The Economies of World War II*:*Six great powers in international comparison*. Cambridge:Cambridge University Press,1998,pp. 18-19,作者得出与我相同的结论,即需要一种将国内生产总值(GDP)和人均国内生产总值结合起来的衡量方法,但他并没有给出这样的方法。我自己的公式是将一国的国内生产总值与其人均国内生产总值的平方根或立方根相乘。为什么在这里应当使用根值,我可以给出多种原因,但重要的是其结果与历史经验中国家间相对实力最为相符。使用平方根抑或立方根主要取决于相关战争形态中的技术密集度——举例说,海战与空战的技术密集度更高,因此对发展水平有较高依赖(从而倾向于使用平方根),而陆战的技术密集度较低(倾向于使用立方根)。另一个现成的指数来自互联网上的"战争相关因素计划"(Correlates of War Project)中的国家物质能力(National Material Capabilities)统计数据库。这一综合指数纳入了 6 个有相同权重的指标:2 个工业指标——钢铁生产和能源消费;2 个人口规模指标——总人口和城市人口;以及 2 个军事指标（转下页注）

在考察统计资料之前,有必要先按惯例发布一通免责声明:数据必然存在粗糙和不准确成分;它们基于大体准确的估算,但有些情况下,尤其是牵涉到过去或现在的不发达国家时,则只能称得上是不太离谱的猜测;最后但并非不重要的是,在某些国家或某些时期,数据会遭到系统性的扭曲。如果数据集合来源与此处所使用的不同,那

(接上页注)——军队人数和军事支出。2 个军事指标的纳入意味着这一指数更适于评估当下的军事实力和战备(readiness)水平,而非潜在实力。例如,它导致了对美国实力的系统性低估,因为美国在过去两个世纪中绝大多数时间里只有着相对于其对手更低的和平时期的军事动员和军费支出水平,然而前者相对于后者的潜在可动员能力却是压倒性的。更重要的是,尽管这一指数粗略反映了两个世纪中国家权力关系的变化,它所选择的技术先进度指标却严重扭曲了除"典型"工业化时期(约 1870—1970 年)以外其他时段的现实。蒸汽动力投入应用之初,能源消费疾速增长,其速度远超军事实力的增长。随后其增长速率显著降低,变得低于技术和军事进步的速度(能源利用率的提高又进一步抵消了能源消费的增长)。最终,自 1973 年石油危机以来以及进入信息时代后,能源消费的增长更加一蹶不振,在某些最为发达的国家(例如德国、荷兰和比利时)甚至变为负增长。类似趋势同样适用于钢铁生产,原因很大程度上在于能源消费与重工业之间的显著相关性。长期以来一直是一国经济实力核心指标的钢铁生产在信息时代的发达国家中出现了下降,反而成为第二层次的发展中经济体的标志性指数。(贝洛赫的制造业产出指数在 1973 年后也存在着同样问题。)城市化水平同样会在工业化完成后达到一个平台期并停止进一步增长。总之,这一国家物质能力指数存在着不够普遍,无法反映历史条件变化,从而导致扭曲现实的问题。约翰·米尔斯海默隐隐约约意识到了问题的存在;他在《大国政治的悲剧》中选择性采用了其中部分指标,并使用 1973 年后的国民生产总值(GNP)数据来衡量国家实力,但这样的办法不能说完全令人满意,参见 Mearsheimer, *The Tragedy of Great Power Politics*. New York: Norton, 2001,尤其是 pp. 63-75, 220。他也意识到了人均国民生产总值能够最好地反映技术先进水平,但并未想到如何将此指标与经济总量结合起来。认识到国民生产总值本身并非国家实力的可靠指数后,奥根斯基和古格勒设计了一套方法,将国民生产总值与政府从中抽取的比例结合起来,参见: A. Organski and Jacek Kugler, *The War Ledger*. Chicago: University of Chicago, 1980。这是一个好方法,因为如我们后面会看到的,随着现代化的进展,经济中的剩余产品和国家抽取比例均会提升。然而两位作者仍然承认(第 209 页)他们的方法不够普遍。对各种衡量方法的讨论可参见. R. Stoll and M. Ward (eds), *Power in World Politics*. Boulder, CO: Lynne Rienner, 1989。

么就有可能——也的确会——得出不太一致的结论。此外,经济实力以外的很多因素在决定战争结果上也发挥了自己的作用,例如政治体制和领导者、社会强制力、经济自给度、对武装部队的投资、军事效率、地理,以及其他物质和非物质因素(其中一些与经济指标有着不同程度的重合)。其中大部分我们在后面还会加以讨论。虽说如此,在工业—技术的时代,与国力的经济基础相关的数据对我们而言仍是极具启发意义的。

让我们简单考察下面列出的表格,以评估由工业—技术革命所引发的基础性国家能力暴增,并对由此造成的全球均势格局的变动进行评价。

表 1　从 1820 年到 1913 年的 GDP(及占全世界比重),人口,
人均 GDP,基础性国家能力(及相对于头号强国的比例)⑦

	1820	1870	1913
英国:GDP(占全世界比重) 人口/人均 GDP 基础性国家能力(相对于头号强国的比例)	$ 36232 百万(5.2%) 21 百万/$ 1707 1.4/2.3(25-20%)	$ 100179 百万(9.1%) 31 百万/$ 3191 5.6/7.5(100%)	$ 224618 百万(8.3%) 45 百万/$ 4921 15.7/18.7(40%)
德国:GDP(占全世界比重) 人口/人均 GDP 基础性国家能力(相对于头号强国的比例)	$ 26349 百万(5.5%) 24 百万/$ 1058 0.8/1.5(15-12%)	$ 71429 百万(6.5%) 39 百万/$ 1821 3.0/4.6(53-61%)	$ 237332 百万(8.8%) 65 百万/$ 3648 14.3/18.4(37-40%)
法国:GDP(占全世界比重) 人口/人均 GDP 基础性国家能力(相对于头号强国的比例)	$ 38434 百万(5.5%) 31 百万/$ 1230 1.3/2.2(23-19%)	$ 72100 百万(6.5%) 38 百万/$ 1876 3.1/4.7(55-62%)	$ 144489 百万(5.3%) 41 百万/$ 3485 8.5/11.0(19-25%)
意大利:GDP(占全世界比重) 人口/人均 GDP 基础性国家能力(相对于头号强国的比例)	$ 22535 百万(3.2%) 20 百万/$ 1117 0.7/1.2(13-10%)	$ 41814 百万(3.8%) 27 百万/$ 1499 1.5/2.5(26-33%)	$ 95487 百万(3.5%) 37 百万/$ 2564 4.8/6.7(12-15%)
俄罗斯:GDP(占全世界比重) 人口/人均 GDP 基础性国家能力(相对于头号强国的比例)	$ 37710 百万(5.4%) 54 百万/$ 689 0.9/1.9(16-15%)	$ 83646 百万(7.6%) 88 百万/$ 943 2.5/4.5(44-60%)	$ 232351 百万(8.6%) 156 百万/$ 1488 8.9/14.4(23-31%)
美国:GDP(占全世界比重) 人口/人均 GDP 基础性国家能力(相对于头号强国的比例)	$ 12548 百万(1.8%) 10 百万/$ 1257 0.4/0.7(7-6%)	$ 98374 百万(8.9%) 40 百万/$ 2445 4.8/6.8(85-90%)	$ 517383 百万(19.1%) 97 百万/$ 5301 37.6/44.1(100%)
中国:GDP(占全世界比重) 人口/人均 GDP 基础性国家能力(相对于头号强国的比例)	$ 229237 百万(32.9%) 382 百万/$ 600 5.6/11.3(100%)	$ 189349 百万(17.2%) 357 百万/$ 530 4.3/9.0(76-120%)	$ 241084 百万(8.9%) 436 百万/$ 552 5.6/11.7(14-26%)

⑦　我关于基础性国家能力的计算大体上基于麦迪逊《世界经济》中的数据,其中缺失的 1938 年数据则来源于:Harrison, *The Economies of World War I*, pp. 3, 7。

(续 表)

	1820	1870	1913
印度:GDP(占全世界比重) 人口/人均 GDP 基础性国家能力(相对于头号强国的比例)	$ 111483 百万(16%) 209 百万/$ 533 2.5/5.3(44%)		
日本:GDP(占全世界比重) 人口/人均 GDP 基础性国家能力(相对于头号强国的比例)	$ 20903 百万(3%) 31 百万/$ 669 0.5/1.0(9-8%)	$ 25319 百万(2.3%) 34 百万/$ 737 0.6/1.3(10-17%)	$ 63302 百万(2.3%) 45 百万/$ 1387 2.3/3.8(6-8%)

货币单位为 1990 年国际美元(购买力平价)

表 2　从 1938 年到 1998 年的 GDP(及占全世界比重),人口,
人均 GDP,基础性国家能力(及相对于头号强国的比例)

	1938	1973	1998
美国:GDP(占全世界比重) 人口/人均 GDP 基础性国家能力(相对于头号强国的比例)	$ 800300 百万 130 百万/$ 6134 62/71(100%)	$ 3536622 百万(22%) 212 百万/$ 16689 457/402(100%)	$ 7394598 百万(21.9%) 270 百万/$ 27331 1222/950(100%)
俄罗斯:GDP(占全世界比重) 人口/人均 GDP 基础性国家能力(相对于头号强国的比例)	$ 359000 百万 167 百万/$ 2150 16/24(26-34%)	$ 1513070 百万(9.4%) 250 百万/$ 6058 117/133(25-33%)	$ 664495 百万(3.4%) 147 百万/$ 4523 44/54(3-5%)
德国:GDP(占全世界比重) 人口/人均 GDP 基础性国家能力(相对于头号强国的比例)	$ 351400 百万 68 百万/$ 5126 25/30(40-42%)	$ 944755 百万(5.9%) 79 百万/$ 11966 W&E 103/98(22-24%)	$ 1460069 百万(4.3%) 82 百万/$ 17799 194/168(15-17%)
英国:GDP(占全世界比重) 人口/人均 GDP 基础性国家能力(相对于头号强国的比例)	$ 284200 百万 47 百万/$ 5983 22/25(35%)	$ 675941 百万(4.2%) 56 百万/$ 12022 74/70(16-17%)	$ 1108568 百万(3.3%) 59 百万/$ 18714 151/129(12-13%)
法国:GDP(占全世界比重) 人口/人均 GDP 基础性国家能力(相对于头号强国的比例)	$ 185600 百万 42 百万/$ 4424 12/15(19-21%)	$ 683965 百万(4.3%) 52 百万/$ 13123 78/73(17-18%)	$ 1150080 百万(3.4%) 58 百万/$ 19558 160/135(13-14%)
意大利:GDP(占全世界比重) 人口/人均 GDP 基础性国家能力(相对于头号强国的比例)	$ 140800 百万(3.2%) 43 百万/$ 3244 8/11(13-15%)	$ 582713 百万(3.6%) 54 百万/$ 10643 60/59(13-14%)	$ 1022776 百万(3%) 57 百万/$ 17759 136/117(11-12%)
西欧:GDP(占全世界比重) 人口/人均 GDP 基础性国家能力(相对于头号强国的比例)		$ 4133780 百万(25.7%) 358 百万/$ 11534 444/428(97-106%)	$ 6960616 百万(20.6%) 388 百万/$ 17921 931/805(76-84%)
中国:GDP(占全世界比重) 人口/人均 GDP 基础性国家能力(相对于头号强国的比例)	$ 320500 百万 411 百万/$ 778 9/17(14-24%)	$ 736588 百万(4.6%) 877 百万/$ 839 21/39(4-10%)	$ 3883008 百万(11.5%) 1245 百万/$ 3117 266/290(21-30%)
印度:GDP(占全世界比重) 人口/人均 GDP 基础性国家能力(相对于头号强国的比例)		$ 501780 百万(3.1%) 588 百万/$ 853 14/27(3-6%)	$ 1688264 百万(5%) 966 百万/$ 1746 70/109(5-11%)
日本:GDP(占全世界比重) 人口/人均 GDP 基础性国家能力(相对于头号强国的比例)	$ 169400 百万 72 百万/$ 2356 8/12(13-17%)	$ 1232985 百万(7.7%) 107 百万/$ 11439 131/127(28-31%)	$ 2582000 百万(7.7%) 126 百万/$ 20413 360/308(30-32%)

货币单位为 1990 年国际美元(购头力平价)

表 3　从 1830 年到 1973 年的制造业产出(及占全世界比重)⑧

国　家	1830	1860—1880	1913	1938	1973
英　国	17.5(9.5)	45-73(19.9-22.9)	127(13.6)	181(10.7)	462(4.9)
法　国	9.5(5.2)	18-25(7.9-7.8)	57(6.1)	74(4.4)	328(3.3)
德　国	6.5(3.5)	11-27(4.9-8.5)	137(14.8)	214(12.7)	550(5.9)
奥地利	5.8(3.2)	9.5-14(4.2-4.4)	40(4.4)		
意大利	4.6(2.4)	5.7-8(2.5-2.5)	22(2.4)	46(2.8)	258(2.9)
俄罗斯	10.3(5.6)	16-24(7-7.6)	76(8.2)	152(9)	1345(14.4)
美　国	4.6(2.4)	16-47(7.2-14.7)	298(32)	528(31.4)	3089(33)
中　国	54.9(29.8)	44-40(19.7-12.5)	33(3.6)	52(3.1)	369(3.9)
印　度	32.5(17.6)				194(2.1)
日　本	5.2(2.8)	5.8-7.6(2.6-2.4)	25(2.7)	88(5.2)	819(8.8)

以 1900 年的英国为 100 来计算产出比例

在工业化前夕,中国(已开始经历王朝—政治衰落)仍是无可比拟的世界最大经济体,可能也是最强大的国家。然而在已成为世界贸易枢纽的欧洲,每个西欧强国的人均富裕程度和生产能力大致都是中国的 2 倍。1820 年的英国是世界商业的领导者,且已进入工业化初期。它的人均产值是中国的 3 倍,靠仅占中国二十分之一的人口拥有其五分之一到四分之一的国力,且力量还在飞快增长中。英国此时已是欧洲最强大的国家。不过拥有英国 1.5 倍人口的法国力量基本与之相当,而有英国 2.5 倍人口的俄国落后得也不远,因此仍能充当中欧宪兵的角色。德国和意大利此时均未统一(没有关于普鲁士的数据)。虽然与中国一样在发展水平上已落后于欧洲,[517]印度仍是一个巨人且可能拥有英国 2 倍(在 18 世纪初则约为 6 至 7 倍)的国力。这或许能印证学术界公认的观点,即若非印度在莫卧儿帝国崩溃后[519]处于分裂状态的话,英国对印度统治的时间表就有可能要推后。事实上英国东印度公司便以利用印度自身的财政和人力资源征服了这片次大陆而著称。

---

⑧　Bairoch, 'International industrialization levels from 1750 to 1980'.

随着国力在 1820 年基础上增长 3 至 4 倍，英国于 1860 年左右超越中国成为世界第一强国，达到了所谓"不列颠治下的和平"（pax Britannica）的巅峰。在同一时段内，中国的基础性国力无论在相对意义上还是绝对意义上均遭到削弱。此外，由于中国的王朝衰落和政治颓废发展得极为迅速，英国早在 1839—1842 年的鸦片战争中便得以击败中国使之受到屈辱，并在 1856—1860 年间再度做到这一点。能够沿中国的海岸线与内河展开行动的海军——英国最重要的，也是最能反映西方技术优势的军种——构成了胜利的关键。俄国在工业化方面相对于西欧的落后被英国和法国于克里米亚战争（1854—1856 年）中无情地加以暴露。1870 年后，俄国在快速工业化的统一的德国面前显得越来越相形见绌。直到 1870 年（但不包括之后），普鲁士及其德意志盟邦整体的基础性国家能力仍与法国不相伯仲，只是靠优秀得多的军事动员能力和总体上更高效的军事体制才打赢了普法战争（Franco-Prussian War，1870—1871 年）。得益于大规模的[520]移民和经济腾飞，美国的增长速度可以说是最令人震惊的。以 1820 年为基准，它的国力在 1860 年时可能已达到了 5 倍增长，在 1880 年甚至达到 15 倍增长。1820 年美国的国力尚不及英国三分之一，60 年后则已赶上英国。美国在三分之二世纪内从列强中最末的位置上升到了第一名。以经济基础而言，1820 年的美国尚且弱于日本，然而在一代人之后便达到后者 3 倍的规模。这一优势是美国得以在 1853—1854 年间成功逼迫日本开放门户的基础，使日本结束了孤立状态并走上政治改革和工业化的道路。

尽管工业化更为成熟的英国的基础性国家能力在 1870—1913 年间增长了近 3 倍，然而在此期间，快速工业化的美国和德国（两者均表现出一些相对于英国的结构优势）的增长幅度却分别为 7 到 10 倍和 5 到 6 倍。这就使（仍在吸收大规模移民的）美国成为这个世界的超级大国，国力达到第二名的 2 倍以上。而英国的任务变成了"衰落管理"（managing decline），试图与德国争抢第二名位置但败势逐渐明显。德国的国力达到了俄法两国之和（尽管它对俄国已经开始的工业起飞变得越来越忧心忡忡)。英国在第一次世界大战中加入俄法行列对抗德国,但花费了几年时间才动员起自身的力量,只因英国不像欧陆国家那样保有一支由义务服役的征召兵组成的陆军。与此同时,德国虽然在经济上被切断了与世界其他地方的联系,却能够占领在工业上有重要地位的比利时、卢森堡和法国北部,随后还迫使俄国退出战争并向东方扩张。最后只有靠美国加入战争才令德国认输。1870年时尚且是一个巨人的中国由于一直没有工业化,其基础性国力的绝对数值停滞不前,相对比重则继续快速萎缩,落到了大多数欧洲强国的后面。加上它的政治体制已彻底腐化堕落,导致在19世纪90年代后期列强"瓜分中国"(scramble of China)成为可能,国家四分五裂的威胁近在眼前。日本的工业化速度与西方列强相当,但由于工业化开始得过迟,起点也较低,导致其在实力上仍逊于大多数列强。然而日本却能不畏逆境地对抗它们,于1904—1905年间击败了俄国。这既归功于日本的效率和果决,也与俄国跨越大洲大洋将力量从欧洲投射到东亚时在后勤上不得不面对的艰巨难题有很大关系。

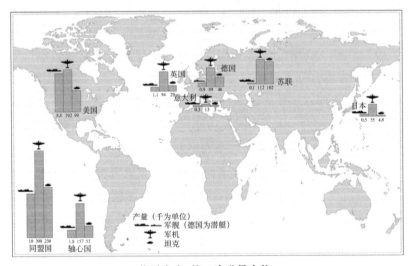

战时生产:第二次世界大战。

(数据来源:马克·哈里森[Mark Harrison],《第二次世界大战中的经济》[*The Economics of World War Ⅱ*],剑桥大学出版社,1998年,第15-16页)

[522]在第二次世界大战中,德国的东西两条战线形势与上次大战正好相反。这一次,德国在动员缓慢的英国调动起它的潜在力量之前便已将法国击败。但德国未能成功令苏维埃俄国退出战争,后者在20世纪30年代已经历了大规模工业化,拥有辽阔的领土来缓冲最初遭受的毁灭性打击,并依靠政权的铁腕冷酷无情地动员自身资源来支撑与德国的殊死搏斗。无论如何,确保了同盟国最终胜利的仍然是美国的参战。美国加入后,全体同盟国家所掌控的基础性国家能力超过世界总量的一半,而轴心国控制的仅有20%左右(这是按战前1938年的边界计算的。若以1942年实际控制土地来衡量,则双方的潜在——尽管并非实际——实力差距可能已被拉近到同盟3对轴心2的比例⑨)。尽管日本自1913年以来的增长速度为全世界最快,它的实力仍只有美国的六分之一(同时缺乏经济上的自给自足能力),因此美国的战争动员便决定了它的失败。在长达一个世纪时间内首次开始工业化并恢复增长的中国,继续受制于政治不稳定与不团结。意大利和第一次世界大战中一样是列强中最弱的,没能为它的盟友做出什么像样的贡献。

很明显,如我们随后所看到的那样,核武器大大改变了传统的权力等式,尽管在某些方面其影响并没有那么可观。1914—1945年间的世界因战争和萧条的危机导致了增长放缓,二战后的世界则经历了人类历史上最为快速的增长。美国的基础性国家能力在1938—1973年间增长了6到7倍,维持着头号强国的地位和自1913年以来在世界权力分布中的不变比重。有一种观点认为战后美国的比重不断下降,但这是因为战争刚结束时除美国外的其他工业社会均元气大伤,因此这只是一个暂时性的现象,不能反映20世纪的整体趋势。苏联在1938—1973年间增长7到9倍,从战争的创伤中恢复过来并继续深化其在1938年时仅处于半途的工业化进程。结果是苏联攀升到第二强国地位,尽管它仍然落后美国很远,靠着严格管制社

---

⑨ 参见本章注释72、74和相关正文。

会与经济才得以在军事上与美国分庭抗礼。另一方面,工业化进程的红利耗尽后,苏联的结构性问题便开始显现,使之处于在人均经济实力上落后于其资本主义竞争者的位置。此外,当大规模工业生产开始[523]让位于信息经济时,苏联的整套体系显得尤其累赘而不利。同样从战争的创伤中恢复且要深化 1938 年时尚在半途的工业化进程的还有日本。根据某一组数据,它的基础性国家能力到 1973 年时增长了 9 倍;另一组数据则显示其增长了 16 倍,以至于能和前一组数据中尚领先于日本的苏联相匹敌。若非日本被解除武装置于美国的军事保护伞下,它必然会因此成为一个军事强国。尽管这一时段中英国国力仅有 3 倍增长,导致其相对地位严重下滑,但作为一个整体的西欧已从战争中恢复并开始联合起来,其基础性国家能力之和远超苏联。与日本的情况相似,只因欧洲对军备负担的不情愿态度以及对美国的依赖,才阻止了它们组建起一支属于欧洲自己的能够对抗苏联的军队。虽说中国的工业化仍在推进,其基础性国家能力相对于其巨大人口而言只算普通。然而与过去不同的是已没有哪个国家敢轻易冒犯它,因为共产党领导的中国如今拥有一个强大且具备高度动员能力的中央政权,在 20 世纪 40 年代后期和 50 年代从苏联获得先进军事技术转让,并于 1964 年成功试验了核武器。

　　最后,让我们对今日世界的概况略作分析。基础性国家能力在 1998 年增长到 1973 年时近 3 倍的美国仍保持着领先世界的地位和占全世界比重。不仅它的生产效率在发达国家中处于增长前列;作为一个人口密度仅为欧盟与中国四分之一以及日本与印度十分之一的移民国家,它的人口也在持续高速增长。正因如此,美国的增长速度要高于一体化进程中的欧洲,与日本一样快。20 世纪 80 年代的日本曾被寄予厚望,然而此后随着它在工业化方面追赶发达国家时曾经享有的比较优势逐渐耗竭,其发展速度显著下降。苏东阵营和苏联自身的解体导致了俄国国力的骤然跌落,虽说表 2 中 1998 年的数字如此之低也是拜制度变更所引起的严重经济紊乱之赐。与它相比,中国则更为成功地启动了向市场体制的转型。尽管仍远落后于美国,中国的基础性国家能力增长速度却是全世界最快的[524]——在 1973—1998 年间增长 12 倍,并保持着这样的势头——且至今为止设法维持了政治稳定。考虑到它的巨量人口和仍然较低的发展水平,中国的增长中蕴含着彻底改变全球权力关系的强大潜力,使之逐步接近重现昔日辉煌这一目的。显然,这一过程极易引发国内和国际上的政治动荡,也同样易于受到动荡的影响。此外,即便假设中国的高速发展还能持续相当长时间,令它的国民生产总值如很多人所预言的那样在 21 世纪 20 年代超越美国,它的人均财富仍将只有美国的三分之一略多,从而令它的基础性国家能力显著低于美国(根据我的标准估算约为美国的二分之一至四分之三)。此后的中国需要经历一场极为平稳顺利的经济—政治转型,才有可能完成在高科技方面追上发达世界这一更具挑战性的任务,且即便如此,该过程也要再花费几十年时间。因此,由于仅以 GDP 数字为依据,一些被广泛引用的对中国未来经济和军事实力的夸张预测是具有误导性的,可能会反过来影响相关政治决策。⑩

---

⑩　关于中国可对比参照：Joseph Nye Jr, *The Paradox of American Power*. New York：Oxford University Press, 2002, pp. 18-40。仅靠国民生产总值并不足以判断互相敌对国家之间军事实力的强弱。这一点也适用于阿拉伯国家和以色列之间的冲突。1967 年,仅埃及一国(尽管它也是阿拉伯国家中最为强大的,远超其他国家)的国民生产总值便达到以色列的 1.5 倍,而在 1973 年两国国民生产总值大体相当,参见：United Nations, *Statistical Yearbook*. New York：UN, 1975, Sections 18, 185, 192。然而一旦将人均国民生产总值按我的公式加入计算,以色列的国力在 1967 年时便达到埃及的 2 倍,在 1973 年则为 2 到 3 倍。在这两个时间点上,以色列均比与之作战的所有阿拉伯国家的联盟更为强大。剔除 1967 年阿拉伯国家遭到突然袭击措手不及和 1973 年以色列遭到同样突然袭击的因素,以色列的国力领先决定了它在两次战争中的胜利和在整个阿—以冲突中的持续军事优势。因此尽管以色列的人口相对其阿拉伯邻国要少得多,从它相对更为强大先进的经济中仍可准确预测它在军事上能够取胜,而不明就里的人往往将获胜原因归结为“特殊环境”。值得注意的是,Organski and Kluger, *The War Ledger*, pp. 89-94 中按照他们自己的方法得出了与我相近的结论。相比之下,“国家物质能力”指数(参见本章注释 6)就完全偏离了现实,其中认定仅埃及在 1967 年便拥有以色列 4.3 倍的国力,在 1973 年则为 2.7 倍。该指数在这一案例中偏离特别大的原因在于其仅以常备军总人数为指标之一,而以色列的兵力大多处于后备役状态。

虽说发展速度低于中国，印度也同样开始发挥其巨大的潜力。

总而言之，自两个世纪前工业—技术革命发端以来，列强国家的平均基础性国家能力——以及发动战争的潜力——增长了 120 至 250 倍。[11] 若是按照某些批评家的说法，技术先进性在关于增长的计算中赋值过低的话，那么甚至连 250 倍也可能是一个被低估的数字。

财富、技术和军事装备

具体来说，飞速增长的经济总量与军事潜力之间为何会存在紧密关联？首先，整体经济财富的增长显然可转化为负担更多军费开支的能力。此外，战时的各国政府如今可从已大为增加的国民生产总值中榨取一个更大的比例用于战争目的。[12]

18 世纪，欧洲财政规模最大的国家英国的政府预算[525]在和平时期达到国民生产总值的约 10 个百分点，在战争时期则翻番到 20 个百分点，其中一大半用于军事支出。拿破仑战争期间的政府支出进一步增加到英国国民生产总值的三至四成。在大体上和平的 19 世纪（1815—1914 年），公共支出再次跌落到略高于英国国民生产总值的 10％，其中军事支出下降到低于此数目的一半，与 18 世纪和平时期的情况大致相当。欧洲其他强国的支出模式与之大同小异。

---

⑪　日本因起点更低，其增长倍率为上述数字的 2 倍多。美国的国力则增长了 1400 至 3000 倍，当然这部分程度上是其人口增加 27 倍——主要来自外来移民——的结果。

⑫　Michael Mann, *The Sources of Social Power*, Vol. 2, *The Rise of Classes and Nation-States*, *1760—1914*. Cambridge：Cambridge University Press，1993，pp. 214-15，365-82；此书极为全面，且对数据的分析堪称典范；亦可参见：Ferguson, *The Cash Nexus*, pp. 42-7；更专门的内容则可参见：John Hobson, 'The military extraction gap and the wary Titan：The fiscal sociology of British defence policy, 1870—1913', *Journal of European Economic History*, 1993；22：461-506；Harrison, *The Economies of World War II*, pp. 20-1，47，82-3，88-9，157-9，257，287。

事实上，即便在第一次世界大战前几十年欧洲各大国所谓的"军备竞赛"期间，军事支出仍维持在这样的较低水平，尽管存在一定程度的增长。一战前美国的军事支出水平要低于欧洲很多，但内战时期是个例外。工业化程度更高的北方大约将国民生产总值的 18％ 用于战争，而南方则更高，约 25％。美国内战中的军费开支水平显示出了一个向上的趋势，与世纪初英国军费的增加幅度相吻合，但仍远远不及两次世界大战中的水平。因此对于美国内战算不算历史上第一次"总体战"（total war）这个未有定论的问题，其答案不言自明：它位于通往这一方向的中途。⑬

20 世纪这段时间内，发达国家公共支出占国民生产总值的比例稳步增长到 30％ 至 50％，增加部分主要被用来应付大为扩张的社会服务。军事支出的比例波动很大，取决于国际局势紧张程度和各国面对的具体环境。在和平时期（所有强国在 20 世纪很大一半时间里均处于这一时期），军事支出保持着惊人的连续性，与前几个世纪的水平大体相当：冷战期间的美国为国民生产总值的 5％ 以上；欧洲国家为 3％ 左右。因此与某些常见的担忧所表达的不同，军事支出并没有"扶摇直上"，而是与国民生产总值的总体增长保持着同一步调。不过，在两次世界大战期间，各参战大国的军事支出膨胀到占据了公

---

⑬ Stanley Engerman and Matthew Gallman, 'The civil war economy: A modern view', in S. Förster and J. Nagler (eds), *On the Road to Total War: The American Civil War and the German wars of unification*, 1861—1871. New York: Cambridge University Press, 1997, pp. 220-1. 奇怪的是，其中由尼利和麦克弗森所撰写的内容在经济动员方面要么只列出了很少数据，要么完全没有，参见：Mark Neely Jr, 'Was the civil war a total war?' 同上，pp. 29-51；James McPherson, 'From limited war to total war in America', 同上，pp. 295-309。保罗·科斯蒂宁估计北方仅将其国民生产总值的 10％ 用于战争，似乎太过低估了，参见：Paul Koistinen, *Beating Plowshares into Swords: The political economy of American warfare*, 1606—1865. Lawrence: University of Kansas Press, 1996, p. 194（以及 pp. 185-6）。鉴于上面所引用数字显示的邦联较高的经济动员水平，很难理解科斯蒂宁为何得出结论（第 265—278 页）认为南方是因为动员水平太低（而不是因为总体上的资源劣势）导致输了战争。

共开支的八到九成，这一比例与在 18 世纪的战争中并无区别，但不同之处在于如今这些军事支出代表了国民生产总值的一半，有时还更多。于是战时军事支出占国民生产总值的比例便从 18 世纪英国的约 15%（在历史上已属很高水平）乘以 3 倍达到 20 世纪的 50%左右，更不用说[526]国民生产总值本身也发生了巨大增长。不但整个蛋糕变大了不少，从蛋糕上切下来用于战时军事支出的那一块也切得更多了。这使得各先进国家以绝对数目而计的战时军事支出增长到前工业时代水平的 150—360 倍。

国家大为增强的榨取能力一方面来源于触手伸得越来越长的官僚机构，以及国家合法性的提升；另一方面也是有了远高于前工业时代水平的维持生存以外的剩余产品可供其支配的结果。应当注意到，可供支配的剩余产品数量和政府榨取能力与个人平均收入水平并不是相对应的。举例而言，尽管二次大战期间的苏联和日本的人均国民生产总值均只有最先进国家的一半左右，它们仍能够做到将与更先进国家同等——甚至更大——比例（也就是 50%或更多）的国民生产总值投入战争中。日本在 1944 年的战争花费达到了国民生产总值的 75%，而这甚至是在它缺少大规模赤字财政手段的前提下做到的（与之相比英国在极端情况下可靠赤字覆盖超过一半的政府开支）。[14] 像苏联和日本这样的政府强势国家能够达成高榨取比例，不仅是因为其统领下的社会习惯了较低的生活水平，也因为较发达经济体需要在其更为先进和复杂的系统——如运输系统和教育系统——上花掉更多运行维护费用。此外，经济越不发达，人力成本也就越低。

最后这个因素有助于说明工业—科技时代暴增的军费开支中大部分流向何方。尽管军事人力的绝对数字发生了显著增长，其在同

---

[14] Harrison, *The Economies of World War II.* 由于动员水平相对较低（但依然是惊人的），美国在二战中最高曾将国民生产总值的 41%—45%用在战争开支上，导致其战争开支总额事实上略低于其他主要参战国，虽说美国的人均国民生产总值是它们之中最高的。

样增长了的总人口数中所占比例(社会参与率)的变化趋势则没有那么明显。这里我们同样可以看到前面考察的军事支出增长趋势中所体现的战时与平时的差异。和平时期的武装部队数仍然维持在总人口的 1%左右或更低,与历史上的可维持水平接近;这部分程度上是由于人力仍然与过去一样昂贵,因士兵的薪饷也会随生产效率一同提高。另一方面,战时最高动员率则达到了两次世界大战期间的 13%,[527]基本上已囊括了所有身体合格的适龄男性(以及部分女性);不过由于战时生产也会导致对人力的需求,典型的动员率一般在 8%到 9%左右。⑮ 这样的战时动员率要比第 14 章中所列举的近代欧洲国家动员率高得多,当然,那个时候兵役制也尚未实行。革命共和法国和拿破仑帝国实行了兵役制,然而其战时动员率与 20 世纪相比仍相差甚远。19 世纪稍后的时间里(1870—1871 年),普鲁士及其盟邦在对法国的战争中,依靠 3900 万人口动员了 150 万至少服役一段时间的征召兵(3.8%)。同一时间内位于法国领土上的德意志军队从未超过 100 万人。⑯ 美国内战(1861—1865 年)持续时间要长得多,使双方有更多时间将自身的资源利用起来。总共有超过 200 万人曾在联邦的旗帜下作战。战争后期联邦军现役军人数量达到约 100 万人的峰值,或北方人口的 5%。工业化程度低得多的邦联则有 85 万至 90 万人曾经服役,而邦联军规模最大时的人数同样约为此数一半——即包括奴隶在内的邦联人口的 5%,或不包括奴隶情况下的 8%。⑰

---

⑮　Mann, *The Sources of Social Power*, pp. 393, 804-10 (和平时期); Quincy Wright, *A Study of War*. Chicago: University of Chicago, 1965, pp. 664, 1542-3; Ferguson, *The Cash Nexus*, pp. 29-31 (战时).

⑯　Alfred Kelly, 'Whose war? Whose nation? Tensions in the memory of the Franco-German war of 1870—1871', in M. Boemeke, R. Chickering, and S. Förster (eds), *Anticipating Total War: The German and American experience, 1871—1914*. New York: Cambridge University Press, 1999, pp. 287-8.

⑰　Engerman and Gallman, 'The civil war economy', p. 220; Koistinen, *Beating Plowshares into Swords*, pp. 172, 194, 254, 256.

美国内战中的高动员率或许可被视为这场战争的现代性质的证据，然而邦联的案例提醒了我们，极高的动员率并非工业化"总体"战的专属特征。历史上很多具有强大凝聚力的大规模前工业社会均能依靠义务兵役制达到这样的动员比例，远如第二次布匿战争中的罗马，近如一战中的塞尔维亚和黑山。尽管在所有参战国中工业发展程度排在最末行列，塞尔维亚和黑山在军事人力动员方面却是做得最彻底的：六分之一到五分之一人口走上战场。⑱ 是什么构成了"总体战"？它不同于此前战争之处究竟在哪里？这些问题在学界引发了激烈的争论，但未能形成清晰定义或可量化的标准。无需解释就很明显的是，现代战争的很多特征均不具有历史上的独特性，例如（相对于总人口和总财富的）大量生命和物质的损失，在战斗人员和非战斗人员之间不加区分（事实上这一区分本身就是现代才有的），以及平民所在的后方成为攻击目标，甚至极高的人力动员水平。两次世界大战的"总体"之处主要在于它们将人力资源高动员率[528]与被用来支撑军事装备的大规模工业化生产的经济产值高榨取率结合在一起。这些军事装备在第一次世界大战中首先意味着供远程速射火炮使用的大量弹药，随后则是一系列技术上更为先进的战争机器。

事实上，军事力量的几何级数暴增——这也是一切革命的共性所在——所依靠的毕竟还是各种各样的机械—技术装备。尽管军事支出以及其中用于人力的部分均随经济的爆发性增长而飙升，装备上的支出占军事支出的比例却也提升了。⑲ 我们之前考察近代阶段

---

⑱ I. Berend and G. Ránki, 'The East Central European variant of the Industrial Revolution', in B. Király and N. Dreisziger (eds), *East Central European Society in World War I*. New York: Columbia University Press, 1985, pp. 61, 74-5, 78-9; D. Zivojinovic, 'Serbia and Montenegro: The home front, 1914—18', 同上, pp. 242-3.

⑲ 对比参照：Ferguson, *The Cash Nexus*, pp. 30-33；尽管我对他的某些观点持有异议，但总体而言我们的结论是一致的。

时看到过,无论陆军还是更为资本密集型的海军,在薪饷和供给方面的支出均远超军事装备投入。然而,随着武装部队变得越来越机械化并更加依靠技术装备,人员与装备开支所占比例开始倒转。在最初实现了高度机械化的军种海军里,人力成本(包括薪饷、供给和服装)占海军预算的比例在19世纪最后十年里下降到约40%,并在20世纪头十年里又下降到30%左右。与此同时,战舰建造费用增长到海军预算的三分之一以上,此外还有大致相当数目的经费花在维修、养护和弹药补充等方面。这就使在物质和人力两方面的支出达到了二比一的比例。[20] 100年后,也就是21世纪最初几年的美国海军预算数字中,人力、采办与研发(procurement and R&D),以及行动与维护(operations and maintenance)这三大项大体仍保持着三等分的比例。1945年后的某些年份里,人力成本甚至下降到仅占海军预算的25%。[21]

　　1900年左右的各国陆军机械化水平远不及海军。尽管我没有数据可引用,但人力成本(直接成本,或义务兵役制状况下的间接成本)在当时无疑仍占据所有大国陆军开支的一半以上。但这一状况是具有误导性的,因为军事力量中的一个主要方面在于铁路系统——它对于动员、战略机动性和后勤均不可或缺。而这一绝大多数情况下具有民用性质的系统(以及其他类似系统)的基建成本不会列入军事预算。不过,自第一次世界大战以来,陆军也变得越来越机械化了。以美国陆军为例,其结果是人力成本在21世纪初下降到预算的40%左右,在1945年后的某些年份里甚至仅达到其三分之一。

---

[20]　Jon Sumida, *In Defence of Naval Supremacy：Finance, technology and British naval policy.* Boston：Unwin, 1989, Tables 3-14；David Stevenson, *Armament and the Coming of War：Europe, 1904—1914.* Oxford：Oxford University Press, 1996, pp. 7-8.

[21]　US Department of Defense, *National Defense Budget Estimates for FY 2004* Washington, DC：US Department of Defense, 2003, pp. 154-9, 172-7, 190-5 (引自互联网).

物质成本(除建设费用外)约占预算的一半,其中行动与维护费用为采办与研发费用的[529]2倍。[22] 最后,与依然作为劳动密集程度最高军种的陆军形成对照的,是第一次世界大战前不久和战争期间方才诞生的空军。它在所有军种中最具资本密集性质。21世纪初美国空军预算中人力成本仅占20%,行动与维护以及采办与研发共占预算的约四分之三。[23]

德国公海舰队的战舰。历史上首次资本密集型的军备竞赛爆发于一战前英德两国的海军之间

和总体上的军事支出一样,每一代新型武器系统的花费从未飙升到无法控制,或者贵到令人难以承受——这也与广泛流行的观点相背离。由于军事预算占国民生产总值的比例随时间变化的幅度极小,某些武器系统的费用上升可轻易被采购数量的降低,或在采办费用中拆东墙补西墙所平衡,无非是费效比的问题。如第14章中所指出的那样,军事开支并不会仅因武器费用的"自由浮动"就随之上涨,而是永远会受到经济实力、目标优先级和敌国的开支水平等因素约束——敌国亦是如此。确实发生了的,是工业—技术时代的武器装备费用在军事支出中所占比例的提升。挑战(以及权衡)之处在于如

[22] 同上,pp. 148-53,166-71,184-9。

[23] 同上,pp. 160-5,178-83,196-201。

何让可用的（同时也是根本上有限的）人力获得更多、更昂贵也更先进的军事装备，将其武装起来。

显然，自工业—技术革命开端以来，武器装备不仅仅在数量上发生了几何级数的暴增，[530]在其效能上也同样如此。武器系统的效能难以精确量度，但其增长幅度很可能与这一时期内技术生产效率的提高相一致——也就是说增长了数百倍。在此期间，军事技术创新的步调与前工业时代相比急剧加速。在历史上的农业世界（以及欧亚大草原），军事装备的改良速度很慢，往往需要上千年时间，因此铁器时代的军队与近代前夕尚未出现火药时的军队相差不大，双方很可能战至势均力敌。火器改良的步调则要快不少，正与欧洲近代创新步调的整体加速相吻合。不过，在火器发展的每次重大"突破"之间仍会出现长达数世纪的技术平静期。步兵的主武器火枪在1690 年至 1820 年间几无变化。然而自从工业—技术时代开始后，如军事理论家 J. F. C. 富勒（J. F. C. Fuller）观察到的那样，技术创新步调已如此之快，以至于一代人中最为精锐的武装部队若与下一代人中装备良好的敌手正面交战，将毫无取胜希望。

富勒同时也看到，军事技术的进步与民用技术的进步是紧密相关的，且两者均非在时间上匀速前进或在所有领域齐头并进，而是每次集中在某些领域达成连续突破，并对其他领域造成程度不等的影响。㉔ 这些技术突破往往需要几十年时间来走完全过程，随后技术突破重心就会转移到其他领域。尽管必不可少的会牵涉到一些过度简化，富勒对 19 和 20 世纪三次重大民用—军事技术革命浪潮的识别仍然是准确的。

用了约一个世纪时间完全展开的所谓第一次工业革命，是由蒸汽机以及在冶金和机械工具方面的重大进步所引领的。前面已说

㉔ 富勒在他的诸多著作中反复提及这一观点，但尤其应当参考：J. F. C. Fuller, *On Future Warfare*. London：Praed，1928；id., *Armament and History*. London：Eyre，1946。

过,蒸汽机可应用在很多流程中,使每个领域都发生革命性变化。在军事领域,铁路把陆军的战略机动性和后勤补给能力提高了数百倍。尽管蒸汽取代风帆只令海军机动性变为原来的 2 倍或 3 倍,海军的总吨位却也增长到 4 至 5 倍,其中(铁甲和钢甲)主力战舰的体积和战斗力有了 10 倍以上增长。㉕ 除此之外还要加上在信息通信领域的革命。电报线不仅将散布在全国各地的陆军单位联系起来,也能实现与过去需要航行数周、数月甚至数年才能抵达的分布在各大洲各大洋的海军基地的实时联络。同样在[531]19 世纪,冶金(首先是铁,然后是钢)和机械工具领域的革命引发了火器和战术上的革命。来复线与后膛装填首先于 19 世纪 40 年代在步兵火器上实现,并在 19 世纪 50 和 60 年代应用到火炮上。弹夹装弹的步枪即所谓“连发枪”于 19 世纪 60 和 70 年代研发出来,紧接着是 80 和 90 年代问世的使用液压装置吸收后坐力的速射炮。其结果是在短短 60 年内,枪炮的射程、准确性和开火频率等增长了约 10 倍,这还不算 19 世纪 80 年代研发出的,令火力在此基础上又有成倍增长的机枪。㉖ 海军火炮经历了相似的发展,此外鱼雷也在 19 世纪 70 年代被列入海军装备之中。

然而,这场军事技术革命存在着极不平衡的问题,尤其在陆地上更是如此。在经济生活和军事上都有一些行为领域无法应用蒸汽机,从而维持人工操作,不受革命的影响。于是,陆军部队可以在[532]电报的指引下乘坐火车开赴战场,然而一旦到了战场之上,他们就迅速从高科技的顶峰跌落回拿破仑时代——即便不是亚历山大

㉕　数据来源于英国。参见：Wright, *A Study of War*, pp. 670–1（军用船舶）；B. R. Mitchell, *International Historical Statistics, Europe 1750—1988.* New York：Stockton, 1992, Tables F4（商用船舶）。

㉖　有关这些发展的众多参考资料中,以下两部是最为专业的：Dennis Showalter, *Rifles and Railroads：Soldiers, technology and the unification of Germany.* Hamden, CT：Archon, 1975（关于 1871 年之前的内容）；Daniel Headrick, *The Tools of Empire：Technology and European imperialism in the nineteenth century.* New York：Oxford University Press, 1981。

梅斯(Metz)附近的战斗场景，普法战争，1870 年。注意以典型方式平行延伸的铁轨和电报线。它们使战略发生了转变

时代的话。战役和战术机动仍靠人的两条腿，而大炮和补给则要靠马来拉，而这些马在第一次世界大战的每个参战大国军队中都有数十万到数百万匹之多（包括德国在内的一些国家在二战中仍大量使用马匹）。由于无法预先布设电报线路，战场上的指挥和控制同样降级到靠徒步或骑马的通信兵完成。此外，随着火力增长了 10 倍以上，士兵除了散开寻找掩蔽物外，并没有什么多余的东西能拿来阻挡战场上的钢铁风暴穿透自己毫无防护的身躯。其结果就是第一次世界大战西线战场上无论在战术还是运筹层面均形成的令人命虚掷的僵持状态。进攻方的步兵每次徒步穿越双方战壕之间的无人区，在敌方火力下付出惨重的伤亡代价才能取得极其微小的进展，但根本来不及趁机扩大战果就会被敌方依靠铁路迅速调集的援兵反推回去。

不过，自 19 世纪 80 年代起，被称作"第二次工业革命"的新一波工业技术革命浪潮开始在民用领域展开，并像第一次工业革命一样深刻影响了军事领域。化工产品、电力和内燃机主导了第二次革命浪潮。尽管化学工业贡献了新型炸药并将很快创造出毒气等化学武器，而电力的发展也造就了很多军事方面的应用如无线电通信，对战争有着最具决定性影响的还是内燃机。比蒸汽机更轻也更具普适性的内燃机使得在远离铁路线的野外快速移动成为可能。运输旅客和货物的汽车（以及拖拉机）于1895—1905年间陆续问世，令野外机动能力增长了数十倍。第一次世界大战中坦克——一种装备了护甲和武器的拖拉机——首次亮相，将机械化的机动力和机械化的装甲防护带到了战场上，从而弥补了蒸汽时代所造成的巨大不平衡。与之类似，无线电也将实时信息通信带到了远离固定电报线路的战场上。通过无线电指挥，在履带和车轮上移动的机械化陆军于二战期间达到成熟，此时距使之成为可能的相关科技的最初突破已过去约半个世纪。㉗

[533]与此同时，内燃机也令机械化空中飞行成为可能。遵循着与陆地上极为相似的发展轨迹，在1903年历史上首次此类性质的飞行后，大规模的空军部队很快于第一次世界大战期间诞生，并在第二次世界大战期间得到进一步发展。已经拥有蒸汽动力和装甲的战舰受内燃机的影响则没有那么剧烈，但整体上的海战仍发生了革命性

㉗　机械化陆战这一主题，尤其和德国相关的部分，往往被重重神话所遮盖。参见：Azar Gat, *British Armour Theory and the Rise of the Panzer Arm*：*Revising the revisionists*. London：Macmillan，2000，是基于档案材料撰写的。大致相同领域的作品还包括：Mary Habeck, *Storm of Steel*：*The development of armor doctrine in Germany and the Soviet Union*. Ithaca，NY：Cornell University Press，2003；这也是唯一一部关于苏联方面发展的全面的档案研究著作。更一般性的内容可参见：Azar Gat, *Fascist and Liberal Visions of War*：*Fuller，Liddell Hart，Douhet and other modernists*. Oxford：Oxford University Press，1998（收录入我的合集：Azar Gat, *A History of Military Thought*：*From the Enlightenment to the Cold War*. Oxford：Oxford University Press，2001）；以及：id., 'Ideology, national policy, technology and strategic doctrine between the World Wars', *Journal of Strategic Studies*，2001；24（3）：1-18。

满目疮痍的战场和一辆被毁的坦克,伊普雷(Ypres),1918 年。第一次世界大战中巨大的物力较量首先体现在大炮和轻武器上,随后被空中和陆上新出现的机械化战争兵器所主导

变化。内燃机和电动机的双重推进于 1900 年造就了历史上第一艘具有可用性的潜艇,㉘而飞机也将带来巨舰大炮时代的终结。同样,潜艇与用于海战的飞机均在一战中首次亮相,并在二战中共同主宰了整个海战战场。

到二战时内燃机技术已发展得相当成熟(尽管喷气推进[534]还将为飞机的发展带来一次新的飞跃)。新的技术突破如今发生在其他方向上,尤其是电子技术方面,为民用和战争领域再一次带来革命,即所谓的第三次工业革命或信息革命。20 世纪 30 年代末期研发出的雷达在随后数十年里深刻影响了空战、空—地战和海战。从大约 1970 年开始,为导弹武器系统开发的光电、电视和激光制导技

㉘　应指美国的霍兰号潜艇(USS Holland)。——译注

术进一步令空—地战和陆战领域发生革命。自那以后,飞速进步的各类传感器与每隔 18 个月便翻番的电子计算能力㉙相结合,令对大多数装备目标的识别、搜索和歼灭变得几无悬念可言,且几乎与距离因素无关。尚未显示出放缓迹象的电子革命正为战争领域注入越来越多的自动化成分,使之转向富勒早在 1928 年就预言将在机械化之后出现的第三次伟大浪潮,亦即电子—机器人战争。㉚

技术时代的军备竞赛因此获得了全新的重要意义。尤其在一方通过获取并消化吸收了具有突破性的武器系统,从而成功确保决定性优势的时候,它就有可能因此获得"力量倍增"效应并在战争中打出一边倒的战果。这方面的例子包括 1866 年对奥地利战争中的普鲁士后装枪,第二次世界大战初期的德国机械化部队,以及 20 世纪 90 年代和 21 世纪初对伊拉克、前南斯拉夫和阿富汗战争中的美国电子化武器系统。当然,假以时日,对手也可能在研发和应用新武器系统方面追赶上来,从而导致优势被抵消的"红皇后效应"。技术也可以被转移——出售或赠与——并时不时导致较先进与较落后对手之间实力差距的缩小。在海战和空战情况下,战斗具有最高的装备密集属性,且完全由武器系统(而非武装起来的人)来执行,因此技术较先进与较落后对手之间的差距也是最大的。

工业—技术时代武器效能的成百倍增长究竟体现在哪些方面?毁灭性或致命性貌似是正确答案,因为战争的本质无非如此。另一方面,如同前面的分析中所显示的那样,军事技术的发展同样导致了防护力的几何级数增长——依靠海上或陆上机械化装备的防御装甲;依靠不断增长,甚至在字面意义上一飞冲天的速度和灵活性;以及[535]通过电子反制等手段。总而言之,与人们普遍设想的相反,对战争致命性的研究未能显示在以军人和平民伤亡占总人口比例为

㉙　即所谓"摩尔定律"。——译注

㉚　J. F. C. Fuller, *Towards Armageddon*. London：Dickson, 1937, pp. 92, 132.

衡量标准的情况下，19 世纪甚至 20 世纪的战争与历史上更早时期的战争相比如何更为致命。的确，战争变得更为罕见了，而对于那些确实发生了的战争如两次世界大战——尤其是第二次——而言，即便已考虑到人口比例因素，若以单位时间内的平均伤亡为衡量标准，战争的烈度和致命性还是显著增长了。当然，这一增长可能与各参战国较高的人力动员水平有更大关联，而非更多因为军事技术带来的致命性超过了防护力。③ 武装部队的死亡比例并未增长。与二战中最高的战斗死亡率——全体成年男性的 25％ 至 30％——相近甚至更高的比例，在使用最原始军事技术的前国家小规模社会中可以说是毫不为奇。除此之外，我们也很容易忘记德国在二战期间杀害的非战斗人员中的绝大多数——苏联战俘、平民、犹太人（每一类均有数百万之多）——死于蓄意造成的饥饿、疾病和大规模处决，而非任何精密复杂的军事技术。20 世纪大量的种族灭绝案例如同历史上一样，是依靠最简单的技术来实施的。

然而读者可能也已经注意到，上面的概述中未提到一项迄今为止最具毁灭性的技术突破，也就是核能源与核武器的发明。某种程度上它可被视作工业—技术革命所达到的一个顶点，代表了通向新的更高的力量领域的又一次"量子跃迁"。此外，与很多其他军事科技的情况不同，没有任何在防御能力方面的相应增长能够抵消核爆炸的压倒性毁灭力量。这就是所谓的最终兵器，一台确保任何持有充足储备的人具有完全毁灭其敌人甚至整个世界的能力的末日机器。我将在第 16 章中继续讨论这一主题，但在此之前我要首先考察

---

③　这一基本趋势大体上可以得到统计研究的支持，例如：Melvin Small and David Singer, *Resort to Arms*：*International and civil wars*, *1816—1980*. Beverly Hills, CA：Sage, 1982；Jack Levy, *War in the Modern Great Power System*, *1495—1975*. Lexington：University of Kentucky Press, 1983；Evan Luard, *War in International Society*. London：Tauris, 1986。Ferguson, *The Cash Nexus*, pp. 33-6, 作者有力论证了伤亡的增长，但几乎从未将其与受影响人口（关系到战争的地理范围）和动员水平联系在一起考虑，且似乎未意识到军事技术的进步同时带来了防护性的增强这一方面。

工业—技术革命所带来的与战争相关的社会与政治领域内更为广泛的转型。

大国与民族战争

[536]工业—技术革命,财富的几何级数增长,以及社会和政治的激烈转型除了令战争潜力得到惊人的猛增外,也在其他方面对战争造成深刻影响。首先,大国及经济发达国家间战争——即在那些最强大的国家间进行的最具毁灭性的战争——的次数和持续时间均急剧下降。1815 年后的一个世纪里,此类战争爆发的频率下降到此前一个世纪内的三分之一,与更早的时代相比则还要更低。这一较低频率在 20 世纪仍得以维持,尽管在确实发生了的重大战争中,资源和人力动员水平,以及单位时间下的战争烈度和致命性均有增长——最突出的例子无疑还是两次世界大战。[32] 是什么造成了这一变化?如果数据不会说谎的话,我们就有必要对其加以恰当解读。

战争所造成的更大且更密集的经济和人力损失是否能够解释战争次数和持续时间的下降?在此情况下,国家想必需要更多时间才能恢复过来并再度参战。因此或许在战争的烈度和频率之间存在一种权衡:更少的大规模战争取代了更多的小规模战争。事实上我们的确能从 18 世纪的欧洲历史中识别出这一趋势——随着资源和人

---

[32] 赖特开创性的《战争的研究》一书因他将欧洲列强对海外弱小对手的“小战争”纳入统计而导致结论出现偏差,表现在 19 世纪非殖民列强如奥地利和普鲁士的参战年份下降幅度比其他国家大得多,只剩下之前时期平均参战年份的三分之一,见 Quincy Wright, *A Study of War*, p. 653。斯莫尔(Small)和辛格(Singer)的《诉诸武力》(*Resort to Arms*)一书基于他们意义重大的“战争相关因素”数据库,其中缺少更早时期的数据,无法进行比较。另一方面,将过去两个世纪里地处天南海北且经历着差异极大的各发展阶段——事实上可以说位于不同世界——的全球各国放在一起比较,未免有风马牛不相及之感。然而可以参考:Levy, *War in the Modern Great Power System*,尤其是 pp. 112-49,因其将重点放在大国自身之间的战争,也就是那些最发达的国家之间进行的主要战争上。亦可参见:Luard, *War in International Society*, pp. 53, 67。

力动员水平的升高,尽管战争依然频繁,欧洲各大国处于彼此间战争中的年份数却有所下降。但这一假说到了 19 世纪就不那么站得住脚。1815 年至 1914 年(虽说即便以 1800 年至 1900 年计算也成立),各大国和经济发达国家间战争的次数以及处于战争中的年数均急剧下降,但相对于总人口和总财富而言的战争损失却未有显著增长。滑铁卢战役后有 39 年未发生任何大国间战争——在欧洲历史上可谓空前——的部分原因在于欧洲各国统治者结为同盟,共同镇压各自国家内的革命力量。复辟(Restoration)时期所谓"欧洲协调"(Concert of Europe)的这一经常被人忽视的方面意味着此时的国家间权力政治被各国旧体制的合作需求压了下去,以对付更严重的革命威胁。然而,[537]各国保守势力的合作尽管在 1848 年至 1849 年后并未消失,却也不再成为压倒一切的首要因素,且此后 1871 年至 1914 年长达 43 年的欧洲大国新和平纪录也与它无甚关联。

　　反过来,20 世纪两场在欧洲近现代史上最激烈也最具毁灭性的世界大战之间仅相隔 21 年的事实,同样无法支持战争烈度与战争频率此消彼长的关系假说。事实上这一假说也没有得到任何专业统计研究的支持。㉝ 显然,当大国彼此开战时,它们将能够为此投入极其多的资源,但同时它们也被证明不甚情愿与另一个大国轻易开战。两次世界大战之后,和平纪录再一次被打破:经济发达国家之间迄今为止已有 60 年以上未发生战争。尽管这一"长和平"往往会被归功于核武器因素——也确实是一个决定性因素——战争频率下降的趋势却早在核武器出现前就已变得相当明显了。

　　那么工业—技术时代有何种特质可造成经济发达社会之间战争频率的急速降低呢? 这一问题在 19 世纪已被提出,但根据时代不同,其前提有时会遭到较多怀疑,有时较少;也早有人试图给出这一

㉝　Small and Singer, *Resort to Arms*, pp. 156-7, 198-201; Levy, *War in the Modern Great Power System*, pp. 136-7, 150-68; Luard, *War in International Society*, pp. 67-81;以上著作均肯定了早先由索罗金(Pitirim Sorokin)和理查森(Lewis Richardson)所得出的研究结论。

问题的解答,但从未能够将其提炼成一种令人满意的整全解释。因此我将在这里再做一次尝试。

如我们所见的那样,工业—技术时代的最深层次发展,同时也作为其全新特性而存在的,是真实财富的持续迅速增长。财富不再像过去无数世代中那样具有根本上的有限性,从而使如何分配成为与之相关的主要问题。财富获取逐步远离了一人之所得即他人之所失的零和游戏。在先进国家中,经济活动成为通向财富的最主要阶梯(在贫穷国家里则并非如此)。此外,各国国民经济不再像过去那样几乎完全自给自足,极少受他国的影响,而是越来越被一个不断扩展深化的分工交换网络联系在一起。这也就是人们常说的市场和经济的"全球化"。海外的繁荣与国内的繁荣相辅相成;若外国变得一片荒废,整个经济体系也会陷入萧条从而对本国的福祉造成损害。[538]当时的人如约翰·斯图亚特·穆勒(John Stuart Mill)已经清楚认识到这样一种全新事态:

> ……通商首先使各民族认识到,应当以善意来看待彼此的财富和繁荣。过去的爱国者,除其中极有教养,能将天下视同自己的国家的人而外,都希望本国以外的一切国家衰弱、贫穷和管理不善;现在他们从其他国家的富裕和进步中发现了本国富裕和进步的直接源泉。通商从而能够迅速消除战争。㉞

应当注意这并不意味着国与国之间一片和谐。它们之间的经济关系仍是竞争性的——且竞争性越来越强。虽说如此,只要竞争性的经济协作能够带来更高收益,武装冲突就会显得更加无利可图且不得人心。颇具影响力的社会思想家奥古斯特·孔德(Auguste Comte)受其导师圣西门(Saint-Simon)的启发,总结出武士社会正在

㉞ John Stuart Mill, *Principles of Political Economy*. New York: Kelley, 1961, Book III, Chapter xvii, no. 5, p. 582.

让位于人类发展中的工业阶段这一结论,从而表达了一种在 19 世纪上半叶越来越流行的感受。㉟

这样一种理论至少是 19 世纪的进步主义者愿意去相信的,且看上去它也能够解释欧洲经济较发达的各部分之间实实在在出现的战争频率下降现象。理论的信徒不仅包括曼彻斯特学派的自由主义者——他们所持的自由贸易信条在 19 世纪中期曾占主导地位,直到 19 世纪 70 年代末保护主义的复兴为止。自由贸易只是最理想的状况,但对于理论发挥其作用则并非必需。不是别人,正是后来著名的普鲁士军队总参谋长赫尔穆特·冯·毛奇(Helmuth von Moltke)在 1841 年写下了这样一段话:

> 我们坦白承认对欧洲全面和平这一曾遭到无数人嘲笑的理念抱有信心。不是说从今以后就不会再有漫长而血腥的战争……[然而]战争的确会因高到无法衡量的代价而变得越来越罕见。代价一方面来自实际损失,另一方面来自必然会导致的工作荒废。普鲁士的人口难道不是在良好明智的管理下,于 25 年和平时间里增长了四分之一吗? 它的 1500 万居民难道不是比过去 1100 万人时吃得更饱,穿得更暖,且受到更好指导? 这样的成就难道不能与一次战役胜利或征服一个省份相比,除了它不需要通过别国的损失来获益,也不需要像战争中那样牺牲无数生命之外?㊱

毛奇后来改变了想法并成为普鲁士黩武民族主义的典范。19

㉟　Auguste Comte, 'Plan of the scientific operations necessary for reorganizing society' (1822), in G. Lenzer (ed.), *Auguste Comte and Positivism: The essential writings*. Chicago: University of Chicago, 1975, p. 37; id., 'Course de philosophie positive' (1832—42), 同上, pp. 293-7。

㊱　Helmuth von Moltke, *Essays, Speeches and Memoirs*, Vol. i. New York: Harper, 1893, pp. 276-7.

世纪末[539]和 20 世纪初的很多人经历了和他相似的心路历程。见证了 20 世纪的两次世界大战与其他可怕灾难之后,19 世纪乐观的经济和平主义不再显得那么确定无疑。这一理论的缺陷在哪里? 坚实可靠的经济原理为何不足以阻止战争?

我们可以先考察那些扰乱了 19 世纪相对和平状态的大国间战争。它们因何而起? 除了由我们后面会讨论的安全因素引发的克里米亚战争(1854—1856 年)外,相关案例包括最终通向意大利统一的 1859 年战争、㊲美国内战(1861—1865 年)和德国统一进程中的一系列战争(1864 年、1866 年、1870—1871 年)。㊳ 尽管这些战争很明显都牵涉到一系列动机,其中最深层次且最具挑动力的仍然是与民族统一、民族独立、民族自决和民族认同相关的动机。这一点事实上对该时段内欧洲所有大大小小军事冲突普遍适用。㊴ 一些暴力冲突的热点因反复发生或成功或失败的民族起义而很容易被辨别出来:被征服和瓜分的波兰、分裂并部分被外国统治的意大利、不统一的德国、短暂附属于荷兰的未来比利时领土、被压迫的爱尔兰、哈布斯堡统治下的匈牙利,以及被奥斯曼帝国占据的巴尔干诸国。多族裔—多国族(multi-ethnic—multi-national)的奥斯曼帝国与同样多族裔—多国族的哈布斯堡帝国解体的离心力,令它们成为东南欧权力不稳定状态的最深的根源。与此同时,被德国于 1871 年吞并但保持了对法国的民族情感的阿尔萨斯—洛林(Alsace-Lorraine)也成为西欧紧张局势的最深的根源,令法德两国的真正和解变得毫无可能。

所以说经济并非一切,其他强有力的动机也会决定人类行为。现代民族主义浪潮于 19 世纪席卷了欧洲,导致任何时候只要与民族相关的问题足够严重,民族主义逻辑就会压倒新的经济现实。批评

㊲　又称法奥战争。——译注

㊳　分别为普丹战争、普奥战争和普法战争。——译注

㊴　对比参照:Kalevi Holsti, *Peace and War*:*Armed conflict and international order 1648—1989*. Cambridge:Cambridge University Press, 1991, pp. 139-45。

家将这一点视为马克思的预言未能实现的主要原因之一。事实上,同属普世主义一派的社会主义者和自由主义者往往无法理解民族现象背后更深的本质。在他们中的一些人看来,民族主义完全是工业化和城市化之类现代历史发展过程的产物。对于另一些人,民族主义也是一种晚近现象,不同之处在于它是出自国家精英统治阶层的一种人造的和工于心计意在操纵的发明,并[540]利用义务教育体系和全民兵役制等一系列新工具来向群众进行教化灌输。⑩ 但一种人工发明真的能成功令过去一直,现在大体上仍对国家政权抱有怀疑或冷漠态度的人民心中激起如此强烈的情感浪潮吗?旧的国家精英实际上不是对民族主义潮流充满恐惧,因而尝试去遏制它,但不得不与之妥协,往往还被它一举推翻吗?如果民族主义真是一种极具可塑性的人工发明,那它为何总是将一些多民族帝国撕裂开,而不是在帝国政权的"操纵"下,被用来将帝国五花八门的人民转变为具有凝聚力的现代民族?很奇怪的是,"工具主义"的民族主义理论家似乎从未想到过这些问题。

如同我们已指出的那样,民族主义对近年来的很多历史学家、社会科学家、哲学家和其他知识界人士而言一直是一个谜团,且时不时令他们莫名震惊。这是因为他们缺少关于各种人类动机及其互相关联方式的(进化论)解释框架。在进化论的计算方式中,亲属的地位优于非亲属,且亲缘关系随着亲属圈从本人向近亲家庭向远亲家族向部落再向民族的扩大而不断弱化。同一国家的国民互称"同胞"并非完全是个比喻。尽管文化相似性经常能够将非亲非故者联结在一起,那也很大程度上是因为文化相似性暗示了亲缘关系的存在,且绝大多数族裔集团、民族和国族(nations)成员之间的确有基因上的联系。因此虽说物质上的福祉具有极高重要性,人们还是更偏重于令

---

⑩ 参见第 14 章注释 96 中的引用出处。此外,这一流行观点在战争研究上的应用可参见: Barry Posen, 'Nationalism, the mass army, and military power', *International Security*, 1993;18:80—124; Jack Snyder, *From Voting to Violence: Democratization and national conflict*. New York: Norton, 2000。

自己的亲属集团繁盛成功,且认为物质福祉只构成了繁盛成功整体的一个方面。需要探讨的真正问题在于旧的以亲缘为基础的身份认同和各种形式的族裔中心主义,包括前近代民族主义,是怎样在现代性的新条件下转型并制造出了近现代民族主义。

我们在前文中已经看到,这是一个连续不断的过程,通过一系列重要的历史发展而实现"突破"。民族国家在中世纪末期比人们通常认识到的远为普遍。从近代开始,印刷技术将旧有国家的人民和其他族裔—语言群体进一步联合成为识字人群的"想象共同体"。大型中央集权国家、不断扩张的资本主义经济,以及更高水平的城市化,均不同程度地推动了这一趋势,并使之超越国家边界。民族主义在工业化开始之前的法国大革命时代已是欧洲的一股强大力量,而工业化[541]也成为塑造现代民族主义的又一个极为有力的因素。铁路的不断延伸将那些很少甚至从未离开过他们生于斯长于斯的闭塞村庄的农村居民与整个国家联结起来。从乡村到工业城市的大规模人口流动也随之发生。㊶ 前工业化社会里约八至九成的人口居住在乡间,而 1850 年左右的英国和 1890 年的德国城市化水平即已过半,尽管法国和其他大多数发达国家一直要到 1930 年才达到这一水平。城市居民又进一步集中到一些大型都市中心。㊷ 如今的人民大众已是猬集于城市之中,而非散布于乡野之间。

这样的身份转型的结果是多种多样的。族裔上具有相关性的人们集中到一起居住生活,其旧有的在方言和习惯上的地方差异在此过程中逐渐消失。随之而去的还有那些关系紧密的小规模村落共同

㊶　Eugene Weber, *Peasants into Frenchmen：The modernization of rural France 1870—1914*. Stanford：Stanford University Press，1976，此书为一部极优秀的描述这一进程的历史万花筒著作,然而令人意外的是,在谈论法国民族主义的巩固时,书中甚至没有提到更早的那些时期,尤其是法国大革命阶段。

㊷　Jan De Vries, *European Urbanization 1500—1800*. Cambridge，MA：Harvard University Press，1984，pp. 39，74，86，239；Paul Hohenberg and Lynn Lees, *The Making of Urban Europe 1000—1950*. Cambridge，MA：Harvard University Press，1985，pp. 84，218-19.

体，它们被新的、流动性的、"原子化的"(atomistic)、互为无名陌生者的大众社会所取代。随着"礼俗社会"(Gemeinschaft)让位于"法理社会"(Gesellschaft)，存在于近亲家庭和国家民族两端之间的中间性身份认同要么被削弱，要么彻底消亡。对于那些被连根拔起茫然不知所措的人们，民族便成为他们在核心家庭以外的最主要的亲缘认同对象。同时也因为群众如今集中在城市里，接近权力和政治权威的中心，而非像历史上更早时候那样散居乡间孤立无助，他们于是处在了一个能够发出自己的声音并让人听到的位置。于是在那些民族和国家或多或少重合的地方，国家便能无视于旧统治精英的深切忧惧而对民族主义潮流加以利用和鼓动，使自身实力大为增强。相比之下，在民族和国家边界相冲突的地方，民族主义（尽管国家的教育系统不会被用来灌输它，而是努力去压制它）新获得的能量往往导致多民族复合性质的国家走向解体。与流行的理论相反，族裔因素对于前工业时代的多民族国家和帝国也相当重要，虽说绝大多数人的生活局限于身边的一小块地方，且其观点和情绪也不被看重。而有了识字普及、发达的通信方式和城市化，所有这一切便都改变了。

到了 19 世纪末 20 世纪初，城市化的且几乎是全民识字的大众社会已在北欧—西欧—中欧普遍建立起来并对政治产生越来越强大的塑造作用。㊸ 在各个民族国家里，[542]逐渐普及的学校系统和义务兵役制（并非在所有国家存在）加强了这一趋势，成为民族主义社会化和弘扬民族精神的主力。在所有国家里——民族国家或多民族国家——人们都在阅读着应新的大众市场而诞生的通俗出版物。这些出版物往往用最具民族主义或沙文主义特色的词句来迎合读者的胃口，鼓动他们支持或反对国家政权。情绪不稳定的民众在与民族荣誉或民族扩张有关的事务上，往往表现得比旧的国家精英更易受

㊸ 关于识字率可参见：C. Cipolla (ed.), *The Fontana Economic History of Europe*, Vol. 4. Glasgow：Fontana, 1973, pp. 801-2。19 世纪初至中叶，普鲁士和北欧诸国在识字率方面领袖群伦，东欧和南欧诸国在这一方面和现代化的其他各个方面均落后于欧洲其他国家。

到煽动,从而令后者感受到无法忽视的压力。如普鲁士和后来德国的总参谋长毛奇所宣称的那样:"在这个时代,战争与和平以及民族间的关系再也不是内阁的问题;在许多国家,人民自己控制着内阁,从而使一个完全不可预测的因素被带入政治当中。"㉔"被各种演讲和媒体报道带入歧途的民众的激烈情绪、政党领袖的野心和公众舆论……被证明可能是比统治者的意志更为强大的因素。"㉕其结果是"内阁的战争已经成为过去,如今我们只有人民的战争"。毛奇在1890年预言这样一场战争若是爆发,它可能将持续 7 年,甚至30 年。㉖

帝国的战争

民族主义不仅是在民族独立、统一和身份认同等受到威胁时才会导致战争的爆发,在其他原因导致暴力冲突时,它也可以作为一个中间因素。大国强加于世界工业不发达部分的帝国主义是一战前一代人时期内冲突和不断升温的国际紧张局势的主要原因,可能也是最主要原因;且帝国主义对于两次世界大战的爆发都要负很大责任。除此之外,帝国主义在工业发达世界与不发达世界间的关系——包括一系列殖民战争——中扮演了中心角色。为了解释工业—技术时代战争模式的变化,我接下来就需要考察帝国主义的这两个方面——它对发达世界内部关系造成的影响及对发达世界和不发达世界间关系造成的影响(以及两个方面的互动)。在 19 世纪,尤其是

㉔ *Letters of Field-Marshal Count von Moltke to his Mother and Brothers*. New York:Harper,1892,p. 47(信件写作于 1831 年)。

㉕ Helmuth von Moltke,*Essays*,*Speeches and Memoirs*,Vol. ii. New York:Harper,1887,p. 133.

㉖ 同上,pp. 136-7。关于这一频繁讨论的主题,举例而言可参见:Stig Förster,*Der doppelte Militarismus:die deutsche Heeresrüstungspolitik zwischen Status-quoSicherung und Aggression*,*1890—1913*. Stuttgart:Steiner,1985。

1878 年至 1920 年间,欧洲[543]列强在它们之间分割了非洲;加上日本和美国,它们继续向东南亚和东亚扩张,从中国割取土地,使之在 19 和 20 世纪之交几乎处于被瓜分豆剖的边缘;在一战前以及战争导致奥斯曼帝国轰然崩塌后,欧洲列强也夺取了该国的很大一部分。欧洲及其殖民地和前殖民地在 1800 年已占据了全世界陆地面积的 35%,到 1878 年这一比例升至 67%,1914 年又升至 84%。殖民帝国中最大的英帝国在 1800 年拥有 400 万平方公里土地和 2000 万人口,[47]一个世纪后这两个数字分别增长到原先的 7 倍和 20 倍。第一次世界大战结束后,英帝国甚至进一步扩张,最终囊括了世界陆地面积的 23.9%。[48]

是什么造成了从 19 世纪 80 年代开始突然加速的帝国主义扩张狂潮?这一扩张与前面描述的经济学原理有何关联?这些问题迄今为止吸引了无数评论家、意识形态理论家和学者加入论辩。显然,我们的目的并不是要把相关争论重新梳理一遍,而是要将其与战争和现代世界中战争的变革这些问题联系起来。学者相信如一切历史现象一样,新的帝国主义扩张浪潮背后有多个而非单一的相关因素,其中包括"动乱边疆"所造成的"吸入"(sucking in)效应,即殖民官员或宗主国政府发现他们被卷入由不断向外渗透的西方传教士、商人和定居者造成的麻烦中,而不得不采取措施保护后者。然而,这一因素和其他一系列因素,都应被置于作为现代性基础的两大整体发展(以及我对它们的讨论)的背景下,才能最好地加以理解。这两大发展就是西方主导的工业化世界经济崛起,以及相应的西方技术—军事优势的猛然提升——亦即财富和权力的激增。

---

[47] 当时不列颠及爱尔兰人口合计约 1500 万,此外单以英国东印度公司统治下的领土而论,其人口已远超 500 万。——译注

[48] Mary Townsend, *European Colonial Expansion since 1871*. Chicago: Lippincott, 1941, p. 19; D. K. Fieldhouse, *Economics and Empire 1830—1914*. Ithaca, NY: Cornell University Press, 1973, p 3; Headrick, *The Tools of Empire*, p. 3.

虽说早期的帝国主义理论家着重强调前一个发展的作用，近年来的学术研究却指出了后一个发展在造就帝国主义方面毫不逊色于前者。在其《帝国工具：19世纪的技术与欧洲帝国主义》(*The Tools of Empire：Technology and European imperialism in the nineteenth century*，1981年)一书中，丹尼尔·黑德里克(Daniel Headrick)认为无论其他因素发挥了什么作用，西方国家推行帝国主义某种程度上只不过是因为它们能够轻易做到而已。19世纪的技术创新使发达世界的大国能够毫不费力地闯入之前[544]无法抵达的地区并以武力加以控制。蒸汽船可溯河而上深入内陆。在1841年至1842年的入侵中，英国人沿长江而上，将西方的存在带到了中国的腹地，并用西方的大炮切断了中国的命脉——连接南方和包括其都城北京在内的北方的大运河。内河汽船也为法国在中南半岛(印度支那)的殖民扩张扫清了道路。在此处和非洲，对付高度致命的疟疾的特效药奎宁亦助了他们一臂之力。这两样发明的结合令欧洲人得以深入热带非洲，而此前他们一直被雨林和疾病阻挡在外。带有膛线、后膛装填、弹夹供弹的步兵枪支令西方人在面对不发达世界的人民时拥有了前所未见的火力优势。铁路和电报将广阔的占领区连成一片，使之较过去更易控制。这一切不仅发生在亚洲和非洲，也发生在北美。在那里，对西部的征服大体同样依靠上面提到的这些武器和交通通信技术。因此19世纪后期西方殖民征服大大加速很大程度上是因为现代技术使之变得远为容易了。自然界的障碍被克服，而试图抵抗的土著居民变得更加无处藏身，也更无一战之力。过去欧亚各国普遍装备滑膛火绳枪时的技术较平等状况不复存在了。如前面讨论过的那样，随着发达与不发达世界之间的技术—工业差距不断扩大，它们在权力方面也就越来越不平等。

殖民扩张和征服变得如此容易，从而造就了现代战争两种类别之间的一个主要差异。在工业—技术时代，只有大国和经济发达国家之间的战争次数，以及它们处于战争中的年数出现了急剧下降。发达强国和来自不发达世界的对手之间的战争则无缓和迹象，其次数甚至变多了。若将两类加以合计,则战争的总次数和各国处于战争中的平均年数几乎未变。按这一标准,法国和英国这样的殖民强国的好战性要远远超过普鲁士—德国和奥地利。这些数据中还隐藏着一个常在有关好战性的研究中遭到忽视的事实。[49] 工业时代频率急剧下降的大国间战争向来都是国家间战争中规模最大、最艰难的,也是[545]最具毁灭性的。与之相比,这一时代的发达国家与不发达对手之间的战争频率未有改变(在殖民时代甚至升高了),恰恰是因为发达国家可以易如反掌地在这类冲突中获胜——起码一开始是这样。战争越容易赢,列强就越难以控制自己不被卷入其中。

然而究竟为什么要发动这类殖民征服战争的问题还是没有得到回答。很显然,帝国主义无论在世界史还是欧洲史上均非一种新现象。那么,工业时代新的帝国主义扩张浪潮与早先历史上的建立帝国有什么区别? 或者说究竟有没有区别? 在农业世界的历史上,贡赋——即以战利品、战争赔款和征税等方式占用他人的劳动成果——是帝国扩张带来的头号物质奖赏。在一些案例中,为本国人民夺取土地供其定居务农是又一种重要的物质奖赏。夺取贸易站以便垄断贸易排在第三位,但与前两者相差甚远,大体上只在少数由商业城邦建立的贸易帝国的案例里才会牵涉到。

所有这些物质目的——榨取贡赋、农业殖民和贸易垄断——在近代时期的欧洲扩张中继续存在。不过,随着全球贸易成为欧洲财富增长的引擎,夺取贸易站和垄断贸易的重要性越来越大了。继葡萄牙与荷兰的贸易帝国之后,英国在 18 世纪赢得了史无前例的贸易垄断地位。虽说保护主义垄断政策与殖民主义的经济逻辑受到亚当·斯密的驳斥,他所主张的自由贸易也是直到工业时代才被英国所接受。

---

[49] 参见本章注释 34。不过斯莫尔和辛格的书中也包含了以死亡人数计算的战争严重性数据,可用来修正对整个状况的认识,参见: Small and Singer, *Resort to Arms*, pp. 165-80。同样可参考: Levy, *War in the Modern Great Power System*,尤其是第 125 页,比我在这里说的更具指导性。

更大的贸易自由变得对工业时代的发达经济体极具吸引力,是
因为如今生产越来越多且不断细化的产品的目的几乎完全是为了在
市场上销售,而不是像在前工业经济中那样,很大部分被家庭生产者
直接消费。更低的商品流通壁垒增强了飞速发展的市场经济的效
率,导致一个更为复杂且不断深化的分工交换网络跨越政治边界而
建立起来。⑩ 在工业化时代,欧洲列强对外贸易的增长速度2倍于
其国民生产总值的增长速度,从而导致在19世纪末20世纪初,进出
口总额占到了英[546]法两国国民生产总值的一半左右,而德国是三
分之一以上,意大利(和日本)则在三分之一左右。⑪ 简单来说:更大
的贸易自由是工业时代市场经济大扩张的必然结果,因为人们不再
直接消费他们劳动成果中的大部分,而是拿到市场上交换。19世纪
的经济学家明白,自由贸易的原理也要受制于一些我们后面会提到
的重要条件,而这些条件会中断贸易自由化甚至令其发生倒退。不
过对于维多利亚时代中期如日中天的英国而言,由于它的工业在世
界上首屈一指,其产品无论如何均可在市场竞争中获胜,自由贸易对
它的有利性是毋庸置疑的。根据自由贸易经济理论,殖民地在最好
的情况下也与财富获取无关,往往还会因政治干预市场的运作而对
其有害。若自由贸易成为通行准则,国家及其海外殖民帝国的大小
就基本不会有经济上的影响;人民的(人均)财富与其国家的体量几
无关联。

然而所有这些都建立在自由贸易成为通行准则的前提上。出于
这一原因,自由贸易并未消灭帝国主义,而是创造出了"自由贸易的

---

⑩ 尽管有时在史学方面显得粗糙,尤其在关于较早时期和与转型过程有
关时,但仍应参见:Richard Rosecrance, *The Rise of the Trading State*:*Com-
merce and conquest in the modern world*. New York:Basic Books,1986。

⑪ 用于计算的数据来源于:Mitchell, *International Historical Statistics*,
pp. 553 - 62;Maddison, *The World Economy*, pp. 126, 127, 184;Simon
Kuznets, *Modern Economic Growth*. New Haven:Yale University Press,1966,
pp. 306-7, 312-4。

帝国主义"这个由约翰·加拉赫(John Gallagher)和罗纳德·罗宾逊(Ronald Robinson)在他们合写的富有独创性和争议性的文章的标题中提出的概念。19世纪英国外交政策的目标,在于确保这个正成为世界工厂的第一个工业国的大规模制成品打入尽可能大的全球市场。为了得到自由贸易权,或至少降低对英国商品的关税壁垒,英国的经济和军事力量被用来与外国政府谈判或向其施压。尽管英国不要求优于其他强国的特殊待遇,它显然仍会是解除贸易限制的最大受益者。炮舰外交偶尔会被用来在全世界范围内达成这一目标。为了打开市场或维持其开放状态,军事强制——威胁或实际使用——成为英国政策中不可或缺的一部分。我们已经看到,在近现代尤其是工业时代,随着财富和权力的紧密交织,大炮被用来摧毁阻挡了资产阶级廉价商品涌入的政治"长城"。根据加拉赫和罗宾逊的说法,南美、中东、东亚和非洲部分地区构成了所谓的"非正式英帝国"(informal British empire)。作为一片在经济和政治上仍不同程度受当地主权国家控制的边缘地带,其作用是为英国牟取最大程度经济利益提供方便的同时,又为其免去了干涉、冲突和直接统治的麻烦。对这些地方的直接统治被英国视作避之唯恐不及的负担。⑫ [547]这一19世纪英国主导下的遍及全球的经济—政治势力范围成为"自由贸易帝国主义"的原型,而二战后的"自由贸易帝国主义"又主要与美国联系在一起。

将加拉赫和罗宾逊的"非正式帝国"置于更长的历史视角下审视,就应当记住所有帝国在最初的发展阶段几乎都是霸权帝国。历史上的帝国性霸主最初都倾向于让各个地方的本地政治统治者保有其权位,以作为替霸主征集贡赋和推行贸易垄断的代理人。只有当本地统治失败或与霸主间的合作终止时,帝国政权才会在当地建立起国家机构,承担直接统治的责任,将其纳入"正式"的领土帝国。根

---

⑫　John Gallagher and Ronald Robinson, 'The imperialism of free trade', *Economic History Review*, 1953; 4: 1 15.

据加拉赫和罗宾逊的说法,这也正是自由贸易帝国主义时代所发生的事情:正式帝国成为非正式的、霸权性帝国主义失败情况下的最后补救措施。

加拉赫—罗宾逊理论问世后遭遇了很多批评。批评者强调了英国政府对于卷入外国内政的强烈的不情愿,以及它对这些国家事务的极有限影响力,以此说明英国的政治主导和"非正式帝国"是否存在尚有疑问。㊝ 不过他们均同意随着英国在 19 世纪中期拥抱自由贸易,它对强制性力量的使用相对于过去在垄断性贸易和垄断性帝国时代的所作所为有了改变:"19 世纪英国自由贸易帝国主义的一个独特性在于自愿限制使用终极力量去建立贸易安全,相比之下重商主义时代对运用武力获取商业优势或通过政治控制达成垄断则没有那么多顾虑。"㊞

此外应当补充的是自由贸易帝国主义与旧的朝贡帝国主义至少在理论上有着很大不同(显然也有某些要素一直未变):前者的基本原理并非榨取,而是能为所有人带来更多财富和其他一系列好处的互惠贸易。尽管历史上的朝贡帝国也常常声称为其臣民带来了和平、稳定与文明,如它们有时的确做到的那样,非正式的自由帝国主义相对于过去却是一个根本性的改变,其程度正如现代的发展起飞所构成的根本性改变那样。当然,这一过程绝非完美。1839—1842年的鸦片战争导致中国被迫向英国开放进口如战争名称所言的那种毒品,便是自由贸易理论被滥用的许多案例中较鲜明的一个。[548]此外,熊彼特(Schumpeter)所说的资本主义的"创造性破坏"不可避免地导致了痛苦的转型与错位,其后果对于那些前工业传统社会尤为严重。不过,接入世界经济——无论是自愿的、受压力下的还是被

㊝　有力的批评可参见:D. Platt,'The imperialism of free trade:some reservations',*Economic History Review*,1968;21:296-306;id.,'Further objections to an "imperialism of free trade",1830—60',*Economic History Review*,1973;26:77-91。

㊞　Gallagher and Robinson,'The imperialism of free trade',p. 6.

强加的——原则上仍是这些传统社会维持实际增长并远离农业世界的物质匮乏、停滞、零和竞争以及高死亡率的唯一路径，而这些在反帝国主义的论调中很容易被无视。⑤ 以下这段英国首相帕默斯顿（Palmerston）关于整体进步的展望（此处适用于奥斯曼帝国）不仅影响了自由主义理论家，也被后世的自由主义政治家奉为圭臬：

> ［繁荣的贸易将会］令苏丹陛下启动自由主义改革以赋予臣民在政府中的代表权，和在法庭上的财产权。各个创造财富的阶层将被从他们准封建的穆斯林领主的巧取豪夺下解放出来。英国认为后者的统治乃是数百年来令这个国家贫穷落后的原因所在。一旦被解放，农民将为市场生产更多产品，而东方的商人将能积累资本并与英国商人合作发展经济。流动的贸易将会传播关于正义和自由的自由主义理念。⑥

根据这种逻辑，英国通向现代性的开创性道路——尽管是独一无二的——可以在任何地方得到复制，因为已实现现代化的核心地区的廉价商品的压力——并在必要时得到强大武力的协助——将导致世界的前工业边缘地区自动发生类似的进程。

不断扩张的工业全球化的确被证明是不可阻挡的（以物质标准而言总体上也极为有益），但它并没有遵循贸易自由主义思想和进步的辉格史观中所设想的路径。由亚当·斯密和大卫·李嘉图构建的自由贸易理论经受很多挑战仍屹立不倒，并得到当代绝大多数经济学家的拥护；但它仍要面对一些重要的例外情况和恼人的问题。最

---

⑤ 对比参照：Niall Ferguson, '*Introduction*' *and* '*Conclusion*' *in Empire*: *The rise and demise of the British world order and the lessons for global power*. New York: Basic Books, 2002; id., *Colossus*: *The price of American empire*. New York: Penguin, 2004。

⑥ Ronald Robinson and John Gallagher, *Africa and the Victorians*. New York: St Martin, 1961, p. 78.

主要的例外情况与那些拥有足够发达的社会和政治基础以支撑工业"起飞"的国家有关。以亚历山大·汉密尔顿（Alexander Hamilton）和弗里德里希·李斯特（Friedrich List）为代表的这些国家的"国民经济学家"（national economists）指出，在本国市场上，他们国家新生的工业部门需要关税壁垒的保护，才能不被更为成熟的工业经济体所生产的商品打垮；这一保护至少要持续到[549]本国工业充分发展并具有竞争力为止。正因如此，19 世纪后期的美国、德国、法国、俄国和日本均在其工业起飞阶段采取了强有力的保护主义政策以对抗英国制造业。即便是"正式"的英帝国中那些"白人的"自治领——加拿大、澳大利亚和新西兰——也采取了针对其母国的保护性关税。与自由主义的正统观念相反，从来没有哪个国家在 19 世纪——以及20 世纪——不是先靠着保护主义政策而成为一流经济体的。对于这些世界上较为发达的国家而言，不存在英国施加压力——更不用说军事压力了——迫使它们奉行自由贸易的问题。

自由贸易的帝国主义对另一类国家最为适用。在这些国家里，本地精英因互利关系——尽管这一关系是不对称的——而被卷入英国主导下的世界经济。这些国家大多向英国出口食品和原材料，并从英国进口制成品。只有在罕见的危机状况下，当保证外国商业安全并与之相勾结的本地政权和精英失去了对局势的控制，英国或其他利益相关的霸权国才会发动一场短暂的武装干涉来恢复秩序并保护自身经济权益。

然而还有第三类国家（以伊斯兰国家和中国最为显著），在那里，廉价商品和炮舰外交双管齐下的压力与当地人对变革的强烈抵抗迎头相撞。向西方主导的全球经济和现代化打开大门深深摇撼了当地的政治—社会—经济—文化秩序。国家政权表现出犹豫、无能和软弱，国家官僚则僵化而腐败。掌握权力的是那些变革进程中的输家而非受益者：封建和部族精英不能也不愿像英国贵族那样转向工商业；商人阶级受到打压以免他们变得举足轻重。当地文化对以市场为导向的改革表现出强烈的抗拒态度，尤其当后者是因外来干扰所引起时。情况还可能变得更坏。未能取得发展的当地社会同样也失去了经济竞争力并积累下外债,民众没能获得资本主义的好处却已遭受其重压。全民排外的反抗随之而来。外国的短暂干涉无法[550]稳定虽愿与外国合作但已摇摇欲坠的当地政权。现存的外国利益遭到威胁。在这样的形势下,霸权国面对彼此矛盾的选项:要么撤退,要么进行干涉以建立直接的、"正式"的帝国统治。与加拉赫和罗宾逊"如可能,则通过非正式控制进行贸易;如必要,则通过统治进行贸易"的公式相反,霸权国即便面对不发达世界时,也极少出于商业原因而选择第二个选项,正如它不会为了推行自由贸易而对发达世界国家开战那样。⑤

最明显的例外是印度这个英国正式帝国中"皇冠上的明珠"。英国在垄断贸易帝国主义的时代通过武力取得了印度,而在自由贸易帝国主义的时代仍留着它的很大一部分原因不过是维持现状而已,但同时也是因为19世纪中期自由主义的英国政府相信正式的帝国统治一旦撤销,其结果将既有害于英国的贸易,也有害于印度自身。那样的话印度将回到贪婪、腐败且好战的各土邦统治者手里。高效的行政管理和公正的司法体系将一去不返。社会改革和经济发展将停滞不前。农民和各个城市阶层将会屈服于社会中的强势者。与此相应,英国与居住在印度次大陆人口中六分之一到五分之一的人之间,已得到确保的贸易,也将因无政府状态和贸易壁垒而受到破坏。因此自由主义者的道德感——甚至是责任感——以及自利理性在维持英国对印度的统治方面一拍即合,互相支持。⑧ 人道主义考虑——如消灭奴隶贸易——在"瓜分非洲"之前英国对西非的有限领

---

⑤　Gallagher and Robinson,'The imperialism of free trade',p. 13.

⑧　研究帝国主义的经济史学家对自由贸易坚定信徒的这一观点以及其他观点的批判可参见:Patrick O'Brien,'The costs and benefits of British imperialism,1846—1914',*Past and Present*,1988;120:163-200. 以及:Paul Kennedy and Patrick O'Brien,'Debate:The costs and benefits of British imperialism,1846—1914',*Past and Present*,1989;125. 186-99。

土扩张方面也起到了一定作用。著名传教士兼探险家大卫·利文斯通（David Livingston）便颇为典型地相信只有文明、商业和基督教这三个"C"⑤才能将非洲从奴隶贩子的手中拯救出来。⑥ 吉卜林（Kipling）的"白人的负担"（white man's burden）也并非不是真心话。

中国是一个与印度全然相反的例子。它没有在更早的时候成为英国帝国家业的一部分，后来对自由贸易帝国主义的渗透又表现出充分抵抗力。问题并不在于"天朝"（Celestial Kingdom）的力量，而是在于它的虚弱性。炮舰外交令中国对英国贸易敞开门户，但衰落中的王朝却被证明既不热衷，也无能力迎接这一变化并实施社会和经济改革。结果是尽管中国拥有全人类四分之一的人口，其作为贸易伙伴的价值相对于世界其他不断发展且越来越富裕的地区却在下降。中国[551]中央政府在外国压力下的逐渐衰弱，于灾难性的太平天国农民起义（1851—1864 年）这场 19 世纪流血最多的战争中表露无遗。担心中国陷入无政府状态，但也不愿负起直接统治重任的英国将中国缓慢的现代化和对世界经济的有限融入视作所有选项中最无害的一种。

以上这些大部分也适用于奥斯曼帝国，在那里，市场引发的社会改革和经济现代化远未达到自由主义者的预期。不过只有在埃及，赫迪夫（Khedive）⑥政权的崩溃——失败的现代化计划导致国家欠下巨额外债，并引发民族主义和伊斯兰主义的反西方革命——才促使英国进行了干预（1882 年）。当英国人发现一旦他们撤退，将不再有能够保证西方利益的政治力量时，他们只能不情愿地将暂时性干预转变为永久占领。英国对埃及的接管成为"瓜分非洲"的关键性起点，此后短短 20 年内，欧洲列强便将整片大陆在他们之间分割完毕。

这一在非洲突然爆发的大规模"正式"帝国主义扩张带有令人不

---

⑤　三个词的英文首字母均为 C。——译注

⑥　引自：Thomas Pakenham, *The Scramble for Africa 1876—1912*. New York: Random House, 1991, p. xxii.

⑥　奥斯曼宗主权下埃及统治者的称号。——译注

解的性质，因为它在经济上似乎毫无意义。埃及若出现无政府状态或敌对的政府，则将威胁到现存的西方财政和商业利益。但如果只有这些损失的话，并不足以说服格莱斯顿（Gladstone）的自由党政府违背其一切原则，将英国与"埃及这个累赘"永久性地绑在一起。发生在辽阔的撒哈拉以南非洲——世界上最穷、最不发达也最无利可图的地方之一——的帝国主义扩张则更加令人不解，因为帝国主义列强从中能够得到的些许利益无法抵消在行政、治安和基础建设上的投入。盛产黄金的南非和盛产橡胶的比属刚果属于极少数能够提供真实回报的例外。工业—技术时代发达世界的财富来源于本土的制造业以及和其他发达和半发达国家之间的贸易。非洲面积辽阔的各殖民帝国领地对此几乎没有什么贡献。

　　作为头号殖民帝国和世界的金融家，英国 19 世纪末 20 世纪初全部投资中的 40％在本国，另外 45％流向美国、南美和欧洲大陆，只有约 15％流向其正式帝国。此外，最后这 15％的［552］投资中的绝大部分也流入了居民为白人的自治领：加拿大、澳大利亚和新西兰。其次是印度。对新获得的发展程度最低的非洲殖民地的投资可以忽略不计。与英国经济学家兼政论家 J. M. 霍布森（J. M. Hobson）所提出并被列宁采纳的著名命题相反，投资者因发达经济体的投资回报率降低而更倾向于投资殖民地市场这种现象并不存在。国家越发达，投资回报率就越高；新获取的非洲土地则有着最低的回报率。二号帝国主义强国法国的贸易数据大致也是这样分布的。[62] 从做生意

---

[62]　Lance Davis and Robert Huttenback, *Mammon and the Pursuit of Empire：The political economy of British imperialism, 1860—1912*. Cambridge：Cambridge University Press, 1986；这导致了霍布森的理论无法成立，参见：J. M. Hobson, *Imperialism：A study*. Ann Arbor, MI：University of Michigan, 1965(1902)；以及：V. I. Lenin, *Imperialism：The highest stage of capitalism*. New York：International Publishers, 1939。亦可参见：Fieldhouse, *Economics and Empire 1830—1914*。关于法国参见：Henri Brunschwig, *French Colonialism 1871—1914：Myths and realities*. New York：Praeger, 1966, pp.90 1, 96。

的角度看,这一波新的帝国主义扩张潮流毫无意义。

这一道理可被以下事实证明,即 19 世纪末增长速度最快的新兴经济巨人美国和德国尽管也有着姗姗来迟的殖民野心和少量收获,却是殖民帝国中排行最末的(尽管美国令人惊讶的迅猛增长要部分归因于它在北美大陆上西进过程中的内部殖民)。与它们相反,英国和法国这两个最大且膨胀得最快的殖民帝国则是新帝国主义时代相对经济地位跌落得最严重的大国。由于经济和军事实力之间的紧密相关性,海外殖民帝国孱弱的军事贡献也从一方面反映出了它经济实力的低下。在第一次世界大战中,宗主国英国承担了整个英帝国80％的伤亡和 88％的战争开支,剩下的也大多由几个自治领所分担。⑥

既然当时的人也知道非洲在经济和其他方面价值极为有限,那么是什么导致了"瓜分"? 问题不仅在非洲自身。首先,英国在印度有一个帝国。为了确保从欧洲到印度的海路,英国已控制了南非,而导致英国对埃及的干涉和占领的最大考虑也是经新近开通的苏伊士运河前往印度的更短路线的安全。除了要担心埃及当地政权的崩溃外,19 世纪英国对外政策和战略中的首要问题仍是俄国在中亚和地中海东部的扩张对印度造成的威胁。因此,英国在非洲的一旧一新两块主要殖民地南非和埃及本身经济价值都不大,且在英国的[553]自由贸易体系中扮演很小的角色;它们被纳入英帝国的目的,是为了在其他强国的武力威胁下保护英国的这个贸易体系。英国人对德兰士瓦(Transvaal)的关切不在于那里新发现的矿产资源,而在于这一资源可能导致布尔人(Boers)重申其独立地位并与已在西南非洲和东非立足的德国结盟。然而其他强国不可避免地将英国在安全驱动下的行为视作寻求独占——部分程度上的确也是。以印度为例,尽

---

⑥　Patrick O'Brien, 'The imperial component in the decline of the British Economy before 1914', in M. Mann (ed.), *The Rise and Decline of the Nation State*. Oxford: Blackwell, 1990, p. 44.

管其贸易也向其他国家开放，但英国的管理无疑会给予英国国民的经济利益某种优先地位。法国在埃及有着长期以来的经济和政治利益，因此将英国接管埃及视为在经济上和威望上对自己的严重打击。

很大程度上可以说瓜分非洲的狂潮起于埃及。[64] 被英国永久性霸占埃及的行为激怒的法国，开始着手将它的政治家和官员脑中长期存有的大型殖民扩张计划变为现实。这一计划将使法国在阿尔及利亚和西非的分散领地横跨撒哈拉沙漠连成一片，从而抛弃早先与英国达成的双方避免进行大规模正式领土兼并的谅解。这些计划的动机与其说是经济的还不如说是为了国家威望，而法国在 1870 至 1871 年的耻辱战败后恰恰对威望特别敏感。实现这些计划的目的是为了将其用作筹码压迫英国撤出埃及，但实际效果正好相反。英国担心法国的扩张将使其控制苏丹和尼罗河上游，从而控制埃及的水源，于是抢先一步将包括苏丹、乌干达和通向乌干达的东非陆地通道（即肯尼亚）在内的整个尼罗河谷置于其正式控制之下。这一争先恐后圈地的竞赛因德国的加入而进一步加速。德国因在英法冲突中占据了有利的"枢纽"（pivotal）地位，而于 1884 至 1885 年获得了属于自己的非洲殖民地。俾斯麦主要出于安抚国内民族主义的内政因素而获取了这几块殖民地，因此对它们毫不在意，一心致力于欧洲事务和大国间关系。面积巨大的刚果被授予比利时国王作为其私人领地，因为多数大国均认为这比被其他大国控制更好。

因此对于英国而言，"瓜分"是一次防御驱动下的扩张，然而事态很快升级并引发了其他国家的"安全困境"，强化了各国的民族主义趋势，令它们均对别国抢先达成独占的前景深表忧虑。[554]自由贸易的英国越来越倾向于认为不仅应当将有限的战略区域纳入正式帝国以应对安全威胁，也应将扩张当作一种更具普遍性的先发制人策略，以防其他保护主义强国通过扩大其正式帝国令越来越多地区的市场对他人关闭。正式帝国于是成为英国确保自由贸易之必需。对

---

[64] Robinson and Gallagher, *Africa and the Victorians*.

于保护主义强国而言,攫取土地就更加显得有一种先发制人的紧迫性。总之,结果就成了一场脱缰之马间的赛跑。

不用说,中国在经济上的重要性是非洲无法与之相比的,但在19世纪90年代后期,围绕这两地发展出的大国间竞争机制却不无相似之处。随着跨西伯利亚铁路的进展,俄国在历史上第一次接近能够将军事力量投射到中国边疆的程度。即便俄国没有兼并中国领土的计划,英国仅靠其海军优势也已无法继续保证中国的独立和作为一个"门户开放"但由英国主导的市场的地位。与此同时,其他工业化强国——日本、德国、法国和美国——在中国的存在也越发明显。中国在与日本战争(1894—1895年)中的失败进一步削弱了其政权,政治上四分五裂的前景近在眼前。这也加剧了列强间的竞争,因为当地政权的垮台极有可能意味着列强的瓜分,而它们中没有哪个愿意承担被排除在外的后果。尽管列强均倾向于维持一个统一而开放的中国市场,它们还是一个接一个加大了对中国主权的侵蚀力度,从而开启了瓜分进程。在19世纪最后几年里,人们普遍相信中国被瓜分已成定局,但这一预料中的结果因日本在满洲地区战胜俄国(1904—1905年)并消除后者的威胁而得以避免。无论如何,正是因为列强既希望中国门户开放,又试图为自己获得优先特权,由此对中国施加了互相冲突的压力。这一过程与中国中央政权的衰落互为因果,险些导致中国由一个向所有人开放的贸易区变为几大强国正式统治下的领地。

随着瓜分在非洲发生,并威胁着中国,英国主导下的自由贸易体系也受到保护主义的挑战,而保护主义可以说是一个自我增强的进程和自我实现的预言。英国的出口已经受到所有其他大国实施的高关税政策的严重打击,并面对着德国和美国工业飞速增强的竞争力,使[555]英国在海外市场原有的领先地位逐渐弱化。[65] 正丧失经济

---

[65] 出口数据可参见:Rostow, *The World Economy*, pp. 70-3;Mitchell, *International Historical Statistics*, pp. 644-5。

霸主地位的英国越来越认真考虑放弃自由贸易,并将自己幅员广大的正式帝国整合为一个保护主义贸易区。这一政策由殖民大臣约瑟夫·张伯伦(Joseph Chamberlain)于 19 世纪与 20 世纪之交加以提倡,并在第一次世界大战后得到部分实施,最终于 1932 年大萧条期间被正式采纳⑥。如今,轮到了美国和德国致力于拆除影响其制成品出口的贸易壁垒。

有着巨大国内市场的美国在对外贸易上的依赖度较低,但 20 世纪 30 年代全球保护主义的兴起仍重创了它的出口,并令它迟迟无法从大萧条中恢复过来。20 世纪初,威廉二世皇帝治下的德国感到只有一个"欧洲合众国"自由贸易区或一个欧洲共同市场,最低限度也必须有一个经济上统一起来的"中欧"(Mitteleuropa),才能为德国工业提供能与美国、英帝国和俄国相提并论的充足发展空间。这样一个欧洲贸易区最好能够通过和平协议建立,若是做不到的话,也可以通过军事实力和政治控制来强行推动。此外,既然列强均要从新兴的全球经济中切割出自己在地理上独占的份额,而不是向所有人开放,那么德国也应当寻求建立一个巨大的殖民帝国。由于德国是殖民竞赛中的后来者,创建这样的大帝国将不可避免要求对现存秩序进行修正。德国梦想建立一个巨大的中非(Mittelafrika)帝国,将它现有的殖民地与葡萄牙的安哥拉和莫桑比克,以及资源丰富的比属刚果(德国希望比利时能割让给它)结合在一起。随着第一次世界大战和德国的战败,它的梦想变得更加激进极端。对于希特勒而言,创建一个横跨欧洲大陆,经济上自给自足,从而具备维持长期战争能力的"德意志国"(German Reich)⑥⑦这一目标与他的种族主义方案和永久性全球斗争观念不可分割。自由主义计划中所有互相联系的特性在他这里被替换成了彻底的对立面。

---

⑥　即所谓"帝国特惠制"。——译注

⑥⑦　通常译为"德意志帝国",为包括魏玛共和国时期在内的 1871—1945 年间德国国家的正式名称。因 Reich 一词的含义历史上有所变化,未必与帝制相联系,故此处译为"德意志国"。　　译注

以上很多对日本也同样适用。缺乏原材料并重度依赖贸易的日本在 20 世纪 30 年代初其他大国竖起保护主义铁壁时受到了沉重打击。它越来越相信建立起自己的殖民帝国攸关其生死存亡。[556]日本对满洲地区的夺取(1931 年)和对华北的渗透令其卷入一场与中国的全面战争(1937 年)。战争所导致的需求,欧洲本土被德国征服(1940 年)的法国与荷兰的殖民帝国构成的诱惑,以及美国对日本实施的关键原材料——最重要的是石油——禁运,驱使日本赌上一切去建立一个自给自足的帝国,即所谓"大东亚共荣圈"。在一个被分割的工业—商业世界经济中建立帝国的经济—战略必要性逻辑,使日本一步步走上了最初未曾设想的道路。

这些可以说是大国之间两次世界大战的萌芽。如果工业—商业的世界经济被切割为数块而不是向所有人开放的话,攫取领土的压力就会变得不可阻挡。从这一角度看,19 世纪与 20 世纪之交非洲极其有限的经济价值并非问题所在,因为列强考虑的是非洲作为它们全球殖民帝国的一部分所具有的长远发展前景。此外,像德国这样的国家便把英语民族及其文化的扩张视为值得羡慕的典范。海外帝国将成为德国对外移民的目的地,否则这些移民就会被"丢失"给其他国家。日本以同样的眼光看待它在朝鲜和满洲的帝国。这样的民族主义考量——向来有着至高无上的地位——在自由贸易全球经济模式让位给保护主义和权力政治的时代更显得具有合理性。在一个被分割的全球经济中,经济力量可以增强国家实力,而国家实力可以保卫和扩张经济力量。反对英国建立正式帝国的自由贸易信徒若非只关心英国自身的发展,就必须面对这样一个挑战,即反自由主义的大国可能将英国在全世界放弃的各个地区转变为自己的封闭帝国和力量源泉,并使进一步扩张成为可能。如我们后面将会看到的那样,对这样的反自由主义帝国构建——有些相当成功——将需要以武力加以抵抗。在一个开放的国际经济中,国家体量无关紧要,但在一个由权力政治主宰的国际经济中它就成为经济成功的关键。此外,对战略性军事原材料自给自足的追求和建立帝国的努力也互为因果,这方面最突出的例子就是第二次世界大战前和战争中的德国与日本。

这样的情结使殖民主义成为一项真正的国家[557]计划，受到民族和民众的广泛支持。在 19 世纪 70 年代，扩大选举权所造就的新选民群体对帝国扩张的普遍诉求便已被英国首相本杰明·迪斯累里（Benjamin Disraeli）加以利用。到了 20 世纪初，群众的诉求对于世界各国的政治家均构成了不可忽视的强大力量，哪怕他们并不认同这样的诉求——事实上越来越多政治家对这类殖民主义诉求有着同样的感受。民族扩张的"返祖"冲动和一个分裂的世界经济中的行为原理彼此互相强化。民族主义与殖民主义自此合流。

所有这些只代表了一场更深刻变革的几个方面。随着 20 世纪的到来，提倡自由贸易的自由主义不仅因保护主义造成的相互恐惧而失去影响力，也因为它现在被越来越多人认为是根本上错误的。市场经济，以及议会制—自由主义的和渐进民主的社会模式受到了全面挑战。随着市场经济因其波动性、浪费和社会代价遭到批判，计划和管制的优点受到进步主义者、法西斯主义者和社会主义者等激进边缘团体的鼓吹，市场经济也逐渐失去公众的青睐。长期以来在发达世界某些国家中一直遭到保守主义精英和专制政权抵制的议会制—自由主义模式，如今发现自己面对着可怕的新型极权主义体制这一对手。新的极权主义经济和政治体制的出现对大国间战争和帝国构建均造成了深远的影响。

极权主义的挑战以及它为何会被击败

自由主义—议会制的英国是第一个工业国家，在此之前也已成为近代商业资本主义的先驱之一。在其演化过程中，上述所有特征均紧密相连——这一点我们已在第 14 章中讨论过，且在当时即已得到公认。英国向现代性的划时代跃进不但改变了世界，也吸引了来自全球的注意力，以至于在 19 世纪大部分时间里，它的模式被视为可用来评价未来一切发展的典范。然而这一典范在西方内外引发的

[558]深刻恐惧和抵触一点也不亚于所引发的敬仰和羡慕。人们普遍为传统社会美德的消失痛惜不已，并将其拿来与金钱的异化统治进行对比。传统土地精英和专制政权害怕不可避免的权力丧失。不过，对工业化及其附带效应的拒斥意味着不仅在财富方面，而且在国家间权力对比方面都将毫无希望地走向衰落，正如奥斯曼帝国和中华帝国所经历的那样，甚至其自身存续也受到了危害。这一意识在终结了日本德川政权的明治时代维新—革命家所提出的口号"富国强兵"中得到了最清楚的表达。于是19世纪莱茵河以东欧洲的各保守—专制主义大国，如德国、奥地利和俄国——再加上日本和很多其他国家——先后向工业化进程敞开怀抱并实施了为此所需的社会和政治改革，但也尽可能多地维持了它们的专制君主—贵族统治结构和传统价值。

旧的精英阶层敏锐感觉到了这一计划中的内在紧张关系——且不说是矛盾的话——并对其充当"后卫"以抵挡变革的成功可能性表现出不同程度的悲观。我们无法得知一种不遵循自由主义模式的混合型社会政治体制能否在几个强大且工业发达的国家（如德国、俄国和日本）中存活下来并繁荣昌盛，因为这样的历史实验不久后便被战争打断，极权主义随之兴起并在很多国家取代了专制—保守主义体制。植根于现代发展进程的新的极权主义体制自认为比旧的保守主义或议会制自由主义更加契合现代性，且表现得比它们远为黩武好战。

无论左翼还是右翼（其区别将在后面讨论）的极权主义均为与此前历史上专制体制迥异的新制度形式，且直到20世纪初才具备存在可能。它的根源在于当时的人从19世纪末起普遍强烈感受到的那个时代中的决定性变化，即大众社会的兴起——我们如今已将这样的社会视为理所当然的现实。在当时的社会心理中，没有什么能在重要性上与这一新的现实相比：不久前还散居乡间不受重视的民众，如今接受了一定程度的教育并聚集于作为权力中心的大都市，从而使自己不再能被完全忽视。自此之后，一切体制都必须是"民众性"的体制，[559]需要通过某种形式的公意共识来获取合法性。这一变化的一个结果是旧的自由主义议会制也发生了转型。在过去,奉行这一体制的国家对群众毫不信任,担心政治平等会威胁到个人自由与私有财产,因此将享有政治权利者限定为有产阶级。如今它们不得不变得更加民主化。到 20 世纪 20 年代,普选权已成为各个自由主义—议会制社会中的通则。于是便有了几乎和诞生于同一时期的极权体制一样新的自由民主制(liberal democracy)这一混合政体。

19 世纪更为发达的通信交流方式——报纸、铁路和电报——已导致了国家层面的全民公决独裁制(popular plebiscitean autocracy)的兴起。这一体制类似于过去只在城邦层面上实现过的依靠民众的僭主统治。在法国,这一制度的先驱者是拿破仑一世,但将其发扬光大的则是拿破仑三世。正因如此,它被称作"波拿巴主义"(Bonapartism)或"凯撒主义"(Caesarism)。[68] 20 世纪通信技术方面的新突破进一步强化了大众社会,即便是在那些城市化进程上较为落后的国家。在通俗出版物外新增了电影(以及正片附带的新闻短片),并且到 20 世纪 20 年代又有了广播收音,其影响及于一国之内每个荒僻角落。电话和汽车也令警察能够在几小时——若不是以分钟计的话——内抵达任何地点。通过掌控利用大众教育和大众传媒,并将反对声音压制到前所未见的程度,新的极权主义体制得以对公共和私人领域施加史无前例的严密控制,从而达到相对于传统专制主义而言高得多的物质和精神动员水平。[69]

尽管大规模的和冷酷无情的恐惧统治是确保社会动员与服从的中心因素,恐惧本身,如同过去一样,并不足以唤起大多数极权社会

---

[68] 波拿巴主义和凯撒主义亦有强调职业军人依靠武装力量篡夺权力的含义,此处未体现。——译注

[69] Hannah Arendt, *The Origins of Totalitarianism*. Cleveland, OH: Meridian, 1958; Carl Friedrich and Zbigniew Brzezinski, *Totalitarian Dictatorship and Autocracy*. Cambridge, MA: Harvard University Press, 1965. 在这两部经典研究著作中,阿伦特正确强调了大众社会兴起的意义,而弗里德里希和布热津斯基则比前者更敏感地注意到了新通信交流技术的作用。

中表现出的那种狂热的信念和忠诚。为了发动群众,使他们相信正在参与和他们自身直接密切相关的事业,一套无孔不入的大众意识形态纲领是不可或缺的。没有它的话,真正的群众动员则无从谈起。关于美德和拯救的完整思想体系——有着互相冲突的各种类型的世俗性宗教——如今大体上取代了旧的宗教思想体系(或与之并列)。在这一基础上,由一群党员先锋所领导的左翼和右翼的极权主义成功宣称了它们比议会自由民主政体更能真正代表人民。两者均提供了一整套替代方案,用以取代自由主义意识形态与社会。

共产主义既拒绝伴随着社会不平等和[560]对抗性社会关系的市场体制,也拒绝它认为是以民主的幌子来掩饰资本的实际统治的自由主义议会制度。它描绘了一套通过社会占有和社会计划将人民从物质缺乏和精神异化中解放出来的救世愿景。要不是因为现实中的共产主义政权往往达不到理想状态,它就会是一种具有最强动员力的信念,因此所有在危机状态下的共产主义政权仍需召唤(在官方意识形态中加以摒弃的)本国民族主义来作为终极动员手段。民族主义显然是右翼极权主义的中心主题。尽管保留了资本主义,右翼极权主义在其他方面却要把社会重塑成自由主义社会模式的极端对立面。事实上,右翼极权主义也只不过是对很多人心目中自由主义模式之疾的彻头彻尾的反动和反抗而已。这些所谓自由主义病症包括:不受约束的资本主义;无处不在的社会冲突;对立严重的党派政治;共同体身份认同与共同的目的感遭到侵蚀;异化疏离的个人主义;肤浅的物质主义,灵性的缺失,生活的祛魅;粗俗的大众文化,软弱的人道主义,以及腐化堕落。在右翼极权主义的思想大杂烩中,资本主义将得到有效管制,穷人将得到照顾和规训,一个有凝聚力的民族共同体将建立起来,并被灌输以手足情谊和以反对国内外敌人为己任的使命感。⑦

---

⑦　较全面的文献综述可参见：Gat, *Fascist and Liberal Visions of War*, pp. 4-6；收录于：id., *A History of Military Thought*, pp. 522-4。

　　自由主义民主制、法西斯主义和共产主义这三大在新的大众工业社会应当如何构建方面存在分歧的世俗意识形态,每种均于 20 世纪期间统治了不止一个世界大国,从而导致在旧有的大国竞争基础上又加上了一层 19 世纪从未有过的意识形态激烈对抗。特定情境下意识形态与权力政治的交融可以制造出多种多样的混合产物。共产主义在意识形态上致力于摧毁资本主义世界。但与此同时,苏联领导者对此却表现出实际的审慎态度,这是因为:苏东集团在实力上逊于资本主义世界;他们相信资本主义世界将因其固有矛盾而走向不可避免的内部崩溃;且由于庞大的苏联在经济上自给自足,其领导者认为他们在时间上等得起。相比之下,20 世纪 30 年代和 40 年代初的纳粹德国和激进化了的日本帝国充分体现了两国因国土狭小而产生的严重的经济自足性[561]焦虑,并导致这两个政权以军事手段进行一场乾坤一掷的赌博。在这两个国家,传统的武士精神和对西欧人道自由主义根深蒂固的抵触如今发展为对暴力、好战、英雄般的牺牲和为成为主宰者而不断斗争的崇拜。这样的精神被认为既是国家生存所需,且本身也值得追求。

　　意识形态敌对和权力政治之间从而形成了复杂且互相影响的关系。在全球范围内进行的大国间斗争往往是因为人们相信控制范围与经济和军事总实力成正比,且一方之所得即他方之所失。显然,如我们在殖民竞赛中所看到的那样,某些位于世界最贫困部分的“所得”实际上可能只是累赘。但人们并不总能事先预知哪些地方随着时间流逝会发展得更有价值,哪些又不会;由边界、军队部署和军事基地等概念定义的安全地理(geography of security)构成了对扩张的内在需求;民心士气和国家威望方面的考量往往导致不愿承受任何领土损失,唯恐造成“多米诺骨牌效应”。意识形态对立、世界经济的分裂化和“安全困境”三者不可避免地互相强化。

　　第二次世界大战结束后的 20 年内,西欧自由主义民主国家便丢失了它们在亚洲和非洲广大的殖民帝国。我将在第 16 章中更详细地考察这一变化的原因。这里我只想说,失去殖民地并未对自由主义民主国家的权力和财富造成多少根本性损害。无论如何,那些工业不发达的国家在经济上重要性极低;而成功进行了工业化的国家如东亚诸国中的一部分,则被吸纳进资本主义全球经济(虽说它们在发展过程中经常依赖于保护主义)并受到西方军事力量的庇护;那些拥有关键原材料的国家如波斯湾产油国也同样受到庇护,并依靠西方的非正式帝国主义援助来维持国内稳定。但如果像很多人那样,从西方的经验中总结出在现代条件下征服他国无法成功或得不偿失,那也是错误的。不久前一项杰出的研究引人注目地论证了对于20世纪的非自由主义,尤其是极权主义的大国而言,对发达和不发达国家的大范围征服均为可行,且征服发达国家还相当有益。⑦ 极权主义帝国一旦占领了工业发达的国家(它们从未被置于自由主义的帝国统治之下),[562]就能够相对容易地加以控制并纳入其统治结构。尽管这些被征服国家是拥有强烈民族主义意识的大众社会,它们复杂且一体化的现代经济反而令它们易于向冷酷无情的压力屈服,以至于偶尔展示而不必实际运用这样的压力,就足以令它们俯首帖耳。

关于这一点的最鲜明案例是 1940 年被纳粹德国征服的那些西北欧国家。德国人以几乎等同于管理本国经济的效率成功地令它们服务于其战时经济。仅通过合并这些国家,德国的经济—军事力量便可在 1938 年的基础上增长约 50%。⑦ 德国对东欧和东南欧那些更加农业化、经济价值较低的国家的控制也大体同样顺利,只在地形条件不利的南斯拉夫和苏联部分被占地区才遇到了较顽强的抵抗。然而若是德国赢得了战争并在这些热点区域投入更多兵力的话,凭

---

⑦　以下内容依据：Peter Liberman, *Does Conquest Pay? The exploitation of occupied industrial societies*. Princeton, NJ：Princeton University Press, 1996, 此书既具有令人耳目一新的原创性,论证也极为得当。

⑦　同上, p. 43；Harrison, *The Economies of World War II*, p. 7；计算力量增长时我所用的仍是之前介绍过的结合了国民生产总值和人均国民生产总值的方法。

着惨无人道的灭绝性手段,它极有可能在这里也取得胜利。从诞生之初,苏联就以远超沙俄前政权的残酷性一视同仁地压迫俄罗斯人和非俄罗斯人。二战后它继续以或多或少同样成功的方式统治着占领下的东欧,直到苏东集团和苏联自身于 1989 至 1991 年间因民族主义之外的问题解体为止。只是到了苏联帝国末期,其侵略军才在荒凉的阿富汗剿灭抵抗武装游击队时遭遇了失败。日本帝国同样能够发展和利用其统治下的中国台湾(1895 年占领)、朝鲜(1905 年)和满洲地区(1931 年)的经济潜力。如果第二次世界大战没有以"大东亚共荣圈"的覆灭而告终的话,日本很可能能够将这一模式复制到"共荣圈"中的其他地方。

但在 20 世纪所有三次波澜壮阔的大国斗争中胜出的却是自由主义—民主阵营。是什么导致了这一决定性结果? 很难不去从这些相互对立的制度各自的特性中寻找根本原因,在本书这样的结构性研究中更是如此。是否自由主义民主制在对外镇压方面的弱势,已从全球市场体系的黏合——和规训——作用所导致的更强的合作引导能力上得到了完全补偿,甚至有所过之? 对于冷战或许可以这样说,[563]但很难认为也适用于两次世界大战。自由主义民主国家的胜利是因为说到底它们总是更加团结吗? 同样,这或许更适用于冷战,当时的民主—资本主义阵营无论如何也要更加强大,且还能从共产主义阵营的苏联和中国之间越来越严重的敌对中获利。但在第一次世界大战中,交战双方意识形态的分歧就比以后的年代里弱得多。英法联盟绝非注定要形成,与其说它是自由主义合作的成果,倒不如说是出于均势的权宜之计。就在不久前英法两国还互相强烈敌视,差点走到战争边缘,并令英德合作一时间变得很有可能。自由主义的意大利无视与法国之间的矛盾退出三国同盟加入协约国,也是英法结盟这一重新组合的结果,因为意大利的半岛地理位置使它无力承受与头号海军强国英国为敌。在第二次世界大战中,法国被迅速击败,而所有的右翼极权主义强国都站在同一边作战。对民主国家结盟行为的专门研究结论也与以上的观察相一致。⑦

如果不是因为它们在国际行为上的结构性优势的话，那么是某种内政方面的固有优势令自由主义民主大国在 20 世纪三大斗争中获胜吗？尽管自由主义民主国家最初都不愿加入战争，且在和平时期有着较低的动员水平，它们不是被证明了最终在动员方面更为高效吗？事实上，所有参战国在总体战状态下都相当高效地进行了社会和经济动员。一战中保守主义半独裁的德国调配资源的能力和它的自由主义—议会制对手同样强大。二战最初阶段的一连串胜利后，纳粹德国在关键性的 1940 至 1942 年间的经济动员显得懒散而缺乏协调。这段时间里它本可以摧毁苏联，控制整片欧洲大陆从而在根本上改变全球势力均衡，但由于向德国武装部队供应的军事装备不足以令其完成期望中的任务，机会最终丧失。⑦ 这一决定性失误的原因何在并不容易回答，但至少部分应归咎于德国极权体制内部争权夺利的结构性问题。不过，从 1942 年起（虽说已经太迟），德国高度强化后的[564]动员水平终于赶上并超过了那些自由主义民主国家（尽管在生产总量上显然无法与美国相比）。通过无情的手段，日本帝国和共产主义苏维埃俄国在二战中的动员水平也同样超

---

⑦　民主国家在战争中能够取胜这一事实在国际关系研究中引起了很大关注，并成为下列著作讨论的主题：Dan Reiter and Allan Stam, *Democracies at War*. Princeton, NJ：Princeton University Press，2002。我赞同这本书的部分结论，尤其结盟并非民主国家胜利关键这一点，但也对其他一些结论无法苟同。更多关于盟友选择的内容可参见：Randolph Siverson and Julian Emmons, 'Birds of a feather：Democratic political systems and alliance choices', *Journal of Conflict Resolution*，1991；35：285-306；Michael Simon and Erik Gartzke, 'Political system similarity and the choice of allies', *Journal of Conflict Resolution*，1996；40：617-35。文献综述可参见：Bruce Russett and John Oneal, *Triangulating Peace：Democracy, interdependence, and international organizations*. New York：Norton，2001, pp.59-60, 66-8。

⑦　尽管有时表述过于夸张，奥弗里的书在聚焦于这一问题方面仍是无可比拟的：Richard Overy, *Why the Allies Won*. New York：Norton，1996, Chapters 1，6，and 7。

过了自由主义民主国家。事实上一位历史学家最近便总结出，极权主义政权比自由主义民主制拥有更高的战争动员能力，从而给予它们显著的军事优势。⑦

到了冷战时期，苏联的共产主义经济才表现出越来越顽固的结构性缺陷，在与一个日益精密复杂和全球化的市场经济进行对比时显得一目了然。尽管在二战期间，苏联在军事装备大规模生产所要求的严格技术上已达到很高水平，且冷战中在军事方面仍能不落人后，苏联体制的僵化和内在缺乏激励仍被证明无法应对信息时代更为多样化的经济。共产主义阵营实际上最后自行解体了。无需通过与资本主义—民主世界之间的武装摩擦，苏联和其他一些社会主义国家也各自意识到了它们的体制已变得效率低下。

相比之下，没有理由认为资本主义的右翼极权主义政权如纳粹德国和日本帝国在经济上会如此低效。这些政权中存在的低效现象主要是因为难以追责和任人唯私，且很可能因更高水平的社会动员而得到补救。也没有理由安慰自己说这些残暴的政权（德国的残暴程度显然远超日本）会因其暴行而走向垮台，即便一定程度的软化在未来确有可能发生。与很多学者所声称的不同，这些政权比民主国家更具感召力，且它们的士兵打仗也打得更好。在 20 世纪 30 年代和 40 年代初，法西斯主义和纳粹主义是能够唤起群众极大热情的信念，而民主国家在意识形态上则处于守势，显得老迈消沉。法国在 1940 年像一叠纸牌那样一触即溃，而德国和日本（以及苏联）均不顾一切地战至最后。⑦ 对自由主义民主国家而言，右翼极权主义强国

---

⑦ Ferguson, *The Cash Nexus*, p. 404；相关数据可参见：pp. 42-3, 46-8；Harrison, *The Economies of World War II*, pp. 20-1, 47, 82-3, 88-9, 157-9, 257, 287。注意到现代威权主义—极权主义政权下高动员率的还有：Mann, *The Sources of Social Power*, p. 60。

⑦ 奥弗里在《同盟国为何取胜》(*Why the Allies Won*)第 9 章中称，同盟国的胜利部分原因在于它们占据了道德高地，但这与他选择放在该章开头作为主题句的一段颇有说服力的引文自相矛盾（第 282 页）。（该段引文出自英国陆军教育部 1942 年刊印的小册子，称："我们相对于纳粹处于严重劣势的（转下页注）

德国和日本(尤其前者)由于拥有更具效率的资本主义经济,可被认为构成了较苏联更为实际的威胁;而西方列强[565]在二战前和二战中对纳粹德国的判断也正是如此。应当注意到,自由主义民主国家在面对德国时甚至不具备经济和技术发展上的固有优势,而它们在面对其他大国对手时都有这样的优势。

右翼极权主义强国最终战败只不过是因为碰上了一个力量远超它们的经济—军事联盟,但这个由自由主义民主国家和共产主义苏联(后者在最关键的年份里承受了战争的主要冲击)构成的联盟很难说是命中注定的。结构性因素在共产主义世界的垮台中扮演了很重要的角色:1945 年后资本主义阵营扩展到包含了除苏东国家以外的全部发达世界,拥有比共产主义集团高得多的基础性国家能力;而共产主义集团尽管坐拥大量资源,却因其经济的内在低效性而根本没有赶上资本主义阵营的希望,遑论超越。苏联和中国加起来所具有的潜力已经大于资本主义民主阵营,若它们在经济上能够成功的话,其他国家便也会趋之若鹜。朝鲜与韩国之间触目惊心的发展程度差异也值得注意。

对自由主义民主国家成就的普遍结构性解释可能会具有误导性,因为样本数量太少,无法排除偶然因素的作用。自由主义议会制的大国只有三个:美国、英国与法国(一战期间的意大利很难归入此类,尤其在"大国"这一标准上)。保守主义且存在不同程度君主独裁的大国有三个:第一次世界大战中的德国、奥匈帝国,以及站在另一边的沙皇俄国。右翼的资本主义极权大国有两个:20 世纪 30 年代

(接上页注)主要原因在于在这场'重大理念'之战中,他们秉持的那些邪恶理念是全新且充满活力的,而我们为之而战的那些伟大理念则显得陈腐乏味,无法振奋人心。"——译注)尽管书中高度依靠统计材料,雷特尔(Reiter)和斯塔姆(Stam)的《战争中的民主国家》(*Democracies at War*)却很奇怪地在未提供任何统计证据支持的情况下得出结论认为,民主国家在战争中表现更突出,很大程度上是因为它们的军人受到更强的鼓舞激励从而能比敌人更好地作战。这一结论至少在对于民主的命运至关重要的两次世界大战中是缺乏现实依据的。

到 1945 年的德国与日本(意大利再次不够格,主要原因仍在于"大国"标准,但它的极权主义程度也是存有争议的;将二战中的日本算作极权主义国家同样需要适当放宽用于欧洲的标准)。共产主义大国只有一个即苏联(冷战时期中国的地位在两可之间)。导致资本主义自由民主国家获胜和极权主义挑战者消亡的原因里,偶然因素所起的作用可能和结构性因素一样大,甚至更大。这些偶然因素中最明显和最具决定性的就是美国。

美国这一英国自由主义的分支在大西洋另一端生根发芽,通过独立将其[566]自由主义遗产制度化,扩张到包含了一片仅有少量部落原住民的南北美洲最为宜居的土地,同时从欧洲吸收了大量移民——这一切说到底都是历史上的机缘巧合。世界上最大规模的经济—军事力量集合就这样在巧合下诞生。显然,自由主义体制和其他结构性特质对于美国的经济成功起到了很大作用(可与拉丁美洲对比),甚至因为这些因素对移民的吸引力也间接导致了美国的扩张和最终领土范围;但如果美国最初不是极其幸运地建立在一个广阔而富饶的地理—生态区域边缘的话,那它在人口和地域上都很难达到现实中的规模——加拿大、澳大利亚和新西兰就是反面的例子。当然,位置并非一切,只是诸多必要而关键的条件之一。这些条件共同造就了一个巨大且合众为一的国家,使之成为 20 世纪最具重要性的政治现实。

所以说,即便自由主义制度是美国令人乍舌的增长的关键性先决条件,偶然性至少也决定了这一国家[567]能够在新世界新发现的土地上出现这一根本事实,从而使其最终能挺身而出"拯救旧世界"。⑦ 这一巨大的力量集合在 20 世纪总是比排名二三的两大国加起来还要强大,决定性地改变了全球力量均衡,使之对美国的盟友有利。自由主义民主国家之所以有着比对手更多的资源可供支配,除了它们作为发达经济体的地位外(前面已说过,并不比德国更加发

---

⑦　丘吉尔语。——译注

大规模制造中的 B-24 重型轰炸机,位于福特公司在密歇根州威洛朗的巨型工厂

达),另一个同样关键的事实就是美国站在这一方。自由主义民主的
胜利在一战和二战打响时都绝非注定,但在冷战开始时或许就有了
一定的保证;令其占了上风的说到底不是自由主义民主的任何内在
优势,而是美国的存在。"美国因素"在关于 20 世纪民主制胜利的研
究中被普遍忽视。⑱ 换一种说法,如果没有美国的话,自由主义民主

---

⑱ 举例而言,下面这部著作列举民主在 20 世纪的世界取得进展的原因时
未提到美国因素:Robert Dahl, *On Democracy*. New Haven, CT: Yale Univer-
sity Press, 1998, pp. 163-5。弗格森《金钱关系》(*The Cash Nexus*)第 12 章中也
未提到,哪怕该章的标题还是"美国浪潮:民主的兴衰",并且作者对未来的美国
帝国主义有着强烈期盼。以及:Michael Doyle, *Ways of War and Peace: Real-
ism, liberalism, and socialism*. New York: Norton, 1997, pp. 269-70, 277。更
令人困惑的是雷特尔和斯塔姆的《战争中的民主国家》,尽管书中实际承认是美
国的参战扭转了二战在欧洲和太平洋的战局,但却拒绝以此为理由解释民主国
家的军事胜利,而是提出一个奇怪的说法称不应从个案中总结普遍规律,哪怕这
一个案关系到地球上最为强大的国家,且其行为决定了 20 世纪最激烈军事冲突的
结果以及民主的命运,参见:Reiter and Stam, *Democracies at War*, (转下页注)

国家极有可能已在 20 世纪的意识形态伟大斗争中落败。我们如今拥有的通过这些斗争所创造出的世界是如此偶然而脆弱，而非进步主义辉格史观想让我们相信的那样是单向线性发展的产物。这样的事实或许能够让人冷静下来加以深思。

结　论

我对工业—技术社会崛起影响下战争的讨论将在这里暂告一段落，把自由主义民主制、核武器因素和其他大规模杀伤性武器等话题留到关于当代世界的下一章中加以集中探讨。但首先我还是要尝试对本章要点进行总结。工业—技术领域的起飞标志着人类历史上的一场革命，导致了财富和权力持续的、几何级数的增长，并使经历了这场革命的社会摆脱了过去令它们深陷其中的马尔萨斯陷阱。很难认为这样翻天覆地的发展会与 19 和 20 世纪发达国家间战争次数与战争年数（包括大国间战争这一历史上最频繁和最剧烈的国家间战争形式）的急剧下降没有任何关系。[568]但与此同时，一旦大国间战争真正爆发——以两次世界大战为最——参战国便能动员起比过去多得多的资源投入战争：在已经历了几何级数增长的国民产值中划出一个更大的比例。

那么在工业—技术革命与发达国家间战争次数的急剧下降间究竟有何联系？是因为战争代价更重或和平更为有益了吗（或两者皆有）？前者经常被人们挂在嘴边，但其实没有多少证据支持这一说

（接上页注）p. 136。相比之下，亨廷顿对包括两次世界大战的胜利在内的国际背景更为了解，但他并未讨论民主国家在这些战争中获胜的原因，参见：Samuel Huntington，*The Third Wave*：*Democratization in the Late Twentieth Century*. Norman，OK：University of Oklahoma，1991。亦可参见：Tony Smith，*America's Mission*：*The United States and the worldwide struggle for democracy in the twentieth century*. Princeton，NJ：Princeton University Press，1994，尤其是 pp. 10–12，147。

一大群美制 **M-4** 谢尔曼坦克,此处由诺曼底战役期间的自由法国第二装甲师所装备。美国(以及英国)坦克被公认为在质量上远远不如德国和苏联坦克

法。相对于这个时代的人口和国民财富,19 世纪的几场战争不比这之前历史上的战争代价更大。第一次世界大战的巨大代价也没能阻止第二次世界大战在不久后爆发。经济基本原理的转变或许更有决定性意义,正如 19 世纪很多人提出的那样,它将有利于和平。真实财富的快速而持续的真实增长[569]意味着财富数量不再是根本上有限的,财富获取不再是零和游戏。经济生产成为通向财富的康庄大道。此外,国民经济也不再是绝大多数情况下自给自足的。不断强化的分工与市场交换导致各国之间虽仍存在高度竞争,但也形成了一损俱损,一荣俱荣的经济关系。

那为何发达世界国家之间仍会发生战争(尽管以一个低得多的频率),甚至还包括了令 19 世纪乐观主义信念烟消云散的两次世界大战?19 世纪大部分冲突和战争背后是民族主义问题。根深蒂固的、以亲缘关系为基础的身份认同在现代性的影响下转变为民族主义,并与现存的政治边界发生冲突。此外,随着新的工业化全球经济显露出向保护主义方向转变的趋势,被划分成一个个帝国主义经济区而不再保持开放,一个预言自我实现的进程开始了,列强随即争相占据土地,并因此不可避免地走向越来越紧张的国际局势以及战争。

同一进程也导致了现代极权主义政权在几个大国中的崛起。对于它们而言,以暴力斗争反抗自由主义模式的意识形态信念,与在全球经济中分一杯羹的需求这两者互相影响,相辅相成。自由主义民主国家在 20 世纪艰巨的斗争中之所以能够最终取胜,美国这一巨大力量中心的存在的意义不亚于自由主义民主制度的内在品质。在这一过程中,民主—资本主义势力范围通过军事胜利和军事压力,以及市场力量的渗透效应这两股力量的推动而不断扩大。但另一方面,既然拥有强大到足以碾压纳粹德国和日本帝国的基础性国家能力,二战后的当代自由主义民主国家为何在面对此前它们曾轻易征服的工业不发达世界的弱小对手的若干次小规模战争中,会表现得如此之差呢?既然发达国家与不发达国家的财富差距已扩大到前所未有的地步,而我们又声称在工业—技术时代,财富与发动战争的能力紧密相关,那自由主义民主国家在此类战争中的表现如何能与我们的论点兼容?在目前仍处于富裕的自由主义—民主制市场经济社会主宰下的这个世界里,对这些在理论和实践中均十分重要的问题的解答,将是极有意义的。

16　富裕的自由主义民主社会、终极武器与世界

[570]21 世纪初,随着法西斯主义倒台,共产主义式微,世界被置于富裕的、高科技的自由主义民主社会主导之下。这些社会分布于北美、西欧—中欧和太平洋边缘,拥有全世界人口的不到五分之一。然而以人均数字而言它们的富裕程度远超其他社会(最富裕的30 个国家或地区中,非民主制度的只有新加坡、中国香港和一些很小的、低技术的阿拉伯产油国),其国民生产总值(GNP)占全世界一半以上。根据我在第 15 章中提出的综合计量方法,它们控制了全世界基础性国家能力的九成以上份额。

纵观历史,那些最强大的国家无论其体制如何,均为最主要的交战国,且大多数情况下战争发生在它们之间。现代自由主义民主国家在这方面与过去的各类政权是否有所不同? 如果不同的话,原因何在? 自由主义民主国家主导下的世界是否显著不同于先前的各个国际体系? 早在启蒙时代自由主义作为一种综合了若干思想源流的学说和观念出现时,这些问题便已提出并已有人给出了肯定的回答。作为光荣革命(1688 年)的政纲,政治自由主义在英国由约翰·洛克(John Locke)[571]加以阐述,强调个人自由应被放在首位,政府应受到法律和共识的约束,以及法治原则的普遍适用。约一个世纪后,亚当·斯密又向其中添加了经济自由主义的内容,强调自由市场之利以及国家保护主义和殖民征服之弊。托马斯·潘恩和伊曼纽尔·康德分别于美国和法国革命后阐述了这些理念并将自由主义愿景推

广到国际领域(虽说前者在这方面往往被忽视①)。康德在他的《论永久和平》(1795 年)中认为,包含了代议制政府、权力分立以及得到法律保障的个人权利等原则的共和政体的扩散可阻止战争的发生。和潘恩一样,康德认为人民与专制统治者相反,将不会投票赞同要由他们承担生命、磨难、金钱和毁坏等代价的战争。和潘恩一样,康德也提到了商业精神不可阻挡的传播将起到抑制战争的作用。他相信随着共和国的数目与日俱增,它们将能够建立国际机构以调解它们之间的纠纷,从而避免战争。②

曼彻斯特学派所象征的自由经济和平主义在 19 世纪的工业化时代获得了相当大的影响力,但后来随着保护主义和殖民主义的回归以及第一次世界大战的爆发,其影响力又有所下降。正是这些"世界危机"令美国总统伍德罗·威尔逊(Woodrow Wilson)构思出他与康德基本相似,但有很多重要补充的关于世界和平的愿景。首先,威尔逊的和平基于"民主国家"而非"共和国"的扩散。和其他自由主义者一样,康德并未设想需要有普遍和平等的选举权及被选举权。事实上如其他自由主义者那样(但不包括潘恩),他对民主抱有怀疑态度,因为古典时代的民主被认为具有堕落为蛊惑人心的政客煽动下的暴民统治的倾向。自由主义者普遍害怕民主会转变成多数人的暴政并威胁到自由权利。但到了第一次世界大战时,自由主义国家的参政权经稳步扩展已达到实现或将要实现普选的程度。新的复合型的自由主义民主国家于兹诞生。威尔逊相信这样的国家天性爱好和平;随着它们不断扩散,取代好战的独裁和寡头统治国家,世界和平

---

①　这里可能指的是潘恩作为《人的权利》作者的知名度远远不如作为《常识》的作者。——译注

②　参见以下杰出著作:Michael Doyle, *Ways of War and Peace: Realism, liberalism, and socialism.* New York: Norton, 1997; Thomas Walker, 'The forgotten prophet: Tom Paine's cosmopolitanism and international relations', *International Studies Quarterly*, 2000: 44: 51-72,其思想可追溯到:Michael Howard, *War and the Liberal Conscience.* Oxford: Oxford University Press, 1981, Chapter 1;以及该书第 14 章最后一部分。

将从中得益。③

[572]威尔逊对康德计划的第二个重要补充与前一个亦有关联。它试图解决的是 19 世纪冲突的主因之一：受挫折的民族主义。在 19 世纪中欧、南欧和东欧各民族反抗专制帝国主义统治的斗争中，民族解放与政治自由主义交织在一起密不可分。以朱塞佩·马志尼（Giuseppe Mazzini）为最杰出代表的这一思想组合逐渐赢得了西欧自由主义者的支持——他们的国家早已实现民族自决，但并未因此将自决权视为他人的普遍权利。这些"他人"包括东欧和东南欧的一系列小民族，其族裔混杂的分布状况令 1919 年的和约谈判者大感头疼；④且"他人"的范围随后还将逐步扩展到包括此前被认为尚未准备好独立接纳现代文明的亚非不发达地区人民。在威尔逊的世界和平计划中，民族自决是民众政治参与和民主的必然结果和必要补充。外国统治不应当违背人民的意愿而继续存在下去。

但自由主义民主国家果真比其他政体的国家更加回避战争吗，抑或只不过是意识形态宣传和自我欺骗，是令人熟悉的自视过高现象的表现？这样的怀疑似乎很有道理。20 世纪里，自由主义民主国家卷入了三次大国斗争，但很大程度上扮演了争夺权力和资源的传统"现实主义"竞争者角色，并采取了相当残酷无情的策略。在冲突的另一方，其对手也同样深信自己的行为从根本上是为了自卫，并认为自由主义民主国家既虚伪又咄咄逼人，以至于想靠挑起战争来维持它们不义的优势地位。帝制德国与帝制日本均将自己视作被已拥有巨大殖民帝国的对手包围并限制在狭小区域内的受害者。对于共产主义者而言，资本家的剥削从根本上靠的是对内对

---

③　这一思想最初于威尔逊 1917 年 4 月 2 日在国会发表的宣战演说中得以阐明，但却不见于他在 1918 年 1 月 8 日提出的著名的"十四点计划"中，因后者关系到较敏感的外交问题，牵涉到俄国这一战争盟友（布尔什维克此时已从 1917 年 3 月成立的自由主义政府手中夺取权力）以及敌国德国和奥匈帝国。

④　关于这一棘手问题可参见以下杰作：Howard, *War and the Liberal Conscience*, Chapters 2-3。

外的暴力压迫,解除这样的压迫是正义、真正自由与世界和平的先决条件。

这些意识形态论调复杂且不可尽信,但也的确没有可靠证据支持自由主义民主国家更倾向于和平的说法。虽说历史上的自由主义国家和较晚出现的民主国家参与国家间战争的频率确实较低,它们打的针对非国家对手的"体系外"战争——主要为殖民战争——却更多。⑤ 由于它们[573]广袤的殖民帝国和随之而来的"殖民战争",19和20世纪的老牌自由主义/民主强国如英法所参与的战争数和处于战争中的年数要远超那些非自由主义大国如奥地利和普鲁士/德国。美国于19世纪在北美大陆的大举扩张同样充满暴力;这一内部"边疆"在20世纪消失并转移到美国的"非正式帝国"中,仍令其不断卷入战争。采用自由主义民主制度的英国前自治领——以澳大利亚为最,其次加拿大,最后是新西兰——在20世纪也参与了很多次战争,一开始是为了支持其旧宗主国,随后则是作为新霸主美国的盟友。如我们在第15章中看到并将在本章中继续看到的那样,至少对于殖民强国而言,国家间战争与殖民战争有着很大差别,尤其是在强度上。此外,殖民战争对自由主义民主国家发展的影响,与对非自由主义民主国家所造成的影响也大有不同。无论如何,学界对民主国家自吹自擂的民主避战理论表示高度怀疑。

但从20世纪70年代开始,国际关系学者中又产生了新的认识,形成了一套声望日隆的理论,从而对自由主义/民主的和平性进行了彻底的重新定义。学者如今发现,尽管自由主义国家或民主国家(或政府经自由选举产生的国家——总之无非是一些概念上的细微差别)打仗次数并不比其他国家更少,但自从它们在18世纪末19世纪初出现后,彼此之间却从不打仗或极少打仗。这一

---

⑤　Melvin Small and David Singer, 'The war-proneness of democratic regimes, 1816—1965', *Jerusalem Journal of International Relations*, 1976; 1 (4): 50-69; Steve Chan, 'Mirror, mirror on the wall: Are the free countries more pacific?', *Journal of Conflict Resolution*, 1984; 28: 617-48.

发现得到了详尽的统计—量化研究的支持。典型方式是建立两个涵盖 19 和 20 世纪的计算机数据库,其中一个包含所有国家间战争的数据,另一个包含政体类型,然后将它们进行比对,发现在所有时间点上任意两个彼此交战的国家的组合,或者说"配对"(dyads)里面,两国均为民主国家的情况完全不存在或接近于无。⑥ 而这对于其他政体类型并不成立。若上述结果为真的话,从这种自由主义或民主的独特性里,似乎的确能如潘恩、康德和威尔逊所声称的那样推断出,一个由自由主义/民主国家组成的世界将是一个和平的世界。

自然,这一所谓的"民主和平"理论及作为其证据的令人震惊的事实基础——年轻的国际关系学科中最重要的发现之一——问世以来受到了仔细审核。它在理论假设和证据层面上均受到了批评。与之相关的论战制造出了极为可观的[574]学术文献,而为了回应批评并纳入更新的研究成果,最初的理论命题也被加以提炼、修订和扩充。⑦ 希望读者原谅我在这里插入介绍一点个人相关经历。当我在

---

⑥　Dean Babst, 'A force for peace', *Industrial Research*, 1972; 14: 55-8;尽管有时被引用,这篇预见到了有关"民主和平"的大多数争论的经典论文却很少得到讨论,可能因为作者并非"圈内人士";出于某些原因,斯莫尔和辛格所写的《1816—1865 年间民主政体的好战性》一文常被引用来作为民主和平独特性不存在的证据,虽说这篇文章对该议题的正反两面均进行了出色探讨并涉及了相关问题的大多数方面;R. Rummel, 'Libertarianism and international violence', *Journal of Conflict Resolution*, 1983; 27: 27-71; Michael Doyle, 'Kant, liberal legacies, and foreign affairs', *Philosophy and Public Affairs*, 1983; 12: 205-35, 323-53; Chan, 'Mirror, mirror on the wall'; William Domke, *War and the Changing Global System*. New Haven, CT: Yale University Press, 1988; Zeev Maoz and Nasrin Abdolali, 'Regime type and international conflict 1816—1976', *Journal of Conflict Resolution*, 1989; 33: 3-35; Bruce Russett, *Grasping the Democratic Peace*. Princeton, NJ: Princeton University Press, 1993.

⑦　全面介绍可参见: Fred Chenoff, 'The study of democratic peace and progress in international relations', *International Studies Review*, 2004; 6: 49-77.

1990 年左右第一次听到"民主和平"理论时，我认为对这一理论应当有若干重要保留和限定条件，否则难以成立。如今在熟悉了有关文献后，很多我原先持有的疑问已得到了解答。然而，还有一些至今未有人做出满意的说明。接下来的一节中我将选择论战过程中浮现的一部分事实证据和论点加以综合介绍，并通过更广阔的且有深刻差异的视角将其进一步扩展和情境化——事实上是提炼和重构。

是否存在"民主和平"？

第一个应当注意的问题与前近代时期有关。如果近现代自由主义/民主国家彼此间不打仗，且原因据称在于其政治体制，那么这一点何以不适用于更早的民主制国家，尤其是古希腊的那些？这一问题关系到一个往往被忽视的特有难题。与近现代相比，从更早时期存留至今的信息非常零散。即便对于其中一些有着相对详细记载的例子如古典时代的雅典和罗马也是如此。我们对雅典以外的希腊城邦（斯巴达可以被部分排除）的认识极为模糊不清。无论对于它们的战争，还是它们的政体，我们手头的材料都远远无法建立起类似 19 和 20 世纪情况下那种完整的记录。不过也有一项综合研究发现，希腊民主城邦之间实际上表现出了比非民主的或混合的组合（配对）之间更强的好战倾向。其中最引人注目的案例是伯罗奔尼撒战争中雅典对叙拉古的著名战役（公元前 415—前 413年），导致雅典远征军遭遇全歼，雅典在整场战争中的失败就此注定。对于这一研究显示的古代与近现代民主国家间战争表现不一致的问题，其研究者认为原因在于：(1)当时的民主国家仍很不成熟；(2)关于古代的[575]记录太过不完全，难以反映全貌。⑧ 但由

---

⑧　Bruce Russett and William Antholis，'The imperfect democratic peace of Ancient Greece'，再版于：Russett, *Grasping the Democratic Peace*，Chapter 3。

于近现代民主国家间和平被认为是普遍成立绝无例外的，因此上面的解释无法令人满意。

与古代相关的信息的不明确致使另一项综合研究得出结论，认为古代和近现代的民主共和国间完全不存在战争表现不一的问题，坚称古代民主国家也从不互相交战。只需简单几点便可揭示这一论调的荒谬性。⑨ 我们所知的古希腊民主城邦中有很多属于公元前 5 世纪的雅典帝国。这一帝国的前身是以雅典为首并被雅典逐渐掌控的阿提卡—提洛同盟（Attic-Delian League）。雅典帝国是强制性和压迫性的，雅典依靠自身压倒性的力量强迫其他城邦加入并阻止它们退出。反叛者受到严厉的镇压。雅典如同暴君一般治理着帝国，其中一项措施便是阻止成员（包括那些民主制的）互相交战。事实上雅典还会在它的"盟邦"中推行民主制政体（斯巴达则在其盟邦中推行寡头政体），因为这些民主政权必须依靠雅典来对抗其国内的寡头派系和僭主，对于雅典而言更为可靠。虽说如此，在伯罗奔尼撒战争的后期阶段，雅典权力遭到严重削弱，不再能靠武力和威慑令它的盟邦俯首听令后，包括民主制城邦在内的雅典盟邦便群起而反抗其统治。因此，公元前 5 世纪的希腊记录绝大多数情况下显示的是民主

---

⑨　Spencer Weart, *Never at War : Why democracies will not fight one another.* New Haven, CT : Yale University Press, 1998. 尽管这本书写得充满才智且引人入胜，但作者过于机敏地利用了不确定性，无视或有意加工一些不利证据，对另一些则敷衍搪塞过去。古典学者不同意这本书的基本观点，对其中很多案例的解读提出争议，且列举了更多希腊民主城邦之间交战的案例，可参见一位在早期希腊民主城邦研究领域享有盛名的专家的论述：Eric Robinson, 'Reading and misreading the ancient evidence for democratic peace', *Journal of Peace Research*, 2001; 38 : 593-608; 以及两位作者随后的论战：Spencer Weart, 'Remarks on the ancient evidence for democratic peace', *Journal of Peace Research*, 2001; 38 : 609-13; Eric Robinson, 'Response to Spencer Weart', *Journal of Peace Research*, 2001; 38 : 615-17. 亦可参见关于希腊城邦和公元前 4 世纪雅典民主方面权威学者的著作：Mogens Hansen and Thomas Nielsen, *An Inventory of Archaic and Classical Poleis.* Oxford : Oxford University Press, 2004, pp. 84-5。

制帝国威压下的和平,而非独立民主国家间的和平。⑩ 此外,雅典社会中热衷于推行帝国主义侵略扩张和战争的也是雅典人民(demos),而非其贵族。

将公元前 4 世纪的希腊用作检验则更具意义。首先,这一时期的希腊民主制城邦数目增加了。此外,当又一个由雅典领导的同盟于公元前 377 年组建起来反对希腊的帝国性霸主斯巴达时,这一同盟是建立在自愿和平等原则之上的。为了削弱斯巴达,雅典帮助了底比斯重获独立。不但底比斯本身成为一个民主制城邦,它还在民主基础上重建了维奥蒂亚同盟。公元前 371 年,维奥蒂亚联军在埃帕米农达(Epaminondas)的指挥下,于威震希腊的留克特拉战役(Battle of Leuctra)中击溃了此前战无不胜的斯巴达人。希腊的均势随之发生了剧烈变化。斯巴达的霸权和专横的帝国统治被打破,底比斯一跃而成为一等强国。通过入侵[576]伯罗奔尼撒,埃帕米农达帮助斯巴达的各个卫星国获得独立,组成民主制城邦和区域民主制同盟。他解放了希洛人(helots)中的一大部分。这些希洛人是数百年来屈服于斯巴达统治下的奴隶,导致斯巴达因控制镇压他们的需求而建立起军事化社会。然而这些高尚的,虽说也明显有利于底比斯的行为却遭遇了来自同为民主制城邦的雅典的强烈反对,只因在留克特拉战役后,底比斯接替斯巴达成为霸主,因此雅典所畏惧并试图加以平衡的对象也变成了前者。如大卫·休谟(David Hume)所指出的那样,这一转变是古代关于均势运作的一个鲜明案例。

公元前 369 年,雅典加入了反底比斯战争,与寡头制压迫性政权的斯巴达及其寡头制盟邦、叙拉古的大狄奥尼西奥斯(Dionysius of Syracuse)及好战嗜血的费莱的亚历山大(Alexander of Pherae)等希

---

⑩　威尔特在他的书里尽可能晚地推迟第一雅典帝国的出场时间,然后将这一对其论点不利之处草草打发掉(第 246 页)。其他人更好地意识到了这一问题,参见: Russett and Antholis in Russett, *Grasping the Democratic Peace*; Tobias Bachteler, 'Explaining the democratic peace: The evidence from Ancient Greece reviewed', *Journal of Peace Research*, 1997; 34: 315 23。

腊僭主，以及专制独裁的波斯外国势力联合起来对抗代表了希腊自
由的维奥蒂亚同盟。7年时间里，两个最大的希腊民主制城邦间的
战火遍及希腊中部和北部、爱琴海诸岛以及伯罗奔尼撒半岛等地，因
它们的帝国伸展到这些地方并导致两者的利益互相冲突。战争中发
生了多次对抗，其中包括雅典军队加入抗击底比斯一方的曼蒂尼亚
战役（Battle of Mantinea，公元前 362 年）。这场战役是到当时为止
希腊历史上规模最大的。埃帕米农达又一次赢得了压倒性胜利，但
自己也死于战场上。战争和底比斯的霸权均就此结束。此后雅典试
图重建霸权，并以类似于第一雅典帝国时期的手段来对付其盟友，从
而引发了被称为同盟者战争（Social War，公元前 357—前 355 年）的
叛乱，导致第二次雅典同盟最终瓦解。但千万不要认为底比斯在占
据优势地位时对待其他民主制城邦的手段会有什么不同。例如，它
在公元前 373 年便征服了它的老对手民主制城邦普拉提亚，并将其
夷为平地。[11]

令人惊讶的是，从未有人从"民主和平"这一角度去检验共和制

---

[11]　关于公元前 4 世纪希腊的古代原始资料散乱而不成体系。N. Ham-
mond, *A History of Greece to 322 BC*. Oxford：Oxford University Press，
1986，此书是一部有用的资料汇集。David Hume, 'Of the balance of power',
in *Essays：Literary，Moral and Political*，London：Routledge，1894，p. 198。
然而威尔特在《从未交战》（*Never at War*）一书中对这场战争进行了完全误导性
的解读，以至于明显否定了他自己的论点。其中一个例子是曼蒂尼亚战役（他甚
至连名称都没提）。在战役中，埃帕米农达布置了他著名的"斜线阵型"，以削弱
右翼的代价大大增强了自己的左翼，以便一举击溃敌方联军右翼的斯巴达精锐
部队，正如他在留克特拉战役中成功运用过的战术那样。埃帕米农达死于战斗
后，底比斯人暂停追击；在一片混乱中，敌方联军左翼的雅典人撤出战场，将对面
一些突进过远的底比斯部队分割为数段。然而，威尔特（第 25—26 页）却从中产
生印象，认定雅典和底比斯这两个民主城邦的军队是心照不宣地避免互相交战。
他自始至终坚持构成一场战争的标准是要有 200 人以上战死沙场。这一标准并
非不合理，然而问题在于我们很少有上古时代战争伤亡人数的记录，更不用说可
靠数据了；同盟者战争中很多战役的细节我们都了解极少，甚至一无所知。此外
如同我们提到过的那样，当时战争的主要形式是袭击劫掠和围城，大规模战役次
数不多也不经常发生。

的罗马在意大利半岛上的战争记录。尽管关于这一时期的信息匮乏
的程度与古希腊时代不相上下，但仍足以让我们看出"民主和平"在
这一时期的适用性也是相当成问题的。罗马共和国有多民主一直是
古典学者争论的题目，最近的趋势是承认它具有较高民主性。⑫ 波
利比乌斯将罗马归类为一种混合政体（《历史》，6.11-18），其中人民
（通过人民大会和保民官［tribune］）、贵族（通过元老院）和个体领导
人（每年选举的政务官）的权力互相制衡。然而应当记住，古人或许
也会将我们今天的自由主义民主国家归类为混合［577］政体，况且我
们现在还没有古代那种全体公民参加，通过直接的民主表决立法并
决定诸如战争与和平之类重大事项的民众大会。我们对罗马扩张时
期意大利半岛其他城邦的政体所知甚少且不精确。不过，要说这些
后来归于罗马统治下的数百个意大利人和希腊人的城邦没有一个是
共和国——意味着罗马是意大利唯一的共和国——也未免太站不住
脚了。此外，罗马历史上最大的战争即第二次布匿战争（公元前
218—前 202 年）期间的迦太基，也被波利比乌斯认为是一个混合政
体（《历史》，6.5；此前还有亚里士多德《政治学》，2.11 和 4.8-9），其
人民（他们支持以巴卡家族⑬为首的主战派）在这一阶段对政局的影
响力甚至高于罗马共和国的人民。在第二次布匿战争中背叛了罗马
并遭其严厉报复的意大利南部重要城邦卡普阿和塔兰托，当时均为
民主制共和国（李维《罗马史》，23.2-7，24.13）。在这些案例和其他
案例中，没有一丁点证据显示罗马人就战争与和平进行公开商讨时，
曾将敌国的政体作为值得考虑的问题加以提出。⑭

---

⑫　Alexander Yakobson, *Elections and Electioneering in Rome*. Stuttgart：
Steiner, 1999. 以下关于罗马的内容很多来自作者与我当面讨论时的赐教。

⑬　即汉尼拔出身的家族。——译注

⑭　将研究对象限定为"共和国"的威尔特《从未交战》一书竟然没有探讨罗
马这个所有共和国中最伟大者；况且这也不是因疏忽所致，因为作者的确在他关
于有问题的案例的附录（第 297 页）中提到过一笔罗马，在那里他蹩脚地将不以
罗马为例子的原因辩解为缺乏关于迦太基的信息。他称罗马是一个寡头共和
国，尽管按照他自己的标准（第 11-12 页），共和国中期的罗马大概算（转下页注）

对于近现代的"民主和平"明显不适用于古典时代共和国之间的问题还存在着第三种解释。一些人认为近现代"民主和平"现象更多归功于自由主义而非民主,从而声称古代希腊民主制城邦并未维护个人的自由权利,也不具备康德所说的"共和国"应有的其他先决条件,如权力的分立(虽说存在于罗马的混合政体中)。⑮ 的确,黑格尔也认为希腊城邦在自由方面有两大缺陷:一是虽则承认个人自由,却未在个人与"有机"的城邦共同体间作出明显区分;二是仍有奴隶制。罗马共和国同样如此。然而,这一关于古今不一致的解释也不能令人完全信服,因为直到内战前夕,美国仍存在着奴隶制,但这一时间点及之前很长时段内的美国均被自由主义/民主和平理论的鼓吹者视为自由主义民主国家。这些理论家认定的很多自由主义/民主国家同样缺少其他一些自由主义/民主特质,或表现得相对较弱。

让我们暂且把近代之前民主国家间战争的问题放在一边,将目光移到 19 世纪。[578]批评者称关于 19 世纪存在民主—自由主义和平的证据极为不足。首先,确定 19 世纪什么样的国家算是自由主义国家或民主国家就很困难。例如前面已提到过的内战前尚存在奴隶制的美国,能够被看作是自由主义的或民主的吗? 19 世纪大多数自由主义国家都未实现普选。奴隶和女性遭到排除之外,财产和教育程度的要求也进一步限制了选举权和被选举权,只有假以

(接上页注)得上一个民主共和国并且令人称道地平息了国内各阶级之间的争端,而这也是他的"共和国"研究对象标准之一(第 119-124 页)。威尔特相信在历史上不但民主共和国,就连寡头共和国之间也几乎从不开战,因此他将迦太基定义为一个贵族主导下的时而专制时而民主的混合型政体(第 404 页),虽说在第一次和第二次布匿战争中并未出现干扰该城邦政治秩序的内部不安定和暴力。毫无疑问,如果他面对罗马的战争记录,他将不得不对卡普阿和塔兰托使出相同招数。无论威尔特想把罗马定义为民主共和国还是寡头共和国,符合同样标准的它的敌国也应当是才对。相信以上这些已足够说明问题,无须再将威尔特关于中世纪城邦共和国的主张拿出来详加剖析驳斥了。

⑮　Doyle,'Kant, liberal legacies, and foreign affairs', p. 212.

时日这些要求才会逐渐放宽。社会学家和政治学家采用了一种宽泛的民主定义，强调由成年人口中的很大一部分通过定期、竞争性的和自由的选举选出政府。⑯ 但怎样算是很大一部分？在没有普选权的情况下，对民主门槛的任何定义都不可避免会是一种较为武断的标准。而这也导致了人为操纵数据的可能性，哪怕并非有意为之。

事实上，模棱两可甚至可能构成反例的案例一点也不少。如果内战前作为一个整体的美国被认为是自由主义民主国家的话，那么尽管美国南方拥有黑人奴隶，但它对于白人而言岂非也是民主的吗？而这岂不就使美国内战成为一场两个民主/自由主义对手之间的战争？民主/自由主义和平论的鼓吹者辩称这是一场内战而非两个"现存"国家之间的国际战争，因此不算有效案例，但这一理由或许太过技术性而并无说服力。1899 至 1902 年间与英国交战的两个布尔共和国（Boer republics）是否也因类似理由而够不上自由主义/民主标准？是否 1812 年的英国不够自由主义，或 1898 年的西班牙不够自由主义/民主，以至于它们与美国之间的战争不构成民主/自由主义国家间和平定律的反例？1793 至 1802 年算得上自由主义的英国与变幻莫测，但大体可称为民主和自由主义的革命法国之间的战争又如何？更不必说美国独立战争了。最后，德意志第二帝国这样一个拥有法治和男性普选权，但行政部门对君主而非议会负责的君主立宪国家，难道就一点也够不上当时的民主和自由主义标准吗？如果它也算民主国家的话，第一次世界大战便会成为"民主和平"定律的致命反例。若第二帝国尚且存疑的话，民主的魏玛共和国因无法支

---

⑯　Joseph Schumpeter, *Capitalism*, *Socialism*, *and Democracy*. New York：Harper, 1947, pp. 269–83; Seymour Lipset, *Political Man*. New York：Anchor, 1963, p. 27；对于这种较为宽泛的定义，罗伯特・达尔宁愿使用"多元政治"（Polyarchy）这个词加以概括，而非应当表示其更完备发展形式的"民主"一词，参见：Robert Dahl, *Polyarchy*. New Haven, CT：Yale University Press, 1971。

付战争赔款,导致其煤炭丰富的鲁尔(Ruhr)地区被民主的法国从1923年起强行占领三年之久,[579]又如何解释?诚然,德国未以正式开战作为抵抗方式,但这只是因为它太过弱小。另一方面也可以争辩说如果此时的德国更加强大,那么法国或许一开始就不会发起占领。⑰

除此之外,批评者还讨论了19世纪几个自由主义/民主国家间考虑向对方发动战争和/或几近开战的案例。由于19世纪被归类为自由主义/民主性质的国家数目相对较少,其中还有一些存有争议,这类险些擦枪走火的案例中倘若稍有意外,便可能严重影响民主国家的战争纪录。例如,美国在19世纪大部分时间里对英属加拿大怀有强烈野心,1812年对英开战的部分原因即在于此,这之后也一直伺机而动。反过来,在美国内战中,当英国激烈反对联邦通过封锁侵犯了它与南部邦联——因棉花种植已成为英国在国际经济体系中的天然盟友——进行贸易的权利时,战争也几乎一触即发。直到1895至1896年,英美两国还因委内瑞拉问题险些爆发军事冲突,后来英国作出了让步。在1830至1848年间均为自由主义和议会制的,且在很多共同利益上相互合作的英国和法国,也三度

---

⑰ 巴博斯特(Babst)在 A force for peace 中已提到这些"棘手案例"中的一部分。此后多伊尔(Doyle)的 Kant, liberal legacies, and foreign affairs 一文也有所涉及。对民主和平论的批评可参见:Christopher Layne, 'Kant or cant: The myth of the democratic peace', *International Security*, 1994; 19(2): 5-49; David Spiro, 'The insignificance of the liberal peace', *International Security*, 1994; 19(2): 50-86; Ido Oren, 'From democracy to demon: Changing American perceptions of Germany during World War I', *International Security*, 1995; 20(2): 147-84. Babst, 'A force for peace', Russett, *Grasping the Democratic Peace*, pp. 16-19, 欧文试图解释这些案例与民主和平不冲突,但并不能令人完全信服,参见:John Owen, 'How liberalism produces democratic peace', *International Security*, 1994; 19(2): 87-125, id., *Liberal Peace, Liberal War*. Ithaca, NY: Cornell University Press, 1997。亦可参见:James Ray, *Democracy and International Conflict: An evaluation of the democratic peace proposition*. Columbia, SC: University of South Carolina, 1995。

近乎开战。此外，如第 15 章中已提到过的那样，1898 年更为自由主义及民主化的英法两国在苏丹的法绍达（Fashoda）危机中走到了战争边缘，而自由主义/民主的意大利也只是在第一次世界大战前的 20 世纪初方才退出了与德国和奥地利结成的反对法国的联盟。⑱⑲

在以上部分案例中，传统的均势考量在规避战争方面所起的作用似乎超过了共有的自由主义和民主价值观。19 世纪后期，英国的实力已不足以令其冒险在西半球与如今是庞然大物的美国开战，尤其当它的帝国在世界其他地方还面临着诸多威胁时。同样，法国为了一点边缘利益与更为强大的英国开战也是彻底的愚行，何况它与另一个比它更强大的国家德国之间已经有了严重得多的敌对关系。意大利在英法协约形成（1904 年）后与中欧列强（Central Powers）⑳分道扬镳，是因为它的半岛地理位置和贸易关系排除了它与英国开战的可能。

因为上面的这些案例，批评者称 19 世纪的"民主和平"是一个"伪命题"。㉑ 作为回应，理论的支持者[580]争辩说，即便考虑到所有因素，这一时期的民主国家之间互相开战，或者说卷入武装的国际

⑱　Layne，'Kant or cant'；id.，'Lord Palmerston and the triumph of realism：Anglo-French relations，1830—48'，in M. Elman（ed.），*Path to Peace：Is democracy the answer*？Cambridge，MA：MIT Press，1997，pp. 61-100. 批评者另外还指出自由主义—民主国家并不总是互为邻国，而战争往往更多发生在领土相邻的国家之间，因此 19 世纪自由主义—民主国家之间无战争这一现象或许和它们的政体没有多少关系。当然，这一论点何种程度上成立也大有疑问，因为大多数自由主义—民主国家都聚集在西欧和北欧。

⑲　意大利在 1915 年前并未退出与德国和奥匈帝国之间的三国同盟条约，唯于 1902 年与法国秘密签订《普利内蒂—巴雷尔协议》，规定在德国进攻法国的情况下意大利保持中立，削弱了三国同盟的效力。未知作者所指是否为此。——译注

⑳　或称中央列强，指德国与奥匈帝国。奥斯曼土耳其与保加利亚后来在一战中加入这一阵营。——译注

㉑　Henry Faber and Joanne Gowa，'Politics and peace'，*International Security*，1995，20(2). 123-46.

争端的倾向仍较常规状态下低得多。[22] 它们在挑起危机、将危机升级为战争、展示武力和互相威胁方面均表现出较低倾向,更愿意将彼此间争端提交第三方调解并乐于妥协。[23] 虽说如此,民主和平理论的支持者也不得不承认其理论的证据在 19 世纪远不如在 20 世纪——尤其二战之后——来得充分。[24]

然而 20 世纪的民主国家间和平同样被批评为只是一个幻象,尽管这次批评的角度有所不同。的确,20 世纪民主国家的数目有所增加,仍旧大多集中在历史上战乱频仍的西欧互为邻国,彼此间却没有爆发过战争。但批评者将这一现象归因于面对共同敌人——二战中

---

[22] Babst, 'A force for peace', p. 56; Zeev Maoz, 'The controversy over the democratic peace: Rearguard action or cracks in the wall?', *International Security*, 1997; 22(1): 162-98. "民主和平"的支持者进一步指出,最起码这一理论的计量研究使用的是现有的得到普遍公认的战争和政体数据库;它们并非由民主和平理论家建立,也不是为了验证这一理论而建立的。

[23] Maoz and Abdolali, 'Regime type and international conflict 1816—1976'; Zeev Maoz and Bruce Russett, 'Normative and structural causes of democratic peace 1946—1986', *American Political Science Review*, 1993; 87: 624-38; 收录于: Russett, *Grasping the Democratic Peace*, Chapter 4 (and p. 21); Gregory Raymond, 'Democracies, disputes, and third-party intermediaries', *Journal of Conflict Resolution*, 1994; 38: 24-42; William Dixon, 'Democracy and the peaceful settlement of international conflict', *American Political Science Review*, 1994; 88: 14-32; David Rousseau, Christopher Gelpi, Dan Reiter, and Paul Huth, 'Assessing the dyadic nature of the democratic peace, 1918—1988', *American Political Science Review*, 1996; 90: 512-33; Jean-Sebastien Rioux, 'A crisis-based evaluation of the democratic peace proposition', *Canadian Journal of Political Science*, 1998; 31: 263-83; Michael Mousseau, 'Democracy and compromise in militarized interstate conflicts, 1816—1992', *Journal of Conflict Resolution*, 1998; 42: 210-30。

[24] Russett, *Grasping the Democratic Peace*, p. 20; Bruce Russett and John Oneal, *Triangulating Peace: Democracy, interdependence and international organizations*. New York: Norton, 2001, pp. 111-14; Maoz, 'The controversy over the democratic peace'. 以及: William Thompson and Richard Tucker, 'A tale of two democratic peace critiques', *Journal of Conflict Resolution*, 1997; 41: 428-54。

的轴心国与冷战中的苏东集团——时的联盟效应,认为互相结盟的民主国家之间的冲突和战争萌芽因同仇敌忾的状态而得以被掩盖和压制。㉕

历史上,有着相似体制的国家一直彼此交战。但某些情况下,国内政治和意识形态在冲突中有着显著的意义。于是,有着相似体制和意识形态的国家就会倾向于联合起来。这既是因为它们共同的体制和意识形态受到了与它们对立的国家的威胁,也因为它们能够依靠这样的盟友来反对各自的国内敌人。伯罗奔尼撒战争便是这样的例子。中世纪意大利圭尔夫派(Guelph)和吉伯林派(Ghibelline)城邦之间的斗争,以及近代欧洲的宗教战争也是如此。但当权力政治的考量压倒了共同体制和价值观时,也会出现"变节投敌"的现象,如民主的雅典与寡头和僭主结盟反对崛起的民主底比斯,或天主教的法国与新教邦国和异教徒㉖联合起来反抗如日中天的天主教哈布斯堡帝国。20世纪西欧民主国家间的和平,难道不是相同意识形态联盟的结果而已吗?要不然就是完全或部分因为1945年后出现的核武器因素慑止了任何大国间的战争,而不管它们的体制如何?若是这样的话,冷战的结束不就应当导致武装冲突

㉕ 参见:Stephen Walt, *The Origins of Alliances*. Ithaca, NY:Cornell University Press,1987,pp. 33-4;Randolph Siverson and Julian Emmons, 'Birds of a feather:Democratic political systems and alliances choices', *Journal of Conflict Resolution*,1991;35:285-306;Faber and Gowa, 'Politics and peace';Joanne Gowa, *Battles and Bullets:The elusive democratic peace*. Princeton, NJ:Princeton University Press,1999;Michael Simon and Erik Gartzke, 'Political system similarity and the choice of allies', *Journal of Conflict Resolution*,1996;40:617-35;Brian Lai and Dan Reiter, 'Democracy, political similarity, and international alliances,1812—1992', *Journal of Conflict Resolution*,2000;44:203-27;Errol Henderson, *Democracy and War:The end of an illusion*. Boulder, CO:Lynne Rienner,2002, Chapter 2. 威尔特在《从未交战》中声称民主共和国彼此间或寡头共和国彼此间均不开战这一点确有一定现实依据,因为这些国家常常与拥有同样政体和意识形态的国家结为同盟一致对外。

㉖ 指奥斯曼土耳其。——译注

的回归，[581]或欧洲国家彼此间（以及在它们与美国间）建立起核威慑吗？㉗ 或者会不会民主和平只是一种仅适用于西欧及其旁支北美的独特现象，基于这些地区独特的历史和文化发展之上，但无法复现于世界其他地方与它们有着很大差异的民主国家身上？无论如何，后面这类民主国家岂非太少，历史太短，地理位置也太分散，以至于无法真正用来检验民主和平理论吗？㉘

　　事实上，民主和平理论问世后不久便要面对 20 世纪 90 年代颇具趣味的新发展。一波新的民主化浪潮自 20 世纪 70 年代中期之后显出越来越猛烈的势头，从南欧开始，经拉美、东亚和南亚等地逐渐深化，并在苏东集团的崩溃中达到顶点。民主国家的数目有了很大增长，地域多样性也有很大提高，为民主和平论的检验提供了更广泛的基础。这一波民主化进程整体上较为和平，但在此期间也爆发了零星的武装冲突甚至更严重的战争。一场毁灭性的战争（1991—1995 年）因南斯拉夫的解体而起，并因族裔混居问题而一发不可收拾。随后，美国领导下的自由主义—民主的北约国家于 1999 年对塞尔维亚㉙军队发动了一场全面军事攻势，迫使其撤出科索沃。无可否认，前南斯拉夫的一些继承国尽管形式上是民主的，实际却处于相当专制的政府统治下。但另一方面，这些政府的战争努力却也广受民众支持。民主的土耳其与希腊在 1996 年处于战争一触即发的临界状态，双方围绕着爱琴海上一个存在争议的小小无人岛互相交换了威胁并部署了军队。在南美，厄瓜多尔和秘鲁——均为民主国家——因一块争议了超过半个世纪的富含矿产的边境地区而爆发武装冲突（1995 年）。当然，也有人争辩说秘鲁的藤森总统此时已取得

　　㉗　这一说法出自：John Mearsheimer, 'Back to the future: Instability in Europe after the Cold War', *International Security*, 1990; 15(1): 5-56。

　　㉘　Raymond Cohen, 'Pacific unions: A reappraisal of the theory that "Democracies do not go to war with each other"', *Review of International Studies*, 1994; 20: 207-23.

　　㉙　应指 1992—2003 年间的南斯拉夫联盟共和国。——译注

了紧急状态下的独裁权力，且这场冲突规模也太小，算不上战争。

或许对于民主国家间和平理论而言，最棘手的案例莫过于印度与巴基斯坦之间的克什米尔冲突。这场冲突于 1999 年升级成为一场大规模的武装对抗，而当时这两国均被归类为民主国家。印度次大陆的战争纪录向来都是民主和平理论家关注的重点，因其可被视作现代西方以外数量很少的测试样本之一。民主和平理论家声称在所有三次印巴[582]战争——1947 年、1965 年和 1971 年——中，两国从未均为民主国家（1947 年时民主制度尚未"确立"）。但其批评者认为巴基斯坦的民主化阶段极不连续且中断期很长，在统计学上几乎没有意义。批评者进一步声称，1971 年后无论各自政体情况如何——英迪拉·甘地总理的印度政府于 1975 至 1977 年间也宣布了紧急状态并暂时取消了很多公民权利——两国之间再也没有发生过战争。随着 1999 年两国均为民主制时所爆发的冲突，批评者对次大陆民主和平纪录的怀疑态度终于被证实了。[30] 此外，印巴两国在 1998 年时均已成为有核国家，因此在解释一触即燃的克什米尔问题所导致的两国间激烈冲突为何没有升级为正式全面战争时，核威慑也是一个不可忽视的重要因素。

对于这些近期案例，以及 19 和 20 世纪更早些时候的其他"临界案例"，学者往往把精力花在斤斤计较敌对国家的自由主义程度、民主水平、是否确立了国家地位，以及敌对行为是否达到战争层次这些

---

[30] 举例而言可参见：Sumit Ganguli, 'War and conflict between India and Pakistan: Revisiting the pacifying power of democracy', in M. Elman (ed.), *Path to Peace: Is democracy the answer?* Cambridge, MA: MIT Press, 1997, pp. 267–301; Himadeep Muppidi, 'State identity and interstate practices: The limits to democratic peace in South Asia', in T. Barkawi and M. Laffey (eds), *Demography, Liberalism and War: Rethinking the democratic peace debate*, Boulder, CO: Lynne Rienner, 2001, Chapter 3; Scott Gates, Torbjorn Knutsen, and Jonathan Moses, 'Democracy and peace: A more skeptical view', *Journal of Peace Research*, 1996; 33: 1–10; Russett and Oneal, *Triangulating Peace*, p. 48。

问题上，以判断这些案例是否符合"民主和平"理论的要求。虽然对于每一个具体案例而言，探讨此类问题都是重要的，但所有这些可能构成民主和平理论反例的临界案例体现出的最主要意义并不在此。应当将其与和民主和平论有关的另一个棘手问题联系在一起加以考虑。第 15 章中引用过的毛奇的声明，即驱使国家进入战争的是好战的民众的压力，而非不情愿的政府的愿望，反映了一种在 19 世纪后期——群众在这一时期逐渐走向政治前台，各国的政治制度也经历了民主化——广为流行的看法。如我们已看到的那样，与潘恩和康德的推理相反，人民（demos）一向是古代民主雅典城邦中最为好战的一个阶层。政治理论家相信民主国家和共和国并非生性和平而是激进好斗，且像休谟所说的那样，表现出"鲁莽的烈性"（imprudent vehemence）。[31] 群众不仅从古典时代起就赢得了在危机关头轻率无常的名声，且证明了自己很容易受到国家声望和光荣等问题的煽惑。这一倾向在法国大革命所引起的战争中重新浮现，随后被革命的或保守主义的领袖如拿破仑一世、拿破仑三世和俾斯麦等人加以利用。

但与一种盛行的观点不同，我们不应将[583]群众的躁动单方面归咎于领袖的"挑拨"和"操纵"。领袖操纵民意的同时也是在满足公众的强烈需求。有需求就会有供应。谨慎而倾向和平的领导人往往被群众推翻，且这种情况在自由主义/民主国家只会有增无已。公众压力是驱使自由主义的英国加入克里米亚战争（1854—1856 年）的主要因素。意味着一种沙文主义好战公众狂热的"主战论"（jingoism）这个词，在 19 世纪后期的英国随着民主化的推进尘嚣日上。在布尔战争（1899—1902 年）期间，主战论已相当流行。另一个主要自由主义民主国家美国也在同一时期（1898 年）被民意狂潮挟裹而不得不发动了对西班牙的战争。为防有人说这几场战争中英美的敌人不是自由主义民主国家，我们还要指出法绍达危机（1898 年）中英法

---

[31] Hume, 'Of the balance of power', p. 202；Doyle, *Ways of War and Peace*, p. 265.

两国的民意均表现得极度好战、沙文主义且毫无同情心。将国家从战争边缘拉回来往往靠的是政治家。研究显示 20 世纪往往只在发达民主国家中民意才发生了较大变化，变得远比过去更倾向于规避战争；然而新民主国家仍比那些民主制度已确立的国家表现出更强烈的冲突性行为。

　　民主化——即新的大众社会中对民众愿望的回应性（respon-siveness）的增长——被认为可引发更多战争，一方面因为转型时期暴力因素的存在，另一方面也因为民主化往往与民族自决和此前受压制的族裔认同和民族宏愿的伸张紧密相连，而这也常常导致与现存国家边界的冲突。因此有人主张虽然民主的确会降低战争的可能性，但最初的民主化进程以及民主转型却有着相反的效果。㉜ 该理

㉜　Edward Mansfield and Jack Snyder，'Democratization and the danger of war'，*International Security*，1995；20(1)：5-38；Jack Snyder，*From Voting to Violence：Democratization and nationalist conflict*. New York：Norton，2000，尽管斯奈德对民族主义持有站不住脚的"工具主义"观点，可参见上面第 15 章注释 40。Kurt Gaubatz，*Elections and War：The electoral incentives in the demo-cratic politics of war and peace*. Stanford：Stanford University Press，1999，Chapter 2；Michael Mann，'Democracy and ethnic war'，in Barkawi and Laffey，*Demography*，*Liberalism and War*，Chapter 4；Paul Huth and Todd Allee，*The Democratic Peace and Territorial Conflict in the Twentieth Century*. New York：Cambridge University Press，2002. Ghia Nodia，'Nationalism and democ-racy'，in L. Diamond and M. Plattner（eds），*Nationalism*，*Ethnic Conflict*，*and Democracy*. Baltimore，MD：Johns Hopkins University Press，1994，pp. 3-22，其中将民族主义和民主视为大众主权的两个不可分割的产物。一些学者争辩说有据可查的是革命性的政权更迭——无论新政权具有民主还是专制性质——增加了战争的可能性，其中转型为民主的情况要比转型为专制更不容易导致战争。即便如此，这一民主化转型进程也可导致紧张加剧和战争可能性的上升，正如 19 世纪人们常常感受到的那样。关于战争作为受政治不稳定影响的变量，可参见：Zeev Maoz，'Joining the club of nations：Political development and international conflict，1816—1976'，*International Studies Quarterly*，1989；33：199-231；Stephen Walt，*Revolution and War*. Ithaca，NY：Cornell University Press，1996；Andrew Enterline，'Driving while democratizing'，*International Security*，1996；20(4)：183-96；id.，'Regime changes　（转下页注）

论的另一种表达方式就是部分自由的国家比非民主国家更易卷入战
争。㉝事实上,从更长时段的历史视角观察,民主化和自由化通常不
仅仅是从非民主政权到民主政权的一次性转型,而是持续展开的,往
往长达数十年甚至数世纪的进程。长期以来构成关于"民主和平"的
争论基础的自由主义/非自由主义或民主/非民主的二分法被证明过
于简陋且具有误导性。无论过去、现在还是将来,很多事物都不能被
简单地硬塞进二元分割框架中。社会可以逐渐成长而变得越来越趋
向自由主义和[584]民主,进而影响到其对战争与和平的态度,正如
近现代历史上实际发生过的那样。

　　"民主和平"理论的支持者中逐渐有人领悟到了这一点。既然自
由主义/民主国家也是从 18 世纪末以来一步步变得更为自由主义和

（接上页注）and interstate conflict, 1816—1992', *Political Research Quarterly*,
1998; 51: 385-409; Kristian Gleditsch and Michael Ward, 'War and peace in
space and time: The role of democratization', *International Studies Quarterly*,
2000; 44: 1-29; Michael Ward and Kristian Gleditsch, 'Democratizing for
peace', *American Political Science Review*, 1988; 92: 51-61。与其他人相反,
Russett and Oneal, *Triangulating Peace*, pp. 51-2, 116-22 中未发现政权更
迭——无论新政权是民主的还是专制的——后军事争端发生率上升的统计证
据,当然这很可能与他们只检验了 1886 年后的数据有关。高巴茨(Gaubatz)在
《选举与战争》(*Elections and War*)第 3 章中提出,20 世纪西方民主国家对战争
的态度相对于 19 世纪有着独特的转变。然而,胡特(Huth)和阿利(Allee)也在
《二十世纪的民主和平与领土冲突》(*The Democratic Peace and Territorial Con-
flict in the Twentieth Century*)中提出与鲁塞特(Russett)和奥尼尔(Oneal)的
《三角和平论》(*Triangulating Peace*)针锋相对的观点,坚持认为新兴民主国家
即便在度过最初转型时期后仍然易于卷入冲突。Sara Mitchell and Brandon
Prins, 'Beyond territorial contiguity: issues at stakein democratic militarized in-
terstate disputes', *International Studies Quarterly*,1999; 43: 169-83 得出了与
前者相似的结论。

　　㉝ Maoz and Abdolali, 'Regime type and international conflict 1816—
1976'; Zeev Maoz, 'Realist and cultural critiques of the democratic peace: A
theoretical and empirical re-assessment', *International Interactions*, 1998; 24:
3-89; Steve Chan, 'In search of democratic peace: Problems and promise',
Mershon International Studies Review, 1997; 41: 83.

民主的,那么这就可以解释为何民主国家间的和平在 19 世纪的西方还显得不太可靠,直到 20 世纪才得以牢固确立。㉞ 奴隶制的废除,19 世纪和 20 世纪初参政权向全体男性和女性的漫长而渐进的扩展,女性和少数群体获得平等的法律与社会权利,社会宽容度的整体提升,以及 20 世纪后半叶政治透明度和可问责性的增长——所有这些重大发展令早期自由主义/议会制社会在自由主义和民主两方面均得以不断前进。自由主义和民主的标准逐步升高,"民主和平"也理所当然地随之深化加强。

如该理论的支持者强调的那样,自从 20 世纪初以来,西欧和北美的民主国家之间爆发战争已变得完全不可想象了。阻止美国入侵加拿大,或阻止美国与英国之间、民主的斯堪的纳维亚各国之间,以及从某个时间开始,所有西欧民主国家之间发生战争的,已不再是关于均势的现实主义考量。所有这些例子里,处于和平关系中的各方甚至不再从军事上或其他方面为它们之间战争的可能性而进行准备。它们不需要采取预防措施,是因为它们决定不让这样的可能性出现。即便在后冷战时代的世界,当我正在写下这段话时,美欧之间

㉞　最初提出民主/自由主义水平与和平之间存在相关性的为:Rummel,'Libertarianism and interstate violence', 收录于:R. Rummel, *Power Kills*: *Democracy as a method of non-violence*. NewBrunswick, NJ:Transaction, 1997, p. 5 and Chapter 3;赞同其观点的有:Ray, *Democracy and International Conflict*, p. 16。然而,两者均未能做到以历史证据验证其见解。鲁塞特和泽维·毛兹 1992 年曾在一篇文章中试探性地提出历史渐进主义,文章收录于:Russett, *Grasping the Democratic Peace*, pp. 72-3;对其进一步扩展可参见:Maoz, 'The controversy over the democratic peace';最终完成可见:Russett and Oneal, *Triangulating Peace*, pp. 111-14, passim。相比之下,多伊尔则未接受关于渐进主义和自由主义成长的观点,参见:M. Doyle, 'Michael Doyle on the democratic peace—again', 刊载于:M. Brown, S. Lynn-Jones, and S. Miller (eds), *Debating the Democratic Peace*. Cambridge, MA:MIT Press, 1996, p. 370。关于康德相信渐进民主和平理论的说法,可参见:George Cavallar, 'Kantian perspectives on democratic peace:Alternatives to Doyle', *Review of International Studies*, 2001;27:229-48。

的关系变得越来越紧张甚至萌发出敌意,[35]上面所说的这些也依然
有效。发展中世界民主国家之间和平的脆弱性,则可以从它们相对
于发达的西方世界较低的民主和自由主义水平中得到解释。在这方
面,发展中国家更像是 19 世纪的西方。[36] 当真正的问题在于民主的
相对发展阶段以及世界不同地区之间的巨大差异时,拘泥于哪个世
纪,或者说绝对时间维度,是没有多大意义的。

民主和平理论已因加入了更多参数而失去其最初的[585]简单
性特征。首先,国家间战争的可能性如今被证明与贸易规模(贸易额
相对于国民生产总值的比例)和贸易开放度(关税越低则开放度越
高)呈负相关关系。如同从亚当·斯密到曼彻斯特学派的自由主义
者所论述的那样,理论上其原因是很清楚的:对贸易的干扰越少,为
保证能够获取资源而实际占有它们的必要性就越低;贸易规模越大,
所导致的国家间经济相互依存度也就越高。自由主义还主张政府不
应直接介入经济,因此后者也没有必要扮演以军事行动推进国家经
济利益的角色。[37] 然而,实际操作中则更为复杂。第一次世界大战

㉟   应指 2002 至 2003 年美国与部分欧洲国家之间围绕对伊拉克开战问题
而产生的严重分歧。——译注

㊱   Russett and Maoz, in Russett, *Grasping the Democratic Peace*, p. 86.
关于今日第三世界可参见:Edward Friedman, 'The painful gradualness of de-
mocratization: Proceduralism as a necessary discontinuous revolution', in H.
Handelman and M. Tessler (eds), *Democracy and Its Limits: Lessons from
Asia, Latin America, and the Middle East*. Notre Dame, IN: University of
Notre Dame, 1999, pp. 321-40;关于国家间民主水平的显著差异可参见:Za-
chary Elkins, 'Gradations of democracy? Empirical tests of alternative conceptu-
alizations', *American Journal of Political Science*, 2000; 44: 293-300。

㊲   最后这一点可参见:Doyle, 'Kant, liberal legacies, and foreign af-
fairs', pp. 231-2. 认为上述经济理论模型并非如此简单清晰的论点可参见:
Katherine Barbieri and Gerald Schneider, 'Globalization and peace: Assessing
new directions in the study of trade and conflict', *Journal of Peace Research*,
1999; 36: 387-404;但也应参见:Solomon Polachek, 'Why democracies cooper-
ate more and fight less: The relationship between trade and international cooper-
ation', *Review of International Economics*, 1997; 5: 295-309。

前,国际贸易额达到创纪录的水平,且贸易相对于生产总量的比例高于从那时到 20 世纪 90 年代之间的任何时期。英国和德国互为对方的第二大贸易伙伴(从美国的进口使其成为两国的第一大贸易伙伴),[38]然而战争还是在这两国之间爆发了。不过我们在第 15 章中已经说过,第一次世界大战前各主要经济体之间的关税水平较高;此外,当时普遍预期开放的全球贸易体系将会衰退并转变为多个垄断排他性的帝国主义贸易区,而正是这样的预期很大程度上导致了列强间紧张关系的升温并引发战争。在此之后,20 世纪 30 年代各经济体高筑壁垒以期自给自足的政策也带来了一系列政治后果,最终导致了第二次世界大战的爆发。[39]

以前事为鉴,战后西方世界的设计者致力于削减多边关税壁垒。关税与贸易总协定(General Agreement on Tariffs and Trade, GATT)于 1947 年成立,1995 年后被世界贸易组织(World Trade Organization,WTO)所取代。这一制度的覆盖范围逐步扩展,最终包括了世界上绝大多数国家,制成品平均关税也从约 40% 降低到 4% 以下。[40] 与 19 世纪类似,并与 1914 至 1945 年间封闭停滞的危机时代形成鲜明对比的是,战后时代国际贸易额增长速度达到了国民生产总

---

[38] B. Mitchell, *European Historical Statistics 1750—1970*. London: Macmillan, 1975, pp. 526, 573. 对其引申发挥可参见:Kenneth Waltz, *Theory of International Politics*. Reading, MA: Addison, 1979, pp. 212-15。

[39] Edward Mansfield, *Power*, *Trade*, *and War*. Princeton, NJ: Princeton University Press, 1994; Katherine Barbieri, 'Economic interdependence: A path to peace or a source of interstate conflict?', *Journal of Peace Research*, 1996; 33: 29-49; 此文检验了 1870—1938 年这一阶段并得出两者均部分成立的结果; Dale Copeland, 'Economic interdependence and war: A theory of trade expectations', *International Security*, 1996; 20(4): 5-41; Edward Mansfield and Brian Pollins (eds), *Economic Interdependence and International Conflict*. Ann Arbor, MI: University of Michigan, 2003; Russett and Oneal, *Triangulating Peace*, pp. 125-55, 这部研究时段为 1885—1992 年的作品建立在两位作者早期的研究成果之上,是目前最为丰富详实的计量研究著作。

[40] John Jackson, *The World Trading System*. Cambridge, MA: MIT Press, 1997, p. 74.

值增长速度的 2 倍(后者已算得上是爆发式增长),并对后者造成了推动作用。尽管发达世界国民生产总值增长速度在 1973 年后放缓,国际贸易仍持续快速增长。随着苏东共产主义阵营的瓦解和信息通信技术的发展,"全球化"进程得以进一步推进。2000 年的商品贸易额增长到 1985 年的 3 倍,相应资本贸易额则达到了 6 倍。[41] 随着经济全球化进程中加入了资本自由流动的因素,自由贸易的促进和平效应被进一步放大,因为[586]作为对战争和战争威胁的反应,国际资本将会迅速逃离风险区域,从而惩罚意欲开战的国家,令其三思而后行。

欧洲在这些战后世界的发展中占据了一个特殊位置。欧洲经济一体化进程随着欧洲煤钢共同体(1951 年)、欧洲经济共同体(即共同市场,1957 年)和欧洲联盟(1992 年)的建立逐步深化。源自《罗马条约》的 6 个初始签字国的欧盟扩展到几乎整个西欧并进入前共产主义的东欧,在 2004 年已拥有 25 个成员国。贸易自由化、共同的民主制度与联邦化进程相结合,使欧洲成为充满和平与繁荣的土地。当然,批评者还是提出了质疑,认为这一结果仍要归功于冷战联盟的存在。此外,联邦化、民主和贸易自由化中,究竟哪个是决定性因素?难道民主和贸易自由化不是互相关联的而是相分离的因素吗?最初的"民主和平"概念已在后来的研究中得到很大扩展。共同的民主制度、互利和开放的贸易,以及国际组织成员身份均被证明能够独立而有效地降低战争发生的概率。它们被赋予了"康德的和平三支柱"这一名称。[42]

---

[41] Richard Rosecrance, *The Rise of the Virtual State*. New York: Basic Books, 1999, p. 37; Robert Gilpin, with Jean Gilpin, *The Challenge of Global Capitalism: The world economy in the 21st century*. Princeton, NJ: Princeton University Press, 2000, pp. 20-3.

[42] 最初提出这一点的是一本某种程度上被忽视的书,即唐克(Domke)的《战争与变革中的全球体系》(*War and the Changing Global System*)。将其发扬光大的则是鲁塞特和奥尼尔的《三角和平论》。与他们的观点相比,Doyle, *Ways of War and Peace*, pp. 284, 286-7 中称只有这三个因素同时存在,才能够起到对和平有益的作用。

与此同时，康德的和平理论框架也得以进一步扩展。起初，学者普遍相信自由主义/民主国家只在彼此之间表现得更为和平，因为它们主动挑起针对非民主/非自由主义国家战争的倾向，与反过来的情况下相差无几。然而对数据的深入分析显示自由主义/民主国家在针对非民主/非自由主义国家的战争中，某种程度上没有对手那么主动。这一点也通过自由主义/民主国家整体卷入国家间战争较少的事实得到部分反映。自由主义民主国家于是被认为整体上更少侵略性，而非只在针对其他自由主义民主国家时。㊸ 此外还有人声称若非只考虑战争次数和战争年数，而是把伤亡人数也纳入考量的话，那么就有证据显示 20 世纪的自由主义民主国家在战争中的损失要轻得多，从而说明它们卷入的战争烈度更低。因此判断自由主义—民主国家的和平性时不仅要看战争频率，还要将战争烈度一并作为标准。㊹

应当注意上述统计发现取决于这样的历史事实，即在 20 世纪最为残酷的战争第二次世界大战中，法国和其他西欧小民主国家被迅速征服，从而使英国和随后加入的美国[587]直到 1944 年夏季前都

㊸　Small and Singer 'The war-proneness of democratic regimes', pp. 65-6, 以及：Chan, 'Mirror, mirror on the wall', p. 639 均指出民主国家发动的战争几乎和非民主国家一样多。然而拉梅尔提出异议称自由主义民主国家总体上更为和平，参见：Rummel, 'Libertarianism and interstate violence', *Journal of Conflict Resolution*, 1983；27：27-71 及：Rummel, *Power Kills*。与其见解相同的著作包括：Domke, *War and the Changing Global System*；Stuart Bremer, 'Dangerous dyads：Conditions affecting the likelihood of interstate war，1816—1965', *Journal of Conflict Resolution*, 1992；36：309-41；Kenneth Benoit, 'Democracies really are more pacific (in general)', *Journal of Conflict Resolution*, 1996；40：636-57（时间限定在 1960—1980 年，因此参考价值有限）；Rousseau et al., 'Assessing the dyadic nature of the democratic peace，1918—1988'；David Rousseau, *Democracy and War*. Stanford：Stanford University Press, 2005；Rioux, 'A crisis-based evaluation of the democratic peace proposition'；鲁塞特在 Russett and Oneal, *Triangulating Peace*, pp. 49-50 中改变了最初的观点。

㊹　Small and Singer, 'The war-proneness of democratic regimes', pp. 63-4 中已提到这一点，并在：Rummel, *Power Kills* 中得到进一步发展。

没有和德国进行大规模陆战。结果是与一战相反，东线成了这场战争中的主要战场。德国与苏联在这条战线上进行着人类历史上（以绝对数字衡量的）规模最大、最具毁灭性也最为残酷的厮杀。自由主义民主国家在它们的战争中遭受的伤亡较小，也是因为它们拥有相对于殖民地人民和世界不发达部分的其他对手更为优越的技术。这样的针对弱小对手的战争烈度要低得多，起码对于更为先进的强国一方是这样，因此自由主义民主国家更容易加入甚至挑起这类战争。[45] 将美国对格林纳达或尼加拉瓜这样的国家的入侵和其他更为严重的战争以同样权重进行统计，就可能导致民主国家的战争烈度之类的关键数据遭到扭曲从而无法反映现实。最后，自由主义民主国家基于宪政和公意的本质，意味着至少在 20 世纪所有发达自由主义民主国家都避免了流血的内战，而旧式的专制和寡头国家、虚弱的民主国家和半民主国家则无法逃避这种历史上最为血腥的战争形式。这里我们应再次注意到民主化过程中的好战性与"成熟"民主社会中的完全不同（参考美国和俄国的内战、19 世纪的欧洲以及今日的发展中世界这些例子）。还要看到尽管极权主义政权也通过残忍无情的镇压手段避免了内战，它们中的一些却因此杀害了无数本国公民。[46] 综上所述，人们得出的结论是自由主义民主国家在"杀死本国人"方面远远落后于其他类型的政权。[47] 因此潘恩和康德基于宪

---

　[45]　Rousseau, *Democracy and War*.

　[46]　Rummel, *Power Kills*；Mathew Krain and Marrissa Myers, 'Democracy and civil war：A note on the democratic peace proposition', *International Interaction*, 1997；23：109-18；此文未注意区分发达的和不那么发达的民主国家；看到了这一点的有：Tanja Ellingson, 'Colorful community or ethnic witches-brew? Multiethnicity and domestic conflict during and after the Cold War', *Journal of Conflict Resolution*, 2000；44：228-49；Ted Gurr, *Minorities at Risk：A global view of ethnopolitical conflicts*. Washington, DC：US Institute of Peace, 1993；Errol Henderson and David Singer, 'Civil war in the post-colonial world, 1946—92', *Journal of Peace Research*, 2000；37：275-99；Henderson, *Democracy and War*, Chapter 5。

　[47]　Rummel, *Power Kills*.

政和商业共和国人民的内在和平本性所做的预言,似乎最终能够得以证实。

然而潘恩和康德的逻辑推演仍是不完全并至少是部分错误的。为了解释趋势已变得越来越明朗的现代和平现象,一种更宽广的视角仍是必需的。

"民主和平"的重构

最新研究的发现和启示有助于凸显民主和平理论的不足。人们发现经济发达的民主国家彼此间维持和平的可能性远高于那些较穷的民主国家:根据一项涵盖[588]1950 年至 1992 年的研究,约为 2 倍关系,且这一结论与另一项涵盖时段自 1885 年起的研究得出的结论相一致。贫穷民主国家之间的民主和平现象往好了说也是相关性较弱的。[48] 另外如我们已说过的那样,经济发达的民主国家相比更贫穷的民主国家,陷入内战的可能性也要低得多。[49](自 1945 年来,内战成为最普遍的战争形式,因为大批新近独立的贫穷的发展中国家尤其容易陷入内战,而核威慑及富裕的自由主义民主国家均起到

---

[48] 迄今为止这方面最佳的研究著作包括:Michael Mousseau, 'Market prosperity, democratic consolidation, and democratic peace', *Journal of Conflict Resolution*, 2000; 44: 472-507; id., 'The nexus of market society, liberal preferences, and democratic peace', *International Studies Quarterly*, 2003; 47: 483-510; id., 'comparing new theory with prior beliefs: Market civilization and the democratic peace', *Conflict Management and Peace Science*, 2005; 22: 63-77; Michael Mousseau, Håvard Hegre, and John Oneal, 'How the wealth of nations conditions the liberal peace', *European Journal of International Relations*, 2003; 9: 277-314。以及:Polachek, 'Why democracies cooperate more and fight less'; Håvard Hegre, 'Development and the liberal peace: what does it take to be a trading state?', *Journal of Peace Research*, 2000; 37: 5-30。和平与经济发展程度的关联在 Benoit, 'Democracies really are more pacific'中早已被提出。

[49] Henderson and Singer, 'Civil war in the post-colonial world, 1946—92'; Henderson, *Democracy and War*, Chapter 5.

抑制国家间战争的作用。)过去两个世纪在自由主义国家中有所增长并对民主和平产生贡献的,不仅像民主和平理论的鼓吹者所相信的那样仅仅是它们的民主和自由主义水平,还包括它们的财富。此外,所有这些发展都不是截然分开而是彼此紧密交织的。自19世纪以来,人们就普遍认同自由主义和民主的成长有赖于这一时期物质基础方面的进展,如发达的交通通信(运输和信息技术)、城市化、识字率和教育水平的提高,以及物质生活的改善。这样的看法也得到了社会学家和政治学家的强烈赞同。⑩ 自由主义社会与邦域国家范围内的民主不在更早的时候,而是要等到19世纪方才出现并继续演化,不是因为人们直到那时才突然意识到它们的好处,而是因为它们的发展必须以社会经济基础在现代的革命性变化为前提。

当然,像德国这样的国家也构成了经济发达国家中自由主义和民主程度较低的显著案例——第二帝国时期如此,第三帝国更是无需赘言。如我们所见,经济发展并不必然通向自由主义民主。不同的社会政治发展路径与根深蒂固的文化传统同样扮演了决定性角色。另一方面,自由主义民主国家则往往经济发达。过去两个世纪里,贫穷的民主国家不但被证明难以维持和平,其数目也相当稀少;而中等收入的处于现代化压力下的发展中民主国家则最易发生反民主的政权变更。⑪ 的确,经济发展中的且仍以农业为经济主体的稳定自由主义/民主国家在19[589]世纪(世纪中叶前的美国和较晚阶

---

⑩ 这一领域的当代经典著作为:Lipset, *Political Man*,尤其是第1—2章;以及:Dahl, *Polyarchy*, Chapter 5;Samuel Huntington, *The Third Wave: Democratization in the late twentieth century*. Norman, OK: University of Oklahoma, 1991, pp. 59-72;Larry Diamond, 'Economic development and democracy reconsidered', in G. Marks and L. Diamond (eds), *Reexamining Democracy*. Newbury Park: Sage, 1992, pp. 93-139;Axel Hadenius, *Democracy and Development*. Cambridge: Cambridge University Press, 1992。

⑪ Mousseau, 'Market prosperity, democratic consolidation, and democratic peace';Marks and Diamond, *Reexamining Democracy*. 将这一观点进一步发挥的是:Samuel Huntington, *Political Order in Changing Societies*. New Haven, CT: Yale University Press, 1968。

段的另一些欧洲和西方国家)和 20 世纪(主要是印度)均不乏其例。但这样的案例不但很少,且所有案例里工业—技术革命均已在酝酿之中。革命的成果如报纸和铁路(在 20 世纪还要加上电子化/电气化的影响)将很快对社会和政治造成深刻影响。

此外,一个自由主义/民主社会的经济越发达,它就会变得更加自由主义和民主,且这些因素均与和平倾向密切相关。20 世纪 90年代,随着苏东共产主义阵营的解体,民主成为唯一的霸权模式,导致一些穷国转向民主。这些贫穷民主国家的民主和自由主义水平都很低,以至于一些知名学者提议使用"非自由主义的民主国家"(illiberal democracy)来描述它们。㊼在现代化转型过程中,民主化和自由化、经济发展,以及和平倾向这三者极为紧密地联结在一起。

这就是潘恩、康德以及民主和平理论忽视了的成分。潘恩和康德持有启蒙时代的典型观点,即自私的专制统治者应对战争负责。根据这样的观点,一旦真正承担了战争重负并为之付出代价的人民拥有了决定权的话,他们就会对战争退避三舍。然而如同前面提过的那样,事实上人民才是雅典社会中最为好战的组成部分,尽管他们要在陆军中战斗,在战船上划桨,忍受战争带来的毁灭与不幸,并在伯罗奔尼撒战争中为执行坚壁清野而抛弃阿提卡的家园。罗马在军事上众所周知的高超技能和坚韧性也与它的共和政体有明显相关性,只因这样的政体能够起到为战争目的而成功团结民众的作用。从历史上看,民主国家正是因其在社会和政治上的包容性而在战争中表现得尤为坚韧。此外还要重复的是,近代之前它们彼此之间开

㊼　Fareed Zakaria, 'The rise of illiberal democracy', *Foreign Affairs*, 1997；76(6)：22-46；Larry Diamond, *Developing Democracy*. Baltimore, MD：Johns Hopkins University Press, 1999, 尤其是 pp. 34-60, 279-80；Adrian Karatnycky, 'The decline of illiberal democracy', *Journal of Democracy*, 1999；10：112-25, 此文为上一年度 Freedom House 评分总结。这套评分尽管遭到多方批评,但仍是得到最广泛接受的关于民主和自由主义的指标。

战时也毫不犹豫。

雅典和罗马的公民为何反反复复表决赞同开战,并且不顾伤亡、破坏、惨痛和厌战情绪而忍受漫长且毁灭性的战争?并不是因为他们的社会不如现代社会民主,而是因为在他们所生活的农业时代战争可以带来相当大的物质利益。首先是战利品。其次,对于雅典而言,帝国[590]意味着能够征收相当于雅典预算一半的大笔贡赋,用来支付大规模公共建设和一支庞大海军的费用,而这两样均令雅典人民有工作可干(普鲁塔克,《伯里克利传》,12)。再次,帝国的实力加强了雅典的贸易优势,而贸易优势又反过来为雅典带来更多资源并增强其实力,这就形成了一套只要帝国不败就一直有效的军事—财政良性循环。最后,贫穷无地的雅典人可以移居雅典的"军事殖民地"(cleruchy)并分到农田,而这样的殖民地正是建立在从战败的敌国手中没收的土地上。尽管罗马不从它的"盟国"那里征收贡赋,但也从被击败的敌人那里没收了大片土地,用来为它的公民和其他拉丁人建立起遍及意大利的殖民点。此类土地中很多分给了元老阶层,但也有很多被分配给人民,从而令他们的利益与罗马共和国的战争直接捆绑在一起。

再次总结一下这里面的基本原理:在前工业时代,通过创新和交换而达成的资源总量增长虽然存在,但也极为缓慢,以至于资源事实上具有有限性,使得对资源的竞争成为一场近似零和的游戏,即一方之所得只能通过另一方之所失来达成。随着近代欧洲和全球贸易的扩张,出现了为市场而进行的大规模生产(尽管这一时期绝大多数产品仍然供自身消费使用),令自由交易的各方均能从中获益。这正是亚当·斯密所描述的并且也被潘恩和康德注意到的变化过程。但直到工业化之后,形势才发生了彻底变化:财富不再是有限的,而是以令人震惊的速度增长;财富的主要来源不再是农业生产以及相应的土地,而是变成了工业生产,且最适合工业生产发展的环境位于本土而非殖民地,此后财富主要来源又进一步变成服务—信息经济,使得原材料的重要性也大为降低;生产也变得几乎完全以市场为导向,放大了从交换中获得的利益并增进了相互依赖。⑬ 与过去截然不同，如今敌国的经济毁灭也有害于本国的繁荣昌盛。如约翰·梅纳德·凯恩斯(John Maynard Keynes)在他的名著《和平的经济后果》(1920年)中所说的那样，第一次世界大战后向战败的德国索取难以承受的战争赔款将阻碍德国的经济复苏，进而导致国际经济的复苏也成为不可能，并令胜利的协约国自身繁荣景气的回归变得遥遥无期。当20世纪20年代初期的经济动荡与凯恩斯的[591]观点相吻合时，各大战胜国不得不改弦更张致力于复兴德国经济，并使其政治地位正常化，但这一努力随着1929年后的大萧条化为泡影。

现代战争并非像很多人所声称的那样因代价过于高昂而成为禁忌，甚至把敌国/贸易伙伴的毁灭会导致自身付出代价这一因素加入考虑后，结论也不会改变。纵观历史，各个社会为战争付出可怕代价已成为常态。比起20世纪的总体战，更早时期的战争在代价的严重性上毫不逊色。只要仍处于前工业化时代马尔萨斯理论生效的情况下，战争的代价对于各社会而言就如同自然法则一般。不是因为战争之害越来越大导致人们不愿见到战争，而是因为和平之利急剧增长以至于打破了马尔萨斯陷阱，从而导致战争与和平之间的平衡发生了彻底翻转。学者声称康德的"和平三支柱"将无政府状态、相互不安全感和战争的恶性循环转变为了和平与合作的良性循环。⑭ 但如果这样的转变确实存在的话，那也是因为工业化和逃脱马尔萨斯恶性循环支撑起了这样的"三支柱"。

一个被民主和平理论支持者所忽视的明显事实就是，非民主国家在19和20世纪的工业化时代同样比过去更少卷入战争。1815年后的一个世纪里，非民主/非自由主义的大国如普鲁士和奥地利（它们不是殖民强国）卷入战争的频率不但远低于英国和法国，也显

---

⑬ 对比参照：Richard Rosecrance, *The Rise of the Trading State：Commerce and conquest in the modern world*. New York：Basic Books, 1986；Rosecrance, *The Rise of the Virtual State*。

⑭ Russett and Oneal, *Triangulating Peace*, Chapter 1.

著低于过去自身的记录:仅 8 到 9 年一次,而在 18 世纪则是每 2 年一次(奥地利)或每 3 年一次(普鲁士)——这一记录大致等于近代(其中 17 世纪战争最为频繁)欧洲大国的平均水平。更值得注意的是,1815 年后非民主/非自由主义大国卷入最严重的国家间战争——也就是大国对大国的战争——的频率也急剧下降到近代时期水平的三分之一。⑤ 再度强调,应当注意到这一急剧下降发生时的 19 世纪,战争在人们心目中并不像 20 世纪的两次世界大战那样代价惨重(且作为战争后果之一的财政破产也是近代时期乃至于整个历史上的通则;作为利害关系极大的事业,战争在这方面并没有什么新的变化)。

[592]民主和平理论家忽视了战争频率从近代到现代整体急剧下降现象的原因也很自然:既然自由主义国家和民主国家基本是 19 和 20 世纪的产物,那么只关注这两个世纪——无论如何已经是一个足够长的时段——貌似也是合理的;此外,应用最广泛的战争数据库也仅仅涵盖了 1815 年以后。结果是没有人会把 1815 年之前的时段拿来做对比。民主和平理论家也不会去问这样的问题,那就是为何自由主义社会和民主社会仅存在于最近两百年左右的时间里,以及如何将这一事实与同一时间段内最具决定性的发展,也就是工业—技术时代的到来联系在一起。整个民主和平问题的讨论都是在脱离了真正具有决定性意义的历史背景的情况下进行的。因此不管是那些认为财富和经济增长不影响战争发生可能性的人,⑤还是那些相信财富对减少战争起到了重要作用,但这一效果仅对民主社会有效的人,⑤都

---

⑤　参见第 15 章注释 32 与相关文本。Lars-Erik Cederman，'Back to Kant：reinterpreting the democratic peace as a macrohistorical learning process'，*American Political Science Review*，2001；95(1)：15-31；该文发现非民主国家的好战性在 1945 年后有所减弱，然而作者未注意考察的是若与 1815 年之前相比，则减弱趋势更为明显；此外，希德曼的"学习机制"中缺少明显的驱动因素。

⑤　Maoz and Russett，'Normative and structural causes of democratic peace 1946—1986'；Russett and Oneal，*Triangulating Peace*，pp. 151-3.

⑤　参见本章注释 48 中列举的研究作品。

是因眼界太窄而误入歧途——他们只需与前工业时代做一对比就会
发现,工业时代无论民主国家或非民主国家,参加战争的次数平均而
言都有了显著下降。不过,相对于非民主社会而言,工业时代的自由
主义社会和民主社会在彼此之间的以及国内的冲突中,的确都表现
出了更强的和平倾向。这又是为什么?

　　工商业发展可使和平的福利迅猛增长这一经济学原理——在前
面引用过的毛奇于19世纪40年代所作的和平预言中有所反映——
有助于解释与前工业时代相比,工业化时代的非民主和非自由主义
国家卷入战争的次数急剧下降的现象。但出于种种原因,这些国家
的和平程度仍比不上民主—自由主义国家。很多这类国家的民族文
化中有着根深蒂固的,往往与一个传统战士精英阶层相联系的尚武
气质。这一阶层并不总是经营土地农业以至于像熊彼特所说的那样
与现代世界的发展脱节。⑱　即便在德意志第二帝国,此类精英大体
上也不比工商业巨头、知识分子和作为整体的中产阶级更为尚武好
战。后面这几个群体都极为狂热地支持帝国主义政策。此后,容克
(Junker)土地贵族很明显也不在纳粹德国占主导地位。在日本,明
治维新(1868年)后掌权的转型后的统治精英拥护工业化和[593]现
代化。总之,自上而下完成国家统一和现代化并加入帝国主义角逐
的德国与日本均尊崇过去给它们带来了成功的军事力量,并期望在
未来继续依靠这样的力量。国家主义(statism)一直是它们现代化
发展中的核心元素。因此它们要么以国民经济的名义抵制自由贸易
逻辑,要么(或者同时)加入了全球自由贸易体系但始终担忧这一体
制有朝一日将会解体并令自己孤立无助。在共产主义国家,对市场
原则的排斥完全符合用武力推翻旧世界的意识形态承诺。

　　这些看上去都很熟悉,但人们并不一定了解其所导致的后果。在
国内表现出部分甚至彻底的压迫性的非自由主义和非民主国家显然

---

　　⑱　Joseph Schumpeter, *Imperialism*. *Social Classes*: *Two essays*. New
York: World Publishing, 1972(1919), pp. 3-98.

也不在乎对其他国家表现出压迫性。与流行的观点相反，这些国家所建立的帝国并非得不偿失的鸡肋，尤其在世界上较为发达的部分被囊括在内的情况下。[59] 对工业社会的强行榨取完全可行，特别是在压榨者——例如纳粹德国和日本帝国——本身为资本主义社会时。只要自由主义经济模式相对于国家资本主义（以及社会主义）模式的优越性和/或可行性尚存争议，依靠武力推行的国家中心帝国主义就始终对那些非自由主义的和非民主的强国构成极大诱惑，令它们愿意为此付出更大努力，即便它们已是帝国主义竞争中的后来者——事实上这恰恰成为动力来源而非放弃的理由。这一诱惑有时甚至令工业—商业时代日益增长的和平红利也为之黯然失色，而后者本应使这些国家诉诸战争的必要性大大降低。除了国际强权政治的约束外，已经没有什么能阻止这些国家推行赤裸裸的帝国主义政策。

与它们相比，自由主义—民主国家在很多关键方面有所不同。它们的公民在国内习惯于人与人之间和平并受法律所调节的关系，逐渐期盼同样的准则能被应用在国际领域。由于生活在越来越宽容、更少顺从性但也更少存在根本争议的社会中，民主国家的公民较能接纳他人的不同意见。随着在国内不断提倡自由、法律面前的平等，以及（扩大的）政治参与，拥有广大殖民帝国的各个自由主义—民主强国发现它们越来越难以在未得殖民地人民的同意和/或没有赋予他们完整的公民权和选举权的情况下正当化对他们的统治。[594]得到以穆勒为代表的自由主义者赞同的原本用来正当化帝国存在的理由，在于将自由主义、启蒙和文明的全部福祉强行传播给那些太过落后，且为赤贫、死亡和恶政所困而无法自行加以领会的人们。[60] 但随着当地人民对帝国主义统治的反抗日益坚决，这一正当化理由也逐渐失去合法性。

---

⑤⑨　Peter Liberman, *Does Conquest Pay? The exploitation of occupied industrial societies*. Princeton, NJ: Princeton University Press, 1996.

⑥⓪　关于自由主义思想中的这一主题可参见：Beate Jahn, 'Kant, Mill, and illiberal legacies in international affairs', *International Organization*, 2005; 59: 177-207。

同时，自由主义民主国家因不愿牺牲人命、自由和人权以维护统治，最终被证明了在强行镇压方面彻底无法胜任。除少数情况外，对自由主义经济更为有益的是和平的经济增长与互惠贸易，而非战争和军事征服。此外，因个体生命和对个人幸福的追求被认为优先于群体价值，战争中的牺牲生命——更不用说牺牲本国人生命——在自由主义—民主社会中变得越来越缺少合法性。如今只有在国家生存和人民生活方式面临最严重且迫在眉睫的威胁时，战争才被认为是可接受的（有时甚至连这也不够），且针对每一次武装冲突都会存在关于这些条件是否的确得到满足的漫长无休止的争议。随着多元主义（pluralism）日渐得势，异议获得了更多合法性，共识变得较难达成，国家如今发现越来越难让整个社会团结在它的大旗之下。民主国家的领导人要么自行信奉了上面所列出的这些观念和准则，要么迫于公众压力而不得不随大流，要么就被赶下台。[61]

为防误解这里需要澄清的是，一个财富稳步增长的世界绝不意味着人类之间的竞争就此结束，无疑也不会令大地上充满“兄弟般的友爱”。可以确认的是，当最紧迫的人类需求，也就是位于所谓“需求金字塔”最下层的那些需求得到较充分的满足后，人们通过攻击性行为去满足此类需求的冲动就将大为减弱。研究显示，人们会因此而变得更倾向于规避风险。然而如本书中已解释过的那样，人类的欲望是无止境的，因为即便在较充裕的情况下，他们也会努力去提升自己相对于他人的地位。[62] 事实上如热带野生生物所展示的那样，丰富的资源还可能导致竞争更为激化。人们在自由主义社会中依然充

---

[61] 如今已产生一种共识，认为“结构性”和“规范性”因素互相交织共同作用，创造出了“民主和平”现象。

[62] 关于“需求金字塔”，可参见：Abraham Maslow, *Motivation and Personality*. New York: Harper, 1970(1954)；感谢吉尔·弗里德曼（Gil Friedman）令我注意到马斯洛“金字塔”与我论点之间的相关性。关于国际关系理论中的绝对收益与相对收益之别，可参见：D. Baldwin (ed.), *Neorealism and Neoliberalism*. New York: Columbia University Press, 1993 中的第 7、8、10 章。

满精力地投入竞争；自由主义市场经济被特意比作"丛林"，而残酷无情的"割喉式竞争"（cut-throat competition）被看作是其中的法则。不过，此类比喻从根本意义上而言具有误导性。在一个和平能够带来更多经济利益的工业—商业世界里，自由主义模式的实现[595]恰恰意味着受规则约束的协作式竞争可以带来比冲突性竞争更丰厚的回报。

出于这些原因，即便在工业时代，非自由主义和非民主的国家同样变得更不好战了，自由主义民主国家仍能够证明它们在本质上更加适应这个时代的和平化趋势。随着全球工业、贸易和金融系统的扩张以及相互依赖的逐渐深化，重大战争是十足的灾难和彻底的愚行这一观念越来越深入人心。诺曼·安吉尔（Norman Angell）在其名著《大幻觉》（*The Great Illusion*，1910 年）中称，任何国家自认为能从现代主要大国间战争中获利的想法均为幻觉，而这不过是重申了如今逐步得以证实的传统自由主义理念。

正是在这一背景下，第一次世界大战带来了自由主义观念中的一场重大危机，催生出创伤性反应，并引起了强有力的社会反战意识。好战性的衰落很明显并非始于第一次世界大战。[63] 毋宁说这场战争是在经历了相对和平的，其中包括了到当时为止欧洲史上第一和第二长的两个连续和平阶段的整个 19 世纪之后方才爆发的。一战是时隔 43 年后的首次欧洲大国间战争和时隔 99 年后首次漫长的战争。一战后所发展出的深刻创伤意识亦非只与生命和财产的巨大损失本身相关。再次强调，相对于总的人口和财富，这场战争造成的损失并不高于历史上其他大规模战争。[64] 与过去截然不同之处在于，如今的自由主义观点将这样的战争视为与现代世界完全失调的现象。事实上，大战引起的"创伤"感的强烈程度无关乎各国的实际

---

[63] 这一错误印象的一个来源是：John Mueller, *Retreat from Doomsday: The obsolescence of major war*. New York: Basic Books, 1989。

[64] 与他的总体观点相反，穆勒在：Mueller, *Retreat from Doomsday*, pp. 7-8, 55 中承认了这一点。

损失，而是与各国自由主义的力量呈现出紧密相关性。

例如，在英国这个欧洲最为自由主义的强国，对战争的反感以及对"失去的一代人"的哀悼可谓是欧洲强国中最为强烈深刻的，即便英国在这些国家中也是损失最小的。英国的伤亡——75万人死亡——确实相当可怕，但这一数目不超过应征入伍人数的12%。以绝对数字而言它要小于法国将近150万的死亡人数和德国200万的死亡人数，以相对于人口的比例而言则更加轻微。然而德国人对战争的反感远不如英国人那么强烈。⑥ 两国只有持自由主义（和社会主义）观点者的反应是相似的，但他们在德国的影响力没有在英国那么大。最著名的德国反战作家埃里希·玛利亚·雷马克（Erich Maria Remarque）是一位自由主义者与和平主义者。[596]德国相对于总人口的伤亡比例是英国的2倍，产生较严重厌战心理且普遍失去对战争的热情不足为奇。然而，德国同样也有强大的民族主义、反自由主义和右翼势力，他们不但不理解上面的这种情绪，还坚决与之对抗。恩斯特·荣格尔（Ernst Juenger）美化自己在战壕中的经历并颂扬战争品德的作品，在德国的受欢迎程度可与雷马克的作品一争高下。与之类似，对战壕中战友同志情谊的强烈怀旧感，在曾经自由主义/民主的意大利向法西斯主义的转变中也扮演了极其重要的角色。

能够证明我的第一次世界大战后"创伤"感和各国自由主义程度（而非物质或生命损失）相关的理论的两个最极端案例或许是美国和塞尔维亚。作为强国之首的美国没有像欧洲参战国那样付出大规模人员伤亡和经济损失的代价。美国的参战时间很短，伤亡相对较轻，却从战争中获得了极大物质利益，取代英国成为世界头号银行家、债权人和承保人。然而恰恰是在美国，对战争的厌恶和对曾经参战的悔恨以最快的速度横扫全国并深入人心。与之相比，弱小落后的塞尔维亚遭受了所有参战国中按人口比例计最为惨重的伤亡，整片国土也遭到战争和占领的蹂躏，但塞尔维亚人几乎从未因这场战

---

⑥　Mueller，*Retreat from Doomsday*，pp.53-68.

争而产生出什么"创伤"或"幻灭"的情绪。事实上,所有其他传统的和发展中的社会在面对 20 世纪伤亡数以十万百万计的战争——最近的一次是两伊战争(1980—1988 年)——时,都不会比那些历史上更早的前工业社会表现出更多创伤感。与它们相比,到了 20 世纪末尾阶段,即便是极小的伤亡数字,已足以令一场战争在富裕的自由主义社会中名声扫地,尤其当战争中的敌人不被认为构成生死攸关、迫在眉睫,并且除战争外无其他替代手段可以处理的威胁时,又或在战争过程中成功希望变得极为渺茫时。⑯

为了更清楚地界定第一次世界大战后英国的反战情绪,我们必须指出大多数英国人应当不会否认在当时而言这场战争关系重大,不容得英国不参与,且如果德国战胜并以武力主宰了整个欧洲大陆的话,后果也将极为严重。然而与此同时,他们也深切感受到战争与[597]现代世界的经济原理和制度规范毫不相容,觉得所有人都能从和平中得到更多,且都将在战争中受损,无非有些人的损失比他人更大而已。列强无视战争以外选项的可能性径行开战,又一味坚持自身立场而使战争无法停止的行为被认为是灾难的根源和毫无理智的表现,因此未来应采取一切必要的措施以避免落入同一个陷阱。这些就是 20 世纪 30 年代西方自由主义国家政策背后的根本理念。⑰

---

⑯　以下著作展示了决定美国公众对伤亡容忍程度的最重要因素,在于取得军事胜利的可能性:Eric Larson, *Casualties and Consensus*: *The historical role of casualties in domestic support of US military operations*. Santa Monica, CA: Rand, 1996;Christopher Gelpi, Peter Feaver, and Jason Reifler, 'Casualty sensitivity and the war in Iraq',该文未发表,原稿来自网络。尽管该文对流行的关于自由主义民主国家缺少"忍受伤亡能力"的观点提出了重要修正,但应注意到非自由主义的民主国家较少受此因素约束,因此总体而言对伤亡有更高容忍度。此外,如我们后面会看到的那样,由于受规范因素制约,自由主义民主国家在某些类型的战争中获胜的能力遭到了严重限制。

⑰　这也是本人作品:Azar Gat, *Fascist and Liberal Visions of War*. Oxford: Oxford University Press, 1998 中第二部分的主题;收录于:Azar Gat, *History of Military Thought*: *From the Enlightenment to the Cold War*. Oxford: Oxford University Press, 2001。

最终，这一支撑了"绥靖"政策的合理假设彻底崩塌，只因西方国家发现它们的对手原来并不和它们讲同样的道理。不过，对手——即便它们不是自由主义民主国家和/或富裕国家——能否与我们和平共存——哪怕谈不上合作——这个关键问题在此后每一次新的对抗和冲突到来时还将反反复复困扰着那些富裕的自由主义民主国家的政府与人民。对此问题并不存在先验的答案，而是要根据每一个具体案例的情况加以确定。

其他相关和独立因素

在令富裕自由主义民主社会变得更为和平方面，可能有更多因素也起到了作用。国际关系理论家和社会学家普遍信奉简约性（parsimony）的学术理念，即用尽可能少的变量去解释现象。我在这里并不打算否定这种理论观点，只是想指出社会现象中往往有多种因素的参与，导致理论上"不那么简洁优雅"的解释反而更接近事实。下面将会提到的更多因素中，有的与自由主义民主存在不同程度的相关性，另一些则与经济发展联系在一起，但由此也与自由主义民主产生了不同程度的相关性。这些关系如何形成以及程度究竟为何，正是我们接下来要试图查明的。

财富与安逸——一个再度出现的话题

让我们回到财富与安逸这一主题。整个人类历史上，物质财富的增长都会与忍受戎马之劳的意愿的下降联系在一起。在繁荣的前现代社会中，从军打仗的艰辛对那些无须[598]劳动筋骨并生活在奢侈条件下的富人显得极为陌生且毫无吸引力。对他们而言，家中有着各种各样的便利，不会令人想要随时逃离，军营则并非如此。在那些财富大多掌握在平民手里并受到法律保护，而非通过直接的暴力攫取集中到战士阶层手中的地方，将会产生出一个非军事化的精英阶层，而他们甚至更不习惯于暴力冲突。如我们所见，历史上这种状

态的结果就是使繁荣的前现代社会容易遭到来自贫穷边疆地带的暴
力接管。饿狼往往能打败饱食的家犬。这一关系在近现代发生了改
变，因为发达的技术基础和制造更先进军事装备的能力已成为决定
性因素。但与此同时随着工业—技术时代的推进，发达国家的人均
财富猛增了15至30倍之多，导致过去仅由一小部分特权精英享有
的财富、安逸和其他生活便利向全社会扩散。历史上首次出现了布
尔乔亚生活方式的美梦这种东西，并且它很快就牢牢抓住了社会中
的大多数人。经济发达的当代"消费社会"中的普通男女日常所享受
的舒适和便利已经超越了过去的贵族。

　　财富增长导致战争减少的原理中不仅包括它使得各国的制造业
和贸易之间的相互依赖性加深这一现代逻辑，也包括了富足和安
逸——如今扩散到整个社会并且还在稳步提升——使社会不再愿意
忍受艰辛这一传统逻辑。这样的双重原理反映在了《纽约时报》专栏
作家托马斯·弗里德曼（Thomas Friedman）半开玩笑式的规则中，
即两个有麦当劳快餐店的国家永远不会兵戎相见。这条令国际关系
理论家停下来思考的规则自问世以来已经遇到了一些例外情况，比
如说在前南斯拉夫地区。虽说如此，它仍然很好地体现了这样的基
本理念，即能够吸引麦当劳这样的跨国公司开设分店的国家，必定既
充分融入了全球经济，也富裕到足以享受全球经济的益处。⑱ 二战
结束以来，发达世界在富足和安逸方面达到了新的高度，而世界上的
富国又基本都是民主国家，因此很难分辨它们好战性的减弱究竟是
源于舒适安逸，还是源于民主自由。显然，如前面已经指出的那样，
这两种因素某种程度上是互相关联的。至于究竟是何种程度，我们
暂且按下不表。

　　[599]身处今日自由、富裕而安全的诸社会中的人们很难想象，
仅几代人之前的先辈是如何生活的。这样的生活大体上也是各个贫

---

⑱　Thomas Friedman, *The Lexus and the Olive Tree*. New York: Farrar,
Straus, Giroux, 1999, Chapter 10.

困国家的现状。人人都知生活不易，然而过去的生活要困难得多。
现代社会并非完美，例如恐惧和肉体上的痛苦便被精神焦虑所取代，
但即便我们承认传统社会的优点并意识到与现代性相关的压力和问
题，我们仍可断定从过去到现在的这一变化极具革命性。前现代社
会的人们确确实实就是在挣扎求生。他们中的绝大多数一辈子从事
重体力劳动，目的只不过是免于挨饿，而即便这一点也往往难以保
证。过早失去父母、儿女、配偶，以及不分对象的短寿所带来的惨痛
在他们的生命中极为常见。终其一生，他们都会受到疾病、残疾和肉
体痛苦的折磨，且不存在有效的补救措施。即便在国家建立起有效
统治的地方，邻人之间也常常会发生暴力冲突，且冲突的可能性永远
不能排除，因此体力、韧性、个人荣誉和名声便成为极重要的品质。
生活中的艰辛惨痛使人们变得坚强和听天由命。在这样的背景下，
带来苦难和死亡的战争与马尔萨斯所说的其他灾难如饥荒和疾病一
样，被人们当作自然因素而加以忍受。

与之相对比，或者不如说作为反向参照物的是富裕自由主义社
会中发生了急剧变革的生活方式。体力劳动的衰落是前面已经提到
过的。取代了饥饿和欲求的是这样一个物质丰富的社会，其中作为
最基本欲求对象的食物的供应几乎是无限的，以至于出现了史无前
例的奇异现象，即过度肥胖而非饥饿成为社会的重要问题，甚至——
尤其是——在穷人当中也是这样。儿童和青年的早夭已变得极为罕
见，婴儿死亡率下降到约为前工业时代的二十分之一。整体死亡率
也从每年 30‰降至 7‰到 10‰。[69] 不仅过去的头号杀手传染病大多
因卫生状况的改善、疫苗接种和抗生素等而变得不再致命，无数过去
与人形影不离的病症和残疾——视力减弱、龋齿、皮肤病、疝气
等——也因药物、器械和手术治疗而得以缓解。从止痛药到伟哥，各
类麻醉剂和其他药物极大改善了生活品质。发达世界的人们住在带

---

⑥⑨ 参见：Mitchell，*European Historical Statistics 1750—1970*，Sections
B 6 and B 7。

有完善的取暖和空调设备的住宅里,借助机械—电子辅助设备处理大部分[600]家务。他们拥有室内的洗澡间和卫生间。他们每天洗换衣物。他们开车多过步行。他们的闲暇时间被媒体所提供的大众娱乐填满。他们在遥远的异国度假。爬上"需求金字塔"顶端的他们拥抱强调个人自我实现的"后现代"和"后物质主义"价值观。尽管很多人(尤其是美国人)可能难以相信这样的事实,但潜在的身体暴力已不再是诸发达社会日常生活中的组成部分(不包括如美国大都市内城区这样的例外情况)。⑦ 在一个安逸有序的社会中,粗暴的行为越来越少见,礼貌、和气的争论以及幽默成为日常准则。男人更被容许"发现自己女性化的一面"。儿童和青年过去常受到家长的体罚,也经常在学校、街头和游乐场上打斗,但如今他们生活的社会却将暴力视为大不韪之事,并教导他们反对它。这些变化导致人们的社会期望值和心理敏感程度急剧上升。富裕自由社会中的人们期望能够活下去,能够控制自己的人生,并且享受生活,而不仅仅是忍受它。战争很难与这样的人生规划相契合。

因此也无怪乎历史上与共和国外交政策相联系的"鲁莽的烈性",在二战后发展起来的富裕的、消费—享乐主义的自由主义民主社会中全然消失了;且这些社会中的精英和富裕中产阶级受此影响的程度比较不富裕的平民更深。这些社会中的"无既得利益者"与国际体系中的穷国一样更易表现出暴力性行为,或许并非偶然。

都市服务业社会

城市和大都会生活方式的成长是某种程度上与上述发展相关的现象。相比占城邦中大多数的既具城市性也以农业为支柱的城邦,古典军事学者对商业性大都市的态度迥然不同,认为后者是最不理想的兵源地。韦格蒂乌斯(Vegetius)和此后直到马基雅维利的一系

---

⑦ 关于这一问题上的普遍认知与现实状况可参见:Martin Daly and Margo Wilson, *Homicide*. New York:Aldine, 1988, pp. 125, 276, 291。

列作者均认为强壮的农夫构成了最优秀的新兵来源。城市居民里最适合当兵的是从事重体力工作的工匠,而其他职业的人被认为[601]不能适应艰苦的行伍生涯,应当避免招募。⑦ 此外,大型中心都市的居民通常由各地迁来者组成,尤其缺少传统的社群团结感,游离于乡村和小城镇社区所具有的社会控制之外。由于受到城市的快节奏生活和各种诱惑影响,他们被认为过于浮躁、无根性、无纪律和世故,因而不能予以信任。随着现代的到来,城市化和都会生活不再像过去那样只影响到百分之几的人口,而是持续扩张直至包含了大多数人。与之相应的是乡村居民的比例下降到甚至只占人口中很小一部分。然而军方仍然认为后者才是最好的"当兵的材料"。

相关例子极为丰富。20 世纪初,德国军队不成比例地高度依赖农村兵源,并以农村地带小型城镇居民为次优选项。它限制了从大城市的征兵,因为那里的群众被认为在军事上更不适应,在政治上也因受社会主义的感染而较为可疑。⑦ 自由主义民主的英国这样一个世界上最为城市化的,且在两次世界大战中均采用了兵役征召制度的社会同样认为农村居民最适于当兵。军方将产业工人视作合格的新兵,但也警惕他们会将在工厂和矿井长期紧张的劳资关系背景下所养成的不服从和反叛精神带入军队。白领办公室职员则被认为最不能适应军旅生活的艰苦。值得注意的是,两次大战中英帝国无可争议的最优秀军人来自那些如今仍极为乡村化的自治领——新西兰、澳大利亚和加拿大——的农场里。纵观人类历史,不依赖他人且身份平等的自耕农一直被证明是最好的士兵。在参加第一次世界大战的美军中占主流的来自美国中部农业区的兵员被看作是一流的

---

⑦ Flavius Vegetius Renatus, *The Military Institutions of the Romans*. Harrisburg, PA: The Military Service Publishing, 1960, Books i. 3 and i. 7, pp. 14, 16; Niccolò Machiavelli, *The Art of War*. Cambridge, MA: Da Capo, 1965, Bk i, pp. 27, 33.

⑦ 相关数据可参见: Friedrich von Bernhardi, *Germany and the Next War*. New York: Longmans, 1914, pp. 243 4。

“当兵材料”。第二次世界大战中,来自城市的美军军人数目有所增加。他们也打得不错,但没有取得其一战前辈那样的杰出声誉。至于越南战争中的征召兵员,尤其来自较为城市化的各州的那些,在“天生”的军人品质方面的名声就更差了。美国陆军并未发布与伊拉克战争相关的军人来源地统计数据,但一项对战死军人家乡的研究揭示了乡村和小镇社区人口中志愿参军者的比例是大城市的 2倍。⑬ 这里便存在着所谓的“红—蓝”[602]差异。⑭ 以色列建国后最初二三十年里训练有素的士兵绝大多数来源于相比之下数量不多的一些自发组成的集体村庄(基布兹,kibbutzim)或农庄社区(莫沙夫,moshavim)。

　　在这里我们必须把社会和城市职业结构的深远变化考虑进去。工业化巅峰时期的城市居民大多由产业工人组成。尽管有上述的缺点,他们仍然习惯于体力劳动、机器,及以其倡导者和先行者命名的被称为“福特制”(Fordism)和“泰罗制”(Taylorism)的大规模工作协同制度。他们居住在人口密集的城市社区中,且大多数识文断字。这些品质即为武装部队的主要力量所在,尤其当军队本身也经历了机械化时。在大多数情况下,工业时代经历了现代社会两大“规训”机构——学校和工厂——训练的军人,要比前工业化的,从本质上而言是前现代的农民军队更适应现代战争中的大规模协同作战、快节奏和机械化。现代社会中的自由农民这一成分将上面两者的优点合二为一。然而,随着工业—技术时代的推进,制造业在大多数发达经济体中衰落了,而服务业部门占劳动力大军比重上升。以引领了这

---

　　⑬　Bill Bishop, 'Who goes to war', *Washington Post*, 16 November 2003. 该文问世后,五角大楼发布的统计数据也证实了这一趋势的存在,参见: Ann Scott Tyson, 'Youths in rural U. S. are drawn to military', *Washington Post*, 10 November 2005. 尽管标题如此,上面这篇文章所强调的却是新兵有着窘迫的经济背景(这一点的确具有重大意义)而非来自乡村。

　　⑭　美国政治中以共和党及其支持者为红色,以民主党及其支持者为蓝色,前者分布偏向于农村和中小城镇而后者偏向于大城市。——译注

一潮流的美国为例,其劳动力中的 70% 如今受雇于服务业,只有
18% 为制造业工作。[75] 可以认为武装部队也在从机械化向信息化迈
进,大多数情况下越来越依赖计算机化的数据处理和精准打击火力
来进行战斗。此外,服役条件也有了显著改善,而军旅生涯的冒险性
和体力挑战仍对很多年轻人有着吸引力。尽管如此,对于那些来自
当代富裕社会的,习惯于办公室里的文书工作和城郊住宅区中幽静
生活的人而言,适应军旅生活的确不如他们的农民和产业工人前辈
来得容易。[76] "文雅"(urbanity)和"城市化"(urbanism)这两个词来
自同一源头并非偶然,显示了它们同样具有根本上非军事的品质。
虽说除自由主义社会外,皇帝和纳粹统治下的德国以及苏联也存在
着高度工业城市化现象,但几乎所有发达服务业经济体仍是自由主
义民主制的,以至于实在难以辨别某些效应究竟是由这两个因素中
何者造成的。

性革命

[603]与避孕药相关的更多性爱可能性,女性进入家庭以外的劳
动力市场,以及整体上的自由化趋势,可能是导致发达现代社会
中——尤其在那些未婚年轻男性里——战争热情一蹶不振的另一因
素。年轻的单身男子传统上构成了社会中最具侵略性的成分,这很
大程度上是来源于他们未安定下来的状态,但如今他们的不羁天性
可以随处释放。过去曾吸引了他们中不少想逃离乏味而令人窒息的

---

　　[75]　Rosecrance, *The Rise of the Virtual State*, p. xii;其他主要工业化国
家可参见第 26 页;Gilpin and Gilpin, *The Challenge of Global Capitalism*,
p. 33。

　　[76]　这一因素以及前面提到的生活富裕和舒适度的高度增长,在以下著作
中或许未得到充分重视:C. Moskos, J. Williams, and D. Segal(eds), *The
Postmodern Military*. New York:Oxford University Press, 2000;尽管富裕和
舒适度增长这一点构成了:Ronald Inglehart, *Cultural Shift*: *Advanced indus-
trial society*. Princeton, NJ:Princeton University Press, 1990 中所描述现象的
基础。

乡村和小镇生活的人的海外冒险便相应地失去了很大一部分吸引力，尤其对于那些性机会甚至会因海外冒险而受到军队严重限制的城里人更是如此。在现代，日本帝国的军队在海外作战时仍被国家允许进行大规模强奸，有时还受益于国家组织的强迫卖淫。据估计，1945 年至少有 200 万妇女在被征服的德国东部遭到苏联军人的强奸，其中很多甚至可能大部分人还遭受了多次强奸。集体强奸也是 20 世纪 90 年代波黑和卢旺达种族战争中的一大特征。在西方民主国家的军队中，强奸行为将受到严厉惩罚（但仍不能阻止其不定时发生），但美国大兵（和其他盟国军人）在战后百废待兴的西欧以及后来赤贫的越南也普遍获益于大规模廉价卖春现象。⑦ 然而无论如何，性机会的状态已经发生了彻底改变。如同早先时期的特权人士一样，年轻男性如今更不乐意为了战场上的艰苦和禁欲而抛弃生活中的种种欢愉。20 世纪 60 年代强有力的青年反战运动中的口号"要做爱，不要作战"问世时，恰逢性规范的自由化浪潮，这一点绝非偶然。同样，性自由化主要发生在富裕和城市化的自由主义社会，但想象一下它在何种程度上影响了后期的苏联或今日的中国，也将是饶有兴味的。再度强调，认识到这一因素的重要性并不意味着要完全接受弗洛伊德、威廉·赖希（Wilhelm Reich）和米歇尔·福柯（Michel Foucault）的论述。

  总而言之，当代富裕民主社会中存在着互相冲突的几股力量。从历史上看，与专制和寡头政权相比，具有高参与度的社会往往在战争动员方面技高一筹（尽管在面对现代极权社会时并无优势）。但 [604] 财富的增长和城市生活却起到了削弱公民参与军事事务的作用。我们已经看到在古代和中世纪城邦中，公民大军经常会被从乡

---

  ⑦ 关于苏军士兵的强奸行为，可参见：Anthony Beevor, *The Fall of Berlin 1945*. New York：Penguin, 2003, p. 410；书中充满了令人颤栗的描述。关于二战中美军与日军的性犯罪，分别参见：Joshua Goldstein, *War and Gender：How the gender shapes the war system and vice versa*. New York：Cambridge University Press, 2001, pp. 337, 346。亦可参见本书第 12 章注释 13。

村居民、城市贫民和外邦人中招募的职业军队所取代。无论过去还是现在，从征兵制向职业军队转变的背后均有着其他种种原因，但上述现象整体上适用于今日美国、英国和其他富裕民主社会的军队，这一点是无可置疑的。历史上的政治哲学家和德学家将奢侈、城市生活、性乱、以面包和马戏麻痹群众，以及传统道德准则的解体视为"废弛""软弱"和"堕落"的征兆。当代西方社会和其他发达国家同样被描绘为处于一种永恒的堕落状态。但就目前状态而言，社会、政治和军事上的衰落并未发生在它们身上，原因在于本书已提到过的现代社会的特殊优势，如技术优越性，以及具有高度竞争力的经济和社会制度。

那些哀叹高度理想主义在当代富裕、消费和享乐主义社会中消亡的人应该认识到同一个问题的另一面：这些社会极度不愿意卷入严酷的战争。在面临严重威胁时，这会构成重大的问题，然而现代富裕自由民主社会所属的"强大的和平主义者"迄今为止在平衡均势方面表现不凡。

年轻男性的减少

除了他们身边环境和自身心态的变化外，年轻男性相对数目的显著下降或许是当代发达社会中战争热情减弱的又一个因素。[78] 在前现代社会中，出生时预期寿命和成年人口预期寿命均远低于现在。因此即便在人口零增长的情况下，成年人口中年轻成年男性的比例也比现在更高。随着工业化的启动，儿童死亡率急剧下降而出生率仅随之缓慢降低，导致了总人口的快速增长，其中年轻成人不仅在绝对数目上有增无已，占成年人口总数的比例也提升了。这一现象在 19 世纪的西方和 20 世纪的发展中世界均很显著。年轻男

---

[78] Herbert Moller, 'Youth as a force in the modern world', *Comparative Studies in Society and History*, 1967—8；10：237-60；Christian Mesquida and Neil Wiener, 'Human collective aggression：A behavioral ecology perspective', *Ethology and Sociobiology*, 1996；17：247-62.

性在 1914 年的 7 至 8 月间是最易受到公众战争狂热感染的人群，正如他们在所有战争与革命中那样。然而在今日的富裕社会中，出生率往往跌落到世代更替水平以下，且人们变得[605]更加长寿，年轻成人——包括其中的男性——因而构成了一个越来越老龄化的总人口中不断缩水的一部分。在第一次世界大战前，15—29 岁之间的男子占英国全体成年男性数目的 35％，在德国则占 40％；到 2000 年这两个数字分别下降到 24％和 29％。相比之下，同一年龄组的年轻男性在 2000 年占伊朗总人口的 48％。发达世界的中位数年龄在这一年提高到了 37 岁（预期到 2050 年将提高到 46 岁），而较不发达世界的中位数年龄为 24 岁，最不发达世界则为 18 岁。⑦

由于年轻男性向来是社会中最具攻击性的组成部分，而更年长的男性传统上则与审慎和妥协联系在一起，有见解认为年轻男性相对数量的下降可能促成了各发达社会的和平化，同时也解释了各发展中社会，尤其是伊斯兰社会更强的好战倾向。中国的"独生子女"政策可能会使它变得更类似于一个发达社会；但伊斯兰诸社会近年来的人口增长却是爆炸性的，增速不久前刚达到峰值，其年轻男性的相对比例也处于历史最高点。⑧ 此外，19 世纪的边界开放使经历着人口暴增的欧洲能够将大量年轻人输出到其人口稀少的海外领地，而今日发达国家移民政策的收紧则加剧了发展中世界所面临的问题。当然为了避免过度简化，同时也应考虑到在传统、停滞和文化上处于防御地位的社会中，经济（和性）机会的缺乏等因素在造就伊斯

⑦ 第一次世界大战前西方的相应数据可参见：Mitchell, *European Historical Statistics 1750—1970*, Section B2, 尤其是 pp. 37 and 52；当代数据可参见：United Nations, *World Population Prospects: The 2000 revision*. New York: UN, 2001；以及：The Economist, *Pocket World in Figures: 2005 edn.* London: Profile, 2005, pp. 20-1.

⑧ Samuel Huntington, *The Clash of Civilizations and the Remaking of World Order*. New York: Simon & Schuster, 1997, pp. 116-20.

兰社会躁动不安的年轻男性群体问题上的相关性,而对于富裕社会中人数减少的年轻男性而言,反面因素的相关性也同样存在。人类行为总是发生在特定的经济、社会和文化条件的背景之下。在其人口增速最快的 19 世纪中叶,工业飞速发展的英国的年轻男性比例超过成年男性总数的 40％,与今日的伊朗不无相似之处,而这正是"不列颠治下的和平"(pax Britannica)的时代。

家庭子女数量的减少?

鉴于各发达社会出生率的急剧下降,亦有见解认为家庭平均养育子女数的大幅度减少或许是导致这些社会好战性减弱的因素。根据这种理论,过去的父母显然也珍爱他们的子女[606]并不愿让他们被战火吞没,但对于典型的仅有一两个孩子的当代家庭而言,失去一个子女的痛苦将要大得多。[81] 不过这一论点能否经得起推敲是很成问题的。拥有很多活到成年的子女的家庭在历史上只是一个短暂的现象,仅发生在早期工业化阶段的人口爆炸时期。前现代社会的出生率的确要高得多,但婴儿死亡率也同样高,导致人口整体保持稳定的状态(人口增长速度极低,与生产力的低增长步调一致)。女性生育很多孩子,但其中只有一小部分活到成年,使平均子女数维持在更替水平左右。既然过去的父母只能将少数子女养育成人,也就谈不上他们能比如今的父母更轻易"承受"失去子女之痛;从经济角度看,他们事实上更难以承受失去老年时唯一的依靠。过去与现在的真正区别不在于每个家庭的平均(活到成年的)子女数;在过去人们只不过是完全无力反对位于远方或由异族统治的政权,这些政权在将他们及其子女送上战场时毫不顾及他们的愿望和命运。而在那些民众掌握统治权的地方如城邦共和国里,

---

[81]　Edward Luttwak, 'Blood and computers: The crisis of classical military power in advanced postindustrialist societies', in Z. Maoz and A. Gat (eds), *War in a Changing World*. Ann Arbor, MI, University of Michigan, 2001, pp. 49-75;我的评论可参见此书第 88-89 页。

战争——无论是进攻性还是防御性的——的预期利益使得冒生命危险变得更易被接受。这两个条件对于发达的当代自由主义民主国家很大程度上已不再成立。

女性参政权

另一个基于性别的因素可能也对社会日益规避战争的现象有所助益。年轻男性向来是社会中最具攻击性的组成部分,而男性整体也向来比女性更具攻击性和好战性。我们前面说过,这一差异源于生物学特征,且存在于多种文化之中。这不是说女性天生爱好和平反对战争——事实远非如此,只不过意味着平均而言,她们较少卷入严重的身体暴力行为并在支持此类行为方面更为克制。很明显,历史上绝大多数政治决断均由男性作出,即便偶有女性掌握权力,她们也不得不按照一个"男人的世界"的既有规则行事并取得成绩。这样一种女性被剥夺参政权的现实背景有助于人们理解阿里斯托芬(Aristophanes)在伯罗奔尼撒战争期间的雅典所写下的讽刺剧《吕西斯忒拉忒》(*Lysistrata*)。阿里斯托芬笔下[607]深受战争带来的死亡和不幸之苦的妇女对她们的男人发起了一场性罢工,以迫使后者同意讲和。自由主义民主国家的女性于 20 世纪赢得参政权后,便不再需要阿里斯托芬虚构的终极要挟手段,而是可以通过选票来影响政府的决策。过去几十年里对西方国家所进行的研究表明,对于运用武力的态度方面存在着一个明确的性别差异,女性的支持度要比男性低 5 至 15 个百分点。[82] 由于一点点支持率优势往往便足以左右选举而政府也必须回应其支持者的诉求,这样的性别差异在现代富裕自由主义民主国家中就能够发挥重要作用,通过选举来遏制国家卷入军事冲突的倾向。导致和平的自由主义/民主因素与性别

---

[82]　Lisa Brandes,'Public opinion, international security and gender: The United States and Great Britain since 1945', unpublished doctoral dissertation, 1994, Yale.

因素于是叠加到了一起,女性投票权因此被视作 20 世纪自由主义民主国家较 19 世纪更具和平性的原因之一。[83] 这一因素或许的确重要,尽管它并非唯一,而是与我们讨论过的其他要素共同发挥作用。

况且如上面提到过的那样,女性并非无条件倾向和平。在某些社会中,或在某些冲突中,男女两性所持态度并无显著差异。例如,对阿—以冲突双方所做的研究没能揭示存在这样的差异。在对多种解释进行探讨后,研究者提出最可能的原因或许在于这一冲突事关重大,因此男女两性在心理上均得到充分鼓动。[84] 性别差异的缺失并非中东特有现象,而"事关重大"这一解释或许也有着更普遍的适用性。例如在 2004 年的美国总统大选中,害怕美国本土再度发生大规模恐怖袭击的所谓"安全妈妈"(security moms)这一群体,将更多选票投给了更为强硬的候选人小布什,而非他的民主党挑战者,即便此时美国已被普遍认为在极具争议的伊拉克战争中陷入困境。在苏联时代失败的阿富汗战争(1979—1988 年)中,战士母亲的声音被极权制度抹杀,但这样的声音在苏联解体后自由化的俄罗斯的第一次车臣战争(1994—1996 年)中已变得举足轻重。母亲们走上街头举行示威,对俄政府的撤军决定起到了很大的推动作用。然而,就像美国的"安全妈妈"现象那样,车臣极端分子于俄军撤离后在俄国土地上继续进行的恐怖袭击为俄罗斯的再度干涉赋予了合法性——至少俄罗斯的公众是这样认为的,且男性和女性在这一点上意见一致。

---

[83]   Bruce Russett, 'The democratic peace—and yet it moves', in Brown, Lynn-Jones, and Miller, *Debating the Democratic Peace*, p. 340; Doyle, 'Michael Doyle on the democratic peace—again', p. 372.

[84]   Mark Tessler and Ira Warriner, 'Gender, feminism, and attitude towards international conflict', *World Politics*, 1997; 49: 250-81; Mark Tessler, Jodi Nachtwey, and Audra Grant, 'Further tests of the women and peace hypothesis: evidence from cross-national survey research in the Middle East', *International Studies Quarterly*, 1999; 43: 519-31. 更具一般性的内容可参见: Virginia Sapiro, 'Theorizing gender in political psychology research', in D. Sears, L. Huddy, and R. Jervis (eds), *Oxford Handbook of Political Psychology*. Oxford: Oxford University Press, 2003, pp. 601-34。

核武器

[608]核武器的出现被普遍视为 1945 年以来大国之间未发生战争的关键因素。毫无疑问,"互相确保摧毁"(mutual assured destruction,MAD)的预期使战争的逻辑发生了革命性变化,消除了战争结果的不确定性,而过去这样的不确定性曾为冒险发动战争者留下了空间——如今在一场全面核战中所有各方均将成为输家。因此核武器在冷战双方的意识中占据了中心地位。不过,如同我们前面提到的那样,在构成近现代大国体系下最长和平时期的 1945 年以来的"长和平"(the Long Peace)之前,有着 1871—1914 年这一西方大国之间第二长的和平时期;而在后者之前又有着 1815—1854 年这一第三长的和平时期。当然,与 1945 年之前不同的是,核武器阻止了漫长的和平状态被国家间毁灭性的战争打破。这可以说是一个里程碑式的变化。但在核武器出现前很久,工业化或工业化进程中的大国之间,尤其那些工业化的自由主义/民主大国之间的关系已经悄然发生了根本性转变。⑧

如一位知名冷战史学家指出的那样,人们经常忽视美国在 1945 年至 1949 年间垄断了核武器这一事实。理论上,美国完全应当在这段时间不用害怕遭到报复的情况下先发制人打垮苏联,而不是采取遏制战略,静待其造出核武器迎头赶上——当时人们已认识到如不加干预这

---

⑧ 我的立场位于两个极端之间,这两个极端的代表分别是:Mueller, *Retreat from Doomsday*;id., 'The essential irrelevance of nuclear weapons: stability in the postwar world', *International Security*, 1988;13(2):55-79;以及:Martin van Creveld, *The Transformation of War*. New York:Free Press, 1991。除了他们的基本观点外,我对他们的说理论证过程也难以苟同。关于穆勒,可参见本章注释 63、65 以及相关文本。他认为第一次世界大战所造就的"幻灭"是此后大规模战争减少的原因,但未能论及这一幻灭的深层根源,也未指出受幻灭感影响的大多为自由主义者,以及早在 1914 年之前的一个世纪内战争频率便已出现下降。范·克里费德(Van Creveld)则认为除受到核威慑制约外,人类的好战性并无变化,原因在于男性好斗并以此为乐,无此则殊无生趣。对其驳斥可参见第 3 章第一部分。

一结果将不可避免,尽管它实际来得比预想中更早。⑧ 若不是美国,而是苏联或纳粹德国获得最初的核垄断地位的话,那么几乎毫无疑问它们会全力以赴制造大量核武器并推行世界范围内的征服和威压政策。所以说,不仅对其他富裕的自由主义民主国家,甚至对其死敌苏联,美国也没有利用短时间内的压倒性优势来发动一场战争。同样,对于当今世界富裕的自由主义民主国家而言,无论核威慑是否存在,或存在着何种可能的分歧、不同意见或紧张关系,它们也绝无可能卷入彼此之间的武装冲突——热战、冷战或隐秘战——也不会用核武器去威胁对方。

核武器的出现标志着历史上的一个转折点,有核国家——无论它们是不是自由主义民主国家——之间的无限制战争从此成为自杀之举;然而这一结果的代价是军备[609]竞赛、威慑和恐怖均衡,且仍为隐秘、非直接和低烈度的武装冲突形式留有余地。与此同时,另一个基本上独立于此的发展是无论有没有核武器,任何形式的暴力冲突在现代富裕自由主义民主国家之间已变得事实上无法想象。它们之间达到了一种建立在共同利益和共有的摒弃战争的规范性信念基础上的"积极"和平状态,而非仅仅建立在防止了全面战争的互相威慑基础上的"消极"和平状态。富裕—自由主义秩序与核武器均为真正的划时代因素。强调其中某一因素作用的一元论者或许不会同意这样的看法,而单一因素的解释方法也的确更易被人接受。但正如我们在其他很多状况下已观察到的那样,多个存在不同程度相关性的因素往往汇聚到一起共同发生作用。

自由主义战略:孤立主义、绥靖、遏制和有限战争

基于上述原因,富裕的自由主义民主国家有着史无前例的规避

---

⑧　John Gaddis, 'The origins of self-deterrence: The United States and the non-use of nuclear weapons, 1945—1958', in *The Long Peace: Inquiries into the history of the Cold War*. New York: Oxford University Press, 1987, pp. 104–46.

战争倾向，其根源既在于工业—技术时代同样史无前例的大发展，也在于其中独特的自由主义发展路径。同样拥有这一规避战争倾向及其国际和国内支撑条件的富裕自由主义民主国家之间似乎已发展出一种真正的和平状态。这一状态的基础是它们对彼此间已不存在战争可能性的真诚信念。过去的历史上从未有过这样的现象，当然这也与现代环境下各种条件的革命性变化不无关系。进一步审视之后，学者觉察到（富裕的）自由主义民主国家规避战争的倾向尽管是在彼此之间以"民主和平"的形式表现得最为明显，但也超出这一范围而同时影响到民主国家与非民主国家——尤其较强大的那些——之间的关系。㊆ 自由主义民主国家的自我约束的一个方面在于它们对预防性战争的回避。历史上即便当它们受到威胁，拥有军事优势且有可能会逐渐失去优势时，它们也选择了不去发动战争。㊇ 前面已提到过美国在仍垄断核能力时[610]并未向与之敌对的苏联发动战争，然而我们还可以从 20 世纪更早年代的历史中识别出这一模式。

一个很好的例子是第一次世界大战前英国不愿认真考虑对正在大规模建设之中的德国海军实施"哥本哈根化"（Copenhagening）——这一概念源于纳尔逊勋爵（Lord Nelson）为防止丹麦海军加入拿破仑一方而将其摧毁的战役（1807 年）。㊉ 不过，即便英国的社会政治体制有所不同，我们也看不出它对德国海军采取此类行动能产生任何政治或战略意义，且无论如何英国仍有能力在海军建设竞赛中领先于德国。应当补充的是，相比之下德国卷入第一次世界

㊆ 参见本章注释 23 与注释 43。

㊇ Randall Schweller, 'Domestic structure and preventive war: Are democracies more pacific?', *World Politic*, 1992; 44: 235-69.

㊉ "哥本哈根化"一词来源于 1807 年拿破仑战争中英国以武力夺取当时仍为中立国的丹麦的舰队，以免其为法国所用的行动。此处用来指代海军强国对羽翼未丰的后发竞争者实施预防性打击。原文时间误为 1801 年，已改正。——译注

大战,是因为它在很大程度上将其视为一场对俄国这个正处于工业起飞进程中的心腹大患的预防性战争。人们或许还会注意到随着1940 年法国向纳粹德国投降,英国的确在奥兰(Oran)和达喀尔(Dakar)港口"哥本哈根化"了中立的维希法国(Vichy France)海军,以免后者落入德国人手中。当然,这一行动是在第二次世界大战爆发后发生的。更值得注意的是西方自由主义民主国家在 20 世纪 30年代中期未以武力干涉阻止希特勒德国的重新武装,尽管这意味着它们原本拥有的相对于德国的全面军事优势将会失去,而使希特勒能够推行彻底的扩张主义政策。直到事态无可挽回前,西方民主国家的政府和人民一直期盼着最坏局面不至于成真,德国的愿望能够以和平方式得到满足,或至少能在不爆发战争的情况下遏制住德国。这或许可被视为休谟所说的自由主义国家有着变得"完全不去关心,安于现状……奉承讨好胜利者"倾向的一个例子。[90] 另一方面,不主动挑起战争最终或许真的能够避免战争。前面已经说过,我们不可能事先确定会出现怎样的结果。在与 2001 年 9 月 11 日后美国"反恐战争"相关的激烈公开争论中,自由主义民主国家对预防性战争的强烈禁忌也成了一个核心要素。

　　富裕自由主义民主国家对预防性战争的回避只不过是更广泛行为模式的一个方面。最终,根本问题在于如果说现代富裕自由主义民主国家的国际行为与历史上其他国家社会确有显著差异的话,那么这样的差异是否也在它们国际行为的其他各个方面中有所体现?此处的答案是战争规避[611]这一因素导致它们对潜在的和实际进行中的冲突均有一种典型的反应模式——也就是说,富裕的自由主义民主国家在"开战"(ad bellum)和"交战"(in bello)方面均表现得有所不同。出于前面考察过的一些原因,西方在传统上显现出高度好战性并偏好正面武力对抗。第二次世界大战期间,当自由主义民

---

[90]　Hume, 'Of the balance of power', pp. 202-3; Doyle, *Ways of War and Peace*, pp. 275-7.

主国家深陷于与德国和日本这样的最残暴敌人的生死搏斗中时，它们几乎毫无顾虑地对这两个国家实施了不分皂白的毁灭性空袭。在冷战早期阶段，它们咄咄逼人的"十字军精神"令人回想起休谟很久以前对民主共和国家有着"鲁莽的烈性"的评价，也引起了人们的忧虑。但我想说的是随着自由主义民主国家对战争的规避不断强化，一种在很多方面与旧有方式不同的新的"西方战争方式"也随之发展起来，并随着西方模式的扩展而逐渐被所有富裕自由主义民主国家接受。

这些社会的基本价值取向使得如何应对冲突的问题变得格外艰难。最初的自由主义者尽管倾向和平，却也并非和平主义者，因为自由主义是值得用武力加以争取和捍卫的。但经过一段时间后，尤其当上面描述过的那些进程在富裕自由主义民主国家中不断深化后，一些自由主义者（和社会主义者）或多或少变成了单方面和平主义的拥护者。当然，他们的信条也从未成为主流，因为他们无法解答若另一方并非同样拥护和平时该怎么做的问题。与自由主义主流更加合拍的做法是努力使整个国际体系符合潘恩—康德—威尔逊模式，即认同民主自决、自由主义和自由贸易原则，构建共同繁荣的现代世界，并通过国际机制解决争端。当实现这一模式的条件具备时，如二战后的西欧那样，其成果的确令人刮目相看。然而在世界大多数地方，这一模式的推行遇到了很大阻力，在很多——且不说是多数——地方至今未有进展。自维多利亚时代以来，富裕自由主义民主社会从不断重复遭遇的挫折中所受的教育是：他们自身的模式远非被其他社会和文化所渴望的普世模式；这一模式所需的物质和规范性先决条件往往与其他社会和文化的现实相距甚远；因此即便后者有意达成这些条件，其过程也将漫长而动荡。尝试直接使用武力迫使他者加入自由主义世界秩序则意味着战争，其过程同样[612]令人深感挫折，结果往往也是徒劳无功。无论如何，在一个霍布斯式的而非潘恩—康德式的世界里，行为主体之间依然有着发生严重暴力冲突的可能性。

如果潘恩—康德式的国家间和平协作因并非所有国家均为自由主义（以及富裕的）国家而无法实现的话，圣皮埃尔提出的所有国家应联合起来反对那些破坏和平者的集体安全理念则仍有其可行性。国际联盟与联合国都是围绕着这一理念而建立起来的，但大体而言它们未能达成自身使命，其原因早已被卢梭所预见到：强大的国家或国家联盟不太可能仅因理论上有着压倒性力量的集体行动威胁而被轻易约束住；这一威胁大多数情况下是理论性的，是因为各国缺乏卷入事不关己的冲突的意愿；在没有能够阻止搭便车行为的强制性权威存在的情况下，各国均期盼与事态关系更加密切的国家出头处理事态；与“侵略者”保持良好关系往往对它们更为有利；况且，认定孰为“侵略者”还要牵涉到价值判断，而这一点很难达成共识。所有这些对于民主国家和非民主国家同样适用。[91]

既然如此，只要这个世界仍不是完全由富裕的自由主义民主国家组成，且集体安全仍大体上无效的话，自由主义民主国家就必须面对卷入冲突和战争的前景。我认为它们在应对这一问题时遵循了一种典型模式，可选策略从孤立主义到绥靖，到遏制和冷战，再到有限战争，优先性依次递减，并只在极其不情愿的状况下才会诉诸全面战争。和自由主义民主国家独特行为的其他方面一样，这一模式在19世纪后期开始显现，并在20世纪得以确立。

自由主义的孤立主义中，既包含了所有国家避开被视为与自身利益无严重关系的，且/或可交由他国处理的外部冲突的一般性倾向，也包含了自由主义具有独特性的战争规避倾向。只要能够采取孤立立场，它对于自由主义民主国家便是最具吸引力的选项。然而，在一个因不断加深的相互依赖而显得越来越小的世界里，孤立主义的可行性也变得越来越低。即便在不牵涉到重大利益的情况下，对

---

　　[91]　所有这些在以下著作中均有涉及，但未得到充分论述，参见：R. Rose-crance（ed.），*The New Great Power Coalition：Toward a world concert of nations*. Lanham，MD：Rowman，2001。

普世价值和人权的承诺也常常使自由主义民主国家难以对国外的变乱作壁上观。

当威胁已严重到无法忽视时,只要代价合适,满足对手的部分要求并向其提供[613]经济奖励,从而与其达成妥协,便成为自由主义民主国家的次优选项。对于富裕自由主义民主国家而言,这一代价要比战争更低,因为它们拥有的最大谈判资本便在于丰富的资源以及将对手纳入互利经济关系中的前景,而这样的关系最终甚至可能导致对手的自由化。绥靖政策的成功与否取决于另一方究竟是接受了交易成为合作伙伴,还是开出的价码反而勾起它的更多贪欲并被它视作软弱的表现。因此采取绥靖政策时必须保证己方处于强有力的位置;除了在对手面前晃胡萝卜外,也要同时摆动两下大棒。

若绥靖失败,遏制和冷战——建立一个具有威慑力的联盟,施加经济压力,并进行暗中颠覆和意识形态对抗——便成为这一序列中的下一步。最后,若武装冲突爆发,自由主义民主国家也会努力将其维持在有限状态,直到形势令之变得不再可能为止。它们所青睐的策略包括:提供资金和装备以巩固战时同盟,并强化能够对抗敌人的当地武装;封锁;发达国家拥有显著优势的海上和空中行动;由技术上较对手更为先进的打击部队执行的有限战斗。大规模正面战争,尤其可能带来很大伤亡的陆上作战,成了最不受欢迎的选项。当然上面所说的这些策略都属于"理想形式",彼此间常有重叠。有些尽管看上去颇为新颖,实际却已应用了相当长一段时间。

英国和美国在 19 世纪大多数时间里所采取的基本策略均为孤立主义。这两者中,英国更早脱离了孤立状态,其原因在于外部威胁——主要表现为德国对欧陆均势和英国海权所提出的双重挑战——已不能在英国不对其他国家提供安全保障的情况下得到遏制。虽说如此,英国仍反复且徒劳地寻求与德国达成在海军、殖民地、政治和经济方面的全面协议,以实现两国之间的谅解(rapprochement)。英国的政策基于这样的假设而制定,即当战争到来时法国和俄国将承担绝大部分陆上作战。英国对战争的贡献被认为将主要限定在海军和经济领域,以海上封锁为头号武器。盟国的险些溃败才迫使英国逐渐转变为战争的全面参与者。[92] 大洋另一侧的美国得以维持了更长时间的孤立。即便在[614]1917 年 4 月美国正式参战后,威尔逊总统也未曾计划让他的国家完全卷入欧洲的“大屠杀”之中。美国同样是在 1917 年夏法国、意大利的几近崩溃和英国将被无限制潜艇战击败的可怕前景,1917 年末至 1918 年初俄国的崩溃和退出战争,以及 1918 年春西线迫在眉睫的大灾难等事件的推动下,才被迫全面参与战事。

20 世纪 20 年代中期,西方民主国家的精英越来越感到惩罚性的凡尔赛和约是一个错误。凯恩斯《和平的经济后果》(*The Economic Consequences of the Peace*,1920 年)可被视为这种精神的代表。在这个所谓的“洛迦诺时代”(Locarno era),西方国家尝试与德国达成和解,帮助后者复苏经济,令其国际地位正常化,邀请其加入各个国际机构,并示意德国它在战后体系下的不满之处将来可通过和平方式解决。不幸的是,随着 1929 年后世界陷入经济危机,这一尝试无果而终。20 世纪 30 年代日本、德国和意大利挑战国际现状的行为构成了对自由主义民主国家的严重威胁。然而在所有自由主义大国——美国、英国和法国——里,公众情绪和政界共识均毫不含糊地反对战争,即便在这些国家仍拥有相较于对手的军事优势时。它们的策略又一次从孤立主义演化到绥靖,再到遏制和冷战,再到有限行动。最后的总体战则是由对手强加给它们的。每个自由主义大国都遵循了这样的路径。

孤立主义是自由主义民主国家感到它们能够成功驾驭这一策略时的头号选项。英国人长期被孤立理念所吸引,随后采取了表现为“有限责任”(limited liability)形式的部分孤立主义政策,也就是拒绝事先承诺派出大规模地面部队参与欧陆战事。美国则在孤立主义

---

⑫　David French, *British Strategy and War Aims*, *1914—1916*. London: Allen & Unwin, 1986.

中浸淫更深,时间也更长。然而鉴于某些威胁的严重性,仅仅袖手旁观是不足以做出应对的。孤立之外,两国均试图通过满足对手部分诉求并向其提供经济奖励和互利贸易协定的方法来"驯化"轴心国,尤其是德国,以达到缓和冲突的目的。这套以内维尔·张伯伦(Neville Chamberlain)为最热心推动者的绥靖策略最终失败,是因为希特勒的野心被证明超越了自由主义民主国家所能够接受的底线。但应当注意的是,即便那些与张伯伦同时代并反对[615]其政策的人也没有完全否定绥靖政策,而是认为应当更谨慎小心地加以推行,并以实力作为后盾。

西方民主国家并未将埃塞俄比亚和西班牙的危机视作较大的威胁,也没有多少兴趣加以干涉。有一些策略被提出作为对轴心国相关动作的反制措施(但大多数并未执行)。它们包括经济制裁、依靠西方盟国强大得多的海军力量封锁埃塞俄比亚和西班牙,以及向埃塞俄比亚人和西班牙共和派输送武器。无论如何,要一直等到1938年春的捷克斯洛伐克危机期间,西方舆论才大为紧张起来。从那以后,反对进一步绥靖的战略观点逐渐抬头。艾登(Eden)、劳合·乔治(Lloyd George)、丘吉尔、英国工党和自由党的议员,以及富兰克林·罗斯福均坚信应当组建一个(包括苏联在内的)具有压倒性力量的联盟来遏制和威慑德国,并在德国并未因此停手的情况下从经济上将其绞杀。如同德军高级将领急切指出的那样,1938年时尚未向东欧和西欧深入扩张的德国并无足够资源支持以进行一场漫长的全面战争。[93]

罗斯福对欧洲和远东局势的思路均相当典型。1937年末日本入侵中国并签署德意日三国《反共产国际协定》(Anti-Comintern

---

[93]　Williamson Murray, *The Change in the European Balance of Power*, *1938—1939*. Princeton, NJ: Princeton University Press, 1984; David Kaiser, *The Economic Diplomacy and the Origins of the Second World War*. Princeton, NJ: Princeton University Press, 1980; Mueller, *Retreat from Doomsday*, p. 69.

Pact)后,罗斯福总统便越来越频繁地提出对侵略国进行协调一致的制裁和遏制的观点。这一观点在他于 1937 年 12 月 5 日所作的著名的"隔离演说"(quarantine speech)中得以体现。此后在捷克斯洛伐克危机期间,罗斯福也呼吁对德国实施"围困"。他建议欧洲同盟国关闭它们与德国之间的边界,保持防御姿势但无须对德国宣战,依靠经济封锁来进行斗争。美国将会从经济上支援它们。㉞

当战争于 1939 年爆发时,德国已变得更不易向经济压力屈服,原因在于它在东南欧获得了主导权并与苏联签订了互不侵犯条约。在这样的形势下,西线发生的所谓"晦暗不明的战争"(twilight war)或"假战争"(phoney war)现象并非人们通常所认定的咄咄怪事,而是英国和法国最为自然的策略的后果。既然已没有能力将德国约束在战前边界内并在它试图挣脱桎梏时从经济上扼杀它,或者从军事上击败它并将东欧从它的支配中解放出来,英法两国实际上就只能选择与西方在二战后对抗苏联时所采用的大体相同的战略,[616]依赖于武装对峙、遏制、经济压力,以及意识形态战和宣传战。军事方面,英法两国将自己的行动局限在外缘和间接领域,试图避免升级到全面战争。除了名称不同以外,这完全就是一种遏制和冷战策略。它们抱有这样的期望,即随着西方集团获得时间建立起牢固防御并充分调动其资源,德国人将被迫与之寻求和解。它们也期望纳粹政权在一段时间后可能会逐渐软化甚至丧失权力。如同张伯伦写给罗斯福的信中所说的那样,英国并不指望通过"一场壮观的全面胜利"来赢得战争,而是指望德国人在形势所迫下"确信自己无法获胜"。

㉞ David Reynolds, *The Creation of the Anglo-American Alliance*, *1937—1941*. London: Europa, 1981,尤其是 pp. 17, 30-1, 35; Robert Dallek, *Franklin D. Roosevelt and American Foreign Policy*, *1932—1945*. New York: Oxford University Press, 1979,尤其是 pp. 163-4; Callum Macdonald, 'Deterrence diplomacy: Roosevelt and the containment of Germany, 1938—1940', in R. Boyce and E. Robertson (eds), *Paths to War*. London: Macmillan, 1989, pp. 297-329; D. C. Watt, *Succeeding John Bull*; *America in Britain's place*, *1900—1975*. Cambridge: Cambridge University Press, 1984, pp. 82-3。

英国将"坚持不懈,在经济上继续施压,同时尽全力加强军备生产和战争准备",但"不发动进攻,除非希特勒先动手"。[95] 不幸的是,上述整套设想在 1940 年 5 月至 6 月德国决定性地击败西方盟国并将势力伸展至整个西欧大陆后彻底化为泡影。

美国遵循了一条相似的路线。1940 年至 1941 年,美国对欧洲和远东的策略中几乎包括了除战争以外的一切手段。1940 年夏支撑英国继续战斗决定的一个关键因素在于丘吉尔相信美国不久将加入战争,或许就在 11 月的总统选举之后。然而这并未发生。以租借物资(Lend-Lease)形式流入英国的美国大规模经济援助令前者得以将战斗持续下去,但 1941 年间美国正式对德宣战的可能性依然不高。这一年夏,美国将租借法案的适用范围扩展到苏联,接替英国在大西洋西部执行对德国潜艇的反潜巡航,并在冰岛驻军。尽管如此,对英国而言形势逐渐明朗:难以指望美国在不久的将来加入战争。美国公众和国会议员中的大多数反对战争,罗斯福本人的意图也暧昧不明。显然他绝不会允许英国倒下,并很可能会运用美国日益增长的实力对战争进程稳步施加影响。但他究竟是在等待美国的重新武装取得更多进展并利用这段时间引导美国民意为最终参战做好准备呢,还是满足于现状,即让英国和苏联挑起战斗的重担,美国只给它们提供大规模政治和经济支持而无须全面[617]参与战争?对于这些问题至今仍存有争议,且很可能永远不会有确切答案。罗斯福本人或许也未必能说清楚。日本对珍珠港的偷袭和随后德国对美宣战才一劳永逸地解决了这一问题。[96] 若非英国和美国自身的防线分

---

[95] Richard Overy, *The Origins of the Second World War*. London: Longman, 1987, p. 77; John Charmley, *Chamberlain and the Lost Peace*. London: Hodder, 1989, p. 210; 以及: Mueller, *Retreat from Doomsday*, p. 70。

[96] J. Gwyer, *Grand Strategy: June 1941—August 1942*, Vol. 3. London: HMSO, 1964; Dallek, *Franklin D. Roosevelt and American Foreign Policy*. 近年来历史学家对美国加入战争的意愿变得更为怀疑,参见: Reynolds, *The Creation of the Anglo-American Alliance*, 尤其是 pp. 214-19; John Charmley, *Churchill: The end of glory*. London: Harcourt, 1993, p. 332; (转下页注)

别于 1940 年 4 月至 5 月在西欧以及 1941 年 12 月在太平洋遭到敌人的突然打击而崩溃，从而迫使其做出反应，全面战争将不会是它们的战略选项。

同样，尽管美国在各个方面都远强于日本，它在 1940 年至 1941 年间仍只依靠非军事手段来遏制后者。美国采取了相当严厉的经济制裁手段，试图以石油禁运迫使日本屈膝投降。[57] 不幸的是，本应作为经济制裁后盾而同步采用的军事预防措施被证明存在严重不足。如同上一年德国所展示过的那样，当对手出人意料地以极为成功的闪电战打破通过遏制、经济胁迫和冷战等措施筑就的包围网时，上述策略便难以为继了。

第二次世界大战接近尾声时，苏联取代了轴心国成为自由主义民主国家的潜在强敌。后者的反应再一次遵循了从绥靖到遏制到冷战的途径。关于 20 世纪 30 年代历史的修正派史学家已揭示了张伯伦准备承认德国在东欧的霸权，出于同样原因，罗斯福和丘吉尔在战争快要结束时也承认苏联对这一地区的控制权。罗斯福尤其渴望与苏联谈妥条件，将它纳入一个四大国主导下的新的全球集体安全体系。但到了 1946 至 1947 年，美国的这一希望已经破灭，遏制和冷战策略随之出台。

前面已经说过，美国采取这些策略时仍然垄断着核力量。虽说如此，根据遏制政策智识上的构建者乔治·凯南（George Kennan）的说法，这一政策形成于一个从根本上而言并不关注核武器存在与

（接上页注）id., *Churchill's Grand Alliance*. New York: Harcourt, 1995, pp. 16-17, 38-44, 356; John Keegan, 'Churchill's strategy', in R. Blake and W. Roger Louis（eds）, *Churchill*. Oxford: Oxford University Press, 1993, pp. 338-9; Norman Rose, *Churchill*. New York: Free Press, 1994, pp. 276, 288; Gerald Weinberg, *A World at Arms: A global history of World War II*, Cambridge: Cambridge University Press, 1994, pp. 238-45（引用了最近发现的文献资料）。

　　[57]　注意到这意味着一种遏制战略的是：Mueller, *Retreat from Doomsday*, pp. 75-7。

否的思想架构下,且由 1945 年以前的历史经验总结而出。⑱ 在他于
1946 年 2 月从莫斯科发出的"长电报"(Long Telegram)或 1947 年
以"X 先生"笔名在《外交事务》(*Foreign Affairs*)上发表的文章等这
些标志着遏制政策最初形成的文件里,并无一字提及原子弹。在整
个 20 世纪 40 年代后期,凯南一直坚持美国应避免将核武器作为一
种积极主动的工具应用在外交和战争中。⑲ 此后直到冷战结束,两
个超级大国间关系紧张程度加剧,变得更为军事化的阶段与一定程
度上相互谅解并实现"缓和"(détente)的阶段交替出现。

[618]1945 年后,主要大国之间发生战争的可能性已大为降
低。在苏联解体和共产主义挑战终结后的今天,这一可能变得更加
微乎其微。大国间战争可能性的降低是核威慑的建立与前右翼威
权主义和极权主义列强,以及(尚在进行中的)前共产主义国家先
后被纳入自由主义秩序这两大因素分别和共同作用下的结果。相
比之下,富裕的自由主义民主国家与小的且经济上落后的非民主国
家间仍继续发生着冲突和战争,而上面所描述的自由主义民主国家
的策略模式在这些冲突中仍大致适用。有见解认为当今世界已被
划分为由富裕自由主义民主国家组成的"和平区域",以及由世界
其他较为贫困部分组成的"战争区域"。⑳ 我接下来将更加详细地
考察这两个概念。

---

⑱　George Kennan, *American Diplomacy*. Chicago: University of Chica-
go, 1985 (1951), pp. vi-vii.

⑲　参见保存在普林斯顿大学塞利·穆德手稿图书馆中的凯南文章,例如:
23 January 1947, 16/21; Memorandum to Dean Acheson, 20 January 1950, in
T. Etzold and J. Gaddis (eds), *Containment: Documents on American foreign
policy and strategy*, 1945—1950. New York: Columbia University Press,
1978, pp. 373-81。

⑳　Max Singer and Aaron Wildavsky, *The Real World Order: Zones of
peace, zones of turmoil*. Chatham, NJ: Chatham, House, 1993。这本杰出著
作未得到应有的注意。此外亦可参见: James Goldgeier and Michael McFaul,
'A tale of two worlds: Core and periphery in the post-Cold War era', *Interna-
tional Organization*, 1992; 46: 467-91。

作为一个和平区域的发达世界？

是否可认为自由主义政治和经济体制在近现代条件下具有内在优势，从而能够解释它们所取得——或者说"注定"会取得——的成功，以及作为其结果的好战性的衰退？[10] 在前面的章节中我们已看到自近代初期以来，市场经济以不可阻挡之势扩张，其所释放出的海量廉价商品和更强大的权力彼此配合，渗透侵蚀了其他所有社会经济体制并使它们发生转型。政治自由主义和民主是否也有着类似的先天内在优势？答案就远非那么明显了。在工业—技术革命的加速和助力下，市场的胜利不分畛域地带来了中产阶级的崛起、城市化、教育的普及，以及"大众社会"的诞生。然而除自由主义民主制外是否就没有其他途径能够达成这些发展成就？这很大程度上是一个猜想性问题，因为现实中其他社会类型的重大实验均半途而废。很明显，旧的土地精英阶层和以其为基础的专制政权无法在现代条件下生存下来。但资本主义—工业化的帝制德国又当如何？它可能会往扩大议会权力和民主化的方向发展，[619]也可能在官僚、军队和工业界的联盟主导下发展成为一个威权—寡头制政体，正如除 20 世纪 20 年代短暂自由化插曲以外时期的日本帝国那样。后一种情况下它能够实现现代化吗？当然我们还可以列出以纳粹德国为代表的右翼极权主义独裁国家这一选项。重申一下，所有这些威权主义和极权主义政权并非是因为相对于自由主义民主制的内在经济—军事缺陷而被击败的。它们失败的最主要原因在于民主制美国的巨大体量决定性地改变了两次世界大战的实力平衡。

的确，自由主义经济理论早已断定一个自由的全球贸易体系

---

[10]　典型代表可参见：Francis Fukuyama, *The End of History and the Last Man*. New York：Free Press，1992。

在效率上要高于开放度更低的各民族主义—资本主义经济体。然而在自由主义全球贸易体系于1945年后逐步创立,从而使各自由主义强国能够从中得益之前,整个世界大体上仍被划分为一些大的政治—经济板块或殖民帝国,而这些板块或帝国的规模能够带来经济和军事上的一定优势。无论如何,此时的自由主义强国相对于它们非民主的资本主义对手并不具有任何内在优势。尽管在一个财富稳步增长的工业化—技术化世界中,日益增长的和平与相互依赖的益处令战争整体上而言变得越来越缺乏吸引力,但这个世界上仍存在着具有更高经济自给程度和强烈非自由主义民主倾向的资本主义强国,从而使战争的可能性无法被完全排除。一直到美国这一最强大的资本主义—民主国家站在二战后军事和经济相对实力的巅峰之上,发现推广自由贸易和民主化既有利于国家利益,也符合其意识形态,从而将自身压倒性的实力投入这一事业中之后,整个资本主义世界的自由化才得以启动。在这个特定的历史时刻,美国既是能从贸易自由化中获利最多者,也强大到足以实现自由化。这一发展过程的偶然不确定性质突出体现在这一事实上,即一直到20世纪其生产力超越了所有竞争者后,美国方才于20世纪30年代抛弃保护主义全面转向拥护自由贸易。[102]

1945年以来,美国所施加的强大向心力和富裕自由主义世界的扩张改变了全世界范围内的发展模式。关于这一时期的研究显示民主国家在经济上最为成功;与此同时,处于早期发展阶段的威权资本主义体制(类似于欧洲[620]过去的"开明专制")也表现得同样成功——如果不是更成功的话,但在跨过某一高度的经济(同时也是社

---

[102] David Lake, *Power, Protection, and Free Trade: International sources of US commercial strategy, 1887—1933*. Ithaca, NY: Cornell University Press, 1988;虽说很多人都注意到了这一点,但莱克就此所做的进一步阐述仍颇具洞见。亦可参见:Robert Gilpin, *Global Political Economy*. Princeton, NJ: Princeton University Press, 2001, pp. 42-3, 99-102。

会)发展门槛后,它们便开始转向民主化。[103] 这一模式在东亚、南欧以及拉丁美洲反复呈现。然而若试图从中推导出一种普适的单向线性历史发展模式的话,则将会造成一定程度的误导。曾作为威权/极权资本主义强国的德国和日本在战争中被打垮,此后又受到苏联霸权的威胁,因而义无反顾地进行了彻底重组和民主化。其所造成的结果就是除了自由主义民主模式和共产主义模式外,没有第三种模式可以让后发小国加以模仿,也没有能够领导第三阵营的强大国际行为者。这些小国达到一定经济发展水平后的民主化可以被解释为完全是内生性的,而非"必然"由西方自由主义霸权在政治、经济、文化和意识形态方面无孔不入的影响力所造成,但这样的影响力在相关民主化进程中也的确发挥了重要作用。目前,新加坡是唯一一个仍维持着半威权体制的一流发达经济体,但它未来也可能在自由主义霸权的影响下改辕易辙。

对于其他国家而言,作为最初的工业国同时也是自由主义议会制国家的英国,在 19 世纪代表着一种未来的普适模型。随着英国经济主导地位的衰落和非自由主义大国的工业化,极权主义成为另一种强有力的可替代模型并威胁到英国模式的霸主地位。共产主义的挑战、非殖民化和发展过程中的诸多问题,使第二次世界大战后一度达到高峰的民主国家数量和在国际体系中的相对比例均有所下降。[104] 在当今世界,自由主义模式的统治地位是否已相当稳固,以至

---

[103] Robert Barro, 'Determinants of economic growth: A cross-country empirical study', New York: National Bureau of Economic Research Working Paper 5698, 1996; Amartya Sen, *Development and Freedom*. New York: Knopf, 1999;此书在历史视野上较为欠缺。理论方面可参见:Mancur Olson, *Power and Prosperity: Outgrowing communist and capitalist dictatorships*. New York: Basic Books, 2000。Niall Ferguson, *The Cash Nexus: Money and power in the modern world*, 1700—2000. New York: Basic Books, 2001, pp. 348-9, 363-9,此书是一部出色的概述和分析性著作;亦可参见:Fukuyama, *The End of History and the Last Man*, p. 123。

[104] Huntington, *The Third Wave*.

于一次类似的倒转不再可能发生？全世界一半以上的国家（以及大多数人口）如今拥有了选举产生的政府。将近一半国家对自由主义权利提供了充分保障，从而可被认定为"完全自由的"。即便如此，20世纪 90 年代的一些观察家仍预期会有又一波倒转，而这样的倒转或许正在进行中。[105]

很明显，新一波倒转的现实性随着国际体系中新的非自由主义巨人的出现而愈加明显。巨人中首屈一指的便是飞速工业化的中国。俄罗斯的发展有可能将它带上类似道路。（印度在经历经济和社会转型时能否维护其非凡的民主[621]传统也是一个值得推敲的问题。）这些国家是会在当今国际体系中富裕成员的压倒性影响下最终融入自由主义民主阵营？还是会凭借其超凡体量另辟蹊径挑战霸权模式，创造出一个新的非民主但经济发达且强大的"第二世界"？比如说，它们能够重新创造出某种由官僚、企业家和军人共治的威权资本主义体制，以民族主义为根本取向并在或多或少的约束下参与全球经济吗？[106] 我提出这些问题更多是作为对近现代历史发展的反思，而非对未来的指引，因为如同任何曾试图预言未来的人所能证实的那样，尽管进行此类推测无法避免甚至必不可少，能够猜中结果的机会总是很低。有太多无法预见的情况可能会出现，且必将出现。

此外，自由主义政治和经济秩序在其当下根本重地西方的基础也可能会被证明没有那么牢固，从而破坏富裕—自由主义—民主和平理论的根基。一场使全球贸易体系转向国家和区域保护主义方向的严重经济危机，或族裔冲突在欧洲的复活，均有可能使建立在西方工业—技术时代最根本发展和进步之上的看似牢不可破的秩序发生动摇。一旦西方自由主义模式在其核心国家变得不那么有吸引力而是显出左支右绌的迹象时，那些不久前刚采纳这一模式，且对模式的

---

⑩⑤　参见本章注释 52。

⑩⑥　关于这一问题的进一步考察可参见：John Gray, *False Dawn: The delusions of global capitalism*. London: Granta, 1998。

接受不完全、不牢靠并很大程度上受外部影响力驱动的世界边缘国家又将如何？无论是因为新的、成功的非自由主义"第二世界"的出现，还是因为自由主义世界自身的麻烦，或两者兼有，边缘地位的发展中国家是否会由此疏远自由主义民主？最后，那些至今为止尚未成功走上工业—科技现代化之路并对占据霸权地位的自由主义秩序从无好感的社会和文化将会怎样行事？特别重要的是，新的工业—技术发展，尤其是核武器和其他大规模杀伤性武器的发展和扩散，将如何影响旧的"战争区域"以及它与发达世界之间的关系？

当现代世界和传统世界发生冲突

[622]至此为止本章所考察的对象均为受工业—技术革命影响而发生转型的现代化或现代化进程中的各个社会——无论是自由主义的还是非自由主义的。在这里我将转向因第15章中已提及的原因而对工业—技术革命有着更大阻力的那部分世界。在19世纪的西方，自由主义者、马克思和民族主义者都认为这部分世界或早或迟会被卷入不断扩张的现代化洪流，因为现代化对其造成的"吸入"效应和转型压力事实上是无法阻挡的。他们只是在这一进程的实现形式方面还存有争议。自由主义者相信在廉价的资本主义商品、某些时候作为前者辅助而运用的一定程度的胁迫和武力，以及自由主义先进社会榜样（三者共同构成了所谓"非正式帝国主义"）的作用下，前资本主义和前工业化诸社会中将会发生与早先英国所经历的相类似的进程。本书第548页（原书页码）中所引用的罗宾逊和加拉赫的阐述很好地总结了这一派的观点。见证了伊斯兰世界和中国等古老文明缓慢的变革步伐并深感沮丧的19世纪自由主义者仍坚持其基本立场，只不过承认变革之路可能比最初预计的要更为曲折漫长。他们也注意到了世界上更加不发达的那些部分，如在经济上可以忽略且在社会发展上也太过落后，以至于不值得西方加以插手的撒哈拉以南非洲，并认为在那里转型进程将来得更加缓慢。西方直接干

预的必要性只和人道主义因素挂钩,其他情况下自由主义者都乐于
"放手",或更准确地说,让"看不见的手"去处理这一进行中的全球转
型。即便在人道主义干涉问题上,自由主义者之间也有着分歧。格
莱斯顿和穆勒支持这样的干涉,科布登(Cobden)和布莱特(Bright)
则坚决反对。[107] 20 世纪自由主义者对人道主义干涉的热情进一步
降低,因为他们已不像过去那么确信"进步"所带来的福祉,并对多元
文化主义产生了更多认同。无论如何,上述变化发生前,自由主义者
一度已失去了在西方是否应对世界前工业化边缘地带实施直接统治
这一议题上的话语霸权。

　　19 世纪末 20 世纪初,在若干发展进程的共同作用下,自由主义
[623]原有的霸权地位悄然流失。很多传统社会在转型方面的可悲
表现令工业化世界的人们相信了这样的观点,即这些社会再也无权
暴殄天物,将其所拥有的资源和商业潜能阻隔于"发展"进程之
外——这样的发展本可以既有利于发达世界也有利于它们自己,事
实上可以说增进了人类的总体福祉。在逐渐占据上风的社会达尔文
主义观念中,若有理由怀疑较不发达社会的人民在生物学意义上更
为低劣的话,人类的总体福祉便要求由发达的西方对这些前现代民
族实行永久的——而非仅仅临时的——监管。甚至不能排除由西方
人对这些民族进行肉体置换(physical displacement)。第一次世界
大战爆发前几十年里,随着工业化大国间的竞争日益激化,新生的全
球经济被分割并实行保护主义而非门户开放政策的前景越来越明
显,上述观念在几个自由主义大国站稳了脚跟,其原因也部分在于这
样的观念早已流行于非自由主义大国。帝国主义竞赛以及工业化强
国将自身统治扩张到绝大部分非工业化世界的进程,也在此时逐渐
攀向顶峰。

　　然而当这个顶峰于第一次世界大战后达到时,西方帝国主义在
意识形态上——不久后也在政治上——已经开始走下坡路。变革之

---

[107]　Howard, *War and the Liberal Conscience*, pp. 54-6.

风吹遍世界,并在二战后转变为横扫一切的非殖民化洪流。是什么导致了这一变化?此外,非殖民化在某些情况下是通过武装斗争迫使西方帝国主义列强在并不甘愿的情况下撤出而达成的。这些最穷最弱小的社会为何能成功击败比它们富裕强大无数倍的西方帝国主义列强?这是否违背了我们所说的现代世界财富和权力相辅相成互相转化的定律?

这里需要再度强调的是,只有自由主义的西方帝国主义国家才受到了上述进程的影响。德国和日本帝国主义在两次世界大战中败于其他大国之手,而非被其殖民地当地人民的反抗推翻。如同第15章中已说过的那样,没有迹象表明针对它们的抵抗运动有任何获胜机会。然而,当德国和日本殖民扩张的威胁被清除后,自由主义西方列强建立直接殖民统治的动机中的一大半也就随之消失了。诚然,习惯、威望、既有利益,以及与之紧密相关的保护主义经济政策等因素仍有利于帝国主义的维系。此外新崛起的共产主义力量也为西方殖民[624]帝国的继续存在提供了理由,因为前殖民地一旦加入共产主义阵营,整个社会就将对自由主义列强关闭——虽说这一过程主要是通过当地人民起义而非共产主义强国的领土吞并而完成的。尽管如此,由于美国决心粉碎各殖民帝国以及阻碍了美国商品出口的殖民帝国保护主义制度,同时二战后西欧帝国主义列强经济也已处于耗竭状态,后者的正式帝国主义统治于是便走向解体,再次让位于"非正式帝国主义"较为微妙含蓄的蚕食手法,而这也是自由主义者与发展中世界打交道时所偏好的手段。

正式帝国主义被通过市场力量施加的非正式影响以及更为含蓄的胁迫所取代这一现象有助于我们理解非殖民化。说到底,自由主义的根源便在于市场无与伦比的强大力量。应当记住,"非正式帝国主义"运行得并不完美,也没什么可以保证这一套能行得通。事实上很多"第二世界"和"第三世界"国家均切断了与西方自由主义国家的联系。不过话说回来,西方国家放弃直接统治还是相对容易的,因为其治下的大多数殖民地在经济上无关痛痒。财富主要产生于发达国家内部以及发达世界各国之间的贸易中。因此自由主义经济学家将帝国的解体视为对于宗主国而言的经济上的一大好事。不过显然也有一些地方在经济上有着相当重要的价值,尤其是盛产石油的海湾诸国。对于这些地方,发达世界诸国并不情愿放弃,且用尽办法才勉强维持了对它们的"非正式帝国主义"控制。

直接帝国统治之所以被放弃,另一个原因在于它与自由主义关于自决权的政治准则相冲突。随着时代的前进,自由主义逐渐民主化,参政权利也越来越普遍化,自决权的实现便成为一个日益紧迫的问题。可以通过令殖民地人民成为拥有宗主国完整权利的公民来实现自决。这样的选项并不是没有被考虑过,但殖民地和母国双方最终都发现它无法被接受,尤其是双方人民在族裔特性上有所差异的情况下。最后唯一的可选方案便是殖民者撤出,还殖民地以独立。这在以阿尔及利亚为首的一些案例中造成了巨大的痛苦,因为要牵涉到将定居于殖民地数世代之久的欧洲殖民者群体连根拔起迁回母国的问题。

事实上,对于那些受自由主义日益增强的影响的殖民国家而言,尽管上述自由主义因素在其放弃殖民地的决策中均起到作用,它们仍只在[625]迫不得已的情况下才撤出殖民地,往往还是在当地人民拿起武器反抗殖民主子之后。各自由主义殖民帝国的失败中存在着一个军事的层面。自由主义民主国家发现它们在正式或非正式的帝国领域之内,以及在其以外的任何环境下试图击败发展程度比它们低得多的各个社会的反抗力量时,均遭遇了极大的困难。曾经粉碎最强大的挑战者如德意志帝国、纳粹德国和日本帝国的列强如今甚至无法击败来自世界上一些最穷最弱社会的乌合之众。在绝大多数案例中,自由主义国家的军队能够战胜一切与它们对抗的正规部队。在苏丹的恩图曼战役(Battle of Omdurman, 1898 年)中,基钦纳(Kitchener)率领的英军依靠马克沁机枪和弹夹供弹步枪的火力摧毁了马赫迪军,杀死对方 1.1 万人而英军仅伤亡 140 人,从而展现了技术先进国家军队与其不发达社会对手之间巨大的落差。自那以

恩图曼战役,苏丹,1898 年

后,后者便倾向于避免正面交锋并采用游击战和其他非常规战争方式。[108] 而自由主义国家正是在对抗此类战术时表现得日益无能。既然打不赢,撤退便成为它们唯一的选项。何以解释自由主义国家在这方面的特有弱点?

[626]某些案例显示,即便一个强大的国家也难以将过多军队和资源投入到特定的地方性战争中,原因在于还有其他防卫义务存在,以及在将力量投送到遥远的战场时会遇到的种种困难。此外,当地反抗者也可以从外部获得支持,其中最重要的是得到先进武器援助。[109] 发生于 19 世纪末 20 世纪初新型帝国主义扩张时期的第一次意大利征服埃塞俄比亚的尝试,构成了发达国家在战场上被击败的一个罕见案例。在阿杜瓦(Adowa)战役(1896 年)中,国王孟尼利克二世(Menelek II)率领的约 8 万至 12.3 万人的埃塞俄比亚军队,在

---

[108]　D. Killingray, 'Colonial warfare in West Africa, 1870—1914', in J. Moor and H. Wesseling (eds), *Imperialism and War: Essays in colonial wars in Asia and Africa*. Leiden: Brill, 1989, p. 147; Martin van Creveld, *Technology and War*. New York: Free Press, 1989, pp. 229-30.

[109]　James Ray and Ayse Vural, 'Power disparities and paradoxical conflict outcomes', *International Interactions*, 1986; 12: 315-42.

从法国获得的 10 万支现代步枪和现代山炮的帮助下，击败了拥有
14527 人的意大利远征军。[⑩]然而发达国家的技术—军事优势在整
个工业—技术世代一直稳步增长。1935 年至 1936 年，法西斯统治
下的拥有飞机和毒气弹的意大利卷土重来，终于成功征服了埃塞俄
比亚。到了帝国主义时代末期，装备着苏制现代武器的越盟军队成
功围困并攻克了奠边府的孤立法军据点。然而这场对法国而言可谓
耻辱的败仗之所以成为战争转折点，完全是因为它做出了撤军的政
治决定。事实上在此之后法军仍在越南占据着总体上的军事优势，
与其他大多数治安战中的情况并无不同。

　　发达强国在此类冲突中的有限投入和更易达到的崩溃极限是否
意味着相对于本地武装而言，它们的利害关系较小，战斗动力也更为
不足，从而最终决定了战争的结果？发达国家更强大的杀人能力是
否恰好被不发达和发展中社会更强烈的牺牲意愿所抵消？美国在越
南战争中耻辱性的战败导致有人提出这样一种理论，即在一场不平
衡战争中，"决心的对比"要比"能力的对比"更为重要。[⑪]现代民族
主义的觉醒被普遍认为是激起被统治人民反抗的一个关键因素。不
过，虽说这些解释中蕴含着不少真理，它们也并不能解答为何非自由
主义强国在制伏其他社会，包括那些民族主义已完全成型的社会时
要更为成功。表面上看，以战争次数和年份数（不考虑战争烈度）衡
量，并将殖民战争纳入统计的话，自由主义列强在 19 和 20 世纪要比
非民主列强更多卷入战争。前面已经说过，这样一份记录与自由主

　　⑩　相关武器进口数据可参见：William Langer, *The Diplomacy of Imperialism 1890—1902*. New York：Knopf，1956，pp. 273，280；部队人数可参见：Romain Rainero，'The Battle of Adowa'，in J. Moor and H. Wesseling（eds），*Imperialism and War：Essays in colonial wars in Asia and Africa*. Leiden：Brill，1989，pp. 189-200。

　　⑪　Glenn Snyder，'Crisis bargaining'，in C. Hermann（ed.），*International Crises*. New York：Free Press，1972，p. 232；Steven Rosen，'War power and the willingness to suffer'，in B. Russett（ed.），*Peace*，*War*，*and Numbers*. Beverly Hills，CA：Sage，1972，pp. 167-83。

义国家更具和平性的说法［627］并不相符。⑫　不过，记录之所以如此，部分也是因为自由主义列强——尤其英国和法国——在帝国主义殖民战争仍很容易赢得的时候就进行了帝国主义扩张；成为主要殖民国家的它们随后发现自己陷入了一系列难以取胜的非殖民化战争中。此外，非自由主义列强之所以不常卷入镇压反叛者的帝国主义战争，恰恰是因为它们平时镇压抵抗极为高效，以至于在叛乱能够被引爆前就已经将其镇压下去。研究战争倾向性时很容易被忽略的一点就是非民主国家的帝国和平建立在成功的镇压与恐怖手段之上。苏联的霸权势力范围内是这样，德国和日本的占领区内也是这样。这就是某种类似于"不吠叫的狗"的问题。⑬　自由主义民主国家更频繁卷入"国际体系以外"的战争，尤其是殖民战争的现象，应当被置于这样的背景下审视。

　　自由主义和非自由主义的差异不止如此。拥护自由贸易的自由主义国家对建立正式帝国统治的兴趣要小于非自由主义国家；由于在国内实行代议制，自由主义国家发现自己越来越难阻止海外领地获得同样的权利，而非自由主义国家则不会遇到这样的问题；到一定时候，认同人道主义价值观的自由主义国家还会发现对于帝国统治不可或缺的暴力镇压手段已不再能被接受。因此自由主义帝国最终将会因自由主义经济、政治和军事因素的共同作用而走向失败。这些因素会彼此互动并互相增强。如前所述，即便在不涉及建立外来统治的情况下，20 世纪的自由主义诸国往往仍会在反叛乱作战中落败，正如美国在黎巴嫩（1982—1983 年）和索马里（1992—1994 年）的惨败所显示的那样。吉尔·米伦（Gil Merom）在《民主国家如何输掉小规模战争》（2003 年）一书中为我们总结了这些失败的原因所

---

　　⑫　除本章注释 5 外，还可参见：Doyle, *Ways of War and Peace*, p. 269 中所引用的材料；亦可参见：Mann, 'Democracy and ethnic war'; Henderson, *Democracy and War*, Chapter 4。

　　⑬　典故出自《福尔摩斯探案集》，指某种应当发生的事件事实上没有发生。——译注

在,用卓越而简明的答案解释了一个长期以来难以捉摸的谜题,并揭示了存在于自由主义民主和平现象和理论中的另一个主要维度。⑭下面我将展示米伦的关键论点并略加补充。

在整个人类历史上,帝国领地的"平靖"所依靠的一直是公开的武力威胁,以及实际使用冷酷无情的暴力镇压属民社会的一切反抗。不能牢固控制一片根据地的反叛者只得依赖自愿或强迫下的社会协作来维持自身。[628]然而,当人民给予反叛者支持和同情时,他们也就使自己成为统治政权大规模报复手段——包括杀戮、掠夺、驱逐和奴役——的目标。农作物也会被摧毁从而引起饥荒,整个居民点会被夷为平地,居民则被驱赶或屠杀。事实上,帝国控制的"最后手段"(ultima ratio)就是威胁进行种族灭绝。所有的帝国,包括以古代雅典和罗马为例的民主制/共和制帝国均如此运作。这也是它们唯一成功的运作方式。伯罗奔尼撒战争期间,雅典重新征服了于公元前428年背叛其帝国的密提林(Mytilene,又译米蒂利尼)后,没有像过去那样杀死全部男子并将妇女儿童掠为奴隶,而是选择"只"处决一千多名被指控与叛乱有关的男人。考虑到密提林城邦的规模,这些人仍占到男性总人口中很大的一部分。不满于这一"仁慈"表示的雅典领袖克勒翁(Cleon,又译克里昂)因此向雅典公民大会发表了很能说明问题的如下演讲:

> ……民主制是无法管理帝国的……。因为在你们彼此之间的日常关系中,不受恐惧和阴谋的影响,你们就觉得你们和你们的同盟者的关系也正是这样的。你们没有想到当你们……因为同情而让步时,你们的软弱就将陷你们于危险之中,且并不能赢得同盟者的感激。你们完全忘记了你们的帝国是一种对臣民的

---

⑭ Gil Merom, *How Democracies Lose Small Wars: State, society, and the failure of France in Algeria, Israel in Lebanon, and the United States in Vietnam.* New York: Cambridge University Press, 2003.

专制统治，你们的臣民都是些心怀不满的谋反者。他们对你们表示顺从，不是因为你们宁可损害自己而对他们表现出善意，而是因为你们依靠自身力量而建立起的优势地位。⑮

克勒翁所恐惧的雅典政策改变并未成为现实，这一点已在后来的米洛斯人对话以及雅典对米洛斯人的最终全部灭绝中得以令人惊悚地展现（公元前 416 年，见修昔底德《伯罗奔尼撒战争史》5.84—116）。然而，在 19 世纪某个时间点，这种过去历史上一直维持帝国主义运作的行为变得越来越不能为自由主义国家所接受了。

和"自由主义和平"的其他方面一样，这种变化也不是一夜之间彻底完成并适用于所有地方的，而是一个循序渐进的过程。在 18 世纪启蒙时代，某种程度的对平民人口的行为软化已经显现出端倪，与 17 世纪以及此前欧洲历史上任何时期的恐怖行为相比大有不同。但在欧洲更落后的那些区域以及在与非白人打交道时，行为模式则 [629] 仍与过去相似。虽说英军的零星暴行仍然存在，北美殖民地的反叛者总体上仍受益于这种行为软化，当然这其中也有英王政府不愿进一步疏远殖民地民众的因素。⑯ 但对于被英国人视为"欧洲的非洲"的爱尔兰人民而言，他们在 1798 年反叛时所受的镇压就仍与过去几个世纪里一样残酷，充满了血与火。英国用同样的手法在克洛登战役（Battle of Culloden，1746 年）后制伏了桀骜不驯的苏格兰高地"野蛮人"。美国人在 19 世纪时对待北美原住民印第安人（虽说他们中绝大多数倒在欧洲传来的疾病而非枪炮之下）的残酷手段也因将后者视为野蛮人而被合法化了。同一时期法国对阿尔及利亚和印度支那的"绥靖"仍基于老一套手法。不过值得注意的是比若元帅（Marshal

---

⑮　Thucydides, *History of the Peloponnesian War*, Vol. iii. London: Heinemann-Loeb, 1958, p. 37.

⑯　Harold Selesky, 'Colonial America', in M. Howard, G. Andreopoulos, and M. Shulman (eds), *The Laws of War: Constraints on warfare in the Western World*. New Haven, CT: Yale University Press, 1994, Chapter 5.

Bugeaud)在阿尔及利亚的统治手法受到了以亚历西斯·德·托克维尔(Alexis de Tocqueville)为首的一个法国众议院(Chamber of Deputies)代表团的谴责,后者建议在阿尔及利亚采用"符合(欧洲)大陆标准的行为方式"。[117] 英帝国对血腥的印度兵变(Indian mutiny,1857年)的残酷镇压是它最后一次遵循旧的模式行事,尽管在这一案例中也应当指出,英军的一些报复行为未得到上级批准。[118]

如果必须找出英国态度转变的一个转折点的话,那么最具象征意义的事件莫过于 1859 年自由党的成立。该党是通过旧的辉格党(Whig Party)与从托利党(Tories)和激进派(Radicals)中分裂出来的支持自由贸易的皮尔派(Peelites)合并而建立起来的。这一事件对英国国际行为的诸多方面造成了显著影响,譬如说英国对俄国支持下反对奥斯曼统治者的保加利亚起义(1875—1878 年)的态度。整个 19世纪期间,英国的政策都是为奥斯曼帝国充当后盾,以反对俄国向地中海的任何扩张。英国的这一根本利益并未改变。尽管如此,英国公众在新闻报道和格莱斯顿满腔热忱的文章和演讲的鼓动下,对土耳其人在镇压起义时犯下的暴行——集体屠杀、酷刑和"所有战争之恶中最恶者,即对妇女的凌辱"——深感愤怒,从而极大束缚了英国政府的行事自由。奥斯曼帝国于是被俄国击败并不得不放弃这个反叛的省份。德比勋爵(Lord Derby)告诉首相迪斯累里:"外国人不知如何看待我国的这场运动,对此我毫不惊讶。"一位德国观察家也指出英国发生的这一切对于任何欧陆国家几乎都是不可想象的。[119] 英国的政策从此以后不再基于纯粹的以权力衡量的[630]"现实主义"考虑。当

---

[117]　Merom,*How Democracies Lose Small Wars*,p. 61.

[118]　Andrew Ward,*Our Bones Are Scattered：The Cawnpore massacres and the Indian mutiny of 1857*. New York：Holt,1996.

[119]　R. Shannon,*Gladstone and the Bulgarian Agitation 1876*. Hassocks：Harvester,1975,引文出自 pp. 26,33；此书意识到关于这一事件的公众反应所具有的重要意义及其形成背景,并指出其与格莱斯顿日后处理爱尔兰问题时手法的联系。

然,在此之前,血缘、宗教和文化上的亲近关系也很重要。在一波亲希腊主义(philhellenic)热情的推动下,英国为希腊人从奥斯曼帝国独立出来的斗争提供了军事支援(1827 年)。无论如何,到了维多利亚时代中期和后期,人权已成为英国公共政策辩论中不可分割的议题。

很快,这样的态度转变就影响到了英国自己的殖民帝国,首先影响其"白人"部分,随后遍及每个角落。在向爱尔兰人提出的于联合王国之内实现自决的自由主义方案——经济促进,更平等的公民身份,对天主教的更大宽容,以及"自治"(Home Rule)——被证明无法满足其要求后,作为自由党首相的格莱斯顿开启了最终令爱尔兰人在一代人时间内建立起独立国家的进程。为何这个屈服于英国脚下数世纪之久的国家突然就实现了分离?我们知道这不能仅仅用近现代民族主义在爱尔兰的崛起来解释,因为类似的民族主义运动曾被冷酷无情的非自由主义列强成功遏制并镇压下去。只有在英国的自由主义者发现他们难以无视他人的自决愿望,同时也发现旧的强力镇压手段令人反感无法接受,不再与英国的现状相容后,爱尔兰才得以独立。不用说,这一进程绝不能用轻易平顺加以形容。自由党因爱尔兰问题分裂,丢失政权二十年之久。1916 年都柏林的复活节起义(The Easter Uprising)被毫不留情地扑灭,在英国决定撤出前的1919 年至 1921 年又爆发了一场全面反叛。尽管英国军队的平叛战术相当有效,但由于受到约束无法肆意向平民施暴,他们就永远无法彻底弭平叛乱。

爱尔兰并非英国所经历的唯一案例。在南非的布尔战争(1899—1902 年)中,英军一开始与奥兰治自由邦(Free Orange)和德兰士瓦共和国(Transvaal Republic)的部队进行常规交战,并遭遇了可耻的失败。随后英国将 50 万军队派往南非,战局得以扭转。布尔人正规军的抵抗被镇压下去,不得不让位于普遍的非正规抵抗。无法平息抵抗的英国人诉诸严酷手段,大肆围捕布尔人平民并将他们关进集中营。约 3 万人在那里死于各种疾病。即便如此,英国也只有在向布尔人提出极为宽松的和平条件后才得以宣布胜利，并在短短几年后事实上将[631]整个南非联邦的政权拱手让给了布尔人。南非和爱尔兰预示了此后自由主义国家反叛乱战争的结局。

反叛运动所获得的近乎无敌的形象与其通常很低的军事效率形成了鲜明对照。他们很少能凭借武力打败对手的正规部队，对敌人所能造成的损失也远远不及自身遭受的损失——这样的损失有时会达到令其一蹶不振的程度。[120] 现代富裕自由主义—民主国家输掉反叛乱战争，也并不真的如某些学者声称的那样，是因为民主国家无法承受漫长的消耗战，必须迅速决出胜负。[121] 两次世界大战中，绞肉机般的消耗战事实上是民主国家所偏好的战略。它们的敌人德国和日本则试图依靠闪电战迅速敲定胜局。自由主义民主国家在冷战中也凭借着物质力量和耐久力，在漫长的冲突中拖垮了苏联。最后，美国2003年占领伊拉克后在治安战中遭遇的问题，普遍被归咎于投入军力规模太小，好像美国在越南不断加大投入仍不免失败的结果还不够说明问题似的。事实上即便投入大量兵力并取得相当程度的战果，最终也仍然无法令法国在阿尔及利亚，美国在越南以及以色列在人口稠密的巴勒斯坦人土地上站稳脚跟。米伦认为自由主义民主国家难以赢得针对发达程度远逊于己的社会的漫长反叛乱战争，原因在于它们对施加于平民人口的暴力实行了自我限制，从而令自己一次又一次成功的军事行动归于徒劳。当这些自由主义民主国家公众中的很大一部分（往往是自由派）意识到在这样的条件下不可能有决定性结束战争的"胜利"时，他们就会转而反对战争的延续——况且这些战争中的大多数原本便不涉及自由主义民主国家的核心利益，

---

[120]　S. P. Mackenzie, *Revolutionary Armies in the Modern Era：A revisionist approach*. London：Routledge, 1997；此书主要讨论的是正规军，但也可参考第10章对越共的描述；B. H. Liddell Hart, *Strategy*. New York：Praeger, 1967, pp. 373-82。

[121]　Dan Reiter and Allan Stam, *Democracies at War*. Princeton, NJ：Princeton University Press, 2002, Chapter 7.

发生在经济上不具重要性的边缘地带，也与自由主义的主要价值观相冲突。⑫

　　自由主义民主国家反叛乱战争的失败经常被归因于电视报道效应。不过应当指出的是，英国在爱尔兰独立斗争中的失败远早于电视的发明，而整体上看，英帝国的丧失也与电视没有多大关系。与之类似，早在美国人据说因电视而在越南打了败仗之前，法国人已经在那里输了一回合。甚至后来法国在阿尔及利亚战争中的失败（1954—1962 年）也早于[632]电视的普及。电视的确将战争的恐怖和暴行传送到美国家家户户的客厅中，其效果类似于更早期的大众媒体如报纸、广播和新闻短片，但只不过是加强了一种本身已相当明显的趋势，且这种趋势随着富裕自由主义民主国家中自由主义敏感性的深化也在不断增强。⑬

　　诚然，质疑者可以从多个角度对米伦首倡的这一命题提出疑问。首先，即便在 20 世纪的反叛乱战争中，自由主义民主国家也仍会使用可怕的强迫和威压手段。它们的行为有时甚至相当残忍。针对战斗人员和非战斗人员，在政治和军事领导层默许下或军人未得指令而自行犯下的种种暴行已是屡见不鲜。在一场发生在秩序井然的社会范围之外的生死斗争中大规模应用的暴力——此即战争的定义——使得此类暴行的发生几乎不可避免。尽管[633]如此，严格限制对平民使用武力仍构成了自由主义民主国家所奉行的法律和规范性准则。虽说有很多——或许是大多数——违反准则的行为未被曝光，但其中仍有相当多的一部分被开放社会中的自由媒体所揭露，并受到公众的谴责和司法审判。若与历史上的以及同时代其他社会的标准相比较，自由主义民主国家的镇压能力显然受到了以上种种因

---

⑫　参见本章注释 66。

⑬　修正论史家对所谓电视在越战中所起到的关键作用的重新评估可参见：Daniel Hallin, *The 'Uncensored War'*: *The media and Vietnam*. Berkeley, CA: University of California, 1986; William Hammond, *Reporting Vietnam*: *Media and military at war*. Lawrence: University of Kansas, 1998。

阿尔及尔之战。尽管法国在试图平定叛乱时使用了无情
的手段,但与传统上帝国对待反叛方平民的残忍程度相比仍有
不如

素的巨大限制。

　　即便帝制德国也已经足以构成一个与民主国家对比鲜明的案
例,更不用说纳粹德国了。无须讳言,19世纪末20世纪初的所有帝
国主义国家在殖民过程中共同犯下了无数罪行。比利时国王利奥波
德二世(Leopold II)的私人领地刚果,因国王的代理人用残酷手段迫
使当地土著割取天然橡胶而变得臭名昭著,也给利奥波德带来了惊
人的财富。法国在征服西非的过程中残酷镇压当地人的抵抗,而英
国人在"平定"肯尼亚时也几乎同样无情地毁坏了田园村舍并掳走牲

畜，以迫使当地人投降。⑫ 然而，即使以殖民者的标准来看，德国在非洲的所作所为也是相当出格的。1904 年在德属西南非洲，也就是今天的纳米比亚爆发的赫雷罗人（Herero）起义，遭到了德国殖民者种族灭绝式的回应。水井被填平，人们被驱赶到沙漠中饥渴而死或被关进劳动营劳作至死。8 万赫雷罗人中只有 1.5 万人幸存下来。在德属东非即今日的坦桑尼亚，马及马及叛乱（Maji-Maji revolt，1905—1907 年）同样遭遇了灭绝性回应。一支 500 人的德国小部队有条不紊地摧毁定居点和农作物，以至于 25 万至 30 万名土著因此而死，其中大多数死于饥荒，而当初拿起武器参与反抗的起义者数目还不到这个数字的十分之一。昔日人烟稠密的地区经此一役后成为鸟兽的家园。⑫ 这些案例令人惊悚地展示了，从根本上而言，依靠威胁或实际使用种族灭绝手段的旧式帝国主义镇压术的效率。

这一点也不仅体现在非洲。德皇威廉二世在对准备开拔前往中国参与镇压义和团起义（1900 年）的德军部队讲话时，呼吁他们要表现得像阿提拉的匈人一样残酷无情。⑫ 德皇的呼吁在当时吸引了不少注意，不仅仅是因为他本人古怪无常的个性，也因为这样的言辞凸显了帝制德国与自由主义国家在道德规范上的差异——虽说[634]

---

⑫ J. Lonsdale，'The conquest state of Kenya'，in J. Moor and H. Wesseling（eds），*Imperialism and War：Essays in colonial wars in Asia and Africa*. Leiden：Brill，1989，pp. 87-120，关于镇压技术和暴行尤其应参见 p. 106；A. Kanya-Forstner，'The French Marines and the conquest of the Western Sudan，1880—1899'，同上，pp. 121-45，尤其是第 141 页；and Killingray，'Colonial warfare in West Africa'，pp. 146-67，尤其是第 157 页。

⑫ Jon Bridgman，*The Revolt of the Hereros*. Berkeley，CA：University of California，1981；Horst Drechsler，'*Let Us Die Fighting*'：*The struggle of the Herero and Nama against German imperialism*，1884—1915. London：Zed，1980；John Iliffe，*Tanganyika under German Rule 1905—1912*. Cambridge：Cambridge University Press，1969，pp. 9-29；G. Gwassa and J. Iliffe（eds），*Record of the Maji Maji Rising*. Nairobi：East African Publishing House，1967.

⑫ Langer，*The Diplomacy of Imperialism 1890—1902*，p.699.

自由主义国家在实践中并不总是遵循表面上认同的规范。德国在所谓"文明世界"核心的西欧的战争中的态度和行为也愈发体现出这一差异的存在。德军在 1870 至 1871 年的普法战争的后半期遭到了法国的全民抵抗,由非正规武装人员构成的"自由射手"对他们造成了很大困扰。德国人以极其严酷的手段回应抵抗,但以不久前美国内战中的标准衡量的话,他们的做法并无多少出格之处。曾在内战中担任北军将领的菲利普·谢里登(Philip Sheridan)对俾斯麦的随从说,不应给发生了游击队抵抗的地方的法国人"留下任何东西,除了能够为之流泪的双眼以外"。然而问题在于,此后德国将严格镇压平民抵抗的措施正式纳入其军事条例,与此同时德国对西方自由主义的反感不断增长,导致其国内的自由主义思想日渐式微。这一趋势终于在 1914 年的比利时得到体现。入侵比利时的德军对任何实际遭遇的或想象中的平民抵抗和破坏均以残酷暴行加以回应。如果说一战中德国在占领下的比利时所建立的严苛占领体制只能迫使比利时人半心半意与之合作的话,那么纳粹德国在类似情况下毫无约束的恐怖手段则保证了占领区人民的完全服从。[127]

与之相对照,身处于自由主义列强的统治中,不仅所谓的"毛泽东方式"即武装反抗最终能够迫使其撤出,即便是"甘地方式",也就是大规模民众不服从和抗议,也足以做到这一点。尽管甘地清楚看到希特勒主义的极端暴力和嗜杀成性,深知其毫不具备自由主义国家所拥有的良心顾虑,他仍鼓吹以非暴力方式对其进行反抗。他建议犹太人以集体不服从来反抗纳粹的灭绝性迫害,随后向欧洲其他被占领民族送出同样建议,并呼吁英国也依靠公民不服从而不是武装抵抗来抗击德国对其本土的入侵。[128] 甘地建议的可行性(或不如说不可行性)恰恰凸显了他所代表的抵抗方式只有在某种独特的历

---

[127] Geoffrey Best, *Humanity in Warfare*. London: Methuen, 1983, pp. 226-8, 235-7, 以及整个第 3 章和第 4 章。

[128] H. Jack (ed.), *The Gandhi Reader*. Bloomington, IN: Indiana University Press, 1956, pp. 317-22, 332-9, 344-7.

史和地理环境下才能运行下去并取得成功。

当然，怀疑者仍可质疑"残暴无情是成功的反叛乱镇压行动的必要条件"这一命题，指出其与"'攻心'是反叛乱成功关键"这一近年来流行于自由主义—民主社会的论述之间的矛盾。至少要赢得被征服社会中精英的欢心——通过输送利益、接纳加入统治阶层，以及"软实力"的展示等方式——这一点是无可争议的，并且在古往今来帝国对属地的"绥靖"中占据着中心地位，正如塔西佗对罗马如何羁縻蛮族布立吞人（Britons）的生动描述中所展示的那样（《阿古利可拉传》，21）。[635]然而，被这副天鹅绒手套所罩住的永远是已经将最初的当地人抵抗毫无慈悲地镇压下去，并明确作为外国控制"最终手段"而继续存在的那对铁拳。"攻心"战术在自由主义民主国家绥靖外国社会的过程中的确是无可替代的一条途径，但这只不过是因为若后者不愿归顺而选择抵抗的话，前者实际上并无可能凭借武力将其镇压下去。非自由主义—民主列强国家则鲜少感受到存在这样一个"问题"。

怀疑者也可以质疑威权—极权国家在镇压和粉碎叛乱方面是否真如上面所说的那么高效。譬如说，苏联在入侵阿富汗的战争（1979—1988 年）中以残暴战术造成约 100 万平民死亡，另有几百万人受伤或沦为难民，然而却不是仍未能令阿富汗人屈服吗？如今已转向更偏威权主义方向的俄罗斯，不也没能靠冷酷无情的手段根除车臣人的抵抗？事实上，冷酷无情从来都只是高效镇压的一个必要条件但非充分条件。从历史上看，在一个面积广大，荒凉且人烟稀少的国家里，与一群落后且狂热的敌人打一场非常规战争并将其击败，向来是一项极难完成的任务。苏联未能赢得的阿富汗战争的背景大体便是如此。但苏联的失败也显示出其体制内部发展出的一些深层次问题，其中包括对于政权生存至关重要的斯大林主义式的精神韧性和残忍性的一定程度的丧失。在斯大林统治下，苏联在根除民众抵抗时可以采用极为经典的策略，如将全体车臣人从他们的故乡放逐出去，而不会有任何思想上的顾虑。第二次世界大战之前及之后，在乌克兰和波罗的海国家发生的武装和非武装的民众反抗同样被以最严酷的手段镇压下去,某些情况下其手段已上升到一种灭绝性战略。前苏联各共和国的分离以及车臣的反叛均发生在苏联体制的崩溃之后而非此前任何时刻,这一点并非巧合。

此外,苏联从斯大林式的向后期更为克制的行为方式的转变也暗示着存在另一个相关因素。纳粹德国(尤其二战爆发后的)、战时的日本帝国和斯大林的苏联[636]几乎毫不关心自由主义西方对它们的看法。而在其他情况下,自由主义势力范围内的力量和财富至少会对那些不那么残暴也不那么封闭的非自由主义政权产生一定的约束作用,使它们觉得有必要维持与自由主义国家的合作关系,从而会稍稍照顾后者的观感。因此,19 世纪初以来非自由主义国家的行为不能仅从它们自身的角度加以解读,因为它们是在一个国际体系中运作的,而自由主义国家和自由主义的民意在这个体系中有着相当分量,至少在某种程度上值得加以考虑。拿破仑时期的法国是一个有意思的早期案例,因为它面对的是一套从欧洲启蒙运动中产生的约束和规范,而法国对这一成就贡献良多,拿破仑帝国也自豪地宣称代表了运动的精神。第一执政时期罕见的审判处决政敌行为,以及对当甘公爵(Duke of Enghien)的绑架和杀害(1804 年)——以 20 世纪极权主义的标准而言简直不值一提——在国内和国外均引起极大反响并遭到严厉谴责。因此尽管在伊比利亚半岛的野蛮战争中双方均犯下无数暴行(法军所犯下的暴行得到了画家戈雅[Goya]的描绘),[12]拿破仑也始终没有像罗马人在"绥靖"西班牙的漫长斗争中那样采用半灭绝性手段对付当地人民,哪怕西班牙这一"溃疡"令他的帝国出血不止。上面列举的这些是为了说明即使都在地狱里,一层与另一层之间的残酷程度仍然可以有很大区别。苏联末期在阿富汗以及俄罗斯在车臣所用的手段,以西方自由主义的标准来看已经算得上残暴,但与希特勒或斯大林镇压抵抗和起义时的灭绝性手法依

---

⑫　参见：Best, *Humanity in Warfare*, pp. 115-20。

然不可同日而语。

最后，怀疑者还可以争辩说尽管美国人在伊拉克的反叛乱作战中遭遇了所有熟悉的问题（而萨达姆当权时则以无情的手段令一切人就范），但美国却在阿富汗这个苏联铩羽而归之处获得了成功。的确，美国近年来的经验指出了自由主义民主国家在反叛乱战争中获胜的一些先决条件，它们包括：(1)在高科技战争中发挥巨大技术优势的能力。尽管高科技战争方式更适用于以技术装备而非人员为目标，但地势空旷的阿富汗沙漠毕竟还是比伊拉克城镇较适合作为其用武之地；(2)有一支足够强大的本地人同盟军。他们[637]可以在当地建立行政机构并承担地面战斗和占领的"脏活"。这样的部队存在于阿富汗，在伊拉克则没有。

无论如何，美国在阿富汗和伊拉克的作战意味着发达世界和未能成功实现现代化的诸社会间旧有关系模式的一次重大转型。大规模杀伤性武器的扩散使这些过去被认为太穷太弱以至于无关紧要的社会难以被继续忽视下去。

非常规恐怖主义和世界新失序

2001 年 9 月 11 日发生在纽约和华盛顿特区的巨型恐怖袭击构成了人类历史和大规模人类暴力发展进程上的一个里程碑。并不是说袭击造成的损失本身有划时代意义，而是因为恐怖袭击虽已有相当长的发展历史，其令人不安的潜在能量至此才得以完全展现。袭击出乎人们的意料，一些极有远见的预防措施直到事后方被采用。然而从 20 世纪 80 年代末开始，尤其在冷战后的 90 年代，专家和政府官员已充分认识到恐怖主义的潜在力量，尽管当时仍有很多人拒绝承认这一点或对其产生误解。恐怖主义成为美国国会调查和立法的对象，并得到克林顿总统和国防部长威廉·科恩（William Cohen）的重视。"9·11"之前就恐怖威胁这一主题已写出了多得令人惊讶的义章和书籍（本书中特地注明加以引用的只有其中很少儿篇或儿本）。非常规恐怖威胁牵涉到所谓大规模杀伤性武器——核武器、生物武器和化学武器——的应用。"9·11"事件发生后,人们对此类威胁及其在全球范围内的实际影响进行了详尽无遗的分析。不过,对于后"9·11"时代的重要性和新颖性,我在此只会就其与本书中战争的演化这一总背景下各个主题的联系而进行分析。

恐怖主义和大规模杀伤性武器均非全新事物。几十年来全世界已习惯于与其共存。恐怖主义——"小规模非国家群体出于政治目的而以平民为攻击目标的行为"为其众多版本定义之一——被普遍认为在人类[638]历史上一直存在。⑩ 然而更准确地说,尽管刺杀领导人的行为与人类本身同样古老,真正的恐怖主义却是直到 19 世纪末才出现的。它建立在这样一些技术和社会发展的基础上:高爆炸药以及随后出现的自动武器,它们使个人和小团体拥有了之前不具备的造成与其人数极不相称的大规模伤害的能力;火车和随后出现的汽车,使这些个人和团体有了跨越国界的机动性;电报通信和大众新闻报纸,令他们根本上而言效果相当有限的行动拥有了全国范围内的知名度和反响,从而导致极为夸张的公众"恐怖"效应并赋予他们政治重要性。正是这样的物质基础支撑了 19 世纪末无政府恐怖主义在俄国和欧洲其他地方的出现,紧随其后的则是 20 世纪的反殖民恐怖主义。与成功的反叛一样,恐怖主义往往发生在自由主义和旧式威权主义[639]国家的统治之下。极权主义国家不但法网更加严密,不给恐怖主义发展空间,它的信息管制也令公众不易受恐怖情绪感染,而这正是恐怖主义成功的关键。20 世纪 60 年代以来,喷气式客机的发展既带来了更大的全球人员流动性,其本身也构成了脆弱的目标,加之电视进一步提升了恐怖分子的公众曝光度,从而带来了恐怖主义的一波高峰。然而,只有当恐怖分子获得并使用大规模

---

⑩ "9·11"事件前问世的一部杰出著作便已指出了这一点:Walter Laqueur, *The New Terrorism: Fanaticism and the arms of mass destruction.* New York: Oxford University Press, 1999, pp. 8-12;然而作者实际上和其他人一样,将对恐怖主义的考察起点定于 19 世纪末。

2001 年 9 月 11 日发生在纽约市的恐怖袭击。非常规恐怖主义会是下一步吗？

杀伤性武器的前景逐渐浮现时，恐怖主义才从癣疥之患和一种媒介化政治工具转变成为严重的具有毁灭性的威胁，而这正是后"9·11"时代令人担忧的一大变局。

人们所说的"大规模杀伤性武器"包括了一系列在效能上有着极大差异的技术兵器。我们前面已经看到，工业—技术时代的发展带来了毁灭力的指数性增长，但同时也带来了防御力大致相近的增长。最早在第一次世界大战中应用的化学武器几乎立刻被防毒面具和特殊衣物等防护装备所克制，导致其效力大大降低。一战西线战场遭受毒气攻击的人中只有不到 10％因此而死，相比之下被常规武器如火炮和轻武器击伤者则有着高达四分之一到三分之一的死亡率。[131]

---

[131]　H. Gilchrist, *A Comparative Study of World War Casualties from Gas and Other Weapons*. Edgewood, MD: Chemical Warfare School, 1928, pp. 49ff；引自：James Hammond, *Poison Gas*. Westport, CT: Greenwood, 1999, pp. 33-6。

正因如此,两次大战之间的军事思想家如 J. F. C. 富勒和 B. H. 利德尔·哈特(本人遭受过毒气攻击)甚至认为化学武器相当人道。他们声称 1925 年禁止使用化学武器的日内瓦议定书(此前 1899 年海牙公约中也包括了禁止使用装有有毒或窒息性气体投射物的条款,但显然未被遵守)是不理性和不正当的。

各国军队对这一无论如何也只限制了化学武器使用的禁令嗤之以鼻。化学武器和防护装备的研发和大规模生产储备继续进行。20 世纪 30 年代末和第二次世界大战期间,德国人秘密研制了一系列神经毒气,其杀伤性远超当时使用中的任何化学物质。不可思议的是,即便战争令整个世界天翻地覆,化学武器却未在二战期间投入应用。化学战的不便性、相互威慑和交战各方见机行事的考量导致了这一克制行为。[132] 一战后打破禁忌使用化学武器的屈指可数的几个案例——1935 至 1936 年意大利在埃塞俄比亚,1937 年日本在中国,20 世纪 60 年代中期埃及在也门,以及 80 年代伊拉克对伊朗和本国的库尔德人——均满足如下先决条件:被攻击的一方极为脆弱,既无[640]自己的化武用来报复和威慑,也无防护装备来将伤亡降到最低。恐怖分子若想用化武进行袭击,其关键在于突然性,如在城市环境下对无防护的因而也极易受伤害的人群释放。然而,袭击所需的化学物质的巨大数量,以及恐怖分子可能拥有并在不被觉察状态下应用的有效散布手段等问题,令化学武器成为大规模杀伤性武器中最不危险的一类。一次相当成功的化学武器恐怖袭击所能造成的死亡人数据估算在几千这个数量级。

生物武器所构成的威胁级别则要高得多。它同样在 1925 年的日内瓦议定书中被禁,而各大国也在 20 世纪 30 年代末和二战期间继续对其进行研发。目前,有多种细菌和病毒因在致命性、药物抗性以及环境中持续生存能力等方面的突出表现,而能够作为武器使用。

---

132 Jeffrey Legro, *Cooperation under Fire: Anglo-German restraint during World War II*. Ithaca, NY: Cornell University Press, 1995.

它们包括炭疽杆菌、鼠疫杆菌、土拉杆菌、伤寒杆菌、霍乱弧菌、斑疹伤寒立克次体、Q 热立克次体、天花病毒和埃博拉病毒——这只是其中最突出的一些。不具传染性的毒素如肉毒杆菌毒素和蓖麻毒素也拥有大规模杀伤潜力。大规模流行病在历史上杀死的人比战争杀死的更多,如 1918 至 1919 年的致命流感在全世界范围内造成约 2000 万至 4000 万人死亡,超过了第一次世界大战。从那以后,各类传染病逐渐被药物所控制。然而,最近几十年来由于基因组解码、生物技术和基因工程等领域发生了革命性突破,导致生物武器在致命性和可获得性方面存在着突飞猛进的可能性。一种实验室里培育出来的极其危险的细菌或病毒——更不用说如果精心设计使之成为无法被免疫和治疗的"超级病毒"的话[133]——将可能把生物武器的杀伤力提升到核武器的级别,造成少至几千,多至几百万人的死亡,且对于恐怖分子而言要远比核武器更容易取得。

不过核武器仍然自成一体且不同于其他所有已知的武器。这不仅仅是因为其毁灭力量如此巨大,以至于一定数量的核弹头储备便足以消灭任何敌人,甚至全人类;也因为人们对核武器没有有效的防御手段,或者说即便有,也远未达到哪怕抵消其极小一部分杀伤力的程度。正是这些性质使核武器成为历史上第一种终极兵器,其含义在于一场全面核交换的后果是如此明确,以至于能够打消拥有核武器及其投放能力的战争双方从这样一场战争中[641]获利的任何希望。在没有有效防御手段的情况下,互相威慑——在人类或非人类的冲突中向来是一个中心要素——如今便成为几乎具有绝对主导地位的原则,阻止了 1945 年以来有核国家之间爆发核战争或者说任何形式的战争。

但上面这一点并不适用于我们所说的非常规恐怖主义这样一种

---

[133]　Philip Cohen, 'A terrifying power', *New Scientist*, 30 January 1999: 10; Rachel Nowak, 'Disaster in the making', *New Scientist*, 13 January 2001: 4-5; Carina Dennis, 'The bugs of war', *Nature*, 17 May 2001: 232-5.

新型混合体,因为对恐怖团体进行威慑的效果根本不能与对国家进行威慑相比。恐怖团体往往由一些愿意牺牲自身性命并满心期望天下大乱的极端狂热分子组成,同时也无所依托飘忽不定,令对手找不到明确的报复目标,而这恰是威慑这一概念得以成立的根本。若威慑无法建立的话,所剩的办法唯有进行防御和主动攻击,但这两种手段在反制敌人的大规模杀伤性武器——尤其是核武器但不限于此——时效果均不理想。这也是威慑的重要性如此突出的原因所在。

问题的根源在于与大规模杀伤性武器相关的技术和原材料逐渐下渗至次国家层面。最近几十年里,民用和军用核生化设施在全世界范围内有了很大扩散。约 100 个国家有着相对简单的制造化学武器所需的技术基础,[134]甚至连非国家团体也能够拥有。生物技术行业是当今世界科技—商业革命中的排头兵。举例说,美国 1996 年所颁发的生命科学博士学位数比 1994 年多出了 144%。20 世纪 90 年代末在美国已有 1300 家生物技术企业,在欧洲则有约 580 家。[135] 据估计,未来 10 年里,世界上将会有约 2 万间实验室具备可让一名技术人员独自合成任何已知病毒的条件。同样在这些实验室里,有 200 万美元预算的 5 名技术员可以创造出强化病原体——即一种能够传染和杀死接种过常规疫苗的人的病毒。若这 5 名技术员拥有 500 万美元预算的话,他们就可以在线购买设备,从无到有建立一间实验室。[136] 随着市场和通信手段的迅速全球化,制造大规模杀伤性武器的原材料和科技人才远比过去更易获得,其流动也更难被侦测

---

[134]　Michael Moodie, 'The chemical weapons threat', in S. Drell, A. Sofaer, and G. Wilson (eds), *The New Terror: Facing the threat of biological and chemical weapons*. Stanford: Stanford University Press, Hoover Institution, 1999, p. 19.

[135]　Nadine Gurr and Benjamin Cole, *The New Face of Terrorism: Threats from weapons of mass destruction*. London: Tauris, 2000, p. 43.

[136]　Anonymous scientist cited by Anne Applebaum, 'The next plague', *The Washington Post*, 18 February 2004.

和拦截。很多设备和原料具有军民两用性质,因此可以在用于无害民用目的的幌子下购买。最后,[642]苏联先进的军事产业随着国家一同轰然解体,在各个继承国中留下一大批失业的科学家、生产设施、未登记在册的或守备松弛的制造武器所需的原材料,以及最令人担忧的:现成的武器。出于以上原因,恐怖分子购买、盗窃、抢劫和/或制造大规模杀伤性武器的能力得以急剧增长。

当然,企图获取非常规武器的恐怖集团仍然要面对相当大的实际困难。日本的邪教奥姆真理教于 1990 至 1995 年间成为世界上第一个建立了生物和化学武器生产设施的非国家团体。该教教团拥有巨量财富,教徒中包括训练有素的科学家和数百名工程师,因此能够在世界范围内购买必需的器械和原料,其中很多来自合法渠道。奥姆真理教曾制造并使用肉毒杆菌毒素和炭疽杆菌,但在发现其使用效果不理想——可能是因为原材料质量低劣——后,就集中力量制造神经毒气,尤其是沙林(sarin)毒气。由于所用的生物和化学物质具有高度毒性和腐蚀性,该教在武器生产过程中不得不与严重的安全问题作斗争。虽说如此,他们还是造出了武器并发动多次袭击——约 10 次生物武器袭击和 10 次化学武器袭击。其中规模最大的 1995 年东京地铁沙林毒气袭击也仅导致 12 人死亡——尽管同时造成数千人需要接受治疗。其问题主要在于所用的沙林纯度不高,以及散布毒气的方法较为原始。然而若不是因为警察的步步紧逼迫使该教仓促发动袭击,其生产能力仍有提升空间:当日本警方封锁奥姆真理教设施并逮捕相关人员时,更为高效的散布工具和 70 吨沙林毒气的制造已在进行中,同时还有一座大型生物实验室投入建造。[137]

与之类似,在"9·11"事件后发生的通过美国邮政寄送含有炭疽粉末信封的至今未破案的袭击事件,也仅造成 5 人死亡,尽管它也引

---

[137] David Kaplan, 'Aum Shinrikyo', in J. Tucker (ed.), *Toxic Terror*. Cambridge, MA: MIT Press, 2000, Chapter 12; Gurr and Cole, *The New Face of Terrorism*, p. 51.

"胖子",这种构造的原子弹被用于轰炸长崎。恐怖分子也能组装出一个原始核装置吗？

发了恐慌,导致很多设施场所因遭受污染而被迫关闭。不过若袭击中使用的是能够高效散布的雾化炭疽微粒,则所导致的灾难将完全不是一个级别的。根据美国国会在 1993 年所作的一次评估,一架飞行在华盛顿特区上空并把 100 公斤炭疽洒向地面的轻型飞机将能够杀死 300 万人。因此,尽管在上面所提到的两个"首例"中,恐怖分子遭遇了很大困难并只取得有限的成功,这两起事件仍只能代表未来化学和生物恐怖主义潜力的冰山之一角,何况[643]生物技术革命——及其在世界范围内的扩张——仍处于其初级阶段。

　　迄今为止恐怖分子未曾使用过核武器,且与生化物质不同的是,他们没有制造裂变材料的能力,至少在可预见的未来都将如此。不过,恐怖分子仍有可能使用偷来或买来的放射性物质制造一枚放射性炸弹,其杀伤力虽无法与核武器相比,但也足以使城市的数个街区受到极难清除的放射性污染。此外,根据科学家受美国官方委托所做的几次实验,用市面上公开合法出售的部件制造一枚核炸弹是可行的,只有裂变材料需要非法购入或盗取。事实上,连现成的核武器也可以偷到手或从黑市上购买,价钱甚至不是很贵。阿卜杜勒·卡迪尔·汗(Abdul Qadeer Khan),巴基斯坦核武器计划的首席科学家,便将所掌握的核秘密卖给了从东南亚到中东数目可能多达一打的国家——包括朝鲜、伊朗和利比亚——据报道每次换来的钱也不过几百万或几千万美元。至于成品核弹,则可以设想若在有组织犯罪集团可能的协助下从某个前苏联加盟共和国购买的话,所花的钱或许也不会超过此数。

[644]我们在本书前面部分看到过在国家诞生之初及其历史上大部分时间里,如部落领袖和武装团伙领导者这样的非国家行为者往往能成功挑战国家权威。随着近代的开启,国家所控制的物质基础在支撑权力方面起到越来越重要的作用,致使其主导地位日益稳固。如今国家的主导地位虽未动摇,但也已遭到来自多方面的侵蚀。巨大的毁灭性力量能够被"封装"(encapsulation)到相对较小的大规模杀伤性武器,尤其是核武器和生物武器之中,从而制造了这样一种形势,即一个体量不大的行为者也能打出一记重击。过去只在007系列间谍小说这类虚构故事中登场的有能力威胁全世界的个人和组织,一转眼已成为现实。于是便有了《纽约时报》专栏作者托马斯·弗里德曼所说的"被赋予超凡力量的怒汉"[138]——至于他为何而怒事实上无关紧要。一些人在"9·11"事件后声称将恐怖主义定义为敌人是错误的,因为恐怖主义只是一种战术,真正的敌人是激进的宗教派别。的确,今日世界大多数恐怖袭击有着极端宗教的背景,而对其的处理也构成了一个极为错综复杂的问题。然而尽管被贴上新的法西斯挑战者的标签,产生出这些挑战者的诸社会总体而言仍是贫穷停滞的。这些社会提供不了另一种具有吸引力的未来社会模式,也无法像过去的法西斯主义列强——由世界上最强大也最先进的诸社会中的一部分构成——那样对发达自由主义—民主国家提出军事挑战。因此,令激进宗教派别的威胁变得至关重要的唯一原因便是其与大规模杀伤性武器的使用相结合的潜在可能性。此外,哪怕某些激进宗教派别不再成为问题,也总是会有其他的事业,以及其他"被

---

[138]　Friedman, *The Lexus and the Olive Tree*, pp. 321-9.

赋予超凡力量的怒汉"。与过去不同，如今他们因可能接触到的攻击手段而具有了一夜之间令全世界心惊胆战的潜力。奥姆真理教，以及 1995 年在俄克拉荷马城和 1996 年在亚特兰大奥运会期间发动大规模常规炸弹袭击的美国基督教千禧末日论者和极右翼分子均非传统的激进宗教派别，至今身份未知的炭疽袭击者可能也不是。即便社会整体表现出和平倾向，如富裕自由主义民主发展路径所显示的那样，社会中总还是会有一些个人和小团体愿意为某种事业而拥抱大规模暴力。因此虽说目前的敌对分子可能大多为宗教激进分子，问题本身却仍在于非常规恐怖主义。

自核武器问世之初，人们便已指出其所能造成的"拉平"效应。但过去对这一效应的理解向来是基于国与国之间的关系而言，即拥有核报复[645]能力的弱小国家能够藉此威慑强大的国家，使后者不敢发动战争。然而，当今世界上拥有非常规攻击能力的恐怖主义团体在面对国家时，也可能会受益于类似的拉平效应，同时还不像国家那样会受制于相互威慑。诚然，有非常规攻击能力的恐怖团体即便在非常规武器这一方面也很难与国家相抗衡，更不用说其他方面。一次杀死数千人的化学武器攻击与国与国之间伤亡惨重的战争相比或将被视为不值一提的琐事。这样的伤亡数字甚至可能比不上每年交通事故中的死亡人数。然而，有着大得多的杀伤潜力的生物武器或核武器或许就能造成一场与美国参与的最激烈的战争不相上下的灾难，且如今没人能信誓旦旦保证这样的事情绝不会发生。这又令我们回到了整个问题的根本，也就是建立在"互相确保摧毁"基础上的威慑对恐怖分子无效，因此终极武器将更可能在他们手里，而非国家手里得以使用，哪怕国家拥有比他们大得多的非常规攻击能力。与从核时代之初起便具有主宰地位的习惯性思维相反，恐怖分子手里的非常规武器是可使用的。非常规恐怖袭击的案例之所以相对较少——且毫无疑问在今后的恐怖主义案例中仍将只占一小部分——并非因为缺少愿意释放出终极恐惧的恐怖分子，而是因为缺少能解决所有相关技术问题的恐怖分子。一旦恐怖分子获取了这样的武器,则很难相信会有什么能阻止其中某个人在某个地方加以使用。

　　恐怖分子没有固定根据地的特征令他们具有独特的优势。当然,这同时也是一个弱点,不过由于非常规恐怖威胁的性质,各国政府很难利用这一弱点来打击恐怖主义。恐怖团体可以在其目标国内活动,避开官方的耳目将非常规武器偷运进来,或甚至在其眼皮底下制造出来。日本的奥姆真理教在世界上最先进的国家之一建立起了制造生物和化学物质的设施。警方直到该教发动化学武器袭击后才查封了这些设施。奥姆真理教这一现象完全是日本本土自生的。执行了"9·11"巨型常规恐怖袭击的袭击者事先受训于美国和其他西方国家。在 2003年的一些互不相干的案例中,英法两国的警察突击搜查民宅,发现了宗教极端分子利用从[646]市面上订购的化学原料制造的蓖麻毒素和肉毒杆菌毒素。"地下室里的炸弹"这一概念原本是用来描述国家在未对外宣布的情况下研发核武器,如今又多了一层新的令人胆寒的意义。警察有多大机会在所有非常规恐怖主义阴谋成功前将其挫败?

　　相形之下,发展中国家在同样的问题上所面对的形势更为严峻。恐怖分子不但可以在好战国家或丧失管治能力的国家找到安全的庇护所,且这些国家还可能成为为其提供危险原材料和武器的来源,原因在于它们有着很低或几乎不存在的安全规范以及很高的腐败程度。事实上无管治能力国家所构成的麻烦起码和好战国家一样大,甚至更大。后者由狂热分子和/或精神不那么稳定的专制领导人所统治,包括各种现行制度形式中的独裁者,以及未来任何可能的后起之秀。虽说以塔利班为代表的一些好战政权对源自其统治区域的恐怖主义行为所引发的大规模报复表现得满不在乎,其他政权则仍会对此有所顾虑,从而受到威慑。与之相比,那些虚弱的国家根本无法对领土实施有效控制,因此也不能要它们承担责任。

　　与广泛流行的观点相反,⑬"失败国家"(failed states)并非国家

---

⑬　Gerald Helman and Steven Ratner, 'Saving failed states', *Foreign Policy*, 1992—3;89:3-20.

体系中的某种新现象。因部落酋长、地方强人、独立军阀和武装团伙领导者之流的存在而使国家无法完整控制其领土，间或导致国家分崩离析陷入战乱或无政府状态，实为前工业化礼俗社会中的常态。如今，以发达世界标准衡量的国家"失败"在此类社会中仍不时可见，[⑩]其中并无新事。新的变化在于，过去此类虚弱或失败国家中的动乱最多只会对发达世界各国造成极低程度的影响；事实上，如今大多数情况下依然如此。然而一旦此类国家成为寻求获得非常规攻击能力的恐怖主义团体的基地，局面就将彻底改变。

对付非常规恐怖主义，唯一可行的办法在于全球协调一致进行打击，具体包括加强安全措施，对可用于制造大规模杀伤性武器的原材料和设施实施更严格的控制，以及坚持不懈追捕恐怖分子。[⑪] 然而这一策略的漏洞在于有部分国家不能或不愿出力参与打击，甚至会以各种各样的方式帮助恐怖分子，或更可怕的是，自己也加入大规模杀伤性武器——尤其是核武器——的开发。自 1968 年开放签约以来，187 个国家[647]加入了《不扩散核武器条约》成为无核国家，承诺不发展核武器并接受国际原子能机构的核查机制监督。20 世纪 60 年代初，美国总统约翰·肯尼迪曾忧心忡忡地预言由有核武器国家组成的核俱乐部成员数目将会在 1975 年扩大到 15 至 20 名，并在此后持续增长。然而现实状况是这一数目仅有些许增长。如今除 5 个被认可的有核武器签约国（美国、苏联/俄罗斯、中国、英国、法国）外，拥有核武器的国家还包括印度、巴基斯坦、以色列（未公开承

---

⑩ 举例而言可参见：D. Davis and A. Pereira (eds)，*Irregular Armed Forces and Their Role in Politics and State Formation*. New York：Cambridge University Press，2003。

⑪ Graham Allison，*Nuclear Terrorism：The ultimate preventable catastrophe*. New York：Times，2004；此文可被视为就上述防扩散战略提出的蓝图，尽管它仅局限于防止核武器扩散这一方面，在讨论到针对某些不愿或无法阻止扩散的国家所能采取的策略时也并不总能令人信服。更具一般性的内容可参见：Philip Babbitt，*The Shield of Achilles：War，peace and the course of history*. London：Allen Lane，2002。

认)和朝鲜(可能拥有)。南非主动放弃了曾在白人种族主义政权下一度建立起的核能力。但历史经验也证明,下定决心要获得核武器的国家最终能够达成目的,无论它们是否曾经签署《不扩散核武器条约》,而这一条约毕竟也只是一个主权国家可以自由选择是否加入的协议。还有一些国家如伊拉克、利比亚和伊朗曾经或正在试图发展核能力。⑭ 核不扩散机制优先针对并意在阻止其获得核武器的那类国家——来自世界"战争区域",与现存国际秩序龃龉不断,且极有可能无法保守核武器技术秘密的发展中或不稳定国家——恰恰最热衷于发展这一武器,以用来保卫政权,并使其对内对外行为免受外来干涉。

为数不多的一些学者争辩说核武器的扩散实际上是有益的,无须加以反对,因为它将使在冷战中阻止了两大阵营之间爆发战争的互相威慑扩展到世界其他部分。他们不认为发达国家与不发达或发展中国家之间有什么政治行为上的不同,声称"互相确保摧毁"原则的效力如此显著,以至于可令不发达世界中最为好战和不稳定的国家当局也不敢首先使用核武器。他们还声称从过去的经验看,这类国家也不会放松对核武器的控制并将其交给恐怖分子。批评这种观点的人则怀疑,"互相确保摧毁"原则在核武器掌握在世界极不稳定部分的越来越多的国家手中时,是否还能万无一失地发挥作用。核扩散或许的确会导致核威慑和战争次数的减少,但与此同时,它也提升了核武器在某场冲突中最终被使用的几率。此外批评者还指出,由于不发达国家在技术和制度方面均存在较大缺陷,[648]它们意外发射核武器或发生核事故的可能性远高于目前持

---

⑭ 现行国际法中针对化学武器的是 1993 年签署,1997 年生效的《化学武器公约》。与 1925 年的《日内瓦议定书》相比,《公约》不仅禁止了化学武器的使用,也禁止了其生产、储存和转移,并引入核查机制。1972 年的《生物与有毒武器公约》中则没有包含这样的核查机制。无论如何,恐怖主义团体仍能够在缺少国家支持的情况下发展化学武器和生物武器,况且它们也常从国家的支持、疏忽和防范不足中受益。

有核武器的国家。⑭

　　我们与其担心核扩散导致拥有核武器的国家把核武器交给恐怖分子，倒不如担心核扩散会导致核武器散失的风险急剧升高，从而给恐怖分子可乘之机。在那些虚弱而缺乏凝聚力的国家——例如巴基斯坦——之中，有核设施"门路"的人和组织可能在国家未觉察到或睁一只眼闭一只眼的情况下，将核原料、核技术甚至核武器出售或转送给恐怖分子。不仅如此，这些不发达和不稳定的国家还随时有着解体或陷入无政府状态的危险，而这样的可能性在发达世界早已不存在。当政府崩溃秩序瓦解，谁来保护一个国家的核武库？如果核扩散不受阻碍进行下去的话，苏联解体及其核武器和其他非常规武器储备散落各国所引发的巨大风险便是前车之鉴。解体后的苏联，而非作为超级大国的苏联，可能会是人们未来面对的核威胁来源的主要模型。因此问题的关键在于，核扩散不太可能只停留在国家层面而不继续向下进行，而一旦扩散到这一层面之下，"互相确保摧毁"的原理便会失效。哪怕仅出于这一原因（何况并不只有这一个原因），核扩散也应当遭到反对。

　　17 世纪在欧洲发展出的主权观念之所以成为国际法的基石，是因为力量不断增强的各国在对各自领土行使绝对控制方面有着共同利益，同时也意识到难以对他国内政施加影响，从而将之视作次要事务。本书已按照从本地群和区域群（部落）到酋邦再到国家的成长顺序依次考察了人类社会组织形式的演化。然而社会仍在继续演化，且速度越来越快。在一个被高速交通通信和不断增长的相互依赖拉近距离的世界上，各国的自立自主性有所削弱，国家主权——尽管在

---

　　⑭　举例而言可参见：Scott Sagan and Kenneth Waltz（两位作者对核扩散分别持有反对和赞同态度），*The Spread of Nuclear Weapons*. New York：Norton，1999；2003 年的第二版中加入了有关恐怖主义核威胁的内容，参见：pp. 126-30，159-66。支持核扩散的还包括：Martin van Creveld，*Nuclear Proliferation and the Future of Conflict*. New York：Free Press，1993；持平之论可参见：Devin Hagertly，*The Consequences of Nuclear Proliferation*. Cambridge，MA：MIT Press，1998。

眼下和可预见的将来仍会占据主导地位——也随之受到侵蚀。被非常规恐怖主义放大的大规模杀伤性武器扩散威胁在这一过程中也起到了作用。随着现实的变化，相应的国际规范可能会发生转变。传统自由主义观念同样不可避免地要经历一次重新洗礼。

与其他普世信念一样，自由主义对国家主权的神圣性持有模棱两可的态度。主权是对他国强行推广自由主义权利和进行人道主义干涉时的拦路石。但另一[649]方面，强行对外干涉又与富裕自由主义社会中与日俱增的战争规避倾向相冲突，尤其在所干预的事务与自由主义列强的直接利益关系甚少，又会带来越来越多麻烦时（即便对手在军事上相对弱小不具挑战性）。"9·11"恐怖袭击所预示的新形势是否会打破传统自由主义在主权问题上的态度平衡，并影响富裕自由主义民主国家的政策？眼下，这一问题成为自由主义民主世界中一场牵扯到多种动机和情感的激烈辩论的主题，导致美国和欧洲之间出现很大意见分歧，更不用说这场辩论也在新的"第二世界"和发展中国家，尤其在伊斯兰国家中引发了强烈的反应。这场自由主义的内部论争中各方所持论点均充满了易受对手攻击的漏洞。

欧洲人认为在应对来自"第二"和"第三"世界的威胁时，应当将 20 世纪下半叶的欧洲通过超国家机构实现和平共处的经验应用到全球。但这一论点并不能令人信服，因为上面所说的这个欧洲，正是依靠民主国家的强大实力和二战中的压倒性胜利，在战后将自由主义民主制度强加于此前非民主和非自由主义的欧洲国家，方才得以形成的。是自由主义民主制将欧洲以及整个西方变成了一个康德式世界。而康德式和平共处世界所需的先决条件，对于西方以外那些既无自由主义民主也不富裕，从而只能共存于一个霍布斯式体系中的国家而言恰恰是无法满足的。⑭

⑭ 成功展示了这一点的著作是：Robert Kagan, *Of Paradise and Power: America and Europe in the new world order*. London: Atlantic, 2003。我在这本书里只看到两个不足之处：未提到康德式和平与欧洲康德式经验背后的自由主义—民主（"共和主义"）支撑点；出于同样原因，夸大了美—欧之间的对立，而事实上对于这两者中的任何一方，美欧关系的再度军事化（militarization）都是无法想象且绝无可能的。

的确,欧洲一体化实验的成功以及加入这一进程所能获得的巨大利益,先后诱使南欧独裁国家和东欧前共产主义国家采纳了自由主义民主制度,以便符合加入一体化进程的条件。然而,尽管欧洲宣称自己是一个"理念",它事实上仍是一个地理实体和文化共同体,有着从根本上而言有限的进一步扩展空间。从 19 世纪以来,自由主义国家一直偏好以经济利益为诱饵来促成自由主义体系的扩张,而这样的扩张也符合自由主义的理想模式,但正是那些不愿或不能被同化加入自由主义轨道并以激烈方式作出反应的国家和文化构成了当下的问题。并非建立在富裕民主国家间自由主义共识基础上的国际机制,其成功的可能性不会比国际联盟或联合国更大,其原因已在卢梭对圣皮埃尔神甫的批评中有所涉及并得到他人的进一步阐述。

[650]在应对不发达世界大规模杀伤性武器扩散的威胁方面,自由主义民主国家的民意(在欧洲呼声更高但在美国也有所体现)倾向于采用一系列互为犄角的"非正式帝国主义"策略,包括互不干涉的共处、直接经济援助、绥靖及遏制。脱胎于孤立主义的共处策略假定处于世界体系主导地位的富裕自由主义民主核心国家通过自身典范的吸引力和主动施加的经济政治压力所推动的全球化市场经济和民主化浪潮,最终将征服一切抵抗者,将那些最抗拒变革的经济体、文化、社会和国家融入其中。若长远来看种种威胁均可自行化解,何必现在仓促行事引发危机? 因此假以时日静观其变很可能就是自由主义民主世界最合理的策略。然而自由化进程是否真会一帆风顺,或能否防止某些极为严重的威胁在这一过程中爆发,则并无确切答案。历史经验无法给出标准答案,我们也不能只凭德国和日本的经验来回答问题。19 世纪末 20 世纪初的中国和伊斯兰世界以自身对变革的极度抗拒和转型失败而给西方人留下深刻印象。比如说,马克斯·韦伯便认为儒家思想与资本主义精神在文化上毫不相容。⑯ 但

---

⑯　Max Weber, *The Religion of China*: *Confucianism and Taoism*. Glencoe, IL: Free Press, 1951,尤其是第 8 章。

从那之后,先是部分东亚国家,随后是东南亚和中国自身均实现了令人刮目相看的经济现代化,且很多人将这样的成就与儒家伦理联系在一起。不过,中国的经济自由化能否带来民主自由化仍未有定数。至今为止在现代化方面可谓步履蹒跚的伊斯兰诸国(尤其阿拉伯国家)有朝一日亦有经济起飞的可能性。但鉴于当地和发展中世界其他地区在社会、经济和政治方面根深蒂固的发展阻力和对自由主义的强烈文化抗拒,其转型之路将难免漫长而充满波折。

　　自由主义扩张论之外,向来还存在着一个对自由主义模式的普适性或注定胜出的前景持更为警惕怀疑态度的学派。这一学派更加倾向于让自由主义国家和其他国家保持共存关系,以维护和平与稳定。然而这样的策略在面对大规模杀伤性武器扩散到在好战性或政府管治能力上最"成问题"的一些国家,以及与之相关的非常规恐怖主义的威胁时,[651]其局限性便凸显出来。尤其应当补充的是,现时发达世界和此类国家间的实力差距极大,导致前者有相当强烈的动机主动出手,而不是等到后者获得核武器并从此免疫于武力干涉。

　　很多自由主义者强调发达世界的直接经济援助可帮助发展中社会走上现代化之路。毕竟,如果没能成功走上这条道路是这些社会变得充满敌意且好战的主要原因的话,那么解决方案也应直指问题根源,"抽干沼泽而不是试图抓蚊子"。不可否认,援助的确为这些国家做出了重要贡献。但历史经验也证明了外国经济援助的局限性,因为当一个国家尚未给现代化经济打下社会、文化和政治基础时,经济发展必将成为镜花水月,仅靠外部资金注入难以起到多大效果。而那些现代化发展过程中阻力最大的国家,也正是在大规模杀伤性武器扩散问题上构成最大威胁的国家。

　　绥靖,也就是向可能的威胁来源提供奖励甚至贿赂来诱使其放弃发展大规模杀伤性武器(尤其核武器)的策略,在某些情况下往往显得可行。然而,在那些最为棘手的案例中,它通常难以达成目的,尤其当未辅之以使用武力的威胁时。遏制策略则包括了一些非军事的主要是经济方面的制裁手段。它在防止大规模杀伤性武器扩散时的实用性极为有限,因为它并不足以将可能发展大规模杀伤性武器的国家完全孤立,令其影响力不出国境。大规模杀伤性武器在这些国家境内的发展,向其他国家或恐怖组织的出口或流失,以及随后如同链式反应般的进一步扩散,才是问题所在。

于是使用武力的能力和意愿便成为防止在霍布斯式的"战争区域",也就是这个世界上欠缺稳定性的那些地区发生大规模杀伤性武器扩散的不可欠缺的要素,而这样的能力和意愿的存在也意味着武力必定会在某些情况下被加以使用。这一问题挑起了自由主义—民主国家之间的争论,毒害了美国与欧洲之间的关系,并成为美国人对欧洲产生怨恨情绪的一个主要原因。美国人指责欧洲人天真伪善、在军事上虚弱无力、自私、忘恩负义并且厚颜无耻地搭便车,依靠唯一的超级大国提供维护全球安全的必要公共产品。⑭在他们看来,[652]欧洲社会耽于享乐,老龄化严重,颓废堕落,犹如一个二战后由美国实力所保障的愚人乐园,满心期望着来自外部世界的危险在边界上止步,或者被引向美国。欧洲人甚至无法贯彻自己所弘扬的理念,无法通过武力干预来制止卢旺达(1994 年)或苏丹(2004 年)等地的大屠杀。只有等美国介入挑起重担后,发生在欧洲后院的波黑(1995 年)和科索沃(1999 年)的种族清洗才在军事干预下得以平息。

这并不意味着目前与美国联系在一起的通过武装干涉来维护不扩散机制,积极镇压恐怖主义,以及伴随着前两者的民主推广等策略中不存在根本性的难题——且不谈具体案例中还有着这样那样的技术性问题。我们先从民主化说起。随着苏东共产主义挑战者的垮台,以及民主和平论在 20 世纪 90 年代成为主流,美国应积极在全世界范围内推行民主化,以构建一个不但正义而且和平的世界的威尔逊式理念获得了更多认同。克林顿政府的高官鼓吹过这一理念。

----

⑭ 仍应参见在此问题上最为应景的著作:Kagan, *Of Paradise and Power*。

"9·11"事件后,曾对其表示怀疑并将其贴上激进自由主义标签的美国保守主义者也拥护起这一信条来。然而他们原先的怀疑是很有道理的,因为民主和平论虽说有不少依据,它仍然忽略了一些极为关键的因素,并成为对错综复杂的现实世界所知甚少的政治狂热分子形成其非黑即白简单思维时的依据。⑭

　　首先第一点,如同威尔逊及其继任者通过一系列失败的推广民主干涉——对墨西哥、多米尼加共和国、海地、尼加拉瓜、哥斯达黎加和危地马拉——所发现的那样,并非所有人都渴望民主,民主也不具有无条件的可持续性。尽管西方人普遍认为民主自由是一种能够最好地适用于任何价值观的中性机制,但它实际上是一种包含了一整套价值观的意识形态选择,而很多社会和文化会发现这些价值观与它们更为珍视的另一些价值观存在深刻冲突。此外如我们已经看到的,采纳民主制往往并非随心所欲的行为,而是在整个国家层面上与经济和社会的现代化结合在一起的。经济现代化、社会转型和民主化之间有着[653]紧密关联。如同威尔逊本人最终领会到的那样:"墨西哥动乱的真正原因不是政治而是经济";在那里,选举无法解决"所有政治难题的根本原因",也就是高度不平等的土地分配和社会地位。结果是威尔逊总统变得对外国干涉导致真正变革的可能性持怀疑态度。⑭

　　20世纪最为成功的民主化案例,也就是第二次世界大战后德国和日本的强制民主化,其前提条件不仅仅包括总体战的失败和共产主义威胁所造就的政治环境;尽管尚须克服对民主和自由主义的相

----

　　⑭　Natan Sharansky, *The Case for Democracy*. New York: Public Affairs, 2004;据报道这本书对美国总统小布什影响极大。

　　⑭　Thomas Knock, *To End All Wars: Woodrow Wilson and the quest for a new world order*. New York: Oxford University Press, 1992, pp. 26-8;以及更一般性的: Tony Smith, *America's Mission: The United States and worldwide struggle for democracy in the twentieth century*. Princeton, NJ: Princeton University Press, 1994, Chapter 3。

当程度的文化抵抗,这两国毕竟已拥有了建立可行的自由主义民主制度所需的现代化经济和社会基础。⑭ 对于某些既缺少自由主义传统,又无现代化社会—经济基础,尚未摆脱部族主义影响并受困于族裔和宗教割裂的国家——如阿拉伯世界的那些国家——外部推动的民主化尝试应当继续进行,但也应承认其局限性。这将是一个漫长渐进的过程,过度的压力可能会引发反弹,威胁到现存的社会多元化和现代化成果,因为这些国家里的主要反对派通常不是自由主义者而是激进的、反民主的宗教人士。不仅公众讨论,就连很多学者著作中也忽视了这样的事实,即美国、英国和法国同样是在已经自由化和建立议会制度数十年甚至数百年后,才转向民主的。在最终完成现代化前的几个世纪里,上述国家均存在着这样的恐惧心理(以法国为例,最明显的体现是在大革命和 1848 年革命之后),即一旦人民被给予投票权,他们将不会选择自由主义或民主,也不会选择持稳健和平立场的领导者。

这就引出了我们的第二点。我们知道,民主和平现象在自由化、民主化和经济发展初期的表现要比后期弱得多。从这一事实看来,就很难相信阿拉伯和穆斯林国家的民主化一定能够抑制其社会的好战性。和那些台面上的陈词滥调所说的不同,阿拉伯国家正如 19 世纪的欧洲,其民众要比它们半专制的统治者更为好战,后者往往要努力与汹涌的民意作斗争并将其控制住。在一场民众革命中[654]取代了专制沙王的伊朗半民主伊斯兰主义政权有着高度的好战性,和大革命时期法国的共和政权颇为相似。尽管伊朗的总统候选人必须通过宗教权威认证以剔除在伊斯兰主义原则上表现不够坚定者,从而使候选人不那么具有代表性,但我们还是可以看到在 2005 年的大选中,更为原教旨主义和激进好战的艾哈迈迪-内贾德(Ahmadine-

---

⑭ 对比参照与我观点极为相近的:Francis Fukuyama, *State Building*: *Governance and World Order in the 21st Century*. Ithaca, NY: Cornell University Press, 2004, pp. 38-9, 92-3。

jad)赢得一场对相对温和的拉夫桑贾尼（Rafsanjani）的压倒性胜利。对伊朗核计划的公众支持超越了社会和政治界限。在 1992 年举行的历史上第一次阿尔及利亚民主选举中，激进的伊斯兰拯救阵线获胜。军队在西方默许下进行干预并取消了选举结果，随之而来的国内游击战争导致约 10 万人丧生。本书写作时，尚无法确定什叶派联盟于 2005 年 1 月后萨达姆时代的伊拉克自由选举中获胜将造成何种后果。同样不能确定的是巴勒斯坦地区——激进伊斯兰主义运动哈马斯在这里享有广泛民众支持——的自由选举将会造成的后果。（2006 年 1 月本书正在审稿时，哈马斯赢得了巴勒斯坦选举，貌似证明了上述观察的正确性。）事实上埃及和约旦这两个阿拉伯国家与以色列所签订的和平条约在两国舆论中均不受欢迎。城市中产阶级、行业组织、专业技术人员、受过教育者和知识分子为其最坚定的反对者。显然，阿拉伯和穆斯林国家虽有很多相似之处，但并非一个整体，各国民主化的结果可能会千差万别。这就需要有一种更具辨识力的应对方式。

甚至还存在着一种比干涉更为激进的政策选项。历史学家尼尔·弗格森（Niall Ferguson）和其他一些人充满激情地建议美国（以及发达世界）应当奉行正式帝国主义，对发展中世界的失败国家和社会实施直接统治。⑮弗格森在令这种想法起死回生（它一度已被反殖民主义论述的大潮冲得不知所终）方面的功劳值得记上一笔。他认为以英帝国为典范的自由主义帝国主义统治虽说犯下不少错误，但也将一大半世界带入新的全球化工业经济，打开了"农业世界"逃脱充满极度贫困、疾病、战争和死亡的马尔萨斯陷阱的大门。弗格森进一步指出，很多获得独立的后殖民社会未能令现代化继续推进。然而我们很难认真看待他关于重建帝国主义统治的建议，更不用说相信此事值得追求或具有任何可行性。

---

⑮ Niall Ferguson, *Colossus*: *The price of America's Empire*. New York: Penguin, 2004.

我在这里仅简单列举弗格森理论中的缺陷。他未能证明经历过正式帝国主义统治的国家[655]比仅仅受"非正式帝国主义"影响而发生转型的国家表现得更为成功。他忽视了帝国主义统治下的民族自决问题，同时也没有问一下自己若非如此的话，美国（更不用说其他发达国家）是否已准备好赋予未来成为全球美利坚帝国一部分的发展中国家的人民美国公民权。事实上他完全没说清楚美国担起全球直接统治的重担对它而言利益何在。人们可能假设这样的统治对于那些"失败"国家和社会的发展是有利的，但这一点也相当可疑，因为美国自身同样痼疾重重，国内尚存在着很多经济社会"失败"且无力振兴的区域。通过直接统治消除非常规恐怖主义的威胁原本是一个可能的动机，但弗格森对此只是草草带过；且即便将它算上，重建帝国之利也无法超越其弊。[⑤] 最后，弗格森的确意识到了自由主义民主国家在镇压反对其帝国统治的武装抵抗时表现很差的问题（附带说一下，目前在这方面并未显示出有所改观的迹象），且对此颇有怨言，但他未对其中的深层次原因进行讨论，而我们在前书中已作考察。

从根本上限制对平民使用暴力这一被自由主义民主国家所采纳的准则，是美国为了确保大规模杀伤性武器不扩散和推翻支持恐怖主义的政权而进行干预时在军事上的主要约束因素。眼下，美军相对于发展中国家武装部队的军事—技术优势高于历史上任何时期，令前者有能力创造出非凡的军事成就。然而与此同时，若无一个足够强力且愿意合作的当地中央政权协助，美国在对付民众反叛方面就几近束手无策。前面已说过，相对于控制其领土并多多少少可被胁迫进行合作的敌对政权而言，缺少能够运作的政权的国家所构成的问题绝非较小，甚至可能更加严重。无论美军是否直接介入，在那

---

⑤   同上，p. 24；与弗格森观点相似且同样未考虑到以上所有问题的还可参见：Sebastian Mallaby, 'The reluctant imperialist: Terrorism, failed states, and the case for American empire', *Foreign Affairs*, 2002; 81(2): 2-7。

些位于地球上交通不便的广大地带,社会四分五裂难于管治的那些虚弱且"失败"的国家中,对恐怖集团活动的监控和打击都将遭遇本质上的能力限制,其难度可谓大海捞针。

　　与生活中的大多数事态一样,所有这些问题均相当棘手,并无简单或明确的解决方案。以"9·11"为预兆的恐怖主义威胁并非偶然现象,也不会转瞬即逝,而是一种根本上的威胁,对国际政治将造成深远影响。随着由工业—技术革命所创造的大规模杀伤性力量"封装"技术[656]的扩散,以及落入非国家组织与个人手中,大规模杀伤性武器被使用已不再是一个是否会发生的问题,而是将在何时发生的问题,如同美国总统克林顿的国防部长威廉·科恩在"9·11"事件前便已警告过的那样。如今我们所知的任何手段均无法根除这一威胁,且需要有持续不懈的协调行动才能将其遏制住。虽说各国之间免不了勾心斗角并在利益上有所冲突,这样的协调行动仍是可能的,因为没有哪个国家在这样的威胁面前能独善其身,从而使各国在合作反对非常规恐怖威胁方面有着共同利益。国际社会在19世纪便是这样消灭了海盗行为,其中霸权国家英国在海上执法和促进合作方面扮演了主要角色;而如今的非常规恐怖主义对于世界各国而言,要比海盗行为更具威胁性。国际规范和行为将有可能发生变化。某些国家,尤其较为激进好斗或较不稳定的那些,将受到更大压力要求它们放弃大规模杀伤性武器,服从更为严格的对其设施进行外部核查的要求,并打击其领土上的恐怖分子。为了达到这些目的,国际社会可能会运用政治和经济上的胡萝卜和大棒所构成的各种各样的政策组合,其中也将包括暗示或实际使用武力。事态将如何发展是我们完全无法预测的。

　　一些读者可能会惊讶于我把上面所提到的所有这些视为一场自由主义内部各分支之间的论争,而更多时候这样的争论会被描述为发生在自由主义者和(新)保守主义者之间。然而这恰恰反映了自18世纪以来,自由主义和民主取得了何等程度的胜利,以至于自由主义观念已完全主宰了西方国家的舆论场,令所有学术和政治上的对立观念变得无足轻重。自由主义民主国家的所谓保守主义者早就接受经典自由主义信念——事实上他们已自称为自由主义原则的真正捍卫者。从在认知、伦理和情感方面所发挥的作用看，可以将几大现代意识形态描述为某种世俗宗教。这样的标签最初被贴在马克思主义和法西斯主义身上，然而标签也同样适用于自由主义这个存活至今并主宰今日发达世界的最后一个主要意识形态——尽管它与前两者之间有着显而易见的不同。自由主义提供了一套对世界的整全解释，一套关于正义的信条，以及一套准神圣化的行为准则。自由主义的信奉者对其倾注了强烈的情感，而自由主义也能够唤起他们的无限热忱（尽管未必达到令人愿意为之牺牲的地步）。和所有信条一样，它有着滑向教条主义的倾向，[657]导致追求纯粹抽象的原则而罔顾不可缺少的现实关联。无论如何，在今天的富裕民主社会中，持有形形色色信念的务实派和激进派、左派和右派，基本都在自由主义所设定的框架下互相争论，而这一框架已不知不觉与整个社会的机理融为一体。

结　　语

本书所叙述的最后时间点与人类史和人类暴力史上的任何时间点一样，只是历史长河中一个转瞬即逝的偶然时刻。我们应当尽力避免认为当下状态有着之前所无的特殊性。这并不是说人类文化的进化过程中没有某些与关键性的"起飞"（以及挫折）相关的"高光"时刻。采用农业和畜牧业便标志了这样的一个时间点，而这一举动最终为另一个关键时间点上爆发的，在过去 200 年里改变了整个世界的工业—技术革命打下基础。只有在这样的剧烈转变背景下，我们才能对在国际关系理论界引起争议的"民主和平"理论加以理解和修正（尽管该理论大体上正确）。这一理论并非只意味着一个自变量"自由主义/民主"和一个因变量"和平"之间的简单联系，而是牵涉到复杂得多的因果关系。

　　人们不假思索地将民主和平现象发源于 19 世纪的原因归结为自由主义—民主政权也是直到那时才开始出现。然而实际上更准确的说法应该是自由主义—民主政权直到那时才在国家（邦域国家或领土国家）层面上出现。它并未诞生于更早时刻的原因在于这样一些仅发生在近现代的转型：依赖于印刷术的"想象的共同体"的发展；工商业主导的经济；"大众"城市社会；全民识字；资产阶级生活方式；以及物质丰富程度的提升。所有这些均为长期持续的变化过程而非一次性的事件，所导致的是过去两个世纪中发生在某些国家的不断增长的自由化和民主化。民主和平现象——即现代富裕自由主义—民主社会对战争的规避，在潜在冲突双方均为自由主义民主国家时表现最为明显，但同样也体现在[658]自由主义民主国家对一切战争和冲突的更普遍态度上，且同时适用于如何发动战争和如何进行战争的问题——与上面这些构成其基础的进程之间有着紧密联系，且随着进程的发展变得越来越真实。民主和平现象不存在于前现代民主制或共和制城邦之间，不是因为它们不民主或在政治上不够自由，而是因为它们是前现代的，尚未受到现代转型过程的影响。这就是潘恩和康德设想一个民主和平世界时未能提及的关键因素——当然这也是因为他们在世之时上述转型大多数尚未发生。

　　一个被民主和平理论家所忽视的事实是，一旦进入工业—技术时代后，所有国家——而不仅仅是自由主义/民主国家——卷入战争的频繁程度均较过去有很大降低。现代转型则是这一现象的原因所在。尽管两次世界大战的记忆主宰了人们对 19 和 20 世纪的认知，但事实上在这两个世纪中，大国间彼此交战的年份只有早先几个世纪同等时间跨度下的三分之一。战争变得更不受欢迎的原因并不在于它的代价（以人口和财富损失比例而言几乎没有变化），而主要是因为马尔萨斯陷阱一旦被突破，和平所带来的益处便急剧增长，以至于对政体不同但均具经济持续增长、市场导向、相互依赖程度加深、已完成工业化或正在工业化等特征的诸社会而言，彼此之间在财富获取上已不再是零和关系，战争与和平之间的整体平衡状态从而被打破并向后者倾斜。同时我们也发现在此前讨论过的一系列政治、经济、社会和规范性因素作用下,自由主义/民主国家自走上通向现代化之路起便表现出独特的,相较于非民主和非自由主义国家更为明显的规避战争倾向。

此外还存在一些源于现代转型且大体上仅在自由主义民主国家得以体现的特征,不过它们与自由主义民主政体之间的联系则没有那么确定。其中包括令人震惊的生活水平的提高;辛劳、痛苦和死亡得到抑制;都市生活和服务型经济的主导地位——对经典的"城市化"概念的升级扩充;性放纵,在 20 世纪 60 年代反战口号"要做爱不要作战"中得以准确反映;女性参政权;以及年轻男性在总人口中比例的下降。历史上,这些特征往往被与社会的"腐化堕落"联系在一起,而在 20 世纪自由主义民主国家的友人和敌人中亦不乏持此类观点者。然而,自由主义民主国家在 20 世纪上半叶两次总体战[659]的考验中,却表现得能够高效动员其经济力量和人力资源,当然这也是因为它们确信除此之外无路可走。第一次世界大战中,西欧自由主义民主国家首先与专制主义的帝俄结盟,随后俄国的地位被同为自由主义民主国家,且体量远超任何欧洲列强国家的美国所取代,从而在总体实力上始终能够压倒经济效率与己方相若而军事效率甚至超过己方的帝制德国,并取得最终胜利。第二次世界大战中的自由主义民主国家凭借几乎相同的方法击败了右翼极权主义列强纳粹德国和日本帝国,只不过这次由苏联取代了沙皇俄国并在战争中做出了更大贡献。由于右翼威权主义和极权主义的实验被两次世界大战打断,自由主义民主国家得以在世界范围内实际上垄断了通向现代化的资本主义路径。另一条共产主义路径则被证明在经济效率上难以与之媲美,其颓势在工业化发展的更高级阶段和瞬息万变的信息时代愈发明显,最终导致苏东共产主义阵营的自行垮台。到 20 世纪行将结束时,自由主义民主体制和市场经济主宰了整个世界,再一次被公认为通向未来之路。人们还对已在北美和欧洲,或许也在环太平洋地区取得成功的"民主和平"现象给予了同样的普遍期待。

这一未来蓝图的很多先决条件远未具备，其进程可能被今后发生的很多事件打乱。例如，现在仍不能确定的是中国、俄罗斯，甚至可能也包括印度这样的正处于高速现代化过程中的巨人究竟是将融入富裕自由主义民主模式，还是凭借着自身体量、特殊条件和文化传统走出一条不同的道路。它们可能会创造出一个新的、现代化的和强大的"第二世界"。这个世界将具有威权主义和民族主义的特征，在贸易政策上更少自由化，并且比自由主义民主国家更为好战。一些较小的国家可能会站到这些新的区域霸主一边并效仿其模式。世界上还有不少地方至今尚未成功现代化，其中一些已成为随时可能在国际或国内社会层面爆发战乱的温床。若对这些社会推行民主化作为治疗措施，则应当认识到存在着一个相当复杂的因果关系体系，其中经济和社会的现代化与成功的民主化和自由化相互交织密不可分，共同决定了"民主和平"是否能够开花结果。

此外，民主、自由主义和经济发展对于解决或缓解族裔和民族冲突的作用[660]也相当有限，甚至可能适得其反。族裔和民族——也就是亲缘的——认同是人类动机的首要来源，足以引发猛烈的暴力行为。即便在社会繁荣发展的情况下，应对族裔和民族问题的自由主义—民主药方——平等公民权、融入（inclusion）、宽容、多族裔—民族共同生活、区域自治、和平分离——所达成的效果也有其上限。当各个族裔密不可分地居住在一起又彼此敌对，制造出一种类似于巴尔干或北爱尔兰的局势时，上述方法的局限性就相当明显了。此外，在非洲和亚洲很多地方，族裔与国家边界并不重合而是互相割裂，构成无穷无尽的紧张根源。如穆勒（Mill）和一些当代学者所说的那样——虽然现今主流学术界和国际机构反对这种观点——民主很难在一个有着严重族裔割裂现象的国家中存活下去；从另一方面看，这样的族裔分裂国家一旦民主化并允许其人民拥有自决选项，就很可能发生解体。族裔和民族主义问题是 20 世纪和 19 世纪的冲突和战争的主因之一。[152] 随着冲突的经济动机受经济增长、开放和互相依赖的影响而减弱,同时现代几大意识形态之间的斗争也进入低潮,族裔—文化认同问题将可能成为未来暴力纷争的主要源头。这些暴力冲突可能发生在国与国之间,但更多将发生在国家内部;大多数将以发展中世界为背景但也不限于此。

如果不是因为大规模杀伤性武器——尤其是核武器这样一个具有普罗米修斯火种意义的现代产物——的威胁的话,发生在世界上马尔萨斯—霍布斯区域内的那些最穷最弱社会的好战性几乎不会对区域外的人造成多大麻烦。互相威慑和确保互相摧毁的逻辑阻止了战争的爆发,进一步保证了富裕自由主义民主国家所享有的和平,但这些对上面所说的情况并不适用。国家仍是无可比拟的最强大的战斗者,而且是大规模杀伤性武器的可能使用者。但随着大规模杀伤能力"封装"技术渗透到国家层面之下,令无法受到有效威慑的个人与组织得以染指,大规模杀伤性武器被使用的可能性便陡然增长,事实上或许已只是时间问题。虎兕已出其柙。尽管当下的威胁主要与激进宗教派别相关联,但威胁之所以严重,恰恰在于它可以来自任何"被赋予超凡力量的怒汉"或组织。对大规模杀伤性武器技术和成品扩散——及其潜在用户——的全球共同打击,是目前我们应对这一威胁的唯一答案。

---

[152]　John Stuart Mill, 'Considerations on Representative Government', in *Utilitarianism*, *Liberty*, *and Representative Government*. New York: Dutton, 1951(1861), p. 486;引自: Donald Horowitz, *Ethnic Groups in Conflict*. Berkeley, CA: University of California, 1985, p. 681;霍洛维茨和我一样指出了这一问题;亦可参见: Walker Connor, *Ethnonationalism*. Princeton, NJ: Princeton University Press, 1994; Tatu Vanhansen, *Ethnic Conflicts Explained by Ethnic Nepotism*. Stamford, CT: JAI, 1999. 对民主与自决总是形影不离的威尔逊式观点的进一步发挥可参见: Nodia, 'Nationalism and democracy'. 对民族主义作为战争起因的重要性的分析可参见: Kalevi Holsti, *Peace and War: Armed conflicts and international order 1648—1989*. Cambridge: Cambridge University Press, 1991, pp. 309-16,尤其是第 312 页。

[661]本书中提出的见解难免会有不完善之处，因为作者不可能预测未来的种种事件，也不能预言人类高速的、技术驱动下的文化演化会创造出何种新的经济、社会、政治和文化形态与模式，以及它们将对人类的致命暴力行为带来何种影响。毋庸赘言，演化过程本身并不保证任何确定的结果。任何大规模灾难性事件——包括由大规模杀伤性武器引发的灾难——均有可能导致演化的挫折倒退或完全停滞。

17　终章：解开战争之谜

[662]战争这一现象总是会引起人们的悲伤和迷惑，因为它会导致杀戮、痛苦和毁坏，以及无数资源的浪费，并常常导致双方陷入一种互相伤害的"囚徒困境"（人们在这一概念得到清晰定义前早已感受到它的存在）。然而另一方面，与战争相关的荣耀和英勇世世代代受到人们的赞颂——从口述史诗直到电影——而战斗行为也构成兴奋和喜悦的源泉——尤其对年轻男性而言，其原因在于无论进攻还是防御，赢得一场战争的意义均极为重大，能够带来丰厚的奖赏。对于高赌注高风险高回报的争斗行为的这两种互相矛盾而又同样普遍流行的态度源于人们与生俱来的由进化塑造的倾向。到了近现代，随着发端于启蒙运动的自由主义观点逐渐获得影响力直至主导了整个发达世界，战争才开始被诸自由主义社会视为某种完全无益且令人憎恨的事物，甚至是荒谬到令人无法理解的愚行。

如同我们在前面的章节中看到的那样，在工业—技术革命后的富裕自由主义世界，在马尔萨斯陷阱已被打破的情况下，人们有充分理由持有后面这种对战争的态度。基于生产和交换的物质丰富程度以惊人速度增长，国与国之间通过互相依赖实现的真实财富增长取代了[663]零和游戏，以至于战争与和平之间的利弊平衡发生了急剧改变。然而，适用于现代富裕自由主义世界的规则未必适用于这一世界诞生前的现实状态，也不适用于现代世界中非富裕自由主义的那一部分。人们往往倾向于将自己身边的环境归结为"自然的"，因此现代自由主义社会的人们越来越难理解眼下的战争——甚至历史上的战争——为何会爆发。这样的问题令他们感到迷惑。卢梭主义影响力达到高峰的 20 世纪 60 年代又为我们带来了这样一种观点,即种内杀戮和战争某种程度上是人类特有的行为,甚至是人类(晚期智人)历史上较晚近的文化发明。这样的观点进一步加重了人们的迷惑。①

然而真实情况是人类的致命暴力和战争并无任何特别之处。所谓"战争之谜"的破解方法就是指出这样的"谜"并不存在。暴力竞争,又名冲突——包括种内冲突——是自然界的普遍法则。在无时无刻不存在的严重匮乏条件下,有机体之间为生存和繁殖而展开竞争,而它们的繁殖进程又导致匮乏条件进一步恶化。在这一基本现实下,根据具体策略在特定情境下的作用及其与有机体通过进化产生的禀赋之间的关系,有机体可从合作、竞争或冲突等策略中选择任意组合加以运用。有机体中"内置"了通过进化塑造出来的从最原始到最高级形式的一系列机制,随时控制着它们对上述行为策略的选择和组合。既然冲突永远是一种可被选择的选项,有机体自身的一些构造和行为特质(两者很明显是互相联系的)就必须为其服务,以确保在冲突中获胜。这些特质可具有不同程度的攻击性或防御性,在适用于冲突场合的专门性程度上也有差异。一旦某些有机体选择了高度依赖于冲突的选项,就足以引起连锁反应,导致其他有机体加入这场无休无止的竞赛。

人类并非有机体中的例外。与卢梭式的想象相反,历史上对狩猎—采集者的观察证据和更为间接但不断增加的旧石器时代考古证据显示,无论我们人类这一物种还是我们的人属近亲,在其存在的整个历史上,包括所谓人类"进化的自然状态"下,均有着内部争斗现象。这样的争斗从来不是什么"仪式性"的,也从未发生在某个物质丰裕、

① 国际关系领域内一本(据其作者所言)紧随玛格丽特·米德之后认定战争是一种文化发明的书采用了"战争之谜"这个词作为书名,或许并非偶然,参见:John Vasquez, *The War Puzzle*. New York: Cambridge University Press, 1993。

纯真无染的环境下或者说一个卢梭式的伊甸园中。霍布斯的观点则更为接近事实，他的"自然状态"概念得到了实证证据的支撑并能够用进化论[664]进行解释。在此状态下，人的生命中充满了为生存所需的稀缺资源和配偶而进行的竞争——以及从这一主旨中衍生和折射出的无数行为，而这样的竞争经常会变得具有暴力性。历史上所观察到的狩猎—采集者社会（以及原始园艺种植者社会）中均有着高达25％左右的成年男性暴力死亡率，存活下来的男子普遍伤痕累累，且整个社会也要时刻防备可能爆发的冲突，如同生活在其阴影之下。这样的暴力死亡率远高于任何国家社会曾经录得的数字，可能只有在国家间爆发最具毁灭性的战争时才能勉强与之相提并论；然而这个比例却与自然界动物种内杀戮造成的死亡率相符合——尽管 20 世纪 60 年代也曾有人否认动物会杀害同类，但一般而言人们不会认为动物的种内杀戮是毫无目的或不具适应性的行为。很多学者持有这样一种奇特的信念，即在极具竞争性的进化自然状态下，人类的争斗（如果承认这种情况下它也存在的话）"只不过"是为了满足"心理需求"，因此从根本上而言是不具适应性的；只有到了农业和国家诞生后，争斗才开始带来"效益"。这样的信念与我们所知的关于自然和人类自然状态的一切经验知识相悖，也与进化论逻辑完全不能相容。

令"战争"变得貌似与其他种内致命冲突截然不同的因素同样也令过去 1 万年内人类整体的生存状态发生了转变。这个因素就是人类采用农业生产方式，从而导致了大规模社会以及随后国家社会的出现，并令包括争斗行为在内的一切人类行为的规模大为扩张，同时具有了高度的协调性、整合性，以及通过强制手段贯彻的层级性。结为群体进行争斗并非人类独有，而是存在于很多社会性动物中。旧石器时代小型人类群体在结群争斗方面超过了其他社会性动物，只不过是因为人类的智力和社会互动能力与后者相比较为发达而已。然而，人类社会规模和复杂性的急剧增长带来了人类在群体争斗方面的飞跃。群体争斗的规模与人类社会群体的规模保持同步变化。"战争"的惯常定义即大规模有组织暴力只不过是反映了人类社会已变得更大更有组织这一事实而已。

因此,坚持"真正的战争"随着国家和国家政治一同诞生的观点,便意味着用一个纯属人造的概念取代了人类历史中活生生的动态进程,而这一进程的发展轨迹仍值得我们详加阐述。有必要重复一遍:尽管卷入争斗的社会规模——以及相应的其能组织起来的武装团队规模——发生了[665]惊人的扩张,给人留下国家间战争具有独特的致命性和毁灭性的虚假印象,以至于其似乎能独占"真正的战争"这一名号,事实却是在国家治下,死于争斗的人数反而有所下降。首先,对内和对外的致命人类暴力如今有了明显差异,国家领土内的非国家暴力成为非法,或多或少地被国家成功压制下去。不应存有幻想的是,社会内暴力死亡率的下降更多是一方通过暴力取得胜利而非通过和平方式达成协议的结果。获胜的统治者的暴力得以体制化,并在一定程度上实现对暴力的垄断,从而能够在强行攫取资源时保证"国内和平"并提供其他服务,如同黑手党所提供的"保护"一般。② 虽说如此,像霍布斯和其他人已说过的那样,我们仍然可以认为即便只有由国家这一利维坦提供的低质量服务,也好过完全没有此类服务。③ 因为在后面这种情况发生时往往是内战或无政府状态,"自然状态"再度成为现实,并像往常一样导致比国家间战争中更为严重的破坏和死亡。内战意味着为夺取社会控制权的大规模争斗重现于社会之中,而往往由内战所致的无政府状态则意味着较小规模但无所不在且同样具有高度致命性和破坏性的"盗匪""仇杀"和"滥行私义"(private justice)等现象的回归。至于"对外"的或者说国与国之间的战争,尽管以绝对意义来衡量有着更大的规模,然而除了那些最为惨重的之外,其所造成

② 对比参照:Charles Tilly, 'War making and state making as organized crime', in P. Evans, D. Rueschemeyer, and T. Skocpol (eds), *Bringing the State Back In*. Cambridge:Cambridge University Press, 1985, pp. 169–91.

③ 这类说法的一个现代版本可参见:Mancur Olson, *Power and Prosperity:Outgrowing communist and capitalist dictatorships*. New York:Basic Books, 2000。

的人口死亡比例总是会低于前国家时代的争斗,因为社会规模、领土面积和距离与社会对战争的参与度呈现负相关性,同时也因为平民所在的大后方会更少受到国家间战争的波及。

主要依靠武力创建并维持的国家社会或许可被视为战争最重要的"衍生产物",而国家社会本身也成为相对和平的平民生活方式、人口稠密且复杂的秩序社会、有发达劳动分工的整体化规模经济,以及拥有书面文字的文明等事物的必要先决条件。国家优越的军事力量迫使周边的部落社会走上建国之路,从而加速了这一进程。此后,近现代国家的强大实力也成为冲击推动那些更为传统的国家融入近现代世界,促成真实财富的指数性增长,打破马尔萨斯陷阱,以及最终导致战争成为更加无用少用之物的中心要素。因此战争不仅影响了国家和文明的成长,其自身也受到国家文明成长的影响;它在国家诞生这一非同凡响的文化起飞中[666]扮演了决定性角色,但也随着先进的工业—技术—自由主义社会的发展而遭到明显削弱。

应当注意,大规模层级化国家社会的出现,意味着战争中的成本—收益关系也将出现相应的分化。从战争中获得的利益通常大半被少数统治者和精英阶层据有;社会阶梯中居于其下者分配到的利益急剧减少,以至于大部分人所得的不足以弥补其所承担的风险。与克劳塞维茨关于政治是"共同体所有利益的代表"的理想化观点相反,政治实际上只代表了社会中居支配地位的利益;这一利益可能具有较高的包容性和代表性,也可能没有。④ 统治者和精英依靠对国

---

④ Carl von Clausewitz, *On War*, Book 8, 6B. Princeton, NJ: Princeton University Press, 1976, p. 607;其他表述方式可参见 p. 606。并不需要成为马克思主义者也可赞同列宁对克劳塞维茨观点的批判,参见: Azar Gat, *The Origins of Military Thought from the Enlightenment to Clausewitz*. Oxford: Oxford University Press, 1989, pp. 236-50; id., *The Development of Military Thought: The nineteenth century*. Oxford: Oxford University Press, 1992, pp. 237-8;均收录于: Azar Gat, *A History of Military Thought: From the Enlightenment to the Cold War*. Oxford: Oxford University Press, 2001, pp. 238-52, 505-6。

家机器的控制以及自身的社会—经济实力对整个社会施行强制或引导的能力越强，这个社会的政治——和战争——就越要围绕着他们的利益而转动。国家相对于非国家社会力量的优势的主要来源之一的兵役制，并非仅仅为了解决保卫"共同善"（common good）时的"搭便车"问题，也极为频繁地被用来强迫人们为了对自己毫无益处的事业上阵厮杀。在历史上，那些由被迫走上战场，但意识到自己只是冒生命危险为他人火中取栗的人——例如众所周知的东方诸帝国大军中的征召兵卒——所组成的军队，被证明几无战斗力，尤其是在军队由帝国的外族属民而非核心族裔构成时。只有当军队中包含了后者，或渴求薪酬、战利品、土地及其他形式的经济和社会利益的军事化精英阶层和职业军人时，我们才能指望看到真正的战斗。

战争成本分担和收益分配上的显著不平等——少数精英收获战争之利，而剩下的那些上阵打仗或遭到兵马蹂躏的人则承担战争的风险和代价——造就了一种启蒙时代的信念，即战争仅仅是因这样的不平等而得以存在。然而，虽说这一论点一定程度上是正确的，尤其当不平等极为明显时，但战争存在的理由远不止于此。和所有其他社会行为一样，战争成本分担—收益分配中的不平等并不一定意味着普罗大众在战争中将得不偿失。在普遍存在但程度有异的不平等状态下，普罗大众往往也是战争中不可忽视的利益相关者。他们要么有需要保卫的东西——财产和家人，但也包括其所属的整个民族共同体[667]及其政治独立地位——要么有能够从敌人那里获得的东西。此外，虽说启蒙时代的观点认为战争风险和收益分配的不平等导致了统治者穷兵黩武轻易决定开战，事实却是那些更为平等更具参与性的社会——如平等主义的部落社会和共和制城邦——表现得最有能力动员开战和维持战争进行。例如，古代雅典平民（demos）掌权的程度在历史上少有，而雅典平民同时也是社会中最为好战的一派，全心全意支持以武力为后盾的帝国扩张和维系。

层级化国家社会中战争成本分担和收益分配的差异性还导致了在战争起因和目的问题上出现其他模糊认知。在这里又要回到我在整本书中,从"自然状态"下一直讨论到现代的关于战争动机的最重要主题。国际关系学科主要从国家层面上探讨这一主题,而在学科中占上风的则是所谓现实主义学派。一般而言,现实主义者会认为国际政治是由国家主导的,而国家的行为受自身利益指引,并以权力为其追求。在这些条件下,战争将无所不在且时常发生。与第一部分中讨论过的关于前国家社会研究的人类学学派相类似,现实主义"理论"是一种分析建构(analytical construct),包含了一些能够把握认识客观真理——尽管并不完全——的基本假设和洞察,但很少涉及其对现实的描绘在何等程度上能够成立以及为何成立的问题。对于任何不能填进其概念体系的事实证据,现实主义往往也表现出强烈的抵触态度。

国际关系领域内,有一部分新著作——数量仍不大但在增长中——开始采用进化论视角,从而能够证明并解释一些现实主义核心论点。举例说,这些著作指出了现实主义所强调的各国为自身生存和支配地位而加入竞争冲突背后的进化论原理,与个人和亲属集团在部落层面上的竞争原理并无本质区别,只不过是后者的延伸扩展。⑤ 布莱德利·塞耶(Bradley Thayer)的杰出著作《达尔文与国际关系:战争和民族冲突的进化论根源》(*Darwin and International Relations:On the evolutionary origins of war and ethnic conflict*,2004)——承蒙作者美意送了一本给我——在这些作品中最为全面,且是唯一探讨了战争起因的。[668]由于同样运用了进化论视角,他和我在很多问题上见解一致便毫不为奇了。塞耶认为,进化理论可

---

⑤ W. Thompson (ed.), *Evolutionary Interpretations of World Politics*. New York:Routledge,2001;大多数撰写者所理解的进化是指文化进化,但也有一些人考虑到了生物意义上的进化;而后者正是:Bradley Thayer, *Darwin and International Relations:On the evolutionary origins of war and ethnic conflict*. Lexington:University of Kentucky,2004 这本书中的中心要素。亦可参见:Stephen Rosen, *War and Human Nature*. Princeton,NJ:Princeton University Press,2005,此书主要从大脑研究、生物科学和进化心理学角度来对决策过程进行分析。

以解决现实主义学者在国家间竞争和冲突的起因和目的上存在的分歧。所谓的经典现实主义者声称,国家追求权力并不惜动武以达成此目的原因在于对权力的追求根植于人类天性。⑥ 与之相对的是,所谓新现实主义者或结构现实主义者则坚称不是人性,而是无政府国际体系中的生存斗争迫使国家在无论有何种意愿的情况下为自保而不得不追求更大权力,只因它们互相疑惧,从而不可避免地陷入了"安全困境"。⑦ 其中的"进攻性"结构现实主义者则进一步声称,无政府国际体系不仅迫使寻求生存的国家捍卫其权力,而且还要试图通过主宰和制伏其他国家的方法来积极扩张其权力;同样,其真正愿望如何无关紧要。这一原理甚至被冠以"大国政治的悲剧"之名。⑧ 现实主义者之间以及现实主义者与他们国际关系学科内的批评者之间为论辩所耗费的笔墨,可以说已经超越了中世纪的经院学者。然而很可能所有这些论辩文字都没有能够抓住重点。

批评者很早以前便指责现实主义者倾向于混淆目的和手段。现实主义者对国家追求权力的表述大体上是正确的,但他们过于关注这一现象本身,忘记了解答权力斗争为何发生的问题。⑨ 如果追求权力来源于人性,那么为何会如此?或者,如果是国家彼此之间的疑惧和无政府国家体系中的安全困境迫使国家维护和扩张其权力,那么首先为何国家间会互相怀疑畏惧,从而强化了安全困境?尽管现实主义者也重视对稀缺资源的争夺,他们却很少用这一点来解释包

---

⑥　Hans Morgenthau, *Politics among Nations*. New York: Knopf, 1961.

⑦　Kenneth Waltz, *Theory of International Politics*. Reading, MA: Addison, 1979.

⑧　John Mearsheimer, *The Tragedy of Great Power Politics*. New York: Norton, 2001, 尤其是 pp. 2-3, 18-21, 53-4。

⑨　摩根索在权力和对外政策的其他目的这两者之间的关系方面表现得摇摆不定,有时称权力是达成其他目的的普适手段,但更多时候又会说其他所有目的大体上也不过是伪装下的对权力的追求。他甚至认为资源也纯粹是一种达成权力的手段,而非自身就是被欲求的对象。关于这些尤其应当参见的是:Morgenthau, *Politics among Nations*, pp. 4-5, 27-37, 113-16, and Chapters 5-8。

括战争在内的国家行为。整体而言,他们的学术研究中很奇怪地忽视了战争的起因这一主题,或仅仅将其当作不重要的边缘问题。⑩

如塞耶和本书前面部分讨论中指出的那样,对稀缺资源的竞争这一基本现实是导致争斗的终极原因,而对权力和主宰地位的追求只是为了达到终极目标而设定的近似目标,因为权力和主宰地位有助于对资源的优先掌控。对权力的追求的确是政治领域的中心问题,且对权力的争夺也的确激烈(如现实主义者所认为的那样),但这只不过因为权力是在赢得或捍卫生存和繁殖所需的[669]资源时通行于世且不可或缺的手段而已。攻击性行为不仅有在安全困境下达到更为安全状态的作用,也可以被用来获取巨大的正面收益,因而经常被采用。现实主义者往往忽视了权力竞争中的目的因素。⑪ 事实

---

⑩　国际关系学科对战争起因这一问题的忽视在两本以"战争起因"为题的书中显露无疑,因为书中几乎没有触及战争的真正根源,而是讨论了何种条件下战争会成为较可能的选项,导致其更频繁发生,参见:Geoffrey Blainey, *The Causes of War*. New York: Free Press, 1973; Stephen van Evera, *Causes of War: Power and the roots of conflict*. Ithaca, NY: Cornell University Press, 1999。R. Rotberg and T. Rabb (eds), *The Origins and Prevention of Major Wars*. New York: Cambridge University Press, 1989,这部著作的参与者既有历史学者,也有政治学者,但最终只展现出人们对这一问题充满困惑。如同杰克·利维所总结的那样:"我们仍未找到明确答案。"参见:Levy, 'The causes of war: A review of theories and evidence', in P. Tetlock et al. (eds), *Behavior, Society and Nuclear War*, Vol. 1. New York: Oxford University Press, 1989, pp. 209–333。

⑪　不久之前现实主义者中的一位也意识到这一问题,参见:Randall Schweller, 'Bandwagoning for profit: Bringing the revisionist state back in', *International Security*, 1994; 19(1): 72-107. 施韦勒正确指出本应很明显的一点,也就是国家不仅仅出于安全原因卷入战争,它们同样会为了某些"被欲求的价值"而做同样的事,因为它们从中看到了"机遇""利润""收益"或"战利品"。他没有明确界定这些"收益"所指为何,但他列举的历史案例已经足以描绘出清晰的画面。他指出,近年来很多国际关系著作中存在着先入为主的"现状偏见"(status quo bias),即很多地位重要的理论家似乎确信在国际竞技场上采取侵略行为的国家本质上无法从中获利,因为其他国家会组成联盟反对扩张性国家,从而维持平衡;此类观点可参见:Waltz, *Theory of International*　(转下页注)

上如前面提到过的那样,安全困境只有在各方已形成一种就某事物的实际或潜在竞争冲突状态时才能成立,而这一点并未得到清楚认识。只有在这种状态下一方才有合理的理由去怀疑畏惧另一方。[12] 当然,一旦潜在或实际冲突已经存在,冲突一方就不仅需要运用权力来保卫或赢取资源,还需要更多资源来支撑这样的权力——加入对资源的竞争提升了对资源的需求。某些情况下——虽说不总是这样——这将导致一种恶性循环或"红皇后效应",即各方最后均得不偿失,但又无法从这样的困境中脱身。

从个人、国家或国际体系的本质中寻找战争根本原因的尝试都是把力气用错了地方。所有这些"层面"上都存在着必要但不充分的战争原因,然而它们是一个整体,不能被打碎成部分加以分析。[13] 如我们前面所说的那样,人们的需求和欲望——可通过暴力加以实现——以及由此所衍生出的对权力的追求,和促成了"安全困境"的

(接上页注)*Politics*, pp. 108-9, 137;以及:Stephen Walt, *The Origins of Alliances*. Ithaca, NY:Cornell University Press, 1987;或最具代表性的:Jack Snyder, *Myths of Empire*. Ithaca, NY:Cornell University Press, 1991。所有这些理论都建立在对第 15 和 16 章中讨论过的一些近现代历史发展的极为狭隘的解读之上。对斯奈德的防御性偏见的批评可参见:Fareed Zakaria, 'Realism and domestic politics', *International Security*, 1992;17(1):177-98。Mearsheimer, *The Tragedy of Great Power Politics*, p. 20, 书中指出如果沃尔兹的"防御性现实主义"理论成立,那么国家根本没有动机去打仗;但他未能看出他自己的"进攻性结构现实主义"理论也存在着完全一致的问题。他们的理论均基于同样的"安全困境"假设,但从未刨根究底自问这一困境存在的原因究竟为何。

⑫ 同样可对比参照:Randall Schweller, 'Neorealism's status-quo bias:What security dilemma?', *Security Studies*, 1996;5(3):90-121。

⑬ 参见:Hidemi Sugnami, *On the Causes of War*. Oxford:Oxford University Press, 1996;这是一部以分析哲学方法剖析沃尔兹的《国际政治理论》及其早期作品《人、国家与战争》的杰出著作。或多或少表达了同一观点的还有:Barry Buzan, Charles Jones, and Richard Little, *The Logic of Anarchy*. New York:Columbia University Press, 1993。沃尔兹和其他所谓结构现实主义者虽说自认为其理论方法是系统性的,而非简化还原主义的,但他们事实上忽视了将现实融合成一个互动整体的深层结构性关联;在这一整体中,各组成部分与系统均互为影响和被影响因素。

互相疑惧状态,等等,所有这些都是由人性所铸就的(其中一些仅作为整套行为"工具箱"中的可选选项、潜力和技能而存在);它们之所以被造就成这样,是因为人类及其祖先在以地质学尺度计量的漫长年代中挣扎求生时,受到了强大进化压力的塑造,从而在一些一念之差便可决定生死的问题上形成了固定"套路"。暴力形态的人类竞争在国家层面之下大体上已被抑制住,但偶尔会在国家之间以更大的规模爆发出来,其原因在于国家间体系的无政府性质。但是,若我们回到原点,则会发现国际无政府状态本身并不足以解释战争;若不是在需要竞争有限资源的基本状态下,人类有着基于现实和天性的暴力潜能的话,战争也不会存在。

因此本书的论点在于,从根本上看,人们通过发动战争想获得的,与支撑了人类基本动机体系的人类欲望的对象是同样的一些东西;战争的特别之处只不过在于它是通过使用武力来达到目的的暴力形式而已。对内和对外的政治(战争被认为是它的"延续")之所以存在,也是为了在国家内和国家间"层面"上达成完全相同的一套由进化塑造的人类目的。一些作者已觉察到"政治"不能涵盖所有的[670]战争起因。在其《战争的历史》(*History of Warfare*,1993)中,约翰·基根(John Keegan)正确地批评了克劳塞维茨将战争完全归于国家的做法。与克劳塞维茨不同之处还有他认为战争的原因是"文化的"而非仅仅是"政治的",意味着它的原因构成更为多样化,体现了一个社会的整体生活方式、身份认同、宗教和意识形态。正确地指出进化理论可以解释终极人类目的的塞耶在这方面的表述却有些前后不一令人迷惑。他认为应对克劳塞维茨的理论进行扩充,因为战争不仅由政治原因而起,同样也因根植于进化之中的对资源的索求而起;但这样的表述似乎意味着两类原因可以截然分开,即政治可以构成一个自外于进化逻辑而与之并列的领域。⑭

---

⑭ Thayer, *Darwin and International Relations*, pp. 178-9. 在这本书里,作者犯了一个类似于拿破仑·夏侬认为"原始战争"既因物质原因而起也因进化原因而起的错误。参见本书第 4 章注释 8 及相关文本。

何为"政治"的定义显然构成了一个语义学问题，且与其他所有定义一样，对政治的定义很大程度上也是主观武断的。此外，文化和意识形态亦为国家发动战争的原因，在其背后的进化论逻辑则不是那么明显易懂。然而正如我不厌其烦重复的那样，如果不是出自神的设计，那么与包括人类在内的有机体相关的一切极为复杂的机制及从中产生的各种各样的行为偏好最终都只能是通过进化——这一任何具有自我复制能力的实体必将经历的固有过程——"构建"而成的。人类发展出了令人叹为观止的文化上层建筑，使自己上升到与最初所在的自然状态有着天渊之别的位置。事实上，本书的大半篇幅均被用来讨论这样的文化发展——及其与战争的相互关系。尽管文化上层建筑是通过拉马克的习得特征遗传的方式，而非达尔文的生物演化方式发展起来的，它所能发展出的形态却也不是任意而无限制的。如第 8 章中已论证过的那样，人类文化最终呈现出丰富但又明显受到约束的多样化状态；所有文化形态均围绕着由内在生物性欲望、偏好和技能——或者说终极目的及其近因机制——构成的一个"深核"成长、扩张和运转。难点在于弄清进化塑造的各种人类欲望在历史上和现代条件下如何互相关联影响并驱动了战争。

对稀缺资源——亦即各种各样的财富——的欲求和争夺向来被视为"政治"的首要目标和不言自明的战争动机。相比之下，在规模较大的社会中，繁殖似乎并不能算是一种战争的直接动机。然而表面上的东西往往具有欺骗性，因为生存和繁殖动机是同一枚硬币不可分开的两面。毕竟，通过战争所获取或保卫下来的物质财富能够间接增强人[671]在社会内的繁殖成功机会——当然社会阶层差异在这方面同样存在——因为物质财富影响人抚养家庭的能力，同时也会导致对更多和"更好"女性配偶的社会竞争，如同对其他所有生命中的"好东西"那样。此外，和劫掠类似，性冒险一直是个人参与战争的核心动机之一，虽说一般而言它还够不上"国家政治"层面。20世纪 60 年代性革命所造成的效应或许为我们展现了这一点，即性风气的宽松导致当兵去海外经历一番的吸引力降低，从而促进了在各发达社会中不断增长的战争规避倾向。声誉、地位、荣耀和支配权——既包括个人的,也包括集体的——有助于在生存和繁殖上获得成功,因而也成为激烈争夺的对象,为此甚至会动用武力。"安全困境"源自这一实际或潜在的竞争状态,又反过来为竞争局面火上浇油。权力成为能够被用来获取和/或捍卫上述全部的通用等价物,从而使自身也成为和它们一样的追求目标,导致人们对两者的欲望交替螺旋上升。

从家庭向部落和民族层层扩展的亲缘关系,在决定个人所忠于的对象以及是否有为共同善而牺牲自我的足够意愿时,一向有着决定性的影响力。与普遍流行的观点相反,亲缘关系在确定政治体边界和多民族政治体内部关系时始终具有至高无上的地位。共同文化是族裔共同体的主要属性之一。为了保卫共同文化,人们将不惜付出为保卫共同体政治独立和繁荣昌盛所付出的同等代价。最后,各种宗教和世俗意识形态时常会与基于亲缘的身份认同相汇合,但有时也会在后者中造成分裂。这些意识形态亦有能力激发出巨大的热忱和严重暴力行为。尽管很多情况下意识形态只是被伪装虔信者当作幌子使用,但真诚信奉并为之奋斗——甚至通过暴力手段——的人也同样普遍存在,因为意识形态所提供的关于宇宙和社会政治秩序的终极问题的答案被认为具有至高无上的实际重要性,是令此世以至于彼世的生命拥有意义所必不可少的。在人类的诸多问题解决选项中,意识形态扮演着基本操作指南的作用。

以上所说的所有这些战争起因并非一系列互不相关选项的集合,而是互相关联的人类动机体系中的组成部分。这一动机体系原本是人类在长期匮乏的生存状态(人类直到最近才逐渐摆脱这一生存状态)中为了自身的生存繁殖而演化出的。若基于生存和繁殖的计算得出结论认为使用暴力可以为人及其亲属赢得更大收益或[672]避免更大损失的话,人们就会情愿为此冒生命危险,甚至牺牲自己。人们的行为至今依然受到这一逻辑的指引,只不过更多是通过相关的内在近因机制——即人类欲望。即便近因机制与原本的生存和繁殖目的之间的联系已经因条件的变化（尤其是在现代条件下）而遭到削弱甚至被切断，机制仍会发挥作用：虽然财富多到一定程度以上已不再能对繁殖有更大助益，人们还是会渴望有更多财富；与之相似的是存在有效节育手段的情况下，人类对性的渴望依然不衰；权力、地位、荣誉和名声依旧是人们热切追求的对象，尽管它们在繁殖上的重要性已变得不那么明显。进化所塑造的一系列近因机制也就是所谓的欲望之网仍然主导着人类的行为，哪怕这些机制原本所具有的进化适应性意义已经弱化或荡然无存。

对外来威胁的感知一直能够引起严重的惊恐、怀疑和敌意，并导致高度情感动员。这种进化所塑造的"宁枉勿纵"式反应——伴随着对敌人的彻底脸谱化——往往（有时相当正确地）被认为具有危害性，且对真实的危险程度过分夸大。有人认为我们对其他危害程度相当甚至更高，但不牵涉到蓄意敌对行为的风险——如交通事故、社会问题和自然灾害——所作出的反应极不相称，远远不及对外来威胁的反应。显然，基于更多信息而对我们下意识的初步反应——一种被设计来在粗略判断下作出快速反应的机制——加以仔细控制是很有必要的，以保证反应能够与形势恰当对应，并不至于过度偏离原本的目的。但同时也应指出，与通常所认为的不同，我们由进化所塑造的本能反应中事实上存在着深刻的合理性。[15] 蓄意的人类敌对行为仍是人们所面对的最严重的威胁来源之一，人们对此表现出警觉以防止潜在危险转化为现实也是可以理解的。

总而言之，工业—技术革命，特别是其中的自由主义发展路径，已从根本上降低了战争爆发的可能性。这一变化的原因是在满足人类欲望方面，暴力选项的吸引力已变得远远不如竞争与合作的和平选项。此外，社会越富裕，人们的迫切需求得到越充分的满足——

---

　　[15]　关于本能反应中的合理性可参见：Aaron Ben-Zéev, *The Subtlety of Emotions*. Cambridge, MA：MIT Press, 2000, Chapter 6；不过其中对进化理论的运用有所不足。

"需求金字塔"自下而上有无数欲望可供其沉溺——他们就越缺少动力去冒着伤残死亡的危险而行事。⑯ [673]富裕自由主义社会的人们大多清楚意识到了这样的变化,并在各类事务中日益倾向以更为和平的策略取代暴力选项,哪怕他们并不总是能对此类现象加以清晰的归纳表述。核武器从军事方面进一步促进了有核国家之间的和平共存,然而即便在相互核威慑不存在的情况下,和平化趋势也是显而易见的,并将继续发展下去。

这并不意味着人类将会迎来一个无私利他的千年至福时代。人们将继续为不可多得的所欲之物而进行激烈争夺。在这方面,"现实主义者"的立场比激进自由主义者的要坚实得多。不过,自由主义者也正确强调了人类的现实状态并非静止不变,而是在过去数代人的时间里发生了剧烈变化——工业—技术主导的富裕自由主义社会成长起来,与之齐头并进的则是日益加深的全球经济的相互依存和共同繁荣。⑰ 随着外部条件的急剧变化以及由此变化所造成的人的变化,可比作人类行为"工具箱"中"铁锤"的暴力选项已变得不那么实用,那些更为和平的工具的重要性则有所增长。然而与此同时,半数以上的人类仍处于未完结的现代化进程之中,正努力试图赶上进度并绘制出属于不同文化和民族的发展路径,而这些路径中的一些不但现在没有,且以后也未必会通向自由和民主。此外,还有一部分社会至今未能成功走上通向现代化之路,反而在此过程中遭受很多挫折,积聚了大量不满。未来的发展将对人类暴力的大规模应用产生何种影响——尤其在存在着有巨大杀伤力且仍可能被投入使用的终极武器的情况下——则仍是一个未知数。

---

⑯ 参见第 16 章注释 62。

⑰ 对比参照:George Modelski, 'Evolutionary world politics', in Thompson, *Evolutionary Interpretations of World Politics*, p. 22;Jennifer Sterling-Folker, 'Evolutionary tendencies in realist and liberal IR theory', 同上,Chapter 4。

索　引

图片说明

Pages 20–1: B. Spencer and F. Gillen, *Across Australia*, London: Macmillan, 1912

Pages 27–9: J. Maringer and H.-G. Bandi, *Art in the Ice Age*, New York: Praeger, 1953; permission by Greenwood Publishing Group

Pages 122–3: Napoleon Chagnon, *Yanomamo*, 5th edn., New York: Harcourt College Publishers, 1997; permission by Thomson Learning

Pages 125–6: R. Gardner and K. Heider, *Gardens of War*, New York: Random House, 1968; permission by R. Gardner

Page 169: Werner Forman Archive

Page 170: James Mellaart, *The Neolithic of the Near East*; courtesy of Thames & Hudson Ltd, London

Page 171: by permission of the Council for British Research in the Levant, London

Pages 221 and 353: The Oriental Institute Museum, Chicago

Page 226: courtesy of Anthony Harding

Page 227: Dae Sasitorn/www.lastrefuge.co.uk

Pages 252 and 253: Egyptian Museum, Cairo

Page 261: by permission of the Syndics of Cambridge University Library

Page 263: The New Prehistoric Museum, Thera

Page 271: 2006 Harvard University, Peabody Museum 45–5-20/15062 T836

Page 280: courtesy of Graham Connah

Page 283: courtesy of Diego Serebrisky

Page 284: courtesy of Kenneth Hirth

Page 287: courtesy of David Wilson

Page 291: Hirmer Verlag

Page 292: Museo d'Arte Antica, castello Sforzesco, Milan

Page 294: Louvre

Page 295: The Chapel of SS John and Paul at Ghent; courtesy of the City Archives, Ghent

Page 296: Diebold Schilling, *Amtliche Chronik*; Burgerbibliothek Bern, Mss.h.h.I.3, p. 757

Page 297: École Française d'Athènes

Page 327: Copyright of The Trustees of the British Museum.

Page 340: Leiden, University Library, ms. PER F.17, f. 22r.

Page 349: Topkapi Museum, Istanbul, ms H.1524, p. 278A; Sonia Halliday

Pages 354, 381 and 397: Drawings by A. Layard, *Monument of Nineveh*, London: 1849 and 1853

Page 355: Robert Harding Picture Library

Page 460: courtesy of the Needham Institute

Page 461: The Royal Armories, Tower of London

Page 462: Diebold Schilling, *Amtliche Chronik*, Burgerbibliothek Bern, Mss.h.h.I.3, p. 420

Page 463: courtesy of Simon Pepper

Page 468: Aviodrome Luchtfotografie

Page 470: The National Maritime Museum, Greenwich

Page 478: from *Thai Tsu Shih Lu Thu* (Ming +1635, revised in Chhing +1781), no. 3; by permission of the Syndics of Cambridge University Library

Page 479: The Tokugawa Art Museum

Page 483: The Pepys Library, Magdalene College, Cambridge

Page 529: courtesy of the Imperial War Museum, London: Q22375

Page 531: Musée Condé, Chantilly

Page 533: courtesy of the Imperial War Museum, London: Q10711

Page 566: The Library of Congress

Page 568: courtesy of the Imperial War Museum, London: EA32615

Page 625: from *Black and White War Album*, London 1898; courtesy of Anne S. K. Brown Military Collection, Brown University Library

Page 632: from the film La Battaglia de Algeri; the Kobal Collection

Page 638: Corbis

Page 643: courtesy of the Imperial War Museum, London: MH 6810.

图书在版编目(CIP)数据

文明世界的战争 / (以色列)阿扎·加特著；钱铖
译. --上海：华东师范大学出版社，2022
("剑与犁"译丛)
ISBN 978-7-5760-3157-7

Ⅰ.①文… Ⅱ.①阿… ②钱… Ⅲ.①战争史－研究
－世界 Ⅳ.①E19

中国版本图书馆 CIP 数据核字(2022)第 148671 号

华东师范大学出版社六点分社
企划人 倪为国

文明世界的战争

主　　编　李钧鹏
著　者　[以色列]阿扎·加特
译　者　钱　铖
责任编辑　王寅军
责任校对　彭文曼
封面设计　何　旸

出版发行　华东师范大学出版社
社　　址　上海市中山北路 3663 号　邮编　200062
网　　址　www.ecnupress.com.cn
电　　话　021 - 60821666　行政传真　021 - 62572105
客服电话　021 - 62865537　门市(邮购)电话　021 - 62869887
地　　址　上海市中山北路 3663 号华东师范大学校内先锋路口
网　　店　http://hdsdcbs.tmall.com/

印　刷　者　上海盛隆印务有限公司
开　　本　700×1000　1/16
印　　张　54.5
字　　数　600 千字
版　　次　2022 年 11 月第 1 版
印　　次　2023 年 11 月第 3 次印刷
书　　号　ISBN 978-7-5760-3157-7
定　　价　118.00 元

出 版 人　王　焰

上海市版权局著作权合同登记 图字:09 - 2015 - 565 号